ヒトラー 1889-1936 傲慢 上

イアン・カーショー
Ian Kershaw
訳◆川喜田敦子
監修◆石田勇治

HITLER 1889-1936 HUBRIS

白水社

1. アドルフ・ヒトラー（最上段中央）。レオンディングの学校の集合写真（1899年）

3.アロイス・ヒトラー。アドルフの父

2.クララ・ヒトラー。アドルフの母

5.アウグスト・クビツェク。
ヒトラーの少年期のリンツとウィーンでの友人

4.カール・ルエーガー。ウィーン市長。
その反ユダヤ主義扇動をヒトラーが称賛した。

6.宣戦布告に歓喜するオデオン広場(ミュンヒェン)の群衆(1914年8月)。円で囲まれているのがヒトラー。

7.ヒトラー(右)。
伝令兵の仲間の
エルンスト・シュミットと
アントン・バッハマン、
犬のフォクスルとともにフルネにて
(1915年4月)

8.西部戦線にて、
戦闘一時休止中の塹壕内のドイツ兵

9. ミュンヒェン市内で行われた「赤軍」パレードにノイハウゼン地区から参加した武装した共産党員（1919年4月22日）

10. ミュンヒェンに入る反革命義勇軍（1919年5月初旬）

11.アントン・ドレクスラー。1919年にドイツ労働者党を創設した。

12.エルンスト・レーム。
「機関銃王」が握る武器の入手経路と
バイエルン軍へのコネは、
1920年代初頭のヒトラーにとって重要だった。

Deutsche Arbeiter-Partei (D. A. P.)
Ortsgruppe München Abteilung: ....

Mitgliedskarte

für Herrn Adolf Hitler ....

München, den 1. Jan. 1920.

Nr. 555

Schriftwart

Für den Arbeitsausschuß:
Drexler

Diese Karte gilt als Ausweis bei geschlossenen Versammlungen

13.ヒトラーのドイツ労働者党の党員証。第七番目の党員だったとのヒトラーの主張とは矛盾する。

14.マルスフェルト(ミュンヒェン)で開催された第1回ナチ党大会にて演説するヒトラー(1923年1月27日)

15.「ヒトラー演説す!」。ミュンヒェンのクローネサーカスでのナチ党大衆集会(1923年)

16.ニュルンベルクで開催された「ドイツの日」の野外礼拝での準軍事組織（1923年9月2日）

17.戦争記念碑の定礎式にて突撃隊ほかの準軍事組織の行進を見守る
アルフレート・ローゼンベルク、ヒトラー、フリードリヒ・ヴェーバー（1923年11月4日）

18.一揆：ルートヴィヒ通りの陸軍省の外でバリケードを守る武装した突撃隊員（中央：旧帝国旗をもつハインリヒ・ヒムラー）（1923年11月9日）

19.一揆：ミュンヒェン近郊から集まる武装した一揆勢力（1923年11月9日）

20.一揆裁判の被告。(左より)ハインツ・ペルネット、フリードリヒ・ヴェーバー、ヴィルヘルム・フリック、ヘルマン・クリーベル、エーリヒ・ルーデンドルフ、ヒトラー、ヴィルヘルム・ブリュックナー、レーム、ロベルト・ヴァーグナー

21.釈放直後、ランツベルク・アム・レヒの市門にて写真撮影のためにポーズをとるヒトラー。寒さのため、ホフマンが急いで撮影した。

22. ランツベルク監獄のヒトラー。絵葉書（1924年）

24.総統のイメージ：レインコート姿のヒトラー(採用)

23.総統のイメージ：
バイエルンの民族衣装姿のヒトラー(不採用)

25.総統のイメージ：ヒトラーとジャーマンシェパードのプリンツ（不採用、壊れた写真版より）（1925年）

26.1926年7月3日から4日にかけて行われたヴァイマル党大会。
明色のレインコートを着て車のなかで立ちあがり、突撃隊の行進を見守るヒトラー。
突撃隊の掲げる横断幕には「マルクス主義に死を」とある。ヒトラーのすぐ右手がフリック、
その手前でカメラの方を向いているのがユリウス・シュトライヒャー

27.1927年8月21日のニュルンベルク党大会。
(左より)シュトライヒャー、ゲオルク・ハラーマン、フランツ・プフェファー、ルドルフ・ヘス、ヒトラー、ウルリヒ・グラーフ

28.突撃隊の制服姿のヒトラー
(不採用)(1928-29年)

29.大きくポーズをとるヒトラー。
1927年8月の絵葉書。
「千年が経とうとも、大戦期のドイツ軍を思い起こさずして
勇敢さを語ることはあるまい」という言葉が添えられている。

30.ナチ党幹部に向けて演説するヒトラー(1928年8月30日)。
(左より)ローゼンベルク、ヴァルター・ブーフ、フランツ・クサヴァー・シュヴァルツ、
ヒトラー、グレゴア・シュトラッサー、ヒムラー。
扉の前に座って手を握っているのはシュトライヒャー、その左がロベルト・ライ。

31.ゲリ・ラウバルとヒトラー(1930年頃)

32.エファ・ブラウン。ホフマンのスタジオにて(1930年代初頭)

33.
大統領パウル・フォン・ヒンデンブルク

34.
首相ハインリヒ・ブリューニング（左）。
ベニート・ムッソリーニとともに
ローマにて（1931年8月）

35.
首相フランツ・フォン・パーペン（正面右）。
大統領官房長官
オットー・マイスナーとともに、
ヴァイマル憲法制定の
年次祝賀会にて
（1932年8月11日）。
パーペンの背後にいる
内相ヴィルヘルム・フォン・
ガイルは、まさにこの日に、
リベラルなヴァイマル憲法を
より権威主義的なものに
することを提案した。

37.
エルンスト・テールマン。
共産党の指導者。
ヴァイマル民主政の
危機が募るなか、
「赤色戦線」の集会にて
（1930年頃）

36.
突撃隊のパレードが
ヒトラーの前を
通過するのを見守る
シュトラッサーと
ヨーゼフ・ゲッベルス
（1931年10月18日）

38.社会民主党とユダヤ人を攻撃するナチ党の選挙ポスター（1932年）。
「マルクス主義は資本主義の守護天使。
リスト1のナチ党に投票しよう」とのスローガンが書かれている。

39.大統領選挙の候補者ポスター。ベルリン（1932年4月）

40.大統領パウル・フォン・ヒンデンブルクのノイデックの邸宅での議論(1932年)。
(左より)首相パーペン、大統領官房長官マイスナー(カメラに背を向けている)、
内相ガイル、ヒンデンブルク、国防相クルト・フォン・シュライヒャー

41.ベルリンのシュポルトパラストにて演説する首相シュライヒャー(1933年1月15日)

42.イヴニングの着用具合を確認するために撮られた
ヒトラーの写真。
ベルリンのホテル・カイザーホーフにて(1933年1月)。
首相任命の直前

43.「ポツダムの日」
(1933年3月)。
大統領
ヒンデンブルクに
敬意を表して
頭を下げるヒトラー

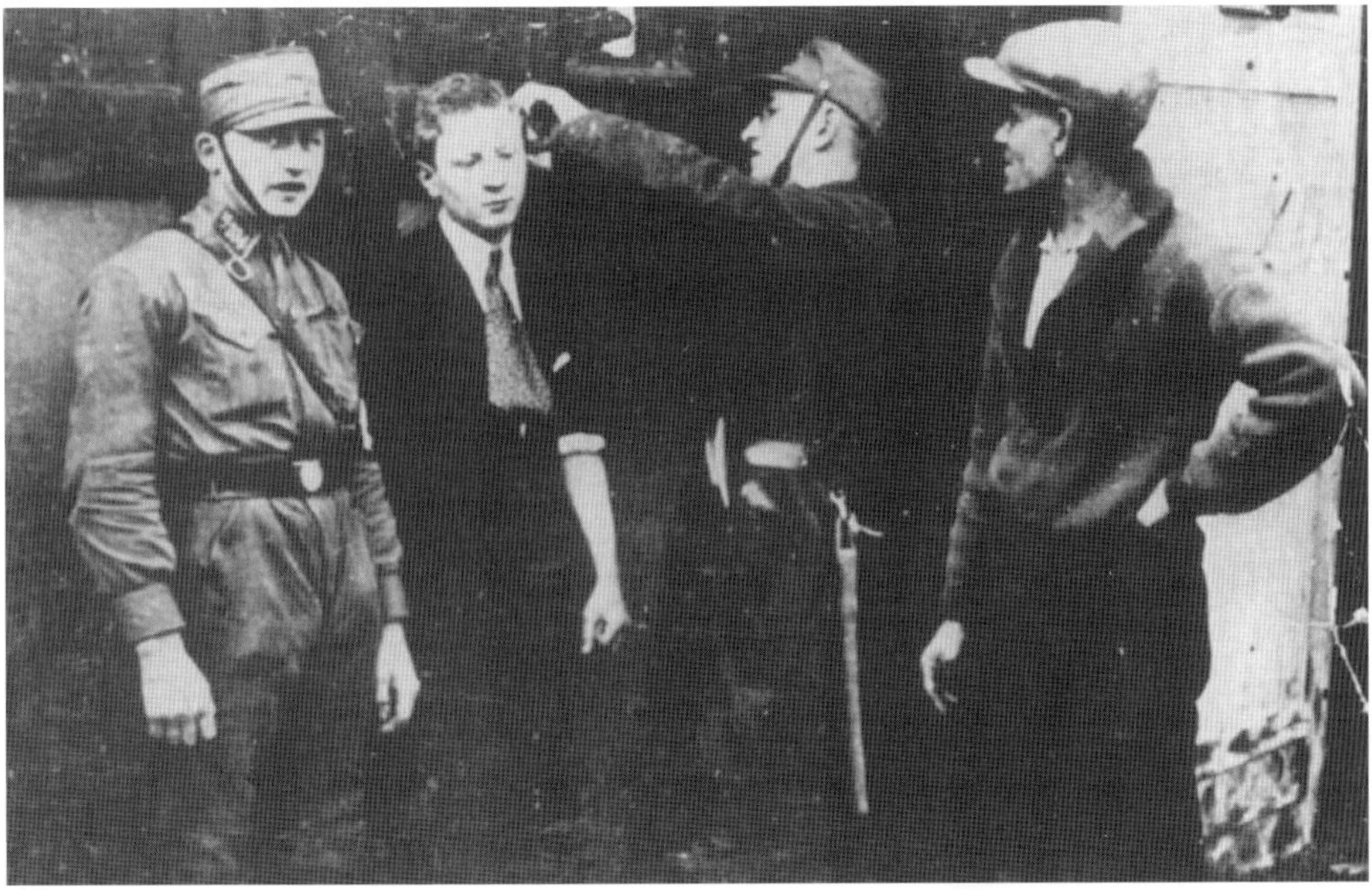

44.共産党員に対する突撃隊の暴行。ケムニッツにて（1933年3月）

46.警察に拘留される年配のユダヤ人。ベルリンにて（1934年）

45.ユダヤ人医師に対するボイコット（1933年4月）。ビラには、「ユダヤ人につき注意! 訪問禁止」とある。

47.「国民勤労の日」にベルリンのルストガルテンにて開催される集会に向かうヒンデンブルクとヒトラー(1933年5月1日)。翌日、労働組合運動は粉砕された。

48.ヒトラーとレーム。1933年夏の突撃隊のパレードにて。突撃隊とのあいだではすでに問題が生じはじめていた。

49.総統崇拝:ハンス・フォン・ノルデンのデザインによる絵葉書(1933年)。
フリードリヒ大王、オットー・フォン・ビスマルク、ヒンデンブルクに直接に連なる流れの上にヒトラーを位置づけている。

「王が征服したものを、侯爵が形にし、陸軍元帥が守り、兵士が救い、統一した」と書かれている。

50.総統崇拝:「動物好きの総統」。絵葉書(1934年)

51.国会において「レーム粛清」を正当化するヒトラー（1934年7月13日）

52.ミュンヒェンにて建設中の「ドイツ芸術の家」を視察するヒトラー、レオンハルト・ガル教授、
建築家アルベルト・シュペーア。日付の付されていない煙草カード(1935年頃)

53.バイエルンの少年少女とヒトラー。
ヒトラーの背後(右)にいるのはバイエルンの民族衣装を身につけた
ヒトラー・ユーゲント指導者バルドゥア・フォン・シーラッハ。日付の付されていない写真

54.レンバッハ広場（ミュンヒェン）のメルセデス・ベンツの展示場（1935年4月）

55.1935年にルール地方を訪問したヒトラー。同行しているのは（左より）雑用係ユリウス・シャウプ、有力実業家アルベルト・フェーグラー、フリッツ・ティッセン、エルンスト・ボルベット。いずれも合同製鋼の重役

56.「山のヒトラー」：
ホフマンが1935年に刊行した出版物の表紙。
美しい景色を背景にした総統ヒトラーの写真が
88枚掲載されている。

57.一揆の記念日にオデオン広場(ミュンヒェン)の将軍廟で開催された新兵の宣誓式(1935年11月7日)

58.ケルンのホーエンツォレルン橋を渡ってラインラント非武装地帯に入るドイツ軍(1936年3月7日)

ヒトラー——上

1889-1936 傲慢

HITLER 1889-1936：HUBRIS
by Ian Kershaw

First published by Allen Lane The Penguin Press 1998

Japanese translation rights arranged with Penguin Books Ltd., London
through Tuttle-Mori Agency, Inc., Tokyo

カバー写真：Getty Images
アドルフ・ヒトラーの肖像,1930年代ごろ

ヒトラー——上 1889-1936 傲慢

目次

凡例

一、本書は、Ian Kershaw, *Hitler 1889–1936: Hubris*, London: Penguin, 1998およびIan Kershaw, *Hitler 1936–1945: Nemesis*, London: Penguin, 2000の翻訳である。

二、翻訳にあたっては、米国向け第一版として出されたIan Kershaw, *Hitler 1889–1936: Hubris*, London: Norton, 1999およびIan Kershaw, *Hitler 1936–1945: Nemesis*, London: Norton, 2000も参照した。ノートン版では多少の改稿が加えられており、そちらを優先して訳出した箇所がある。

三、翻訳にあたっては、ドイツ語翻訳版Ian Kershaw, *Hitler 1889–1936*, München: Deutscher Taschenbuch Verlag, 2002およびIan Kershaw, *Hitler 1936–1945*, München: Deutscher Taschenbuch Verlag, 2002も参照した。原書では英語に翻訳して引用されていたドイツ語史料については、ドイツ語翻訳版に引用されたドイツ語原文も参照しながら日本語への翻訳を行った。

四、原書で強調のために斜体が使用されていた箇所には傍点を付した。

五、原書の索引については、「主要人名索引」として各巻末に入れた。

六、長い訳注は「訳者注」として各章末に入れた。簡単な訳注は本文中に〔　〕に入れて示した。

七、「訳者・監修者あとがき」は下巻末に入れた。

序文

ヒトラーの伝記を書くことになろうとは何年か前までは考えたこともなかった。定評のある伝記がすでにいくつも出されているというのが理由のひとつである。学生時代には早い時期に出されたアラン・ブロックの労作を読んでいたく惹きつけられた覚えがある。一九七三年にヨアヒム・フェストの新しい伝記が出たときもむさぼるように読んだ。私もあの文体の素晴らしさに感銘を受けたひとりである。そのため、八九年に本書を執筆するよう説きつけられたときも当初は気が進まなかったが、だんだんに、ブロックやフェストの研究に敬意を払いつつこの仕事に取り組んでみようかと考えるようになった。

ヒトラーの伝記の執筆をためらったもうひとつの理由としては、研究者として、伝記を書きたいとは思っていなかったことがある。私は伝記という形式にはいささか批判的だった。研究者としての道を中世史家として歩みはじめた頃から、私は政治外交史よりも社会史に魅力を感じており、ましてやひとりの人物に焦点をあてるなどとは考えたこともなかった。一九七〇年代のドイツ史学界は一般に伝記という歴史記述のスタイルには批判的だったため、私はますますそう考えるようになった。当時、私は第三帝国〔ナチ時代のドイツを指す〕について研究するようになっていたが、私が関心をひかれたのは、かの異様な時代に普通のドイツ人がとった行動や態度であって、ヒトラーやその側近のことではなかった。私は、こうした問題意識の先駆けとして名高い「バイエルン・プロジェクト〔このプロジェクトの成果として、Bayern in der NS-Zeit（全6巻）が出版された〕」に関わり、恩師マルティン・ブロシャートから多大な刺激を受けて研究を始めたが、ナチ支配下の世論や体制批判について調査したのも、ヒトラーに対して人びとが抱くイメージを検証したのも、いずれも当時の私のそうした研究関心によるものだった。ヒトラーのイメージに関する研究を発表したことで、私は、七〇年代にドイツ歴史学界で起こっていたヒトラーに関する論争にいやおうなく巻き込まれることになった。しかし、ドイツ人ではないためか、私の関心はヒトラーという人物の行動や役割ではなく、ヒトラーのイメージがどのように受容されたか、ヒトラーの人気はどこから来るものだったのかなどに向いており、私はヒトラーをめぐる論争を基本的に部外者として眺めていた。

しかし、一九七九年にロンドン近郊のカンバーランドロッジで開かれた、第三帝国研究の重鎮がほぼすべて顔をそろえる重要な会議に新参者として参加し、ナチの支配体制におけるヒトラーの役割をめぐって一流の歴史家のあいだに生じていた重大な見解の相違を目の当たりにしたことにより、私の考えは変わりはじめた。この会議を機に、私はドイツ史への二つの異なるアプローチ〔意図派と構造派（機能派）のあいだの論争を指す〕の問題に没頭するようになった。この時期の研究を読めば、私がナチ体制の独裁者たるヒトラーには目もくれず、ナチ支配への「構造派」的なアプローチに共感していたことは一目瞭然である。

したがって、私がヒトラーの伝記を書くにいたったこと、しかも（伝記作家としては一般的でない）「誤った」経路をたどってそこにたどり着いてしまったことは、少なからず皮肉な事態である。しかし、ナチ支配の構造に、また（あれが「体制」と呼べるものであったとすれば）体制のなかでヒトラーが占める位置をめぐる見解の対立に一層の関心を向けるなかで、私はいやおうなく、当時起こったことの欠くべからざる原点にあたるヒトラーその人について考えをめぐらせるようになっていった。それとともに私は、（自分自身としてはもともと伝記というスタイルには批判的であり、どれほどの権力者といえども歴史のなかで個人が果たす役割をあまり強調せずにおきたいのだが）そういう「構造派」の歴史家である自分がヒトラーの伝記を書くことで、意図派と構造派にはっきりと二分されてしまったアプローチを架橋することはできないか、と考えるようになった。

本書は、ヒトラーの伝記というかたちをとって、人類史上きわめて重大な時期を形づくった要因のうちで特定の個人に関わる要因とそうではない要因を結び合わせようとしたものである。本書を執筆するあいだも私をとらえて離さなかったのは、一九三三年から四五年にかけてドイツの命運をその手に握ったヒトラーという人物の特異な性格ではなく、むしろヒトラーなるものがいかに可能になったかという問いだった。国の重責を担うことなどありえないと当初は考えられていた人物がいかにして権力を手にしたかというだけではない。いかにしてその人物が権力を絶対的なものとし、かつて一兵卒でしかなかった者の下す命令に陸軍元帥をふくむ将官たちが何の疑問ももたずに従うようになったか、高い技術をもつ「専門家」やあらゆる領域の優れた人びとが、大衆のあいだに卑しい感情をかき立てることにしか能のない独学の徒にひたすら敬意を払うようになったかということである。この問いに対する答えがヒトラー個人の性質にあるとは思えない。ならば、その答えは、ドイツ史のなかに、つまりヒトラーなるものを作り上げた社会的、政治的動機にこそ求めなければならない。そのようにして探り出した社会的、政治的な動機と、権力を握り、ついには何百万もの人びとの命運を決するまでに権力を拡大するにあたって個人としてのヒトラーが成したことを結びつけることが本書の目的である。

伝記と社会史記述という普通に考えれば相反するアプローチを結びつけるうえで何よりも助けになったのは、マックス・ヴェーバーの「カリスマ的支配」という概念である。この概念は、この政治的支配の特殊な形態を、「カリスマ」なるものの受け手の問題として、つまり崇拝の対象となる個人の性質ではなく、社会の問題として説明しようとする。

ヒトラーの新しい伝記をおこがましくも執筆しようと考えたのは、ブロックはもとよりフェストによる伝記刊行以後の研究の進捗に後押しされたためでもある。この間の研究の進捗は、正直に言えば、気が滅入ったり、不安にさせられたりもしようかというほどのものである。この間に第三帝国の実質上すべての側面について第一線の研究者らの手になる数々の研究が出された。今から振り返ると、初期の伝記が反ユダヤ主義的な政策や「最終解決」の起源にほとんど触れていないことに驚かされる。その理由の一端は、「アウシュヴィッツにいたる曲がりくねった道」にヒトラー自身がどのように関与したかが明らかにされていなかったことにあろう。しかしこの問題については研究が大きく進んだため、このアンバランスは正さなければならないし、正せるようにもなった。近年の大作であるマーリス・シュタイネルトによるヒトラーの伝記を見ても、この方向に向けてすでに変化が始まっていることが分かる。

二次文献の量だけでなく、入手できるようになった一次史料の量を考えても、新しい伝記を書くべきときが来たといってよいだろう。ナチ党再建（一九二五年）から首相指名（三三年）にいたる時期のヒトラーの演説と原稿をまとめた全五巻の史料集が公刊されたことは研究上の大きな進展である。この史料が公刊されたことで、二四年までのヒトラーの演説と原稿をまとめた同じく優れた史料集とあわせて、権力の座につくまでにヒトラーが公に表明した思想の変遷がすべてたどれるようになった。ヒトラーの伝記を執筆するうえで、今日、初めて完全なかたちで使用できるようになった不可欠の史料としては、宣伝相ヨーゼフ・ゲッベルスの日記もある。これは、かつてはアクセスできなかったモスクワ国立文書館でガラス製のマイクロフィッシュに転写された状態で完全版が近年発見されたものである。究極の自己賛美のために、またナチの偉人の殿堂に入って歴史に名を残そうとして、後の公開を前提に書き残されたテクストだということを考えれば、この日記に出てくるヒトラーの発言の扱いには十分注意を払わなければならない。しかしそうはいっても、ヒトラーの言葉を発言直後に、しかも頻繁に書きとめたこの日記は、ヒトラーの考えと行動を知るうえではきわめて重要な史料である。

こうしたなかで、真贋のさだかでない、あるひとつの史料だけはこの間に使われなくなった。ヘルマン・ラウシュニングの『ヒトラーは語る（ヒトラーとの対話）』である。ヒトラーの思想と計画を読み解くためにブロックもフェストも大いに依拠した史料だが、この本はほとんど信頼できず引用に堪えないと今日では考えられるようになっており、私はこの本からは一切引用しなかった。回想録や、体制末期のヒトラーの言葉を書きとめたとされるがドイツ語の原文がいまだ発見されていない『ヒトラーのテーブル・トーク』のような史料も扱いには注意を要する。ヒトラーの生来の秘密主義、空疎な人間関係、官僚の対極にあるようなスタイル、かき立てた崇拝と憎悪の念、ヒトラーの周囲にいた人びとによる戦後の回想録やゴシップ的な逸話にみられる弁明と歪曲などを考え合わせれば、第三帝国の行政機構が遺した文書が山とあろうとも、このドイツの独裁者の人生を再構築するための史料となりうるものはひどく限られてくる。ヒトラーの最大の敵対者であったチャーチルやスターリンと比べてもはるかに限定されてしまうのである。

ヒトラーとナチズムが、ドイツ社会にとって、またかたちは違えどもナチ体制の何百万もの被害者にとって今日なおトラウマであることに不思議はない。しかしヒトラーの遺産は、われわれにとっても引き受けなければならないものとしてある。ヒトラーがなぜ生まれたかを理解しようと努めつづけなければならないという責務もその遺産の一部である。未来に向けて学ぼうとするならば歴史を通して学ぶしかない。そして未来のために学ぶということを考えたときに、歴史のなかでアドルフ・ヒトラーが支配した時代ほど重要な時代はないのである。

一九九八年四月、シェフィールド／マンチェスターにて

イアン・カーショー

謝辞

本書を書き上げた今、執筆にあたり様々なかたちでお世話になった方々に正式に御礼を申し上げられることを何よりも嬉しく思う。これほどの規模の研究書を書き上げるにあたっては、当然のことながら大変多くの方にお世話になった。

まず、私の質問や要望に応え、専門家として支えてくださった数々の文書館、図書館の館長ならびにスタッフの方々に感謝申し上げたい。文書の使用をお許しいただき、未公刊史料も提供していただいた施設を挙げれば、ドイツでは社会民主党文書館（在ボン）、バイエルン州立中央文書館の諸部局、バイエルン州立図書館、ベルリンドキュメントセンター（前館長デーヴィッド・マーウェル博士にはとくにお世話になった）、連邦文書館コブレンツ、ハンブルク・ナチズム史研究所、東ベルリン（旧東ドイツ）の旧マルクス・レーニン主義研究所ならびに党中央文書館、ニーダーザクセン州立文書館（在オルデンブルク）、ミュンヒェン州立文書館、ポツダム（旧東ドイツ）の旧国立中央文書館、英国ではBBCアーカイヴズ、ボースウィック研究所（在ヨーク）（ハリファックス紙の閲覧の件で所長デーヴィッド・スミス教授にはとくにお世話になった）、ロンドンならびにベルファーストのパブリック・レコード・オフィス、バーミンガム大学図書館（チェンバレン関連史料を閲覧）、ヴィーナー図書館（在ロンドン）（デーヴィッド・チェザラーニ館長ならびにライブラリアンとスタッフ諸氏にはとくに御礼を申し上げたい）、米国ではスタンフォード大学フーヴァー研究所（在カリフォルニア）（ミリアム・ベック、クリストフ・シュリッチング両氏にとくにお世話になった）、米国議会図書館（在ワシントン）、米国国立公文書館（在ワシントン）、プリンストン大学図書館、オーストリアではリンツ市立文書館、オーバーエスターライヒ州立文書館（ゲアハルト・マークゴット博士にはとくに感謝申し上げたい）、ウィーン市立ならびに州立文書館、ロシアでは現在は歴史文献センターとなっている旧特別文書館（在モスクワ）など多岐にわたる。

本書に引用した文献の編者や出版社、掲載した写真の著作権者にも、掲載をご承諾いただいたことについて御礼を申し上げたい。

また、ミュンヒェン現代史研究所の所長ホルスト・メラー教授ならびにスタッフ諸氏に絶大なる感謝を捧げたいと申し上げたとしても、ナチズム研究に携わる方々にはその気持ちをよくご理解いただけることだろう。一九七〇年代に初めて仕事をして以来、同研究所にはいつも暖かく迎えていただいている。二〇世紀ドイツ史の研究に携わる者の多くが等しく感じていることだが、同研究所の素晴らしい図書館と所蔵史料、同研究所の研究者、文書館員、ライブラリアンの方々からいただく専門的所見は私にとっても大変ありがたかった。長年の親友ノルベルト・フライ（最近、ボーフムのルール大学に移られた）、エルケ・フレーリヒ、ヘルマン・グラムル、ロタール・グルフマン（ヒトラーの裁判資料の新訂版の一部を刊行に先立ち使用させていただいた）、クラウス・ディートマル・ヘンケ（現在はドレスデンにおられる）、ヘルマン・ヴァイス（文書に関する多数の質問に親切にお答えいただいた）、ハンス・ヴォラーの各氏のお名前をとくに挙げておきたい。事務長ゲオルク・マイジンガー氏にも大変お世話になった。また、文書館ならびに図書館のスタッフの方々には、私の依頼に根気よく、しかも迅速にご対応いただいたことについて御礼を申し上げたい。

本書の構想と執筆にあたっては、一九八九年から九〇年にかけてその名も高いベルリンの学術高等研究院に滞在した時期に得たものが大きい。当時はこの伝記のための予備調査を行っていた時期であり、多岐にわたる分野の研究者との交流から多くを学ぶことができた。高等研究院院長ヴォルフ・レペニース、コレークのスタッフならびに研究員、図書館のライブラリアン諸氏には数限りない依頼を聞き届けていただき感謝に堪えない。また本書の多くは、九四年から九五年にかけて本務を離れ、レーヴァーハルム・英国アカデミーのシニア・スカラシップならびにシェフィールド大学の助成を受けてとった研究休暇中に執筆したものである。七六年から七七年にかけての最初の研究助成に始まり、九七年夏のミュンヒェンでの文献調査のための一カ月間の滞在にいたるまでアレクサンダー・フォン・フンボルト財団からも多大な支援をいただいた。この時期、息子デーヴィッドも一週間仕事を休んで手を貸してくれた。

本書を準備するにあたり、英国、ドイツ、米国の出版社からも多大な（そして実に粘り強い）ご支援をいただいた。

ペンギン社では、ラヴィ・マーチャンダーニ（かなり前のことになるが本書は氏からいただいた話である）とサイモン・ワインダー（本書の企画を引き継ぎ、見事に完成までの見通しを立てていただいた）の両氏からの支えがあった。両氏の励ましに私は大変勇気づけられた。参考文献リストの作成にあたってもらったトーマス・ウェーバー、索引の編集でお世話になったダイアナ・ルコア、素晴らしい編集者アニー・リーの各氏にも感謝の意を表したい。ノートン社では、改稿にあたりドナルド・ラム氏より細心で建設的な優れた示唆を受け、その見識には敬服した次第である。DVA出版社では、ウルリヒ・フォルツならびにミヒャエル・ネーア両氏の助言に助けられ、また、（この大部のテクストの翻訳にあたった）イェルグ・W・ラーデマッハー、ユルゲン・ペーター・クラウゼ、そのアシスタントを務めたクリストフォロ・シュヴェーガー諸氏の翻訳の速さはまさに見事としかいいようのないものだった。DTV出版社では、プロジェクトの開始段階から本書に強い関心を寄せてくださったマーギット・ケテルレならびにアンドレア・ヴェルレ両氏から常に有益な助言をいただいた。

多くの友人、同僚と長年にわたり議論し、手紙をやり取りし、励ましを受け、また彼らの著書から示唆を受けたことは、ナチ時代について考えをまとめるうえで実に有益だった。すべての方々に対してまとめて御礼を申し上げるかたちにはなるが、それぞれの方に対する感謝の念が少ないわけでは決してない。

ジェラルド・フレミング、ブリジット・ハーマン、ロナルド・ヘイマン、ロバート・マレット、メイア・マイケリス、シュティー・ホアンシェイ・メラー、フリッツ・レートリヒ、ギッタ・セレニー、ミヒャエル・ヴィルト、ペーター・ヴィッテの各氏にも心から感謝申し上げたい。これらの方々からは史料をお借りしたり、刊行前に著書を拝見したり、いくつかの問題の解釈について議論したり、手紙をやり取りしたりというかたちでお世話になった。エバーハルト・イェッケル氏には、ヒトラーに関するその素晴らしい専門知識に基づいて何度もご教示をいただいた。伝記を書いたらよいのではないかと最初に示唆してくれたリチャード・エヴァンス、上下巻の副題についてひらめきを与えてくれたニーアル・ファーガソン両氏にも感謝している。チェコで出版されたヒトラーに関する論文を翻訳してくださったニール・バーメル氏（シェフィールド大学ロシア・スラブ研究学科）にも感謝申し上げたい。

ジェレミー・ノークス氏には特別の感謝を捧げなければならない。ニーダーザクセン地域に関する氏の立派な研究を読み、一九七〇年代初頭に私はナチズム研究に手をつけることになった。以来、氏をよき友人とも、ドイツ現代史の優れた研究者とも思ってきた。氏が長年かけて編集した史料集〔Jeremy Noakes and Geoffrey Pridham (eds.), *Nazism 1919–1945: A Documentary Reader*, 4 vols., Exeter, 1983–98〕はナチ体制に関する一次史料を英語で集め、見事な注釈を施したものであり、質量ともにドイツ語の史料集にもひけをとらない。本書で言及した史料について、私は可能なかぎりドイツ語の出典を示したが、その多くはこの史料集にも収録されている。この点で特筆すべきは、第一三章で引用したある史料であろう。この史料はノークス氏の史料集第二巻で初めて英訳で公刊された。この史料は、「総統《フューラー》の意をくんで総統《フューラー》のために働く」ようにと述べた、ナチ党幹部の演説を引用したもので、よく知られた史料というわけではなかった。しかし、独裁体制がどう機能していたかを端的に述べたこのくだりを目にするなり私は関心を覚えた。ここから着想を得てヒトラーに関する私なりの見方を作り上げるにいたったのだが、元をただせばこの史料に気づかせてくれたのは氏の史料集だった。また、専門的な見地から草稿を通読してくださったことについても氏には感謝している。

私の研究は二人のドイツ人研究者から多大なる影響を受けている。そのお二人に対してこの場を借りて特別に感謝の意を表したい。私は光栄にも現代史研究所の所長だった故マルティン・ブロシャート氏としばらくの間ともに研究する機会に恵まれ、その専門的知識からも着想からも多くを学んだ。一九七〇年代後半に氏の指導を受けてミュンヒェンで研究するなかで私は研究者として成長した。多大な影響を受けたもうひとりはかつてボーフム・ルール大学におられたハンス・モムゼン氏である。氏とは長年にわたるよき友人であり、今も研究交流を続けている。ヒトラーの伝記を書くことにしたと伝えたとき、「私ならそういうことはしないね」と氏には即座に言われた。伝記という角度からヒトラーに迫るというアプローチを氏は意味あるものとは認めてくださらないのではないかという心配もある。しかし、ヒトラーに対する解釈が異なろうとも、私のアプローチにはまぎれもなく氏の影響が表れていることに氏がお気づきになってくださることを願っている。私は氏の研究業績を高く評価し、また氏には深く感謝をしている。

友人たちはおそらく本人が思っている以上に助けになってくれた。とくに故ウィリアム・カー、ディック・ジェリー、ジョー・バーガン、ジョン・ブルーリー、ジョー・ハリソン、ボブ・モーア、フランク・オゴマン、マイク・ローズ、トラウデ・シュペートの諸氏に感謝を捧げたい。

シェフィールド大学、とりわけ、私が光栄にも所属する歴史学科において、同僚からの支援は私にとってとりわけ重要だった。本書の執筆という困難な仕事にかかる以前から、ビヴァリー・イートン氏にはとくに世話になり、励ましをいただいてきた。そのことに対してとくに御礼を申し上げたい。

最後に、この研究をしていくうえで支えてくれた家族にいつものように感謝したい。私がどれほどありがたいと思っているか、ベティ、デーヴィッド、ステファンは分かってくれていることだろう。

一九九八年四月

イアン・カーショー

ヒトラー省察

カリスマ的統治は長らく無視され、嘲られてきた。
しかしその根は非常に深く、ひとたび心理的、社会的条件が整えば強力な刺激を生む。
総統のカリスマ的権力は単なる幻影ではない。
何百万もの人びとがそれを信奉していることは疑うべくもない。
フランツ・ノイマン、一九四二年

二〇世紀はヒトラーの世紀だったのだろうか。アドルフ・ヒトラーほど深い足跡を残した者がいないことは確かだ。侵略戦争に手を染め、人びとを支配し隷属させ、非人道的な犯罪を企て、二〇世紀という時代に消えない痕跡を残した独裁者はほかにもいる。有名なところではムッソリーニ、スターリン、毛沢東らであろう。しかしその支配は、ヒトラーとは違って、独裁者を生んだ国を超えて世界中の人びとの意識に強く焼きついているわけではない。二〇世紀という「極端な時代」[1]には、この時代のよき価値を体現し、未来への希望として人道を重んじる政治指導者も出た。フランクリン・D・ローズヴェルト、チャーチル、ケネディ、近年ではマンデラらである。しかしヒトラーほど深い爪痕を残した者はいない。

ヒトラー独裁は二〇世紀の独裁体制のまさに典型であり、その点においてスターリンや毛沢東の独裁は及びもつかない。そこに凄絶なまでに表れているのは、近代国家の全面的要求、国家による前例をみないほどの抑圧と暴力、大衆の統制と動員のための比類なきメディア操作、国際関係における前代未聞のシニシズム、極端なナショナリズムの深刻な危険、人種の優越性を標榜するイデオロギーの強力な破壊力、近代技術と「社会工学」の悪用、そして人種主義の戦慄の結末である。ヒトラー独裁は、文化的で進んだ近代社会がごく短期間のうちにイデオロギー戦争、想像を絶するほど残虐で強欲な征服、未曾有のジェノサイドという野蛮の極みへと向かいうることを今日なお警告してやまない。ヒトラー独裁は近代文明の挫折、近代社会における一種の核爆発だった。それが示すのは、われわれ人間がどこまでやってしまうのかということである。

ヒトラー独裁についてはいくつもの重要な疑問がまだ解決されていない。破局に向かうかの道程において、ドイツに特有だったのは何だろうか。あの時代に特有だったのは何だろうか。より広くヨーロッパの沈滞が引き起こしたものとしてとらえるべきは何だろうか。あれは近代文明の産物だったのだろうか。あのような事態にいたる危険は今日もまだ潜在的に残っており、二〇世紀が終わろうとする今、部分的に再燃してさえいるのだろうか。

一二年間におよぶヒトラーの支配は、ドイツを、ヨーロッパを、世界を恒久的に変えた。その人物がいなければ歴史は違っていただろうと評せる人物は数えるほどしかいないが、ヒトラーはその一握りに入る。(2) 冷戦、すなわち、壁で分断されたドイツ、鉄のカーテンで分断されたヨーロッパ、地球そのものを吹き飛ばしかねない兵器で武装しつつ対峙する二大国のあいだで分断された世界は、ヒトラーが残した直接の遺産である。それが終わったのはわずか一〇年前のことにすぎない。しかし、倫理的トラウマはそれ以上に根の深い遺産として後世に遺された。それは今日も厳然と残る。

ヒトラーの名が深く刻みこまれた二〇世紀の特徴ともいえるのは、ヒトラー自身も手を染めた戦争とジェノサイドだった。したがって、二〇世紀が終わろうとする今、ヒトラーなるものを可能にした力、またヒトラーの名に象徴されるかの野蛮を生み出した力について、最新の研究成果に基づいて慎重に検討しなおすことには大きな意味があろう。ヒトラーの下で起きたことは、文化的で進んだ技術をもつ高度に官僚的な近代社会で生じた。むしろそのような社会であるからこそ生じたといってもよい。ヒトラーが政権をとった数年後には、ヨーロッパの中心に位置する進んだ国が破滅的な虐殺戦争へと向かいはじめ、その結果、ドイツもヨーロッパも廃墟と化して鉄のカーテンに分断されたばかりか、道義的にも破滅的な状況になった。なぜこのようなことが起こりえたのか。それはいまだに説明がつかない。出発点となったのは、国民の再生と人種の浄化というイデオロギー的使命の実現を約束する指導者《フューラー》、指導者を信頼して指導者《フューラー》がめざす目標に向けて動く社会、いかに非人道的であろうとも政策を進んで立案し執行する高度な官僚機構のすべてがそろったことだった。しかしそうであったとしても、いかにして、またなぜこの社会がヒトラーの望む方向に駆り立てられるようなことになったのかについては詳しい説明を要する。

ドイツとヨーロッパの惨事の原因を考えるにあたり、一九三三年から四五年にかけてドイツの支配者であったアドルフ・ヒトラーという人物だけを見ればよいのならば話は簡単である。ヒトラーは、息を呑むほどに非人道的なその信条を首相に就任する八年近く前から公に喧伝していた。したがって、ヒトラーが、自らの権威主義体制下で行われたことに対する主たる道義的責任を免れることはない。しかし個人に引きつけた説明だけでは総体としては短絡的すぎて真実を見誤ることになろう。つまりヒトラーは、「人間は自らの歴史をたしかにつくるが［…］所与の条件の下でそうするのだ[3]」というカール・マルクスの有名な言葉を典型的に例証していると考えてよいのかもしれない。「所与の条件」、つまり、どれほどの権力をもとうとも、ひとりの人間に左右できるものではない個人を超えた流れがドイツの命運をどこまで決したのか。どこまでが歴史の偶然だったのか。あの時代にドイツを支配した特異な人間の行動と意志に帰せられるのは何か。このすべてを検討しなければならない。それが本書の内容である。単純な答えなどない。

この問題に答えを出すためには、ヒトラーの伝記を書く以外にも方法はあるはずだ[4]。しかし本書が願わくは示すように、伝記という方法は弱点もあるが、答えを導く可能性も秘めている。ただし伝記を書く場合には、ある程度まで対象に感情移入する必要があり、それが共感に、ひいては秘やかな賞賛へと変わりかねないという危険もつきものである。本書を読めばこの危険は回避されたことが分かるはずだ。実際のところ、共感のせいというよりは、嫌悪のせいで理解が妨げられることのほうが問題だったといってよいだろう[5]。

伝記には、複雑な歴史の展開の原因を過度に個人に帰してしまう恐れや、個人が果たした役割を強調するあまり、その行動を規定した社会的、政治的文脈を無視ないし軽視しがちになる恐れもある[6]。その問題をいかに回避するかがこの伝記のまさに課題とするところであり、同時に、ヒトラーに対してこのような新しいアプローチを試みた動機でもあった。

本書はリスクの高い冒険である。ヒトラーと第三帝国に関する研究は実に多く、そのレベルも高い。一五年前に出されたある優れた研究は一五〇〇点以上の文献を参照して書かれた[7]。様々な解釈のバランスをとるべく心がけた近年のある文献によれば、ヒトラーに関する著作は一万二〇〇〇点以上あるという[8]。それにもかかわらず、ナチ党の指導者だったヒトラーの伝記のうち、全生涯を対象とし、学術的で信頼に足るものは、驚くべきことにせいぜい片手で数えられるほどしかない。予想されるとおり、解釈も大きく分かれている[9]。

一九二〇年代にヒトラーが初めて注目を浴びてからというもの、真っ向から対立するものも含めて様々なヒトラー観が提出されてきた。たとえば、ヒトラーは「原則をもたない日和見主義者」であり、「自らの権力拡大と自らが自己投影していた国の勢力拡大のほかは何も考えておらず」、「人種主義的支配にしか関心がなく」、「報復のための破壊」以外の何ものでもなかったと考える者がいる。(10) それとは対照的に、ヒトラーはあらかじめ立てたイデオロギー的な計画に従って狂信的に突き進んだとみられることもある。(11) ヒトラーのことをドイツ国民を洗脳し、幻惑し、道を誤らせて混乱へと陥れたある種の政治的なペテン師だとみなす向きもあれば、ドイツの命運を左右した神秘的で不可解な人物として「悪魔化」しようとする者もいる。ヒトラーのお抱え建築家から後に軍需相となったアルベルト・シュペーアは第三帝国の大部分をほかの誰よりもヒトラーの傍近くで過ごした人物だが、ほかならぬそのシュペーアが第二次世界大戦の終結直後に、ヒトラーは「悪魔のような人物」であり、「ひとりの人物が国家の命運を左右する」という「人類の歴史に稀にしかみられない不可解な現象のひとつ」だったと述べている。(12) しかしこのような見方では、三三年から四五年にかけてドイツで起こったことを神秘化し、ドイツとヨーロッパの破局の原因を悪魔のような人物の勝手な気まぐれに帰してしまいかねない。それでは破局の原因を特異な個人の行動以外の要因から説明することができなくなり、複雑な展開もヒトラーの意思の反映にすぎなくなってしまう。

この対極に位置するのが、共産主義時代に国家イデオロギーの一部となり、これを支持した東側陣営の解体とともに完全に消え去った考え方である。個人が果たす役割の重要性を一切認めず、ヒトラーを資本主義の手先だとするこの考え方はやはり不適切だったといわざるをえない。そこでのヒトラーは、ヒトラーを傀儡として操った大企業とその指導者たちの利害を読み解くための暗号でしかなかった。(13)

ヒトラーに関する説明のなかには、ヒトラーを理解することが困難だとの認識に欠けるもの、困難さを安易に無視してしまったようなものもある。(14) ヒトラーを馬鹿にしたようなものがそれにあたる。ヒトラーを「心神喪失者」や「気の触れた偏執狂」として描けば、説明する必要もなくなる。もっとも、なぜ複雑な社会が精神的に問題を抱えた「病人」に付き随って地獄の底に向かうようなことになったのかという重要な問題が未解決のまま残ることは指摘しておきたい。(15)

精緻な説のあいだでも、ヒトラーは「第三帝国の主」だったのか、それとも「弱い独裁者」にすぎなかったのかをめぐる対立がある。(16) ヒトラーは本当に全面的な権力を無制限に行使しえたのだろうか。(17) それともヒトラー体制は九つの頭をもつヒドラのような「多頭制」の権力構造であり、そこでのヒトラーは、そのまぎれもない人気と向けられた崇拝のために柱としては不可欠だったにせよそれ以上のものではなく、要するにそれまでと変わらない扇動家であり、計画も見通しもないままに転がり込んできたチャンスをものにしただけのことだったのだろうか。(18)

ヒトラーをめぐる様々な見解は、難解な学術上の議論の対象になってきただけではない。それよりもはるかに広く深い意味をもつこともあった。たとえば、ヒトラーがレーニンやスターリンを逆さまに模倣した者として、ボリシェヴィキのテロ（階級殺戮）に怯えるあまり人種主義的な大量殺戮に手を染めた指導者として描かれたとき、そこにこめられた意味は明白だった。つまり、ヒトラーが悪いことに疑問の余地はないが、スターリンほどではなかった、ということである。スターリンこそがオリジナルであってヒトラーは模倣したにすぎず、ナチの人種主義的な大量殺害の根本原因はソ連の階級殺戮にあったというのがその理由だった。[19] また、ヒトラーが最大の責任を負う人道に対する罪から、ヒトラーが目指したドイツ社会の変革へと関心を移すことも問題をはらんでいた。ここではヒトラーは、社会的流動性、労働者の住環境の改善、産業の近代化、福祉制度の整備、過去の反動的な既得権益の撤廃に関心をもち、たしかに方法は残虐だったが、階級間の溝を埋め、時代に合ったよりよいドイツ社会を創ろうとしたのだとされた。この場合、ヒトラーはユダヤ人を悪魔化したり、世界の覇権を狙うといういたく分の悪い賭けに出たりしたとはいえ、「それまで考えられていた以上に合理的に考え、行動した政治家」だったということになる。[20] こうした考えに立てば、ヒトラーはたしかに悪かったが、ドイツ社会をよくしようとしてのことだったのだ、少なくとも肯定的に評価しうる意図があってのことだったのだといえるわけである。[21]

ここにみられるような解釈の修正は弁明を目的としていたわけではない。ナチ犯罪とスターリン体制下の犯罪の比較は、たとえ歪んだかたちであるにせよ、戦間期ヨーロッパにおけるイデオロギー対立の身の毛のよだつような残忍さとドイツが行ったジェノサイドの原動力を明らかにしようとしたものだった。また、少々方法を誤ったように見受けられるが、ヒトラーを社会革命家として描こうとしたのは、なぜヒトラーが社会的危機に直面するドイツであれほど多くの人びとを魅了したかを説明しようとしたものだった。しかしこの二つの説が、意図せずしてヒトラーの名誉回復につながりうるものだったことは明らかである。ヒトラーの名は人道に対する罪を想起させるとはいえ、戦争を始める前に死亡していたならばドイツの偉人のひとりとして歴史に輝かしく名を残す二〇世紀の偉大な指導者になっただろう、という評価に道をつけることになりかねないからである。[22]

伝記を書く場合には、通常、「歴史的に偉大だったこと」が前提となる。とくにドイツでは伝統的にそう考えられてきた。[23] しかしヒトラーの場合、その政治的な存在感と与えた衝撃を除けば、個人としての性格にはさして高貴なところも評価すべきところもないため、ドイツの伝統からすれば明らかに問題があった。[24] この問題を避けるために、ヒトラーにはある種の「否定的な意味での偉大さ」があったという解釈がなされることがあった。すなわち、ヒトラーは気高いわけでもなく、歴史上の「偉人」にふさわしい性質の持ち主ともいいがたいが、ヒトラーが歴史に与えた衝撃は、それが破局につながるものだったとしても否定しえないほどに大きかった、と見るのである。[25] しかし「否定的な意味での偉大さ」という考え方は、大いなる努力と驚くべき成果が損なわれてしまった、ドイツの栄光が破局へと変わってしまったのだ、という悲劇的な見方に陥る危険もはらむ。

したがって、「偉大さ」を問題にするのは、(なぜそれほど多くの同時代人がヒトラーを「偉大」と考えたかを理解しようとするのは別として)避けた方がよいと思われる。「偉大」かどうかという問題はわれわれを惑わす。この問いは誤解を生みやすく、無意味で、重要とはいいがたいうえに、弁明的になりかねないからである。誤解を生みやすいというのは、「偉大な人物」という考え方をとると、歴史の原因を極端なかたちで個人に帰してしまうことになるからである。無意味だというのは、歴史的な偉大さという考え方そのものが結局のところ不毛だからである。偉大さとは主観的な道義的、倫理的基準に照らして判断される哲学的、倫理的概念であって、歴史を記述するうえではそのようなことを言ってもしかたがない。重要でないというのは、ヒトラーの「偉大さ」を肯定しようが否定しようが、第三帝国の悲惨な歴史を説明するには役に立たないからである。そして弁明的になりかねないと言ったのは、仮にそのつもりはなくても、この問いを立てること自体に、あれほどの過ちを犯したヒトラーに対する一定の賛美の念がひそむためである。また、ヒトラーの偉大さを探し求めようとする限り、ヒトラー体制を望んだ人びと、体制の維持に貢献した勢力、体制を支持したドイツ国民の役回りは、「偉大な人物」を支える端役にすぎないと評価せざるをえなくなってしまうからでもある。

したがって、われわれは、ヒトラーが「歴史的に偉大」だったかどうかではなく、別のはるかに重要な問題に注意を向ける必要がある。知性も社会性もなく、政治以外の点ではおよそ見るべきところがなく、近しい者にとってさえ得体が知れず、真の友人をつくることもできそうになく、高い地位につけるだけの素養もなく、首相になる前には閣僚経験すらなかったような人物が、それにもかかわらず大きな歴史的衝撃を与え、世界中を震撼させたという事態をどうすれば説明できるかという問題である。

この問いの立て方には多少語弊があるかもしれない。ヒトラーは頭が悪かったわけではなく、恐るべき記憶力の持ち主で頭も切れた。取り巻きがヒトラーに心酔していたことは当然としても、理解力が高く冷静で批判的な凄腕の政治家や外交官をもうならせた。その弁舌の才には政敵でさえ一目置いた。二〇世紀の国家指導者のなかで、われわれから見れば性格的欠陥があり、知性も浅薄でありながら、注目すべき政治手腕を発揮したのはヒトラーだけではない。同時代人の多くのように、ヒトラーの能力を過小評価してはならない。

ヒトラーのほかにも、身分なくして高い地位にまで上りつめた例はある。近代におけるその最初の例はナポレオンである。しかしナポレオンが出世したのは、軍隊という重要機関において傑出した武勲と功績があったためだった（ヒトラーは一兵卒どまりだった）。しかもナポレオンはヒトラーよりもはるかに知的で、能力的にも恵まれていた。二〇世紀には、社会的、政治的エリート階層の出身でない者が国家権力の頂点を極める可能性が広がった。しかしその実例はやはり少ないうえに、安定した民主主義の時代ではなく、（スターリン、毛沢東、カストロのように）政治的混乱期に革命運動の指導者が権力の座に就いたというのが一般的である。

完全に無名の人物が国家権力を握った例がほかにないわけではないとしても、ヒトラーという存在が投げかける問題は解けない。ヒトラーが（ウィンストン・チャーチルが全く別の事柄について述べた言葉を借りるならば）「謎のなかの謎に包まれた謎[26]」である理由の一端は、ヒトラーの私人としての空虚さにある。ヒトラーは「人間ではない」かのようだとよく評されてきた。[27]ただ、こうした評価には、育ちが良いわけでもなく、無学で不調法な成り上がりであり、何事につけしょせんは素人考えしかなく、教養もないくせに文化の審判者を気取る者に対する軽侮の念がはたらいている可能性もある。ヒトラーの私人としての部分がブラックホールと化している原因は、私生活から経歴、家族にいたるまでヒトラーが極めつきの秘密主義だったことにもある。秘密主義で超然としているのはヒトラーの性格であり、この特徴は政治的な行動にも表れた。政治的にはこうした性質はきわめて重要な意味をもった。これが、ヒトラーが意識的に身にまとおうとしていた「英雄的」指導者のオーラを醸し出し、ヒトラーの神秘性を増幅させることになったためである。したがってそれは差し引くにしても、政治的判断と関わりのない部分でもヒトラーの生活は空虚だった。ナポレオン、ビスマルク、チャーチル、ケネディらは、いずれも政治生活以外の実像が知られている。プルタルコスに、「重大な行動をとれば、運命は卑小な人間を引き立てもするが、その人物の乏しさはそれによっていっそう露呈してしまうものだ」という意味の言葉がある。[28]スターリンについて考えるときに引き合いに出されてきたこの言葉を、ヒトラーに当てはめてみるのも面白いだろう。

関与した政治的事件を除けば私生活も個人史もないような、「人間ではない」人間の伝記にはおのずから限界がある。もっとも、これは公的な生活にとって私生活が決定的に重要な場合にのみ不都合が生じるのであって、ヒトラーについてはそれはあたらない。ヒトラーに「私生活」はなかったからである。現実逃避として映画を楽しむことはもちろんあったし、ベルリンの官庁街から遠く離れたアルプスの田舎で過ごすときにはベルクホーフのティーハウス（モースラーナーコプフ）への散歩を日課にしていた。しかしそれは惰性にすぎなかった。政治的な空間の外へ、実存の深みへとヒトラーが向かい、それが公的な存在としてのあり方に反映するようなことはなかった。これは「私生活」が公的人格の一部になっていたということではない。それどころかヒトラーの私生活は実に謎めいており、第三帝国が崩壊するまでドイツ国民はエファ・ブラウンの存在を知らなかったほどである。むしろヒトラーは公共空間を「私物化」したといえるのだろう。(29)「私的」なものと「公的」なものは完全に融合し、ヒトラーの存在は自らが完璧に演じた「指導者《フューラー》」という役柄に呑み込まれてしまっていた。

　こうしたことを考えあわせると、伝記作者の果たすべき役割が明確になる。伝記を書く場合には、ヒトラーその人ではなく、ヒトラーの権力の特質、すなわち指導者《フューラー》としての権力の特質に真っ向から迫らなければならない。

　ヒトラーの権力はヒトラー自身が作り出した部分もあるが、大部分は社会的な産物だった。すなわち、追従者がヒトラーに寄せた期待や意図から作り出されたものだった。これは、いくつかの決定的な瞬間にヒトラー自身がとった行動は権力を拡大するうえで重要ではなかったという意味ではない。ヒトラーの権力の衝撃性は、「個人」としてのヒトラーの特殊な性格にではなく、その指導者《フューラー》としての役割にある。そしてその役割はほかの人びとの過小評価、過ち、弱さ、協力のうえに成り立っていた。したがって、ヒトラーの権力を説明しようと思うならば、ヒトラーその人ではなく、まずはほかの人びとを見なければならない。

　ヒトラーの権力は特殊だった。ヒトラーは（形式上はともかく）ナチ党党首としての地位をはじめ、何らかの地位に基づいて権力を要求したわけではなかった。ドイツを救うという歴史的使命を掲げ、それに基づいて権力を要求したのである。ヒトラーの権力はいうなれば「カリスマ的」権力であり、制度化されたものではなかった。その権力は、ほかの人びとがヒトラーを「英雄」視することによって生まれた。(30)周囲がヒトラーを英雄視しはじめたのは、ヒトラー自身が自らの英雄としての資質に気づくよりも先ですらあったかもしれない。

　ナチズム（国民社会主義）という現象について優れた分析を行った同時代人フランツ・ノイマンは次のように述べている。「カリスマ的統治は長らく無視され、嘲られてきた。しかしその根は非常に深く、ひとたび心理的、社会的条件が整えば強力な刺激を生む。総統のカリスマ的権力は単なる幻影ではない。何百万もの人びとがそれを信奉していることは疑うべくもない」[31]。このような権力を拡大させ、あの帰結にいたらしめるうえでヒトラー自身が果たした役割を過小評価してはならない。試みに事実に反する仮定をしてみればそれは明らかである。たとえば、ヒトラーが政権の長でなくても、ヒムラーと親衛隊の下に作られたようなあれほど暴力的な警察国家が成立しえただろうか、と考えてみてもよい。ヒトラー以外の権威主義的指導者の下でもドイツは一九三〇年代末にヨーロッパでの全面戦争に踏み切っただろうか、別の指導者の下でもユダヤ人に対する差別は起こりはしたかもしれないが徹底的なジェノサイドにまで急進化しただろうか、と考えてみてもよい。これらの問いに対する答えは「ありえない」となるか、控えめにいっても「まずありえそうにない」となるはずである。外的状況や個人を超えた要因が何であるにせよ、ヒトラーを別の人間と置き換えることはできない。

聖職者、知識人、外国の外交官、当時ドイツに滞在していた著名人など、賢明で知的な人びとのなかにもヒトラーの個人的権力に魅了された者がいた。その多くは、ミュンヒェンのビアホールの騒々しい群集に向けられた言葉と同じものに惹きつけられたわけではなかろう。しかし、首相という権威を帯び、群集の熱烈な支持を受け、権力という虚飾に彩られ、プロパガンダによって喧伝された偉大なる指導者のオーラを身にまとうようになれば、単純でもだまされやすいわけでもない人びとさえもがヒトラーをよしと認めたとしても、それは驚くようなことではなかった。権力は、ナチ党幹部、取り巻き、党支部の幹部らがヒトラーの言葉に熱狂した理由のひとつだったが、一九四五年四月に権力が終焉を迎えると、彼らは沈みかけた船を見捨てるねずみのように逃げ出した。権力のもつ神秘性は、あれほど多くの女性たち（とくにヒトラーよりもはるかに若い女性たち）が、性的魅力の対極にあるようなヒトラーをセックス・シンボルとして崇め、ヒトラーのせいで自殺者まで出たことの説明にもなる。

ヒトラーの歴史は、したがってヒトラーの権力の歴史として書かれなければならない。いかにしてヒトラーが権力を手にしたか、その権力の特質は何だったか、ヒトラーはその権力をいかに行使したか、なぜヒトラーはあらゆる制度上の障壁を越えてその権力を拡大しえたか、ヒトラーの権力に対してなぜあれほど弱い抵抗しかみられなかったのか。ただし、こうした問いは、ヒトラーだけではなく、ドイツ社会に向けられねばならない。

権力を獲得、行使するにあたってヒトラーの生来の性格が果たした役割を過小評価すべきだと言っているのではない。一途で、融通がきかず、邪魔者は容赦なく切り捨て、冷淡で抜け目なく、伸るか反るかの大勝負に鼻がきく、といったすべてがヒトラーの権力を作りだすうえで一役買っていた。ヒトラーのこうした性格は、総体として、ヒトラーの原動力となったある重要な特徴を生み出した。それは病的なまでの自惚れである。ヒトラーは権力に魅了されていた。自己愛の強いヒトラーにとって、権力は、無目的な青年期をへて唯一目的となったものだった。すなわち、芸術の道に進むことができず、うらぶれてウィーンの安宿で日々を送り、一九一八年の敗戦と革命で己が世界が崩壊するにいたるまでの、前半生での手ひどい挫折を埋め合わせるものだった。ヒトラーは権力にとりつかれていた。四〇年の対仏勝利の前に、ある鋭い観察者が、「ヒトラーは見事なまでに自殺者の特質を備えている。ヒトラーを縛るのは『自我』だけである［…］。ヒトラーは、自分以外には誰ひとり、何ひとつ愛さない［…］。したがって権力を維持、拡大するためにはあらゆることをやってのけるだろう［…］。ヒトラーは権力だけを追い求めて早死にするだろう」と書いている(32)。それほどまでに権力を渇望していたために、領土征服のあくなき野望をもち、ヨーロッパ大陸ひいては世界における覇権の独占をめざして、ほとんど勝ち目のない、途方もない賭けに出ることにもなった。さらなる権力の拡大を執拗に追い求め、退くことも、自制することも、思いとどまることもなかった。しかしそのためには「偉業」を達成しつづける必要があった。あくなき権力欲に身を任せてやまなかったために、ヒトラー体制は自己破壊へと向かった。これはヒトラー自身の自滅傾向と完全に合致する。

ただし権力に取りつかれていたとはいっても、ヒトラーが追求したのは内実を伴わない権力のための権力ではなかった。ヒトラーは単にプロパガンダを吹聴するだけでも、世論を操るだけでも、大衆を動員するだけでもなかった。ヒトラーはそのすべてをしてのけた。しかも、人類の歴史を人種の闘争史として見るという考えに貫かれた揺るぎなき信念をもつイデオローグであり、忌わしくも首尾一貫した「世界観」の提唱者たる過激派のなかの過激派でもあった。その世界観はわずかな基本概念を組み合わせただけのものだったが、だからこそ影響力と説得力をもった。この世界観に立てば、ドイツと世界の不幸の原因も、そこからの救済の道も完全に説明することができた。ヒトラーは一九二〇年代から地下壕での死にいたるまでこの世界観を確固としてもちつづけた。これは、ドイツ国民を救済するというユートピア構想であって、中期的政策を束ねたものではなかった。しかしこの世界観はナチズムのすべての潮流を受け入れることができた。そこにさらに弁舌の巧みさがあったために、ヒトラーはたちまちのうちに理論面でナチ党の実質的な第一人者となった。

ヒトラーが掲げたイデオロギー的な目標、ヒトラーの行動、様々な事件へのヒトラーの関与には、したがって真剣に注意を払う必要がある。しかしそれですべてが説明できるわけでは全くない。われわれは独裁者その人とならんで、独裁体制について検討しなければならない[33]。また支配構造に加えて、独裁体制を支え、原動力を与え、体制に潜在的な合意を調達した社会的誘因についても検討しなければならない。たとえば、ヒトラーが自分で行ったわけでも扇動したわけでもないのに、ほかの者のイニシアティヴでことが始まるという事態が見受けられたが[34]、これは、破滅に向かうヒトラー体制の「累積的急進化」を理解するためには独裁者ヒトラーの行動に劣らず重要である。

だからこそ、ヒトラーの新しい伝記では新しいアプローチが必要になる。すなわち、権力の獲得と行使を可能にし、甚大な影響をもたらした政治構造や社会的力学と、独裁者たるヒトラーの行動を結び合わせて考えなければならない。その際、ヒトラーが与えた衝撃を、ヒトラー個人の性格ではなくドイツ社会の期待と動機から説明するようなアプローチをとることで、ヒトラーを頂点とする体制の内的ダイナミズム、ヒトラーが解き放った力がもたらした権力拡大の様相を検証できる可能性がある。このアプローチを要約すれば、上からの指示を待つことなく「総統の意をくんで総統のために働く」ことは第三帝国のすべての者の義務である、という一九三四年のあるナチ党幹部の言につきる[35]。第13章の表題に掲げたこの言葉は本書全体に通底する主題である。この言葉は実行に移されて第三帝国の原動力となった。すなわち、ヒトラーが漠然と示したイデオロギー的な目標が、総統の構想を実現するために行動しようとするイニシアティヴによって実現されていくことになったのである。ヒトラーの権威はもちろん決定的だった。しかしたいていの場合、イニシアティヴを発揮するのはほかの者で、ヒトラーはそれを認めるというかたちだったのである。

ヒトラーはドイツに押しつけられた暴君ではない。自由選挙で多数派の支持を得ることこそなかったが、首相に合法的に任命されたという点では前任者たちと変わらず、一九三三年から四〇年にかけて世界で最も人気のある首相だった。この現象を理解するためには、調和しないと思われるものを調和させなければならない。すなわち、個人に注目する伝記という方法と、（政治支配の構造を含めて）社会史にせまる諸々のアプローチを調和させなければならないのである[36]。ヒトラーが与えた衝撃は、ヒトラーという存在を作り上げ、しかしヒトラーによって破滅へと追い込まれもした、かの時代を通じてしか理解しえない。したがって、ヒトラーに関する研究は、同時にある程度までナチ時代に関する研究にならざるをえない[37]。そのようなことが可能であるとして、それを達成する唯一の方法が伝記だというわけではない。しかし、第三帝国の「暴走」に決定的な役割を果たしたヒトラーという人物を中心に据えることで得られるものもある[38]。「ヒトラーという要素」にしかるべき注意を払わずして、ナチズムという現象を総合的に理解することは望めない[39]。しかし、ヒトラーが掲げたイデオロギー的な目標、ヒトラーの行動、様々な事件へのヒトラーの関与に着目するだけでは十分ではない。これらの要素を、個人の絶対的権力に依存する体制の台頭を許し、その安定を助長した社会的力学と政治構造、そしてその破滅的な影響の文脈に位置づけることも必要である。

ナチズムは近代文明の根幹に痛撃を与えた。これは二〇世紀を語るうえで決定的なできごとである。この痛撃の発生源に位置するヒトラーは重要人物である。しかしこの痛撃の主原因ではない。

第1章 夢と挫折

どうやって生きていくつもりだ、郵便局で一緒に働いてみないかと、ある日、郵便局長が尋ねたところ、偉大な芸術家になるつもりだというのが返答でした。

ウァファーのヒトラー家の隣人

合格すると確信していたので、不合格通知はまさに青天の霹靂だった。

ヒトラー、ウィーン国立芸術アカデミーの入学試験に落ちて

1

アドルフ・ヒトラーが手にした数多くの幸運のうち、最初の幸運は生まれる一三年前に訪れた。一八七六年、後にヒトラーの父となる人物がアロイス・シックルグルーバーからアロイス・ヒトラーに改姓したのである。ヒトラーは、父のしたことで、シックルグルーバーという下品で野暮ったい名字を捨てたことほど嬉しかったことはないと述べているが、それは信じてよいだろう[1]。たしかに国民的英雄への挨拶が「ハイル・シックルグルーバー」ではしっくりこない。

シックルグルーバー家は代々、ニーダーエスターライヒの北西端、ベーメン（ボヘミア）との境界に位置するヴァルトフィアテル地方〔ヴァルトフィアテルとはドイツ語で森林地域の意〕の小規模自作農だった。このあたりは風光明媚だが貧しく、その名の通り森に囲まれた丘陵地だ。住民は気難しく、頑固で、無愛想といわれ、評判は芳しくない[2]。ヒトラーの父アロイスは、貧しい小自作農ヨハン・シックルグルーバーの娘で、当時四二歳のマリア・アンナ・シックルグルーバーの婚外子として一八三七年六月七日、シュトローネス村で生まれ、その日のうちに近くのデラースハイムで（アロイス・シックルグルーバーとして）洗礼を受けた。洗礼証明書の父親欄は記入されなかった[3]。そのため、ヒトラーの父方の祖父は、様々な推測はあるがいまも不明である。

五年後、マリア・アンナは、二五キロメートルほど離れたシュピタール出身の五〇歳の粉屋職人ヨハン・ゲオルク・ヒートラーと結婚した。ヒートラーは、目的もなく、とりとめもない生活を送りながらシュトローネスに流れ着き、しばらくの間、マリア・アンナ父子の家に厄介になっていた[4]。結婚生活は五年続いた。マリア・アンナが一八四七年に亡くなった後、ヒートラーはその日暮らしを続け、一〇年後に脳卒中で死亡した。

母親が亡くなる頃か、ことによるとその前に、少年アロイスは、ヨハン・ゲオルクの一五歳下の弟ヨハン・ネポムク・ヒートラーに引き取られ、ネポムクがシュピタールにもつ中規模の農場で暮らすことになった[5]。ネポムクが幼いアロイスを養育した理由ははっきりしない。しかしどうやら、アロイスは質素だがよい家庭に恵まれたようである。小学校を出ると、アロイスは地元の靴屋に見習いに入り、革細工の修行を続けるために一三歳でウィーンに移り住んだ。この辺りの土地ではよくあることだった。

ヒトラーの父は、この家系で初めて社会的に出世した人物である。一八五五年、アロイスは一八歳にしてオーストリア・ハプスブルク帝国大蔵省のささやかな職に就いた[6]。出自と学歴を考えれば、アロイスのその後の出世は目覚しかった。訓練を受けて試験に通り、六一年に下級管理職になると、六四年には税関に勤めるようになり、七〇年には税関吏、その後、イン河畔のブラウナウに移って七五年には中級税関吏となった[7]。

　改姓したのはその一年後である。婚外子であるせいで社会的に不利益を被っていたからというわけではなかった。カトリック教会が厳しく糾弾していたにもかかわらず、オーストリアの田舎では婚外子は珍しくなかった[8]。一八七六年以降もアロイスは婚外子だったことを隠そうとはしなかった。改姓がアロイス本人の希望だったのか、養父である叔父ネポムクの希望によるものだったのかははっきりしない。ネポムクは男子相続人がいなかったため、家名を継ぐことを条件にアロイスに相続させたのかもしれない[9]。七六年六月六日のヴァイトラの公証人の公正証書には証人三名の署名があり、アロイスはゲオルク・ヒトラーの息子であると記されている。このときすでに姓はヒートラーではなくヒトラーと綴られた[10]。翌日、デラースハイムの教区司祭が洗礼証明書のシックルグルーバーという姓を消し、「婚外」を「婚姻による」と訂正し、それまで空欄だった父親欄に「ゲオルク・ヒトラー」と記入したことにより、三九歳にしてアロイスは正式に認知された[11]。「ゲオルク・ヒトラー」とはアロイスの母と四二年に結婚したヨハン・ゲオルク・ヒートラーのことである。本人は一九年も前に死亡していたが、三名の証人（すべて親戚）が嫡出を証言し、アロイス自身の言葉もあって父親と認められた[12]。司祭は、アロイスの父が洗礼証明書に自分の名を記入してほしいと望んでいたという証人の証言も書きとめている[13]。

　この改姓は、当時は、オーストリアの片田舎のある農家の家族史にとってしか意味のない出来事だったが、アドルフ・ヒトラーの祖父は誰かという問題と避けがたく結びついているために絶えざる憶測をよぶことになった。検討に値する可能性は三つしかない。そのうち最初の二つは、ヒートラー家内部に詳らかにされていないちょっとした醜聞があったかどうかということにすぎない。三つめは歴史的にある程度は重要かもしれないが、証拠がないため無視してもかまわないようなものである。

　一つめの可能性は、アロイスの父が本当に、修正後の洗礼証明書に記載され、第三帝国でヒトラーの祖父と認められていた人物、すなわちヨハン・ゲオルク・ヒートラーだったというケースである。しかし、もし本当に父親だったのならば、なぜヒートラーは、生前、結婚したときにさえ息子を認知しようとしなかったのだろうか。貧しさのせいとは考えにくい。たしかに、結婚後、ヨハ

アドルフ・ヒトラーの家系

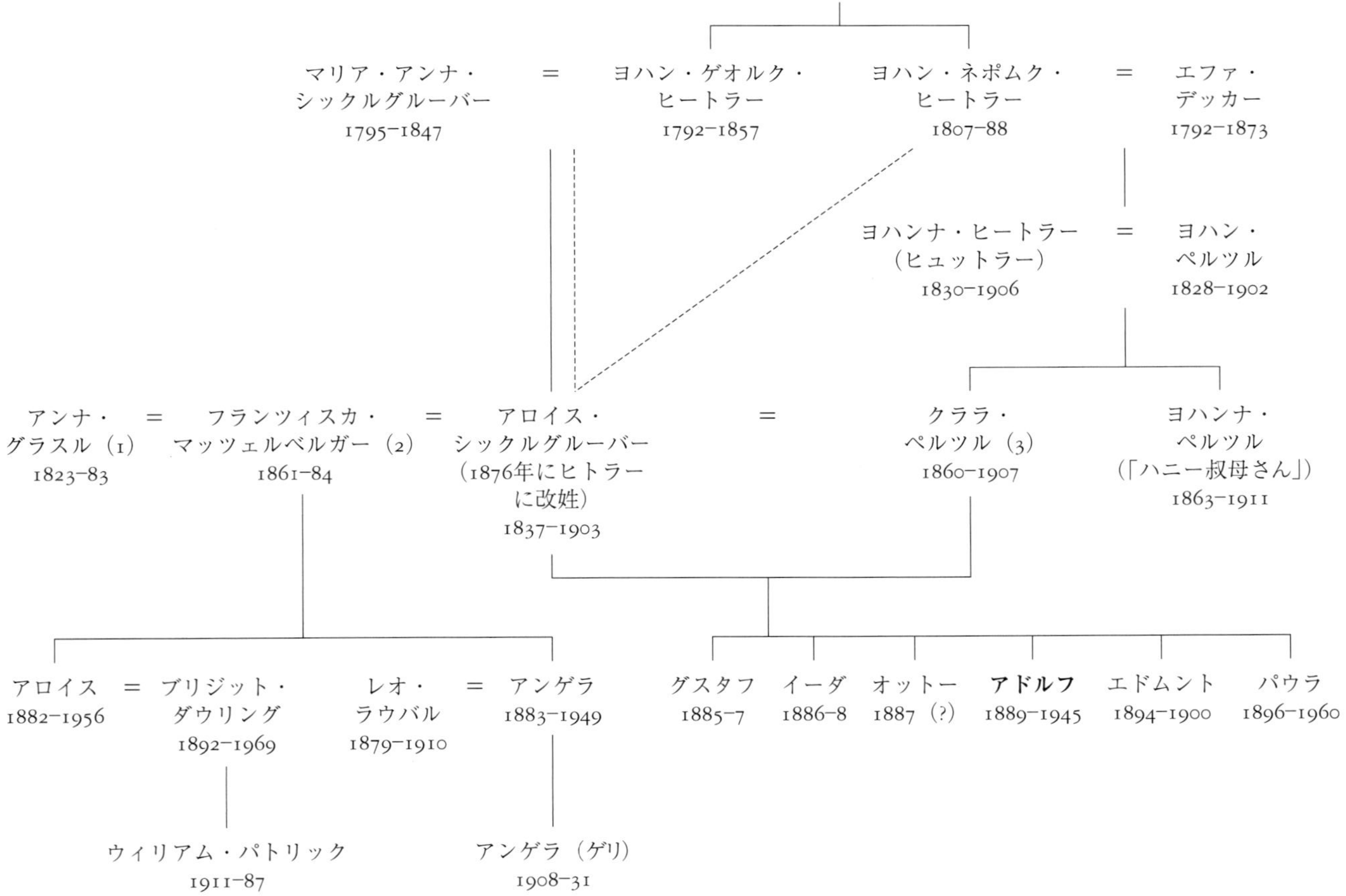

ン・ゲオルクとマリア・アンナは家畜の飼料桶を寝台代わりに使うほど貧しいと囁かれたりもしていたが、マリア・アンナは一時期考えられていたほど貧しくはなかったことが分かっている[14]。そうだとすれば、両親が恐ろしく貧しかったため、その境遇からアロイスを救い出してやろうという慈悲心でネポムクがアロイスを「養子」にしたということでもないはずだ。それならば、なぜマリア・アンナは洗礼のときに父親の名を明かさず、たったひとりの息子と引き離されるような事態を招いたのだろうか。なぜアロイスは父と思しき人物ではなく、その弟の家で育てられることになったのだろうか。またなぜ一八七六年まで認知されなかったのだろうか[15]。しかも認知は普通とはいいがたい方法で行われている（父親による法的認知が当の父親不在で行われることはない）。おそらくだからこそ、公証人と教区司祭を言いくるめるために、アロイス、ネポムクのほかにネポムクの親戚三名まで顔を揃えて証言の真似事をする必要があったのだろう。ネポムクからアロイスへの相続が関係していたというのはありそうな話ではある。しかしそのために改姓までする必要があったのはなぜだろうか。ネポムクに娘しかいなかったことはたしかだが、アロイスの妻も当時五〇歳になっており、そのアロイスに継がせることで家名を存続させようとしたというのも考えにくい。少なくとも動機としては不十分である。

これらの疑問への答えは、月日に埋もれて分からなくなってしまった。また、歴史的に重要とも思えない。それにしても、ヨハン・ゲオルクが父親だという説に不審な点があるとして、では誰が父親でありうるだろうか。可能性としては、当然、ネポムクその人である。ネポムクはアロイスを「養子」に迎え、育て上げた。そして、妻エファ・マリーの死後三年たち、ネポムクはまずは改姓、さらにはそれ以上のことを考えていたのかもしれない。改姓は、遺言でアロイスを遺産受取人にすることと関係していたと思われる。ネポムクが一八八八年に亡くなったときに相続すべきものが全くなかったことに驚いた、とネポムクの期待相続人は述べている。ところがそのわずか半年後、それまでこれといった資金をもたなかったはずのアロイスが四〇〇〇〜五〇〇〇グルデンを投じて、シュピタールから遠くない場所にかなりの家と土地を購入した[16]。それを考えれば、アロイスの実父はヨハン・ゲオルクではなくネポムクであり、マリア・アンナと結婚する際にヨハン・ゲオルクは弟の子であるアロイスを育てることを拒んだものの家庭内の醜聞が表沙汰にされるにはいたらず、ただしネポムクの妻が生きているあいだは改姓もできなかった、ということになるのだろう[17]。

しかし証拠はどこにもない。ネポムクは実の父親だった可能性もあるが、仮にそうだったとしても、妻の死後も事実を公にしようとはしなかった。『わが闘争』の冒頭にアドルフ・ヒトラーが記した自分の父親は「貧しい小農」の息子（これは粉屋職人だったヨハン・ゲオルクにはあてはまらない）だったというくだりはそれなりに重要視されてきた。[18] しかし『わが闘争』の自伝的な部分についていえば、ヒトラーは細かい点では不正確だったり不注意で間違えたりもしているため、祖父に関する短く曖昧な記述（もしこれがネポムクを指しているのだとすれば、どのみち「小農」というには立派すぎる）に多くを読み込みすぎるのもよくないだろう。一八七六年にアロイスが選んだヒトラーという姓は、「ヒートラー」（ヨハン・ゲオルクの姓）ではなく、「ヒュットラー」（ネポムクの姓）を意識的に反映させたものではないかともいわれる。しかしこれも憶測がすぎるように思える。一九世紀末までは姓の表記は流動的だった。そのため、「ヒートラー」〔Hiedler と綴る場合と、Hietler と綴る場合があった〕、「ヒュットラー」、「ヒュトラー」、「ヒトラー」（いずれも「小農」の意）は、一九世紀前半から半ばにかけての文書ではどれを使っても変わりないとされ、音声学的にもほぼ判別不能だった。[19] ネポムク自身は洗礼を受けたときは「ヒートラー」だったが、結婚したときは「ヒュットラー」と記された。[20] アロイスは上昇志向があったため、野暮ったさを感じさせない「ヒトラー」という表記をわざわざ選んだのかもしれないが、公正証書の作成にあたってヴァイトラの公証人が使った表記に、翌日、デラースハイムの教区司祭もならったというだけのことだったのかもしれない。[21] なぜこの表記が選ばれたかはともかくとして、アロイスはいたく満足していたようである。七七年一月に最終的に承認されて以来、アロイスは一貫して「アロイス・ヒトラー」とサインしつづけた。アロイスの息子アドルフ・ヒトラーも、「ヒトラー」という独特の表記を気に入っていた。[22]

三つめの可能性としては、アドルフ・ヒトラーの祖父はユダヤ人だったという説がある。一九二〇年代初頭にミュンヒェンのカフェで囁かれていた噂をセンセーショナルな報道を好む外国メディアが三〇年代に取り上げて広めたものである。「ヒュットラー」という姓はユダヤ系であり、ブカレストのヒトラーというユダヤ人家庭の流れを汲むことが「明らかになった」であるとか、アドルフ・ヒトラーの父は、祖母がしばらく使用人として勤めたウィーンのロスチャイルド男爵だとまで書かれることもあった。[23] しかし、ヒトラーにユダヤ人の血が混ざっているかどうかが最も真剣に検討されたのは第二次世界大戦後である。元になったのは、ナチの有力法律家だったポーランド総督ハンス・フランクが処刑前にニュルンベルクの拘置所で口述筆記させた回想録だった。

フランクは、一九三〇年末にヒトラーが訪ねてきて、甥ウィリアム・パトリック・ヒトラー（一時期アイルランド人女性と結婚していた異母兄アロイスの息子）からの手紙を見せられたが、その内容は、ヒトラーの出自をめぐる報道との関連で、ヒトラーにユダヤ人の血が流れていることを暴露するとの脅迫だったとしている。回想録によれば、ヒトラーから家系調査を命じられたフランクは、マリア・アンナ・シックルグルーバーがグラーツのフランケンベルガーというユダヤ人家庭で調理人をしていた時期に出産したことを突きとめたという。それだけではない。フランケンベルガー家の主人は、その子の誕生当時に一九歳だった息子の代わりに、生まれた子が一四歳になるまで一定の養育費を支払いつづけたとの評判だった。マリア・アンナとフランケンベルガー家のあいだでは長年にわたって手紙のやり取りがあったとされる。フランクによれば、グラーツのユダヤ人は祖父ではないが、そのユダヤ人が子どもの父親は自分だと思いこんで養育費を支払うよう、貧しかった祖母と後の夫が仕向けたのだとヒトラーは信じていたそうだ。ヒトラーは父親と祖母からそう聞かされていたという(24)。

フランクの説は一九五〇年代に広く流布したが全く説得力がない(25)。一八三〇年代にはグラーツにフランケンベルガーという家はなかった。しかも、当時は、シュティリア中を探してもユダヤ人はいなかった。一八六〇年代まではユダヤ人はシュティリアに住むことを許されていなかったためである。フランケンライターという家はあったがユダヤ人ではなかった。マリア・アンナがグラーツにいた証拠もなければ、そのレオポルド・フランケンライターという肉屋に雇われていた証拠もない。マリア・アンナがフランケンベルガーないしフランケンライターという家と交わした手紙も見つかっていない。（フランクが名前を間違っただけで話自体は正しいと考えても）、子どもの父親とされる人物で、レオポルド・フランケンライターが一三年にわたって養育費を肩代わりしてやったとされる息子は、アロイスが生まれたときにはまだ一〇歳だった。しかも当時、フランケンライター家の生活はかなり苦しく、マリア・アンナを援助するなど思いも及ばないような状況だった(26)。

ヒトラーが祖母からグラーツの話は嘘だと聞かされたというくだりも信憑性に欠ける。ヒトラーの祖母は、ヒトラーが生まれる四〇年以上前に亡くなっているからである。ヒトラーが一九三〇年に甥から脅迫状を受け取ったというのも実のところ疑わしい。それが本当なら、有名な叔父ヒトラーに繰り返し金を無心しては迷惑をかけていたパトリックが、その後数年のあらかたをドイツで過ごしながら、三八年一二月に祖国に戻れたのはまさに僥倖としか言いようがない(27)。三九年八月にあるパリの雑誌に掲載されたパトリックの「暴露話」にもグラーツの一件は出てこない(28)。三〇年代から四〇年代にかけてゲシュタポが行ったヒトラーの家系に関する調査でも、ヒトラーの出自にグラーツのユダヤ人がかかわっているとは一言も触れられていない(29)。新たな秘密など発見できなかったのだ。フランクの回想録は、処刑前の精神的に不安定な時期に書かれたものであり(30)、不正確な点も多いため、扱いには注意を要する。ヒトラーの祖父はユダヤ人だったという箇所も真剣に取り合う価値はない。ヒトラーの祖父が誰であるにせよ、それはグラーツ出身のユダヤ人ではない(31)。

つまり、ヒトラーの父方の祖父として考えられるのは、ヨハン・ゲオルク・ヒートラーか、ヨハン・ネポムク・ヒートラー(ヒュットラー)のどちらかである。公式には、ヨハン・ゲオルクがヒトラーの祖父ということになっていた。証拠不足のため真実は分からない。本人も事実は知らなかったかもしれない。そもそも、ヨハン・ゲオルクは祖父ではないとヒトラーが疑っていたと思わせる確たる理由があるわけでもない(32)。重要なのは、ヨハン・ゲオルクでなくネポムクが祖父だったとすると、ヒトラー家の近親婚率がさらに上がるということだろう。ネポムクはアドルフ・ヒトラーの母方の曾祖父でもあったためである(33)。

ネポムクの長女ヨハンナ・ヒュットラーと、夫であるシュピタールの小農ヨハン・バプティスト・ペルツルのあいだには一一人の子どもが生まれたが、育ったのは三人だけだった。そのうち最年長だったのがヒトラーの母クララ・ペルツルで、残りのふたりはヨハンナとテレジアといった。クララの家の農場は祖父ネポムクの農場の隣にあった。クララの母ヨハンナと叔母ヴァルブルガは、ネポムクの家でアロイス・シックルグルーバーと一緒に育ったようなものだった(34)。一八七六年に改姓し、認知された後のアロイス・ヒトラーにとって、クララは公式には従姉の娘にあたる。七六年、一六歳のクララはシュピタールの実家を離れ、ブラウナウのアロイスの家に住み込みで手伝いに入った(35)。

この頃のアロイスは、ブラウナウでは尊敬を集める税官吏だった。しかし経歴は立派だが、身辺が綺麗だったとはいいがたい。アロイスは、まずははるかに年長の女性、次いで娘ほどに若い女性二人と結婚したので、通算三回結婚したことになる。結婚前と再婚以降の二回の結婚生活でもうけた子どもの数は九人であり、うち四人を幼くして失った。田舎の税官吏にしては波乱に富んだ私生活である(36)。一八六〇年代にはアロイスは、認知はしていないもののすでに一児の父だった(37)。七三年、アロイスは当時五〇歳のアンナ・グラスルと結婚した。これが恋愛結婚だったとは思えない。一四歳も年長の女性との結婚が財産目当てだったことはほぼ間違いがない。アンナは比較的裕福で、行政への人脈もあった(38)。結婚後まもなくアンナが病をえると、七〇年代後半にはアロイスは自分たち夫婦が暮らすシュトライフ荘の若い小間使いフランツィスカ（ファンニ）・マッツェルベルガーと不倫を始めた。アンナがそれを知って病がよくなるはずもない。八〇年にはアンナはいい加減に嫌気がさし、法律上の別居にふみきった[39]。

アロイスは公然とファンニと暮らしはじめた。アロイスの目移りを恐れてファンニがまず言いだしたのは、ひとつ年上のクララを家から追い出すことだった。一八八二年にファンニは男児を出産した。この子はアロイス・マッツェルベルガーとして洗礼を受けたが、八三年にアンナが亡くなり、その六週間後にアロイスとフランツィスカが晴れて結婚するとすぐに認知された。結婚後二カ月もたたないうちに第二子アンゲラが生まれた。しかし八四年、ファンニは結核にかかり、同年八月にわずか二三歳で亡くなった[40]。

結核にかかったファンニはブラウナウを離れて空気のよい田舎で静養していた。幼い子ども二人の面倒を誰がみるかという話になったとき、アロイスはすぐさまクララをブラウナウに呼び戻した。クララが身ごもったのはファンニが亡くなっていくらもたたないうちである。アロイスにとってクララは公式には従姉の娘にあたるため、結婚には教会の特免状が必要だった。特免状は四カ月かかって一八八四年末にローマから届いたが、それを待つあいだにもクララの妊娠は傍目にも分かるほどになり、八五年一月七日に二人は結婚した。とはいえ、朝六時に形ばかりの式を挙げただけで、アロイスはすぐに税関の仕事に向かった[41]。

再々婚の後、一八八五年五月に第一子グスタフが生まれ、翌年九月に第二子イーダが誕生した。さして時をおかずに今度は男児オットーが生まれたが、この子は数日後に死亡した。オットーの死からほどなく、次なる悲劇がクララを見舞った。グスタフとイーダがジフテリアに罹り、八七年一二月から翌年一月にかけて相次いで死亡したのである[42]。しかし、八八年夏にクララはふたたび身ごもり、八九年四月二〇日午後六時三〇分、フォアシュタット二一九番地ツム・ポマ荘で第四子を産んだ。肌寒い曇ったイースターの日曜だった[43]。初めて死なずに育ったその子がアドルフ・ヒトラーである[44]。

『わが闘争』の書き出しでヒトラーが強調し、ナチの常套句となったのは、ドイツとオーストリアの統一が自分の使命であり、両国の国境にあるイン河畔のブラウナウで自分が生まれたのはまさに天啓だということだった[45]。しかしヒトラーはブラウナウのことはほとんど覚えていない。一八九二年、小学校卒の学歴しかもたない父アロイスが、望みうる最高の地位ともいえる上級税関吏に出世し、家族そろってバイエルンのパッサウに越してしまったためである。ヒトラーはまだ三歳にもなっていなかった。それからしばらく、一家は国境を越えてドイツ側で暮らした[46]。その後もヒトラーは少年期に何度も引越しを経験している。

　ヒトラーの幼い頃のことはあまり記録に残っていない。『わが闘争』で本人が書いていることは細部が不正確なうえに脚色もされている。大戦後に書かれた家族や知人の回想録も扱いには注意が必要であり、総統ヒトラーの少年期を美化して描いた第三帝国期の書物なみに胡散臭いものもある。心理学者や「心理歴史学者」は発達期を重視するが、後から振り返って当て推量するのでもない限り、言えることはあまりないということはわきまえておかねばならないだろう。[47]

　経済的には、ヒトラー家は中流の恵まれた暮らしぶりだった。アロイスとクララのほかに、再婚でできたアロイスの二人の連れ子アロイス・ジュニア（息子、一八九六年まで同居）とアンゲラ、さらにアドルフ、弟エドムント（一八九四年生、一九〇〇年没）、妹パウラ（一八九六年生）が暮らし、家政婦のロザリア・シヒトル、母方の叔母ヨハンナも一緒に住んでいた。クララの家事を手伝う猫背のヨハンナは気難しい女性だったがアドルフを気に入っていた。一八八九年に遺産を相続し、土地を手に入れたアロイスは中流の暮らし向きで、収入は安定し、小学校の校長よりも高いほどだった。[48]

　しかし家庭生活は円満とはいいがたかった。[49]アロイスは尊大で、地位を鼻にかけ、厳しく、ユーモアに欠け、倹約家で、もったいぶって時間にうるさく、職務に忠実な典型的な役人だった。地元では尊敬されていたが、職場でも家庭でも短気で、突然に怒りだすことがあった。アロイスは煙突もかくやとばかりに煙草をふかし、仕事が終わると家に戻るよりもビールを飲みながら議論することを好んだ。子育てには関心がなく、家にいるよりも外に出ているときのほうが幸せだった。[50]趣味は養蜂だった。パッサウの職場からの帰りがけに飲み屋に向かう前、幼い子どもたちのいるわが家の喧騒を離れてひと息つくために半時間かけて養蜂場を見に行くのが日課だった。夢はミツバチの巣箱をおく土地をもつことだった。この夢は、一八八九年にネポムクの遺産でヴァルトフィアテルのシュピタールにある生家の近くに地所を買ったときにかなった。ここは三年後には手放したが、新たに二箇所に土地を買った。[51]家ではアロイスは権威主義的で尊大で横暴な夫であり、子どもにとっては近寄りがたく厳格で傲岸で激しやすい父親だった。結婚してかなり経っても、クララはアロイスをまだ「叔父さま」と呼びつづけていた。[52]クララはアロイスの死後もパイプ棚をキッチンに置き、アロイスのことを口にするときには、その権威を思い起こさせるかのようにパイプ棚を示してみせたという。[53]

　父親は子どもたちを愛さなかったが、母親はそれを補って余りあるほどに子どもたちを愛した。母クララの主治医であったユダヤ人医師エドゥアルト・ブロッホが、後にナチ・ドイツから強制出国させられた後に書き残したことによれば、ヒトラーの母は「素朴で控えめで親切な女性で、背が高く、茶色い髪をこざっぱりと編んで、面長なたまご型の顔に印象的な灰青の瞳」をしていた[54]。従順で、内気で、物静かで、欠かさず教会に通う敬虔なキリスト教徒で、家事を好み、実子も継子も分け隔てなく熱心に面倒をみた。一八八七年から八八年にかけての数週間に最初の三人の子どもを幼くして相次いで亡くし、第五子エドムントも一九〇〇年に六歳で失ったことはクララに大きな打撃を与えた[55]。短気で冷たく尊大な夫と暮らしてもその悲しみは増すばかりだった。クララが悲しげで苦労のあとを感じさせる女性であったのも驚くにはあたらない。生き残ったアドルフとパウラに息詰まるほど過保護で献身的な愛情を注いだのも当然であろう[56]。

子どもたち、なかでもアドルフはクララが大好きだった。「アドルフのことでとくに印象に残ったのは母親への愛情だった。[…]いわゆる『お母さん子』というのでもないが、見たこともないほど密な愛情で結ばれた母子だった」と医師ブロッホは後に書いている[57]。『わが闘争』には「父のことは尊敬し、母のことは愛していた」と書かれており、ヒトラーの人間らしい愛情をうかがわせる数少ない箇所のひとつである[58]。ヒトラーは死ぬ前に母クララの写真を地下壕に持ち込んだ。ミュンヒェンでもベルリンでもオーバーザルツベルク（アルプスのベルヒテスガーデン近くの山荘）でも、ヒトラーの部屋には母親の肖像画が飾られていた[59]。生前にヒトラーが心から愛したのは母クララだけだったのかもしれない。

厳格な父親に怯え、父親が怒りだすと従順な母親は子どもたちを守ることもできないような家庭のなかで、幼少期のアドルフは心配性の母親に息詰まるほど過保護に育てられた。アドルフの妹パウラは大戦後、母親は「穏やかな優しい人で、厳しすぎる父親と、しつけようにも少々元気のよすぎる子どもたちを中和してくれる存在でした。両親が諍いをしたり、意見が食い違ったりするのは、決まって子どものことでした。兄アドルフは父に激しく反抗し、毎日のように打ち据えられていました。[…]逆に、兄を優しく抱きしめてやり、厳しいばかりの父にはできないことをしようとしたのが母でした」と語っている[60]。一九四〇年代に深夜、炉辺で長広舌をふるうとき、ヒトラーは父親のことを、突然に怒りだし、すぐに手をあげる人だったと話した。ヒトラーは父親を愛しておらず、それだけになおのこと父親を恐れた。それに対して母親のことはとても大切にしていた。哀れな母親は息子が殴られるのではないかといつも心配し、息子が殴られているときにはドアの外で待っていることもあった、とヒトラーは語ったものである[61]。

アロイスの暴力が妻にも向けられていた可能性は高い。『わが闘争』には、ある労働者の家庭の話として、父親が酔って母親に暴力をふるうのを子どもたちが目のあたりにする様子を描いた箇所があるが、これは部分的にヒトラーの幼少期の実体験に基づいて書かれたものだったのかもしれない。[62] こうしたすべてのことがアドルフの人格形成にどのような影響を及ぼしたかについては推測しかできないが、[63] 甚大な影響があったことは間違いない。

後のヒトラーの人格はこのような環境で形成された。ヒトラーは女性を見下し、支配欲が強く、厳しく権威主義的な父親のような指導者イメージを追い求め、親密な対人関係を築くことができず、人間に対して冷たく残虐だった。とくに、人を深く憎んだのは、極端な自己愛に隠れた強い自己嫌悪の反映だったと考えられる。あくまでも推測にすぎないが、こうしたヒトラーの後の人格に幼い頃の家庭環境が潜在的に影響していたことは想像に難くない。しかし仮定はあくまでも仮定にすぎない。幼少期のアドルフの生活を可能なかぎり再現し、外面的になぞっても、後に起こったことを解き明かす手がかりはない。「残忍な独裁者の内にひそむ歪んだ人格」の原因を幼少期に見ようとする議論には説得力がない。[64] 後に起こったことを知らなければ、アドルフの家庭環境はおおむね同情を誘うようなものである。[65]

2

アドルフは少年時代に転居を繰り返した。一八九二年にアロイスが出世してパッサウに移った後、九四年四月に今度はリンツに転勤になったときには、クララと子供たちはパッサウに残った。生まれたばかりのエドムントも一緒である。アロイスが単身赴任し、時折家族のもとに戻るという生活は一年間続いた。母親は生まれたばかりの赤ん坊の世話で、異母姉アンゲラと異母兄アロイス・ジュニアは学校の勉強で忙しかったため、家のことはアドルフがしなければならなかった。思い通りにいかないと癇癪を起こすようになったのはこの頃からである。[66] 後にヒトラーは、少年の頃から最終的な決定権をもっていたのは自分だったと語ったものだ。[67] しかし大体のところアドルフは心ゆくまでカウボーイごっこ、インディアンごっこ、戦争ごっこに興じていられた。

一八九五年二月にアロイスは、リンツから四八キロメートルほど離れた、ランバッハ近くのフィッシュルハムのハーフェルト村に小さな農場を買い、二カ月後に家族を呼び寄せた。九五年五月一日、アドルフはフィッシュルハムの小さな小学校にあがり、続く二年間に健やかに成長し、学業でも素行でもよい成績を収めた。[68] 学校が終わると相変わらず友達と戸外で遊んだ。しかし、四〇年にわたってオーストリアの国家公務員として勤め上げたアロイスが九五年六月に退職して趣味の養蜂を楽しむ生活に入ると、家での緊張は高まった。家庭内でのアロイスの存在感が大きくなったためである。農場も負債もアロイスの手には余り、子供たちも神経に障った。しかも、パウラが生まれて子どもの数はさらに増えていた。この頃、アロイス・ジュニアが家を出たことに父親は腹を立てていたが、これによって家にいる男児は赤ん坊のエドムントを除けばアドルフだけになり、それまでにも増して父親の怒りに直にさらされるようになった(69)。

一八九七年、アロイスはハーフェルトの地所を売り、家族は小さな商業都市ランバッハに仮住まいした後、九八年初頭に市内でまた引越をした。アドルフはランバッハの小学校に通うようになった。後に本人は、自分はこの頃から「どちらかというと扱いにくい」子どもだったと言っているが、ここでも教師の評判はよかった(70)。この時期、アドルフは近くの修道院に歌のレッスンに通っていた。おそらく合唱が好きだった父親の勧めによるものだろう。アドルフは教会の豪華さに夢中になり、あるべき崇高な理想像として修道院長を尊敬していたという(71)。

アロイスは活動的な人物だった。一家は、ブラウナウ時代から引越しを繰り返してきた。しかし、一八九八年一一月、リンツ郊外の小村レオンディングに小さな土地つきの家を買ったのがアロイスにとっては最後の引越しになり、以降、一家はリンツ郊外に腰を落ちつけた。ヒトラーは一九四五年に地下壕で暮らすようになっても、リンツを故郷と思っていた(72)。リンツは、幸せでのんびりした幼い頃の生活につながる場所であり(73)、母親の思い出の地だった。リンツはオーストリア帝国内で最も「ドイツ的」な町であり、ヒトラーにとってはドイツの田園詩に出てくるような小さな田舎町の象徴でもあった。リンツに対するこのイメージは生涯変わらなかった。その対極に位置するのが、この後間もなく知って嫌うようになる都市ウィーンだった。四〇年代にヒトラーは、リンツをウィーンの向こうを張る文化の町、ドナウ流域で最も美しい町にするのだと繰り返し言い、リンツの復興に巨額の資金をつぎ込んだ。少年時代を過ごしたこの町で余生を送り、埋葬されるのがヒトラーの望みであり、赤軍が喉元まで迫ってきてもまだ、ヒトラーはお抱え建築家ヘルマン・ギースラーが作成したリンツの模型に夢中だった(74)。

アドルフは三年生になった。新しい学校でも瞬く間に頭角を現し、村の子どもたちが近所の森や野原で遊ぶ(75)警官と泥棒のゲームではまるで「がき大将」のようだった(76)。とくに好きだったのは戦争ごっこだった(77)。アドルフは、家で見つけた普仏戦争の歴史絵物語に夢中になり(78)、ボーア戦争が始まると、ボーア人の英雄的行為が戦争ごっこの中心になった。村の子どもたちはボーア人の熱烈な味方だった。[79] アドルフがカール・マイの冒険小説のとりこになったのもこの頃だった。アメリカ大陸に行ったことはなかったらしいが、大西部とインディアン戦争を描いて人気があったマイの作品に、少年たちはこぞって夢中になったものである。少年たちの多くは成長してマイの冒険小説や子供時代の空想からは卒業していった。しかしアドルフはマイに魅了されたままだった。[80] 首相になってからもヒトラーはマイの小説を読み、想像力に乏しいからと言って将官らにまで読むように勧めた。[81]

「この幸せな時代には[…]学校の勉強はおかしなほど簡単だったので、自由時間はふんだんにあり、部屋のなかにいるよりも外で遊ぶことの方が多かった。[…]草原や森を戦場にして」父親とのあいだの絶えざる「確執」を散じさせた、とヒトラーは後に語っている。[82]

しかし一九〇〇年、のんびりした生活は終わりを告げた。アドルフの将来と中等教育の進学先という大事な問題が決まりかけた頃、ヒトラー家を再び悲しみが襲った。アドルフの弟エドムントが一九〇〇年二月二日に麻疹で死亡したのである。[83] 長男アロイス・ジュニアは父に反抗してすでに家を出ていたため、アドルフは、わが子の栄達にかけるアロイスの期待を一身に背負うことになった。アロイスが亡くなるまで、これが原因で父子関係は緊張したままだった。

アドルフは一九〇〇年九月一七日に中等学校に進学した。父親が選んだのは、ギムナジウムと同じく高等教育への準備にはなるが、伝統的な古典の教養や人文学ではなく科学技術の知識など「現代的」な教科を重視する実科学校だった。[84] ヒトラーによれば、父親がこのように決めたのは、アドルフに絵画の才能があったことに加えて、出世のために刻苦勉励した自らの経験に照らして役に立たない人文学を軽蔑していたためだった。[85] アロイスは息子を官吏にしようとしていたが、官吏になるには標準的とはいえない進路選択だった。しかしそれをいうなら、アロイス自身も正式な教育は受けずにオーストリア帝国の官吏として立派に出世したわけだった。

中等学校への進学は少年アドルフにとっては大変なことだった。アドルフはレオンディングの自宅からリンツにある学校まで片道一時間以上かけて毎日通わなければならず、学校外で友人をつくる暇はほとんどなかった。レオンディング村の子どもたちのなかでこそお山の大将でいられたが、新しい学校のクラスメートはアドルフにはたいして注意を払わなかった。そもそも本人が作ろうとしていなかった。学校では親友はできなかった。村の学校では教師たちに注目されたものだが、今度の学校では科目別の担当教員からそっけなく扱われるだけだった。小学校で要求されることは最低限の努力でこなせたが、もうそれでは足りなかった。[86] 小学校ではよかった成績も中等学校では初めから危うかった。その行動からして明らかに成長も遅かった[87]。

一九〇〇年から〇一年にかけての中等学校での最初の一年間に、アドルフは数学と科学史で落第し、留年が決まった。勤勉さの評価は「可」がついた。おそらく家でひどく叱られたためだろうが、留年した年は少しましだった。しかしそれも長くは続かず、〇五年秋に学校をやめるまで、アドルフの成績は中から下だった。

一九二三年一二月一二日、ミュンヒェンでの一揆が失敗に終わった後、法廷弁護団に宛てた手紙のなかで元クラス担任エドゥアルト・ヒューマーは、レオンディングからリンツまで通学していたアドルフは、痩せて顔色が悪く、才能を十分に生かしきれず、応用力がなく、学校の規則を守れない少年だったと回想している。この元クラス担任は、アドルフは頑固で高圧的で独善的で怒りっぽく、教員に叱られると横柄な答えをよこすだけでなく、クラスメートに対しても傲慢で、中心になって子どもっぽい悪さをした、と書いている。こうした悪さは、カール・マイのインディアン小説に毒されていたせいと、レオンディングから毎日通学するなかで時間を無駄にする癖が高じたせいだとヒューマーは考えていたようだ[88]。

ヒューマーが言うように、ヒトラーが本当にクラスのリーダー格だったかどうかは疑問である。他の教員やクラスメートは、ヒトラーはよくも悪くも目立つ生徒ではなかったと言っている[89]。

しかし、ヒトラーが学校と教員(一名の例外を除く)に対してきわめて否定的だったことはまず間違いない。ヒトラーは学校が「大嫌い」でやめてしまい、後には、学校で受けた教育も出会った教員も馬鹿にしきっていた[90]。ただ、レオナルド・ペッチュという歴史教員のことだけは、『わが闘争』のなかで褒めちぎっている。ドイツ史上の英雄伝を生き生きと語って関心をかき立て、ドイツ・ナショナリズムと反ハプスブルク感情を目覚めさせてくれた、というのがその理由だった(こうした心性はリンツでは一般に強くみられたが、ヒトラーの学校でもかなり広まっていたようである[91])。

父親との関係が悪化し、進路をめぐって対立していたせいで、アドルフはリンツの実科学校でますます落ちこぼれていった。『わが闘争』は、息子を官吏にしようとする父親への反抗を英雄的に描き、父親の希望に背くために学校でも意図的に悪い成績をとったとしている[92]。これは単純化しすぎであるにせよ、リンツの学校に進学した後の二、三年間に家庭での父親との衝突が影を落としていたことは間違いがなさそうである。一九四〇年になってからもヒトラーは、一三歳のときに官吏の道に関心をもたせようとリンツの税関に連れて行かれたときの様子を詳しく話したものだ。そんなことをしても息子は嫌悪感を覚えるばかりで、官吏として生きることに抜きがたい反感を抱くようになるのだということに父親は全く気づいていなかった。[93] アロイスには官吏は申し分のない職としか思えなかった。しかし父親がいくら関心をもたせようとしても息子は頑として聞かなかった。『わが闘争』には、「自由を奪われ、自分の時間も思うようにならず、事務室に座りつづけると考えるだけで、あくびは出るし、胃が悪くなる思いだった」とある。[94]

父親が勧める進路にアドルフが反発すればするほど、父親は権威をふりかざし、意固地になった。息子も負けず劣らず頑固で、本人の弁によれば、将来は何をするつもりかと聞かれて芸術家になりたいと答えたという。オーストリア帝国の気難しい官吏だったアロイスから見れば、まさしく問題外である。「芸術家になど、私の目の黒いうちは絶対にさせん!」とアロイスは言ったようだ。[95] 当時一二歳だったというアドルフがそこまではっきりと芸術家になる意志を示したとは思いがたい。しかし、アドルフが官吏の道に進みたがらずに父親と衝突したこと、絵画にばかり関心を示して怠惰に過ごす息子を父親が快く思わなかったことは確かなようだ。[96] アロイスは庶民の出でありながら努力に努力を重ね、公務員として尊敬される立派な役職にまで上り詰めた。それに対して、息子ははるかに恵まれた環境に生まれながら、絵画と空想にばかり時間を費やして学校に適応しようとせず、将来のことも考えようとせず、父親にとってすべてともいえるその職業を馬鹿にしきっていた。父子の争いは、官吏になることを息子が拒んだというだけにとどまらなかった。父親がよしとするもの、ひいては父親そのものを息子が拒絶したということだった。

父子の衝突にはもうひとつの側面があった。田舎町リンツに住む六万人ほどのドイツ人はかなり均質でドイツ・ナショナリストばかりだったが、そのナショナリスト感情は政治的には二分されたかたちで表れていた。ヒトラーの父親は、一八九〇年代後半のこの時期、チェコ人への譲歩によってドイツ人の優位が脅かされることが危惧されるなか、オーストリア帝国内でドイツ人の利害が優先されつづけなければならないと考えていた。しかし、七〇年代にゲオルク・リッター・シェーネラーが主唱したような、オーストリア帝国を否定して帝政ドイツを賛美する汎ドイツ的なナショナリズムには関心を示さなかった。これに対してアドルフは、ドイツ・ナショナリズムの温床であるリンツの学校に通うなかで、シェーネラー流の汎ドイツ的ナショナリズムのシンボルや言説に感化されていた。シェーネラーの思想はリンツでは限られた影響力しかもたなかったが、若者には支持を広げていた。[97] アドルフはシェーネラーの運動に積極的に参加したわけではなかった。しかし、頑固で反抗的な息子が汎ドイツ的な考えに染まり、父親が生涯かけて尽くしたオーストリア帝国を馬鹿にすることが父親をさらに怒らせたのは確かだろう[98]。

『わが闘争』にあるように、アドルフは「ひどく苦しい」思春期を送った[99]。リンツの中等学校に進学し、父親との衝突が激しくなるなかで、アドルフは人格形成上大事な成長期を迎えた。小学校時代に遊ぶのが大好きだった幸せな少年は、一〇代になると怠惰で腹立ちやすく反抗的なうえに不機嫌で頑固になり、無目的に過ごすようになった。

アロイスが倒れ、帰らぬ人となったのは、一九〇三年一月三日、ヴィージンダー荘でいつものように朝のワインを飲んでいたときだった[100]。アドルフの進路をめぐる衝突はこれによって終わりを告げ、家族は落ち着いて暮らせるようになった[101]。未亡人となったクララがどのように気持ちに折り合いをつけたかはともかくとして、「家内で唯一の男性」となったアドルフが父親の死を悲しんだとは思えない[102]。父親が亡くなってしまえば、親からの圧力は無いも同然だった。母親は息子を父親の遺志に沿わせようと手を尽くしたが衝突は避けたし、息子の将来を心配はしても息子の気まぐれに理解がありすぎた[103]。いずれにせよ学校の成績は相変わらず悪く、現実問題として官吏の道に進める状態ではなかった。

父親の亡くなった一九〇二年から〇三年にかけての一年間、アドルフは数学で再び落第し、追試に通らなければ進級できなくなった。このときは「可」がつき、〇三年から〇四年にかけてフランス語で「不可」がついたときも記録上は同じく「可」がついた。しかしこのときの追試は、リンツの実科学校から転出するという条件つきの合格だった。これを機に、アドルフは八〇キロメートルほど離れたシュタイアの実科学校に転校することになった。しかしこの学校は家からあまりに遠く、下宿しなくてはならなかった[104]。遠くの学校に送られたのは寂しく、シュタイアは嫌でたまらなかったと、ずっと後にヒトラーは回想している[105]。

シュタイアに移ってからも、成績はさして上向かなかった[106]。一九〇四年から〇五年にかけての前期は体育と美術の成績はよかったが、「道徳規範」は良、勤勉さは「可」、宗教と地理歴史（後に本人は得意科目だったと言っている[107]）と化学は良くも悪くもなく、物理はわずかに良かったが、選択科目の速記術と必修科目のドイツ語、数学が不可だった[108]。落第した科目が後期も不可のままだったら、もう一度留年になるところだった[109]。しかし後期の成績表を見るかぎり、〇五年九月までに学校にもだいぶ慣れたようで、多くの教科で成績が上がり、数学とドイツ語も及第した。しかし幾何で落第したため、中等段階前半の最終試験でも追試になった。アドルフは九月一六日にシュタイアに戻り、幾何の追試に合格した。実科学校の前半を終えたアドルフは、実科学校の上級段階に進むか、専門学校に進むかを考えることになった[110]。この五年間の悪くはないが良くもない成績を考えると望んだとしても入学が許可されたかどうかからして疑問だが、[111]アドルフに進学の意志はなかった。仮病を使ったか、本当に調子が悪かったとしても実際以上にひどいふりをしたものと思われるが、[112]アドルフは病気のせいで学校に通いつづけることはできないと母親を説得し、〇五年秋、はっきりした将来の見通しもないままに一六歳で喜び勇んで学業を離れた。[113]

一九〇五年秋に学校を離れてから〇七年末に母親が亡くなるまでの二年間は、『わが闘争』ではほぼ全く触れられていない。曖昧な説明からは、クララは夫アロイスの死の四年後ではなく二年後に亡くなり、ヒトラーは、孤児院に入れられ、窮乏して自活する必要に迫られる前にウィーン国立芸術アカデミーに入ろうとして準備に追われていたのかとも思えるほどである。[114]しかし事実は少し違う。

この二年間、アドルフは一九〇五年六月に一家が越したリンツのフンボルト通りの快適なアパートの自室で、息子を溺愛する母親に甘やかされて怠惰なすねかじりの生活を送った。母親と叔母ヨハンナ、妹パウラが洗濯、掃除、料理などの面倒をすべて見てくれた。母親は息子にグランドピアノまで買い与え、〇六年一〇月から〇七年一月までの四ヵ月間、アドルフはピアノのレッスンも受けた。[115]偉大な芸術家になることを夢見つつ、昼のうちは絵を描いたり、本を読んだり、「詩」を書いたりして過ごし、夜になれば劇場やオペラに繰り出した。夜更かしをしては、朝は寝坊の繰り返しだった。具体的な目標はなかった。[116]怠惰な生活スタイル、壮大な夢、規律に欠け、計画的にものごとを進められない性向など、後のヒトラーのあらゆる特徴は、リンツで過ごしたこの二年間にすでに現れていた。この時期を「最も幸せな、素晴らしい夢のような日々」だったとヒトラーが後に評したのもうなずける。[117]

一九〇五年から〇七年にかけてのリンツでの気ままな生活の様子は、当時の友人で室内装飾業者の息子アウグスト・クビツェクが伝えている。クビツェクも偉大な音楽家になることを夢みていた。クビツェクの戦後の回想録は、事実関係の点でも解釈の点でも扱いには注意が必要である。これは、クビツェクがナチ党から委託されて一旦まとめた回想録に加筆・潤色したものであり、[118]クビツェクが旧友ヒトラーに抱きつづけた称賛の念を投影した書きぶりになっている。しかも、クビツェクは明らかに、『わが闘争』の記述を膨らませるかたちでかなりの部分を創作し、自らの限られた記憶を補うために盗作まがいのこともしている。[119]こうした様々な欠点があるとはいえ、クビツェクの回想録には、青少年期のヒトラーに関して、かつていわれていたよりも確かな史料的価値がある。クビツェク自身の音楽と演劇への関心に関わる経験についてはとりわけそのようにいえる。[120] 欠点はあるにせよ、若き日のヒトラーの人格に関する重要な考察を含むと見て間違いはない。そこからは、後にあまりにもよく知られるようになる特徴の萌芽が見てとれる。

「グストル」と呼ばれていたアウグスト・クビツェクは、アドルフよりも九カ月ほど早く生まれた。二人は一九〇五年秋（クビツェクは〇四年としているが誤り[121]）にリンツのオペラで偶然知り合った。アドルフは、数年前からヴァーグナーに心酔していたが、[122] クビツェクもオペラ好きで、二人とも「バイロイトの主」ヴァーグナーの作品をとくに好んだ。性格的には、クビツェクは感銘を受けやすく、アドルフは感銘を与えたがる性質だった。素直で、考えがぐらつきやすく、従順なクビツェクに対して、アドルフは優位に立ち、決定し、支配したがった。クビツェクはものに強く感じるということがほとんどなかったが、アドルフは何ごとにも激しい感情を抱いた。クビツェクはヒトラーのことを「話さずにはいられない人で、［…］耳を傾けてくれる相手を必要とする人だった」と回想している。[123] 職人の家に育ち、若き日のヒトラーほどは教育を受けていなかったクビツェクは、社会階層も学歴もヒトラーには及ばないと感じており、その表現力を尊敬していた。官吏の問題点、学校の教員、地方の税制、福祉目的の宝くじ、オペラの出来栄え、リンツの公共建築物など、どんな話題であってもアドルフの熱弁ほど魅力あるものをクビツェクは知らなかった。[124] クビツェクは友人の話す内容だけでなく、話し方にも魅せられた。[125] 物静かで夢見がちな少年だったというクビツェクは、頑固で自信過剰で「知ったかぶり」のヒトラーのうってつけの引き立て役だった。完璧な組み合わせだった。

二人は、夜ごとに正装して劇場やオペラに出かけた。ヒトラーは顔色が悪く、ひょろりとして、生えはじめの薄い口ひげを見せびらかし、黒いコートに濃色の帽子をかぶってめかしこみ、極めつけに象牙の柄の黒いステッキをもっていた。[126] 上演後はいつも饒舌になり、激しく批判するか、大袈裟に酔いしれるかのどちらかだった。ヒトラーよりもクビツェクの方が音楽的には才能も知識もあったが、「議論」をたたかわせるときにはクビツェクはいつも受身でおとなしかった。

ヴァーグナーに寄せるヒトラーの情熱はとどまるところを知らなかった。[127] 演奏を聴くとあたかも宗教的な体験をしたかのように、深遠で神秘的な幻想へと誘われた。[128] ヒトラーにとってヴァーグナーは至高の天才芸術家であり、範と仰ぐべき存在だった。[129] アドルフはヴァーグナーの力強い楽劇、ヴァーグナーが呼び起こす英雄的で壮大なゲルマンの古の神代に夢中になった。アドルフが初めて観たヴァーグナーのオペラは「ローエングリン」だった。無実の罪をきせられた清純な乙女エルザを救うために父パルツィファルにモンサルヴァート城から遣わされながら、最後は乙女に裏切られるローエングリンは、ゲルマンの英雄の典型ともいえる謎につつまれた聖杯の騎士の英雄伝である。ヒトラーは後々までこの楽劇を好んだ[130]。

アドルフとクビツェクが一緒にいるときに話題になるのは音楽よりも美術や建築だった。正確にいえば、偉大な天才芸術家を目指すアドルフがその話題を好んだということだ。気取り屋だった若き日のヒトラーは、日々の糧を得るために働くという考えを軽蔑していた[131]。アドルフは偉大な芸術家に、クビツェクは一流の音楽家になるというアドルフの描く夢は感受性の強いクビツェクを虜にした。クビツェクは父親の工房で働いていたが、アドルフは絵を描いては夢想するばかりだった。仕事を終えたクビツェクと会い、夜のリンツを二人して逍遥するときには、アドルフはクビツェクに、主だった公共建造物を取り壊し、改築しなければならないと語っては、再建計画の素描を数え切れないほど見せた[132]。

アドルフの空想の世界には、アドルフが熱を上げていた少女も登場した。もちろん、本人はアドルフのことなど知りもしない。シュテファニーというその優雅な若い女性は、母親と腕を組んでリンツの町を散歩し、時折、彼女に思いを寄せる若い将校たちに挨拶されているのを見かけることがあった。シュテファニーはヒトラーにとって直接にお近づきになる対象ではなく遠くから憧れる理想だった。結婚するその日まで偉大な芸術家を待ちつづけた彼女と、自分が設計した壮麗な邸宅でいずれはともに暮らすことになるのだとヒトラーは空想していた[133]。

アドルフのもうひとつの空想といえば、一九〇六年頃にクビツェクと二人で宝くじを買ったときに立てた将来計画である。アドルフは一等が当たると信じて疑わず、二人が将来住まう邸宅を入念にデザインした。この空想にはシュテファニーも含めて同年代の女性は登場しない。若き二人の芸術家は、中年の女性の世話を受け、芸術に必要なものを貢いでもらいながら、バイロイトやウィーンを訪れるなどして文化的な体験をするのである。二人が買った小額のくじが外れたときには、期待が外れたアドルフは公営宝くじに怒り心頭だった[134]。

一九〇六年春、アドルフは母親を説得して資金を援助してもらい、初めてウィーンを訪れた。宮廷美術館の絵画館を調査するという名目だったが、おそらくオーストリア帝国の首都の文化遺産に触れたいという気持ちが抑えきれなくなったのだろう。アドルフは二週間以上にわたってウィーンの町を観光し、様々な見所を訪れた。誰のところに身を寄せていたのかは知られていない[135]。クビツェクに送った四枚の絵葉書と、『わが闘争』の記述からは、アドルフがリング通りの建造物と壮麗な景観に魅了されたことが分かる。劇場や宮廷オペラにも驚嘆したようだ。グスタフ・マーラーが指揮するヴァーグナーの

「トリスタン」や「彷徨えるオランダ人」を聞けば、田舎町リンツで耳にする演奏などすっかり色褪せる思いだった[136]。実家に戻っても何も変わらなかった。しかし、アドルフの心中には、ウィーン芸術アカデミーで芸術家としての道を切り拓きたいとの思いが以前から兆していたはずであり、その思いはウィーンに逗留したことでいっそう強まった[137]。

この考えは一九〇七年夏に具体化した。アドルフは一八歳にもなるというのにまともな収入がなく、将来の展望もないまま単調な日々を送っていた。そろそろ仕事を見つけたほうがよいという親戚の忠告にも耳を貸さず、ウィーン芸術アカデミーに入学すべく、アドルフは母親を説得してウィーンに戻った[138]。母親がどのような条件をつけたのかは分からないが、リンツで目的もなく過ごすことに比べれば、ウィーン芸術アカデミーで体系的に勉学に励むのは進歩だと考えたに違いない。それに金銭的な心配はなかった。アドルフが「ハニー叔母さん」と呼ぶヨハンナが、甥が芸術家になる勉強をするための資金として九二四クローネを融通したのである。おかげでアドルフは若い弁護士か教師の一年分の給与にも匹敵する額を手にすることになった[139]。

この頃には母親は乳癌で深刻な健康状態にあった。その年の一月には手術を終え、春から初夏にかけては家庭医であるユダヤ人医師ブロッホの診察を頻繁に受けていた[140]。一家はリンツ郊外のウァファーの新しい家に越してきていたが、クララにとっては、膨れ上がる医療費はもとより、家で叔母ヨハンナが面倒を見ている一一歳の娘パウラ、将来の見通しがいまだにたたない愛息アドルフのことも深刻な悩みの種だった。医師ブロッホによれば、アドルフは背が高く、血色が悪く、虚弱そうな「自分の殻に閉じこもった」少年だったが、母親のことを心配していたことは間違いなかった。母親が年初に二〇日間入院したときにかかった一〇〇クローネの入院費はアドルフが支払った[141]。母親は癌で助かる見込みがほぼないと医師ブロッホがアドルフと妹パウラに伝えたとき、アドルフは涙を流したという[142]。アドルフは病気の母親の面倒を見て、母親を苦しめる強い痛みに胸が締めつけられる思いだった[143]。母親の看護に関わることはアドルフが責任をもって決めたようである[144]。母親の容態は悪化していたが、アドルフはウィーンに移る計画を進め、一九〇七年九月初旬、芸術アカデミーの入試に間に合うように首都ウィーンに発った。

本試を受けられるかどうかは、受験者が提出する作品に基づく第一次選考の結果次第だった。「山のような絵の束を抱えて」家を出た、とヒトラーは後に書いている[145]。一一三名の受験者のうち三三名は第一次選考で落とされたが、アドルフは本試に進むことを許された[146]。一〇月初旬、アドルフは三時間の過酷な試験を二回受けた。これは特定のテーマについて絵を描くものだった。試験に通ったのはわずか二八名であり、アドルフは不合格だった。「絵画試験は不合格。肖像画が少ない」という判定だった。[147]

極めつけの自信家アドルフは、芸術アカデミーの入試に落ちるとは考えたこともなかったようだ。「入試に合格することなど朝飯前だと確信していた。［…］合格すると確信していたので、不合格通知はまさに青天の霹靂だった」と『わが闘争』には書かれている。[148] アドルフは芸術アカデミーの学長に説明を求め、美術学科に向いていないことは明らかだが、建築の才能はあると言われた。面談を終えた青年ヒトラーは、本人の弁によれば、初めて自信を失った。数日間、自分の運命について考えをめぐらせた結果、学長の判断は妥当であり、「私はいつの日か建築家になるべきなのだ」との結論に自分でも達したとヒトラーは書いている。建築家になる勉強をするためには教育が足りないことが大きな障害になる。しかしだからといって、欠けている点を補うためにアドルフが何かをしたわけではなかった。[149] 実際のところアドルフは、本人が言うほどすぐに衝撃から立ち直ったわけではなかったのだろう。翌年も美術学科を再受験したのを見る限り、自分の将来は建築家だと直感したという本人の弁には疑問が残る。いずれにせよ、芸術アカデミーの入試に落ちたことはアドルフの自尊心をいたく傷つけ、アドルフはこれを誰にも漏らさなかった。友人クビツェクにも母親にも伝えなかったほどだった。[150]

その頃、クララ・ヒトラーは死の床にあった。容態の著しい悪化にウィーンから戻ったアドルフは、一〇月末頃、医師ブロッホから母親の病状は絶望的だと告げられた。[151] アドルフはこの告知にひどく衝撃を受け、実に献身的に母親に尽くした。後に妹パウラも医師ブロッホも、アドルフが死の床にある母親を献身的に「根気よく」看病したと証言している。[152] しかし医師ブロッホが手を尽くしたかいもなく、病状はその秋に急速に悪化し、一九〇七年一二月二一日、クララは四七歳で静かに息を引き取った。[153] 医師ブロッホは、幾度となく臨終に立ち会ったが、「アドルフ・ヒトラーほど悲しみに打ちひしがれた人を見たことはない」と後に回想している。[154]「自分にとってはとりわけ」母親の死は「恐ろしいほどの衝撃」だった、とヒトラーは『わが闘争』で書いている。[155] 母親の死によりヒトラーは孤独感と喪失感に苛まれた。[156] 愛情とぬくもりを感じる相手が失われてしまったのだ。

「貧困と厳しい現実のため、私はすぐにも決断しなければならなかった。父が遺したわずかな貯えは母の篤い病であらかた使い尽くしてしまった。遺児年金を受ける権利はあったが、日々の暮らしにさえ事欠くような額だったため、私はどうにか暮らしていかなければならなかった」とヒトラーは後に書いている。[157] しかし、母の死後、数年は滞在するつもりで三たびウィーンに戻ったときには、かつての挑戦心と決意がよみがえってきた。目的はいまやはっきりしていた。「私は建築家になりたかった。屈することなく打ち砕けば、障害など何ほどのものでもない」。父が貧困のなかから努力して政府の役人になったように、自分も障害を乗り越えようとした、とヒトラーは書く[158]。

　実際には、叔母ヨハンナに少なからず助けられつつ、母親がうまくやりくりしていたため、かなりの医療費を支払い、比較的お金をかけた葬式を出しても貯えはまだ残るほどだった[159]。アドルフも無一文になったわけではなく、すぐさま自活しなければならないということはなかった。妹パウラは異母姉アンゲラとその夫レオ・ラウバルが養育することになったが、アドルフとパウラが受け取る月々二五クローネの遺児年金では、インフレの続くオーストリアでは、たしかにとてもではないがやっていけなかった。しかもアドルフとパウラは、二四歳になるまで利子を除けば父の遺産には手をつけられないことになっていた。しかし、葬式代を支払った後、二〇〇〇クローネほどが母親の遺産として残り、二人はそれを分け合った。その遺産と遺児年金をあわせれば、働かなくても一年間はウィーンで暮らしていけるだけの額になった[160]。加えて、叔母が気前よく貸してくれた資金の残りもあった。時にいわれるほど経済的に安定していたわけではないが[161]、全体としてはこの時期のアドルフの経済状況はウィーンの大方の学生よりもはるかに恵まれていた[162]。

　アドルフは『わが闘争』にあるほどすぐにリンツを離れたわけでもなかった。妹パウラは四〇年以上たってから、ヒトラーは母親の死後数日のうちにウィーンに戻ったと述べたことがあるが、記録からはアドルフが一九〇八年一月中旬と二月中旬にウァファーにいたことが分かっている[163]。この間にウィーンに短期間だけ戻ったということでもない限り、アドルフは母親の死後、少なくとも七週間はウァファーにいたものと思われる[164]。家計簿を見る限り、リンツを完全に引き払ったのは五月以降のようである[165]。

　一九〇八年二月にウィーンに戻ってからも、アドルフは建築家になるために全力を傾けるわけでもなく、母親が亡くなる前と変わりばえしない怠惰で無為で気ままな生活に戻っただけだった。アドルフはクビツェクの両親に働きかけて、クビツェクが家業の室内装飾の仕事を離れ、アドルフと一緒にウィーンに来て音楽の勉強をすることをしぶしぶながら承知させた[166]。

　一九〇七年の後半四ヵ月たらずのあいだに起こった芸術アカデミー受験の失敗と母親の死は、若き日のヒトラーに二重の打撃を与えた。努力もせずに偉大な芸術家として名をはせるという夢が突然に破れ、ほぼ同時期に、頼りにしていた唯一の人を亡くしたのである。しかし、芸術の道に進むという夢だけは残った。リンツで定職に就こうなどとは考えることもなかった。ウァファーでヒトラー家の隣人だった地元の郵便局長の未亡人は、「どうやって生きていくつもりだ、郵便局で一緒に働いてみないかと、ある日、郵便局長が尋ねたところ、偉大な芸術家になるつもりだというのが返答でした。資金もコネもないだろうと郵便局長が言うと、『マカルトもルーベンスも貧しかったけれど偉くなった』と短く答えましたね」と、後に回想している。[167] そうした有名な画家にどのように倣おうとしていたのかは全く分からない。アドルフは、翌年、芸術アカデミーを再受験することしか考えていなかった。さして望みがないことは分かっていたはずだ。それでいてチャンスを広げるために何をしたわけでもなかった。いずれにせよ、ウィーンで何とか生きていかなければならないことは確かだった。

将来の展望も環境も急激に変わったが、自分勝手な空想の世界を漂うだけのアドルフの生活は変わらなかった。しかしそうはいっても、居心地よくも鄙びたリンツを離れ、ウィーンという政治的、社会的るつぼに移ったことは大きな転機ではあった。オーストリア帝国の首都ウィーンでの経験は、若き日のヒトラーに消えない痕跡を残し、ヒトラーに偏見と恐怖を決定的に植えつけることになる。

第2章
転落

どこに行ってもユダヤ人が目につく。
見れば見るほど、ユダヤ人はそのほかの人間とは著しく異なるように私の目には映った。

ヒトラー『わが闘争』

ヒトラーは、当時、ユダヤ人を全く嫌ってはいなかった。
ユダヤ人を嫌うようになるのはもっと後のことだ。

ラインホルト・ハーニッシュ、一九〇九年から一〇年にかけてのヒトラーの友人

「あの時期を経験して私は強くなった」。ミュンヒェンに移ってドイツで新しい生活を始める前、一九〇八年二月から一三年五月にかけてオーストリア帝国の首都ウィーンで過ごした時期についてヒトラーが述べた言葉である。「母親の愛息子」はリンツの「柔らかい寝床」と気ままな暮らしを失った。「虚しくも快適な暮らし」を離れたヒトラーは、「心配」を新たな母として、「窮乏と貧困の世界」のただなかに投げ出された。二四年、ランツベルク監獄収監中に『わが闘争』を口述筆記させていたときでさえ、ウィーンと聞いて思い浮かぶのは、人生で「最も悲しい時期」の「陰鬱な思い」ばかりだった。

しかしヒトラーも強調しているように、ウィーンで過ごした日々はヒトラーの人格と政治哲学を形づくるうえで決定的だった。「私はこの時期に、それまで知りもしなかった二つの脅威に目を開かれた［…］。マルクス主義とユダヤ人である」。この都市に来るまでは社会的にも政治的にも認識が甘かったが、この時期に政治闘争の堅固な基盤となる「世界観」をもつようになった、とヒトラーは言う(1)。『わが闘争』では二章分がこの時期にさかれ(2)、貧困と悲惨な窮乏のなかで社会の底辺を知り、熱心に学んで政治への理解を深め、「世界観」を決定的に作り上げた時期として描き出される。ウィーンを離れて一〇年以上が経っていたが、「ウィーンは私にとって人生で最も厳しく、徹底的な学校だった」とヒトラーは書く(3)。

公の発言はすべてそうだが、ヒトラーは効果を狙って書く。大失敗に終わった一揆と、プロパガンダとしては成功した裁判のおかげで、ヒトラーの名は一九二四年には極右ナショナリストのあいだに知れ渡った。しかしナチ党は禁止され、民族至上主義《フェルキッシュ》運動は先も見えないほどに分裂してしまった。ヒトラーが『わが闘争』を書いたのは、その状況下で、万人が認める民族至上主義的右翼の唯一の指導者として自らの立場を確立しようとしたためだった。そうした指導的立場を求める基盤としたのが、意志の力で逆境に打ち克ち、類稀な人格と「世界観」を育んだ天才という英雄的なイメージである。

これは神話だった。ビスマルクであれ、チャーチルであれ、伝統的な支配層の出である国民的指導者は、幼少期についても分からないことはあまりない。しかしヒトラーの場合は、若い頃は全く無名で、ウィーンの安宿に埋もれて詳細すら定かでないのに対して、後に半ば神のような地位に上り詰めた。その激しいギャップが神話と対抗神話の双方を生んだのである。

　ヒトラーの手による自伝的な部分は、したがって事実は重視せず、ひとえに政治目的で書かれている。しかしウィーンでの日々を正確に再現するのも難しい[4]。『わが闘争』の記述を別にすれば、それぞれ信憑性に違いのある四名の証言に多くは依拠せざるをえないためである。アウグスト・クビツェク、ラインホルト・ハーニッシュ、カール・ホーニッシュ（名前は似ているがハーニッシュと混同してはならない）、氏名不詳の知人の四名である。いずれもヒトラーのウィーン時代のほんの一時期を知るだけである[5]。五人目の証人ヨーゼフ・グライナーが目撃証言としているものは、他の多くと同じように、はるか後になってからまとめられたものである。この時期のヒトラーについてグライナーに依拠して書く歴史家は多いが、完全にとはいわないまでもあらかたが捏造であることは明白であり、信憑性に欠けるため重視はできない[6]。ヒトラーがウィーンに滞在していた時期については、重要なことも含めて多くの点で詳細が分からない。なかでも、いつ、どのようにしてヒトラーの「世界観」が形成されたかは、本人の説明ほど確かではない。しかし、ウィーンでの「学習」がヒトラーのその後の道に消えない刻印を残したことは確かである。

1

ヒトラーが五年間暮らすことになる都市ウィーンは特別な場所だった。ヨーロッパの大都市のなかでも、あれほど社会的、文化的、政治的緊張が凝縮され、世紀転換期、すなわち一九世紀的な世界の終末の特徴を備えた都市は、ウィーンをおいてほかになかった[7]。このすべてが若きヒトラーを作り上げた[8]。

　二〇世紀初頭のウィーンは矛盾に満ちていた。富と栄華、文化的刺激、知的情熱に輝く首都ウィーンは帝国の魅力の中心だった。まばゆく輝く宮殿、都市の立派な建造物、優雅なカフェ、広々とした公園、華麗な大通り。しかし、その壮麗な輝きの裏側には、ヨーロッパで最も悲惨な貧困と人びとの窮状があった。市民層の堅実さ、体面、独善、道徳的潔癖、上品な物腰、礼儀にかなった作法に満ちあふれているようで、ひと皮むけば悪徳と売春と犯罪が蔓延していた。アヴァンギャルドの最先端、革新とモダニズムの頂点たるウィーンの文化的、知的営みは、パリやベルリンをもしのぐほどに輝かしかった。しかし文化的伝統主義と大衆の俗物根性は新しい芸術に強く反発し、ウィーンと分かちがたく結びつくクリムトとウィーン分離派、シュニッツラー、ホフマンスタール、マーラー、シェーンベルク、オットー・ヴァーグナー、フロイトらの知的、芸術的功績とは正反対の方向を向いていた。

ハプスブルク皇帝フランツ・ヨーゼフの長きにわたる統治が古き帝国の安定を示す一方で、帝国は実際には近代的ナショナリストと民族対立に疲弊して安定を失い、新しい社会的、政治的な力に引き裂かれまいとあがきつつ崩壊に向かっていた。恐れと不安に満ちた時代だった。ドイツ人は、自らの文化、生活様式、生活水準、地位が脅かされていると感じていた。リベラルな市民層は将来を悲観して大衆政治と民主主義勢力の台頭を脅威と感じ、小商人と職人はデパートや大規模チェーン店、近代的な大量生産に憤慨していた。組織化された労働者の台頭を見れば、プロレタリアートに転落する運命にあるのだとのマルクスの予言をいやおうなく思い起こさざるをえなかった。分裂と崩壊の雰囲気、不安と無気力、旧秩序の終焉の予感、危機的な時代の空気が濃厚に漂っていた。(9)

やり場のない怒りと不安を人種憎悪、とくに多民族国家のなかの超国家的存在たるユダヤ人への憎悪に転化するのは容易かった。(10)それを鮮やかなまでにやってのけたのが、ウィーンの無冠の王であり、ヒトラーが傾倒していた市長カール・ルエーガーと、ヒトラーも愛読したルエーガー支持の低俗な日刊紙だった。(11)

ベルリンを除けば、一九世紀後半にウィーンほどの速さで発展した主要都市はない。一八六〇年から一九〇〇年にかけてウィーンの人口は二・五倍に膨れ上がった。パリやロンドンの四倍の速度である。(12)一九〇〇年の時点での人口一六七万四九五七人のうち、ウィーンで生まれた者は半分に満たなかった。(13)多くは人口五〇〇〇万を抱える大帝国の東部から流れてきた人びとであり、民族的にはドイツ人、チェコ人、スロヴァキア人、ポーランド人、ルテニア人、スロヴェニア人、セルビア人、クロアチア人、イタリア人、ルーマニア人、ハンガリー人などが混ざっていた。

そのなかで、ユダヤ人はかなり大きなマイノリティだった。ウィーンのユダヤ人人口は当時のドイツ帝国内のどこよりも大きかった。一九世紀半ばにはウィーンにはユダヤ人は六〇〇〇人強しかおらず、人口の二パーセント程度にすぎなかったが、一九一〇年にはユダヤ人人口は一七万五三一八人に膨らみ、人口の八・六パーセントを占めるにいたった。(14)ドイツではユダヤ人は歴史的に専門職、学術、マスメディア、芸術、商業、金融などの領域で人口比からは考えられないほど強烈な存在感を示してきた。それはウィーンでも同じだった。(15)ユダヤ人がリベラルな社会とドイツ文化に同化すべく努めたこともドイツと変わらない。(16)

しかしドイツの都市とは異なり、むしろ東欧の多くの町や都市と共通していたのは、ユダヤ人貧困層の存在だった。その多くはガリツィア人か、かつてロシアのポグロムを逃れてきた人びとの子孫だった。誰にも受け入れられず、多くの人に憎まれていたそうしたユダヤ人貧困層のあいだでは、マルクス主義とシオニズム（創始者テオドア・ヘルツルはウィーンで育った）が一定の関心を集めていた。[17] ユダヤ人に対して、資本主義の搾取者という批判も社会革命家という批判も都合よく浴びせられることになったのはそのせいだった。ユダヤ人貧困層は旧市街か、ウィーン北部の荒廃した地域に住んでいた。古くからゲットーのあったレオポルトシュタットでは、住人の三分の一はみすぼらしい身なりのユダヤ人であり、伝統的なカフタンに黒い帽子をかぶった小商人と行商人がその中心だった。ヒトラーがウィーン時代の後半三年間を過ごしたとされる陰鬱な地区ブリギッテナウはこの近くだが、ここの住人も約一七パーセントはユダヤ人だった。[18] これが、ヒトラーが人種憎悪に染まったとされる環境である。首都ウィーンの「人種のるつぼ」を嫌悪するヒトラーは、後に「この巨大な都市は私には人種的冒瀆を具現するかに思えた」と書いている。[19]

ハプスブルク帝国では五〇年以上にわたって皇帝フランツ・ヨーゼフが帝位にあり、変わりゆく世界のなかで不動の地位を保っていた。ホーフブルク宮殿、夏のシェーンブルン宮殿は、過ぎ去りし過去の壮麗な黄金の輝きに今も彩られていた。カルパティア山脈からアドリア海まで広がる広大で無秩序な多民族帝国で権力を握るのは、皇帝が任命する伝統的な貴族層出身の大臣たちだった。しかし、すべてはうわべだけの話である。この巨大な帝国は崩壊の危機に瀕していた。新しい社会的、政治的圧力がその基盤を掘り崩しつつあった。

帝国が抱える内なる矛盾は増大の一途をたどっていた。「ドイツの兄弟戦争」たる普墺戦争での敗北に続き、翌一八六七年に複雑な憲法上の取り決めによって、オーストリア＝ハンガリー二重帝国のハンガリー部分でマジャール系指導者に自治に近い権利を認めたことは、帝国中のナショナリストの感情に火をつけた。マジャール系の支配が続くこと、また二重帝国の「半分」にあたるオーストリア部分でも人口のせいぜい三分の一程度にしかすぎないドイツ系マイノリティの支配が続くことに対して、スラヴ系の不満は高じてきていた。[20] 人口比に見合わぬ繁栄、地位、権力を享受していたオーストリアのドイツ人はその優位を守るべくこれまでにも増して声高に主張を始めた。諸民族の要求に譲歩しようとする試みは緊張をさらに高めた。ベーメン（ボヘミア）とメーレン（モラヴィア）でチェコ語をドイツ語と対等に扱うという九七年のバデーニの提案もそうだった。[21] 二〇世紀初頭には、こうした緊張は大衆政治に如実に反映して市民層の名望家どうしの自由主義の派閥争いを上回る影響を及ぼすようになり、帝国の危ういバランスも、オーストリア皇帝がハンガリー国王を兼ねることに象徴される帝国の統一という建前も崩れかねない状況になった。

議会（一九〇七年に男子普通選挙制が導入されてからは、ドイツ人は民族集団としては最大勢力ではなくなった）[22]では狂信的なナショナリストの罵倒と脅迫が飛び交い、その権威は失墜した。[23]審議は混乱し、民族的利害と階級的利害の複雑な駆け引きにより茶番と化すことも少なくなかった。ベーメンでチェコ語とドイツ語を対等に扱うという〇九年二月の法案がまたしても通らず、ガラガラ、鐘、おもちゃのトランペットやホルンが立てる騒音に、バンバンと机をたたく音が混ざった大音響のせいで議論を続けることができなくなり、対立する代議士がそれぞれに固まって違う国歌を歌いだす一方で混乱のなかで殴り合いがはじまり、審議が中断したのはその一例である。[24]法案は様々な利害や派閥の駆け引きによってしか通らなくなった。議員が様々な言語で侮辱しあい、殴りあう見苦しい様を見れば、誰もがうんざりしたはずだ。[25]汎ドイツ主義を支持していた若き日のヒトラーもこれを見て後々まで議会主義を軽蔑し、嫌悪するようになったのに違いない。一五年以上たってからヒトラーがウィーンでの経験について書いたものにも、そうした軽蔑と嫌悪の念がにじみ出ている。[26]

ナショナリストが扇動する騒々しい攻撃を議会にもちこんだ最大の責任はゲオルク・リッター・フォン・シェーネラーにある。一八四二年にウィーンの裕福な家庭に生まれたシェーネラーは、ヒトラー家が代々農地をもつ、ベーメンとの境に近い貧困地域ヴァルトフィアテルの近代的で慈悲深い地主だった。六六年にケーニヒグレーツの戦いでオーストリア帝国がプロイセンに敗れたことはシェーネラーに強い衝撃を与えた。オーストリア帝国が北ドイツ連邦から締め出されたことを屈辱と感じたシェーネラーは、ビスマルクを信奉し、オーストリア帝国とドイツ帝国の再統一を唱えて扇動を行うようになった。七〇年代にはシェーネラーは、強欲な大企業と自由放任主義経済を批判するドイツ人小規模農家や急進的な熟練工の代弁者として名を知られるようになった。[27]

シェーネラーの思想は、初期に「国民社会主義」を名乗ったもののひとつである。その主張の中核は、ドイツ的なるものの優位を求める急進的ドイツ・ナショナリズム、社会改革、反自由主義の大衆民主主義、人種主義的反ユダヤ主義だった。シェーネラーは、（ヒトラーを除けば）「オーストリアが生んだ最も強硬で徹底的な反ユダヤ主義者」であり、[28]その反自由主義、反社会主義、反カトリック、反ハプスブルクのイデオロギーを反ユダヤ主義でつなぎ合わせていた。ヒトラーがシェーネラーの思想に触れたのは、ナショナリスティックな風潮の強いリンツでのことだった。「ハイル」という挨拶、「指導者《フューラー》」という称号（シェーネラーが自ら名乗り、信奉者にそう呼ばせた）、民主主義に対する非寛容は、ヒトラーが後にナチ党に持ち込んだシェーネラー運動の遺産である[29]。

ヒトラーがウィーンにやってきた頃には、老いたシェーネラーは大衆の支持を失いつつあった。そもそもシェーネラーは、いつの時代も大きな躍進をもたらすのは皇帝に忠実なエリートだと信じ、大衆政党の価値を認めなかった[30]。シェーネラーの主張は、主として学生や中産階級のナショナリストに向けられたものだった[31]。ドイツとの統一要求、皇帝ヴィルヘルム一世とドイツ帝国に対する果てしない崇拝、「ローマから距離をとる」教会政策、ハプスブルク多民族国家への批判などの点においてはヒトラー以上に急進的で妥協を知らず、そのすべてが激しい人種的反ユダヤ主義と結びついていた。その点においてヒトラーは後にシェーネラーの思想を肯定的に評価している[32]。ヒトラーはシェーネラーの政治哲学は正しいと考えていた。しかし、シェーネラーが不毛な議会主義に参加する意思を示したこと、カトリック教会を敵に回したこと、そして何よりも大衆を無視したことを後に批判するようになった[33]。これらの点についてヒトラーは、シェーネラーとならぶオーストリアの大物政治家である「ウィーンの護民官」カール・ルエーガーから学ぼうとした。

ルエーガーのキリスト教社会党の台頭はヒトラーに強い印象を与えた[34]。当初、シェーネラーを支持していたヒトラーは、やがてルエーガーを信奉するようになった。その主たる理由は政治手法にある。シェーネラーは大衆を無視したが、ルエーガーは下層中産階級や職人層など「生存を脅かされた階級を味方につける」ことで支持を広げた。ヒトラーはその点を評価したのである[35]。ルエーガーはポピュリズムのレトリックと熟達した大衆扇動で人びとを酔わせ、カトリックの敬虔さに訴えつつ、あわせて国際資本主義、マルクス主義的社会民主主義、スラヴ・ナショナリズムを脅威と感じるドイツ系下層中産階級の経済的利害にも訴えかけた。様々な層を扇動し、支持を得るためにルエーガーが使ったのは、シェーネラーと同じく反ユダヤ主義だった。職人層が経済的地位の低下に悩み、その怒りをユダヤ人資本家と裏町にはびこるガリツィア出身の〔ユダヤ〕行商人の双方に向けていくなかで、反ユダヤ主義は急激に勢いを増しつつあった。ルエーガーは一八八〇年代から、ユダヤ系移民のウィーンへの流入を禁じるシェーネラーの法案に賛成していた[36]。しかしシェーネラーのイデオロギー的反ユダヤ主義とは違って、ルエーガーの反ユダヤ主義は機能的で実際的だった。「誰がユダヤ人かは私が決める」と言ったのはルエーガーだとされる[37]。教条的な人種主義ではなく、自由主義批判、資本主義批判を内包する政治的、経済的な反ユダヤ主義だった[38]。

しかしその不快さに変わりはない。一八九〇年の演説でルエーガーは、巨大な船にユダヤ人をすべて積み込んで海に沈めてしまえば「ユダヤ人問題」は解決し、世界に貢献できる、というウィーンで最も強硬な反ユダヤ主義者の発言をそのまま引用して憚らなかった。[39] 皇帝フランツ・ヨーゼフが当初の拒否を撤回し、「美男のカール」をウィーン市長に任命せざるをえなくなったのは九七年のことである。この頃、露骨な反ユダヤ主義は、大衆カトリシズムを媒介として結びついた社会改革、市政刷新、大衆民主主義、ハプスブルク帝国への忠誠などの主張に形を変えて唱えられていた。[40] しかしそれはやはり激烈であり、その毒々しさは後にヒトラーがミュンヒェンのビアホールで撒き散らすことになるものと大差なかった。ルエーガーは、九九年の演説で割れるような拍手喝采を受けながら、ユダヤ人は資本と報道を統制することで「想像を絶する凶悪なテロ」行為をはたらいているとして、「ユダヤ人支配からのキリスト教徒の解放」が自分の役目だ、と述べたことがある。[41] 狼や豹や虎のほうが、「人間の姿をした肉食獣」であるユダヤ人よりもよほど人間に近いと言い放ったこともあった。[42] ユダヤ人憎悪を煽っているという批判には、「ユダヤ人の最後のひとりが消えるまで、反ユダヤ主義は消えない」と反論した。[43] ユダヤ人が縛り首になろうが銃殺されようが知ったことではないという発言を批判されたときも、発言を訂正して言ったのは「私はユダヤ人の首を刎ねろと言ったのだ」という台詞だった。[44]

一九〇八年にヒトラーがウィーンにやってきたとき、ウィーンはルエーガーの都市だった。二年後にルエーガーが没したとき、その死を悼み、葬列を見送る何千もの人びとのなかにヒトラーの姿もあった。[45] 親ハプスブルクでカトリック色の強いルエーガーの主張はヒトラーにはさして魅力的ではなかった。後にルエーガーを評した際にも、ルエーガーのキリスト教社会党の拠って立つ反ユダヤ主義は底が浅く、人工的だったと批判している。[46] しかし、ヒトラーがウィーン市長ルエーガーから受け継いだのは、いかに大衆を統制し、「目的を達成するために」運動を作り出し、支持者たる大衆の「心理的本能」を操るためにプロパガンダを使うかであった。[47] これは残った。

凋落する自由主義に代わり、ナショナリズム、キリスト教社会主義とならぶ第三の動きとしてウィーンの大衆政治に興ったのは社会民主主義だった。ウィーンでの日々はこの点でもヒトラーに後々まで影響を残すことになった。ヒトラーが組織化された労働者に抱いた恐れはこの時期に端を発する。

社会民主主義労働者党の創設から三年後、一八九一年の選挙では同党は議席を得ることができなかった。[48] しかし、ヒトラーがウィーンに移った一九〇七年、男子普通選挙制が導入された初めての帝国議会選挙では、社会民主主義労働者党は五一六議席のうち八七議席を獲得した。[49]

過半数に達した地区こそなかったが、ルエーガーの地元ウィーンで三分の一、ベーメン全体では得票率四一パーセントに達する目覚しい躍進だった。[50]プラハの富裕層出身のユダヤ人ヴィクトア・アドラー率いる社会民主主義労働者党は、オーストリア゠ハンガリー多民族帝国の現在の枠組を踏み超えることなく、あくまでも漸進的にマルクス主義を実現しようとしていた。ベルンシュタインの修正主義にも通じる綱領だったといえる。[51]その主張は、国際主義（現実にはドイツとチェコの社会民主主義者の分裂は拡大しつつあった）[52]、すべての人間の平等、諸民族の平等、普通・平等・直接選挙制、基本的労働権と団結権、政教分離、人民による軍隊だった。[53]

若き日のヒトラーがシェーネラーの汎ドイツ主義を熱烈に支持していたことを考えれば、ヒトラーが社会民主主義を毛嫌いしたとしても驚くにはあたらない。しかし、その組織力と行動主義はヒトラーに強い印象を与えた。[54]一九〇五年秋、第一次ロシア革命後にロシア皇帝が譲歩したのに続き、ヒトラーがウィーンに移る直前に皇帝フランツ・ヨーゼフが男子普通選挙制の導入に同意したのは社会民主主義者の運動の影響だった。[55]一一月末にウィーンで行われたデモでは、赤い腕章をつけて行進する二五万人の労働者が議事堂を通過するのに四時間もかかった。[56]数年後、ヒトラーは似たような光景を目にして、その印象は長く残ることになる。「ある日、ウィーンの労働者の大量デモで、四列に並んで延々と行進が続き」、「人間がつくる巨大な蛇がゆっくりと蛇行していくのを息を詰めて見守りながら」二時間近くも立ちつくすという経験をしたときのことだった。これは「恐るべき軍隊」を見たかのような衝撃であり、ヒトラーは帰る道すがら「重苦しい不安」を感じたという。その一方で、ヒトラーが社会民主主義から学んだのは、「大衆心理は中途半端で弱いものを決して受け入れない」という脅しと非寛容の精神だったと後に本人は語っている。[57]

一九〇八年の冬の終わりにヒトラーはウィーンに戻ったが、こうした教訓を得るのはまだ先のことである。少なくともこの先数カ月は、ヒトラーの頭に政治のことは全くなかった。

2

一八歳のアドルフ・ヒトラーは、一九〇八年二月にリンツを発ち、ウィーンに向かった。少なくとも五月頃までは、ヒトラーは家族と連絡をとっていた。[58]八月にヴァルトフィアテルの親戚を訪れたのは、おそらくは資金調達のためだったと思われる。[59]しかし母親の死後、ヒトラーは家族にほとんど関心をもたなくなり、すぐに手紙も書かなくなった。[60]ヴァルトフィアテルに戻っていた叔母ヨハンナからは経済的援助を受けたことがあり、親戚のなかで関心を失わなかった唯一の相手といってよい。[61]しかし、一一年にヨハンナが亡くなると家族との縁は切れ、音信はその後何年も途絶えた。[62]

　後見人であるレオンディングの市長ヨーゼフ・マイルホーファーは小農の家系出身の誠実な人物だったが、ヒトラーの母親の死後、パン屋の見習いの口を見つくろい、ヒトラーに改めて勧めようとした。しかし、アドルフは小馬鹿にして取り合わなかった。[63]アドルフを父親と同じ官吏の道に進ませようという叔母ヨハンナの最後の試みも実を結ばなかった。[64]母親の死にともなう家のごたごたが片づき、ラウバル家〔異母姉アンゲラ夫婦〕が妹パウラを引き取ることに同意すると、アドルフは一九〇八年一月に後見人に会いに行き、ウィーンに戻るとあっさりと告げた。マイルホーファーは後に、アドルフは父親に負けず劣らず頑固で、思いとどまらせようとしたが無駄だった、と話した。[65]実のところ、アドルフは前年の夏からウィーン行きを決めていた。芸術アカデミーで学ぶことになると考え、九月末か一〇月初頭にウィーンの西駅に近いシュトゥンパーガッセ三一番地の三階に小さな部屋も借りていた。家主はチェコ人の女性でツァクレース夫人といった。[66]〇八年二月一四日から一七日のあいだのどこかでアドルフはここに戻り、母親が亡くなる前にしていたことの続きに取りかかった。

　ひとり暮らしの期間は長くはなかった。アウグスト・クビツェクも一緒にウィーンで音楽の勉強をさせてやってほしいと、アドルフがクビツェクの両親を説得したことを思い出してもらえるだろうか。クビツェクの父親は、ただの落ちこぼれのくせにまっとうに手に職をつけようとしないアドルフのような人物と一緒に息子を行かせることをひどく渋ったが、[67]アドルフは説き伏せた。二月一八日にアドルフはクビツェクに葉書を送り、できるだけ早く来てくれと急かしている。葉書には、「友よ、君が来るという知らせを首を長くして待っている。歓迎の準備を整えられるよう、早く返事がほしい。ウィーンが君を待っているよ」とあり、「頼むから早く来てくれ」という追伸がついている。[68]

　四日後、クビツェクの両親は涙ながらに息子と別れを惜しみ、クビツェクは友人アドルフと合流すべくウィーンに向けて発った。その日の夕方、アドルフは疲れきったクビツェクを駅で出迎え、最初の晩は泊めてやろうとシュトゥンパーガッセに連れ帰った。しかし、アドルフは例によって、今すぐウィーン中を見せてやると言いだした。ウィーンに来て宮廷歌劇場も見ずに寝るつもりかと言われ、クビツェクは歌劇場、聖シュテファン大聖堂(霧のせいでほとんど見えなかった)、可愛らしい岸辺のマリア教会、と連れまわされた。二人がシュトゥンパーガッセに戻ったのは夜半過ぎだった。その夜遅く、疲労困憊したクビツェクが眠りに落ちても、アドルフはウィーンの壮大さについてまだ熱弁をふるっていた[69]。

その後数カ月、二人の生活はリンツでの暮らしをさらに派手にしたようなものだった[70]。クビツェクは最初こそ部屋を探そうとしたもののすぐに諦め、ツァクレース夫人を説き伏せて、夫人が暮らす大きいほうの部屋から、ヒトラーが間借りしていた窮屈な小部屋に移ってもらった[71]。こうして、アドルフは友人クビツェクと二人で同じ部屋に住み、以前の二倍の家賃（ひとり当たり一〇クローネ）を支払うことになった[72]。その数日後、ウィーン音楽院に入学を許可するとの合格通知がクビツェクに届いた。クビツェクがグランドピアノを借りると部屋のほとんどが占領され、ヒトラーがいつものように足音高く行ったり来たりしようにも動く余地など三歩しか残らなかった[73]。部屋には、ピアノのほかには寝台二つ、トイレ、洋服簞笥、洗面台、テーブル、椅子二脚など、必要最低限のものしかなかった[74]。

クビツェクは音楽を学ぶ学生として規則的な生活に入った。ヒトラーが何をしているのかはクビツェクにはよく分からなかった。ヒトラーは朝は遅くまで寝ていたが、昼にクビツェクが音楽院から戻る頃にはいなくなっており、天気のよい午後にはシェーンブルン宮殿をぶらついたり、本を読んだり、壮大な建築や脚本の計画を立てたり、かなりの時間を費やして夜遅くまで絵を描いたりしていた。クビツェクは、ウィーン芸術アカデミーで勉強しているのにどうしてあれほど自由時間があるのかとかなりのあいだ不思議に思っていた。ことの次第が分かったのは、クビツェクがピアノで音階練習をするのにヒトラーが苛立ちを見せたことをきっかけに勉強の時間帯をめぐって本格的な口論になり、とうとうヒトラーが「アカデミーなど消し飛んでしまえばいい」と叫び、アカデミーを運営する「ものの分からない時代遅れの公務員、官僚、馬鹿げた役人ども」への怒りをぶちまけたときである。ヒトラーは、「あいつらは僕を受け入れずに、拒否し、落とした」と認めたのだった[75]。クビツェクがそれでどうするつもりなのかと尋ねると、ヒトラーは食ってかかった。「どうするつもりかだって？　…君だって始めたばかりだろう[76]」。本当のところ、ヒトラーはどこに行けばよいか、何をすればよいか自分でも分かっていなかった。あてもなくさまよっていただけだった。

クビツェクがヒトラーの痛いところを突いたのは明らかである。アドルフは金銭上の理由から、アカデミーの入試に落ちたことを家族には話さなかった。知ればアドルフの後見人は、月二五クローネの遺児年金を渡すことをおそらく拒んだはずだ[77]。職を見つけるようにという圧力も一層強めたかもしれない。しかし、なぜアドルフはクビツェクにまで嘘をついたのだろうか。一〇代の少年にとっては、狭き門の入学試験に落ちることなど、珍しいことでも恥ずかしいことでもない。とはいえ芸術的な審美眼においてはあらゆる面で自分のほうが優っていると友人に豪語しつづけてきたアドルフが、その友人が前途洋洋と音楽院で学びはじめたというのに、自分は試験に落ちたなどと口にできるはずもなかった。アドルフは自尊心をいたく傷つけられ、苦しんだ。クビツェクによれば、アドルフはちょっとしたことで突然に怒りだした。[78]アドルフは自信を失っていたが、自分を苦しめるすべての人への際限ない怒りと猛烈な批判を突如として爆発させることもあった。「憎しみをたぎらせ、自分を理解せず、自分の価値を認めず、自分を苦しめ、欺くすべてのものと人に怒りの矛先を向けた」[79]。ときには、「真の芸術を理解」していないとしてアカデミーを非難し、「自分の芸術家としての栄達を阻止するためだけに」陥れられたのだと口にしたこともあった。[80]クビツェクに言わせれば、これは一言一句間違いないとのことである。「要するに、ウィーンで過ごしたこの最初の時期、アドルフは情緒不安定になっていたようだ」とクビツェクは書いている。[81]あらゆるものと人に向けられた憎しみは、受け入れられることを心底望み、自分が失敗したり月並みだったりする、取るに足らない人間だとは認められない肥大した自尊心の表れだった。

　アドルフはアカデミーに入学する望みを捨てなかった。しかし、例によって、再受験で合格できるように何かをするわけでもなかった。アドルフはリンツを発つ直前に、ヒトラー家が暮らしていたウァファーのアパートの家主の口利きでアルフレート・ロラー教授への紹介を受けた。宮廷歌劇場の優れた舞台美術家で、ウィーンの文化的な人びとのあいだで名が通っていたロラー教授は、ヒトラーがウィーンに来たら会ってもよいと言ってくれていた。[82]しかし、ヒトラーはせっかくの紹介を生かそうとしなかった。[83]このことひとつをとっても、ロラー教授の口添えで、アドルフがパンホルツァーという彫刻家の芸術指導を受けた証拠は全くないことが分かる。[84]若き日のヒトラーは体系的に準備したり猛勉強したりといったこととは無縁で、それは後に独裁者になってからも変わらなかった。ヒトラーはリンツにいたときと同じように、自ら進んで賛同してくれるクビツェクとしか共有できない壮大な計画を思い描きながら、あらかたの時間を芸術家気取りで過ごした。こうした空想は、突然の思いつきやちょっとしたアイディアから生まれ、始まるやいなや終わるのが常だった。[85]

　そのひとつが戯曲を書くという案だった。キリスト教伝来期のバイエルン・アルプスを舞台とするヴァーグナー流の戯曲の場面構想を書きとめた走り書きをアドルフに見せられて、クビツェクは驚いた。[86]この計画はそれ以上は進展しなかった。ゲルマン神話に題材をとり、ヴァーグナーの最も派手な舞台セットをもしのぐ壮大な規模で上演されるはずだったほかの数々の戯曲も同じだった。

アドルフよりも現実的だったクビツェクは、その規模の上演は資金的に無理ではないかと指摘したが、もう少し穏当な規模の計画にとどめたほうがよいというこの意見をアドルフは鼻で笑って取り合わなかった(87)。

オペラを作ろうとしたときには、ヴァーグナーに倣おうとする姿勢はもっとはっきりしていた。ヴァーグナーの作品のなかに楽劇「鍛冶屋ヴィーラント」の簡単な草案があると授業で聞き込んだというクビツェクの一言に触発されて、ヒトラーは、神々と英雄に関する手持ちの本ですぐさまヴィーラントの神話について調べ上げ、その夜のうちに書きはじめた。翌日、ピアノの前に腰掛けて、ヒトラーはクビツェクにヴィーラントのオペラを書こうと思うと語った。自分が作曲するので、クビツェクがそれを楽譜にしてくれないかというのである。アドルフには音楽の知識があまりないことを控えめに指摘しつつ、クビツェクが難色を示したにもかかわらず、数日間、アドルフは寝食も忘れて作業にのめり込んだ。しかし、アドルフはこの計画について「次第にあまり口にしなくなり、しまいには全く話が出なくなってしまった(88)」。

クビツェクによれば、ウィーンの住宅問題の解決と労働者のための新しい住宅デザイン、アルコールに代わる新たな大衆飲料の開発、地方に文化をもたらす巡回オーケストラ、お決まりのリンツの壮大な文化的復興など、空想的な計画はいくつもあった(89)。ウィーンの住宅問題を研究するためにアドルフが三日間も夜中に通りを歩き回ったという話にみられるように、クビツェクはヒトラーの社会的関心を明らかに潤色しており(90)、想像上の「理想国家」での社会改革、文化改革の計画等におけるヒトラーの先見の明も強調してみせている(91)。しかし、ヒトラーがありとあらゆる点で頑固だったこと、全く非現実なアイディアに突如として取りつかれるがその情熱が長続きしなかったこと、実に野心的に大風呂敷を広げはするもののあっというまに立ち消えになってしまったことなどは事実だろう。

ヒトラーは巨大で壮大で壮観なものを強迫観念のように追い求めつづけた。オットー・ヴァーグナーのアヴァンギャルドのユーゲントシュティール建築にも、ウィーン分離派やその領袖グスタフ・クリムトにも目をくれようともしなかった(92)。世紀末ウィーンを虜にしたこの文化的革命に全く関心を払わなかったのだ(93)。建築であれ美術であれ、ヒトラーの趣味は伝統的、反近代的であり、一九世紀の新古典派とリアリズムにしがみついていた。ヒトラーにとって建築物は何よりも描くためのものだった。ヒトラーは壮大な建築物ばかりをスケッチした。初めて目にしたときからヒトラーは、一八五〇年代末頃に建設がはじまった立派なリング通りと、その通り沿いにある新バロック建築のウィーン王宮、古典主義の国会議事堂と市庁舎、印象的な美術館の数々、歌劇場、ブルク劇場

(ヒトラーはとくに賞賛していた)などの壮大な建造物に魅せられた。[94] 後にプロパガンダの達人となるヒトラーは、力と壮大さを見せる建造物が個人に与える視覚的衝撃に心を奪われ、その建築の歴史と意匠について何時間でもクビツェクに話しつづけた。[95]

クビツェクは相変わらず素朴で影響を受けやすかったため、ヒトラーがもったいぶって傾ける、とくに建築関連のうんちくに驚いてやまなかった。[96] クビツェクは著書で、ヒトラーはいつも勉強していたと書いている。本を手にしていないヒトラーは想像できないとして、「本がヒトラーの世界だった」とクビツェクは書く。[97] ヒトラーがウィーンに持ってきた四箱分の荷物はほとんど本ばかりだったという。[98] ヒトラーはリンツでも三つの図書館を利用していたが、ウィーンに来てからはいつも宮廷図書館を利用していた。[99] クビツェクは、シュトゥンパーガッセの部屋にはいつでも本がたくさんあったとも書いている。[100] もっとも、クビツェクの記憶にあるのは『神々と英雄の神話 ゲルマン神話の神器』というタイトルだけである。[101] 戦後すぐにヒトラーの読書について尋ねられたクビツェクは、アドルフが数週間のあいだ二冊の本を部屋に置いていたことと旅行ガイドをもっていたことしか思い出せなかった。[102] クビツェクは後に、ゲーテ、シラー、ダンテ、ヘルダー、イプセン、ショーペンハウアー、ニーチェにいたるまで、ヒトラーは古典を軒並み読破していたとしているが、これは相当割り引いて聞かねばなるまい。[103] ウィーン時代にヒトラーがどのような本を読んだにせよ、それはおそらくクビツェクのいうような文学思想史上の巨匠たちの著作よりもはるかに低俗なものだったと思われる。しかも、『わが闘争』で触れられている数々の新聞を除けば、[104] 何を読んだかすら定かではない。

そうはいっても、ウィーン滞在中に多くの本を読んだという後の本人の弁を疑う理由もない。[105] 現に、一九〇八年にウィーンに移って数カ月たった頃、家族と連絡が途絶える前に、ヒトラーが読むべき本のリストを作って『ドン・キホーテ』の写しと一緒に送ってくれたと、妹パウラが第三帝国崩壊後に回想している。[106] しかし、当時のヒトラーの常で、本の読み方も体系的ではなく、ヒトラーがその並外れた記憶力でものにした知識は、すでにもっている意見を補強するためだけに使われた。

ヒトラーは『わが闘争』のなかで自分の読書スタイルについて次のように語っている。

本という本、活字という活字を大量に「読む」が、決して「博識」とはいえない人間もいる。大量の「知識」をたしかにもってはいるものの頭に入れた事柄を整理することができない人間、本に書かれていることのうちで自分にとって価値のあることとないことをふるい分けることができない人間のことである。［…］読書はそれ自体が目的ではない。目的のための手段である。［…］正しい読み方を知る者は、本であれ雑誌であれ冊子であれ、何を読んでも、自分の目的にかなうもの、一般的に知っておくべきことなど、覚えるに値するものを即座に見抜く。このようにして得た知識が、すでに想像に基づいてもっていたあれこれの事柄に関するイメージと正しく結び合わされれば、それは修正か補完の役割を果たし、イメージはより正確もしくは明確になる。［…］このような読書には意味がある。［…］私は若い頃から正しい本の読み方を心がけ、幸いにも自分の記憶力と知性にも助けられた。このように考えると、ウィーンで過ごした日々はまことに実り多く、かけがえのないものだった。[107]

リンツにいた頃と同じく、ヒトラーは建築のほかに音楽にも熱中した。なかでも後々まで好んだのは、ベートーヴェン、ブルックナー（とくに好んだ）、リスト、ブラームスだった。ヨハン・シュトラウスとフランツ・レハールのオペレッタも非常に気に入っていた。[108] もちろん一番はヴァーグナーだった。アドルフとクビツェクは毎晩のようにオペラに通いつめ、何時間も並んでは、二クローネの立見券を手に入れたものだ。二人はモーツァルト、ベートーヴェンのほかに、イタリアの巨匠ドニゼッティ、ロッシーニ、ベッリーニのオペラ、ヴェルディやプッチーニの代表作も観た。しかしヒトラーにとって意味があったのはドイツ音楽だけだった。ヴェルディやプッチーニのオペラはウィーンでは大入り満員だったが、その熱狂に加わる気にはなれなかった。ヒトラーは、路上の手回しオルガン弾きが「女心の歌」を流すのを聞いて、「君のヴェルディが流れているよ」とクビツェクに言ったことがあった。どんな作曲家の曲だろうと、あんな風に演奏されたらひどくも聞こえる、とクビツェクが言い返すと、ヒトラーは「ローエングリンの聖杯の話が手回しオルガンで流れるのを想像できるかい？」と答えた。[109] アドルフはリンツにいた頃からヴァーグナーに心酔していたが、いまやふたりはヨーロッパ有数の歌劇場で上演されるヴァーグナーの楽劇をすべて観にいけるようになった。[110] クビツェクの勘定するところでは、短い同居期間中に二人は、ヒトラーの一番の気に入りだったローエングリンを一〇回は観たという。[111]「演奏が二流であろうと、ヴァーグナーは一流のヴェルディの一〇〇倍はよい」というのがヒトラーの持論だった、とクビツェクはいう。クビツェク自身の意見は違ったが、無駄だった。アドルフは、クビツェクが宮廷歌劇場でヴェルディを観るのをあきらめて、大衆的なフォルクスオーパーに一緒にヴァーグナーを聞きにいくと約束するまで放そうとしなかった。「ヴァーグナーの演奏のことになると、アドルフはどんな反対も受けつけなかった」[112]。

ヒトラーはもちろん、世紀転換期にバイロイトの主ヴァーグナーの作品を聞きにウィーン宮廷歌劇場に集うあまたの熱狂的なヴァーグナー愛好者のひとりにすぎなかった。とくに若い世代にとってヴァーグナーは、「知に対する情、大衆に対する民族《フォルク》、老いて硬直したものに対する若く活力あるものの代弁者」だった[113]。当時はヴァーグナー熱が最高潮に達した時期である。ヴァーグナーは間違いなく最も人気のある作曲家であり、ヒトラーのウィーン滞在中に宮廷歌劇場で行われたヴァーグナー・オペラのソワレ公演は四二六回を下らなかった[114]。

聴衆のなかには、ヴァーグナーの音楽の理解や解釈という点で、素人のくせにひとりよがりな断定を下すヒトラーよりもものの分かった人は、クビツェクを含めてたくさんいた。しかし、ヒトラーにとってヴァーグナーは音楽の域にとどまるものではなかった。「ヒトラーにとってヴァーグナーを聞くとは単に劇場に行くという話ではなかった。ヴァーグナーの音楽が身の内に作りだす、かの非日常、恍惚、神話的な夢の世界へと誘われる経験そのものだった」とクビツェクは言う[115]。ヒトラー自身もずっと後に、「ヴァーグナーを聞くと、過去の世界の律動を聞いているように思えた」と語ったことがある[116]。それは、大いなる悲劇と驚嘆すべき壮大さ、神々と英雄、大きな争いと贖罪、勝利と死に満ちたゲルマン神話の世界だった。リエンツィ、タンホイザー、シュトルツィング、ジークフリートのように、アウトサイダーたる英雄が旧き秩序に挑む世界であり、ローエングリンやパルツィファルのような慎み深い救世主の世界だった[117]。一九四五年に自らの体制が黄昏を迎えるまで、ヴァーグナーが描く裏切り、犠牲、贖罪、英雄的な死といったテーマにヒトラーは心を奪われつづけた。それは、食べるために働くという市民的精神に屈することを軽蔑し、拒絶と迫害を乗り越え、逆境を克服して偉大さを手にしたアウトサイダーであり、革命的で妥協を許さない、既存の秩序への挑戦者である天才芸術家ヴァーグナーの壮大な構想が作り上げた世界だった[118]。シュトゥンパーガッセの薄汚い部屋に暮らす、拒絶され、落伍した夢見る天才芸術家が、バイロイトの主を崇拝するようになったのも不思議ではない[119]。取るに足りない月並みな落伍者ヒトラーは、ヴァーグナーの英雄のように生きたかった。哲学の王、天才、至高の芸術家たるヴァーグナーにあやかり、自分自身が第二のヴァーグナーになりたかった。芸術アカデミーの入試に落ちてアイデンティティの危機に陥った[120]ヒトラーにとってヴァーグナーとは、そうありたいと夢見つつも決してたどりつけない偉大なる芸術家であり、美学の勝利と芸術の優越の顕現だった[121]。

3

若き日のヒトラーとクビツェクの奇妙な共同生活は一九〇八年夏まで続いた。その間にヒトラーは、クビツェクを除けば、家主のツァクレース夫人としか恒常的な関わりをもとうとしなかった。クビツェクとヒトラーの共通の知り合いもいなかった。ヒトラーにとってクビツェクとの友情は閉鎖的なものであり、誰も立ち入らせようとしなかった。[122]クビツェクがあるひとりの若い女性を部屋に連れてきたときには、ヒトラーはその女性がクビツェクの恋人だと思いこみ、怒り狂った。本当のところ、その女性は、クビツェクの数少ない音楽の生徒のひとりだった。しかし、和声を教えようとしただけだと説明しても、女性に勉強をさせても無駄だとヒトラーに演説をぶたせることになっただけだった。[123]

クビツェクの見るところ、ヒトラーは全くの女性嫌いだった。[124]オペラの立見席が女性の立ち入りを禁じていることにヒトラーはいたく満足していたとクビツェクは指摘している。[125]リンツでシュテファニーをひそかに恋慕していたことを除けば、クビツェクの知る限り、リンツとウィーンで二人が親しくしていた間、ヒトラーが女性と交際することはなかった。[126]オーストリア時代を通じてこれは変わらなかった。男性用の単身宿舎〔一時収容施設〕で過ごした時期にも、ヒトラーの生活に女性の影があったことを伝える史料はない。仲間うちで話が女性のことにおよぶと、たいていは別れた恋人や性経験の話になるものなのだが、そうした時も、ヒトラーはせいぜいシュテファニーのことを漠然と口に出せるだけだった。「ヒトラーが気持ちを伝えなかったため、本人はあずかり知らない」ことだが、ヒトラーの「初恋の女性」シュテファニーである。ラインホルト・ハーニッシュの印象に残っているのは、「ヒトラーは女性に対する敬意をおよそもちあわせていないが、男女関係にはきわめて厳格だった」ことである。「ヒトラーは、男はその気さえあれば、きわめて倫理的に生きることができる、とよく口にした」[127]。これは、シェーネラーの汎ゲルマン主義が説く道徳規範そのものだった。シェーネラーは、健康で、意志を強くもち、肉体的にも精神的にも高い成果をあげるために、二五歳までは独身を貫くという規範を唱えていた。食事については、性的活動を促進する肉食とアルコール摂取は避けるべきだとされた。また、ドイツ人種の強さと純血を維持することにより、道徳的退廃を防ぐと同時に、「劣等」人種を客にするような娼婦を買って性病に感染する危険も避けられるとされていた。[128]ヒトラーのお堅い生活スタイルと倫理観をイデオロギー的に正当化したのはこうした考え方だった。もっとも、クビツェクとの付き合いがなくなった後も、ウィーン時代のヒトラーが女性にとって「魅力的」とはいいがたかったことも確かである。[129]

　二四歳でウィーンを離れるまで、ヒトラーに性経験がなかったことはほぼ間違いない。表向きは厳格に道徳規範が保たれていたにせよ、性的サービスが溢れ、若者も当然のように娼婦を買えた当時のウィーンのような都市では、これはおよそ普通とはいいがたい。[130] おそらく、ヒトラーは女性の女たる部分が恐かったのだろう。ハーニッシュは、学校に通っていた頃に乳搾りの女性と会った話をヒトラーがしたときのことを証言している。近づいてくる女性に慌てて逃げ出したヒトラーは、攪乳機を蹴倒してしまったのだという。[131] 後にヒトラーは、「可愛く、ぽっちゃりして、穏やかで、愛らしく、頭のよくない娘」が理想だと言っている。[132] 女性とは「弱い者を支配するよりも、むしろ強い男に従おうとする」ものだ、[133] とヒトラーが断言しているのは、自らの性的コンプレックスの裏返しだろう。

　クビツェクは、ヒトラーは性的にはノーマルだったと断言している（ただし、クビツェクの説明を聞いても、どうやってそれをクビツェクが判断しえたのかはよく分からない）。[134] はるか後にヒトラーをくまなく診察した医師たちも同じ見解に達したことを考えても、[135] おそらく生物学的には普通だったのだろう。[136] ヒトラーの人格障害の原因は睾丸の欠損からくる性的逸脱にあったという説もあるが、これが根拠としているのは、心理学的な憶測と、ヒトラーの焼死体をベルリンから持ち帰ってソ連で行われた怪しげな死体解剖である。[137] 片親がユダヤ人だった人物と婚約中のモデルをレイプしようとした、しじゅう娼婦を買っていた、といったウィーン時代のヒトラーに関する話も、信頼のおけない情報源をもとにしたもので、根拠はないと考えてよい。[138] しかし、クビツェクの情報と、『わが闘争』のなかでヒトラー自身が書いていることを考え合わせれば、ヒトラーが性的に抑圧され、成熟も遅かったということまでは言ってよいだろう。

　ヒトラーの性的な潔癖さはシェーネラー流の規範の影響だが、その行動は当時のウィーン中産階級の建前上の倫理規範どおりだったともいえなくはない。あからさまに官能的なクリムトの芸術やシュニッツラーの文学はそうした規範への挑戦だった。[139] しかし、市民階層の厳然たる禁欲主義は、少なくとも、悪徳と売春に満ち溢れた都市の恥部の薄い目隠しになる程度には広まっていた。[140] 女性がくるぶしを見せるだけでも慎みがないとされるような時代だったことを考えれば、クビツェクの部屋を探す途中、大家の女性が下着に絹の部屋着を羽織っただけであることを知ったヒトラーが狼狽し、クビツェクと一緒に脱兎のごとく逃げ出したのも理解はできる。[141] しかし、ヒトラーの性的潔癖さは度を越していた。クビツェクにいわせれば、性行為への強い嫌悪感の域に達するほどのものだった。[142] ヒトラーは女性と関わることを避けていた。オペラを観に行くと、若い女性たちが風変わりなヒトラーに面白半分に声をかけ、からかうこともあったようだが、そうした誘いを受けても、冷たく無関心だった。[143] 同性愛には嫌悪感をもち、[144] 自慰行為にも自制的だった。[145]

　売春は恐れつつも興味はもっていた。売春は恐るべき性病と結びつくものだった。[146] ある晩、若者の性を扱ったフランク・ヴェーデキントの戯曲「春のめざめ」を観た帰り道、ヒトラーは突然にクビツェクの腕を引くと、ヒトラーいわく「悪の巣窟」たる赤線地区をその目で確かめようと、シュピッテルベルクガッセに連れ込んだ。アドルフはそのまま、灯りがともる窓沿いに一度ならず二度も歩いた。窓の奥では、肌も露な女たちがしつこく客を引いていた。そうこうするうちに、アドルフはクビツェクに向かって売春の害悪について演説をぶちはじめ、赤線地帯を見てやろうという熱は中流階級の独善のなかに埋もれて消え去った。[147] 後に『わが闘争』のなかでヒトラーは、当時のウィーンの反ユダヤ主義者の議論に同調して、ユダヤ人と売春を結びつけている。[148] しかし、この発想が一九〇八年の段階ですでにヒトラーの頭のなかにあったかどうかについては、クビツェクは書き残していない。

　性を嫌悪するようでありながら、性に関心もあったことは明らかである。[149] ヒトラーは、夜中、クビツェクと長話をする際には、性的な事柄について非常によく論じた。ヒトラーは、もったいをつけて「生命の火」と呼んでいたものを守るためには純潔を保つ必要があるという話をしたり、ある実業家に二人でご馳走になった後に初心《うぶ》な友人クビツェクに同性愛について説明したり、売春と道徳的退廃についてまくしたてたりしたものだ、とクビツェクは書いている。[150] ヒトラーは性的に抑圧され、物理的接触を厭い、[151] 女性を恐れ、真の友情を育むことができず、空虚な人間関係しか築けなかったが、それは幼少期の家庭生活に問題があったせいだと思われる。[152] ただし、原因はどうしても推測の域を出ない。ヒトラーは性的に倒錯していたという噂が後になって出たこともあったが、その根拠も同じくあやふやである。性的抑圧が後に浅ましい嗜虐、被虐の行為をよぶことになるのだといった推測や憶測はたくさんあるが、それに類するものは何であれ、噂と憶測と当てこすりが入り混じったようなもので、ヒトラーの政敵が言い立てたにすぎないことも多い。[153] それに、ヒトラーが仮に倒錯した性的嗜好をもっていたところで、複雑で進んだドイツ国家が一九三三年以降になぜ急速に非人道的な国家へと転落したかを説明するのに、それがいったいどのように役立つというのだろうか。

　ヒトラーは、ウィーンでの生活を苦難と窮乏、飢えと貧困の日々だったと書いている。[154] シュトゥンパーガッセで過ごした一九〇八年についていえば、これは嘘である

（ただし、〇九年秋から一〇年冬にかけてのヒトラーの状態はまさしくその通りだった）。孤児年金では暮らしていくことさえできなかったため、どうにかして糊口をしのぐ必要があった、という『わが闘争』の一節はさらに問題がある。[155]すでに見たように、叔母からの借金と母親の遺産に孤児年金をあわせれば、一年は優雅に暮らしていけるだけの金額にはなったはずである。若い教師の収入と比べても遜色ないものだったかもしれない。[156]夕方、一張羅を着てオペラに繰り出すヒトラーの身なりも無一文とは程遠かった。〇八年二月にクビツェクがヒトラーとウィーンの西駅で再会したときにも、ヒトラーは仕立てのよい濃色のコートに濃色の帽子をかぶっていた。リンツにいた頃から使っていた象牙の柄のついたステッキをもつその姿は「上品といってもよいほどだった[157]」。ただし、これもお分かりだろうが、〇八年前半には働いて生活の糧を得ていたわけでも、まっとうに暮らしていくために手を打ったわけでもなかった。

　クビツェクと暮らした時期にはそれなりの収入はあったが、ヒトラーは放埒に無駄遣いをしていたわけではない。人がうらやむような生活ではなかった。シュトゥンパーガッセのあるウィーンの西駅付近の第六地区は、通りも暗く、薄暗い中庭をとりかこむように煙と煤で汚れたみすぼらしいアパートが立ち並ぶ、魅力的とはいいがたい街区だった。クビツェク自身、ウィーン到着後の部屋探しの途中、ぞっとするような住居を目にしたこともあった。[158]クビツェクとアドルフが二人で暮らす下宿先は、いつも灯油のにおいがするみすぼらしい部屋で、じめじめした壁は漆喰がはがれて崩れかけており、寝台と家具も虫食いだらけだった。[159]生活は質素だった。食費も抑えていた。当時、アドルフは菜食主義ではなかったが、日頃、口にするのはバターつきのパン、甘いプディングなどで、午後にはケシの実かナッツのケーキを食べることもよくあった。時には何も食べないこともあった。二週間に一度、クビツェクの母親から食料が送られてくるときだけはさながら宴会だった。[160]アドルフは、たいていはミルク、時に果物ジュースを飲むこともあったが、アルコールは嗜まず、[161]煙草も吸わなかった。[162]

　唯一の贅沢がオペラだった。オペラやコンサートに日参するためにいくらを費やしたかは推測するほかない。しかし、アドルフにどれだけ蓄えがあったにせよ、二クローネの立見席に[163]数カ月間通いつづければ、かなりの物入りだったに違いない。[164]それに引き換え、音楽ではなく社交目当ての若い将校が十二分の一の一〇ヘラーしか払わずともよいというのはおよそ腹立たしい話だった。[165]三〇年以上経ってからヒトラーは、「ウィーンで暮らしていた頃は貧しかったので、最上の演奏だけにしぼらなければならなかった。そのため、当時、トリスタンを三〇～四〇回は聴いたが、必ず最高のメンバーが揃うときを選んで行くようにしていた」と述べている。[166]一九〇八年夏には、相続した財産のかなりを食いつぶしてしまっていたに違いない。しかし、蓄えの一部はまだ残っていたと思われる。また、クビツェクは孤児年金がヒトラーの唯一の収入源だったと考えていたふしがあるが、[167]たしかにそれも入れれば、あと一年ほどはやっていけたはずである。[168]

当時のクビツェクは知りようもなかったことだが、ウィーンでクビツェクがアドルフと過ごす期間はその夏には終わろうとしていた。一九〇八年七月初旬、クビツェクは音楽院の試験に受かり、学期が終わった。クビツェクはリンツに戻り、秋まで両親のもとで過ごすことにしていた。部屋を借りたままにしておくためにクビツェクはツァクレース夫人に家賃を毎月送金することにし、ひとりで部屋に残るのは気が進まないと言いながらアドルフは西駅までクビツェクを見送りに来た。[169]この後、二人がやっと再会するのは三八年のオーストリア併合のときである。[170]アドルフは、夏のあいだにクビツェクに絵葉書を何枚か送ったが、そのうちの一枚はヴァルトフィアテルから送られたものである。アドルフは、しぶしぶながらそこでしばらく家族と過ごしたのだ。[171]これを最後に親戚と顔を合わせることも何年もなかった。[172]秋に二人が再会できないと思わせるような徴候は微塵もなかった。しかし、クビツェクが一一月に戻り、西駅で汽車を降りたとき、ヒトラーの姿はどこにもなかった。晩夏から秋にかけてのいずれかの時期に、ヒトラーはシュトゥンパーガッセを引き払っていた。ツァクレース夫人は、ヒトラーは転居先の住所を残していかなかったとクビツェクに告げた。[173]一一月一八日、ヒトラーは、西駅に近いフェルバー通り二二番地一六号室という新しい住所で「学生」として警察に届けを出している。今度の部屋はシュトゥンパーガッセよりも広く、家賃も高かったと思われる。[174]

なぜクビツェクとの親交を何も言わずに突然に断ち切ったのだろうか。最も考えやすいのは、一九〇八年一〇月に芸術アカデミーの試験に再び落ちたことだろう。今回は本試験を受けることさえできなかった。[175]ヒトラーは、再出願したことをクビツェクには話していなかったものと思われる。恐らくヒトラーは、二度目こそ落ちることはないと期待して一年間を過ごしたのだろう。しかし今度こそ、芸術の道に進むというヒトラーの希望は完全に潰えてしまった。二度も失敗を重ねたヒトラーとしては、クビツェクに合わせる顔はなかった。[176]

クビツェクの回想録には欠陥も多いが、そこに描かれた若き日のヒトラーの姿には、後に党首となり独裁者ともなるヒトラーの性格の特徴がすでに表れている。[177]怠惰な生活を送り、病的なまでの情熱とエネルギーを傾けて夢想にふけり、半可通で、現実的な思考もバランスのとれた思考もできず、独学の徒のくせに自説を曲げず、自己中心的で、ひねくれて不寛容で、突然に逆上し、偉大な芸術家の栄達をはばむすべての人やものを罵倒する。クビツェクが描く一九歳のヒトラーには、こうした特徴がすべて備わっている。ウィーンで失敗したヒトラーは怒りと鬱憤をためこみ、自分を取り巻く世界に敵対的になっていった。しかし、ヒトラーはまだ、『わが闘争』で詳述されるような政治的主張をもった一九一九年以降のヒトラーではない。

　ヒトラーの政治思想の形成については、クビツェクは、文化や芸術関連の事柄と比べるとさして関心を向けていたわけではなく、それについて自分なりにまとめるにあたって『わが闘争』に目を通した。そのため、ウィーン時代の「政治的な目覚め」についてヒトラー自身が述べていることを強く思い起こさせる箇所がところどころある。したがって、クビツェクの書いていることはあまり当てにならない。この時期のヒトラーは平和主義者であり、戦争に反対していたというくだりも信じがたい[178]。

　しかし、ヒトラーの政治意識が高まりつつあったことを疑う理由もない。ヒトラーは、多言語が飛びかう議会（クビツェクと一緒に見学した）[179]を心底軽蔑していた。とはいえ、筋金入りのドイツ・ナショナリズム、ハプスブルク多民族国家に対する強烈な嫌悪、「ウィーンの街中での民族的喧騒[180]」と「ドイツ文化の古都をむしばむ外国人の群れ[181]」への憎悪なども、リンツで初めてそうした思想に染まったときと比べて多少強くなり、急進性を増した程度にすぎなかった[182]。ヒトラーがこれを完全に言語化するのは『わが闘争』でのことである[183]。ウィーン時代初期の経験によって、こうした考え方が強まり、過激化したことは間違いない。しかし、ヒトラー自身も、ウィーンでユダヤ人に対する態度が固まるには二年かかったと述べている[184]。

　クビツェクは、ウィーンで二人が同居しているあいだにヒトラーの「世界観」は固まったのだと主張しているが、それは誇張である[185]。ヒトラーの「世界観」はまだまとまってはいなかった。ヒトラーの世界観の基礎であるユダヤ人に対する病的なまでの嫌悪もまだみられない。

4

　フェルバー通りでの九カ月間のヒトラーの行動を伝える証言はない[186]。マリー・リンケという若い女性が、後になって、アパートのあった街区で時々ヒトラーと話をしたが、ヒトラーは物静かな風情で、他の若い男性とは違って好感をもった記憶があると主張しただけである[187]。そのほかには、この時期のウィーンでのヒトラーの暮らしについてはっきりしたことは分かっていない。それにもかかわらず、ヒトラーが常軌を逸した急進的反ユダヤ主義者になったのはまさにこの時期だと主張されることは多い[188]。

フェルバー通りでヒトラーが借りていた部屋の近くに、煙草と新聞の売店があった。カフェで貪り読むほかに、ヒトラーはこの売店で新聞や雑誌を買ったものと思われる。この時代に出回っていたあまたの安くてくだらない雑誌類のうち、ヒトラーがどれを読んでいたかは定かでない。ただ、『オスタラ』という人種主義の雑誌もそのひとつだった可能性は高い[189]。一九〇五年に創刊されたこの雑誌は、シトー会の元修道士イェルク・ランツ・フォン・リーベンフェルス（本名はアドルフ・ランツ）という風変わりな人物の突飛で歪んだ想像の産物である[190]。後にこの人物は、リンツとウィーンにはさまれたドナウ河畔のロマンティックな地にあるヴェルフェンシュタイン城の廃墟に「新テンプル騎士団」（鉤十字を含む神秘的なシンボルを多用した）を自ら創設した。

ランツは、イデオロギー的にはグイド・フォン・リストの流れを汲む。フォン・リストという名字の「フォン」は、「アーリア支配階級」に属していると示そうとして勝手に付け加えた称号である。リストは多くの文章を書き残し、アーリア＝ゲルマン人種は世界の支配者たることを運命づけられていると信じる人びとのあいだでは教祖的存在だった。リストは、古代ヒンドゥー教のシンボルのひとつで太陽を表す印として使われていた鉤十字を広めるのに一役買った人物である。リストは、この鉤十字を「無敵の人間」、「ゲルマンの英雄」、「超人的な強者」を表すために用いた[191]。ヒトラーがリストの思想をよく知っていたことは確かである[192]。リストのこの馬鹿げた思想をさらに展開するというおよそありえないことをしてのけたのが、ヒトラー同様、シェーネラーの熱狂的な信奉者だったランツだった[193]。

ランツとその支持者にとっては、黒い肌の人種は略奪者であり、動物めいた欲望と野獣の本能でもって「金髪の」女性に襲いかかり、人類とその文化を堕落させ、破壊する存在だった。彼らは、英雄的で創造的な「金髪の」人種と、黒い肌の「野獣のような」人種のあいだの二元論的な闘いという思想に取りつかれていた。同性愛的な傾向もあった。近代世界の諸悪を克服し、「金髪の民族」による支配を回復するためにランツがオスタラ誌で主張した解決策は、人種の純化と人種間の闘争であり、奴隷制、強制的不妊化のみならず、劣等人種の絶滅、人心の乱れを招く劣等人種の影響力の源泉たる社会主義・民主主義・フェミニズムの粉砕、アーリア人女性の夫への完全な服従などを含み[194]、「万国の金髪碧眼の人びとよ、団結せよ」とさえ主張した[195]。女性嫌いで、狂気じみた人種主義者だったランツやその周辺の奇妙な妄想と、親衛隊が第二次世界大戦中に実行した人種主義的な選別プログラムには、実際、共通点も多い。しかし、ランツの思想がヒムラー指揮下の親衛隊に直接に影響を及ぼしたかどうかは疑問である。ランツは「ヒトラーにその思想を授けた」存在として歴史に名をとどめたと自任しているが、それは証明できない[196]。

ヒトラーがオスタラ誌を講読し、そこから多少なりとも影響を受けたことには疑問の余地がないと考えられている[197]。『わが闘争』で反ユダヤ主義に「転じた」経緯を述べるなかでヒトラーは、時期には言及していないが、この問題についてものを読むようになったと述べている。

二、三ヘラーほど払い、私は生まれて初めて反ユダヤ主義の雑誌をいくつか買った。残念なことに、そうした雑誌類は、ユダヤ人問題について読者にある程度の知識があり、理解もできていることを前提としている。しかも反ユダヤ主義の主張は、驚くほど非科学的で浅薄な議論であり、大部分は疑いを覚えざるをえないようなものだった。

私は何週間分も、一度など何カ月分もまとめて読み返したことさえあった。

全体としてひどく奇怪で壮大な非難がなされているため、不当ではなかろうかという恐れにかられて、私はまたしても不安になり、確信を失った[198]。

雑誌の名称はひとつも挙げられていないが、一種類ではなく、数種類の雑誌を読んだとおぼしき記述である。オスタラ誌を読んだことで、ヒトラーが「ユダヤ人問題」をひどく意識するようになったとは考えにくい。オスタラ誌は人種理論に重点を置いており、反ユダヤ主義は周辺的に扱われるだけだった[199]。ヒトラーがオスタラ誌を知っていたと思われる主たる根拠は、戦後のインタビューでランツが、一九〇九年にヒトラーがオスタラ誌のバックナンバーがないかと訪ねてきた覚えがある、と主張したことである。〇九年といえば、ヒトラーがフェルバー通りに住んでいた時期にあたる。あまりにくたびれた様子のヒトラーを見かねてバックナンバーを無料でくれてやり、帰りの交通費として二クローネをやった、ともランツは話した[200]。二人が顔を合わせたとされるときからは四〇年以上が過ぎていた。そのインタビューでは、ヒトラーの名がミュンヒェンで知られるようになる一〇年も前に、その若者がヒトラーだとどうして分かったのか、という質問は出なかった[201]。戦後のインタビューではヨーゼフ・グライナーも、ヒトラーはオスタラ誌を読んでいたと証言している。グライナーは、ウィーン時代のヒトラーに関する『回想録』をいくつかでっちあげた人物である。グレイナーは自著ではオスタラ誌には触れていないが、五〇年代半ばにその点を尋ねられ、一〇年から一三年にかけて男性用の単身宿舎に暮らしていた時分にヒトラーがオスタラ誌を山のようにもっており、グリルという名の元カトリック司教（この人物も本のなかには全く出てこない）と激論を交わし、ランツの人種主義理論を熱心に擁護していた「覚えがある」と答えている。[202] 証言者の三人目であるエルザ・シュミット＝ファルクという名の元ナチ幹部は、ヒトラーが同性愛がらみでランツの名を挙げたこと、その著作の発禁処分（実際には発禁処分に処されたという証拠はない）に関連してオスタラ誌も出てきたことだけは記憶にあるという。[203]

ウィーンの売店に並ぶ有名な人種主義の雑誌に混ざって、ヒトラーがオスタラ誌も読んでいた可能性は大いにあるが、確証はない。[204] 仮に読んでいたところで、ヒトラーが何を考えたかも分からない。ヒトラーの反ユダヤ主義的発言としては第一次世界大戦直後のものが時期的に最も早いが、そこにはランツの怪しげな人種理論の影響はうかがえない。[205] ヒトラーは後に、民族至上主義《フェルキッシュ》的なセクトや過激なゲルマン・カルト信仰を軽蔑するようになった。[206] シュミット＝ファルクの疑わしい証言を除けば、ヒトラーがランツに言及したという話は聞かない。ナチ体制にとって、奇妙な人種主義を唱えたオーストリアの変人ランツは、賞賛すべきものとは程遠く、「秘密めいた教義によって人種思想を捻じ曲げた」として非難されるべきものだった。[207]

貯えもほぼ底をついたため、ヒトラーは一九〇九年八月半ばにはフェルバー通りを離れて、まずはしばらくゼックスハウザー通り五八番地のみすぼらしい住まいに移った。このときのヒトラーがランツ・フォン・リーベンフェルスの信奉者でなかったことは確かである。[208] シェーネラーに傾倒していたことからして反ユダヤ主義思想をもっていたことには疑いがないとしても、ヒトラーが人種主義的反ユダヤ主義を世界の病理の鍵とみなすようになっていたとは考えにくい。

ヒトラーはゼックスハウザー通りに一カ月弱ほど住んでいたが、警察に届けを出すこともなく、転居先も残さず、おそらくは家賃すら踏み倒したまま、一九〇九年九月一六日にそこを離れた。[209] その後二、三カ月の間に、ヒトラーは貧困とは何かを身をもって知ることになった。後にヒトラーは、〇九年秋は「限りなく厳しい時期」だったと回想しているが、それは誇張ではない。[210] 貯えは完全に底をついた。毎月二五クローネの孤児年金の仕送りを受けるために、後見人にだけは連絡先を知らせなければならなかった。しかし孤児年金で暮らしていけるわけでもなかった。[211] 雨が降って冷え込む〇九年秋、ヒトラーは天候が許せば野宿し、屋根がなければ凌げないような悪天候の日には安宿に泊まったものと思われる。[212] このすぐ後にヒトラーと知り合うラインホルト・ハーニッシュは、ヒトラーはカイザー通りの安いカフェで寝ていたと述べている。[213] 一一月にはジーモン・デンク・ガッセ一一番地に住んでいたといわれたこともあるが、それも考えにくい。この時期、部屋を借りるような余裕があったとは思えないからである。ジーモン・デンク・ガッセは、ヒトラーが出入りしていたウィーン市南部からは遠く離れた中流階層の住宅街である。ヒトラーがそこに住んでいたことを証明する公式の記録も残っていない。[214]

ヒトラーはまさしくどん底にいた。一九〇九年のクリスマス前、痩せて薄汚れ、シラミだらけの不潔な服を着て、歩きすぎて痛む足をひきずり、ヒトラーはシェーンブルン宮殿からも遠くないマイトリングに当時作られたばかりの浮浪者用宿泊施設に暮らすようになった。[215] ヒトラーはプロレタリア化することをひどく恐れる小市民だった。しかし、二〇歳の自称天才芸術家は社会的に完全に転落し[216]、社会の底辺たる浮浪者、酔っ払い、落伍者に仲間入りしたのだった。

ヒトラーがラインホルト・ハーニッシュに出会ったのはこの頃だった。ハーニッシュの証言は疑わしいときもあるが、ウィーンでのこの後のヒトラーの様子を知る唯一の手がかりである。[217]「フリッツ・ヴァルター」という偽名を使っていたハーニッシュはズデーテン地方の出で、けちな軽犯罪でいくつか逮捕歴があった。ハーニッシュは画家を名乗っていたが、ベルリンからウィーンに流れてくる以前は、どこかの家に使用人として入ったり日雇いで雇われたりと、腰掛仕事をしては転々と職を変えていたというのが真実だった。[218] ある秋の夜、ハーニッシュは、かかとの磨り減った靴を履き、ぼろぼろの青いチェックの服を着て、疲れ、腹を空かせ、痛む足を引きずった、惨めな様子のヒトラーと宿泊先の大部屋で出会い、二人でパンを分けあいながら、ドイツと聞けば何でも熱狂する若者だったヒトラーにベルリンの話をしてやった。[219]

そこは夜間利用のみの短期滞在専用の宿泊施設だった。風呂やシャワーが使え、衣服の消毒ができ、スープとパンをもらえて、部屋には寝台があった。しかし日中は、自力で生活するようにと宿泊者は宿から出されることになっていた。惨めに鬱々とした精神状態のヒトラーは、朝になると貧民に混ざって近くのグンペンドルファー通りの女子修道院に行き、修道女たちにスープを恵んでもらうのだった。暖をとりに公共施設に入ることも、少しは金を稼ぐこともあった。ハーニッシュはヒトラーを雪かきに連れ出したが、コートももたないヒトラーはとてもではないが長く作業を続けることはできなかった。[220] 西駅で荷物運びをしようとしたこともあったが、あの見かけではそれほど客がついたとも思えない。[221] ウィーンで暮らしていたあいだに、それ以外にもヒトラーが日雇い労働をしたかどうかは疑問である。蓄えがある限り、ヒトラーは働こうとはしなかった。[222] しかし、いざ金が必要になるときには、体力的に働けるような状態ではない。[223] 後に絵を売って生計を立てるようになってからの話だが、ヒトラーの「仕事仲間」となったハーニッシュでさえ、ヒトラーの怠けようには激怒したものだ。[224]『わが闘争』

にある、建設現場で働いていたときに虐められ、労働組合主義とマルクス主義の何たるかが身にしみたという話はほぼ間違いなくでっちあげである。[225] いずれにせよ、ハーニッシュは当時、ヒトラーからそのような話を聞いたことはなく、後にもこの話は信じていない。[226] この「神話」は、ヒトラーが暮らしていた当時のウィーンで流布していた反社会主義プロパガンダを利用したものだろう。[227]

日雇い労働よりもましなことを考えついたのはハーニッシュだった。ヒトラーから出自を聞いたハーニッシュは、ヒトラーを説得して家族にまとまった金を無心させた。勉学のために必要だとでも口実をつけたのだろう。まもなくヒトラーは、五〇クローネというかなりの額を手に入れた。叔母ヨハンナがよこしたに違いない。[228] この金でヒトラーは公営の質屋でコートを買った。[229] 丈の長いコートを着て、脂でべたべたしたトリルビー帽をかぶり、遊牧民のような靴を履き、襟にかかるほど髪を伸ばし、あご髭を生やしたヒトラーは、浮浪者仲間から見ても変わっていた。浮浪者はヒトラーのことをボーア人の指導者になぞらえて「ポール・クリューガーおじさん」と呼んだものだった。[230] しかし、叔母から金をせしめて、暮らしの見通しは立ち、ハーニッシュが考えついたちょっとした商売に必要なものも買い揃えることができた。ヒトラーはハーニッシュに芸術アカデミーで学んだと話したらしい。絵が描けるという話をヒトラーから聞き出したハーニッシュは、ヒトラーがウィーンの風景画を描き、ハーニッシュがそれを売り歩き、売り上げを山分けしようともちかけたのだ。ハーニッシュの説明は要領を得ないため、二人で組んだこの商売が、浮浪者用の宿泊施設にいた頃に始まったのか、一九一〇年二月九日にウィーン市北部の男性用単身宿舎に移り、多少なりとも健康的な生活ができるようになってからの話なのかははっきりしない。分かっているのは、叔母に金をもらい、メルデマン通りに越してハーニッシュと組んで新しい商売を始めたことにより、ヒトラーはやっと最悪の状態からは脱したということである。[231]

マイトリングにある浮浪者用の宿泊施設と比べれば、男性用単身宿舎は大きな進歩だった。五〇〇名前後の住人は無一文のホームレスではなく、雇われの店員、ことによると学者くずれや退役軍人など、景気が悪くなって入居した者もいれば、旅の宿にしている者がいたり、臨時雇いの仕事しかない求職中の者もいたりと、様々な人びとが混ざっていた。帰る家がないという点だけが皆同じだった。数年前に建てられたこの宿舎は、個人の寄付(その一部は裕福なユダヤ人の一族からの寄付だった)によって設立されたものであり、浮浪者用の宿泊施設とは違って多少はプライバシーが守られ、一泊わずか五〇ヘラーだった。宿泊者には個人別のスペースが与えられ、日中は引き払わなければならなかった。しかし、これといった決まりがあってのことではないが、同じ場所を使いつづけることもできた。食事とノンアルコール飲料を出す食堂、自炊用の台所があり、個人用の洗面所とロッカーがあり、地下には浴室、靴直し、仕立屋、床屋、洗濯場などがあり、一階には小さな図書室、二階には新聞が置いてあるラウンジと読書室があった。住人は日中はほとんど出払っていたが、主として下層中流階級出身の「インテリ連中」と目されていた一五〜二〇人くらいの一団は、「作業部屋」とか「執筆部屋」とか呼ばれる小さな部屋で、広告を描いたり、宛名を書いたりといったちょっとした仕事をすることが多かった。[232] ハーニッシュとヒトラーが商売の相談をしたのもこの部屋だった。

ハーニッシュの役目は、ヒトラーが描く葉書大の絵を飲み屋などを回って売り捌くことだった。安い絵をほしがる額縁屋や室内装飾業者などもハーニッシュの商売相手だった。ハーニッシュが日頃取引するなじみの業者の大半はユダヤ人だった。ハーニッシュによれば、ユダヤ人は「キリスト教徒」の業者よりも商売人として優れており、買い手としても信用できるというのがヒトラーの考えだった。[233] 後の出来事や、反ユダヤ主義の思想を固めるうえでウィーン時代は重要だったとヒトラーが自分で述べていることを考えれば、ヒトラーがそのちょっとした絵画製作の商売で（ハーニッシュ以外で）最も懇意にしていた販売業者がヨーゼフ・ノイマンというユダヤ人だったことには注目しておきたい。ヒトラーはこの人物と親しくしていたようである。[234]

ヒトラーは、誰かの絵を真似て描くのが常だった。時には適当な素材を探すために美術館や画廊を訪れることもあった。ヒトラーが怠けがちなせいで、絵は描きあがるよりも捌けるほうが速く、ハーニッシュにはいつも追い立てられていた。通常、一枚の絵が仕上がるには一日かかり、ハーニッシュがそれを五クローネ程度で売り捌き、儲けは山分けだった。このようなかたちで、二人は質素ながらも暮らしを立てていた。[235]

単身宿舎の読書室では政治が話題になることも多く、激するほど議論が白熱することもままあった。ヒトラーも加わって熱弁をふるった。[236] 社会民主主義を激しく攻撃してほかの住人とトラブルになったこともあった。[237] ヒトラーは、シェーネラーとカール・ヘルマン・ヴォルフ（「ズデーテン地方」を主たる地盤とするドイツ急進党の創立者であり指導者）の信奉者として知られており、[238] ルエーガーの功績も大いに買っていた。[239] 政治でなければ、ヴァーグナーの音楽の神秘やゴットフリート・ゼンパーが設計したウィーンの巨大建築物の素晴らしさがヒトラーの長話のテーマになった。仲間が聞きたがっていようがいまいが構いなしだった。[240]

政治であれ芸術であれ、読書室での「議論」に加わる機会があろうものならば、ヒトラーは仕事などあっさりと放り出してしまう[241]。夏頃には、ヒトラーが注文に追いつくように描かないことにハーニッシュは苛立ちを募らせていた[242]。ヒトラーは、注文に応じて絵を描くことなどできない、気分が乗らないとだめだと口にしていた。ハーニッシュは、飢えでもしない限り描こうとしない、とヒトラーを罵った[243]。六月には、とある絵が売れて思いがけず大きな収入があった後、ヒトラーがノイマンと二人で宿舎から数日間姿を消したこともあった。ハーニッシュによれば、ヒトラーとノイマンはウィーン市内を観光し、美術館を回っていたことになっている[244]。しかしおそらくは、ヴァルトフィアテルに行って叔母ヨハンナに小金をせびることも含めて、二人は別の「商売」を考えていたが、それがあっという間にだめになったといったところだろう[245]。ヒトラーと仲間たちは、当時、夢の育毛剤など、正気とは思えない計画をあれこれ立てては金を稼ごうとしていた[246]。しばし行方をくらました理由が何であったにせよ、ヒトラーは五日後に金を使い果たして宿舎に戻り、ハーニッシュとの商売を再開したのだった。しかし、二人の関係は次第に険悪になり、ついに火を吹くときがきた。問題になったのは、ヒトラーが描いたいつもよりも大きめの絵だった。ヒトラーは、宿舎で同じグループだった別のユダヤ人販売業者ジークフリート・レフナーを代理人として立てて、ハーニッシュが絵の代金として受け取ったはずの五〇クローネを渡さず、水彩絵具の代金にあたる九クローネとあわせて相当額をヒトラーから騙し取ったことになると騒いだ。この話は警察の知るところとなり、ハーニッシュは数日間、拘置所に入れられた。ただし、これはあくまでもフリッツ・ヴァルターという偽名を使っていた咎によるものであり、ヒトラーは絵の代金として請求していた金額を手に入れられたわけではなかった[247]。

ハーニッシュが姿を消してから二年ほどのあいだ、ヒトラーの様子はよく分からない。ヒトラーの姿が再び追えるようになるのは一九一二年から一三年頃である。ヒトラーはまだ男性用単身宿舎に暮らしていたが、いまや執筆部屋にたむろする「インテリ連中」が取り巻きとなり、その指導的存在として共同体のなかで確固たる地位を得ていた[248]。この時期、ヒトラーは、相変わらず目的もなくぼんやり暮らしていたとはいえ、〇九年に浮浪者用宿泊施設にいた頃のようなどん底はとうに脱していた[249]。カール教会を手始めに、「ウィーン旧市街」の名所を描いた絵を売り、ささやかながら生計を立てていた[250]。ヒトラーは倹約していたため、出費は少なかった[251]。宿舎でのヒトラーの生活費は実にささやかだった。食費を安くあげ、酒を飲まず、めったに煙草も吸わず、唯一の贅沢といえば、時折、劇場や歌劇場の立見席を買う（帰ってくると、その話で執筆部屋の「インテリ連中」を何時間も楽しませたものだ）程度だった[252]。

この時期のヒトラーの様子については相反する証言が残っている。一九一二年に宿舎で暮らしていた仲間のひとりは後になって、ヒトラーは当時、身なりはみすぼらしく、髪もぼさぼさで、袖の擦り切れた灰色がかったコートを着て、使い古した帽子をかぶり、穴だらけのズボンをはき、靴には紙で詰め物をしていた、と語った。まだ髪を肩まで伸ばし、みすぼらしいあご髭を生やしていたという。[253]これは、日付ははっきりとは記されていないが、文脈から判断して〇九年から一〇年頃とおぼしき時期に関するハーニッシュの記述と同じである。[254]一方、ヤーコプ・アルテンベルクというヒトラーとつきあいのあった美術商が後に語ったことによれば、宿舎でのヒトラーは、きれいに髭をそり、いつもきちんと散髪し、着古されてはいたがこぎれいな格好をしていたとのことである。[255]クビツェクが、同居中、ヒトラーは衛生の問題にうるさかったと述べていることからしても、後々まで偏執的なほどの清潔好きだったことからしても、アルテンベルクの証言は、メルデマン通りでの暮らしが終わる頃に知り合いになったという名前も分からない人物の証言よりも真実味があるように思われる。

しかし、どのような見かけだったにせよ、多額の金をもつ人間の生活スタイルとはほど遠かったことは確かである。ところが、ヒトラーは男性用単身宿舎の住人としてはかなりの大金をもっていたと長らく考えられてきた。明確な根拠があるわけではなく推測の域を出ないが、一九一〇年末頃、ヒトラーは、三八〇〇クローネほどにのぼるかなりの額を受け取ったとされていたのである。これは叔母ヨハンナが生涯かけて貯めた金で、[256]戦後の調査によれば、一〇年一二月一日、亡くなる四カ月ほど前にヨハンナは口座からこの額を引き出したとされる。ヨハンナは遺言状を残さなかったが、[257]この大金がヒトラーに渡ったものと考えられてきた。一一年、ヒトラーの妹パウラの面倒を見ていた異母姉アンゲラが、その後すぐに、それまでヒトラーとパウラのあいだで半々にしていた孤児年金を全額受け取る権利があると主張していることもその裏づけとなると考えられてきた。「芸術家になるための修行を理由に叔母ヨハンナ・ペルツルからかなりの額を受け取った」ヒトラーは、自活できることを認め、それまで後見人から受け取っていた月々二五クローネの権利を譲らざるをえなかった。[258]しかし、ヒトラー家の家計簿を見れば分かるように、ヒトラーは「ハニー叔母さん」からちょっとした小遣いをもらうほかにも、すでに〇七年に九二四クローネを「借りる」という名目でもらっている。それを遣ってヒトラーはウィーンでの最初の一年間を快適に過ごした。[259]そのことを考えれば、一〇年一二月に引き出された叔母ヨハンナの金が何に遣われたにせよ、それがヒトラーに渡ったとは考えにくい。しかも、月々二五クローネの孤児年金がなくなったことで、ヒトラーの収入はむしろかなり減ったと思われる[260]。

男性用単身宿舎で暮らすあいだに生活がだいぶ安定したとはいえ、絵を売っていた頃はヒトラーはまだ落ち着いてはいなかったようである。ヒトラーは、自らが生きる「社会秩序を脅かすにはいたっておらず」、逆に社会秩序によって「脅かされている」状態だった[261]。ヒトラーは自分の絵は「素人向け」だと卑下しており、絵の勉強をする必要があるとまだ考えていた。実際、ヒトラーは、一九一〇年にもウィーンの芸術アカデミーに入ろうと考えたことがあったようだが、結局はどうにもならず、入学を認められなかったことへの恨みと怒りは衰えることなく続いていくことになった[262]。

カール・ホーニッシュがヒトラーと知り合ったのは一九一三年だった。およそよい噂を聞かないハーニッシュとは、名前は似ているが別人だと本人は強調する。ナチ党中央文書館に収められた三〇年代のホーニッシュの説明は、ヒトラーをできうる限りよく描こうとする努力の跡が目につきはするものの、単身宿舎での滞在末期のヒトラーの様子を伝える信憑性のある資料となっている。ホーニッシュは、ヒトラーはこの時期、やせて栄養状態がすぐれず、頬はこけ、黒髪がばさりと顔にかかり、みすぼらしい服を着ていた、と書いている。ヒトラーは、宿舎を留守にすることはめったになく、執筆部屋では毎日、窓際の片隅に陣取って、樫の長テーブルで絵を描いていた。ここはヒトラーの指定席として通っており、新参者がそこに座ろうとすると、すぐに他の住人から「そこは空いてないよ。ヒトラーさんが座るんだから」と言われるのだった[263]。執筆部屋の常連のあいだで、ヒトラーは一風変わった芸術家肌の人間とみられていた。後にヒトラー自身も、「当時、私を知る人は、私を変わり者と思っていたに違いない」と書いている[264]。しかし、絵を描く以外にヒトラーに何らかの才があるとは思いもしなかっただろう。尊敬されてはいたが、ヒトラーには人を遠ざけるところがあり、「人を近くに寄せつけなかった」とホーニッシュは書く。

ヒトラーは内にこもり、本を読みふけったり思索にひたったりしていたが、その怒りっぽさでも知られていた。とくに政治談議となると、ヒトラーはいつ怒りだすか知れなかった。ヒトラーが政治に一家言あることは皆に知れ渡っていた。議論がはじまっても、ヒトラーは静かに座って、時折、奇妙なことをつぶやく以外は絵を描きつづけていた。しかし、何か腹の立つ発言があろうものならば、椅子から飛び上がり、絵筆や鉛筆をテーブルに投げ出し、興奮して力をこめて自説を展開しはじめる。そうかと思えば、時には途中でぱったりと止め、住人の理解の悪さに諦めの色を濃くして絵を描く作業に戻るのだった。ヒトラーが、イエズス会と「アカ」のせいで不愉快な経験をしたことはよく知られていた。そこに話が及ぶと、ヒトラーはとりわけ攻撃的になった。[265] しかしユダヤ人を非難する演説をぶったという記録はない。「イエズス会」を批判したのは、かつて信奉したシェーネラーの激しい反カトリック思想の名残だろう。[266] シェーネラーの運動自体はもはや事実上解体していた。この時期にはヒトラーは社会民主主義者への嫌悪にすでにこり固まってもいた。『わが闘争』によれば、ある工事現場で働いていたときに社会民主主義を拒絶し、労働組合への加入を拒んだために社会民主主義の労働者に虐められ、そのせいで社会民主主義者に嫌悪感を抱くようになったのだという。すでに見たように、これはほぼ間違いなくでっちあげである。[267] 困窮生活を送っていたときか、後に男性用単身宿舎にいた頃に、社会民主主義への嫌悪を明らかにしたせいで身体的に何らかの危害を加えられたとすれば、取り巻きにその話をしたのではないだろうか。しかし、話を完全に捏造したり、『わが闘争』のエピソードに尾ひれをつけたりしたヨーゼフ・グライナーを別にすれば、後になってこの時期のヒトラーの逸話を語る際にその話を出した者はいない。[268]

社会民主主義が標榜する国際主義への嫌悪は、ヒトラーの汎ゲルマン主義の強さを考えれば十分に説明がつく。フランツ・シュタインの急進的な汎ゲルマン「労働者階級運動」は、「社会民主主義の残虐性」と「赤色テロ」に執拗で辛辣な攻撃を加えるとともに、チェコ人労働者への反感を煽り立てたもので、これもある種の「社会主義」だが、ヒトラーはこれは取り入れた。[269] 社会民主主義は労働者階級の利益を代弁することを旨とする。その労働者階級に対してヒトラーがはっきりと社会的、文化的優越感をもっていたことも嫌悪感の根本にはあっただろう。[270] ヒトラーは後に「下層階級」との接触について、「当時、何に最も恐怖を覚えたのかは分からない。[…] 当時は仲間だった彼らの経済的窮乏だったかもしれないし、倫理的、道徳的低劣さだったかもしれない。知的水準の低さだったかもしれない」と書いている。[271]『わが闘争』はさらに続けて言う。

> 私はいわゆる労働者とはほぼ無縁の小市民的な環境で育った。[…] この小市民層と […] 労働者のあいだの溝は、えてして想像以上に深い。この敵意 [……] は、この〔小市民という〕社会集団が感じる恐れからくる。つい最近になって労働者から這い上がったものの、いつまたかつての軽蔑された階層に逆戻りするともしれない、それと大差ないと思われるようになるともしれない、という恐れである。それに加えて、この下層階級が思い出したくもないほど文化的に貧困で、人間関係が大概下品だということも挙げておかねばなるまい。小市民の社会的地位など取るに足りないものにすぎない。しかしそれであっ

ても、かつての生活や文化は接するも耐えがたいのだ。[272]

社会民主主義者との出会いについてヒトラーが書いていることのあらかたは、作り話と考えて間違いない。しかも、当時、「私の身なりはまだ多少なりともきちんとしており、話し方も洗練され、物腰も慎み深かった」という部分にみられるように、全体に階級意識をうかがわせるものとなっている。[273]思えば、クビツェクと同居していた頃のヒトラーの身なりや生活スタイルは労働者階級のそれとは全く別物だった。[274]後に男性用単身宿舎で暮らすようになってからも、執筆部屋に入り浸る「インテリ」集団のなかの「芸術家」というポジションにおさまったヒトラーは、宿舎の日雇い労働者たちとは一線を画した。そのような階級意識をもちながら、一九〇九年から一〇年にかけて、労働者階級への恐怖の転落がまさに差し迫った現実となった一時期、ヒトラーがそれをどれほど不名誉に感じたかは想像に難くない。この経験は、労働運動の理念への連帯感を呼び起こすどころか、敵意を強めただけだった。浮浪者用宿泊施設の哲学は、社会理論でも政治理論でもなく、生き残りをかけた闘いであり、「誰もが自分のために」だった。[275]

『わが闘争』は続いて、「人生のなかで、努力して高い地位に這い上がった［…］成り上がり者」の生存をかけた厳しい闘いについて強調し、そのなかで「哀れみの心を捨て去り」、「取り残された者の苦しみを感じ取る」こともなくなるのだ、と書く。[276]これを読めば、ウィーンにいた頃にヒトラーがどういう意味で「社会問題」に関心があったのかが分かる。ヒトラーにとって「社会問題」とは、貧しい者や恵まれない者に心を寄せようという話では全くなかった。染みついた優越感に基づいて、自らの社会的転落の理由をなすりつける標的を探すことだったのである。「苦しみの渦中に投じられたということは、［…］社会問題を『机上で学ぶ』のではなく、身をもって経験せよといわれたのだと思った」とヒトラーは書く。[277]

社会民主主義に対するヒトラーの態度も、個人的な経験から来るものだった。ヒトラーは社会民主主義を嫌うと同時に恐れていた。ウィーンの街中を労働者が練り歩き、その「人間がつくる巨大な蛇」を見てヒトラーが不安を覚えたことはすでに述べたかと思う。[278]社会民主主義への恐怖感は長く尾を引き、ヒトラーは「物理的テロの重要性を認識」することになった。[279]階級意識と社会民主主義にまつわる体験から来るヒトラーの「第六感」は、その実は本能的な憎悪にすぎない。しかしこれが、旺盛ではあるが偏った読書によって「凝り固まって」いった。ヒトラーが何らかのまともな理論を読んだことがあったかどうかは疑問である。ヒトラーのマルクス主義理解は、大方は、労働者新聞のような社会民主主義系の刊行物か、ナショナリストや市民層向けのメディアの反マルクス主義的な記事から得たものだったと考えられる[280]。

したがって、ウィーンでの生活が終わるまでに、ヒトラーが完全に社会民主主義を嫌うようになったとしても、窮乏と転落を身をもって体験して急進化し、国際的な社会主義への拒否感がさらに強まったことを別にすれば、それがシェーネラーの汎ゲルマン・ナショナリズムとそれほど変わるものだったとは考えにくい。ヒトラーは『わが闘争』のなかで、この頃までに、社会民主主義への嫌悪が反ユダヤ主義の人種理論と結びつき、独特の揺るがぬ「世界観」を形成したと書いているが、この話は割り引いて聞く必要があるだろう。

5

ヒトラーはいつ頃どのような理由で、一九一九年の政治的論考を皮切りに四五年にベルリンの地下壕でしたためた遺書にいたるまでの著作から分かるような病的なまでの反ユダヤ主義者になったのだろうか。ヒトラーの偏執的な憎悪が何百万ものユダヤ人の殺害へといたる政策を生んだことを考えれば、これが重大な問題であることは疑いをいれない。しかし、困ったことにその答えはあまり明確ではない。ヒトラーがいつどのような理由であの異常なまでの反ユダヤ主義に取りつかれたのかは、はっきりとは分からない。

ヒトラー自身が『わが闘争』のなかで印象的な説明をした箇所はよく知られている。それによると、ヒトラーはリンツにいた頃には反ユダヤ主義ではなかった。ウィーンでも当初は反ユダヤ主義的な新聞にはなじめなかったという。しかし、主要各紙によるハプスブルク皇室の扱いも、ドイツ皇帝のこき下ろしも気に入らなかったため、反ユダヤ主義の『ドイツ民族新聞』が「よりまとも」で「よりよさげ」だと思い、次第にひかれていった。ヒトラーは、「史上最も偉大なドイツ人市長」ルエーガーに心酔するようになってユダヤ人に対する認識が変わりはじめたことが、「私の身に起こった最大の変化」だったと書く。認識が完全に変わったのは二年後だった(別の説明では一年後となっている[281])。「ユダヤ人問題」に対して目を開かれたときのことだとしてヒトラーがとくに強調しているのは次のエピソードである。

　ある日、街の中心部を歩いていて、突然、黒いカフタンに身を包んだ黒髪の亡霊を見かけた。今のはユダヤ人だろうか？　それが最初に思い浮かんだことだった。

　なにしろリンツで目にしていたものとは明らかに違った。私はこっそりと慎重に観察を続けた。特徴という特徴を細かく確かめながら、その見慣れない顔を見れば見るほど、私が最初に覚えた疑問はかたちを変えていった。
　これがドイツ人だろうか？[282]

反ユダヤ主義の刊行物を買うようになったのはこの後だ、とヒトラーは続ける。ユダヤ人は「特定の宗教をもつドイツ人ではなく、それ自体ひとつの民族だ」と思われた。そうしてみると、ウィーンは違って見えるようになった。「どこに行ってもユダヤ人が目につく。見れば見るほど、ユダヤ人はそのほかの人間とは著しく異なるように私の目には映った[283]」。

　ヒトラー自身の説明をもとに話を続けるならば、嫌悪感は急速に膨らんでいった。ここでヒトラーが使う言葉からは、不潔なもの、汚いもの、病につながるものに対する病的なまでの恐れが読み取れる。そのすべてをヒトラーはユダヤ人と結びつけた[284]。覚えたてのこの嫌悪感と陰謀論がつながるのに時間はかからなかった。ヒトラーは、自由主義の新聞、文化的生活、売春など、ありとあらゆる害悪をユダヤ人と結びつけるようになった。とりわけ重要なのは、社会民主主義の指導者らをユダヤ人と同一視するようになったことである。「目から鱗が落ちた」のだという[285]。党指導者、帝国議会議員、労働組合の書記、蛇蝎のように嫌いながらも貪るように読んだマルクス主義の新聞など、社会民主主義に関係するものはすべてユダヤ的に思えた[286]。しかしこの「認識」にいたったのは実に満足すべきことだった、とヒトラーは言う。社会民主党とその反ナショナリズムがなぜ嫌なのかがとうとう腑に落ちたからだ。社会民主主義の指導が「ほぼ完全に外国人の手に握られて」いたせいだったのだ。「今、ようやく、わが民族を惑わすものが完全に見えた」として[287]、「マルクス主義のユダヤ・ドクトリン」という言い方で、ヒトラーはマルクス主義とユダヤ人を結びつけている[288]。

　鮮やかな印象を残す説明である。しかし、ウィーン時代のヒトラーについてのほかの史料でこの裏づけになるものはない。実際、この説明は他の史料とはいくつかの点で食い違ってもいる。『わが闘争』の自伝的な部分には問題が非常に多いにもかかわらず、ヒトラーはウィーンで暮らすあいだに病的な人種的反ユダヤ主義に染まったと一般には考えられている。問題は、ヒトラー自身の説明以外の史料からこれを裏づけることがほとんどできないということだ。したがって最終的には、諸々の可能性を勘案したうえで解釈しなければならないことになる。

　クビツェクは、リンツを離れる前からヒトラーは反ユダヤ主義者だったと主張している。ヒトラーは、自分の父親は「世界市民的な考え」をもち、反ユダヤ主義は「文化的な後進性」の表れと考えていたと書いている。クビツェクは逆に、レオンディングでのアロイスの飲み仲間はシェーネラーの支持者であり、そこから考えてアロイスも反ユダヤ主義者だったはずだと書く。クビツェクは、実科学校でヒトラーが出会った露骨な反ユダヤ主義の教師たちにも触れている。ある日、小さなシナゴーグの前を通りかかったとき、ヒトラーに「あんなものはリンツのものじゃない」と言われた記憶があるとも書いている。クビツェクにいわせれば、ヒトラーの反ユダヤ主義はウィーンで急進化したのであって、ウィーンで生まれたわけではない。ヒトラーはウィーンに着いたときには「もう立派な反ユダヤ主義者」だったのである。[289]加えて、ウィーンで二人が同居していた時期にヒトラーが見せたユダヤ人への反感を示すエピソードもひとつふたつ挙げられている。[290]しかし、『わが闘争』のなかで書かれているカフタンの話はガリツィア・ユダヤ人に遭遇したときのことだとされているのも、ユダヤ教の結婚式を見るためにヒトラーがクビツェクをあるシナゴーグに連れて行ったという話も間違いなくでっちあげだろう。[291]二人がウィーンで同居していた一九〇八年、ヒトラーが反ユダヤ主義同盟に加盟していたという主張も明らかにおかしい。オーストリア＝ハンガリーにはそのような組織は一八年まで存在しない。[292]

ヒトラーの反ユダヤ主義の初期段階についてクビツェクが書いていることは総じて説得力に乏しい。『わが闘争』に依拠していたり、初稿にないエピソードが捏造されていたりもして、クビツェクの著作のなかでも最も信頼できない部分にあたる。明らかな間違いも散見される。これは、戦後に出された回想録のなかで、「ユダヤ人問題」に関する友人ヒトラーの急進的な考えからクビツェクが距離をとろうとしているためである。[293]リンツにいた頃からヒトラーがユダヤ人を嫌っていたと強調しておくほうがクビツェクには都合がよかった。ヒトラーの父親（クビツェクは面識はない）が反ユダヤ主義者だったという指摘もおそらく事実ではないだろう。すでに見たように、アロイス・ヒトラーの比較的穏健な汎ゲルマン主義は、オーストリア皇帝に忠誠心をもつ点でシェーネラーの運動よりもオーバーエスターライヒの有力政党であるドイツ民族党に近かったが、同党はユダヤ人にも入党資格を与えていた。[294]激烈な反ユダヤ主義と急進的ドイツ・ナショナリズムを標榜するシェーネラーの運動は、リンツ界隈にももちろん多くの支持者がおり、ヒトラーの恩師のなかにも支持者がいたはずだ。しかし学校では、反ユダヤ主義はチェコ人に対する敵愾心ほど重要ではなかったようである。[295]ヒトラーは、「民族問題」（学校でのチェコ人への強い敵意のことを指す）は意識していたが、「ユダヤ人の危険性」が分かったのはウィーンに行ってからだとアルベルト・シュペーアに語ったことがある。ヒトラーの記憶がその点で不正確ということはないだろう。[296]

若き日のヒトラーがリンツでシェーネラーの思想に魅かれはじめた頃、シェーネラーの思想に含まれる強烈な人種的反ユダヤ主義を知らなかったとは思えない。[297] しかし、当時のリンツのシェーネラー支持者にとっては、反チェコのわめき声とゲルマン至上主義者の叫び声が織りなす喧騒のなかで、反ユダヤ主義は副次的なテーマにすぎなかったようである。ヒトラーにしたところで、病没した母親が世話になったブロッホ博士に心のこもった礼状と自作の水彩画を贈ることにも抵抗を覚えなかった程度の反ユダヤ主義、とでもいえようか。[298] 後年のヒトラーの反ユダヤ主義にみられる根深く、感情的な憎悪はこれとは全く別物である。リンツにいた頃には、そのような反ユダヤ主義はまだなかった。

一九〇八年夏にクビツェクとの共同生活を終えるまでに、ヒトラーがはっきりと反ユダヤ主義に染まっていたという証拠はない。ヒトラー自身は、ウィーンに来て二年のうちに反ユダヤ主義者になったといっている。[299] そうだとすれば、クビツェクとの生活を捨ててから浮浪者になるまでのあいだ、主にフェルバー通りで暮らしていた一年間に反ユダヤ主義者になったということなのだろうか。ランツ・フォン・リーベンフェルスの証言は時期的には一致するものの、[300] その疑わしさはすでに見たとおりである。悲惨な貧困に転落した〇九年秋、標的を探すうちにユダヤ人にたどり着いたと考えることはできる。しかし、『わが闘争』で書かれているように、この時期は、この問題について「読みあさる」時間的余裕をことのほか欠いていた時期でもある。[301]

それだけではない。この後にヒトラーと親しくなるラインホルト・ハーニッシュは、ヒトラーは「当時、ユダヤ人を全く嫌ってはいなかった。ユダヤ人を嫌うようになるのはもっと後のことだ」と断言している。[302] ハーニッシュはその証拠として、男性用単身宿舎にいた頃、ヒトラーにユダヤ人の友人や知人がいたと強調している。ロビンソンという名の隻眼の錠前屋は、時々、懐の足しになるようにとヒトラーに小銭をやっていた。(この人物は正確にはジーモン・ロビンソンといい、一九一二年から一三年にかけて宿舎にいたという記録が残っている)。[303] すでに触れたが、ヨーゼフ・ノイマンがヒトラーの「親友」だったともハーニッシュは書いている。ノイマンはヒトラーのことを「大変気に入って」おり、ヒトラーもノイマンのことを「もちろん非常に高く買っていた」。ジークフリート・レフナーという葉書売り(ハーニッシュはレフラーと誤記)も「ヒトラーの知人のひとり」で、一〇年のハーニッシュとの件の争いでヒトラーの肩をもったのがこの人物だった。[304] ヒトラーはユダヤ人の販売業者に好んで絵を売っていた。ヤーコプ・アルテンベルクはそのひとりで、商売上の関係は悪くなかったと後に述懐している。[305] 一二年春に宿舎にいたという氏名不詳の住人が「ヒトラーはユダヤ人とことのほかうまくやっており、一度など、ユダヤ人は頭がよく、ドイツ人どうしよりよほどよく協力しあう、と口にしたこともあった」と後に述べていることも、ハーニッシュの証言を裏づける[306]。

男性用単身宿舎で過ごした三年間、反ユダヤ主義的な新聞、雑誌、雑本を読みあさる機会はたくさんあったはずだ。しかしカール・ホーニッシュは、ヒトラーが「イエズス会」と「アカ」に対して確固たる考えをもち執筆部屋での議論でそれを激しく主張したことは強調するものの、ユダヤ人を嫌悪していたという話は一切出てこない。これは、ウィーンに来て二年のうちに反ユダヤ主義に染まったというヒトラー自身の説明とは時期的に矛盾する。宿舎では、ヒトラーはユダヤ人に関する議論にももちろん口を出したが、否定的な立場はとっていなかったとハーニッシュは言う。ヒトラーが、ユダヤ人が迫害に抵抗したことに感心し、ハイネの詩やメンデルスゾーン、オッフェンバックの音楽を賞賛し、ユダヤ人は多神教を棄てて一神教を選んだという点で最も早く文明化した民族だと言い、高利貸しについてはユダヤ教徒以上にキリスト教徒を罵倒し、儀礼殺人という反ユダヤ主義のお決まりの非難をナンセンスだとはねつけたのを見たとも書いている[307]。宿舎時代のヒトラーを知ると称する者のうち、ヒトラーは当時から狂信的な反ユダヤ主義者だったと述べたのはヨーゼフ・グライナーだけである[308]。しかしすでに述べたように、グライナーの証言を考慮する必要はない。

つまり、ヒトラーがウィーン時代に偏執的な反ユダヤ主義に凝り固まっていたという信頼にたる同時代証言はない。ハーニッシュを信じるならば、当時、ヒトラーは反ユダヤ主義では全くなかった。第一次世界大戦中にヒトラーと親しかった戦友も、ヒトラーからこれといって反ユダヤ主義的な発言を聞くことはなかったと回想している[309]。そうであるならば、反ユダヤ主義に「転向」したのはウィーンにいたときだとヒトラーが『わが闘争』で書いているのは作りごとではないのか、ユダヤ人に対する病的なまでの憎悪は本当は敗戦後の一九一八年から一九年にかけて出てきたものではないのか、という疑問が生じる[310]。

なぜヒトラーは、ウィーン時代に反ユダヤ主義イデオロギーに染まったなどという話をでっち上げたのだろうか。なぜ、早い段階で反ユダヤ主義に転じたという話を作って、「転向」は第一次世界大戦末期だったという事実を隠さなければならなかったのだろうか。その答えは、一揆の挫折と裁判の後、一九二〇年代初頭にヒトラーが作り出そうとしていたイメージにある。『わが闘争』で描かれる自己像は、生まれたときから逆境と戦い、アカデミーの「お歴々」に拒絶され、苦労して独学し、その苦労を通じて社会と政治について独自の洞察を得たことで二〇歳にして誰の指導を受けることもなく「世界観」を完成させた人物、というものでなければならなかった。この不変の「世界観」を得たからこそ、国民的運動の指導者、来るべきドイツの「偉大な指導者《フューラー》」たりうるのだ、とヒトラーは二四年に述べている[311]。この頃には、イデオロギーを形づくるジグソーパズルのすべてのピースがはまるべきところにはまったのはウィーン時代だと自分でも思い込むようになっていたのかもしれない。いずれにせよ、二〇年代初頭にこの話を否定できる者はいなかった。逆に、反ユダヤ主義イデオロギーに染まったのは第一次世界大戦も末期になってからのことで、マスタード・ガスで失明してパーゼヴァルクの病院のベッドで療養中、ドイツの敗戦と革命の報に接したときだった、などと告白しようものなら、英雄的でなくなるうえに、ヒステリーと思われるのがおちだっただろう。

他方、一九一九年から死にいたるまでのヒトラーのユダヤ人憎悪の強さを考えれば、ほかでもないヒトラーが、ヨーロッパで最も反ユダヤ主義が強かった当時のウィーンで、その反ユダヤ主義的雰囲気に毒されなかったとも考えにくい。世紀転換期のウィーンでは、急進的反ユダヤ主義者が、ユダヤ人と非ユダヤ人の性的関係を獣姦として罰すること、儀礼殺人を防ぐためにイースターの時期にユダヤ人を監視することの必要性を唱えていた[312]。急進的な反ユダヤ主義者シェーネラーはユダヤ人憎悪をあおった。またルエーガーも、キリスト教社会党を創設し、ウィーンで権力を維持するために、蔓延する凶悪な反ユダヤ主義を利用した。ヒトラーはこの両者を信奉していた。重ねていっておきたい。ほかでもないヒトラーがこの二人に傾倒していながら、両者の主張の中核をなす反ユダヤ主義の影響を受けなかったとしたら、それこそ妙ではなかろうか。ヒトラーがルエーガーからユダヤ人憎悪を広めてそれを利用することを学んだのは確かである[313]。ヒトラーが読んでいた露骨な反ユダヤ主義の新聞は、ユダヤ人を腐敗と堕落の原因と断じ、男女間のスキャンダル、性的倒錯、売春を繰り返しユダヤ人と結びつけて報じた[314]。一日に五万五〇〇〇部の発行部数をほこったドイツ民族新聞はその一例である。カフタン姿のユダヤ人にまつわる怪しげな体験はさておくとしても、ウィーンに暮らしていた時期に低俗なタブロイド紙の根深い反ユダヤ主義的偏見から影響を受けたという本人の弁は信じてもよいだろう[315]。

ユダヤ人とのただ一度きりの遭遇がユダヤ人憎悪を生み出したわけではあるまい。推測にすぎないが、両親との関係を考えればエディプス・コンプレックスを疑ってもよいかもしれない[316]。ヒトラーがユダヤ人と売春を結びつけているのを見ると、性的な妄想、抑圧、倒錯から説明したくもなる[317]。しかし繰り返しになるが、信頼にたる証拠はないうえに、性に関する議論といってもドイツ民族新聞から仕入れられる程度のものにすぎない。もっと単純に説明できるとすれば、たとえば、ヒトラーがウィーンの反ユダヤ主義を吸収した当時、ヒトラーは母との死別、挫折、拒絶、孤独を経験し、しかも生活に窮しつつあった。悩み多き偉大なる画家ないし建築家という自己像と、落伍者という人生の現実との落差に説明をつけなければならなかった。そこで都合のよい説明をくれたのがウィーンの反ユダヤ主義的な低俗紙だったという可能性はあるだろう。[318]

では、ヒトラーの反ユダヤ主義がもし本当にウィーンで形をとったのだとすれば、なぜ周りの者はそれに気づかなかったのだろうか。陳腐に聞こえるかもしれないが、ウィーンという過激な反ユダヤ主義の温床にあっては、反ユダヤ主義はありふれたものであって気にとめられなかったのだろう、と答えることはできる。つまり、誰も触れないからといって決定的な論拠にはならないのである。

そうはいっても、ヒトラーがユダヤ人と親交があったというハーニッシュや氏名不詳の人物の証言にはやはり検討を加えておかねばなるまい。これらの証言は、ウィーンで反ユダヤ主義に転じたというヒトラー自身の劇的な説明とは矛盾しているように見える。しかし、ヒトラーがユダヤ人に対して人種的な思考をもちはじめていたことに触れた箇所はハーニッシュにもある。たむろしていた仲間の誰かが、なぜユダヤ人はこの国でいつまでも他者なのだと思うかと尋ねた際に、「ヒトラーは、人種が違うからさ、と答えた」というのである。ハーニッシュによれば、ヒトラーは「ユダヤ人は臭いからして違う」とも言ったという。ヒトラーはよく「ユダヤの血を引く奴らは急進的でテロに走りやすい」とも言っていたらしい。ノイマンとシオニズムについて議論していて、オーストリアを離れるユダヤ人の金は、「ユダヤ人のものではなくオーストリアのものなのだから」没収されることになるだろう、と言ったこともある。[319]ハーニッシュを信じるならば、ヒトラーは人種的反ユダヤ主義への傾向を強めつつも、男性用単身宿舎にいた何人かのユダヤ人とは親しくつきあっていたということになる。ウィーンの低俗紙が垂れ流す反ユダヤ主義を飲み込み、消化しつつあったまさにその時に、未来の偉大な芸術家がつまらない街の風景画を売り捌くためにユダヤ人に頼らざるをえなかったという、この同時性こそが、形をとりつつあった激しい敵意をなおのこと強めたとは考えられないだろうか。[320]反ユダヤ主義を公言していたハーニッシュがヒトラーに「そんな豊かな顎ひげはキリスト教徒には生えないから、ヒトラーにはユダヤ人の血が入っているのではないか」、「足だっていかにも砂漠の遊牧民の末裔のように大きい」と言ったときに、人から認められず、かくも落ちぶれた天才という肥大化した自我によって、自己嫌悪が秘かに人種憎悪に変わっていったということはないだろうか[321]。ハーニッシュが言うように、宿舎時代のヒトラーが本当に周囲のユダヤ人と親しい関係にあったかどうかは疑わしい。ヒトラーは終生、真の友人はほとんどもたなかった。政治家としてはほとばしるように激烈な言葉を発する反面、近しい人びとに対してさえ本心を隠すのがうまいのも終生変わらなかった。周囲の人間を操るのにも長けていた。宿舎でのユダヤ人との関係が多少なりとも自分の利益になるものだったことは明らかである。たとえば、ロビンソンは金銭面で助けになった。ノイマンもちょっとした負債を肩代わりしてくれたことがある[322]。レフナーは販売業者とのあいだを取りもってくれていた[323]。本当は何を考えていたにせよ、ユダヤ人の販売業者との関係という点ではヒトラーは全くもって実質的だった。自分の絵を売ってくれる限り、ユダヤ人に対する漠然とした嫌悪感は抑えこんだのである[324]。

　ハーニッシュの挙げている根拠と、手に入るわずかな史料のなかにヒトラーの反ユダヤ主義に言及したものがないという事実から、ウィーンにいた頃にはヒトラーは人種的反ユダヤ主義ではなかったと論じられることも多かった。しかし、こうして諸々の可能性を勘案しながら解釈していくと、違った解釈に行きつくのではないだろうか。すなわち、後に自分でも述べているように、ヒトラーはウィーンで過ごすあいだに本当にユダヤ人を嫌うようになったと考えるのが自然である。しかし、この段階では考え抜かれた「世界観」というようなものはまだなく、自分の置かれた状況を合理化した程度にすぎなかったのだろう。それは個人的な憎悪であり、ウィーンという街でわが身に降りかかったすべての不幸をユダヤ人のせいにしただけのことだった。しかし、反ユダヤ主義は当たり前だったため、内心の憎悪を口にしたところで周囲と比べて突出することはなかった。そして、矛盾するようだが、暮らしに必要な金を稼ぎ出すためにユダヤ人が必要である限りはヒトラーが本心を口にすることはなかったし、ハーニッシュも言っているように、ユダヤ文化を褒めるかのようなことを口にすることさえあったのだろう。

　このように考えるならば、ヒトラーがこの直感的な憎悪を、反ユダヤ主義を核とする本格的な「世界観」へと理論化していくのはもっと後だということになる。それが固まるのは一九二〇年代初頭のことだった。ヒトラーがイデオロギー的反ユダヤ主義者に変貌するには、第一次世界大戦の終結から一九年のミュンヒェンでの政治的覚醒にいたる、ヒトラーの人生の次なる重大時期を待たねばならない。

6

それはしかしまだ先の話である。一九一三年春、男性用単身宿舎で暮らすようになってから三年が経っていたが、ヒトラーはまだぶらぶらしていた。もう無一文でこそないが、自分の口さえ潤せれば誰の面倒を見なくてはならないわけでもなく、職に就く見通しもなかった。美術の勉強を諦めたわけではなさそうで、宿舎の執筆部屋の常連にも美術アカデミーに入るためにミュンヒェンに行きたいと話していた。[325] ヒトラーはバイエルン王国の首都ミュンヒェンにある「素晴らしい美術館」を褒めちぎり、「ミュンヒェンにはぜひ行きたい」と言いつづけていた。[326] ただ、ヒトラーには、ミュンヒェン行きを先延ばししなければならない理由があった。一三年四月二〇日に二四歳の誕生日を迎えるまで、父親の遺産に手をつけることができなかったのである。毛嫌いしていたウィーンにこれほど長く留まっていたのは、それを待っていたからだと考えられる。[327] 一三年五月一六日、リンツの地方裁判所は、八一九クローネ九八ヘラーのうち、六五二クローネと利子というかなりの額の受領をヒトラーに認め、この金額がウィーンのメルデマン通りに暮らしていた「画家」アドルフ・ヒトラーに送られた。[328] 待望の金を手にした以上、ミュンヒェン行きをこれ以上遅らせる理由はなかった。

ウィーンを離れるべき時がきたとヒトラーが考えたのには、ほかにも理由があった。ヒトラーは二一歳の春から兵役に就くはずだったが、一九〇九年秋に登録をしそこなった。[329] 虚弱体質とはいえヒトラーは兵役適格者であり、一一年、一二年には忌み嫌うオーストリアのために兵役に就くことになっていた。[330] 三年間、当局の目を逃れて暮らすなかで、ヒトラーは一三年に二四歳の誕生日がきたら国境を越えてドイツに渡ったほうが安全だと考えたのだろう。これは見込み違いだった。オーストリア当局はヒトラーを見逃さなかった。当局はヒトラーを追い、翌年、この懲役忌避のせいでヒトラーは困った立場に追い込まれ、泡を食うことにもなった。[331] 有名になってからというもの、ウィーンを離れたのは一三年ではなく一二年だとヒトラーが言いつづけたのは、詮索しようとする者に手がかりを与えまいとしたためだった。[332]

一九一三年五月二四日、ヒトラーは軽い黒のスーツケースに持ち物をすべて詰め込み、かつて身にまとっていた粗末な服よりはましなものを着て、三カ月ほど前に宿舎で知り合ったばかりの失職中の元店員で四歳年下のルドルフ・ホイスラーという浅はかな若者を連れて、その辺まで見送りに来てくれた執筆部屋の仲間と別れ、ミュンヒェンに発った。[333]

ウィーンでの暮らしは終わった。ウィーンで過ごした日々は、ヒトラーの人格と「自分なりの考え方の根本」に消えない痕跡を残した。[334] しかし、この「自分なりの考え方」は完全なイデオロギーや「世界観」にまではいたっていなかった。そうなるには、ウィーン以上に厳しい教育を受けなければならなかった。すなわち第一次世界大戦とその敗北である。大戦と敗戦という特殊な条件下でこそ、オーストリアの落伍者が外国に受け入れられ、その国民に魅力的だと思われるような事態にもなりえたのだった。

第3章

高揚と憤激

激しい熱狂に私は膝をつき、この時代に生を受けるという幸運を与えたもうた天に心から感謝した。[…]
それまで生きてきたなかで最も素晴らしく忘れがたい日々の始まりだった。

すべてが無駄だったのだ。[…]
このすべては、恥知らずな犯罪者どもがわが祖国を手中に収めるために起こったとでもいうのだろうか。[…]
こうして幾晩も過ごすうちに、憎しみが私のなかで募っていった。
この事態の責めを負うべき奴らに対する憎しみが。

ヒトラー『わが闘争』、第一次世界大戦の開戦と終戦にあたっての思い

1

第一次世界大戦がヒトラーを生んだ。大戦、敗戦の屈辱、革命の混乱がなければ、芸術家の夢を断たれ、落ちぶれた人間が政治の世界に身を投じ、ビアホールの民衆扇動家として才を示し、その活動に人生を捧げるようなことはなかっただろう。そして大戦、敗戦、革命がトラウマを残し、そのせいでドイツ社会が政治的に急進化することがなければ、この民衆扇動家の憎しみに満ちた耳障りな言葉に耳を傾ける者もでなかっただろう。ヒトラーとドイツ国民の道が交わる前提を作り出したのは敗戦の遺産だった。大戦がなければ、ビスマルクが就いた首相の座にヒトラーが就くなどということは考えられなかっただろう。

ヒトラーはドイツの国民性に深く根ざした欠陥の論理的帰結であり、権威主義、軍国主義、人種主義によって歪んだ歴史の結末だ、と考えるのがかつては（少なくともドイツ以外では）一般的だった。もっとも、こうした歴史の粗雑な誤読を支える〔まともな歴史家の〕意見はほとんど聞かれなかったということは断っておきたい。

これに対して、一八四八年革命後、全面的な憲法改正を求めた勢力が混迷のなかで挫折して自由主義が機能不全に陥ったために、産業化以前に軍の将校職を担った大土地所有者のような権威主義勢力が支配を堅持し、民主化の圧力に抗してあらゆる手段を尽くして自らの権力を維持することになったのだ、という説は真剣に検討しなければならない。この説によれば、ヒトラーの勝利は元をただせば、ビスマルクの「上からの革命」の遺産——すなわち戦争と統一を通じて政治変革を試みたが、権力の社会的基盤には手をつけなかったことの報いだということになる。これは、民主主義者なき民主制として不幸な結果に終わったヴァイマル共和国の実験の前後に位置する第二帝政と第三帝国を、連続性のなかでとらえようとする議論である。ここではヒトラーは、ドイツ社会が特殊な道をたどって近代化したという点から説明される。前近代的な制度、構造、権力関係、精神性が残り、近代世界の急速な侵食と、競合する（恐るべき）近代の経済的、文化的、政治的諸力の速さに対応できなかった「失敗した国民」[1]がヒトラーを生んだと考えるのである[2]。

この説明は概して妥当といえよう。しかし、この議論は、あまりに整然と自己完結しており、突き詰めていえばあまりにも単純すぎるため説得力を欠くと現在では考えられるようになっている。一九世紀末のドイツの社会的、経済的発展は、よく比較対照される英仏に、かつて考えられていたよりは近いことが明らかになってきた。ドイツが抱えていたのは、高度に発展し、文化的に進んだ近代産業社会に共通する問題だった。たしかにドイツは、急速な経済的、社会的変化に対応するうえで多くの問題に直面した。なかには深刻なものもあり、ドイツでとくに顕著な出方をしたものもあった。しかし、ドイツだけにしかみられなかったような問題はほとんどなかった。

他方、憲法上の枠組みについては、ドイツ帝国は重要な点で英仏両国と大きく異なっていた。英仏両国は制度は異なるがともに比較的柔軟な議会制民主主義であり、急速な経済的変化から生じる社会的、政治的要請にも対応しやすかった。ドイツでは政党政治の多元化が進み、それに応じて帝国議会の構成も変化したが、議会制民主主義と呼べるものではなかった。大土地所有者（その大半は貴族）、軍将校、高級官僚、帝国議会の政党の大半など、既得権益をもつ強大な勢力が議会制民主主義の実現を阻みつづけたためである。首相は皇帝に任命され、帝国議会の議席配分とは無関係に任免できた。政府は帝国議会よりも上位に置かれ、政党政治からは（少なくとも理論上は）独立していた。政府の政策は議会の制約を受けなかった。外交と軍事はその最たるものである。根本的変革を望む力が強まるなか、旧秩序の諸勢力は守勢に立たされつつもなお慎重に権力を維持していた。なかには、革命の脅威を感じとり、社会主義を抑えて自らの権力を守るために戦争を目論む勢力すらあった。

第一次世界大戦は旧秩序を守るための巨大な賭けだった。大戦がなければ、大戦前夜にドイツが直面していた憲法上、政治上の問題は克服されえなかっただろうと考えられていた時期もある。しかし、このことはおそらくそれほど自明ではない。戦争をせずに、立憲君主制と議会制民主主義に漸進的に転換するという展望も完全な幻想とまではいえなかった[3]。もっとも、賭博師が大金を賭けたがるような展望だったとはいえない。憲法に柔軟性がなく、強大な勢力が民主化に頑強に抵抗するなかで、議会主義への段階的転換がいかにすれば実現しえたかを思い描くのは難しい。結局、ドイツの支配層は敗戦が明白になるまで議会制民主主義への転換を認めなかった。強固な権威主義体制は、抜本的な構造改革に自ら踏み出すことはできなかったのである[4]。

つまり、一九一四年から一八年にかけて苦難の時期を迎える前のドイツは、いくつかの点に限っていえば、かつて考えられていたよりも「普通《ノーマル》」だった。第二帝政は、後の第三帝国とは違った。しかし、ヨーロッパの大半の国と同じだったとはいえ、ドイツ特有の政治文化や社会構造からくる特色がそこに備わっていたことも確かである。ヒトラーが出現する条件は第一次世界大戦の破局によって作り出されたものではあったが、（一四年以前には優勢とはいえなかった潮流まで含めて）ヴィルヘルム時代のドイツ特有の政治文化を土壌とし、そこに蒔かれた種が発芽して急速に成長し、後にそれをナチズムが収穫することになったものだった。もっとも、その発展には陰影があり、分かりやすくはない[5]。急進的な主張だけを取り出して、それが社会全体の風潮であったかのように論じるのは間違いである。しかし、ドイツ史をヒトラーに向かう避けがたい流れとして見るのが歪曲であるのと同様、ヒトラーの出現は青天の霹靂であり、ドイツの発展のなかにはナチズムの破局につながる要素はなかったと考えるのも思い違いだろう。健全に発展していたのに、一個人が国民を洗脳し、道を踏み外させたと考えるのは危険である[6]。

異常なまでに歪んだかたちだったにせよ、第一次世界大戦後にナチズムは魅力をもちえたのであり、その思想状況を作り出したのは、一九世紀後半のドイツにおけるナショナリズムの展開にほかならなかった。とりわけ一九〇九年から一四年にかけて勢力を強め、再編された急進的右翼は、政治的に大戦中と大戦後をつなぐ存在といえる[7]。統一が達成されておらず、国民内部の分裂と衝突が続き、それどころか拡大さえしているという感覚は、開戦のはるか前から存在はしていた。しかし、ドイツ・ナショナリズムの性質に大きく影響したのは、この感覚が蔓延したことだった。大戦後の状況変化のなかでヒトラーが最大限に利用したのはまさにそうした考えだった。すなわち、社会の多元性は不自然ないし不健全だとしてそれを弱さの表われとみる考えや、内部分裂と不協和音を抑え込み、統合された国民共同体を作り上げることができるはずだとする考えである。

ドイツ帝国内のナショナリストには様々な潮流があったが、すべてに共通していたのは、分裂を克服し、意見対立を乗り越えて国民統一を果たすという望みだった。一八七一年にビスマルクは統一国家を作りあげ、宗教、階級、地域ごとに激しく分裂した社会を統一的な制度で覆った。しかし、統一は表面的なものにとどまっていた。国民に「帰属」しない者を排除する排他的な国民意識を醸成し、「大衆の国民化」[8]を計画的に進める必要があるという考えが勢いづいたのはそのためだった。攻撃的な国民意識、「帝国の敵」を排除する統合的ナショナリズムを主唱し、教養市民層にこの思想を広めるのに与って力のあった知識人は多い。著名な歴史家ハインリヒ・フォン・トライチュケもそのひとりだった[9]。トライチュケの言葉だったからこそ、「ユダヤ人はわれらの禍である」という言葉も大きな影響力をもちえたのである[10]。ビスマルクの時代には、ポーランド人、ユダヤ教徒、カトリック教徒、社会民主主義者は、いずれも「アウトサイダー」として標的にされた。しかし、差別と弾圧は逆効果だった。一八七〇年代のドイツでは、ビスマルクの「文化闘争」でカトリックの教育、組織、聖職者に攻撃が加えられたが、これはカトリック勢力を大幅に強める結果になった。マルクス主義の綱領をもつ社会民主党の党勢も、社会主義の団体、会合、出版物を取り締まる社会主義者鎮圧法が効力をもった一二年間にむしろ著しく強まった。第一次世界大戦前夜、一九一二年の帝国議会選挙で社会民主党はあっさりと帝国議会の最大政党となり、中上流階級は警戒感、嫌悪感を強くした。この時期、既存の国家の破壊を謳うマルクス主義の綱領をもつヨーロッパ最大の社会主義運動と、マルクス主義の壊滅を目論むきわめて攻撃的で包括的なナショナリズムが相対立するにいたったのである。

国民国家としてのドイツは多くの独立国家を統合して作り上げられた。そのため、英仏のようにもともと存在する統一国家の諸制度と結びついて国家が形成されるのではなく、国民は文化と言語から定義されるという思想が力をもち、国民を民族的に定義する傾向が強まった。それは、(必ずとはいわずとも)たやすく人種主義に転化しうるということだった。植民地列強として「陽のあたる場所」を声高に要求するなかでナショナリズムが帝国主義と混ざり合い、外に対する攻撃と内に対する防御に使われたときに生じたのがまさしくその問題だった。ヨーロッパ諸国のなかでもドイツではとくにこの問題が顕著だった。

ナショナリズムはおしなべて神話を必要とする。ドイツの場合、大きな影響力をもったのは「帝国の神話」だった。[11] 伝説では、フリードリヒ・バルバロッサは中世の帝国が再興される日までテューリンゲンのキフホイザー近くの聖山に眠るとされる。新しい国民国家が「ドイツ帝国」を名乗ったため、この神話に基づき、フリードリヒ・バルバロッサの帝国を復活させようと考える者が多く出た。退役軍人会の資金を主たる財源として一八九六年にキフホイザーに建てられたヴィルヘルム一世の巨大な記念碑は、この新しいナショナリズムの美学が追求した連続性をまさに象徴している。[12]「帝国の神話」は、ドイツの過去の歴史を国民国家統一への序曲と考え、統一の達成と分裂の終わりを偉大なる個人の英雄的行為と結びつけようとした。教科書は、伝説のケルスキ族のヘルマン(紀元九年にローマの三軍団を壊滅させたゲルマン人の族長アルミニウス)にまで遡り、歴代のドイツの英雄の偉業を賛美した。トイトブルクの森に建てられたアルミニウスの巨大記念碑と、ライン河畔のリューデスハイムに近いニーダーヴァルトのゲルマニアの巨大記念碑は「帝国の神話」を具現化したものだった。一九一四年、フランドルの会戦に向かう途中でこの記念碑を初めて目にしたヒトラーはいたく感銘を受けたとされる。[13]

評価の分かれる建国の功労者ビスマルクも、ドイツ帝国の建国が現実政治の問題ではなく歴史になり、新皇帝の命によって職を退いた後には、政治家にして戦士たる英雄中の英雄として崇拝の対象になっていった。学生団体のイニシアティヴによって国中に建てられた何百ものビスマルク塔は、国家と国民《ネイション》を象徴する英雄の表象だった。[14] さらに、ビスマルクが去った後、君主制と同じくかつては国民国家統一の象徴であったはずの帝国議会が政治家の争いと利益競合の場、国民の分裂状況を示す場とみなされるようになるにつれて、次なるビスマルクが新たな国民的英雄として必要とされるようになった。

　新たな国民的英雄として真っ先に名乗りを上げたのは、ほかならぬ皇帝その人だった。一九世紀末には、専制的傾向が意図的に強化され、それがドイツ・ナショナリズムの特徴となっていた。とくに一八九〇年以降、「現在の統治者と眠りについた英雄皇帝という二つのイメージ」を野心的な新皇帝ヴィルヘルム二世に重ね合わせようとするホーエンツォレルン崇拝が始まると、この傾向はさらに進んだ。[15] 新皇帝は外に対してドイツの偉大さを示すとともに、内なる分裂も消し去るであろうとされ、ナショナリスト右翼もそれに声高に同調した。しかし、言行の不一致はあまりにも大きかった。皇帝への失望と幻滅がビスマルク崇拝を助長して反対派のナショナリストはますます騒々しくなり、最も急進的な者は、領土拡大と劣等民族の支配によってドイツの勢力拡大をはかるべきだと叫びだした。

　世紀転換期のドイツ・ナショナリストの自己主張を支えていたのは、少なからず、恐怖心からくる攻撃性だった。すなわち、フランスに対する伝統的な敵意、イギリスに対して高じつつあった敵愾心、東方スラヴに対する潜在的な恐れである。同時に、国内的には、社会民主主義の脅威、国民国家ドイツの堕落と没落に対する文化悲観論的な憂慮もそうした攻撃性を生んでいた。

　国民にとって脅威となると目される内外の敵を不条理なまでに恐れる雰囲気のなかにあっては、過激な反マルクス主義に加えて、人種主義イデオロギーが広まったのも驚くにはあたらない。ここには、反ユダヤ主義はもちろん、社会ダーウィニズムや優生学も含まれる。当然のことながら、いずれもドイツに限った話ではなかった。社会ダーウィニズムはイギリスで影響力をもった。世紀転換期に人種的反ユダヤ主義が強かったことで知られる国といえばオーストリア＝ハンガリーとフランスである。ユダヤ人の身に最も激しい迫害が及んだ地域はロシアだった。[16] しかしドイツでは、ポピュリストの急進右翼が標榜する人種思想を保守派が中心になって支え、個々のマイノリティにとって相当な脅威になるほどにまで支持が広がった。[17] 個人に対する国家の優越、秩序と権威の重視、国際主義と平等への反発がドイツ・ナショナルな感情のなかで次第に目立つようになると、[18] それにともなって

「人種問題に自覚的であること」が求められるようになり、ユダヤ系マイノリティへの敵意が膨れ上がっていった。ユダヤ系マイノリティは数的にもわずかで、同化しようとする者が大勢だったにもかかわらずである。[19]

一八九〇年代に広く読まれたある文献のように、ユダヤ人は「毒であり、相応の扱いを受けるべきだ」と書かれたり、「ペストやコレラ」だというように細菌学の用語で語られることも増えていった。[20] こうした極端な見解が代表的だったわけではない。ドイツ帝国のユダヤ人の大半が将来を楽観し、反ユダヤ主義を終わりかけた過去の時代への逆行とみなしたのも故ないことではなかった。[21] しかし彼らは、古典的なユダヤ人迫害がいかにひどいものであったにせよ、強硬な生物学的決定論に立ち、ナショナリズムと結びつく近代の人種的反ユダヤ主義がそれとは決定的に違うこと、新しいかたちの大衆政治運動に担われ、利用される可能性があることを過小評価していた。だからこそ、一九〇〇年に出版されてベストセラーとなったヒューストン・ステュアート・チェンバレンの『一九世紀の礎』や、一八八七年の刊行後、七年のうちに二五版を重ねたテオドア・フリッチュの『反ユダヤ主義者のための教理問答』の普及版として出された『ユダヤ人問題の手引き』のような人種論の古典の主張をも安易に黙認してしまったのである。[22] 純然たる反ユダヤ主義政党は主張があまりにも争点を狭めたために帝政末期には勢力を失いつつあった。しかし、人種主義的反ユダヤ主義は、様々な政党、組織、圧力団体、学生団体、利益団体に受け継がれ、反マルクス主義、帝国主義、軍国主義、急進的ナショナリズムなどに混ざり込んでいった。

優生思想はそもそもはイギリスに発し、北欧や米国で支持を広げたが、ドイツでの反響は段違いだった。上流階層の出生率が低下し、「劣等者」の人口比が上がることで起こる人種的堕落に対して妄想に近い恐怖があおられ、社会の重荷とみなされた人びとの援助に充てる費用に憤る声も高まった。反社会的分子、障害者、「劣等者」、そしてとくに性的衝動を抑えることができないとされた精神疾患を抱える人びとは、さらなる人種的堕落を招く「価値なき生命」とみなされた。すでに一八八九年にはある医師が「堕落した」人びとの不妊化は「国家の神聖なる義務」だと述べたことがあったが、この状況下、医学界ではその思想が支持を広げることになる。[23]

ナショナルな自己主張は、偉大なるドイツという感覚に根ざしていた。ドイツは拡大しつつある大国であり、帝国となるのが必要であり当然でもあるという感覚である。文化的優越感に立脚するこの感覚は、領土獲得によって肥大化していった。しかし、帝国主義列強によるアフリカ分割へのドイツの参加は遅かった。したがって、一八八〇年代に獲得した細切れの領土はその自負に見合うものではとうていなく、人口の急増によってドイツが

「土地なき民」[24]となることを憂うる右翼勢力の声に満足に応えられるものでもなかった。「世界政策」というスローガンにこめられた植民地帝国化、商業帝国化への願いは、イギリスやフランスの植民地主義者の主張と本質的にそれほど変わるものではない。しかし、これと同時に生まれたのが、スラヴ「劣等民族」の犠牲のうえに東欧で領土を拡大するという発想だった。

　この思想は、いくつかの有力な圧力団体によって声高に主張され、次第にドイツ保守党のイデオロギーに取り入れられていった。[25]これらの圧力団体は新しいかたちでプロパガンダと扇動を展開する議会外反対派として、ナショナリズム、帝国主義、人種主義など様々なイデオロギーの流布に重要な役割を果たした。その最大勢力は、一八九八年に結成され、大艦隊の建設を推進すべく活動したドイツ艦隊協会である。この組織は、一九一四年には総計一〇〇万人を超える会員と準会員を抱えるにいたった。[26]こうした組織は、新聞、パンフレット、映画など、大量の宣伝物を出した。[27]艦隊協会がナショナリストの主流派だったとすれば、ドイツ・オストマルク協会、全ドイツ連盟は小規模ながらより急進的で人種主義的な主張を展開した。ドイツ・オストマルク協会は、プロイセン国境地域でのポーランド人との人種闘争において厳格な法的差別措置をとるべきだと主張していた。[28]

　そうした諸々の団体のなかでもイデオロギー的に最も急進的だったのは、教員や学識経験者を多く抱え、会員数以上の影響力をもった全ドイツ連盟だった。善と悪の闘争という二元論的な「世界観」はナチの「世界観」のかなりの部分を思想的に先取りするものであり、そのイデオロギーには民族至上主義的《フェルキッシュ》ナショナリズムと人種主義的帝国主義が埋め込まれていた。小規模ながらも、全ドイツ連盟は、一九一七年に設立されるドイツ祖国党や第一次世界大戦後の急進的右翼につながる組織だったといえる。[29]全ドイツ連盟の会長ハインリヒ・クラースは、一二年にダニエル・フライマンというペンネームで発表した『もし私が皇帝であったなら』という論集のなかで、選挙権の制限、報道検閲、社会主義弾圧法、反ユダヤ立法が国民的再生の基盤になると主張した。[30]皇帝への深い失望の広がりに鑑みて、「強く力ある指導者」が必要であり、「非ドイツ的な民主主義の教えに染まっていない者は皆」それを切望している、「偉大さは個人の力が結集することによってしか実現しえないが、指導者への服従なくしてそうした結集は成し遂げられないと皆分かっているからだ」とも主張した。[31]第一次世界大戦の開戦までに、クラースの本は五回改訂された。これは、ヨーロッパを揺るがした動乱の大戦期以前から、ドイツで少数とはいえ「新右翼」が根づきつつあったことの証拠といえよう。[32]大戦中の急進化ならびに大戦直後に急速に広がった民族至上主義的な政治潮流とのつながりを理解するためには、大戦前のナショナリスト右翼勢力のこの変化を押さえておくことが肝要である[33]。

第一次世界大戦前夜のドイツは、皇帝の座にある人物が判断力を欠いていたことも含めて、こうした意味で、たしかに好ましくない特徴を備えていた[34]。しかし、それが第三帝国への道を運命づけたわけではない。ヒトラーの下で起こったことは帝政ドイツでは予測できなかった。第一次世界大戦とその後の経験なくしては考えられないことだった。

2

ヒトラーは一〇年以上経ってから、大戦前にミュンヒェンで過ごした一五カ月間について、人生で「最も幸せで、間違いなく最も満ち足りた」時期だったと述べた[35]。狂信的なドイツ・ナショナリストだったヒトラーは、「様々な人種の流刑地」としか思えなかったウィーンと引き比べ、「ドイツの都市」に来たことで意気盛んだった[36]。

ヒトラーは、ウィーンを離れた理由をいくつか挙げている。親スラヴ政策によってドイツ人に不利益を強いるハプスブルク帝国への激しい反発、ウィーンのドイツ文化を「蝕む」「外国人との混住」に対する嫌悪感の増大、オーストリア＝ハンガリーはもはや終わりだとの確信、「幼い頃から密かに夢と愛着を抱いてきた」ドイツに行きたいという思いの強まりなどである[37]。最後に挙げたドイツへの憧憬は明らかに美化されているが、そのほかはまぎれもなく当時の実感だった。ハプスブルク帝国のためには戦うまいという決意も間違いなくあった。ヒトラーが、「主として政治的理由から」オーストリアを離れたと言ったのは、このことを指していた[38]。しかし、政治的抗議からオーストリアを離れたかのような言い方をしているのは誠実さを欠く。すでに見たように、ヒトラーが国境を越えてドイツに入った直接の差し迫った理由は実にははっきりしていた。リンツ市当局がヒトラーの徴兵逃れを追跡していたためだった。

ヒトラーが「世界中で最も魅かれた[39]」都市ミュンヒェンは、第一次世界大戦前には、パリ、ウィーン、ベルリンと並び、ヨーロッパで最も活気のある文化の中心地であり、創造と芸術的革新の地だった。ミュンヒェンのなかでも、世間に背を向けた芸術家《ボヘミアン》が暮らすシュヴァービングには、芸術家、画家、作家がドイツのみならずヨーロッパ中から集まり、シュヴァービングのカフェ、パブ、カバレットは「近代」を育む実験場となっていた。世紀転換期ミュンヒェンの雰囲気を知る著名な芸術家ロヴィス・コリントは、「古いものと新しいものがあれほど強くぶつかりあう都市はミュンヒェンを措いてドイツにはほかになかった」と述べている[40]。衰退と新生というテーマ、不毛で朽ちかけた秩序からの脱却、ブルジョア的因習や古くさく堅苦しい伝統への軽蔑、新しい表現と美的価値の追求、理性よりも感情の喚起、若さと活力の賛美などが、ミュンヒェンの文化的近代主義者の諸潮流を結びつけていた。

第一次世界大戦前のミュンヒェンで綺羅星のごとく活躍した文学界の著名人といえば、シュテファン・ゲオルゲの周囲に集う人びと、ブルジョア道徳を批判し、カバレットでも活躍した劇作家フランク・ヴェーデキント、偉大なる抒情詩人ライナー・マリア・リルケらであろう。市民階層の一族の没落を描いた『ブッデンブローク家の人びと』を一九〇一年に出版して有名になったトーマス・マンもいる。同じく市民階層のひとりの男性の破滅を描く中編小説『ヴェニスに死す』をマンが出したのは、ちょうどヒトラーがミュンヒェンに到着した年だった。また、政治的により急進的な兄ハインリヒ・マンの名も挙げられよう。

絵画の世界でも、時代の旗印は「近代」の挑戦だった。ヒトラーがミュンヒェンにいたまさにその時期に、ヴァシリー・カンディンスキー、フランツ・マルク、パウル・クレー、アレクセイ・フォン・ヤウレンスキー、ガブリエレ・ミュンター、アウグスト・マッケらが「青騎士」のグループを主導し、才気に富み刺激的な新しい表現主義絵画によって美術界に一大変革をもたらした。視覚芸術がまたとない輝きに満ちた時代だった。

町の風景画を描いて暮らしを立てる落ちぶれた芸術家アドルフ・ヒトラーがミュンヒェンに惹かれたのは、政治的理由からではなかった。そこが「ドイツ芸術の中心地」だったためだった。[41] 数年前と同様、ヒトラーは再び近代の文化革命の中心地にやってきたのである。しかし、ウィーン時代と同じくミュンヒェンでも、ヒトラーが前衛芸術と出会うことはなかった。ヒトラーの文化的な趣味は一九世紀に凝り固まって、現代芸術に対しては閉ざされており、第一次世界大戦前のミュンヒェンを世界に知らしめた人びとの作品には反感を抱いていた。ウィーン時代と同じく、立派な代表的建造物、新古典主義のファサード、広い目抜き通り、古典派の巨匠の作品をそろえた大美術館、壮大で力強い建築物にヒトラーは感激した。ヒトラーが魅せられたのは、ヴィッテルスバッハ家の都市ミュンヒェンであり、芸術的革新の都市ミュンヒェンではなかったのである。[42] ヒトラーはピナコテークについて、人間が単独で成し遂げた「最も驚嘆すべき偉業」であり、ミュンヒェンがどれだけのものをルートヴィヒ一世に負っているかは想像もつかない、と熱っぽく語っている。[43] そのほかに、当時、感受性の強いヒトラーを感激させた建造物といえば、国王広場の古代彫刻美術館とプロピュライオン門（後に、一九二三年の挫折した一揆で死亡した「運動の英雄」をナチが毎年追悼するための場となった）と、ヴィッテルスバッハ家の宮殿、巨大なファサードが立ち並ぶ道幅の広いルートヴィヒ通りだった。[44] ヒトラーは後に、一九世紀ミュンヒェンの代表的建造物と、フリードリヒ大王時代のベルリンの建造物は似ていると言っている。いずれも財源不足から費用をかけずに建てられているためである。[45] ヒトラー自身は第二次世界大戦終結後にミュンヒェンの大規模な再建を考えていた。今度は財源は問題ないはずだった。征服されたヨーロッパ中の人びとが負担しただろうからである。[46]

ヒトラーは、いつか建築家として名を上げたいと願ってミュンヒェンに来た、と書いている。[47] ミュンヒェンに到着した頃、ヒトラーは「建築画家」を名乗っていた。[48] 一九一四年にヒトラーがリンツ当局に宛てた書簡では、徴兵逃れの嫌疑を晴らそうとして、建築画家として修業する費用を得るために独立自営の画家として生計を立てざるをえなかったと弁明している。[49] 二一年に書かれた自伝的な小文では、ミュンヒェンに行ったときには「建築デザイナー兼建築画家」だったとされる。[50] 三年後、二四年二月の裁判では、「建築デザイナー」としての修行はミュンヒェンに来る前に終えていたが、建築家になる訓練を受けたかったとほのめかした。[51] ずっと後には、ドイツで実務上の訓練を受けるのが目的だったと主張したこともある。ヒトラーは、ミュンヒェンに来て三年ほど勉強し、ミュンヒェンの大きな建築会社ハイルマン・アンド・リットマンにデザイナーとして入り、重要な建築コンペティションに参加して自分の力を見せつけてやりたかったのだという。[52] これらの説明は互いに矛盾し、しかもいずれも真実ではない。職業上の展望はたいしてないどころか失われる一方だった。しかしそれを好転させるためにヒトラーがミュンヒェン滞在中に実務上の訓練をした形跡はない。ヒトラーはウィーン時代と同じように目的もなくふらふらしていた。

一九一三年五月二五日、ある晴れた春の日曜日にミュンヒェンに着いたヒトラーは、仕立屋ヨーゼフ・ポップ一家が貸す小さな部屋を見に行った。市北部のやや貧しい地域にあるシュライスハイマー通り三四番地四階のこの部屋は、シュヴァービングの外れに位置し、兵舎が立ち並ぶ地域からも遠くなかった。[53] ヒトラーに同行していたルドルフ・ホイスラーは、一四年二月半ばまでは手狭なその部屋に同居していた。しかし、ヒトラーは深夜に石油ランプをつけて本を読む習慣があったため、ホイスラーは眠ることができずにいらだち、ついには出て行くことにしたらしい。その後数日して、ホイスラーはヒトラーの住まいのすぐ近くに部屋を借り、一四年五月までそこに住んでいた。[54]

家主のポップ夫人によれば、ヒトラーはすぐさま絵を描く準備を整えた。[55] ウィーン時代と同様に、ヒトラーは二、三日に一枚のペースで絵を仕上げた。たいていの場合、絵はミュンヒェンの有名な観光名所であるテアティーナ教会、アサム教会、ホーフブロイハウス、アルターホーフ、ミュンツホーフ、旧市庁舎、ゼンドリンガー門、王宮、プロピュライオン門などの絵ハガキを模写したもので、それをバー、カフェ、ビアホールなどに並べ、買い手を探すのだった。[56]ヒトラーは後にドイツの首相になってから、これらの水彩画は正確ではあったが創造性はなく、魂のこもったものではなかったと自分でも認めているが、後に相当な高値で取引されることになった。[57]絵は質的にはごく一般的だった。美術を学ぶ学生が生活のために作品を売ることはよくあったが、ビアホールで売られているそうした似たような絵と比べても見劣りするものではなかった。慣れさえすれば買い手には困らなかった。ヒトラーは絵を描いて慎ましく暮らせるだけのものを稼ぎ、ウィーン時代の後半程度には快適に暮らしていた。リンツ当局が一四年にヒトラーを見つけ出したとき、収入は不安定とはいえ年に一二〇〇マルク程度はあるとヒトラーは認めた。はるか後に、お抱え写真家ハインリヒ・ホフマンに、当時は月々八〇マルク程度の生活費でやりくりしていたと話したこともある。[58]

　ウィーン時代と同様、ヒトラーは礼儀正しくはあったがよそよそしく、自分の世界に閉じこもって世間と交わらず、最初の頃にホイスラーと一緒にいたことを除けば友人もいなかったようである。ポップ夫人によれば、間借りしていた二年間にヒトラーの部屋を客が訪れた記憶はないという。[59]ヒトラーは簡素で倹約した生活を送り、日中は絵を描き、夜は本を読んだ。[60]本人の弁によれば、ミュンヒェン滞在中には「当時の政治情勢の研究」にいそしみ、とくに外交政策を熱心に研究したという。[61]ヒトラーは、マルクス主義理論の書物に没頭し、マルクス主義とユダヤ人の関係について改めて考え抜いたとも主張している。[62]ルートヴィヒ通りから遠くないところにある宮廷図書館からヒトラーが本を持ち帰ったという家主の証言を疑う理由はこれといってない。[63]しかし、何百万語にもわたるヒトラーの語録のうち、マルクス主義理論を熟読し、マルクス、エンゲルス、レーニン（ヒトラーが来るしばらく前にミュンヒェンに滞在）、トロツキー（ヒトラーと同時期にウィーンに滞在）を研究した形跡を感じさせるものはない。ウィーンにいたときと変わらずミュンヒェンでも、ヒトラーにとって読書とは啓発され学ぶためではなく、臆見を強化するためのものでしかなかった。

　ヒトラーがよくものを読んだのはカフェだったと思われる。カフェに置かれた新聞を読みあさる習慣は続いていた。当時のミュンヒェンのカフェ、パブ、ビアホールでは、ありとあらゆる人間を目にし、政治、社会のみならず神や宇宙の話まで含めてありとあらゆる見解を耳にすることができた。アマーリエン通りの有名なカフェ・

シュテファニーのような場所では、左派知識人、シュヴァービングの芸術家、作家らが鋭い社会批判、政治批判を論じ、来るべきユートピアの姿を様々に思い描いていた。そのなかには数年後に革命の動乱に巻き込まれることになる者もいた。

ヒトラー自身はといえば、それほど野心的な人びとに囲まれていたわけではない。ヒトラーの周りにいたのは、ビアホールで哲学を、街角のカフェで世界改革を論じるような人やら、学もないくせに知ったかぶりをするような変人ばかりだった。こうした場所でヒトラーは政治情勢の情報を仕入れ、ちょっとした挑発を受けてはかっとなり、近くに座る人を相手に自分が関心を傾ける事柄について自説を披歴したりしていた。[64] ミュンヒェン滞在中、ヒトラーの政治への関わりといえば、こうしたカフェやビアホールでの「議論」がせいぜいだった。「今日、ナチズム運動を誠実に支えるにいたった組織を含め、様々な集まりで、ドイツの未来はマルクス主義の打破にあるという確信を初めて表明したのは一九一三年から一四年にかけてのことだった」という『わが闘争』のくだりは、カフェでの口論を政治指導者の哲学でもあったかのように誇張したものだ。[65]

カフェやビアホールでヒトラーの演説を無理やり聞かされた相手が、ミュンヒェン滞在中にヒトラーが最も近しくしていた人びとだった。これがヒトラーの抑圧された偏見や感情のはけ口になっていたと考えられる。ハプスブルク帝国を嫌い、幻想を抱いてドイツにやってきたオーストリア人ヒトラーとしては、バイエルンで耳にするドイツとオーストリアの同盟を推す意見は理解も許容もできるものではなく、相当興奮するようなこともあったのだろう。『わが闘争』でもそのようなことがほのめかされている。[66] しかし、外交政策に関するミュンヒェン時代のヒトラーの「省察」とされるものの大部分は、明らかに大戦前ではなくもっと後のものであり、一九二四年のヒトラーの思想であろう。

ヒトラーは自分では、運命づけられた道への準備期間だったと言うが、ミュンヒェン時代は実際には空虚で孤独で無益な時期だった。ヒトラーはミュンヒェンが好きだったが、ミュンヒェンはヒトラーを好まなかった。ヒトラーは、シュヴァービングの前衛的なカフェ文化に属する人間ではなく、芸術家や文人からなるミュンヒェン「社交界の名士」でもなかった。「白と青」のバイエルン至上主義、カトリックの政治的優越、ヴィクトゥアリエンマルクトの赤ら顔の八百屋からジンプリツィスムス誌の風刺作家の洗練された皇帝批判にいたるまで広くみられた強い反プロイセン感情とも肌が合わなかった。ヒトラーは世間に背を向けたミュンヒェンの芸術家《ボヘミアン》にも似た生活を自己流で送り、カフェで時間をつぶし、新聞や雑誌を漫然と読み、周囲の人びととの政治思想を正すべく大演説をぶつ機会を待っていた。自らの将来については、ウィーンの男性用単身宿舎にいた頃と比べて何ら見通しが開けたわけではなかった。

それどころか、ヒトラーはあやうくオーストリアの監獄に入れられるところだった。兵役登録を行わなかったため、一九一三年八月にはすでにリンツの警察がヒトラーの行方を捜査しはじめていた。兵役逃れには重い罰金刑が科せられる。また、兵役逃れを目的とする国外脱出は脱走とみなされ、懲役刑に処された。リンツの親戚、ウィーン警察、メルデマン通りの単身宿舎をたどって、追跡の手はミュンヒェンにまでのび、ミュンヒェン警察は、一三年五月二六日以来、ヒトラーがシュライスハイマー通り三四番地のポップ家に間借りしていることをリンツ警察に知らせたのだった。[67]

一九一四年一月一八日（日曜日）の午後、ミュンヒェン刑事警察の警官が、二日後にリンツで兵役登録せよとの出頭命令を携えてポップ家を訪れた。従わなければ罰金もしくは懲役刑に処すとの警告つきだった。即座に逮捕され、オーストリア当局に引き渡されたヒトラーはうろたえた。[68]ミュンヒェン警察による出頭命令は、日曜日よりも何日か早く届くはずだった。しかし、何らかの理由で遅れた結果、火曜日までにリンツに出頭せよとの命令は、ヒトラーにとって応じようにもあまりに急な知らせとなったのだった。しかも、手持ちの現金もなく、くたびれた格好のヒトラーが申し訳なさそうに哀れを誘う説明をしたおかげで、ミュンヒェンのオーストリア領事館はヒトラーの立場にいくばくかの同情の余地があるとみなした。リンツの次回召集日にあたる二月五日まで出頭期限を延期してほしいという、一月一九日（月曜日）付の電報でのヒトラーの要望はリンツの判事から拒否された。しかし、リンツからの電報はその日遅く、領事館が閉まってからミュンヒェンに届いた。領事館は、翌朝、お役所的にのんびりとその案件を処理したため、ヒトラーが返信を受け取ったのは、リンツに出頭しなければならなかったはずの日の翌日にあたる一月二一日（水曜日）の朝九時だった。ヒトラーはまたしても幸運に恵まれたのだった。

しかし、事態は深刻には違いなかった。動揺しつつもヒトラーは三枚半にわたる手紙をしたため、どん底の時期だった〇九年秋に兵役登録をしなかったことについて謙虚に過失を認めると同時に、ウィーン警察に住民登録していたにもかかわらず、一九一〇年二月に遅れて兵役登録した後、何の音沙汰もなかったと主張した。[69]ヒトラーに好印象を抱いた領事館員は、ヒトラーのことは「考慮の余地あり」とし、リンツの判事も、ヒトラーの要望どおり、二月五日にリンツではなくザルツブルクに出頭すればよいとの許可を与えた。罰金も懲役刑も科されることはなく、旅費は領事館から支払われた。結局、ザルツブルクに正式に出頭したヒトラーが受けたのは、虚弱につき兵役不適格との判定だった。驚愕し、狼狽はしたものの、ヒトラーは自ら招いた窮地を脱したのだった[70]。後にヒトラーは、この一件を利用しようとする政敵に改めて対処を迫られることになる[71]。オーストリア併合直後、ヒトラーは死に物狂いでこのときの書類を取り戻そうとして果たせなかった。ゲシュタポの手に落ちる前に書類は安全な場所に移され、五〇年代に戻されて公開されることになる[72]。

ヒトラーは三流芸術家としての日常に戻った。しかし、それは長くは続かなかった。暗雲がヨーロッパを覆いはじめていた。ヒトラーは、『わが闘争』のなかの抒情的な一節で、当時の雰囲気を「人びとの胸に悪夢のごとくのしかかり、熱帯のように暑苦しい」と珍しくも適切に描写している。ヒトラーは「常に不安」であり、「破滅が近づきつつあることを感じて」行動したいと考え、嵐が浄化と新鮮な空気をもたらすことを望んでいたとも書いている[73]。一九一四年六月二八日（日曜日）、オーストリア皇太子フランツ・フェルディナント大公夫妻がサライェヴォで暗殺されたという衝撃的な報を耳にしたとき、ヒトラーはドイツ人学生の仕業ではないかという恐れをまず抱いた。フランツ・フェルディナントが親スラヴ政策を擁護していたことを考えればこれは無理もない推測で、セルビア・ナショナリストの手による殺害よりもよほどありうることだった。実行犯を知ってヒトラーは安堵したが、「転がりはじめた石はもはや止められない」、「戦争はもはや避けられない」という気持ちもないまぜになっていた[74]。ロイド・ジョージの言葉を借りるならば、八月初旬にはヨーロッパ諸国は「煮えたぎる大釜の中へと引きずり込まれていった[75]」。ヨーロッパ大陸全体が戦争に巻き込まれたのだった。

3

ヒトラーにとって大戦は天啓だった。一九〇七年に芸術アカデミーの入学試験に落ちて以来、ヒトラーは漫然と日を送り、偉大な芸術家にはなれないという事実を前に諦めつつも、どうかするとなれるかもしれないという幻想も捨てきれなかった。もっともこの野心を実現する具体的計画はなく、現実には望みはなかった。入試の失敗から七年を経て、「ウィーンの名もなき存在[76]」だったヒトラーは、ミュンヒェンに来ても取るに足らない社会の落伍者であり、自分を拒絶する世界に無駄に腹を立てるだけだった。いまだに何の職業的展望もなく、資格もなければ資格を得る見込みもなく、長く続く親友をつくることもできなかった。自分自身とも、挫折して嫌いになった社会ともうまく折り合いをつけられるようになる見込みはなかった。

大戦はヒトラーにここから脱する道を与えた。二五歳になったヒトラーは、生まれて初めて、目標、責任、仲間、規律、ある種の恒常的雇用、満足感、そして何よりも帰属感を得た。一九一六年に負傷した際、ヒトラーが上官にまず言った言葉は、「そんなにひどくありませんよね、中尉。皆と一緒に連隊にいられますよね」だったという[77]。連隊を離れざるをえなくなるくらいなら昇進したくないとその後も考えていたようである[78]。大戦が終わった時もできるだけ長く軍隊にとどまろうとした。そこにはもちろん現実的な理由もあった。ヒトラーは軍隊で四年間の「実績」を積んだが、ほかには戻るべき仕事も、予定された仕事もなかったためである。生まれて初めて、もしくはオーバーエスターライヒで母親にかわいがられて何の心配もなく過ごした幼少期以来初めて、ヒトラーは大戦中に本当に心穏やかにいられたのである。後にヒトラーは大戦期について「それまで生きてきたなかで最も素晴らしく忘れがたい日々」だったと述べている[79]。第二次世界大戦のさなか、ドイツ、ヨーロッパ、世界中に甚大な影響を及ぼしつつも、ヒトラーはことあるごとに第一次世界大戦の思い出を熱っぽく語った。軍隊にいた時期は「何の心配もなかった」と口にしたこともあった。衣食住はすべて与えられた[80]。「兵士であることが大変嬉しかった[81]」。大戦とその後の展開がヒトラーの人格形成に及ぼした影響は大きかった。ウィーン時代に引き続き、大戦期は、ヒトラーの人格が決定的に形成された第二の時期だった。

フランツ・フェルディナントの暗殺後、他のヨーロッパ諸国と同じくドイツも好戦的な空気に支配された。暗殺当夜、ミュンヒェンでは群衆が暴動を起こし、街の中心にあった有名なカフェ・ファーリヒを打ち壊した。ドイツの非公式の国歌ともいうべき愛国的な歌「ラインの守り」の演奏を楽団が拒んだというのがその理由だった[82]。何週間後かには、同じく街の中心部で怒り狂った暴徒がフランス語を話していた女性二人に襲い掛かり、顔から血を流し、服も破られた二人を警察が救出するという事件も起こった[83]。

「一九一四年の精神」は一般に考えられているほど一様ではなかった。こうした暴動もあったとはいえ、当時の論調はあからさまに攻撃的だったわけではなく、概して防衛的なものだったと考えられる[84]。しかし、この愛国的熱狂の興奮には社会全体が巻き込まれた。社会民主党の国際主義者や自由主義左派でさえ例外ではなかった。もっとも、その防衛的愛国主義は、好戦的愛国主義《ショーヴィニズム》の防壁にすらなりえないほど弱く、戦争熱に浮かれたナショナリスト陣営の攻撃や敵意とは大きな差があった。中産階級の青年層、とくに学生のあいだでは、戦争への熱狂は、ブルジョアの不毛な秩序による束縛からついに解放されるのだという楽観主義と結びついていることが多かった。「われわれは戦争を賛美したい。戦争は世界を癒す唯一の手だてである」というイタリアの未来派宣言も数年前〔一九〇九年〕に出されたばかりだった[85]。一四年七月から八月にかけて、ヨーロッパ中で、すべてとはいわないまでも多くの若者がこうした思想を支持した。長期にわたる緊張と危機の繰り返しから解放されるためには武力闘争は必然であり有益でもあるとの考えは、他のヨーロッパ諸国と同じくドイツの指導層にもあった[86]。

　後の世代にとって最も理解しがたいのは、戦争をあたかも宗教的体験、救済や新生、崇高な国民的一体化の機運を高揚させ不和を克服する機会、国民共同体を創造する力であるかのようにとらえる感覚が、とくに知識人のあいだに目立ったことである。以下に、ある社会政策関連の主要雑誌の麗々しくも情熱的な一節を引用してみたい。

> われわれは現在、国民の復活と再生を感激のうちに体験している。日々の生活の憂いと喜びから、突如として衝撃を与えられ、強い道義的義務を感じ、高潔な犠牲を払う覚悟をもって、ドイツはひとつになって立ち上がる。皇帝は、今日、まさしく国民の皇帝となられ、「もはや党派なし、ドイツ人あるのみ」と宣言された。〔…〕そして帝国議会は全会一致で団結し、国民に真に先駆けて、「順境にあっても逆境にあっても、困難も死も越えて」皇帝とともに進むことをその行動をもって誓った。この八月初旬の日々は不滅であり、比類ない崇高の日々である。政党、宗派、階級、人種間の対立と不和のなかで保たれた平和な四〇年間に何があったにせよ、それはすべて国民の熱情の炎の前に消え去ったのだ[87]。

　憂鬱ながらも義務感から戦おうとした人びとも多かった[88]。しかし行動したくてしかたない人びともいた。戦争になるかもしれないという見通しに熱狂した者はミュンヒェンにも何万といた。ヒトラーもそのひとりだった。ほかの多くの人びとと同じくヒトラーにとっても、その高揚感は後に強い憤激に変わった。開戦とともに振れはじめた感情の揺れは、ヒトラーの場合、誰よりも激しかった。「激しい熱狂に私は膝をつき、この時代に生を受けるという幸運を与えたもうた天に心から感謝した」とヒトラーは書いている[89]。開戦時のヒトラーの心境はまさにこの通りだったのだろう。何年か後にヒトラーは、ロシアへの宣戦布告の翌日にあたる一九一四年八月二日にオデオン広場（ミュンヒェン）の将軍廟前で行われた大規模な愛国的デモをお抱え写真家ホフマンが撮影した写真に触れて、その日、自分も群衆の感激のただなかにいて、ナショナリストとしての熱情にわれを忘れ、「ラインの守り」と「世界に冠たるドイツ」を声が嗄れるまで歌った、と話したことがある。ホフマンはすぐさま写真を拡大し、戦争の熱にかられ、恍惚とした表情を浮かべる当時二五歳のヒトラーの顔を写真の中央に発見した。その写真はその後大量に複製され、指導者《フューラー》神話の確立に役立つとともに、ホフマンの懐を大いに潤すことにもなったのだった[90]〔この写真が本当にその場にいたヒトラーを写したものであるかについては、近年、疑いをもたれている〕。

当時、ミュンヒェンのみならずヨーロッパ中の多くの都市で何万もの若者をとらえた高揚感のなかで、ヒトラー自身も、将軍廟での大規模デモの翌八月三日、バイエルン国王ルートヴィヒ三世に請願を出し、オーストリア人ではあるがバイエルン王国軍に従軍したいと希望したとされる。バイエルン内閣府からの許可は早くも翌日に届き、非常に嬉しかったともヒトラーは書いている[91]。これにならった説明をする文献は多いが、これはおよそ信用できない。当時の混乱のなか、ヒトラーの請願が一夜にして承認されたとするならば、官僚機構がよほど効率的だったことになる。そもそも（オーストリア人を含めて）外国人義勇兵の入隊許可の権限をもつのは内閣府ではなく陸軍省だけだった[92]。実際のところ、ヒトラーが従軍できたのは官僚主義の効率性ではなく、見落としのせいだった[93]。一九二四年にバイエルン当局が詳しく調査したが、一四年八月にオーストリアに戻るべきヒトラーがバイエルン王国軍に従軍することになった理由は正確には分からなかった。八月初旬に最寄りの場所で新兵募集に応じようとする義勇兵志願者があふれかえるなかで、ちょっとした矛盾や法律違反が生じたのではないかと報告書では推論されている。「ヒトラーの国籍は問題にすらならなかったのだろう」と報告書には書かれ、ヒトラーは恐らくミスによってバイエルン王国軍に入隊したものと結論づけられたのだった[94]。

一九二一年の自伝的な短文で書かれているように、ヒトラーはおそらく一四年八月五日にバイエルン王国軍第一歩兵連隊への入隊を志願した。開戦直後の混乱期に志願した他の多くの者と同じく、すぐに投入できる人材ではなかったため、ヒトラーはまずはいったん帰された[95]。八月一六日、ヒトラーは、第二歩兵連隊第二予備大隊から装備の支給を受けるためにミュンヒェンの第六補充部隊に出頭するよう命令を受けた。九月初旬にはヒトラーは、主として新兵からなる新設のバイエルン王国軍第一六予備歩兵連隊（初代指揮官の名をとって「リスト連隊」として知られる）に配属された。同じ隊の仲間とともにヒトラーはミュンヒェンで訓練期間を過ごし、引き続き、一〇月二〇日までアウクスブルク近郊のレヒフェルトでも訓練を受けた[96]。その日、ヒトラーはポップ家に宛てて、前線、おそらくベルギーに向けた出発が迫っていて非常に楽しみであること、イングランドまで行きたいと願っていることを伝える短文の手紙をしたためた[97]。翌日早朝、ヒトラーの乗る軍用列車はフランドルの戦場に向けて出発した。[98]

一九一四年一〇月二九日、リール到着から六日後、ヒトラーの大隊は、イーペル近郊のメニン街道で砲火の洗礼を受けた。前線からヨーゼフ・ポップとミュンヒェンの知人エルンスト・ヘップに宛てた手紙でヒトラーは、四日間の戦闘の後、リスト連隊の戦力は三六〇〇人から六一一人にまで減った、と書いている。[99]この最初の犠牲は推定約七〇パーセントにおよんだ。その損害の一部は、ヴュルテンベルク王国軍とザクセン王国軍が暗闇のなかでバイエルン王国軍を英国軍兵士と間違って攻撃した「友軍の誤射」によるものだった。[100]リスト大佐も戦死した。ヒトラーは後に、何千という戦死者と負傷者を見たことで当初の理想は失われ、「人生は常に恐ろしい闘争だ」と認識せざるをえなかった、と述べている。[101]

一九一四年一一月三日(一一月一日付)にヒトラーは上等兵に昇進した。さらに昇進を重ね、少なくとも下士官にはなれたかもしれないが、大戦中にヒトラーが昇進したのはこのときだけである。後にヒトラーの下で全国出版局長となる当時の准尉マックス・アマンがヒトラーを推挙し、下士官にするかどうかを連隊幕僚も検討したことがあった。[102]三〇年代にしばらく指導者《フューラー》副官を務めた連隊副官フリッツ・ヴィーデマンは、ヒトラーは指導力に欠けるというのが上官の意見だったと第三帝国崩壊後に証言している。[103]しかし、アマンもヴィーデマンもはっきり述べているが、ヒトラーは昇進の話を断った。おそらく連隊から離れざるをえなくなるからだったと思われる。[104]

一一月九日にヒトラーは連隊付きの伝令兵となった。ヒトラーが任じられた伝令兵は、八〜一〇人が一組となり、三キロメートル離れた前線にいる大隊や中隊の指揮官に宛てた連隊指揮官からの命令を徒歩もしくは時に自転車で届けることを任務としていた。[105]『わが闘争』のなかでヒトラーは自分が伝令兵だったことには触れず、大戦中に実際に塹壕にこもっていたかのような書き方をしている。[106]しかし、伝令兵の任務にともなう危険を過小評価し、ヒトラーは責任逃れの臆病者であるとして大戦中の軍務を非難しようとした一九三〇年代初頭の政敵の試みは見当違いである。[107]

前線が比較的落ち着いていれば、参謀本部の伝令兵が、塹壕よりもはるかに恵まれた状況でのんびり過ごせることもたしかにあっただろう。それは珍しいことではなかった。ヒトラーが従軍中のほぼ半分近くを過ごした北フランスのフロメル近郊のフルネ・アン・ヴェップに連隊参謀本部が置かれていたときには、絵を描いたり、(ヒトラーの説明を信じるならば)戦場に携えていったショーペンハウアーの著作を読んだりする時間があったという。[108]しかし仮にそうであったとしても、火線をまたいで前線へと指令を運ぶ伝令兵が戦闘中に直面するものはまさしく危険以外のなにものでもない。伝令兵の死亡率も比較的高い[109]。ひとつの指令を届けるために可能であれば二人の伝令兵が送られるが、それは仮に片方が死んでも指令が確実に届くようにするためである[110]。

一一月一五日のフランス軍との戦闘では、連隊付きの八名の伝令兵のうち三名が戦死し、一名が負傷した。ヒトラー自身は、その人生のうちにたびたび幸運に恵まれたが、ここでも運に味方されていた。二日後、連隊の前線本部でフランス軍の炸裂弾が爆発し、前線の幕僚のほぼ全員が戦死もしくは負傷したときも、ヒトラーはほんの数分前にその場を離れていた[111]。二日前に砲火を浴びつつ指揮官の命を守った功績で、他の幕僚の賛同を得てヒトラーのために鉄十字勲章を申請しようとしていた連隊長フィリップ・エンゲルハルト中佐も重傷を負った[112]。一二月二日、ヒトラーはついに二級鉄十字勲章を授与された。連隊のなかでこの栄誉に浴した者は、四人の伝令兵を含めて六〇名だった[113]。ヒトラーいわく、その日は「人生で最も幸せな日」だった[114]。

こうしたすべてから判断して、ヒトラーは単に職務に忠実だったというだけでなく熱心な兵士だったといえよう。危険に直面した際の勇気も申し分なかった。上官はヒトラーを高く評価していた。ヒトラーの最も親しい戦友といえば主として同じグループの伝令兵だが、彼らにいたっては、いらだったり当惑させられたりすることはあったにせよ、ヒトラーを敬愛していたようにさえ思える[115]。ユーモアを解さないヒトラーは、よく好意的なからかいの的になった。ある日、電話交換手が「フランス女を探してみないか?」と言いだした。「フランス女と関係するなんて恥ずかしくて死んでしまう」とヒトラーがさえぎって言うので、皆は爆笑した。「こいつ、修道士だよ」と誰かが言った。ヒトラーは「君らにはドイツ人としての誇りはないのか」と言い返した[116]。

ヒトラーは短気なせいで同じ組の伝令兵らからひとり離れてはいたが、戦友たちとの関係は概してよかった。戦友たちの多くが後にナチ党員になると、総統ヒトラーは自分が彼らの戦友だった時代を思い出し、金銭的な便宜をはかったり、下級幹部の役職を与えたりしたのだった[117]。彼らはヒトラーとうまくやってはいたが、「アディ」(ヒトラーの愛称)は明らかに変人だと思っていた。彼らが「芸術家」と呼ぶヒトラーが、一九一五年半ば頃以降、クリスマスにさえ手紙も荷物も受け取る様子がなく、家族や友人のことを一切口にせず、煙草も酒もやらず、慰安施設にも関心がなく、掩蔽壕の片隅に座りこんで何時間も思索にふけったり本を読んだりしていることは驚きだった[118]。大戦中のヒトラーの写真を見ると、痩せてやつれた顔をして、黒い濃い口ひげをもじゃもじゃと生やしている。ヒトラーはたいてい端の方にいて、皆が笑っていても感情のみえない表情をしている[119]。

ヒトラーが最も親しくしていた戦友のひとりバルタザール・ブラントマイアーは、オーバーバイエルンのバート・アイプリング付近のブルックミュール出身の石工だが、一九一五年五月末に初めてヒトラーと会った時の印象を、骸骨のように痩せこけ、半開きの暗い目をして、顔色は悪く、口ひげの手入れもせず、新聞に埋もれて片隅に座り、紅茶を時折するだけで、仲間うちの会話に加わることはほとんどなかった、と後に語っている。[120]ヒトラーは変人めいており、ばかげた軽薄な発言にはとがめるように首を振り、兵士たちのいつもの不平不満やからかいには加わろうともしなかった。[121]「今までに女の子に惚れたことはあるか」とブラントマイアーはヒトラーに聞いてみたことがある。「ブラントモイリ、そんな時間はこれまでなかったし、これからもまずないね」とヒトラーは大まじめに答えた。[122]

ヒトラーが唯一、愛着をもっていたのは犬のフォクスルだったようだ。これは敵陣から迷い込んできた白いテリアだった。ヒトラーはこの犬に芸を仕込み、犬が自分によく懐き、任務から帰ると嬉しそうにするのを見て喜んでいた。後に部隊が移動しなければならなくなり、フォクスルが見つからなかったとき、ヒトラーは取り乱した。「フォクスルを取り上げた奴は、自分が私に何をしたかを知らない」というのが、何年も後にヒトラーが述べたことである。[123]どれほど多くの人間が自分の周りで虐殺されようとも、ヒトラーはこれほど強く心に感じることはなかった。終生、人間に対しては空虚で冷淡だったヒトラーだが、愛犬に対しては違った。第二次世界大戦中の総統大本営でも、ヒトラーが最も親密な関係を築いた相手は愛犬であるシェパードのブロンディだった。[124]しかし、主人である自分への従属が関係を支えていたという点では、相手が人間だろうが犬だろうが同じだった。「私はフォクスルがとても好きだった」とヒトラーは述懐する。「フォクスルだけは私の言うことを聞いてくれた」。[125]

戦争についてはヒトラーは完全に狂信的だった。ドイツの国益を徹底して追求し、人道的な感情は一切介在させようとしなかった。一九一四年のクリスマスに友好的な雰囲気が自然に生まれ、ドイツ軍とイギリス軍が中間地帯で握手し、ともにクリスマス・キャロルを歌ったときも、「戦争中にそのようなことをするなど問題外だ」とヒトラーは激しく非難した。[126]戦友たちは、本気であれ冗談であれ、敗北主義的なことを言えばヒトラーが必ず怒ると知っていた。戦争に負けるかもしれないと口にするだけでヒトラーは激昂した。ヒトラーが最後に言うのはいつも「戦争に負けるわけにはいかない」だった。[127]一九一五年二月五日にヒトラーが知人であるミュンヒェンの判事補佐官エルンスト・ヘップに送った長い手紙の終わりに、戦争に触れた箇所がある。そこには、ウィーン時代からヒトラーが抱いてきた偏見を彷彿とさせるような見解が（ヒトラーの独特の散文体で）記されている。

私はよくミュンヒェンのことを考えます。私たちの望みはただひとつです。いかなる犠牲を払おうとも、ならず者どもと早く決着をつけること、故郷に再び見える幸運に与かったときに外国の影響が一掃され、純化された故郷を目にできること、そして何十万もの人びとの日々の犠牲や困難と、国際社会の敵に立ち向かってここで日々流される血によって、ドイツの外敵が粉砕されるのみならず、われらの内なる国際主義も打破されることです。これは私にとってどんな領土を獲得するよりも価値のあることです。オーストリアについては、私がいつも言っていたようなことになるでしょう。[128]

大戦期を通じてヒトラーがこのような考えをもちつづけていたことは明らかである。しかし、戦況と戦時下の状況について長々と書き綴るだけでなく、このような政治的情熱をほとばしらせるのは稀だった。ヒトラーは戦友とは政治的な話はほとんどしなかったようである。[129]戦友からは風変わりな人物と目されていたため、自分の意見を強く主張しようとはしなかったのかもしれない。ヒトラー自身も、「当時、私は兵士であり、政治について語る気はなかった」と述べている。それとは矛盾するが、ヒトラーは、親しい戦友には社会民主主義に対する考えをよく話して聞かせたとも付け加えている。[130]

一九四七年のニュルンベルクでの取り調べの際にアマンは、ヒトラーは第一次世界大戦中、戦友に対して政治の話題で熱弁をふるうことはなかった、と断言した。[131]ユダヤ人の話題を出すこともほとんどなかったようである。四五年以降、元戦友のなかには、当時、ヒトラーはユダヤ人についてはせいぜい思いつきでありふれた意見を言うくらいで、一八年以降に目立つようになる際限ないユダヤ人憎悪を予期させるようなものではなかった、と言う者もいた。[132]それに対してブラントマイアーは、三二年に初版が出された回顧録のなかで、大戦中、「アドルフ・ヒトラーがユダヤ人をあらゆる災難の黒幕と呼ぶ」のを聞いて、理解できないことがよくあったと回想している。[133]ブラントマイアーによれば、ヒトラーは大戦後半期には政治的傾向を強め、社会民主主義の扇動者がドイツ国内で不安を煽っている、と口にしてはばからなかったという。[134]ヒトラーが有名になってから書かれたこうした解説は、未来の指導者の先見の明を称賛すべく書かれたその他の情報と同じく、取扱いには注意が必要である。しかし、これらをそう簡単に片づけてしまうわけにもいかない。『わが闘争』のなかでヒトラー自身が主張しているように、一六年にドイツで初休暇をとった後、大戦後半期に政治的偏見が強まったというのは、実際、十分に考えられる話だからである。[135]

一九一五年三月から一六年九月まで、リスト連隊は、膠着状態にある戦線を二キロメートルにわたって維持しながらフロメル近郊の塹壕で戦った。一五年五月と一六年七月にイギリス軍との激しい戦闘があったが、この一年半のあいだに戦線はわずか数メートル動いただけだった。[136] 一六年九月二七日、フロメルで行われた二度目の激しい戦闘から二カ月後、イギリス軍の側に問題が生じて攻撃がやむと、連隊はフランドルから南方に移動し、一〇月二日にはソンムの戦いに加わった。[137] 数日後、伝令兵の掩蔽壕で炸裂弾が爆発し、数人の死傷者が出た際、ヒトラーも左大腿部を負傷した。[138]

野戦病院で手当てを受けた後、一九一六年一〇月九日から一二月一日までのほぼ二カ月間、ヒトラーはベルリン近郊のベーリッツの赤十字病院で過ごした。二年ぶりのドイツだった。一四年八月の興奮に満ちた日々とはうってかわった雰囲気にヒトラーはすぐに気づいた。入院中の兵士が、仮病を使ったり些細な怪我を負ったりして前線から逃れたのだと自慢げに話すのを聞いて、ヒトラーは愕然とした。療養期間中、初めて足を踏み入れたベルリンでは国立美術館を訪れたりしたが、このときもヒトラーは同じような士気の低さや不満の広がりを目のあたりにすることになった。

しかし、衝撃的だったのは何といってもミュンヒェンだった。ヒトラーにはそれがミュンヒェンだとはとても思えなかった。「どこに行こうとも、怒り、不満、罵りばかりだった!」。士気は低下し、人びとは意気阻喪し、生活は悲惨だった。これはプロイセンのせいにされていた。バイエルンではよくある話である。しかし、こうした全てがユダヤ人の仕業にほかならないことが自分には分かった、とヒトラーは約八年後に書いている。「事務員はほとんどユダヤ人ばかりであり、ユダヤ人はほとんど事務員になっている」。このユダヤ人事務員の多さにひきかえ、前線で従軍するユダヤ人の少なさに愕然とさせられた、とヒトラーは書く。[139]（実際のところ、これは勝手な中傷である。ドイツ軍におけるユダヤ人と非ユダヤ人の比率は人口比と変わらない。リスト連隊も含めて、多くのユダヤ人が従軍し、立派な殊勲を立てた。[140]）一九一六年のものとして書かれたこの反ユダヤ主義的見解は、実際には一八～一九年以降の見解を遡って投影したものだと推測されることも多いが、そのように考えなければならない理由はない。[141] すでに見たように、大戦期の戦友たちの回想ではヒトラーは明確な反ユダヤ主義ではなかったとされるが、ブラントマイアーとヴェステンキルヒナーの二名は、ヒトラーがユダヤ人について否定的なことを言ったとも証言している。[142] 第一次世界大戦後半期にミュンヒェン反ユダヤ主義的な偏見が広まるにつれて、ミュンヒェンの街で聞かれるようになってきた意見をヒトラーも口にしていたのだろう[143]。

ヒトラーは一刻も早く前線に戻り、懐かしい連隊に合流したかった[144]。結局、一九一七年三月五日にヒトラーはヴィミー北部から数キロメートル離れたところに新たに陣取っていた連隊に戻った[145]。その夏、一七年七月半ばの英国軍によるフランドルの大攻勢に反撃するため、連隊は三年近く前に戦ったイーペル近郊に戻った[146]。その後、連隊は激しい戦闘で打撃を受けて八月初旬に交替し、アルザスに輸送された。九月末、ヒトラーは初めて普通の休暇をとった。ミュンヒェンにはひどく失望したため戻る気はなく、代わりにベルリンのとある戦友の実家で過ごした[147]。ヒトラーが連隊の戦友たちに送った葉書には、一八日間の休暇をいかに楽しく過ごしているか、ベルリンの街と美術館にどれほど感動したかが綴られている[148]。一〇月半ば、ヒトラーはアルザスからシャンパーニュに移動したばかりの連隊に合流した。一八年四月の激しい戦闘では多くの犠牲が出た。そして七月後半に連隊が加わったのが第二回マルヌ会戦だった[149]。第一次世界大戦でのドイツ軍最後の大攻勢である。八月初旬、連合国側の粘り強い反撃を前に攻勢は失敗に終わり、四カ月にわたる激しい戦闘でのドイツ軍の犠牲者は八〇万人に達した。備蓄も潰え、士気も落ち込むなか、ドイツの軍指導部が大戦の敗北を認めざるをえなくなる転換点となったのがこの攻勢の失敗だった。

一九一八年八月四日、ヒトラーは連隊司令官フォン・トゥーボイフ少佐から一級鉄十字勲章を授与された。一兵卒としてはめったにないことである。皮肉にも、受章はユダヤ人将校フーゴ・グートマン少尉の推薦によるものだった[150]。後にこの話は、ヒトラーはひとりで一五名ものフランス兵を捕虜にした功績で一級鉄十字勲章を受章したとして、ありとあらゆる教科書に載ることになる[151]。事実はもういくぶん平凡だった。リスト連隊のフォン・ゴーディン副司令官の一八年七月三一日付の推薦状を含めて残る資料から判断するに、電信が途絶した後に司令部から前線への重要な指令を激しい砲火をぬって届けた勇気を称えて、もうひとりの伝令兵とともに勲章が贈られたのである。後の本人の証言によれば、指令を無事に届けたら一級鉄十字勲章をやるとグートマンは伝令兵二人に約束したのだという。伝令兵の行動はたしかに勇敢だったとはいえ、際立って特別というわけでもなかったため、グートマンが部隊司令官に縷々説明し、数週間たってやっと授与の許可が下りたのだった[152]。

一九一八年八月半ばには、バパウム近郊での英国軍の攻勢に対して友軍を支援するためにリスト連隊はカンブレに移動し、一カ月後、四年近く前にヒトラーが二級鉄十字勲章を受章したウェイツスカーテとメセン付近での戦闘に再度加わった。今回はヒトラーは戦闘には参加しなかった。八月末にニュルンベルクでの一週間の電信訓練に送られ、九月一〇日から第二回目の一八日間の休暇を再びベルリンで過ごしていたためである[153]。九月末、ヒトラーの復帰直後に部隊はコミーヌ近郊で英国軍の攻勢にさらされた。いまや毒ガスが広く攻撃に使われるようになっていたが、防御手段は最低限の原始的なものしかなかった。リスト連隊もひどい痛手を受けた。一〇月一三日から一四日にかけての夜半、イーペル近郊の南部前線に位置するウェルヴィク南方の高台でヒトラーもマスタード・ガスの犠牲になった[154]。攻撃のさなかに掩蔽壕から退却したヒトラーと戦友たちは、毒ガスによって部分的に視力を失い、互いにしがみつき、毒ガスの影響がわずかに軽かった戦友の後についてようやく安全な場所に逃れたのだった[155]。フランドルで手当てを受けた後、一八年一〇月二一日にヒトラーはポメルンのシュテティン近郊にあるパーゼヴァルクの病院に搬送された。

ヒトラーの戦争は終わった。ヒトラー自身は与かり知らないことだったが、陸軍総司令部はすでに、負けが決まった戦争とすぐにも始まる和平交渉の責任から逃れようと画策を始めていた[156]。ヒトラーが「今世紀最大の破廉恥」と呼ぶ、敗戦と革命の衝撃的な報せが届いたのは、パーゼヴァルクで一時的な失明から快復しつつあったときだった[157]。

4

当然のことながら、「背後からの一突き」なる裏切り行為などなかった。これは右翼勢力の作り話をナチがプロパガンダの中核に据えただけにすぎない。銃後の騒動は、敗戦の結果であって原因ではなかった。ドイツは軍事的に敗北し、限界に近づきつつあった。しかし、国民に降伏の覚悟はなかった。実際、一九一八年一〇月末になっても、陸軍総司令部は戦勝ムードのプロパガンダを行っていた。軍隊はとうに疲弊し、直近の四カ月間には開戦以来最大の戦死者を出していた[158]。伝染病も猛威をふるっていた。三月から七月にかけてインフルエンザに感染したドイツ兵は約一七五万人、負傷者は七五万人だった。治療が追いつかず、規律が急激に緩み、脱走や「軍務放棄」が急増したとしても驚くにはあたらない[159]。故意に義務を回避する「軍務放棄」は、戦争末期には一〇〇万人近くに上ったと推定される。銃後でも抗議の機運が高まり、憤激、怒りから次第に反体制的になっていった。革命はボリシェヴィキの支持者や売国奴が引き起こしたのではない。一五年のうちから兆し、一六年以降、最終的には大きな不満のうねりとなってゆく幻滅と不安から生じたのである。愛国心により一致団結して戦争に突入したかにみえた社会は、ばらばらになって終戦を迎え、大きな精神的痛手を負ったのだった。

人口の五分の一弱にあたる一三〇〇万人以上のドイツ人が大戦中に兵役に服し、うち一〇五〇万人が戦地に赴いた。戦死者は約二〇〇万人、負傷者は約五〇〇万人にのぼった。戦死者の三分の一には妻がおり、ほぼすべてに家族があり、友人がいた。[160] これほどの犠牲を経験すれば、精神に焼けつくような痕が残ることは避けられない。しかし、戦争体験とその影響は実際のところまちまちだった。

死、負傷、「国内戦線」での飢餓はいたるところでみられた。運命とあきらめた塹壕生活、危険と困難、不安と恐れ、産業化された戦争によって人為的に荒廃した土地での人命と物資の莫大な損失、男たちの塹壕「共同体」で生き残るための相互依存などが前線兵士に拭いがたい印象を残したのも確かだった。

しかし、大戦を経験してヒトラーは戦争の一大賛美者となったが、表現主義の劇作家エルンスト・トラーは平和主義の左翼革命家になった。ヒトラーにとって敗戦は裏切りだったが、トラーにとっては大戦そのものが裏切りだった。「戦争によって私は戦争の敵になった」とトラーは書く。「私が愛した国は裏切られ、売られたのだ。裏切り者は打倒しなければならない」[161]。後背地の「軍務放棄」と前線、兵士と将校、前線と「国内戦線」、そして、併合論者や帝国主義者のような熱烈な主戦論者と、戦争を嫌悪し、非難し、糾弾する人びとなど、戦争体験は千差万別であり、団結をもたらすようなものではなかった。塹壕で「国民共同体」が形成されたなどと論じる知識人もいたが、そのようなものはおよそ神話にすぎなかった。塹壕での戦友意識、「前線世代」の「運命共同体」でさえ、後から作り出された文学的な神話だった面がある。[162] 革命のただなかで混乱する祖国に帰還した兵士たちが、結束した「前線世代」を形成し、見る影もなく分裂した社会に代えて塹壕の「階級なき社会」を実現させることはなかった。彼らは幻滅した軍国主義的大衆としてこぞって義勇軍に入り、突撃隊(SA)もそこから形成されていった。そうした心情をヒトラーは後に利用することになる。しかし、義勇軍に加わった二倍もの人が反戦組織である全国戦傷者・退役軍人・遺族同盟に参加したこともまた事実である。[163] 兵士はそれぞれの前線経験をもって帰還した。それは第一次世界大戦後のドイツ社会に分裂と緊張を招くことになる。

銃後の人びとは、前線で戦う愛する者を心配しながらも、物資の供給がひどく滞り、しばしば極度の困窮状態に立ちいたるのにどうにか対処しなければならなかった。女性は産業に動員されたり、市電を運転したり、農場を切り回したりしつつも、食料を求めて行列する時間が次第に長くなっていった。都市に住むドイツ人の多くは、大戦中に飢えとはいかなるものかを身をもって知ることになった。飢餓とまではいえずとも、栄養失調が広がって七五万人が死亡した。食料価格は急騰するも質は悪化し、生活必需品は姿を消してほとんど配給もなく、食糧難が深刻化した。最も悪名高いのは、一九一六年から一七年にかけての「かぶらの冬」である。一七年には配給量は一日一〇〇〇カロリーを割った。大戦前の平均カロリー摂取量は労働者の必要最低限に達していたが、それが半分以下の水準になったということである。[164] 不足したのは食料だけではなかった。最も深刻だったのは、石炭不足により暖をとれなくなったことだった。

よほどの金持ちでない限り、大戦中には皆、暮らし向きが悪化した。[165] 特権階級を除くあらゆる階層が惨めな生活を送り、意気消沈し、国家に対する怒りを日ましに募らせていった。国家は、戦争を始め、日常生活への干渉を次第に強め、つまらない規制を無数に押しつけてくるくせに、戦争に勝てずにいるのである。食料騒擾やストライキは、こうした雰囲気を如実に映し出したものであり、大戦の後半期には当局の脅威となっていった。社会的緊張が高まり、憤りが募るのは避けられなかった。都市住民は、農家が食料を隠していると非難した。農村部にいわせれば、悪いのはイナゴのように田舎に押し寄せてきてなけなしの食料を強奪する都市の人びとのほうだった。バイエルン人を筆頭にマイン川以南のドイツ人は、戦争にともなうありとあらゆる害悪をプロイセンのせいにした。プロイセンでは、国中が飢えているのにバイエルン人は贅沢に暮らし、戦争にもおよそ貢献しようとしないと考えていた。中産階級が労働者階級に対してかねてからもっていた愛国心に欠けるという反感は、階級対立が止んだことでいったんは消えていたが、ストライキ、デモ、反戦感情の表出、さらには反皇帝色の強まりなどにより、戦争末期に急激に再燃した。最悪だったのは、職人やホワイトカラーなど下層中産階級の雰囲気だった。公然と革命を謳う独立社会民主党に対する支持が、下層中産階級でブルーカラー以上に強くみられる地域もあった。[166]

しかし、社会がどれほど分裂しようとも、すべての陣営から一致して攻撃の的にされた存在もあった。戦争による不当利得行為はひどく憎まれていた（一九二〇年にミュンヒェンのビアホールでヒトラーはこのテーマを非常に効果的に取り上げることになる）。裏地まで毛皮のコートを着てシルクハットをかぶり、葉巻をくゆらせ、リムジンを乗り回す「有力者」は、あらかたの人間が困窮を極めている時代にあって、特権、汚職、搾取の典型とされた。闇市を取り仕切る者に対する深い憎しみもそれに近いものがあった。日常生活のあらゆる領域に絶え間なく、しかもひどく官僚的に介入してくる小役人も非難の的だった。しかし、憤激を買った理由はその介入と低能さだけにあったわけではない。末期的な混乱で瓦解寸前になり、その権威が目に見えて失墜しつつあった国家のいわば顔として、小役人が憎まれたのだった。

また、大戦中期以降には、スケープゴートとしてユダヤ人が激しい憎悪と攻撃にさらされるようになっていった。すべてどこかで聞いたような決まり文句ばかりだったが、目新しい点があったとすれば、急進的反ユダヤ主義が喧伝された規模と、それに対する支持の広がりだった。他の社会集団と同じく、ユダヤ人も「一九一四年の精神」に興奮し、同胞たるドイツ人とついに結束できたと考えた。しかし一六年には、なるかと思われた団結は完全に潰えた。併合主義者の一派が露骨に展開する民族至上主義的《フェルキッシュ》で悪質な反ユダヤ主義は次第に急進化し、大戦前を超える広がりを見せるにいたった。ユダヤ人は、ドイツに流入する人種的に劣等な移民、国民の苦難を肥やしに肥え太った戦争の不当利得者、前線で従軍しようとしない軍務放棄者として攻撃されるようになった。実際には、ドイツに流入した東方ユダヤ人の数など取るに足りず、軍需産業の社長を務める非ユダヤ人はユダヤ人の四、五倍はおり、前線で従軍するユダヤ人と非ユダヤ人の比率も〔人口比と〕ほとんど変わらなかった。しかし、中傷は食い止めようもなく広がっていった。[167]

一九一六年末に前線と後背地のユダヤ人の数に関する統計調査、続いて戦争経済に関連する会社に雇用されるユダヤ人の数に関する帝国議会の調査が行われたことは、いわれのない中傷を助長する結果になった。[168]調査結果は公表されなかったが、軍事関連の調査の根底にあった主張が否定されることもなく、その後、少なくともプロイセン王国軍ではユダヤ人は将校にはなれなくなってしまった。[169]クラースの全ドイツ主義や、新たに結集した祖国党は、一七年七月一九日に帝国議会で決議された無併合講和決議に対する主戦派の反感を代弁し、ユダヤ人を敗北主義と結びつけた。反ユダヤ主義の出版物があふれるほど出され、一七年一〇月にクラースが全ドイツ主義の指導者を前に、反ユダヤ主義は「すでに絶大な支持を集めて」おり、「生存をかけたユダヤ人の戦いが始まろうとしている」と述べたほどだった。[170]

一九一七年にロシアで一大事が起きると、この憎悪で煮えたぎる釜には、国際秘密結社を組織して世界革命を扇動するユダヤ人という新しい材料が投じられ、かき混ぜられることになった。[171]以後、これは反ユダヤ扇動の中核的要素となる。

敗戦が明らかになると、全ドイツ主義者が煽りたてたせいで反ユダヤ主義のヒステリーは最高潮に達した。「この機に乗じてユダヤ人に対する闘争の開始を告げ、すべての不正をユダヤ人になすりつける」べく、一九一八年九月に全ドイツ主義者による「ユダヤ人委員会」が設置された際、クラースは、ハインリヒ・フォン・クライストが一八一三年にフランス人に向けて言った悪評高い言葉を借りて言い放った。「奴らを殺せ。最後の審判ではその罪が問われることなどない!」[172]。

5

ヒトラーは熱狂的に戦争を歓迎し、ドイツの目指すところを狂信的に支持し、開戦当初から敗北を示唆しようものならば激しく批判してきた。大戦の後半二年間にみられた崩壊と士気の低下、政治的、イデオロギー的急進化は、そのヒトラーに強い印象を与えずにはおかなかった。ヒトラーは、前線で見聞きした多くの考え方に強い嫌悪感を抱いた[173]。しかし、戦争遂行への不満の強さを知り、初めて愕然としたのは、大戦の後半二年間に休暇や療養のために合わせて三カ月強にわたりドイツで過ごした三回の滞在期間中のことだった。ベルリンの雰囲気も衝撃だったが、一九一六年にミュンヒェンで受けた衝撃はさらに大きかった[174]。

戦争が長引くにつれて、革命の話が出るとヒトラーはいきり立つようになり、一九一八年一月末の一時期にベルリンから他の主要産業都市に広がった無併合早期講和を支持する軍需産業のストライキ(軍需生産には実際にはほとんど影響はでなかった)の知らせを聞いたときには火がついたように怒った[175]。ブラントマイアーは、激怒したヒトラーが、自分が陸軍大臣ならば二四時間以内にストライキの指導者を銃殺してやる、と息巻いたことを覚えている。責任はフリードリヒ・エーベルトにあるというのがヒトラーの考えだった[176]。ブラントマイアーのこの証言が、『わが闘争』[177]の内容を引き写しただけだった可能性はもちろんある。しかし、祖国での騒動をすでに、ヒトラーいわく「絞首刑もの」の社会民主党指導部と結びつけて考えていた、とヒトラー自身が書いているのを疑うに足る十分な理由もない[178]。士気喪失と崩壊の兆候が国内のみならず前線でも強まると、兵士も次第に政治的になっていった。一八年八月から九月にかけての「崩壊の兆候」に触れてヒトラーは、「祖国からの毒」が効いて、軍隊でも政治的な議論がはじまった、と述べている[179]。ヒトラーはドイツの国内情勢に強い関心を寄せ、そうした議論に加わった、というブラントマイアーの証言には信憑性があると考えてよいだろう[180]。

一九一六年一〇月のベーリッツでの療養から一八年一〇月のパーゼヴァルクでの入院にいたるまでの大戦の後半二年間は、ヒトラーのイデオロギーの変化を考えるうえで決定的な時期とみてよいだろう。戦争は、ヒトラーが生まれて初めて全身全霊をもって追いかけた目標であり、信じたすべてだった。その戦争での軍事的敗北に憤るなかで、ウィーン時代から抱えてきた偏見と病的恐怖はいまや明確なかたちをとるにいたった。しかし、政治イデオロギーとして完全に理論化されたわけではまだなかった。それには、一九年にドイツ国軍で「政治訓練」を受ける時期を待たねばならない。

ヒトラーのイデオロギーが形成されるうえでパーゼヴァルクでの入院生活がどのような役割を果たし、後にナチ党党首にして総統となる人物を造り上げるうえでどれほどの重要性をもったのか。これについてはまだ議論の途上にあり、容易には評価しがたい。ヒトラー自身は、パーゼヴァルクはきわめて重要な場所だったとする。一時的な失明からは回復したものの新聞を読むことはできず、革命の噂を聞けども完全に理解することはできなかった、とヒトラーは書いている。最初のはっきりした騒乱の兆しは反乱する水兵の登場だったが、ヒトラーもバイエルン出身の他の入院患者も、騒動は数日のうちに制圧されるものと考えていた。しかし、「人生で最も忌わしくも確実なことに」、全面的な革命が起こったことが明らかになった[181]。一一月一〇日、ある牧師が患者に向かって悲痛な口調で帝政の終わりを告げ、ドイツが共和制になったこと、戦争に敗北し、戦勝国の慈悲にすがってその寛大さを願うばかりであることを教えてくれたのだった[182]。このときのことについて、ヒトラーは次のように書いている。

私はもう我慢できなかった。一分たりともその場に座りつづけていることはできなかった。目の前がまたしても真っ暗になった。私は、よろめき、手探りで部屋に戻り、寝台に身を投げ出し、熱をもった頭を布団と枕に沈めた。

母の墓前に立った日を最後に、私は泣いたことがなかった。［…］しかし、私は涙を流さずにはいられなかった。［…］

すべてが無駄だったのだ。［…］このすべては、恥知らずな犯罪者どもがわが祖国を手中に収めるために起こったとでもいうのだろうか。［…］

この恐ろしい出来事を理解しようとすればするほど、憤りと恥辱に私は焼き切れそうになった。この悲劇と比べれば、目の痛みなど何ほどのことだというのか。

その後の日々はひどいもので、夜はさらにひどかった。何もかも失われてしまったのだから。こうして幾晩も過ごすうちに、憎しみが私のなかで募っていった。この事態の責めを負うべき奴らに対する憎しみが。

そして、ついに私は自らの運命を自覚するにいたったのである。

少し前まであれほど関心をもっていた自分の将来像など、笑止以外の何ものでもなくなった。

ヒトラー自身の言葉を借りれば、ヒトラーは「ユダヤ人と取引することはありえない。白か黒かだ」との結論にいたった。そして、ヒトラーは自分の生き方を変える決意をする。「私は、政治の世界に身を投じることを決意した」[183]。

パーゼヴァルクでの経験に、一九二〇年代初頭にヒトラーは何度も言及した。『わが闘争』で書かれることになる内容以上に脚色されたものもある。ヒトラーは仲間の多くに、パーゼヴァルクで失明して寝ていたときに、ドイツ人を解放し、ドイツを再び大国とするための構想、福音、着想を得たと話した[184]。このおよそ信じがたい疑似宗教的体験は、ヒトラーが試みた自らの神話化の一端であり、それが、ヒトラー支持者のあいだで一揆の二年前に萌芽的にはじまる指導者神話の中核になった。一揆後の裁判では、嘲笑される恐れがあったため、構想を得るにいたった経緯について詳細は語らず、パーゼヴァルクで革命の報に接し、政治の世界に足を踏み入れる決意をしたと述べるにとどまった[185]。その一年半前、二二年一二月の説明は違った。「本人の弁によれば、ヒトラーは、前線にいたときと重傷を負って後背地で入院していたときのあらゆる経験を思い返し、マルクス主義とユダヤ人こそがドイツ人の最大の敵だという結論に達したのだという。個人的な経験に照らせば、ドイツが災厄に見舞われ、痛手を受けるときにはいつもユダヤ人が背後で原因を作り出していることは明らかだとヒトラーには思われた」[186]。

パーゼヴァルクでの経験についての説明ができすぎていることから、ヒトラーには幻覚症状が出ていたと考え、そこからヒトラーの躁的なイデオロギー的執着、ドイツを救うという自らの「使命」、敗戦と国辱によって痛手を負ったドイツ人への共鳴を説明しようとする者もいる[187]。マスタード・ガスの影響による失明から回復する間に、敗戦と革命について耳にした精神的ショックにより、一九〇七年にユダヤ人医師ブロッホのせいで母親がヨードホルム「中毒」になったことを意識下で思い出し、ユダヤ人こそが母親の死に責任があると考えたことで、突如としてそれまでにはなかった病的な反ユダヤ主義に染まり、ユダヤ人をガス殺したいという衝動に終生とりつかれたのだ、とも説明されてきた[188]。第二次世界大戦中のユダヤ人大量虐殺へといたる複雑な展開を、たったひとりの人間が一八年に抱えたトラウマに還元してしまっていることをさておくとしても、この解釈は思弁的であり、説得力に欠ける。可能性を比較考量すると、イデオロギーが形成され、政治意識をもつにいたった過程はそこまで劇的ではなかったと考えられる。

ヒトラーがどれほど衝撃を受け、一時的とはいえ視力を失ったことへの不安（回復しはじめてはいた）がどれだけあったとしても、ヒステリーと幻覚症状による二度目の失明がパーゼヴァルクで起こったとは考えにくい。マスタード・ガスは眼球そのものを傷つけるわけではないので本当に失明することはない。重度の結膜炎とまぶたの腫れにより、一時的に視力が低下するのである。目を掻いたりすれば「二次失明」を繰り返しやすいので、本人の言うとおり、革命の報を聞いて泣いたとすれば、起こったのはそれだったのかもしれない[189]。

そうであったとしても、ヒトラーが革命の報せに怒り狂い、自分が信じるものに対する許しがたい裏切りだと考えて、痛みと不快感と苦痛のなかで、自分の世界が崩壊した元凶を誰かに求めようとしたのは確かだと思われる。激しく心乱れた数日間がヒトラーにとってまさしくトラウマとなったことを疑う必要はない。それ以降、ヒトラーの全政治活動は一九一八年のトラウマを原動力として、自らが信じたすべてを裏切った敗戦と革命を消しさり、責めを負うべき者たちを排除することを目的とするようになった[190]。

しかし、ヒトラーは、反ユダヤ主義をはじめとする根深い偏見をウィーン時代にもちはじめ、複雑なイデオロギーを構築するまでに理論化されるにはいたらなかったにせよ、大戦後半の二年間にそれが活性化されたのだ、というのがわれわれがすでに立てた説だったことを思い出していただきたい。この説にいくばくかなりとも説得力を認めるならば、パーゼヴァルクでの経験を狂信的な反ユダヤ主義への突然の劇的転換ととらえて神話化する必要はない。むしろパーゼヴァルクは、自分の世界が砕け散ったことの説明を探しながら病床で苦しみ過ごすあいだに、独自の理屈が組みあがりはじめた時期と見るべきだろう。ミュンヒェン、ベルリン、そして他の諸都市へと次々に広がっていく事態に衝撃を受け、ヒトラーはその推移から、ユダヤ人と社会民主主義者、マルクス主義者と国際主義者、平和主義と民主主義に対してウィーン時代から抱いてきた見解が確証されたと考えたに違いない。とはいえ、理論化はまだ始まったばかりだった。反ユダヤ主義と反マルクス主義はまだ完全に融合したわけではなかった。これ以前にヒトラーがボリシェヴィズムについて何かを述べたことを示す一次史料はない。一九二〇年より前にミュンヒェンで行った初期の演説にも出てこない。一九年夏にドイツ国軍で過ごすなかで初めて、ボリシェヴィズムはヒトラーが敵と考えるものと結びつき、ヒトラーの「世界観」に組み込まれ、その中核をなすようになった。「生空間《レーベンスラウム》（生存圏）」への関心はさらに遅く、二四年に『わが闘争』を口述筆記する頃になって初めて重要テーマとして現れるようになる[191]。パーゼヴァルクは、ヒトラーがその偏見を理論化していくうえで決定的な一歩だった。しかし、それ以上に重要だったのは、一九年にドイツ国軍で過ごした時期だと考えられる。

パーゼヴァルクでの経緯についてヒトラーが述べていることのなかでは、そこで決意を固め、政治の道に入ったという話も信用できない[192]。ヒトラーは一九二三年一一月の一揆以前には、一八年秋に政治の世界に入ることを決意したと述べたことは一度もない[193]。実際、パーゼヴァルクでは、政治の世界に入ることであれほかの何であれ、「決意」できるような状況にはなかった。ほかの兵士たちと同じく、大戦が終わったからにはヒトラーも復員しなければならなかった[194]。四年間にわたり、軍隊はヒトラーにとってわが家だった。しかし、ヒトラーの将来はここでまたしても不透明になったのである。

停戦の八日後、一九一八年一一月一九日にパーゼヴァルクの病院を退院し、ベルリン経由でミュンヒェンに帰ることになったとき、ミュンヒェンのヒトラーの口座には総額一五マルク三〇ペニヒしかなかった[195]。職に就く見込みもなく、政治の世界に入ろうと努力したわけでもなかった。実際のところ、どうすれば政治の世界に足を踏み入れることができたかも分からない。ヒトラーは、政党内で引き立ててもらえるような親族や「縁故」はなかった。政治の世界に入ろうという「決意」をパーゼヴァルクでしたところで意味はなかっただろう。一四年から四年間の混乱期を経て、志す建築家にはいっこうに近づいておらず、少しの展望もなかった。日常に戻ればこの事実に改めて直面せざるをえない。その現実に向き合わずにすませたいと思えば、軍隊にとどまるしかなかった。将来の希望はなかった。戦前のような孤独な三流画家の生活に戻ることに魅力はなかった。しかしほかにできそうなこともさしてなかった。チャンスをくれたのは軍隊だった。ヒトラーは戦友たちのほとんど誰よりも長く復員を免れ、二〇年三月三一日まで軍から給与を受けつづけた[196]。

ヒトラーのイデオロギーが形づくられたのは一九一九年の軍隊生活でのことだった。一九年の特殊な状況下、なかでも軍隊という場で、ヒトラーは当時、最も優れたデマゴーグになった。熟考して選んだ道ではなかった。自分の置かれた状況を最大限に利用した結果、政治の道に入ることになったのだ。ものをいったのは意志の強さではなかった。日和見主義とちょっとした幸運だった。

第4章 才能の発見

私は、大勢の聴衆の前で話をしてみないかと言われた。

分かっていたわけではなく、感覚的にそうではないかと常々思っていたことが、今、確証された。

私は「弁」がたったのだ。

ヒトラー『わが闘争』

ヒトラー氏は生まれながらの大衆演説家なのだと思う。
集会では、その熱情と人を惹きつける語り口のために聴衆は氏に注目し、
その意見に同意せずにはいられなくなってしまうのだ。
ヒトラーの演説を聞いたある兵士、一九一九年八月、レヒフェルトにて

何ということだ。

一端《いっぱし》のしゃべりだ。

彼は使える。

アントン・ドレクスラー、ドイツ労働者党指導者、一九一九年九月、ヒトラーが話すのを初めて耳にして

一九一八年一一月二一日、パーゼヴァルクの病院を退院した二日後、ヒトラーはミュンヒェンに戻った。三〇歳近くなったというのに、学もなければ、職もなく、展望もなく、計画といえば、一四年以降、わが家となり衣食住を提供してくれた軍隊にできるだけ長くとどまることだけだった。ミュンヒェンには昔の面影はなかった。ヒトラーは兵士評議会《レーテ》が運営する兵営に戻った。暫定国民会議の形をとるバイエルン革命政府は、社会民主党とより急進的な独立社会民主党の手に握られていた。首相クルト・アイスナーは急進派のユダヤ人だった。アイスナーが一九年春に暗殺されるとバイエルンの政局は混迷の度を深め、ミュンヒェンは四月の一カ月間はソ連的な評議会《レーテ》によって統治され、なかでも後半はモスクワを直接の範とする共産党の統治を受けることになる。ヒトラーが初めて反革命の活動に参加する契機となったのは、国軍と義勇軍が行った血なまぐさい鎮圧とミュンヒェン「解放」だった。ヒトラーはここから、情報提供者として軍の上官に雇われて「生まれながらの大衆演説家」[1]として見出され、軍籍にあるままでドイツ労働者党という小政党の大衆扇動家として政治の世界に関わっていくことになる。

『わが闘争』の自伝的な部分を読んでいて気になるのは、バイエルンの衝撃的な革命期の経験にほとんど触れられていないことである。何しろヒトラーは、自らのトラウマとなる騒動のほとんどを間近で目撃したわけである。アイスナー暗殺後に政局が混沌とし、「レーテ共和国」が暴力的に鎮圧されて終わりを迎えるまでの全期間、ヒトラーは事態の震源地であるミュンヒェンに配属されていた。それにもかかわらず、一一月革命からレーテ共和国の鎮圧にいたるまでの期間に割かれたページ数は、あの分厚い本のなかでもほんのわずかにすぎない。

説明としては、自分たちの連隊を担当する労兵評議会《レーテ》が実に不愉快だったため、できるだけ早く離れたということになっている。「志願した」というニュアンスで書かれているが、ヒトラーは大戦中に親しくしていた戦友エルンスト・シュミット（シュミートと誤記）とともにオーストリア国境にほど近いバイエルン東部のトラウンシュタインに送られ、戦争捕虜の収容施設が解体されるまでそこに滞在した。ミュンヒェンに戻ったのは一九一九年三月だったとされる。ヒトラーはレーテ共和国のことを「ユダヤ人による一時的支配」と呼び、その時期に何ができるかと熟考したが、「名もない」自分には「有益な行動をとる基盤がない」ことを何度も自覚させられるだけだった、と主張する。要するに何もしなかったということである。その後、何らかの行動を起こそうとしたところ、それが中央委員会の不興を買ったのだともいう。これは詳細もなく、でっちあげと思われるが、ヒトラー自身の言い分によれば、ヒトラーはそのせいで四月二七日に逮捕されるはずだったところを、身柄を拘束しに来た三名を実弾入りのライフル銃で追い払ったのだそうだ。(2) 最終的に、ミュンヒェン「解放」の数日後、ヒトラーは連隊内の「革命的事件」に関する調査委員会に報告のために呼びだされた。これがヒトラーにとって「初めての多少なりとも純粋な政治活動」となった。(3)

眼前で起こった大事件に簡単にしか触れようとしていないことを見る限り、ヒトラーは自分の行動をぼかし、ナショナリストの英雄としては不都合な役回りを務めたことを隠そうとしたのではないかと推測される。それが目的だったとすれば、目的はかなり達成されたといえよう。一九一九年前半にミュンヒェンでヒトラーが何をしたのか、周囲で展開する劇的事件にどのように反応したのかはほとんど分からない。しかし、つぎはぎだらけとはいえ、史料からはいくつか驚くべきことが分かる。

1

一九一八年一〇月末から一一月初旬にかけて、キールのヴィルヘルムスハーフェン港での兵士の反乱に始まったドイツ革命は大きな都市や町のあらかたを呑みこんで急速に広がり、一一月九日には首都にも波及した。しかし、革命は混乱し、大勢において自然発生的でまとまりも欠いていた。これは、右翼勢力が主張するように裏切り者の急進左翼革命家の陰謀から発したものではなかった。すでに見たように大きく広がった不満から生じたものであり、戦争をやめて銃後の飢えと苦難に終止符を打つこと、それを実現できない帝政を廃することを求める大衆の抗議が高じたものだった。一〇月三日のドイツ側からの停戦要求は敗戦を全く予期していなかった国民に強い衝撃を与え、その後、講和を求める運動が野火のように広がった。米大統領ウッドロー・ウィルソンは、一〇月二三日にドイツ側の要求に対する第三の覚書で、軍指導部と独裁君主が和平交渉の障害になっていると示唆した。(4) ここにいたって、それまでは勢力も弱く、数も多いとはいえなかった革命勢力は、自分たちが抜本的変化を求める大衆の要求のうねりの先頭に立っていることを自覚したのだった。直ちに労兵評議会《レーテ》が組織され、帝政は崩壊した。七世紀にわたりバイエルンを統治してきたヴィッテルスバッハ家がドイツの王国のなかでは最も早く一一月七日に崩壊し、皇帝は九日に退位した。帝国旗がはためいていたベルリンの王宮には赤旗が翻った。[5]

しかし、旧体制を終わらせることほど一筋縄ではいかなかったのが新体制の構築だった。結集した大衆の代表者のほとんどが民主化を望んでいた。しかし、民主化とは実際には何を意味するのか、どうすれば民主化が達成できるのかをめぐって意見は割れた。そのため、レーテ運動は計画なく場当たり的に進んだ。[6]評議会《レーテ》の大多数は議会制民主主義に移行しようとしていた。しかし、評議会《レーテ》を足がかりに権力を拡大し、より急進的な道を望む少数派の要求は次第に過激化していった。これは、フリードリヒ・エーベルト指導下の社会民主党が、社会変革というパンドラの箱から何が飛び出すかと恐れ、臆病にも自らの支持基盤たる大衆を信じず、これ以上の民主化を恐れて旧秩序の側につこうとしだしたためだった。

産業（とくに鉱山業）の社会化、軍隊の民主化、官僚機構の抜本的改革などの要求に応える措置がとられるどころか、しばらく混乱状態にあった反動勢力の再編が許された。そもそも当初から分裂していた革命勢力ではあったが、その亀裂が憂慮すべきほどにまで広がりはじめた。ベルリンでは、一二月末に独立社会民主党が政府（人民委員会政府）から離脱した。一九一九年一月初旬、新たに結成されたドイツ共産党の支持者ら急進左翼が小規模でまとまりも欠いた計画倒れの「スパルタクス団蜂起」を起こすと、その鎮圧に社会民主党政府は軍と反革命の義勇軍を投入した。革命の右傾化が決した瞬間だった。一月一五日には、スパルタクス団の指導者カール・リープクネヒトとローザ・ルクセンブルクが殺害された。労働運動の破滅的分裂を象徴する事件である。この後、ナチズムの脅威が増そうとも、ヴァイマル共和国期を通じて労働運動の統一戦線が結成されることはなかった。

バイエルンの革命はドイツ帝国内の他地域に先駆けて起き、その展開がヒトラーに与えた影響は大きかった。一九一八年革命に関するナチの風刺も、ベルリンではなくバイエルンでの経過を念頭に置いたものだった。独立社会民主党が指導するバイエルンの革命はベルリンに輪をかけて急進的であり、なかば無政府状態に陥った後、共産主義者がソ連型システムの構築をしばし試み、あげくにいたった内戦とも呼ぶべき数日間は、流血と残虐行為で幕を閉じた。わずか数日のこととはいえ、この時期はバイエルンの人びとの意識にその後何年にもわたり強い印象を残すことになる。革命指導者にはユダヤ人も多く、なかにはボリシェヴィキとつながった東方ユダヤ人もいた。バイエルンで革命を指導したユダヤ人ジャーナリストで社会主義左派のクルト・アイスナーは、一七年に独立社会民主党が多数派の社会民主党から分離して以来、独立社会民主党の平和運動家として知られる人物だったが、一八年の「一月ストライキ」では独立社会民主党の同志とともに産業労働者の騒動を扇動し、逮捕された経験もあった。まさに右翼が広めた「背後からの一突き」の神話の通りだった。一四年七月にオーストリアがセルビアに突きつけた最後通牒にドイツが共謀していたことを示すバイエルン公文書を後にアイスナーが公開したことについても同じである。右翼は、これは国家への背信だとしてアイスナー批判を強め、一九年二月のアイスナー暗殺後も、アイスナー派への批判はやまなかった。[7]

一九一八年一一月七日、ミュンヒェンのテレージエンヴィーゼ緑地での講和を求める大規模デモに加わった労働者、農民、兵士、水兵らが、アイスナーの呼びかけに応じて「兵舎へ」の掛け声とともにミュンヒェン最大の駐屯地に向かったとき、軍は抵抗しなかった。[8] 兵営では革命への情熱こそさして感じられなかったものの、反革命の動きも帝政を支持する動きもなかった。ただ戦争疲れだけがあった。はるか後のものだが、「人びとは戦争の継続も望んでいなかったが、革命で裁判が行われたり、邸宅が炎上したりすることも望んでいなかった」という証言がある。皆、「自分の農場や工場に帰りたかっただけだった」。[9] 軍の支援を得られずに王制は崩壊した。療養中の国王ルートヴィヒ三世とその家族は、その夜のうちに逃亡した。二〇年も後にヒトラーは、「宮廷勢力」に関わらずともすむようにしてくれたことについてだけは社会民主党に感謝しなければなるまい、と述べている。[10]

アイスナーの指導下、直ちに作られた暫定政府は、急進的で理想主義的な独立社会民主党と、「穏健」で革命を望んですらいなかった社会民主党を中心に構成された。[11] 発足当初から連立政府は不安定極まりなかった。容易ならざる社会的、経済的問題に対応できる見込みはなかった。農村部の協力がなければ食料供給さえままならなかっただろう。しかし、それと引き換えに抜本的な土地改革の計画は断念せざるをえなかった。状況は悪化の一途をたどり、政治の混乱は増すばかりだった。一月の選挙で独立社会民主党はほとんど議席をとれなかった。予想されたことではあったが、大きな不満を抱えていたとはいえ圧倒的に保守的でもあったバイエルン農村部で、急進派は急速に支持を失ったのだ。さらに一九一九年二月二一日、当時ミュンヒェン大学の学生だった貴族の元将校グラーフ・アントン・フォン・アルコ゠ファーライがアイスナーを暗殺するにいたって秩序は失われ、バイエルンは無政府状態に陥った。[12]

「かつて侍女や従僕らが高貴な主人に侍り仕えた」ヴィッテルスバッハ家の宮殿の廊下や部屋を「赤衛兵」が闊歩し、[13] バイエルン王妃の元寝室では独立社会民主党と無政府主義者が会合を仕切り、バイエルン「レーテ共和国」が宣言された。ただし、共産党の多数派はこれを「疑似レーテ共和国」と呼び、社会民主党とならんで参加を拒否した[14]。選挙によって選ばれた政府はバンベルクに逃げた。一九一九年四月一三日、政府支持の軍隊を投入して「レーテ共和国」を打倒しようとする企てが失敗に終わると、反革命の動きが頓挫したことに革命勢力は意を強くし、ここにバイエルンの革命は最終段階に入った。第二の、「真の」レーテ共和国を打ち立てて共産主義者が完全に権力を掌握し、バイエルンにソ連型の体制を導入しようとしたのである。〇五年の第一次ロシア革命にも参加した共産主義者オイゲン・レヴィーネ率いる新執行委員会は、「今日、バイエルンはついにプロレタリア独裁を打ち立てた」と宣言した[15]。この第二のレーテ共和国は二週間ほどしかもたずに激しい逆襲を受けて暴力と流血のうちに幕を閉じ、バイエルンの政治に不幸な遺産を残すことになる。

一〇日間のゼネストが宣言されるなか、キール軍港の反乱にも参加した二三歳の水兵ルドルフ・エグルホーファーの指揮下に、主としてミュンヒェンの大工場の労働者や軍駐屯地の兵士からなる二万人の「赤軍」が集結した。それでも、バイエルンの義勇軍と協力してミュンヒェンを包囲するプロイセン軍、ヴュルテンベルク軍に対抗できる見込みはなかった。

エグルホーファーが四月二九日に「赤軍独裁」を宣言した翌日、人質としてルイトポルト・ギムナジウムに囚われていた（女性を含む）八名の捕虜が、ひどい拷問の末、政府軍の兵士二名とともに射殺された。捕虜のなかには民族至上主義的《フェルキッシュ》なトゥーレ協会の会員も含まれており、この射殺命令は、ミュンヒェン郊外に侵入してくる「白衛兵」の残虐行為への報復だった。人質射殺の報は野火のように広まって街を恐怖に陥れ、ミュンヒェン攻撃を急ぐべく反革命軍を奮い立たせ、過激で残酷な報復へと駆り立てた。ミュンヒェン中心部と労働者街の一部では、市街戦は流血の惨事となった。短期間とはいえ、火炎放射器、重火器、装甲車はおろか航空機まで配備される容赦ない内戦だった。「白衛兵」の犠牲となった者のなかには、レーテ共和国とは無関係にもかかわらず採石場に追い込まれてその場で処刑されたロシア人戦争捕虜五三名、革命を支持したとして殺害された応急救護班の人びと、ペルラハの労働者街で政敵から糾弾された社会民主党支持の民間人一二名、スパルタクス団と間違えられたカトリックの聖ヨセフ協会の会員二一名らがいた。

数日間にわたり、ミュンヒェン市街をテロが支配した。社会主義の実験に関与した者は皆、命の心配をしなければならなかった。五月三日、ミュンヒェンがついに「解放」されたとき、死者は少なくとも六〇六人に達し、うち三三五人が民間人だった。レーテ共和国の指導者のうち、右翼勢力の反撃を逃れたのはロシア出身の共産主義者マックス・レーヴィエンだけだった。エグルホーファー、無政府主義のユダヤ人作家グスタフ・ランダウアーは義勇軍に殺害された。抗議の嵐が巻き起こり、ベルリンで終日ゼネストが決行されるなか、レヴィーネは国家反逆罪により処刑された。無政府主義のユダヤ人作家エーリヒ・ミューザムは一五年、ユダヤ人作家エルンスト・トラーは五年の禁固刑に処された。全体で総計約六〇〇〇年にもおよぶ厳罰が下され、被告六五名に重労働が課されたほか、一七三七名は期限つきの懲役刑、四〇七名は禁固刑となった。[16]

一九一八年一一月から一九年五月にかけての出来事、とりわけレーテ共和国がバイエルンの政治意識に及ぼした影響はどれだけ強調しようとも強調しすぎることはなかろう。ミュンヒェンでは誰もが少なくとも自由の制限、ひどい食糧難、報道検閲、ゼネスト、食料品・石炭・衣料品の徴発、全般的な無秩序と混沌を経験した。[17]しかし、長期にわたり重大な影響を残したのは、それがソ連共産主義をよしとする外国勢力に押しつけられた「恐怖支配」[18]として人びとの記憶に残ったことだった。革命勢力は、実際には、ミュンヒェンの兵士と労働者から多少の支持を集めただけにすぎなかった。私有財産没収は脅しに終わり、新たな政治社会秩序の構築も実現の見込みはなかった。ミュンヒェンの市民階層を震え上がらせたルイトポルト・ギムナジウムでの人質殺害はたしかに非道だった。しかし、「秩序回復」のための行動として比較的冷静に受けとめられた「解放」軍の行為のほうが実はよほど残虐だった。

しかし、事実以上にイメージがものをいうのはよくある話である。右翼のプロパガンダは、国を乗っ取り、ドイツの制度・伝統・秩序・財産を脅かし、無秩序と騒乱を生み出し、恐るべき暴力をもたらし、ドイツの敵を利する無政府状態の原因を作ったのは外国勢力たるボリシェヴィキとユダヤ人だ、というイメージをバイエルンのみならずドイツ全土で生み出した。もう少し穏健なメディアも似たようなものだった。ミュンヒェンの中産階級が好む有力紙ミュンヒナー・ノイエステ・ナハリヒテンには、「ロシア・ボリシェヴィズムの目的と手法」、「ロシアのスパイ」、「ボリシェヴィキの工作員」、「アジア的ボリシェヴィズムのやり口」、「外国の扇動者」といった文字が躍っていた。「犯罪的な残虐行為」、「罪のない人質の野蛮な殺戮」の直接の責任は「共産党指導部」にあるとし、「犯罪者」に寛大さを見せることは「人道と正義の法に対する罪」でしかあるまい、とも論じられていた。「赤色テロ」からミュンヒェンを「解放」した軍隊が、「厳格に規律化され」ており、「秩序の精神を回復させた」と報じられたのとは対照的だった。[19]

当時はまだロシア革命からわずか一年半だった。ロシアで起きた恐ろしい内戦は大量の死者を出し、口にするのもはばかられるほどの残虐行為の応酬の結果、ボリシェヴィキが反革命を打ち負かした、と報じられていた。

その報にあおられた状況下では、保守主義が強く根づいた農村部であれ政治的に二極化した都市部であれ、ボリシェヴィズムに対する恐怖心がいかに浸透しやすかったかは想像に難くない。バイエルンの農民と中産階級にボリシェヴィズムへの恐怖と憎悪をかき立てるための材料を得たという意味で、数週間にわたるレーテ共和国の悲惨な日々の真の受益者は急進右翼だった。[20]反革命の過激な暴力もボリシェヴィキの脅威に対する正当な対処として受け入れられ、以後、政治の場において繰り返し用いられることになっていく。

社会主義左派との浮気は終わった。この後、バイエルンは保守の牙城となり、国中の極右を引きつけることになった。政治的傾向は異なるが、「白と青」のバイエルン分離主義者、「黒白赤」のナショナリスト、民族至上主義的な過激派は、左翼のボリシェヴィキ（広くいえば「マルクス主義」）を忌み嫌う点では共通していた。[21]また、バイエルン軍は反動、反共和国、反革命勢力の巣窟だった。右翼のカップ一揆が失敗した一九二〇年三月以降も、バイエルンは一揆の指導者と準軍事組織を迎え入れ、右翼勢力は一層強まった。この状況があったからこそ、「アドルフ・ヒトラー」は誕生しえたのだ。

すでに述べたように、バイエルン革命はナチのプロパガンダには打ってつけだった。ミュンヒェンのレーテ共和国をもち出せば、「背後からの一突き」という神話にも、国際的なユダヤ人陰謀説にも説得力をもたせることができた。この時点までは、他地域と比べてとくにバイエルンで伝統的に極右勢力が強いというほどのことはなかった。しかし、新たに生まれた雰囲気は上流階層を取り込むまたとない好機となった。初期の頃のヒトラーの支持者は、革命後のバイエルンの不穏な時期の経験に深く影響されていた。もっとも、ミュンヒェンの革命とレーテ共和国の時期がヒトラー自身にとってどれだけ重要だったかを過大評価することはできない。ヒトラーは決意して政治家になったわけではない、革命とレーテ支配の時期に兵営にいたヒトラーに政治のほうが近寄ってきたのだ、と指摘されてきているためである。[22]この見方が正しいかどうかを以下に考えていくことにしよう。

2

一九一八年一一月二一日にミュンヒェンに戻ると、ヒトラーは第二歩兵連隊第一予備大隊第七中隊に配属され、数日後にそこで大戦中の戦友数名に再会した。二週間後、戦友仲間のひとりエルンスト・シュミットとともに、ヒトラーはトラウンシュタイン戦争捕虜収容所の看守として配属された。中隊から配属された一五名（総勢一四〇名）のうちのひとりだった。シュミットも後に詳しく述べているが、派遣団の募集に応じたのはヒトラーの提案だったようだ。[23] ヒトラーは革命についてはたいして何も言わなかったが、「どれほど苦々しく思っているかは見るだに明らかだった」。シュミットによれば、二人は、兵士評議会《レーテ》の管理下に置かれたミュンヒェンの兵営が変わり果て、権威、規律、士気といったかつての規範が崩壊してしまったことに嫌気がさしたのだという。[24]

これが本当に志願理由だったとすれば、トラウンシュタインに行ったところで状況が好転したとは思えない。一〇〇〇名の捕虜を収容するために作られ、定員超過で運営されていたその収容所を管理していたのも、ヒトラーが忌み嫌っていたとされる兵士評議会《レーテ》だった。規律は乏しく、看守のなかには軍隊のなかでも最低レベルの者がいたといわれる。ヒトラーと同じように、軍のことを「国の費用で気苦労のない生活を維持する手段」だとしか考えていないような連中である。[25] ヒトラーとシュミットは、トラウンシュタインで主に門番をしながら気楽に過ごした。二人が二カ月ほどそこで過ごす間に、収容されていた主としてロシア人の戦争捕虜はどこか別の場所に移送されていった。立ち退きは一九一九年二月初旬までに完全に終わり、収容所は解体された。シュミットははっきりとは言っていないが、ミュンヒェンに戻ってきたのはおそらく一月下旬であろう。[26] ヒトラーは自分では三月としているが、遅くとも二月中旬には戻ってきていたはずである。ヒトラーの軍歴証明書には、除隊を待つため、二月一二日に第二動員解除中隊に配属されたと書かれているためである。[27]

ドイツ軍の動員解除は、総じてきわめて迅速に、また効率的に行われた。[28] シュミットも含めて、ヒトラーが大戦中に親しくしていた戦友はすべて、ヒトラーよりもずっと早くに除隊になった。[29] ヒトラーが一九二〇年三月まで除隊を逃れることができたのは、一九年晩春以降、ヒトラーが軍の政治業務に関与するようになったためだった。ここから、ヒトラーは政治の世界に入っていくことになる。その間、ヒトラーはあらゆる機会をつかまえて、できうる限り長く軍隊にとどまろうとした。

一九一九年二月二〇日以降、ヒトラーは二週間強にわたって中央駅の警備にあたった。中央駅経由でミュンヒェンに出入りするとくに兵士たちの秩序維持の責任をヒトラーの中隊内の一部隊が負っていたためである。この時期、駅での警備部隊は逮捕者の虐待事例が多く、委員会による調査の対象になっていた。暴力沙汰や流血沙汰を目にする機会がなかったとは思えないが、ヒトラーがそうした事件に関与したかどうかは不明である。[30] ヒトラー、シュミットほか、動員解除中隊の隊員は警備以外にはほとんど何もすることがなかった。彼らは、旧式のガスマスクをテストしながら日に三マルクを稼いだ。これは、時にはオペラに行けるほどの額だった。[31] 普通に稼げば一カ月で四〇マルク程度にはなったろうから、食住が保証されていることを考えれば暮らすには十分な額だったはずである。[32] 軍を離れてしまえば、はるかに暗い将来が待つだけに思われた。

すでに見たように、ヒトラーは、レーテ共和国鎮圧後の調査委員会への関与が初めての政治活動だったとしている。しかし、革命期のヒトラーの行動について、近年、それとは異なる事実が明らかになった。それを知れば、ヒトラーが後に繰り返し「一一月の犯罪者」と呼んで糾弾することになる者たちがミュンヒェンを統治していた間に自分が何をしていたかについて、ヒトラーがなぜあれほど話したがらなかったかが分かる。

問題の事実とは、一九一九年四月三日付の動員解除大隊の指令で、所属部隊の代表としてヒトラーの名が挙げられていることである。ヒトラーはこの役職に二月一五日に就いた可能性が高い。代表の職務には、社会主義政府のプロパガンダ部門に協力し、軍に「教育用」資料を提供するというものがあった。[33] つまり、ヒトラーは、社会民主党と独立社会民主党の革命政府に使われるかたちで初めての政治的業務を行ったことになる。この時期の行動についてヒトラーが後にあまり話したがらなかったのも当然であろう。

ヒトラーの関与はミュンヒェンの「赤色革命」の絶頂期も続いた。したがって、この時期の話に触れれば、この厄介な事実についても言い逃れをしなければならなくなったはずである。共産党によるレーテ共和国宣言の翌四月一四日、ミュンヒェンの兵士評議会《レーテ》は、ミュンヒェン守備隊が新政府を支持することを確認するために、すべての兵営の代表を新しく選挙することに同意した。その選挙でヒトラーは大隊副代表に選出された。[34] ミュンヒェンの「赤色共和国」の鎮圧に力を尽くさなかったどころの話ではない。ヒトラーはその間ずっと大隊の代表に選出されていたことになる。

ただし、この事実をどのように解釈するかは一義的には決められない。ミュンヒェン守備隊は一九一八年一一月以来、一貫して革命を支持し、四月にもレーテ共和国設立への動きを改めて支援した。したがって、兵士代表として選出されるためにヒトラーはこの時期には、後に全身全霊を傾けて「犯罪的」と非難することになる社会主義政府の見解を代弁していたに違いない。少なくとも、厳しい反対意見を述べたりはしなかったはずである。ヒトラーが革命後に当初は社会民主党に共感を寄せていたという噂は二〇年代からあり、三〇年代に入っても完全には打ち消せなかった。噂の出所はヒトラーの信用失墜をねらう左翼系ジャーナリストだったため、それほど深刻にはとらえられなかったのだろう。しかし、たとえば二三年三月に社会主義系のミュンヒェナー・ポスト紙に掲載された論評は、ヒトラーが民主主義的な共和国に協力して軍の教化を進めていたと指摘しており、一九年二月以降に所属部隊の代表を務めたという先の話と合致する。[35] 似たような噂は三〇年代初頭にも社会主義系のメディアで報じられた。[36] エルンスト・トラーは、レーテ共和国への協力の廉で拘禁されていた囚人仲間のひとりが革命直後にミュンヒェンの兵営でヒトラーに会ったことがあり、その際にヒトラーは社会民主主義者を名乗った、と述べている。[37] また、レーテ共和国期にヒトラーが同僚と激論になり、共産党に対して社会民主党政府を支持した、というコンラート・ハイデンの証言もある。証拠はないが、社会民主党に入党したいとヒトラーが言ったという噂があったことも知られている。[38] ヒトラー自身も、二一年にヘルマン・エッサーを党内の批判から舌鋒鋭く擁護した際、「誰しも一度は社会民主主義者だったことがある」と述べた。[39]

革命の混乱期にヒトラーが社会民主党を支持していたという説は、一見したところ信憑性がありそうにも思えるが、実際はそれほどありうることではない。政治情勢はひどく混乱し、不透明だった。革命当初の左翼陣営には、後にヒトラーの取り巻きになるような者も含めて、本来であれば政治的に敵対するような者もいた。たとえば、後の武装親衛隊護衛部隊の指揮官ゼップ・ディートリヒは一九一八年一一月に兵士評議会《レーテ》の議長に選出された。ヒトラーのお抱え運転手を長く務めたユリウス・シュレックも一九年四月末には「赤軍」にいた。[40] ヒトラーの初期からの支持者のひとりで、ナチ党の初代宣伝責任者を務めたエッサーは、ジャーナリストとして社会民主党の機関紙でしばらく働いていたことがある。[41] ゴットフリート・フェーダーは、「利子奴隷制」なる説を唱えて一九年夏にヒトラーに大きな刺激を与えた人物だが、一八年一一月にはアイスナーを首班とする社会主義政権のために意見書を書き送った。[42] 大戦中にヒトラーと親しかった戦友で、後に熱心な支持者となるバルタザール・ブラントマイアーは、帝政が終わり、共和国が成立し、新時代が始まることを自分が当初いかに歓迎したか、それだけにその後の失望がいかに大きかったについて語ったことがある。「残念ながら［…］操り人形が変わっただけ」で、人びとは相変わらず奴隷のように働き、飢えつづけた。「われわれはレーテ政府のために血を流したわけではない」、「祖国からは感謝されなかった」とブラントマイアーは苦々しく言い捨てる。[43]

大戦終結後に広がっていたのはこのような心情だった。すなわち、社会的不満の矛先は帝政から新しい共和国へと急激に変わり、そこから生じた急進主義が攻撃的ナショナリズム、反ユダヤ主義と混ざり合ったのである。イデオロギーは混乱し、政治も混迷し、日和見主義がはびこるなか、何に忠誠を誓うかはしばしば気まぐれに変わった。

それにしても、ヒトラーが社会民主主義にひそかに共感を抱いていたにもかかわらず、レーテ共和国崩壊後に軍の「訓練」を受けて転向し、人種主義的でナショナリスティックな独自の世界観を構築した、とは考えにくい[44]。たしかにヒトラーは革命による帝政の廃止を歓迎した[45]。しかし、ヒトラーが病的な反ユダヤ主義者になった正確な時期は特定しがたいとしても、全ドイツ主義への共感、社会民主主義への反感、好戦的な軍国主義、攻撃的な排外主義を早い時期からもっていたことを考えれば、一九一八年以降に社会民主党の目的、政策、理念に心底から同調したとは思えない。もしヒトラーが革命期に社会民主党に傾倒しているように見えたとすれば、それは信念に基づくものではなく、除隊をできるだけ遅らせようとする純然たる日和見主義によるものだろう。

この時期、ヒトラーの日和見主義を示唆する事実は数多くある。パーゼヴァルクでは、病院を訪れた水兵が反乱と革命を説くのをヒトラーは（愛国者の義務だったかもしれないにもかかわらず）上官に告発しなかった[46]。退院後もヒトラーは政治的な行動はとらなかった。当時は義勇軍が多数あり、ドイツ東部国境では続行中の戦闘に加わり、国内ではとくにミュンヒェンの左翼過激派の鎮圧にあたっていた。しかし、ヒトラーはそれにも入ろうとしなかった。逆に、一九一九年二月にトラウンシュタインからミュンヒェンに戻った後には、所属連隊の命令により、約一万名の左派の労働者と兵士による市内でのデモ行進に参加したようである。一九年四月に共産党評議会《レーテ》がミュンヒェンを統治するようになると、ミュンヒェン守備隊のほぼすべての兵士と同じく、おそらくヒトラーも革命側であることを示す赤い腕章をつけただろう[47]。レーテ共和国からのいわゆるミュンヒェン「解放」に加わらなかったことは、ナチの突撃隊隊長エルンスト・レーム、三三年以降にバイエルン地方総督となるリッター・フォン・エップに加え、ヒトラーの個人秘書を務め、ナチ党副総裁にもなったルドルフ・ヘスからも後に嘲られたといわれる[48]。

ただし、ヒトラーがいかに日和見主義的で消極的だったとしても、ミュンヒェンが混乱した時期、革命的左翼に対してヒトラーが抱く敵意は、兵営でヒトラーの身近にいた者には明らかだったものと思われる。もし本当にヒトラーが共産党に対して社会民主党を支持するような発言をしたのだとすれば[49]、それは二つの害悪のうち多少なりともましと思うほうを選んだだけのことだろう。もしくは、部隊内でヒトラーを長く知る者が考えたように、内心ではナショナリストとして全ドイツ主義に共感しつつ、時代の趨勢にあわせてみせただけだったのかもしれない。たとえば、除隊後もヒトラーとよく連絡をとりあっていたエルンスト・シュミットは、後に、ミュンヒェンでの経過にヒトラーが「強い嫌悪感」を抱いていたと言っている[50]。一九一九年四月一六日にヒトラーは一九票を得て大隊評議会《レーテ》の部隊副代表となるが、これはヒトラーをそのように隠れた反対派と見る人びとからの票だった可能性もある（なお、勝者は三九票を集めたヨハン・ブリュムルだった）[51]。兵営内にも選出された兵士代表のあいだにも緊張があったことは、後にヒトラーが、所属連隊の兵士のレーテ共和国期の行動を調査するミュンヒェンの法廷で大隊評議会《レーテ》の同僚二名を糾弾したことからも分かる[52]。

　おそらく、遅くとも四月末にさしかかる頃には、ヒトラーが本当は反革命であり、ミュンヒェンに押し寄せようとする「白」軍と変わらない信条の持ち主であることが周囲に知られていたのだろう。迫りくる戦闘で大隊が中立を保つよう強く求める議長に食ってかかり、「われわれは流入してくるユダヤ人のための革命の番人ではない」と言い放ったという話は、実証はされていないが信憑性がある[53]。レーテ支配の終焉から一週間もたたないうちに、第二歩兵連隊予備大隊の隊員がレーテ共和国に積極的に関与したかどうかを調査する委員三名のうちのひとりとしてヒトラーの名が挙げられたことはとくに重要である[54]。誰の推薦かは分からないが、このことは、「赤色」支配に対するヒトラーの強い反感が大隊内で知られていたことを示している。

　ともあれ、ミュンヒェン守備隊の隊員は一九一九年五月末に除隊になったにもかかわらず、ヒトラーは新しい職務に就き、除隊を免れた[55]。この職務によってヒトラーが軍内部の反革命政策の軌道にのったことはさらに重要である。その後数カ月のうちに、混乱するミュンヒェンの極右陣営に足を踏み入れる道をつけたのは、パーゼヴァルクで敗戦の報に接した心理的トラウマでも、「一一月の犯罪者」からドイツを救おうという劇的な決断でもなかった。この職務だった。

3

　一九一九年五月一一日、フォン・メール少将の指揮下、レーテ共和国の鎮圧に関わった部隊をもとにバイエルン軍第四集団が作られた[56]。バイエルン政府は八月末までバンベルクに「避難」していたため、ミュンヒェンは春から夏にかけて、事実上、軍政下に置かれた。市中心部にはあちこちにバリケードが築かれて有刺鉄線が張り巡らされ、軍の管制地が置かれた[57]。政治情勢を詳細に監視し、暫定軍内部に広まる「危険」思想にプロパガンダと教化で対抗するという二つの使命を帯び、第四集団はレーテ共和国鎮圧直後にミュンヒェンに設置された「諜報部」の業務を一九年五月に引き継いだ。軍隊を反ボリシェヴィキのナショナリストの立場から正しく「教育」することが喫緊の課題だとの認識が急速に広まり、破壊的な思想に対抗できる「軍隊内の適任者」を育成するために

「演説コース」が設置された。そこで育成した人材をしばらく軍に残してプロパガンダを担当させようというのである。[58]六月上旬に「反ボリシェヴィキコース」を企画したのは、それに先立つ五月三〇日に諜報部の指揮を引き受けたカール・マイヤー大尉だった。[59]ヒトラーに政治的「キャリア[60]」を積ませるのに一役買った人物のひとりである。ヒトラーに第一歩を踏み出させたのはこのマイヤーだといってもよいだろう。

　ヒトラーの初期の後援者のなかでもマイヤーがたどった道は特異だった。マイヤーは、一九二〇年にはカップ一揆の首謀者ヴォルフガング・カップとバイエルンをつなぐ重要な役割を果たすなど反革命の極右勢力側で積極的に活動していたにもかかわらず、後にヒトラーを激しく批判するようになり、社会民主党の準軍事組織である国旗団の活動家に転身した。その後、三三年にはフランスに逃亡するも後にナチに捕えられ、四五年二月にブーヘンヴァルト強制収容所で死亡した。一九年のミュンヒェンの国軍では、マイヤーは大尉という地位からは考えられないほどの影響力をもっていた。情報提供者のチームを作り、選ばれた将校や兵士に「正しい」イデオロギーを教えこむ「教育」コースを組織し、「愛国的」な政党、出版物、組織等を支援するために与えられていた予算もかなりのものだった。[61]

　マイヤーがヒトラーに初めて会ったのは、「赤軍」鎮圧後の一九年五月である。ヒトラーが所属大隊でレーテ共和国期の破壊行動の調査に関与していたことがマイヤーの関心をひいたのだろう。社会主義政権のためとはいえ、春以来、兵営内で宣伝活動に従事していたことを考えれば、ヒトラーは、マイヤーのもつ目的に適った実績と将来性を備えた人材だったのである。マイヤーがずっと後に書いていることだが、初めて会ったときのヒトラーは「飼い主からはぐれて疲れ切った迷い犬のよう」で、「親切にしてくれる人であれば誰の言うことでも聞こうとしていた。[…]ドイツ国民やその運命には一切関心をもっていなかった[62]」。

　諜報部が一九一九年五月末から六月初旬頃に作成した最初期の情報提供者リストには、「ヒトラー、アドルフ」の名がある。数日後、ヒトラーは、一九年六月五日から一二日にかけてミュンヒェン大学で行われた初めての反ボリシェヴィキ「教育コース」に参加を指示された。これがヒトラーが初めて受けた政治「教育」だった。本人も認めるようにこれは重大な経験だった。ヒトラーは初めて、自分には周囲の人間に影響を及ぼす力があると知ったのである。

　ここでヒトラーは、「宗教改革以降のドイツ史」、「戦争の政治史」、「社会主義の理論と実践」、「ドイツの経済状況と講和条件」、「内政と外交の関連」などについて、マイヤーが自分の個人的な知己も含めて選んだミュンヒェンの著名人の講演を聞いた。(本来は予定になかったが)これもマイヤーの強い希望により、全ドイツ主義者のあいだで経済専門家として知られるゴットフリート・フェーダーの講演も行われた。「利子奴隷制の打破」(このスローガンはプロパガンダに使えるとヒトラーは感じた)というテーマについてフェーダーはすでに『宣言の書』を出版しており、「生産的」資本と「強欲」資本(フェーダーはこれをユダヤ人と結びつけた)を弁別し、ナショナリスト陣営から高く評価されていた。このテーマを表題に掲げた講演はヒトラーに強い印象を与え、フェーダーは草創期のナチ党で経済「通」として活躍することになる[63]。歴史の講演を行ったのは、マイヤーを学校時代から知る、ミュンヒェン大学の歴史学教授カール・アレクサンダー・フォン・ミュラーだった。

初回講演の後、ミュラーは、しわがれ声で情熱的に話す男を囲んで座る小さな集団を空き教室で見かけた。次の講演の後、ミュラーは、訓練生のなかに生まれつき演説の才のある者がいるとマイヤーに告げ、その人物が座っていた位置を教えた。マイヤーはすぐに分かった。「リスト連隊のヒトラー」だった[64]。

ヒトラー自身の弁によれば、これは、参加者のひとりがユダヤ人を擁護したため、口をはさんだということだったらしい。ヒトラー本人は、この出来事が直接のきっかけとなって「教育将校」としての配属が決まったと考えていた。しかし、ヒトラーは五月末から六月初旬頃に情報提供者にはなったが、「教育将校」になったわけではない[65]。とはいえ、この出来事によってマイヤーが諜報部でのヒトラーの活動に注意を払うようになったことも事実であり、ヒトラーはアウクスブルク近郊のレヒフェルトの軍キャンプ地で五日間のコースの運営にあたる二六名の派遣講師チームの一員に選ばれることになった。派遣講師は全員がミュンヒェンの「教育コース」の参加者だった。到着翌日、一九一九年八月二〇日に始まったコースは、現地の駐留兵の政治思想に問題がある、という申し立てを受けて企画されたものだった。駐留兵の多くは、戦争捕虜となったが釈放されて除隊を待つ者たちである。ボリシェヴィズムとスパルタクス団の思想に「染まった」この軍隊に、ナショナリズムと反ボリシェヴィズムをたたき込むことがチームの任務だった[66]。講師らは、自分たちがミュンヒェンでされた通りのことをしたというわけである。

部隊指揮官ルドルフ・バイシュラークが「世界大戦の責任は誰にあるか」、「ミュンヒェンのレーテ共和国の日々」などについて講演し、それを受けて活発な議論が行われるよう助力するなど、ヒトラーも重要な任務を担った。ヒトラー自身は、「講和条件と復興」、「移民」、「社会的・政治的・経済的スローガン」などの講演を行った[67]。熱心に任にあたるなかで、ヒトラーは、自分が聴衆の共感を引きだせること、冷笑しながら聞いている消極的な兵士をも奮起させる話し方ができることにすぐに気づいた。ヒトラーの本領発揮だった。生まれて初めて、無条件にうまくいくことを見つけたのである。ほぼ偶然とはいえ、ヒトラーは己の最大の才能を見出した。ヒトラー自身の言葉を借りるならば、ヒトラーは「弁」がたったのだ。

> 私は大変な情熱と思い入れをもって取り組んだ。大勢の聴衆の前で話をしてみないかと突然言われたためだ。分かっていたわけではなく、感覚的にそうではないかと常々思っていたことが、今、確証された。私は「弁」がたったのだ。〔…〕このちょっとした成功を誇ってもいいだろう。講演しているうちに、私は何百人、何千人もの戦友を国民と祖国への思いに立ち返らせた。私は軍を「ナショナルな心情に立ち戻らせた」のだ。(68)

コース参加者の参加記を読めば、ヒトラーがレヒフェルトで印象に残る話をしたというのがあながち誇張でもないことが確認できる。ヒトラーは間違いなく人気講師だった。飛行船の乗員として働いていたエーヴァルト・ボレは、バイシュラークの講演は「ヒトラー氏の（人生経験に基づく）情熱的な講演」ほど腑に落ちるものではなかった、と書いている。グンナー・ハンス・クノーデンは、ヒトラーはとくに「素晴らしく情熱的な話し手だった。彼の講演はすべての聴衆を惹きつけた」と感じた。担架担ぎのローレンツ・フランクは、「ヒトラー氏は生まれながらの大衆演説家なのだと思う。集会では、その熱情と人を惹きつける語り口のために聴衆は氏に注目し、その意見に同意せずにはいられなくなってしまうのだ」と書いている。(69)

レヒフェルトでヒトラーが扇動のために多用したのは反ユダヤ主義だった。ただし、ユダヤ人を激しく攻撃したとはいっても、当時のミュンヒェンで広まり、世情報告にも取り上げられていたような意見を取り入れたにすぎない。世情報告にはたとえば、「〔ユダヤ人は〕皆、絞首刑にすべきだ。戦争はあいつらのせいだ」という悪意に満ちた言葉をミュンヒェンの市電で誰かが口に出したところ、乗客は皆、同意した、という記述がある。列車でミュンヒェンからリンダウに向かっていたある労働者が軍隊は五月一日にユダヤ人を攻撃すべきだったと述べたこと、革命が起こったのだからユダヤ人に対する大規模なポグロムだって起こりそうなものだという声が聞かれたことなども報告されている。一九一九年八月から九月にかけての世論に関する別の報告書には、「現在、ドイツの労働者にとって最大の危険はユダヤ人」であり、「この悪意に満ちた、信用ならない屑どもから解放されて初めて」ドイツの再生が成るのだ、という意見とともにすべてのユダヤ人を縛り首にしろという要求があったと記されている。軍隊でも雰囲気はさして変わらなかった。レヒフェルトでのヒトラーの講演に対する反応を見れば、ヒトラーの話が兵士にとって理解しやすいものだったことが分かる。[70]反ユダヤ主義を扇動する講演だという抗議が出ることを恐れたレヒフェルト・キャンプの司令官ベント中尉が、反ユダヤ主義を和らげるようヒトラーに頼もうとしたほどだった。資本主義に関する講演でも同じことが起きた。ここでヒトラーは、「ユダヤ人問題」に「少し言及した」のだった。ヒトラーが公衆の面前でユダヤ人について語ったのはこのときが初めてだった。

ヒトラーがチーム内で「ユダヤ人問題」の「専門家」とみなされるようになったことは間違いない。上官であるマイヤー大尉の目にもそう映ったらしい。一九一九年九月四日、かつて「教育コース」に参加したウルムのアドルフ・ゲムリヒから「ユダヤ人問題」についてとくに社会民主党政府の政策との関連で説明してほしいと求められたとき、マイヤーはその回答を任せるほどにヒトラーを高く評価していたようである。[72]一九年九月一六日付のヒトラーからゲムリヒへの回答はよく知られている。これはユダヤ人問題に関してヒトラーがまとめた書面としては今日まで残るもののなかで最も古い。ヒトラーは、反ユダヤ主義は感情ではなく、「事実」に立脚しなければならない、その第一はユダヤとは宗教ではなく人種の問題だということだ、と書く。感情的な反ユダヤ主義はポグロムを惹起する。それに対して、「理性」に基づく反ユダヤ主義はユダヤ人の権利の体系的剝奪へといたる。「その最終目的がユダヤ人の完全な排除であることは間違いない」とヒトラーは結論づける。[73]

このゲムリヒへの書簡では、これ以降、ベルリンの地下壕での最期の日まで変わることのない、ヒトラーの世界観の中核的要素が初めて形をとった。すなわち、人種理論に基づけられた反ユダヤ主義、国内外のユダヤ勢力と戦うために必要とされる統合的ナショナリズムである。この書簡のなかでヒトラーは、フェーダーの議論に明らかに依拠しており、後には『わが闘争』でもフェーダーをほめちぎった。「利子奴隷制」と資本主義に関するフェーダーの見解によってヒトラーのイデオロギーは大きな新展開をみせ、「学術的」議論を援用することで積年の偏見が理論的に確立したのだった。[74]

4

レヒフェルトでのコースを終え、一九一九年八月二五日にミュンヒェンに戻ると、コースの講師に与えられるはずの五〇〇マルクを分配しないとして司令官バイシュラークが非難を浴びるという騒ぎがもちあがった。いまやヒトラーはチームのスポークスマン的存在であり、講師側で議論を展開したのもヒトラーだった。バイシュラークが恥をさらしたこともあり、レヒフェルトで成功を収めたヒトラーはマイヤーの気に入りの右腕になった[75]。

　マイヤー配下の情報提供者の仕事のひとつに、極右から極左にいたるまでミュンヒェンに存在する五〇の政党と政治組織の監視があった[76]。一九一九年九月一二日、ミュンヒェンのシュテルンエッカーブロイで開かれたドイツ労働者党の会合について報告するために送られたのも情報提供者としての仕事の一環だった。ヒトラーには、レヒフェルトのときの講師仲間から少なくとも二名が同行していた[77]。その日は、民族至上主義《フェルキッシュ》の詩人でジャーナリストのディートリヒ・エッカートの登壇が病気で流れ、代わってゴットフリート・フェーダーが代役を務めることになった。講演テーマは「利子奴隷制の打破」だった。ヒトラーはフェーダーの講演は聞いたことがあったため、政党の観察に専念していたらしい。ドイツ労働者党は、当時、ミュンヒェンのあちこちにできつつあった数多の小政党と同じく「つまらない組織」のようにみえた。

　ヒトラーが立ち去ろうとしたとき、講演後の議論で、来賓のひとりであるバウマン教授がフェーダーを批判し、バイエルン分離主義の議論を展開しはじめた〔このときバウマンは、バイエルンはドイツから分離してオーストリアとひとつになるべきだと訴えた〕。これを遮ったのがヒトラーだった。あまりに激しいヒトラーの反論にバウマンは完全にへこまされ、ヒトラーの話の途中で帽子をとって部屋を出て行ってしまった。「水をかけられたプードル」のような有様だった[78]。党首のアントン・ドレクスラーは、ヒトラーが議論に割って入った様子に強い印象を受け、会合後、『わが政治的な目覚め』と題する自作の小冊子の写しをヒトラーに渡し、この新しい運動に関心があるならば近いうちにまた参加しないかと誘った。「何ということだ。一端《いっぱし》のしゃべりだ。彼は使える」とドレクスラーは言ったと伝えられている[79]。

　早朝、眠ることができずに渡された小冊子を読んだヒトラーだったが、この小冊子は心に訴えるものがあり、一二年前の自らの「政治的な目覚め」を思い出したという。会合に参加してから一週間足らずのうちに、ヒトラーは党員としての受入れを通知する葉書を受け取った。葉書には、その件について話し合うため数日後に開催される党会合に参加されたし、とも書かれていた[80]。本人いわく、最初はよい気持ちがしなかったという。自分で政党を立ち上げたかったというのが理由のようだ[81]。しかし、好奇心にかられて、ヘレン通りのアルテス・ローゼンバートというさびれたパブの薄暗がりで開かれる指導部の小さな集まりに行ってみたところ、そこで出会った人びとの政治目標にヒトラーは共感を覚えた。だが、それは「最悪に性質の悪い集まり」で、その視野の狭さには愕然とした、ともヒトラーは後に書いている[82]。数日迷ったあげく、ヒトラーは最後には参加を決意した。決め手になったのは、そうした小さな組織であれば、「個人的な活躍の場が各人に与えられる」かもしれないとの見通しだった。つまり、すぐにも頭角を現し、影響力を発揮できるだろうと考えたのだ[83]。

一九一九年九月後半、ヒトラーはドイツ労働者党に入党し、党員番号五五五が与えられた。ヒトラーは第七番目の党員だったといつも口にしていたがそれは正しくない[84]。初代党首ドレクスラーは、四〇年一月にしたためはしたものの送付せずに終えた手紙でヒトラーに宛てて以下のように書いている。

> 総統、あなたが党の第七番目の党員ではなく、勧誘責任者として加わってほしいとお願いしたという意味で、委員会の第七番目のメンバーといえるかどうかという程度であることは、誰よりもご自身がご存知のはずです。数年前、私は党事務局に、あなたのドイツ労働者党の最初の党員証は偽造であり、シュスラーと私のサインが入ってはいるけれども、五五五という番号が消されて七に書き換えられていると言わねばなりませんでした[85]。

『わが闘争』でヒトラーが青年期について述べていることの多くと同じで、入党に関する説明も額面通りに受けとめることはできない。これもまた、すでに形成されはじめていた指導者《フューラー》神話のための捏造だった。そもそもドイツ労働者党に入党するかどうか何日も迷ったとヒトラーは書いているが、最終的に決断を下したのはヒトラーではなかった。ほとんど知られていないが、ドイツ労働者党の党勢拡大を助けるべくヒトラーに入党を命じた、という軍時代の元上司マイヤー大尉の後の証言がある。マイヤーは、このためにヒトラーは毎週二〇金マルク相当の資金を与えられ、軍関係者が政党に入党する際の慣行に反して軍にとどまることを許された、とも述べている[86]。一九二〇年三月三一日の除隊まで軍の給与と講演料の双方を手にすることになったヒトラーは、働きながら政治活動をしなければならなかったドイツ労働者党の他の指導者たちとは異なり、すべての時間を政治宣伝に振り向けることができた[87]。

軍を離れた後、ヒトラーはミュンヒェンのビアホールでドイツ労働者党の弁士として成功を収めて自信を深めた。ミュンヒェン大学の反ボリシェヴィキコースで頭角を現し、軍の宣伝担当者、兼情報提供者としてマイヤーの下で働いたことで、職業上の展望が開かれたのである。偉大な建築家になるという妄想や、観光客向けに町の風景画を描く三流画家としての生活に戻るという現実に代わる新たな展望だった。マイヤー大尉が「才能を発見」することがなければ、ヒトラーの話に耳を傾ける者は出なかっただろう。ビアホールにたむろする過激派としてではあったが、ヒトラーはついに政治扇動と政治宣伝を職業とするにいたった。唯一得意とすること――すなわち話すことが仕事になったのである。

パーゼヴァルクからドイツ労働者党の人気弁士への道は、ドイツを救うという「使命」の突然の自覚、強い個性、「意志の勝利」によって決まったわけではなかった。状況、日和見、幸運、そしてとくにマイヤー大尉の引き立てにみられるような軍の後押しによって可能になったものだった。ヒトラーが政治の世界に入ったのではない。ミュンヒェンの兵営にいたヒトラーに、政治の世界が近づいてきたのだった。(88) ヒトラー自身がしたことといえば、名を上げるための機会を最大限に利用すべく目を利かせたことと、レーテ共和国後に同僚を告発して名を売った後、レヒフェルトの軍キャンプでもミュンヒェンのビアホールでも、聴衆の心の奥底に訴えかけることに抜きんでた才を見せたことだけだった。

こうした「資質」が、この後、かけがえのないものとなる。この資質を生かし、ヒトラーは初期ナチズム運動のなかで影響力と支持を拡大していった。バイエルンを本拠とし、忌むべき民主的な共和国に挑もうとするナショナリスト右翼をヒトラーが広く惹きつけたのもこの資質ゆえだった。ミュンヒェンの有力者たちは、ヒトラーを、ナショナリストの大義のために欠くことのできない「太鼓たたき」と見るようになった。ヒトラーは一九二〇年代初頭にこの役割を誇りをもって引き受けていくことになる。

第5章 ビアホールの扇動家

ドイツ労働者党はわれわれが待ち望む高い攻撃力の基盤となるに違いない。[…]私は力量のある若手を世に送り出した。

たとえばヒトラー君は、第一級の人気弁士として原動力のひとつになった。

ミュンヒェン支部の会員は一九一九年夏には一〇〇名以下だったが、二〇〇〇名を超えた。

カール・マイヤー大尉より亡命中の一揆首謀者ヴォルフガング・カップに宛てて、一九二〇年九月二四日

唯一、この人物だけが、戦い抜くことのできる指導者たることが本当に分からないのか。この人物なくして、大衆がクローネサーカスに詰めかけると思うのか。

ルドルフ・ヘス、ナチ党内でヒトラーを批判する人びとに答えて、一九二一年八月一一日

ナショナリストとしての扇動の才を国軍に見出されることがなければ、ヒトラーは、苦々しい思いを抱きつつも、名をあげる機会もないまま、復員兵として社会の片隅に戻っただろう。「弁」がたつと自覚することがなければ、政治を生業としようと考えることもなかっただろう。また、第一次世界大戦後のドイツにおける特異な政治情勢がなければ、なかでもバイエルンの特殊な状況がなければ、ヒトラーはどのみち聴衆を得られず、その「才」も意味をなさず、認められることもなく、憎悪に満ちた演説は反響がないまま、権力の中枢に近い人びとからの支援もなく、彼らを頼りにすることもできなかっただろう。

一九一九年九月、草創期のドイツ労働者党に入党したとき、ヒトラーはまだ「無名」だった[1]。しかし三年後には、追従者に囲まれてナショナリストのあいだではドイツのムッソリーニと呼ばれ、ナポレオンと比べられるまでになった[2]。そして四年強が過ぎたときには、国家権力を武力掌握しようとする試みの首謀者として一地方にとどまらない、全国的な知名度を得るにいたった。この試みはいうまでもなく惨めに失敗し、ヒトラーの政治「生命」は終わったかに見えた（終わるはずだった）。しかし、ヒトラーはすでに「何者か」ではあった。無名のヒトラーが有名人へと見事に成り上がる最初の段階は、ミュンヒェンでの政治的訓練の時期から始まった。

地方の名士としてであれ、そのように素早く名を上げたからには、何らかの個人的な資質があったのではないかと考えるのが自然である。ヒトラーがある種の能力と人格的特徴をたしかに備えていたことは間違いなく、それはヒトラーが政治の世界で一目置かれるようになるのに役立った。それを無視してヒトラーを過小評価すれば、ヒトラーを侮り、他人の利害関係で踊らされる小者とみなしたヒトラーの政敵と同じ過ちを犯すことになろう。

しかし、ヒトラーの人格と才能だけでは、一九二二年までに民族至上主義《フェルキッシュ》の陣営でヒトラーを称賛する動きが広がっていったことの説明はつかない。指導者崇拝は、ヒトラーの特別な資質というよりも、当時のドイツ社会の一部でみられた精神性や期待を反映して生まれたものだった。振り返ってみればまるで大衆演劇であり、茶番ですらあった数時間のこととはいえ、先頭に立ってドイツの国家権力に挑戦するような位置にヒトラーを押し上げたのは、ヒトラーの最大の武器である大衆扇動家としての能力ではなかった。影響力のある後援者のおかげだった。

　敗戦、革命に加えて、国辱を受けたという心情が蔓延し、状況が変化しなければ、ヒトラーは無名でありつづけただろう。当時の状況のなかで、政治的意見を共有する聴衆を感激させたのは、ヒトラーの語り口、修辞的効果、偏見の破壊力であり、ドイツが窮地から脱する道はたしかにあり、ヒトラーの描く道だけが国民的再生につながるのだという信念だった。一九一九年の訓練コースで自覚したように、これこそがヒトラーの最大の能力だった。時代が違い、国が違えば、このメッセージは効果を発揮しないどころか、馬鹿げているとさえ思われただろう。実際、二〇年代初頭には、ミュンヒェン市民であれ、（そもそも名を知っていたとすればの話だが）ヒトラーをバイエルンという一地方の短気な扇動家だと考えるほかの人びとであれ、大半はこのようなメッセージで心を動かされることはなかった。しかしこの時期のミュンヒェンでは、ヒトラーのメッセージはビアホールで騒ぐ人びとの抑えがたい怒り、恐れ、失望、憤り、抑圧された攻撃性を確実にとらえた。衝動に突き動かされるかのようなヒトラーの語り口の説得力は、ドイツが抱える問題に関するひどく単純な分析と、この問題にどう対処すべきかをめぐる固い信念が生み出すものだった。

　己の内に深く根づいた憎悪を吐露することで他の人びとの憎悪を燃え上がらせるのは容易かった。とはいえそれは、以前であれば、敗戦によって状況が変わった今ほどの効果はもたなかっただろう。ウィーンの男性用単身宿舎、ミュンヒェンのカフェ、連隊の前線司令部ではせいぜい大目に見られていたにすぎなかった風変わりさが、いまやヒトラーの最大の武器となった。つまり、変わったのは何よりもヒトラーが置かれた環境と文脈だった。だからこそ、ヒトラーが政治の世界でいかにその名を知らしめるにいたったかを説明するためには、まずはヒトラーの人格ではなく、ヒトラーを支持し、崇拝し、信奉した人びと、そしてとくにヒトラーの強力な後ろ盾となった人びとの動機や行動に着目しなければならないことになる。ヒトラーは「支配階層」の単なる傀儡だったという見方は誤りとはいえ、バイエルンの有力者からの後援や支持なくしてヒトラーが名を成しえなかったことは明らかだからである。この時期、ヒトラーが運命を自らの力で切り拓いたことはほとんどなかった。一九二一年に党の指導を引き受けたときも、二三年に一揆という賭けに出たときも、これらの重大な行動を熟慮の末に決定したわけではなかった。体面を保つために自暴自棄に前進しただけだった。これは最期までヒトラーの行動様式の特徴だった。

　ヒトラーはこの時期に、独自の政治思想をもつイデオローグとしてではなく、扇動家として名を上げた。ヒトラーがミュンヒェンのビアホールで吹聴した思想には、独創的で目新しい点は何もなかった。いずれも民族至上主義の勢力のあいだではよく聞く話ばかりで、その主要な点はすべて全ドイツ主義の戦前からの主張と同じだった。ヒトラーがしたことといえば、独創性のない思想を独創的な方法で宣伝することだった。同じことを言う者はいたとしても、それによって衝撃を与えることができる者はいなかっただろう。問題は何を言うかではなく、どのように言うかだった。ヒトラーの政治家としての生涯を通じて、重要だったのはいかに見せるかだった。

ヒトラーは、聞き手の印象に残る話し方を意識的に学んだ。いかに効果的なプロパガンダを作りだすか、特定の集団をスケープゴートとして攻撃することでいかに最大の効果を生むかについても学んだ。つまり、大衆は動員できると学んだといってもよいだろう。ヒトラーにとってては初めからこれが政治的目的のための手段だった。このやり方でしか成功はないと自ら言い聞かせることが、他者に対するヒトラーの説得力の源泉だった。逆に、ビアホールの聴衆や、後には集会に集まる大衆の反応は、それがなければ得られなかっただろう確信と自信と安心感をヒトラーに与えた。

ハインリヒ・ホフマンによれば、一九二〇年代初頭にヘルマン・エッサーの結婚式でスピーチを頼まれたとき、ヒトラーは断ったという。「話をするときには群衆がいないとだめだ。［…］気の置けない人たちの小さな集まりでは、何を言えばいいのか全く分からない。私は皆さんを失望させてしまうだけだろうし、そういうことはしたくない。家族の集まりや葬式でのスピーチには私は向かない」(3)。個人的なつきあいでヒトラーがしばしば見せる気後れや困惑は、演説の舞台で聴衆の感情をひきだす技能への自信とは実に対照的である。ヒトラーは、陶酔した群衆だけが身の内に呼び起こすことのできる極度の興奮を必要としていた。群衆の熱狂的な歓声と大喝采から得られる満足によって自分の空虚な人間関係を埋め合わせていたのだろう。さらにいうならばそれは、誇りとしていた戦歴を除けば、肥大した自尊心に見合うだけの顕著な成果を何ひとつあげることがないまま三〇年間生きてきたヒトラーがついに成功したことの証でもあった。

ヒトラーの演説の武器は単純さと繰り返しである。これを生かして展開されたのが、大衆にナショナルな心情を抱かせ、一九一八年の手ひどい「裏切り」を覆し、ドイツ国内の敵を打倒（何よりもユダヤ人を「除去」）し、国外で戦って世界大国としての地位を得るに必要な物質的、精神的再建を達成するという不変の核心的メッセージだった。(4)ドイツの「救済」と再生をめぐるこの構想は、ゲムリヒに書簡を送った一九一九年九月には少なくとも萌芽的には形をとっていた。(5)しかし、鎖の重要な部分がまだ欠けていた。たとえば、東欧に「生空間《レーベンスラウム》（生存圏）」

を求めるという考えは二〇年代半ばになるまで完全には組み込まれない。ヒトラーの思想が最終的にひとつにまとまり、独特の世界観として成熟し、固定化するのは、一揆の失敗後二、三年がたった頃だった。

　しかしこれらはすべて、ミュンヒェンの小さな人種主義政党に入り、ビアホールで聴衆を扇動するという政治的「キャリア」の第一段階にあたる決定的な展開を経て、ヒトラーが同党の指導的地位に登った後の話である。

1

　ナチズムとヒトラーを同一視し、ナチズムはヒトラー主義にすぎないとする主張をよく聞くが、これは過度の単純化であり、誤解を招く[6]。ナチズムが権力を掌握し、執行するうえでヒトラーの存在が不可欠だったことは、もちろん否定できない。しかし、国民的社会主義という現象そのものはヒトラーの名が売れだす前から存在しており、仮にヒトラーがウィーンで無名のまま終わったとしてもなくならなかっただろう[7]。ナチ・イデオロギーは首尾一貫したひとまとまりの思想というよりは、偏見、恐れ、ユートピア社会への期待が混ざり合ったものだったが、寄せ集められた思想の多くは、かたちや強さは違えど第一次世界大戦前から確認でき、後にはヨーロッパ諸国のファシスト政党の綱領や宣言にも現れる。統合的ナショナリズム、反マルクス主義的「国民的」社会主義、社会ダーウィニズム、人種主義、生物学的反ユダヤ主義、優生学、エリート主義が様々な比率で混ざり合ってできた非合理的な思想は、一九世紀末に急速な社会的、経済的、政治的変化を経験したヨーロッパにおいてインテリやブルジョア層の文化悲観論者ともいうべき人びとを惹きつけた。もちろん、ドイツとオーストリアに特有の傾向がなかったとはいわないが、これらの思想がとりたててドイツ的だったということもできない。

　マルクス主義の国際的社会主義ではなく、「国民的」で「ドイツ的」な社会主義という考え方は、大戦によって大いに勢いを増したところはあったにせよ、一九一九年のドイツでは目新しいものではなかった。すでに一八九〇年代には、自由主義の牧師フリードリヒ・ナウマンが、産業労働者を階級闘争から脱却させ、新しい国民国家の支柱として統合することを目指して「国民社会協会」を設立していた。この試みは一九〇三年には惨めに失敗し、「ドイツ的」社会主義という発想は反ユダヤ主義や民族至上主義《フェルキッシュ》運動のような急進的反自由主義の一潮流に堕してしまった。その主たるターゲットは商人、職人、小規模農家、下級公務員などの下層中産階級であり、イデオロギー的には反ユダヤ主義、急進的ナショナリズム、激しい反資本主義（資本主義はたいていは「ユダヤ」資本主義とみなされていた）を結び合わせたものだった。[8]

すでに触れたシェーネラーの運動のように、ヒトラーの青少年期には、これと同じような動きはオーストリアにもあった。ズデーテンラントとして知られることになるトラウテナウでは〇四年に、ベーメンにおけるチェコ人とドイツ人の対立から、民族至上主義的ナショナリズム、反マルクス主義、反資本主義的社会主義を標榜するドイツ労働者党も設立されていた。[9] 一揆後の裁判でヒトラーは、オーストリアの国民社会主義政党の結成のほうが二〇年早いことは認めつつも、自らの運動との関係は否定した。[10] たしかに、ヒトラーが同党に関心をもっていたことを示唆するものはなく、オーストリアにいた頃にその存在を認識していたかどうかさえ定かでない。トラウテナウの政党はドイツ国民社会主義労働者党（DNSAP）に改称されたため、第一次世界大戦後も名称はよく似たままだった。同党は二〇年代初頭にヒトラーの運動に接触してきたが、二三年にヒトラー側が優位に立ち、二六年のナチ党再建後には、オーストリアでもドイツでも党内ではヒトラーが唯一の指導者と認められるにいたった。[11]

全ドイツ主義の広がり、テオドア・フリッチュ、ヒューストン・ステュアート・チェンバレンら著名な人種主義者の著作の普及、多くの学校や青年組織における排外的、攻撃的な民族ナショナリズムの広がりが強い追い風となっていたとはいえ、第一次世界大戦前にはナショナリズムのなかで民族至上主義的な方向性をもつものは少数派だった。民族至上主義イデオロギーは、急進的ナショナリズム、人種主義的反ユダヤ主義に加えて、ゲルマンの歴史に根差し、秩序と調和と階層に立脚するドイツ特有の社会秩序を神話化し、それをイデオロギーの中核としていた。[12] なかでも重要だったのは、優れたドイツ文化がスラヴ人やユダヤ人などの強力な劣等勢力に強く脅かされているととらえるロマン主義的文化理解、生存競争を強調する社会ダーウィニズムの議論、国家として生き残るために東欧スラヴの地への拡大を目論む帝国主義的発想、ドイツの宿敵たるユダヤ精神を根絶して人種純化と新エリートの創出を実現すべきだと唱える議論などを結び合わせたことである。

第一次世界大戦の後半二年間の雰囲気がいかに反ユダヤ主義を流布させ、そればかりか反ユダヤ主義を重要な要素とする民族至上主義的ナショナリズムをも流布させたかはすでに見た通りである。敗戦、革命に続く政治的大混乱は、急進的ナショナリズムをさらに助長した。こうした思想を掲げる政治集団や政治運動は無数にあった。しかし、重大な変化は、民族至上主義勢力の過激な主張がナショナリスト主流派に流れ込み、民主主義とヴァイマル共和国を正面から否定するようになったことである。ヴァイマル共和制に敵対する反民主主義イデオロギーは、ビアホールで「思想家」や「哲学者」を自称する民族至上主義の連中の荒っぽい議論から発したわけではない。ヴィルヘルム・シュターペル、マックス・ヒルデベルト・ベーム、メラー・ファン・デン・ブルック、オトマー・シュパン、エドガー・ユングら、新保守主義の文筆家、ジャーナリスト、知識人が練り上げたものだった。このイデオロギーの中核は有機的民族という発想だった。有機的民族は血と人種の純粋性に立脚し、構成員たる個々人を超越する民族共同体を作りあげ、反自由主義、反資本主義、反ブルジョアの真の「国民的」社会主義を生み出す。同時に個々人は、傑出した力、知恵、人格をもつ指導者に服従することでその共同体と結びつき、共同体に奉仕するとされた[13]。

いうまでもなく、ここにみられる反資本主義、反ブルジョアの思想は、かつてのドイツ保守党の流れを汲むドイツ国家人民党（DNVP）のようなナショナリスト保守本流が好むものではない[14]。また、新保守主義も概して、ナチズムは大衆的で粗野だと考えていた。しかしながら、敗戦、革命、民主制の確立によって対抗革命の思想は広く流布し、それが古い保守的ナショナリズム、大衆化された新しい民族至上主義ナショナリズムの双方と混じり合う状況が生まれた。一九一九年六月二八日に調印されたヴェルサイユ条約で戦勝国から課されて明記された屈辱的な文言（領土割譲はもとよりとくに「戦争責任条項」）を国中が「国辱」と感じるなかで、そうした思想に耳を傾けようとする空気が広がっていった。翌年六月に行われた第一回国会選挙では、新しい民主主義体制を支持する政党は惨敗した。よくいわれるように、ヴァイマル共和国は「共和主義者なき共和国」であることが露呈したのである。甚だしい誇張とはいえ、この言葉は、（多大な影響力のあった多くの者を含めて）ヴァイマル共和国への市民の評価が概して低かった状況をよく言い当てている[15]。周縁から中心へと、急進的ナショナリズムが政治的影響力を拡大していく素地は確実に存在していた。

一九一九年から二〇年にかけて、群衆は理屈を求めてヒトラーの演説に群がりだしたわけではなかった。群衆に効くのは、単純なスローガン、怒りと敵意と憎しみの炎だった。ミュンヒェンのビアホールで語られたのは、広く流布している思想を単純化したものだった。ヒトラーは『わが闘争』のなかで、民族至上主義的な運動とナチズムのあいだに本質的な違いはなかったと認めている[16]。ヒトラーは、これらの思想の明確化、体系化にはほとんど関心がなかった。ヒトラー自身の強迫観念のようなものはもちろんあった。一九年以降、ヒトラーが抱きつづけ、二〇年代半ばに「世界観」として完成し、ドイツの「救済」という「使命」の原動力となったいくつかの基本的思考である。しかし、抽象的思想はヒトラーには無価値だった。思想は動員の道具としてのみ意味をもった。

一九一九年にヒトラーがドイツ労働者党に入党したとき、同党はドイツで主として第一次世界大戦終結後に結成された約七三の民族至上主義的な組織のひとつだった。[17]二〇年にはミュンヒェンだけでも少なくとも一五の組織があった。[18]ドイツ労働者党と同じく、そのほとんどは弱小だった。唯一の例外は、ナチ党の初期の支持者への橋渡しの役割を果たしたドイツ民族至上主義攻守同盟である。これは、多数の民族至上主義的な組織をまとめあげて反ユダヤ主義運動に大衆を獲得しようと、全ドイツ連盟のイニシアティヴで一九年初頭に結成されたものだった。[19]その本拠は、民族至上主義的な思想がホワイトカラーの労働組合であるドイツ国民従業員連盟のあいだにまで広まっていたハンブルクに置かれていたが、反ユダヤ主義の強いミュンヒェンでも支持は大きく広がっていた。宣伝物の量は尋常ではなかった。二〇年に配布されたパンフレットは年間七六〇万部、チラシは四七〇万枚、ステッカーは七八〇万枚にのぼった。[20]民族至上主義闘争のシンボルとして選ばれた鉤十字は、初期の会員が、短命に終わった祖国党からもち込んだものだった。三万人だった会員数は一年もたたないうちに一〇万人を数えるようになった。三年目にはさらに倍増以上の伸びを見せ、会員数は二〇万人を超えた。

会員のなかに目立ったのは、「背後からの一突き」のせいで負けたとされる第一次世界大戦後、自分たちの扱いに怒りを感じる元兵士、労働者に地位を脅かされていると感じる職人、全ドイツ主義イデオロギーに惹かれる教員、自分の将来展望が変わってしまったことを恨み、国辱を受けたと感じる学生らだった。[21]その多くは後にナチ党に入党することになる。[22]ドイツ民族至上主義攻守同盟は純然たる宣伝機関であって政党とは関係がなく、明確な政治目標も掲げていなかったために効率はよくなかった。しかしその急速な勢力伸長からは、民族至上主義的な思想、そしてとくに反ユダヤ主義が効果的に「売り込まれた」場合、それを受け入れる土壌が広がりつつあったことが分かる。

民族至上主義の思想のうち、とくにドイツ的社会主義、国民的社会主義の思想は、「ユダヤ」資本主義批判に乗じて第一次世界大戦末期に足がかりを得ると、ドレクスラーのドイツ労働者党、すぐにその最大のライヴァル政党となるドイツ社会主義党の創設へといたった。[23]ドイツ社会主義党の創設者アルフレート・ブルンナーは、一九〇四年から民族至上主義の政治活動に関わっていたデュッセルドルフの技術者だった。急進的な土地改革、財政改革を特徴とする同党の綱領は、二〇年のナチ党綱領とも強い親近性があった。ドイツ社会主義党は一九年末にはデュッセルドルフ、キール、フランクフルト・アム・マイン、ドレスデン、ニュルンベルク、ミュンヒェンにかなり大きな支部をもつにいたった。さらに二〇年に入ってベルリンを含む他都市でも支部の設立が続いた結果、同年半ばには同党は三五の支部を抱え、会員数は二〇〇〇人に迫る勢いとなった。ただし、ひとつの地域に集中的に足場をもつナチ党に比べて、組織が広域にまたがっていることが弱みとなることもあった。二〇年から二一年にかけてこのドイツ社会主義党とナチ党の合同が画策されるなか、二一年夏にはナチ党内で激しい党内対立が生じ、それを機にヒトラーは党の指導権を握ることになる。

すでに第一次世界大戦中から、ミュンヒェンは全ドイツ主義ナショナリストが繰り広げる反政府宣伝の一大中心地だった。全ドイツ主義者の貴重な宣伝経路となっていたのは、医学書の出版で名高いユリウス・F・レーマンの出版社だった。(24)

ミュンヒェンの祖国党の有力党員だったレーマンは、トゥーレ協会の会員でもあった。トゥーレ協会はフリーメーソンのような運営形態をとり、数百名の富裕な会員を抱える民族至上主義のクラブである。一九一二年に反ユダヤ主義の小組織がいくつかまとまってライプツィヒで発足したゲルマン騎士団を母体として、一七年末から一八年初旬頃にミュンヒェンで設立された。(25) 会員リストには、レーマンのほかに、「経済専門家」のゴットフリート・フェーダー、ジャーナリストのディートリヒ・エッカート、ジャーナリストでドイツ労働者党の共同創設者カール・ハラー、若きナショナリストのハンス・フランク、ルドルフ・ヘス、アルフレート・ローゼンベルクらが名を連ね、さしずめミュンヒェンの有力者のうち初期のナチ党支持者の人名録の観を呈していた。

トゥーレ協会の裕福で個性的な会長ルドルフ・フォン・ゼボッテンドルフはコスモポリタンの冒険家で、鉄道運転手の息子として生まれながら、トルコでのいかがわしい取引と金持ちの未亡人との結婚で財をなした自称貴族だった。ゼボッテンドルフは、ミュンヒェン一格式の高い「フォーシーズンズホテル」で会合が開けるように取り計らい、ミュンヒェンの民族至上主義運動のためにミュンヒナー・ベオバハター紙（一九一九年八月にフェルキッシャー・ベオバハター紙に改称され、最終的には二〇年一二月にナチ党に買収される）という独自の新聞を発行した。

このトゥーレ協会が大戦末期にミュンヒェンの労働者階級に影響力を拡大しようとした際、この件を任されたのはカール・ハラーだった。ハラーは鉄道工場の錠前師アントン・ドレクスラーに接触した。ドレクスラーは軍務には適さないと判断されたが、人種主義のナショナリストとしての信条から一九一七年に祖国党に一時入党し、一八年三月、ミュンヒェンの労働者階級のあいだに戦争協力の機運を高めようとして「よき講和のための労働者委員会」を設立した人物である。ドレクスラーは急進的ナショナリズムと反資本主義を結びつけ、戦時利得者や投機家に対して厳しい行動を起こすことを主張していた。

右翼的なミュンヒナー・アウクスブルガー・アーベントツァイトゥング紙のスポーツ記者だったハラーは、このドレクスラーと数名の同志を説得し、「労働者政治サークル」を立ち上げた。これは、一八年一一月から一年ほどのあいだ、三〜七名程度で定期的に会合をもち、ドイツの敵としてのユダヤ人、大戦と敗戦の責任など、たいていはハラーが提案するナショナリスティックで人種主義的なテーマについて議論するものだった[26]。

ハラーは半ば秘密主義の民族至上主義的な「クラブ」をよしとしていたが、ドレクスラーはドイツ救済の方策をそのような小さな集団のなかだけで論じることにあまり価値を見いだせず、政党を設立したがっていた。そのドレクスラーが一二月に提案したのが、「ユダヤ人抜き」の「ドイツ労働者党」の設立だった[27]。この案は好意的に受けとめられ、一九一九年一月五日、フュルステンフェルダー・ホーフという名のミュンヒェンのホテルで開かれた小さな集まりで、鉄道工場関係者を中心にドイツ労働者党が創設された。ドレクスラーはミュンヒェン支部(支部はこれしかなかった)の支部長に選ばれ、ハラーには「全国議長」という名誉ある肩書が与えられた[28]。生まれたばかりのこの政党が初めて市民集会を開けるようになったのは、レーテ共和国が崩壊し、状況が好転した後のことだった。参加者は少なかった。五月一七日は一〇名、八月にディートリヒ・エッカートが話をしたときは三八名、九月一二日は四一名だった。ヒトラーが初めて参加したのはこのときである[29]。

2

初期のドイツ労働者党(後のナチ党)においてヒトラーが果たした役割は、『わが闘争』でのヒトラーの説明が偏っているせいで分かりにくくなってしまっている。例によって、純然たる捏造とはいわないまでも、事実が選択的に書かれ、歪曲されている。そして全文を通して、ほかの関係者の果たした役割を過小評価したり無視したりしながら、自分自身の役割ばかりを強調する記述になっている。それによって描き出されるのは、政治の天才が逆境のなかをわが道を行き、英雄的な意志の勝利にいたるという物語である。この物語は、後にヒトラーが演説の前置きとして法外な時間をかけて飽きもせず繰り返し語るようになるナチ「党神話」の中核である。それは、壮大な理念を抱きつつも実現の望みのなかった政治の天才が小政党に入党し、党を独力で最大の政治勢力にまで育て上げ、ドイツを苦境から救いだすという神話だった。

ヒトラーは自分が入った政党を軽蔑的に描いている。

党はきわめて多くの問題を抱えていたとされた。委員会に集うメンバーが実質的には党員のすべてといってもよかった、議会制を攻撃するくせに身内では「だらだらと議論」したあげくに多数決でものを決めていた、会合はミュンヒェンのパブ奥の薄汚い部屋で開かれて恒常的な本部もなかった、といった調子である。ヒトラーの説明によれば、実際、入党申込書はなく、印刷物もなく、ゴム印すらなかった。党集会の招待状は手書きかタイプ打ちだった。参加者はほんの数人でいつも同じだった[30]。そのうちにガリ版刷の案内を作るようになると参加者も順調に増え、一九一九年一〇月一六日の集会では、資金を調達し、ミュンヒナー・ベオバハター紙上に広告を出すにいたった。このときの集会は、市中心部の東にあるウィーン通りの大きな酒場で開かれた。ミュンヒェン有数の大醸造所に作られたホーフブロイケラー（ミュンヒェン中心部にある有名なホーフブロイハウスとの混同に注意）という名のその酒場に、一一一名が集まった。メインの講師はミュンヒェン大学の教授だったが、その講演の後に行われたのがヒトラーの演説だった。レヒフェルト・キャンプでの囚われの聴衆を除けば、公衆の面前での初めての演説だった。話は予定されていた二〇分を超えて三〇分になった。聴衆は感激し、おかげで三〇〇マルクもの金が党に入ったという。

ヒトラーは軍関係者を運動に引き込み、党に新風を吹き込んだ。党指導者のハラーとドレクスラーは、ヒトラーの目には退屈に映った。二人は演説がうまくないうえに従軍経験もなく、ヒトラーとは将来戦略も折り合わなかった。初回に成功を収めたヒトラーは、もっと頻繁により大きな集会で話をさせてほしいと申し出た。希望がとおり、ヒトラーはエーベルブロイケラー、兵営地区に近いダッハウ通りの「ガストハウス・ツム・ドイチェンライヒ」でさらに多くの聴衆の前で演説した。またしても大成功だった[31]。数週間後の第七回集会では、聴衆は四〇〇名を超えるまでに膨れ上がった。党内ではヒトラーの株は上がる一方だった。一九二〇年初頭、ヒトラーは初の大規模大衆集会の開催を強く提案した。党指導部の意見は再び大きく割れた。時期尚早であり、惨憺たる失敗に終わるだろうというのが慎重派の意見だった。党の初代議長だった慎重派のハラーはヒトラーに反対して辞任し、代わってドレクスラーが議長となった。ヒトラーは再び勝った。

大衆集会は一九二〇年二月二四日、ミュンヒェン中心部にあるホーフブロイハウスの大ホールで開催された。ミュンヒェンにある多くの大規模な飲酒店はどこもそうだが、ホーフブロイハウスでも騒々しい「飲み屋」の階上に大ホールが設けられていた。この二階の大ホールも賑やかで、列に並んだテーブルの上にはシュタイン（陶器）のビールジョッキが積み重なり、長椅子はバイエルンの短い革ズボンをはいた太った男たちの重みでミシミシときしむ。そのあいだを体格のよい給仕の女性が泡の立ったビールを運んで慌ただしく行ったり来たりしていた。大規模な政治集会で貸切りになることもよくあったが、そうでないときには皆でビールをがぶ飲みし、バイエルンの吹奏楽団が演奏する酒宴の歌にあわせて楽しげに体を揺らすのだ。政治集会では、大量に飲んで突然に誰かが何か叫んだり、乱闘になったりするのは当たり前だった。設立したての党がそれまでよりもはるかに大きなこうした会場に移れば、出席者が少なくて恰好がつかなくなる危険を自ら冒すことになる。

集会の宣伝用に、力を入れて、人目を引く赤いポスターとリーフレットがデザインされた。集会で発表する党綱領も印刷配布された。宣伝は功を奏した。その夜、七時一五分過ぎにヒトラーが到着したとき、巨大なホールは満員になっていた。ヒトラーの説明には名前の出てこない最初の登壇者の話が終わると、ノイローゼか何かのせいで参加できなかったドレクスラーに代わって司会を務めるヒトラーが立ち上がった。かたやヒトラーの支持者、かたや弁士をやじり倒そうとする人びとのあいだで喧嘩が起きたが、ヒトラーが話しつづけると次第に拍手が広がり、話が二五カ条綱領にいたると会場中が感激のあまり拍手喝采となった。[32] 最終的に、「私の眼前で会場中が新たな確信、新たな信念、新たな意志のもとにひとつになった」。ドイツの英雄の旅立ちだった。「炎が燃え立った。その炎からいつか剣が生まれ、ゲルマンのジークフリートは自由を、ドイツ国民は命を再び得ることになるだろう。[…]緩やかに人びとがホールから去っていった。運動は歩みはじめた」と、『わが闘争』には書かれている。[33]

ヒトラーが描く上のような物語は、まさに「若きジークフリートがミュンヒェンのビアホールで森の歌を激しく歌い上げる、半ば自然主義的な様式の英雄神話」である。[34] ドイツの来るべき指導者であり救済者である指導者《フューラー》の初期を描くこの神話は、一九二四年に『わが闘争』の第一巻を書くなかでできあがった。党草創期の惰弱で煮え切らない指導者らのなかで一頭地を抜き、自信に満ち、己の描く壮大な未来の実現を確信し、自らのやり方を押し通して成功した。その偉大さは運動に参加しはじめた直後から明らかだった、とヒトラーは描こうとする。民族至上主義《フェルキッシュ》運動に関わる他の人びとに対して、ヒトラーが自らの優越を顕示しようとしていたことは間違いない。

党の支持者がその後も順調に増えたことに触れた後、『わが闘争』のなかでヒトラーは再び党の初期の歴史に立ち戻る。ただし、一九二一年半ばに党の指導権を握ったことについての記述は驚くほど短く、ひどく曖昧なものにとどまっている。ヒトラーに対する陰謀と、党首ドレクスラーの意を受けた民族至上主義的な過激派による党指導権掌握の試みが失敗に終わった後、党員総会で運動の指導権が全会一致でヒトラーに委ねられたことが簡潔に述べられるだけである。それによれば、二一年八月一日のヒトラーによる運動再編により、委員会と党内民主主義に立脚する、非効率的で疑似議会主義的な古くさい党運営は廃止され、代わって指導者原理が党の組織的基盤となった。ヒトラーの完全な優位がこれによって確立したのである[35]。

『わが闘争』の描写は、運動の、ひいてはドイツの独裁的権力を握ろうとするヒトラーの願望が実現していく様を伝えるかに見える。初期の段階でのハラーやドレクスラーとの衝突、草創期の党内民主主義への拒絶はその表われであるかのようである。力のない人間は脆く、真理を見出すことができないが、ヒトラーは確信をもってわが道を進んでいる、究極の勝利を保障するこの優れた唯一の指導者につき従う必要がある——これらは初めから重要なテーマである、だからこそヒトラーは党内での活動初期から指導的地位を求めつづけたのだ、すなわちヒトラーは当初から自分こそは政治の天才だと認識していたのだ、という描き方になっている。

このような物語をもとに考えようとすると、ヒトラーの謎が深まってしまうのも道理である。「ウィーンの無名の人物」、下士官にすらなれなかった一兵卒が、完璧な政治哲学、成功のための戦略、党を指導するという燃えるような意志をもって登場し、ドイツの来るべき偉大な指導者を自任するという物語は不可思議で途方もない。ところが、本人のこの語りは大枠としては驚くほどに受け入れられてきた[36]。しかし、すべてにわたって不正確とまではいわないが、この物語には相当に修正を加える必要がある。

3

カール・ハラーとの絶縁は早かった。とはいえ、ヒトラーがこれほど早い時期から運動内部での独裁権力の獲得に向けて執拗に戦いはじめていたというわけではない。そうかといって、党が大衆運動となるべきか、民族至上《フェルキ》主義《ッシュ》的な議論を行う閉鎖的なサークルであるべきか、というだけの問題でもなかった[37]。

当時、民族至上主義的な組織の多くはこの同じ問題に突きあたり、大衆に訴えつつも、「中枢」の定期会合の閉鎖性は保とうとした。ハラーが好んだのは、「労働者サークル」に代表されるような後者のかたちだった。党の「作業委員会」では委員のひとりにすぎないが、「労働者サークル」は自分で統御できたためである。しかし、ハラーは孤立しつつあった。ドレクスラーはヒトラー同様、党のメッセージを大衆に訴えたいと熱望していた。ドレクスラーの後の証言によれば、党綱領をホーフブロイハウス大ホールの大衆集会で発表することを提案したのはヒトラーではなくドレクスラーであり、ヒトラーは当初はホールが埋まるかどうかについては懐疑的だったとされる。(38)

「労働者サークル」を掌握するハラーが党の運営方針を決定している限り、実効力のある宣伝戦略をどう組み立てるかという問題には手がつけられなかった。だからこそ、委員会の役割を強化する必要があった。ドレクスラーとヒトラーが一九一九年一二月に作成した党則草案で委員会に全権を与え、「サークル、支部等、上位もしくは並行的な機関」の排除を定めたのはそのためだった。(39)党則案にはヒトラーの影響が明確に見てとれる。ここでは、委員会メンバーと委員長は公開の会議で選出されると定められていた。さらに、党綱領(ヒトラーとドレクスラーがすでに準備を始めていた)を順守することにより委員会の一体性が担保される、とも決められていた。

新党則は、ヒトラーが党内で最高権力を握る足掛かりにしようとして考え出されたものではない。その矛先は明らかにハラーに向けられていた。当時のヒトラーに党を独裁的に支配しようという考えがなかったことは明らかで、選出された委員会による集団指導体制を受け入れるつもりだった。翌月の大衆集会の開催も、ヒトラーだけでなく委員の多数の支持を受け、委員会全体として決定されたものだったように見受けられる。もっとも、ヒトラーの演説が多くの聴衆を惹きつけるようになりつつあったなかで、ハラーが党を抜けてしまえば、ほかに反対意見が出たとは考えにくい。一九二〇年初頭に野心的な大衆集会の開催に反対していたのはハラーだけであり、辞任によって敗北を認めたということだったようである。反感の問題でもあった。ハラーは弁士としてはヒトラーを買っていなかった。逆に、ヒトラーはハラーを馬鹿にしていた。(40)

党にとって初めての大衆集会は、当初は、一九二〇年一月にビュルガーブロイケラー(ミュンヒェンの市中心部から一キロメートルほど南東、イザール川を渡ってすぐのローゼンハイマー通りにある大きなビアホール)で開催が予定されていたが、公開集会の全面禁止令が出されたために延期された。(41)日程が決め直され、集会は二月二四日にホーフブロイハウスで開催されることになった。政敵が騒乱を計画し、集会を荒らすのではないか、「労働者党」を名乗る党が初めて開催する大規模集会が混乱するのではないかといった心配は、草創期には本来それほどのものではなかったはずである。大規模な反ユダヤ主義の集会は当時のミュンヒェンでは目新しいものではなかった。混乱も織り込みずみだった。一九年夏にミュンヒェンで始まった反ユダヤ主義の扇動はすでに最高潮に達していた。七〇〇〇人を集めたドイツ民族至上主義攻守同盟の二〇年一月七日の大規模集会では大混乱が起こった[42]。ヒトラーはこのときの「議論」について短い寄稿をしているが、反ユダヤ主義の扇動への反響がいかに大きく、そのような政治集会がミュンヒェンの世論にいかに影響を及ぼしうるかが強く印象に残ったようである[43]。ヒトラーとドレクスラーが強く懸念したのは、混乱が起こるかもしれないことではなく、参加者が恥ずかしいほど少ないのではないかということだった。そのため、自分もヒトラーも知名度が低いことを認識していたドレクスラーは、党員ではないが、ミュンヒェンの民族至上主義的な人びとのあいだで名の通っていたヨハネス・ディングフェルダー博士に接触し、「われらが必要とするもの」というタイトルで基調講演を依頼した。宣伝物にはヒトラーの名は書かれてすらいない。集会で党綱領を公表するとも書かれていなかった[44]。

二五項目の党綱領は後に「不変」といわれるようになるが、実際にはほとんど無視されていたものである。集会前にこの党綱領を起草したのはドレクスラーとヒトラーだった。議論の開始は一九一九年一一月半ばに遡る。ドレクスラーが草案を起草したのがその一カ月後であり、二〇年二月九日に修正草案が出された後、最終版はホーフブロイハウスでの集会に間に合うように準備された[45]。

内容は多くの点でドイツ社会主義党の綱領と共通していた[46]。大ドイツ帝国、領土と植民地、ユダヤ人に対する差別と市民権の否認、「利子奴隷制」の打破、戦時利得の没収、土地改革、中産階級の保護、利得者の訴追、厳格な報道規制などの要求を見る限り、民族至上主義的な右翼の主張として目新しい点はほとんどない。全くないといってもよいかもしれない[47]。宗教的中立が含まれているのには、バイエルンの敬虔なキリスト教信者との関係悪化を避ける意味があった。「公共の利益は個人の利益に優先する」は陳腐の極みである。国家レベルでの「強い中央権力」、「中央議会」の「絶対的権威」を要求していることを見ても、権威主義的で非多元的な政府を意図していることは明らかだが、ヒトラーがこの段階で自ら独裁体制の頂点に立とうとしていたことを示唆するものはない。

欠落しているものにも注目しておきたい。マルクス主義とボリシェヴィズムは触れられていない。土地改革について短い言及があることを除けば、農業についても全く触れられていない。綱領が誰の手になるものかは完全には明らかになっていない[48]。各論については党幹部の提案の寄せ集めであろう。「利子奴隷制」批判は、明らかにフェーダーの得意のテーマから来ているものと思われる。利潤分配という論点を好んだのはドレクスラーだった。ドイツ社会主義党の冗長な綱領と比べると力強い調子で書かれているところはヒトラーの文体であろう[49]。後に本人も主張しているように、ヒトラーが協力したことは間違いない[50]。しかし、書いたのは主としてドレクスラーだろう。一九四〇年一月にヒトラーに宛てて書いた(しかし送付しなかった)私信のなかで本人もそう主張している。この書簡のなかでドレクスラーは、「ブルクハウゼナー通り六番地の労働者食堂での長い夜、私が書きとめておいた基本的なポイントに従って、アドルフ・ヒトラーは私と一緒に、余人を交えず、ナチズムの二五項目を作った」と書いている。(51)

集客が案じられていたにもかかわらず、一九二〇年二月二四日、司会のヒトラーが集会の開始を告げたとき、ホーフブロイハウスの大ホールには約二〇〇〇名の聴衆(五分の一は政治的に敵対する社会主義者だったと考えられる)がひしめいていた。(52)ディングフェルダーの講演は平凡だった。スタイルも語調もヒトラーとは違っていた。「ユダヤ人」という言葉も出てこなかった。ディングフェルダーはドイツの運命を、倫理と宗教が衰え、自己中心的で物質的な価値観が強まったことによるものだと論じ、回復のためには「秩序、労働、祖国を救うための忠実なる犠牲」が必要だとした。人びとは講演によく耳を傾け、中断もなかった。(53)

突如として雰囲気が活気づいたのはヒトラーが話しだしたときだった。その語調は辛辣なうえに攻撃的で、ディングフェルダーのように学術的ではなかった。使う言葉も聴衆の大部分が使うものと同じで、感情的で直接的で乱暴で下品だった。文章は短く、パンチが効いていた。

ヒトラーは、聴衆からの拍手喝采を確信して、中央党の有力政治家である財務相マティアス・エルツベルガー(一九一八年に停戦合意に署名し、同年夏には忌むべきヴェルサイユ条約の受諾を強く擁護した)や、ミュンヒェンの資本主義者イジドーア・バッハらに侮辱を浴びせかけた。ユダヤ人攻撃にも聴衆から歓呼の声があがり、戦時利得者を鋭く攻撃した際には「鞭打ちにしろ！　絞首刑にしろ！」という叫び声があがった。

ヒトラーが党綱領を読み上げると各所で拍手が起こったが、すでに落ち着きを失っていた左翼からの妨害も入った。集会に関する警察の報告には、「大騒ぎになり、あわや暴力沙汰かと思われることが何度もあった」と記されている。拍手喝采のなか、ヒトラーは党のスローガンを発表した。「ただ戦いあるのみ、がわれらがモットーだ。われわれは目標に向かって邁進する」。演説の最後に、小麦粉二〇〇万キログラムをユダヤ・ゲマインデに提供するという決定への反対意見を読み上げると、政敵からの野次で再び大騒ぎになり、テーブルや椅子のうえに立ち上がっての怒鳴り合いになった。

続く「討論」で短くコメントした四名のうち二人は反対意見を述べた。ところが最後の論者が、右からの独裁に対しては左からの独裁によって対抗することになると述べたせいで騒ぎはさらに大きくなり、集会の終わりを告げるヒトラーの言葉も聞こえない有様だった。約一〇

○名の独立社会民主党員と共産党員はホーフブロイハウスからどっと路上に出て、インターナショナルとレーテ共和国に喝采し、大戦の英雄ヒンデンブルクとルーデンドルフ、ドイツナショナリストにブーイングを浴びせかけた。[54] ヒトラーは後に「会場中が新たな確信、新たな信念、新たな意志の下にひとつになった」と書いたが、そのような集会ではなかった。[55]

ミュンヒェンの翌日の新聞を読み、この集会が躍動感に満ちた新政党と新しい政治的英雄の到来を告げる画期的出来事であったという印象をもった人はいなかっただろう。メディアの反応は、控えめにいっても落ち着いていた。新聞には短い記事が出たが、ディングフェルダーの講演に触れただけで、ヒトラーにはほとんど言及がなかった。[56] 当時はまだ党の統制下に入っていなかったが共感的だったフェルキッシャー・ベオバハター紙でさえ、驚くほど控えめな扱いにとどまり、四日後に内側のページに集会について扱ったコラムがひとつ載っただけだった。それもほとんどディングフェルダーの講演にしか触れず、ヒトラーの発言については、「ヒトラー氏（ドイツ労働者党）は政治情勢を的確に描き出して拍手喝采を受けたが出席していた多くの偏見ある政治的敵対者から反論を受け、また、氏が説明した党綱領は基本的にはドイツ社会主義党の党綱領に近いものだった」という一文でまとめられていた。[57]

最初のインパクトこそそれなりに留まったものの、政治的な打ち上げ花火ともいうべきヒトラーの集会の特徴はすでに明らかだった。ミュンヒェンの政治的混乱のなかにあっても、国民社会主義労働者党（ナチ党）（ＮＳＤＡＰ）を名乗るようになった運動の大規模集会はどこか違っていた。[58] 短期間のうちにヒトラーは党への注目を高めることに成功した。「人びとがわれわれを笑おうが罵ろうが違いはない。［…］道化と言おうが犯罪者と言おうが違いはない。人びとがわれわれに注目し、繰り返し関心を向けることが肝要なのだ」、とヒトラーは後に書いている。[59] ヒトラーにいわせれば、ブルジョア政党の集会は退屈で活気がなかった。もったいぶった高齢の紳士が学術講演のように原稿を読み上げ、演説を聞くとかえって力が失われていくかのようだった。しかしナチの集会はのどかなものではない、とヒトラーは誇らしげに書き残している。集会の企画方法、政治的敵対者への威嚇の重要性、妨害のテクニック、混乱の収拾については、ヒトラーは左翼の集会から学んだ。ナチ党の集会は、衝突を誘発し、それによって党への注目を高めることを目的としていた。ポスターは目の覚めるような赤で描かれ、左翼の参加を誘った。[60] 一九二〇年代半ば、最大の視覚的インパクトを与えるべく、赤地に白抜きの円を描き、そのなかに鉤十字を置くという党旗を考案したのはヒトラーだった。[61] 集会は開始時間のはるか前に満員になり、政治的敵対者が数多く来場し、大荒れしそうな雰囲気を漂わせるようになった[62]。混乱に対処するために二〇年半ばに組織された「会場警備隊」は二一年八月には「体操スポーツ部門」となり、最終的には「突撃隊（SA）」となった[63]。

ナチ党に大衆を動員できるのはヒトラーだけだった。その限りにおいては、『わが闘争』でのヒトラーの自己中心的な説明は完全に正しい。ヒトラーがホーフブロイケラーで党の弁士として初めて「演壇に立った」のは一九一九年一〇月一六日である。同年九月一二日のドイツ労働者党の集会で激して議論に割って入ってから一カ月後のことだった[64]。その成功をヒトラーは長く記憶していた。『わが闘争』のなかでは、レヒフェルト・キャンプでの「自己発見」のときとほとんど同じ言い回しが使われている。「知っていたわけではないにせよ、そうではないかと常々思っていたことが、今や実証された。私は弁がたったのだ！」[65]。この言い回しは完全な紋切り型の繰り返しだが、出席を強いられたわけではない聴衆の前で初めて話をしたヒトラーが、自分の語り口は聴衆を感激させるのだということを確認し、自信をもったことには疑いの余地がない。

個人的につきあおうとすると、ヒトラーは自己中心的で不愉快極まりなかった。当時のある知人は、軍の回し者であるヒトラーの活動を軽蔑しながらも、ドイツの芸術家の将来の使命についてヒトラーが演説をぶつのを我慢して聞いていたがついに耐えきれず、「奴らがきみの脳みそに糞を垂れて、流し忘れたんじゃないか、え？」と言った。ヒトラーは声もなかったという[66]。しかし、ビアホールの聴衆を前にすると、ヒトラーの語りは目が覚めるようだった。

ニュルンベルクの独房で絞首刑の執行を待つあいだ、元ポーランド総督フランクは、一九二〇年一月、まだ一九歳の頃（民族至上主義運動にはすでに関わっていた）、初めてヒトラーの話を聞いた瞬間を思い返していた。大会場は超満員だった。中産階級の市民が労働者、兵士、学生と肩を並べていた。老若問わず、国の現状は人びとに重く圧し掛かっていた。ドイツの窮状をめぐって世論は二分されていたが、関心をもたない者はまずいなかった。政治集会はほぼいつも満員だった。しかし、激烈な反マルクス主義でナショナリスティックな若き理想家フランクにとって、弁士はたいていは期待外れで得るものはほとんどなかった。しかしヒトラーは全く違った。ヒトラーはフランクを燃え上がらせた。

その後四半世紀のあいだ、フランクの運命を縛ることになるその人物は、みすぼらしい青いスーツを着て、ネクタイは緩んでいた。彼は熱のこもった、しかし甲高くはない調子で明快に話し、青い目は輝き、時折、右手で髪をかきやった。フランクがまず感じたのは、ヒトラーがいかに真剣で、単なる修辞ではない言葉を心の底から発しているかということだった。「当時、彼ほど人気のある弁士は出ていなかった。私には傑出した人物に思えた」とフランクは書く。

私は即座に強い感銘を受けた。集会で耳にする他のものとは全く違っていた。彼の方法は、実に明快で単純だった。彼は、押しつけられたヴェルサイユ条約のような今日の最重要トピックを取り上げ、最重要の問いを立てた。ドイツ人は今どうなっているのか、本当はどういう状況なのか、今何をすべきか、などである。拍手喝采の熱狂に時に遮られながら、彼は二時間半以上にわたって話した。もっと長く、もっとずっと長くその話を聞いていることもできただろう。全てが心の底から発し、われら全ての心に訴えた。［…］彼は、そこに居合わせた全ての者が思っていることを言葉にし、一般的な経験を明晰な洞察に結びつけ、苦しむ人びとが共通して抱く願いを行動計画として描き出した。話の内容自体は独創的とはいえなかった。［…］しかし、彼はまさに、人びとの代弁者たる使命を受けた人間だった。［…］ドイツが直面する恐怖、困難、絶望も［…］隠そうとはしなかった。しかしそれだけではない。彼は、世界史上の衰退した民族に唯一残された道を示した。勇気、信念、行動する覚悟、厳しい労働、偉大な輝ける共通の目的のための献身によって深淵から這い上がり、厳しくも新しい出発にいたる道である。［…］彼は、全能の神の庇護の下に、ドイツの兵士と労働者の名誉の救済に自らの一生を捧げると厳粛に宣言した。［…］演説が終わったとき、喝采はやむことを知らなかった。［…］党員ではなかったが、この夜から、ドイツの運命を手中に収める者がいるとすれば、それはヒトラーを措いて他にないと私は確信した。[67]

この所感は感情的に書かれてはいるが、聴衆と同じ言葉で語り、情熱と（今日のわれわれには奇異に響くが）誠実そうな理想主義によって感激させるという天賦の才がヒトラーにあったこと、同じような主張をする他の弁士と比べて抜きんでていたことを証明している。『わが闘争』にもあるように、一九一九年一一月にエーベルブロイケラーで初めて主たる弁士として登壇し、最も好んだテーマのひとつ「ブレスト・リトフスクとヴェルサイユ？」について話してから、二〇年二月のホーフブロイハウスの大集会にいたるまでの間、聴衆の数は増えつづけた。これを皮きりに、党のスター弁士としてヒトラーの評判はうなぎのぼりに上がっていった。二〇年末までにヒトラーは三〇以上の大集会でたいていは八〇〇〜二五〇〇人ほどの聴衆を相手に演説し、小規模な党内集会でも何度も話した。[68] 二一年二月初旬の集会はそれまでで最大規模だった。市中心部から西のマルスフェルトに近いところにあり、ミュンヒェン最大の収容力を誇るクローネサーカスに六〇〇〇人を超える人びとが集まったのである。[69] 右派的な傾向の強いミュンヒェンでは、うまく宣伝し、うまく集会を運営すれば申し分ない人数を集めることができたため、二一年半ばまではヒトラーは主としてミュンヒェンで話した。しかし、一〇月初旬のニ週間のオーストリア滞在中に行った演説を除いても、ヒトラーは二〇年にはミュンヒェン以外でも一〇回の演説を行った。そのうちの一回は、ミュンヒェンの外で初めて党支部が結成されたばかりのローゼンハイムでの演説だった。二〇年一月に一九〇名だった党員数が同年末までに二〇〇〇名、二一年八月には三三〇〇名にまで躍進したのは、ヒトラーの知名度に負うところが大きい。[70] ヒトラーは欠くことのできない人物へと急速にのし上がっていった。

4

ヒトラーは大まかなメモを見ながら話をした。見出しを書きだし、キーワードには下線が引いてあった。[71] 演説はたいてい二時間ほどだったが、それ以上かかることもあった。[72] ホーフブロイハウスの大ホールでは、大衆の真ん中に陣取るため、ホールの長い方の壁面にあるビアテーブルを演壇にした。このホール特有の雰囲気を生み出すための新しい手法だった。[73] 演説のテーマはあまり変わり映えしなかった。栄光ある過去のドイツの強さに対して、今日、売国奴と臆病者の手に落ち、強大な敵国に売り渡されて病み衰えたドイツの弱さと国辱を対置し、敗北に終わった大戦においてこれらの敵とその背後にいるユダヤ人が招来した破滅について語り、犯罪者とユダヤ人が裏切りと革命を引き起こしたと述べ、[74] ドイツの隷属を狙う「屈辱の講和」であるヴェルサイユ条約にみられるようなドイツを粉砕せんとする英仏の企みについて説き、不法に暴利を貪るユダヤ人から普通のドイツ人が搾取されていると論じ、経済的困窮・社会的分裂・政治対立・倫理崩壊を生み出す腐敗した不正な政府と政党制度を糾弾し、党綱領こそが再建のための唯一の道を示していると位置づけ、国内の敵に対して断固たる対決姿勢を示し、一体的な国民意識を強化することで強さ、ひいては偉大さの復活を期す、といった内容だった。[75] バイエルンの伝統的なプロイセン嫌いとミュンヒェンでのレーテ共和国の経験を結びつけ、ベルリンの「マルクス主義」政府を繰り返し攻撃すれば、ミュンヒェンではまだ少数派にとどまっていた、ナチ党集会に集まる聴衆からは確実に熱狂的な反応が返った。

ヒトラーは、怒り、恨み、憎しみなど、負の感情に訴えかけることを常としたが、災厄からの救済策として提示されるもののなかには「正」の要素も含まれていた。国民の一体化を通じた自由の回復、「頭脳労働者と肉体労働者の協働」の必要性[76]、「国民共同体」の社会的調和、搾取者の打倒と「普通の人びと」の保護などの訴えは、陳腐であるにもかかわらずいつも拍手喝采を受けたことからすると、聴衆にとって抗いがたい魅力があったのだろう[77]。これ以外に道はない、ドイツの再生は達成できる、しかしその実現は普通のドイツ人の戦いと犠牲と意志の力にかかっているのだ、というのがヒトラーのメッセージだった。このメッセージを、ヒトラーはその激情と熱情をもって、すでにそう考えている人びとに向かってうまく伝えた[78]。それは、通常の政治集会というよりは宗教的な信仰復興論者の集会に近い効果を生んだ[79]。

　ヒトラーは、ナショナリストや民族至上主義《フエルキッシュ》の弁士としては定番の題目を話していただけである。まさに全ドイツ主義が延々と唱えつづけてきたことそのものだった。ヒトラーはいつも共和国の日々の困難な政治情勢から恰好の標的を見つけ出してきたが、中心テーマはうんざりするほどいつも同じことの繰り返しだった。

　ただし、ヒトラーが不変だと主張するイデオロギーに当然含まれているに違いないとだれもが考えるテーマのいくつかは、この段階では実は全く触れられることがなかった。たとえば、東欧に「生空間《レーベンスラウム》」を求める必要性に触れたことは全くない[80]。この時期の外交上の標的はイギリスとフランスだった。一九二〇年八月のヒトラーの演説メモには「東欧との連帯」とさえある[81]。独裁を叫ぶこともなかった。二〇年四月二七日の演説で、ドイツが再起するには「天才的な独裁者」が必要だ、と述べたときにわずかに出てきただけである[82]。自分がそれだ、という含みはなかった[83]。ヒトラーがマルクス主義を公衆の面前で徹底的に攻撃したのは二〇年七月二一日のローゼンハイムでの演説が初めてだったというのにも驚かされる（もっとも、ヒトラーはそれ以前にもロシアにおけるボリシェヴィズムの破滅的影響には何度も言及しており、それをユダヤ人のせいだと論じていた[84]）。

　また、ヒトラーは、ヒューストン・ステュアート・チェンバレン、アドルフ・ヴァールムント、人種理論を世に膾炙させたテオドア・フリッチュ（ユダヤ人は女性を性的に虐待していると強調した）のようなよく知られた反ユダヤ主義の論考に大幅に依拠していたが、注目すべきことに、その人種理論も一九二〇年の演説では一度きりしか明確に取り上げられていない[85]。

　ただしこれは、ヒトラーがユダヤ人への攻撃を手控えたということではない。ユダヤ人に関する激しい強迫観念は、一九一九年以前にはみられなかったが、その後は消えることがなかった。この時期のほぼすべての演説はユダヤ人への攻撃を基調としており、他の問題はすべてその下に位置づけられていた。ドイツを脅かすすべての害悪の背後にはユダヤ人の存在があるとされ[86]、演説という演説で、ヒトラーは想像しうるかぎり最も物騒で粗野な言葉を用いてユダヤ人を攻撃した。

真の社会主義者は反ユダヤ主義者である、とヒトラーは言ったことがある[87]。ユダヤ人という悪を滅ぼすために、ドイツ人は悪魔と契約する覚悟をもつべきである、とも言った[88]。しかし、先年の秋にゲムリヒに宛てた書簡にもあったように、ヒトラーは感情的な反ユダヤ主義が正しいとは考えていなかった[89]。ヒトラーは、「ユダヤ人がわが国民を弱体化させる[90]」のを防ぐため、強制収容所への収容、不正な利潤追求をする者については絞首刑を求めたが[91]、最終的には唯一の解決策として「わが国民からのユダヤ人の除去[92]」を要求した。ゲムリヒ宛の書簡と同じである。これはユダヤ人をドイツから追放せよという意味であり、そのように理解されたことは間違いない。とくに東方ユダヤ人については明示的に「追放」を要求した[93]。

とはいえ、大戦前の反ユダヤ主義者の一部と同じく、生物学的な比喩を用いた言葉そのものは極端で、大量虐殺を暗示するかのようだった[94]。「寄生虫や病原菌とのあいだに話し合いの余地はない。寄生虫と病原菌を育てることなどない。迅速に、しかも完全に根絶させるだけだ」、というのはヒトラーの言葉ではない。オリエント学の権威でセム語の専門家ポール・ド・ラガルドが、ユダヤ人をいかに扱うべきかについて一八八七年に書いたことである[95]。三〇年後には、ユダヤ人に対する雰囲気ははるかに恐ろしいものになっていた。「人種的伝染病の病原体を国民から取り除かずして［…］人種的伝染病と戦えるとは考えない方がよい」、「病原体たるユダヤ人がわれらの内から取り除かれることがない限り、ユダヤ人の影響力が途絶えることはなく、国民は毒に汚染されつづけるだろう」というのが、一九二〇年八月にヒトラーが述べた言葉である[96]。

聴衆は喜んだ。ほかの何を言うよりも、ユダヤ人に対する攻撃は拍手喝采の嵐を巻き起こした[97]。ゆっくり始め、標的の名を挙げてさんざんあてこすり、個人攻撃を加え、次第にクライマックスに向けて盛り上げていくというヒトラーの手法は聴衆を熱狂させた[98]。一九二〇年八月一三日のホーフブロイハウスの大ホールでの「なぜわれわれは反ユダヤ主義をとるのか」と題したヒトラーの演説は、同年に行われた演説のうち、ユダヤ人問題を表題に掲げた唯一の演説だった。おそらくこの問題に対する基本姿勢を明らかにしようとしたのだと思われるが、かつてないほどに興奮した二〇〇〇人の聴衆の歓声によって、演説は二時間のうちに五八回にわたって中断した[99]。数週間後にヒトラーが行った別の演説の報告から判断して、聴衆は主としてホワイトカラーの労働者、下層中産階級、比較的裕福な労働者だったと考えられる。女性は約四分の一だった[100]。

初期には、ヒトラーの反ユダヤ主義的な演説では、いつも反資本主義の議論が展開されていた。そこでは、「ユダヤ人」の戦時利得者を攻撃し、ドイツ国民を搾取した、ドイツが大戦に敗北し、ドイツ人の犠牲者が出た原因だ、などと批判するのが常だった。『わが闘争』のなかには、「国民を腐敗させるヘブライ人一万二〇〇〇から一万五〇〇〇人に毒ガスを浴びせておけば」、前線で失われた一〇〇万のドイツ人の命が救われたであろう、という身の毛のよだつようなくだりがある[101]。なお、「産業資本」を本質的に健全なものととらえ、「ユダヤ人金融資本」が現実に及ぼす害とは区別して論じるところにはフェーダーの影響がうかがわれる[102]。

この段階では、反ユダヤ主義がマルクス主義、ボリシェヴィズムと関連づけて論じられることはなかった。時にそう主張されることがあるが、ヒトラーの反ユダヤ主義は反ボリシェヴィズムから生じたものではない。反ユダヤ主義は反ボリシェヴィズムよりもはるかに早くからみられる[103]。一九一九年九月のゲムリヒ宛の書簡には、「ユダヤ人問題」は金融資本の強欲の問題だとは書かれているが、ボリシェヴィズムへの言及はない[104]。ヒトラーは二〇年四月と六月に、ロシアはユダヤ人によって破壊されつつあるとは述べたが、マルクス主義、ボリシェヴィズム、ロシアのソヴィエト体制をユダヤ人支配の残虐性と結びつけ、ドイツでは社会民主党がユダヤ人支配の地ならしをしていると批判したのは七月二一日のローゼンハイムでの演説が初めてである[105]。ヒトラーは二〇年八月、ロシアの実情についてはほとんど知らないとも認めた[106]。

しかし同年後半には、ヒトラーはボリシェヴィキのロシアに注意を向けるようになった[107]。バルト海沿岸部出身で、ロシア革命を直接に体験したアルフレート・ローゼンベルクの影響をとくに受けたのだろうが[108]、ドイツメディアが取り上げるロシア内戦の恐ろしいイメージも取り込んだのだろう[109]。ユダヤ人の世界支配に関する偽造文書であり、当時、反ユダヤ主義の人びとのあいだで広く読まれた「シオン賢者の議定書」が流布したことも、ヒトラーがロシアに注目する原因を作ったと考えられる[110]。こうしたイメージが、ヒトラーの「世界観」のなかで反ユダヤ主義と反マルクス主義が融合する触媒となったように見受けられる。いったん構築された後には、これがヒトラーの世界観から消え去ることはなかった。

5

ヒトラーは演説によってミュンヒェンの政界で名を知

られるようになった。しかし、そうはいっても一地方に限られた話にすぎず、ヒトラーがいかに騒ぎ立てようとも、既存の社会主義政党やカトリック政党と比べればナチ党は弱小だった。ヒトラーは「陰で糸をひく」有力な既得権益の道具にすぎなかったと見るのはたしかに行き過ぎだろうが、影響力のある支持者や、そうした人びとがもつ人脈がなければ、いかにヒトラーに大衆扇動家としての才があろうとも、たいした成功を収めることはできなかっただろう。

ヒトラーは弁士として身を立てたいと考えてはいたが、一九二〇年三月三一日までは依然として軍から給与を受けていた。最初の後援者であったマイヤー大尉はヒトラーに関心をもちつづけ、(マイヤーの後の説明に信憑性があるとすればだが)大衆集会のためにいくらかの資金を融通してもいた。[111]当時、ヒトラーは党と軍の双方で仕事をしていた。二〇年一月および二月には、マイヤーは、ミュンヒェンの著名な歴史家カール・アレクサンダー・フォン・ミュラー、パウル・ヨアヒムセンと並んで、「ヒトラー氏」に「ヴェルサイユ」ならびに「政党とその重要性」について「市民教育コース」の国軍兵士を前に講演させた。[112]三月には、カップ一揆のさなか、短命に終わった武力クーデターが政権の転覆を謀り、政府が首都からの脱出を余儀なくされた際、マイヤーはヴォルフガング・カップにバイエルンの状況を知らせるべく、ヒトラーをディートリヒ・エッカートとともにベルリンに送った。二人の到着は遅すぎた。国家転覆を企てる右翼の初めての試みはすでに挫折してしまっていた。しかし、マイヤーは思いとどまることなくカップと連絡を取りつづけ、ヒトラーへの関心も失わなかった。マイヤーはナチ党を自分が作ったかのように思っていたようで、ナチ党が「国民的な急進主義の組織」となり、いずれ首尾よく一揆を成し遂げる際の前衛部隊になるかもしれないという望みを自分はまだもっている、と六カ月後にカップに伝えている。[113]以下は、スウェーデン亡命中のカップにマイヤーが書き送ったものである。

ドイツ労働者党はわれわれが待ち望む高い攻撃力の基盤となるに違いない。綱領はまだ少々出来が悪く、完全とはいえないかもしれない。われわれはそれを補わなければならないだろう。唯一確実なのは、この旗印の下にすでに多数の支持者を集めたことだ。昨年七月以来、私は運動が盛り上がるよう注意を払ってきた。[…]私は力量のある若手を世に送り出した。たとえばヒトラー君は、第一級の人気弁士として原動力のひとつになった。ミュンヒェン支部の会員は一九一九年夏には一〇〇名以下だったが、二〇〇〇名を超えた。[114]

一九二〇年初頭、マイヤーはエルンスト・レーム大尉が設立した急進的ナショナリスト将校のクラブ「鉄拳」の会合に、まだ軍籍にあったヒトラーを連れて行った。おそらく前年秋にマイヤーはヒトラーをレームに紹介していたものと思われる。[115] 労働者層にナショナリストの理念を広げるべく様々なナショナリスト政党に関心を抱いていたレームは、ヒトラーが初めて演説した一九年一〇月一六日のドイツ労働者党の集会に参加し、その後すぐに入党していた。こうしてヒトラーはレームと緊密に連絡をとるようになり、マイヤーに代わってレームがヒトラーと軍をつなぐ重要人物となった。レームはバイエルンの志願兵と「住民軍」の武装を担当しており、準軍事政策の重要人物として軍、「愛国協会」、さらには民族《フェ》至上主義《ルキッシュ》の右翼全体に太いパイプをもっていた。実際のところ、当時はレームも同僚の右翼将校も、ちっぽけなナチ党ではなく、二五万人を超える規模の住民軍の方にはるかに関心を寄せていた。そうではあるにせよ、レームはナチ党とははるかに大きな「愛国協会」をつなぐ重要な窓口となり、常に資金不足にあえぐナチ党の重要な金蔓となった。[116] レームのもつ人脈は計り知れないほど貴重であり、二一年以降、ナチ党に対するレームの関心が高まるにつれてますますそうなっていった。

この時期の重要な後援者としては、民族至上主義の詩人でありジャーナリストのディートリヒ・エッカートも挙げられる。[117] ヒトラーよりも二〇歳以上年長のエッカートは、ペール・ギュントのドイツ語翻案で知られるようになったが、大戦前には詩人としても批評家としてもそれほど成功していたわけではなかった。恐らくそのせいでエッカートは強い反ユダヤ主義をもつようになったのだろう。エッカートは、反ユダヤ主義の週刊紙『よきドイツ語で』を出版し、一九一八年一二月から活発な政治活動に入った。この週刊紙には、フェーダーや、バルト海沿岸部からの若き亡命者ローゼンベルクも寄稿していた。エッカートは、ヒトラーの入党以前、一九年夏にドイツ労働者党の集会で講演し、[118] ヒトラーが入党すると目をかけるようになった。民族至上主義的な人びとのあいだで名の通ったエッカートのような人物に注目され、ヒトラーは喜んだ。両者の関係も最初の頃はよく、かなり親しくしていた。しかし例によって、ヒトラーにとって重要なのはエッカートが役に立つかどうかだった。ヒトラーのうぬぼれが強まるにつれてエッカートの重要性は失われ、二三年にエッカートが死去したときには二人は疎遠になっていた。[119]

しかし当初は、ヒトラーとナチ党にとってエッカートは間違いなく重要人物だった。富裕層にコネのあるエッカートは、ビアホールの扇動家にすぎないヒトラーがミュンヒェン「社交界」に出入りできるように取り計らい、ミュンヒェン市民層の富裕な有力者のサロンへの扉を開いた。そして自らもその人脈からも資金を提供し、資金不足にあえぐ弱小政党に重大な支援を行ったのである。党員からの会費収入では支出をおよそまかないきれなかったため、党は外部からの支援に依存していた。その一部は、出版業を営むレーマンを含めて、ミュンヒェンの工場主や企業主から来るものだった。軍もいくらかの援助を続けていた。一九二〇年六月、忌むべきヴェルサイユ条約（これをきわめて過酷で国辱的と見ていたのは右翼だけではなかった）を攻撃する内容の小冊子三〇〇〇部をレーマンが党のために印刷した際、その費用をもったのはマイヤーの諜報部だった。[120]しかし、エッカートの役割は決定的だった。たとえば、カップ一揆の際にヒトラーとともにベルリンに飛ぶための旅費について、アウクスブルクの化学者で工場主でもあり、『よきドイツ語で』も支援していた友人ゴットフリート・グランデル博士から援助を受ける話を取りまとめたのはエッカートだった。後にグランデルは、二〇年一二月にフェルキッシャー・ベオバハター紙を買収し、党の機関紙とするにあたって資金の保証人にもなった。[121]

宣伝を強化するため、夏以来、党指導部は倒産間近のベオバハター紙の買収を考えていたが、一九二〇年一二月半ばに競合する入札者が現れた。ここで動いたのがヒトラーだった。一二月一七日深夜二時、ヒトラーはヘルマン・エッサー、副党首オスカー・ケルナーとともにドレクスラーのアパートに動揺して現われ、ベオバハター紙が「危ない」、バイエルンのスパルタクス団の手に落ちようとしている、と告げた。ドレクスラーの母親を起こしてコーヒーを入れさせると、キッチンのテーブルを囲んでの話し合いで、ドレクスラーが翌朝一番にエッカートに電話し、新聞買収のための資金援助について財力のある知人を説得してほしいと依頼することに決まった。その間に、ヒトラーはアウクスブルクのグランデル博士を訪ねることになった。六時間後、ドレクスラーはエッカートをたたき起こした。エッカートは朝早くに起こされて不機嫌だったが、すぐに連れだってフォン・エップ将軍に会いに行った。エッカートはベオバハター紙を買収することの重要性を説き、フォン・エップ将軍が軍から資金を調達すると、自宅と私財を担保にその保証人になった。そのほかに三万マルクが用意され、さらに、週三五マルクの収入しかないにもかかわらず残りの一一万三〇〇〇マルクの債権はドレクスラーが引き受け、その日の午後、フェルキッシャー・ベオバハター紙の法的所有者となったのだった。[122]エッカート、軍、ドレクスラーのおかげで、ヒトラーは自前の新聞を手に入れることになった。ヒトラーはエッカートに過剰なほどに礼を言った。[123]

6

一九二一年のミュンヒェンでは、ナチ党とはヒトラーその人のことだと認識されていた。ヒトラーがナチ党の声であり、党を代表する顔だった。党首の名を聞かれれば、政治通の市民でも答えを間違えたかもしれない。しかし、ヒトラーは党首職には興味がなかった。ドレクスラーはヒトラーに党首にならないかと何度も勧めた。しかし、ヒトラーは断った(124)。二一年春、ドレクスラーはフェーダーに、「革命運動には独裁的指導者が必要だ。自分が風下に立ちたいと願うわけではないが、われわれの運動の場合にはヒトラーが最も適任だ」と書き送った(125)。しかしヒトラーにとって、党首になるということは組織に責任をもつということだった。ヒトラーは、権力掌握の過程でもドイツ国家の頂点に立ってからも組織運営の才には恵まれていなかったため、それを他人に委ねることに異存はなかった。

プロパガンダ（大衆動員）こそがヒトラーの得意とするところであり、やりたいことでもあった。それにだけは責任をもつことも厭わなかった。ヒトラーにとって、プロパガンダとは政治活動の至高の形態だった。ヒトラーはまずは、社会民主党と反ユダヤ主義のドイツ民族《フェ》至上主義《ルキッシュ》攻守同盟から学んだ。聞きかじっただけであろうが、ギュスターヴ・ル・ボンの群集心理に関する論考からも学んだようだ(126)。しかし、誂え向きの政治風土と危機的雰囲気があり、人びとが理路整然とした議論よりも政治的信念に価値を置く傾向にある場合に、言葉による語りがどれほどの力をもつかについて、ヒトラーは何よりも自らの経験から学んだ。

ヒトラーの認識では、プロパガンダは大衆に国民的な心情を惹起する鍵であり、プロパガンダなくして国民の救済はありえなかった。プロパガンダと世界観は分離不能であり、相互に強めあうものだった。動員につながらない理念など無用だった。演説が熱狂的に受け入れられたことでヒトラーは自信を深め、ドイツの苦悩に関する自らの分析は正しく、自らの提唱する道こそが国民の救済につながる唯一の正しい道だと確信した。自説に対するヒトラーの確信は翻ってヒトラーのそば近くにいる取り巻きやビアホールで演説を聞く聴衆にも伝わった。国民の大義のための「太鼓たたき」であることはヒトラーの崇高なる使命だった。だからこそヒトラーは一九二一年半ばまで、党首になれば関わらざるをえない組織運営で身動きがとれなくなることを避け、この「太鼓たたき」の役目を果たすために自由の身であろうとしたのである(127)。

一九二一年一月末のパリ講和会議で総額二二六〇億金マルクという過酷な賠償が課されると、ドイツ全土は激しい怒りに満ちた。扇動は衰える気配もなかった(128)。二月三日にナチ党がそれまでで最大の集会をクローネサーカスで開催したのはこの問題のためだった。ヒトラーは、前日に予告しただけで、いつものような事前宣伝なしで集会を強行した。急遽、巨大なホールを予約し、大型トラックを二台借りて街中を回ってチラシをまいた。[129]これも「マルクス主義者」の真似だったが、ナチがこの方法をとるのは初めてだった。ホールの半分は空席になり、プロパガンダの大失敗が露呈するのではないかと最後の最後まで気をもんだが、「未来か没落か」と題するヒトラーの演説を聞きに六〇〇〇人以上が集まり、ヒトラーは連合国への賠償によってドイツが強いられる「隷属」を糾弾し、それを受け入れる政府の弱腰を酷評した。[130]三日後、「反ユダヤ主義の著名な指導者ヒトラー」は、二万人の会員を誇る「愛国協会」がオデオン広場で行った大衆集会でも第三番目の弁士として登場した。ただし、「党派的」すぎてインパクトを残せず、これは成功とはいいがたかった。[131]

ヒトラーは、クローネサーカスで成功を収めた後、ミュンヒェンでナチ党のプロパガンダ活動をさらに進めた、と書いている。[132]たしかに、すさまじい情宣活動だった。ヒトラーは、「討論」への参加、同年後半に新設された突撃隊での七回の講演を除いても、ミュンヒェンの大集会で二八回、他市（ほぼすべてがバイエルン内）で一二回の演説を行った。一九二一年一月から六月にかけて、ヒトラーはフェルキッシャー・ベオバハター紙に三九の記事を書き、九月以降には党内の情報紙に多くの論稿を寄せた。[133]これだけのことができたのも、ヒトラーにはプロパガンダに集中できる時間があったためである。党指導部の他のメンバーとは異なり、ヒトラーには仕事も趣味もなかった。

生活のすべてが、事実上、政治に捧げられていた。演説やその準備がないときは、ヒトラーはものを読んで過ごした。例によって多くは新聞であり、ヒトラーはそこからヴァイマル共和国の政治家を糾弾するための弾薬を仕入れるのを常としていた。ヒトラーは、イザール河畔のティアシュ通り四一番地にある粗末でたいして家具もない自分の部屋の書棚に、多くは廉価版だが、歴史、地理、ドイツ神話、そして（クラウゼヴィッツを含めて）戦争に関する本を置いていた。[134]しかし、ヒトラーが実際に何を読んでいたかを知ることはできない。ヒトラーは長期間、体系的に読書するような生活を送ってこなかった。しかし「英雄」視していたフリードリヒ大王についての書物を読み込み、民族至上主義の陣営でのライヴァルであったオットー・ディッケルがシュペングラーの悲観論の逆をいく神話的な論考『西洋の復活』を三二〇ページにおよぶ長大な著作として一九二一年に出版するやいなや、それを批判すべく頭にたたき込んだ、と主張している。[135]

それ以外の時間は、ウィーン時代同様、ミュンヒェンのカフェでゆったりと過ごした。ヒトラーのお抱え写真家ホフマンによれば、とくに気に入っていたのはギャラリエン通りのカフェ・ヘックだった。ミュンヒェンの良識ある中産階級がよく出入りしていたこのカフェの細長い部屋の静かな一角で、ヒトラーは予約テーブルに壁を背にして陣取り、自分がナチ党に引き入れたできたばかりの取り巻きに囲まれた(136)。ヒトラーが親しくしていたのは、若い学生ルドルフ・ヘス、バルト海沿岸部出身のドイツ人アルフレート・ローゼンベルク（一九一九年以降、エッカートの週刊紙の仕事をしていた）、マックス・エルヴィン・フォン・ショイブナー＝リヒター(137)（ロシアからの富裕な亡命者に顔がきく技術者）らだった。後にヒトラーの対外報道責任者となる学のある人物でアメリカ系のプッツィ・ハンフシュテングルと二二年末に知り合った頃には、ヒトラーは、ヴィクトゥアーリエンマルクトの角の古風なカフェ・ノイマイアーに毎週月曜日の夜にテーブルを予約していた(138)。

ヒトラーの常連の取り巻きになっていたのは主として下層中産階級の人びとだったが、芳しくない連中も混ざっていた。元は馬を扱う家畜商で、ヒトラー同様、犬用の鞭を常時携帯し、共産党員との乱闘を楽しんでいたクリスティアン・ヴェーバーはそのひとりである。マイヤーの下でかつて広報担当者を勤めたヘルマン・エッサーは扇動の才に恵まれ、低俗メディアのジャーナリストを天職とする人物だった。乱暴者といえば、かつてヒトラーの上にいた軍曹で、ナチ帝国の出版局を牛耳ることになるマックス・アマンもたいていは来ており、ヒトラーの個人的なボディガードを務めるウルリヒ・グラーフもいた。また、党の「思想家」フェーダーやエッカートもよく顔を見せた。

テーブルと長椅子が並ぶ縦長の部屋にはよく年配の男女がいたが、ヒトラーの取り巻きは、持ち込んだ軽食を食べたり、ビールやコーヒーを飲んだりしながら、政治について議論したり、芸術と建築に関するヒトラーの長広舌に耳を傾けたりした(139)。夜の集まりが終わると、ヴェーバー、アマン、グラーフ、エアハルト海兵旅団に参加した軍人でカップ一揆にも加わったクリンチュ少尉らがボディガードのようにして、丈の長い黒のコートを着てトリルビー帽をかぶり、まるで「陰謀を企む者のよう な」風体のヒトラーをティアシュ通りの部屋まで送り届けた(140)。

ヒトラーが主流派の政治家から注目されることはほとんどなかった。バイエルンの上流階級は多分にヒトラーを軽蔑していたため、当然ともいえよう。しかし、ヒトラーを無視することもできなかった。当時のバイエルン州首相だった古風な帝政擁護派グスタフ・リッター・フォン・カールは、カップ一揆後、一九二〇年三月一六日に就任し、バイエルンを真の国民的価値を体現する「秩序細胞」とすることを目指していたが、ヒトラーのことは扇動者としか考えていなかった。これは当時からすればおかしな評価ではない。しかしカールは、共和国首相ヴィルトが進める〔ヴェルサイユ条約の〕「履行政策」に対してバイエルンの「国民的勢力」を結集するうえでヒトラーには利用価値があると考えており、この「衝動的なオーストリア人」を御しきる自信もあった[141]。二一年五月一四日、カールはヒトラーを団長とするナチ党の代表団を招いて政治情勢について議論した。新しいヴァイマル民主制の打倒という目標を共有し、失敗に終わる二三年一一月の一揆で一瞬とはいえ結びつくことになるこの両者が顔を合わせるのはこれが初めてだった。波乱に富んだ両者の関係は、三四年六月末の「長いナイフの夜」のカール殺害によって終わりを迎えることになる。カールがヒトラーを見下しつつも二一年五月に招待したことにより、ヒトラーはバイエルン政界の一員として認められることになった。ヒトラーとその運動は、これをもって真剣に受けとめるべきものとみなされるようになっていく。

このときの代表団には、当時まだミュンヒェン大学の学生として地政学の教授カール・ハウスホーファーの下で学んでいたルドルフ・ヘスも加わっていた。内向的な理想主義者で、このときにすでにしてヒトラーに心酔していたヘスは、三日後、当人に頼まれたわけでもないのに若き日のヒトラーについて書き綴り、その政治目標、理想、手法を賛美する長文の書簡をカールに送りつけた。ヒトラーは、「非常に礼儀正しく誠実な人物で、思いやりにあふれた敬虔なカトリック」であり、ただ「祖国の幸福」を望んでいる、とヘスは書いている。この目的のためにヒトラーが払ってきた犠牲への賛辞に加えて、ヒトラーが運動からは金を受け取ろうとせず、時折、他所で行う講演の講演料だけで暮らしを立てている、とも述べられていた[142]。

これは、前年九月にフェルキッシャー・ベオバハター紙にヒトラーが書いた表向きの説明のとおりだが、この説明はおよそ正直とはいえない。ヒトラーがナチ党以外のナショナリストの集会で演説をしたのはわずか一〇回程度である[143]。その講演料だけで暮らしを立てていけたはずがない。ヒトラーの収入と生活スタイルに関する噂に左翼はいたく関心を寄せていた。民族至上主義の右翼のあいだでも、ヒトラーがミュンヒェンで大きな車を運転させていたというような噂がたっていた。「ミュンヒェンの帝王」が、煙草を吸うような客商売の女性も含めてどれほど女遊びをし、金のかかる生活を送っているのかについては、党内の敵対勢力からもその怪しげな懐事情をいぶかしむ声があがっていた[144]。金銭にまつわる問題にヒトラーはひどく神経質に反応した。一九二一年一二月、社会主義系のミュンヒェナー・ポスト紙に対する名誉棄損訴訟の際には、ミュンヒェンでの六五回の講演にあたり党から講演料は受け取らなかったとヒトラーは法廷で繰り返した[145]。しかし、党員から「控えめながら支援を受けて」おり、「時には」食事を出してもらうこともある、とは認めた[146]。

ヒトラーの世話を焼いたひとりが、初代「ヒトラーの母」カローラ・ホフマンである。彼女は、校長だった夫を亡くした年配の未亡人で、ヒトラーにたびたびケーキを焼いてやり、ミュンヒェン近郊のゾルンにあった自宅は、一時期、非公式の党本部のようになっていた[147]。その少し後には、ナチ党ローゼンハイム支部の創設者だった国鉄職員テオドア・ラウベック夫妻がミュンヒェンに転居してきて、ヒトラーの健康に気を配ったり、党の重要な客人に宿を提供したりしていた[148]。

実際のところ、この時期にも裕福な党支持者がいなかったわけではない。しかし、それを微塵も感じさせないほどにティアシュ通りのヒトラーの部屋は粗末で、身なりもみすぼらしかった。一九二二年から二三年にかけて党が躍進し、ヒトラー自身の名声も高まると、ヒトラーはミュンヒェン上流階級に裕福な後援者を新たに見つけることになる。

7

しかし党は常に資金不足にあえいでいた。一九二一年六月には、経営難のフェルキッシャー・ベオバハター紙の資金調達のためにヒトラーはベルリンに向かった（人脈をもつエッカートが同行した）。この間に生じた危機が、ヒトラーの党掌握へと展開することになる[149]。

この危機の背景には、ナチ党とドイツ社会主義党の合同の動きがあった。党綱領からも分かるように、力点に多少の違いこそあれ、この二つの民族至上主義《フエルキッシュ》政党には相違点よりも共通点の方が多かった。そして、依然として地方の弱小政党にすぎないナチ党とは異なり、ドイツ社会主義党は北ドイツにも支持者がいた。両党の協力に前向きな議論が出るのも当然だった。合併をにらんだ交渉は、前年八月にザルツブルクで開かれたドイツ、オーストリア、チェコスロヴァキア、ポーランドの国民社会主義諸政党の会合で始まった。この会合にはヒトラーが出席した[150]。

その後、一九二一年四月までの間にドイツ社会主義党指導部から多くの提案がなされた。三月末にテューリンゲンのツァイツで開かれた会合に出席したのはドレクスラーだった。この時にはナチ党から権限を委譲されていたものと思われる。同会合でドレクスラーは両党の合同と、（ヒトラーが忌み嫌う）ベルリンへの党本部の移転に関する仮提案に同意したが、それがヒトラーの意に反していたことは明らかである[151]。この譲歩に激怒したヒトラーは離党するとまで脅し、「信じがたいほどの怒りにまかせて」ツァイツでの合意を覆した[152]。

四月半ばのミュンヒェンでの会合の雰囲気は最悪だった。ヒトラーが激怒するなか、ドイツ社会主義党との交渉は最終的に決裂した。ドイツ社会主義党は、成功によってつけあがった「狂信的な自称大物」ヒトラーが交渉に横槍を入れたせいだと考えて疑わなかった。ヒトラーは扇動と動員にしか興味がなく、特定の政治綱領の実行を真面目に考えたことがなかったため、合同など初めから一切考えていなかった。綱領の類似など、ヒトラーには瑣末なことだったのである。ヒトラーは、足場を固めずに多数の支部を急ごしらえで乱立するドイツ社会主義党のやり方には、党が「どこにでも存在するようで、どこにも存在しない」として反対し、議会への参加に前向きであることにも批判的だった[153]。しかし真の理由は別にあった。両党が合同すれば、小さいながらも堅くまとまったナチ党でのヒトラーの優位が脅かされることになったはずだ。自らの優位を失うことをひどく恐れたことからも分かるように、ヒトラーは個人的にも政治的にも不安定だったのだろう。

合同の話を首尾よく潰しはしたものの、ひたすら扇動を続けていれば最後はうまくいくという確信を共有しない党内の勢力からヒトラーは強い批判を受けることになった。三カ月後に勃発する党内危機を見るうえでこの事実は重要である。この危機は、古い党指導部と権力を求めるヒトラー一派の衝突だったと説明されることが多いが、そのような単純な話ではなかった。政治戦略が明らかに違っていたのである。委員会メンバー五人のうち四人はヒトラーの手法に懐疑的であり、民族至上主義の伝統的な手法を好んだ。フェーダーも、ヒトラー流の荒削りなプロパガンダについてドレクスラーに不満を漏らし、党首がおもねるからだと批判した。しかしドレクスラーは、ヒトラーとその手法を擁護した[154]。個人的な要因も関係していた。ヒトラーは党内にスターは自分しかいないことを自覚しており、それを存分に利用して力をふるった。しかし党委員会には、ヒトラーがその特殊な立場を利用して、党の将来に関わる提案のうち意に沿わないものすべてに拒否権を発動することを苦々しく思う者もいた。一九二一年の七月危機はそれを示しているのである。

誤って解釈されることも多いが、ヒトラーは党の指導権を握ろうとしたわけではなかった。すでに見たように、ヒトラーはその数カ月前に、小さな「行動委員会」のメンバーにならないかという申し出も、党首にならないかという申し出も断っている。一九二一年春にも、風向きは悪くなかったにもかかわらず、党の指導権を掌握しようとはしていない。自分の地位を保全すべく計算づくの戦略を立てることはなく、ヒトラーの反応はいつもプリマドンナのように感情的だった。しかし虚勢をはりながらも、ヒトラーには不安、ためらい、葛藤があったようである。向けられる批判に極度に神経質で、合理的にものを論じることができずに制御しきれない感情を突然に爆発させ、ものごとを制度化することに反感を抱く。こうした精神的不安定は、最期の日々にいたるまで繰り返し現れた。ここから分かるのは、当時、指導権を掌握するために組織的な動きをとるなどして、ものごとを思い通りに進めるための明確で断固たる一歩を踏み出すような真似はとてもできなかったということである。ヒトラーはたいていは、自分では制御不能なことの成り行きにただ反応しているだけだった[155]。七月危機のときもそうだった。

ドイツ社会主義党との合同は当面は回避されたが、ヒトラーがベルリンに出かけていた間に、ヒトラーの立場からすればより大きな脅威が生じた。一九二一年三月にアウクスブルクで別の民族至上主義の団体「ドイツ活動共同体」を立ち上げたオットー・ディッケル博士が『西洋の復活』を著わし、民族至上主義的な勢力のあいだでちょっとしたセンセーションを巻き起こしたのだ。神話的で、民族至上主義的で、しかも哲学的なディッケルの思索スタイルはヒトラーとは違っていた。ヒトラーがこれを軽蔑し、怒って否定したのもうなずける[156]。しかし、ディッケルの思想には、国民の再生を通じて階級なき共同体を構築する、「利子奴隷制」との戦いを通じて「ユダヤ人支配」に対抗するなど、ナチ党の理念ともドイツ社会主義党の理念とも否定しがたいほど似た点があった。しかもディッケルは、ヒトラーと同様、自らの思想を確信をもって伝える、躍動感あふれる人気弁士でもあった。ディッケルの本が出版されると、フェルキッシャー・ベオバハター紙はそれを称賛した。ヒトラーはベルリンに行って不在だったが、ディッケルはミュンヒェンに招かれ、ヒトラーのなじみの会場のひとつであるホーフブロイハウスの大ホールで満員の聴衆を前に大成功を収めた。ディッケルに合わせて他の講演も企画された。ナチ党指導部は、ディッケルが第二の「大衆を熱狂させる傑出した弁士」になると考えた[157]。

その頃、ヒトラーはまだベルリンにいた。党の合同について次なる交渉を進めるべく、七月一日にもたれたドイツ社会主義党の代表との会合にはヒトラーは出席することができず、バイエルンに戻ったのは一〇日後だった。そのときにはヒトラーは、ナチ党指導部の代表と、ディッケルならびにドイツ活動共同体のアウクスブルク、ニュルンベルク両支部の代表の間で話し合いがもたれることになった、というただならぬ知らせを聞きつけていた。ナチ党の代表が到着する前にアウクスブルクに姿を現したヒトラーは、アウクスブルク、ニュルンベルク両支部の代表に向かって、合同は阻止すると怒りにまかせて脅しをかけた。しかし、ナチ党の代表が姿を見せると抑えきれない怒りは弱まり、不機嫌にだまりこんだ。ディッケルが三時間にわたって様々な組織との緩い連合を提案し、ナチ党の党綱領の改善点を助言する間、ヒトラーは幾度も感情を爆発させたあげく、最後には耐えきれずに会場から飛び出していった。[158]

自分が癇癪を起こせば党友は交渉を中断せざるをえないだろうとヒトラーが願っていたとすれば、それは見込み違いだった。ナチ党の代表はヒトラーの行動に当惑し、ディッケルの申し出に感銘を受けた。エッカートでさえ、ヒトラーの振る舞いは問題だと考えた。党綱領は改正の必要があるが、「凡人」ヒトラーには荷が重かろうという判断になった。ナチ党の代表はディッケルの提案をミュンヒェンに持ち帰り、党委員会にかけることに同意した。[159]

ヒトラーは怒り、愛想をつかして、七月一一日に党を辞めた。三日後の委員会への書簡でヒトラーは、アウクスブルクの代表団はナチ党の理念とは相容れない思想をもつ人間に運動を引き渡すという点で党員の願いに反する行動をとり、党規約に抵触したという理由をつけて自分の行動を正当化した。「もはや私はそのような運動に参加しつづけることはできない。そのつもりもない[160]」。

一九二〇年一二月以来、ヒトラーは党委員会を「永久に」離れていた。[161] 二一年三月末のツァイツでの会議後も、ヒトラーは離党の脅しをちらつかせたことがあった。プリマドンナのような大げさな感情の表出はヒトラーの本質だったといってよい。いつも同じことの繰り返しだった。ヒトラーは黒か白かの議論しかできず、中庸はなかった。妥協を考慮することもなかった。常に過激な立場から、違う解決策をもたないまま一か八かの賭けに出た。そして、思い通りにならないことがあろうものならば癇癪を起こし、やめると言って脅すのだ。後に権力の座についてから、ヒトラーは時に、わざと怒りを爆発させて脅しつけることがあった。しかし、ヒトラーの癇癪は強さではなく不満や絶望の表れであることのほうが多かった。これ以降のあまたの危機の場合と同じく、今回もそうだった。離党は、スター弁士としての自らの地位を利用して、党委員会を屈服させようと慎重に計画された策略だったわけではない。自分の思い通りにならないことへの怒りと不満の表出にすぎなかった。離党の脅しはツァイツの会議の後には効いた。今回、自分の唯一の切り札をまた切ることにはリスクもあった。もしここで負けて、党がディッケルの計画する「西洋同盟」に合併されれば、新党を創設して再び一から始めざるをえなかった。ヒトラーもその覚悟をしていたふしがある。[162] 現に、扇動者として力があることは認めるが、面倒で自己中心的な人物から解放されると喜んだ者もいた。ディッケルの組織と融合して党が発展するのであれば、ヒトラーを失おうとも十分な埋め合わせになると考えたのである。

しかし、唯一のスター弁士を失えば、ナチ党はきわめて深刻な打撃を受けただろう。ヒトラーが離党すれば党が割れたかもしれない。結局、これが決め手となった。エッカートが仲裁を依頼され、七月一三日、ドレクスラーは党への復帰にヒトラーが同意するであろう条件をさぐった。党指導部の全面降伏だった。ヒトラーの要求は、党の直近の騒動に関わるものばかりだった。臨時党大会で認められることになる要求のうち主要なものとしては、「独裁的権力をもつ党首の地位」、党本部が永久にミュンヒェンに置かれること、党綱領の不可侵、あらゆる合同の試みの放棄などが挙げられる。[163] 要求はいずれも、ヒトラーの党内での地位を将来にわたって保全することに主眼を置くものだった。翌日、党委員会は、ヒトラーの「膨大な知識」、運動への貢献、「弁士としての傑出した才能」に鑑み、ヒトラーに「独裁的権力」を与える用意があると表明した。また、過去にドレクスラーが提案したときには固辞したが、今回は党首の任を引き受ける意思を示したことに歓迎の意を表した。七月二六日、ヒトラーは会員番号三六八〇番として再入党した。[164]

それでも軋轢は完全に消えたわけではなかった。ヒトラーとドレクスラーは一九二一年七月二六日の党大会で二人の結束を公にアピールしたが、[165] 指導部内のヒトラーの敵対勢力は、ヒトラーの取り巻きエッサーを除名し、ヒトラーを批判するビラを作成した。党を害そうとする邪悪な勢力の手先であるとしてきわめて侮辱的な調子でヒトラーをこきおろす匿名のパンフレットも三〇〇〇部印刷された。[166]

しかし、いまやすべては、七月二〇日の集会でクローネサーカスを満席にし、自分が弁士としていかに余人をもって代えがたい存在であるかを改めて効果的に示したヒトラーの手の内にあった。[167] ヒトラーはもはや躊躇しなかった。ヒトラーは勝ったのである。ホーフブロイハウスの大ホールで七月二九日に開催された臨時党大会では、参加した五五四名の会費納入済の会員から嵐のような喝采を受け、ヒトラーは自身とエッサーを守り、敵対勢力を攻め立てた。ヒトラーは、党の役職などいらないと豪語し、党首就任を何度も断ってきた。しかし今回は、ヒトラーは引き受けるつもりだった。ヒトラーが急ごしらえで起草した新しい党則では、党の行動について第一委員長（党大会にのみ拘束される）のみが責任をもつことが三カ所にわたって定められていた。党内での独裁的権力をヒトラーに新たに与えることへの反対票は一票だけだった。ヒトラーの党首就任は全会一致で承認された。[168]

多数決原理のせいで無駄な力を使うことを将来にわたって未然に防ぐためには党の規約改正は必須だった、とフェルキッシャー・ベオバハター紙は論じた。[169]これは、ナチ党を新しいタイプの党、つまり「指導者政党《フューラー》」に変える第一歩だった。この動きは慎重な計画から生まれたものではなかった。自分では制御しきれない事態へのヒトラーの反応がはからずもそれにつながっただけのことだった。しかし、ヒトラーに敵対する者を攻撃するためにルドルフ・ヘスがこの時期にフェルキッシャー・ベオバハター紙に寄せた以下の文章には、後にヒトラーが英雄視されるようになる萌芽がみられる。これが基盤となってヒトラーの英雄視が根づいていくのである。「唯一、この人物だけが、戦い抜くことのできる指導者たることが本当に分からないのか。この人物なくして、大衆がクローネサーカスに詰めかけると思うのか」。[170]

第6章 「太鼓たたき」

私は太鼓たたきであり、人寄せのチンドン屋以外の何者でもない。
ヒトラー、アルトゥア・メラー・ファン・デン・ブルックに対して、一九二二年

われらの使命は、独裁者が現れたときに、それを迎える準備のできた国民を差し出すことだ。

ヒトラー、一九二三年五月四日の演説にて

当時、太鼓たたきになりたいと思ったのは、私が慎み深かったからではない。
それが最も崇高だからだ。
それ以外は些末なものでしかない。
ヒトラー、法廷にて、一九二四年三月二七日

一九二一年七月に党の指導を引き受けたときには、ヒトラーは単なるビアホールの扇動者でしかなかった。たしかに地元での知名度はあったが、他所ではほとんど知られていなかった。党の指導権は、対立の絶えない民族至上主義《フェルキッシュ》運動の（外の世界にとってはほとんど意味をもたない）内輪もめの結果として転がりこんできたものだった。ナチ党はたくさんの騒ぎを起こし、ミュンヒェンの政界にその存在を印象づけたとはいえ、その勢力はまだ大きいといえるようなものではなかった。「秩序細胞」〔バイエルンはカール州首相の下で、ヴァイマル民主制に対抗する急進右翼陣営の拠点となった。「秩序細胞」という語には、バイエルンが中心となって目指す秩序を全国に拡大するのだとの自負がこめられている〕であろうとするバイエルンの特殊な状況と、全国レベルの政治的不安定、経済危機、社会的分裂という背景がなければ、ナチ党が影響力をもつことはなかったはずである。実際、民族至上主義政党は、最大州プロイセンを含むドイツのほとんどの州で勢力を伸ばそうとしていた。ナチ党も、バイエルンでヴァイマル民主制に対するナショナリストの反発が急激に高まるなかで、二三年には一大勢力となった。そのナチ党の指導者ヒトラーは、二一年から二三年にかけて、地方のビアホールの扇動者からナショナリスト右翼の進軍太鼓の「太鼓たたき」にのし上がっていった。武力によって国家を転覆させようとした、かのビアホール一揆が二三年一一月に失敗に終わるまで、それがヒトラーの役回りとなる。この劇的なできごととその後の展開を踏まえて初めて、ヒトラーの自己イメージは決定的に変容した。

一九二〇年代初頭には、ヒトラーは大衆を「国民的運動」に駆り立てる「太鼓たたき」であることに満足していた。この時期には、ヒトラーは、自分が『わが闘争』に書かれているようなドイツの来るべき指導者であり、国民にその非凡な偉大さを認められて姿を現す政治的救世主だとは思っていなかった。むしろ、はるか後に現れる偉大なる指導者のために道をつけようとしていた。「私は太鼓たたきであり、人寄せのチンドン屋以外の何者でもない」、とヒトラーは二二年にアルトゥア・メラー・ファン・デン・ブルックに対して述べている[1]。その数カ月前にあたる二一年五月、全ドイツ主義のドイツ新聞の編集長とのインタビューでもヒトラーは、自分は「混沌の淵に沈みつつある祖国を救う」指導者や政治家ではなく、ただの「大衆をいかに集めるかを知る扇動家」にすぎないと述べたとされる。ヒトラーは、自分は「新しい建築物の計画とデザインを明確に思い描き、冷静に、確実に、独創的に石を積み上げうる建築家」ではない、「偉大な建築家を背後に置き、自分はその指示に頼る必要があるのだ」とも述べたという(2)。

「太鼓たたき」であることは、当時のヒトラーにとってすべてだった。それは、偉大な芸術家か建築家になるという夢に代わる「天職」だった。それがヒトラーの使命であり、事実上、唯一の関心事だった。それによってヒトラーの唯一の才能が発揮できるだけではなかった。ヒトラー自身、それが己が果たしうる最も偉大で重要な役割だと考えていた。ヒトラーにとって政治とはまさしくプロパガンダだった。盲目的な追従を得るためのあくなき大衆動員であり、「可能性を紡ぐ芸術」〔ビスマルクの言葉とされる〕ではなかった。これは本質的には後々まで変わらなかった。

1

ヒトラーがバイエルンという一地方のナショナリスト右翼のなかだけとはいえ有名になったのは、ミュンヒェンの大衆集会の弁士として傑出していたためだけではなかった。それが最大の武器だったことに変わりはない。しかし決定的に重要だったのは、ヒトラーが、創設期とは違っていまやかなりの規模の自前の準軍事組織を抱え、バイエルンの準軍事組織の政治の渦に足を踏み入れるにいたった運動の指導者だということだった。

戦間期ドイツの政治文化の特徴は、政治暴力がかなりの程度受け入れられていたことにある。大戦とそれに続く内戦めいた状況、革命による混乱と騒動によって社会は残虐化し、暴力を許容する素地が生まれた。逆説的ながら、暴力は秩序回復と正常化に役立つと考えられていた。ナチズムの勢力拡大を招いたのみならず、第三帝国期に道義的無関心を蔓延させることになるのもこの精神性だった(3)。過激な政治暴力を主導したのは、主として、第一次世界大戦後にドイツで作られ、当局が積極的に支援した義勇軍、志願兵組織、住民軍などの反革命の私兵だった。国家のために初めて非国家軍が動員されたのは、一九一九年一月にグスタフ・ノスケがスパルタクス団蜂起を厳しく鎮圧したときのことである。その四カ月後には今度はミュンヒェンで義勇軍がレーテ共和国打倒に参加した。様々な政治的方向性をもつ多くの準軍事組織ができたが、最も目立ったのは反革命右翼勢力のものだった。とくに革命後のバイエルンでは、その独特な条件の下でバイエルン当局に許容され、それどころかしばしば積極的な援助まで受けて、私兵は大いに勢力を伸ばした。

一九一九年にレーテ共和国が崩壊した直後、バイエルンでは、最大四〇万の兵士と二五〇万の武器を擁する大規模な住民軍が設立された。これは、左翼の脅威に対して自衛する必要があるという強迫観念と、防衛のためにはいかなる手段をとることをも辞さない精神性の産物だった。一九年春に反革命の暴力の評判が良かったことは当時のそうした精神性を物語っている。[4] この時期に作られた住民軍やその他の多くの類似組織は、「白と青」のバイエルン伝統主義を体現し、名前〔文字通りに訳すと「住民防衛軍」となる〕からも分かるように本来は防衛を目的としていた。しかし、二〇年のカップ一揆の挫折後、「秩序細胞」バイエルンは、さらに悪質な準軍事組織も受け入れるようになった。

反社会主義、反革命を強く志向したグスタフ・リッター・フォン・カール政権は、バイエルンをドイツ中の右翼過激派の安息の地に変えた。そこには国内の他地域では指名手配を受けるような手合いも含まれていた。たとえば、義勇軍でレーテ共和国の鎮圧をはじめとする反社会主義暴力行動に関わり、カップ一揆の指導者でもあったヘルマン・エアハルト大尉である。エアハルトは、自らの組織「コンズル」を利用してミュンヒェンを新たな足場に全国規模のネットワークを構築し、多くの政治的殺害を実行した。一九年から二二年の時期に右翼勢力が行った殺害は全三五四件にのぼる。民主制創設期の汚点である。[5]

カールが、大戦中に激化したベルリンに対する伝統的な嫌悪と、共和国憲法によってバイエルンの力が削がれたことへの憤りを煽り、共和国政府に正面から反発する方針をとったせいで、「白青」の分離主義者と「黒白赤」のナショナリストはともに「赤い」ベルリンに敵意を募らせた。二一年九月に神学者エルンスト・トレルチは次のように述べている。

> 国家の政策は社会主義の影響を受けるべくして強く受けている。そのため、社会主義の影響は忌まわしきベルリンやユダヤ人と同一視され、分離主義と反ユダヤ主義の奔流が反社会主義の水車場に押し寄せている。〔…〕それに加えて、帝政を望む勢力は大きく、旧軍関係者は苦々しい思いを抱いており、プロイセン出身者の協力もある。気持ちはよく分かるが、理想主義的な愛国主義者の不満も大きい。これらがすべて重なり、社会主義から国家を救い、「秩序細胞」として再建の出発点となることがバイエルンの使命だと考える思想を作り出している。[6]

連合国の圧力を受けた共和国政府が武器の押収と市民自警団の解散を求めてくるのに対して長く持ちこたえはしたものの、一九二一年春、カールはとうとうバイエルン住民軍の解散を余儀なくされた。[7] これはベルリンへの憤激を生み、さらなる急進化を招いた。住民軍が解散させられると、驚くほど多くの「愛国協会」が新たに生まれ、また既存の組織の力も一層強まり、その行動主義と急進主義を競い合うようになった。なかでも最大勢力は、住民軍の後継組織を目して作られた「同盟バイエルンと帝国」だった。実際には様々な分派の連合体で、最終的には分裂してしまうことになるこの組織は、「白青」のバイエルン愛国主義者の組織で、強い帝政支持、キリスト教伝統主義、激しい反マルクス主義、反ユダヤ主義を結びつけ、「まずは故国、それから世界」というスローガンの下に活動を繰り広げた。(8)組織の運営にあたったのは、かつてバイエルンのオーバープファルツ市民自警団の指導者として鳴らしたレーゲンスブルクの公衆衛生調査官オットー・ピッティンガー博士だった。

ただしピッティンガーの影響力には限りがあったため、小規模ながら急進性の高い組織がその空隙を埋めるように活動を始め、影響力を拡大していった。たとえば、エップのオーバーラント義勇軍を母体とするオーバーラント同盟は、レーテ共和国の崩壊に関与し、一九二一年にはオーバーシュレージエンでの反ポーランド行動も経験していた。帝国旗団(右派国防団体)の支持勢力はかつては主としてフランケンに限られていたが、エルンスト・レーム(ミュンヒェン支部長)の指揮下、バイエルン南部にも勢力を伸ばしつつあった。また、ミュンヒェン住民軍の後継組織であるミュンヒェン祖国協会をはじめ、ほかにも大小様々な組織が多数あった。最も知名度が高いのはエアハルト大尉の指導するヴァイキング団である。(9)エアハルトはレームと並び、ナチ党独自の準軍事組織の設立に指導的な役割を果たした。二一年以降、このナチ党の準軍事組織はナチ運動の大きな特徴となり、バイエルンの準軍事組織の政治においても重要性を増していった。(10)

突撃隊の始まりは、すでに見たように一九二〇年初頭に遡る。ドイツ労働者党がミュンヒェンのビアホールで大集会を企画するようになると、騒乱を収めるために、他党にならって「会場警備」を担当する部隊が必要になった。(11)これが二〇年一一月に党の「体操スポーツ部門」となった。二一年七月にヒトラーが党内で「権力掌握」した後、この組織は再編され、党の新規約で「運動に関わる青年男子の身体訓練」を担うというきわめて重要な任務を与えられた。(12)ヒトラーは、運動全体における指導的立場を要求するうえでこの疑似軍隊的な部門が役立つだろうと考えてはいた。しかし、二一年一〇月以降に「突撃隊」の名で知られることになるこの部隊は、(13)これまで主張されてきたように「ヒトラーが個人的に創設したもの」でもなければ、ヒトラーの意志の産物でも自らの権力のための道具でもなかった。(14)党の会場警備部隊を準軍事組織に作り変えた立役者はレームであり、元をただせばエアハルト大尉だった。

レームは、ヒトラー以上に典型的な「前線世代」だった。軍の下級将校として塹壕戦で危険と不安と欠乏を分かち合い、後方の参謀本部、軍官僚、「低能な」政治家、本国でさぼり、怠け、甘い汁を吸っている者への偏見と怒りを共有していた。こうしたきわめて否定的なイメージと対照させるかのように、レームは「前線共同体」、塹壕内での連帯、地位ではなく行動に基づくリーダーシップ、指導者の求めに対する盲目的服従を英雄視した。レームが望んでいたのは、行動と成果をもって支配者たることを証明する、新しいエリート「戦士」だった。レームは帝政擁護派ではあったが、大戦前のブルジョア社会への回帰を考えていたわけではなかった。レームが理想としたのは戦士の共同体だった。義勇軍やその後継組織である準軍事組織に入隊した多くの者のあいだでは、この理想のもとに男らしさの観念と暴力崇拝が結びついた。[15]

多くの者と同様、レームも一九一四年に熱狂して戦争に参加したが、数週間のうちに炸裂弾の破片を顔に受け、鼻の一部が吹き飛んで一生残るほどの重傷を負い、いったんは部隊を指揮するために戻ったものの、ヴェルダンで再び重傷を負い、軍務を離れざるをえなくなった。その後、バイエルン陸軍省の任務に就いたレームは、ある師団の補給将校を務めるなかで政治感覚を磨き、組織運営の経験を積んだ。さらに敗戦と革命のトラウマから反革命運動に参加するようになり、エップ義勇軍の一員としてレーテ共和国鎮圧にも参加した。レームはドイツ国家人民党にしばらく入党していたが、ヒトラーの入党後間もなく、一九年秋にまだ小さかったドイツ労働者党に入党し、本人いわく、軍からほかにも入党者が出るよう心を砕いたようだ。[16]しかし、レームの関心は一貫して、政党政治ではなく軍の政治、準軍事組織の政治にあった。突撃隊が準軍事組織の政治において重要な存在になるまでは、ナチ党だけに関心を向けていたわけでもなかった。

しかし、準軍事組織へのコネをもつという点で、ナチ党にとってレームの価値は実に大きかった。レームが準軍事組織の重要人物に近く、武器も入手しやすい立場にあったことが決定的だった。レームは、エップ旅団（軍に統合された義勇軍の後継組織）の武器供給を管理する役職にあって、住民軍への武器提供にあたっていた。武器の総量は連合国の監視の目から隠す必要があった。占領軍の査察官が置かれなかったため、これは難しいことではなかったが、これが機密性を有する作業だったことをうまく利用して、一九二〇年から二一年にかけて、レームは小型武器を中心に大量の武器を集積することに成功した。住民軍が解体され、当局に武器を押収された後、様々な準軍事組織がレームに武器供給を委託した。集めた武器を管理し、それをいつ分け与えるか、そもそも分け与えるか否かを決定することから「機関銃王」として知られるようになったレームは、あらゆる準軍事組織の必需品を握る枢要な位置にいた。そして、エップ、カール、ミュンヒェン政治警察の保護を受け、ナショナリスト右翼の政治において本来の地位以上の影響力を行使した。[17]

一九二一年八月にヒトラーとエアハルトが合意し、エアハルトの海兵旅団の元隊員がドイツ労働者党の体操スポーツ部門に入ることになった。隊員は準軍事組織で長く活動し、オーバーシュレージエンでの作戦から帰還したばかりの者も多かった。このお膳立てをしたのもレームだったと考えてほぼ間違いないだろう。体操スポーツ部門はエアハルト旅団の古参兵クリンチュ少尉の指導下に置かれた。これは、後に、ユダヤ人の外相ヴァルター・ラーテナウがヴェルサイユ条約の「履行政策」の主導者として極右から忌み嫌われたあげくに二二年に暗殺されるにいたった際、殺害に関与したとの嫌疑がかかる人物である。クリンチュ少尉は、戦闘部隊の養成という使命を帯び、エアハルトから資金を与えられていた。初期にはスポーツ（とくにボクシング）、行進、体操が中心で、時折、狙撃訓練も行われた。二一年一一月に約三〇〇名を数えたメンバーは、すべて二四歳以下で、主としてミュンヒェンの下層中産階級の出身だった。メンバーにとって、この準軍事組織の訓練は政治活動の一環だった。彼らは、国内は実質的な内戦状態にあると見てそこに前線の「友敵」のメンタリティを持ち込み、政敵との武装闘争に備えて攻撃的な仲間意識と指導者への盲目的献身の精神を奮い起たせた。[19]

（主としてエアハルトとつながる）準軍事組織でありながらヒトラー指導下の党の突撃隊でもあるという二重性が当初からはらんでいた緊張は、一九三四年まで消えることはなかった。[20] エアハルトやレームの関心は準軍事組織としての機能にあった。[21] ヒトラーは突撃隊を党に完全に統合しようと目論みはしたものの、突撃隊は二四年まで組織としての独立性を相当程度維持しつづけた。[22] 突撃隊は着実に強化されていった。とはいえ、二二年後半に入るまでは目を見張るほどだとまではいえなかった。しかしそれ以降、バイエルンと共和国が危機的状況に陥るなかで、突撃隊の隊員数は増え、ナショナリスト右翼のあいだでそれと知られる組織になっていく。[23]

2

この間、ヒトラーは押しも押されもせぬ党指導者となり、バイエルンと共和国のあいだの緊張関係をうまく利用して、相変わらずあくなき扇動を続けていた。この時期のドイツがまだ無政府状態に近かったことは、一九二一年八月二六日に財務相マティアス・エルツベルガーが暗殺されたことからも分かる。これを機に大統領フリードリヒ・エーベルトが非常事態宣言を発布すると、バイエルンではカールがその非常事態宣言を有効と認めないという事態になり、混乱が続いた。[24] 経済状況をめぐる不満もあった。物価が急激に上昇し、貨幣価値は下落していった。大戦末期と比べて二一年には食料品は八倍に値上がりし、翌年には一三〇倍を超えた。そして二三年のハイパーインフレーションで貨幣は紙くず同然になるのである。[25]

知名度を高めるため、ヒトラーは一層激しく政敵と当局を挑発するようになった。分離主義のバイエルン同盟の指導者オットー・バラーシュテットは、当時、ヒトラーの最大のライヴァルのひとりだったが、一九二一年九月半ば、そのバラーシュテットの演説が予定されていたレーヴェンブロイケラーの集会で、ヒトラーは支持者に暴力騒ぎを起こさせた。満員の会場にヒトラーが到着するのが支持者への合図だった。その多くは、夕方早くから演壇近くに陣取っていた「スポーツ部門」のチンピラで、口々に「ヒトラー」と叫びながら演壇に殺到し、バラーシュテットに話をさせなかった。乱闘になるのを防ごうと照明を消した者がいた。しかし混乱は一層ひどくなっただけだった。再び照明が点いたときには、バラーシュテットとその党友は暴行を受けて怪我を負っていた。警察は間に合わなかった。[26] しかも到着した警察は、支持者を大人しくさせるためにヒトラーに協力を乞わねばならない始末だった。その頃にはヒトラーはもう満足しており、喜んで警察に協力した。目的は果たされた。「バラーシュテットは今日はもう話はするまい」とヒトラーは言った。[27]

しかし、事件はそれでは終わらなかった。バラーシュテットはヒトラーを告発し、一九二二年一月、治安紊乱罪により三カ月の禁固という判決が下った。罪過のない限り二カ月間減刑される(罪過はなかったわけではないが、この条件は都合よく忘れ去られた)ことにはなったものの、ヒトラーの後ろ盾となった有力者も一カ月間の収監まで逃れさせることはできなかった。二二年六月二四日から七月二七日にかけて、ヒトラーはミュンヒェンのシュターデルハイム監獄で過ごした。[28]

この短期間の中断を除いて、ヒトラーは扇動の手を緩めることはなかった。警察との小競り合いは日常茶飯事だった。一九二一年に警察はナチ党の約三〇の出版物、ビラ、その他の宣伝物を禁じた。[29] バラーシュテット事件の判決を待つ間にもヒトラーは、一〇月一六日にナチ党員が社会民主党の集会を中断させ、その後騒乱になったことについて警察から警告を受けた。[30] 同様のことが続けばバイエルンからの追放も考えられた。追放はこの後も脅しとして使われるが実行されることはなかった。ヒトラーは、騒乱の責任は自分にはないが、今後、そうしたことを防ぐためにできうる限りのことをすると約束する、とコメントしただけだった。[31] 一週間ほど後の二一年一一月四日、ヒトラーはまたしても騒動を引き起こした。今度は、自身が演説するホーフブロイハウスの集会でのことだった。大規模な乱闘になり、政敵の社会主義者に加えてひょっとするとビアホールにいる百戦錬磨の喧嘩好きも参戦して、テーブルの下で武器代わりにひそかにビールジョッキが集められては投げつけられるただなかで、ヒトラーは話しつづけた。ヒトラーは後に『わが闘争』のなかでこのときのことを美化し、突撃隊員にとっては「厳しい試練」であり、数では完全に下回っていたにもかかわらず、敵の社会主義者に勝利したとしている。(32) ヒトラーは、政敵とのこうした暴力的衝突を運動の活力源と考えていた。何といってもよい宣伝になったからだ。

ヒトラーはネガティヴな報道も報道には違いないという考えではあったが、それも含めて、自分に関するマスコミの報道にはまだ不満だった。(33) とはいえ、ナチ党とその指導者の活動は世間の関心を十二分に引きつづけていた。バイエルン州議会ももはやナチ党を無視することはできなかった。

共和国政府との衝突で強硬姿勢を貫いたあげくに一九二一年九月にカールが州首相を辞した後、無党派カトリックだが筋金入りの保守主義者で、外交官を輩出してきた貴族の家系出身のフーゴ・グラーフ・フォン・レルヒェンフェルト＝ケーフェリングが後釜に座った。しかし、不人気なうえにベルリンに対して弱腰だったため、二二年前半を通じてナチ党の扇動の恰好の標的になった。(34) ドイツ人の若者が座して哲学を学び、本に埋もれていてよい時代ではない、「ドイツを救う突撃隊に入れ」というのが今日日の焦眉の問題なのだ、とはディートリヒ・エッカートの言である。政敵への公然たる攻撃は当時は日常茶飯事だった。暴力行動で使われた武器はゴム製の警棒とナックルダスターが中心だったが、銃や、場合によっては手製の爆弾、手榴弾が使われることもあった。(35) ヒトラーの毒舌は共和国とバイエルン州政府をこき下ろしてとどまるところを知らなかった。二二年夏にミュンヒェンを訪れた大統領エーベルトは、ナチのデモ隊からブーイングを受け、侮辱され、唾をはきかけられた。(36) バイエルン州首相フォン・レルヒェンフェルトも、羊程度の頭しかない、大言壮語を吐くが現実離れしており、生まれながらの真の指導者を求める民衆の意志とは乖離しているとの嘲りをヒトラーから受けた。(37)

ヒトラーの有力な支持者は、バイエルン州政府がヒトラーをドイツから追放しようものなら恐ろしいことになるだろうとほのめかし、ヒトラーは自らの戦績を盾に、追放の脅しを逆手にとって、自分がドイツ人として国のために戦ったのに他の者は国内で政治をしていただけだというプロパガンダを展開した。(38)

一九二二年八月一六日、ミュンヒェンの国王広場で開かれたバイエルン統一祖国連盟の抗議集会でヒトラーは他のナショナリスト勢力の指導者と並んで演壇に立った。「ドイツのために、ベルリンに抵抗せよ」というスローガンを掲げ、「共和国に護られ、迫りくるユダヤ・ボリシェヴィズム」[39]を標的とするこの集会で、突撃隊は初めて準軍事組織として隊旗を掲げて公衆の前に登場した。この頃に八〇〇人前後だったその隊員は、ピッティンガーの「同盟バイエルンと帝国」の三万人の武装隊員、完全武装したオーバーラント同盟や帝国旗団などの一大勢力に囲まれると少なく見えた[40]。

カールを復権させるべくレルヒェンフェルトに対してクーデターを起こすらしいという囁きがあちこちから聞こえてきていた。八月二五日の次回抗議集会で決起するという噂だった。実のところ、計画はたしかにあり、それにはピッティンガーとレームも一枚かんでいたが、警察の知るところとなって集会は禁止され、バイエルン中のナショナリスト勢力の武装部隊がミュンヒェンに集結するのも阻止されたため、数千人のナチがカロリーネン広場に集まっただけに終わった。最終的には約五〇〇〇名がミュンヒェンの大きなビアホールのひとつであり、ヒトラーも時折演説したことのあるキンドルケラーに向かった。昂揚した雰囲気だった。クーデターが起こりそうだとの噂も立っていた。しかし何も起こらなかった。一〇〇〇人の共産党員が外を取り囲み、暴力的な衝突の恐れもあった。しかし警察は共産党員を取り締まるだけでナチには手を出さず、ことを収めるようにヒトラーに要請しただけだった。ヒトラーは党員に対して、政府に反対して「大衆を路上に連れ出す扇動者となること」がここにいるすべての者の務めだと語った[41]。しかし警察の要請に対しては節度を保つように呼びかけ、党員はそれに従って粛々と解散した[42]。

その日がそのような期待外れに終わったことについてヒトラーは怒り狂ったといわれる。次は一人でも起つ、とヒトラーは言った[43]。当局にとってヒトラー一揆の危険は去ったわけではなかった。ミュンヒェンにいたヴュルテンベルクの特使は、八月三一日のバイエルン外務省での懇談後、「ナチ党員は大きく支持を広げつつあり、ありとあらゆる期待がかけられている。[…]指導者のヒトラーは魅力的な人物に違いない。ナチ党が間もなくインフレを口実にここでクーデターを起こすことも考えられなくはない」とシュトゥットガルトに書き送った[44]。

一九二二年にヒトラーのプロパガンダが最も注目すべき成功を収めたのは、一〇月一四日から一五日にかけてコーブルクで行われたいわゆる「ドイツの日」にナチ党が参加したときである。コーブルクはオーバーフランケン北部のテューリンゲンとの境にあり、二年前からバイエルンの一部になっていた。ナチ党にとっては初めての地だった。

小さな使節団を連れてドイツの日に参加するよう、ドイツ民族至上主義攻守同盟の組織委員会から招待されたとき、ヒトラーはこれを逃すべからざる好機と見た。これも新手の宣伝だが、ヒトラーは党の資金をはたいて特別列車を仕立て、八〇〇名の突撃隊を引き連れてコーブルクに向かった。ヒトラーと同じ客室には、アマン、エッサー、エッカート、クリスティアン・ヴェーバー、グラーフ、ローゼンベルクら側近が同乗した。日曜の午後に駅に到着したとき、ナチ党員はかなり大きなナショナリストの一団から「ハイル」の歓声で、同じ場所に集まっていた二〇〇〜三〇〇人の社会主義の労働者と労働組合員からは罵りの怒号で迎えられた。旗を掲げ、楽器を鳴らしつつ隊列を組んで行進することは警察に禁じられていたが、警察の命令は無視してよいとヒトラーから指示された突撃隊員は、鉤十字の旗を掲げて町中を練り歩いた。道にずらりと並んだ労働者はナチに罵声を浴びせ、唾を吐きかけた。返礼とばかりにナチ党員は隊列から飛び出し、棍棒やゴム製の棒で野次った者に殴りかかった。社会主義者とのすさまじい争いになった。暴力沙汰の一〇分後、警察の協力も得て、突撃隊はコーブルクの路上を得意満面で制圧した。

現地の警察当局は、暴力沙汰を誘発したとしてコーブルクの労働者を非難した。しかしそれとは多少矛盾するものの、他のナショナリストであれば問題は生じなかっただろうし、「ヒトラー一派がコーブルクに来なければ、ドイツの日は全く平穏のうちに終わっただろう」とも認めた。[45] ヒトラーにとって重要なのはプロパガンダの勝利だった。コーブルクのドイツの日は党の年報にも掲載された。こうしてナチ党はバイエルン北部でもそれと知られるようになったのだった。

これによってヒトラーは、数日のうちにフランケンで続けざまに大成功を収めたことになる。一〇月八日には、ドイツ活動共同体のかなり大きな支部であるニュルンベルク支部長ユリウス・シュトライヒャーが、相当の数の支持者とともに、自身が刊行する新聞ドイチャー・フォルクスヴィレ紙ごとナチ党に入党したいと手紙で言ってきていた。[46] 一〇月二〇日、コーブルクでの勝利の余韻も冷めやらぬうちに彼らが入党した。

シュトライヒャーは背が低く、ずんぐりしたスキンヘッドの男で、一八八五年にアウクスブルク近郊で生まれ、父親と同じく一時期は小学校の教員を務め、ヒトラーと同じく一級鉄十字勲章を受けた退役兵であり、ユダヤ人は悪魔だと信じ込んでいた。シュトライヒャーは、第一次世界大戦直後に創設されたドイツ社会主義党の創設メンバーでもあった。ナチ党に劣らず反ユダヤ主義的で、綱領も類似していたあのドイツ社会主義党である。シュトライヒャーが一九二三年に創刊したシュテュルマー紙は、人相の悪いユダヤ人が純真なドイツ人の少女をたぶらかそうとする卑猥なカリカチュアとユダヤ人の儀礼殺人を主張したことで悪名高い。ヒトラーが個人的に称賛し、「〔本物の〕ユダヤ人」はシュトライヒャーの「理念化された」イメージよりもはるかに悪いという見方を示したにもかかわらず、第三帝国下でさえ、一時は発禁処分を受けたこともあった。[47]シュトライヒャーは最終的にはニュルンベルク裁判で裁かれて死刑に処されることになる。

しかしここはいったん一九二二年に戻ろう。シュトライヒャーがヒトラーの翼下に入ったことは、ナチ党がバイエルン北部のフランケンで勢力を伸ばすうえで重大な一歩だった。[48]宿敵ドイツ社会主義党の勢力はフランケンでは決定的に弱まった。ナチ党の党員数は事実上倍増したことになる。二一年初頭に約二〇〇〇人だった党員数は一年後には六〇〇〇人になっていたが、それが一夜にして約二万人の党員を擁するにいたったのである。[49]それだけではなかった。敬虔なプロテスタント地域で、ナショナリズムが強く、反ユダヤ主義もはびこるフランケンの田園地帯は、バイエルン南部のカトリック地域にあるナチ党の地元ミュンヒェンや、後にナチ党全国大会の開催地となる、象徴的な本拠地ニュルンベルクをはるかにしのぐ一大牙城となった。シュトライヒャーに対してヒトラーが『わが闘争』のなかでしきりに謝意を表したのも当然であろう。[50]

そうはいっても、本拠地ミュンヒェンを離れればヒトラーの影響力にはまだ明らかに限界があった。翌年中続いたナチ党ニュルンベルク支部の内輪もめに強権的に介入できるような状態ではとてもなかった。ミュンヒェンの党本部が命令を出そうが、ヒトラーが個人的に介入しようが、シュトライヒャーとニュルンベルクでのそのライヴァルであるヴァルター・ケラーバウアーのあいだに一九二三年初頭に勃発した激しい権力闘争を解決することはできなかった。シュトライヒャーよりも九歳年長の元海軍将校ケラーバウアーは優れたジャーナリストで演説もうまく、党新聞ドイチャー・フォルクスヴィレ紙の編集長を務め、ニュルンベルク支部を切り回しているのは自分だと自負していた。一時期、ケラーバウアーは、彼を遠ざけたくなかった党首ヒトラーの支持を取りつけたが、争いは何カ月も続いた末にシュトライヒャーの勝利に終わった。[51]ヒトラーは党内では誰もが認めるプロパガンダ巧手ではあったが、本拠地ミュンヒェン以外の地にまでその命令が常に行きわたるにはいたっていなかった。

ミュンヒェンでヒトラーを支持する人びとがヒトラーをめぐる指導者崇拝を作り上げることに関心をもちはじめた大きな理由はここにあった。ヒトラーが運命の人としてのオーラを身にまとうようになる重大なきっかけは、しかし、ドイツの外からもたらされた。一九二二年一〇月二八日、ムッソリーニの黒シャツ隊がローマに進軍し、権力を掌握したことである。少なくとも喧伝された神話ではそのようになっている。事実はといえば、たいした武装もせず、装備ももたない飢えたファシスト二万人が四方向からローマを目指し、三〇キロメートルほど離れた場所に集まっていたが、雨が降ったからといって家に戻る者まで出るといった具合だった。現実には「ローマ進軍」などなかったし、必要とあればイタリア軍は簡単に撃破したに違いない。一〇月二九日、イタリア国王ヴィットーリオ・エマヌエーレ三世がムッソリーニに組閣を命じたというだけの話だった。翌日、ローマに着いたファシストの指導者ムッソリーニは、黒シャツ、黒ズボン、山高帽といういでたちだった。(52)

一九二二年一〇月二八日のムッソリーニのいわゆる「ローマ進軍」は、英雄的な「権力掌握」というファシスト神話の作り話にすぎなかったが、ナチ党は興奮に沸いた。内紛中の国家を救うために進軍するダイナミックで英雄的なナショナリスト指導者のモデルができたためである。統領《ドゥーチェ》ムッソリーニは模倣すべき像となった。イタリアのクーデターから一週間もたたない二二年一一月三日、エッサーはホーフブロイハウスの満員の大ホールで「アドルフ・ヒトラーはドイツのムッソリーニだ」ともちあげた。(53) ヒトラーの支持者が指導者崇拝を作り出した象徴的な瞬間だった。

3

「英雄的」指導者という発想は、第一次世界大戦前のナショナリスト右翼の政治文化にもなじみがあった。ビスマルク崇拝、後に打ち砕かれはするが皇帝に寄せられた過大な期待、偉大なる帝国、軍事的栄光という壮大なイメージは、帝国議会で小競り合いに明け暮れる惰弱でとるに足りない政党政治家のイメージの対極にあり、すでに見たように救国思想の強まりにも一役買っていた。ドイツの再生は、「英雄的」で神話的な過去をよびさます「偉大な指導者」に服従することで約束されると考えられた。この思想を世に広めたのは全ドイツ連盟をはじめとするナショナリストの団体であり、プロテスタント中流階層の「教養」層に及ぼした影響はとくに大きかった。市民層の青年運動にみられるゲルマン神話とロマン主義的心象が基盤となって、この思想は若年世代に受け入れられていった。しかしそうはいっても、そのような思想は一九一四年以前にはドイツの政治文化の主流だったわけではない。

しかし、第一次世界大戦と革命を経験したことで、「英雄的」指導者には新しい内実が備わった。「背後からの一突き」によって内側から弱体化させられたとされる塹壕の「運命共同体」、国家の存亡をかけた戦いにおける「偉大な行為」、「真の」指導者の英雄的行為が理想化されるようになり、反革命右翼勢力を潜在的に支持する大衆は、来るべき「偉大な指導者」というイメージを植えつけられた。

指導者のイメージは多様だった。レームの経歴については簡単に見たが、「行動する軍人」を指導者として理想化する多くの人びとを代表する人物と見てよい。新保守主義の右翼勢力は、革命の衝撃、憎むべき社会民主党の優勢、「政党政治」と議院内閣制に対する軽蔑、国際社会でのドイツの屈辱と弱体化のなかで、ビスマルクのような偉大な「政治家」を切望した。文学者は想像力豊かに「英雄的」指導者への期待を綴った。作家エルンスト・ユンガーは、「未来の偉大な指導者」とは「機械の時代」の「近代的な権力志向の人間」であって、「卓越した理性をもち」、特定の政党の出身であったとしても「あらゆる政党と分派の上に」またがり、その自然の直観と意志によって正しい道を選び取り、あらゆる障害に打ち克つ者だという。[54] ボンの作家エルンスト・ベルトラムは、一九二二年に書いた詩のなかで、来るべき指導者をライン川の堤から生まれ、アジアの脅威を退ける「再生」のイメージと結びつけて歌い上げた。[55] プロテスタント教会にも、来るべき指導者が精神の再生と倫理の復権をもたらすことを期待する人びとがいた。帝政の崩壊と「神から授けられた」権威の失墜、社会の世俗化、ドイツのプロテスタントにおける「信仰の危機」といったすべてが、「真の」キリスト教的価値をよびさます新しい指導者に期待する流れを生んでいた。ナショナリストのジャーナリストであるヴィルヘルム・シュターペルは、自由主義から民族至上主義《フェルキッシュ》に鞍替えし、メラー・ファン・デン・ブルックの思想に近いハンブルクの新保守主義の一派に属していた。その論考はこうした様々な指導者イメージをすべて取り込み、「真の政治家」とは「統治者でありながら、兵士であり、聖職者でもある」と書かれている。[56] つまりは、疑似宗教的な言葉で表現された世俗化した救済願望だったといえる。

力点の置き方こそ違えど、保守派も民族至上主義的な右翼勢力も、生まれながらの指導者であり、既存の規則や法に縛られず、「強く、単刀直入で、決然として」おり、神の意志を体現して行動する運命の人としての真の指導者という観念を「指導者なき民主主義」に対置した。「神はわれらに指導者を与え、われらを真のしもべとなす」と書かれたように、[57] 指導者には献身、忠誠、服従、義務をもって従うべきだとされた。

第一次世界大戦後のヨーロッパにおけるファシズムと軍国思想の広まりは、「英雄的指導者」イメージがドイツに限らず広まっていたことを示している。イタリアにおける統領崇拝《ドゥーチェ》は明らかに同種の現象である。しかし当然のことながら、ドイツのイメージには、ナショナリスト右翼の政治文化に特有の要素からくる、ドイツならではの特徴があった。そして、ヴァイマル共和国が多くの有力な社会集団から嫌悪され、大衆の支持も集められないという危機的状況にあったために、状況が安定していればまともに取り合われることもないまま狂信的な政治的過激派にしか広まらなかったはずのこうした思想にも耳が傾けられることになったといえる。新保守主義のジャーナリスト、作家、知識人が広めたこの思想は、単純化されて準軍事組織や市民層の青年運動の様々な潮流に受容されていった。さらにイタリアにおけるムッソリーニの勝利を契機として、この思想はナチが唱えるドイツ再生の構想にも組み入れられていった。

　指導者崇拝は、それまではナチ党のイデオロギーと組織の中核だったわけではない。指導者としてのヒトラーの資質を取り巻きが意識的に公衆にアピールし、ヒトラー自身も演説でそれを強くほのめかすようになるのは、ムッソリーニのローマ進軍後である。[58] ヒトラーはナショナリスト右翼の支持者から過剰なまでのへつらいを受け、奇怪にもナポレオンと並び称されることもあった。後に指導者崇拝が急速に広まる下地は十分に整っていたといえよう。[59]

　ナチ党初期には指導者崇拝が存在した形跡はない。「指導者《フューラー》」*1という言葉には特段の意味がこめられていたわけではなかった。政党や組織には必ずひとりないし複数の指導者がいた。その点ではナチ党も変わらない。ドレクスラーもヒトラーと同じく党の「指導者」と呼ばれ、時には両者が「指導者」として並び称されることもあった。[60] 一九二一年七月にヒトラーが党を掌握すると、「われらが指導者《フューラー》」という言い方が次第に一般的になっていった。[61] しかしそれはまだ、「ナチ党党首」という肩書と同じものでしかなく、そこに「英雄的」な要素が読み込まれていたわけではなかった。ヒトラー本人も個人崇拝をさせようとはしていなかった。しかし、ムッソリーニの勝利がヒトラーに強い印象を与えたことも確かである。ヒトラーはそれを範とみた。伝えられるところによれば、ムッソリーニの「ローマ進軍」後、一カ月もたたない頃にヒトラーは「われわれもそうあらねばならない。もつべきは行動する勇気だ。戦いなくして勝利なし！」と言ったとされる。[62]

　他方、ヒトラーの自己イメージは、ヒトラーの支持者が自らの指導者に向ける視線を反映して構築されていった部分もあった。ヒトラーの支持者は、ヒトラー自身が自らを英雄視するようになる前から、ヒトラーをドイツの「英雄的」指導者として描きはじめていた。一九二二年秋以降にみられるようになったこの新しい動きをヒトラーは止めようとはしなかった。ヒトラーは特別な指導者であり、実際のところドイツが待ち望んでいた指導者《フューラー》そのものである、とフェルキッシャー・ベオバハター紙が初めて主張したのは二二年一二月と思われる。ミュンヒェンのパレードに参加したヒトラーの支持者は「何百万もの人びとが待ち望んでいたものを、すなわち、指導者を見出した」、と報じたときのことである。[63] 二三年四月二〇日、ヒトラーの三四歳の誕生日には、突撃隊の新隊長ヘルマン・ゲーリングがヒトラーのことを「ドイツ自由運動の愛すべき指導者」と呼んだ。生まれはバイエルンだがベルリンで軍事訓練を受けてからはプロイセン人を自称し、容姿に優れ、きわめて自己中心的で、顔が広く、権力欲が強く、第一次世界大戦で勲章を受けたエースパイロットであり、ナチ運動のなかでも上流階級に顔の効く貴重な人材として魅力的だった当時三〇歳のゲーリングのこの言葉からして、この時期にすでに個人崇拝が始まっていたことは間違いない。[64]

政敵はこれを嘲笑した。[65] しかし、崇拝されるようになったことで、ヒトラー自身は間違いなく変わりはじめた。二三年五月、オーストリア国境にほど近いバイエルン・アルプスのベルヒテスガーデン近郊でヒトラーと休暇を過ごしていたエッカートは、ベルリンに対する自らの対応を、両替人を神殿から叩き出したキリストの行いになぞらえてヒトラーが語るのを聞いて、「メサイア・コンプレックスとネロイズムの間をとったような誇大妄想だ」とハンフシュテングルに評したことがある。[66] 同様のことは、フェーダーが党首ヒトラーに宛てた二三年四月一〇日の手紙からも見てとれる。この手紙のなかでフェーダーは、ヒトラーの「時間の使い方が滅茶苦茶」であること、またナチ党に君臨しようとしていることを強く批判した。「われわれは喜んであなたに最上位を明け渡そう。しかし、専制を許すつもりは毛頭ない」、とフェーダーはにべもない。[67]

一九二三年のヒトラーの演説を見ていくと、自己認識の変容の跡をたどることができる。この時期のヒトラーは、初期の頃と比べると、指導者とは何か、ドイツの来るべき指導者に必要とされる素質は何かに言及することが増えていた。ランツベルク収監以前にはそうした素質が自分にあるとヒトラーが明確に主張したことはなかった。しかし、演説には、「太鼓たたき」と「指導者」を分かつ境界がぼやけつつあることをうかがわせる箇所が散見される。

一九二二年一一月、ヒトラーは指導者への服従を第一の義務として挙げた。しかし、ミュンヒェンのビュルガーブロイケラーでの演説に関する警察の報告によれば、選ばれ、能力がなければ拒絶されることもあるとヒトラーが話す「指導者」が複数形だったことが分かる。[68] 数日後、大衆に応えることができるのは指導者だけであり、委員会は運動の妨げになるとヒトラーは強調した。[69] こうした見解は、党を掌握した頃からみられた。しかし、二三年に入るまでは、ヒトラーがドイツにおける独裁に言及することはほとんどなく、仮にあったとしても必ずしもひとりの人間による支配とは限らないような多少ぼかした言葉を選んで使っていた(70)。ところが二三年には、ムッソリーニの成功に加えて、ヴァイマル共和国の危機的状況がさらに先鋭化したこと、支持者がますます媚びへつらうようになったことが影響して、ヒトラーは次第に「ドイツを救う強い人間」に期待を寄せるようになっていく(71)。

　とはいえ、議会主義とは異なり、国益のためには必要とあらば多数派の意志に反してでも統治を行う指導者が必要だと言うとき、それはやはり複数形だった(72)。「国民はもはや大臣は必要としていない。必要なのは〔複数の〕指導者だ」とヒトラーは主張している(73)。ヒトラーが自らの役割をどのように認識していたのかが最もよく分かるのは、一九二三年五月四日、「ドイツ国民の破綻と終焉」だとして議会制をこきおろした演説である(74)。ヒトラーはフリードリヒ大王とビスマルクに言及して、彼らのような「巨人」の行動を「ドイツの墓穴掘り」である国会の行動と対比させつつ、「ドイツを救うのは国民の意志と決断による独裁だ。そこで疑問がある。独裁者としてふさわしい人物はいるのだろうか。われらの使命はその人物を探すことではない。それは天から賜るものだ。そうでなければ存在しない。われらの使命は、ひとたびその人物が姿を現したときに必要となる剣を鍛えることだ。われらの使命は、独裁者が現れたときに、それを迎える準備のできた国民を差し出すことだ」と述べているのである(75)。

　一九二三年七月にはヒトラーは、議会の多数決ではなく、個人の価値こそがドイツを救うのだとして、「ナチ党党首として、私には責任をとる使命があると考えている」と話した(76)。独裁を訴えるヒトラーの演説に拍手喝采が起こった(77)。発言から分かるように、ヒトラーは自分のことをまだ「太鼓たたき」だと考えてはいたが(78)、曖昧な要素も出はじめていた。同年一〇月二日の英デイリー・メール紙のインタビューでヒトラーは、「ドイツにドイツのムッソリーニが現れたならば〔…〕国民は膝をつき、ムッソリーニが受ける崇拝をしのぐほどにその人物を崇拝するだろう」と述べたとされる(79)。

　ヒトラーの支持者がヒトラーを「ドイツのムッソリーニ」と考えたように、ヒトラー自身もそう考えていたのだとすれば、ヒトラーはドイツの偉大な指導者を自分自身に重ねはじめていたかのようである(80)。ニュルンベルクでは、カールは支持するに値するかと問いかけておきながら、真の指導者の名に値しないと断じてみせた。ヒトラーは「偉大さ」は個人の英雄的資質のみから判断されるとして、マルティン・ルター、フリードリヒ大王、リヒャルト・ヴァーグナーという「三人の偉大なドイツ人」こそがそれだとした。この三者は国民の大義の「開拓者」であり、「国民の英雄」である。カールは「まとも」ではあり、能吏でもあるが、それだけでは当たり前である。[81] バイエルンを守ることしか考えられないカールでは、ミュンヒェンからドイツ国民の解放闘争を指揮することはできない。[82]「自由の闘士は正しい直感と意志をもたなければならない。意志に勝るものはない」[83]。英雄的指導者について述べ、カールは違うと否定し、「自由の闘士」に必要とされる資質を挙げる論法は、自分こそがドイツで最高の英雄的指導者だとヒトラーが主張しはじめたことをうかがわせる。

しかし曖昧といえば曖昧だった。ヒトラーは「開拓者」として、「偉大なるドイツ自由運動の道を拓くこと」を自らの目標だとした。[84] これは、まだ「太鼓たたき」たらんとしているようでもあるが、[85] ヒトラーはこの直前に、道を拓く開拓者をドイツの偉大なる過去の英雄と結びつけて論じたばかりだった。いずれにせよ、この時期には「身の内でドイツを救済せよと呼びかけ」る声を感じるようになっており、他の人びともヒトラーが話すことに「ナポレオンやイエス・キリストのようなまごうことなき魅力」を感じるようになった、とヒトラーは言う。[86]

未来の指導者に関するヒトラーの発言が曖昧なのは、恐らく、戦術的な意味もあったのだろう。未来の最高指導者の地位をめぐって早まった争いをし、潜在的な支持者を遠ざけるような真似をしたところで一利もない。一九二三年一〇月にヒトラーが述べたように、「指導者がもつ武器が鍛えられる」までは指導者は決まらずともかまわなかった。武器ができて初めて、「われらに正しき指導者をお与えくださるように神に祈るべき時が来た」といえるのだった。[87] ここには、政治を扇動、プロパガンダ、「闘争」ととらえるヒトラーの考え方が反映している。[88] 自らの行動の自由を束縛しない限り、ヒトラーは組織の問題にはさして関心がなかった。大事なのは「政治闘争」の指導者だった。

そうはいっても、まさしくこの政治闘争の領域におけるヒトラーの自信と、妥協のできない生来の性質からして、いずれは「国民運動」で無制限の全面的指導権を要求するようになったはずだ。一九二三年の危機的状況のなかでの指導者に関するヒトラーの発言は、自己認識が変化しつつあったことを示していると考えられる。ヒトラーはまだ自分は「太鼓たたき」だと考えていたが、崇高な使命も視野に入れはじめていた。それだけに、挫折した一揆後の裁判で成功を収めると、この自己認識は、自分こそが「英雄的指導者」だとの確信に容易く変わっていくことになる。

4

それらはすべて未来の話である。一九二三年初頭の段階では、ヒトラーがドイツの来るべき「偉大な指導者」だと本気で考える者は、最も熱烈な信奉者を除けば、いたとしてもほんのわずかだった。しかし、ある新聞によるとミュンヒェン随一の面白い場所とも評されるホーフブロイハウスなどを舞台に、[89] ヒトラーがミュンヒェンの政界のスターになっていったということは、ヒトラーの交友関係の外にいた人びとのなかにもヒトラーに強い関心を示す者が出はじめたということだった。

ナチ党に鞍替えした者のなかでもとくに二名の人物が、ヒトラーが新しい人脈をつくるうえでよい伝手になった。投機家クルト・リュデッケは顔の広いプレイボーイの元ギャンブラーで、見聞も広い「世慣れた人物」だったが、「指導者と大義を探していた」ところ、一九二二年八月にミュンヒェンで開かれた「愛国者組織」の集会でヒトラーの演説を聞いた。[90] リュデッケは心を奪われた。「私の批判精神は吹き飛ばされた」と後にリュデッケは書いている。「ヒトラーは、その純然たる信念の力でもって催眠術をかけ、大衆の心を私の心もろとも鷲づかみにした。[…] ドイツ人への呼びかけは軍隊の招集のようであり、聖なる真実の福音のようだった。第二のルターかと思われた。[…] 私は宗教的な回心とも比べられようかというほどの精神の高揚を感じた。[…] 私は、自分自身を、指導者を、大義を見出したのだ」[91]。

当人の弁によれば、リュデッケは自分の人脈を利用して、ヒトラーをルーデンドルフ将軍に引きあわせた。ルーデンドルフは、一九一四年に東プロイセンに侵攻してきたロシア軍を撃退した大戦の英雄であり、大戦の後半二年間にドイツを実質的な独裁下に置き、大戦後は極右のあいだでは傑出した存在だった。その名前を出すだけでヒトラーには次のステップが約束されたようなものだった。リュデッケは、すでにナチ党の重要な支持者であり庇護者でもあったミュンヒェンの元警察署長エルンスト・ペーナーにもヒトラーを売り込んだ。[92]

国外では、リュデッケは「ローマ進軍」直前にムッソリーニ（その当時はヒトラーのことなど聞いたこともなかった）と、一九二三年にはゲンベシュをはじめとするハンガリーの指導者ともコンタクトをもつことに成功した。[93] リュデッケが外国にもつ銀行口座と、外国で集めたかなりの額の寄付は、二三年のハイパーインフレのなかではナチ党にとって貴重だった。[94] 突撃隊の装備をすべて自費で整えたのもリュデッケだった。そうはいっても、地位ある知己のなかにはリュデッケがナチ党に宗旨替えしたことを快く思わず、静かに離れていく者も多かった。またナチ党内でも、リュデッケに対する反感や不信感を完全に払拭することはできなかった。フランスのスパイだとアマンが警察に告発し、[95] 無実の罪で二カ月収監されたことすらあった。二三年末までにはリュデッケはナチ党のためにほぼ全財産を使い果たしてしまった。[96]

リュデッケを上回る働きをみせたのは、エルンスト・「プッツィ」・ハンフシュテングルだった。ハンフシュテングルの母親（旧姓セジウィック＝ハイネ）は遡れば南北戦争時の将軍を二人も擁するアメリカ合衆国の名家の出であり、その血を引いた一九〇センチを超える長身のハンフシュテングルは、中流階級上層の美術商の一族に連なる教養人だった。ハーバード大学を卒業して美術系出版社を共同経営するハンフシュテングルは、ミュンヒェンのサロン社交界に大変に顔がきいた。リュデッケと同じく、ハンフシュテングルがヒトラーを知ったのも演説を聞いたのがきっかけであり、[97]大衆を揺り動かすヒトラーの力にやはり大いに感銘を受けた。「衝撃的なレトリックもさることながら、それをはるかに超えて、この人物は強い指導者を待ち望むグノーシス的な時代の流れにのって自らの使命を訴える尋常でない才能に恵まれ、両者を融合させるなかで希望という希望はすべて満たされうると言っているように思えた。大衆心理の操作が驚くべき効果を生んでいた」とハンフシュテングルは後に書いている。[98]ハンフシュテングルは、みすぼらしい青いスーツを着て、下士官か事務職員かというくらいの見てくれで、立ち居振る舞いも不様だが、大衆向けの弁士としてだけは力量のある小市民ヒトラーに間違いなく魅了された。[99]

ハンフシュテングルは、ある部分についてはヒトラーを馬鹿にしつづけた。なかでも、芸術と文化に関するヒトラーの半可通の判断（ハンフシュテングルのまさに専門分野であり、ヒトラーは独断的な知ったかぶりにすぎない）についてはまさにそうだった。[100]ヒトラーが初めて自宅を訪れたときには、「ナイフとフォークの使い方のひどさを見れば育ちが知れる」と（少々鼻もちならない調子で）書いたりもしている。[101]しかし、ハンフシュテングルは「大衆心理という楽器を演奏させれば巨匠」並みであるヒトラーという人物に明らかに魅了されてもいた。[102]ヒトラーが供されたヴィンテージワインに砂糖を入れるのを見て愕然としたりもしたが、ハンフシュテングルは、「ヒトラーは胡椒を入れることだってあったかもしれないのだ。物知らずな行動を見るにつけ、その泥臭い誠実さをますます信じずにはいられない」とも書いている。[103]

ほどなくヒトラーはハンフシュテングル家の常連客となり、いつもクリームケーキを貪るように食べ、ウィーン時代と同じ一風変わったやり方でハンフシュテングルの魅力的な妻ヘレーナに思いを寄せた。[104]ヘレーナはヒトラーの関心を受け流した。「信じてくださいな、あの人は完璧に中性よ、男じゃないわ」と彼女は夫に語った。[105]ハンフシュテングル自身も、ヒトラーは性的に不能であり、「女性的な」大衆と交流をもつことで代わりに満足を得ていると考えていたようである。[106]ヒトラーは、ハンフシュテングルのピアノの才、とくにヴァーグナーの演奏に感服していた。

ハンフシュテングルがピアノを弾くと、見るからにくつろいだ様子で演奏に合わせて口笛を吹き、オーケストラの指揮者のように腕を振りながら行ったり来たり歩きまわった。[107]

ヒトラーはハンフシュテングルを好いていたし、その妻のことはもっと好いていた。しかし、その基準はいつものことながら役に立つかどうかだった。そしてハンフシュテングルは何といっても役に立った。ハンフシュテングルはいわば「私設秘書」のような存在として、[108]毎週月曜日にカフェ・ノイマイアーに集まるヒトラーの取り巻き連中のような不調法な小市民には手の届かない人びとへの伝手となった。[109]

全ドイツ主義の反ユダヤ主義者で、経営する出版社からヒューストン・ステュアート・チェンバレンの著作を出版したこともあるフーゴ・ブルックマンの夫人エルザ・ブルックマンにヒトラーを紹介したのもハンフシュテングルだった。ヒトラーの愛想がよく、世間ずれしていないところがエルザの母性本能をくすぐった。[110]その身を敵から守ってやりたいという思いからだったのかどうかは分からないが、ヒトラーがいつも持ち歩いていた犬用鞭のうち一本はエルザが贈ったものである。(面白いことに、ヒトラーが最初にもらった鞭は、女性パトロンとしてはライヴァル関係にあるヘレーネ・ベヒシュタインから贈られたものであり、三本目の大ぶりのカバ皮の鞭はオーバーザルツベルクでの逗留先プラッターホーフの女主人ビュヒナー夫人からもらったものだった。[111])

ミュンヒェンの名士は、ルーマニア王家出身のブルックマン夫人の夜会にいずれは招かれることになっていたため、ヒトラーはここで実業家、軍関係者、貴族、学識関係者と面識をもつことになった。[112]ギャングハットをかぶり、ディナージャケットにトレンチコートを羽織り、これみよがしにピストルと犬用鞭をもつヒトラーの奇妙さはミュンヒェン上流階級のサロンで人目を引いた。しかし、まさにその奇抜な出で立ちと、社会性の欠如を自覚していたためか不自然なほど丁寧で大げさな仕草のせいで、ヒトラーはホストや客たちには見下されつつもちやほやされた。人とのつきあいに不器用で自信もなかったヒトラーは、黙っているか長広舌をふるうかどちらかになりがちだったが、成功を自覚していることが独特の印象を醸し出し、押し出しもよく裕福なエスタブリッシュメントのあいだでもヒトラーは珍しい、価値ある存在になった。[113]義勇軍の指導者ゲアハルト・ロスバッハはこの時期のヒトラーについて、「弱いくせに強くありたいと思っており、ろくな教育を受けていないくせに万能になりたがっており、真の兵士を感動させるために兵士にならねばならないボヘミアン。自分にも自分の能力にも自信がなく、ひとかどの人物や自分を追い越しそうな人物にはもれなくコンプレックスを抱いている。[…]ヒトラーは紳士ではなかった。後に燕尾服をまとうようになってからも紳士にはなれなかった」と書き記している。[114]

ヒトラーは時折、同じく出版業界でナチ党の古くからの支持者だったレーマンに招かれることもあった。エッカートの紹介で知り合ったピアノ制作者ベヒシュタインの夫人もヒトラーの「母親」分のひとりであり、ベルリンのコーヒー商から一九二三年九月にヒトラーが借りた六万スイスフランの担保としてナチ党に宝石を貸したこともあった。ベヒシュタイン夫妻は冬はいつもバイエルンで過ごすことにしており、「バイエルン荘」のスイートルームやベルヒテスガーデン近くの別荘にヒトラーを招いたものだった。

ヒトラーをバイロイトのヴァーグナー・サークルに紹介したのもベヒシュタイン夫妻だった。[115] 究極の英雄の聖地とみなすヴァーンフリート荘を一九二三年一〇月に初めて訪問したヒトラーは足がすくんだ。そこでは「聖堂で聖遺物を見てでもいるかのように」音楽室と図書室に収められたリヒャルト・ヴァーグナーの遺品の周りをつま先立ちで歩いた。皮ズボン、厚手の毛の靴下、赤と青のチェックのシャツ、サイズの合わない短めの青いジャケットという、伝統的なバイエルン風の「しごく普通」の格好で現れた珍しい客人に対して、ヴァーグナー一族の評価は分かれた。ヴァーグナーの息子ジークフリートのイギリス生まれの妻ウィニフレートは、この人は「ドイツの救世主となる運命にある」と思ったが、ジークフリートには「成りあがりの詐欺師」のように見えた。[116]

一九二二年後半から勢力を伸ばしはじめ、とくに二三年に急成長を遂げたことにより、ナチ党はミュンヒェンで一大政治勢力となった。「愛国的勢力」と緊密な関係にあり、社会的にも伝手を広げつつあるなかで、初期の頃と比べると党には資金が楽に流れ込んでくるようにはなった。後々まで、党の財政は党員からの寄付、入党費、集会での募金に大きく依存していた。[117] 集会に人が集まれば集まるほど多くの党員が募集でき、それが党の収入となって、それだけまた多くの集会が開けるのだった。宣伝活動が次なる宣伝活動の財源を生むのだ。[118]

とはいうものの、この時期になっても党の莫大な支出をまかなうのは難しく、激しいインフレのなかでは資金調達も容易ではなかった。一九二二年四月にヒトラーは資金調達のためにベルリンに出向いたが、はかばかしい成果は上がらなかった。[119] ナチ党の財政はいまだにその日暮らしとしかいいようのない状況だった。[120] ヒトラーはいつも党の支持者から寄付を募ろうとしていた。しかし、マルク建てである限りはどれほどの金額を得ようとも、貨幣価値が急速に下落するせいであっという間に無いも同じになってしまうのだった。[121] そのため、強い外貨での寄付は値打ちものだった。すでに述べたようにリュデッケとハンフシュテングルの存在はこの点でありがたかった。一〇〇〇ドルといえばインフレのドイツでは一財産だが、ハンフシュテングルはその額を無利子で融資して輪転機二台の購入資金にあて、おかげでフェルキッシャー・ベオバハター紙はアメリカ式の大判で印刷できるようになった。[122]全く見当違いのものも含めて、党の財政状況をめぐる噂を政敵は繰り返し報じた。しかしそのなかでも、後援者が増え、かなりの金額が調達できるようになったことが二三年の公式の調査から分かる。

マックス・エルヴィン・フォン・ショイブナー＝リヒターも有力な仲介者だった。リガで生まれ、語学の才に恵まれて第一次世界大戦中には外交官としてオスマン・トルコに駐在し、バルト海沿岸に戻った後に共産主義者によってしばらく投獄されていた人物である。第一次世界大戦後、ショイブナー＝リヒターはカップ一揆に参加し、その後、反革命の闘士の多くと同じようにミュンヒェンに来て一九二〇年秋にナチ党に入党した。[123]正体の知れないところもあるが、初期のナチ党の重要人物である。ショイブナー＝リヒターは、ロシア帝位請求権者キリル大公の妃ヴィクトリア・メリタをはじめとする亡命ロシア人に有力なコネをもち、ルーデンドルフのために資金を調達し、その一部をナチ党にも流していた。貴族層には、外国株を資金源としてもつゲルトルート・フォン・ザイドリッツ夫人をはじめとして、ほかにもナチ党の資金源になった人びとがいた。[124]

また、ルール地方の親族経営の鉄工所の跡取りフリッツ・ティッセンがルーデンドルフに一〇万金マルクという巨額の資金を提供した際、（おそらくほんのわずかだろうが）ヒトラーもその恩恵に与かったことはほぼ間違いない。しかし、ドイツの名のある実業家はベルリンの機関車・機械製造工場長エルンスト・フォン・ボルジヒを除けば、この時期にはナチ党にはほとんど関心を示さなかった。[125]警察の調べはいまひとつ要領を得ないが、ボルジヒと自動車製造業ダイムラーはナチ党に資金提供していたようである。[126]運動に寄付してほしいとヒトラーから説得を受けた者はバイエルンの企業家、実業家のなかにもいた。[127]

国外からも貴重な財源が得られた。反マルクス主義と強いドイツがボリシェヴィズムに対する防波堤になりうるのではないかとの期待からそうした寄付が寄せられることがよくあった。フェルキッシャー・ベオバハター紙の事務所の新設にはチェコ王室から資金提供を受けた。[128]スイスから資金を集める有力な伝手となったのは、長年にわたるナチの支持者だったベルリンの化学者エミール・ガンサー博士であり、スイスの右翼から三万三〇〇〇スイスフランの寄付を取りつけた。[129]一九二三年夏にヒトラーが自らチューリヒに赴いた後、スイスからはさらに寄付が寄せられた。[130]仇敵であるフランスからも、ヒトラーの最初のパトロンだったマイヤー大尉の元に右翼から九万金マルクが寄せられ、「愛国的勢力」に渡された。

これはナチ党にも渡ったと考えられる。これらの資金に加えて、秘密の武器庫の在庫から、ほかの準軍事組織と同じく突撃隊についても十分な装備や武器をそろえられるよう取り計らったのがレームだった[131]。どれほど資金協力があったとしても、レームが流す武器がなければ武装蜂起は不可能だっただろう。

一九二二年一一月には、ヒトラーがクーデターを企図しているとの噂がすでに流れていた[132]。二三年一月には、フランスによるルール占領後の一触即発の雰囲気のなかでヒトラー一揆の噂はミュンヒェンでさらに広まった[133]。危機的状況でなければヒトラーなど何もできなかっただろうが、危機は日に日に深刻化し、ナチ運動は急速に拡大した。二三年二月から一一月の間に約三万五〇〇〇人が入党し、一揆前夜には約五万五〇〇〇人の党員を擁するにいたった。党員はあらゆる社会層から集まった。約三分の一は労働者、一〇分の一強が中流階級上層や知識階級だったが、職人、商人、ホワイトカラー、農業などの下層中流階級の出身者が半分を超えていた[134]。多くは経済的、政治的危機の拡大に対する抗議、怒り、苦しみから入党した者たちだった。突撃隊に集まった数千人についても同じことがいえる。ヒトラーは、行動を約束することでこれらの人びとの支持を勝ち取った。大戦で受けた犠牲に対して報復がなされるだろう、革命は転覆させられるだろう[135]、という期待に応えて行動しなければ、これらの人びとをいつまでも熱狂的に惹きつけておくことはできなかった。「一か八か」という精神性は、単にヒトラーの性格がそうだというだけのものではなかった。ヒトラーの指導原理、政治目標、そしてヒトラーが率いるナチ党の本質に刻み込まれたものだった。しかし、ヒトラーは一九二三年には事態をコントロールできず、一一月八日以前に繰り広げられた劇の主役でもなかった。ヒトラーが惨めに踊った舞台自体、ベルリンに対するクーデターを期待する有力者や有力組織がその気にならなければ用意されることはなかっただろう。ヒトラーが果たした役割、その行動や反応は、こうしたことを踏まえて見ていかなければならない。

5

ヒトラーの反政府プロパガンダの不断の猛攻は、一九二三年一月のフランスによるルール占領がもたらした国民的団結の機運によってあわや台なしになるところだった。少なくともこのときには、共和国政府は毅然として行動し、大衆の支持を得ていたように見える。

ヴィルヘルム・クーノを首班とする政府が出した二年間の賠償支払猶予の要求は前年一二月末にパリで開催された連合国側の首脳会議で拒絶されていた。ドイツの木材は二〇万メートルのうち六万五〇〇〇メートルしか支払いが終わっておらず、二四〇〇万金マルク相当の石炭による賠償支払いも遅れていた。すでに支払われた総額一四億八〇〇〇万金マルクにのぼる賠償金に比べれば、それは微々たるものでしかなかった。しかし、一三万五〇〇〇メートルの木材の支払いの遅れを口実に、石炭による支払いを確保するとしてフランス軍とベルギー軍は一月一一日にルール地方に侵攻した。

国民の怒りがあらゆる社会的、政治的分裂を超えて広がり、ドイツを席捲した。社会民主党からドイツ国家人民党にいたるまで幅広い「国民統一戦線」ができあがった。[136] 戦争熱のなかで階級対立や国内対立が一時的に収束し、国民団結の精神が強まった一九一四年の「城内平和」を彷彿とさせるような空気だった。この統一の機運は長くは続かなかったとはいえ、ここには、事態を深刻にとらえるドイツ国内の国民感情がまさに表れていた。一月一三日、共和国政府はルール占領に対する「受動的抵抗」のキャンペーンを呼びかけた。一月一四日にはドイツ全土が嘆きの日とされることになった。三月三一日には、（挑発したのはドイツのナショナリストの側だったようだが）エッセンのクルップ社の工場で労働者がフランス兵から銃撃され一三名の死者と四一名の負傷者が出た。これは数ある衝突のなかでも最悪の部類に入る。[137] 事態はすでに過熱していたが、これが火に油を注いだ。「受動的抵抗」政策はたしかに広く支持されていたが、急進的ナショナリストには物足りなかった。解散した義勇軍がひそかに軍の支援を受けて再編成された。占領地域のサボタージュも軍の支援を受けた。[138]

ルール占領に対する強い抵抗が大きく広がるのは、ナチにとっては問題だった。抵抗運動が支持を受けることで追い風が吹かなくなってしまったのである。ルール占領に抵抗するベルリンの共和国政府を攻撃しても大衆にアピールできる保障はなかった。[139] しかし、そのようなことにはかまいなく、フランス占領から得られるメリットを認識していたヒトラーは、[140] 例によって宣伝活動で攻勢に出た。

フランスがルール地方に侵攻した当日、ヒトラーは満員のクローネサーカスで演説した。「一一月の犯罪者どもを打倒せよ」という題目だった。一九一八年の社会民主党の革命家を指して「一一月の犯罪者」という言い回しをヒトラーが使ったのはこれが初めてではない。しかしこの後、ヒトラーはこのキャッチフレーズを繰り返し口にするようになった。[141] この言葉からして、ルール占領に対するヒトラーの態度は明らかだった。真の敵は内にいるというのである。「犯罪者どもが責任をとらされ、報いを受けて初めて、ドイツは対外的に再生できることになるのだ[142]」。ドイツは無防備にも、フランスから植民地でもあるかのように扱われることに甘んじている。その責めを負うべきは、マルクス主義、民主主義、議会主義、国際主義、そしてもちろんそれらすべての背後に存在するユダヤ人勢力だ、とヒトラーは主張した。[143] そして新たに呼びかけられている「国民的統一」を罵倒し、占領に対して積極的な抵抗運動に加担する党員は追放する、と宣言した。[144] ヒトラーの支持者はしばし面食らった。しかし戦略は成功だった。

一九二三年一月二七日から二九日にかけてミュンヒェンで開催が予定されていたナチ党初の「全国党大会」の準備を進めるなかで、プロパガンダ攻勢は次第に勢いを増していった。これはバイエルン政府との摩擦を招き、クーデターの噂を恐れたバイエルン政府は一月二六日にミュンヒェンに戒厳令を発令した。ただし、結局は力不足で、集会を禁じようとする動きをみせながらも、貫きとおせずに終わることになる。[145]

バイエルン政府が集会を禁止した、と聞いたヒトラーは怒りにわれを忘れた。ここで引き下がったりなどできようはずがない。ヒトラーは禁止されようが前進すると約束し、治安を乱し、流血騒ぎを起こすと脅しをかけた。銃弾が発砲されるときには隊列の最前列に立つと決意し、芝居がかった宣言まで行った。[146] もっと建設的に考えるようにとヒトラーを諌めたのはレームだった。軍が再びヒトラーの助けになった。レームは、ヒトラーを支持するよう、バイエルンに駐屯する第七師団の師団長オットー・ヘルマン・フォン・ロッソウ将軍をエップを通じて説得し、ヒトラーをロッソウに引き合わせた。ヒトラーは大会を平穏裏に進めると請け合い、クーデターは起こさないと「名誉にかけて」誓った。その後、ヒトラーとレームは、当時オーバーバイエルン県知事を務めていたカールのもとに駆けつけてその支持を取りつけ、同じくバイエルン州警察長官エドゥアルト・ノルツの支持も得た。ヒトラーは準備していた一二の大型集会の許可を得ると一晩のうちにそのすべてで演説し、ミュンヒェンの中心部に近いマースフェルト練兵場で六〇〇〇名の制服姿の突撃隊員を前に一月二八日に突撃隊の隊旗授与式を行う許可も与えられた。[147] 社会的地位の高い者のなかにナチ党に好意的な人物がおらず、州政府が断固として譲らなければ、レームが考えたように、ヒトラーの威信は大きく損なわれただろう。[148] しかし実際には、バイエルン州当局のおかげでヒトラーはまたしてもプロパガンダに成功したのだった。

大会の集会でヒトラーは自信に満ち、成功を確信しつつ、自分を支持する大衆の前に再び姿を現した。大会は「ドイツ自由運動の指導者」に敬意を払う儀式のようだった。[149] 党内の結束を最大限強めるために意図的に考え出された指導者崇拝が始まった。新聞報道によれば、一月二七日夜の一二の演説会場のひとつホーフブロイハウスの大ホールでは、入場したヒトラーは「救世主のように」迎えられた。[150] 同夜のレーヴェンブロイケラーでは、興奮した雰囲気のなか、ボディガードに守られながらわざと遅れて会場に入ってきたヒトラーは、やはり英雄のように歓迎された。[151] イタリアのファシストがローマ帝国のローマ式敬礼を取り入れたのに倣ったものと思われるが、一九二六年にナチ運動の定番となる、腕をぴんと伸ばして突き上げるような敬礼スタイルでの登場だった。私的な集まりでの内気なヒトラーと同一人物とは思えなかった、とカール・アレクサンダー・フォン・ミュラーは書いている。[152]

レームのやり方は、ひたすら宣伝活動に集中するヒトラーとは違っていた。準軍事組織に力を入れるレームは、ヒトラーの権威にとって潜在的な脅威だった。[153] 一九二三年二月初旬、ピッティンガーと決別した直後、レームは突撃隊、オーバーラント同盟、帝国旗団、ヴァイキング団、ニーダーバイエルン闘争同盟からなる「祖国戦闘団協会」を設立した。[154] 軍事指導権は、かつてバイエルン住民軍とエシェリヒ(もしくはオルゲシュ)団で参謀長を務めたヘルマン・クリーベル退役中佐が握った。[155] 戦闘団協会はバイエルン軍の訓練を受けたが、これは、フランス、ベルギーのさらなる侵攻を受けたときに軍に編入することを想定し、それに備えて行われたものではなかった(その恐れはこの時期までには明らかに小さくなっていた)。想定されていたのは間違いなくベルリンとの衝突だった。[156]

この上部団体にひとたび組みこまれてしまえば、突撃隊は最大の準軍事組織といえるようなものではとてもなく、他組織との見分けさえつきにくくなった。[157] 純然たる軍事組織のなかでは突撃隊は従属するしかなかった。[158] 統制権を失い、突撃隊が自分ひとりの判断では動かせない準軍事組織になってしまったことは、ヒトラーにとって喜べることではなかった。しかし打つ手はなかった。[159]

ただし、ヒトラーはレームによって戦闘団協会の政治指導者に担ぎ上げられた。ヒトラーは戦闘団協会の政治目標を決めるようレームに依頼されたのだ。[160] ヒトラーはいまや上流社会にしっかりと入り込みつつあった。一九二三年初頭には、レームを通じて陸軍最高司令官ハンス・フォン・ゼークト将軍の知己を得た(ただし、ゼークトはミュンヒェンのデマゴーグには全くよい印象をもたず、ルール地方をめぐる紛争で急進的な行動を起こすようヒトラーから懇願されたがそれに関わる気はなかった)。[161] レームは新たにバイエルン州の軍司令官となったロッソウに対しても、労働者層を国民の大義のために取り込もうとするヒトラーの運動は一一月革命を転覆させる「愛国的闘争戦線」を結成するうえで最大の可能性をもつと主張した。[162]

表向きこそ直接指揮をとってはいなかったが、あらゆる政治的方向性のナショナリスト準軍事組織とコンタクトがあったのは、ナショナリスト急進右翼の象徴的指導者と一般に目されていたルーデンドルフ将軍だった。大戦の英雄ルーデンドルフは、一九一九年二月にスウェーデンへの亡命から帰国し、ミュンヒェンに居を定めていた。急進的な民族至上主義的《フェルキッシュ》ナショナリズムの思想をもち、新しい共和国を嫌悪し、「背後からの一突き」という匕首《あいくち》伝説の主唱者でもあったルーデンドルフは、全ドイツ主義の流れに苦もなく乗り、カップ一揆で担ぎ上げられ、この時期には反革命の極右勢力と近い関係にあった。反革命の極右勢力にとってルーデンドルフの名声は実に貴重だった。ミュンヒェンという民族至上主義的な準軍事組織の政治潮流の温床のなかで、かつて参謀次長を務め、一六年から一八年にかけてドイツの実質的な独裁者でもあった、大戦の最大の功労者ルーデンドルフが、元は陸軍の一兵卒にすぎないヒトラーと緊密に接触し、自ら協力するという注目すべき事態が生じたのだった。さらに注目すべきは、ルーデンドルフにはなじみのない民衆扇動という新しい政治世界で、元は一兵卒のヒトラーがかつての軍事指導者ルーデンドルフを凌いで極右勢力の代表者としての地位を築きあげていったその速さだった。

ヒトラーはルドルフ・ヘスを通じて一九二一年五月にルーデンドルフの知己を得た。以来、ルーデンドルフの名前を出すことでヒトラーには数多の道に通じる扉が開かれた。[163] 一九二三年二月二六日のベルリンでの会合で、ルーデンドルフは北ドイツの準軍事組織の指導者ら、ヒトラー、「戦闘団協会」でレームのスポークスマンを務める帝国旗団団長ハイス大尉を一堂に集めた。フランス軍に抵抗するストライキを考えていたルーデンドルフは、ゼークトとクーノ内閣を支持するように求めた。公式には反政府の立場をとっていたにもかかわらず、ヒトラーは異議を唱えなかった。準軍事組織に軍の訓練を受けさせるという提案を拒否したのはドイツ青年騎士団だけだった。[164] しかし、三月に行われた煮え切らないゼークトとの四時間にわたる会談ではヒトラーはひどく失望させられ、バイエルン州軍司令官ロッソウとの面会では、それならばバイエルンはわが道を行き、共和国からの分離を考えなければなるまいとのロッソウの結論に怒り狂って反駁する羽目になった。[165] そのような状況ではあったが、ヒトラーとロッソウが一月に合意していた国軍による突撃隊の訓練は、それでも開始された。他の準軍事組織と同様に突撃隊は、フランス軍に対する動員の準備として軍に武器を引き渡した。[166]

フランス軍によるルール占領後、一九二三年春の準軍事組織をめぐる政治動向は混乱し、衝突と陰謀に満ち満ちていた。レームの工作のおかげで、ビアホールの扇動者だったヒトラーは、バイエルン内のみならずドイツ全土の軍高官や準軍事組織指導者のトップレベルの議論に加わるようになっていた。いまやヒトラーは重要人物だった。しかし、ヒトラーを上回る権力をもち、独自の目的をもって動く他者の行動をコントロールすることまではできなかった。常に扇動しつづけていれば一時的に支持を得ることはできた。しかし、熱狂は永遠には続かない。行動が必要だった。ヒトラーが短気で、一か八かの態度をとったのは気性のせいだけではなかった。ヒトラーは二三年春の突撃隊の軍事訓練について、フランス軍に「攻撃を加えることだけをひたすら考え」て行われていたと評した。「最終的に決断を迫られることになった理由のひとつがこれだった。兵営で朝から晩まで戦争のことばかり考えている者たちを抑えつづけることは不可能だからだ。彼らは『いつやるんだ、いつわれわれは戦って奴らを追い出せるんだ』と聞いてくる。こうした輩は何週間も自制してはいられない。それが後にわれわれが引き起こした行動の理由の一端であると同時に、いずれはそうせざるをえなかった理由の一端でもあった[167]」。

こうした雰囲気が直接の原因になって起こったのが、一九二三年のメーデーの日のバイエルン州政府との大衝突だった。今回はヒトラーの面目は丸つぶれにされた。五月一日にミュンヒェンの路上を社会主義者がパレードするという労働組合のプログラムが警察に認可されたが、ナショナリスト右翼から見ればこれは挑発にほかならなかった。ミュンヒェンでは、五月一日は、左翼勢力にとって社会主義の象徴的な日であるだけではなかった。右翼勢力にとっては、一九年四月に短命ながらソ連型の権力奪取を行った憎むべきレーテ共和国からミュンヒェンが「解放」された記念日でもあった。したがって、左右の両勢力がぶつかれば深刻な事態を引き起こす可能性があった。しかもそうした衝突が起こる可能性はきわめて高かった。空気はすでに張りつめはじめていた。四月二六日にはミュンヒェンの一地区で共産党員とナチ党員のあいだでただならぬ銃撃事件が起き、四名の負傷者が出た[168]。正当な手続きを踏んで否決されたとはいえ、社会民主党は突撃隊の活動を再度禁じる法案を四月二四日、二五日にバイエルン州議会に提出していた。そして何より、極右自身が戦いたくて仕方がなかった。「ミュンヒェンの極右は『行動』する機会を探しまわっていた」と義勇軍の元指導者ゲオルク・エシェリヒが記したとおりだった[169]。

後にヒトラーも認めたように、活動家をいつまでも緊張状態に置いておくわけにはいかず、どこかで空気を抜かなければならなかった。ヒトラーが提案したのは、メーデーの国民デモと、「アカ」への武装攻撃だった[170]。深刻な混乱が生じかねないことに危機感を募らせたミュンヒェン警察は左翼勢力に与えた路上パレードの許可を取り消し、街の中心部に近いテレージエンヴィーゼ緑地内でのデモだけを許可した。ほぼ間違いなく右翼勢力が流したものであろうが、左翼勢力によるクーデターの噂があることを口実に、準軍事組織は「防衛」にかかろうとして、軍が保管する「自分たちの」武器を返すように求めた。[171] しかし四月三〇日午後、準軍事組織の指導者らと面会したロッソウは、右からのクーデターを危惧して武器の引き渡しを拒んだ。ヒトラーはわれを忘れるほど怒り、背信行為だとしてロッソウを詰った。[172] しかし打つ手はなかった。思えばヒトラーは自信過剰だったのだ。今回ばかりは当局は断固たる対応を貫いた。

結局、翌朝は、メーデーのデモからは遠く離れた、ミュンヒェン北部の兵営が立ち並ぶ地域にあるオーバーヴィーゼンフェルトに、ナチ党員一三〇〇名を含めて全体で二〇〇〇名ほどの準軍事組織の隊員が警察の非常線に囲まれて集まった。それが精一杯だった。レームが管理する武器の一部を供出して多少の訓練が行われたが、計画していた左翼勢力への攻撃の代わりにはとてもならなかった。明け方から大半の時間を銃を構えて警察とにらみあって過ごした後、武器を返して午後二時頃には解散になった。多くの者はすでに帰ってしまっていた。

街中ではひとつふたつ小競り合いがあったと報告されている。最も深刻だったのは、左翼のデモから帰宅する労働者の一団が、オーバーヴィーゼンフェルトから戻った突撃隊員に攻撃され、殴られたことだった。警察は介入しなかった。[173] しかしこれも、起こりえた流血騒ぎに比べればたいしたことではなかった。二万五〇〇〇人が参加したテレージエンヴィーゼ緑地でのメーデー集会は昼頃にはつつがなく終わった。街の中心部から西に四、五キロメートルほど離れたところにあるヒルシュガルテンという大きなビアガーデンで開かれるメーデーの祝祭に参加するため、参加者のほとんどは午後には帰って行った。推定三万人の社会主義者の参加を得て、これもつつがなく行われた。[174]

その晩のクローネサーカスでの満員の集会ではヒトラーは開き直った。大喝采のなか、ナチ党、オーバーラント同盟、ブリュッヒャー同盟、帝国旗団、ヴァイキング団の提携が成ったという意味で今日は特別の日だ、とヒトラーは宣言した。そのほかには、ヒトラーはいつものように、ユダヤ人、社会主義者、インターナショナルへの攻撃に頼った。警察の報告書によれば、ユダヤ人は「人種的な結核」だと誹謗する反ユダヤ主義的な演説で大衆のさもしい品性に訴えかけつつ、「ポグロムになりかねない雰囲気」を作り出したようだ。[175] ヒトラーはこのようにして失敗を取り返そうとした。しかしごまかせたのは狂信的なナチ党員くらいだった。大部分の者は、メーデーの出来事ではヒトラーとその支持者は大恥をさらしたと考えた。ヴュルテンベルクの使節は、ヒトラーは落ち目だとの見方が広がっていると報告している。[176]

バイエルン州首相オイゲン・フォン・クニリングは四月に「敵は左派にいるが、危険は右派にある」と述べた。[177] 危機のなかで中道路線をとろうとするバイエルン人民党

（BVP）政府の絶望的な試みを象徴する発言である。クニリングのこの発言からもうかがえるように、弱腰で煮え切らないその立場は、右からのクーデターの危険を阻止しなければならない一方で、穏健な社会民主党の多数派まで含めて左派に対して根深い恐れを抱いていたことから来ていた。メーデーの一件では、断固たる行動をとればヒトラーを打ち負かすことができると政府も分かったはずだった。しかしこの時期のバイエルン州政府は、左派の民主主義勢力とは一切の協力をとりやめて久しかった。共和国政府とも対立してばかりだった。独自の判断で動く州の軍隊を効果的に統制することもできなかった。この状況では全勢力から総攻撃されたとしても驚くにはあたらない。バイエルン州政府は、極右の問題に対処しようとする意志もそれを実行する力もないまま、結果としてヒトラーの運動が五月一日の一時的な挫折から立ち直る余地を与えてしまった。[178]

　一九二三年五月一日の最大の教訓は、軍の協力がなければヒトラーには何の力もないということだった。一月に当初は禁じられた党大会が後から開催できるようになった際、ヒトラーの威信が傷つかずにすんだのはロッソウの許可が得られたためだった。それに対して五月一日には、ロッソウが拒否したためにヒトラーは計画どおりに宣伝を成功させることができなかった。宣伝を垂れ流すことで活力を得ていたヒトラーは、それを奪われたことでその力の主たる基盤を掘り崩されたかに思われた。しかしバイエルン軍は二三年後半には、バイエルンの政治の数式のなかでは独立変数だった。また、ベルリンに対する敵意と結びついた強い反社会主義のせいでバイエルン州政府は極右に対して時に融和的、時に煮え切らない態度をとったため、ヒトラー運動の勢いはメーデーの一件によって深刻な打撃を受けるにはいたらなかった。[179]本来、メーデーの騒ぎについて治安紊乱罪で告発されれば、ヒトラーは最大二年間は人前に出られなくなる可能性もあった。しかし、バイエルン州法相フランツ・ギュルトナーが、フランスに対する戦争準備のため軍が準軍事組織の訓練と武装に協力したことの詳細を暴露するとのヒトラーの脅しに屈して正式な告訴へといたらないよう取り計らったことで、この問題は闇に葬られた。[180]

　一方、ヒトラーは一九二三年の夏中、「一一月の犯罪者」を攻撃する執拗な扇動を続けた。ベルリンに対する激しい敵意は、それがなければ競合しあったであろう右翼の鎹《かすがい》となった。国内外の敵に対するヒトラーの憎悪と復讐のメッセージは聴衆にはこと欠かなかった。[181]巨大なクローネサーカスを満員にできるのは相変わらずヒトラーだけだった。五月から八月初旬にかけて、ヒトラーはクローネサーカスでの五回の集会で会場に入り切らないほどの聴衆を前に演説し、バイエルンの他の場所で開かれたナチ党の集会でも一〇回にわたり演壇に立った。[182]

バイエルン州政府はナチ党に対して融和的ではあったが、関係は緊張もしていた。準軍事組織の指導者のなかには組織に警察の補助をさせる者もあったが、ヒトラーは突撃隊をそのように使う気はなかった。バイエルン州に対する自らの行動の自由が損なわれる危険があったためである。[183]七月一四日にミュンヒェンで行われたドイツ体操大会では、クローネサーカスでの集会から引き上げる突撃隊が党旗の掲揚を禁じる警察の命令に従わなかったため、突撃隊と警察が衝突する事件も起きた。[184]

そうした衝突はナチ党とその党首に注目を集めておくのに都合がよかった。ナチ党幹部らは、ヒトラーに対して暗殺予告があったという噂を自ら流布してまで、世間の注目を引こうとしていた。[185]しかし、行動なき扇動を永遠に続けるわけにはいかないことにはヒトラーも気づいていた。衆目の見るところも同じだった。ヴュルテンベルクからの使節は一九二三年八月三〇日に、「あれほどの行動主義を掲げ、刺激を求めて集まった勢力をあれほど抱える党は、一定の期間内に行動を起こさなければ魅力を失ってしまうに違いない」という報告を上げている。[186]しかしヒトラーは単独では行動に移れなかった。軍の支持だけでなく、他の準軍事組織の協力も必要だったが、この準軍事組織の政治の世界では、ヒトラーも完全に自由な立場にいたわけではなかった。たしかに、夏のあいだも突撃隊の新規隊員は増えつづけた。[187]しかし、五月一日に恥をかいた後、ヒトラーはしばらくは大人しく、五月末にはエッカートとベルヒテスガーデンの小さなホテルにしばらく引きこもったほどだった。[188]しかも、様々な「愛国的組織」の会員にとって、「国民闘争」のシンボルはヒトラーではなくルーデンドルフだった。ヒトラーは数多のスポークスマンのひとりにすぎなかった。意見が分かれる場合には、ヒトラーもルーデンドルフの優位を認めて引き下がらなければならなかった。[189]

一九二三年九月一日から二日にかけてニュルンベルクで開催されたドイツの日の主役は、第一次世界大戦の英雄ルーデンドルフだった。一八七〇年のセダンの戦いにおける対仏勝利の記念日に合わせて日程が組まれたドイツの日は、ナショナリスト準軍事組織と退役軍人組織の大規模な大会であり、警察の推定によれば参加者は一〇万人を数えた。[190]帝国旗団と並んでナチ党員にも注目が集まった。[191]弁士のなかで最も印象的だったのはヒトラーであり、華々しい壮大なプロパガンダによって五月に地に落ちた名声の回復に成功した。二時間にわたる分列行進では、ヒトラーはルーデンドルフ、ルートヴィヒ・フェルディナント・フォン・バイエルン王子、「愛国的組織」の軍事指導者クリーベル退役中佐とともに演壇に並んだ。[192]

大会の結果、新たにドイツ闘争連盟が組織され、ナチ党、オーバーラント同盟、帝国旗団がまとまった。軍事指導権はクリーベルがもったが、ヒトラーの側近ショイブナー＝リヒターが事務局長に就任した[193]。三週間後、レームの工作が功を奏して、他の準軍事組織の指導者の合意の下、ヒトラーは闘争連盟の「政治指導者」の地位に就いた[194]。

これに実際にどれほどの意味があったのかは全く分からない。ヒトラーはこの上部組織の独裁者ではなかった。「将来のドイツ」の来るべき指導者について何らかのイメージがあるとすれば、それはルーデンドルフだった[195]。ヒトラーは、ナショナリストのプロパガンダと扇動を通じて、準軍事組織の政治を革命的大衆運動に従属させることを「政治指導」と考えていたようである。しかし準軍事組織の指導者はまだ「兵士の優位」という価値観に立っていた。すなわち、レームやクリーベルのような専門家が尊重され、ヒトラーはいわば「政治教官」にすぎなかった[196]。ヒトラーほど大衆の感情をかき立てることに秀でた者はいなかった。しかしその点を除けば、ヒトラーは権力獲得のメカニズムには明確な考えをもたなかった。それにはもっと冷徹な頭脳が必要だった。

九月二四日にショイブナー＝リヒターがまとめた闘争連盟の「行動計画」は、バイエルンの「国民革命」は、国家権力を維持するための力となる軍隊と警察を引き入れた後に行うべきものであり、その前ではない、との方針をはっきりと示した。闘争連盟の指導者をバイエルン内務省と警察の職に就け、警察を合法的に取り込む必要がある、というのがショイブナー＝リヒターの結論だった[197]。闘争連盟の他のメンバーと同じくヒトラーも、バイエルンの軍隊と警察に正面から歯向かってクーデターを起こしたところで成功の見込みがないことは分かっていた[198]。しかし、さしあたり、ヒトラーは相も変わらずバイエルン政府に真っ向から対立するプロパガンダを続けるしかなかった。国家を統制下に置くための具体的手順について明確な戦略がなかろうと、闘争連盟内でのヒトラーの立場からして、行動を求める人びとからの圧力が弱まることはなかった。

6

危機はヒトラーにとっては酸素のように不可欠だった。生き残るには危機が必要だった。夏が過ぎ、秋にさしかかる頃、ドイツの状況が悪化の一途をたどり（バイエルンではとくにそうだった）、「受動的抵抗」政策によって貨幣価値が完全に下落したことで、ヒトラーのようなタイプの扇動はますます魅力を増していった。この時期までにヒトラーは闘争連盟の政治指導者の地位につき、ドイツの深刻な危機的状況はその結末を迎えようとしていた。

一九二三年八月一三日、ドイツ人民党（ＤＶＰ）の党首グスタフ・シュトレーゼマンがクーノに代わって首相となり、外相を兼務することになった。シュトレーゼマンは、かつては熱烈な君主主義者で大戦期には併合論者だったが、プラグマティックな共和主義者に転向した人物である。不安定な共和国の受動的抵抗を終わらせ、フランスに屈服せざるをえないことは明らかだった。国家財政は破綻し、通貨価値は失われた。インフレはすさまじい速度で亢進していた。第一次世界大戦前夜には一ドル四・二〇マルクだったはずが、二三年一月には一万七九七二マルク、八月には四六二万四五五五マルク、九月には九八八六万マルク、一〇月には二五二億六〇二八万マルク、一一月一五日には四兆二〇〇〇億マルクあればどうにかという水準にまで下がった。九月半ばにはバター一キログラムは一億六八〇〇万マルクだった。一揆の日にナチ党員がフェルキッシャー・ベオバハター紙を買うには五〇億マルク必要だった[199]。

投機家と成金がはびこった。しかし、一般庶民にはハイパーインフレは壊滅的な損害をもたらし、精神的影響も計り知れなかった。一生かけて貯めた貯金が数時間のうちに消し飛んだ。保険契約証書も価値を失った。年金生活者のように固定収入に頼っている者は唯一の頼みの綱がなくなった。労働者は当初はそこまでひどいダメージを受けなかった。社会騒擾を回避したい雇用者側が、生活コストに応じて賃金を変動させることで労働組合と合意したためだった。

しかしそうはいっても、大きな不満のなかで政治勢力が左右を問わず激しく急進化したとしても驚くにはあたらない。夏には共産党がストライキを呼びかけ、国中に激震が走った。このときには社会民主党がシュトレーゼマン「大連立」政権に加わった。ナショナリストにしてみればこれは挑発以外のなにものでもない。バイエルンではとくにそうだった。しかし、急進化したとはいえ大部分はまだ社会民主党を支持していた労働者層はこれによっていったん鎮静化した。

ところが、自らの強さと可能性を過信した共産党員が、共産党が正式に州政府入りした直後にテューリンゲンとザクセンで革命的反乱の画策を始めた。地方政党がドイツ革命の中心になろうとしてしきりに行動したがっていたハンブルクでは、わずかな期間ではあったが一〇月二三日から二六日にかけて実際に反乱が起こり、主として警察署が襲撃を受けた。最後は流血沙汰になった[200]。二四名の共産党員と一七名の警察官が犠牲になった。中部ドイツでは共和国政府の対処は迅速だった。一〇月末には、極右への対応とは比べ物にならないほど迅速に共和国政府が軍を送り込み、共産党による暴動は阻止された[201]。テューリンゲン州政府は折れ、共産党の閣僚は閣外に去った。ザクセンでは州政府が準軍事組織の解散を拒んだため、力を見せつける必要が生じた。ザクセンのある町では、軍隊がデモ隊を銃撃した際に二三名の死者と三一名の負傷者が出た。銃撃が行われた町はほかにもいくつかあった。選挙によって選ばれた内閣は退陣した。銃を突きつけられてのことだったともいわれる[202]。喧伝されていた左からの脅威は、共和国政府が軍隊を一度投入しただけで失敗に終わった。共産党の計画した「ドイツの一〇月」が失敗に終わったにもかかわらず、とくにバイエルンでは、極右は中部ドイツにおける「アカの脅威」をベルリン進軍計画の口実に使いつづけた。

一九二三年九月二六日に受動的抵抗が終わるやいなやバイエルンでは戒厳令が敷かれ、グスタフ・リッター・フォン・カールが独裁に近い権力をもつ州総督に任じられた。クニリングはバイエルンの実力者カールに事態を掌握させることで、ヒトラーの勢いを弱めようとしたのである[203]。その反応から見るに、ナチ党内では現に、カールの任命は権力掌握の見通しには打撃だと受けとめられたようである[204]。共和国側も戒厳令を発令し、軍に緊急大権を与えた。カールが最初に行ったことのひとつは、新たにクーデターの噂が流れるなか、ナチ党が九月二七日夜に計画していた一四の集会を禁じることだった。ヒトラーは逆上した[205]。カールを取り込まれたことで出し抜かれたと感じ、バイエルン州総督の地位に就いたカールは国民革命を指導する人物ではないと確信もした。受動的抵抗に対して年初にとった態度とは正反対だが、国民的抵抗を裏切ったとしてヒトラーは共和国政府を攻撃し、カールにも攻撃の矛先を向けた[206]。

カール任命後の数週間は、陰謀が渦巻き、緊張が最高潮に達した。警察の情勢報告によれば、住民のあいだには期待感があった。ドイツの他地域と同じく、バイエルンでも状況は最悪だった。八月後半のシュヴァーベンの報告には、「失業と飢餓が恐ろしい幽霊のように家々の前にたたずんでいる」とある[207]。フランケンの悲惨な状況を伝えるのは、黒パン一ポンドは一〇億マルク、失業が急速に増大している、工業界には注文が来ない、多くの人は食べていけない、政府は公務員に支払うことすらできない、との報告である[208]。オーバーバイエルンからは、一九一八年一一月から一九年四月にかけての時期と同じような雰囲気になっているという報告があった[209]。この地域では、外国人、成金、政府への憎悪が強まっていると も記録に残されている[210]。ミュンヒェン警察の記録には、九月に雰囲気が悪化し、はけ口となるような行動がとられようとしているとある。しかし、参加費とビール代が高いため、政治集会の入りはよくなかった。ビアホールを満員にできるのは相変わらずナチだけだった[211]。クーデターが起こるという噂が飛び交うなか、何かことが起こる日は近いと思われた[212]。

ヒトラーは行動を起こすよう圧力を受けていた。ミュンヒェンの突撃隊隊長ヴィルヘルム・ブリュックナーは、「隊員たちを抑えきれなくなる日が来るだろう。何も起こらなければ、連中は去っていくだろう」とヒトラーにもらした。[213]「皆を結束させておくために、最後は何かをしなければならない。さもなければ、皆、極左になってしまうだろう」と言ったショイブナー＝リヒターの見解も同じだった。[214]一一月初旬に州警察長官ハンス・リッター・フォン・ザイサー大佐に対してヒトラー自身もほとんど同じ論法を使い、「経済の圧力が人びとを駆り立てている以上、われわれが行動しなければ支持者は共産主義に転向してしまうだろう」と述べた。[215]一揆の挫折後、ランツベルクでの初尋問でヒトラーは過去を振り返って同じような議論を展開した。「闘争連盟の連中が圧力をかけてきた。連中を制しておくことはもうできないというのだ。あれほど長期間、行動するためだと聞かされて訓練されてきたのだから、ついに何か本当に具体的なものを見たくなったのだ。[…]金も底をついていた。連中は不満をためていた。闘争連盟は解体してしまうかもしれなかった」。[216]ヒトラーはとにかくできるだけ早くことを起こさなければならないと感じていた。国家が包括的な危機に瀕しているという都合のよい状況はいつまでも続くものではなかった。ヒトラーはカールに出し抜かれてなるものかと決意した。何もせずに熱狂が去ってしまえば、また、五月一日のように運動が再び抑え込まれることがあれば、ヒトラーの威信は揺らいでしまうだろう。

しかし、カードを手にしていたのはヒトラーではなかった。バイエルンを事実上支配していた三頭政治の三巨頭であるカールと残り二人（州警察長官ザイサーと軍司令官ロッソウ）は独自の計画をもっており、それは闘争連盟の指導部の計画とはつきつめていけば重大な違いがあった。一〇月中かけて北ドイツの関係者と交渉を重ねつつ、三巨頭はベルリンでナショナリスト独裁を打ち立てようとしていた。これは軍の支持を基盤とするもので、独裁を支える委員会にカールが入るかどうかは検討中だったが、ルーデンドルフとヒトラーを外すことは決まりだった。これに対して闘争連盟の指導部は、ルーデンドルフとヒトラーを中心とし、当然のことながらカールを入れずにミュンヒェンに委員会を作り、武力でベルリンを奪取しようとしていた。また、ロッソウは、ベルリンに対してことを起こす場合には軍が動くことを当然の前提としていたが、闘争連盟は軍の支援を受けて準軍事組織が動くものと考えていた。必要とあれば、「愛国的組織」に対して軍を投入しようとするバイエルン州政府にも抗おう、と闘争連盟の軍事指導者クリーベル退役中佐は宣言していた。ヒトラーはロッソウとザイサーの支持を取りつけようと最大限努力した。ザイサーに対しては一〇月二四日に四時間にわたって自分の目的を説明したが、闘争連盟と運命をともにしてほしいとの説得にはどちらもうなずかなかった。バイエルン州の治安を預かるロッソウの立場は曖昧で、煮え切らなかった。[217]

準軍事組織の指導者を集めた一〇月二四日の会合では、ロッソウがベルリン進軍と国民独裁の宣言に賛成した。恐らくムッソリーニの「ローマ進軍」が念頭にあったのだろう。[218] しかし、ロッソウもザイサーものらりくらりとかわし続け、闘争連盟に対して条件つきの形ばかりの支援を申し出るだけで実際には態度を保留しつづけた。[219] 一〇月末になっても、三巨頭と闘争連盟のあいだの隔たりは月初と変わらなかった。[220] しかし熱狂は高まっていた。バイエルン州当局はヒトラーがクーデターを起こす危険がとくに高いと考え、カールに幻滅した支持者がヒトラーに乗り換え、ヒトラーがミュンヒェンでバイエルン州政府を倒し、即座にベルリン進軍を開始するのではないかと恐れた。[221] 当局の過剰反応というわけでもなかった。ミュンヒェンで軍民の高官が列席して大戦記念碑の除幕式が行われる一一月四日に闘争連盟が行動に出ようとしているという兆候があった。[222] ただしそうした計画は、真剣に立てられてはすぐに中止されるのだった。[223]

一一月初頭、三巨頭を代表して重要人物数名と交渉すべくザイサーがベルリンに派遣された。交渉相手として最も重要なのは陸軍最高司令官ゼークトだった。しかしゼークトは一一月三日の会合で、ベルリンの正当な政府を攻撃するために動く気はない、とはっきりと述べた。[224] これによって三巨頭の計画は事実上頓挫した。三日後にミュンヒェンで闘争連盟のクリーベルをはじめとする「愛国的組織」の指導者を集めて重大な会合がもたれたときには、カールは「愛国的組織」(つまりは闘争連盟を指す)に対して単独行動は慎むよう警告した。ベルリンの共和国政府に仕掛ける場合には団結し、周到な計画に沿って行わなければならない。ロッソウは、成功の可能性が五一パーセントあれば右翼独裁に協力するが、下手なクーデターにつきあう気はないと言い切った。ザイサーもカールを支持し、クーデターを力で鎮圧する用意があると強調した。[225] ベルリンに対して行動を起こす気が三巨頭にないことは明らかだった。

ロッソウは後に、他の地区司令官らを味方に引き入れるまで二、三週間待つようにとヒトラーに言った、と主張した。そのうえでクーデターを企てることになるだろうという含みだった。[226] しかし運命の糸はヒトラーの指をすり抜けようとしていた。これ以上待ち、主導権を失う危険を冒す気はヒトラーにはなかった。一一月六日夜、カールが呼びかけた(が参加はしなかった)会合への直接の対応として、ヒトラーは闘争連盟の軍事指導者クリーベル、オーバーラント同盟会長フリードリヒ・ヴェーバー博士に会い、一一月初頭から闘争連盟に反対しているカールをどう説得して立場を変えさせるかについて話し合った。ヒトラーとカールの面会を設定するようルーデンドルフに依頼する役割はヴェーバーが引き受けることになった。しかし一一月七日、州総督カールは、翌一一月八日は日中も、自ら招集するビュルガーブロイケラーでの会合後もヒトラーと会うことはできないと言ってきた(227)。警察と軍隊の協力がなければクーデターが成功する可能性がないことは依然として明らかだった。しかしカールとの協議の結果がどうなろうとも、ヒトラーはもはや先延ばしにはしないと決めていた。

ショイブナー＝リヒター、テオドア・フォン・デア・プフォルテン（バイエルン州最高裁判事で、一揆前にナチ党周辺にいた謎の多い人物）に加えて、確実ではないがおそらくはほかの関係者も参加して行われた一一月六日夜の別の会合で、クーデターへの支援を三巨頭に強要できるとの確証というよりは希望にすがって、ヒトラーは行動を起こすと決めた(228)。

決行に向けて動くとの決定は翌一一月七日に開かれた闘争連盟の指導部の会合で確認された。後にルーデンドルフはこの会合には参加していないとしたが、ヒトラー、ヴェーバー、クリーベル、ショイブナー＝リヒター、ゲーリングら会合に参加した闘争連盟の指導者たちを除けば、ルーデンドルフは何が起こるかをすべて知らされていた唯一の人物だった(229)。ヒトラーの主張で、詳細を知る者の数は最低限に抑えられた。行動計画が策定された。バイエルンの主要都市における通信の掌握、警察署と市役所の奪取が優先だった。共産党、社会民主党、労働組合の指導者は拘束することとされた(230)。

クリーベルは一一月一〇日から一一日にかけての夜に決行するのがよいと論じた。政府の閣僚は就寝中に拘束され、三巨頭は国民政府のなかで想定されている地位に強制的に就くことになるだろう、ということだった(231)。他の参加者は、全閣僚を拘束しきれる保障がないという理由でその案を拒否したようである。かなりの議論の末、クリーベルの案に代わって、ヒトラーの代案が受け入れられた。決行は、一一月革命五周年を記念してミュンヒェンの重要な地位にある人びとがすべてビュルガーブロイケラーに集まり、マルクス主義を激しく非難するカールの演説を聞くことになる翌一一月八日と決まった。

直前に開催が決まったこの会合に闘争連盟の指導部は危機感をもっていた。会合前のヒトラーとの面会をカールが拒否したことを考えればなおさらだった。この会合はカールの立場を強化し、闘争連盟の影響力を削ごうとするものになるに違いなかった。カールがバイエルン王制を復古させ、〔ドイツ〕ナショナリストとは決定的に決別しようとしていると闘争連盟の指導部が考えていたかどうかは定かではない。警戒していたのはむしろ、闘争連盟を蚊帳の外に置いてカールがベルリンに対する「行動」を呼びかけることだったと思われる。ヒトラーは、国民独裁を樹立する「ベルリン進軍」が少なくとも二週間以内に起こることになろうという一〇月二四日のロッソウの発言を知っていたため、いっそう警戒を強めた(232)。

いずれにせよ、ヒトラーはカールが集会を開くと決めたことで動かざるをえなくなったと感じていた。闘争連盟が「国民革命」を主導するのであれば、自らのイニシアティヴで即刻動くしかなかった[233]。ずっと後になってヒトラーは、「敵は一一月一二日頃にバイエルン革命を宣言しようとしていた[…]私はそれよりも四日前に動くことに決めた」と語った[234]。

一一月七日の夜遅く、ヒトラーは突撃隊の指導者たちと計画について話し合い、会合からの帰りにボディガードのウルリヒ・グラーフに「明日の夜八時に決行だ」と言った[235]。ヒトラーはティアシュ通りの部屋に午前一時頃に戻った。その約一一時間後、ヒトラーはいつもの長いトレンチコートを着て、犬用鞭をもち、興奮した様子でゲーリングを探してローゼンベルクのオフィスに姿を現した。ハンフシュテングルがローゼンベルクとフェルキッシャー・ベオバハター紙の次号について話し合っているところだった。ヒトラーは「行動するときがきた」と二人に告げ、秘密を守ることを誓わせてから、その晩はビュルガーブロイケラーで自分の傍にいるようにと命じた。拳銃をもってくるようにとも言った[236]。ヘスはその朝早くに計画を聞かされていた。ペーナーも状況を説明されていた[237]。ヒトラーと親しくても、ホフマンらには知らされなかった[238]。ナチ党の創設者であり名誉議長でもあるドレクスラーにいたっては、一一月八日夕方早くにフライジングに向かう途中（ドレクスラーはヒトラーと一緒に演壇に立つつもりだった）、アマンとエッサーに偶然出くわし、わざわざフライジングに出向く必要はないと言われた。会合は中止されていた[239]。

ビュルガーブロイケラーの入口で騒ぎが起こったのは夜八時三〇分頃だった。すし詰めになった三〇〇〇人の聴衆の前でカールが用意した演説原稿を三〇分ほど読み上げたところだった。カールは話を中断した。すると鉄兜をかぶった一団が姿を現した。ヒトラーの突撃隊が到着したのだ。重機関銃が会場に押し込まれた[240]。何が起こったのか見ようとして、会場の人びとは椅子の上に立ち上がった。武装してピストルを天井に向けたボディガード二人に囲まれてヒトラーが会場をぬって前方へ進んでいくところだった。ヒトラーは椅子に上がったが、喧騒のなかで声が届かなかったため、ブローニング拳銃を取り出し、天井に向けて一発放った[241]。それからヒトラーは、国民革命が勃発した、会場は六〇〇人の武装勢力に取り囲まれていると宣言した。何か問題が起これば、客席に向かって機関銃を撃ち込むとも言った[242]。バイエルン州政府は退陣させられた、暫定帝国政府が組織される、と宣言されたときには夜八時四五分頃になっていた。ヒトラーは、カール、ロッソウ、ザイサーに隣室への同行を求めた（実のところは命令だった）。ヒトラーは三名に身の安全を保障した。しばしためらった後、三名は求めに応じた。[243] 場内は混乱に陥ったが、この行動はカールを標的としたものでも軍や警察を標的としたものでもないとゲーリングがどうにか説明し、場内の人びとは静かにして席を離れないでほしい、と言った。「皆さん、ビールがありますよ」とも付け加えた。[244] これによって雰囲気はいくらか沈静化したが、南米の国々を思わせるような騒ぎに大方の人びとは批判的だった。

　隣室ではヒトラーが拳銃をちらつかせながら、許可なく部屋を出ないようにと告げた。ヒトラーは自らを首班とする新帝国政府の結成を宣言した。ルーデンドルフは軍を預かり、ロッソウは国防大臣、ザイサーは警察大臣、カールはバイエルン州摂政に就任し、ペーナーにはバイエルン州首相として独裁権力を与えるとした。ヒトラーはことを急がせたことについて謝罪し、しかしそうしなければならなかった、三巨頭が行動できるようにしなければならなかった、と述べた。ことが失敗に終わるようであれば、拳銃には銃弾が四発込められている、そのうち三つは協力をあおぐ三人を、最後のひとつは自分を撃つためのものだ、とも言った。[245]

　騒ぎがひときわ大きくなるなか、ヒトラーは約一〇分後に会場に戻った。この行動は警察や軍を標的にしたものではなく、「ひとえにベルリンのユダヤ人政府と一九一八年一一月の犯罪者に向けられたものだ」というゲーリングの与えた保証をヒトラーも繰り返した。さらに、ベルリンとミュンヒェンの新政府に関する自案を提示し、ルーデンドルフを「独裁権力をもつドイツ軍の指導者にして長」と紹介した。[246] ヒトラーは満員の会場に対して、思ったよりも手間取っていると語った。「向こうにカール、ロッソウ、ザイサーがいる。[…] 彼らは決断に苦しんでいる。皆さんは彼らを支持すると伝えてもかまわないだろうか」。群衆が賛同の声にどよめくと、芝居がかった言い回しに長けたヒトラーは感情に訴える言葉を放った。「皆さんに申し上げておこう。今夜、ドイツ革命が始まる。さもなければわれわれは皆、死して明日を迎えることになろう！」[247]。その場に居合わせたカール・アレクサンダー・フォン・ミュラーが「名演説」と評した代物である。ヒトラーがこの短い演説を終えたときには、会場の雰囲気は完全にヒトラーに好意的なものに変わっていた。[248]

　ヒトラーが会場に入ってきてから一時間ほどが経過した頃、ヒトラーとルーデンドルフ（帝国軍の正装をしてこの間に到着していた）がバイエルンを統治する三巨頭とともに壇上に戻って来た。カールは落ち着いてはいたが能面のような顔で最初に口を開き、熱烈な喝采のなか、「王国の摂政としてバイエルンに尽くすことに合意した」と告げた。[249] ヒトラーは子どもが喜ぶときのような嬉しそうな表情を浮かべ、自分が新帝国政府の政策を指揮することになるだろうと宣言し、カールと興奮気味に握手した。次に話したルーデンドルフは非常に真剣な様子で、この成り行きに驚いていると述べた。ロッソウはどことなく底知れない表情を浮かべ、最も興奮していたザイサーはヒトラーに発言を強要された。最後にペーナーがカールに協力すると約束し、ヒトラーが改めて全員と握手して回った。[250]ショーの主役は間違いなくヒトラーだった。ヒトラーの夜になるかと思われた。

しかし事態はここから悪化していった。一揆は、ビュルガーブロイケラーで集会が開かれる夜に前倒しすべきだとヒトラーが突然に主張した後に慌てて計画され、わずか一日のうちに泥縄で準備されたため、その夜のことの成り行きは無秩序にならざるをえず、破綻をきたしはじめた。会場から人が出される前に、ヘスがヒトラーから渡された名簿を読み上げると、ビュルガーブロイケラーにいた閣僚は大人しく囲まれ、逮捕された。一揆が成功したという知らせは、エッサーとレームが同じミュンヒェン中心部でもビュルガーブロイケラーとは反対側にあるレーヴェンブロイケラーに集めた闘争連盟の兵士にももたらされた。会場は狂乱状態になった。しかし外ではことはそううまくは運ばなかった。レームは軍司令部をどうにか占拠したが、驚くべきことに電話交換台の占拠に失敗し、ロッソウが近隣の各都市に駐屯する政府側の軍隊をミュンヒェンに移動させるように命じるのを許すことになった。フリックとペーナーは警察本部を当初はうまく統制下に置いていた。それ以外のところでは事態は急速に悪化の一途をたどった。この混沌とした一夜に、一揆側は兵営や政府関連施設を統制下に置くことに惨めにも失敗したが、それは主として計画性のなさに起因していた。[251]初めは部分的に成功しても大部分はあっという間にひっくり返された。軍も州警察も一揆側に協力しようとはしなかった。

ビュルガーブロイケラーの状況に改めて目を向けよう。ヒトラーのその日最初の失敗は、工兵隊の兵営で一揆勢力が面倒な事態に陥っているとの報を受け、自ら赴くと決めたことだった。これはいらざる介入だった。ルーデンドルフがビュルガーブロイケラーの責任者として残されたが、将校であり紳士でもある三名の言葉を信じ、直ちにカール、ロッソウ、ザイサーを外に出した。そうなれば三名にとって、ヒトラーに脅されて無理強いされた約束を破るのは自由だった。[252]

その夜、ミュンヒェンを訪れ、中心部のホテルに泊まっていた客は、バイエルン革命が成功したと確信した若者の一団が意気揚々と通りを練り歩き、夜更けまで続いた騒ぎを思い出すだろう。[253]ヒトラーが首相だ、と書かれたプラカードが掲げられた。[254]ヒトラーが「首相」と呼ばれたのはこれが初めてだった。一揆が行き当たりばったりで無秩序だったことの表われといえようが、驚くべきことに、ヒトラーによる「国民独裁」の宣言は一一月九日までずれこんだ。[255]深夜一二時少し前にヒトラーは、フランケンのナチ党支部長でユダヤ人嫌いのシュトライヒャーを党の組織と宣伝の責任者の地位に就けた。おそらく、計画通りにいけば自分は手いっぱいになると予想したのだろう。[256]しかし、一揆の指導者たちがそうとは知らないうちに、国家を統制下に置こうとする試みは深夜には事実上失敗が決まった。

その夜遅くには、カール、ロッソウ、ザイサーは、一揆を抑えこんだと州政府に保証できる態勢を整えた。ロッソウは午前二時五五分にこれをドイツの全ラジオ局に知らせた。[257]明け方には、三巨頭ばかりか、より重要なことに軍と州警察も敵に回ったことを一揆側も認識するにいたった。[258]午前五時にはヒトラーはまだ、大義のために戦い、死ぬつもりだと断言していたが、これは、遅くともこの時間までにはヒトラーも一揆を成功させる自信を失ったことの表れといえよう。[259]実際、その少し前に国防管区司令部からビュルガーブロイケラーに戻る道すがら、ヒトラーは「事態はいたって深刻だ」とグラーフにもらした。[260]ヒトラーが後に語ったことによると、帰路、ルーデンドルフがカール、ロッソウ、ザイサーを行かせたと知ってすぐに、まずいことになったと感じたという。[261]

ビアホールは沈鬱な雰囲気だった。テーブルを囲んで力なく座りこんだり、寄せ集めた椅子の上で疲れて横になったりしている何百人もの上に淀んだ煙草の煙の帳《とばり》がかかっていた。[262]その夜の飲食代として一一三四万七〇〇〇マルクにもなる請求書がいずれはナチ党に送りつけられることになるのだが、ロールパンの山と何ガロンものビールもこの頃にはあらかた食べ尽くされ、飲み尽くされていた。[263]しかし、いまだに何の命令もなかった。何が起こっているのか誰も知らなかった。

一揆の指導者たちも、この頃にはこれから何をすべきか分からなくなっていた。政府軍が再編成されるあいだも、彼らは座りこんで議論するだけだった。退却できる場所はなかった。他の連中と同様、ヒトラーもお手上げで、事態を全く掌握できていなかった。藁にもすがろうと、一揆側に敵対的なことで知られるルプレヒト王子を引き入れるべくベルヒテスガーデンに行こうかと考えたほどだった。[264]クリーベルはローゼンハイムから武装抵抗を組織しようと主張した。しかしルーデンドルフは片田舎のぬかるんだ道でことが終わるのを見る気はないと言った。ヒトラーも武装抵抗に賛成だったが、具体的な提案はほとんどできず、話の途中でルーデンドルフに遮られた。何時間ものあいだ、街中にいる一揆側の兵士には上から何の命令も与えられなかった。[265]ひどく寒い夜明け、意気消沈した兵士はビュルガーブロイケラーから散っていった。[266]朝八時頃、兵士への支払いのため、五〇〇億マルクの札束を造幣局から直接奪いとろうとヒトラーは数人の突撃隊員を派遣した。[267]一揆が急速に崩れはじめてからとられた事実上、唯一の具体的な行動がこれだった。

夜が明けてから、ヒトラーとルーデンドルフは市内でデモをしようと思い立った。最初にアイディアを出したのはルーデンドルフだったようである[268]。予想がつくように、目的は混乱しており、はっきりしなかった。「ミュンヒェン、ニュルンベルク、バイロイトでは、果てしない歓喜と熱狂が生じただろう」とヒトラーは後に言った。「ドイツ国民軍の最初の師団がバイエルンを離れ、ひとたびテューリンゲンに踏み入ったならば、その地で人びとが歓呼するのを聞くことになっただろう。ドイツの苦難は終わることを、決起しなければ救済されえないことを人びとは認識せざるをえなかっただろう[269]」。進軍によって一揆に対する熱狂をかき立てられるのではないか、動員された大衆の熱意に接して、また大戦の英雄ルーデンドルフをめがけて発砲しなければならない可能性に鑑みて、軍が考えを変えるのではないかという漠然とした希望が生まれた[270]。大衆の支持と軍の支援を得れば、ベルリンへの勝利の進軍のための道が開けるように思われた[271]。これはとんでもない幻想であり、悲観と絶望が思いつかせた大衆アピールだった。現実が明らかになるのに長くはかからなかった。

正午頃、ヒトラーも含めてその多くは武装した二〇〇〇人ほどの隊列がビュルガーブロイケラーを出発した。拳銃を構え、隊列はルートヴィヒ橋で警察の小規模な非常線を脅して退かせ、イザール門をくぐり、タール通りを通って街の中心にあるマリエン広場に進み、そこから陸軍省に向かうと決めた。隊列は路上の歓声、手を振る多数の支持者に勇気づけられた。新政府の到着を目のあたりにしているのだと考えた者もいた[272]。しかし、一揆勢力は、国民革命を宣言するポスターの多くが引き剝がされたり、三巨頭の指示が上から貼りつけられたりしているのに気づかざるをえなかった。すでに早朝から、見物人のなかには一揆を笑い物にする者も出はじめていた。ハンス・フランクの部隊がビュルガーブロイケラーからそう遠くないところに機関銃を据えつけて陣を敷いたとき、とある労働者が「道でそんな危ないものを振り回して遊んでいいってママが言ったのか?」とからかった[273]。進軍に参加していた者たちも、勝ち目はないと分かっていた。まるで葬列だったと評した者もいる[274]。

群集から「ハイル」の声を時折受け、士気を保とうとエッカートが作った突撃歌を歌いながら進んでいた隊列は、レジデンツ通りを進んでオデオン広場に近づいたとき、先程よりも大規模な警察の非常線に再び行く手を阻まれた。「来たぞ。ハイル・ヒトラー!」と、見物人の誰かが叫んだ[275]。銃声が轟いた。最初に撃ったのが誰かは明らかになっていないが、一揆側の誰かだったのではないかとおぼしき形跡がある[276]。猛烈な銃撃戦が三〇秒ほど続いた。銃撃がやんだとき、一揆勢一四名、警官四名が死亡していた。[277]

　死亡者のなかには、一揆の首謀者のひとりであるショイブナー＝リヒターもいた。ショイブナー＝リヒターは一揆の指導者らの最前列におり、旗手のすぐ後ろでヒトラーと腕を組んでいた。ショイブナー＝リヒターの命を奪った銃弾が三〇センチ右に逸れていれば、歴史は変わっていただろう。現実には、ヒトラーはとっさに避けたか、ショイブナー＝リヒターに地面に突き倒されたかした。[278]ヒトラーは左肩を脱臼し、[279]ゲーリングも脚を撃たれた。ゲーリングを含めて、一揆の首謀者のうち数名はオーストリア国境を越えて逃亡に成功した。[280]シュトライヒャー、フリック、ペーナー、アマン、レームを含めて、数名はその場で逮捕された。銃撃戦を無傷で切り抜けたルーデンドルフは投降し、軍人として誓約した後に釈放された。[281]

　ヒトラー自身は、突撃隊ミュンヒェン支部の医療部隊長ヴァルター・シュルツェ博士がそばに停めてあった自分の車に押し込み、付き添って高速で現場から逃走した。結局ヒトラーは、ミュンヒェン南部、シュタッフェル湖近くのウーフィングにあるハンフシュテングルの自宅で一一月一一日夜に警察により発見、逮捕された。[282]オーストリアに逃亡して主が不在のハンフシュテングル宅でヒトラーは最初の「政治的遺言」をしたため、ローゼンベルクを党首、アマンをその代理に任命した。[283]ハンフシュテングルが妻の証言に基づいて後に語ったところでは、ウーフィングに到着したヒトラーはひどい有様だったという。[284]後になって、自殺しないように押さえつけなければならなかったといわれたこともあるが、この話には確固たる裏づけはない。[285]

　警察がやってきて、ミュンヒェンから西に六〇キロメートルほど離れたところにある絵のように美しい小さな町ランツベルク・アム・レヒの古い要塞にある監獄にヒトラーを連行しようとしたとき、ヒトラーは意気消沈してはいたが静かで、白のナイトガウンを身にまとい、負傷した左腕を吊っていた。ヒトラーが過ごすことになるランツベルク監獄では三九名の衛兵がヒトラーを迎えた。一九一九年二月にバイエルン州首相アイスナーを暗殺したグラーフ・フォン・アルコ＝ファーライは、それまで使っていた広い第七独房を新入りの要人の囚人に明け渡すべく別の房に移された。[286]

　ミュンヒェンでもバイエルンの他地域でも、一揆は突然に始まり、あっけなく終わった。ミュンヒェンの住民のかなりの部分が一揆勢力に共感していたため、カールの「裏切り」に対してあちこちでデモもあった。[287]しかし勝負はついた。ヒトラーはおしまいだった。少なくともそのはずだった。米国ミュンヒェン領事館員ロバート・マーフィーは、服役後にヒトラーはドイツから強制送還されると予測した。[288]作家シュテファン・ツヴァイクは後に、「一九二三年に鉤十字と突撃隊は消え、アドルフ・ヒトラーの名はほとんど忘れ去られた。この人物が権力をもつ可能性がまだ残っているとは誰も考えなかった」と述べた[289]。

7

高熱が峠を越すかのように危機は去り、急速に鎮静化していった。その後、レンテンマルク導入によって通貨価値は安定し、ドーズ案（米国の銀行家チャールズ・G・ドーズにちなんで名づけられた。ドーズが委員長を務めた委員会で、賠償を低額から始めて段階的に支払い、なおかつ外国からの借款と抱き合わせにするという暫定的な枠組みが一九二四年に定められた）によって賠償問題の調整もつき、政治も安定しはじめた。これは戦後の混乱期が終わったということであり、この安定期は二〇年代末に経済危機の波が再度押し寄せるまで続くことになる。ヒトラーが収監され、ナチ党は禁止され、民族至上主義《フェルキッシュ》運動は分裂し、極右の脅威は切迫性を失った。

極右への共感が消えたわけではなかった。一九二四年四月六日のバイエルン州議会選挙では、ミュンヒェンで民族ブロック（分裂した民族至上主義運動のなかでは最大勢力）が三三パーセントの票を獲得し、社会主義政党、共産主義政党の双方を抑えて第一党となった[290]。五月四日の国会選挙でも結果はほとんど変わらなかった。民族ブロックはミュンヒェンで二八・五パーセント、オーバーバイエルンとシュヴァーベン全体では一七パーセント、フランケンでは二〇・八パーセントの票を獲得した[291]。しかし勢いは続かなかった。一方でドイツの状況が改善し、他方で右翼の混乱が続くなか、有権者は民族至上主義運動から離れていった。ヒトラーがランツベルク監獄から釈放される二週間前に行われた二四年の第二回国会選挙では、民族ブロックはフランケンで七・五パーセント、オーバーバイエルンとシュヴァーベンで四・八パーセント、ニーダーバイエルンで三・〇パーセント（七カ月前は一〇・二パーセント）にまで落ち込んだ[292]。

バイエルンは相変わらず特殊ではあったが、一九二〇年から二三年にかけての時期とは違い、もはや暴力的極右の巣窟ではなくなった。準軍事組織は正規軍との対決のなかで牙を抜かれてしまった。軍の支援が得られなければ、準軍事組織など張子の虎も同然だった。一揆後、闘争連盟は解散し、「愛国的組織」はいずれも武器を没収され、軍事演習は禁じられ、活動も大幅に縮小された[293]。より野蛮で極端なナショナリストの準軍事勢力を抑えこむためにバイエルン州政府が任命した右派の三巨頭は、一揆によって権力も信頼も失った。カール、ロッソウ、ザイサーは二四年初頭に失脚した[294]。州総督カールの失脚後、バイエルンのカトリック上層階級の政党であるバイエルン人民党の中心的存在だった新州首相ハインリヒ・ヘルトの下で、バイエルンは通常の議会政治に戻り、平穏を取り戻した。

しかしそんななかでも、ヒトラーに政界入りの道を開き、バイエルンの右翼の重要人物へと押し上げた勢力は、終わったかに思われたヒトラーの「政治生命」を救おうと画策していた。ここまで見てきたように、「ヒトラー一揆」は、ヒトラーだけによるものではなかった。ヒトラーはすぐさま行動すべきだとの圧力を猛烈に加えはしたが、これは「一か八か」という気質のせいだけではなく、運動のダイナミズムが衰えるのを防ぐためでもあった。いい加減な計画しか立てずに素人考えで行き当たりばったりに行動し、細部に注意を欠くといったすべては、結果を熟慮することなく背水の陣で行動に臨むヒトラー特有の傾向ではあった。しかし、一九二三年一一月にことが起こる何カ月も前からバイエルン政府、軍指導部、競合する様々な準軍事組織のなかにベルリンを攻撃するという発想が息づいていなければ、一揆の実行にあたってヒトラーが影響力を行使することは不可能だっただろう。バイエルンの主要な諸勢力が強い反ベルリンの立場に立ち、互いに反目しながらも、激しい反民主主義、反社会主義、反プロイセン感情のうちに反革命という共通の目標をもってひとつにまとまらなければ、ビュルガーブロイケラーでのヒトラーの一か八かの賭けなど起こりようもなかっただろう。

バイエルン軍は国家転覆を企てる勢力に訓練を施し、その準備に大いに協力した。一揆の試みには有力者も関わっていた。その行動を後にどう釈明したにせよ、大戦の英雄ルーデンドルフが全体を通じて象徴的な傀儡にとどまったのに対して、カール、ロッソウ、ザイサーの手は汚れていた。それを考えれば、一九二四年二月二六日から三月二七日にかけてミュンヒェンで開かれ、四日後の四月一日に判決が下された一揆指導者の裁判では、ヒトラーだけに注目が集まるようにしなければならなかった。[295] ヒトラーは与えられたその役割をこの上なく喜んで演じた。

告訴を受けたヒトラーの最初の反応は、後にミュンヒェンの法廷で見せた勝ち誇った行動とは実に対照的だった。当初、ヒトラーは黙秘し、ハンガーストライキを続けると宣言した。このとき、ヒトラーはすべてが終わったと考えていた。何年も後の証言ではあるが、監獄付の精神分析医によれば、ヒトラーは、「もうたくさんだ。もうおしまいだ。拳銃があったら使うだろうよ」と言ったという。[296] ドレクスラーは後に、ヒトラーに自殺を思いとどまらせた、と言っている。[297]

裁判が始まったときには、ヒトラーの考え方は正反対になっていた。ヒトラーは責任を完全に認め、ヴァイマル共和国転覆のための謀略において果たした役割を正当化しただけでなく美化することで法廷を自らの宣伝の場に変えたのだ。これが可能になったのは少なからず、カール、ロッソウ、ザイサーが反乱に加担したこと、バイエルン軍も役割を果たしたことを暴露する、とヒトラーが脅したせいだった。

ヒトラーが法廷の場をこのように利用するであろうことについてバイエルン当局に驚きはなかった。尋問にあたったハンス・エーハルトは一九四五年以降にバイエルン州首相を務めることになる優秀な検事だが、逮捕の二日後、このエーハルトの尋問中にヒトラーがそのように示唆したからである。当初、ヒトラーは一揆について一切の発言を拒んだ。エーハルトは黙秘を続けるとヒトラーと仲間の拘束期間が延びるかもしれないと言ったが、ヒトラーは自分にとっては他の人間以上のことがかかっているのだ、と返した。「ヒトラーは自らの行動と使命を歴史の前で正当化することを重要と考えていた。裁判所の立場などには何の関心もなかったのだろう。ヒトラーは自分に判決を下す権利が法廷にあるとは考えていなかった」。ヒトラーは婉曲に脅しをかけてきた。法廷で出すべく切り札を出していない、たくさんの証人を召喚するが、事前に通知されないように裁判が始まってから名前を出すつもりだ、というのである。

エーハルトは正式の調書を取ろうという考えはすぐに捨てた。もちこんだタイプライターは運び出された。五時間にわたってねばり強く質問し、返答として返ってくる長ったらしい政治演説に耳を傾けるなかで、敏腕検事エーハルトは、用心深くよそよそしいのは相変わらずとはいえ、次第にある程度ヒトラーに心を開かせることに成功した。ヒトラーは自分の強みを自分で分かっており、話せばこれぞという表現が見つかるのだが、書こうとするとだめだとも言った。エーハルトに対する反応は、法廷でヒトラーがどのように振る舞うかを知る手掛かりになった。

ヒトラーは反逆罪を犯したわけではないと主張した。「一九一八年一一月の犯罪」がいまだに続行しており、この「犯罪」に立脚する憲法は効力をもたない、という理屈だった。しかし、もし仮に憲法がたしかに効力をもつと仮定するならば、二〇年のヨハネス・ホフマンを首班とするバイエルン政府の退陣、二三年の独裁に近い権力をもつ州総督へのカールの任命は反逆罪とみなされなければならない。しかも究極的には、無能な議会に相対してでも自己防衛することは、憲法が定める形式的な権利に優越する人間の自然権である、というのがヒトラーの主張だった。

ヒトラーは一揆の際にカール、ロッソウ、ザイサーが果たした役割について、明るみに出れば彼らに不利益が生じると強くほのめかした。ヒトラーいわく、三巨頭は「ヒトラーの」反逆罪に自ら協力した。三名がビュルガーブロイケラーで単に同意したふりをしていたわけではなく、合意を実行する気であったことは証明できる。しかしビアホールを離れた後に説得を受け、部分的には強制されて約束を破ったのだ。三名をビアホールから出さないようにとの命令を下したのは、この可能性を予測していたためだった。自分がビュルガーブロイケラーを一時的に離れた間に、ルーデンドルフは将校としての誓いを信じて三名を行かせたが、自分だったらそんなことは決して許さなかったはずだ。ビアホールへの帰路、これを知ったときには落胆し、その瞬間に勝機は失われたと感じた。しかし、三巨頭がヒトラーと行動をともにしたのは一一月八日夜に限った話ではない。一揆当夜に三名が合意したことは、何カ月もかけて共同で準備してきたものだ。「ベルリン進軍」については細部にいたるまで長く議論してきていた。完全な合意があったのだ。三巨頭と自分は同じ目標を掲げ、協力してきた。エーハルトのメモによると、ヒトラーは、計画中のクーデターの準備としてバイエルン軍が準軍事組織の訓練を手伝うという『秘密動員』の件を全部話してもいいのだ」とも言ったようだ。(298)

これはよい点を突いていた。バイエルンの指導者たちは想定されるダメージをできうるかぎり最小限に抑えようとした。最も重要なのは、何としても裁判をバイエルン州の管轄下で開くことだった。法を厳密に適用すれば、裁判はミュンヒェンではなくライプツィヒの国事裁判所で開かれるべきだった。バイエルンの法廷は三巨頭に有利な判断を下す可能性があると考えたため、当初、ヒトラーもライプツィヒでの開廷を望んでいた。ライプツィヒでは「おそらくは証人として法廷に入った多くの紳士連中が、法廷を出るときには確実に囚人になっているだろう。ミュンヒェンでならばそんなことはもちろん起らないだろうがね」とヒトラーはエーハルトに語ったという。(299) しかし、共和国政府はバイエルン政府の圧力に屈した。裁判はミュンヒェンの特別裁判所で開かれることになった。(300) そしてヒトラーが当初抱いた不安は完全に杞憂だったことが明らかになった。

カールは裁判を回避しようとし、開くにしても形式的なものにして、被告は罪を認めるが愛国心ゆえの行為だったとして情状酌量を要求するというかたちにもっていきたいと考えていた。一揆側にこれに賛同しない者が少なくとも数名はいたため、この方針は撤回された。しかし、このような提案が検討されたというだけでも、被告に寛大な判決が下される可能性が高かったことは明らかである。(301) いずれにせよ、ヒトラーは裁判の展望に自信をもちはじめた。切り札はまだあった。ハンフシュテングルが公判中に裁判所の独房を訪ねたとき、ヒトラーは判決を恐れてはいなかった。「奴らに何ができる」とヒトラーは嘯《うそぶ》いた。「あともう少し、とくにロッソウの話か何かをもち出せば大きなスキャンダルになる。事情を知っている奴らはみな分かっていることだ」[302]。それに加えて、裁判長をはじめとする他の判事の態度のせいもあって、法廷のヒトラーは自信満々だった。

ヒトラーのほかには、ルーデンドルフ、ペーナー、フリック、(オーバーラント同盟の)ヴェーバー、レーム、クリーベルが起訴された。しかし起訴状では、「事件の中心人物はヒトラーだった」と強調されていた[303]。裁判長ナイトハルト判事は公判開始前に、ドイツに「残された唯一のよき存在」たるルーデンドルフは無罪になるだろうと述べたといわれている。初回尋問の記録はルーデンドルフに不利だったが、判事はこれを別の資料と差し替えた。新しい資料は、一揆の準備についてルーデンドルフは知らなかったことを示す内容だった[304]。

公判中、ヒトラーは法廷では自由を与えられた。あるジャーナリストは公判を傍聴して、「政治的なお祭り騒ぎ」と評した。そのジャーナリストは、レーテ共和国の時期の行為をめぐって法廷に引き出された被告に対するぞんざいな扱いを今回の被告に対する扱いと引き比べて違いを指摘している。それによれば、ヒトラーが初めて発言した後、「なんて凄い奴だろう、このヒトラーという男は」と言った判事もいたという。ヒトラーは囚人服ではなく、一級鉄十字勲章を誇らしげにつけてスーツで出廷することを許された。ルーデンドルフは収監されておらず、豪華なリムジンで乗りつけた[305]。ヴェーバーは逮捕されはしたが、日曜の午後にはミュンヒェンの街中を散歩することが許されていた。裁判長の立場はひどく偏っており、軍と州警察への攻撃が否定されることもなく許されたことへの憤りから、後にベルリンからもバイエルン政府からもきわめて厳しく批判されることになった。しかし、四時間にわたってヒトラーに発言を許したことがどれだけ「みっともない印象」を与えたかを公判中に指摘されたときも、ナイトハルト判事は、ヒトラーの凄まじいしゃべりを中断することなどできないと答えただけだった。ヒトラーは、カール、ロッソウ、ザイサーをはじめとして証人に長々と質問する自由も与えられた。それが政治的な意見表明になることも少なくなかった[306]。

判決は一九二四年四月一日に下された。ルーデンドルフは正式に無罪になった(本人はこれを侮辱ととった)。ヒトラー、ヴェーバー、クリーベル、ペーナーは反逆罪により、わずか五年間(すでに拘留された四カ月半がここから差し引かれる)の禁錮と二〇〇金マルクの罰金(もしくはさらに二〇日間の禁錮)が科せられた。他の被告への判決はさらに軽かった[307]。早期に釈放される可能性があるという条件でしか裁判員はヒトラーの「有罪」を認めようとしなかった、とヒトラーは後に述べている[308]。「共和国防衛法」に基づいてヒトラーをオーストリアに強制送還するという措置をとらなかったことについて法廷は次のように理由を説明した。「ヒトラーはドイツ系オーストリア人である。ヒトラー自身は自分はドイツ人だと考えている。法廷の考えるところでは、共和国防衛法第九条第二項の意味するところからして、ヒトラーのようにものの考え方も感じ方もドイツ的であり、四年半にわたって志願兵としてドイツ軍に従軍し、敵を前に傑出した勇敢さを示して高い軍事的栄誉を得、身体的被害を受け、除隊後もミュンヒェン地区第一司令部の管理下にあった者に対して同条項を適用することはできない」[309]。

　バイエルンの保守右翼勢力のあいだですら、裁判と判決は驚きと嫌悪をもって迎えられた[310]。法的には恥ずべき判決としかいいようがなかった。判決は一揆勢力に撃たれて死亡した四名の警察官には触れもしなかった。一四兆六〇五〇億マルク（約二万八〇〇〇金マルクにあたる）の強奪はもみ消された。社会民主党の機関紙ミュンヒェナー・ポストの事務所を破壊し、同党の市議会議員を人質にとったことはヒトラーの責任ではないとされた。一揆に加担して死んだフォン・デア・プフォルテンのポケットから発見された新憲法案にも一切触れられなかった[311]。また判決理由では、ヒトラーが一九二二年一月に治安紊乱罪で判決を受け、素行が善良であることを条件とする執行猶予中の身であるという事実も触れられなかった。法的には、ヒトラーは新たな治安紊乱をしてよい立場ではなかった[312]。ヒトラーの初めての裁判を受けもった判事と、二四年の反逆罪裁判の裁判長は同一人物だった。すなわち、ナショナリストのシンパであるゲオルク・ナイトハルトである[313]。

　ヒトラーはランツベルクに戻り、受けた軽い判決による収監生活が始まった。しかし刑務所というよりはホテルとでも呼んだ方がよいような好条件だった。ヒトラーが収監された二階の大きな家具つきの部屋の窓からは、魅惑的な田園地帯を見渡すことができた。ヒトラーは皮ズボンをはき、支持者からもらった月桂冠を背にゆったりした籐椅子にくつろいで新聞を読んだり、大きな机に座って受け取る大量の書簡をよりわけたりしながら過ごした。看守からは敬意をもって扱われ、なかにはヒトラーに対して密かに「ハイル・ヒトラー」と挨拶する看守さえいた。また、ありとあらゆる特権を与えられ、プレゼント、花、支持者からの手紙、熱烈な賛辞などが舞い込んだ。来客も対応しきれないほどあった。五〇〇人からの訪問を受け、ヒトラーも面会を制限しなければならないかと考えたほどだった。義勇軍の兵士も含めて、同時期に収監されていた約四〇名の囚人は、ヒトラーに媚びておけば日常生活で様々な恩恵を受けることができた[314]。ナチ党員、元前線兵士、民族至上主義運動の支持者ら三〇〇〇人が「ドイツ国民のあいだに、自由の思想と民族至上主義の意識をかき立て、今日のような炎を燃え立たせた人物に敬意を表して」四月二三日にビュルガーブロイケラーで自分の三五歳の誕生日を祝う集会をもったことについては三日後に新聞で知った[315]。裁判で手に入れた有名人としての地位と、支持者がヒトラーの周りに作り出しつつあった指導者崇拝の影響を受けて、ヒトラーは自らの政治理念、「使命」、短い刑期が終わった後の政界での「再起」について考え、一揆から得るべき教訓についても思いを巡らせはじめた。

ビュルガーブロイケラーでの大失敗と、翌日、〔オデオン広場の〕将軍廟で迎えることになった結末から、ヒトラーは軍隊を向こうに回して権力を掌握しようとしても必ず失敗に終わると身にしみて学んだ。ヒトラーは準軍事組織によるクーデターではなく、プロパガンダと大衆動員こそが「国民革命」を可能にするとの信条は正しいと感じていた。そのため、闘争連盟を再編し、国民武装組織のようなものを作ろうとするレームからは距離を置いた[316]。最終的には、ヒトラーとレームが違う道を行きつつともに権力を欲したことが一九三四年の流血の粛清につながるのである。しかし、ヒトラーが「合法路線」を選び、力による国家転覆を諦めたと考えるのは早計だろう。たしかに、ヒトラーは政界に復帰するために法律を厳守すると約さなければならなかった。その後も、いかなる場合であれ、権力を勝ち得る最良の戦略は選挙での勝利だと思われた。しかし、クーデターという方法が放棄されることはなかった。突撃隊との問題が長期に及んだことからも分かるように、クーデターによる権力奪取という方法は、表向きの「合法」路線と並存していた。しかし、将来いかなる場合にも、国軍とは敵対することなく共闘するのだという点についてはヒトラーの意志は固かった。

そして、今回の経験から「修行時代」のヒトラーが得た最後にして最大の教訓は、「太鼓たたき」であるだけでは不十分だということだった。しかし、「太鼓たたき」以上の存在になるということは、自らの運動を完全に統率するだけでなく、他者への依存から抜け出すということだった。競合する諸々の右翼勢力からも、自力では完全には統制できない準軍事組織からも、ヒトラーの政界での台頭を助け、利用するだけ利用して自分たちの都合でうち捨てたブルジョア政治家や軍部の有力者からも自由になるということだった[317]。

「国民革命」後にヒトラーが果たそうとしていた役割について、裁判中の発言にはまだぶれがあった。ヒトラーは、ルーデンドルフこそが「来るべきドイツの軍事指導者」であり、「来るべき決戦の指導者」だと自分は考えると主張した。一方で、自分は「この若きドイツの政治指導者」だとも主張した。明確な役割分担は決まっていなかったとも言った[318]。法廷での最後の発言でヒトラーは再び指導者の問題に言及したが、それはどこか曖昧だった。ヒトラーは、一九二三年春の話し合いの際に「ヒトラーは単なる扇動者であって、人びとの目を覚まさせようとしているだけだ」と思ったとロッソウが法廷で述べたことに触れ、「小人は何とつまらないことを考えるものか」と述べた。ヒトラーは偉大な人物は閣僚ポストを得ようとしたりはしないものだと考えていた。ヒトラーの言によれば、ヒトラーが望むのはマルクス主義の破壊者となることであり、それこそがヒトラーの任務だった。「当時、太鼓たたきになりたいと思ったのは、私が慎み深かったからではない。それが最も崇高だからだ。それ以外は些末なものでしかない」[319]。

　指導者についてのヒトラーの要求は二つだった。ひとつは政治闘争における指導的地位が自らに与えられることであり、いまひとつは組織としての指導的地位は「若きドイツ全体から要請される［…］英雄」に与えられるべきだということだった。それはルーデンドルフのはずだった、とはっきりとは口にしないながらもヒトラーはほのめかした[320]。しかしその一方で、闘争連盟の指導者たちに向かって一揆の二週間前に行った演説では、ルーデンドルフを未来の軍の再建者としか考えていないようでもあった[321]。ところがその後、一揆の最中にヒトラーが首相として出した宣言を見ると、ヒトラーは内閣首班を自ら務めつつ、国家元首たるルーデンドルフと独裁権力を分け合おうと考えていたかに思われる[322]。

　本当にそう思っていたのか単に戦略的なものだったのかはさておき、公判中にはヒトラーの発言にはたしかに迷いがみられた。しかしその迷いはすぐに消え、ヒトラーの自己イメージは確定することになる。自分は「太鼓たたき」ではない、指導者《フューラー》たるべく運命づけられているのだ、とランツベルク監獄で認識したためだった。

訳者注

＊1　Führerという語については、一九三四年にヒトラーが就任した「Führer und Reichskanzler（指導者ならびに首相）」（略称Führer）の地位を念頭に、日本ではこの語を「総統」と訳すことが一般に定着している。しかし、本文でも説明されているように、ドイツ語ではこの語は「指導者」を意味する一般名詞でもあり、ヒトラーの「総統」就任以前から使用されていた。したがって、本書においては、時代や文脈から判断して「指導者」と訳した場合がある。なお、なかでもとくにカーショーがleaderという英語の一般名詞ではなく、Führerとドイツ語で記述している場合、もしくはLeaderと大文字で綴っている場合には、指導者原理に基づく唯一絶対的な指導者を意味する語として使用していると思われるため、その意をくんで「フューラー」というルビを振ってある。

第7章 指導者《フューラー》の登場

この人物の秘密は、ドイツ人の魂の奥底に眠るものが生きた人間のかたちをとったのがこの男だという事実にある。［…］それはアドルフ・ヒトラーとして現出した。国民の熱望の生ける顕現である。

ゲオルク・ショット『ヒトラーについての民衆本』、一九二四年

一人の人間が理論家であり、組織者であり、指導者であることはこの世では稀である。この結びつきが偉大な人間をつくるのだ。

ヒトラー『わが闘争』

ヒトラーという亡霊が永遠に葬り去られるはずだった期間に、逆に、後に絶対的存在となるべく民族至上主義《フェルキッシュ》運動のなかでヒトラーは存在感を強め、最高指導者の地位をめぐり主導権を確立しはじめた。しかし、それは当時から明確に認識されていたわけではなかった。今から振り返れば、一九二四年という年は、はるかに強い組織へと変革されて結束を固めたナチ党を完璧に統率する絶対的な指導者となるべく、衰退して分裂した民族至上主義運動の廃墟からヒトラーが姿を現しはじめたときだったと分かる。あたかも不死鳥が灰のなかから甦るかのようだった。ヒトラーの収監中、急進的な民族至上主義右翼のなかで指導権を得ようとした者たちは、優位を主張しようとするも果たせなかった。ヒトラーなしでは、結束を装おうとも瓦解してしまった。ヒトラーの釈放直前に行われた二四年一二月の国会選挙で明らかになったように、民族至上主義右翼はドイツのまともな政治勢力としてはほぼ姿を消したも同然だった。

しかし、分裂した民族至上主義運動の一部では、春の裁判以降、ヒトラーの神格化が始まっていた。実際、民族至上主義勢力のなかでは、一部の熱狂的な勢力をはるかに超えてヒトラーへの称賛が広がっていた。裁判そのものからも分かるように、ヒトラーのうぬぼれは一揆が失敗しても一時的にくじかれただけだった。ヒトラーの増長をその後も助長したのがそうした熱狂的な声だった。毎日のようにランツベルク監獄にファンレターが大量に舞い込み、おべっかをつかう信奉者たちはヒトラーの一言半句も聞き漏らすまいとし、監獄の守衛もヒトラーにへつらい、ヒトラーを称賛する訪問者が引きも切らずに訪れる。常軌を逸した自信家であり、「歴史に名を遺すほどの偉大さ」を常に探し求め、熱狂的な支持者からあなたもそうした偉大さをおもちだと言われることを好む人物にそうしたへつらいが影響を及ぼさないはずがなかった。

当時、支持者がヒトラーの偉大さを世間に演出した例としては、一九二四年に出版されたゲオルク・ショットの『ヒトラーについての民衆本』がその最たるものだろう。ショットの本には、「予言者」、「天才」、「宗教者」、「謙虚な人」、「誠実な人」、「意志の人」、「政治指導者」、「教育者」、「啓発者」、「解放者」などの小見出しがつけられている。文学的で宗教的な隠喩に満ちた分かりにくい文章では、ヒトラーは半ば神格化されている。ショットによれば、「人間が己の内からは引き出しえない、それを宣言すべく神から与えられた言葉というものがある。[…]『私は若きドイツの政治指導者だ』[…]というアドルフ・ヒトラーの告白は、まさにそうした言葉のひとつである」。ショットはヒトラーという人物について、宗教がかった神秘的な言葉遣いで熱狂的に語る。「この人物の秘密は、ドイツ人の魂の奥底に眠るものが生きた人間のかたちをとったのがこの男だという事実にある。[…]それはアドルフ・ヒトラーとして現出した。国民の熱望の生ける顕現である」(1)。

運動が無数の競合しあう分派へと解体してしまったことは、ヒトラーが余人をもって代えがたい存在であることを証明するかのようだった。ヒトラーは、ランツベルクではすることもなく、外の世界のことに指示を出すわけにもいかなかったため、『わが闘争』を執筆し、自らの政治思想を「合理化」するとともに、一部は修正することにした。第一巻を執筆する過程でヒトラーの「世界観」は完成した。自己陶酔からくる、止まるところを知らないヒトラーの自信はこれによってますます強まった。自らが救世主としての使命をもつと、つまり国民が待ち望む「偉大なる指導者《フューラー》」として一九一八年の「犯罪的な裏切り」を払拭し、ドイツの力を回復させ、「ドイツ国民によるゲルマン国家」を再生すべく運命づけられていると強く確信するようになったのである(2)。ランツベルク監獄から釈放されるまでには、「太鼓たたき」から「指導者《フューラー》」への変化は、ヒトラーの心構えのうえでも支持者の気持ちのうえでも完遂されていた。

ヒトラー不在の間に生じた民族至上主義運動の分裂、ヒトラーを偉大な人物だとすでに考えるようになっていた人びとからの称賛、「偉大な」指導者《フューラー》としての自覚は、相互に密接に関連していた。一九二四年一二月二〇日にランツベルクから釈放された時には、後にヒトラーが指導者《フューラー》として確固たる地位を築くことになる基礎はすでに置かれていた。

1

ヒトラー収監中の一三カ月にわたる「指導者不在の時期」ほど、民族至上主義右翼《フエルキッシュ》にとってヒトラーがいかに重要かをはっきりと知らしめたものはなかった。ヒトラーが民族至上主義右翼の活動から去り、一九二四年六月以降、一切の政治活動から身を引いて『わが闘争』の執筆に集中するなかで、民族至上主義運動は分派間の小競り合いと内輪もめに陥った。バイエルン司法府は親切にも、自らが一揆で果たした役割について法廷で右翼の英雄のように振る舞う機会をヒトラーに与えてくれた。競合しあう人びとは、ヒトラーという権威をもちだして自らの行動の後ろ盾とせざるをえなかった。しかし、ヒトラーが不在であるかぎり、それだけでうまくいくとは限らなかった。[3] しかも、今後の展開についてのヒトラーの見通しはしばしば矛盾し、曖昧だった。ヒトラーが指導的地位を要求するならば無視も反対もできなかった。しかし、ヒトラーが独占的な指導的地位につくことを支持するのは民族至上主義運動のなかでもごく一部にすぎなかった。ヒトラーが事態の進展に直接影響力を発揮しえなかった間、相互に抗争することも多く、戦略やイデオロギーの面でも分裂して大きく広がった民族至上主義右翼の諸勢力のなかにあって、わずか一握りのヒトラーの熱狂的な支持者は概して周辺的な存在だった。ヒトラーが釈放された二四年一二月に行われた国会選挙では民族至上主義運動への支持は壊滅的なまでに減少し、様々な政治勢力のなかでも過激派に位置するナショナリスト、人種主義の小分派にすぎないことが明白になった。

一九二三年一一月一一日の逮捕直前、ヒトラーは自らが不在の間、フェルキッシャー・ベオバハター紙の編集長アルフレート・ローゼンベルクを禁止されたナチ党の党首に任命し、エッサー、シュトライヒャー、アマンに補佐させることとした。[4]（ヘス、ショイブナー＝リヒター、ヒトラー自身を含む）ナチ党幹部の一部と同じく、ローゼンベルクもドイツ出身ではなかった。エストニアのレヴァル（現在のタリン）の富裕な市民層の家庭に生まれ、内向的で「ナチ党の哲学者」を自任するローゼンベルクは、教条的で退屈なうえに高慢で冷酷であり、人望もなかった。ナチ党幹部のなかでも最もカリスマに欠け、人望もなかった。他党の有力者がローゼンベルクへの強い嫌悪感という点でだけは一致団結できたほどである。[5] 指導者としての資質に欠けるローゼンベルクが選ばれたのはよく分からない話であり、皆も驚いたが指名された本人も驚いた。[6]

ひょっとすると、一般に考えられているように、指導者としての資質に欠けるからこそローゼンベルクが選ばれたのかもしれない。[7] たしかに、ローゼンベルクほどヒトラーのライヴァルになりえない人物はほかに見当たらない。しかしこれは、一揆が失敗に終わった衝撃のなかでも、ヒトラーが明快にマキャベリ的な計画を立てることができ、今後何が起こるかを予測し、自らが不在の間に運動が分裂することを期待していたと仮定して初めて成り立つ推測である。[8] ヒトラーはプレッシャーの下、鬱屈し、ミュンヒェンの仲間のなかで間違いなく忠実と考えられる人物に党の後事を託そうとしたが、急ぐあまりに決断を誤ったという説明のほうが説得力がある。実際のところ、ナチ運動の指導者たちから選ぼうにも、選択肢はわずかしかなかった。ローゼンベルクはそのひとつだった。[9] ショイブナー＝リヒターは死んだ。ほかは一揆後の混乱のなかで散り散りになるか、逮捕されていた。ヒトラーは知るよしもなかったが、ローゼンベルクの補佐としてヒトラーが指名した三人でさえ、一時的に身動きがとれない状況にあった。エッサーはオーストリアに逃げ、アマンは拘置所におり、シュトライヒャーはニュルンベルクのことで手いっぱいだった。ローゼンベルクという選択は、おそらく、なかではましなものを大慌てで選んだというだけのことなのだろう。

選ばれた理由はともあれ、ローゼンベルクは自分では影響力を発揮できないことにすぐに気づいた。ヒトラーの権威に訴えるだけでは立ち行かなかった。兆候はすぐに現れた。非合法となった突撃隊の隊長代理ヴァルター・ブーフ少佐が、突撃隊はヒトラーには忠誠を尽くすがナチ党の指導に服するつもりはなく、よって党内の政争には干渉しないと主張しだしたのだ[10]。突撃隊はナチ党に従属するというヒトラーの意図に真っ向から対立する主張だった[11]。とはいえ、党組織というほどのものがあるわけでもなかった。一揆前のナチ党は場当たり的に発展してきただけだったうえに、非合法化されてはなすすべもなかった。バイエルン南部の諸勢力との緊密な調整も今は不可能だった。ローゼンベルクは、「アドルフ・ヒトラー」のアナグラムである「ロルフ・アイトハルト」というコードネームを考え出し、秘密文書に使うことにした。アイトハルトとは、誓いを守るという意味である[12]。ハイキングクラブなどの偽装団体が設立された。各地方支部にはヒトラーの肖像が描かれた絵葉書が送られ、「われらが指導者《フューラー》の象徴として」それを一〇〇万枚単位で売り、「アドルフ・ヒトラーの名をドイツ国民に常に意識させておくように」と指示された[13]。発禁処分となったフェルキッシャー・ベオバハター紙に代わってさまざまな後継紙が作られ、ナチ党支持者がその思想から離れないよう腐心した。ヒトラー自身の手になる論説やスケッチもランツベルクから密かに持ち出された[14]。連絡をとりあうことは当初は難しかったが、スパイ活動まがいの行動は必要ないとすぐに分かった。活動禁止処分となったナチ党の後継組織であることが明白な場合でも、当局の許可は下りると分かったためである[15]。

一九二四年一月一日、ローゼンベルクは大ドイツ民族共同体を設立し、活動を禁じられているナチ党の後継組織にしようとした[16]。夏にローゼンベルクが失脚すると、大ドイツ民族共同体はエッサー(五月に亡命先のオーストリアから帰国)とシュトライヒャーの指導下におかれた[17]。しかし、エッサーとシュトライヒャーは粗野で礼儀をわきまえず、やり方にも問題があったために、ヒトラーの支持者の多くは離れてしまった。いずれにせよ、大ドイツ民族共同体にはヒトラーの支持者がすべて参加したわけでは全くなかった。たとえば、ヒトラーが去った後の党指導者として一揆後に頭角を現したランツフートの薬剤師グレゴア・シュトラッサーは、ドイツ民族自由党(DVFP)に入党した。保守政党であるドイツ国家人民党の元党員アルブレヒト・グレーフェ率いる同党は、ナチ党のライヴァルとなる民族至上主義の団体である。メクレンブルクを牙城とし、本拠はベルリンに置かれていた。

グレーフェと、同じくドイツ国家人民党を離党したラインホルト・ヴレ、ヴィルヘルム・ヘニングはいずれも国会議員であり、退役将校や企業家に有力なコネをもっていた。三名は一九二二年晩秋にベルリンでドイツ民族自由党を創設し、ドイツ国家人民党よりもさらに急進的に民族至上主義的な方向を目指していた。ヒトラーは二三年三月に、北ドイツではドイツ民族自由党の優越を認める代わりに南ドイツはナチ党の勢力下に置くという協定をグレーフェとのあいだで結ばざるをえなかった。この三月の協定を再確認し、両党の緊密な協力を謳う次なる協定に、二三年一〇月二四日にエッサーが調印した。協定締結後、ローゼンベルクをはじめとする他の党員は、エッサーはヒトラーに無断で行動し、ヒトラーはエッサーの面子をつぶさないようにそれを認めたにすぎない、と言い立てた。もっとも、ヒトラーは三月の協定には同意したわけであり、ヒトラーの了解なしにエッサーがそのようなことをできたともしようとしたとも考えにくいため、批判が当を得たものだったとは思えない[18]。

一揆以前にはこれらの協定のおかげで軋轢が生じることはなく、グレーフェは一九二三年一一月九日の将軍廟への行進にも参加した。しかし、ヒトラーが収監されると事情が変わった。ドイツ民族自由党はナチ党ほど厳しく活動を禁じられたわけではなかった。ヒトラーの運動が内部で混乱をきたしたのとは対照的に、グレーフェをはじめとするドイツ民族自由党の幹部は自由の身であり、党組織に統制を効かせることができた。ドイツ民族自由党の指導者たちは、ヒトラーの支持者を取り込もうと一揆でのヒトラーの行動を褒めそやしつつ、実際にはこの状況を利用して自党の優位を確立しようとした。民族至上主義運動は選挙に参加すべきだと彼らが主張したことも衝突を大きくした。

戦略として議会参加が目指されるようになると、ナチ党支持者の多くは遠ざかり、北ドイツのナチ党勢力は頑強に反対した。そのスポークスマンだったゲッティンゲン支部長ルドルフ・ハーゼはローゼンベルクの権威に次第に盾突くようになり、とくに北ドイツのナチ党勢力がグレーフェの手中に握られるのを許すまいとした。両党の党組織と指導部を統合することを意図したグレーフェとの協定案を一九二四年一月末のザルツブルクの秘密会合でローゼンベルクが拒否したにもかかわらず、ルーデンドルフが強く主張したせいで二月二四日にそれが承認される運びとなるにいたって、ローゼンベルクの地位はますます危うくなった。しかしこの統合も、協定の期限を六カ月間とするという条件つきで、ヒトラーの明確な許可のもとに行われたことではあった。こうしたことを見ると、禁止され、混乱した党の運営を預かる者たちに獄中のヒトラーが与えた指示がいかに不明瞭で曖昧だったかが分かる。この直後、一揆を企てた者たちの公判開始前日、ルーデンドルフは公の場でグレーフェを北ドイツにおける自らの代理と位置づけて支持をよびかけた。ルーデンドルフとしては、これによってドイツ民族自由党にお墨付きを与えるとともに、民族至上主義運動の指導者としての自らの地位をそれとなくアピールしようとしたのである。[19]

議会主義を打倒するために不本意ながらもまずは議会で議席をとろうとしていたこれらの民族至上主義諸勢力は、一九二四年二月にはじまる一連の州議会選挙と五月四日の国会選挙（この年に行われた二回の国会選挙のうちの一回目）に向けて選挙協力を取り決めた。ヒトラーはこの戦略には反対だった。ルドルフ・ヘスは一年以上後にヒトラーの代わりに、「H氏は当初から選挙への参加には反対しつづけており、このことをはっきりとL（ルーデンドルフ）閣下を含む諸氏に告げていた。彼は、運動はまだ十分に成長していないため、反議会というわれわれの原則を守るべきであり、選挙は無駄な出費になると確信していた」と述べている。[20] しかし、ヒトラーが反対しても事態は変わらずに選挙への参加が決まり、しかも結果的にはそれが正しかったことが証明された。グレーフェの牙城メクレンブルク・シュヴェリーンで二月に行われた州議会選挙でドイツ民族自由党は六四議席中一三議席を獲得し、四月六日のバイエルン州議会選挙では民族至上主義諸勢力の選挙協力による民族ブロックが一七パーセントの票を得た。[21]

この結果を残した後も、次に控える国会選挙で民族ブロックとして活動することにヒトラーは反対だった。しかしヒトラーは民族ブロックの選挙声明に自分の名前を使うことは許可した。選挙直後、クルト・リュデッケに方針変更を告げ、「われわれは鼻をつまんで、カトリックやマルクス主義の議員に対抗して国会に議席を占めなければならない」とも語った。[22] ヒトラーが事態をどのように見ていたかについては、一年ほど後にヒトラーの意を受けてヘスがある党員に向けて書いた返信から分かる。「ヒトラー氏は、ご自身の考えに反するとはいえ、いったん議会に入ったからには、議会参加は議会主義を含めた既存の制度と闘うための数ある戦法のひとつととらえるべきだとの立場をとっています。しかし、参加とは、民族至上主義的な議員が不幸にも実践し、当然のことながらほとんど成果をあげていない、『前向きな参加』のことではありません。それは、議会における既存の制度に対する激しい反対と妨害、絶えざる批判による参加でなければなりません。議会の、そして議会主義の矛盾を衝くのです」。[23]

国会選挙の結果を見たヒトラーは、議会参加という戦術は実利的かつ意識的に利用すれば得られるものもあると考えなおしたようである。公報活動とヒトラー裁判によって民族至上主義勢力の票は増え、得票率六・五パーセントで国会に三二議席を獲得するという好結果を残した。[24] グレーフェの勢力圏であるメクレンブルク（二〇・八パーセント）とバイエルン（一六パーセント）での結果はとくによかった。[25] ただし、民族至上主義勢力が国会に送りだした議員のうちナチ党出身者は一〇名のみであり、二二名はドイツ民族自由党出身だった。ヒトラー運動の残党の立場がこの時期には比較的弱かったことが分かる。[26]

ルーデンドルフはミュンヒェン近郊に居を構えながらも、北ドイツとの関係を広く維持していた。一九二四年五月にランツベルク監獄を二度訪問したルーデンドルフは、初回の訪問時にヒトラーを説得して国会でのナチ党会派とドイツ民族自由党会派の合同に同意させようとし、二度目の訪問では両党の完全な統合の話までもちだした。ヒトラーは言葉を濁し、原則的には同意しつつも、グレーフェとの話し合いを要するいくつかの条件を出した。そのうちのひとつは、運動の拠点をミュンヒェンに置くことだったとされる。[27] しかし、グレーフェとの会談は実現しないまま、両党の国会議員は五月二四日にベルリンで合同会派を結成し、議会での活動のために国民社会主義自由党（ＮＳＦＰ）という名称で統合してしまった。ルーデンドルフはプレスリリースで、ヒトラーは統一政党の結成を支持していると公表した。ヒトラーは難しい立場に追い込まれた。ナチ党は独自の特徴をもつ独立した政党だとヒトラーは主張しつづけてきたが、民族ブロックが選挙で成功を収めたからには、そのような非妥協的な態度では支持者を説得しきれない危険があったためである。さらに、選挙結果からも分かるようにドイツ民族自由党はナチ党よりも勢力が強いうえに、ルーデンドルフはいまや民族至上主義運動の指導者と目されていた。[28]

ヒトラーには他人が聞きたがることを言う癖があった。五月末に北ドイツのナチ党の代表四名がハーゼに率いられてランツベルク監獄を急遽訪問したときにもこの弱点が出た。ヒトラーはこのとき、二月二四日のドイツ民族自由党との協定は既成事実として示されたものだった、自分は選挙への参加には反対だったが止められなかった、ドイツ民族自由党との合併は国会での合同会派の結成を超えるものではない、と主張したのである。[29] ルーデンドルフは六月一一日にすぐさま声明を公表し、それがヒトラーの真意であるかどうかは疑問だとしてハーゼらの説明に反論し、両党合併の必要性をヒトラーは認めたと強調した。[30] ハーゼらの代表団がヒトラーを訪問したことを受けて、アーダルベルト・フォルク博士の指導の下、北ドイツで活動するヒトラー支持者らが一九二四年六月三日にハンブルクで結成したのが幹部会議である。フォルルクはリューネブルクの法律家で、彼が民族至上主義の思想を奉じるにいたったのにはバルト海沿岸出身であることが大きく関係していた[31]。この幹部会議は、ドイツ民族自由党との合併を一切認めようとしなかった。合併すれば「議会主義」に取り込まれ、ありきたりの党になってしまうことを恐れたためだった。幹部会議は中央集権的な堅固な構造をもち、忠実にも、ヒトラーが釈放されて再び手綱を握るそのときまでヒトラーの立てた原則を守ろうとしていた[32]。

そうはいっても、北ドイツのナチ党員のなかで、両党合併に対するヒトラーの立場が分からずに混乱する者が出たのは不思議ではない。ハーゼは六月一四日の手紙で、両党合併を拒否したことについてヒトラーの確認を求めた。ヒトラーは二日後に返信し、合併を根本的に拒否したわけではないが、条件をつけたと書いた。ヒトラーは、ナチ党支持者のあいだにドイツ民族自由党との合併への反対があることを認め、ドイツ民族自由党の方でもナチ党の古参闘士の一部を拒絶するような態度がみられるとも指摘した。続いてヒトラーは、介入し、責任を引き受けることはもはやできなくなることも考えられるとし、再び指導的立場を全うできるようになるまで政治からは身を引くことに決めたと書いた。今後、何らかの政治的立場を擁護するために自分の名前を出してもらっては困るとして、政治的な書簡はもう送ってこないようにという要請も書かれていた[33]。

一週間後、ゲッティンゲン周辺出身の若きナチ党員で、ヒトラーとともにランツベルクに収監され、ヒトラーの雑用係のかたわら北ドイツのナチ勢力との仲介をしていたヘルマン・フォプケは、ヒトラーはドイツ民族自由党と対立する北ドイツのナチ党を支持していると請け合い、ハーゼをなだめようとした。フォプケが言うには、「結局のところ、ヒトラーはものごとが望みの薄い方向に逸れていくので、自由の身になったら一から出直さざるをえまいと決めこんでいます。でも、彼は楽観していて、すぐにまた支配権を握れると考えています」ということだった。しかし、北ドイツのナチ党の「苦悩の声」にヒトラーが無関心であることに自分でも失望しているだろうと指摘されては、フォプケも反論できなかった[34]。

ヒトラーは、政治活動から身を引くという決断を一九二四年七月七日に新聞に発表し、以後、ランツベルクへの訪問を控えてほしいと支持者に要請した。(この要請をヒトラーは一カ月後に改めて繰り返さなければならなかった。) 新聞発表では、ランツベルク収監中はことの成り行きに対して実質的に責任を引き受けられないこと、「全般に多忙」であること、著書(『わが闘争』第一巻)の執筆に集中したいことなどが理由として挙げられていた[35]。敵対勢力の新聞が報じたように、一〇月一日に許可が見込まれる仮釈放が危うくなるのではないかとの懸念も大きな原因のひとつだった。[36]この決断のきっかけとなったのは、六月一一日のルーデンドルフの新聞発表だった。ヒトラーが警戒して曖昧にしか発言しなかったにもかかわらず、両党の合併を公式に認めたことにされてしまったという例の一件である。ヒトラーは当惑し、怒った。[37]政治活動から身を引くという決断は「この知らせに対する怒りから出た」[38]ものだと六月二三日にフォプケはハーゼに宛てて書いた。しかし最大の理由は間違いなく、ヒトラー自身がハーゼに告げたもの、つまりランツベルクに収監されている限り事態の展開をコントロールできない、というものである。ルーデンドルフの新聞発表がまさにそれだった。

政治活動から身を引いたのは、すでに始まっていた分裂を激化させ、混乱を拡大させることで団結の象徴としての自らのイメージを強めようとするマキャベリ的な戦略ではなかった。[39]結果的にはそうなったが、それが理由だったわけではない。一九二四年六月には、結果をはっきりと予見することはできなかった。ヒトラーの行動は強さではなく弱さゆえのものだった。分裂が進むなか、ヒトラーは立場を明らかにするように四方八方から責め立てられた。ヒトラーが曖昧な発言しかしないことに支持者はいらだった。しかし、明確に立場を表明すればどちらかを切り捨てることになる。決断しないという決断はヒトラーにはよくみられるものである。「ヒトラーはいつも最低限の選択しかせずにすませようとする」とはリュデッケの弁である。「収監中、ヒトラーは自らの権威を他人に一部委託するよりも、むしろ一か八かの賭けに出ようとしていた」[40]。

レームはヒトラーの明確な反対を押して、「前線団《フロントバン》」という名称で全国規模の準軍事組織を創設しようとしていた。その決意を抑え込めないことにもヒトラーは苛立ちを募らせた。これは、活動禁止に追い込まれた突撃隊をはじめとする旧闘争連盟の部隊を含めて、今ある民族至上主義運動の準軍事組織を吸収・統合し、ルーデンドルフの軍事的指導下に置こうとするものだった。ヒトラーは突撃隊をコントロールできなくなるに違いないと考えてこれを嫌い、一揆前のように準軍事組織の指導者に依存することになる事態を避けようとした。準軍事組織の政治に関与したと再び疑われれば、早期の仮釈放の妨げになるばかりか、オーストリア送還の動きが強まる恐れもあった。レームは、一揆での行動によりわずか一五カ月間の禁固刑を言い渡された後、素行が善良であることを条件に執行猶予となり、すでに四月一日に釈放されて保護観察中だった。ヒトラーは六月一七日にレームとランツベルクでは最後となる会談をしたときにもレームを思いとどまらせることはできず、ナチ運動の指導は辞めたので前線団《フロントバン》についてはもう何も聞きたくないとの捨て台詞を吐いて話を終えた。しかしレームはヒトラーの意向は無視し、ルーデンドルフの支援と保護を頼んで計画を押し進めた[41]。

一切の政治活動から身を引くとヒトラーが宣言した後、ルーデンドルフとグレーフェは迅速に動き、二日後に自分たちもプレスリリースを出して、「ミュンヒェンの英雄が自由の身となり、第三の指導者として戻ってくるまでは」民族至上主義運動の指導にあたると宣言した。彼らの宣言では、代わりに指導力を発揮してほしいとヒトラーから頼まれたことになっていた。プレスリリースでは、ローゼンベルクが党首職を辞し、ヒトラーの収監中は国民社会主義自由党のシュトラッサーがルーデンドルフ、グレーフェとともに全国指導者の任にあたることになったとされ、八月半ばにヴァイマルで開催予定の会議で民族至上主義運動の一致団結が図られるとも付け加えられていた[42]。

これを聞いて恐慌をきたしたのは北ドイツのナチ勢力だった。北ドイツの幹部会議はフォプケに説明を求めた。回答は、ヒトラーは収監中に限って指導の役割を離れたのであり、権力を他人に譲り渡したわけではない、シュトラッサーを全国指導者にすることに同意はしているが、推挙したわけではない、というものだった[43]。幹部会議の議長フォルクは、「われらが綱領は『アドルフ・ヒトラー』の二語に尽きる」として党の統合をめぐる北ドイツのナチ勢力の立場を七月一八日に改めて明確にした[44]。七月二〇日にはナチ党の八〇名の代表がドイツ全土からヴァイマルに集まり、ルーデンドルフを主賓として迎えて、党の統合(この件は同市で翌月開催される会議で正式に議題として取り上げられることになった)と議会での戦略について議論する機会がもたれた。しかし、会議は刺々しい雰囲気のなかで非難の応酬と混乱のうちに終わり、亀裂が深まっただけだった[45]。

フォルクは即座にこの会議についてきわめて批判的な報告をまとめ、ランツベルクに送った[46]。仲介役のフォプケを通じてもたらされた返信は、北ドイツのナチ勢力を多少なりとも力づけた。ヒトラーは、北ドイツのナチ勢力の「方針は正しい」と言ってよこしたのである。ヒトラーは、ルーデンドルフは運動の軍事面に集中していればよいのだとしてこれを厳しく批判した。エッサーとシュトライヒャーにも批判的だった。しかし、競合する様々な派閥に対して中立の態度を崩すことは断固として拒否した。またヒトラーは、統合の問題は終わったとして、争いはそこまで深刻ではないとの見方も示した。北ドイツのナチ勢力の「絶望的な戦い」に肩入れすることを控えたのである。釈放後にすべきことをヒトラーは弁《わきま》えていた[47]。運動の再建はバイエルンからしかなしえなかった。北ドイツのナチ党が置かれた状況に理解を示さないヒトラーの反応はフォルクには歓迎できるものではなかった。これがフォルクがヒトラー批判を徐々に強めていく最初の兆しだった。「最上位に位置する指導者が全てのことについて独りで誰よりも優れた判断が下せると考えているのであれば、それ以上はどうしようもない」とフォルクは述懐している。(48)

一九二四年八月一五日から一七日にかけてヴァイマルで鳴り物入りで開催された会議は、ナチ党とドイツ民族自由党の組織統合を強化しようとした。しかし、両組織を表層的に統合し、新たに国民社会主義自由運動を宣言するにとどまった。この会議のハイライトは、「諸君の指導者アドルフ・ヒトラー」からの祝電だった。この祝電が読み上げられるや熱狂的な拍手喝采がわきおこり、ルーデンドルフの人気を凌駕せんばかりだった（もっとも実際にはこれはそもそもルーデンドルフが依頼したものだった）。この会議は、指導者であるヒトラーを欠いた統合はないことを示した。しかし、ヒトラーが求める指導的地位は、ルーデンドルフやグレーフェが期待する三頭政治型の指導的地位とは相容れないことが次第に明らかになっていく。(49)

追いつめられた北ドイツの原理主義グループは、ヒトラーが会議に寄せた祝電を気にして、明確な説明を改めてヒトラーに求めた。ヒトラーはまたしても北ドイツのナチ勢力を失望させた。フォプケの返信は、ヒトラーは両党の完全な統合も運動が「議会主義」路線をとることも認めたわけではないと北ドイツの仲間に保証しようとするものだった。しかし、ヒトラーは妥協し、議会参加に向けた行動をとる必要を認めた、とも書かれていた。ヒトラーはフォプケを通じて改めて、意見表明は避けたいとの希望を伝えた。ヒトラーは最後に、釈放後には（ヒトラーは一〇月一日に釈放されると完全に期待していた）バイエルンの秩序回復を最優先すると強調した。ヒトラーにしてみれば、北ドイツの幹部会議にそれまで耐えるようにと強く勧めただけだった。しかし、北ドイツの勢力がこれを全くよく思わなかったのは明らかである。(50)

統合をめぐって様々な交渉が行われたにもかかわらず、ナチ党、ひいては民族至上主義運動全体の分裂状態は、夏が終わるまでに収まるどころかむしろ悪化した。実に無礼で横柄、弱者をいたぶるようなシュトライヒャーとエッサーのやり口は大ドイツ民族共同体の内部でさえ恨みを買い、民族ブロック（バイエルン州でその指導者を務めるシュトラッサーは当然のことながら国民社会主義自由運動の全国指導部にも属していた）とのあいだには大きな反目が生じ、北ドイツのナチ勢力との関係も決定的に悪化した。また、北ドイツのナチ勢力は国民社会主義自由運動の全国指導部を認めず、逆に国民社会主義自由運動も幹部会議を認めない立場をとった。(51)この党内闘争によってヒトラーの地位だけが著しく強まった。

夏から秋、さらに冬が近づくにつれ、民族至上主義運動の亀裂はさらに深まっていった。一九二四年九月半ばにヒトラーは自らに忠実な北ドイツの勢力に対して、釈放されたら、すべてを終わらせるために指導的地位にある人間を皆呼びだして会議を開こうと請け合った。問題は誰が運動を指導するかだけだった。ヒトラーを唯一の指導者としてあおぐことを誰が支持するかという問題というべきかもしれない。「全国指導部といったもの」をヒトラーは「認めないでしょう」、「こういう兵士評議会のような組織には絶対に入らないはずです」とフォプケは書簡に記した。ルーデンドルフやグレーフェとともに全国指導部に加わるなどということはヒトラーは考えもしなかった。しかし、ヒトラーは立場を公表しようとはしなかった。北ドイツの支持者たちの失望と焦燥は募るばかりだった。

支持者の期待に反して一〇月一日には仮釈放が実現しなかったため、事態はさらに複雑になった。国民社会主義自由運動も、ヒトラー自身が統合組織と公式に関わることを拒否しつづけているなか、ヒトラー抜きの統合に踏み切ることはできないと見ていた。(52) バイエルンでは、エッサーとシュトライヒャーの周囲で民族至上主義運動内部の亀裂がさらに広がっていた。一〇月二六日、民族ブロックは来る選挙戦を戦う統一組織を作るために国民社会主義自由運動への参加を決定し、その全国指導部を認めた。民族ブロックのスポークスマンであるシュトライヒャーは、大ドイツ民族共同体も直ちに国民社会主義自由運動に加わってほしいとの期待を表明しつつ、その指導者であるエッサーとシュトライヒャーのことは公然と批判してみせた。これに対する応答として、大ドイツ民族共同体の全加盟組織宛の書簡でエッサーは民族ブロックの指導部を激しく攻撃したあげく、ルーデンドルフが民族ブロックの立場を擁護していることまで論難し、「ナチズム運動のなかで長年地位を築き上げてきた人間を排除する権利があるのはアドルフ・ヒトラーただひとり」だとして、ミュンヒェンにおけるヒトラー派の立場を改めて明言した。(53) しかし、エッサーの虚勢も、テューリンゲンのナチ党員アルトゥア・ディンターの支持を受けたシュトライヒャーの強気の攻勢も、大ドイツ民族共同体の急速な勢力低下を隠しおおせるものではなかった。(54)

一九二四年一二月七日の国会選挙は、ドイツの国政全体のなかでは、こうした民族至上主義運動内部の絶え間ない小競り合いがいかに瑣末かを白日の下にさらした。国民社会主義自由運動は三パーセントを得票するにとどまった。五月の国会選挙と比べると民族至上主義勢力は一〇〇万票以上を失ったことになる。国会の議席数は三二から一四に減少し、ナチ党はそのうち四議席を占めるだけだった。壊滅的な結果だった。しかしヒトラーはこの結果を喜んだ。(55) ヒトラー不在の間に民族至上主義の政治運動は崩壊したが、その間に指導的地位を求めるヒトラー自身の立場は強まった。この選挙結果を見て、バイエルン政府は極右の脅威は去ったと考えるようになった。一〇月以来、支持者はヒトラーをランツベルクから釈放するよう要求してきていたが、釈放を過度に恐れる必要はもはやないと思われた(56)。

2

判決の半年後、一九二四年一〇月一日に早期仮釈放されるというヒトラーと支持者の望みがかなうかどうかは、収監中の善良な素行が証明されるかどうか、またヒトラーが釈放後に何をしようとしているかにかかっていた(57)。ランツベルク拘置所所長オットー・ライボルトは、ヒトラーに好意的な看守らと連名で出した九月一五日の報告書で、ヒトラーがいかに賞賛すべき囚人であるかについて書き並べている。

> ヒトラーは自分自身にも他の囚人にも秩序と規律ある態度で接しております。足るを知る人物で、謙虚で人あたりも良好です。何を要求することもなく、物静かで、理性的で、真面目で、態度にも問題がなく、真面目に刑に服そうとしております。虚栄心がなく、出される食事に満足し、喫煙も飲酒もせず、友愛にあふれてはいますが、一定の権威をもって他の囚人を指導することもできます。[…]女性には関心をもっていないようです。当拘置所を訪れる女性たちと会うときには大変礼儀正しく、本気で政治の議論をすることもありません。常に礼儀正しく、拘置所の職員を侮辱するようなことも決してありません。ヒトラーを訪ねる人びとが当初は数多くいましたが、周知のとおり、この数カ月間は政治関係の訪問はできうる限り避けるようにしており、たまに手紙を認《したた》めるのもたいていは礼状です。毎日何時間も本を執筆しております。これは近く出版が予定されている自伝で、ブルジョア、ユダヤ人、マルクス主義、ドイツ革命、ボリシェヴィズム、ナチ運動をめぐる意見や、一九二三年一一月八日の前史が書かれることになるでしょう。[…]一〇カ月にわたる拘留と刑期中に彼は間違いなく以前よりも成熟し、落ち着きつつあります。彼に反対して一九二三年一一月の計画を失敗に導いた公職にある人びとに脅迫や報復を企むようなことはもはやないでしょう。反政府運動を扇動したり、他のナショナリスト政党と敵対することもないでしょう。国家たるものは安定した国内秩序と安定した政府なしには存在できないことを確信していると彼は強調しております(58)。

ミュンヒェン警察も州検察局もヒトラーの早期釈放を拒否するに足る明確な理由をもっており、この賛辞を真に受けたりはしなかった。

一九二三年九月二三日、ミュンヒェン警察副署長フリードリヒ・テンナーは仮釈放を見合わせるよう報告書のなかで強く警告した。テンナーが言及したのは、二四年五月八日の報告書で警察本部が下した判断だった。ここには、ヒトラーの気質と目的追求にかけるエネルギーからして、拘置所からの釈放後も目標を捨てることなく、「国内外の治安と安全を脅かす恒常的な危険となる」に違いない、という見解が示されていた。それ以降の経過はこの判断の正しさを物語っている。テンナーは、釈放後も変わるつもりはないというヒトラー、クリーベル、ヴェーバーらの法廷陳述にも注意を促した。また、九月一六日に前線団《フロントバン》の事務所で、囚人ヒトラーが解体された準軍事組織の再建に関わったことを証拠立てるとおぼしき書類が発見されたことも言及された(59)。これらの点を踏まえれば、仮釈放など一考の余地もない、それどころか、支持者の期待には反するが、「民族至上主義《フェルキッシュ》運動の中心人物」たるヒトラーを強制送還し、バイエルン州にとっての差し迫った危険を取り除くことこそが肝要であると裁判所にもご理解願いたい、と報告書には続けて記されていた。ヒトラーの釈放後に起こることを予見するかのように、ヒトラーがいまや以前にもまして民族至上主義運動の中心的存在となっていることを踏まえて、「民族至上主義の思想をもつ人びとへのヒトラーの影響力が民族至上主義運動の退潮に歯止めをかけることになるであろう。そればかりか今は分裂状態にある諸勢力を統一し、すでに離れた者、まだ距離をとっている者も含めて、ヒトラーの思想を支持する大量の人びとをナチ党に引き入れることになるであろう」、会合・デモ・暴動が行われ、「政府との容赦なき戦い」になるであろう、とも書かれていた(60)。

ヒトラー裁判の主席検事を務めたミュンヒェン第一司法管区検事ルートヴィヒ・シュテングラインも一九二四年九月二三日の書簡で、収監中にヒトラーが意志を曲げたとはいいがたいこと、止めたところからまた始めるに違いないこと、ヒトラーの釈放が公共の秩序に大きな危険となることを強調した。裁判がいかに恥ずべきものだったかをほのめかしつつ、検事は一揆を含めたヒトラーのこれまでの行動はきわめて深刻な犯罪だと強調した。一揆はバイエルン州とドイツ政府を危険に陥れた。相当数の人命が失われ、紙幣強奪の大罪があり、警察との武装闘争も周到に計画されたものだった。検事は、二二年に治安妨害罪によりヒトラーに下された判決は二カ月の執行猶予付きの一カ月間の禁固刑であり、ヒトラーは二六年五月一日まで保護観察処分中だった（これは裁判で触れられるべきだったにもかかわらず触れられなかった）と指摘し、執行猶予の取り消しを主張した。禁止された準軍事組織の再建計画にヒトラーが関わったことを示す証拠を見れば、ヒトラーならびに同じく収監中のクリーベル、ヴェーバーが釈放後に何をしようと企んでいるか分かろうというものだとも主張した。また、個人的に面会を許可された訪問者を通じて書簡を密かに持ち出したのはランツベルクでの特権の乱用であり、収監中の素行が良好とはいえないことを示している。早期釈放の理由などありうるはずもないとして、検事は仮釈放の見送りを推奨した[61]。

裁判所は検事の議論を退け、九月二五日に仮釈放を認めた。裁判所の立場は、本人らの思想とその行動の動機に鑑みて、比較的短期の収監で十分な刑罰になったと考えられるというものだった。重要性の低い書簡を検閲を通さずに何通か託したことはそれほど重く考えるべきものではなく、拘置所所長の報告にあるような当該囚人の素行の素晴らしさを傷つけるものではない[62]、ヒトラーとクリーベルが前線団《フロントバン》に関与した証拠はない、というのが裁判所の判断だった。この点では裁判所は、前線団《フロントバン》はヒトラーとは関係を絶ったとレームらが公式に宣言したことに影響されたのだろう[63]。裁判所は、検事が要求するように、ヒトラーが（一九二二年の判決以来）服している執行猶予期間を取り消すに足る理由はないと判断した[64]。

シュテングライン検事はその週末、ヒトラー、クリーベル、ヴェーバーの仮釈放に反対するさらなる嘆願書をバイエルン州最高裁判所に送る用意に勤しんだ。九月二九日（月曜日）に届いたこの嘆願は、素行不良（書簡の秘密持出し九件）、違法組織（前線団《フロントバン》）への関与の強い疑い、彼らの釈放により出来する国家の治安上の危険を改めて主張するものだった[65]。本人と支持者らの要求どおりにヒトラーが一〇月一日に釈放される可能性はこの嘆願により潰えた[66]。

しかしこの件は保留になっただけだった。裁判所は仮釈放についてすぐにも決断を下さなければならず、ヒトラーの早期釈放を阻止できる可能性はさしてなかった。ヒトラーの支持者が執拗に圧力をかけてくることを考えれば、仮釈放はすぐとはいわずとも遠からず許可されるものと思われた[67]。

バイエルン州政府の代表はこのことを念頭に一〇月初旬にウィーンを訪れ、仮釈放後、ヒトラーをすぐにもオーストリアに強制送還できるように話をつけようとした[68]。実際のところ、早くも一九二四年三月二六日にバイエルン州が出した問い合わせに答えて、オーバーエスターライヒ当局はヒトラーがオーストリア市民権をもつことを四月二〇日に確認し、パッサウ経由で強制送還する手はずを整えようとしていた[69]。その後、五月八日のミュンヒェン警察本部の報告書も、バイエルン州内の治安のためにヒトラーの強制送還を提言した[70]。しかしその話には少なくとも九月末まではそのまま何の進展もみられなかった。おそらく緊急性がなかったために遅れただけであろう。九月になり、ことは急を要するようになったが、ヒトラーの強制送還をめぐってバイエルン州の閣僚の意見は割れた。[71] しかもその頃には、ウィーンからヒトラーの受入れ拒否を命じられたとパッサウの国境警備局が伝えてきていた。[72] この指令はほかならぬオーストリア首相イグナツ・ザイペルの指示で送られたものだった。[73] バイエルン側は引き続き、筋の通った法的議論をもちだしてオーストリア政府にヒトラーを引き取るよう圧力をかけたが無駄だった。ザイペルはヒトラーの引き取りを断固として拒否し、ドイツ軍に志願したことでヒトラーはオーストリア市民権を失ったと強硬に主張した。法的に有効な議論ではないが、それでも十分だった。[74] ヒトラーは強制送還を恐れていたが、この話は立ち消えになった。[75]

ランツベルクから釈放後、一九二五年三月にオーストリア市民権を放棄する方法を問い合わせたヒトラーは正式に申し出るようにいわれ、ドイツで軍務に服したこと、ドイツ市民権取得を望んでいることを理由に手続きをとった。二五年四月三〇日、ヒトラーは心待ちにしていた、オーストリア市民権の抹消を承認する通知を受け取った。[76] わずか七・五〇オーストリア・シリングを支払っただけで、ヒトラーは以後、強制送還を恐れる必要は一切なくなった。[77] ヒトラーがドイツ市民権を獲得する七年前のことである。それまではヒトラーは無国籍だった。

バイエルン州最高裁判所がヒトラーの仮釈放に反対する検事の嘆願を却下する決断を下したのは一九二四年一〇月六日のことである。ヒトラー、クリーベル、ヴェーバーが禁止された準軍事組織に関与したという強い疑いについてはまだ立証されたとはいえないというのが裁判所の見解だった。仮釈放に関する判断はこれが立証されるか否かにかかっており、結果が明らかになった後に下されるとされた。この判断によって道は開かれ、最終的に一二月一九日の指令により、ヒトラーの釈放が認められることになる。州検事局はそれでも諦めなかった。釈放を阻むため、検事局は一二月五日に慎重に議論を組み立て、最後の嘆願を出した。集められた証拠は法廷で有罪を確定するには足りないかもしれないが、本人たちがどう反論しようとも、ヒトラーとクリーベルが今回の判決と同じ理由で有罪といえるような行為を行なったこと、また両名が釈放後に良好な素行をとるとは考えがたいと「強く疑わせる」ものであることを示すにはこと足りる、という主張だった。バイエルン州最高裁判所は一二月一二日にランツベルク拘置所所長に、九月一五日付の前回報告以降のヒトラーとクリーベルの素行について報告を求めた。その意図をくんで、ライボルトは二日後にヒトラーの人格と監獄での素行を褒めちぎった報告を返した。

「刑期中の素行に鑑みて［…］仮釈放されるにきわめてふさわしいと思われる」というのがライボルトの結論だった。[78]

素行は良好だと改めて証明されたことから、バイエルン州最高裁判所は早期釈放に反対する検事の主張を一二月一九日に最終的に退け、ヒトラーの仮釈放を命じた。一〇月来、民族至上主義的な新聞が執拗に求めつづけてきたことが実現したのだった。[79]一二月の国会選挙が終わり、ナチズムが急速に勢力を失いつつあるかのように見えたことも有利にはたらいたに違いないが、ミュンヒェン警察と検事局の正当な反対を押し切ってバイエルン州司法局がヒトラーの早期釈放を強硬に主張したのはひとえに政治的に偏向していたからにほかならない。

ヒトラーの釈放を阻止すべく打てるかぎりの手を打った検事シュテングラインも、ことここにいたっては、ランツベルク拘置所に裁判所命令を伝える電報を打たざるをえなかった。[80]拘置所所長は口ごもりながらヒトラーにそれを知らせた。ヒトラーは、出所してもデモはしないと請け合い、ミュンヒェンで印刷業を経営し、ナチ党の印刷業務を請け負うアドルフ・ミュラーの迎えを希望した。翌朝、ミュラーは写真家ホフマンを伴ってランツベルク拘置所にベンツで乗りつけた。[81]一九二四年一二月二〇日正午一二時一五分、ヒトラーは釈放された。検事局のファイルに残る試算によれば、ヒトラーの刑期は三年三三三日二四時間五〇分残っていた。[82]ヒトラーがその刑期を勤めていれば、歴史は全く違う方向に進んだことだろう。

拘置所の職員は皆ヒトラーに好意的で、この著名な囚人と別れを惜しもうと集まった。ヒトラーは、寒いと言ってホフマンを急かしながらもこの古い要塞町の市門のそばでポーズをとり、車で走り去った。二時間足らずのうちにミュンヒェンのティアシュ通りのアパートに戻ると、ヒトラーは友人たちから歓迎を受けて花冠を贈られ、飼い犬ヴォルフに跳びつかれて危うくひっくり返りそうになった。[83]後にヒトラーは、自由になった最初の夜には何をしてよいやら分からなかったと語った。[84]

当初、ヒトラーは政治的立場を公には明らかにしようとしなかった。民族至上主義運動の内輪もめが何カ月も続くなか、状況を把握しなければならなかったためだ。バイエルン当局向けに、ヒトラーが再び政治の世界に戻るための条件を整え、ナチ党に対する禁党令を解除させるためにも、まずは大人しくしている必要があった。ヒトラーはついに釈放され、党再建に向けて真剣な準備が始まろうとしていた。

3

「ランツベルクは国の金で大学に行かせてもらったよ

うなものだった」とヒトラーはハンス・フランクに言ったことがある。ヒトラーが言うには、ニーチェ、ヒューストン・ステュアート・チェンバレン、ランケ、トライチュケ、マルクス、ビスマルクの回顧録『思想と回想』、ドイツをはじめ各国の軍人・政治家の大戦回顧録など、手に入るものはすべて読んだらしい[85]。訪問客の相手をし、書簡に返信をしたためるといっても、夏に政治の世界から公式に身を引いた後にはいずれもそれほど時間をとられるわけではなく、そのほかには終日暇をもて余す以外にすることもないランツベルクは、本を読み、ものを考えるには恰好の場所だった[86]。しかし本を読み、ものを考えるといっても、学術性は全くなかった。ヒトラーが大量に読んだことは間違いないだろう。しかし前にも触れたが、読書とは目的のための単なる手段でしかないと『わが闘争』にもはっきりと書かれている[87]。ヒトラーがものを読むのは、知識を得るためでも啓発されるためでもなく、自らの先入観を裏づけるためだった。探しているものを見つけるために読むのである。後に占領したポーランドで総督となるナチ党の法律専門家フランクに語ったことによれば、ランツベルクでの読書経験によって、ヒトラーは「自分の考えは正しいと認識した」のだった[88]。

　フランクはニュルンベルクの独房に坐して、一九二四年はヒトラーの人生の中でも決定的な転機のひとつといえると考えた[89]。これは言いすぎだった。ランツベルクは、ヒトラーが一九年以来温め、一揆の一、二年前あたりの時期に重要な点で修正した世界観を密かに確立し、独力で理論化した時期といえるほどの転機だったわけではない。とはいえ、ヒトラー不在の間にナチ運動が分裂し、自らは騒がしい日々の政治から離れて暇をもて余した時期に、ヒトラーは過去の過ちについて思いを巡らさざるをえなかった。そして数ヵ月後には釈放されると期待しつつ、自分自身と分裂した運動が進むべき道を以前にもまして見据えざるをえなかった。

　この時期、ヒトラーは権力掌握に向けた構想をいくつかの点で改めた。そのなかで自己評価が変わり、自身の役割についても以前とは違ったとらえ方をするようになった。支持者はすでに二二年末から言いはじめていたが、裁判で勝利した後、ヒトラー自身も自分はドイツの救世主だと考えはじめたのである。一揆のせいでヒトラーは永久に自信を失ったと考える人もいたかもしれない。しかしその逆だった。ヒトラーは極度に自信を深めた。自分はドイツを救済する「使命」を帯びた運命をたどっているという、ヒトラーがもつ神秘的なまでの自信はこの時期に生まれたものである。

　同時に、ヒトラーの世界観には別の点でも重大な修正が加えられた。未来の外交方針に関する考えは遅くとも一九二二年末には形をとりはじめていたが、それがロシアを犠牲に「生空間《レーベンスラウム》」を追求するというイメージとしてまとまったのである。ヒトラーは、この後、「生空間」を獲得するための戦争というこの考えを繰り返し強調するようになる。この構想が「ユダヤ・ボリシェヴィズムの破壊」という脅迫観念のような反ユダヤ主義と混ざり合い、ヒトラーの「世界観」は完成をみた。その後、戦術面で修正が加えられることはあっても、内容的な変更がなされることはなかった。ヒトラーにとってランツベルクは「ヨルダン川の洗礼」だったわけではない。[90]萌芽的にはすでに出来上がっていた、もしくは一揆前に形を取りはじめていた基本思想のなかに新たな強調点が生まれたという程度のことだった。[91]

一揆の前年に修正されたヒトラーの世界観の全像を明らかにしているのが『わが闘争』である。ここには新しいことは何も書かれていない。しかし、ヒトラーが自らの世界観について著したものとしては最も分かりやすく包括的な説明ではある。ランツベルクに収監されなければ、この本が書かれ、一九三三年以降にミリオンセラーになる（それ以前は売れなかった）こともなかっただろうことはヒトラーも認めていた。[92]

執筆にいたる経緯は完全に明らかになっているわけではない。オットー・シュトラッサーの書くことは偏っていて情報源としては信頼できないというのが正直な評価ではあるが、それでもその内容を信じるならば、ランツベルク収監中に「回顧録」をしたためてはどうかとヒトラーに勧めたのはオットーの兄グレゴアだという。これは「マキャベリズムの発想」だった。つまり、他の囚人が「二階のお方」の長広舌を延々と聞かされずにすむようにと考えたものだった。ヒトラーはこの案を容れてすぐに執筆にかかり、囚人たちは一階で心おきなくまたトランプに興じたり、飲み食いしながら過ごせるようになったのだった。[93]といいたいところだが、少なくとも勧めた方は心おきなく過ごせると考えたのだろうが、この話が多少なりとも本当ならば、あては完全に外れたに違いない。ヒトラーは、文字通り囚われの聴衆に、書き終えた箇所を毎日読み聞かせるようになったからである。[94]

オットー・シュトラッサーの面白い説明と比べるといくぶん散文的だが、ヒトラーに自伝の執筆を勧め、裁判で知名度が上がったことを利用するよう説得したのはアマンだという方が話としては考えやすい。[95]アマンは一揆の背景を暴露する本を期待していた。[96]しかし、アマンにとっても多くの読者にとっても期待外れなことに、内容のほとんどはヒトラーが数多の演説で言ってきたことの繰り返しで、その合間にヒトラーのこれまでの人生について表面的で勝ち誇ったような説明が散りばめられているだけだった。[97]

一九二四年五月二六日、二七日にハーゼと北ドイツのナチ党の代表団の訪問を受けたときには、ヒトラーはすでに第一巻に取りかかっていた。この時期には、ヒトラーは「嘘、愚行、臆病との四年半にわたる戦い」というさして魅力的とはいいがたい題名をつけていた[98]。最終的に決まった簡潔なタイトルを提案したのはアマンらしい[99]。この本はヒトラーが運転手兼雑用係のエミール・モーリス、七月以降はルドルフ・ヘス（両名とも一揆に関与して有罪判決を受けていた）に口述筆記させたものだった[100]〔最新の研究では異論も出されている〕。二五年七月一八日に刊行された第一巻は主として自伝的なものだったが、すでに述べたように歪曲や誤りが多い。第一巻は、二〇年二月二四日にホーフブロイハウスでの党綱領発表という快挙を成し遂げたところで終わっている。釈放後に書かれ、二六年一二月一一日に刊行された第二巻は、より広く、民族至上主義《フェルキッシュ》国家の本質、イデオロギーの問題、プロパガンダと組織等に関するヒトラーの思想を扱ったもので、最終章で外交政策を論じて終わる。

『わが闘争』ではとりとめもなくひどい文章が続く。しかし、何人かの手が入ったおかげで、当初、ヒトラーが書き上げたものよりはこれでもはるかにましになった。「陳腐な思いつき、学校時代の思い出、主観的判断、個人的憎悪が入り混じったまさしくカオスだ」と原稿を見たオットー・シュトラッサーは評したという[101]。アマン、ナチ党の印刷担当者ミュラー、ヘス、ハンフシュテングル（ハンフシュテングルの兄弟は一族が経営する出版社から『わが闘争』を刊行するという話をにべもなく断った）が総出で原稿を書きなおした[102]。さらに、フェルキッシャー・ベオバハター紙の音楽評論家シュトルツィング＝ツェルニーと、ナチ運動に共鳴するバイエルンの地方紙ミースバッハー・アンツァイガーで編集長を務めた経験がある元ジェロニモス修道院の修道僧ベルンハルト・シュテンプフレが中心になって全体を書きなおし、まぎれもないヒトラー節で読むに耐えない箇所もあるとはいえ、元に比べればまともな文体にした[103]。それでも、本が出版されるまでにはさらに多くの修正を加えねばならなかった[104]。フランクによれば、ヒトラー自身も文章のひどさは認めており、フェルキッシャー・ベオバハター紙の社説の寄せ集めのようなものだと評していたという[105]。

『わが闘争』はアマンが経営するナチ党のフランツ・エーア社から刊行されたが、権力掌握以前には、期待したようなベストセラーにはほど遠かった。内容が多く、文体はひどく、一冊一二ライヒスマルクと比較的高額だったために潜在的な読者層から敬遠されたのは明らかである[106]。一九二九年までに第一巻は約二万三〇〇〇部売れたが、第二巻の売上数は一万三〇〇〇部にとどまった。三〇年以降、ナチ党が選挙で結果を出すようになると売り上げは急速に伸び、三二年には八万部に達した。三三年以降は天文学的に伸びた。三三年だけで一五〇万部が売れた。三六年に点字版が刊行されると、視覚障がい者も（読みたければの話だが）読めるようになった。三六年以降は、二巻をまとめた普及版が結婚式で新婚夫婦に贈られるようになった。四五年までの売上総部数は約一〇〇〇万部にのぼった。『わが闘争』は一六カ国語に翻訳され、国外でも数百万部売れたが、その数はここには含まれていない。(107) 実際に目を通した人がどれだけいるかは分からない。(108) ヒトラーにはどうでもよいことだった。二〇年代初頭以来、ヒトラーは公的書類では「文筆業」を自称するようになり、三三年には(ヒトラー自身が指摘したように、従来の首相経験者とは異なり)首相としての給与を辞退するほどの金銭的余裕が生まれていた。ヒトラーがそれほどに裕福になったのは『わが闘争』のおかげだった。(109)

『わが闘争』は政策を総体として描き出したものではなかった。しかし要領をえないとはいいながらも、この本はヒトラーの政治上の基本方針、世界観、自らに課す「使命」、来たるべき未来社会の「展望」、長期目標を妥協なく述べたものではあった。特筆すべきは、この本が指導者《フューラー》神話の基盤を作り出したことである。ヒトラーがドイツを現在の苦境から栄光へと導く独自の才能をもった人物として描かれたためだった。

一九二〇年代半ばのヒトラーの思想を知るうえで『わが闘争』は重要である。(110) この時期までにヒトラーは、歴史、世界の害悪、それを克服するすべを完璧に説明する哲学を作り上げていた。それはすなわち、歴史とは人種間戦争であり、アーリア高等人種がユダヤ最劣等人種に寄生されて弱体化し破壊されつつあるという、煎じつめれば単純な二元論の歴史観である。(111)「人種問題は[…]世界史と人類の文化全体を解き明かす鍵である」とヒトラーは記す。(112) その行き着くところは、ロシアでみられるようなボリシェヴィズムを通じた残酷なユダヤ人支配である。そこでは、「血に飢えたユダヤ人」が「ひどく残忍に非人道的な苦痛のなかで三〇〇〇万の人びとを殺し、飢えさせている。これもユダヤ知識人や市場詐欺師らによる偉大なる民族に対する支配を安定させんがためである」。(113) したがって、ヒトラーにいわせれば、ナチ運動の「使命」は明白だった。「ユダヤ・ボリシェヴィズム」の破壊である。ここで議論はむき出しの帝国主義的侵略の正当化へといたり、「ユダヤ・ボリシェヴィズム」の破壊を通じてドイツ人には「支配民族」として生きていくための「生空間」が与えられる、と議論は都合よく飛躍していく。(114)

ヒトラーは終生、この基本的な考えを固く信じていた。内容は後々まで変わることはなかった。不変にして単純、内部では矛盾なくつじつまの合う一連の信念、すなわちあるひとつの「理念」を頑なに信じ、まるで救世主ででもあるかのようにその「理念」に身を捧げることで、ヒトラーは強い意志をもって自らの運命を自覚するようになり、それがヒトラーと関わったすべての人びとの印象に残った。ヒトラーの取り巻きにとって、ヒトラーの権威は少なからずヒトラーが自らの信念を固く信じ、それを力強く表現することから生まれたものだった。すべてのものに明確に白黒がついた。勝つか、さもなければ完全に破滅するかであり、それ以外はありえなかった。イデオローグや「信念型の政治家」の例にもれず、ヒトラーが敵対陣営の「合理的」な説明を嘲り、頭ごなしに否定しつづけることで、ヒトラーの世界観は自然に強化されていく仕組みになっていた。ひとたび国家の頂点に立つと、ヒトラー流の「世界観」は第三帝国の全領域において政策立案者の「行動指針」となっていく[115]。

『わが闘争』は短期目標としての政治的マニフェストのように綱領を定めるものではなかった。同時代の人びとの多くはこれを馬鹿にし、そこに記されたヒトラーの考えを真剣に受け取らなかった。しかしこれは間違いだった。いかに劣悪で不快であろうとも、それは明確に組み立てられ、綿密に展開された政治原則だった[116]。ここで書いたことを変える必要性をヒトラーは感じなかった[117]。(前提が非合理的であることはさておき)内容は一貫しており、イデオロギー(ヒトラーの言葉を借りるならば「世界観」)と呼べるだけのものではあった[118]。政界入りしてから一九二八年にいわゆる「第二の書」を執筆するまでの間のヒトラーの思想が明らかになったため、その文脈に照らして、『わが闘争』に記されたヒトラーの「世界観」は今日では以前よりも明確に理解できるようになった。

ヒトラーの最も重要で最も包括的な妄想だった「ユダヤ人の排除」については、『わが闘争』は一九一九年から二〇年にかけての発言の繰り返しにすぎない。言葉遣いは極端だが、それまで何年も言いつづけてきたことと代わり映えしない。ジェノサイドを彷彿とさせる言い回しにしても民族至上主義右翼の著述家や弁士の言葉遣いと大同小異で、すでに確認したように第一次世界大戦前から耳にするようなものだったことも付言しておきたい[119]。

ヒトラーは細菌のイメージを使うことで、ユダヤ人は病原菌のように扱えばよい、すなわち絶滅させるのだ、という含みをもたせた。二〇年八月にはすでに、「病原体たるユダヤ人」を排除することで「人種の結核」と闘う、という言い方をしている[120]。四年後、ヒトラーが『わが闘争』のなかで、「わが国民の魂のために戦うにとどまらず、これを毒そうとする国際的勢力を根絶して初めて、わが大衆の国民化が成し遂げられるであろう」と書いたとき、何を念頭に置いていたかはほとんど疑う余地もない[121]。毒をもって毒を制すというイメージは、第5章で引用した別の悪名高い箇所でも繰り返されている。ここでヒトラーは、「国民を腐敗させるヘブライ人」一万二〇〇〇から一万五〇〇〇人に第一次世界大戦開戦時に毒ガスを浴びせておけば、「前線で何百万ものドイツ人の命が無駄に失われずにすんだであろう」と示唆した[122]。

身の毛のよだつこうしたくだりは、ここから「最終解決」までが一本道だったことを意味するわけではない。道は「曲がりくねり」、「最終解決」に直結していたわけではなかった[123]。しかし、述べたことをどう実践するかについてほとんど考えていなかったとはいえ、ここにジェノサイドへと進む力学が潜んでいることは否定しようもない。ヒトラーの頭のなかでは、ユダヤ人の破壊、戦争、国民的救済が不明瞭ながらもつながり始めていた。

第5章で見たように、ヒトラーの反ユダヤ主義は当初は反資本主義の色彩を帯びていた。しかし、一九二〇年半ばにはユダヤ人とソヴィエト・ボリシェヴィズムが結びつけて考えられるようになった。マルクス主義を陰で操るユダヤ人というイメージが、資本主義を陰で操るユダヤ人のイメージと入れ替わったわけではない。ヒトラーはその双方に憎しみを抱いていた。憎しみがこれほど深くなったのは強い恐怖を抱いていたからにほかならない。ヒトラーの想像するユダヤ人という存在は、国際金融資本とソヴィエト共産主義の双方の黒幕たりうるほどに強大だった。「ユダヤ人の世界的陰謀」という強迫観念は克服しがたいものだった。ナチズムにとってもそうだった。

ひとたびボリシェヴィズムとユダヤ人問題がつながるや、ヒトラーは、残虐な敵を相手どった支配権をかけた人種間闘争という、その後長く続くことになる中核的構想を確立した。観念論と唯物論という競合する二つのイデオロギーのあいだの死闘をイメージしている、とヒトラーは一九二二年六月に述べた。ドイツ人の使命はボリシェヴィズムの破壊であり、それによって「われらが宿敵ユダヤ人」を破壊することだとされた[124]。同年一〇月にはヒトラーは、共存不能な対立する二つの「世界観」のあいだの生死をかけた闘い、という言い方をしている。この最終決戦で敗北すればドイツの破滅は決定的になる。「これは勝つか滅ぼされるかの闘いだ。絶滅戦争だ。「マルクス主義が勝利すれば、敵対者は全滅させられる」とヒトラーは書いた。「ドイツが共産化すれば〔…〕西洋キリスト教文化は根絶される」。したがってナチズムの目的は単純明快――すなわち「マルクス主義的世界観の殲滅である[125]」。

この時期までに、ヒトラーの頭のなかでマルクス主義とユダヤ人は同義になっていた。裁判が終盤にさしかかった一九二四年三月二七日、ヒトラーは法廷でマルクス主義の破壊者になりたいと述べた[126]。翌月には、ナチ運動の敵はただひとつ、全人類の宿敵たるマルクス主義のみである、とも強調した[127]。ユダヤ人には触れなかった。力点の変化を見て取り、ヒトラーは「ユダヤ人問題」に関する立場を変えたと評した新聞もあった。ナチの支持者のなかも当惑した。七月末にランツベルクを訪問した者のなかで、ユダヤ人に対する見解を変えたのかとヒトラーに尋ねた者がいた。返答は独特だった。実際のところユダヤ人との闘いに関する考え方は変わった、とヒトラーは答えた。『わが闘争』を書きながら、自分はこれまで穏健にすぎたと自覚した。首尾よくことを成し遂げるためには今後は最も強硬な策をとらなければならない。「ユダヤ人問題」はドイツ人のみならず全人類の存続に関わる問題だ。「ユダヤは世界の疫病だからだ」とヒトラーは断じた。[128] この立場からすると、ユダヤ人の国際的な力を根絶しなければ十分とはいえなかった。

「ユダヤ人問題」に関する妄想は、外交面での考え方と緊密に絡み合っていた。一九二〇年半ばまでにヒトラーの反ユダヤ主義と反ボリシェヴィズムが融合して「ユダヤ・ボリシェヴィズム」のイメージが出来上がると、外交政策をめぐる構想にも避けがたく影響が出た。しかし、ヒトラーが考えを変えたのには、イデオロギー面の影響だけでなく、純粋な権力政治上の問題もあった。フランスを宿敵とみなし、英国に敵対心を抱き、植民地奪還と一九一四年国境の回復に関心が集まるなか、当初はヒトラーもよくある全ドイツ主義の外交政策を掲げていた。[129] 短気なナショナリストの多くと変わらない考え方だったといえる。実際、(極端まで推し進めた場合はともかくとして) 本質的には大衆から広く支持されていた修正主義と同じだった。また、一九二〇年代初頭には非現実的だったとはいえ、軍事力によるヴェルサイユ体制転覆とフランス打倒を強調する点でもヒトラーは他の全ドイツ主義者や民族至上主義右翼の多くと変わらなかった。ファシズムに関する報を耳にする以前、二〇年のこの段階からすでに、ヒトラーはイタリアとの同盟が重要だと考え、南ティロール問題がその同盟関係の妨げになってはならないと強く考えていた。南ティロールは、ブレンナー峠をまたいで広がるティロール地方のなかでもドイツ語話者が多くを占め、一九年にオーストリアからイタリアに割譲されて以来、「イタリア化」政策を受けていることが問題視されていた地域である。[130] 二二年末になると、世界帝国として敬服する英国との同盟も念頭に置かれるようになった。二三年にルール占領をめぐる英仏間の意見の不一致が明らかになると、この考えは一層明確になった。[131]

これに対して、ロシアがユダヤ人に支配されていることはロシアとの同盟の大きな障害となる、とヒトラーは一九二〇年七月に指摘した。ただし当時のヒトラーは、民族至上主義右翼の多数派と同様、ドイツの強い影響下にある「ナショナル」な意味でのロシア人と、ユダヤ人によるロシアの「共産化」は分けて考えることができるという立場だった。[132] ロシアに対するヒトラーの姿勢は、東欧問題に関するナチ党内の初期の「専門家」であり、バルト海沿岸地域出身でボリシェヴィズムに強い反感を抱いていたローゼンベルクに影響されていた部分があったようだ。また、ロシアからの亡命者と強力なコネをもち、ナチ党創設期に同じく東欧政策を論じることが多かったショイブナー＝リヒターによって認識が強化された可能性も高い。ユダヤ人アイデンティティとボリシェヴィズムについて一九年初頭にすでに論考のあったエッカートからも幾分かは影響を受けたはずだ。[133]

ヒトラーの外交構想のなかで、ロシアは一揆以前からおぼろながらも存在感を増しつつあった。ヒトラーは早くも一九一九年一二月には、利用可能な土地と人口の比率という点でドイツはロシアよりも悪条件にあるという比較をしつつ、やや曖昧ながら「土地問題」に触れていた。[134]二一年五月三一日の演説では、ドイツ国民を養うために必要な領土をもたらしたとして一八年のブレスト＝リトフスク条約（これによりロシアは第一次世界大戦から離脱した）を称賛しつつ、ロシアを犠牲にしてドイツの「生空間」を拡大するという考えをほのめかした。[135]二一年一〇月二一日にも、やや曖昧な言い方ながら、ロシアと同盟し、英国に敵対しつつ領土を拡大することで、「東方への際限ない拡大の可能性」が開けるだろうと言っていた。[136]表現は曖昧だが、こうした見解からは、当時、ヒトラーが東方拡大についてまだ全ドイツ主義と同じ考えをもっていたことが分かる。大雑把にいえば、非ボリシェヴィキ・ロシアと協力することでのみ東方拡大が可能になるという考え方だった。このときロシアの領土要求はやはり東方、すなわちアジアに向かうことで満たされ、西方の旧ロシア国境地域はドイツの手に渡ると考えられた。これはいわばブレスト＝リトフスク条約での合意を復活させるという話であり、ロシアは東方国境で領土を補塡することになるはずだった。[137]

一九二二年初頭にはこうした考え方に変化がみられた。ヒトラーはロシアとの協力という発想を捨てた。ロシアが東方にしか関心を向けないとは考えられなかった。ボリシェヴィズムは逆らいがたい衝動にしたがってドイツに勢力を伸ばすものと思われた。[138]この新しい立場からすれば理屈は簡単だった。ボリシェヴィズムを破壊することによってしかドイツは救われえない。同時に、ロシア領を侵食することでドイツは必要な領土を得ることになるだろう。年末に拡張主義者の大物ルーデンドルフと接触したことでさらに考えが強化されたのかもしれないが、同年中には、将来的なロシア政策に関する新しい立場は確固たるものになった。[139]二二年一二月、ヒトラーは、ミュンヒナー・ノイエステ・ナハリヒテン紙の共同所有者で、ナチ党に好意的だったエドゥアルト・シャラーに対して、『わが闘争』で詳述することになる対外同盟関係の概略を非公式に説明したことがあった。植民地をめぐる英国との競合は、第一次世界大戦前の衝突の原因になったことでもあり、ヒトラーは避けるつもりだった。ヒトラーの説明は以下のとおりである。

ドイツは、政策は大陸内のみで展開するものと思いなし、英国の権益を侵すことは避けねばならないだろう。英国の協力を受けてロシアを破壊すべく努めることになるだろう。ロシアはドイツ人入植者のために十分な土地を、ドイツ産業のために広大な活動領域を提供することになるだろう。そうすれば、われわれがフランスと片をつけることになってもイギリスは邪魔立てしないだろう。(140)

シャラーへの説明を見ると、「生空間」獲得のための対ソ戦という完全に新しい外交構想をランツベルクで得たのだ、とはいえないことが分かる。一九二四年春に執筆され、同年四月に出版されたエッセイにも、ドイツの領土要求はロシアを犠牲にかなえられることになるという『わが闘争』の内容と同じ主張がすでにみられる。(141) ヒトラーの「世界観」はランツベルクで「転換」したわけではなかった。(142) 直感的なひらめき、新しい洞察、突然のアプローチの変化といったものではなく、次第に考えを組み立てていった結果がランツベルクでの執筆内容になったといえる。

「生空間」構想を作り上げた帝国主義と地政学の思想は、ヴァイマル期ドイツの帝国主義者、民族至上主義右翼のあいだでは実は一般的だった。すでに見たように、一八九〇年代以降のドイツの帝国主義イデオロギーのなかでは「生空間」はよく知られた概念だった。これを強く主張していたのが、ハインリヒ・クラース指導下の全ドイツ連盟である。全ドイツ連盟は、創立メンバーでもあるメディア王のクルップ社社長アルフレート・フーゲンベルクが牛耳るメディアの後押しを受けていた。(143)「生空間」を主張すれば、中世ドイツ騎士団によるスラブの地への植民を想起させて領土征服を正当化でき、東欧一帯に広がる「民族ドイツ人」〔ドイツの国境外に居住するドイツ系の住民を指す〕と呼ばれる存在をドイツ帝国に統合するという感情的イメージを喚起することもできた。民族ドイツ人はかなり小規模なマイノリティにすぎないことが多かった。一九一八年まではプロイセンに属し、この当時はポーランド領になっていた地域でもそうだった。しかしたとえばダンツィヒ、バルト海沿岸の一部、後にズデーテンラントとして知られるようになるチェコスロヴァキアの一部のような地域では、ドイツ語話者は相当に多く、強烈なナショナリストであることが多かった。全ドイツ連盟にとって生空間という発想は歴史上の東方進出を象徴するものだった。同時に、ドイツは人口過剰だと主張すれば、生々しい権力政治の発想から生まれる、近代的な帝国主義的野望を覆い隠すこともできた。「世界政策」のスローガンの下で帝国主義的関心が主に海外の商業植民地に向かうなかで、生空間思想はそれとは一線を画しつつ並存していた。(144)

ヴァイマル期にはこの思想は、ハンス・グリムのベストセラー小説『土地なき民』（一九二六年刊行）によって人口に膾炙した。[145]

「生空間」について世に出回る帝国主義や地政学の論考をヒトラーが読まなかったはずがない。なかでも、きちんと読んだか簡略版を読んだかはともかくとして、ハウスホーファーの論考がヒトラーの「生空間」構想の重要な土台となった可能性は高い。[146] ヒトラーはヘスを通じて遅くとも一九二二年には「地政学」の第一人者カール・ハウスホーファーの面識を得た。[147] その影響は、ミュンヒェン大学の教授だったハウスホーファーが後に認めた以上に大きかったと考えられる。[148] 収監前はともかくとしても、収監中にはヒトラーはハウスホーファーの著作を読む時間があったはずである。地政学の名だたる論客フリードリヒ・ラッツェルの著作についても同じことがいえる。事実は確かめようもないが、そうした議論が、かつてハウスホーファーに師事したヘスからヒトラーに伝えられた可能性はきわめて高い。[149]

いずれにせよ、一九二二年末にシャラーと議論するまでには、ロシアと「生空間」問題に関するヒトラーの考えは基本的に整い、二四年春には事実上完全に組みあがっていた。ランツベルク滞在と『わが闘争』の執筆が役立ったとすれば、その議論が精緻化されたということであろう。同じく、この時期までには、ヒトラーはユダヤ人の破壊と「生空間」獲得のための対ロシア戦をすでに明確につなげて考えるようにもなっていた。[150]

英国の支援の下にロシアに敵対する土地政策をとるのか、ロシアの支援の下に英国を敵に回して海軍力をバックに世界貿易政策を展開するのかについて、答えを出さずに修辞的に終えたのが一九二四年四月の論考だった。しかし、『わが闘争』第一巻では、この選択肢に断固たる解答が示された。[151] 第二巻（執筆は主として二五年、出版は翌年末）では、敵は短期的にはフランスだとしつつも、長期的な目標はロシアを犠牲に「生空間」を獲得することだと露骨に書かれるにいたった。

> 土地所有は権利だが、領土を拡張しなければ偉大なる国民が破滅の危機に瀕するであろうときには義務ともなる。［…］ドイツは世界強国となるか滅ぶかどちらかである。そして世界強国たるためには、ドイツ国家には必要とされる威信、ドイツ国民には生命を与えるだけの国土が必要である。
>
> だからこそわれわれナチ党は大戦前の外交政策とは意識的に一線を画すのである。われらは六〇〇年前に中断したことを再開する。ドイツの果てしない南進と西進を止め、東方の土地に目を転じるのだ。大戦前の植民地政策、貿易政策を打ち切り、未来の土地政策へと転換する時がきた。

今日、ヨーロッパの土地といえば、まずはロシアとその国境沿いの衛星国が思い浮かぶ。[…]何世紀にもわたり、ロシアはその上流支配階級のゲルマン的中核を養分としていた。今日、その層はほぼ完全に根絶されたと考えてよい。ユダヤ人にとって代わられたのである。[…]ユダヤ人は組織を構成する物質ではない。腐敗をすすめる酵素だ。東方の巨大な帝国は膿んで壊死しようとしている。ロシアにおけるユダヤ人支配の終焉がロシア国家の終焉となるだろう[…]。

ナチ運動の使命は、ドイツ人にこの課題を成し遂げる覚悟をもたせることである。「破局の証人となるべく[…]運命がわれらを選んだ」。この破局は「民族至上主義理論の正しさをこの上なく証立てることになるだろう」、とヒトラーは書く[152]。

この箇所では、ヒトラー流の「世界観」の鍵となる二大要素の双方に言及がある。ユダヤ人の破壊と「生空間」の獲得である。対ロシア戦争が「ユダヤ・ボリシェヴィズム」の根絶を通じて新たな「生空間」をもたらし、ドイツを救う、というのはなんとも荒削りで、単純で、野蛮な議論である。しかしこれは、一九世紀末の帝国主義、人種主義、反ユダヤ主義の血なまぐさい思想を二〇世紀の東欧に適用したものであり、それを好む者にとっては酔いを誘う美酒だった。

「生空間」構想は繰り返し言及されて、以後の著作や演説の重要テーマとなった。ヒトラーの外交構想は、一九二八年に書かれた「第二の書」(生前に出版されることはなかった)でより明確になるが、重大な変更はなかった[153]。ひとたび確立されると、「生空間」の追求は、「ユダヤ・ボリシェヴィズム」の破壊と並んで、ヒトラーのイデオロギーの要となった。「世界観」を完成するために足りない要素はあとひとつだけだった。この追求を完遂する天才的指導者である。ランツベルクでヒトラーはその答えを見出した。

4

はるか後にヒトラーは、「自信、楽観、信念さえあれば何が来ようと動じるものではないとランツベルクでの日々のなかで知った」、と述べたことがある[154]。ヒトラーの自己認識は収監中に本当に変わった。すでに見たように、裁判時でさえ、ヒトラーは国民の大義のための「太鼓たたき」であることに誇りを感じていた[155]。ほかはすべて瑣末だとヒトラーは述べていた。この考えはランツベルクで変わった。ただしすでに見たように、変化は一揆の前年に始まってはいた。

ヒトラーは刑期が始まった時から自らの将来と釈放後

の党の行方を強く意識していた。六カ月には釈放されることを前提としていたため、この問題については急ぎ考える必要があった。ヒトラーは後戻りなど考えなかった。ヒトラーの政治的「キャリア」が政治的「使命」となったからには、進む以外に道はなかった。仮に望んだとしても、無名時代に戻ることはできなかった。これまでの「ブルジョア」的な生活など問題外だった。裁判でナショナリスト右翼勢力に勝利して喝采を浴びた後では、後退などしようものならば敵から道化呼ばわりされ、笑い物になっただろう。

　挫折した一揆についてよくよく考えを巡らすうちに、一揆はヒトラーの頭のなかで殉教者の勝利へと形を変えた。これは後にナチ神話の中核に位置づけられることになる。責められるべきは、当時自分を縛りつけた者たちが過ちを犯し、弱く、決意に欠けていたことだと思われた。[156]彼らはヒトラーと国民の大義を裏切った。それがヒトラーの結論だった。法廷での勝利を受けて、民族至《フェル》上主義《キッシュ》的な新聞では称賛の嵐が巻き起こり、ランツベルクには降るように手紙が届いた。ヒトラー不在の間に民族至上主義運動が分裂して派閥争いを起こし、ルーデンドルフと他の民族至上主義の指導者たちの軋轢が増したことも大きかった。これらすべてによって、ヒトラーの自己評価は上がり、自分が歴史的に並ぶもののない「使命」を負っていると考えるようになった。一九二三年から萌していた考えがランツベルクの独特の雰囲気のなかでしっかりと根を下ろしていった。おべっか使いのヘスをはじめとする追従者、信奉者に囲まれ、ヒトラーはいまや確信を得た。自分こそがドイツの来るべき「偉大な指導者」なのだ。

　裁判で勝利し、称賛を浴びるまでは、こうした考えにいたるとは想像もできなかった。ヒトラーがいまや自分のことだと考えるようになった「英雄的」指導者は、ヒトラー自身がその役割を自覚しないうちに取り巻きが作りだしたものだった。芸術の雄ヴァーグナーのような英雄的存在に心酔することで若年期の挫折を埋め合わせてきたヒトラーは、この役割が気に入った。[157]自己嫌悪の極みにあると自己評価が異常なまでに上がり、英雄的な国民の救済者を気取るほどになるのかという問題は心理学者の考察に委ねたい。しかし深在する原因が何であったにせよ、他人から英雄のように崇拝されたことと自らの過ちを顧みることができない性質とがあいまって、自己陶酔的、自己中心的なヒトラーは「英雄的」指導者という自己イメージを肥大化させるにいたったのだった。分裂した小さな民族至上主義運動の外側にある、ドイツの政界の主潮流のなかでは、ヒトラーの自己認識の変化に気づいた者、それを深刻に受けとめた者はいなかった。この段階では影響は何もなかった。しかし、民族至上主義運動に対するヒトラーの要求、ヒトラーの自己正当化という点ではこれは重大な変化だった。[158]
『わが闘争』のなかでヒトラーは自身を「理論家」であると同時に「政治家」でもある類稀な天才として描いている。運動の「理論家」は実践には関心をもたないが、偉大な宗教指導者と同様、「不朽の真実」を知る。「政治家」の「偉大さ」は「理論家」が作り上げた「理念」を首尾よく実行に移す点にある。「人類の歴史のなかでは、稀に「政治家でありながら理論家でもある者が現れることがある」。その者は小市民が理解できるような短期的な要求の実現にあたるのではなく、将来を見据え、「わずかな者にしか理解できない目標」を掲げる、とヒトラーはいう。そのような歴史上の「偉大なる人物」として挙げられたのは、ルター、フリードリヒ大王、ヴァーグナーだった。[159] ヒトラーの考えるところでは、「偉大な理論家」が「偉大な指導者」であった例はほとんどない。指導者は「扇動者」だったことのほうが多い。「なぜなら指導するとは大衆を動かす力があるということだからである」。そしてヒトラーは、「一人の人間が理論家であり、組織者であり、指導者であることはこの世では稀である。この結びつきが偉大な人間をつくるのだ」と結論づけた。[160] 明らかにヒトラーは自分のことを念頭に置いていた。
ヒトラーは短期的な目標のための理念を掲げたわけではなかった。ヒトラーが論じたのは、使命であり、長期目標のための展望であり、その実現のためにヒトラーが果たすべき役割だった。ユダヤ人「排除」と東方における「生空間」獲得を通じた国民の救済という目標が、短期的な政策実践の指針でなかったことは間違いない。しかし、「英雄的」指導者という考えと組み合わさることでこれはダイナミックな「世界観」となった。この「世界観」がヒトラーを駆り立てる力となった。ヒトラーは自らの「使命」という言葉を繰り返し使った。自らが成し遂げたことは「神の摂理」によるものだと考えた。ユダヤ人との闘いは「神の御業」だった。[161] ヒトラーは生涯を十字軍に捧げようと考えていた。後のソ連侵攻はこの十字軍の集大成だった。しかも、そう考えたのはヒトラーだけではなかった。ヒトラーの諸々の思想がもつイデオロギー的な推進力を過小評価するのは大きな誤りである。ヒトラーは単にプロパガンダに長けていただけだという考えも、「無節操な機会主義者」だったという考えもあたらない。[162] ヒトラーはたしかにプロパガンダを巧みに展開したが、同時にイデオローグでもあった。その二つは矛盾するものではなかった。
ヒトラーが唯一無二の存在としての自覚を得たことを、ランツベルクに一緒に収監されていた囚人のすべてとはいわずとも一部は感じとった。自分がヒトラーの個性の「並外れた重要性」を完全に理解したのはまさにランツベルクでのことだった、とヘスは書いている。[163] 受刑者のなかにはヘスのように、釈放後、ヒトラーの「英雄」イメージを党内で伝える役割を果たした者もいた。ヒトラーと北ドイツ勢力の仲介にあたったフォプケは二〇名ほどのヒトラーのボディガードとともにランツベルクに収監されていたが、ナチ党ゲッティンゲン支部指導者ルドルフ・ハーゼに宛てた手紙からは、フォプケがヒトラーに感銘を受けていた様子がうかがわれる。

ヒトラーはナチ的な考えを微塵も変えることはないだろうと私は固く信じています。［…］それにもかかわらずそう見えるとすれば、それはより重要な目的のためでしょう。なぜなら、ヒトラーは理論家であると同時に政治家でもあるからです。ヒトラーには目標があり、しかもそれをどのように実現するかも弁《わきま》えています。ゲッティンゲンにいた頃は私はまだ疑いをもっていましたが、ここに収監されている間に、ヒトラーの政治的才能を強く確信するようになりました。[164]

ランツベルクを出て停滞した運動を再建しようとしたときに生じたのは、民族至上主義運動内で指導的地位を強く要求するようになったという外面的な変化だけではなかった。ヒトラーの内面でも、指導的地位への要求は大きく変容し、自己認識は改まり、自らの役割に自覚的になっていた。

自分は救世主だと主張しつつも、ヒトラーは完全に現実感覚を失ったわけではなかった。したがって、目標をどう実現するかについて具体的な考えはなかったことから、目的が達成されるとしても遠い将来のことだとまだ考えていた。[165] ヒトラーの世界観は少数の不変の基本原理から構成されているだけであり、短期的な視点から戦略的に調整を加えることはいかようにも可能だった。特定の問題に関するナチ幹部連中の立場が多様で相互に競合しており、イデオロギーも細かな点で食い違っていたことを考えれば、それらすべてを受け入れ、融和させることができるのが強みだった。ヒトラーの「世界観」の原則に忠実である限り、ヒトラー自身は柔軟であり、支持者が拘泥するイデオロギー的な問題には無関心ですらあった。当時の敵対勢力も、はるか後の歴史家も、ナチ・イデオロギーは冗長でありナチ・プロパガンダは冷笑的だとして、そのダイナミズムを軽視しがちだった。[166] イデオロギーは権力欲と専制の口実にすぎないとみなされることも多かった。[167] たしかにヒトラー自身がもつ基本的思考は少なく、大雑把でもあったが、こうした評価はその推進力の強さを見誤っていたといわざるをえない。そうした見方をしている限り、これらの基本的思考がナチ党内部で、一九三三年以降はナチ国家内部でいかに機能したかを正しく理解することはできないだろう。

実際、ヒトラーにとって問題はひとえに権力にいたる道だけだった。そのためであれば、ヒトラーはほとんどの原則を犠牲にすることを厭わなかった。しかし、ヒトラーが重要と考えるいくつかの原則は不変だった。それらはヒトラーの権力観の真髄そのものといってもよかった。日和見主義でさえも、つきつめていえば、ヒトラーの権力観を規定するそうした中核的思考が作り上げたものだった。

ランツベルクでの日々の後、ヒトラーは一揆以前とは異なり、自らがナチズム「理念」の唱導者としては他の追随を許さない存在であり、民族至上主義運動の唯一の指導者でもあり、ドイツ国民の救済の道を示す運命にあると考えるほどに自信を深めた。このことを他の人びとにも確信させることが、釈放後のヒトラーの課題となる。

第8章
運動の掌握

君主と家臣！［…］
この古代ゲルマンの［…］指導者と仲間の関係にこそ、ナチ党の構造の本質がある。
グレゴア・シュトラッサー、一九二七年

難しい話は抜きにして私はヒトラー氏に従おう。

なぜか？　ヒトラー氏は指導力があると証明してみせたからだ。

ヒトラー氏は、その思想と意志、そして統一されたナチ思想から党を創りだし、指導する。

ヒトラー氏と党はひとつであり、その統合が成功の絶対条件となる。

エルンスト・グラーフ・ツー・レーヴェントロウ、ヒトラーの元批判者、一九二七年一九二五年二月にナチ党は再結成された。しかし、世界経済危機による深刻な打撃につながる新たな政治的経済的混乱が始まるまで、ナチ運動はドイツ政治の泡沫勢力にすぎなかった。指導者ヒトラーはナチ党再建に取り組んだが、党は二四年のヒトラー収監中に派閥に分裂して反目しあっていただけでなく、ドイツのほとんどの地域では二七年（最大州のプロイセンでは二八年）まで公の場での意見表明を禁じられ、政治の表舞台から遠ざけられた。二七年の内務省の秘密報告では、「勢力の伸びはみられない」として、ナチ党は現実問題として「数も少なく、［…］人口の大部分と政治の大勢にさしたる影響を及ぼすことのない急進的革命的な分派」にすぎないとされている(1)。

経済は回復し、通貨が安定してから四年間にわたり堅調に推移しているかにみえた。そのため、一九二三年以前にナチ党の成功を支えた基盤は失われていた。ヴァイマル共和国は「正常」化したかに思われた。ヴァイマル共和国の「黄金時代」だった。シュトレーゼマンが主導し、二五年のロカルノ条約（ヴェルサイユ条約で定められた西方国境を承認）と翌年の国際連盟加盟によって、ドイツは国際社会に復帰した。国内ではナショナリストの反対があったとはいえ、ドーズ案でドイツの返済額を大幅に軽減する方向にまとまったことにより、賠償問題は緊急性を失った。これが再び焦眉の問題となるのは五年後である。二九年、ヤング案で賠償支払の終結条件を改めて確定しようとした際に、ナショナリストがまた一斉に扇動にはしることになる。

それまでの間は、政権は次々に代わりはしたものの、新共和国は地歩を固めたかに思われた。一九二五年から二七年にかけて四度の政権交代があったとはいえ、連立政権の政党構成にはかなりの連続性があった(2)。経済的には、二六年に急激な景気後退があったが短期間で終わり、工業生産が初めて戦前の水準を超えた。実質賃金は変わらなかった。福祉国家は大きく進展した。健康保険は戦前をはるかに上回り、住宅への公共支出も大幅に増大した。二〇年代末には、年間三〇万軒を超える住宅が新規に建設された。第三帝国期を通じてこの水準に達した年は二年しかない。ストライキは減り、犯罪率も低下した。大量消費社会が始まろうとしていた。ラジオ、電話をもつ人が増え、車を購入する人も出はじめた(3)。買物は次第に大きなデパートでするものになっていった。これらすべての点で、二〇年代半ばのドイツの状況はヨーロッパ諸国の多くと同じだった。ドイツははるかに遅れをとっていたが、目指すは米国だった。

新即物主義、文化的アバンギャルドが興隆したこの時期はヴァイマル文化の絶頂期でもあった。バウハウスにみられるモダニズム建築の実験、パウル・クレーやワシリー・カンディンスキーのような名だたる芸術家の表現主義絵画、オットー・ディクスの絵画による痛烈な社会批判、ジョージ・グロスの風刺画、アルノルト・シェーンベルクやパウル・ヒンデミットの新奇な音楽、天才詩人ベルトルト・ブレヒトの戯曲。これらすべてが二〇年代ドイツの文化的豊穣を物語っている(4)。大衆娯楽も華やかだった。スポーツ観戦に集まる人の数はますます増えた。とりわけ人気を博したのが、ボクシング、サッカー、モータースポーツである(5)。街角には映画館やダンスホールが次々に作られた。チャールストン、シミー、フォックストロットが流行した。大都市の若者は、民謡ではなくホットジャズを好んだ(6)。

地方の生活はもう少し落ち着いていた。一九二八年二月のオーバーバイエルン県知事の暢気な定例報告の書きだしには、「たまに火事があるほかは、公共の治安について報告すべき騒乱はない」とある(7)。五年前の定例報告はヒトラーとナチ運動で占められていた。二三年は突発的な嵐でもあったかのようだった。嵐の後の静けさのなかでは、ナチ党が将来的に成功を収める見込みはほとんどないものと思われた。

一九二四年末には民族至上主義《フェルキッシュ》右翼の支持率は人口の三パーセントにまで落ち込んだ。二八年の国会選挙ではさらに落ちた。ナチ党（国会選挙に初めてナチ党として単独で参加した）はわずか二・六パーセントしか得票できなかった。有権者の九七パーセントがヒトラーを望まなかったと言い換えてもよい。今日のドイツ〔得票率が五パーセントに満たない政党は議席配分を受けられない〕であれば、この時のナチ党の得票率では議席はひとつもとれない。ヴァイマル共和国の選挙制度の下でも、国会に選出された四九一名の代議員のうち、ナチ党の獲得議席はわずか一二議席だった(8)。農村での不安の増大とヤング案をめぐる扇動のおかげで、ナチ党は二九年の地方選ではこの壊滅的な状況からは脱することになる。しかしそうはいっても、世界恐慌と同年末以降にドイツが受けたその惨憺たる影響がなければ、ナチ党は崩壊して世間から忘れられ、大戦後の混乱期における一過性の現象として記憶されるに留まっただろう。ヒトラー自身も、ばかげたクーデター計画に手を出して痛い目をみた過去の扇動者として思い出されることはあっても、二度とドイツ政治に影響を及ぼすことはなかっただろう。

ドイツ経済に回復と将来的な繁栄が見込める限り、新しい民主制の政治構造は不安定ながらも崩壊はしなかった。また、軍指導部、大土地所有者、産業界の有力者、高級官僚など、権力に影響力を及ぼしうる反民主主義的エリートが距離をとりつつも共和国への忠誠心を維持している限りは、ヒトラーとナチ党が政治の中枢に足がかりを得られる見通しはなかった。ましてや権力を要求するなど考えられもしなかった。

しかし、ヒトラーとナチ党の後の輝かしい台頭の基盤は一九二四年から二九年にかけて築かれたのであり、この「不遇の時代」の重要性は否定できない。この期間にヒトラーは極右勢力の指導者として押しも押されもせぬ地位を築き上げた。その過程でナチ党は独特の「指導者政党」となった。この特徴は維持され、後にはドイツ国家も同じ性格をもつにいたる。この時期のヒトラーは普通の意味の党首でも、同志の第一人者という意味での指導者でもなかった。ヒトラーは唯一無比の「指導者《フューラー》」となったのだ。当初は困難もあったが、二五年から二九年の間にヒトラーは運動を完全に掌握した。

一九二九年には、党は（当初はいたって脆弱ながらも）全国的に拡大するとともに、一揆以前の自転車操業とは比較にならないほどの党組織を確立し、同年秋以降にドイツを襲った新たな危機に乗じてはるかに強力な地位を築きあげた。活動家の幹部も増えた。選挙は惨憺たる結果だったが、党の発表では、二八年一〇月の党員数は一揆直前の二倍にあたる一〇万人とされた[9]。得票数こそまだ少なかったが、熱狂的な狂信家からなる中核的活動家の数は比較的多かった[10]。極右運動内部の派閥争いも水面下でまだくすぶっていたとはいえ、ナチ党は二九年には一揆以前よりもはるかに結束を強めていた。そしてこの時期までに、極右のなかの対抗勢力はいずれも重要性を失うかナチ運動に吸収されるかして消えてしまっていた。

この状況が生まれるにあたっては、ヒトラーの唱導者としての地位が変わったことの影響が大きかった。すでに見たように、一揆以前にはヒトラーは数多いる右翼の指導者のひとりにすぎなかった。しかも、一九二三年の段階では準軍事組織の政治の比重が大きく、自らが指導する運動の外部にある勢力に大きく依存してもいた。支持者の一部はヒトラーの周囲に指導者崇拝を組み上げはじめていたが、当時はヒトラー自身が、重要人物ではあるにしても、（強調点も解釈も実に様々な）ナチ思想家のひとりにすぎないと自分で考えていた。しかし、二九年にはヒトラーは運動を完全に掌握し、「理念」は指導者《フューラー》と切り離しえないとされるまでにいたった。ヒトラー崇拝は二三年以前には想像もできなかったかたちで熱心な党員に広まり、指導者《フューラー》を党全体に君臨させなんとしていた。こうした崇拝を広げようとする者、少なくとも許容しようとする者は党幹部のなかにもいた。それを核に支持を広げるためだった。これが受け入れられた理由は、何といってもその求心力の強さにある。党をひとつにまとめられるのは指導者への崇拝だけだった。これがなければ党は二四年のときのように派閥に分裂して反目しあうに違いなかった。敵対者にとっても支持者にとっても、ナチズムはこの時期に完全に「ヒトラーの運動」になった。三〇年に大衆の支持が急伸すると、それにともなって指導者崇拝は急速に広がり、第三帝国下でヒトラーが半ば神格化されるにいたる基盤が作られたのだった。

ナチ党がこの時期に変化を遂げるにあたりヒトラーがどれだけ貢献したかについては、あまり誇張はできない。状況が再び好転した場合に権力奪取を狙えるようにこの時期に党が再編されるにあたり、ヒトラーがどれだけ貢献せねばならなかったかよりも、ヒトラーがどれだけ貢献せずともよかったかということの方にむしろ注目すべきだろう。

ヒトラーが描くドイツ国民の復活と再生への道筋は、政界に足を踏み入れたときから大枠としては変わっていなかった。大衆動員、国家権力の奪取、国内の敵の破壊、対外侵略の準備である。[11] ヒトラーのイデオロギー「構想」は、少なくともこの段階では、長年の偏見と恐怖を自ら「合理化」し、政治的「予言者」として説得力あるイメージを支持者に伝えるうえでは重要だった。ヒトラーの手法はいつも同じだった。やむことのないプロパガンダと扇動によって大衆を「国民化」すべく努めつつ、状況の好転を待つだけだった。ヒトラーのメッセージに引きつけられる人びとに強い印象を与えたのは、必ずやそうなるに違いないという、狂信者ヒトラーの確信だった。それによってヒトラーは「救世主」、「予言者」としてのオーラを身にまとうことになった。しかし、ヒトラー自身も度を超したものを禁じたほかは阻止しようとしなかったとはいえ、指導者崇拝を肥大化させたのは支持者だった。党組織の再編を中心になって進めたのはグレゴア・シュトラッサーだった。民族至上主義右翼にとってヒトラーが欠くべからざる人物であることはランツベルク収監中に勢力が解体したことで明らかになった。勢力を再結集し、ひとつにまとめ続けるという点でヒトラーに優る指導者はいなかった。ヒトラーほど大衆を惹きつける演説家もいなかった。しかしそれ以外には、党内の結束を強めるためにこの時期にヒトラーがなした主たる貢献といえば、逆境にあっても自らの権威を脅かす者を許さなかったことと、並ぶ者のない指導者としての自らの地位を利用してあらゆるイデオロギー対立を回避・克服し、ひたすら権力を追求したことだけだった。

一九二九年には党への支持は（草の根で）わずかながら拡大したが、ヒトラーも他のナチ幹部も、その後の急激な政治的躍進のきざしをおぼろげにすら感じとってはいなかった。しかし、二五年の再出発以降の変革をへた党は、自ら新たな状況を作り出すことこそかなわなかったものの、ひとたび躍進が始まれば新たな状況を利用できるだけの状態には漕ぎつけたのだった。

1

一九二四年のクリスマスイヴを、ヒトラーは、ミュンヒェンのヘルツォークパルクにあるハンフシュテングル家の豪華な新居で一家とともに過ごした。ヒトラーは収監中に太り、体型がやや緩んでいた。青いスーツの襟や肩にはフケが落ちていた。四歳のエゴン・ハンフシュテングルは「ドルフ小父さん」との再会を喜んだ[12]。二分もたたないうちにヒトラーは、ブリュートナー製のグランドピアノでイゾルデの「愛の死」を聞かせてほしいと頼んだ。ハンフシュテングルがよく言っていたことだが、ヴァーグナーを聞くとヒトラーの雰囲気が変わった。当初の緊張が解れて、くつろぎ、陽気になった。ヒトラーは新居を褒め、話の途中で急に言葉を切ると、肩ごしにちらりと後ろを見て、収監されて以来、のぞき穴から見られているような気がしてならないと言った。何の笑い話かとハンフシュテングルは思った。ハンフシュテングルの知る限り、ヒトラーはランツベルクではくつろぎ、居心地よさそうにしていたし、部屋にはのぞき穴もなかった。ヒトラーは七面鳥料理も好物のウィーン風デザートもよく食べたが、ワインには手をつけようとしなかった。釈放以来、体重を絞るために肉とアルコールは絶っているとのことだった[13]。ヒトラーは肉とアルコールは体に毒だと信じており、「狂信的にも［…］最後にはそれを固く信じ込んで、菜食主義の食事をとり、ノンアルコール飲料しか口にしなくなった」とハンフシュテングルは綴っている[14]。食後にヒトラーは一家に大戦の思い出話をし、部屋を歩き回りながら、ソンムの戦いの様々な大砲の音を真似てみせたりした。

その晩遅く、広いコネをもつ芸術家ヴィルヘルム・フンクがハンフシュテングル宅に立ち寄った。フンクはかなり前からヒトラーと面識があり、党の再建策について思いきってヒトラーに意見を述べた。ヒトラーは親しげに、しかし言い含めるような調子で、「名前も特別な地位もコネももたない」、「下から這い上がってきた」人間にとっては、世間がその「名もなき人」を特定の政治的方向性と同一視するようになるまで努力しなければならず、それがどんな計画よりも重要なのだと返答した。ヒトラーは、自分はいまやそこまできたのであり、一揆も運動にとって無駄ではなかったと考えていた。「私はもはや無名ではない。それこそが新たな出発の最大の基盤なのだ[15]」。

ヒトラーにとって最も重要だったのはうまく再出発を切ることだった。そのため、ナチ党の禁止措置の解除が急務だった。ヒトラーはかつて手を組んだ元ミュンヒェン警察署長ペーナーを真っ先に訪問した。ここで、テオドア・フォン・クラマークレットという信頼できる仲介者を得て、バイエルン州首相ハインリヒ・ヘルトと一九二五年一月四日に面会できることになった。ペーナーはバイエルン州法相ギュルトナー（このギュルトナーをヒトラーは三三年に法相に据える）にも働きかけ、ヘスをはじめとしてランツベルクにまだ拘留されていた他のナチ党関係者を釈放させた[16]。

　州首相ヘルトとの面会は一月四日だった。釈放からわずか二週間ほどで実現したこの面会で両者は初めて顔を合わせた。二人は全部で三回面会することになるが、初回はうまくいった。二人のほかには誰も同席していなかった。ヒトラーは謙虚に振る舞う覚悟を決めていた。ヒトラーにとっての「カノッサの屈辱」だった。ヒトラーは国家の権威を無条件で尊重すること、共産主義との戦いを支援することに同意した。ルーデンドルフはカトリック教会を激しく攻撃していたが、ヒトラーはそれとは距離をとった。ルーデンドルフの聖職者嫌いはバイエルンではおよそ支持を得られない立場だが、それがこの時期に高じてきており、バイエルン王太子ルプレヒトとのあいだのあまりにも有名な確執（ルーデンドルフの敗訴に終わった名誉棄損裁判を含む）とも関係していた。そのため、ルーデンドルフとは一線を画す必要があったのである[17]。民族至上主義《フェルキッシュ》運動の指導者として通るルーデンドルフに表向きは敬意を払いつつも、ヘルトとの面会の際にルーデンドルフとの関係を断ち切ろうとする素振りを見せたのは、ヒトラーの抜け目のなさであると同時に、ヒトラーがルーデンドルフから離反しつつあったことの表われだった。この傾向は急速に強まり、一九二七年には両者は完全に疎遠になる。

　ヒトラーがヘルトに約束したのは、二度と一揆は起こさないということだった。この状況にあっては請け合うのもたやすい話である[18]。時代は変わった、とヘルトもヒトラーに直截に言った。一揆以前のような状況に戻ることを許容するつもりはない、合法的な政権が「過去の革命家たち」を対等なパートナーとして扱うこともありえない、とヘルトからは言われたが[19]、ヒトラーは必要なものは手に入れた。ギュルトナーの後ろ盾を得て、二月一六日にナチ党とフェルキッシャー・ベオバハター紙の禁止が解かれる道がつけられた[20]。この頃には国民社会主義自由運動の内部でのライヴァルとの関係にも片がついていた。

　民族至上主義運動を統合しようとする試みが事実上終わりを迎えたのは、一九二五年一月一七日にベルリンで開催された国民社会主義自由運動の会合でのことだった。ドイツ民族自由党の創立メンバーであるラインホルト・ヴレは、とくに北ドイツから参加していた大勢の代表団のなかでヒトラーの権威を弱めようとした。ヴレは、収監されて疲弊し、国際的なカトリック教会の権力に屈したとしてヒトラーを攻撃した。ヴレはカトリック教会は「ユダヤ人の危険」を上回る脅威だとした。これはプロテスタントである北ドイツの民族至上主義運動の指導者らにとっては重要な点だった。ヴレは、ヒトラーの指導力は弱まっており、バイエルン中心主義が幅を利かせるようになるだろうとも言った。そうなれば北ドイツ対南ドイツの対立が発生すると懸念された。聴衆の前で弁舌をふるいながら、ヴレは自分はプロイセン重視の方向性をとると強調した。現在、明敏な政治家が求められているが、ヒトラーはそうではない、とも発言した。やはりドイツ民族自由党の創立メンバーだったヘニングは一層はっきりと、ヒトラーは「ひょっとすると太鼓たたき」ではあるかもしれないが、「政治家ではない」と言い切った。ヒトラーは運動の「教祖的存在」になりたがっているが、ヒトラーは運動に何の貢献もしてこなかったし、信頼を裏切りもした、として激しく批判する者もいた。

この批判をさらに強めたのがグレーフェだった。グレーフェは、ヒトラーを批判する気はないが事実が物語っている、と述べた。グレーフェが信頼を裏切る行為だと断じたのは、一月初旬のグレーフェの手紙にヒトラーが返信を拒んだことだった。この手紙は、シュトライヒャーやエッサーら一派と関係を断つことを求め、さもなければドイツ民族自由党は独自路線をとるとの最後通牒をヒトラーに突きつけたものだった。この批判に会場は騒然となった。同席したナチ党関係者は激昂した。会合は非難の応酬のうちに幕を閉じ、民族至上主義運動を統合する望みは完全に潰えた。[21]

後にポメルン大管区長となるヴァルター・フォン・コルスヴァント=クンツォフの所感から、この会合でナチ党関係者が何を考えたかをうかがい知ることができる。コルスヴァント=クンツォフは、「あちこちのたくさんの指導者に各人が思い思いの望みをかけるくらいならば、最も信頼できるただ一人の指導者が失敗するほうがよい。私は現段階でヒトラーと個人的に面識はないが、ヒトラーへの神の恩寵を信じ、神がヒトラーを導き、この混沌から抜け出るための正しい道を示すだろうと信じている」と記している。[22] 一年経っても民族至上主義運動を統一するための基本的合意にいたる見込みが得られないなか、このように考える者は増えはじめていた。

しかし、民族至上主義運動に関わる者がすべてそのように考えていたわけではない。自分たちが望む指導者はルーデンドルフだと公言する者もまだいた。[23] ミュンヒェンの国民社会主義自由運動のある支部の代表がヒトラーにほんの数分の面会を求めただけなのにすげなく断られ、提出した文書もほかの手紙と一緒に読みもせずにゴミ箱行きになったと聞かされたせいで、その支部では反ヒトラー感情が高まっているともいわれていた。[24]

ヒトラー自身は、バイエルンでナチ党の禁止措置が解除されるかどうかにしか関心がなかった。解除は目前であり、それを危うくする可能性のあることは一切するつもりがなかった。ただし、ヒトラーは北ドイツのナチ党には、グレーフェのドイツ民族自由党とはいかなる協定も結ぶつもりはなく、党に対する禁止措置が解除され次第、全国規模での党再建のために声明を出すつもりだと知らせた。ヒトラーは、自分は何でも自由にできると強調した。いかなる政治協定も結ぶつもりはなく、ヘルトに対してもクーデターはしないと約束しただけだ、という考えを示した。また、ルーデンドルフとの関係については、一揆前の闘争連盟時代からその後の裁判時にかけてとった立場のとおり、ルーデンドルフ将軍は軍事指導者であり、自分は政治指導者だと考えるとした。ルーデンドルフに対する背信行為があったというならば、「議会という泥沼」のなかでルーデンドルフの名声に泥を塗り、貶めた人間こそがその責めを負うべきだ、とも述べた。党を再建した暁には、「真のナチ党員」こそが指導者の地位に就くべきだ。収監生活によって疲弊するどころか、自分は以前にも増して柔軟になった。しかし方針は変わらない。マルクス主義に対する戦いだ[25]。積極的な言い方をするならば「ドイツの労働者を国民化」することだ、とヒトラーは書いた。批判を浴びている大ドイツ民族共同体の指導者シュトライヒャー、エッサー、ディンターについては、ヒトラー特有の返答をした。それによれば、ヒトラーにとって重要なのは彼らがどんな成果を上げてきたかだった。シュトライヒャーにはニュルンベルクに六万人の支持者がいる。これは国民社会主義自由運動の幹部らがバイエルンの他地域に抱える支持者の数を上回る。ヒトラーとしては、個人的な反感を理由にこれらの支持者を怒らせることはできない、とのことだった[26]。

二月半ばには、ことはヒトラーの思い通りに進んだ。二月一二日、ルーデンドルフは国民社会主義自由運動の指導部を解散した[27]。その直後、党の禁止が解除される直前にヒトラーはナチ党の再建決定を公表した。ヒトラーを支持する声明が次々に出された。二月二二日にヴェストファーレンのハムで開催された会合では、国民社会主義自由運動のヴェストファーレン、ラインラント、ハノーファー、ポメルンの元大管区長らを筆頭に、北ドイツの一〇〇以上の県指導者らが改めて「われらが指導者アドルフ・ヒトラーに対する揺るぎない忠誠と服従」を宣言した[28]。再建されたナチ党は、一揆以前のように主としてバイエルンだけに限定された勢力ではもはやなかった[29]。

一九二五年二月二六日、一揆後初めてフェルキッシャー・ベオバハター紙が発行された。トップを飾った記事「われらが運動の再生」でヒトラーは、過去の失敗から学び、民族至上主義運動の分裂について責任をなすりつけ合うことは避け、将来を見据えるべきだと強調した。

運動に宗教対立をもちこむべきではない、とも述べた。カトリックの強いバイエルンではこの点を明確にしておく必要があった。これはまた、ヒトラーがカトリックに譲歩したとして批判した民族至上主義勢力を批判し返したものでもあった。[30] ヒトラーは自らの指導的地位を制約する外的条件をすべて拒否し、運動の目的は不変だと宣言し、党内の結束を要求した。同号にヒトラーが書いた「旧党員への呼びかけ」も趣旨は同じだった。党員が復党する際に過去は問わない、過去の分裂が繰り返されないことだけが肝要と考える、とヒトラーは書いた。ヒトラーが要求したのは、団結、忠節、従属だった。[31] 譲歩はなかった。示されているのは「パクス・ヒトレリアーナ」、すなわち「ヒトラーの平和」だった。[32]

フェルキッシャー・ベオバハター紙には、一九二一年七月の党規約をもとに、再建された党の新規約も掲載された。ここでも指導者原理と団結が基調となっていた。「ドイツ国民の最大の敵［…］たるユダヤ人とマルクス主義」への戦いにおいてはあらゆる分裂は避けられねばならなかった。[33] 突撃隊は再び党の支援部隊となり、二三年二月にバイエルンの準軍事組織に併合される前と同様、若い活動家の教育の場に戻った。（なお、これにより、数週間のうちにレームとの関係が失われることになった。突撃隊を従来どおりの準軍事組織にしておきたいと考えるもヒトラーを説得できなかったため、レームは政界から身を引き、ボリヴィアに去った。[34]）

再建された党に入党するには、新たに党員資格を取得しなければならなかった。かつての党員資格を更新、継続することはできなかった。ここには象徴的な意味があると同時に、党員資格はミュンヒェンの党本部が管理するという規定に即したものでもあった。[35] ヒトラーにとってはミュンヒェンという権力基盤を維持することが肝要だった。本部をテューリンゲンに移すことをリュデッケが提案したこともあった。ドイツ中央部に位置するテューリンゲンは、ルターとヴァイマルの文化的伝統を連想させ、バイエルンとは異なりカトリック上層階級から邪魔立てされる恐れのないプロテスタント地域にあり、とりわけ民族至上主義運動に共感する層が厚いという意味で戦略的にも優れる。ヒトラーもこれは検討に値すると認めはしたが、「しかし私はミュンヒェンを離れない」と即座に付け加えた。「ここは居心地がよい。ここでは自分はなにがしかの者だ。ここには私のために尽くしてくれる人、ほかの誰でもなく、私のためだけに尽くしてくれる人が多くいる。それが重要だ」。[36]

一九二五年二月二七日夜八時、ヒトラーはいつもながらの演出センスを発揮して、一年四カ月前に離れたミュンヒェンの政治の舞台に復帰した。選ばれた場所はビュルガーブロイケラーだった。集会は本当は二四日に開催されるはずだったが、二四日は謝肉祭の最終日にあたる火曜日だったため、[37]金曜日に決まった。一揆前と同じく、数日前からミュンヒェン中に真っ赤な宣伝ポスターが貼られ、午後早くから人が席を取りだした。予定開始時刻の三時間前には巨大なビアホールは満員になった。三〇〇〇人以上が場内にすし詰めになり、二〇〇〇人以上が入場を断られ、警察の非常線が張られて周辺地域との交通が遮断された。[38]

　顔を見せない重要人物もいた。そのひとりがローゼンベルクだった。ローゼンベルクは、ヒトラーがランツベルクから釈放されて以来、取り巻きグループから締め出され、怒りを感じていた。[39]ローゼンベルクはリュデッケに、「私はそんな演芸会に参加する気はない。[…]ヒトラーは義兄弟の契りを交わさせようというのだろう。そんなことはお見通しだ」と語った。[40]ルーデンドルフ、シュトラッサー、レームも出席していなかった。[41]ヒトラーは初代党首ドレクスラーに集会の司会を務めてほしいと願っていた。しかしドレクスラーはエッサーの除名を要求した。[42]ヒトラーはいかなる条件も呑もうとはしなかった。ヒトラーにとってエッサーは、彼を「批判する者が束になっても敵わないほどの政治的才」をもつ人物だった。[43]そのため、ヒトラーが最も信頼するミュンヒェンの取り巻きのひとりである商業担当者アマンが開会を宣言した。

　ヒトラーは約二時間演説した。[44]演説の最初の四分の三は一九一八年以降のドイツの苦境、その原因たるユダヤ人、ブルジョア政党の弱体化、マルクス主義の目的（これと闘うにはより高次の真理に根差した教義を「同じだけの残虐さをもって執行」するしかない、とヒトラーは述べた）に関するいつもの説明だった。ひとつの目標にすべてのエネルギーを注ぎ、分裂と不和を避けて唯一の敵を攻撃する必要がある。民衆の偉大なる指導者の本質は、いつの時代も、大衆の関心をただひとつの敵に向けさせつづけることにあるのだ、とヒトラーは断言した。「唯一の敵」というのがユダヤ人を指すことは文脈から明らかだった。

　ヒトラーがこの夜の本当のテーマにかかったのは演説の終わり四分の一だった。民族至上主義運動の内部でいまだに荒れ狂う対立において自分が誰かに肩入れするとは思うな、とヒトラーは言った。党友はすべて共通の理念の支持者だと自分は考えているとヒトラーが宣言すると、会場は止むことのない喝采に包まれた。指導者たる自分の使命は過去に何が起きたかを探ることではなく、分裂してしまったものを団結させることだとしたうえで、ヒトラーは最後に最も重要なことを宣言した。対立は終わった。常に加わりたいと思うならば違いを言い立ててはならない。九カ月間、皆には党益について考える時間があったではないか、とヒトラーは皮肉った。鳴りやまない大きな拍手喝采を受けてヒトラーは続けた。「紳士諸君、今からは運動の利益のありかを私に考えさせてほしい」。しかし、自分の指導的地位は無条件に受け入れてもらわねばならない。「私自身が責任を負う立場にある限り、いかなる条件も呑むつもりはない。[…]そして、今再び、この運動で何が起ころうとも、そのすべてに対して私は完全に責任を負おう。[…]一年後に責任はとる」とヒトラーは話を締めくくった。[45] 歓声と「ハイル」の叫びが巻き起こった。誰も彼もが立ち上がって「世界に冠たるドイツ」を歌いだした。[46]

そして閉会の時がきた。まるで演劇のようではあったが、その象徴的意義を居合わせた人びとすべてが実感した。エッサー、シュトライヒャー、大ドイツ民族共同体のディンター、ルドルフ・ブットマン、フェーダー、「議会主義」をとる民族ブロックのヴィルヘルム・フリックら、昨年来、もしくはそれ以前から反目しあってきた者たちが演壇に上がった。感動的な場面に多くの人びとが椅子やテーブルの上に立ち上がり、会場の後方から前方へと詰めかけるなか、壇上に上がった幹部らは握手し、赦しあい、指導者ヒトラーに不滅の忠誠を誓いあった。[47] まるで領主に忠誠を誓う中世の封臣のようだった。他の者もそれに倣った。偽善的であろうが、指導者ヒトラーの下でしか団結を世間に示すことはできなかった。ヒトラーが党の「同質性」を回復したと主張したのもあながち根拠のないことではなかった。[48] ヒトラーの指導下でヒトラー自身とその「理念」は一体化した。それが分裂の危険を帯びた運動を統合する唯一の欠くべからざる力であることは、その後、一層明白になっていった。ヒトラーが党に君臨する最高指導者としての立場を維持できたのはこの事実が認識されていたためだった。

民族至上主義右翼は、ヒトラーの忠実な支持層を除けば、ヒトラーの演説に当初は失望した。原因は主に、多くの者が今も民族至上主義運動の指導者と目するルーデンドルフからヒトラーが明確に距離をとったことにあった。二月二六日の「旧党員への呼びかけ」でヒトラーは、ナチ運動の「最も誠実で私心のない友人」という当たり障りのない言葉でルーデンドルフに言及しただけだった。演説では全く触れなかった。その後、ルーデンドルフに対して「ハイル」の声が会場に響きわたった場面で、「心から」親愛の念をもっていると発言したが、外交的で曖昧な表現にとどめ、名前も出さなかった。[49] ルーデンドルフの支持者はこの扱いを意図的な侮辱ととった。名声あるルーデンドルフが問題となってくる可能性は残っていた。[50] しかしまたしてもヒトラーは幸運に助けられた。

一九二五年二月二八日、ナチ党が再建された翌日、ヴァイマル共和国で初代大統領の任にあった社会民主党のフリードリヒ・エーベルトが虫垂炎の手術後、五四歳で死亡した。右翼勢力は、エーベルトが一八年一月に軍需産業のストライキに加担したことを執拗に追及し、エーベルトは一七〇件もの名誉棄損裁判で自己弁護せざるをえない状況に追い込まれていた。[51] これは、社会民主党指導部が民主化と併合なき平和を主張し、ベルリンの軍需工場から広がった騒擾に加担したときの話で、一〇〇万人の労働者をストライキに引き込んで一時的とはいえ軍需生産を脅かし、後にはこれが「背後からの一突き」という伝説を生むことになった。エーベルトへの反感は強く、一九一八年革命を大逆罪と呼んだことで知られるミュンヒェンとフライジングの大司祭カーディナル・ファウルハーバーが、亡くなった大統領に敬意を表して教会の鐘を鳴らすことを自分の教区では拒んだほどだった。カトリック保守とナショナリスト勢力のあいだでは反社会主義も強かった。[52]

ナチ党はエーベルトの後任を選出する選挙でそれほど大きな影響力をもてようとは期待もしていなかった。ヒトラーも率直にそれを認めたようなものだった。党の会合では、誰が大統領になろうと関係ない、誰が選ばれようとも「男」と呼べるほどの者はいない、と発言していた。[53]

ところがヒトラーは、何人かの助言に逆らってルーデンドルフをナチ党の候補にすると言いだし、本人を説得して立候補を承諾させた。[54] ヒトラーは、ルーデンドルフは勝ち目のない形ばかりの候補だと考えていた。[55] 陰では酷評していたライヴァルをヒトラーが候補に祭り上げた理由はともかく、ルーデンドルフが出馬に同意した理由は分からない。[56] ヒトラーは、ルーデンドルフの名声を誉めそやしながら、右翼勢力の推す保守派の候補者カール・ヤレスを止めなければならないと言って説き伏せたようである。「ヒトラーはバイエルンでの支持者は多いが、北ドイツとベルリン以東ではほとんど票が稼げないことを自分でもよく分かっている」、とルーデンドルフはうろたえる妻に言った。夫人は結果をすぐにも見越したが、尊大な将軍本人は気づかず、「戦争以来、とくに東プロイセンとシュレージエンの人間には感謝され、愛されている」とも言った。ルーデンドルフの気持ちは決まった。現実には、東プロイセンとシュレージエンの人びとはルーデンドルフに感謝するどころかほとんど票を入れなかった。[57] ルーデンドルフはおそらく民族至上主義運動の同志からの支持も当てにしていたものと思われるが、ドイツ民族自由党は右翼勢力の票が割れるのを防ごうとヤレス支持を決めたため、ルーデンドルフの運命は事実上決した。[58] ヒトラーの側近のなかにはリスクの高い戦略だと考える者もいたが、実際にはリスクは全く大きくはなく、ルーデンドルフが打撃を受けることは多かれ少なかれ確実だった。それこそが狙いだったということをナチ党の一部の幹部はほとんど隠そうともしなかった。[59]

ルーデンドルフにとって三月二九日の選挙は破滅的状況に終わった。得票数はわずか二八万六〇〇〇票であり、投票総数の一・一パーセントでしかなかった。一九二四年一二月の国会選挙も惨憺たる結果ではあったが、あの時に民族至上主義右翼が獲得した票数よりもさらに六〇万票少なかった(60)。ヒトラーはこの結果を見ても嘆きもしなかった。「これでよい」とヒトラーはエッサーに言った。「とうとう奴〔ルーデンドルフ〕に止めを刺した(61)」。四月二六日に行われた決選投票の勝者は、同じく大戦の英雄だった陸軍元帥ヒンデンブルクだった。ヴァイマル民主制はついに旧体制の中心人物のひとりの手に預けられることになった。問題は国民保守的右翼勢力がヒンデンブルクに投票したことだけではない。バイエルン人民党は意地でも反動的右翼の候補を支持し、共産党はエルンスト・テールマンにこだわったが、両党が中央党の候補ヴィルヘルム・マルクスを支持していれば、ヒンデンブルクは敗れたはずだった。三三年にこの代償は高くつくことになる。

ルーデンドルフはこの敗北から立ち直ることはできなかった。民族至上主義右翼の指導的地位をめぐってヒトラーと争った偉大なライヴァルが、この後、厄介な障害になることはもはやなかった。ルーデンドルフは急速に政治的な影響力を失っていった。一九二六年に再婚することになるマティルデ・フォン・ケムニッツの影響を受け、ルーデンドルフは二四年頃から、フリーメーソン、ユダヤ人、マルクス主義者、イエズス会士による陰謀論と結びついた被害妄想に陥っていった。マティルデに導かれてその異様な思想に染まるにつれて、ルーデンドルフは次第に、およそ合理的とはいいがたい極右勢力の過激派と関係をもつようになった。ルーデンドルフとマティルデが二五年に創設した奇妙なセクトであるタンネンベルク同盟は多くの出版物を刊行したが、あまりに偏執的に迫害を追求するため、ナチのイデオローグでさえも拒絶するようなものばかりだった。ルーデンドルフはもはやヒトラーにとって何の役にも立たないどころか、明らかに足を引っ張るようになりつつあった。二七年にはヒトラーはかつての同志ルーデンドルフを公然と攻撃し、ルーデンドルフこそがフリーメーソンだと批判した（この非難にはルーデンドルフは応じようともしなかった(62)）。

民族至上主義運動は、一九二四年にはナチ党やその後継諸組織よりも多くの支持者を抱え、地域的にも広がりをもっていたが、いまや弱体化して分裂し、さらに指導者と仰いできた人物を事実上失ってしまったことになる(63)。当初、とくに南ドイツでは、党の地区指導者が民族至上主義組織との関わりを絶って完全にヒトラーの指導的立場を認めるように迫られて断わり、問題が生じることもあった。しかし次第に彼らもヒトラーにつくようになった(64)。たいていの者は風向きを察知した。ヒトラーなくして未来はなかった。ヒトラーの方でもその後数カ月間にわたり、バイエルンの地方支部の指導者を根気よく訪ねて回った。バイエルン当局が三月九日にヒトラーに公共の集会での演説を禁じた後、プロイセンを含めて他州でも同様の禁止措置がとられていたため、ヒトラーは非公開の党会合で演説することのほうが多くなっていた。[65] そうした会合の際には必ず個々の党員と握手する機会が設けられ、それがヒトラーと支部の党員との結びつきを象徴的に強めることになった。このようにして、バイエルンではヒトラーの指導的地位に対する揺るぎない基盤が築かれた。北ドイツでは、しかし、そこにいたる道はそれほど平坦ではなかった。

2

演説が禁止された二日後にあたる一九二五年三月一一日、ヒトラーは北ドイツでの党組織の再建をグレゴア・シュトラッサーに任せた。[66] ランツフートで薬剤師をしていたシュトラッサーは恵まれた体格の押し出しのよいバイエルン人で、一揆前にはニーダーバイエルンの突撃隊隊長を務めた経験があり、糖尿病で、ビアホールでの乱闘騒ぎに混ざりもするが、くつろいでホメロスを原書で読んだりもするような人物だった。ナチ党幹部のなかでは最も能力のある人物といえよう。シュトラッサーはとりわけ組織力に秀でていた。国民社会主義自由運動の全国指導部にいた時期に築いた関係を基盤として北ドイツにナチ党組織を急速に広げたのは、主としてシュトラッサーの功績だった。[67]

北ドイツの支部のほとんどは一から作らなければならなかった。しかし一揆直前にわずか七一しかなかった支部は、一九二五年末には二六二を数えるにいたった。[68] ヒトラーは二五年夏のほとんどをベルヒテスガーデン近くの山間部で『わが闘争』の第二巻を執筆したり、時間をとってバイロイト音楽祭に出かけたりしながらバイエルン以外の地域での党の問題にはほとんど煩わされることなく過ごしたが、シュトラッサーは北ドイツで党組織を拡充する仕事を休まず続けていた。シュトラッサー自身の「国民社会主義」思想は前線の塹壕で形づくられたものだった。労働者層の取り込みにあたっても、シュトラッサーはヒトラーと比べると理想主義的で、純粋に道具的な発想はあまりしなかった。また、ひどく反ユダヤ主義的ではあったが、ヒトラーやミュンヒェンの取り巻き連中ほど強迫観念のようにユダヤ人迫害にばかり力点を置くこともなかった。禍根を残した二四年の分裂期以来、バイエルンのナチ党で指導的立場にあるエッサーとシュトライヒャーのことは許しがたく思っていた。他方、表現のしかたは多少違ったかもしれないが、ヒトラーとは基本的な目標を共有していた。ヒトラー崇拝に同調することはなかったが、ヒトラーが運動に欠くべからざる存在であることを認め、最後までヒトラーに忠実だった。[69]

シュトラッサーの考え方と方法は、中心地バイエルンから遠く離れた北ドイツで党を発展させるには適していた。最大の問題は、バイエルンを牛耳るエッサー、シュトライヒャー、アマンの三名に対する、一九二四年の「指導者なき時期」の根深い対立に端を発する深い憎悪だった。二四年に幹部会議と国民社会主義自由運動が合意できた実質上唯一の点がこの三名に対する拒絶反応だったほどである。この問題は二五年を通じて北ドイツのナチ党とミュンヒェンの党本部のあいだに緊張を生みつづけた。[70]この問題に加えて、ミュンヒェンの党本部では党事務局長フィリップ・ボウラーが党員を中央から統制し、運動全体をミュンヒェンの完全な権威に服させようとしていたが、北ドイツのナチ党にしてみれば、ミュンヒェンの党本部から指図されたくないという思いもあった。[71]党内の危機が深刻化してもヒトラーが何の行動もとろうとしないことへの懸念もこうした問題と深く関係していた。北ドイツのナチ党指導者から見れば、ヒトラーが受動的だからエッサーら一派が幅を利かせ、ヒトラー自身も彼らの好ましからざる影響を過剰に受けることになっているのだった。ヒトラーがエッサーらを支持していることが深い失望と敵意を生んでいた。[72]

党組織の再建以来、ヒトラーが以前の約束を反故にして北ドイツを無視しつづけていることも失望を生んでいた。加えて、選挙への参加をめぐってはいまだに意見の一致をみていなかった。ゲッティンゲンの党幹部らは、議会に入るという戦略をとれば「運動」が他と変わらない単なる「政党」になってしまうと考え、とくに強硬にそれに反対していた。[73]政策上どこに力点を置くか、国民社会主義の「理念」のうち何を重要と考えるかも異なっていた。北ドイツの指導者らは、シュトラッサーと同じく「社会主義」的な方向性が強く、工業地域の労働者に最大限訴えることを狙っていた。社会構造が異なっていたため、バイエルンで好まれる方法とは違ったアプローチが必要だった。

しかしことはプロパガンダだけの問題ではなかった。ルール地方のエルバーフェルトで活動していた若きヨーゼフ・ゲッベルスのように、北ドイツの指導的活動家のなかにはナショナル・ボリシェヴィズムに関心を寄せる者がいた。[74]鋭い知性と痛烈な機知に富み、ナチ運動の幹部らのなかでも最も知的な部類に入る後の宣伝相ゲッベルスがナチ党に入党したのは一九二四年末だった。ラインラントの小産業都市ライトの中産階級のカトリック家庭で育ったゲッベルスは、右足に障害をもっていたため幼い頃からからかわれたり馬鹿にされたりして、身体的障害を抱えていることを意識しつづけていた。若い頃に文筆業を志したがほとんど認められなかったことでルサンチマンはさらに募った。二〇年後にベルリンの地下壕で人生を終えるまでつけ続けた日記のなかでゲッベルスは、二五年三月、「なぜ運命は他人には与えるものを私には与えようとしないのか」と自問し、自らを憐れむかのように十字架上のイエスの言葉を借りて「わが神、わが神、なぜ我を見捨てたもうたのか」とも綴っている(75)。肉体的弱さと「知識人」を軽んずる運動のなかで頭脳の力を示そうとする欲求と必要は、ゲッベルスの劣等感から生じたものだった。イデオロギー的狂信を生んだのも劣等感だった。

グライスフェルト大学の教授で、街で小さな印刷屋を所有していたポメルン大管区長テオドア・ファーレンとの一九二五年九月半ばの意見交換をみると、当時のゲッベルスのイデオロギー的な方向性を知ることができる。なお、ファーレンは能力不足の上に、ゲッベルスに敵意をもたれたせいで二七年に大管区長を解任されることになる人物である(76)。「国民的であることと社会主義者であること！　どちらが先でどちらが後か？　西部ドイツでは異論の余地はない。まずは社会主義による救済、その後に国民的解放の旋風が巻き起こるのだ。ファーレン教授の考えは違う。まず労働者を国民化するというのだ。しかし問題はその方法だ」。しかし、ゲッベルスはヒトラーの立場を正しく理解していなかった。「ヒトラーはその中間だが、［…］完全にわれわれと同じ立場になりかけている」とゲッベルスは記している(77)。ゲッベルスほか数名の北ドイツの指導者は、憎むべきブルジョアではなくむしろ共産主義者と多くを共有する革命家であるという自己認識をもっていた。ロシアに対しても一定の共感を抱いていた。党の労働組合について話し合うこともあった(78)。

ヒトラーと党綱領に対する立場の問題もあった。北ドイツ幹部会議はヒトラーの収監中は熱狂的にヒトラーを支持した。しかし、国民社会主義自由運動と選挙への参加問題に対するヒトラーの曖昧な態度には失望させられた。指導者アーダルベルト・フォルクやその後を引き継いだルドルフ・ハーゼは、ヒトラーへの個人崇拝も、それが党に及ぼす影響もよしとしなかった。北ドイツの指導者たちは皆、ヒトラーの地位も党内での指導権も受け入れていた。ヒトラーのことを「ミュンヒェンの英雄」として認め、一揆で果たした役割も裁判での姿勢も支持していた。ヒトラーの名声は強調するまでもないことであり、問題があるとすればそれは周囲の者、とくにエッサーとシュトライヒャーのせいだと考えていた(79)。しかし北ドイツの党支持者の多くはヒトラーと個人的な面識はなく、会ったことすらなかった(80)。したがって彼らとヒトラーの関係は、バイエルンの党員、とくにミュンヒェンの党員とヒトラーの関係とは相当違っていた。ヒトラーが指導者であることには疑いもなかった。しかし彼らから見れば、ヒトラーも特定の「理念」に囚われており、その「理念」の概要を党の目標という観点からまとめた一九二〇年綱領は不完全なため修正を要すると思われた。[81] 綱領の解釈と強調点、目的、国民社会主義の意味をどうとらえるかにはそれぞれ違いがあったにせよ、一九二五年晩夏には北ドイツの指導者らは少なくとも党が危機的状況にあるという認識においては一致していた。党員数の減少と停滞がその証拠だった。これは何よりもミュンヒェンでの党の状況のせいだと彼らは考えた。[82] ヒトラーは『わが闘争』の執筆に完全にかかりきりで、何もするつもりはなさそうだった。この状況下では、それはつまりエッサーを支持するも同じだった。ヒトラーは、役に立つからという理由でエッサーとその一派をかばったが、党内で国内他地域から反発が出る以上、その「有用性」がいかに限定的であるかは考えようともしないようだった。

「エッサー独裁」に反対するため、「天才的とはいわないまでも、誠実できわめて熱心なヒトラーの協力者」とフォプケが評するグレゴア・シュトラッサーが、一九二五年九月一〇日にヴェストファーレンのハーゲンで開かれる会合に北ドイツの党指導者を招集した。シュトラッサー自身は、母親の病状が深刻になったために土壇場で参加を見合わせることになり、[83] 議論は完全に計画通りには進まなかった。しかしこの会合は、北部ドイツ、西部ドイツのほぼすべての党指導者の参加を得た。シュトラッサーが欠席だったため、「ミュンヒェンの好ましからざる一派」と闘うための統一勢力を結成するという目的（出席者のほとんどには詳らかにされていなかった）はかなわなかった。立場の違いはすぐに露呈した。エッサーの問題が提起されたときには、「宮廷革命」的なものに対して反論も出た。選挙への参加に対しては満場一致で拒否が決まり、それを記録した議事録がヒトラーに送付されたが、これはその他の点での深刻な意見の相違を取り繕うためのものでしかなかった。それ以外には、主として弁士の交流についての調整作業のためにシュトラッサーの指導下で北ドイツ党支部の緩い連合体が作られることになっただけだった。[84]

このナチ党北西ドイツ大管区活動共同体と、その機関紙としてゲッベルスが編集することになった『国民社会主義便り』は、ヒトラーに挑戦しようとするものでは全くなかった。[85] 活動共同体の規約にはヒトラーへの支持が明文化され、メンバーは「指導者アドルフ・ヒトラーの下でナチズム理念の同志意識をもって」活動する姿勢を明確にしていた。[86] ヒトラーは活動共同体の出版物を党員に推薦した。活動共同体のメンバーは、ヒトラーの側近に敵対したのであって、ヒトラー自身に敵対したわけではなかった。そして実際には、エッサー、シュトライヒャーとの関係についても妥協がなされた。[87] したがってこれは分離の動きではなかった。

それは間違いのないことで、しかも内部には分裂もあったが、この活動共同体はそれでもヒトラーの権威への脅威となった。エッサーら一派をめぐる衝突、選挙への参加をめぐる軋轢は、それ自体は批判の動きではなかった。はるかに重大だったのは、シュトラッサーとゲッベルスが活動共同体を足がかりに党綱領を修正しようとしたことだった。とどのつまり、シュトラッサーは一九二〇年綱領を一新したいと考えていた。[88] 一一月、シュトラッサーは活動共同体独自の綱領案の起草に着手した。それはドイツを中欧関税同盟の中心に人種的に統合し、それを基盤としてヨーロッパ連邦を提唱するものだった。連邦内では職能国家が企図されていた。経済的には農民の土地所有を認め、私有財産を保護しつつ生産手段を公的に統制しようとしていた。[89]

草案には曖昧な点があり、首尾一貫せず、矛盾する個所もあった。しかし、問題はそれだけではなかった。これは対立を招くだけのものだった。一九二六年一月二四日にハノーファーで活動共同体の会合が開かれ、この草案が検討されるよりも前に、対立は早くも始まった。[90] 会合では、様々な党員から送られた提案をシュトラッサーが主導する委員会で検討することが決まった。[91] 決定は当たり障りがないが、実際には激しく辛辣な議論があり、フェーダーを軽蔑するような意見も出た。フェーダーは党の経済「専門家」である。一九年夏にフェーダーが国軍のために開いたイデオロギー訓練コースにはヒトラーも参加したため、その思想はヒトラーにも多大な影響を与えていた。活動共同体の綱領草案はフェーダーにもヒトラーにも送付されなかった。フェーダーの影響とはいっても、「利子奴隷制の打破」というフェーダーが固執していた要求が党綱領に取り入れられたことを超えるものではなかったと思われるが、現綱領の「父」を自任するフェーダーは草案の写しを入手して激怒した。予告なくハノーファーに現れたフェーダーは、修正の方向性に対して怒りを隠そうともしなかった。[92] 不当に扱われ、侮辱されたと感じたフェーダーは、明らかにミュンヒェンに報告する目的で発言のメモをとった。[93] 出席した大管区長（全国を三〇前後の大管区に分割し、その各地区を預かる党の地方指導者）のなかには、ヒトラーなしではやっていけないことを知りつつも、指導者としてのその資質を直接批判することを厭わない者もいた。[94] 以前、この会合では満場一致で、ドイツの王室財産を補償なく没収する件について（六月に予定されている）国民投票への支持を決めてもいた。左翼のイニシアティヴにはじまったこの国民投票は、世論を二分する当時の重大問題だった。[95]

ヒトラーは元々は活動共同体には関心を払っていなかった。しかしフェーダーがヒトラーに対応を迫った。ヒトラーの目にもこれは危険な兆候と映った。一九二六年二月一四日、ヒトラーは六〇名ほどの党幹部をオーバーフランケンのバンベルクに招集した。[96] 議題はなく、ヒトラーがいくつかの「重要な案件」について討議したがっているという触れ込みだった。バンベルク支部は大きく、忠実で、この集会の前年にあたる二五年の一年間をかけてヒトラーとシュトライヒャーは同支部とのあいだによい関係を取り結んでいた。北ドイツの有力幹部は出席していたが数では負けており、バンベルクの町で見せつけられるヒトラーへの支持にはいやでも圧倒された。[97] バンベルクに赴く途中、フェーダーは権威が脅かされようとしているとヒトラーに改めて言い聞かせた。[98]

ヒトラーは二時間演説した。[99] 主たるテーマは外交政策と将来的な同盟関係についてだった。ヒトラーは活動共同体とは完全に反対の立場をとった。同盟は理想ではない、「純粋に政治的な問題だ」とヒトラーは言った。ドイツの仇敵フランスから距離をとる英国とイタリアが可能性としては最も大きい。ロシアとの同盟は認められない。それは「ドイツが直ちに政治的に共産化」することを意味し、「国家としては自殺行為」にほかならないからである。ドイツの未来は、中世と同じく東方の植民地化による領土獲得、すなわち海外ではなくヨーロッパ内での植民地政策によってしか保証されえない、というのがヒトラーの立場だった。皇室の財産没収についてもヒトラーは活動共同体の立場を認めなかった。「今日、もはや王族は存在しない。ただドイツ人あるのみである。

［…］われわれは法に則って行動するのであり、ユダヤ人の搾取システムがわれら国民を完全に略奪する法的口実を与えてはならない」とヒトラーは宣言した。どんな言葉を使おうとも、これが北ドイツの指導者たちの立場を完全に否定したものであることは隠しようもなかった。最後にヒトラーは、宗教対立をナチ運動にもちこんではならないという主張を改めて繰り返した。[100]

ゲッベルスは愕然とした。

私は茫然とした。ヒトラーとは何者なのだ？ 反動主義者か？ ひどくぎこちなく、あやふやだ。ロシア問題——完全におかしい。イタリアとイギリスが同盟相手としてふさわしいとは。ひどい話だ！ われわれの使命はボリシェヴィズムの破壊であるとか。ボリシェヴィズムはユダヤ人が作ったものだそうだ！ われわれがロシアを継承しなければならないだと！ 一億八〇〇〇万人もいるというのにか!!! 王族の財産没収！ 法は法なりか。王族についてもだそうだ。私有財産の問題には触れるな（本人の発言の通り！）というのか！[101] ひどい！ 綱領はこれでいいだと！ これで満足らしい。フェーダーが頷く。ライが頷く。[102] シュトライヒャーが頷く。エッサーが頷く。こんな連中のなかにいなければならないとは心が痛む!!! 短時間の議論。シュトラッサーがしゃべる。ためらいがちに、震え声で、不器用に。シュトラッサーは正直でいい奴だ。神よ。この豚どもに太刀打ちするにはわれわれはあまりに無勢だ。[…]おそらく私の人生最大の失望のひとつに数えられるだろう。私はもうヒトラーを完全には信じられない。恐ろしいことだ。私の内なる支えは奪われてしまった。[103]

　活動共同体によって権威が脅かされる危険は去った。ヒトラーは改めて自らの権威を主張した。抵抗めいたものもみられたが、活動共同体の運命はバンベルクで決した。シュトラッサーは配布した綱領草案の写しをすべて回収するとヒトラーに約束し、五月五日の手紙で活動共同体のメンバーに草案の返却を依頼した。[104] 活動共同体は解体しはじめた。一九二六年七月一日、ヒトラーは、「ナチ党はひとつの巨大な活動共同体であり、個々の大管区が合同して運動内部に活動共同体を結成することは認められない」とする指令に署名した。[105] これにより、北部ドイツと西部ドイツの幹部を集めたシュトラッサーの活動共同体は消滅した。ヒトラーが最高指導者として党を完全に掌握するための最後の障害が消え去ったのだった。

　バンベルクで成功を収めた後、ヒトラーは賢くも寛大に振る舞った。一九二六年三月に活動共同体のメンバーであるゲッベルス、カール・カウフマン（フランス占領下のルール地方でサボタージュを組織しつつ経験を積んだ、二〇代半ばの精力的な活動家。後のハンブルク大管区長）、フランツ・プフェファー・フォン・ザロモン（ヴェストファーレン大管区長。陸軍士官退役後に義勇軍に加わり、カップ一揆に参加。ルール地方での対仏抵抗運動にも関わった）らが組んでルール地方に拡大大管区を結成したときにも反対しなかった。[106] シュトラッサーが自動車事故に遭ったときにはランツフートの自宅を電撃訪問して意見を交換した後、四月にはエッサーをナチ党指導部から解任した。[107] 九月にはシュトラッサー自身が党の宣伝局長として全国指導者に任じられ、プフェファーは突撃隊隊長に任命された。[108] 最も重要だったのは、感受性の強いゲッベルスの機嫌をとり、完全に取り込んだことだった。

　ゲッベルスの「ダマスカスへの道」〔回心のこと〕はさほど遠くはなかった。[109] ゲッベルスはそもそもヒトラーに傾倒していた。「この男は誰だ? 半ば人にして半ば神! 本当にキリストなのか、それとも〔バプティスマの〕ヨハネにすぎないのか」。『わが闘争』第一巻を読了した後、ゲッベルスは一九二五年一〇月の日記にそう記した。[110] 二、三週間後には「この人物は王となるために必要な全てを備えている。生来の護民官だ。未来の独裁者だ。[…]私は彼をどれだけ敬愛していることか」とも書いた。[111] 活動共同体の他のメンバーと同じく、ゲッベルスもエッサー一派の手中からヒトラーを解放したいと考えていただけだった。[112]バンベルクは痛打だった。しかし、ヒトラーへの信頼は損なわれはしても、失われはしなかった。それを回復するにはヒトラーがちょっと合図を送ってやればよかった。そして合図はほどなく来た。

一九二六年三月半ばにゲッベルスはニュルンベルクで長時間話をした後、シュトライヒャーと和解した。[113]同月末、ゲッベルスは話があるとしてヒトラーから手紙で四月八日にミュンヒェンに招待された。[114]ヒトラーはミュンヒェン駅に車を回してゲッベルスを迎え、ホテルに向かった。「なんと丁重な歓迎だろう」とゲッベルスは日記に記している。[115]ヒトラーは翌日も車を回して、ミュンヒェンから数キロメートル離れたシュタルンベルク湖にゲッベルスを案内した。夕方、ビュルガーブロイケラーで演説したゲッベルスは明らかに本来の急進的な社会主義の主張を弱めており、演説が終わるとヒトラーは涙を流しながらゲッベルスを抱擁した。北ドイツの同志カウフマンとプフェファーはさほど感銘を受けなかった。それまでミュンヒェンに対立する論陣を張っていたゲッベルスが突然翻意したことに失望し、二人はゲッベルスに「くだらない」演説だったと言った。[116]翌朝、ゲッベルスは党本部に案内された。ゲッベルス、カウフマン、プフェファーの三名はヒトラーの部屋に通され、そこで活動共同体とルール大管区をめぐる行動を叱責された。しかしヒトラーはすぐにすべてを水に流そうと言いだした。「最後には結束できた」とゲッベルスは綴っている。「ヒトラーは偉大だ。ヒトラーはわれら皆と心のこもった握手をしてくれた」。午後、ヒトラーはバンベルクで扱った問題について改めて三時間話をした。あの時、ゲッベルスはひどく失望したのだが、今回は「素晴らしい」と感じた。「私は彼を敬愛している。[…]彼は全てのことを考え抜いたのだ。[…]どこをとっても立派な男だ。あれほどのきらめきを放つ知性をもった人物であれば指導者として仰げる。私は偉大なる人物に、政治的天才に従おう」[117]。

ゲッベルスは完全に転向した。数日後、今度はシュトゥットガルトでゲッベルスは再びヒトラーに会った。「彼は私のことをほかの誰よりも温かく受け入れてくれる。[…]アドルフ・ヒトラー。私はあなたを敬愛する。あなたは偉大でありながら素朴だからだ。それを人は天才と呼ぶのだ」とゲッベルスは記した。[118]同年末、ヒトラーはゲッベルスをベルリン大管区長に任命した。首都ベルリンへの進出の鍵を握る重要な役職である。[119]ゲッベルスはヒトラーに忠実だった。防空壕で過ごした最後の日々にいたるまで、「父のように」敬愛していると述べ、ヒトラーに従った。[120]

バンベルクの会合はナチ党の発展の歴史における一里塚だった。活動共同体はヒトラーの指導的地位に逆らおうとしたわけではなかった。しかし、シュトラッサーが綱領草案を起草したからには衝突は避けられなかった。党は綱領に従うのか、指導者に従うのか。ナチズムとは何を意味するのかを決したのがバンベルクの会合だった。一九二四年に民族至上主義《フェルキッシュ》運動が分裂したときとは異なり、党がイデオロギーをめぐって分裂することにはならなかった。つまり、二〇年の二五項目の綱領で十分だということである。「このままにしておこう［…］。新約聖書は矛盾だらけだが、キリスト教の普及には差し支えなかった」とヒトラーは言ったと伝えられる。[121] 問題は実現可能性ではなく象徴としての重要性だった。政策を詳細に規定しようとすれば、内部で意見対立が続くことになるだけでなく、ヒトラー自身が綱領に拘束されることになっただろう。それはつまり、議論の流れ次第で変わりうる抽象的なイデオロギーにヒトラーが従属するということだった。しかし実際には、運動全体を統率する指導者としてのヒトラーの地位はいまや侵すべからざるものとなった。

バンベルクでは、外交的には反ロシアでいくというイデオロギー上重要な点も再確認され、それとは異なる北ドイツ勢力のアプローチは否定された。「理念」と指導者《フューラー》は切り離せないものになった。ここでいう「理念」とは一連の遠い目標であり、未来の使命だった。そこにいたる唯一の道は権力獲得だった。そのためには最大限に柔軟である必要があった。今後、その道筋をふさぐようなイデオロギー上、組織上の対立は許されないとされた。狂信的な意志の力を組織化された大衆の力へと変えていく必要があった。そのために指導者には行動の自由が必要であり、支持者は全面的に服従する必要があった。そのため、バンベルクの会合後には、新しいタイプの政治組織が発展した。つまり、ナチズムの「理念」を自らのうちに体現して党に君臨する指導者《フューラー》の意志に、構成員が服従する政治組織だった。[122]

六五七名の党員が参加した一九二六年五月二二日の党員総会までに、[123] ヒトラーの指導的地位は過剰なまでに強化された。ヒトラーは、党員総会は社団法人としての法的規定を満たすためだけに召集されるものであり、何の価値もないと露骨に認めていた。ヒトラーが重視したのはヴァイマルでの来るべき党大会だった。ここで新たな結束を視覚的に誇示しようというのである。[124] 再建以降の党の活動に関する「報告」を終えたヒトラーは満場一致で党首に「再選」された。[125] 党の運営はヒトラーに近しい者が今後も掌握することになった。[126] 党規約は若干改正された。二〇年の制定以来、五回の改正が加えられたことになるが、これが最終形態となった。この規約によってヒトラーは党組織を確実に統制できるようになった。最も重要な部下である大管区長の任命権はヒトラーの手に握られた。この規約は、事実上、ナチ党が指導者政党となったことを反映していた[127]。新綱領をめぐる活動共同体との摩擦を踏まえて考えれば、二〇年二月二四日の二五項目が再確認されたことはとくに重要だった。「この綱領は不変である」と党規約は明確に定めた[128]。

数週間後にあたる一九二六年七月三日から四日にかけてヴァイマルで開催された党大会では、公衆の面前でヒトラーが演説することについても許可が下り、指導者の下での団結が意識的に演出された。党大会は「われらが運動の若き力を大いに喧伝する」ためのものと位置づけられた。期待されていたのは、「運動が内的な健全さを取り戻したことを視覚的に示すための［…］規律化された力のイメージ」だった。二四年の出来事が警告として引き合いに出され、不和の原因になりうるものはすべて避けるべきだとされた。実質的内容は特別に設置される委員会に任された。議論は最小限しか行われないことになった。各委員会の委員長が決断の責任を負い、ただしヒトラーはそれに対して拒否権をもつとされた[129]。それ以外に党大会で行われたのは、演説、式典、行進だった。三六〇〇名の突撃隊員と一一六名の親衛隊員を含めて推定七〇〇〇～八〇〇〇人が参加したとされる[130]。そもそもはヒトラーの個人的な護衛部隊アドルフ・ヒトラー特別小隊から始まり、二五年四月に創設された親衛隊（SS）が公衆の面前に姿を現したのはこのときが初めてだった[131]。新設のエリート部隊にヒトラーが重きを置いている印として、やはり初めて披露され、親衛隊に手渡されたのが、二三年に将軍廟への行進を先導した「血の旗」だった。参加した親衛隊員はヒトラーに個人的忠誠を誓った[132]。演説を終えた党首ヒトラーは代表団から熱烈な歓迎を受けた[133]。「深く、神秘的だ。まるで福音のようだ。［…］われらにこの男を与えたもうた運命に感謝」とゲッベルスは記した[134]。

ナチ党は一揆のときと比べるとまだはるかに小さかった[135]。国政全体のなかでは、取るに足らないものでしかなかった。外から見れば、発展の見込みはないものと思われた。しかし内部では危機の時期は過ぎた。党は小規模とはいえ、一揆前と比べてよく組織化され、地理的にも拡大していた。統一と強さのイメージを得たことで、他の民族至上主義組織がナチ党と運命をともにしようとしだした[136]。なによりも、ナチ党は新しいタイプの政治組織に変わろうとしていた。指導者《フューラー》政党である。ヒトラーは運動を掌握するための基礎を固めた。この後、政治的にはいまだ弱小勢力とはいえ、ヒトラーはそれを完全に掌握していくことになる。

3

この時期、ヒトラーと定期的に顔を合わせていた者はほとんどいなかった。ヒトラーと常に接触していたのは、ヒトラーの家族代わりともいえるボディガード、運転手、秘書など、ヒトラーの信を得ているミュンヒェンの忠実な取り巻き連中くらいのものだった。雑用係ユリウス・シャウプ、秘書ルドルフ・ヘスなど数名はヒトラーと同じく一揆での行動が罪に問われてランツベルクに収監された。この「護衛」がヒトラーに付き添ってその身を守り、増えつつあった面会を望む人びとに対して盾となった。ヒトラーに会うのは難しかった。[137] ミュンヒェンで党運営に携わる者でさえ、ヒトラーとのあいだで何か問題を解決しようとすると数日待たされることもしばしばだった。運動に中心的に関わっている者でも何週間もヒトラーに会えないことがあった。[138] 公の場に出るときでさえ、ヒトラーにはおいそれとは近づけなかった。演説前にはヒトラーは自室に籠っていた。そして会場が満員になったとの報告を受けて、おもむろに出て行くのである。ミュンヒェンから離れた地域では、演説が終わるとヒトラーは即座にホテルに戻った。インタビューの予定が事前に組まれていれば、ジャーナリストは二、三分であればヒトラーに会うことが許された。しかしほかに面会を許可される者はまずいなかった。[139]

ヒトラー自身も口にしていた「使命」感、「偉大さ」という英雄的自己イメージのためにも、支持者がヒトラーの身に纏わせつつあったオーラのためにも、配下の者たちが繰り広げる陰謀や争いから超然と距離をとるためにも、ヒトラーは孤高を保つ必要があった。[140] それに加えて、ヒトラーが運動の重要メンバーにさえ意図的に距離を置いたのは、同席を許された者、舞台芸術のように演出された大衆集会や大会でヒトラーに出会った者の畏敬と称賛の念を強めるための計算づくの行動だった。これはヒトラーの神秘性を強めた。ヒトラーを知る者にとってさえ、ヒトラーの人となりは理解しがたかった。[141] 己の神秘性と魅力をヒトラーは自ら望んで高めようとしていた。

ヒトラーは完璧な俳優だった。舞台のように演出された場では確実にそうだった。満員の会場に遅れて登場する、演説の構成に神経を使う、生き生きした言い回しを選ぶ、身振り手振りを使うなどである。[142] 持って生まれた弁舌の才を生かして演技力にはますます磨きがかかった。緊張を高めるために最初に一呼吸置く、低い声でためらいがちに始める、緩急をつけて口調を変えながら、心地よいとはいわないまでも生き生きと表情豊かに話していき、スタッカートをつけるかのように勢いよく文を繰り出し、続いて重要ポイントを強調するためにタイミングよくラレンタンドしてテンポを緩め、演説がクレシェンドして盛り上がってきたら舞台効果満点に身ぶり手ぶりを使い、敵対者は機知に富んだ風刺でやっつける。これらすべては、最大の効果を上げるために生み出された工夫だった。一九二六年のヴァイマル、二七年、二九年のニュルンベルクでの党大会のために細部まで細心の注意を払って準備したように、いかに効果的、印象的に話すかが常にヒトラーの念頭にあった。服装も場にふさわしいものが選ばれた。党の大きな集会や大会で党員や支持者の前に立つときには、淡褐色の制服に鍵十字の腕章をし、右肩から斜めに吊りバンドのついたベルトを締め、膝まである皮ブーツを履いた。広く一般の人びとを対象にそれほど好戦的でない、もっと「まともな」外見が適切と思われるときには、暗色のスーツに白いワイシャツを着てネクタイを締めた。

しかし、芝居をするのはそうしたときだけではなかった。ヒトラーと顔を合わせつつも批判的に距離をとっていた者は、ヒトラーがほとんどの時間は演技をしていることに気づいた。ヒトラーは求めに応じて演じ分けた。「優しそうに会話して婦人の手に口づけることもあれば、子どもにチョコレートをやる親しみやすい小父さんでもあれば、農民や労働者の節だらけの右手を握る素朴な大衆の味方にもなれた」[143]。ヒトラーは、自分が酷評し、馬鹿にしている者に対しても公の場では見事に友好的に振る舞ってみせた。芝居、偽善ともいえるが、ヒトラーはただ単に他人の行動を冷徹に操っただけでもなければ、自らの「世界観」の中核的内容を信じていなかったわけでもなかった。むしろ熱烈に信じていたことこそが、その傲慢な性格とあいまって、ヒトラーのメッセージに惹きつけられる人びとに確信を抱かせたのだった。しかし、元ハンブルク大管区長アルベルト・クレープスのような鋭敏で批判的な者の目には、大衆を惑わすヒトラーの能力は「きわめて意識的な」操作の上に成り立つものと映った。それは冷静な計算であり、そこには「共感も誠意もない」[144]。クレープスは、「仮面をつけて本心を隠していたことを忘れてはならない。そのせいでヒトラーという人間の本質はひどくつかみにくかった」とまとめた[145]。

教養ある知的な人びとも含めて、多くの人びとがヒトラーの特異な人格的特徴に抗いがたく魅かれた。その魅力が演技力の賜物だったことには疑いの余地がない[146]。ヒトラーが魅力的で、機知に富み、愉快な人物として振る舞うこともできたことは多くの証言によって裏づけられている。とくに女性に対してはそうだった。しかし、それはほとんどいつも、効果を狙って演出された演劇のようなものだった。ヒトラーの激情や、制御不能かと思わせるほどの怒りについても同じことがいえるだろう。それはえてして作為的だった。ヒトラーが一般党員に会うときに時々した固い握手、「男同士の」目配せは、畏《かしこ》まった一般党員にとって忘れられない瞬間となった。だが、ヒトラーにとってはそれは演技でしかなかった。個人崇拝を補強し、運動を強固にし、指導者《フューラー》と追随者を結び合わせるためのものにすぎなかった。実際、ヒトラーは信奉者に人間的関心をほとんど抱いていなかった[147]。一九二八年には主要な支持者のなかにさえ「人間軽視」としてヒトラーを非難する者が出た[148]。ヒトラーの自己中心主義は肥大化していった。喧伝された「父性」イメージは、中身のない空虚さを覆い隠すためのものだった。役に立たない限り、ヒトラーは他人に興味をもたなかった。

「喫茶店での長広舌、情緒不安定、党の指導権をめぐって競合する相手に抱く反感、秩序だった作業に対してもつ嫌悪感、狂信的な憎しみの爆発」をハンフシュテングルは性的欠陥の表われと見ていた[149]。これは当て推量でしかない。しかし、ヒトラーの女性との関係は、実際、どことなく奇妙だった。その理由は憶測することしかできない。ただ、ヒトラーは女性相手でも演技することが多かった。ある時、ヒトラーはプッツィ・ハンフシュテングルがしばらく部屋を離れたのをよいことに、その妻ヘレーナの前にひざまずき、自分は彼女の奴隷だ、しかしめぐり会うのが遅すぎたとして運命を嘆いてみせたことがあった。ヘレーナがこの事件について話して聞かせたとき、ハンフシュテングルは、ヒトラーは時々感傷的な吟遊詩人の役を演じたくなるのだろうと言っただけだった[150]。

　ヒトラーの外見は一揆前とほとんど変わらなかった[151]。演壇を離れれば、目を引くような外見ではなかった[152]。表情は厳しくなった。しかし、ハンフシュテングルに言った通り、演説を再開するとランツベルクで増えた体重はすぐに元に戻った[153]。二キログラム以上も体重が落ちたのは大演説で汗をかくせいだとヒトラーは考えた。そのため講演用の書見台の横にはミネラルウォーターが二〇本も置かれたとヒトラーの側近は主張する[154]。服装は洗練されているとはいいがたかった。ヒトラーは今でもシンプルな青いスーツをよく着ていた[155]。トリルビー帽、明るい色のレインコート、皮ズボンに乗馬鞭といういでたちのヒトラーがボディガードに守られ、一九二五年初頭に購入した六人乗りの黒いメルセデスのオープンカーで乗りつけるときなどは、まさに風変わりなギャングのようだった[156]。くつろぐ時にはバイエルンの伝統的な皮製半ズボンを好んだ[157]。しかし収監中でさえネクタイをせずに人と会うことは好まず[158]、夏の暑い盛りでも水着で人前に出ようとはしなかった。ムッソリーニは男性的なスポーツマンというイメージを楽しんで演出したが、ヒトラーはきちんとした服装以外の姿を見られるのには抵抗があった[159]。小市民的な礼儀作法や潔癖さの問題というよりは、イメージを何よりも大切にしなければならないためだった。恥をかきかねないこと、馬鹿にされるようなことは何としても避けなければならなかった。

　一揆前と同じく、ヒトラーが「上層」階級に有益な人脈を築く手助けをしたのはブルックマン夫妻だった。ビアホールとは違い、批判的で、粗雑なスローガンや感情論には左右されにくい聴衆にヒトラーは慣れなければならなかった[160]。しかし本質的にはほとんど違いはなかった。

ヒトラーが安心していられたのは会話の中心にいるときだけだった。その長広舌は中途半端な知識をごまかすためのものだった。頭の回転が速く、痛烈で破壊的なまでに機知に富んでいたことに疑いはない。ヒトラーは相手に対して瞬時に、しかも往々にして痛烈な判断を下した。支配的な存在感、（よく歪曲されてはいたが）細かな事実についての異様なほどの記憶力、イデオロギー的確信に立脚した（異論を許容しない）絶対の信念は、ヒトラーの特異な資質をすでに信じかけている者には強い印象を与えた。しかし、知識ある者が批判的に距離を保って見れば、その粗雑な議論はすぐに底が知れるようなものでしかなかった。[161]ヒトラーは驚くほど傲慢だった。外国語を習って外国旅行をするように勧められたヒトラーがハンフシュテングルに、「そんなことをしたところで何か新しく学ぶことなんてあるものかね」と聞いたこともあったという。[162]

　一九二六年六月半ば、ヴァイマルでの党大会の直後、ヒトラーは側近を連れてミュンヒェンを離れ、オーバーザルツベルクで休暇をとった。[163]ベルヒテスガーデンからオーストリアとの国境にあたる山岳地帯に上がっていくと、（バルバロッサが眠るという伝説のある）ウンテルスベルク山塊、クナイフェルシュピッツェ山、最高峰ヴァッツマンが連なっている。ヒトラーはこの人里離れた美しい場所で過ごした。息をのむような景観だった。二二年から二三年にかけての冬に「ヴォルフ」と名乗ってこの地にエッカートを訪れた際、ヒトラーはその雄大な景観に心を奪われた。ヒトラーが逗留したモーリッツ荘のオーナーであるビュヒナー夫妻は、運動の初期からの支持者だった。ヒトラーは夫妻を気に入っており、ミュンヒェンでは実現しようもないが、この山岳地帯で隠遁するかのように過ごすのを楽しんだ。『わが闘争』第二巻の口述筆記のために安らぎと静けさがほしかったのでそこを訪れたと後にヒトラーは語っている。[164]行けるときにはいつもヒトラーはオーバーザルツベルクに足を向けた。

　しばらくしてヒトラーは北ドイツの実業家の未亡人が所有するアルプスのヴァッヘンフェルト山荘が借り手を探していることを知った。旧姓ヴァッヘンフェルトというその未亡人は党員だった。ヒトラーは月額一〇〇マルクという好条件で借り受けた。間もなくヒトラーがその山荘を買うことになった。購入できたのは、当時、この未亡人が金銭的に困っていたためだった。[165]ヒトラーはこうして夏の別荘を手に入れた。ヒトラーはこの「魔の山」から眼下の世界を睥睨した。[166]第三帝国期には、ヴァッヘンフェルト山荘は巨額の国費を投入してベルクホーフの名で知られる巨大な複合施設に改築された。ベルクホーフは近代的独裁者にふさわしい宮殿になり、政府の業務を進めるために国家元首たるヒトラーと連絡をとろうとする大臣が毎年近くに居を構えなければならなかったせいで、政府の第二の拠点ともなった[167]。しかしそこにいたる前、一九二八年の貸別荘ヴァッヘンフェルト山荘にいったん話を戻そう。疎遠だったことを考えると驚きだが、ヒトラーはウィーンに住む異母姉アンゲラ・ラウバルに電話し、家事の切り盛りを頼んだ。アンゲラは承知し、名前が同じで皆からはゲリと呼ばれる、元気で魅力的な二〇歳の娘を連れてすぐにやって来た[168]。三年後、ゲリはヒトラーのミュンヒェンのアパートで死体で発見されることになる。

さて、一九二六年にはビュヒナー夫妻はモーリッツ荘を売り払ってその地を離れた。ヒトラーはザクセン出身のドレッセルという新しいオーナーが気に入らず、ベヒシュタイン夫妻に合流しないかと誘われてマリーネハイムに移った。ヒトラーはそこの退屈な雰囲気を楽しめずに、さらに下ってベルヒテスガーデンまで降り、二六年の夏はドイチェス・ハウスというホテルで『わが闘争』第二巻を仕上げると、取り巻きとくつろいで過ごした[169]。ヘス、運転手エミール・モーリス、ホフマンらが一緒だった。グレゴア・シュトラッサー、北ハノーファー大管区長ベルンハルト・ルスト（後の文相）らも顔を揃えた。ベルヒテスガーデンですでに休暇に入っていたゲッベルスも合流し、山間をドライブし、ボート遊びのためにケーニヒ湖まで下った。いつものことながら、彼らは「社会問題」、「人種問題」、政治革命の意義、国家をいかに掌握するか、未来の建築の姿、ドイツの新憲法についてヒトラーの長広舌を延々と聞かされた。ゲッベルスは興奮して、「彼は天才だ［…］。神聖なる運命の想像的な楽器だ。［…］深い苦悩のなかで星が輝く！　私はすっかり彼にとらわれてしまった。私の内にあった最後の疑いも消え去った」とほとばしるように書いた[170]。

一九二六年初秋、ベルヒテスガーデンのドイチェス・ハウスに引き続き逗留している間にヒトラーはマリア・ライターと出会った。彼女は友人からはミミと呼ばれていた。ヒトラーはミミ、ミミライン、ミッツィ、ミッツァールなど思いつくままに呼んだ。「私の可愛い子」と呼ぶこともあった。ヒトラーは三七歳、ミミは一六歳だった。父親と同じで、ヒトラーは自分よりもはるかに若い女性を好んだ。自分が支配でき、従順な玩具にはなっても邪魔にはならないような娘たちばかりである。最も親密な関係を結んだ女性はゲリ・ラウバル（一九歳年少）とエファ・ブラウン（二三歳年少）だった。ゲリはやがて反抗し、ヒトラーが許容できないほどの自由を望むようになるが、それまでは二人ともまさにこのタイプだった。ヒトラーがミミに出会ったのはこの二人との関係が生じる前の話である。

ヒトラーに出会う二週間ほど前、ミミの母親が癌で亡くなった。母親の闘病中、社会民主党ベルヒテスガーデン支部創設メンバーのひとりである父親は、カトリックの巡礼地アルトエッティングで修道女が運営する全寮制の学校からミミを連れ戻し、ヒトラーが逗留していたドイチェス・ハウスの一階にある家業の洋服屋を手伝わせることにした。ある日、ミミが妹アンニと近くの遊歩公園のベンチに腰掛けて飼犬のジャーマンシェパードのマルコと遊んでいたときにヒトラーが自己紹介をしてきたのだが、このときには、有名なアドルフ・ヒトラーがホテルに逗留していることはミミはすでに聞き知っていた。

ヒトラーはすぐにミミにちょっかいを出しはじめた。ミミとアンニはヒトラーが演説するホテルでの会合に招待された。(17) ヒトラーはミミに、気に入りのニックネームである「ヴォルフ」と呼ぶように言い、口の堅いモーリスに運転させてメルセデスでドライブに連れ出した。ヒトラーはこの魅力的な金髪の若い娘の虜になった。彼女は初心で若く魅力的であり、異性の気を引こうとするそぶりが見え、ヒトラーの言うことに一心に耳を傾けた。ヒトラーはミミを誉めそやし、ミミの愛情を弄んだ。ミミは母親の死の直後で気持ちが乱れていたのかもしれない。権力と名声のオーラを身に纏う人物に口説かれているという思いも働いていただろう。ミミはヒトラーを立派な人物だと思っていた。印象的だったのは、膝まであるブーツと鞭というその服装だった。ヒトラーは自分の飼犬であるプリンツという名のジャーマンシェパードがミミの飼犬に喧嘩をしかけようとしたときにそれを打ち据えて服従させた。ミミがヒトラーに畏敬の念を抱き、完全にのぼせあがったのは明らかである。戦後長らくたってからミミ本人が話したことには、ベルヒテスガーデンの近くの田園地帯に行った折、ヒトラーはミミを人里離れた森のなかの空き地に誘い、木の前に立たせて離れたところから彼女に見惚れ、「森の妖精」と呼んで情熱的にキスをした。ヒトラーはミミに不朽の愛を誓った。その直後、ヒトラーは去り、ミュンヒェンで政治、会合、演説に明け暮れる忙しい日常に戻った。ヒトラーはクリスマスにミミに革装の『わが闘争』を贈った。ミミはヒトラーに自分で刺繍したソファークッションを二つ贈った。

しかしそれでは足りなかった。ミミが夢見たのは結婚だった。ヒトラーはそんなことはおよそ考えてもいなかった。ミミ自身の話によれば、ミミは翌年、絶望のあまり首を吊ろうとしたが、義理の兄弟が発見して無事に助け出したとのことである。ミミは、一九三一年にミュンヒェンのヒトラーのアパートを訪ねて一夜を過ごしたことがあり、恋人にしっかりと抱きしめられ、「何もかもなるに任せた」という証言もしている。しかし、まさにこの時期、ヒトラーが誰よりも心を傾けていたのは別の女性だった。ゲリ・ラウバルである。ゲリがヒトラーのアパートに住んでいた三一年前半のことであるにせよ、ゲリの死によるスキャンダルがミュンヒェン中を騒がせた年末のことであるにせよ、当時、ミミがヒトラーのアパートでヒトラーと寝たというこの話は信じがたい。このことだけをとっても、ミミが後に語ったことの多くは、恋する若い乙女の半ば空想の産物ではないかという疑いが生じる。ミミは、二回結婚を繰り返したがヒトラーへの思慕の情を失うことはなく、レオンディングにあるヒトラーの母親の墓参りによく行っていた[172]。

ミミはヒトラーに愛情のこもった手紙を何通も書いた。ヒトラーからミミへの手紙（本人の手になるものであることは間違いない）も愛情はこもっているが、むしろ父親のような、子ども扱いするような優しさが見える。一九二七年二月八日にヒトラーがミミに送った返信は、クッションとおぼしきミミからの贈物への遅ればせながらの礼であり、「私の可愛い子」という呼びかけから始まっていた。

> 君の私への優しい友情の印を受け取って本当に嬉しかったよ。私のアパートに置いて、これ以上に嬉しいものはない。これを見ていつも君のこましゃくれた顔と君の目を思い出している。［…］君自身の悩みについては、私は君の気持をよく分かっていると思ってくれていい。だが、君は悲しみに項垂《うなだ》れずに、自分の目で見て、信じなければね。父親というものは年をとっているせいだけではなくて、感覚が古くなっているせいで子どもを理解できなくなってしまうことがあるが、いつも子どもに善かれとばかり思っているのだよ。君の愛が私を幸せにしてくれるのと同じくらい切にお願いするから、お父さんの言うことを聞いてくれるね。いつも君のことを考えているヴォルフより私の宝物へ[173]。

ミミは、ドイツの偉大な指導者が一九二六年晩夏に自分に恋をしたと思っていた。ヒトラーにとってミミは恋の相手としては魅力的だったが、あくまでも一時の気晴らしに過ぎなかった。

一九二六年にオーバーザルツベルクで『わが闘争』の最終章を執筆していた間、すでに見たように、ヒトラーは外交政策、なかでも東方での領土獲得という考えを確立した。この考えはとくに、一九二〇年代半ばのヒトラーの演説や著作の中心になった。

しかしそれとは別に、ヒトラーは、聴衆に合わせて演説することにも長けていた。数カ月前に行ったある重要な演説でもヒトラーはその能力を示した。有名なハンブルク・ナショナル倶楽部から、二六年二月二八日に高級ホテルであるホテル・アトランティックで会員向けに演説してほしいとの招待を受けたときの話である。党に財政援助と有力な支援者を得たいと思っていたヒトラーは、この招待を喜んで受けた。ここの聴衆はいつもとは勝手が違った。ここでヒトラーが相手にしたのは、将校、官吏、弁護士、実業家らを中心に四〇〇～四五〇名ほどのハンブルク上流市民層の会員を抱える富裕層向けのクラブだった[174]。

ヒトラーはミュンヒェンのビアホールとは全く違う調子で話した。二時間の講演のあいだ、ヒトラーはユダヤ人には一言も触れなかった。反ユダヤ主義を粗野にがなり立てればクローネサーカスの大衆は興奮するかもしれないが、ここの聴衆には逆効果だとヒトラーは弁《わきま》えていた。

その代わりに強調したのは、ドイツの回復にはマルクス主義の撲滅が必須だということだった。「マルクス主義」という言葉でヒトラーが言わんとしていたのは単にドイツ共産党だけではなかった。ドイツ共産党は一九二四年一二月に行われた先の国会選挙でわずか九パーセントしか得票できず、二三年と比べて党員数も大きく減らしていた[175]。したがって、「マルクス主義」という言葉は、ドイツ共産党だけでなく、ソヴィエト共産主義への恐怖をあおるものとして機能した。ソヴィエト共産主義が革命によって権力を掌握してからまだ一〇年足らずであり、革命後の内戦の残虐さが無数の右翼の出版物のなかで派手に言い立てられていた。「マルクス主義」にはさらに広い含意もあった。ヒトラーはこの概念に自らが唱える「国民」社会主義以外のありとあらゆる社会主義を含め、とりわけ社会民主党と労働組合を攻撃するために用いた。ドイツ最大の政治政党だった社会民主党は、実際には、支持者のなかには不満もあったとはいえ、その理論的淵源であるマルクス主義からは大きく立場を変え、一八年から一九年にかけて成立させた自由民主主義を熱心に守ろうとしていた。社会民主党が「マルクス主義」的な終末を引き起こす危険はなかった。しかし、ヒトラーはすでにはるか以前から、革命に続き共和国を成立させた人びとに「一一月の犯罪者」という汚名を着せつづけてきていた。「マルクス主義」は、したがって、ヴァイマル民主制を中傷するには都合のよい表現であり、様々な目的のために修辞的に用いることができた。ハンブルクの富裕な市民層にとって、反マルクス主義を中核としてヒトラーが左翼勢力に加える攻撃は心地よいものだった。

ヒトラーはこれを単純な公式にまとめあげた。マルクス主義の「世界観」が「根絶」されない限りドイツの復活はないというものである。したがって、ナチズム運動の使命も単純だった。「マルクス主義的世界観の粉砕と殲滅」である[176]。

テロにはテロで応えるしかない。市民層だけではボリシェヴィズムの脅威に打ち克つことはできない。マルクス主義と同じだけ寛容でない大衆運動が必要なのだ。大衆の支持を勝ち得るための前提は二つある。第一の前提は、大衆の社会的関心を摑むことである。しかしこれを聞いて聴衆が、これは裏口からマルクス主義を呼び込もうとするものだと考えそうになると、社会立法は「自立的経済をあくまでも保持しつつ、その枠内で個人の福祉の増進」を保障するものだ、と主張してヒトラーは急いで彼らを安心させるのだった。「われわれは皆労働者だ」とヒトラーは言った。「目的は賃金の上昇ではなく生産の増大だ。それが個々人を利することになるためだ」。ヒトラーの今回の聴衆はこうした意見には反対しない人びとだった。

第二の前提は、「不変の綱領、揺るぎない政治的信念を大衆に与える」ことだった。ブルジョア政党の普通の綱領、声明、哲学では大衆の支持を勝ち得ることはできない。大衆に対するヒトラーの考えは単純明快だった。「大衆とは女性的なものだ［…］。考え方は偏り、徹底的に『二者択一』である」。大衆はただひとつの見方しかとろうとしない。ヒトラーのジェンダーの比喩はここで混乱をきたし、通常、男性的とされる性質も挙がりはじめる。大衆はそうと決めたらあらゆる手段を用いて「暴力も辞さない」[177]。大衆は自らの強さを感じたいだけなのだ。[178]ベルリンのルストガルテンに二〇万人の群衆が集まれば、自分のことは「小さな虫けら」にしか思えず、暗示によって、周囲の人間がひとつの理想のために戦おうとしていることしか感じとれなくなる。[179]「大衆は何も見ず、愚かで、自分が何をしているのかも知らない」とヒトラーは主張した。[180]大衆の「考えは未熟である」。大衆にとって「理解」は「不安定な基盤」にしかならない。「安定的なのは感情、すなわち憎しみである」[181]。ドイツが抱える問題の解決策として、非寛容、力、憎しみを説けば説くほど、聴衆はそれに賛同するようになった。こうした内容を話すあいだ、歓声や「ブラヴォー」の声でヒトラーの話は何度も中断された。最後には大喝采と「ハイル」の声が鳴りやまなくなった。[182]

暴力的反マルクス主義を通じた国民的再生を大衆の操作と教化によって実現する、というのがハンブルクの上流市民層に対するヒトラーのメッセージのすべてだった。ナショナリズムと反マルクス主義はナチだけにみられる特異な主張ではなく、イデオロギーと呼べるようなものでさえなかった。ハンブルクの聴衆に対するヒトラーのアプローチの特異な点は、理念ではなく、狂信的な意志、徹底的な冷酷さ、大衆の支持に立脚した国民運動の創出という発想にあった。この熱狂的な反応を見れば、ドイツで最もリベラルな都市のエリートでさえ、「マルクス主義者」に限定したテロに対してはほとんどもしくは全く抵抗感を示さなかったことが分かる。

「同類」のあいだに戻ればほぼ何ひとつ変わらなかった。演説の調子はハンブルクとはまるで違った。非公開の党集会や、一九二七年初頭に演説禁止が解除された後のミュンヒェンのビアホールやクローネサーカスでは、あいもかわらず凶暴でとどまるところを知らないユダヤ人攻撃が行われた。一揆前と同じく、演説という演説でヒトラーはユダヤ人を攻撃した。奇妙なことに、ユダヤ人は金融資本の黒幕であるとも、破壊的なマルクス主義ドクトリンで人びとを毒する存在であるともいわれた。[183]二五年から二六年にかけてはユダヤ人に対する攻撃が頻繁に、しかも大々的に行われたが、[184]続く二年間には最大の力点は反マルクス主義に移った。しかし理念の提示の仕方が多少変わっただけで、意味するところが変わったわけではなかった。ヒトラーがユダヤ人に向ける病的なまでの憎しみは変わらなかった。「ユダヤ人は世界の敵であり、その武器であるマルクス主義は人類にとってペストである」と、二七年二月のフェルキッシャー・ベオバハター紙の記事でヒトラーはまたしても断言した。[185]

一九二六年から二八年にかけては、「［生］空間問題」と「土地政策」への関心も強めていった。[186]すでに見たように、ロシアの犠牲のうえに成り立つ東方での「土地政策」という考えは遅くとも二二年にはヒトラーの頭のなかにあったが、書き言葉であれ話し言葉であれ、公にそれに触れたことは二六年末までは数えるほどしかなかった。たとえば、二五年一二月一六日の演説でヒトラーは、ドイツの抱える経済問題の最善の解決策として「土地の獲得」に言及し、中世の「剣による」東方の植民地化を暗にほのめかした。[187]二六年二月にはバンベルクで、東欧での植民地政策が必要だと述べた。[188]同年七月四日にヴァイマルで開催された党大会でも、演説の中心テーマとして再びこの問題を取り上げた。[189]しかし、『わが闘争』を書き上げ、東方の植民地化というテーマで締めくくったことで、この問題に一層意識が向くようになったのだろう。[190]二七年春に公共の場での演説が許可されると、「生空間《レーベンスラウム》」問題はしばしば言及されるようになり、夏以降には重要な演説では執拗なほど強調されるようになった。この考えは、演説という演説で多かれ少なかれ同じような言い回しで強調され、二八年夏に口述筆記された「第二の書」にまとめられることになった。他の経済的な選択肢が言及されるとすれば、それは否定するためだった。人口に比して土地が不足しているというドイツの問題は力によって克服するしかないとされた。中世の「東方植民」が称揚された。「剣による」征服あるのみだった。ロシアへの明示的な言及は少なかった。しかし、意味するところは明白だった。

正当化に使われたのは社会ダーウィニズム的で人種主義的な歴史理解だった。「政治とは民族の生存をかけた闘争にほかならない」。「強者が生き残るために弱者は滅びるというのが鉄の掟だ」とヒトラーは力説した。[191]民族の運命を決するのは三つの価値、すなわち「血もしくは人種としての価値」、「個人の価値」、「闘争本能」と「自己保存欲」である。「アーリア人種」として具現化されるこれらの価値が、「ユダヤ・マルクス主義」を構成する三つの「悪」、すなわち民主主義、平和主義、国際主義によって脅かされている、というのである。

人格と指導力というテーマも、一九二三年以前にはほとんど強調されることがなかったが、二〇年代半ばから後半にかけてヒトラーの演説や論考の中核を構成するようになった。ヒトラーいわく、民族はピラミッドを形成しており、その頂点に立つのが「偉大なる天才」だ、ということだった。[192]「指導者なき時代」に民族至上主義《フェルキッシュ》運動が混乱に陥った後、二五年から二六年にかけて統一の焦点として指導者が強く強調されるようになったのは当然の成り行きだった。二五年二月二七日の党再建の演説で、ヒトラーは、「道を違えた者たちをもう一度ひとつにまとめること」が指導者としての使命だと強調した。[193]指導者であるとは「モザイクの石」を集めるようなものだ、[194]指導者は「中心」であり「理念」の「守り手」である、[195]そのためには支持者による無条件の服従と忠誠が必要だ、とヒトラーは繰り返し強調した。[196]

指導者崇拝はこのように運動の統合メカニズムとして作り上げられた。一九二六年半ばまでにヒトラーの優位が確立すると、ヒトラーは、ドイツの戦いと来るべき再生に向けて指針となる力として、「個人としての価値」と「個人の偉大さ」をことあるごとに強調した。「英雄」としての地位をヒトラーが自ら要求することはなかった。そうするまでもなかったのだ。ヒトラーを崇拝する者が増え、大量のプロパガンダが展開されるに任せておけばよかった。ヒトラー自身にとって、「指導者崇拝」はプロパガンダの武器であり、同時に、信念の中核でもあった。ビスマルク、フリードリヒ大王、ルターが繰り返し言及され、ムッソリーニにもさりげなく言及されるなかで、ヒトラーの「偉大さ」は暗黙のうちに間違いようもなく強調された。二六年五月にはヒトラーは、（名前を出すことこそなかったが）ビスマルクに触れながら、「国民的な思想を一般大衆に伝えることが肝要だ。［…］巨人はこの任務を果たさねばならない」と述べた。鳴りやむことのない拍手喝采は、その意味するところが聴衆に伝わったことを示していた。[197]

ゲッベルスは一九二六年に「社会問題」に関するヒトラーの議論を聞いて一度ならず感激し、「常に斬新で、説得力がある」と評した。[198]実際のところは、ヒトラーの「社会思想」は単純で散漫であり、小手先のものにすぎなかった。ハンブルクのブルジョア聴衆に向けて語ったものがほぼすべてだった。つまり、労働者をナショナリズムに引き込み、マルクス主義を破壊し、人種の純粋さと闘争観念に立脚する漠然とした「民族共同体」を創出することでナショナリズムと社会主義の分裂を克服するというものだった。両者の融合は、ナショナリストの市民階層とマルクス主義の労働者階層（いずれもその政治的目的を果たしえなかった）のあいだの階級対立に終止符を打つことになるはずだった。階級対立が終わって闘争共同体が成立すれば、そこでナショナリズムと社会主義は統合され、「頭」と「拳」は和解し、マルクス主義の影響も失われて、来るべき民族の一大闘争のための新たな精神が築かれうると考えられた。こうした考えは新しくも独創的でもなかった。結局のところ、これは近代的な社会主義ではなく、一九世紀型のきわめて野蛮な帝国主義と社会ダーウィニズムに立脚したものにほかならなかった。[199]喧伝された「民族共同体」における社会福祉の目的は福祉にはなく、対外戦争、「剣による」征服に備えるためのものだった。

日常の問題には関心がない、とヒトラーは言いつづけた。ヒトラーが繰り返し示したのは、長期的目標に向けた不変の未来展望であり、その実現に向けて熱意ある献身が必要だとされた。その目標を実現するための踏み石として置かれたのは、政治闘争、その結果としての権力掌握、敵の破壊、民族の力の結集だった。しかし、それがどのように実現されるかについてははっきりしなかった。ヒトラー自身は具体策をもっていたわけではない。狂信的な「信念型の政治家」であるヒトラーは、成し遂げられるであろうという信念をもっていただけだった。それ以上に明確化しようと試みることはなかった。征服による「生空間」の獲得とは、いずれロシアを攻撃するという意味ではあったが、それ以上の正確な内容はなかった。ヒトラー自身は間違いなくそれを固く信じていた。しかし、一九二〇年代半ばの世界情勢のなかでドイツは二二年のラッパロ条約によってソ連と外交関係を取り結び、二五年のロカルノ条約によって欧米列強とも関係を改善し、国際連盟にも加盟したことを考えれば、ヒトラーの支持者の多くにとってさえ、こうしたスローガンは夢物語だったに違いない。

「ユダヤ人問題」についても、野蛮な批判は危険ではあったが具体的な政策提言ではなかった。ヒトラーが「ユダヤ人の一団を［…］祖国から［…］鉄製の箒で」[200]追い払おうと叫ぶとき、「ユダヤ人の排除」とは、合理的に考えればユダヤ人のドイツからの追放としか考えられなかった。しかし、一九二八年二月二四日に党綱領の制定八周年祝賀のためにミュンヒェンのホーフブロイハウスに集まった熱狂的支持者の熱烈な拍手喝采を受けて、ヒトラーが「ここではわれわれが主人だ」ということを「ユダヤ人」に見せつけなければならない、「行儀よくしていれば留まることもできようが、そうでなければ叩き出すまでだ」と言ったのを聞く限り、この目標でさえ明確とはいいがたかった。[201]

「ユダヤ人問題」、「［生］空間問題」、「社会問題」のいずれにおいても、ヒトラーは遠い未来のユートピアを未来展望として示したが、そこにいたる道を計画することはなかった。しかし、この「未来展望」のもつ論理的一貫性、単純さ、包括的な性格に敵うものを提示できる者はナチ党幹部にも民族至上主義の政治家にもいなかった。ヒトラーは「使命」、「信念」、「理念」といった言葉をよく使ったが、ヒトラーが強い確信を抱いていたことと、単純化した二項対立図式によって人を動員することにかけては他の追随を許さない才能をもっていたこととがあいまって、イデオローグでありながら宣伝屋であることの本領が発揮されることになった。

ヒトラーの有害な「世界観」を織りなすこうした様々な思想がいかなる相互関係にあったのかを知るためには、一九二八年夏のオーバーザルツベルク滞在中に大急ぎでアマンに口述筆記させた「第二の書」(外交政策に関する主張の改訂版だが、結局出版されなかった)を見るのが最も分かりやすい。[202] ヒトラーは、南ティロール政策をめぐる議論の白熱に触発されて本を書かねばならないと考えた。住民の多くがドイツ語を話す地域でムッソリーニ指導下のファシスト党がイタリア化政策を展開しようとしたことは、オーストリア、ドイツ、なかでもバイエルンのナショナリストのあいだで強い反イタリア感情を生んだ。ヒトラーはイタリアと同盟するためならば南ティロールに対するドイツの要求を放棄してもよいと考えたため、ドイツのナショナリストからは攻撃され、社会主義者からもムッソリーニに買収されたのではないかという批判を受けていた。[203] ヒトラーは『わが闘争』で南ティロール問題を取り上げ、二六年二月には第二巻に収められた該当箇所だけを別刷の小冊子として出版していた。[204] 二八年にこの問題が再燃した際、ヒトラーは自分の立場を詳細に説明する必要に迫られた。[205] ヒトラーがこの本の出版を取りやめたのは、おそらく財政上の問題だった。「第二の書」が、売れ行きの芳しくない『わが闘争』第二巻と競合することになってはよくないとアマンが助言したのかもしれない。[206] 南ティロール問題が緊急性を失い、ヤング案のような新しい問題が発生したにもかかわらず、内容を改訂する時間も意志もなかったため、出版は政治的に危険だと判断されたということもあっただろう。[207]

南ティロール問題を機に書かれたとはいえ、「第二の書」の内容はそれだけにとどまるものではなかった。外交政策と「生」空間問題に関するヒトラーの思想の概要について『わが闘争』以上に幅広く論及され、それがいつものように人種主義的な歴史解釈と結びつけられただけでなく、最後には、ヒトラーが「ユダヤ人支配」の危険と考えるものを破壊する必要性とも結びつけて論じられた。[208] ただし、「第二の書」では新しいことがいわれているわけでは一切ない。[209] すでに見たように、ヒトラーの「世界観」の核心は、一九二二年末にはすでに萌芽的ながら形をなし、二六年に『わが闘争』第二巻を書き上げたときには完成をみていた。南ティロール問題や米国の経済的台頭への関心も含めて、「第二の書」の中心となる思想は、二七年以降、演説や論考のなかで繰り返し取り上げられていた。「第二の書」の重要部分には、こうした演説の一節がほぼ一言一句違えずに再録されているところもある。

「第二の書」を口述筆記させるはるか以前から、ヒトラーは自らのイデオロギーに固執するようになっていた。[210] ヒトラーは、歴史とは人種間の闘争であるという「真実」、「生空間」を獲得してユダヤ人の力を永遠に根絶するというドイツの将来的使命を確信しており、それが自らを突き動かす重要な原動力となっていた。しかし、それがナチ党の支持拡大にどれほどの重要性をもったかとなると過大評価はできない。ナチ党が大衆政党へと成長を遂げたことは、ヒトラーの個人的な奥義としての「世界観」とは直接には関係がなかった。そこにはより複雑な過程が存在していたことを見なければならない。

4

一九二七年一月末、ドイツの有力州のなかでは初めて、ザクセン州でヒトラーの演説禁止が解かれた。三月五日、ヒトラーに演説を再開させよとの圧力にバイエルン州当局もついに屈した。つけられた条件のひとつは、バイエルン州での最初の演説はミュンヒェンで行ってはならないというものだった。[211] そのため、三月六日にバイエルンで二年ぶりに行われた演説の会場はミュンヒェンから離れたニーダーバイエルンの片田舎フィルスビーブルクだった。会場を三分の二ほど埋めた千人ほどの聴衆のほとんどは、演説を成功させるために他所から集められた党員や突撃隊員だった。[212]

その三日後、ヒトラーは一九二三年以来初めて、ミュンヒェンのクローネサーカスに戻ってきた。劇的な成功を演出するためにあらゆる手段が講じられた。収容人数七〇〇〇人の巨大な会場がほぼ満員になったところで、行進する突撃隊に先導され、随員を引き連れ、茶色のレインコートを羽織ったヒトラーが、ファンファーレの響くなかで登壇した。聴衆のほとんどは下層中産階級だったが、毛皮のコートに身を包む夫人を同伴した、見るからに裕福な層も混ざっていた。多くはウィンドブレーカーを着た若者だった。群衆はヒトラーの入場に熱狂して椅子に立ち上がり、手を振り、「ハイル」と叫んで足を踏み鳴らした。隊旗を揚げた約二〇〇名の突撃隊員がヒトラーの前を密集した隊列を組んで行進し、ファシスト式の敬礼を送った。ヒトラーも伸ばした腕を掲げて敬礼に答えた。演説はいつもどおりの陶酔したような拍手喝采を受けた。ヒトラーは何も目新しいことを口にしたわけではないが、聴衆はその言葉を「福音」と感じた。警察の報告作成者はさほど感銘を受けなかったようである。

この報告によれば、演説はだらだらと続き、繰り返しが多く、ありふれた言い回しと、粗雑な比較や安っぽい当てこすりだらけの非論理的な議論が満載だった。演劇まがいの大げさな身振りを多用するヒトラーの演説スタイルも気に入らなかったようである。報告作成者を驚かせたのは、二三年と同じような演説をすればするだけヒトラーが称賛されるという状況だった。拍手喝采は話の中身ではなく、弁士その人に向けられているように見えた。[213]

演説の切れ味が鈍かった原因の一端は、当局ともめそうな発言を避けようとヒトラーが極度に気を使っていたことにあった。演説に関するフェルキッシャー・ベオバハター紙の記事は驚くほど短かった。[214] 演説を書きとめた速記者がメモをなくしたせいだった。[215]

一九二七年三月末に行われたミュンヒェンでの次の大きな演説では、クローネサーカスには半分から四分の三ほどしか人が入らなかった。[216] 一週間後、四月六日には収容人数の五分の一にも満たない一五〇〇人しか聞きにこなかった。[217] ミュンヒェンでさえ、ヒトラーの神通力は通用しなくなっていた。ミュンヒェンの外では、ヒトラーが公の場に戻って来たことはほとんど騒がれなかった。「かつて党の牙城のひとつだったインゴルシュタットでは、ヒトラーが演説を再開したことはほとんど気にも留められていなかった。元支持者でさえ多くはそうだった」と報告されている。[218] バイエルン各地からの他の報告を見ても、精力的なプロパガンダのかいもなく、ナチ党にはほとんど関心が向けられていなかったことが分かる。党の会合の出席者はひどく少ないこともままあった。二八年一月のミュンヒェン警察の報告には、「ヒトラーが繰り返し主張しているナチズム運動の進展は、とくにバイエルンでは当てはまらない。実際のところ、運動への関心は農村部でもミュンヒェンでも著しく減少している。二六年には三〇〇〇～四〇〇〇名が参加していた支部会合には、今ではせいぜい六〇～八〇名が参加するだけである」とある。[219] 二七年八月一九日から二一日にかけて初めてニュルンベルクで開催された党大会でさえ、最大のプロパガンダ効果が得られるよう綿密に構成されたにもかかわらず、期待したほどに支持や関心を上向かせることはできなかった。[220]

ドイツ国内の他州の多くはザクセンやバイエルンにならい、ヒトラーに対して公衆の面前での演説禁止を解いた。最大州プロイセンとアンハルトでだけは一九二八年秋まで禁止措置が続行された。[221] ナチ党の脅威は去ったという当局の判断は正しいかに思われた。ヒトラーはもはや脅威とは思えなかった。

一九二〇年代半ばには政治情勢も前よりは落ち着き、ドイツの新しい民主制が安定の兆しを見せていた。しかしこの時期には、外からはさして進歩がないように見えても、ナチ党内部では重大な展開が生じていた。この変化を経たことで、ナチ党は二九年秋にドイツを見舞うことになる新たな経済危機に乗じることが可能になったのである。

最も重要な変化は、ナチ党が自覚的に「指導者運動」となり、イデオロギー的にも組織的にもヒトラー崇拝を中核とするにいたったことである。今から振り返れば、一九二四年の「指導者なき時期」と民族至上主義《フェルキッシュ》運動の内部抗争のなかで立場を明らかにすることを拒んだヒトラーの頑なさは、弱さから生まれたものでありながら絶大な効果を発揮した。綱領を改正しようとする者たちがバンベルクで敗北を喫したということは、すなわち、「理念」の体現者としてのヒトラー以外は見ようともしない、ヒトラー支持の連中が勝利したということだった。彼らにとって指導者から切り離された綱領など何の意味もなかった。二四年に明らかになったように、ヒトラーなくして統一はなく、したがってヒトラーなくして運動もないということだった。

党の一体性を保つために指導者崇拝が必要だということは、ヒトラーに対して批判的な距離を保ちつづけるグレゴア・シュトラッサーのような人物でさえ認めていた。指導者《フューラー》という存在に投影された党の一体性を外に対して示したのが、伸ばした腕を掲げて行う「ハイル・ヒトラー」という「ドイツ式挨拶」だった。このファシスト式敬礼は一九二三年以降に次第に使われるようになり、二六年からは運動内部で強制されるようになった。[222]「ハイル・ヒトラー」という挨拶は、指導者《フューラー》への個人的従属の象徴であるだけでなく、忠誠の誓いでもある、としてシュトラッサーは二七年一月に以下のように記した。運動の「大いなる秘密」は「ナチズム思想への献身、この解放と救済の教義のもつ圧倒的な強さへのいや増す信頼」が「新しい自由の闘士たちの輝かしい主である、われらが指導者《フューラー》への深い愛情」と結びついていることにあるのだ。「君主と家臣！［…］この古代ゲルマンの［…］貴族的でありながら民主的でもある指導者と仲間の関係にこそ、ナチ党の構造の本質がある。［…］友よ、右腕を掲げ、ともに叫ぼう。誇り高く、戦いを望み、死ぬまで忠誠心をもち、『ハイル・ヒトラー』と[223]」。

信奉するヒトラーに長年にわたりへつらい続けたヘスにとっては、指導者崇拝はただ単にその機能に意味があるだけでなく、深い信念であり、心理的に必要でさえあった。[224]後に外務省でリッベントロップの補佐官のひとりとなるヴァルター・ヘーヴルに宛てた書簡のなかで、ヘスはランツベルクに揃って収監されていた時期にヒトラーがすでに思い描いていた「指導者原理」に言及している。それは「下に対する無条件の権威と上に対する責任」というものだった。ヘスはこれを「ドイツ式民主主義」と呼び、[225]規律、統合、力というイメージの重要性を強調した。[226]最後にヘスは、「民族の偉大なる指導者」と

「宗教の教祖」を比較しつつ次のように書いている。その使命は、学者のように賛否両論を慎重に吟味することではない。違う判断にいたる自由を許すことでもない。「耳を傾ける者に本当の信仰を伝えなければならない。そうして初めて、支持する大衆に進むべき道が示されるのである。彼らは挫折に遭えば指導者に従うだろう。しかしそのためには、彼らは、自らの望みの完全なる正しさ、［…］指導者《フューラー》の使命、［…］民族の使命を無条件に信じていなければならない(227)」。

ヒトラー崇拝は党幹部によって意図的に作り上げられたものである。一九二六年、まさにこの年にヒトラーを崇拝しはじめたゲッベルスはある冊子のなかで、ドイツロマン主義とナチズム以前の青年運動を彷彿とさせるような神秘的な言葉遣いで、「指導者《フューラー》」ヒトラーは自分にとって、「神秘的な憧れの成就」であり、深い絶望のなかで信仰をもたらす者であり、「私たちの目を惹く流星」であり、「懐疑と絶望に満ちたこの世界に導きと信仰の奇跡」を起こす存在だと述べた(228)。プロパガンダの意図がどこにあったにせよ、こうした感傷は明らかに一般の党員には受けがよかった。ある退役軍人が指導者《フューラー》を崇拝するようになったのは二四年の法廷でのヒトラーの演説がきっかけだった。「それ以来、私はヒトラー以外は考えられなくなった。その振る舞いを見て、私は何の躊躇いもなくヒトラーを完全に信じてもよいと思った(229)」。二六年にボンでヒトラーの演説を聞いたある党員は、「よきドイツ人としての思い」に訴えかけられていると思った。「ドイツの魂がドイツ人に魂の言葉で語りかけている。その日から私のヒトラーに対する忠誠は揺るがない。ヒトラーが〔ドイツ〕民族を信じ、自由に解き放とうとしていることが私には分かる(230)」。亡命中のある元ロシア貴族も二六年にメクレンブルクでヒトラーの演説を聞いた。演説の内容は印象に残らなかったようである。しかし、彼は最後には感極まって泣きだした。「純粋な情熱を発散するがごとき叫びがすさまじい緊張を解放し、会場は拍手喝采に揺れた(231)」。

初期ナチズム運動に魅力を感じた人びとのあいだでは権威に従属しようとする精神性が広くみられた。ロマン主義者、新保守主義者、現在に絶望し、憤慨し、英雄的な未来を夢見つつ過去の神秘的な栄光に執着する者は、来たるべき「偉大な指導者」、国民の救い主に希望を見出した。そうした人びとが無意識に期待を寄せるのは、君主であったり、軍事指導者、政治家、聖職者であったり、単に父的な存在であったりした。しかしいずれにせよ、国民の統一を実現する権威を求める素朴な感情は、ヴァイマル期の政治と社会の明らかな分裂状況のなかでひどく強まり、ナショナリスト右翼に容易く利用されることになった。戦間期ヨーロッパにおいて、「強者への待望」は民主主義への攻撃としてはありふれていた。それが最も著しかったのがイタリアとドイツだったことを考えれば、この二つの民主主義国家がポピュリズムによる極めて深刻な政治的危機を経験することになったのは驚くにはあたらない。

指導者崇拝の確立はナチズム運動の展開において決定的だった。これがなければ、一九二四年のときのように運動は派閥争いによって分裂してしまっただろう。逆に、これがあったからこそ、最大の義務としてのヒトラーへの忠誠に訴えることで、まだ不安定な党内の統一も維持されえたのである。党幹部は個人的な感情よりも党内統一を優先しなければならなかった。二七年四月のハノーファーでの党大会でヒトラーに対する批判が出て、ルーデンドルフの方が「偉大」だとして論争になった際、党の重要な弁士のひとりであり副大管区長を務めるカール・ディンクラーゲは、「われわれハノーファー大管区はヒトラーに忠誠をもち従う。われわれがルーデンドルフとヒトラーのいずれをより偉大と考えるかなど瑣末なことだ。それは個々人が判断すればよいことだ」と記した。[232]同年六月にベルリン党支部が派閥に分裂して深刻な対立が生じたときにもこの「忠誠心」というカードが改めて切られることになった。この深刻な争いはゲッベルスが新たに創刊したアングリフ紙と、シュトラッサーが編集する売れ行きの芳しくないベルリン労働者新聞の競合に端を発していた。この争いは瞬く間に悪化して、かつて同志であったはずの二人のあいだで個人攻撃の応酬に発展し、ナチ党の政敵にいいように利用された。騒動は冬まで続いた。この騒ぎは、ヒトラーが対立する両者をミュンヒェンに呼び、満員のホーフブロイハウスで党内統一を演出してみせたことで終わりをみた。このときには、党内統一を支えるのは、「高尚で神聖な使命への信念」であると同時に、両名を共通の理念へと、そしてアドルフ・ヒトラーに体現される共通の指導者へと結びつける忠誠心だとされた。「理念の権威と指導者《フューラー》の権威」は「アドルフ・ヒトラーという人物においてひとつになる」と党員は言い聞かされた。[233]

運動内部で最も統制しがたい要素は突撃隊だった。それは一九三四年まで変わらなかった。しかしここでも、ヒトラーは自分自身に対する忠誠心を呼び起こすことで悩みの種を解消させた。二七年五月、ヒトラーは、士気が低く、突撃隊隊長プフェファー・フォン・ザロモンに対しても反抗的だったミュンヒェンの突撃隊員を前に熱のこもった演説をした。演説の終わりにヒトラーはいつもの手に出た。演壇から降り、すべての突撃隊員と握手し、改めて自分に対する個人的な忠誠を誓わせたのである。[234]

戦略をめぐる意見対立、派閥間の抗争、個人的なライヴァル関係。ナチ党はこのすべてに苦しんだ。イデオロギー的というよりは個人的、戦術的な理由による果てしない争いと敵意は、ヒトラー批判にいたる寸前で止まるのが常だった。ヒトラーはできうる限り介入を避けた。実際のところ、ヒトラーの社会ダーウィニズム的な闘争の発想からすると、ライヴァル関係や競合は、部下のなかで最も強い者は誰かを明らかにするものにすぎなかった。[235] 大衆動員によってひたすらに権力を追求すべき力が逸れ、派閥争いに向くような非生産的なことにならない限りは、ヒトラーは、党内に存在するイデオロギー上の立場の違いを調整しようともしなかった。指導者崇拝が受け入れられたのは、このような党を救済する唯一の手段だったからである。本心からにせよ強制されたにせよ、ヒトラーに対する個人的忠誠は党の統一を維持するための代償だった。ナチ党幹部のなかにはヒトラーの偉大さと「使命」を完全に信じこんでいる者もいた。自らの野心のために最高指導者にリップサービスするだけの者もいた。いずれにせよ、ヒトラーは結果として運動を掌握し、ほぼ脅かされえないだけの地位を確立することになった。こうして、指導者崇拝は党の熱狂的支持者からドイツの他の有権者へと次第に広く拡大していった。指導者崇拝はナチ党には不可欠だった。党派分裂が党を蝕み、エネルギーを浪費させることを避けようとするならば、「理念」をヒトラー個人に重ねることも必要だった。一九二四年のようなイデオロギー上の議論を避け、全エネルギーを権力掌握という唯一の目標に向けることで、困難に見舞われることはあったが、ヒトラーは党をひとつにまとめあげた。その過程で、指導者崇拝は独自の展開を見せるようになった。ヒトラーは指導者崇拝の宣伝効果を十分に認識していたが、不合理なほど過剰になれば政敵から容赦なく攻撃されることにしかならないため、それを避けるべく時には介入を迫られることもあった。[236]

ヒトラーが優位を確立したことは、かつてのライヴァルにも影響を与えた。一九二七年二月、ドイツ民族自由党の最有力メンバーのひとりで、社会革命の立場をとっていたために、より保守色が強くドイツナショナリストの立場をとるグレーフェやヴレ周辺の幹部らと対立を深めつつあったエルンスト・グラーフ・ツー・レーヴェントロウがナチ党に入党した。ブランデンブルク、ヴュルテンベルクでドイツ民族自由党の指導的な立場にあったヴィルヘルム・クーベとクリスティアン・メルゲンターラーもレーヴェントロウと行動をともにした。国会議員のなかではフランツ・シュテーアがドイツ民族自由党を離党してナチ党に加わった。ヒトラーとゲッベルスはシュトゥットガルトに向かい、式典を開いてメルゲンターラーの入党を歓迎した。かつてヒトラーと激論を戦わせたレーヴェントロウにとって重要だったのは、ナチ党への入党をいかに正当化するかだった。

国民社会主義ドイツ労働者党に移籍するにあたり、

私はいわゆる指導的地位も要求しなければ留保もつけない。難しい話は抜きにして私はヒトラー氏に従おう。なぜか？　ヒトラー氏は指導力があると証明してみせたからだ。ヒトラー氏は、その思想と意志、そして統一されたナチ思想から党を創りだし、指導する。ヒトラー氏と党はひとつであり、その統合が成功の絶対条件となる。過去二年間に、国民社会主義ドイツ労働者党は正しい道を進んでいること、社会革命に向けて不屈のエネルギーを有していることを示した。[237]

レーヴェントロウのこの宣言は、指導者原理、「理念」、組織をヒトラーという個人のなかに融合させることを承認するという意味だった。

　この融合は、一九二七年末になってもまだ完了はしなかった。しかし、二七年八月のニュルンベルク党大会ではヒトラーによる運動の掌握が前年のヴァイマル党大会よりもさらに強調された。主要なイデオローグであるフェーダーとローゼンベルクから対立する綱領的宣言が提出された際も、ヒトラーはこれにゆとりのある対応をみせた。数週間後にはテューリンゲン大管区長を解任され、翌年には党からも追放されることになるアルトゥア・ディンターでさえ発言を許され、フェルキッシャー・ベオバハター紙に称賛の記事が書かれたほどだった。ニュルンベルクで「議論」されたことは、反自由主義、反マルクス主義、心情的反資本主義、「国民的」社会主義、反ユダヤ主義という「行動主義」的なナチ党綱領の広い枠内に収まる範囲のことだった。教条主義的な「理論家」も、党が訴えるこの広い要求の妨げにならず、ヒトラーの指導的地位を脅かそうとしない限りは相当な自由が与えられた。[238]

　ディンターの一件では、ヒトラーの立場の強さが明確に示された。かつてはヒトラーの強力な支持者であったにもかかわらず、ディンターは宗教的妄想にとりつかれてナチズムは血の浄化による宗教改革だと主張しはじめ、運動内部、とくにディンター自身が大管区長を務めるテューリンゲンで評判を落としていた。そのためヒトラーも一九二七年九月に大管区長の任を解かざるをえなかった。ヒトラー同様、狂信的な妄想に取りつかれていたディンターはそれでも主張を曲げようとしなかった。ディンターには地位も知名度もあったため、ヒトラーにとって譲ることのできない宗教的中立が危険にさらされることになった。[239]カトリック教会の手先だとしてヒトラーを攻撃し、指導者《フューラー》に助言するための機関を創設すべきだと主張するにいたり、ディンターは一線を越えた。二八年九月の党員総会でディンターの提案はブーイングを受け、全会一致で否決された。よくあることだが、それでもヒトラーはディンターを除名しようとはしなかった。除名によるマイナスの宣伝効果を恐れたためだった。しかしディンターはヒトラーの絶対的な権威を認めようとせず、ヒトラーと党綱領を公然と批判しだした。二八年一〇月初旬のディンターの除名はもはや避けられなかった。[240]

シュトラッサーは、ヒトラーへの完全な同意を表明する少なくとも一八名の大管区長の署名が添えられた書面を整えた。シュトラッサーが大管区長らに宛てた手紙には、「この状況にあっては、世論、政敵、とくに党友に対して、この原則的問題［宗教上の問題と運動の政治綱領の混同］についてアドルフ・ヒトラーと同志のあいだにわずかな意見の違いもありえないことが明確に示される必要がある」とあった。[241] 同年七月にヒトラーがディンターに宛てた手紙にも同じようにはっきりと、「ナチズム運動の指導者として、いつの日か歴史的偉業を成し遂げると固く信じる者として、［…］あなたが宗教改革者としての領域では無謬であると考えておられるように、私も［政治家として］この領域においては無謬だとあつかましくも考えている」のだ、と書かれていた。権力を掌握し、ドイツの命運を決するために残された時間は、少なくとも「人種問題」については長くても二〇年だろうとも書かれていた。[242]

指導者崇拝が確立されるなかでヒトラーのイメージは、ともすれば、「不遇の時代」にあって党勢をささやかながら拡大するためにヒトラーが現実にとった行動以上に重要になった。[243] もちろん、ヒトラーの演説は党の地方支部にとっては相変わらず重要な催しであり、大衆集会で最初は懐疑的だった聴衆すら最後には魅了してしまうヒトラーの能力も健在だった。[244] しかし、ナチ党が大恐慌以前にわずかながらも成功を収めたとするならば、それはヒトラーの力だけによるものではなかった。それどころかほとんどヒトラーの力によるものではなかったとさえいえる。扇動者としてはヒトラーの名は明らかに一揆前ほど通らなくなった。一九二五年から二六年にかけて最大の障害となったのはもちろん演説を禁じられたことだった。ヒトラーは二五年にはわずか三一回、二六年にも三二回しか演説しておらず、それもバイエルンを中心に開催された党内会合がほとんどだった。二七年には演説回数は五六回に増えたが、その半数以上はバイエルンでのものだった。二八年に行った六六回の演説のうちほとんどは国会選挙前の一月から五月に行われ、その三分の二はバイエルンだった。ナチ党が州議会選挙で足場を築きはじめた二九年にはわずか二九回しか演説しておらず、しかも八回を除きすべてバイエルンでのものだった。[245]

この時期にヒトラーが弁士としての活動に制約を受けたのは、党が恒常的な資金不足に悩むなか、大事な人脈を築き、資金調達のために各地に頻繁に足を運んだせいでもあった。[246] ナチ党が政治的に停滞していたことを考えれば、ヒトラーの努力がほとんど実を結ばなかったのも不思議ではない。（ナチ党の「社会革命家」の好みにはそぐわなかったが）ヒトラーは一九二六年から二七年にかけて多数の演説でルール地方の実業家に取り入ろうとし、評判も悪くはなかったが、行き詰った党に関心を示す者はほとんどいなかった。[247] 年来のパトロンであるベヒシュタイン夫妻とブルックマン夫妻は相変わらず惜しみなく支援してくれたが、[248] ヒトラーに共鳴してナチ党に入党し、一〇万マルクもの寄付で党を財政破綻の淵から救い出すのに貢献してくれるようなルール地方の実業家は、ブルックマン夫人に紹介された高齢のエミール・キルドルフ〔鉄鋼業界の大立者〕くらいのものだった。[249] 党の収入は相変わらず一般党員の拠出金に大きく依存していた。そのため、党員数が伸び悩み、よくて緩やかに増える程度であることに党の財務担当者はいつも頭を悩ませていた。[250]

以前と同じく、ヒトラーは党の組織や運営にはほとんど関心を払わなかった。党幹部らは、ヒトラーが長期にわたって不在で、重要な案件についてさえ連絡がとれないという状況を諦めきっていた。[251] ヒトラーは、財政問題は信頼する経営者アマンと党の財務担当者フランツ・クサヴァー・シュヴァルツに任せていた。[252] ミュンヒェンでは、根気があり、言うこともよく聞く党事務局のフィリップ・ボウラーを密かに信頼していた。ボウラーは内気だが実は野心的な人物で、後に「安楽死作戦」で中心的な役割を果たすことになる。[253] 一九二六年九月から二七年末にかけて宣伝局長として全国の宣伝活動の整備・調整にあたり、二八年一月二日からは組織局長の任に就いて、派閥ごとに分裂して組織もでたらめだった運動を編成しなおし、二九年以降の新たな危機的状況を利用できるだけの全国組織にまとめ上げたのはシュトラッサーだった。[254] この点ではヒトラーはほとんど何の役割も果たさなかった。ただ、シュトラッサーに組織に関する案件を任せた人事采配は見事だった。

ヒトラーが得意とするのは相変わらず宣伝であって組織運営ではなかった。大衆動員にかけてはヒトラーの判断はほとんど外れたためしがなかった。シュトラッサーは党の宣伝局長として、扇動活動で大きな裁量権を与えられていた（ヒトラーはいつもこういう人の使い方をする）。本人の好みを反映し、シュトラッサーが強力に推し進めたのはとくに都市労働者層の支持獲得だった。しかし、一九二七年秋には、この戦略では労力に見合うだけの成果が上がらないこと、ナチ党が下層中流階級の支持を失う危険があることが外から見ても明らかになった。[255]

この頃、シュレースヴィヒ・ホルシュタイン、テューリンゲン、メクレンブルク、ポメルンほかの地域からは、農村部で不安が高まり、ナチ党にとって格好の草刈場になりそうだという報告が届いていた。[256] ヒトラーは明らかにそれを熟知していたとみえる。一九二七年一一月二七日、ヴァイマルのホテル・エレファントでの大管区長の会合でヒトラーは路線変更を告げた。ヒトラーは、次の選挙で「マルクス主義者」からの支持が大きく伸びるとは期待できない、狙い目はむしろ、デパートと競合して利益を脅かされている小売店主、もともと反ユダヤ主義の強いホワイトカラーだと断言した[257]。二七年一二月、ヒトラーは初めてニーダーザクセンとシュレースヴィヒ・ホルシュタインの農民に数千人規模の集会を呼びかけた[258]。

年明けにはヒトラーは自ら党の宣伝局長を引き受けた。日常業務にはハインリヒ・ヒムラーが代理であたった。後に親衛隊帝国に君臨することになるヒムラーは、このときはまだ二〇代であり、農学部を出て肥料会社で短期間働き、養鶏の経験をもつ教養ある知的な人物だった。頭の側面を短く刈りあげた髪型といい、短い口髭と丸眼鏡、運動を好まなそうな体型といい、小さな町の銀行員か融通のきかない教師のようだった。しかし見かけがどうあれ、狂信的なイデオロギーにかけては並ぶ者はなく、後に明らかになるように冷酷無慈悲だった。若きナショナリストで理想主義者のヒムラーは、「赤色インターナショナル」、ユダヤ人、イエズス会、フリーメーソンがドイツに対して恐るべき陰謀を企てていると考えており、レームの影響で二三年夏にナチ党に入党した。一一年後にはそのレームの殺害をヒムラーが画策することになる。一九二三年一一月八日の一揆当夜には、バイエルン陸軍省に突入しようとする全国戦旗部隊の先頭に立ち、レームの傍らで党旗を掲げていた。党再建後は、当初はシュトラッサーの秘書として、二六年からはオーバーバイエルン・シュヴァーベン副大管区長、全国宣伝副局長として活動してきていた。この後、二七年に親衛隊全国副指導者となり、さらに二年後には親衛隊全国指導者に任命されるヒムラーは、二〇年代後半に全国宣伝副局長として、創意工夫に富んだ敏腕ぶりを発揮した。短期間に特定の地域でしらみつぶしに宣伝活動を行うナチ党特有の宣伝方法を考案したのはヒムラーであろう[259]。

いつもとは打って変わって、ヒトラーは文章の作成とプロパガンダの展開に直接に口を出した[260]。一九二八年四月、ヒトラーは「変更不能」なはずの二〇年党綱領の第一七条の解釈を「修正」した。ナチ党は私有財産の原則に立脚しており、したがって〔第一七条に謳われる土地の〕「無償没収」の意味するところは、公共の福祉に役立たない土地、すなわちユダヤ人の土地投機会社の土地を奪うための法的手段を作り出すことにあるのだ、というものだった[261]。

プロパガンダ上の力点の変更は、不首尾に終わった都市部への進出計画から農村ナショナリストの獲得を目指す計画へと党が方向転換した、といえるほど劇的なものではなかった[262]。マルクス主義の労働者を転向させることを目指した初期の「綱領」の立場を離れ、より広く「あらゆる層を対象」とした動員を目指すようになったという程度のことだった。この背景には、党のプロパガンダがこれまでは組織的には対象にしてこなかった様々な社会集団を党に引きつけることが可能だとの認識があった。すでに見たように、この変化は、自らが担当する都市部以外の地域でも党への潜在的支持があると認識した複数の大管区長から示唆を受けて生じたものだった。ヒトラー自身、動員については機会主義的な傾向があることから、彼らの意見にも好意的に反応したものと思われる。「社会革命家」的で心情的反資本主義の色濃い党内の一部勢力とは異なり、どの層がナチズムに魅力を感じようがヒトラーにはどうでもよかった。重要なのは支持を得ることだった。目的は権力掌握にあり、それを達成するためには役に立ちさえすればいかなる武器であろうとよかった。しかしこれは、ナチ党がますますもって競合する多様な利益集団の緩い連合体と化していくということだった。明確な党綱領がなく、指導者《フューラー》のイメージに組み込まれたユートピア的な遠い目標しかないからこそ、党はまとまりを保っていた。少なくともしばらくのあいだはそうだった。

5

一九二〇年代半ばのヴァイマル共和国の「黄金期」にはヒトラーに取り合うドイツ人はわずかだった。ヒトラーが率いるナチ党内部の展開など、圧倒的多数の国民は関心もなかった。いまとなっては政界の一過激派にすぎない、かつてのミュンヒェンの厄介者に注意が向くことはなかった。ヒトラーに目を止めたとしても、拒絶するか、見下すか、そうでなければその両方の態度をとるのが普通だった。時折、ナチ党を取り上げては軽蔑的な論評を加えていたドイツの有力なリベラル日刊紙フランクフルト新聞はその典型といえる。二八年一月二六日の同紙の記事には、「ヒトラーには思想がなく、責任ある思考もないが、思いつきだけはある。体内に悪魔がいるのだ」、「複雑な現実を無視し、原始的な戦闘部隊を代わりにもちだそうという先祖返りの病的な思想である。[…]無論、ヒトラーは危険な愚か者である。[…]しかし、オーバーエスターライヒの一税関吏の息子がいかにして狂気にとりつかれるにいたったかと考えれば、答えはひとつしかない。戦争イデオロギーを文字通りに受け取り、ローマ帝国末期のゲルマン民族大移動の時代なみに原始的に解釈したのだ」とある。[263]

一九二八年五月二〇日の国会選挙は、ヒトラーとその運動は終わったと何年も前から言いつづけてきた者たちの正しさを裏づけるかのような結果に終わった。[264] 情勢が比較的落ち着いていたため、有権者は選挙運動にはそれほど関心をもたなかった。[265] 全部で三二政党が候補者リストを提出し、そのなかには特定の利益集団の利益を代表する政党も多く含まれていた。ヒトラーは多数決型民主主義を風刺するために後にこの点をことさらに強調することになる。[266] 明らかな勝者は左派の諸政党だった。社会民主党もドイツ共産党も大きく得票を伸ばした。最も深刻な打撃を受けたのはドイツ国家人民党だった。小政党、泡沫政党は、すべて合わせると二四年一二月のほぼ二倍（一三・九パーセント）の票を獲得した。[267] ナチ党は得票率二・六パーセントという惨憺たる結果で一二議席を得るにとどまった。二四年一二月の民族ブロックの選挙結果と比べても、ナチ党が支持基盤をさらに喪失したことが分かる。[268] 都市部ではいくつかの例外を除けば結果は悲惨だった。ゲッベルスはベルリンの「赤い」地区で攻勢に出ようとしたが、ナチ党はベルリン全体で一・五七パーセントしか得票できなかった。市中心部の典型的な労働者街「赤い」ヴェディングでは、ナチ党の獲得票数一七四二票は、左派諸政党に投じられた一六万三四二九票に遠く及ばなかった。

しかし光明も見えた。いくつかの農村地域での投票結果は、予測通り、将来への期待を抱かせるものだった。伝統的な地盤であるフランケン中心部とオーバーバイエルンを除いて最も健闘したのは、農業の深刻な不景気に悩む北ドイツの農村部だった。[269] たとえばヴェーザー・エムスでは、牧師の資格を喪失した悪質な反ユダヤ主義者で、ドイツ民族自由党からナチ党に鞍替えしたルートヴィヒ・ミュンヒマイアーが熱弁をふるって派手なプロパガンダを繰り広げたおかげで、ナチ党の得票率は全国平均の二倍に達した。[270] ナチ党への支持にほとんど広がりがみられないドイツ東部でさえ、優勢をほこるドイツ国家人民党への信頼に陰りがみられることは幾ばくかの期待を抱かせるものだった。[271] そして何はともあれ慰めになったのは、国会に議席を得た一二名のナチ党議員が政敵に悪意ある攻撃を加えても法的措置を免れる特権を得たこと、さらに日当と国鉄（一等車）の無料乗車券の受給により党の財政負担が緩和されることだった。[272] 新たに議員として当選したのは、グレゴア・シュトラッサー、フリック、フェーダー、ゲッベルス、バイエルン人民党から鳴り物入りでナチ党に鞍替えしたばかりの元義勇軍指導者リッター・フォン・エップ、一揆後ドイツを離れていたがしばらく前に古巣に戻ったゲーリングらだった。「羊の群れに侵入するオオカミのように［…］われわれは国会に向かうのだ」とゲッベルスはアングリフ紙の読者に向けて書いた。[273]

党内に失望と落胆が広がったのは無理もなかった。しかし表向きは意気盛んだった。[274] 教訓は得られた。都市部の労働者階級に力を注いでも見返りが少ないことは、シュトラッサーにも他の党幹部らにも分かった。可能性があるのはむしろ農村部だった。[275] 党の宣伝活動と組織を見直す必要があるのは明らかだった。選挙戦後の財政難のため、一九二八年の党大会に代えて八月三一日から九月二日にかけてミュンヒェンで開催された幹部の会合で、ヒトラーはこの点を強調した。[276] シュトラッサーの案に従い、ヒトラーは大管区構造の抜本的再編を宣言した。[277] シュトラッサーが主導して農村部にこれまでよりも力を入れることとし、一連の提携下部組織の創設にも着手した。これは、中産階級の個別利害を汲みとるうえできわめて重要な役割を果たすことになる。[278]

選挙での壊滅的敗北に対してヒトラー自身が見せた反応は独特だった。選挙当夜、満員のビュルガーブロイケラーでの会合でエップと最近戻ったレームを両脇に従えて、ヒトラーはまずはライヴァル政党の惨憺たる結果を祝った。選挙の総括の第一は、いまや民族至上主義《フェルキッシュ》運動がナチ党ただひとつになったということだ、とヒトラーは述べた。ヒトラーは、一九二四年一二月と比べてミュンヒェンで約七〇〇〇票も得票が伸びたという事実を強調した。他のほぼすべての都市で無残な結果に終わったことには触れなかった。総括の第二として強調したのは、バイエルン人民党とドイツ国家人民党の連立政府が三年間続いた結果、「マルクス主義政党」の得票が大きく伸びたことだった。ヒトラーはこれを二四年にはミュンヒェンで左派政党が得票を減らしたことと対比させた。そして最後に、大胆な第三の総括を付け加えた。「選挙戦は終わった。しかし戦いは続く！ [……] われわれには休む暇などない。活動しつづけるのだ」[279]。実際にはヒトラーは数日後には休暇をとり、静養と「第二の書」の口述筆記のためにいつもの山の保養地にこもった。[280]

壊滅的な選挙結果を受けてナチ党がまたしても暴力によって権力を得ようとするのではないかと考える者も出たため、ヒトラーは六月二七日にナチ党機関紙の編集者らに向けて声明を出し、権力掌握は合法的に行うという立場を改めて表明しなければならなかった。[281] しかしそれ以外は七月上旬までヒトラーは表に出ることはなかった。[282]

選挙結果を見て、多くの者がヒトラーの運動は終わったと確信した。[283] プロイセン州政府もそのように考え、一九二八年九月末、ヒトラーに対する公開の会合での演説禁止令を解いた。[284]

一一月一六日、ヒトラーはベルリンのシュポルトパラスト（スポーツ宮殿）で初めて演説した。ファンファーレが鳴り響き、突撃隊員の掲げる旗が翻るなかをヒトラーが入場したときには、巨大な会場は満員になっていた。従来の政治集会とは全く違う雰囲気だった。「いつの日か鎖を断ち切るための闘争」と題したヒトラーの演説は嵐のような拍手喝采によって幾度も中断された。[285] 演説には目新しい点は何もなかった。重要なのは内容ではなく見せ方だった。いつものようにひたすら感情に訴えかけたのである。革命、平和主義、国際主義、民主主義はすべて酷評された。国民の自由なくして経済の回復はありえないとされた。そしてその「自由の前提となるのが力」であり、そのために英雄的指導者が必要となるのだ。ヒトラーは「ユダヤ人問題」には明示的には触れなかった。しかしすぐに、妄想の中核である「人種汚染」の話に入った。文化と倫理と血の「黒人化」が個人の価値を損なう、という話だった。しかし、「精神と血の劣化に侵されない民族は救われる。ドイツ民族は特別な価値をもつため、七〇〇〇万人の黒人が集まろうとも同等になることはない。[…] 黒人の音楽が流行っているが、シミーとベートーヴェンを並べれば、どちらが勝つかは明らかだ。[…] われわれの強い信念から、この劣化に抗する自助へと向かう強い力が生まれる。ナチ党が追求する目標は、ナショナリズムという言葉、社会主義という言葉にこれまでとは違う意味を与えることだ。ナショナルとは民族のために力を尽くすということであり、社会主義とは民族の権利のために外敵に立ち向かうことにほかならない[286]」。

このように実に曖昧に定義してみせることで、ヒトラーはあらゆる社会集団に訴えかけた。階級対立は国民の統一によってしか克服しえない。ナチ党は階級を超えて存在している。ナチ党は「単なるナショナリストでも社会主義者でもなく、ブルジョアでもプロレタリアートでもない」。ナチ党は「真に民族共同体を構築しようと望み、ともに闘おうとして階級対立と驕りを捨てる者」のために戦う。だからこそ「ナチ党は誇りをもって労働者党を名乗れるだけの運動になった。民族の存続のために骨を折って働こうとしない者など党内には一人もいないからだ」とヒトラーは続けた。ナチ党は「国際主義に対して大いなる戦い」を挑んでいる。ナチ党が基礎とするのは「投票」でも民主主義という「誤謬」でもない。「指導者の権威だ[287]」。これが、マルクス主義を打倒し、ドイツを隷属から解き放つ土地を得るための方法だ。このように述べたうえでヒトラーは最後に、おかげで「国内最大の会場」が満員になったと演説禁止令を嘲笑し、ドイツの戦いに祝福を、と神に祈って演説を終えた。聴衆は無我夢中になった。批判的な者にとっては半面だけの真実、歪曲、過度の単純化、曖昧で疑似宗教的な救済の約束をごた混ぜにしたような理解に苦しむ代物だった[288]。しかし、シュポルトパラストを埋めた一万六〇〇〇人の人びとは知的な議論を聞きにやってきたわけではない。彼らは聞きたかったものを聞けたのだった。

ヒトラーがシュポルトパラストで演説したときには、ドイツ経済にはすでに暗雲がたちこめはじめていた。農業危機が高じて負債、破産が広がり、土地を手放さざるをえない者も出て、農業関係者はひどく苦しんでいた。最大の工業地帯であるルール地方では実業家たちが仲裁裁定の受入れを拒んで鉄鋼業界の全従業員を工場から締めだし、二三万人の労働者が何週間ものあいだ職もなく賃金も支払われない状態となった[289]。この間、失業者数は急増し、一九二九年一月には三〇〇万人に達する勢いとなった。前年に比べて一〇〇万人増加したことになる。[290]

政治的にも問題が生じはじめていた。社会民主党出身の首相ヘルマン・ミュラー率いる大連立内閣は当初から安定を欠いていた。巡洋艦建造（選挙前には社会民主党はこの政策に反対していた）をめぐって社会民主党は分裂し、その立場は大きく損なわれた。ルール鉄鋼業界の紛争は政権内部にさらなる亀裂を生じさせ、左派からも右派からも批判を浴びた。これは、ヴァイマル福祉国家が成し遂げた社会政策上の進展を一丸となって押し戻そうとする保守派の第一撃だった。その後に続いた社会政策をめぐる衝突が最終的にはミュラー内閣を崩壊させることになった。同年末には賠償問題が再びもち上がった。これは二九年に深刻化する。

注目すべきことに、ヨーゼフ・シュンペーターのような優れた経済学者でさえ、一九二八年秋にはまだ「われわれの社会関係は安定に向かっている」と曇りなく楽観的に考えていた。[291] 外相グスタフ・シュトレーゼマンの認識は正確で、ドイツ経済は米国の短期債に依存を続けてきており、米国がこれをやめれば悲惨な結果になると二八年一一月に警告していた。[292]

ヴァイマル共和国の「黄金期」は、実際、見た目ほど輝かしかったわけではなかった。ドイツ社会は深く分裂したままだった。短くも比較的安定していた時期はあったが、階級間、宗教間に走る深い亀裂が埋まることはなかった。[293] 社会的には不満は募ったままだった。失業者数は比較的高止まりし（一九二六年の失業者数は二〇〇万人）、それが多くの概して若い労働者を急進化させる原因となった。[294] 小売店主や小規模生産者はデパートや生活協同組合と競合して利益が脅かされていると感じ、怒っていた。近代的な大量生産によって伝統的な地位と生活が掘り崩されていると感じる職人、ブルーカラーに対して一線を画そうとするホワイトカラーも、最も安定していた時期にさえヴァイマル民主制には愛着を感じていなかった。農民は農業生産物の価格崩壊に憤慨していた。

文化的な亀裂も深刻だった。ヴァイマル期のアバンギャルド芸術は魅力的だったが、不快感を覚える者はそれ以上に多かった。よくある話だが、ここでも文化保守主義と俗物根性が手を結んだのである。大衆文化も同じくらい批判された。「アスファルト文化」に対するゲッベルスの批判は後に、ナチ党の強硬派だけでなく、一九二〇年代に大都市で進行した大衆文化の「アメリカ化」のなかで疎外感を感じる良識派の保守的市民層からも共感を得ることになる。

階層ごとの社会的環境や「サブカルチャー」の分裂状況を反映して、政治情勢もひどく不安定だった。一九二八年の選挙はごく表層的に見れば民主主義の勝利と呼べたかもしれない。しかし共産党の得票数の伸びが示すように、左派のなかでは民主主義離れが進んでいた。一九年以降にみられた中道自由主義政党、中道右派政党の支持基盤の喪失はただごとではなかった。ナチ党が選挙で顕著な成果を出しはじめる前から民主主義への幻滅と有権者の右傾化は始まっており、中道勢力の分裂はその反映だった。[295]ナショナリスト右翼から見れば、ドイツ国家人民党が支持を失ったことは一見すれば民主主義者を利するものに思えたかもしれない。しかし、ドイツ国家人民党の元支持者はさらに右傾化して様々な利益政党や抗議政党に入り、それらの諸政党が最終的にはナチ党に吸収されていった。[296]なにより、ヴァイマル民主制はその黄金期にあってさえ、民主主義の存立を脅かす強力な社会集団に反撃するための十分な支持基盤を獲得しえなかった。正当性の問題は一貫して深刻であり、新たな経済危機は明らかに巨大な脅威となった。

「黄金の一九二〇年代」はたしかに表面上は輝きを放っていたが、シュトレーゼマンが示唆したように、その安定は実に頼りないものでしかなかった。ドイツ経済は米国の短期債に依存していた。ドイツ経済自体の生産性は低く、投資は立ち遅れ、賃金が上昇すると採算性は低下し、国家財政は次第に悪化し、ウォール街の暴落の少なくとも二年前に食品価格が世界的に暴落すると、補助金に大きく依存していた農業セクターは急速に深刻な危機に見舞われた。[297]

一九二八年から二九年にかけての冬に情勢が悪化するなか、ナチ党への支持は次第に広がりはじめた。二八年末には党員証の発行数は一〇万八七一七枚だった。[298]いまや以前は考えられなかった社会集団に手が届くようになりつつあった。

一九二八年一一月、ヒトラーはミュンヒェン大学の学生二五〇〇人から熱狂的な歓迎を受けた。[299]会合でヒトラーに先だって演説したのは、ナチ学生連盟の全国指導者に任命されたばかりの二一歳のバルドゥア・フォン・シーラッハだった。後にヒトラー・ユーゲントの指導者となるシーラッハは、すぐれて文化的な市民層の家庭の出で、父親は、ドイツの文芸の都ヴァイマルで名の通った宮廷劇場の演出家だった。ナチ党幹部としては珍しく、シーラッハは英語に堪能だった。米国人の母親は移住先のドイツ語を得意とせず、幼少期には息子に英語ではかり話しかけたため、六歳まではドイツ語は一言も話せなかったと後にシーラッハは語っている。終戦によりシーラッハ家を悲劇が襲った。バルドゥアの父親は失職し、ヴェルサイユ条約によって自らの将校としての将来が閉ざされたことに絶望した兄カールは、「ドイツが見舞われた不幸」のせいで自死を選んだ。過去の栄光を自覚しつつも、いまや民族至上主義ナショナリストや反ユダヤ主義者の怒号が響くようになったヴァイマルの町で、バルドゥア・フォン・シーラッハは、後にテューリンゲン副大管区長となる師ハンス・セヴェルス・ツィーグラーのつてで準軍事青年組織に入り、ルーデンドルフに心酔するようになった。その後、初めてヒトラーの演説を耳にしたのは二五年三月の大統領選挙のときである。興奮のあまり家に駆け戻ったシーラッハはヒトラーについて詩をしたためたのだが、それが出版されると英雄ヒトラーからサイン入りの写真が届いた。シーラッハは『わが闘争』第一巻を一晩のうちに貪り読み、五月初旬に入党した。

シーラッハはヒトラーの忠実な信奉者であり、設立後間もないナチ党青少年組織と学生連盟で指導者崇拝を広げるべく奮闘した。一九二八年末の学生自治会の選挙で、エアランゲンの三二パーセント、グライスフェルトとヴュルツブルクの二〇パーセントにみられるようにナチ党の得票が大きく伸びると、シーラッハの信用は上がった。この成功によってシーラッハはヒトラーに目をかけられるようになり、三一年にヒトラー・ユーゲントの指導者となる道が開けた[300]。

ナチ党の党勢拡大を示す学生自治会の選挙はヒトラーを力づけた。しかし、ナチ党の勢力が急伸したのは何といっても農村部の急進化した農民層のあいだでのことだった。シュレースヴィヒ・ホルシュタインで起きた役場への爆弾攻撃は農業関係者の雰囲気を実によく示していた。一九二九年一月には現地の急進的な農民が「ラントフォルク」という暴力的な抗議行動を起こしはじめ、進出を狙うナチの格好の餌食となった。二カ月後、ヴェールデン村でのナチ党集会の後、突撃隊員と共産党支持者のあいだで悶着が起こり、突撃隊員二名が死亡し、他にも多くの負傷者が出た。現地の反応は、不満が募る農村部ではナチ党に勢力拡大の余地があることを如実に物語っていた。この地域ではナチ党に対する支持が急増した。農村の老女が作業着にナチ党のバッジをつけるようになった。本人たちと話をするかぎり、党の目的など何も知らないことは明らかだ、と警察の報告にはあった。しかし、報告は、無能な政府が税金を無駄遣いしていると彼らが信じて疑わず、「苦境から救い出してくれるのはナチ党しかない」と確信していること、ナチ党が議会で勝利を得るには時間がかかりすぎる、内戦を起こさなければならないと農民たちが言っていること、「憤激」の雰囲気があり、人びとがあらゆる暴力行動を許容していることも伝えている。この事件を宣伝に利用すべく、ヒトラーは死亡した突撃隊員の葬儀に参列し、負傷者も見舞った。現地の住民にはこれが深く印象に残った。ヒトラーとナチ党幹部らは「民族の解放者」として称賛された[301]。

本格的な「危機にいたる前の危機」が経済的にも政治的にも深刻化するなか、ヒトラーはプロパガンダの手を緩めなかった[302]。一九二九年前半には党機関紙に一〇編の論考を寄せ、熱狂した大勢の聴衆を前に大きな演説を一六回行った。うち四回は、五月一二日のザクセン州議会選挙をにらんで同州で行われたものである。ユダヤ人に対するあからさまな攻撃はなかった[303]。演説で強調されたのは、ヴァイマル体制の国内的・対外的破綻、国際金融による搾取と「庶民」の苦しみ、民主主義下での経済の破滅的悪化、政党政治が繰り返し引き起こす社会的分裂、そして何よりもドイツの国力と統一を回復して将来のために土地を獲得することだった。「世界市場への鍵は剣のかたちをしている」とヒトラーは断言した[304]。衰退から脱するには力をもってするしかない。「体制全体を変えなければならない。そのための大いなる課題が、指導者信仰を人びとに取り戻させることなのだ」とヒトラーは結論づけた[305]。

ヒトラーの演説は、選挙戦の開始前にザクセン州全域で集中的に展開された宣伝の一環だった。計画したのはヒムラーだが、ヒトラーが自ら指揮にあたった[306]。党員数の増加と党組織の改革によってより大規模に宣伝が展開できるようになり、活力に満ちた精力的なイメージが生まれた。現地で活動し、コミュニティの重要人物を取り込むことで党勢拡大の鍵とするのがナチ党の常道だった[307]。ヒトラー自身の露出は抑えられた。最大の効果を得るためでもあり、過密スケジュールを避けるためでもあった[308]。ヒトラーの演説は各地の党支部にとっては特別のボーナスのようなものだった。この年に入り、状況が変化するなかで、ヒトラーが顔を見せたことがないような地域でもナチ党は成功を収めるようになっていった[309]。

一九二九年五月のザクセン州議会選挙ではナチ党は五パーセントを獲得した[310]。翌月のメクレンブルク州議会選挙での得票は四パーセントだった。これは前年の国会選挙の二倍にあたる。両州で当選したナチ党の議員は、左右両派が拮抗する州議会できわめて重要な位置に立った[311]。六月末には、バイエルン北部のコーブルクで、ドイツで初めて市議会をナチ党が牛耳ることになった[312]。一〇月のバーデン州議会選挙ではナチ党の得票率は七パーセントに達した[313]。ウォール街の暴落に続く大不況にいたる前の話である。

賠償問題が再燃すると、ナチ党はこれも扇動に利用した。一九二九年一月以来、米国の銀行家でゼネラル・エレクトリック社の会長オーウェン・D・ヤングを座長として賠償支払の調整のために専門家会議で協議が進められ、六月七日に最終合意がとりまとめられた。ドーズ案と比べると、今回の合意は比較的ドイツに有利だった。返済額は三年間は低額に抑えられ、総額としてもドーズ案よりも約一七パーセント減額された[314]。しかし賠償金の完全な返済には五九年間かかることになっていた。連合国側は代わりに、ヴェルサイユ条約の取り決めよりも五年早く、六月三〇日までにラインラントから撤兵することになった。そのため、シュトレーゼマンはこれを受け入れるつもりだった。[315]

ナショナリスト右翼は激怒した。かつてクルップ社取締役を務め、ナショナリストのメディアを支配して米国の映画会社にも多額の出資をするメディア王アルフレート・フーゲンベルク（ドイツ国家人民党党首）は、七月に「ドイツ国民請願全国委員会」を結成してヤング案の拒否を政府に迫るキャンペーンを組織した。フーゲンベルクはこれに加わるようヒトラーを説得した。[316] 鉄兜団のフランツ・ゼルテとテオドア・デュスターベルク、全ドイツ連盟のハインリヒ・クラース、工業界の大物フリッツ・ティッセンも加わった。[317] オットー・シュトラッサーを中心とするナチ党内の国民革命論者は、大物資本家や反動主義者とともにヒトラーが名を連ねることが気にいらなかった。[318] しかし、機会主義者のヒトラーはこのキャンペーンが好機になるとふんでいた。同委員会が九月に作成した、ヤング案と「戦争責任の嘘」を拒絶する「ドイツ民族の奴隷化反対法」案は、国民投票の実施に必要な支持を辛うじて獲得した。もっとも、一九二九年一二月二二日に実際に国民投票が行われると、賛成票を投じたのはわずか五八〇万人（有権者の一三・八パーセント）だった。[319] キャンペーンは失敗に終わった。しかし、ヒトラーにとっては失敗ではなかった。フーゲンベルクのメディアに存分に露出できたことはヒトラーとナチ党にとってはありがたかった。[320] そしてヒトラーは十分な財源と影響力をもつ上層の人びとから対等な相手とみなされるにいたったのだった。

ヒトラーが政界で新しく得た仲間の一部は、一九二九年八月一日から四日にかけてニュルンベルクで開催された党大会にゲストとして招かれた。鉄兜団副代表テオドア・デュスターベルク、統一祖国連盟のグラーフ・フォン・デア・ゴルツらの参加で党大会は盛り上がった。[321] ルール地方の実業家であり党の後援者エミール・キルドルフも招待された。バイロイトの女主人ウィニフレート・ヴァーグナーも来賓として出席した。[322] 突撃隊と親衛隊の隊員二万五〇〇〇名、ヒトラー・ユーゲント一三〇〇名が三五台の特別列車でニュルンベルクにやって来た。警察の推計では参加者は全部で三、四万人とされる。この時期までに一三万人の党員を抱えるようになったナチ党の新たなる自信と明るい見通しを反映し、二年前の前回大会よりもはるかに大規模で壮大なイベントになった。[323] 二年前と比べてヒトラーの優位はさらに揺るぎないものになっていた。分科会は上層部が決めた政策を形式的に承認するにとどまった。ヒトラーはそこにはほとんど関心を払わなかった。いつものことながら、ヒトラーの唯一の関心は党大会の宣伝効果にあった。[324]

党再建後の四年間に運動は満足すべき発展を遂げた。ナチ党はいまや一揆時の約三倍になり、急速に成長していた。勢力は全国的に広がり、牙城となる地域以外でも党勢が伸びていた。組織構造もはるかにしっかりしてきた。内紛の危険ははるかに小さくなった。民族至上主義運動の競合相手は合併されるか、意味をなさないほどに弱体化するかしていた。そして何より、ヒトラーは完全に運動を掌握した。成功を摑む方法は不変だった。常に同じメッセージを唱え、扇動の機会を逃さず、党に有利な状況が生じるのを待つことだった。しかし、一九二五年以降、大きく進歩し、州議会選挙ではわずかながら得票が増え、知名度も上がったとはいえ、権力掌握の見込みは現実にはあまりなかった。ヒトラーとしては、国が途轍もなく大きな危機に陥ることに望みをかけるしかなかった。

この後、いかに急速にナチ党に有利な状況が展開することになるかは、ヒトラー自身も勘づいていなかった。しかし、一九二九年一〇月三日、不安定なミュラー内閣の維持に力を尽くしていた、ドイツで唯一の真に名声ある政治家グスタフ・シュトレーゼマンが脳卒中で死亡した。三週間後の一〇月二四日、世界最大の株式市場ニューヨークのウォール街で大暴落が発生した。ヒトラーが必要としていた危機にドイツは巻き込まれようとしていた。

第9章 躍進

経済が悪くなって何もかもなくした。

だから一九三〇年初頭にナチ党に入党したのだ。

ナチ運動に参加したばかりの未熟練労働者

どれだけ多くの人びとがヒトラーを大きすぎる苦難からの救い主だと切に信じていることだろう。

プロイセン王子を、学者を、聖職者を、農民を、労働者を、失業者を救い出す者だと。

ルイーゼ・ゾルミッツ、教師、ハンブルクでヒトラーの演説を聞いて、一九三二年四月盤をまるまる奪われるか、それとも食料も満足に買えないほどの低賃金をそのうえ巻き上げようとする搾取者たちに支配されるか。そう考えれば、われら前線兵士のなかから愛国的なグループ、とくにヒトラー運動を歓迎する者が出る理由も分かろうというものだ。愛国的な目標と社会改革の二つを掲げる国民社会主義ドイツ労働者党の旗印の下に多くの元兵士と理想主義者が集まっている。(2)

この二名の新規入党者は、経済危機がドイツを席捲しはじめた時期にナチ党に入党した。前者は三〇代前半の未熟練労働者、後者は一九二六年に自分の製パン所を低価格で手放し（本人はこれをユダヤ人債権者のせいにしている）、その後は行商人として辛うじて生計を営んできたほぼ同じ年頃の商人である。いずれも社会環境としてはナチ党支持者にまさによくあるタイプだった。(3)

二人の入党理由からは、一九三〇年にドイツに暗雲が垂れこめてきたときに、何万人もの人びとが駆り立てられるようにしてヒトラーの運動に加わった心理と動機が垣間見える。圧倒的多数が男性で、その多くは若者だった。この二人の新規入党者はともに、個人的な苦しみと自尊心の喪失の安直な説明として「赤い」政府の政策を挙げ、ユダヤ人に罪を転嫁している。裏切られ、搾取されていると強く感じていたことも分かる。政府を変える

ひどい経済崩壊のせいで全経済生活が停止しそうだ。何千という工場が閉鎖された。ドイツの労働者は毎日飢えて苦しんでいる。そのうえ、ユダヤ人が人工的に食料難を作り出している。そのせいで労働者は農民に食料を恵んでもらおうと物乞いして回らなければならない始末だ。[…] 政府の措置は国民には冷たく、真面目な労働者は食料が欲しければ盗みでもするほかない。[…] 強盗も日常茶飯事で、警察は市民の財産を守るのにてんてこ舞いだ。共産主義者以外は誰もが昔はよかったと思っている。私もほかの人たちと同じで、経済が悪くなって何もかもなくした。だから一九三〇年初頭にナチ党に入党したのだ。(1)

これはあるナチ党員による入党理由の説明である。ほかの声も聞いてみよう。

赤い政府の政策、なかでもインフレと税金で生活基

必要性を感じていたというだけではなかった。三〇年には様々な動機からナチ党に引きつけられる者の数が増えつつあったが、その人びとに共通していたのは、彼らが「体制」と呼ぶヴァイマル共和国そのものに対する理屈抜きの原理的な嫌悪だった。憎しみはあらゆる感情のなかで最も強い。ヒトラーはそのことを熟知しており、意識的にそれに訴えた。これほど多くの支持者がナチ党へと駆り立てられたのはそのせいだった。

新しい社会への希望、既存の社会的分裂を超越する「民族共同体」への希望という理想主義もはたらいていた。間違っていたかもしれないが、それでも理想主義ではあった。社会的地位、特権、多数の犠牲のうえに少数が得た富に立脚し、階級ごとに分断された過去の社会に逆戻りすることはできない、とナチ党の新規入党者たちは考えていた。彼らにしてみればマルクス主義が唱える社会的平等は脅威としか思えないが、新しい社会では、才能、独創性、創造性がつぶされることはないはずだった。地位ではなく業績が認められ、生まれもった権利でもあるかのように特権を享受して庶民に威張り散らすお偉方は特権を失い、全面的な社会改革によってしかるべき者が正当な報酬を得られるようになる。「普通の人間」が大資本に搾取されることもなければ組織化された労働者に脅かされることもなく、マルクス主義の国際主義が粉砕された後にはドイツ民族への誠意ある献身が残るはずだった。

この理想主義は差別感情を内包していた。「民族共同体」に属さない者は容赦なく抑圧されることになるはずだった。さぼり屋、たかり屋、寄生者、そしてドイツ人ではないとされたユダヤ人も当然ここに含まれる。これに対して、共同体に属する者を表すために「市民」に代えてナチが作り出したのが「民族同胞」という用語だった。真の「民族同胞」にとっては、新しい社会は正真正銘の「共同体」であり、個々人の権利よりも全体の共通善が優先され、いかなる権利よりも義務が重視される。この基盤に立脚して初めてドイツは再び強国となり、自尊心を回復し、ヴェルサイユ条約で敵国から不当にも課せられた制約を振り払うことができるのだ。しかし、対立を生む忌まわしき民主主義体制を完全に破壊しない限りは、「民族共同体」を完成させることはできない。

ナチ党入党者を惹きつけた、この粗雑だが強いイメージのなかでは、ナショナリズムと社会主義はもはや対立せず、統一された強い国民の再生という夢のために連携すると考えられた。一九三〇年に危機が始まったとき、ナチ党に投票したり入党したりした者は多くいたが、彼らはヒトラーに個人的に会ったことはなく、ヒトラーに関心をもちはじめたばかりの者も多かった。たいていの場合はナチの訴えにもともと影響されやすい状態にあった。

ナチ党のイデオロギー自体は、競合する他の右翼勢力と代わり映えしなかった。ナショナリズムと反マルクス主義は、ニュアンスこそ違えど左派政党以外は皆が唱えていたことだった。反ユダヤ主義もナチ党の専売特許とはほど遠かった。ヒトラーの運動の特徴は、行動主義、活力、若さ、力強さにあった。多くの者にとってこの運動は、現在とは完全に断絶し、ゲルマン的過去という「真の価値」に立脚する、未来の「新生ドイツ」のありかを指し示すものだった。ヒトラーは、敵と搾取者に対する断固たる決戦という人びとの希望をまとめあげ、ドイツ再生の夢を体現した。「真のドイツ人であれば、心の奥底でドイツの救い主を渇望し、信頼と自信をもって真に偉大な指導者を仰ぎたいと思うだろう」と、この時期に新規に入党した別の者は力説した[4]。

経済危機の折に政権が交代することは多い。しかし経済危機によって統治体制が破壊されることは少ない。大恐慌が最も深刻だった一九三〇年代初頭でさえ、民主主義がすでに堅固に定着し、敗戦により弱体化することがなかった諸国では、民主主義は問題なく存続した。大量失業と経済崩壊に加えて物不足にも悩まされた米国と英国では社会に混乱が生じはしたものの、民主主義国家が深刻な脅威にさらされるにはいたらなかった。民主主義は損なわれなかったどころか、強化されたかもしれないほどである。民主主義の基盤がはるかに弱かったフランスでさえ、民主主義体制は傷を負いつつも残った。

しかしドイツでは、国家の本質たる「体制」そのものが危機の開始当初から争点となった。ヒトラーとナチ党は、ヴァイマル共和国の体制そのものをめぐるこの危機的状況を利用はしたが、状況そのものを作り上げたわけではない。「黄金」期にあってさえ、ヴァイマル民主制はドイツの多数の人びとの心をとらえることはできなかった。実業界、軍、大土地所有者、行政を預かる高級官僚、学術界、知識層、オピニオンリーダーなどの有力な社会集団は、共和国を積極的に支持したわけではなく、甘受していたにすぎなかった。権力エリート層のなかで、民主主義を嫌い、これを廃する機会を待っていた者は少なくなかった。危機が始まると、こうした集団は正体を現し、大衆も大挙して共和国を見捨てだした。

米英両国のエリート層は、長い伝統をもち、国家体制に深く組み込まれた現存の民主主義を支持した。民主主義が彼らの利益にかなっていたためである。民主主義がはるかに浅くしか根づいていなかったドイツのエリート層は、民主主義体制が自らの利益を守るとは次第に考えなくなり、民主主義体制に代えて権威主義体制を打ち立てようとした（とはいえ、大部分の者は、この時点ではナチ体制を考えていたわけではなかった）。

米英両国では、大衆は窮乏し、不満をもっていたにもかかわらず、現存する既成政党以外の選択肢はほとんどなく、少数の例外を除けばそれを望んでもいなかった。ドイツでは、そもそも中道から右の諸政党への支持が分散していたため、そこにナチ党が躍進する「政治的余地」が広がった(5)。このためドイツでは、経済危機の当初から、国家を根本から揺るがす危機が始まることになった。初めから国家のあり方そのものが争われたのである。それこそがヒトラーが望んでいたものだった。

1

ナチ党幹部らは、一九二九年一〇月の米国株式市場暴落の重大性を即座に認識したわけではなかった。フェルキッシャー・ベオバハター紙はウォール街の「暗黒の金曜日」には触れもしなかった(6)。しかし衝撃はすぐにドイツに押し寄せた。米国の短期債に依存していたドイツはことのほか深刻な影響を受けることになった。工業生産、物価、賃金は急激に低下し、三二年には悲惨なまでに落ち込んだ(7)。農業危機のせいで二八年から二九年にかけてドイツの農民はすでに急進化していたが、危機的状況はさらに先鋭化した。職業安定所の記録によれば、三〇年一月には失業者は労働人口の一四パーセントにあたる三二一万八〇〇〇人にのぼった。短期スパンでの失業者の実数は四五〇万人を超すという推計もあった(8)。

民主主義に裏切られた、「体制」を廃止すべきだと考える一般の人びとの抗議の声が左右を問わず高まった。市町村議会でナチ党が票を伸ばしたのは、こうした有権者の急進化の反映だった。ヤング案をめぐる国民投票の際、ナチ党は読者数の多いフーゲンベルクの新聞で取り上げられ、切望していた知名度を得た。ヒトラーいわく、この国民投票の意義は、ドイツでは類例がないほどの一大プロパガンダの機会を得られたことにあった(9)。これによりナチ党は、右翼の最過激派であり、過去にヴァイマル共和国政府に協力したという汚点をもたない傑出した抗議運動というイメージを印象づけることができた。

一九二九年一〇月のバーデン州議会選挙でナチ党は七パーセントを獲得した。二週間ほど後のリューベック市議会選挙では八・一パーセントだった。一一月一七日のベルリン市議会選挙でさえ五・八パーセントを得た。合わせて五〇パーセントを超える左派二政党〔社会民主党と共産党〕に比べればわずかとはいえ、二八年の四倍に迫る得票率だった。

なかでも最大の成果は、一二月八日のテューリンゲン州議会選挙で二八年から三倍増となる一一・三パーセントを記録し、初めて一〇パーセントの壁を突破したことである。ナチ党への票は主としてドイツ人民党、ドイツ国家人民党、農村連盟から流れたものだった。玩具やクリスマスツリーの飾りを生産する職人が大恐慌により深刻な痛手を被ったテューリンゲンの森近辺の多くの町村では、ナチの得票は五倍にもなった。州議会で（全五三議席中）六議席を獲得したことにより、テューリンゲンで反マルクス主義連立政権が成立するかどうかはナチ党次第となった。[10] 信用を失墜しつつある体制に参加して人気を失う危険を冒すことにはなるが、政権に参画してこの状況を利用すべきだろうか？　ヒトラーは連立政権入りを決めた。断れば改めて選挙になり、有権者がナチ党から離れるかもしれない、というのがヒトラーの説明だった。[11] この後の展開は、全国レベルでナチ党が「権力掌握」した場合に何が起きるかをすでにして予測させるものだった。[12]

ヒトラーは、テューリンゲン州政府で最重要と考える閣僚ポスト二つを要求した。行政府と警察を統制する内相、宗教と学校および大学政策を監督する文相である。「この両省を統制し、そこで非情に、しかも粘り強く権力を利用すれば非凡なことを成し遂げられる」とヒトラーは考えた。[13] 両省の大臣としてヒトラーが推薦した候補ヴィルヘルム・フリックが、（ビアホール一揆に加担して）反逆罪に問われたような人物では支障をきたすとのドイツ人民党の主張により却下されると、ヒトラーは自らヴァイマルに出向き、三日以内にフリックの就任を了承しない限り、ナチ党は選挙の仕切り直しに向けて動く、との最後通牒をつきつけた。ヒトラーの要請を受けた地元の実業家は、大企業を支持基盤とするドイツ人民党に大きな圧力をかけ、最後にはヒトラーの要求は受け入れられた。フリックは行政、警察、教職から革命家、マルクス主義者、民主主義論者を追放し、ナチズムの思想と合致する方向に教育を改革する任務を負った。手始めに、イェナ大学に新設した人種問題・人種学講座に人種理論の「専門家」ハンス・ギュンター博士が任命された。[14]

政権入りしたナチが最初に実行しようとした政策は成功とはいいがたかった。人種主義イデオロギーを基盤として教育政策、文化政策を刷新しようとしたフリックの試みは歓迎されず、警察と行政をナチ党の支配下に置こうとする動きは内務省に阻まれた。わずか一年のうちに、ナチ党と連立を組む諸政党が不信任決議に賛成票を投じ、フリックは解任された。[15] ナチを政権入りさせれば無能さが露呈し、支持を失うだろうという読みは、一九三三年には破滅的な結果をもたらすことになるが、テューリンゲン州での結末に照らせばあながちおかしなものではなかった。

国外在住のナチ党支持者に宛てた一九三〇年二月二日の手紙のなかでヒトラーは、テューリンゲン州政府への参画の経緯を説明しながら、急速な躍進によって党の支持者が増えていると書いた。この時期の党員数は公式には二〇万人とされる（実際にはもう少し少なかった）。[16] これまではほとんど手ごたえがなかった地域でもナチ党は存在感を示しはじめた。

　ニーダーザクセンの小さな町ノルトハイムは、階級に分裂してはいたが、それ以外の点では安定した、経済的にも決して貧しくはない町であり、一九二九年以前にはナチ党の影響力などとるに足りないものだった。二八年の選挙では、わずか二・三パーセントの票を得ただけだった。社会民主党の得票率は約四五パーセントにも達していた[17]。しかし、翌年にはナチ党の活動が活発化しはじめた。三〇年初頭にはナチ党は町中でプロパガンダを垂れ流した。迫りくる大恐慌の影響をこの町は当初はあまり受けなかったが、町の中流層と隣接する農村部の農民はすでに高い税率、信用力の問題、経済競争に悩まされていた。彼らは、マルクス主義者が牛耳っているとして政府を批判した。

　ナチ党は指折りの弁士を選りすぐり、プロパガンダを開始した。集会の参加者はまだ少なかったが、党は比類ないほどの活力、若さ、力強さというイメージを押し出した。「ナチ党はたゆむことのないエネルギーという感じがします」とは、ある主婦の感想である。「歩道に描かれた鉤十字をいつも見ますし、歩道にナチ党のパンフレットが散らかっていることもあります。ひどく怪しげなところもありますけれど、この党の強そうなところには惹かれますね[18]」。ナチ党が徐々に成功を収めていくうえで、イメージは決定的に重要だった。ナチ党はノルトハイムでは主として強烈な反マルクス主義（すなわち反社会民主党）、熱烈なナショナリズム、軍国主義の政党として通っていた。特段そうした「思想」を好んでいたわけではなかったが、イメージは大事だった。それが類似の主張とイデオロギーをもつ他党とナチ党の違いだった。ナショナリズムと宗教のシンボルを巧みに利用して、ナチ党は中流層の支持を得た。

　町の名士が見本となることも大事だった。ノルトハイムではよく知られた評判のよい地元の書店、地元の名士、町のプロテスタント教会の中心人物が党員になったことで人びとの注意を引くことができた。「あの人が入っているなら大丈夫に違いない」と皆言ったものだ[19]。人気取りのためには反ユダヤ主義はさほど重要ではなかった。そのせいで町の人びとがナチ党を支持しなくなるということはなかったが、それを理由にナチ党を支持する人もほとんどいなかった[20]。ナチ党に魅力を感じるようになる前にヒトラーを直接その目で見た住人はいたとしてもほんのわずかだった。大事なのはやはり、ヒトラーが何かに賛同したという情報が無数のプロパガンダ集会で伝えられ、イメージができあがっていったことだった。

　ノルトハイムと同じことがドイツ全土の無数の町や村で起きていた。長期にわたる賠償支払計画に反対する前年秋のヤング案反対キャンペーン以来、ナチ党は一日当たり一〇〇ものプロパガンダ集会を開催してきていた[21]。

これは翌年夏の国会選挙で最高潮に達することになる。十分に訓練され、中央の統制を受けつつも現地の状況を理解して利用することもでき、ナチ党の扇動の基礎となる不変のメッセージを効果的に伝えることができる選りすぐりの良質の弁士が増えてきていた。ナチ党は新聞の一面に取り上げられることが多くなり、飲み屋の常連の集まりで話題にされることも増えていった。地方都市の社会的枠組みとしてきわめて重要なクラブや団体等のネットワークにも食い込みはじめた。人望のある地元の指導的人物を仲間に引き入れることに成功しさえすれば、その後瞬く間にナチ党に転向する者が増えることも多かった。[22] シュレースヴィヒ・ホルシュタインのような比較的均質な村では、すでに見たように農業危機のせいでヴァイマル「体制」に対する憤激が高まっており、農民の指導的人物が一人か二人勧めるだけで、地域全体が雪崩を打ってナチ党に向かうこともあった。[23]

危機が募るなか、他の非マルクス主義政党は弱く非効率的で信頼できないと思われるか、カトリック政党の中央党のように特定の集団としか結びついていないと思われていた。諸政党が混乱に陥ると、勢力拡大の途にある活力にあふれた国民的大政党であることを売りにするナチ党の魅力は増し、左翼勢力に最もよく抗しうる政党、統一された「民族共同体」のなかであらゆる社会集団の利益を代表できる唯一の政党とみなされるようになった。

そして党員が増え、彼らが開催頻度の上がった集会で参加費を支払い、寄付もするようになれば、資金は潤沢になり、プロパガンダ活動が一層手広く展開できた。[24] こうして、すでに一九三〇年初頭から精力的な活動を通じて成功の兆しが見えはじめてきていた。九月の国会選挙での桁はずれの大躍進はどこからともなく降ってわいたものではなかったのである。

党勢の伸びに勢いづき、ヒトラーは一九三〇年二月初旬に私信で、ナチ運動は二年半から三年のうちには権力を掌握すると大胆にも「予言」した。[25] ヒトラーにはよくある虚勢だった。ヒトラーは風向きがよくなりつつあると感じていた。しかし、勝利に通ずる道が見えたというのは単なる「直感」であり、合理的な計算に基づくものではなかった。ナチ党幹部らも分かってはいたが、これまでの扇動はヴァイマル共和国に対するネガティヴ・キャンペーンでしかなかった。[26] グレゴア・シュトラッサーにいわせれば、党綱領は純粋にイデオロギー的なものであり建設的なものではなかった。いざ機会が到来したときに、この綱領をどのように実行に移すかについて綱領作成者はまるで考えていない、とシュトラッサーは述べている。ナチ党は、権力を手にして何をするのかも分からないままに権力を掌握しようとしていたのだ。[27] 将来計画は党内で今やっと立てはじめられたばかりで漠然としており、検討もまだ不十分だった。[28] ヒトラー自身はそうしたことには関心がなく、相変わらずプロパガンダと動員に固執していた。すべてが権力獲得のための戦いに向けられているにもかかわらず[29]、どのように権力を掌握するかは不透明だった。説得力のある戦略は練られていなかった。

選挙の得票率を上げることは重要だった。しかし、それが直接権力につながるわけではなかった。国政選挙の予定は一九三二年までなかった。地方レベルではテューリンゲン州議会選挙によって、州政府への参画という権力掌握にいたる新しい道が開けた。しかし、入閣はしたもののこの方法ではよい結果は得られず、ナチ党に対する支持の減少を招くことが分かった。大恐慌は深刻化し、選挙の得票率は伸びつつあったにもかかわらず、権力掌握への道は閉ざされていた。国の統治にあたる人びとが大失敗でもしない限り、道が開かれることはなかっただろう。そしてドイツの権力エリートが民主主義を守ることにあからさまに無関心でなければ、また、経済危機を利用して民主主義を崩壊させ、権威主義をもってそれに代えようと望んだりなどしなければ、そのような大失敗が起きることもなかっただろう。しかし、三〇年三月に起こったのはまさにそれだった。

2

このときには、社会民主党の首相ヘルマン・ミュラーが退陣し、代わって中央党のハインリヒ・ブリューニングが就任した。これがヴァイマル共和国の自滅への第一歩だった。民主主義国家が自己破壊に陥らなければ、また民主主義を支えるべき人びとがそれを弱体化させようとしなければ、いかに扇動の才に恵まれていようともヒトラーが権力の座に近づくことはないはずだった。

ミュラー政府は、失業保険の雇用主負担を一九三〇年六月三〇日をもって賃金の三・五パーセントから四パーセントに引き上げるかどうかをめぐり、三〇年三月二七日についに倒れた[30]。この問題をめぐっては前年秋以来、連立パートナーのなかでもそりの合わない社会民主党とドイツ人民党が対立していた。意思さえあれば妥協案を見出すこともできただろう。しかし、経済状況が次第に悪化するなか、二九年には、他の「ブルジョア」政党と同じくドイツ人民党も明確に右傾化していた。シュトレーゼマンの死によってプラグマティズムと良識を唱える強い勢力が失われていた。大企業と結びつき、失業が急増するなかで雇用主の社会保障負担増を危惧するドイツ人民党は、いまやヴァイマル福祉国家への全面的な批判勢力に転じていた。ドイツ人民党をはじめとする右寄りの「ブルジョア」政党にとってこれは、ヴァイマルという「政党国家」そのものを攻撃するという意味を多かれ少なかれもっていた。社会民主党自体も次第に非妥協的になり、ミュラーには失業保険の問題をめぐって妥協する余地は残されていなかった[31]。

連立パートナーの両党が膠着状態に陥ったとしても、内閣の総辞職は避けられたはずだった。大統領ヒンデンブルクは、ミュラーが失業保険問題を解決できるよう大統領緊急令を出すことができたためである。一九二三年の危機に際してエーベルトはその方法でシュトレーゼマンを支えた。ヒンデンブルクはミュラーの後任の首相すべてに対してその方法をとり、それによって議院内閣制の基礎を完全に掘り崩していくことになるのだが、三〇年の段階でミュラーにはヴァイマル共和国憲法第四八条〔緊急事態における大統領の非常大権を定めた条項〕の適用を拒んだ[32]。そのため政権は危機を脱することができず、首相ミュラーは三〇年三月二七日に辞職を願い出た。ヴァイマル共和国の終焉がここに始まった。

ミュラー退陣計画は、実ははるか以前から進んでいた。大統領ヒンデンブルクがドイツ国家人民党の前党首であり国会議員団団長グラーフ・ヴェスタルプに対して社会民主党抜きの政府をつくる必要があると話したのは一九二九年三月だった。同年八月には、慎重で根気強いが快活さに乏しく、超然とした禁欲主義者で、中央党右派として党内で財政政策を担当するブリューニングは、「国会はしばらく休ませ」、憲法第四八条を適用して大統領緊急令による統治を行う心づもりがヒンデンブルクにはあると聞かされていた。この話をしたのは、国防省に新設された大臣官房の官房長官クルト・フォン・シュライヒャー少将だった。シュライヒャーは国防相グレーナーの信任が厚く、この時期にはすでに、ヒンデンブルクもその進言に耳を貸すようになっていた[33]。一二月、中央党議員団長となったブリューニングは、ヤング案が可決され次第、ミュラーを退陣させる決意をヒンデンブルクが固めたと聞かされた。ブリューニング自身は後継の首相と目され、必要とあれば憲法第四八条の大統領非常大権の力を借りられるとのことだった。三〇年一月にはドイツ国家人民党の支持も得られることが分かった。「財政改革をめぐる政権の危機」が二月もしくは三月に来ると囁かれていた。ヒンデンブルクは社会民主党政権を維持すべく迫られはしないかと恐れ、「反議会主義、反マルクス主義」の政権を作るためにこの機会を逃すまいと気をもんだ[34]。

ブリューニングが首相に指名されたのは一九三〇年三月三〇日である。ブリューニング政権の問題はすぐにはっきりした。ヴァイマル共和国憲法下では、大統領緊急令を駆使したとしても、国会の支持を一切受けずにすませることはできなかった。憲法第四八条に規定された大統領緊急令が議会で支持を得られない場合、大統領は国会を解散できた。しかしその場合には六〇日以内に選挙を行う必要があった。六月にブリューニングは、大統領緊急令によって公共支出を削減しようとして苦境に追い込まれた。七月一六日、公共支出削減と増税による緊縮財政、デフレ政策による財政改革を企図してブリューニングが提出した幅広い財政法案が国会で否決された。しかしブリューニングは国会での多数派確保に真剣に動こうとはせず、財政法案を成立させるために大統領非常大権に頼った。国会で否決された法案をこの方法で成立させたのは初めてのことであり、ここに、合法性に疑問の残る統治が始まった。大統領緊急令の撤回を求める社会民主党の動議がナチ党の賛成も得て可決されると、ブリューニングは大統領による国会解散を求め、三〇年七月一八日に議会は解散された[35]。国会で過半数を得るためにうんざりするような交渉を重ねることを考えれば、解散は抗いがたい誘惑だった。次の選挙は九月一四日に設定された。ドイツの民主主義の未来を破滅させる選挙だった。ヒトラーの運動が大躍進を遂げる選挙となった。

　国会解散は驚くほど無責任な決定だった。ブリューニングは明らかにナチ党がかなりの票を得ることを想定していたはずである[36]。何しろナチ党はその数週間前にザクセン州議会選挙で一四・四パーセントの票を得たばかりだった[37]。しかし、議院内閣制ではなく大統領緊急令を基盤とする権威主義体制をとろうと考えた際、ブリューニングは、国内に渦巻く怒りと失望を大幅に過少評価しており、その疎外感の深さ、危険水域に達した国民の抗議の声がどう影響するかをはなはだしく読み違えていた。ナチ党にとっては信じがたいほどの幸運だった。この夏、新たに任命されたばかりの宣伝局長ゲッベルスの指示を受け、前例のないほどの扇動を展開すべくナチ党は選挙準備に奔走した[38]。

3

　この間にナチ党内で行なわれた論争を見ると、ヒトラーが運動のなかでいまやどれだけ傑出した存在になったか、この五年間に党がどれだけ「指導者政党」になっていたかが分かる。この論争は、「理念」を指導者《フューラー》から切り離すことができるかどうかを改めて問うものだった。

　グレゴア・シュトラッサーの弟オットー・シュトラッサーは、管理下に置くベルリンの出版社カンプフフェアラークから出版物を出し、自らの考える国民社会主義を広めようとしていた[39]。これは、急進的で神秘主義的なナショナリズム、強硬な反資本主義、社会改革主義、反西欧思想がないまぜになったような曖昧で陶酔的な思想であり、ブルジョア社会を拒絶し、ボリシェヴィキの急進的な反資本主義を称揚していた。オットーのもつ教条主義的な国民革命の思想は、カンプフフェアラーク社の出版物で思想の普及をはかっていた理論家の一派にも共有されていた。そうした考えが党の不利益にならず、自らの立場とも衝突しない限り、ヒトラーはさしたる関心は払わなかった。オットーが新党設立を考えていることも知ってはいたが、特段の対処はしなかった。しかし、一九二九年にヒトラーがブルジョア右翼勢力との連携を強め、それを利用しようとしだすなか、三〇年初頭にはオットーのいわば独自路線が目触りになってきた。実業家から圧力を受けたヒトラーが、党がストライキを支援することを禁じたにもかかわらず、この禁止に背いてカンプフフェアラーク社が三〇年四月にザクセンで金属工業労働者のストライキを支援するにいたって、決着のときは迫りつつあった。[40]

ゲッベルスは何週間も前から、シュトラッサー兄弟に対する不満をヒトラーにぶつけていた。兄弟の編集する新聞はゲッベルスの編集するアングリフ紙と競合していた。[41] ヒトラーはゲッベルスを支持すると約束した。ゲッベルスの方でも「彼はシュトラッサー兄弟には我慢がならず、このサロン社会主義にはきわめて批判的だ」と記している。[42] しかしヒトラーは何もしなかった。[43] ヒトラーが手をこまねいているため、ゲッベルスはいらだった。この年の二月には、ベルリンの突撃隊指導者ホルスト・ヴェッセルが、家賃を払おうとしないという大家の愚痴を耳にした共産主義者にアパートで撃ち殺されるという事件が起こっていた。このときに、ヴェッセルを運動のために政敵に惨殺された殉教者に仕立て上げたのがゲッベルスだった。そのヴェッセルの葬儀への参列をヒトラーが断ったことにすでにして腹を立てていたゲッベルスは、シュトラッサー兄弟に対して手を打たなければベルリン大管区長を辞任すると脅しをかけた。[44] しかしゲッベルスは、ヒトラーは例によって介入しようとはしないだろうとも考えていた。[45]「党首も含めてミュンヒェンに対する信頼を私は完全に失った」とゲッベルスは三月半ばの日記に苦々しく記している。「もはや彼らのことは一切信じられない。どのような理由があるにせよ、ヒトラーは私との約束を五回も反故にした。認めるのはつらいが、私の心中では結論が出た。ヒトラーは自分の殻に閉じこもっており、決断しようとしない。もはや指導することもなく、ことが起こるに任せているだけだ」。[46]

一九三〇年四月初旬、シュトラッサーの新聞が、ヒトラーがフーゲンベルクと袂を分かち、ヤング案に反対する全国委員会から脱退しようとしていると報じた。ヒトラーの指示に反する報道だった。これにはヒトラーも動かざるをえなかった。「ヒトラーは激怒している」[47]、「この文士連中に対処する気だ。自分自身も脅威を感じているためだ」とゲッベルスは書いた。[48] 党の主要な幹部全員を招集して四月二七日にミュンヒェンで行われた会合での二時間の演説で、ヒトラーはカンプフフェアラーク社とその「サロン・ボリシェヴィズム」を激しく批判した。[49] 会合の終わりに、ヒトラーはゲッベルスを党の宣伝局長に任命した。ゲッベルスは意気揚々と、「ヒトラーは再び指導しはじめた。ありがたい」と書いた。[50] しかし、ヒトラーはそれでも完全に決着をつけようとはしなかった。

しばらく何の動きも見せなかったヒトラーがベルリンに出向き、オットーをホテルに招いて長時間議論を戦わせたのは五月二一日だった。ヒトラーはこのときもまだ関係の断絶は避けようとしていた。深刻な経営難に陥っていたカンプフフェアラーク社を買収することで問題を片づけようとしたのである。[51] ヒトラーは、オットーを自分のメディアの編集長にしようとまで申し出た。[52] しかしオットーは強情だった。ヒトラーは機嫌取りをやめて脅しにかかり、即断を求めた。さもなければ数日のうちにカンプフフェアラーク社を禁止する措置をとるというのである。[53]

決心のつかないオットーは、イデオロギーの問題に論点を移した。この会合に関する唯一の史料で、信憑性もありそうでヒトラーも否定していないのがオットーの著書である。その説明を見ると、要点は指導者原理と社会主義だったようだ。[54]「指導者《フューラー》は理念に仕えるべきものだ。理念にこそわれわれは完全に身を捧げることができる。なぜなら、指導者《フューラー》は死ぬことも過ちを犯すこともあるが、理念は永遠だからだ」とオットーは主張したらしい。「それは途轍もなく馬鹿げた言い分だ」、「それこそ、われわれがお払い箱にしようとしている忌まわしき民主主義そのものだ。われわれにとって指導者《フューラー》と理念は同じであり、党員はすべて指導者《フューラー》に従わなければならない」とヒトラーは反論した。[55] オットーがヒトラーを非難して、合法路線をとってブルジョア右翼勢力と協力することで「社会革命」を「抑えつけ」ようとしており、そのためにカンプフフェアラーク社を潰そうとしていると言うと、ヒトラーは怒り、オットーの社会主義は「マルクス主義以外の何物でもない」と糾弾した。労働者大衆はパンとサーカスを求めるだけで、理想の意味など決して理解しようとしない。「革命の可能性はただひとつだ。それは経済革命でも政治革命でも社会革命でもなく、人種革命だ」とヒトラーは断言した。[56] 大企業に対する姿勢を問われて、公有化や労働者による管理など問題外であり、自分が何よりも重視するのは国益のための生産を保証できる強い国家だ、ともヒトラーは明言した。[57]

オットーとの話し合いは物別れに終わった。ヒトラーは機嫌が悪かった。「白人のユダヤ知識人、組織のことが全く分かっていない、純然たるマルクス主義者」というのがオットーに対するヒトラーの手厳しい評価だった。「ヒトラーは怒り心頭に発している」、「過剰なほどだ」とゲッベルスは記している。[58] グレゴア・シュトラッサーは、この話し合いのしばらく後、弟は党には残れないだろうと考えた[59]。

しかしヒトラーはそれでも行動に出なかった。ザクセン州議会選挙が終わればオットーの件に対処するとゲッベルスに約束したにもかかわらず[60]、六月末まで動こうともしなかった。最終的にヒトラーが動いたのは、ゲッベルスのほかにゲーリング、ヴァルター・ブーフも働きかけたためであり、オットーが五月のベルリンでの話し合いの内容を公表したことで、事実上、選択の余地がなくなったためでもあった[61]。ザクセン州議会選挙が行なわれた六月二二日の夜、オットーら一派を粛清するとヒトラーはゲッベルスに再び約束した[62]。しかし三日後の六月二五日にヒトラーと電話で話したゲッベルスの印象は、「ボスは私が小物を追い出すことを望んではいるが、大物には手をつけたくないようだ。ヒトラーはいつもこうだ。プラウエンでは威勢がよかったが、今日は後戻りだ。[…] 約束はするが守らない」というものだった[63]。六月二八日にはさらに批判的な調子で、「ヒトラーは決定を避けている。そのせいですべてがまたひっくり返る。ヒトラーは月曜日に［ベルリンには］来ないに違いない。そうすれば決断せずにすむからだ。いまいましいヒトラーめ。優柔不断！ 永遠に先送りか！」と書きとめている[64]。予想に違わずヒトラーは、ザクセン州での連立交渉で身動きがとれないとして、七月三日にベルリン大管区の会合で予定されていた演説を取りやめた[65]。オットーら一派を批判するヒトラーの書簡をブーフが朗読するとゲーリングから聞かされても慰めにはならなかったが[66]、実際の書簡そのものは攻撃的な調子で書かれていたためゲッベルスは満足した。この書簡によりゲッベルスは、ベルリン党支部での「断固とした粛清」へのお墨付きを得た[67]。

オットーと支持者二五名は、党から除名されると考え、七月四日に、「社会主義者は国民社会主義ドイツ労働者党から離党する」との声明を公表した[68]。反対派は自ら進んで粛清を受けたのだった。「運動、ヒトラー、そして私への忠誠が宣言されることで決着がついた」とゲッベルスは書き[69]、その後まもなく、「ベルリンに秩序が戻った。[…] 空気がよくなった」とも書き足した[70]。「文士連中の反乱は単なる内輪もめに終わり、オットー・シュトラッサーは完全に敗北した[71]」。ゲッベルスはヒトラーへの信頼をまだ完全には取り戻していなかった。一九三〇年七月一六日の日記には「ヒトラーが動いたのは不安に駆られたせいだ」、「ヒトラーはもはや自由に決断を下すことはできないのだ」と記されている[72]。

二日後にはこうした問題はほとんど吹き飛んでしまった。ブリューニングが国会解散を宣言したためである。ゲッベルスは選挙戦の準備にかかりきりになった。ゲッベルスは、ミュンヒェンで新たに購入した「ブラウンハウス」と呼ばれるナチ党本部の建物に自分のために設えられた贅沢な執務室を見せられた。さらに市内に一フロアの住宅が与えられ、宣伝局には多額の財政支援も保証された。(73)「ヒトラーは私の意見を完全に聞く。これでよい」と書いたゲッベルスは、初夏の失望は忘れ、ヒトラーへの忠誠を取り戻した。(74)

オットー・シュトラッサーが引き起こした危機に関するゲッベルスの説明は一方的ではあるが、そこで繰り返し批判されているのはヒトラーの優柔不断さである。ザクセン州議会選挙が迫っていたこと、攻撃の好機になるような行動をオットー本人がとるのを待っていたことなどを考え合わせれば、ヒトラーの時間稼ぎが戦略的なものだったことは確かである。ヒトラーはザクセン州議会選挙までは待つと決め、オットーを叩く前に選挙戦ではある程度の支援もした。(75)介入を余儀なくされたのは、オットーが関係断絶もやむなしと決断し、ヒトラーとの話し合いについて自分自身の立場を公表するにいたってからだった。しかし、ゲッベルスはヒトラーの性格を見抜いた。これは他のナチ党幹部らもよく分かっていたことだった。つまり、ヒトラーはもともと難しい判断を先送りにする傾向があり、危機に際して決断力に欠けるのが常だった。外から見ているだけでは分からないが、この特徴は第三帝国の主だった危機において何度も露呈した。これは弱点といえようが、奇妙なことに、ヒトラーが無視され、誰か別人が重要な決定を下した様子はみられない。そして、今回もそうだったが、ひとたび動くと決めればヒトラーは決然と動いた。決定を引き延ばしておきながら大胆に動くというのが、党首としても独裁者としてもヒトラー特有の行動パターンだった。

オットーが引き起こした危機から明らかになったのは、何といってもヒトラーの立場の強さだった。オットーは実際のところ党内での人気は高くなく、その影響力も思うほどは大きくなかった。ナチ党から離れてしまえば何の重要性ももたない人物であり、党幹部のなかでオットーに従った有力者はいなかった。余波もなく、反乱は一夜にして幕を降ろした。(76)グレゴア・シュトラッサーは弟との関係を完全に絶った。(77)オットーとは袂を分かち、オットーが続ける党に敵対的な扇動は「全くの気違い沙汰」だと断じた。(78)オットーは「革命的国民社会主義者闘争共同体」、次いで「黒色戦線」を設立したが、これは右翼の泡沫的な反対勢力にすぎなかった。(79)オットーら一派の離党により、党内で長く続いたイデオロギー上の論争は終わった。一九二五年の北西ドイツ大管区活動共同体の頃と比べると状況は根本的に変わった。指導者《フューラー》と理念が同一であることはいまや明白だった。

4

一九三〇年夏、選挙戦は最高潮に達した。ヒトラーが策定した幅広い指針にしたがい、ゲッベルスが選挙運動を中央で統括した。ナチ党地方支部は多彩な手法を用いた。農民、官吏、労働者など、様々な利益集団に訴えるための専門知識を有する一〇〇名もの弁士のリストが回覧された。最重要のテーマは、ドイツの政治生活が「多数の特殊利害」に分裂してしまっていることへの批判だった[80]。

　二年前、メディアは総じてナチ党を無視した。しかし褐色の制服を身につけたナチ党員がいまや新聞の一面を飾るようになった[81]。ナチ党を無視することはできなかった。街頭での暴力によって扇動がさらに高まり、ナチ党の名が政治的な勢力分布図に大々的に書き入れられた。「どんな方法であれ知られることはよいことだ」というナチの掲げるモットーの正しさはナチ党の政敵も認めた。社会民主党、共産党、中央党への支持が多く、ナチ党が最も厳しい戦いを迫られた地域のひとつであるルール地方では、ナチ党に敵対的なドルトムント新聞がナチ党をやまず攻撃しつづけていた。たとえばそのドルトムント新聞でさえ、ナチ党のプロパガンダの活力は認めざるをえなかった。「ナチ党を活気づけるその組織、活動性、権力への意志を認めないわけにはいかない」と同紙は報じた。「何年もかけてナチ党の旗手は辺鄙な村々を訪れ、ドイツ全国で一日に少なくとも一〇〇もの集会でそのスローガンを大衆に呼びかけることを厭わなかった[82]」。ナチ党が扇動に向けるエネルギーと活力は驚くべきものだった。選挙期間中にオーバーフランケンとミッテルフランケンのありとあらゆる場所で開催された集会の回数は一〇〇〇回を下らない[83]。この地域で当局はナチ党の大躍進を予想し、ナチ党の扇動がもつ魅力は、「議会が財政を統御できない」ことへの不満、それにともなう「抜本的な政治変革」への共感に根差すものだと指摘した[84]。選挙期間の後半一カ月に計画された集会はドイツ全国で三万四〇〇〇にのぼった[85]。他党はこれに遠く及ばなかった。

　ヒトラー自身は投票日までの六週間に二〇回の大規模な演説を行った[86]。多くの聴衆がつめかけた。一九三〇年九月一〇日には一万六〇〇〇人以上がベルリンのシュポルトパラストにヒトラーの演説を聞きに来た[87]。二日後、ブレスラウでは二万～二万五〇〇〇人が百周年記念ホールに殺到し、場外の拡声器で演説を聞く人がさらに五〇〇〇～六〇〇〇人も出た[88]。

　一九二〇年代初頭にはヒトラーの演説ではユダヤ人攻撃が目立った。二〇年代後半になると、演説の中心は「生空間《レーベンスラウム》」に移った。三〇年の選挙戦では、ユダヤ人に明示的に触れることはほとんどなく、二〇年代初頭のような荒削りの攻撃はすっかり影をひそめた。国際市場での競争に対する対案として「生空間」が強調されるようになった。しかしそれも二七年から二八年にかけてのようにいつも言及されるというわけではなかった。この時期の中心テーマは、議会制民主主義と政党内閣の下でドイツ国民は競合する複数の利益集団に分裂してしまった、階級・地位・職業を超えた国民の新たな共同体を創出してこの分裂を克服できるのはナチ党だけである、というものだった。ヴァイマル共和国の諸政党は特定の利益集団しか代表しないが、ナチ運動だけは国民全体のために戦う、とヒトラーは主張した。[89] 演説という演説でヒトラーはこのメッセージを力説し、ヴァイマル体制を繰り返しやり玉に上げた。「一一月の犯罪者」の体制だからという大雑把で単純な理由ではなく、減税、財政管理、雇用などの面で約束を果たしていないというのがその理由だった。全政党に責任がある。どの政党もドイツを破滅に追い込んだ政党システムの一部であり、ヴェルサイユ条約からドーズ案で合意された賠償条件をへてヤング案の合意にいたるまでの政治の流れに責任を負っている。社会全体の窮状の原因は指導力不足にある。民主主義、平和主義、国際主義が無力化と弱体化を招き、偉大なる国民に膝をつかせた。そうした腐敗を一掃すべきときだ、という主張だった。[90]

　ヒトラーの演説は単に既存の体制を否定し、攻撃するだけのものではなかった。ヒトラーが描き出したのは、強さと統一を通じた国民の解放という展望であり、ユートピアであり、理想だった。ヒトラーは、選挙公約として、対案となる政策を具体的に提案したわけではなかった。ヒトラーが提案したのは、「新しい一大プログラム」であり、それは「新しい政府によってではなく、雑多な階級、職業、地位の混成体であることをやめた新しいドイツ国民によって支えられる」ものだった。ヒトラーは二項対立を強調するいつもの論法で、「民族《フォルク》の共同体《ゲマインシャフト》」を創出し、「諸々の違いを克服して国民全体としての力を取り戻すか、それとも滅びるかだ」と宣言した。この後の展開を予言するかのようだった。[91] 社会的分裂を克服できるのは「高い理想」だけだ。[92] その理想は、社会のいかなる個別領域よりも国民と民族を優先する国民社会主義にこそある、とヒトラーは主張した。弱体化した古い帝国に代わり、人種的価値に、業績・強さ・意志・闘争・能力を基礎として選ばれた優れた人びとに、そしてドイツ国民の力と強さの回復に立脚し、新帝国を築かなければならない。[93] それができるのは国民社会主義だけだ。ナチ党は他党のように日常の細々とした政策のための政党ではない。他党とは違う道を行く。「われわれが約束するのは個々人の状況を物質的な意味で改善することではない。国民の力を増大させることだ。それだけが大国への道、国民全体の解放への道を示すからだ」とヒトラーは九月一〇日にシュポルトパラストにつめかけた大観衆の熱狂的な歓声のなかで宣言した。[94] これは一般的な意味での政治綱領ではなかった。政治的な聖戦だった。政権交代を目的とするものではなく、国民救済のメッセージだった。深刻化する経済危機と社会的困窮、不安、分裂のなかで、そして議会に集う無能な政治家の失敗と愚劣さを感じるなかで、この訴えは強烈なアピールとなった。

民主主義を積極的に擁護する発言で知られる平和主義者カール・フォン・オシエツキーは、選挙直前、自身が編集する急進的な雑誌ヴェルトビューネに、「この思想には理念も原理もなく、長くは続かないだろう」と書いた。「自党の唱える『社会主義』とは何かを定義できる国民社会主義者はいない。[…]そのため、アドルフ・ヒトラーにはドイツ国民を救う使命があるという何やら奇妙な教義だけが残る」。「国民社会主義の理論めいたものは、指導性とよばれる個人への信仰だけだ。しかしこれは神秘主義である。神秘主義は人の目をしばし眩ますことはできても、人びとの空腹を満たすことはできない」[95]。ナチ・イデオロギーの理論の分析としては見事な洞察である。しかしこの判断は政治的には鋭さを欠いていた。ナチズムは死んだと考えたのはオシエツキーだけではなかったが、その判断は拙速であり、社会的統一と連帯の力による国民の救済というヒトラーのメッセージのもつアピール力、感情に訴える力、潜在的動員力を余りにも過少評価していた。

ヒトラーのメッセージは、大戦で兵士として戦うことこそできなかったが、危機、対立、国力の低下をじかに感じ取れるくらいの年齢には達していた、比較的若い世代の理想主義に訴えかけた。一九〇〇年から一〇年にかけての一〇年間に生まれたこの世代のなかでも、中産階級出身で、大戦前の君主制の伝統には思い入れがなく、社会主義と共産主義への嫌悪感はあってもヴァイマル期の政治的、経済的、社会的イデオロギー対立に肩入れする気にはなれない多くの若者が、何か新しいものを求めていた[96]。ドイツ語の「民族《フォルク》」や「共同体《ゲマインシャフト》」という概念には著しく感情に訴える響きがあり、階級対立を克服する「民族共同体」という目標は実に有益であるかに思われた[97]。「民族共同体」という概念がそこから誰を排除するかという観点から定義されること、社会的調和が人種の純粋性と同質性によって実現されることは、ことさらに称揚されることこそなかったが当然視されていた。第三帝国が成立すると、調和的な「民族共同体」を実現するよりも、排除すべき集団への差別政策を実行するほうが簡単であることが明らかになっていく。

世論調査が行われたことがないため、ナチ党が支持された理由を正確に証明することはできない。一九三四年にナチ党の一般党員五八一名に対して行われた実態調査も代表性があるとはいいがたいが、しかしここからも分かることはある。これらの党員の大部分は、ヒトラーの権力掌握以前、それどころか三〇年の大量得票以前に入党した人びとである[98]。そのほぼ三分の一が「民族共同体」の提供する社会的連帯をイデオロギー的に最も重視していた。別の三分の一は主としてナショナリズム、報復主義、極端な愛国主義、ドイツロマン主義の思想をもつ人びとだった。経歴から判断して三分の二はユダヤ人をある程度嫌悪していると思われるが、反ユダヤ主義をイデオロギー的に最も重視するのはわずか八分の一ほどだった。ヒトラー崇拝に共感して入党したのは五分の一ほどである。何を最も敵視するかという角度から見れば、党員の三分の二にのぼる圧倒的多数を占めるのは反マルクス主義者であり、「国民再生」と「体制」廃止を期待する者は回答者の半数を超えた(99)。

これらの数値は推測でしかない。しかし、ヒトラーとその運動のもった魅力が特定のイデオロギーに基づいていたわけではないことを改めて示すには十分である(100)。運動は、主として全ドイツ主義と新保守主義のイデオロギーから発する多様な思想が、様々な恐怖、ルサンチマン、偏見と混ざり合ったものだった。他党も何らかのかたちで掲げていたような主張ばかりだった。

しかし、ナチ党ほどに強さと活力のイメージ、国民の聖戦としての宗教的な推進力をもつ政党はほかになかった。しかも、一九二〇年代には辛うじて表面化せずにいたものの、深刻な危機にあって民主主義の失敗を人びとが感じ、赤裸々な怒りが急速に膨らむなか、ヒトラーはそれを利用することに誰よりも長けていた。さらに、現代に生きるわれわれはナチズムのもつ理論的内容の乏しさを侮るあまり見過ごしてしまいがちだが、再生ドイツの新しい社会の理想を描いてみせたのは、右翼のなかでも唯一ヒトラーの運動だけだった。それが多くの者を大いに惹きつけたことは明らかである。

ナチ党は個々のセクターの個別利害を超越すると主張してはいたが、実際には危機の深刻化に乗じ、自ら作り上げた下部組織を通じて主として中産階級の利益集団にほかのどの政党よりもうまく食い込んだ。党内で「血と土」を主唱したリヒャルト・ヴァルター・ダレの指導下に作られた「農政局」はもとより、労働者、官吏、法律家、医師、薬剤師、教師、大学教員、学生、女性、若者、小規模業者、果ては石炭商にいたるまでの各社会集団の個別利害に対応するための諸組織を通じて、主として一九三〇年以降、ナチ党は提携組織の枠組みを組み上げた。そして、そうした諸々の個別利害に同時に訴えかけつつ、それらの個別利害を最優先事項としての国民の利益に組み込んで一本化することにより、最大の効果が上げられると主張したのだった(101)。

この意味で、ナチ党は次第に「超利益政党」として機能するようになっていった。「民族共同体」というレトリックと指導者崇拝はドイツ再生のためにあり、再生されたドイツでは様々な利害のすべてが新たに関係づけられるというのである。政治状況、経済状況が悪化するなか、諸利益を守りつつも超越する強力な国民政党をさしおいて弱小の利益政党に投票することは合理的とは考えられなくなり、ナチ党に投票することが常識的な判断であるかのように思われやすくなっていった。ナチ党はこうして浸透しはじめ、バイエルン農民同盟のような利益政党の支持層を切り崩し、農村部ではドイツ国家人民党のような伝統的な政党の牙城にすら大きく食い込んでいった。[102]三〇年夏に始まったこの流れが急速に強まるきっかけは、九月一四日のナチ党の勝利だった。

5

この日、政治的な激震が走った。ドイツの議会主義の歴史のなかで最も驚嘆すべき結果だった。ナチ党は一九二八年の国会選挙で獲得した得票率わずか二・六パーセントの一二議席から、得票率一八・三パーセントの一〇七議席に一挙に躍進し、国会の第二党となった。約六五〇万人がヒトラーの政党に投票した。これは二年前の八倍にあたる。[103]ナチ党の快進撃の始まりだった。

党幹部は大躍進を予想していた。地方選挙でよい結果が続いており、なかでも一九三〇年六月に行われた直近のザクセン州議会選挙では一四・四パーセントを獲得したためだった。[104]国会が今にも解散されそうな様相を呈していた四月の段階で、ゲッベルスは約四〇議席と踏んでいた。[105]九月の投票日一週間前には、ゲッベルスは「大勝利」になると予想した。[106]ヒトラーは、一〇〇議席はいけると考えていたと後に語った。[107]しかし実際のところ、ゲッベルスも認めたように、あまりの大勝利にナチ党の誰もが唖然とした。[108]一〇七議席は誰も予想していなかった。ヒトラーは喜びのあまり有頂天になった。[109]

政治的な勢力分布は一夜にして劇的に変わった。ナチ党同様、共産党も支持を伸ばし、一三・一パーセントの票を獲得した。第一党の地位を保ったとはいえ社会民主党は後退し、中央党もわずかに得票を減らした。しかし、真の敗者は中道から右のブルジョア政党だった。ドイツ国家人民党は一九二四年の二〇・五パーセントから立て続けに得票を減らして七パーセントにまで落ち込み、ドイツ人民党も一〇・一パーセントから四・七パーセントに減った。[110]票が流れた先は主としてナチ党だった。ドイツ国家人民党の元支持者の三人にひとり、自由主義諸政党の元支持者の四人にひとりはナチ党に投票したと考えられている。そこまでではないにせよ、社会民主党、共産党、中央党、バイエルン人民党など、いずれの党からもかなりの票が流れた。ただし、左派政党が圧倒的な強さをほこる労働者階級と、とくにカトリック層はナチ党には比較的なびきにくく、これはその後も変わらなかった。[111]よくいわれるほどではないが、投票率が七五・六パーセントから八二パーセントに上がったこともナチ党に有利にはたらいた[112]。

北部から東部にかけてのプロテスタント農村地域では地滑り的勝利を収めた。フランケンの農村部が敬虔なプロテスタント地域であることを除けばカトリック勢力が強いバイエルンでは、得票率が初めて全国平均を下回った。カトリック地域はほとんどが平均以下だった。大都市や工業都市では、驚異的な伸びを示したとはいえ、ブレスラウやケムニッツ＝ツヴィッカウのような明らかな例外を除けばナチ党はまだ平均以下だった。しかし、シュレースヴィヒ・ホルシュタインでは得票率は一九二八年の四パーセントから二七パーセントに急増した。東プロイセン、ポメルン、ハノーファー、メクレンブルクでも支持はいまや二〇パーセントを超えた[113]。ナチ党支持者の少なくとも四分の三はプロテスタント（もしくは非カトリック）だった[114]。明らかに女性よりも男性からの得票の方が多かった（この傾向は三〇年から三三年にかけて変化していく）[115]。ナチ党支持者の五分の二は中産階級だった。しかし四分の一は労働者階級だった（ただし失業者はヒトラーのナチ党ではなく、テールマンの共産党に投票する傾向にあった）[116]。ナチ党支持者に占める中産階級の割合は本当に高かった。しかしナチ党はかつて考えられていたように中産階級のためだけの政党ではなくなっていた[117]。すべての層から同じように支持されているとまではいえずとも、あらゆる社会層から支持を受けたといって差し支えない状況だった。ヴァイマル共和国期を通じてそのように主張しえた政党はほかにない。

党員の社会構造からも同じことがいえる[118]。九月の選挙後、大量の新規入党者が出た。すべての社会層から均等にとはいえないにしても、あらゆる社会層から党員が集まった。党員は圧倒的に男性が多く、党員年齢の若さという点で匹敵しうるのは共産党だけだった。選挙での支持層としてはプロテスタント中産階級が目立ったが、労働者層出身の党員も一定程度はおり、党自体よりも突撃隊やヒトラー・ユーゲントではさらに多かった[119]。また、躍進を遂げたことで農村地域では「社会的地位のある」人びとが党に入ろうとするようになった[120]。教員、官吏、プロテスタント教会の牧師などである。こうした層が入党しだしたことにより、地方でのナチ党の社会的評価も変わった。たとえばフランケンでは、一九三〇年にはナチ党はすでに官吏の政党であるかのような様相を呈していた[121]。ナチ党は地方の町や村の社会的ネットワークに一段と浸透していった[122]。

自らが代表しているはずの人びとの言葉を政治家が理解できなくなり、意志の疎通がはかれなくなるようなことがあれば、その政治体制は危険である。ヴァイマル共和国の諸政党の政治家は一九三〇年にその危険な水域に向かおうとしていた。ヒトラーは不人気な政権に参画していないという点で無傷であり、共和国に対する敵意において確固たる急進性を示しているという点でも有利だった。信用を失った体制への激しい抗議と国民的再生を語るヒトラーの言葉は、少しずつドイツ人の理解を得ていった。特定の政治的イデオロギー、社会的文化的環境、宗教的な文化との強い結びつきをもたない者たちがそうした言葉に夢中になった。

フランクフルト新聞はこの選挙を「憤激の選挙」と呼んだ。同紙の分析によれば、現在の政治体制を転覆させようとしていた有権者もいたが、ほとんどは経済的窮状への抗議の声だった。とはいえ、衝撃的な選挙結果だった。[123] ナチ党が暴力的に権力を奪取するのではないかとすぐにも恐れた人びともいた。[124] オットー・シュトラッサーの友人ヘルベルト・ブランクは、ベルリンの編集部はどこも移転準備に慌ただしく、株価は下がる一方だ、と述べている。[125] 興奮はすぐに収まった。しかし民主主義は大打撃を受けた。政治勢力としては周縁に位置し、権力という点では考慮の埒外にいたナチ党が、一躍、中心に躍り出た。選挙前にはブランクは、「ナチス」〔ナチズム思想の信奉者やナチ党員の蔑称〕という言葉を聞くと即座に精神病院を連想する、と皮肉交じりに言っていた。しかしもはやそうではなくなった。[126] こうなるとブリューニングは、多少はましに思える社会民主党に容認してもらわない限り、国会で立ち行かなくなってしまった。[127] 社会民主党は悄然と、しかし強い責任感から「寛容」政策をとった。社会民主党の有力な理論派ルドルフ・ヒルファーディングの言によれば、ここまで右傾化した政府を許容するということは、「反議会勢力が多数を占める議会で民主主義を守るために必要」であるからとしか説明できない、自己犠牲とでも呼ぶしかない行為だった。[128] いまや誰もがヒトラーの名を口にするようになった。ヒトラーに対して中立や無関心でいることは難しかったため、好意的であるか否定的であるかどちらかになりがちだったが、いずれにせよ、ヒトラーは考慮すべき存在となった。もはや誰も無視はできなかったのである。

しかしヒトラーはまだひどく過少評価されていた。ミュンヒェンのレーテ共和国にも参加した無政府主義の革命作家エーリヒ・ミューザムは、ヒトラーの勝利を労働者階級にとってはまさに「天の恵み」と見た。ナチ党に行政上の責任を負わせてみればその反動性が明らかになり、社会民主党が権力を握ったときに労働者が社会民主党離れを起こした以上の速さで労働者はナチ党から離れていくだろうというのである。全くの考え違いだったが、ミューザムは真に危険なのはドイツ国家人民党による指導、とくに「ドイツのファシスト運動の真の指導者」たるフーゲンベルクだと考えていた。[129] ミューザムと同じような革命的傾向をもつ作家でありながら、左派で唯一、危機の深刻さを認識していたのがエルンスト・トラーだった。「ヒトラー首相」と題したヴェルトビューネ誌の記事でトラーは、「時計は零時一分前を指している」と警告した[130]。「ブルジョア」作家のなかでは、一〇月一七日にベルリンで行った講演「理性に訴える」で、ナチ党シンパから散々な妨害を受けながらも、ナチ党の地滑り的勝利がもたらす危険についてトーマス・マンが思慮深い分析を行った[131]。しかしマンはその文化悲観論のために、また一九世紀的な人文主義と理想主義の価値が崩壊し、大衆社会の粗野で原始的な感情に堕したことへの失望から、ナチ党の躍進についてはいたって単純な評価を下すにとどまった。マンにとってナチズムとは単に「救世軍もどき、大量発作、屋台の鐘の音、ハレルヤか、托鉢僧のように口から泡をふくまで単調な文句を繰り返す奇怪なスタイルの政治」にすぎなかった[132]。

一九三〇年九月の選挙後、ドイツのみならず世界中がヒトラーに注目せざるをえなくなった。ヒトラーは外国メディアからもインタビューを受けるようになった[133]。ヒトラーが意気盛んに臨んだのは英国の保守新聞デイリー・メール紙のインタビューである。同紙のオーナーであるロザミア卿は「ドイツ国民の再生」だとして選挙結果への喜びを公にし、ナチ党が政権を獲得すればボリシェヴィズムに対する砦となるとの見通しを歓迎した[134]。インタビュアーのローサイ・レイノルズはヒトラーに魅了された。「ヒトラーはきわめて平易に、きわめて真面目に語った。好印象を与えようとして政治指導者がとりがちな態度というものがヒトラーには全く感じられない。この人物の力は雄弁さと大衆の注意を引きつける能力にある、と考えている者はまだ多い。しかしそうではない。この人物の力はその信念にあるのだ。彼は頑強そうではなく、むしろ華奢である。昨夜のヒトラーは、二時間以上にわたり法廷で証言に立った後に会議に出るという過酷な一日を終えて疲れ切っており、顔色は蒼白だった。しかし、口を開いた瞬間、身体的な疲労に打ち克つほどの燃えるような精神が宿っていることが分かった。彼はひどく早口だ。その声は神経の高ぶりを感じさせる活力に満ちており、それが言葉の奥に込められた強い信念を感じさせるのである[135]」。

ヒトラーが「法廷で苛酷な一日」を過ごしたとはいうが、実はこれも、クーデターを起こすのではないかとの疑念を和らげ、合法的に権力を掌握するという約束を強調するためのプロパガンダとして十全に利用された。一九三〇年中、とくに選挙期間中にヒトラーは合法的に権力を勝ち取るつもりだと繰り返し強調した[136]。選挙で勝利した直後、ナチ党に共感する国軍ウルム駐屯連隊の若い士官三名が、体制転覆を目指す活動への関与を禁じた隊員規則に違反してナチ党と共同で軍事クーデターを起こそうとしたとして「国家反逆罪」の嫌疑により起訴された。ヒトラーにとってこれは、世界中のメディアが注目するなかでナチ党の合法路線を強調する恰好の機会となった。ハンス・ルーディン、リヒャルト・シェリンガー、ハンス・フリードリヒ・ヴェントという三名の士官の裁判は九月二三日に始まった。初日にヴェントの弁護人ハンス・フランクは、ヒトラーを証人として召喚する許可を与えられた。二日後、ヒトラーを支援する群衆が裁判所を取り巻くなか、国会第二党の党首ヒトラーは証人席に立ち、赤服に身を包むドイツ最上級審の判事と対峙した。[137]

ヒトラーはまたしても法廷を宣伝に利用する機会を得た。軍を弱体化させる意図はないと激しく否定したときには、証言をプロパガンダ演説に使わないよう判事がヒトラーに釘を刺す一幕もあった。しかし効果はほとんどなかった。ヒトラーは、自分たちの運動は合法的に権力を奪取しようとするものであり、再び偉大なるドイツ国民軍になるであろう国軍は「ドイツの未来のための礎」だと強調した。[138]ヒトラーは、自分の理想を非合法的に追求しようとしたことはないと力説した。また、オットー・シュトラッサーを除名したのも、運動のなかで『革命』という言葉をもちだす」一派と一線を画そうとしたものだとした。しかしヒトラーは裁判長に対して、「われわれの運動が合法的な闘争に勝利した暁には、憲法裁判所で一九一八年一一月の罪が償われることになり、何人もの首が飛ぶことになるだろう」とも断言してのけた。[139]これを聞いて傍聴人からは歓声と「ブラヴォー」の声が上がり、たちどころに裁判長から、ここは「劇場でも政治集会でもない」との警告が与えられた。[140]ナチ党が今後二、三回の選挙を経た後に多数を獲得すると自分は期待している、「そうなればナチ党は立ち上がり、われわれが求める国家を作り上げるだろう」とヒトラーは続けた。[141]また、第三帝国の創設についてどのように想定しているかと問われたヒトラーは、「ナチズム運動はこの国において合法的な手段で目標を達成しようとするだろう。憲法がわれわれに示すのは方法であって目標ではない。この憲法に則った方法で、われわれは立法府において決定的な多数を得るべく努め、それに成功した暁にはわれわれの理念に即したかたちに国を作りかえることになる」と答えた。[142]ヒトラーはこれは必ずや合憲的になされると繰り返し、最後に証言は真実だと宣誓した。[143]

ゲッベルスは被告のひとりであるシェリンガーに、ヒトラーの宣誓は「素晴らしい手」だったと述べた。「今やわれわれは完全に合法だ」とゲッベルスは叫んだとされる。[144]宣伝局長ゲッベルスは、メディアの「素晴らしい」報道に小躍りした。[145]ハンフシュテングルはヒトラーから新たに対外報道責任者に任命されたばかりだったが、裁判が国外でも広く報道されるよう取り計らった。また、一点につき一〇〇〇マルクという相当な料金を支払って、ヒトラーの論稿三点を米国の有力メディア企業ハーストの新聞に掲載した。ヒトラーは一九三三年まで首都ベルリンでは官庁街の中心近くにある豪奢なホテル・カイザーホーフを本拠地にしていたが、その滞在資金が消しとぶほどの額だったと本人は言う[146]。

ライプツィヒで行われた国軍の裁判は一九三〇年一〇月四日に閉廷して三名の軍士官はいずれも一八カ月の保護観察処分となり、ルーディンとシェリンガーは国軍を懲戒解雇された。この裁判でヒトラーはとりたてて目新しいことを言ったわけではなかった。何カ月も前からヒトラーは「合法的に」権力を掌握すると強調したいと考えていた。この裁判は大々的に報道されたため、ヒトラーの宣言は最大のインパクトを得られた。フランクが後に述べたように、合法性を明言したことで、ヒトラーが暴力的に権力を奪取しようとしているのではないかと疑っていた多くの人びとの懸念は払拭された[147]。過去の革命路線とは決別したのだという信頼が得られたことで、ヒトラーは一定の社会的地位にある人びとのあいだでも支持を拡大していった[148]。

選挙後、政権与党の責任を担うことでナチ党は真価を問われ、扇動も制限されるだろうとして、ナチ党を連立政権に迎えるようにブリューニングに働きかけた者もあった。ブリューニングはそうした意見は一蹴したが、ナチ党が合法路線に徹するのであれば、いずれは協力関係をもつことを考慮しないわけにもいかなかった。選挙直後のヒトラーからの面会要請は拒絶したものの、ブリューニングは、他党の党首と同様に一〇月初旬にヒトラーとも会談すべく手配を進めた[149]。ブリューニングは、ヒトラーが「忠実なる野党」としての態度をとること、すなわち、経済破綻を阻止するために必須と考えられる一億二五〇〇万ドルの国際借款をめぐるデリケートな交渉が終わるまでは賠償支払いの即刻停止要求を弱めることで合意したいと考えていた。

一〇月五日の会談は人目を避けて占領地相トレヴィラヌスの自宅で行われたが、明らかになったのは、協力の可能性は皆無だということだった。両者のあいだには深い溝があった。ブリューニングは、少し落ち着く時間をとったうえで賠償の完全停止につなげるという微妙な戦略をとろうとしていたが、ブリューニングがそうした政府の外交・財政政策について慎重に述べるのを聞き終わった後、ヒトラーはブリューニングの提起した問題を完全に無視して一時間も演説をぶった。説明された戦略の複雑さをヒトラーは明らかに理解できていなかった。ヒトラーがおそるおそる話しはじめたため、ブリューニングとトレヴィラヌスは最初は少々気の毒に思い、励ますようなことを言ったほどだった。しかし、ヒトラーはすぐに本領を発揮しだした。会談は秘密裏に行われるはずであったのに、明らかに事前に準備されていたとおぼしき突撃隊の分列行進が歌いながら近くを通りかかると、ヒトラーはさらに調子が出たようだった。同席していたブリューニング、トレヴィラヌス、フリック、グレゴア・シュトラッサーの四名に対して、ヒトラーは大衆集会で演説しているかのように熱弁をふるった。ヒトラーが「絶滅」という言葉を何度も使うのにブリューニングは衝撃を受けた。ヒトラーは共産党、社会民主党、「反動勢力」、ドイツの仇敵フランス、ボリシェヴィズムの本拠ロシアを「絶滅」しようというのだった。「まずは権力、政治はそれから」というのが常にヒトラーの基本姿勢であることは明らかだった、とブリューニングは後に語っている。[150]

ことはこれだけでは終わらなかった。外交政策に関する政府の戦略は完全に秘密にするとブリューニングに約束したにもかかわらず、ヒトラーは会談での話の概要をすぐさま口述筆記させ、対外報道責任者ハンフシュテングルがそれを米国大使に漏らしたのだ。[151]

ブリューニングはヒトラーを、経験が浅く危険な狂信者とみなした。両者の会談は友好的に終わったにもかかわらず、ヒトラーはブリューニングに深い憎しみを抱いた。その病的な憎しみは党全体に広がった。もとをただせば、会談の際にヒトラーがブリューニングに強い劣等感を抱いたことが原因だ、とアルベルト・クレープスは論じる。[152]

ヒトラーは体制に対して執拗に反対を続けた。体制を象徴する首相ブリューニングがいまや憎悪の対象となったた。ゲッベルス同様、扇動の継続はヒトラーの好むところでもあった。[153] ヒトラーは支持者に言った。「『勝利』と書いた旗をこれ以上掲げてはならない」、「その代わりにわれわれにふさわしい言葉を書け。それは『闘争』だ！」。[154] 何にせよそれ以外にできることはなかった。格言にも「『勝って兜の緒を締めよ』とある」。それにしたがって、ナチは「選挙後に七万回の集会を組織した。ドイツは再び『雪崩』に呑みこまれた」と、ある同時代人は書いている。[155] 町という町、村という村が呑まれた。［…］

このような扇動を大規模に続けることができたのは選挙で勝利したためだった。党への関心が高まれば新規入党者が大量に出る。それによってもたらされる新たな財源は、さらなる宣伝とその実行にあたる新しい活動家のために使われることになった。[156] 成功が成功を呼んだ。しかし、ナチ党に対する支持の構造は少し変わった。この時期になってナチ党に転向してくる者は、信念のためにはすべてを犠牲にしてもよいと考える初期の頃のような狂信者ではなかった。彼らの支持はいわば条件つきであり、それが得られるかどうかは成功を収められるかどうかにかかっていた。[157] 多くの者が簡単に入党し、簡単に離党していった。党員の離党率は相当なものだった。[158] なにか具体的な政策を打ち出せば、たちまち多様な支持者のどこか一部を遠ざけることになっただろう。これらの人びとをまとめるとすれば、特定の政策ではなく、「民族共同体」、「国民的再生」、「権力、栄光、繁栄」などのスローガンの共有しか方法は考えられなかった。[159] なかでも、勝利の展望が現実になりつつある今、すべてがこの目的に従属することになった。大規模だが底は浅いうえに、組織的にもどことなく脆く、ユートピアの政策によってまとまった、異なる利害関心の緩やかな統合体でしかない反対運動が持ちこたえられるとすれば、それはナチ党が二、三年という比較的短期間のうちに権力の座に就くことによってしかありえなかった。このため、ヒトラーにかかる重圧は高まっていった。しかし現段階でヒトラーにできるのは、これまでも常に力を尽くしてきたこと、すなわち扇動のさらなる強化しかなかった。

6

公人としての人格の裏側で、個人としてのヒトラーの人となりはつかみにくかった。一九一九年以来、政治家としてのヒトラーが個人としてのヒトラーを次第に破壊していった。ヒトラーが政治においてみせる効率性、大衆集会で熱狂する群衆だけでなく行動をともにすることの多い人びとも感じていた魅力と、政治以外の場での存在の空虚さのあいだには大きな隔たりがあった。個人的につきあいのあった人びとにとってさえヒトラーは謎だった。はるか後になってハンフシュテングルは、「思い返してみても、ヒトラーの人となりに関するこれと決まったイメージはない」と述懐した。「むしろ、様々なイメージや姿があり、その全てがアドルフ・ヒトラーと呼ばれ、その全てがたしかにアドルフ・ヒトラーではあったが、それら全てを関連づけ、まとめるのは難しかった。ヒトラーは魅力的であるかと思うと、そのすぐ後に恐るべき奈落の底をほのめかすようなひどい意見を口にすることもあった。大いなる思想を展開することもできれば、陳腐なほど単純なこともあった。勝利をもたらすのはヒトラーの意志と強さをおいてないと何百万もの人に信じ込ませることができるかと思えば、首相になってからでさえも世間に背を向けた芸術家《ボヘミアン》のように自由奔放で信頼に値せず、仲間を絶望させるほどだった[160]」。

一九三〇年八月に辞任するまで突撃隊最高指導者を務めたフランツ・プフェファー・フォン・ザロモンから見れば、ヒトラーは兵卒と芸術家を足し合わせたような性格だった。ナチの人種的思想に立ち、ヒトラーの性格を「ジプシーの血をもつ傭兵」という独特の言い回しで評したのはプフェファーである。プフェファーは、ヒトラーは政治に関しては第六感のような「超自然的な才能」をもつと考えていた。しかし、基本的には義勇軍の指導者ほどの人材にすぎず、革命児ではあっても、運動が権力を掌握した後に政治家としては苦労するのではないかとも考えていた。[161] ヒトラーは千年に一度の天才にも見えたが、人間としては欠陥があるとしか思えなかった。へつらいと批判のはざまで苦しんだプフェファーは、ヒトラーは人格的に分裂しており、幼少期のしつけと教育からくる人格的な抑制が自らの内にある「天才」と葛藤を生じていると考えた。[162]

グレゴア・シュトラッサーは広がりをみせる指導者崇拝とはあくまでも一線を画していたが、オットー・ヴァーゲナーの語るところによれば、やはりヒトラーに「天賦の才」を感じていたという。[163]「不愉快極まりない」が、「あの男には大きな政治的問題を正しく読み、対処不能に思える困難にあたっても適切なタイミングで正しいことを成し遂げる予知能力がある」とシュトラッサーが述べたのを聞いたとニーダーバイエルン大管区長オットー・エルバースドブラーも後に回想している。[164] ヒトラーの稀有な才能はシュトラッサーも認めていたが、思想を体系化する能力ではなく、直感的なものだとみていた。[165]

ヒトラーに心酔していた者もいる。一九二九年に突撃隊幕僚長となったヴァーゲナーはそのひとりだった。何年も後に英軍の捕虜として回想録をまとめた時にもヴァーゲナーはまだこの「稀有な人物」[166] に魅了されたままだった。しかし、ヴァーゲナーにしても、ヒトラーをどう考えればよいかは分からなかった。ある日、突撃隊と親衛隊の関係をめぐってプフェファーと口論になり、党本部中に響き渡るほどの声でヒトラーが激怒しているのを耳にして、ヴァーゲナーは、ヒトラーには「破壊に向かうアジア的意志」(この言葉からみるに、ヴァーゲナーは戦後もナチの人種的偏見を信じていたふしがある)がどことなく感じられると考えた。何年も後に、「才能ではなく憎しみ、他者を凌ぐ偉大さではなく劣等感から生まれた怒り、ゲルマン民族の英雄ではなくフン族の報復への欲求」という印象だったとヴァーゲナーはまとめ、ナチ用語を使いつつ、ヒトラーはフン族の末裔だと語った。[167] おべっかと畏敬の念がないまぜになってヒトラーを理解することができなかったヴァーゲナーは、ヒトラーはどことなく「異質」で「悪魔的」だと認識しただけだった。[168]

プフェファーやヴァーゲナーのようなナチ運動の指導的人物にとってさえ、ヒトラーは遠い存在だった。ヒトラーは一九二九年にティアシュ通りの粗末なアパートからミュンヒェンの高級邸宅街ボーゲンハウゼンにあるプリンツレゲンテン広場の高級アパートに移った。[169] これは民衆扇動家から保守的エスタブリッシュメントと交わる政治家へという変化に応じたものだった。ヒトラーは客をもてなすことはめったになかった。客を迎えることがあるとしてもその雰囲気は常に堅苦しかった。[170] 同じ強迫観念に取りつかれているか、そうした錯乱者に畏敬の念を抱き、依存してでもいない限り、偏執狂と一緒にいてよいことも楽しいこともない。ヒトラー自身は、今まで通りカフェ・ヘックで午後の時間を過ごすことを好んだ。そこに集まる取り巻きは、へつらったり、注意深く耳を傾けたり、退屈をかみ殺したりしながら、ナチ党草創期の歴史について何度目か分からないヒトラーの長話を聞いたものだ。戦争の話を聞くこともあった。これもヒトラーが飽くことなく繰り返すお気に入りのテーマだった。[171]

ヒトラーが親称〔ドイツ語の二人称には敬称（Sie）と親称（Du）の二種類がある〕で呼び合う相手は少なかった。ヒトラーはナチ党幹部のほとんどの者に苗字でしか呼びかけなかった。彼らがヒトラーに呼びかける場合、一九三三年以降に一般的になる「わが指導者《フューラー》」という呼び方はまだ完全には定着していなかった。取り巻きはヒトラーを「ボス」と呼んだ。ハンフシュテングルやお抱え写真家ホフマンのように「ヒトラーさん」と呼びつづける者もいた。[172]

ヒトラーがよそよそしかったのは、親しみやすさが最高指導者としての地位の軽視につながる可能性があり、それを避ける必要からでもあった。オーラに傷がつくことがあってはならなかった。ヒトラーはよそよそしかっただけでなく、不信感も抱いていた。重要な案件についての話し合いは、少人数でしかもメンバーを変えながら行われるか、個人的に行われた。このかたちをとる限り、ヒトラーは完全に主導権をもちつづけることができ、何らかの公式の機関の出す勧告に制約されることもなく、支持者どうしの意見の齟齬を仲裁する必要もなかった。グレゴア・シュトラッサーの言によれば、不変の思想と支配的人格のおかげで、ヒトラーは存在するだけで、初めは疑いをもって話を聞きはじめた者も含めていかなる相手をも圧倒した。[173] これによりヒトラーは自信を深め、自らの無謬性を確信するのだった。[174]

しかし、厄介な質問や反論を受けるとヒトラーは不機嫌になった。ヒトラーの「本能」は、理屈でどうこう言えるものではないため、ヒトラーはいつも反論は了見の狭い知ったかぶりの意見として片づけてしまうだけだった、とシュトラッサーは評する。シュトラッサーはこの「本能」という言葉にヒトラーのもつイデオロギー的教条主義に加えて、戦術的柔軟性や機会主義という意味もこめている。とはいえヒトラーは、誰に批判されたかはしっかりと覚えており、遅かれ早かれその者は不興を買うことになるのだった。[175]

重要な案件を議論するのは周囲の者とだけだった。副官、運転手、ユリウス・シャウプ（雑用係）、ホフマン（お抱え写真家）、ゼップ・ディートリヒ（後の親衛隊護衛部隊長）のような長年の取り巻きがそれにあたる。[176] シュトラッサーの見るところでは、ここには不信感に加えてうぬぼれとリーダーシップの問題も関係していた。ヒトラーには聞きたいことだけを聞き、凶報をもたらす者に否定的な反応をみせるという危険な点がある、とプフェファーの解任に触れながらシュトラッサーは指摘した。ヒトラーにはどこかこの世のものとは思えないところがある。人間というものを知らないため健全な判断が下せないのだ。ヒトラーはほかの人間とは結びつきをもたずに生きている。「煙草を吸わず、酒を飲まず、野菜ばかり食べ、女に触れようともしない。他の人間にヒトラーのことを知らせようにも、どうしろというのか」とシュトラッサーは続けた。(177)

大きく拡大したナチ運動の組織運営にヒトラーはほとんど何も貢献しなかった。ヒトラーの「仕事のスタイル」(と呼べるようなものであるとするならば)は、ナチ党が取るに足りない瑣末な民族至上主義《フエルキッシュ》の分派だった頃から変わらなかった。ヒトラーは体系的な仕事には向かず、関心もなかった。(178)相変わらず、無秩序な素人だった。独自の役割を果たすようになりはしたが、無秩序、無規律で怠惰な生活スタイルを謳歌しつづけていた。この生活スタイルはリンツでの気ままな少年期、ウィーンでの挫折の時代と少しも変わらなかった。

新しい党本部は趣のない大きな建物だがヒトラーは満足しきっており、ここに巨大な「執務室」を設えた。壁にはフリードリヒ大王の肖像画と一九一四年の第一次フランドルの戦いでのリスト連隊の英雄的な活躍を描いた絵が飾られていた。特大の家具と並んでムッソリーニの大きな胸像も置かれていた。(179)禁煙だった。この部屋をヒトラーの「執務室」と呼ぶのはうまい婉曲表現だった。ヒトラーがここで仕事をすることはめったになかった。ハンフシュテングルは党本部に自室を構えていたが、ヒトラーに執務室で会うことはまずなかったため、この執務室のことはほとんど覚えていない。フリードリヒ大王の大きな肖像画でさえ、プロイセン王に倣って義務を果たすべく励もうという気をヒトラーに起こさせるにはいたらなかったようだ、とハンフシュテングルは述べたことがある。

ヒトラーの執務時間は決まっていなかった。面会の約束は反故にされるためにあるようなものだった。ハンフシュテングルは、ジャーナリストとの約束を守らせようとしてミュンヒェン市内でヒトラーを探し回ったあげく、いつも午後四時に支持者に囲まれてカフェ・ヘックで熱弁をふるう姿を発見するのだった。(180)本部詰めの党職員も状況は似たり寄ったりだった。重大な案件があっても、ヒトラーに会える時間は決まっていなかった。ファイルを握りしめて、党本部に入ってきたヒトラーを捕まえても、大抵はヒトラーに電話がかかり、すぐに出なければならないので明日には戻ると言われてしまうのだった。しかし、案件について話して聞かせたところで、細部にはほとんど注意を払わずに片づけられてしまうのが常だった。ヒトラーはいつものように問題を別の話に変えてしまい、部屋を行ったり来たりしながら、一時間ものあいだ長々と独りでもったいぶって話しつづけるのだ。[181]もってこられた話を完全に無視して、気まぐれに脱線していくこともよくあった。「何か興味をひくことがあると、その話ばかりになり、論点が棚上げになってしまう。しかも興味の先は毎日変わる」、と一九三〇年にプフェファーはヴァーゲナーに語ったとされる。[182]理解できないこと、決定しにくいことについては、ヒトラーは単純に議論を避けた。[183]

この普通とはいえない行動様式はヒトラーの人格からくるものだった。横柄で傲慢だが不安定にして優柔不断。決断したがらないが、いざ決断するとなるとほかの誰よりも大胆で、ひとたび決断するといかなる決定も撤回しない。こうした特徴は、ヒトラーの奇妙な人格の謎の一面だった。傲慢さが深層における内面的不安の表れであり、尊大さが潜在的な劣等感の反映であったとするならば、隠れた人格障害は相当なものであったに違いない。[184]問題の原因をそうした要因に帰してみたところで、言い方を変えただけであって説明にはならない。いずれにせよ、ヒトラーの特異な指導スタイルは単に人格だけの問題でもなければ、闘争させて勝者を決めるという社会ダーウィニズムの思考をもともともっていたからというだけの理由でもない。これは、指導者としての地位を守る必要が高じたことの反映だった。指導者としての演技をやめることはできなかった。有名な握手も冷たい青い目も演技だった。党幹部らでさえ、ヒトラーのいつもの長い握手を受け、まじろぎもせずに目を見つめられると、誠実さ、忠誠の絆、同志としての親愛がそこにこめられていると感じ、感銘を受けた。[185]ヒトラーを畏怖するあまり、それが演劇においてはいたって初歩的な手だということが分からなかったのである。完全無欠の指導者という神々しいイメージが強まれば強まるほど、失敗もすれば判断を誤ることもある「人間」としてのヒトラーを見せることは許されなくなっていった。「人間」ヒトラーは、全知全能の指導者《フューラー》という役柄の影で次第に見えなくなっていった。

実に稀ながら仮面がはがれおちることもあった。アルベルト・クレープスが語る、フランス喜劇を彷彿とさせるような一九三二年初頭の一幕がそれである。ハンブルクの高級ホテルであるホテル・アトランティークの廊下を通りかかると、ヒトラーが哀れな声で「スープ、スープをくれ」と叫んでいるのが聞こえた。数分後、クレープスはヒトラーが部屋のテーブルに屈みこみ、皆の英雄とはとても思えない姿で、ずるずると音をたてながら野菜スープを飲んでいるのを目にした。驚いたことに、ヒトラーは落ち込んでいるようだった。ヒトラーは疲れ、クレープスが持ってきた前夜の演説原稿の写しも無視して、野菜ダイエットをどう思うかと尋ねた。返事も待たずに菜食主義について長々と語りだしたのはいかにもヒトラーらしかった。それは怒りの奔流のようであり、聞き手を説得しようというよりは圧倒しようとするかのようだった。それがクレープスの印象に残ったのは、それまでは「人間としてではなく、あくまでも政治指導者としてしか」接してこなかった者に対して、ヒトラーが急性の心気症患者のような姿を見せたためだった。クレープスは、ヒトラーが突然に自分を友人とみなすようになったと思いこんだりはせず、これはヒトラーが「精神的に不安定」になっている徴候だと考えた。思いがけずさらされた人間的な弱さを目にして、これを過剰なまでに補っていたのが権力への抑えがたい渇望と暴力への依存だったのだろう、とクレープスはもっともらしい憶測を述べている。このときヒトラーは、突然の発汗、神経の緊張、筋肉の震え、胃痙攣など、厄介な症状がいろいろとあるため、菜食主義をとることにしたのだと語った、とクレープスは言う[186]。ヒトラーは、胃痙攣は癌の始まりだとして、自らに課した「壮大な課題」を成し遂げるために残された時間はわずかだ、と慨嘆してもみせた。「私はすぐにも権力の座に就かなければならない。[…]どうしても！　どうしても！」。

　叫びたいだけ叫ばせておくと、ヒトラーは再び自制心を取り戻した。その身振りを見れば、ヒトラーが一時的な鬱状態を脱したことは明らかだった。突然に付き人が呼ばれ、指令が出され、電話の通話が予約され、会合がセッティングされた。「人間ヒトラーは『指導者《フューラー》』に戻った[187]」。ヒトラーは再び仮面をかぶった。

　ヒトラーの指導スタイルが機能したのは、下位にある者が党内におけるヒトラーの独特の地位を受け入れ、政治の天才であればこそ奇行も理解しなければならないと信じたからだった。「ヒトラーは、そのイデオロギーを実行可能な現実へと転換できる者を常に必要としていた」とはプフェファーの言である[188]。ヒトラーは、実際のところ、重要な政治決定を行うために次々に指令を発したりはしなかった。可能な限り決定は避け、冗長で独断的な自分の考えを長々と繰り返した。これが政策立案の大まかな指針となった。ほかの者たちは、ヒトラーの発言に鑑みて、ヒトラーが立てた遠い目標に「沿って」自分たちがどのように行動し、「働く」ことをヒトラーが望んでいるかを考えなければならなかった。「もし皆がこのように働くことができたなら」、「もし皆が自覚し、不屈の精神で共通の遠い目標に向かって努力することができたなら、いつか最終目標に到達できるはずだ。間違いを犯すのが人間だ。それは残念なことではある。しかし、共通の目標が常に指針として示されていればそれは克服できるだろう」とヒトラーは時々口にしたといわれる[189]。このような直観的な行動様式は、社会ダーウィニズム的な発想とあいまって、党内で、後には国家内でヒトラーの意図を「正しく」読もうとする者たちのあいだに熾烈な競争を引き起こしただけではなかった。それは、イデオロギー的正統性の揺るぎない源泉となったヒトラーが、常に、足元で続く絶え間ない闘争の頂点に立った者、「正しい指針」に沿っていると最も明確に証明してみせた者の肩をもつということでもあった。そしてそれを判断できるのはヒトラーだけだったため、その権力は肥大化することになったのだった。

近寄りがたく、時折衝動的に介入し、予測できず、決まった動き方をせず、事務面には無関心で、細部にはこだわらず、長々と一方的に話しつづけるといったことのすべてが、党首としてのヒトラーの特徴だった。中期的な目標を権力掌握におく「指導者政党」では、これらの特徴は少なくとも短期的にはうまくいった。一九三三年以降、ヒトラーがドイツ国家の最高権力をもつ独裁者となった後もヒトラーのスタイルは変わらなかった。これは精緻な国家機構の官僚制とは相容れないものであり、政権の無秩序を助長することになる。

7

一九三一年初頭、しばらくのあいだ目にすることのなかった、戦争の傷痕の残る見覚えのある顔が戻ってきた。自主的に亡命し、ボリヴィアで軍事顧問をしていたレームがヒトラーに呼び戻されて帰ってきたのである。レームは一月五日に突撃隊新隊長の任に就いた[190]。

一九三〇年に党指導部が対処しなければならなかった危機はオットー・シュトラッサーの一件だけではなかった。潜在的により危険が大きかったのは、突撃隊内部の危機だった。それが爆発したのは三〇年夏の選挙戦の最中だったが、そのしばらく前から一触即発の状態が続いていた。実際のところこの危機は、ナチ党に内在する、党と突撃隊という二つの組織のあいだの構造的摩擦が表面化したものだった（こうした摩擦はその後も続く）。すでに見たように、この摩擦は元をただせば一揆以前の時期に端を発していた。二五年以降、突撃隊は党の「補助軍」であって準軍事組織ではないとされたが、突撃隊内部に存在する独自の団結心を完全に抑えつけることはできなかった。「党兵」は大管区指導部の「文官」を馬鹿にしていた[191]。突撃隊は党組織に従属しているのだという注意喚起が常に行われてはいたが、突撃隊員には必ずしも簡単に受け入れられたわけではなかった。進みがたい道を進み、街頭で共産主義者や社会民主主義者と争い、犠牲を出してきたのはほかならぬ自分たちだという自負があったからである。

一九三〇年には、突撃隊指導者三名を国会選挙の候補者リストに掲載するかどうかをめぐって危機が頂点に達した。しかしこれは、これを機に爆発したということではない。この問題があって、これが問題の根源だったわけではない。この問題は、自立性を失ってナチ党大管区指導部に依存し、財政的にも冷遇されていると突撃隊が感じ、その即時改善を求めたことと関連していた。ドイツ東部地区の突撃隊指導者ヴァルター・シュテンネスは、隊員の多くと同様、「合法性」の名のもとに要は緩慢な方法で権力を掌握するという戦略に我慢できず、ヒトラーに会うために八月にミュンヒェンまで出向いたが面会がかなわなかった。シュテンネス配下のベルリンの隊員は地位を返上し、党のために宣伝や護衛の任務を果たすことを拒んだ。八月三〇日にゲッベルスが登壇するシュポルトパラストでの大集会の護衛に任じられた突撃隊員が、ベルリンの別の場所で行われるパレードに参加するようにとの指示をシュテンネスから受けたことで問題は一段と先鋭化した。ベルリンの突撃隊指導部の会合の結果、突撃隊員がベルリン党支部の事務所を襲撃し、親衛隊員（親衛隊は組織的にまだ突撃隊に従属していた）の抵抗をものともせずに建物を荒らしまわる事態が生じたのはその直後のことだった。(192)

ゲッベルスはこの破壊行為に衝撃を受けた。ベルリンに急行したヒトラーに、早急に問題を解決する必要があるとゲッベルスは告げた。さもなければ反乱が全国的に広がり、取り返しのつかない事態を招くだろうというのである。(193) ヒトラーは不満を訴えるいくつかのグループの突撃隊員と話をしたうえで、その晩のうちにシュテンネスと二度の話し合いをもったが、これといった成果はなかった。翌九月一日、ヒトラーは大集会を急遽招集し、ベルリンの突撃隊員二〇〇〇人ほどに訴えかけた。突撃隊最高指導者プフェファーは三日前に辞任していた。突撃隊と親衛隊の最高指導者を自らが引き受けるとヒトラーが宣言すると大歓声があがった。ヒトラーは運動の拡大にあたり、突撃隊にいかに功績があったかを語り、ヒステリーかというほどの声で忠誠を訴えて演説を締めくくった。全突撃隊員を代表して忠誠の誓いを立てるために、八〇歳の大戦の英雄リッツマン将軍が登場した。二五年の党再建の集会を思い起こさせるような演出だった。ただし、この忠誠はただでは得られなかった。党員費の増大分を財源として突撃隊の予算を大幅に増やすとのヒトラーの指令をシュテンネスが読み上げた。(194) これにより、当面の危機は終わりを告げた。

南ドイツ地域の突撃隊副隊長アウグスト・シュナイトフーバーの一九三〇年九月一九日付の覚書は、突撃隊員の反抗はヒトラーにも責任があるとしている。ここには、選挙戦での勝利に突撃隊が果たした貢献がしかるべきかたちで認められていない、ともある。ヒトラーと突撃隊のあいだの連絡が十分でなかったことはベルリンでの一件からも明らかだった。問題はかなり前からくすぶっていた。ヒトラーに功績を認めてほしいという突撃隊の要求は大きくなりつつあった。「指導者《フューラー》は残念ながらその警告の声を聞かなかったのだ(195)」。

突撃隊の日常的運営を一時的に引き受けたのは、前年にプフェファーが幕僚長として採用した元義勇軍兵士の実業家オットー・ヴァーゲナーだった。仕事上の人脈を使って突撃隊員のために「突撃」という銘柄の煙草を作らせたのもヴァーゲナーだった。この「スポンサー」的な取引は煙草会社にも突撃隊にも利益になるため、突撃隊員はこの銘柄を強く薦められた。ここから上がる利益の一部は以前は突撃隊に入っていた。ところが、プフェファー辞任後、ナチ党財政担当者はこの資金源を突撃隊ではなく党の管理下に置いてしまった。[196] 一九三〇年一〇月、ヴァーゲナーはヒトラーの方針を伝えた。これは、「権力獲得のための闘争」において突撃隊に「特別任務」を与え、権力獲得後には突撃隊が「未来のドイツ国民軍の［…］ために人材を集める場」となるという期待感を表明したものだった。[197] しかし、これをもってしても、党指導部からの高度の自立を求める突撃隊指導部内の要求は弱まることはなかった。対立はくすぶり続けた。

これが、最高指導者ではなく幕僚長としてレームが戻って来たときの状況だった。レームの復帰は、一九三〇年一一月三〇日にミュンヒェンに招集された突撃隊指導部に伝えられた。これは賢明な人選だった。レームは一揆前から名が通っていたうえに直近のごたごたに関与していなかったからである。しかし、レームは知られた同性愛者であり、レームの指導下に置かれることを嫌う突撃隊の一部勢力はすぐにそれを利用してレームの新幕僚長としての地位を弱めようとした。ヒトラーは早くも三一年二月三日に「純然たる私的な事柄」についての批判は認めないと宣言し、突撃隊は「道徳組織」ではなく「猛者の集団」だと強調せざるをえなくなった。[198]

レームの道徳が真に問題だったわけではない。前年夏のヒトラーの対応は当面の危機を鎮静化させた。しかし、それはその場しのぎの対応にすぎず、緊張は続いていた。突撃隊にどのような役割を与え、どこまで自立性を認めるかは完全には明確になっていなかった。ナチ運動の性格と突撃隊が誕生した理由を考えれば、構造的問題は解決しようもなかった。突撃隊内のクーデター推進派が再び蠢動を始めた。国会の議席をめぐる要求がすげなく拒絶されたことを考えれば、シュテンネスが反議会主義戦略に立ち戻ったとしても驚くにはあたらなかった。シュテンネスはベルリンの党機関紙アングリフへの寄稿でも力による権力奪取を唱え、その動きはナチ党指導部にとって次第に憂慮すべきものになっていった。このような雑音は、去る九月、ライプツィヒでの国軍の裁判でヒトラーが宣誓までして公に誓約し、その後も折りに触れて強調してきた合法路線とは完全に矛盾しており、党の合法路線への疑念を生じさせかねなかった。[199]

ヒトラーは一九三一年二月には、フェルキッシャー・ベオバハター紙に寄稿し、シュテンネスを牽制せざるをえなくなった。ここでヒトラーは、ナチ党が暴力的クーデターを計画しているという「嘘」を非難し、突撃隊や親衛隊の要求と怒りに理解を示しつつも、党を「迫害」する根拠を政府に与えるような運動内部の「扇動者」に警告を発した。[200]また、三月七日にミュンヒェンで行った突撃隊員に対する演説でも、「非合法的闘争に対して臆病にすぎると私を非難する者もいる。私は非合法的闘争を恐れるのではない。突撃隊を機関銃の一斉射撃に晒すことを恐れるだけだ。突撃隊は第三帝国の建設というもっと重要な任務のために必要だ。われわれは憲法を順守しつつ、それでも目標を達成するだろう。権力を掌握する権利は憲法で保障されている。どのような手段を用いるかを決めるのはわれわれだ」と述べた。[201]

政治的「逸脱行為」に対抗するためにブリューニング政府に広範な権力を与える緊急令が三月二八日に公布されると、党が活動停止処分を受ける恐れはきわめて大きくなった。[202]「党、とくに突撃隊は活動停止に処されるかもしれない」とゲッベルスは日記に記した。[203]ヒトラーは、突撃隊、親衛隊を含む党員全員に対して緊急令の厳格な遵守を命じた。[204]しかし、シュテンネスは応じなかった。「これは党が経験してきたなかでも最も深刻な危機だ」とゲッベルスは記している。[205]

今こそ動かなければならなかった。ヒトラーと党幹部の会議に呼び出されたゲッベルスは、到着直後に、シュテンネスを東部ドイツ地域の突撃隊指導者から解任したと聞かされた。その知らせを耳にするかしないかのうちに、ゲッベルスはベルリンからの電話で突撃隊がベルリン党支部とアングリフ紙の事務所を占拠したと聞かされた。側近の前では動じない風を装ってはいたが、ヒトラーは衝撃を受けた。ベルリンの突撃隊指導部は、四月二日にヒトラーの「ナチ党における非ドイツ的で無制限な独裁と無責任な扇動」を正面から攻撃する声明を発表した。[206]ヒトラーは即座に、ベルリン党支部からの全「破壊分子」放逐のためにゲッベルスに全権を委任し、この任務を「遂行するためにどのような行動をとることになろうとも支援する」と書き送った。[207]

ヒトラーとゲッベルスは全大管区から忠誠宣言を取りつけるべく奔走した。革命的な傾向を強めるシュテンネスは、ベルリン、シュレースヴィヒ・ホルシュタイン、シュレージエン、ポメルンの一部突撃隊から支持をとりつけた。しかし、成功は長くは続かなかった。全面的な反乱は起こらなかった。ベルリン党支部とアングリフ紙事務所の統制をナチ党の手に取り戻す手助けをしたのは、皮肉にも、アングリフ紙上でゲッベルスが悪意をもってさんざんに叩きつづけてきたベルリン警察だった。[208]

四月四日、ヒトラーはフェルキッシャー・ベオバハター紙上でシュテンネス批判の長大な議論を巧みに展開し、また、突撃隊員の心情に訴えかけて忠誠を求める呼びかけ《ママ》も掲載した[209]。ヒトラーが強調したのは、「運動の創始者であり指導者」としての自らの特別な地位だった[210]。ヒトラーは、運動に対して捧げた自他の犠牲を比較して、シュテンネスの貢献がいかほどのものかと嘲った。ヒトラーは、シュテンネスは「理念」をヒトラーという「人格」から切り離そうとすることでヒトラーに対する突撃隊員の忠誠心を意図的に弱めたと糾弾した。この両者を区別することは、前年五月のオットー・シュトラッサーの一件で否定されていた。ヒトラーは、運動が「国家に対して戦端を開く」よう仕向ける者は誰であれ「馬鹿か犯罪者」だと決めつけた[211]。一九二三年に自らも行軍に加わった経験から、今後も同じことをするのは「気違い沙汰」だというのがヒトラーの認識だった。ヒトラーは、「ナチズムに対するこの陰謀を徹底的に叩き潰す」つもりだと宣言し、突撃隊員に「元巡査部長シュテンネスか、ナチズム運動の創始者にして突撃隊最高指導者アドルフ・ヒトラーか」、どちらを選ぶかと迫った[212]。

ヒトラーがフェルキッシャー・ベオバハター紙に寄稿する前に、反乱はすでに崩壊しはじめていた。シュテンネスへの支持は失われた。ドイツの北部と東部では五〇〇名ほどの突撃隊員が粛清され[213]、残りは再び党の方針に服した。シュテンネス指導下にあった地域に統制を取り戻すための権限がゲーリングに与えられた[214]。ただし、ベルリンはその権限から除かれた。自分の地位を脅かす動きがないか用心深く見張っていたゲッベルスは、ゲーリングがこの機に乗じてベルリンでの自分の一部権限に手を出そうと画策したことに気づいていた。「私はゲーリングの行動を絶対に忘れない。［…］人間は人間に対して絶望できるものだ。ゲーリングなど糞くらえだ」とゲッベルスは書いた[215]。わが「友」ゲッベルスに忠誠を示すようにとヒトラーがベルリンの突撃隊員に公式に呼びかけたことでゲッベルスの怒りは鎮まった[216]。

危機は去った。再び首に縄をつけられた突撃隊は「権力掌握」までどうにかそのまま留め置かれ、一九三三年初頭には抑圧された暴力が完全に解き放たれることになる。多大なエネルギーを費やし、組織運営術を駆使して、レームは突撃隊の再編に着手した。三一年一月に八万八〇〇〇人だった隊員数は、一二月には三倍の二六万人に跳ね上がった[217]。急速な組織拡大にともない、より堅固な組織が必要になった。突撃隊のイメージもいくらか変わった。大都市以外では、突撃隊は必ずしも典型的な街頭闘争の猛者でも「政治的暴徒」でもなかった[218]。農村部には「マルクス主義者」はいないことが多く、突撃隊も違う役割を担ったためである。農民やその他の「立派な」家庭の子弟がナチ運動の成功に魅力を感じたり、友人に勧められたりして、射撃クラブやスポーツクラブの代わりに突撃隊に入るようになった。彼らが行う党「活動」といえば、式典やパレード程度だった。「敬虔な」突撃隊員が毎日曜日に制服で教会まで行進するような地域もあった[219]。そうした組織に入っても外聞が悪いということは全くなかった。

しかし、レームの下で突撃隊は準軍事組織としての性格を取り戻した。しかも、いまや一九二〇年代初頭よりもはるかに手ごわい組織となった。シュテンネスの危機の際には、レームは模範的なまでにヒトラーに忠実に行動した。しかし、レーム自身は「兵士の優位」を重視し、突撃隊を国民軍に再編するという野望をもっていた。三一年の段階ではこの野望はまだ押し隠されていたが、後々の対立と三四年六月の決着にいたる芽はここにすでに萌していた。

8

一九三一年にはヒトラーは政治的のみならず個人的にも危機に見舞われた。二九年にプリンツレゲンテン広場の広々としたアパートに引越した後、オーバーザルツベルクのヴァッヘンフェルト山荘に母親と暮らしていた姪のゲリ・ラウバルが同居を始めた。その後二年間に、ゲリはしばしばヒトラーとともに公の場に顔を見せるようになった。ゲリと、ゲリが「アルフ叔父さん」と呼ぶヒトラーの関係が何なのかについては当時から噂が乱れ飛んでいた。三一年九月一九日の朝、二三歳のゲリはヒトラーの拳銃で撃たれた遺体となってアパートで発見された。

すでに述べたことだが、ヒトラーの女性関係は必ずしも普通ではなかった。ヒトラーは女性、なかでも若く可愛い女性と一緒にいることを好んだ。そうした女性を褒めそやし、時には口説き、ウィーンのプチブル風に守護者ぶって「私の小さなお姫様」と呼んだり、「私の小さな伯爵夫人」と呼んだりしたものである[220]。信憑性のほどはともかくとして、ヘレーナ・ハンフシュテングルや、お抱え写真家ホフマンの娘で後にバルドゥア・フォン・シーラッハ（一九三二年一〇月三〇日にナチ党青少年全国指導者になる）と結婚するヘンリエッタ・ホフマンなどには、ぎこちなく身体的接触を求めたこともあったらしい[221]。ヒトラーは様々な時期に様々な出自の女性たちと噂になった。初期のお抱え運転手の姉妹ジェニー・ハウク、バイロイトの巨匠の義娘ウィニフレート・ヴァーグナーなどである[222]。しかし、そうした噂のなかには、少なからず悪意から出たものもあれば、誇張や捏造もあった。また、そうした噂の根拠が何であったにせよ、こうした関係はいずれも表面的なものにすぎなかったようである。深い感情の動きがあったわけではない。

ヒトラーにとって女性は「男性世界」における客体であり装飾品にすぎなかった。ウィーンの男性用単身宿舎でも、大戦中の連隊内でも、除隊までの時期を過ごしたミュンヒェンの兵営でも、二〇年代のカフェ・ノイマイアーやカフェ・ヘックでの党内の取り巻き連中の定例の会合でも、ヒトラーはいつも男性ばかりを周囲に集めた。「われわれの仲間内に入ることを許される女性もきわめて稀にいたが、中心になることは許されず、いつも見られる側に置かれるだけで、話を聞いてもらうことはできなかった。[…]たまには会話に少し加わることもあったが、長々と話したり、ヒトラーに反論することは許されなかった」とホフマンは回想している[223]。

　女神のように崇めたリンツのシュテファニーに始まり、ヒトラーは女性とはいつも距離を置いたうわべだけの関係にとどまり、そこに感情は伴わなかった。ミミ・ライターとの戯れの恋もその範疇を超えるものではなかった。ヒトラーはミミを好いてはいたが、のぼせ上がった一六歳のミミの愛情には応えなかった。ホフマンに雇用されていた縁で一九二九年秋に知り合ったエファ・ブラウンとの長く続いた関係も例外ではなかった。ヒトラーにとって「彼女は若くてかわいい娘《こ》というだけだった。見た目はどうということはなく頭も悪そうだった。それにもかかわらず、というよりはおそらくそうであったからこそ、ヒトラーは求めていたくつろぎと安らぎを彼女に見出したのだろう。[…]しかし、声にせよ、目つきにせよ、身振りにせよ、彼女に深い関心を覚えていると感じさせるような振る舞いはみられなかった」とホフマンは評している[224]。

　ゲリの場合は違った。二人の関係については推測と噂ばかりが頼りの説明しかないが、実際にはどのような関係であったにせよ、ヒトラーが女性に感情を左右されたのは（母親を除けば）これが最初で最後だったことは確かだと思われる。性的な関係にあったかどうかは知りようもない[225]。ヒトラーは近親婚の家系であり、本人も近親と性的関係をもったとほのめかす者もある[226]。しかし、異常な性行動があったというようなセンセーショナルな話はオットー・シュトラッサーが言いふらしたものであり、政敵による反ヒトラー・プロパガンダの作り話と見るべきだろう[227]。同じく眉唾ものだが、ヒトラーが書いた表に出せない手紙や猥褻画などをナチ党財務局のシュヴァルツが強迫者から買い取ったといった話もある[228]。しかし、まぎれもない性的関係にあったかどうかはともかくとして、ゲリに対するヒトラーの態度は、少なくとも潜在的には強い性的依存を示すものだった。これが極端な嫉妬や独占欲として表われたため、関係が破綻するのは避けがたかった。

　丸顔で濃茶色の癖毛のゲリは驚くほどの美人というのではなかったが、誰もが認める快活で外向的で魅力的な若い女性だった。ゲリはカフェ・ヘックの会合を盛り上げた。ヒトラーも、ほかの誰にも許さずともゲリにだけは場の中心となって注目を引くことを許した。ヒトラーはどこにでもゲリを伴った。劇場、音楽会、オペラ、映画館、レストラン、田園地帯へのドライブ、ピクニック、それどころか洋服を買いに行くことさえあった。[229] ヒトラーはゲリを褒めそやし、見せびらかした。

ゲリはミュンヒェンの大学で学んでいることになっていた。しかし勉強はほとんどしていなかった。ヒトラーはゲリのために歌のレッスン料を払ってやっていた。しかしゲリがオペラでヒロインを演じることはなかっただろう。レッスンはゲリには退屈なだけだった。[230] ゲリはもっと楽しく過ごしたかった。気まぐれであだっぽいゲリは男性の取り巻きには不自由せず、交友関係を広げるのにも積極的だった。ヒトラーの護衛兼お抱え運転手のモーリスとゲリの関係がヒトラーの耳に入ったときには、モーリスを撃ち殺すのかと思うほどの修羅場になった。[231] モーリスは即座に首になった。ゲリはブラックマン夫人の監視の下で頭を冷やすようにと言い渡された。[232] ヒトラーの独占欲は病的なまでの様相を呈していた。ヒトラーと一緒でないときには、ゲリはお目付け役同伴で早く帰宅しなければならなかった。[233] 行動はすべて監視され、制限された。事実上、囚われの身だったといってよい。ゲリはそれをひどく腹立たしく思っていた。「叔父さんはひどい人よ。[…] あの人が私になにを要求しているか、誰にも想像もつかないでしょうね」とゲリは語ったといわれる。[234]

一九三一年九月半ばにはゲリはうんざりして、ウィーンに戻ろうとしていた。ウィーンに新しい恋人がいたとも、それはユダヤ人芸術家でゲリはその子を身ごもっていたとも後に囁かれた。[235] ゲリの母アンゲラ・ラウバルは大戦後に米国の尋問官に、娘はリンツ出身のヴァイオリニストと結婚しようとしていたが、自分の異母弟アドルフがその男に会うことを禁じたと語った。[236] いずれにせよ、ゲリが叔父の束縛から逃れようとしていたことは確かなようである。ヒトラーがゲリを身体的に虐待したかどうかについては、これもまた確かめようがない。遺体が発見されたとき、鼻の骨が折れていた、暴力の痕跡がほかにもあったなどといわれたこともある。[237] しかし、証拠はやはり薄弱で、これもヒトラーの政敵が広めた話にすぎない。[238] 遺体の検死にあたった警察医も埋葬の準備をした二人の女性も、ゲリの顔に傷があったのも出血があったのも見ていない。[239] しかしヒトラーが姪に対して強い精神的圧力を加えたことには疑いの余地がない。数日後に社会主義系のミュンヒェナー・ポスト紙が報じたところでは、ゲリのウィーン行きをヒトラーは許さず、九月一八日に激しい言い合いになったという（ただし、ヒトラーは公式の声明を出してこれを強く否定した）。[240] その夜、ヒトラーと側近はニュルンベルクに向けて発った。[241] 翌朝、ホテルを発った後にヒトラーは緊急に呼び戻され、ヒトラーの拳銃で撃たれたゲリの遺体がアパートで発見されたという知らせを伝えられた。ヒトラーは即座にミュンヒェンに戻った。あまりに急いだため、ニュルンベルクからミュンヒェンに向かう途中、スピード違反で警察に止められたほどだった[242]。

ヒトラーの政敵は喜んだ[243]。新聞は書きたい放題書き立てた。暴力沙汰や身体的虐待と性的なあてこすりが一緒になったような話や、ヒトラーがゲリを自分で殺した、スキャンダルを防ぐために殺させたという説まで乱れ飛んだ[244]。しかし、姪ゲリの死亡時にヒトラーはミュンヒェンにはいなかった。また、スキャンダル防止のつもりならば自分のアパートで殺害するわけがない[245]。現に途轍もないスキャンダルになった。ゲリがヒトラーの拳銃で遊んでいるときに事故で死亡したのだという党の見解も説得力があるとはいいがたい[246]。真実が明らかになることはないだろう。最も考えやすい説明があるとすれば、叔父の気味の悪い独占欲と、暴力的でさえあったかもしれない嫉妬から逃げ出すための自殺であり、心の叫びが取り返しのつかない方向に向かった、というものだと思われる。

ヒトラーは半狂乱になった後、激しく落ち込んだ。近しい者でさえ、ヒトラーがそのような状態になるのは見たことがなかった。ヒトラーは精神的に破綻寸前であるかに思われた。政治もやめ、何もかも終わらせてしまおうとまで口にした。自殺の恐れもあった。フランクによれば、この時期には個人的な悲しみ以上に、スキャンダルと新聞の反ヒトラー・キャンペーンへの絶望が強かったという。ヒトラーは、テーゲルン湖畔にある、お抱え印刷業者アドルフ・ミュラーの家に逃げ込んだ。フランクはメディアの攻撃を阻むために法的手段をとった。しかし、葬儀の数日後にウィーンの広大な中央墓地にあるゲリの墓を訪ねた後、ヒトラーは突如として絶望から抜け出した[247]。危機は突然に去った。

数日後、事件後初のハンブルクでの演説でヒトラーはいつも以上に熱狂的な歓迎を受けた[248]。その場に居合わせた人物によれば、「やつれた」様子ではあったが、きちんと話したとのことだった[249]。ヒトラーは仕事に戻った。しかしこれまで以上に、公の場での大演説から得られる興奮、「女性的大衆」とみなすものからの反応によって私的生活の空虚さと感情的絆の欠如を埋め合わせるようになった。

ヒトラーを近くで見ていた者のなかには、ゲリがいればヒトラーの抑えになっただろうと考えた者もいた[250]。これはきわめて疑わしい。ゲリに対する思い入れがどういう性質のものであったにせよ、たしかに、ヒトラーがこれほど緊密な人間関係を築くことは後にも先にもなかった。ヒトラーはプリンツレゲンテン広場とヴァッヘンフェルト山荘のゲリの部屋を祭壇にしたが、そこには執着と甘ったるい感傷の双方がうかがわれる[251]。(ヒトラーはすぐにエファ・ブラウンを連れ歩くようになったとはいえ）個人的な意味ではゲリはなにものにも代えがたかった。しかし、それはヒトラーが勝手に依存していただけだった。ゲリが自分自身として存在することは許されなかった。ヒトラーは自分が極度にゲリに依存していたため、ゲリも自分に完全に依存するよう求めた。しかし政治的な意味では、この一件はつかの間のスキャンダルを巻き起こしただけで、ほかには何の重要性もなかった。私的領域を超えた部分にある根深い権力欲をヒトラーに捨てさせることがゲリにできたとは考えにくい。ゲリが死んでも、ヒトラーは報復と破壊を渇望しつづけたままだった。ゲリが生きていたとしても、歴史は変わらなかっただろう。

9

ゲリの死から一週間あまりたった頃、さして手応えはなかったにもかかわらず、ハンブルクの市議会選挙でナチ党は二六・二パーセントの票を獲得した。これは共産党よりも多く、社会民主党にわずかに及ばないだけだった。[252] 去る五月には農業地域のオルデンブルクで三七・二パーセントを獲得し、ナチ党は初めて州議会の最大政党となっていた。[253] 一九三一年一一月一五日にヘッセンで行われたこの年最後の州議会選挙でも、共産党と社会民主党を足し合わせた票を上回る、三七・一パーセントという驚くべき得票率で、それまで議席をもたなかったヘッセン州議会で二七議席を獲得した。[254] 選挙での地滑り的大勝利はとどまるところを知らなかった。ブリューニング政権は四面楚歌のなかで緊急令による統治を続けていたが、ドイツに賠償支払能力がないことを示そうとするあまり、生産レベルは落ちこみ、失業率と社会的困窮度は上がり、経済は破局に向かっていた。このため有権者は惨めな共和国をますます嫌うようになっていた。七月にダルムシュタット銀行とドレスデン銀行というドイツの有力銀行が悲惨にも破綻した頃には、民主主義の維持と回復を願う有権者は少数派になっていた。しかし、ヴァイマル共和国を解体したとして、どのような権威主義体制によって解決をはかればよいのか。その見通しはまだ定かではなかった。ドイツの権力エリートも大衆もこの問題については全く意見が一致しなかった。

ナチ党に対する国民の支持の高さを考えれば、右翼勢力としてはナチ党抜きの解決策は考えられなかった。一九三一年七月、ドイツ国家人民党の党首フーゲンベルクと退役軍人の一大組織である鉄兜団の団長ゼルテは、かってのヤング案反対闘争時のつながりを復活させ、「国民反対派」として改めてヒトラーとの同盟関係に入った。フーゲンベルクは、ナチ党を国益にかなうように「政治的に教育」し、社会主義や共産主義に向かわせないようにすると請け合い、ナチ党を俗悪で危険な社会主義政党だと考える大統領ヒンデンブルクを懐柔した。ヒトラーは相変わらず現実路線だった。フーゲンベルクと組むことで得られる知名度と人脈は貴重だった。しかし、一定の距離を保つ必要もあった。一〇月一一日にバート・ハルツブルクで国民反対派の大集会が鳴り物入りで開催されて「ハルツブルク戦線」が結成され、国会選挙の開催と緊急令による統治の停止を求める宣言（ヒトラーは無益と見ていた）が出されたときも、ヒトラーは突撃隊員の分列行進には敬意を表して立ち上がったが、鉄兜団のことは二五分も待たせたあげくに行進が始まる前にこれみよがしに退席した。ナショナリスト勢力の指導者との合同昼食会への参加も断った。ヒトラーは、この行動に対する批判をかわし、支持者と苦しみを分かちあう指導者としてのイメージを喧伝すべく、「何十万という私の支持者が多大な犠牲を払い、腹をすかせて奉仕しようというときにあって」、そうした食事会には嫌悪の念を抑えきれないと書いている。[255] 一週間後、他に依存しないナチ党独自の強さを誇示するために、ヒトラーはブラウンシュヴァイクで一〇万四〇〇〇人の突撃隊員と親衛隊員に敬礼を送った。ナチ党としてはこれまでで最大規模の準軍事的示威行動だった。[256]

　バート・ハルツブルクでの集会に参加して話題をよんだのは、政治的動きを強める国立銀行総裁ヒャルマー・シャハトだった。知名度としてはそれに劣るが実業界からの参加もあった。[257] シャハトはフリーメーソンで、民主主義路線をとるドイツ民主党（ＤＤＰ）の創設メンバーのひとりである。ナチズムと共同歩調をとるとは本来は考えにくい。しかし、一九三〇年三月にヤング案の施行方法に抗議して国立銀行総裁を辞した後、シャハトは急速に右傾化し、三〇年一二月にはナチ党の活力に公に賛辞を呈したこともあった。[258] シャハトと親交のあるゲーリングが三一年一月五日に夕食会を開き、シャハトをヒトラーに引きあわせた。夕食会にはナチ党支持の大企業家で合同製鋼監査役会長フリッツ・ティッセンも参加した。[259] ヒトラーは夕食が終わった後に党の制服を来て到着した。いつものようにヒトラーは「会話」を支配し、話の約九五パーセントはヒトラーの発言だった。[260] それにもかかわらず、知的で鋭い批判的洞察力を有するシャハトにもヒトラーは強い印象を残した。

> 彼の解説術は素晴らしい。自分の言うことをすべて明白な真実であるかのように思わせる。しかし、非合理的でもなければ、扇動するかのように激烈に話すわけでもない。話し方は控えめで、伝統的な社会を代表するわれわれに衝撃を与えないよう心を砕いていたようだ。［…］私が最も感銘を受けたのは、この人物が自らの見解の正しさを確信し、その実践を固く決意していることだった。顔を合わせるのは

初めてだったが、われわれが経済危機を克服できず、大衆を急進主義から引き離すことができなければ、ヒトラーの扇動がドイツ国民を強く惹きつけることになると私には分かった。ヒトラーは、自分の話す内容を信じ込んでいる根からの狂信家である。話を聞く聴衆に強烈な影響を与える。声はハスキーでかすれ、時折嗄れもするが生まれついての扇動家だった。[261]

シャハトは、政権党として責任をもたされればナチ党も大人しくなるだろうとして、ブリューニングを説得してナチ党と連立させようとした。ティッセンもナチ党綱領にある職能国家の思想に引かれ、ブリューニングにナチ党との協力を勧めた。[262]しかしシャハトやティッセンの行動は大企業家としては典型的だったとはいえない。

当然のことながら、一九二〇年代には大企業は、権力も影響力ももつ見込みがない、振るわない過激派政党であるナチ党には関心をもたなかった。しかし、三〇年の選挙結果を目の当たりにして実業界もヒトラーの政党に注目せざるをえなくなった。一連の会合で大物実業家に自らの目的を説明する機会がヒトラーに与えられた。

ハンブルク・アメリカ汽船社長を務める元首相ヴィルヘルム・クーノに自らの見解を述べる機会を得たのは一九三〇年九月末だった。クーノは、ヒンデンブルクの任期が三二年に切れた後、ナチ党を後ろ盾として大統領選に立候補しようとしていると噂されていた。[263]クーノは、資本主義企業を守る「穏健な」経済プログラムを提案し、ナチ党政権下ではユダヤ人の暴力的迫害は行わないと言い切ったヒトラーから好印象を受けた。[264]クーノのはからいで、ヒトラーはハンブルク・ナショナル倶楽部の会合で改めて話をすることになり、ルール石炭業界の大物でナチ党の長期にわたる支援者である高齢のエミール・キルドルフのミュールハイム近郊の自宅でルール地方の実業家たちとも話し合いの機会をもった。[265]三一年には、ベルリン商況新聞の元編集長ヴァルター・フンクが話を取りまとめ、ホテル・カイザーホーフのヒトラーの部屋で実業界の重鎮との会合が行われた。このときには、万一、左翼勢力によるクーデターが起こった場合にはかなりの資金提供をするという約束ができたといわれる。[266]

そうした会合の折りにはヒトラーもゲーリング（主要な実業家への伝手を多くもっていた）も安心させるようなことを言いはしたが、ナチ党は急進的な反資本主義を掲げる社会主義政党ではないかという実業家たちの懸念は拭えなかった。ヒトラーは「穏健」にみえた。[267]しかしヒトラーの印象がいかによかろうとも、ヒトラーの政党は「社会主義」政党だとのイメージを払拭するにはいたらなかった。一九三〇年秋にナチ党がベルリンの製鉄工のストライキを支援したこと、ナチ党が労働組合に代えて組織するナチ企業細胞組織が翌年に四つのストライキに参加したことは、ナチ党の「危険」性の証だと思われた。[268]

ブリューニング政権への幻滅は広がりつつあったが、「実業界のトップ」の多くは一九三一年にはまだ健全にもヒトラーに懐疑的だった。ティッセンのような例外はあったが、ナチ党に魅力を感じていたのは概して中小企業の所有者だった。[269] 後の報道担当者オットー・ディートリヒの回想録には、三一年後半にはヒトラーは大きなメルセデスで全国を巡り、実業界の大物と親交を深め、ナチ党に対する抵抗感を削いでいったという話が出てくるが、これはヒトラーがドイツ国民のあらゆる領域の人びとの心をとらえ、権力を獲得したという神話のひとつにすぎない。[270] ナチ運動は大企業が作り出したものであり、その資金によって支えられているという当時の左翼の見解もやはりさしたる根拠はなかった。大企業のトップや重役のほとんどは、ナチが躍進すると保険として資金を抜け目なくばらまいた。しかし、そうした資金は保守右翼陣営内のナチ党の政敵にも流れていた。[271] 大企業のトップは民主主義の信奉者ではなかったが、ナチ党に国家運営を任せるつもりもさしてなかった。

一九三二年の一連の選挙戦のなかでヴァイマル共和国は分裂し、包括的な危機に陥ることになるが、三二年に入ってすぐにナチ党が置かれた状況が変わったわけではない。一月二七日にデュッセルドルフのパークホテルの大舞踏場で同市の工業倶楽部のメンバー六五〇名を集めて行われた集会でのヒトラーの演説も大いに宣伝に利用されたが、後にナチ党のプロパガンダで主張されたのとは異なり、ナチ党に対する大企業の不信感を払拭できたわけではなかった。[272] ヒトラーの演説への反応は割れた。しかし、ヒトラーが新しいことを何も言わず、経済問題を詳細に論じることも避け、あらゆる害悪に効く政治的万能薬を提示するといういつもの話に逃げたことに失望した者が多かった。[273] また、党首が実業界の大物と親しく交わることについて、党内の労働者は必ずしも快くは思っていない節もあった。反資本主義的な主張を抑えこむだけの力はヒトラーにはなく、実業界の懸念はますます強まった。[274]

一九三二年春の選挙戦期間中、実業界の大物の多くはヒンデンブルクへの支持を堅持し、ヒトラーに好意的な態度は見せなかった。夏と秋の国会選挙では、実業界は圧倒的にフランツ・フォン・パーペン内閣の後ろ盾となる政党を支持した。パーペンはヴェストファーレンの貴族の家系に生まれ、ザールラントの実業家の娘と結婚し、実業界の大物、地主、国軍の将官らにコネをもっていた。政治家としては小物で力量もなかったが、典型的な保守反動であり、ドイツ上層階級による「伝統的」権威主義体制への回帰を望んでいた。[275]上層階級出身のパーペンに対して、ヒトラーはアウトサイダーであり、未知数だった。大企業がヒトラーではなくパーペンを選んだのも当然である。実業界の重鎮の大多数が大きく態度を変えるにいたるのは、三二年秋、多くの政治的陰謀の中心にいて政権の生殺与奪を握っていたシュライヒャー将軍によってパーペンが失脚させられた後、代わって新たに首相となったシュライヒャーの経済政策と労働組合への好意的態度に不安を覚えた時である。[276]

「権力掌握」以前には、ナチ党の資金のほとんどは党員の党費と党集会の参加費によって賄われていた。[277]大企業の支持者から得られる財源は、党全体というよりは個々のナチ指導者の懐に入ることが多かった。とくにゲーリングは優雅でぜいたくな暮らしをしたいという欲求が途轍もなく強く、莫大な収入を必要としていた。ティッセンから惜しみなく金品を渡されたゲーリングはそれを平気で使って贅沢に明け暮れた。ベルリンの壮麗なアパートに暮らすゲーリングは、赤いトーガに先の尖った室内履きというハーレムのスルタンのような格好でよく訪問客を出迎えたものである。[278]ヒトラーにとって実業界の重鎮への伝手のひとりであったヴァルター・フンクもその人脈を私腹を肥やすために使った。グレゴア・シュトラッサーにも資金が流れていた。[279]不正な収賄と無縁だった者はいなかった。そうした献金がヒトラーに渡らなかったとしたら驚きである。実際ゲーリングも、ルール地方の実業界から受け取った資金の一部をヒトラーに渡したと話したことがあるという。[280]すでに見たように、ヒトラーは政治家としての「経歴」の初期から、後援者の寛大な寄付に支えられてきた。[281]一九三〇年代初頭には、有名になったおかげで頼みもしないのに多くの寄付が寄せられるようになった。

しかしこの時期には、ヒトラーは個人的な後援者にはそこまで依存しなくなっていた。ヒトラーの収入源の大部分は秘匿され、党の財政からは完全に切り離されていた。党財務局長のシュヴァルツは、ヒトラーの個人資産には全く関与しなかった。しかし、選挙で勝利した後に『わが闘争』の売り上げが急増したため、ヒトラーの課税所得は一九三〇年には三倍増の四万八四七二マルクに達した。それだけでもフンクがベルリンの日刊紙の編集者として得ていた年間給与を上回るが、それに加えてかなりの額の無申告の所得があったはずだ。イメージ戦略の一環としてヒトラーは、党からは給与を得ておらず、党を代表して行う演説の講演料も受け取っていないと繰り返し強調していたが、集会の収入に応じて計算される「経費」収入は多額に上った。フェルキッシャー・ベオバハター紙、二八年から三一年にかけてはイルストリアター・ベオバハター紙〔絵入り週刊新聞〕からもかなりの原稿料が入った。外国メディアがさかんにインタビューに来るようになると、これも実入りのよい収入源になった。間接的とはいえ党の支援を受け、公に名乗っている「著述家」としてかなりの印税が入り、頼まずとも支持者から寄付が集まるため、ヒトラーには豊かな生活を送ってあまりある収入があった。ヒトラーは、国民とともにある慎ましい人間というイメージ作りの一環として、衣食への関心はあまりないと公言していた。しかしそれもあくまでも、運転手つきのメルセデス、高級ホテル、数々の大邸宅、護衛や従者といった使用人など、贅沢な生活のなかでの話にすぎなかった。[282]

10

一九三二年にはヴァイマル民主主義はまぎれもなく末期症状にあった。その後に続く劇的事件への前奏曲となったのは春の大統領選挙だった。大統領ヒンデンブルクの七年間の任期は三二年五月五日をもって切れようとしていた。経済不況と政治的混乱のなかで大統領職をめぐって激しい戦いが行われるのは好ましくなかった。しかし、諸政党が候補者を一本化できる可能性は皆無だった。そのため、パーペンの働きかけにより、八四歳の大戦の英雄パウル・フォン・ヒンデンブルク大統領の続投を国会に認めさせ、対立候補を立てた選挙は取りやめようとする動きが前年秋から進んでいた。しかし、そのためには憲法を改正しなければならず、国会の三分の二の同意が必要だった。ナチ党とドイツ国家人民党の協力がなければこれは不可能だった。[283] 三二年一月初旬、ヒトラーは国防大臣兼内務副大臣ヴィルヘルム・グレーナー、大統領官房長官オットー・マイスナーとの会談のためにベルリンに呼び出され、この提案を聞かされた。ヒトラーはすぐには立場を明らかにしなかった。しかしナチ党幹部らは、そうした動きはブリューニングの立場を強めるだけだと考えた。首相ブリューニングの策略によってナチ党は追いつめられた。「権力をめぐるチェスの勝負が始まる」とゲッベルスは記している。[284]

一週間後、ヒトラーは提案を拒絶するとブリューニングに伝え、[285] これを受けて、ブリューニングとのあいだで敵意ある応酬になった。[286] 提案を拒絶したのは「憲法上、外交上、内政上ならびに倫理上の理由」によるとはされたが、ヒトラーは憲法上の問題を本気で懸念していたわけではない。次の国会では多数派を形成できるとの自信をもっていたヒトラーが、ブリューニングの罷免、国会選挙とプロイセン州議会選挙の実施、新国会の任期延長を条件にヒンデンブルクの立候補を支持しよう、と申し出たことからもそれは明らかだった。[287]

予想されたこととはいえ、この申し出をヒンデンブルクに拒絶されてヒトラーは窮地に陥った。大統領選が実施されれば、ヒトラーは出馬しないわけにはいかなかった。出馬しなければ何百万もの支持者をひどく失望させることになるだろう。試練にしり込みした指導者に背を向ける者も出るかもしれなかった。しかし、一兵卒と陸軍元帥、成り上がりの政治屋と政党政治上の争いを超越した国民的価値の象徴たるタンネンベルクの偉大な英雄を比べれば、ヒトラーには勝ち目などなかった。板挟みのヒトラーは大統領選に立候補するまでに一カ月以上ためらった。党の士気がぐらつくのも顧みず、壮大なベルリン再建構想にかまける優柔不断なヒトラーにゲッベルスは絶望しかかった[288]。しかし、一九三二年二月二二日、ゲッベルスはついに、同日夜にシュポルトパラストで開催される大集会の演説でヒトラーの立候補を公表してよいとの許可を得た。「助かった」と宣伝局長を務めるゲッベルスは思った。ヒトラーの立候補表明後、拍手喝采は一〇分ものあいだ途切れなかった。この数週間、ゲッベルスはヒトラーの指導力への批判を隠しきれなかったが、それも即座に払拭された。「ヒトラーはこれまでもこれからもわれらが指導者《フューラー》だ」とゲッベルスは自分に言い聞かせた。数日後、ゲッベルスは、指導者《フューラー》ヒトラーは「事態を再び掌握した」と書き足した[289]。

規則上、解決しなければならない問題がひとつあった。ヒトラーはまだドイツ国籍をもたなかったのである。一九二九年にバイエルン、翌年にテューリンゲンで国籍を取得しようとするも失敗に終わり、ヒトラーはいまだに「無国籍」だった。急ぎ、ヒトラーをブラウンシュヴァイクの州文化・測量局参事官（ベルリン勤務）に任命する手続きがとられた。この官吏任用手続きの過程でヒトラーはドイツ国籍を取得した。三二年二月二六日、ヒトラーは官吏として、後に自らの手で滅ぼすことになるドイツ国に宣誓した[290]。

大統領選での支援関係の歪みを見れば、政治的な右傾化は一目瞭然である。ヒンデンブルクは社会民主党と中央党の支持を受けた。すなわち、七年前にはヒンデンブルクの主たる敵対勢力であった両党が、断固たるプロテスタントであり、軍出身の保守派の最重鎮と望まずして手を組んだということである。フーゲンベルクを筆頭とするブルジョア右翼勢力はヒンデンブルクへの支持を拒んだが、ヒトラーのことも支持しなかった。ハルツブルク戦線の見かけだおしの統一の脆さがうかがわれる。しかし、ブルジョア右翼勢力が候補とした鉄兜団副代表テオドア・デュスターベルクにしたところで無名に近く、本気で当選を狙える候補ではなかった[291]。左翼勢力は、共産党が党首エルンスト・テールマンを候補に立てたが、支持は自陣からしか見込めなかった。したがって、初めからヒンデンブルクとヒトラーを軸とする戦いになった。ナチ党のメッセージは簡潔だった。ヒトラーを選べば変化が起きる、ヒンデンブルクでは今のままだ、というものだった。推定二万五〇〇〇人が参加した一九三二年二月二七日のベルリンのシュポルトパラストでの集会で、「ご老体よ、［…］身を引かれるべきだ」とヒトラーは宣告した。[292]

ナチのプロパガンダ攻勢は最高潮に達した。この年の最初の五つの選挙戦の間、例によって壮大で派手なナチ党の集会やパレードの波に国中が文字通り飲み込まれた。ヒトラー自身は優柔不断を脱し、いつものように演説のための国内行脚に全エネルギーを傾け、一一日間の選挙期間中に一二都市の群衆を前に演説した。ブレスラウには予定よりも四時間遅れ、シュトゥットガルトには二時間遅れで着いたが、群衆はまだ待っていた。多少の誇張はあろうが、フェルキッシャー・ベオバハター紙によれば、ヒトラーは総計約五〇万人もの人々に語りかけたことになるという。[293]

期待が高まった。「いたるところ、戦勝ムードだ」と選挙当日の三月一三日にゲッベルスは書いた。もっとも「私は多少懐疑的だが」と慎重に書き足してはいた。しかし結果は、ヒトラーの支持者と同様、ゲッベルスにとっても激しく失望し、意気消沈させられるものだった。[294] ヒトラーが獲得した三〇パーセントは、多かれ少なかれ予想の範囲内とはいえ、前年のオルデンブルクとヘッセン州議会選挙でのナチ党の出来には及ばなかった。テールマンは予測を下回るわずか一三パーセントにとどまり、デュスターベルクは七パーセント以下だった。しかし、社会民主党の支持層は嫌いとはいえ明確にヒンデンブルクを支持したため、ヒンデンブルクの得票は伸び、およそ三八〇〇万票のうち四九パーセント以上を獲得した。しかし、過半数にわずか一七万票ほど及ばず、[295] 第二回目の投票が行われることになった。

ナチ党はプロパガンダのために今度は新しい小道具をもちだした。ヒトラーは、「指導者《フューラー》、ドイツの空の上(ドイツを股にかける)」というスローガンを掲げ、アメリカ式に飛行機を借りて、初の「ドイツ飛行」を行った。イースターのあいだは政治活動が休止されるため、一週間もない選挙期間中に町から町へと飛び回り、ヒトラーは総計一〇〇万人に迫る大観衆を前に様々な場所で二一回の演説を行った。[296] これまでドイツにはなかった、驚くべき選挙パフォーマンスだった。今回はナチ党陣営は失望には終わらなかった。五三パーセントの票を獲得してヒンデンブルクは再選された。しかし、テールマンがわずか一〇パーセントに落としたのを後目に、ヒトラーは支持を三七パーセントに伸ばしたのである。面子を失わないというだけにとどまらない成果といってよい。第一回目の投票を二〇〇万人も上回る一三〇〇万人以上がヒトラーに投票した。[297] ナチ党のプロパガンダが作り出した商品であり、かつてはわずかな狂信者だけのものにすぎなかった指導者崇拝は、いまやドイツ国民の三分の一に普及したのだった。

大統領選の開票作業も終わらないうちから、ゲッベルスは次なる戦いに備えはじめた。四月二四日に行われるプロイセン、バイエルン、ヴュルテンベルク、アンハルトの州議会選挙、ハンブルク市議会選挙という一連の選挙戦である。[298] この選挙戦では、全体でドイツの全人口の五分の四が投票することになる。[299] 休む暇もなく、激しい選挙戦が続くのだ。

一九三二年四月一六日から二四日にかけて第二回「ドイツ飛行」を行ったヒトラーは、今回は都市部だけでなく農村部にまで入り込んで選挙戦を展開し、二五回の大規模な演説をこなした。[300] 農村地帯の小さな田舎町に与えたインパクトは途方もなかった。このようなパフォーマンスはそれまで誰も見たことがなかった。オーバーバイエルンのミースバッハでは、地元の新聞がヒトラーの演説を「前例のないセンセーション」と書き立てた。雨のなか、何千もの人びとが何時間もヒトラーの到着を待ちわびた。[301]

ほかの地区では「指導者《フューラー》日和」の好天〔ドイツ語では快晴の好天が「皇帝日和」と呼ばれることがある〕だった。四月二三日にハンブルクのロクシュテット地区の自動車レース場に詰めかけた一二万人以上の人びとに向かってヒトラーが演説したときの様子について、ハンブルクの教師ルイーゼ・ゾルミッツは、「四月の陽光が夏のように降り注ぎ、すべてを幸せな期待へと変えた」と述べている。徒歩で来る人、汽車から降りてくる人の流れは途切れることがなかった。英雄を見るために早くから待とうとする人ばかりだった。ゾルミッツ自身もヒトラーの演説開始予定時刻の二時間半前に着いた。群衆は行儀よく係員の指示に従い、警察は後ろに控えていただけだった。参加者はナチ党の理念にすでに魅力を感じている人がほとんどだった。『ヒトラー』と言う人はおらず、必ず『指導者《フューラー》』と呼ぶのだった」とゾルミッツは書き記している。「『指導者《フューラー》がおっしゃる』、『指導者《フューラー》が望まれる』、そして彼が言い、望むことはよいこと、正しいことであるように思われた」。さらに次のようにも書かれている。

何時間もたち、日が照りつけ、期待は高まった。[…]午後三時になった。「指導者《フューラー》が来た！」群衆に興奮が走った。演壇の近くでヒトラー式の挨拶に腕が上がるのが見えた。[…]シンプルな黒の外套を着たヒトラーはそこに立つと、群衆を見渡し、その反応を待ち構えた。林立する鉤十字の旗が擦れあう音がした。刹那、歓声があがり、熱狂的な「ハイル」の叫びとなった。そして、ヒトラーが話しはじめた。主たる主張――諸々の集団から民族が、すなわちドイツ民族ができあがる。「体制」を酷評。[…]その他の点に関しては個人攻撃は手控え、明確・不明確を問わず約束も控えた。この数日間に演説しすぎて声は嗄れていた。演説が終わると、拍手喝采の渦となった。ヒトラーは敬礼し、礼を述べ、「ドイツ国歌」がレース場に鳴り響いた。ヒトラーはコートを着せかけられ、立ち去った。どれだけ多くの人びとがヒトラーを大きすぎる苦難からの救い主だと切に信じていることだろう。プロイセン王子を、学者を、聖職者を、農民を、労働者を、失業者を分裂から救い出し、民族へと導く者だと信じていることだろう。[302]

結果は去る大統領選挙でのヒトラーの得票と同じだった。指導者《フューラー》と党は有権者の目にもほぼ区別できないものとして映っていたということである。ドイツの三分の二を占める巨大な州プロイセンでは、ナチ党は三六・三パーセントで第一党となり、一九一九年以来、優勢を保ってきた社会民主党をはるかに上回った。二八年の前回選挙でナチ党はプロイセン州議会に六五議席を獲得していたが、いまやそれが一六二議席になった。バイエルンでは、三二・五パーセントで、与党のバイエルン人民党にわずか〇・一パーセントにまで肉薄した。ヴュルテンベルクでは二八年の一・八パーセントから二六・四パーセントに躍進した。ハンブルクでは三一・二パーセントを得た。さらにアンハルトでは四〇・九パーセントを獲得したことで、初めてナチ党出身の州首相の指名にこぎつけた。[303]「われわれは素晴らしい勝利を得た」とゲッベルスが書き記したのもうなずける。しかし、ゲッベルスは、「近い将来、権力の座に就かなければならない。さもなくば選挙で勝ったあげくに死ぬことになる」とも書いた。[304]大衆動員だけでは不十分だと認識していたためである。過去三年間に得票は大幅に伸びたが、動員が限界に達していることを示す徴候もあり、先行きは明るいとはいいがたかった。しかしこのとき、別の扉が開かれようとしていた。

11

一九三二年春の州議会選挙は突撃隊と親衛隊に対する禁令のさなかに戦われた。首相ブリューニングと内相兼国防相グレーナーは各州当局からの働きかけを受けて、大統領選挙の三日後、ナチ党の全「疑似軍事組織」を解散させるようヒンデンブルクを説得した。[305]この直接のきっかけは、第一回大統領選挙の直後、内相グレーナーの情報を受けてプロイセン警察がナチ党事務所を家宅捜索した際に、ヒトラーが勝利した場合にそのまま軍事クーデターを起こすべく突撃隊が画策していることを示唆する資料が発見されたことだった。[306]権力奪取は合法的に行うとヒトラーが再三表明していたにもかかわらず、ナチ党内、とくに突撃隊内部のクーデター支持派に対する当局の懸念は晴れなかった。前年秋、ヘッセンのボクスハイマーホーフで、ナチ党による軍事クーデター計画の概要を記した文書（発見された土地の名をとって「ボクスハイマー文書」と呼ばれる）が発見されて世間を騒がせたことは、こうした懸念の正しさを裏づけるものだった。「ボクスハイマー文書」は実際には、共産党がクーデターを試みた場合に国家権力を奪取するためにナチ党がとるべき措置をまとめたもので、ナチ党ヘッセン大管区法務部門の責任者だった野心家ヴェルナー・ベストが独自のイニシアティブで考案したものだった。[307] 当時、当惑したヒトラーはこの証拠資料については何も知らないと主張した。これは真実で、ヒトラーは改めて順法を宣言することでグレーナーを納得させたのだった。[308]

しかし大統領選挙のさなか、いまや四〇万人近くを擁する突撃隊が軛《くびき》から逃れようとする動きがそれとは別に生じた。[309] ヒトラーが勝利した場合、左翼勢力がクーデターを起こそうとしているという噂に対抗して、[310] 全国規模で突撃隊に招集命令が出されたのである。しかし、ヒトラーが敗北したため、突撃隊は行動の機会もなく、意気消沈して隊舎にとどまっていた。[311] ゲッベルスは四月二日にも突撃隊の焦燥に触れ、「早まった軍事攻撃はナチ党の希望を一挙に打ち砕きかねない」と記した。[312] 近々禁令が出されるという知らせは実施の二日前にナチ党指導部に漏洩された。[313] そのため、突撃隊員を通常の党員扱いに変えることで党組織内の一部署として突撃隊を維持する準備がある程度はできた。[314] また、左派の準軍事組織がグレーナーの解散令の適用外となったため、当局はナチ党にプロパガンダの恰好の種を与えたことになり、ヒトラーはこれを即座に利用した。[315]

さらに重要だったのは、突撃隊に対する禁令を機に、グレーナーのみならずブリューニングの立場をも弱め、政権を著しく右傾化させることになる陰謀が始まったことだった。陰謀の立役者は、国防省大臣官房長官を務め、それまではグレーナーの子飼いとみられていたシュライヒャー将軍だった。シュライヒャーが目指したのは、軍を基盤とし、ナチ党の支持を受ける権威主義体制だった。ヒトラーを「飼いならし」、ポピュリズムに支えられた軍部独裁にヒトラーの運動の「貴重な要素」を組み入れようと考えるシュライヒャーは突撃隊に対する禁令に反対した。[316] 賠償問題が片づき次第、軍を拡張し、突撃隊をその下部組織にしようとしていたためだった。一九三二年四月二八日のシュライヒャーとの秘密会談で、ヒトラーは軍指導部がもはやブリューニングを支持していないことを知った。[317] これに続き、五月七日にはゲッベルスが「シュライヒャー将軍との決定的な会談」と呼んだものが行われた。ここにはヒンデンブルクの側近数名も参加していた。ゲッベルスは、「ブリューニングは数日のうちに退陣することになる」とも記した。「大統領はブリューニングへの信頼を失った。大統領内閣を作る計画だ。

国会は解散される。強制的な法律はすべて撤回される。われわれは行動の自由を与えられ、最高の宣伝活動を展開することになるだろう」[318]。突撃隊に対する禁令の撤回と次なる選挙の対価として、ヒトラーは新右翼政権への支持を求められた[319]。選挙に重きを置いていることから見ても、ヒトラーは基本的にはこれまで通り、大衆の支持を得て権力を奪取するという程度のことしか考えていなかったものと思われる。

　ブリューニングは、陰謀を企む側が想定するよりは長く持ちこたえた。しかし、辞任は時間の問題だった。この間、ナチ党の動きが功を奏し、グレーナーが辞任に追い込まれた。五月一〇日の国会演説中に騒ぎが起こり、シュライヒャーからも軍の支持は失われたと告げられたことで、五月一二日に辞任を表明したのである[320]。ブリューニング政権の崩壊の始まりだった。ヒトラーは「いたく満足」した[321]。翌日、ゲッベルスは「計画どおり危機が続く、との報をシュライヒャーから受けた」と記している[322]。

　ブリューニングにとって最後の一撃となったのは、破綻した大農場を細分化して小自作農の農地にするという緊急令の計画に対して、懇意にしている東部ドイツの地主層からの働きかけを受けてヒンデンブルクが不満をもったことだった。しかしこれも失脚の一因にすぎない。ブリューニングのデフレ政策は、近代産業社会の歴史のなかでも平時としては最も急激な経済破綻を引き起こし、その目的を達した。賠償支払いの終結は間近に迫り、二、三週間後に迫るローザンヌ会議で首尾よく実現にこぎつける運びとなる。これにより、ヒンデンブルクが望み、シュライヒャーがその実現に尽力した右への転回を実行に移す状況が整ったのである。五月二九日、ヒンデンブルクはブリューニングにそっけなく辞任を求めた。翌日、きわめて短時間の謁見でブリューニングは辞任を申し出た[323]。

「体制は崩壊の途にある」とゲッベルスは記した。ヒトラーは同日午後に大統領に面会した。この会談はうまく運んだ、とヒトラーはその晩に宣伝局長ゲッベルスに告げ、「突撃隊に対する禁令は撤回されるだろう。制服の着用が再び許される。国会は解散される。これが何より大事なことだ。首相にはフォン・パーペンが予定されている。しかしそんなことはどうでもよい。選挙だ！　選挙だ！　民衆のなかに出ていこう。嬉しいじゃないか」と語ったという[324]。

12

　新首相フランツ・フォン・パーペンは、都会派で人脈の広いカトリック貴族出の外交官であり、かつては中央党右派に所属した保守主義者だった。パーペンはブリューニングが失脚する数日前にシュライヒャーから打診を受けた。シュライヒャーはヒンデンブルクがパーペンを任命する地ならしをしただけでなく、閣僚リストも作成し、パーペンが了承もしないうちから閣僚候補者数名と協議を始めた[325]。パーペンは議院内閣制の体裁をとろうともせずに、政党から独立した「男爵内閣」を結成した。国会で多数派を形成する望みが全くなかったため、大統領緊急令とナチ党の容認だけが頼りだった。着任一週間後、パーペンは初めてヒトラーと面会した。「期待はずれという印象だった」とパーペンは戦後に書き残している。

大衆に対する途方もない影響力を生むに違いないと思わせるような内面的資質は私には感じとれなかった。ダークブルーのスーツを着た、まぎれもない小市民に思えた。顔色は悪く、小さな口髭と奇妙な髪型は何ともいえず、世間に背を向けた芸術家《ボヘミアン》のようだった。振る舞いは控えめで礼儀正しかった。彼の目には人を引きつける力があるとさんざん聞かされていたが、さしたる感銘を受けた覚えはない。[…]自覚の目標について語るのを聞き、自説を狂信的に主張するのに衝撃を受けた。わが内閣の命運はこの人物とその支持者が私を後押ししようと思うかどうかに大いにかかっているのだと分かり、それが私の抱える最大の難題になるだろうと思った。彼は従属的な位置に長く甘んじる気はなく、いずれ自ら全権を握るつもりだとはっきり言った。「あなたの内閣は一時的な措置だと考えている。わが党をわが国の最大勢力にすべく努力を続けるつもりだ。その暁には首相職は譲り渡していただく」と彼は述べた[326]。

その五日前、事前の取り決め通り、大統領は国会を解散した。投票日は許されうるなかで最も遅い一九三二年七月三一日に設定された。ヒトラーにとっては選挙によって権力を獲得する好機だった。ナチ党は五月末のオルデンブルク州議会選挙では四八・四パーセント、六月五日のメクレンブルク・シュヴェリーン州議会選挙では四九パーセントの得票率を記録し[327]、六月一九日のヘッセン州議会選挙では四四パーセントまで得票を伸ばしていた[328]。国会で過半数を得るのも不可能ではないと思われた。

少し遅れて、シュライヒャーとヒトラーの合意事項のうち、残るもうひとつも実現した。突撃隊と親衛隊の禁令が六月一六日に解除されたのである[329]。禁令などすでに露骨に無視されてはいたが[330]、禁令が解除されたことにより、この夏、前例もないほどの政治暴力が国中で横行することになる。その展開の先触れとなる措置だった。ヴァイマル共和国期は潜在的な内戦状態だったが、それが本物の内戦になろうとしていた。突撃隊と共産党員の武力衝突、市街戦が毎日のように起こり、ナチ党の暴力が次第に目につくようになっていった。ナチ党を支持する「まともな」市民層はそれを目にして気を変えるだろうとも思われていたが[331]、ナチ党支持者は脅威は左派にあると考えていたため、国益の擁護者をもって自任する反共産主義の暴力を目のあたりにしようとも、それによって失われた支持は驚くほど少なかった。

恐るべき暴力だった。六月後半、突撃隊に対する禁令が解除された後、政治的理由による殺人が一七件発生した。七月中にはさらに八六件の殺人事件があり、ほとんどがナチ党員か共産党員だった。重傷者は何百人にものぼった。シュレージエンのオーラウでは七月一〇日のわずか一回の衝突で四名が死亡し、三四名が負傷した。最悪の事態となったのはアルトナ〔北部ドイツ（プロイセン州）〕で七月一七日に起きた「血の日曜日」事件だった。この日、突撃隊のパレードを挑発と見た町の共産党員の突然の発砲により、一七名が死亡、六四名が負傷した[332]。

パーペン内閣は即座に、一時的に延期していたプロイセン州政府の退陣計画に着手し、このドイツ最大州を総督の管理下に置くことにした。社会民主党のオットー・ブラウンを首班とし、同じく社会民主党からカール・ゼーフェリングが内相として入閣していたプロイセン州政府が、今後はパーペンがプロイセン州総督を兼務するとの通達を受けたのは一九三二年七月二〇日のことである。最大にして最重要の州であり、社会民主党の重要な防塁であったプロイセンは抵抗もままならずに降伏した。武力抵抗が無意味だったであろうことはほぼ間違いない。六〇〇万人もの失業者を抱える今、二〇年にカップ一揆の基盤を打ち崩したようなゼネストも考えられなかった。ゼネストを試みれば軍部独裁を引き起こす恐れもあった。しかし、これほど露骨な憲法違反に対して共和国の最大の守り手が抵抗しなかったことは、社会民主党支持者の士気をどん底まで突き落とした。ヒトラーはこの様子を見て、社会民主党は恐るるに足らずと思った。パーペンは反撃を受けることもなくプロイセンという社会民主党の牙城を破壊した。これはナチ党ではなく保守派の所業だが、ヒトラーの首相就任の半年以上前に権力奪取の前例が作られたことになる[333]。

この間、ヒトラーのナチ党はこの四カ月間で四度目の選挙戦に入った。ゲッベルスは四月半ばに財源不足のせいでプロパガンダが思うように展開できないと主張していた[334]。しかし、プロパガンダが再開されると、資金もエネルギーも出し惜しみされた様子は一切ない。選挙戦が始まると、ナチ党がパーペン内閣を容認していることもほとんど考慮されなくなった。しかし、主たる目標は、ブルジョア政党の残存勢力への支持を粉砕し、中央党支持層に食い込むことだった[335]。多くのパレードや式典が行われた[336]。新しく導入された手法は、映画による宣伝と、ヒトラーから「国民へのアピール」を録音したレコード盤五万枚の制作だった。[337] 従来通りの選挙戦は飽きられているという認識があった。[338] ヒトラーは第三回「ドイツ飛行」で五三の町への遊説マラソンを始めた。[339] 周囲の者にとっては耐えがたいほど同じことの繰り返しだった。到着し、演説し、荷物をまとめては、また次の場所に出立する、という具合だった。ヒトラーに同行する随行員は、ラウンドの合間に選手の体調を整えるボクシングのセコンドのようだ、とハンフシュテングルは評している。[340] ヒトラーのテーマはそれまで通りだった。一一月革命を起こした諸政党はドイツの国民生活をあらゆる面で荒廃させた。ドイツ国民をこの窮状から救いだすことができるのはわが党だけだ、というものだった。[341]

一九三二年七月三一日、ナチ党は再び勝利を収めた。得票率は三七・四パーセントに伸びた。これによりナチ党は二三〇議席を獲得し、国会の最大政党となった。[342] 三〇年に比べて社会民主党は議席を減らし、共産党と中央党はわずかに増えた。中道から右のブルジョア諸政党の凋落はさらに進んだ。

しかし、勝利とはいってもナチ党にとっては小さな勝利でしかなかった。一九三〇年、ましてや二八年の国会選挙と比べれば驚くべき躍進とはいえ、短期的なスパンで見れば、七月の選挙結果は期待外れでさえあった。第二回大統領選挙や四月の州議会選挙から支持はほとんど伸びなかった。ゲッベルスは状況を冷静に判断していた。「われわれはわずかながら勝利した。[…] 結論的にいえば、われわれは権力を掌握し、マルクス主義を根絶しなければならない。どうにかして！ 何かが起きねばならない。野党の時代は終わった。今こそ行動すべきだ！ ヒトラーも同意見だ。今こそ事態を見極め、決断を下さねばならない。今の方法では過半数を得ることはできまい」。[343]

八月二日、ヒトラーは何をすべきかまだ決めかねていた。テーゲルン湖畔で選挙戦後の休養をとる間に、今後の行動についてヒトラーはゲッベルスと意見交換した。中央党との連立も一時は検討されたが、放棄された。結論は出なかった。そのため、しばし待ち、事態の推移を見守ることに決めた。ミュンヒェンで音楽を聞き、映画を見、トリスタンとイゾルデの観劇などで気晴らしをし、時間をつぶした。[344] 二日後、ベルヒテスガーデンに逗留中、ヒトラーは打つ手を決め、その要求のためにベルリンでシュライヒャーと会談する手はずを整えた。自分には首相職、フリックには内相、ゲーリングには空軍相、シュトラッサーには労相、ゲッベルスには国民教育相のポストを要求するつもりだった。ヒトラーは「男爵も譲歩するだろう」と自信をもっていた。しかし、「ご老体」ヒンデンブルクの反応は読めなかった。[345]

ベルリンの北方八〇キロメートルに位置するフュルス

テンベルクで八月六日に行われた国防相シュライヒャーとの秘密会談は数時間に及んだ。ベルヒテスガーデンに集まったナチ党幹部らに報告したときには、ヒトラーは自信があった。「一週間以内に事態がはっきりするだろう」とゲッベルスも考えた。「ボスが国の首相とプロイセン州首相を兼務し、シュトラッサーが国とプロイセンの内相、ゲッベルスはプロイセンと国の文相、ダレが双方の農相、フリックが官房長官、ゲーリングが空軍相。法相もわれわれから出す。ヴァルムボルトは経済。クロージクは財務。シャハトが国立銀行。男たちの内閣。国会が全権委任法を否決するようであれば、議会はお払い箱だ。ヒンデンブルクは死ぬ前に国民内閣を見たがっている。われわれは二度と権力を諦めない。屍になるまで出ていきはしない。[…]まだとても信じられない。権力の入口まで来たとは[346]」。

　シュライヒャーとの取り決めでは望むものはすべて手に入るかに思われた。全面的権力ではないにせよ、国内での権力と内政の権限に関してはこれ以上望むべくはないといってもよかった。シュライヒャーにすれば、ヒトラーを首相にするのは重大な譲歩だった。国防相シュライヒャーは、陸軍が自分の統制下にある限り、ヒトラーを抑えて自らが黒幕として権威主義体制を牛耳りつつ、国民の支持を確保することもできると考えていたものと思われる[347]。軍をも巻き込んだ内戦に発展する可能性は急速に低下していた。そして、政治的責任という現実に直面し、妥協せざるをえなくなれば、ナチも手なずけられるという読みだった。これ以降、ナチ党を「飼いならそう」とするこうした戦略が様々に展開されていくことになる。

　後にシュライヒャーは、ヒンデンブルクの邸宅があった東プロイセンのノイデックでヒトラーの要求をヒンデンブルクに伝えた、と述べている。ヒンデンブルクに影響力をもつシュライヒャーの提案だったが、これはきっぱりと断られた。シュライヒャーによれば、大統領ヒンデンブルクは、ヒトラーを首相に任命しないという「意志は『変えることができない』」と明言したという[348]。八月一〇日にヒンデンブルクがノイデックからベルリンに戻った直後、ヒトラーを首相にし、ナチ党と中央党の「褐色＝黒」多数派内閣を率いさせる可能性についてパーペンもヒンデンブルクと話をした[349]。「ボヘミアの一兵卒」を首相にできるものならば大層な話だ、というよく引用される軽蔑に満ちた発言がヒンデンブルクからあったのはこの席上でのことである[350]。

　ヒトラーとゲッベルスは、こうした成り行きについては全く知らないまま、「権力掌握に向けた諸問題」について話し合っていた。ゲッベルスは「ドイツ国民の国民教育」において果たすべき「歴史的使命」を思って有頂天だった[351]。ナチ党支持者も勝利を予感していた。党全体が勝利を期待している、という電話がベルリンからも入った。ベルリンの突撃隊隊長グラーフ・ヘルドルフは、権力を掌握したときのために一大計画を練っていた。突撃隊は何かが起こりそうだという期待感から仕事も手につかなかった。党幹部は準備を整え、「重大なとき」を待った。「もしことがまずい方向に進んだら、ひどい反動があるだろう」とゲッベルスは書いている[352]。

ヒトラーに権力を与えるかどうかをめぐり、パーペン内閣の閣僚の意見は割れていた。財務相クロージクは、内戦を避ける最良の道は密猟者を森番にすることだと考えていたが、内相フォン・ガイルはこれに激しく反対した。ガイルは違憲と認識しつつも、外相ノイラートの支持を受けて現内閣の維持を提案した。国会は解散するが、次の選挙の日程は定めず、新たに制限選挙を導入するというものだった。法相ギュルトナーは、選挙を行わないまま現内閣を維持するのはまさしく違憲であると論じ、ナチ党の国家理念がユダヤ人とマルクス主義者に対する「復讐心」に立脚していることを認識しつつも、同党を政権に迎え入れることに反対はしないとした。しかし、政権の主導権を渡さないのであればナチ党の政権入りという案は幻想に終わるだろうとも指摘した。他の閣僚は現内閣の存続に賛成した。パーペンとシュライヒャーは態度を保留した[353]。それが八月一一日の「憲法記念日」の演説だったのは皮肉としかいいようがないが、ヴァイマル体制から権威主義体制への移行と、国会からの政府の独立という希望を内相ガイルが公言すると、武装した突撃隊はベルリンの官庁街を取り巻き、行動に出る用意があることをあからさまに見せつけた。「紳士連中を怯えさせる[…]」。それがこの行動の眼目だ」とゲッベルスは書いた[354]。

一九三二年八月一一日、ヒトラーは、キーム湖畔のプリーンで党幹部らと最後の会合をもった。キーム湖といえば、ミュンヒェンから東方に一三〇キロメートルほど離れたオーストリア国境近くにあるバイエルン最大の湖である。このときにはヒトラーも、自らの首相就任に対して権力中枢で反対の声が高まりつつあることに気づいていた。中央党と連立するという脅しをかける可能性もあったが、ヒトラーはあくまでも首相の座にこだわった。ミュンヒェンのアパートに帰って休むと、翌日、ヒトラーは人目を避けるために車でベルリンに向かった。同じ八月一二日、レームはシュライヒャー、パーペンと会談し、ヒトラーの首相就任について探りを入れたが要領を得なかった。その夜遅く、ヒトラーはポツダムに近いカプートのゲッベルス宅に到着し、レームが会談を終えてもまだ決着がつかないと聞かされた。「イエスかノーかだ」とヒトラーは主張した。しかしことがそう単純であるならば、ヒトラーもその夜が明けるまで、大統領の決断次第でどれだけのことが左右されるだろうかと考えて歩き回りながら過ごすことはなかっただろう。ゲッベルスにとって問題は明らかだった。ヒトラーは首相の座という大きな権力が与えられない限り、就任を断るだろう。その場合、「結果として運動の関係者も有権者も激しく意気消沈するだろう。[…]しかし、われわれにはそれしか方法はない[355]」。

翌八月一三日の朝、ヒトラーはレームを引き連れてシュライヒャーと会談し、その後すぐに今度はフリックとともに首相パーペンとの会談に臨んだ。ヒトラーはその両者から、ヒンデンブルクはヒトラーを首相にする気はないと伝えられた。「私は、二カ月前に会った男とは全く別人を相手にしているのだとすぐに気づいた」とパーペンは回想している。「へりくだった控えめな雰囲気はなかった。私が相対したのは、要求を並べ立てる、選挙に圧勝したばかりの政治家だった」。パーペンはヒトラーに副首相としての入閣を提案した。野党にとどまれば、党の選挙運動には必ずや陰りが見えてくるはずだとパーペンは論じた(パーペンはナチ党に対する支持はここで頭打ちだと確信していた)。しかし、ヒトラーが有意義なかたちで協力し、ヒトラーのことを「大統領がもっとよく知るようになれば」、首相を辞任し、その座をナチ党党首であるヒトラーに譲るにやぶさかでないと自分は言った、とパーペンは後に書いている。ヒトラーはこれほど大きな運動の領袖が脇役に甘んじるという案は明確に拒絶した。自分は野にとどまりつつ仲間の誰かを副首相の座に就けることにはさらに否定的な態度を示した。時折激しい議論となった会談を終えるにあたり、パーペンはヒトラーに、決定を下すのは大統領だが、議論したが何の成果もなかったということはヒンデンブルクに伝えざるをえないと忠告した[356]。

ライヒスカンツラー広場のゲッベルス宅に集まったヒトラーと側近は、当然のことながら悲観的になっていた。待つしかなかった。午後三時頃に首相官房長官プランクから電話が入った。決定が下された以上、大統領に会ったところで意味があるのかとヒトラーが聞き返したところ、ヒンデンブルクがとにかく話をしたがっているというのがプランクの返答だった。ことによるとまだ可能性があるのかもしれなかった[357]。

午後四時一五分に予定された謁見のためにヒトラーが大統領宮殿に到着したときには、ヴィルヘルム通りには何百もの人が集まっていた。ヒンデンブルクは礼儀正しくはあったが冷淡だった。大統領官房長官マイスナーのメモによれば、ヒトラーは、パーペン内閣のために尽力する気はあるかと尋ねられた。協力を歓迎すると大統領は言った。ヒトラーは、同日朝に首相パーペンに詳しく述べた理由から現内閣への参加は考えられないと力説し、自分の運動の重要性を考えれば、自らと自党に内閣での指導的立場ならびに「国家における完全なる指導的立場」が与えられるよう要求せざるをえない、と述べた。

大統領はきっぱりと断った。ひとつの党、しかも異なる考え方をもつ者に対してこれほど寛容でない党に政権の全権力を渡すようなことをすれば、神と良心と祖国に対して申し開きができない、というのがヒンデンブルクの言だった。ヒンデンブルクは、国内が混乱し、国外にも影響が出かねないとの懸念も表明した。ほかにはいかなる提案も認められないと繰り返すヒトラーに対して、ヒンデンブルクは反対運動は紳士的に展開するようにと求め、テロ行為に対しては最大限厳しく対応すると告げた。政治的現実よりも感情を優先するかのように、ヒンデンブルクは「旧い戦友」としてヒトラーと握手した。

会談はわずか二〇分だった。ヒトラーは自制心を保った。しかし廊下に出るなり、怒りのあまり爆発しそうになった。ことは否応なく自分が言ったような結果へといたり、大統領は失脚することになるだろうとヒトラーは宣言した。政府はきわめて難しい状況に陥り、すさまじい反対に直面することになるだろうが、そうなっても自分は責任はとらないともわめいた(358)。ナチ党の説明によれば、大統領の居室前での短くも激しい応酬の最後に、パーペンは高慢な態度で国会の重要性を否定し、ナチ党代表団に向かって、「あなたがたがもし入閣していたなら、三週間もすれば、今日望んだところに手が届いたでしょうに」と言ったという(359)。

半時間もたたずにヒトラーが空手で戻ってきた後、「指導者《フューラー》がブルジョア内閣の副首相になるという考えは馬鹿げていて真面目にとりあげるまでもない」とゲッベルスは記した(360)。潤色を施して出版された日記では、運動内部に生じたであろう深い失望には触れられていない(361)。

ヒトラーは、深刻な政治的敗北を喫したことに気づいた。九年前の一揆の失敗以来、最大の挫折だった(362)。ヒトラーは大衆動員に天賦の才をもち、これを最も得意としていた。しかし、大衆動員によって権力を掌握するという、この間に追求してきた戦略は間違いであったことが明らかになった。ヒトラーは党を袋小路に追い込んでしまった。党は躍進した。権力の入口にいたるまでのナチ党の上昇は目覚ましかった。ヒトラーは選挙で圧勝したばかりだった。しかし、ヴァイマル共和国憲法下でどうしても同意を得なければならない大統領ヒンデンブルクから、首相就任をにべもなく拒絶されたのだ。「伸るか反るか」の賭けをしても何も得られなかった。疲れ果て、意気消沈し、激しく失望した対立の絶えない党にとって、野党にとどまる未来は魅力的ではなかった。しかし道はそれしかなかった。次に選挙があっても、現在の支持を維持するのは難しいと思われた。

一九三二年八月一三日は権力を狙うヒトラーにとって決定的な日になるはずだった。この後、そうした決定的な日は三三年一月三〇日まで巡ってこなかった。大統領を説得して翻意させられるような要人が同志にならなければ、巨大な運動の指導者として全国に一三〇〇万人もの支持者を擁するヒトラーといえども、決して権力掌握はできなかっただろう。勝利しても権力を手にすることは許されなかった。ところが、（一一月に行われる次なる国会選挙では）敗北を喫したにもかかわらず、権力はヒトラーの手に渡ることになった。この権力を「意志の勝利」によって得られたものだと称することはとてもできまい。

第10章 権力に向かって

われわれが彼を雇い入れたのだ。
フランツ・フォン・パーペン、一九三三年一月末

われわれはヒトラーを封じ込めてやる。
アルフレート・フーゲンベルク、一九三三年一月末

この呪われた男がわれらの国を奈落の底へと突き落とし、
わが国民は想像を絶する辛酸を舐めることになるに違いありません。
あなたの所業に対して後世の人びとは死したあなたを誇るでしょう。
ルーデンドルフより大統領ヒンデンブルクに宛てて、一九三三年一月末

一九三二年秋にヴァイマル共和国の危機は深刻化した。解決の道は見えなかった。三二年から三三年にかけての冬に入ると危機的状態に立ちいたった。この時期、権力は次第に限られた者の手に集中していった。パーペン、シュライヒャー、ヒンデンブルクである。その背後には大企業、大土地所有者、軍隊などの強力な圧力団体が存在していた。しかし、こうしたエリート集団は固く結束した「支配階級」を構成していたわけではなく、足並みが揃っていたわけでもなかった。実際のところ、これらの層は、経済的利害から見ても望ましいと考える政治戦略から見ても分裂していた。(1)誰もが望んでいたのは民主主義的「政党体制」の終焉、(社会民主党を含む)「マルクス主義」と労働組合の打破、何らかの権威主義体制への復帰だった。しかしそれ以外には、危機をいかに解決するかについての合意はなかった。パーペン内閣とその支持層を中心に、様々な分野のエリートが、政治権力の決定過程から大衆を永久に排除できるとの幻想を抱いた時期もあった。短期間ながらそれが幻想ではなくなった時期もあった。ドイツ国民はこの頃には、直接に影響力を行使して政権構成を決定することはもはやできなくなっていた。国会を弱体化させ、政党の影響力を廃そうとする試みは、危機に対処する手段としてブリューニング内閣の下で始まった。パーペン内閣ではそれが政府の基本方針となった。しかし、動員された大衆を簡単に追い出すことはできなかった。大衆はエリートが創りだしたものでもエリートの道具でもなかった。しかも右派の大衆はほぼ完全にヒトラーに掌握されていた。

権威主義を追求するナチ以外の勢力にとってのジレンマは、いかにヒトラー抜きで目的を達成するかだった。大衆動員に成功したヒトラーにとっては、現在の権力者が自分に権力を譲り渡すことを拒みつづけた場合、いかに権力を掌握するかが問題だった。一九三二年秋のこの膠着状態を脱するにあたり、決定的な意味をもったのは個々人の行動だった。ヒトラーを無視するわけにはいかなかった。大規模な大衆運動を作り上げたヒトラーは、自分の望まない政治決定を事実上阻止できる状況にあった。しかしヒトラーの運動は、ヒトラーに権力を与えるまでの力はなかった。ヒトラーは上層部の人間の助けを必要としていた。その助けが得られたのは、さもなければ運動が崩壊し、自らの政治生命の終わりが見えはじめる瀬戸際だった。

ヴァイマル共和国の包括的な危機が深刻化すればするほど、また、取りうる政治戦略の制約が大きくなればなるほど、ナチ党以外の国民保守的右翼勢力のなかでは個人の独断に基づく「イニシアティヴ」の余地が広がっていった。ヒトラーの勝利もそのような「イニシアティヴ」の結果として生じた。これは政治上の重大な誤算だったわけだが、これを「業務事故」と称することはできない。誤算は保守的右翼勢力が長年にわたってもっていた傾向が生みだしたものだったからである。[2] ヒンデンブルクも、ヒンデンブルクに影響力をもった人びとも、右派的な思考で解決しようとするあまり、議会主義的な解決策を模索しようともしなかった。また、ヒンデンブルクの周囲がナチ党を政権に取り込むための様々な「飼いならし戦略」を折に触れてもちだしたのは、ヒトラーに対する過小評価と軽蔑の表れであると同時に、「生来の」支配階級として、成りあがり者を制御できると考える、身に染みついた自信過剰の表れでもあった。

　ヒトラー自身の行動は、ヒトラーが権力の座に就くにあたっては副次的な意味しかもたなかった。扇動を続け、あとはひたすら大統領内閣での首相職を最高の褒賞として要求し、妥協案として提示された意にそぐわない入閣要請をすべて断っただけだった。この方法は最後には功を奏した。しかしこれは、ヒトラー自身というよりはほかの人びとの行動の結果だった。

1

　ヒトラーは一九三二年八月一三日の一件を「個人的敗北」ととらえた。[3] 政府が意図的に素気なくまとめた会合の要旨はシュライヒャーが書かせたものだったが、これを目にしてヒトラーの怒りと屈辱感はますます強まった。そこでは、ヒトラーが全面的権力を要求し、それをヒンデンブルクが拒絶したことが端的にまとめられていた。「全面的」権力を要求したわけではない、というヒトラーの怒りの返答は厳密にいえば正しくはあった。しかし、ヒトラーに言えたのはそれだけだった。[4]

　当時、ヒトラーの怒りの矛先は主としてパーペンに向いていた。[5] 数日後、オーバーザルツベルクにいるヒトラーとの間を取り成すために、ヨアヒム・フォン・リッベントロップが送られた。リッベントロップはうぬぼれ屋でユーモアに欠けるが、ドイツ最大のシャンパン製造会社ヘンケルの女相続人と結婚し、しかも近頃ナチ党に入党したことで出世街道にのり、後には外務大臣にもなる人物である。リッベントロップも、ヒトラーが「パーペン氏とベルリンの内閣全体に激しい怒りを覚えている」と感じた。[6] しかし一九三三年一月にパーペンが罪滅ぼしをしたのとは逆に、三二年八月から三三年一月にかけての行動のせいで、ナチ党の主たる攻撃対象はシュライヒャーに移っていった。(7)「決定は正しい。アドルフ・ヒトラーに権力を与えるわけにはいかなかった」というのが、八月一三日にヒンデンブルクの決定を聞いたときのシュライヒャーの反応だったといわれる。(8)シュライヒャーの水面下での工作、とくにヒトラーに屈辱を与えた八月の一件での「裏切り」は記憶に刻まれ、シュライヒャーはやがて自らの命をもってそれを償うことになる。(9)

いつものことながら、ヒトラーは絶望を徹底的な攻撃に変えた。そして、決断にいたるまでにいかにためらおうとも、ひとたび決断すると、自分は正しい、ほかの行動はとりえなかったと信じて疑わなかった。一九三二年八月一三日の後もそうだった。八月一五日に党幹部に向けて演説するためにミュンヒェンに向かう道すがら、「今後の成り行きを見定めなければならない」とヒトラーは呟いた。(10)八月一六日には、ルール地方の大企業ともヒトラーの報道局長オットー・ディートリヒとも近いライニッシュ・ヴェストフェリッシェ・ツァイトゥング紙の友好的なインタビューがあり、そこでヒトラーは今回の一件について公に見解を述べる機会を得た。不人気なパーペン内閣に対する露骨な敵対宣言だった。夏のシャドーボクシングは終わった。再び禁令が出されることを避け、失望した突撃隊の頭を冷やすため、突撃隊には二週間の休暇が与えられた。(11)AP通信社のインタビューに応えてヒトラーは、「問題は私がベルリンに向かって進軍するかどうかではない。誰がベルリンから出てこなければならないかだ。わが突撃隊はすぐれて規律化された組織であり、不法な行軍は行わない。私はすでにここにいるではないか！　なぜベルリンに進軍する必要があるのか」と言ってのけた。(12)

数日のうちに、大失敗に終わったヒンデンブルクへの謁見から人びとの注意を逸らすチャンスがめぐってきた。一九三二年八月一〇日、シュレージエンのポテンパ村では、失業中の共産党員を突撃隊員の一団が殺害する事件が起こっていた。(13)殺人は被害者の母親と兄弟の目前できわめて残忍に行われた。よくあることだが、個人的な動機と政治的な動機が入り混じっていた。恐ろしく残虐な殺人とはいえ、三二年の恐怖の夏にあっては、この事件そのものはありふれたテロのひとつにすぎなかった。そういえるほど、公共の秩序は乱れていた。内戦かと思うほどに暴力が横行していた。当初、この事件に特段の注意を払う者はいなかった。この時期、一昼夜のうちに三〇を超える政治的な暴力沙汰が行われていたことを考えれば、ポテンパ村の事件は目立つものではなかった。

しかし、この殺人が行われたのは、パーペン内閣の対テロ闘争緊急令が発効した一時間半後だった。これは、計画的な政治的殺人を死刑とし、緊急令下で殺人が行われた場合に迅速な裁判手続きをとれるよう特別法廷を設置すると定めたものだった。緊迫した雰囲気のなか、メディアも注目する裁判は八月一九日から二二日にかけてボイテンで行われ、五人の被告に死刑を宣告して閉廷した。ナチ党陣営をさらに激昂させたのは、同日、七月のオーラウでの騒ぎの最中に突撃隊員二名を殺害した国旗団〔社会民主党の準軍事組織〕の団員に比較的軽い判決が下ったことだった。この殺人は計画的ではなく、パーペン内閣の緊急令が出されるよりも前に行われたものだった。しかし、そのような違いはナチ党支持者のあいだでは当然のことながら何の意味もなかった。

ポテンパ村の殺人犯は殉教者のような扱いを受けた。同地の突撃隊指導者ハイネスは、死刑が執行されたら暴動を起こすと脅しをかけた。ハイネスは、ボイテンのユダヤ商店の窓を割り、同地の社会民主党の機関紙の事務所を攻撃せよと演説し、群衆に向かって暴動を煽った。この一触即発の状況のなか、ゲーリングは死刑囚を賞賛し、家族に金品を贈った。牢獄の死刑囚に面会するためにレームが差し向けられた。八月二二日にはヒトラーが自ら電報を送り、話題をさらった。「同志諸君！　このあるまじき血の判決をみて、私は諸君と無限の忠誠で結ばれていると感じる。この瞬間から、諸君の自由はわれらが名誉の問題となった。このような事態を引き起こす政権との戦いはわれらが義務だ！」とヒトラーは書き送った。(14) ドイツの最大政党の党首が、死刑判決を受けた殺人犯との連帯を公に表明したのである。これはスキャンダルだが、ヒトラーにとってはやむを得なかった。(15) ポテンパ村の殺人犯に共感を表明しなければ、シュレージエンという難しい地域で、しかも焦る突撃隊員の首にどうしても縄をつけておかねばならない時期に、突撃隊を敵に回す危険があった。

翌日、ヒトラーはパーペン内閣を非難する声明を出し、順序を逆転させて八月一三日の一件まで持ち出し、そのような判決を下す政権だからこそ入閣を拒んだのだと主張した。「国民の名誉と自由をかけた闘争に共感する者であれば、なぜ私がこのブルジョア内閣への入閣を拒んだかが分かるはずだ。［…］今回の行為により、『国民的』と称するこの内閣に対するわれわれの態度は決定的に決まった」とヒトラーは述べた。(16)

結局、プロイセン総督を兼務するパーペンが引き下がり、ポテンパ村の殺人犯に対する死刑判決を無期懲役に減刑させた。パーペン自身も認めたように、これは法的判断ではなく政治的判断だった。(17) 殺人犯らは一九三三年三月にはナチ政権から恩赦を与えられて釈放されることになる。(18)

この時期には、陰の実力者たちは、ヒトラーをいかにして入閣させようかとまだ考えていた。まさにその時点にあって、ポテンパ村事件は、法に対するナチ党の態度を白日の下にさらすものとなった。ヒトラーは実際には八月九日のパーペンの緊急令をマルクス主義者による

「殺人的匪賊行為」を対象とするものと考え、歓迎していた。[19] ただしナチ政権下であれば緊急令は違ったかたちになっただろう、ともフェルキッシャー・ベオバハター紙は論じていた。ナチ政権が緊急令を出したならば、共産党と社会民主党の幹部はすべて逮捕されて有罪判決を受け、「殺人区域」の「集中的あぶり出し」が行われ、「容疑者や知的扇動者は強制収容所に収容」されることになるだろう、というのである。[20] ポテンパ村の殺人事件の後、ローゼンベルクは同じフェルキッシャー・ベオバハター紙に、ボイテンの判決は「ブルジョアの法ではポーランドの共産党員一名が五名のドイツ人前線兵士と同じ重みをもつ」ことを示すものだ、と書いた。だからこそナチズムはものごとをイデオロギー的に考えようとするのだ。ナチズムの哲学では「魂の重みはひとつずつ異なり、人間の重みも異なる」。ナチズムにとっては「『法それ自体』などというものはない。ナチズムの目標は強きドイツ人であり、ナチズムの信条はその強きドイツ人を守ることである。そして全ての法と社会生活、政治と経済はこの目的に従わねばならないのだ」。[21] ヒトラー政権がドイツにおける法の支配にいかなる影響を及ぼすことになるかをこれだけ明確に示したものもないだろう。しかし、危機を脱するには、どのような形であれナチ党に政治的責任を担わせるしかないと今も考える人びとは、これを見ても思いとどまることはなかった。

首相のポスト以外はすべて拒否するというヒトラーの態度は、ナチ党にとって問題を引き起こしただけではなかった。政権にとってもことは深刻だった。ヒンデンブルクが大統領職にある限り、ヒトラーを首相にするのは無理だとシュライヒャーは諦めた。[22] パーペンは、自分としても断固反対であり、ヒンデンブルクが反対しつづけるのは当然だと考えていた。どちらも魅力的とはいえないが、可能性は二つしかないように思われた。

第一の可能性は、中央党とナチ党の連立政権だった。両党を連想させる色をとって「黒＝褐色」〔ドイツでは、政党を色で表す場合、キリスト教政党は黒で表される。ナチ党はその制服の色から褐色とされる〕とも呼ばれた連立案である。八月一三日の一件の後、中央党がこの可能性について探りを入れてきた。しかし、このような解決策が実現する見込みはそれほどなかった。グレゴア・シュトラッサーは話を進めようとしたが、ヒトラーが賛同しなければどうしようもなかった。しかも、二人のあいだは緊張し、それが次第に表面化しはじめていた。[23] 中央党は、ナチ党は首相の座を譲るべきだと主張しつづけていたが、ヒトラーの首相就任はこの間に「名誉の問題」になっていた。[24] ブリューニングも、ヒトラーがナチ党の閣僚ポストとして要求していた、プロイセン州首相、プロイセン州内相などのポストを譲ろうとしなかった。[25] ヒトラーの方でも、国会の多数派の支持に依存するような政権を率いることには消極的だった。その点については、このときも、一一月選挙後に改めて可能性が出てきたときも変わらなかった。[26]いずれにせよ、議院内閣制への回帰はヒンデンブルクやその助言者たちにとっても好むところではなかった。[27]

第二の可能性は、ナチ党と共産党が「多数派野党」を形成する国会の支持を期待せず、「闘争内閣」として耐えつづけることだった。これは、八月初旬の内相ガイルの計画を強行するということだった。すなわち、国会を解散し、選挙を延期することで、制限選挙権と二院制議会（うち一院は選挙による選出を行わない）によって国会の権能を大幅に縮小するまでの時間を稼ぐという計画である。[28]その目指すところは「政党支配」を永遠に終わらせることにあった。これには、左派に加えて、場合によってはナチ党からも反対が出ると予想される。それに対抗できるよう、この過激な措置をとるためには大統領の賛同と陸軍の支持が必要だった。パーペンは一九三二年八月三〇日のノイデックでの会談で、国会の解散と、憲法で定められた六〇日間を超える選挙日程の延期をヒンデンブルクに申し出た。シュライヒャーとガイルも同席していた。ヒンデンブルクはパーペンに国会の解散命令を簡単に与え、全国的な非常事態であることを理由に違憲を承知で次の選挙日を先延ばしすることにも同意した。有力な憲法学者のなかには、このような手段による権威主義体制の導入を正当化する法的議論を提供できるとした者もいた。最も有名なのはカール・シュミットである。この著名な憲法学者は、三三年に第三帝国に力を貸すことになる。[29]

そのような解決策を取りたかったのならば、パーペンは新国会を八月三〇日の初回に解散させるべきだったのだろう。九月一二日の第二回会議のときには主導権はすでに失われていた。[30]実際のところ、パーペンは開会式を欠席した。八月三〇日には国会の古参議員であるクララ・ツェトキン〔共産党〕が開会の辞を述べる権利を与えられ、資本主義を攻撃し、ソヴィエト・ドイツを擁護する議論をした後、ナチ党、バイエルン人民党、中央党の賛成により、ゲーリングが国会の議長に選出されただけだった。[31]ゲーリングはその場で、自らが議長に選出されたことからも分かるように、国会には安定した多数派が形成されており、内閣が非常事態を宣言する必要はないと強調した。九月一日にナチ党と中央党が連立交渉を始めたことを示す共同声明が出された。これも非常事態宣言を出させまいとするものだった。[32]ナチ党の側から見れば、これは戦術のひとつにすぎなかった。[33]ナチ党幹部らは国会解散にも備えていた。「向こうが憲法に違反するならば［…］法を遵守せよとのわれわれに対する強制も一切効力を失う。そうなれば、納税ストライキ、サボタージュ、暴動になる」とゲッベルスは書いた。[34]九月八日のナチ党指導部の会合で、ヒトラーは次なる選挙は避けられない、早ければ早いほどよい、と強調した。ヒトラーはシュトラッサーに不信感を強めつつあり、シュライヒャーを首班とする内閣を受け入れてはどうかというシュトラッサーの発言を言下に否定した。目指すはただひとつ――ヒトラーが首相となり、連立相手に依存することのない大統領内閣を組閣することだけだった。[35]

国会は一九三二年九月一二日に第二回目の本会議が開催され、それが最後になった。その日の唯一の議題は財政状況に関する政府声明であり、経済回復のための計画の詳細が告知されるはずだった。議論は数日続くと見込まれていた。しかし、共産党議員エルンスト・トルグラーが議事日程変更の動議を提出した。[36]トルグラーはまず、九月四、五日の緊急令（これは賃金表による賃金交渉制度に大きく手を入れるものだった）の撤回を求める共産党からの提案を行い、これを内閣不信任案と抱き合わせにした。このような提案は誰も予想していなかった。ひとつでも反対が出れば、議事日程の変更はできないはずだった。ナチ党は、ドイツ国家人民党の議員団が異議を唱えるだろうと考えた。しかし驚くべきことに誰も異議を唱えなかった。これに続く混乱のなかで、対応についてヒトラーの判断をあおぐため、フリックが出した三〇分間の休会提案が受け入れられた。パーペンは完全に不意を突かれ、八月三〇日にヒンデンブルクから署名をもらった解散命令書を取りに、休会中に首相官邸まで人を走らせた。パーペンはこの解散命令書を議場にもってくる必要すら感じていなかった。

この間、中央党は、共産党の提案に反対するようナチ党を説得しようとしていた。しかし配下の主要メンバーと短時間の打ち合わせを行ったヒトラーは、政府を困らせるこの機会を逸するべきではないと判断した。パーペンは間違いなく解散命令を出すはずだ。その先手を打つために、ナチ党議員団はすぐにも共産党の不信任投票に協力しなければならなかった。[37]国会が再開されたとき、伝統的に解散命令を入れることになっている赤い文書箱を脇に抱えてパーペンが姿を現した。混乱のなか、国会の議長ゲーリングはすぐに共産党提案の投票に移ると告げた。これを聞き、パーペンが発言しようとした。ゲーリングはパーペンを無視し、意識的にパーペンから目をそらして議場の左側を向いていた。首相官房長官プランクがゲーリングに対して、首相が発言権の行使を望んでいると指摘したが、ゲーリングは投票がすでに始まっていると言い返した。再度、発言しようとしてかなわなかったパーペンは議長席に上がると、ゲーリングの机の上に解散命令書を投げ出した。その後、嘲笑のなか、パーペンは閣僚を引き連れて議場から去った。ゲーリングは解散命令を平然と脇にどけ、採決結果を読み上げた。政府は五一二対四二、欠席五、無効票一で不信任となった。政府を信任したのはドイツ国家人民党とドイツ人民党だけだった。中央党を含めて主要政党はすべて共産党の提案に同調した。国会でこれほど大差がついたことはなかった。内閣不信任に国会では激しい拍手喝采が巻き起こった。

ゲーリングはここでやっとパーペンの解散命令を読み上げ、不信任決議により内閣はすでに倒れたため、この命令は無効であると宣言した。これは手続き的には誤りだった。ゲーリングは後に、パーペンが解散命令を提出した段階で国会は正式に解散されたと認めざるをえなかった。したがって不信任動議には法的効力はなかった。しかし、それは手続き論でしかない。結果として政権は維持されたとはいえ、国民の代表の五分の四から不信任をつきつけられたことは事実だった。パーペンはこのうえなく屈辱的なかたちで、国民の支持を欠いた首相であることを見せつけられたのだった。[38] ヒトラーは有頂天だった。[39] 他人を嘲笑うかのようなナチ党の戦略は、権力を手にしたときにナチ党がどのような態度に出るかを予見させるかのようだった。[40]

この一年間で五回目となる、次の選挙が迫っていた。憲法に定められた六〇日間を超えて選挙を延期することに対するヒンデンブルクの同意書をパーペンはまだ保持していた。しかし、一九三二年九月一二日の大失態の二日後、今はそのような実験に出るときではないと政府は判断した。[41] 次の選挙は一一月六日に定められた。厳しい戦いになることはナチ指導部にも分かっていた。ブルジョアメディアは完全に敵対的だった。ナチ党はラジオ放送はほとんど利用できなかった。[42] 世間は選挙にはうんざりしていた。党の主要な弁士にとってさえ、最高のコンディションを保つことは難しかった。とりわけ、前回の選挙で資金はすべて使い果たしてしまっていた、とゲッベルスは記している。党の金庫は空だった。資金調達も難しかった。「財政難」を切り抜けるのは簡単ではあるまい、と宣伝局長ゲッベルスは考えた。この選挙戦の間、宣伝局の本部はミュンヒェンからベルリンに移されていた。[43]

ヒトラー自身は、国会で異常事態が発生した直後、ベルリンからミュンヒェンに向かう道中で自信ありげな様子を見せていた。[44] 党内に懸念はあったものの、ヒトラーは一〇月六日にミュンヒェンで弁士を集めて選挙戦の方針を示した際には楽観的な見通しを伝えた。「私にはこの戦いはうまくいくという完璧な自信がある。[…]激しい戦いになるだろう。四週間後にはわれわれは勝者として戦いを終えることになろう」とヒトラーは述べた。[45]

その数日前にあたる一九三二年一〇月二日、ヒトラーはヒトラー・ユーゲントが開催したポツダムの「全国青少年大会」に参加した。リュデッケによれば、ヒトラーは参加には気乗りしないようだった。しかしシーラッハは、選挙直前にこのような恰好の宣伝の場を逃す手はないとしてヒトラーを説得した。北ドイツに向かう際、副官・護衛のひとりとして随行したのがリュデッケだった。リュデッケは先頃までちょっとした仕事や短期の商用をしながら数年間米国で過ごしていたため、ヒトラーはリュデッケから米国の話を聞きたがった。幼い頃に貪るように読んだカール・マイのカウボーイ小説やインディアン小説をリュデッケも好きだと知ってヒトラーは喜んだ。ヒトラーは今も読むとわくわくすると語った。ザクセンでは道路工事のせいで車の速度を落とさなければならなかったため、赤旗を振る共産党員を乗せた大型トラックの車列を追い越すときには護衛は警戒した。しかし、ヒトラー一行には侮辱の声が投げかけられただけだった。危険は過ぎ去った。ポツダムに近づくと再び速度を落としたが、今度は、ヒトラー・ユーゲントが集団で集会に向かっていたためだった。[46]

約一一万人の少年少女がドイツ全土、さらには米国、ベーメン（ボヘミア）、ダンツィヒ、メーメルからポツダムに集まった。予想を倍も上回る人数だった。多くが何日もかけてやって来ていた。一〇月初旬ですでに肌寒かったが、宿をとれなかった者は野宿しなければならなかった。会場となった松明の燃える競技場に入ったヒトラーは熱狂的な歓迎を受けた。「何万もの少年少女が競技場に整列していた」とリュデッケの回想にはある。「ヒトラーが演壇の前に立つと、素晴らしい、聞いたこともないような歓声が夜空を切り裂いた。ヒトラーが腕を上げると、会場は完全な静寂に包まれた。ヒトラーは突然、一五分弱の熱烈な演説を始めた。自由で、激しく、魅力的な、これぞヒトラーだった」。[47]プロパガンダショーの中心にいるときにはいつもそうだが、ヒトラーは場の雰囲気と高揚感にとらわれた。ヒトラーは疲れも見せず、ほとんど眠らず、周囲の者に若き支持者たちの健康と幸福を気遣う風を示しつつ、ヒトラー・ユーゲントが目の前を行進していく間、腕を掲げたまま七時間立ち通した。夕方は、アウヴィの愛称で知られる党員のアウグスト・ヴィルヘルム第四皇子との晩餐だった。皇子に対してヒトラーは恭しいといえるほど礼儀正しく話しかけ、食事を終えた後、ゲッベルスの家に戻った。ついに「舞台裏」に戻り、ミュンヒェンへの帰路、列車のコンパートメントに沈み込んだとき、ヒトラーは疲労困憊して指導者《フューラー》の仮面を脱ぎ捨てた。「一人にしておこう。[…]疲れ果てているのだから」と副官のブリュックナーはホフマンとリュデッケに言った。[48]

選挙戦が始まり、ヒトラーは生気を取り戻した。この一年で五回目にあたる長い選挙戦に入り、ヒトラーは再び得意とするもの、つまり演説を始めた。運動のプロパガンダの目玉としてヒトラーは欠くことのできない存在であり、演説や集会の苛酷なスケジュールをこなさなければならなかった。一九三二年一〇月一一日から一一月五日にかけての第四回「ドイツ飛行」の間、ヒトラーは五〇回もの演説を行った。一日の演説回数は三回、それどころか四回を数えたこともあった[49]。一一月一日夜にエファ・ブラウンが拳銃自殺未遂をはかったようだと聞いたヒトラーは、選挙活動を一時的に中断した[50]。恋する男にほとんど会うことができず、しかも政治活動にかまけてほとんど自分を省みてもらえないことに絶望し、エファは父親の拳銃で自殺をはかった。エファは心臓を狙ったといわれるが、傷はそこまで深くなかったため、すぐさま電話で医者を呼び、病院にかつぎこんだ。ヒトラーは大きな花かごを携えて病院に見舞いに訪れた（自殺未遂は狂言ではないかと多少疑ってもいた[51]）。前年夏のゲリ・ラウバルのときのようなスキャンダルが繰り返されることを一瞬でも恐れたかどうかについては記録は残っていない。ヒトラーは即刻、選挙戦に復帰し、一一月二日夜にはベルリンのシュポルトパラストで開かれた大集会で演説した[52]。

　ヒトラーはいまやパーペンと「反動」を真っ向から攻撃すべく狙いを定めた。ヒトラーが使ったのは、自らが率いる運動に対する支持の大きさに比べて、パーペン内閣をその座にとどめているのは大衆の支持を一切受けない「ちっぽけな反動勢力の集まり」にすぎないのだ、という対比だった[53]。「向こうはといえば、小規模な反動勢力に依存する内閣の首班だ。この内閣に対してドイツ国民は五一二対四二という完全なる不信任を突きつけた。こちらはといえば、強い力をもつ指導者が、国民に根差し、その信頼を得るために戦ってきた」というのがナチ党プロパガンダが描き出す両者の対比だった[54]。ヒトラーは、自分にとって首相の座など取るに足りないものだと強調した。「党の指導者という立場の方がよい」。著述家としての収入があるため、首相の給与も必要ない。パーペンは五〇〇万マルクもの資産をもちながら、首相としての給与まで受けている。しかし自分は首相になっても給与を要求するつもりはない。「国民のために働くことこそが決定的に重要だからだ」というのがヒトラーの言い分だった[55]。ヒトラーは、八月一三日に「男爵内閣」に入閣しなかった理由は明らかだ、とした。完全なる責任を引き受ける覚悟はある。引き受けないのは、影響力を発揮できないようにされることが分かっているからだ。ヒトラーは非難して言った。「敵は私の覚悟の大きさを見誤っている。〔…〕私は選んだ道を最後まで進むつもりだ[56]」。

　当然のことながら、ナチ党メディアはヒトラーの選挙戦を戦勝パレードとして描き出した。一〇月一三日、フェルキッシャー・ベオバハター紙は、「指導者《フューラー》はドイツのための新たなる戦いに入った」と報じた。続いて二日後には「バイエルン管区での指導者《フューラー》の戦勝パレード」という記事が掲載された。一〇月一七日のコーブルク国民新聞のトップの大見出しには、「壮大なるヒトラー集会の展開」の文字が躍った。「全国から大量の人びとの参加［…］。ヒトラーの町コーブルクはドイツ自由運動の出発と闘争を象徴的に映し出す町である」。党首ヒトラーがニーダーフランケンのシュヴァインフルトで演説した後、ナチ党の機関紙フェルキッシャー・ベオバハターは改めて、「かつてマルクス主義が支配した地域で、人びとは今やヒトラーを支持している」と断定した。[57]同月末には、「一四年前には失明した傷病兵として病院に――今や何百万という人びとを従える指導者《フューラー》。ドイツ人の魂のための闘争の起点、ポメルンの町パーゼヴァルクのアドルフ・ヒトラー」という見出しもつけられた。[58]

しかしナチ党支持者であっても全員が党機関紙を読んでいたわけではなかった。しかも、はるかに発行部数の多いブルジョアメディアの有力紙は敵対的なままだった。フェルキッシャー・ベオバハター紙の戦勝気分の見出しは、党から支持が離れつつあるのではないか、移り気な党員の士気が下がっているのではないか、各地の突撃隊はプロパガンダへの参加に消極的になっているのではないか、ナチ党は選挙で深刻な敗北を喫しようとしているのではないか、といった運動内部の懸念を隠蔽していたにすぎなかった。[59]幻滅と選挙疲れの徴候を隠そうと、党機関紙は集会への参加者数を大幅に水増しして伝えた。とくに農村部では人数を増やすために何千人もが他所から動員された。党が大量の票を失うだろうことはヒトラーには分かっていた。もっとも、理屈には反しているのだが、それでも選挙は「心理的には大成功」に終わるだろうと考えていたのは、いかにもヒトラーらしいところといえよう。[60]そのヒトラーでさえ、今ではかつてのように会場を満員にすることはできなくなっていた。一〇月一三日にニュルンベルクで行われた演説では、ルイトポルトハインの集会場は半分しか埋まらなかった。[61]ヒトラーの演説で選挙結果が変わる地域もあるかもしれないが、ヒトラーの遊説をもってしても予想されるナチ党離れを食い止めることはほとんどできまいという予想が一〇月にはすでに立てられていた。[62]選挙前日にはゲッベルスも敗北を予想していた。[63]

開票の結果、ナチ党の懸念は現実のものとなった。ヒトラーの権力掌握以前としては最後になる選挙（ヴァイマル共和国最後の完全な自由選挙）でナチ党は二〇〇万票を失った。投票率が一九二八年以来最低の八〇・六パーセントを記録するなか、ナチ党の得票率は七月の三七・四パーセントから三三・一パーセントに減少し、国会の議席数も二三〇から一九六に減った。社会民主党と中央党もわずかに後退した。勝ったのは、得票率を一六・九パーセントに伸ばし、ついに社会民主党にその差三パーセントほどに迫った共産党、得票率を八・九パーセントに伸ばしたドイツ国家人民党だった。[64]国家人民党の伸びは、ナチ党に移ったかつての支持者を取り戻したことに起因するところが大きかった。古くからの支持者が投票に行かなかったという意味では、投票率の低さもナチ党に不利に働いた大きな要因のひとつだった。[65] ナチ党はこれまでと同じく膨大な左派勢力とカトリック勢力の取り込みに失敗しただけではなかった。あらゆる政党に票が流れたが、今回はなかでもドイツ国家人民党に票を奪われた。[66] 中産階級がナチ党から離れはじめていた。

ゲッベルスは、悲観的な予測よりはましだったとして自分を慰めた。しかしこれが痛手であったことは認めた。[67] 党の地方宣伝局はどこが上手くいかなかったかについてそれぞれ独自の分析を提出した。宣伝を有効に展開するには資金不足が最大の障害になった。[68] しかし深刻な影響を及ぼした要因はほかにもいくつかあった。重大な要因のひとつは、八月にヒトラーが入閣を拒んだことだった。これが党員や有権者を分裂させたといわれている。ヒトラーが政権に参加する機会を拒絶し、これまでと同じように権力から遠いままだったため、もう一度ヒトラーに投票しようという気がおきなかったのだ。[69] 党員の一部には、「何を望んでいるかも分からず、綱領ももたないような指導者がいる党」などたくさんだ、という声があったとされる。[70] 八月の中央党とヒトラーの交渉を見てプロテスタントの支持者の一部も離れていった。[71]

これらの要因に加えて、パーペンの反動的保守主義を主たる攻撃対象としたのだから当然といえば当然だが、選挙期間中にナチ党は社会主義的だというイメージが強まった。これが中産階級の支持を遠ざけたことは明らかである。[72] ナチ党の攻撃を見て、共産党の階級闘争と代わり映えしないと考えた者は多かった。選挙直前に共産党がたきつけたベルリン交通労働者のストライキにナチ党が協力したことも、「赤」のボリシェヴィズムと「褐色」のボリシェヴィズムは似ているという見方の正しさを証拠立てたかのようだった。[73] 交通ストライキは秋の選挙戦におけるナチ党の苦境をよく示すものだった。ブルジョア保守政党の中心たるドイツ国家人民党が明確に敵になったからには、すべての有権者とうまくやり、「寄せ集め」の多様な支持層のどこも離さないということはナチ党にはもはや無理な相談だった。[74] ゲッベルスは、ナチ党としてはベルリンの労働者を支持する以外の選択肢はなかったと認めた。そうしなければ、労働者層の支持にも深刻な影響が出ることになっただろう。「われわれは妬まれるような状況にあるとはとてもいえない。[…]ブルジョア層の多くはわれわれがストライキに参加したことに驚いて逃げ腰だ。しかしこれは決定的とはいえない。この層の支持は後でいとも簡単に取り戻すことができるだろう。しかし労働者の支持はひとたび失われれば永遠に失われることになっただろう」とゲッベルスは記している。[75] ゲッベルスはヒトラーと定期的に電話で連絡をとっていたが、ストライキを支持するゲッベルスにヒトラーも完全に同意した。「さして意味のない選挙」で「数万票を失おう」とも「活発な革命闘争」には何の影響もない、とゲッベルスは書いている[76]。

一九二八年以来、ナチ党の最大の支持勢力である農村部では、実際、ナチ党がストライキを支持したことに衝撃を受けた多くの者が投票に行くのをやめた[77]。中産階級は多少違った。ハンブルクの元教師ルイーゼ・ゾルミッツは少し前まではあれほどヒトラーに魅了されていたが、今回は失望し、なんの感慨もなくドイツ国家人民党に投票した。ベルリン交通労働者のストライキは、ヒトラーがマルクス主義と手を組んだ証拠だと考えたためだった。ある知人からは、ヒトラーに二度投票したがもう入れないと聞いた。ヒトラーは左すぎると評する者もいた[78]。「何といってもベルリン交通労働者のストライキだ。そう、そこに加われと要求したことで、彼は最後の最後に何万票も失ったのだ」とゾルミッツは選挙の翌日にまとめている。ゾルミッツからみれば、無私無欲で国民の利益のために戦うというヒトラーの主張は信憑性を失ったのだ。「彼にとってはドイツではなく、権力が大事なのだ。[…]共感できる未来を見せておきながら、なぜヒトラーは私たちを見捨てたのか。目を覚ませ、ヒトラー！」と彼女は綴った[79]。

2

一九三二年一一月の選挙が終わっても政治の膠着状況は全く変わらなかった。というよりも、事態は一層悪化したように思われる。政府を支持するドイツ国家人民党とドイツ人民党は、国民の一〇パーセントの支持を受けたにすぎなかった。また、ナチ党も中央党も票を減らし、八月に議論していたように両党が連立したとしても、国会の多数派を形成することはできなくなってしまった[80]。多数派が形成できるとすれば、相変わらず反対するためだけだった。選挙で敗けてもヒトラーは思いとどまることはなく、ミュンヒェンで党幹部らに、屈することなく戦いを続けると告げた。ゲッベルスの記憶によれば、「パーペンを辞めさせねばならない。妥協はしない」というのがヒトラーの発言の主旨だった[81]。首相パーペンからは、政府への協力を視野に入れた議論に加わってほしいと正式に乞われたが、八月一三日の屈辱的な作戦負けの記憶に今も苛まれるヒトラーは、その経験を踏まえて書簡で返答することとし、一一月一六日の返信でパーペンの申し出をきっぱりと断った。ヒトラーにしてみれば、パーペンの提案は八月一三日から何ひとつ進歩していなかった[82]。

中央党も、同じくカトリックの姉妹政党であるバイエルン人民党も、ヒトラーが少数政党とともに連立政権に参加し、安定的な多数派を作ることに同意するのではないかとの期待を今も抱いていたがそれは叶わなかった。バイエルン人民党党首フリッツ・シェーファーはパーペンに、そのような連立政権をつくり、ヒトラーを首相にしてもよいとまで申し出た。(83) 三日後、シェーファーはヒンデンブルクにも、自分はヒトラーに好感を抱いていると告げた。危険なのはヒトラーの周囲であり、強い対抗勢力を政権に取り込んで制御しなければならない、というのがシェーファーの意見だった。(84) ヒトラーを誤解し、過小評価していたのは、ナショナリスト右翼のアウトサイダーだけではなかった。カトリック政党の指導者たちも同じだった。

国会に依存する多数派政権をつくり、他党の指示を受けながら権力を握ることには、ヒトラーは相変わらず関心がなかった。パーペンは政府への支持勢力をどうにか作り出そうとしたものの、その試みは一一月半ばには失敗に終わった。一一月一七日、惜しまれることもなくパーペン内閣は総辞職した。こうなっては、ヒンデンブルクは国家の危機から脱する道を自力で見つけださねばならなかった。その間の政府の日常業務についてはパーペン内閣が引き続き処理にあたることになった。(85)

一九三二年一一月一九日、諸政党の党首との会談の一環としてヒトラーを呼ぶことになっていた日、ヒンデンブルクはヒトラーを首相にするよう嘆願する二〇名の実業家らの署名入りの陳情書を渡された。(86) これは、大企業がヒトラーを広範に支持し、ヒトラーに権力を掌握させるべく工作したことの証拠だと考えられていたこともあったが、そうではない。この陳情書の発案者ヴィルヘルム・ケプラーは親ナチ実業家とヒトラーの間をとりもっていた人物で、ナチ党本部との連絡役だったヒムラーと協力して動いていた。ケプラーとシャハトは署名に賛同する可能性のある人物を三〇人余りピックアップして働きかけを始めたが、これは大変な仕事だった。シャハトとケルンの銀行家クルト・フォン・シュレーダーが主宰する「ケプラー・クライス」から八名が署名に合意したが、実業家の反応は思わしくなかった。名のある実業家で署名したのはフリッツ・ティッセンだけだった。しかしティッセンは、ナチ党に好意的なことでもとから知られる人物である。大土地所有者がつくるナチ党関連の圧力団体である全国農村同盟の総裁代理も署名した。残りは中堅の実業家や地主ばかりだった。パウル・ロイシュ、フリッツ・シュプリンゴルム、アルベルト・フェーグラーなどの有力実業家は陳情書への署名は見合わせたが共感はしていたのだ、と主張されたこともあるがそれは間違いである。全体としては大企業はまだパーペンに望みをかけていた。もっとも、この陳情書は、産業界が一枚岩ではなかったことを示すものではある。とくに農業分野の圧力団体には注意する必要がある。[87]

いずれにせよ、この陳情書はヒンデンブルクとヒトラーの交渉には何ら影響を与えなかった。一一月半ばのやりとりをみれば分かるが、大統領はナチ党党首ヒトラーを全く信用していなかった。逆にヒトラーはヒンデンブルクを軽蔑していた。[88]しかし、大統領の後ろ盾を得ずに権力を握る方法はなかった。

一九三二年一一月一九日のヒトラーとの会談でヒンデンブルクは、八月と同様、自分としてはヒトラーの運動が政権に加わることを望んでいると繰り返した。大統領は、議会の多数派に支えられた内閣を構成することを視野に他党と調整してほしいとの期待を表明した。これはヒトラーを試そうとしたものだった。ドイツ国家人民党が反対することを考えれば、これは不可能だと思われた。[89]ヒトラーは失敗し、その立場は弱まるはずだった。ヒトラーは即座にその策略を見抜いた。

ゲッベルスの言葉を借りるならば、これは「権力をめぐるチェス」[90]だった。ヒトラーは、決定権をもつ大統領から組閣を任されるのでない限り、他党との交渉に入る気はないと返答した。いざ組閣するとなれば、自政権が国会から全権委任法への同意を得るだけの基盤を整える自信はある。それだけの議席を国会で得られるとすれば自分だけだ。そうなれば万事解決だ、とヒトラーは述べた。[91]

二日後の手紙でもヒトラーは、前任者たちと同じだけの権威を与えてほしいという「唯一の要求」をヒンデンブルクに対して繰り返した。[92]この点についてはヒンデンブルクは頑として折れようとしなかった。ヒンデンブルクはヒトラーに大統領内閣を率いさせるつもりはなかった。しかし、安定した多数派に支えられた内閣をヒトラーが率いる可能性は否定せず、その場合の条件も提示した。すなわち、経済計画の策定、ドイツ国とプロイセンの対立再燃の阻止、憲法第四八条への制限禁止、大統領が指名する外相、国防相を含む閣僚リストの承認である。[93]ヒトラーは条件の明確化を求める一方で、大統領内閣の首相として任命することを強く要求する返信を送った。[94]

ヒンデンブルクの大統領官房長官マイスナーは、憲法第四八条に依拠して党派を超えて形成され、「特別に大統領の信任厚い」人物の指導力を必要とする大統領内閣と、国会の多数派に立脚し、ひとつないし複数の政党の目指すところを追求する議院制内閣は違うと繰り返すだけだった。「政党指導者、ましてや自党による権力の独占を要求するような政党の指導者は大統領内閣の首班たりえない」というのがマイスナーの指摘だった。マイスナーは、ブリューニング内閣のときと同様、ヒトラーの率いる議院制内閣がいずれ大統領内閣になる可能性は否定しなかったが、現在、提示されているのは議会の多数派に立脚する内閣を率いることだとはっきりと言い渡した。[95] ヒンデンブルクがまだ大統領内閣を望んでいたことは明らかで、可能ならば気に入りのパーペンを首班としてそこでヒトラーに補助的な役割を担わせるか、少なくともこの内閣をナチ党が許容することを希望していた。しかし、ヒトラーを首班とする大統領内閣は問題外であり、その点は八月から変わっていなかった。

ヒトラーはマイスナーにただちに返信を送った。ゲッベルスが「政治戦略の最高傑作」と評した書簡である。[96] ヒトラーはここで最近の憲法裁判所の判決に言及した。これは、プロイセン総督の権限に絡み、憲法第四八条は特別な場合に期間限定的に行使すべきものであって、一般的な政権の運営原理とはならない、という判断を示したものだった。非常事態にあって議会手続きが政府の妨げとなる場合には、議会が同意する全権委任法を用いるのが合憲的方法だ、それだけの支持を得られる可能性をもつのはナチ党のみである、とヒトラーは論じた。ヒンデンブルクが課した条件についても、指名された政府の首班の権限に含まれるべきものであり、そのような条件をつけるのは違憲だとして拒絶した。逆に、ヒトラーは首相職を引き受けるにあたり、呑める条件を自ら提案した。いわく、四八時間以内に政治綱領を提出し、それに大統領の承認が得られた後に閣僚リストを提案する、自分としては大統領の「側近」として知られるシュライヒャーを国防相、ノイラートを外相としてあらかじめ推挙したい、ということだった。さらに、ヒトラーは最後に最重要の点として、大統領が自分に「全権を認めること」を挙げた。「このように困難な危機の時代にあっては、議院制内閣の首相に対してもそれが拒否されたことはない」という理屈だった。[97] これは、他党に依存することなく授権法を成立させるに足るだけの多数派を獲得すべく議会を解散し、次なる選挙を設定する権限を意味していた。[98] 返信が届くのに長くはかからなかった。

一一月二四日、大統領の考えは変わらないことがヒトラーに伝えられた。ヒンデンブルクのこの書簡は、事実上、八月に伝えられた見解の繰り返しだった。「貴殿が大統領内閣を率いれば、必然的に一党独裁となり、ドイツ国民のあいだで尋常ならざる対立の先鋭化を招くことになろう」。そのような事態に立ちいたれば、自らの誓約に照らし、また自らの良心に対しても責任を負うことができない、というのが大統領の返答だった。[99] 三カ月もたたないうちにヒンデンブルクはまたしてもヒトラーを明確に拒絶したのだった。今度こそ最終的な拒絶であると思われた。ヒトラーのほうでも、現在の大統領内閣を支持する行動は一切とらないと主張して譲ろうとしなかった。[100] 一一月三〇日、ヒトラーはヒンデンブルクから会談に招待されたが無意味だとして断った。[101] 事態は行き詰った。

シュライヒャーはパーペンとは距離を置きはじめていた。陰の黒幕から主役へと変貌しつつあったシュライヒャーは、ヒトラー宛の書簡をしたためるマイスナーに協力し、ヒンデンブルクの許可を得ると、一一月二三日にはヒトラーとも会談した。大統領の反応は芳しくなかったが、シュライヒャーは、自分が組閣した場合に支持する気があるかとヒトラーに打診した。ヒトラーは妥協する姿勢を見せなかった。[102] 一二月一日、シュライヒャーは右腕オイゲン・オット中佐をヴァイマルに派遣し、ヒトラーと会談させた。表向きは入閣に向けた最後の説得のためとされていたが、真の目的は正反対だった。ヒトラーの返答は分かり切っていたため、シュライヒャーはヒンデンブルクに対して、ナチ党党首ヒトラーは考慮から外すべきだと示そうとしたのだ。このメッセージはグレゴア・シュトラッサーにも向けられていたのかもしれない。シュライヒャーは、ナチ党の少なくとも一部に支持のあるシュトラッサーを自らの率いる内閣に入閣させたいと考えていた。[103] ヒトラーはシュライヒャーの期待を裏切らなかった。オットはシュライヒャー内閣に先の見通しはないという演説を三時間も聞かされた。話が軍指導部に伝わることは分かっていたため、ヒトラーは軍が国内政治に巻き込まれるという懸念も表明した。[104] この間、シュライヒャーはシュトラッサーとのつながりは維持していた。シュトラッサーはヒトラーとヒンデンブルクが立て続けに書簡をやり取りする間、それには全く関与していなかったが、ヒトラーとの話し合いで成果が上がらなかった場合、「自らが力を尽くしてもよいと考えている」ものと思われた。[105]

シュライヒャーは、一二月一日夜のパーペン、ヒンデンブルクとの話し合いの席上でこの可能性をもちだした。シュトラッサーと、シュトラッサーを支持するあと一、二名に閣僚の地位を与えれば、六〇名ほどのナチ党議員の支持が期待できるだろう。シュライヒャーは、経済改革と雇用創出を抱き合わせにすることで労働組合、社会民主党、ブルジョア政党の支持を得ることに自信を見せた。こうすれば、パーペンが改めて主張したような憲法違反の必要もなくなる、というのである。ヒンデンブルクはそれでもパーペンの肩をもち、組閣して再び政務を執るよう依頼した。これはヒンデンブルクが初めから考えていたことだった。しかしシュライヒャーはパーペン内閣の閣僚に、もし政府が変わらず、非常事態を宣言して憲法違反を犯す計画が実行されれば内戦になり、軍といえども手に負えないだろうと陰で警告していた。翌一二月二日の閣議に呼ばれたオット中佐が、軍が行った作戦演習について報告し、ストライキと混乱が生じれば、軍は国境を防衛できず、国内秩序の崩壊にも耐えられないだろうとの見通しを示すと、この認識はさらに強まった。軍部のこの判断はあまりにも悲観的だった。しかし、この情報は内閣にも大統領にも影響を与えた。ヒンデンブルクは内戦を恐れ、不承不承ながら気に入りのパーペンを諦め、シュライヒャーを首相に任命した。[106]

3

シュライヒャーがグレゴア・シュトラッサーに入閣を打診すると、ヒトラーの運動は一九二五年の党再建以降、最大の危機を迎えた。三〇年のグレゴアの弟オットーの除籍、翌年のシュテンネスの反乱のときは、党は波に乗っていた。当時は、ヒトラーの権威によって抵抗は容易く一掃できた。今回は話が違った。グレゴア・シュトラッサーは影響力のない人物ではなかった。ナチ党の発展にはヒトラーに次いで功績があった。とりわけ党の組織を整備したのは多分にシュトラッサーだった。かつての部下ゲッベルスに代表されるような強大な敵も作ったが、党内の信望は厚かった。シュトラッサーは広くヒトラーの右腕として通っていた。[107]称賛の念を抱く者はナチ党外にもいた。たとえば、ベストセラー『西洋の没落』を著したオスヴァルト・シュペングラーはヒトラーのことを軽蔑していた。「夢想家、愚か者［…］、思想をもたず、決断力もない、要するに馬鹿」というのがシュペングラーのヒトラー評だった。しかしシュペングラーは、「現実を弁《わきま》えた」シュトラッサーのことは認めていた。[108]

そのため、一九三二年一二月八日にシュトラッサーが党の全役職を辞したときには大騒ぎになった。これは、支持離れと士気の低下に動揺する党に追い打ちをかけた。一二月初頭に行われたテューリンゲン州での一連の町村議会選挙が、得票率が最も高かった七月の国会選挙から四〇パーセント近く落ち込む壊滅的な結果に終わったことで、支持率の低下は改めて鮮明になった。[109]党内では党員数の減少を懸念する報告が出された。党機関紙の購読もキャンセルが相次いだ。突撃隊が騒ぎを起こす地域もあった。また、一年間にわたり休みなしの選挙運動を展開した結果、党は膨大な負債を抱えた。[110]この状況のなかで、シュトラッサーの事件は、大きく自信が揺らいでいた党に痛撃を与えた。すぐに権力を掌握できなければ、党が完全に解体することも考えられなくはなかった。

シュトラッサーの党職辞任の報は衝撃ではあったが、問題そのものは、かなり前から出はじめてはいた。一九二〇年代のシュトラッサーはナチ党の大衆的社会主義と反資本主義の潮流の急進的なスポークスマンというイメージがあったが、三〇年代初頭には、多くの有力者からナチ運動の「穏健派」とみられるようになっていた。[111]党組織を再編したことで、シュトラッサーはナチ党の訴えをいかに広めるかについて現実的に考えるようになっていた。シュトラッサーは中流階層と農民への支持拡大を陰で主導しただけでなく、反ヤング案キャンペーンに参加する他の諸組織との連携の調整にもあたった。[112] 三〇年には、社会主義的思想のためにナチ党から離党した弟オットーと公に絶縁した。三二年には、ルール地方の有力実業家の知己を得て金銭的にも支援を受けるようになっていた。[113] かつて実業界から「穏健派」と目されたヒトラーは三二年秋には保守右翼内閣の障害となる非妥協的人物とみなされるようになり、責任感ある建設的な政治家であり、ナチ党を支持する大衆に保守派の内閣を受け入れさせることができるのはシュトラッサーだと考えられるようになった。[114] 実際、この時期にはシュトラッサーはハンス・ツェーラーの編集するタート誌周辺の影響を受けて、広く右派を統合するような主張を掲げるようになっていた。[115]

力点の置き方は違っていたが、シュトラッサーとヒトラーの違いは今もイデオロギー上のものではなかった。シュトラッサーは徹底した人種主義者であり、暴力も辞さなかった。その「社会思想」はヒトラーに劣らず漠然としており、経済思想は様々な要素の折衷で矛盾が多く、荒削りで野蛮なヒトラーの思想よりもユートピア的だったが、それと両立しうるものでもあった。[116] 領土拡大を目指す外交上の野心もヒトラーと遜色なかった。また一貫してひたすら権力を追求した。

他方、戦略面では根本的な違いがあった。八月一三日の一件の後、ヒトラーが政治的にあまりに融通がきかないせいで権力への道が永遠に閉ざされかねない状況になると、この違いが表面化しはじめた。シュトラッサーは指導者《フューラー》神話に完全に毒されていたわけではなく、党に潜在的な分裂の徴候が見えだすなか、ナチ党はヒトラーが独力で作り上げたものではないと考えていた。[117] ヒトラーの「伸るか反るか」の戦略に対して、シュトラッサーは、ナチ党は連立に加わる姿勢を示し、考えうるあらゆる連立について検討し、必要とあれば首相ポストが得られなかったとしても入閣すべきだと考えた。[118] 八月一三日の敗北後、シュトラッサーはレーヴェントロウとその他数名の支持者からヒトラーに反旗を翻すよう強く勧められた。さもなければ、党首ヒトラーの強硬路線によって運動は破滅してしまう、というのが彼らの弁だった。[119]

シュトラッサーは一九三二年夏に、タート誌に集う「タート・クライス」のメンバーを通じてシュライヒャー将軍の面識を得た。シュライヒャーは、労働組合に「国民的」であることを標榜する権威主義内閣を支持するよう働きかけるにあたりシュトラッサーが力になるかもしれないという点からとくに関心をもった。この考えにはタート・クライスも賛成した。労働組合を一貫して嫌ったヒトラーとは異なり、シュトラッサーは労働組合に融和的だった。極右、極左の危険を阻止するために大規模な連立政権の樹立に関心をもっていた労働組合指導部との関係をシュトラッサーが強めてきていることを考えれば、シュライヒャー内閣がシュトラッサーを入閣させて包括的な雇用創出計画の策定を目指せば、労働組合の支持を得られる可能性がないとは言い切れなかった。[120]

その秋、ヒトラーとシュトラッサーの溝は深まっていった。早くも九月にはヒトラーはシュトラッサーの経済思想から距離をとりはじめた。オットー・ヴァーゲナー指導下の経済政策部は解体され、緊急経済計画も普及を禁じられたが、これらはいずれもシュトラッサーの着想から始まったものだった。一〇月には、シュトラッサーがナチ企業細胞組織に向けて行った演説に労働組合に好意的なくだりが入っていたため、ヒトラーはそれを認めなかった。一一月選挙後には、シュトラッサーはヒトラーの側近から外された。[121] シュトラッサーはヒトラーに決定的な影響力をもつ連中を内心では馬鹿にしていた。ゲーリングは「残虐なエゴイスト」、ゲッベルスは「根本的におかしい」、レームは簡潔に「豚」という調子だった。お先真っ暗だ、とシュトラッサーはフランクに対して語った。[122]

とりわけ一九二〇年代半ばに党内で権力闘争をして以来宿敵となったゲッベルスは、「シュトラッサー一派」を繰り返し非難し、ヒトラーに対してことあるごとにシュトラッサーの悪口を吹き込んだ。ゲッベルスは三二年八月三一日の日記に、ヒトラーが「党内でシュトラッサー一派の所業に初めて公に言及した。この件でもヒトラーは油断なく注意を配ってきた。何も言わなかったからといって、見ていなかったわけではないのだ」と記した。[123] 四日後、ゲッベルスはさらに、「長時間かけて私は指導者《フューラー》と話をした。ヒトラーはシュトラッサーに強い不信感を抱いている」と綴った。[124] 前進するためにシュライヒャー内閣を支持してはどうかとのシュトラッサーの提案をヒトラーが言下に否定したのは九月初旬だった。この時期、ヒトラーの首相指名を求めて抵抗しつづけることに反対意見を述べたのは、ナチ党幹部のなかではシュトラッサーただひとりだった。[125] 九月末頃、ゲッベルスは「シュトラッサーが秘密裡に行っているサボタージュ作戦を公然と実行しはじめ、指導者《フューラー》が彼を糾弾できるようになればよいのだが」と書いた。[126] この秋の不安定な政治情勢を考えれば、党指導部の対立が公になるのは望ましくなかった。しかし一二月第一週には事態は抜き差しならないところまできた。

一九三二年一二月三日のベルリンでの秘密会談で、シュライヒャーはシュトラッサーに副首相とプロイセン州首相のポストを提示した。[127] 二人が会談したという知らせは、英国ジャーナリストのセフトン・デルマーがハンフシュテングルに伝えたものとみられる。この会談の知らせを聞いたときには、ヒトラーは感情を表には出さなかった。[128] 党内第二位の地位にある人物が副首相の座を提示されて断らなかったということがヒトラーと他の党幹部らに知らされたのは、二日後に皆がホテル・カイザーホーフに集まり議論したときのことだったようだ。この会合でヒトラーとシュトラッサーのあいだには激烈な応酬があった。ゲッベルスによれば、シュトラッサーはシュライヒャー内閣を受け入れるべきだと主張したが理解を得られなかった。会合の参加者はあらゆる妥協案を拒絶するというヒトラーの方針を改めて承認した(129)。

シュトラッサーとしては、ヒトラーを支持するか、党の一部を味方にできると期待してヒトラーに逆らうか、役職を辞して政界から身を引くかのどれかだった。一二月八日、シュトラッサーはその最後の道を選ぶことを決断した。一二月五日の会合後、ヒトラーに対して宮廷革命を起こせる可能性はひどく低いと認識したに違いない。シュトラッサーが支持を得られる可能性が最も高かったのはナチ党の国会議員だった。しかしここでも、シュトラッサーはしっかりと組織化された派閥を率いていたわけではなかった。自尊心からしても信念からしても、ここで引き下がり、伸るか反るかのヒトラーの戦略を受け入れることはできなかった。そのため、シュトラッサーには三番目の道しか残らなかったのである。党友から公式の支持表明がなかったことにも失望したのだろう。シュトラッサーはベルリンのホテル・エクセルシオールの自室に閉じこもり、党職を辞任する旨の書面をしたためた(130)。

一二月八日朝、シュトラッサーは、ちょうどベルリンに滞在していた党の地方査察員〔全国査察員の下で、大管区長を含む党組織の動向を監視する役職。この制度は、シュトラッサーによって導入された〕を国会の執務室に招集した。話を聞いたのは全国査察員ロベルト・ライのほかに六名で、当然のことながらゲッベルスは欠席だった。そのうちのひとりであるヒンリヒ・ローゼの戦後の回想によれば、シュトラッサーは、党職を辞任する書簡を指導者《フューラー》宛にしたためたと話した。シュトラッサーの批判は、ヒトラーの綱領ではなく、八月のヒンデンブルクとの会談後、権力掌握に向けた明確な方針が欠けていることに向けられた。ヒトラーは首相になりたいとの一点張りだ。しかしポストを欲しがるだけでは反対を押し切ることはできない。現在、党は大変な試練に直面しており、潜在的に分裂の危機にある。自分としては権力の座が手に入るならば合法路線との協力も、クーデター容認派の非合法路線との協力も辞さない。しかし、ヒトラーが首相にしてもらえる日を待ちつづけて党が崩壊するのを見る気にだけはなれない。自分の考えでは、ヒトラーは八月に副首相の座を受けるべきだった。そしてその地位を利用して交渉し、さらなる権力を築き上げるべきであった、というのがシュトラッサーの意見だった。個人的な面では、トップレベルの協議から外されたことに怒りを見せ、ゲーリング、ゲッベルス、レームらの後塵を拝する気はないとも言った。そして、ついに我慢の限界であり、役職を辞して静養しようと思うと述べたのである(131)。

シュトラッサーの手紙は一二月八日昼にホテル・カイザーホーフのヒトラーの元に届いた。(132) 自らの立場を力なく正当化しようとする文面には、傷ついた自尊心こそ垣間見えたものの、ヒトラーとのあいだの原理的な意見の相違への言及はなかった。まさに敗北の色濃い書きぶりだった。(133) ヒトラーは、シュトラッサーの招集した会合に出席した大管区長ベルンハルト・ルストからこの書簡が届くことをあらかじめ知らされていた。ヒトラーはただちに、シュトラッサーの話を聞いた党地方査察員らをホテル・カイザーホーフでの正午の会合に呼び出した。(134) 彼らがヒトラーの自室に悄然と立ち尽くすなか、先の会合の様子をかいつまんでまとめたライの話のなかに出てきた、シュトラッサーが述べたとされる辞任理由に、ヒトラーは興奮した様子で逐一反論していった。ヒトラーいわく、パーペン内閣に入閣すればナチ党の敵対勢力にイニシアティヴを渡すことになっただろう。パーペンの政策とは根本的に相容れないため、ヒトラーはすぐにも辞任せざるをえなくなっただろう。これでは、世間は誤解し、ヒトラーには政権担当能力がないのだということになってしまう。それこそ敵対勢力が絶えず主張してきたことだ。有権者はヒトラーに背を向け、運動は崩壊してしまっただろう。非合法路線はより危険だ。それが「国民の選良たち」を警察と軍隊の機関銃に晒すことにほかならないのは、一九二三年の教訓を思い返しても明らかだ。シュトラッサーを蔑《ないがしろ》にしたという点では、ヒトラーはいかにも誠実そうに、特定の目的のために必要な者とは誰であれ議論し、状況に応じて任務を割り振り、都合のつく限り誰の話でも聞く、と主張した。ヒトラーは、シュトラッサーがヒトラーを避けたことこそが原因なのだと責任を転嫁した。

　ヒトラーの演説は二時間は続いた。その最後に、ヒトラーはお決まりの手をまた使い、個人的な忠誠を求めた。ローゼの説明によれば、ヒトラーは「それまでよりも静かに、人間味を感じさせるように、親しげに、魅力的に話した」。ヒトラーは、

> 集まった者たちがよく知る友好的な話し方になり、皆、それで完全に納得した。彼は皆の友人であり、同志であり、また指導者《フューラー》として、シュトラッサーのいう完全なる混乱状況から抜け出す道を各人に改めて明確に示し、感情的にも論理的にも皆を納得させた。ヒトラーが話すあいだに、シュトラッサーはその悲観的な予言とともに沈み、霧の彼方に遠ざかっていった。とはいえ、この場にいる者たちは、シュトラッサーが言ったことについて考え、それに衝撃を受けつつも、集まったときからすでにかなり懐疑的ではあったようだった［…］。聞き手に対する説得力は次第に増し、聞き手を否応なく呪縛しながら、

ヒトラーは勝ち誇り、運動が直面するこのきわめて厳しい試練においてためらいながらも立ち上がった欠くことのできない闘士らに対して、自分こそが親方でありシュトラッサーはただの職人にすぎないと証明してみせた。［…］かくしてヒトラーはこの最後にして最大の攻撃――すなわち運動の本質的部分に対する内部からの突き上げに完全に勝利した。［…］その場にいた者たちはヒトラーと握手し、長年の絆を改めて確認した。(135)

しかし、その日の夕方、ヒトラーがゲッベルスの家に戻ったときには、空気はまだ重苦しかった。運動の分裂が真剣に危ぶまれた。そのようなことになろうものなら「三分で片をつけるさ」とヒトラーは言った。(136) しかし、芝居がかった身ぶりはすぐにやめ、「裏切り」の悪影響に立ち向かうためにいかに共同歩調をとるかに話は移った。

その後、深夜二時、ゲッベルスはホテル・カイザーホーフの話し合いに呼び出された。レームとヒムラーはすでに来ていた。ヒトラーはシュトラッサーの行動の衝撃からまだ立ち直れずに、ホテルの自室を歩き回っていた。話し合いは明け方まで続いた。最重要の点としては、シュトラッサーが作り上げ、党内での権力基盤としていた組織体制の廃止が決まった。(137) シュテンネス事件の後に突撃隊の指導を引き受けたときと同じように、今後はヒトラー自身が正式に政治組織の指導を引き受けることになった。補佐にはライが任命された。(138) またヘスの下に政治中央委員会が新設され、シュトラッサーが設置した二つの全国査察員ポストは廃止された。(139) シュトラッサー派として知られていた者が多数解任された。(140) また、大々的なキャンペーンが始まり、ヒトラーに対する忠誠の表明がドイツ全国から無数に寄せられた。忠誠表明はシュトラッサーの支持者からも届いた。(141) シュトラッサーはあっという間に運動の裏切り者にされてしまった。翌一二月九日、大管区長、地方査察員、国会議員らに向けたヒトラーの演説は忠誠の訴えから始まった。フェルキッシャー・ベオバハター紙の記事によれば、居合わせた全員が指導者《フューラー》と握手し、自らの忠誠を示したいという気持ちに駆られたという。(142)「シュトラッサーは孤立した。もはや死人だ！」とゲッベルスは勝ち誇って記した。(143) その後すぐ、ヒトラーは遊説に出ると、九日間に七回の集会で党員や幹部らに向かって演説した。(144) ヒトラー自身が訴えたことがまたしても功を奏した。シュトラッサーの辞任後も離党の動きはみられなかった。危機は去った。

衝撃的に辞任を発表した後、シュトラッサーはすぐにイタリアでの休暇に出発した。シュトラッサーの辞任と出国により、シュライヒャーの政治的野望は潰えた。意気消沈したシュトラッサーと、落ち目のシュライヒャーのあいだで三三年一月初旬に遅ればせながら会談がもたれたが、これは前年一二月の劇的事件につけられた中身のない追記のようなものでしかなかった。[145]（大々的なプロパガンダを展開した結果）小州リッペ・デトモルト州議会選挙で党勢が再び上向くと、翌一月一六日、ヒトラーはヴァイマルに集まった大管区長の会合でシュトラッサーを三時間にわたり攻撃した。[146] 辞任したシュトラッサーについてゲッベルスの日記には、擬った文体で、「彼の株を買う者などもはやない。大舞台での短い演技。彼は今や自らが生まれた虚空へと戻ったのだ」と書かれた。[147]

シュトラッサーは政治活動から完全に引退し、公の場からも姿を消した。シュトラッサーは党から除名されたわけではなかった。実際、一九三四年初旬にはシュトラッサーの希望を受けて、二五年二月二五日の党再建以降の党員番号では九番にあたるシュトラッサーに対してナチ党名誉バッジが贈られた。[148] このことも、三四年六月一八日にシュトラッサーがヘスに宛てて党に対する自分の長年の貢献と変わらぬ忠誠を強調した手紙も、シュトラッサーの命を救うことはできなかった。[149] ヒトラーは自分を裏切った者を許さなかった。三四年六月三〇日、ヒトラーはナチ党のかつてのナンバー二を「長いナイフの夜」として知られる事件で殺害する。それがヒトラーのシュトラッサーとの決着となった。

シュトラッサーがナチ党を分裂させ、党の一部にシュライヒャー内閣を支持させて自らも入閣すれば、ヒトラーが政権を掌握するチャンスは来なかっただろう。歴史は違う道をたどったはずだ。しかし現実には、シュトラッサーは本気で党内反乱を起こそうとはせず、[150] 辞任というかたちで個人的に抗議するにとどめた。そのため、ヒトラーとゲッベルスが立て直しをはかり、シュトラッサーを孤立させるのは簡単だった。そしてシュトラッサーの辞任とその方法はシュライヒャーの目論見を根本から崩し、シュライヒャーは晒し者にされていった。逆説的ではあるが、これによって、シュトラッサーを含めて誰の目にも閉ざされているかに見えたヒトラーの首相就任への道が開かれたのだった。[151]

シュトラッサー事件は一九二五年以降で最も深刻な党内危機だった。しかし、結局のところこの事件は、党に対するヒトラーの影響力がいかに大きくなっていたか、ナチ党がいかに「指導者政党」となっていたかを改めて如実に見せつけた。「指導者政党」になったとは、すなわち、第三帝国の国家政党になる直前の党がどのような性格の政党になったということなのか。それをよく示すのが、シュトラッサーが去った後、党組織についてヒトラーがまとめた指針である。「運動の闘争力増大のための指令の内的理由」に関する三二年一二月一五日のヒトラーの覚書からは、党の理解をめぐるシュトラッサーとヒトラーの違いが明確に分かる。[152]
「政治組織の基盤は忠誠心である。忠誠は、従属を必要と考える認識が最も気高い感情として表れたものである。従属は人間のあらゆる共同体構築の前提となる。どのようなものであれ、形式的、技術的な措置や組織では、従属のなかに見出される忠誠の代わりにはならない。政治組織の目標は、国民の生存に必要な認識と国民のために尽くそうとする意志をできうるかぎり広く普及させることである。したがって、最終目標はこの理念のために国民を動員することである。ナチ理念の勝利がわれわれの闘いの目標であり、党組織はこの目標を達成するための手段である」。
このようなおよそ現実的とはいえない言葉の羅列は、ヒトラーの考える党が官僚的な組織といかにかけ離れていたかを浮き彫りにする。ヒトラーはさらに、実行不能とはいえ、組織が全くなくてもやっていけるのが理想だ、とも述べた。実際のところ、組織は最低限にとどめるべきである。「世界観の普及に必要なのは役人ではなく狂信的な使徒だからである」。この世界観を国家に浸透させるときに心にとめておくべきは、国家もそれ自体が目的なのではなく、「国民生活の維持という目的に奉仕する機関」にすぎないということである。党の「至高にして崇高な使命」は、したがって、「理念」を普及させることにある。このために、党は常に「重要な第一の任務たるプロパガンダ」に立ち返らなければならない。指導者《フューラー》とは、たとえば行政能力を理由として上から押しつけられるものではない。運動の闘争における能力と貢献によって下から現れ出るものである。様々な気質と能力をもつ個々の指導者が協働すると、避けがたく問題が生じることもあろう。しかしそれも承知のうえである。重要なのは「それが党の絶対的な原則に影響を与えない」ことである。党は「苛酷な世界観闘争」を繰り広げている。だからこそ、「すべての機関は何らかのかたちで理念の宣伝に資するべきである」とヒトラーは改めて強調した。[153]
この覚書からも分かるように、ヒトラーにとって党組織そのものには何の意味もなかった。組織はプロパガンダのためにあり、権力獲得の手段だった。[154] ヒトラーにとってはプロパガンダと動員こそが党の目的だった。シュトラッサーが目指したのは、国家の行政組織に似た、官僚機構のような党組織を編成するという伝統的な方向だった。それに対してヒトラーは、組織をひたすらプロパガンダに、また指導者《フューラー》が体現するナチ「イデオロギー」の展開に役立てるため、官僚的合理性を意図的に突き崩した。
党と権力への道程をめぐるヒトラーの考えのなかで、「人間の指導」と「管理運営」のあいだにそもそも矛盾が内在していたことはこの覚書からも分かるが、これは第三帝国期に露呈することになる。ヒトラーが体現していた無制限に個人化された権力形態でさえ、官僚機構なしにはやっていけなかった。それにもかかわらず、ヒトラーは官僚機構をよしとしなかった。党が権力掌握だけを目的としていた時期にはこの矛盾は抑え込むことができた。しかし政権を引き継いだ後にはこれが混乱を生むことになる。

4

ドイツの大衆は、一九三二年後半に政界で繰り広げられた策謀には関与しなかった。そもそも知りもしなかった。人びとはこの時期にはもう、国の将来を左右する政治の動きに対してほとんど影響力を行使できなくなっていた。秋から冬にかかる頃には、終わりの見えない大恐慌のなかで危機が深まりつづけて四年目を迎えようとしていた。

統計を見ても人びとの苦しみは抽象的にしか分からない。工業生産は一九二九年から四二パーセント落ち込み、株価指数は三分の二以上下がった。大打撃を受けた農業セクターでは、危機は大恐慌の影響が及ぶはるか前から始まっており、強制的に売却にかけられる農場の数は倍増していた。需要も価格も収入も低迷し、負債だけが増えていった。[155] なかでも、これまでにない大量失業が国中に暗い影を落としていた。職業安定所によると三二年末の失業者は五七七万二九八四人だった。三三年にはその数は六〇一万三六一二人に増えた。短期雇用の労働者と隠れた失業を計算に入れれば、真の失業者数は三二年一〇月の段階ですでに八七五万四〇〇〇人に達していたと考えられる。[156] つまり、労働力の半分近くが完全にもしくは部分的に失業していたことになる。[157] 失業者のために町は食糧供給所で無料の食事を提供し、温かい風呂、冬季には暖をとるための宿泊施設も整えた。[158]

失業者のなかで政治的に急進的な者は主として共産党に流れた。共産党はまさしく若い失業男性の政党であり、一九三二年には三二万から三六万人を数えた党員のうち、圧倒的多数が失業者だった。[159] ナチ党の突撃隊に入った者も少なくなかった。[160] 若年失業者に向けて組織的な支援体制を整え、政治行動の場とよりよき社会への展望を与えたという意味では共産党もナチ党も共通していた。[161] しかし失業者のなかには急進化する者とならんで、諦めて無関心になる者も数多くいた。どの政府も結局は失敗したのであり、今の状況をもたらした問題を解決できる者などいない、と考えたのである。ヒトラーが首相に任命される数日前、凍てつくほどの寒さのなか、バーデンのエトリンゲンという小さな町では突撃隊のパレードにはわずかな関心さえ向けられなかった。デモなんかいくらでも起きるだろうさ、「パンと仕事がちゃんとあったらな」

というのが町の人びととの反応だった。[162]

「職業生活」を完全に無職で送るはめになった若い世代は、労働者階級の政党を自任する社会民主党に熱狂することもできなかった。たしかに客観的には必要なことだったとはいえ、社会民主党がブリューニング内閣を存続させ、ヒンデンブルクを再選させたためだった。数年後、少なくともヒトラーは仕事をくれた、一九三三年以前の労働者政党にはできなかったことさ、と肩をすくめて言う者は少なくなかった。短絡的だが、これが多くの者が感じていたことでもあった。

大量失業のせいで、労働者階級は政党政治的、イデオロギー的に分断されただけでなく、その社会基盤そのものも分断され、細分化されてしまった。[163] まだ職のある層は、失職の恐怖、労働組合が力を失って雇用者側からの攻撃に晒される恐怖に自信を失い、社会民主党の支持者であれば、党が労働者の利益を見失いつつあるのではないかとも恐れた。一九三三年以降、かつて社会民主党を支持した者の多くはナチ体制に取り込まれることはなかった。しかしそうした人びとも、社会民主党は国家の支柱でありながら、その国家が危機に瀕したときにまぎれもなく失敗したのだと考え、方向性を見失い、幻滅していた。

農村部でも絶望感が広がっていた。[164] 無関心は、誰が政権をとろうと事態が好転する兆しはないとの思いから生じたものだった。ヒトラーが入閣を拒否し、ナチ党の約束がすぐに実現されることはないと分かった一九三二年秋には、ナチ党の支持基盤となった地域でも深い諦めの気分が漂った。[165] ナチ党が高い支持を受けていたフランケンのある地域では、三三年一月初旬には、「現地の雰囲気は静かだが、あらゆる農業製品の価格が下落しつづけているためにきわめて沈鬱である」と伝えられている。「かなりの失望感が感じられる。かつてヒトラーに期待をかけていた者の多くが懐疑的になり、状況が好転する希望を失ったという印象である」。これは一般的にみられる感情であり、この地域だけに限られたものではない、と報告書には記されていた。[166]

絶望感と苦渋が混ざり合い、政治的急進化をもたらした。一九三三年一月のニーダーバイエルンからの報告には、「政府を攻撃すると農民のあいだで強い反響を呼ぶ。辛辣であればあるほど彼らは喜ぶ」とある。[167] 東部ドイツの貧困農場の農業再建を目指す「東部救済策」で大土地所有者が懐を肥やし、贅沢をしていると報じられると、怒りはさらに募った。[168] 都市部も農村部も、国民を見捨てたヴァイマル政府や諸政党への反感に満ちていた。「議会政府の話など誰も聞こうともしない。大政党はどれもこれも失敗したからだそうだ」との報告がバイエルンのある地域の雰囲気について三二年一二月に上げられているが、これはこの地域に限ったことではあるまい。ナチ党もそうした批判を免れなかった。「政党指導者は国民や祖国ではなく、党と自分のことを考えて決定を下している。先ごろ責任を回避し、多岐にわたる約束をしておきながら果たさないナチ党に対してとりわけこの批判が向けられている」。この地域ではヒトラーは期待されていない、ここは圧倒的なカトリック地域であるため、その価値観を反映して、「ナチ党員以外の社会集団ほぼすべて、ヒトラー独裁には否定的である」とこの報告は述べ、「経済的困窮のなか、他党が一致できないせいで共産党が勢力を伸ばしている」と結論づけている(169)。

同時に、あまりに絶望感が強いため、経済を回復させられる政治指導者であれば誰であれ、恐れられていたマルクス主義者でもない限り、(少なくとも短期間であれば)支持されることは確実だった。この状況は、首相就任後、ヒトラーに有利にはたらくことになる。ヒトラーにまだ疑念を抱きつつも、何ができるかを示す機会くらいは与えてやってもよいのではないかと考える者も存在していた(170)。

その他の社会集団を見ても、ヒトラー運動にかけられた期待、後にこれを支持したり嫌ったりする動機は、大恐慌期の経験に強い影響を受けた。大恐慌期には、社会と政府の関係が崩壊し、ヴァイマル期にくすぶり続けていた民主主義体制への反感と国辱意識が噴出する危機状況に陥った。責任を負うべき者に深い怒りが向けられた。社会の調和と統合を、それを脅かすと思われる者を殲滅することによって強制的に実現しようとする精神性もみられた(171)。

一九三二年一二月のフランケンのある地域からの報告を見れば、様々な社会集団ごとの不満が集まって全体的な不満感を作り出していることが分かる。商人は利益が上がらないことに、農民は農産物の価格低迷に、教員と官吏は給与に、労働者は失業に、失業者は失業者支援に、傷痍軍人と戦争未亡人は年金の減額に不満をもっていた。全体としてみれば、「全般的に不満があり、共産主義の温床」になりかねない、とこの報告には書かれていた(172)。

当然のことながら、中産階級の不満はそれぞれの利害に応じて様々だった。先の見通しは暗かった。一九三二年秋にはヒトラーは中核的支持層からの信頼をいくらか失ったが、非ナチ右翼のほうでも、国民的再生の条件を整え、経済回復に必要な社会的調和を強いることができると思わせるような別の政治的選択肢を提供できたわけではなかった。商人、手工業者、小規模生産者にとって、ナチ党は、デパート、消費者団体、通販会社、大量生産などが作り出す経済的脅威からの救済を約束してくれる存在だった。権威主義体制は悪いとは全く思われていなかった。その幻想が生まれた理由の一端は、第一次世界大戦前の「古きよき時代」に回帰し、近代国家による介入から「普通の人びと」が保護されると暗黙のうちに想定されていたことにあった。[173]ブリューニング政権下で給与削減の憂き目に遭った官吏は、伝統的な社会的地位と経済状態を取り戻せるような国家になるという幻想を抱いていた。教員と弁護士は民主主義的な「干渉」の軛《くびき》から解き放たれたならば、権利を回復し、地位を向上させられると期待していた。弁護士同様、伝統的にナショナリスト右翼の支持層である医師も、職業的な展望が失われ、所得が減少し、「左翼」の押しつけによって大恐慌期に広がった融資制度に不満を感じていた。[174]多くの者が新しい権威主義体制によって救われると期待していた。

若年層は大恐慌の時代に経済的にも精神的にもはかり知れない打撃を受けた。希望も理想も形になる前に潰えてしまった。一九三二年末には、将来に展望をもてないまま学校を卒業した学年はすでに三学年に達していた。幸運にも職を見つけたとしても条件は悪化の一途をたどり、実習期間が終わると解雇されてしまうのが一般的だった。青少年福祉事業は崩壊寸前だった。自殺率と若年犯罪率が上昇するのも当然だった。比較的裕福な階層の出身者にとっても、自らの野心に見合うような職業に就ける可能性は減っていた。学生がナチ党を平均以上に支持したのは、中産階級の若者がヴァイマル共和国で疎外感をもっていたことのひとつの表れである。実際、ナチ党と共産党という左右の急進勢力が若者を惹きつけたということは、若者がヴァイマル民主主義に疎外感を感じ、政治的急進主義に走ってもよいと考えていたということである。多くの点でこれは、自分たちを見捨てた体制と社会に対する若年世代の反抗だった。過激派政党は、ユートピア的な期待を抱かせ、疎外感が生み出す空隙を埋めた。三二年後半には若年層は概してまだ、出身階層や宗教的バックグラウンドに応じてそれぞれ異なる政党を支持していた。社会主義、カトリック、その他のブルジョア青年組織に比べればヒトラー・ユーゲントはまだ小さかった。しかし、なかでもブルジョア青年組織とは理念やイデオロギーの面で重なりあう部分が大きかった。三二年秋の後退からナチ党が立ち直り、指導者《フューラー》がすぐにも権力を掌握するならば、組織拡大の可能性は十分にある、とナチ党青少年指導者バルドゥア・フォン・シーラッハは考えていた。[175]

ドイツ社会にくすぶる不満に男女差はなかったようである。労働市場の女性差別はヴァイマル期を通じて消えなかったが、大恐慌のせいでそれがさらに強まった。女性の役割は「子供、台所、教会」〔ドイツ語の頭文字をとって三Kとも呼ばれる〕に限られるべきだという伝統的偏見も一層強まった。女性が「男性の職」を不必要に奪うことになる、という「夫婦共稼ぎ」への批判は、非寛容の強まりを示すものである。[176]ナチ党のプロパガンダにとって一九三三年以前も以後もこうした非寛容の精神性を利用することは容易かった。

しかし、反フェミニズムはヒトラーの運動の専売特許ではなかった。ナチ党は「男らしさ」を誇示するイメージが強いが、女性の役割をめぐるナチ党の考え方は、他のすべての保守政党、キリスト教政党と本質的に同じだった。大恐慌期の女性の政治行動は、女性の社会進出を促進する案件であるか阻害する案件であるかを問わず、ほとんど変わらなかった。女性はおそらく男性と同じ理由で、男性と同じような投票行動をとっていたものと思われる。保守政党とキリスト教政党に投票する女性は非常に多かったが、これらはいずれも反フェミニスト政党である。左右の急進政党に投票する女性は男性よりも少なかった。最も明確に女性解放の立場をとったのは共産党だが、全政党のなかで女性票は最も少なく、ナチ党と同じくらい圧倒的に男性が多かった。ヒトラーは女性を惹きつける力があったといわれることもあるが、三二年春の大統領選挙で女性が選んだのはいかにも大物の政治家らしい老齢のヒンデンブルクであり、活動的な印象のナチ党指導者《フューラー》ではなかった。しかし一一月の国会選挙では、ナチ党支持にみられる男女差はほとんどなくなった。女性も男性と同じくらいヒトラー独裁に魅力を感じはじめていた。ナチズムが立脚し、利用した心性は性差とは関わりがなかった。

一九三二年秋にはヒトラーへの失望が生じ、ナチ党への支持も減少した。しかし、権力掌握後にナチ体制に有利にはたらくことになる心性は、大恐慌期の厳しい状況のなかで維持され、膨らんでいった。国民の三分の二はたしかにヒトラーには投票はしなかった。しかし、多くの者はナチ党の主張に徹底的に反対していたわけではなく、この後、第三帝国下で起こることの一部には何の問題も覚えずに賛同していくことになる。共産党への強い嫌悪感と根深い恐怖を社会のおよそ五分の四が共有していたことには大きな意味があった。ナチ党か共産党かという究極の選択を迫られれば、ドイツの中産階級と富裕層、そして労働者階級のかなりの割合がナチ党を選んだ。権力掌握後、ヒトラーは事態をそのような二分法で描きだすことに成功する。共産党は革命家であり、私有財産を取り上げ、階級独裁を押しつけ、モスクワの利益になるように統治するだろう。ナチ党は粗野で低俗だが、ドイツの利益を擁護し、ドイツ的な価値を守り、私有財産を奪ったりはしないだろう。大雑把にいえば、こうした考えが中産階級を超えて広がっていた。

恐怖、苦しみ、急進化は、政治暴力を許す風潮を作り出した。大恐慌期のこうした社会的緊張のなかで、きわめて落ち着いた地域でさえ、政治暴力が日常茶飯事になった。[177] 人びとは政治暴力に慣れ切っていた。「一定の社会的地位のある」層は公共生活における「秩序」崩壊を非難したが、「アカ」への政治暴力はしばしば支持した。逆説的ではあるが、暴力行為に大いに責任のあるナチ党が、国益のために秩序を強制して暴力沙汰を終わらせることができる唯一の政党を自任し、イメージを向上させた。この自己像は、密集した隊列を組んで行進する突撃隊のイメージによってますます強化された。ヴァイマル共和国の創設時から初期にかけては、公共生活のなかでむき出しの暴力がある程度許容された。こうした暴力の容認は恐慌期に再び目立つようになり、「権力掌握」以降にナチによるテロが受け入れられる下地を作り出すことになった。[178]

恐慌期の困窮と緊張は報復感情も強めた。この悲惨な状況の責任を誰かに負わせる必要があった。罪をかぶせる相手が必要とされ、標的となる敵が定められた。政敵の名が挙げられ、晴らすべき恨みが数え上げられた。たいていの場合、個人的な敵意と政治的反目は密接に関連していた。大都市であれば素性が分からないためある程度は危険を避けることができたが、小さな町村ではそうはいかなかった。隠れ場所はなかった。国家権力が暴力を阻止するためでなく支援するために用いられるようになると、流血沙汰に自発的に関与する者にはこと欠かなかった。無数の者が大恐慌時代に社会的、政治的軋轢のなかで個人的な恨みを募らせ、一九三三年以降にそれを現実の、もしくは仮想の政治的「攻撃」を非難するというかたちで晴らしていくことになる。

標的として罪をかぶせやすかったのはユダヤ人だった。ナチがユダヤ人を悪魔化したせいで、ユダヤ人は強欲な大資本の権化として描かれることもあれば、有害で残忍なボリシェヴィズムの代表として描かれることもあった。ドイツ人のほとんどはそうした粗雑なイメージを受け入れてはいなかった。個々のユダヤ人やその財産に物理的暴力を加えようとも思わなければ、それに賛成もしていなかった。とはいえ、ユダヤ人に対する反感はナチ党支持層をはるかに超えて広がっていた。

諸政党、圧力団体、労働組合も、キリスト教の主要宗派も、ユダヤ人マイノリティの保護に取り組もうとはしなかった。一九三三年にはユダヤ教徒は人口の〇・七六パーセントだったが、人口のほんの一部にすぎない少数派が、社会集団の大きさに比して不釣り合いなほどに産業、芸術、知的専門職等を牛耳っていると強調すれば、この層への妬みと恨みをかき立てることは、難局にあってはいとも容易かった。[179] たとえば、ナチ党下部組織のなかでも極めつけの悪質な反ユダヤ主義をとった営業中間層闘争同盟を見ておこう。この組織のなかで小規模業者がデパート反対運動を繰り広げ、その際、デパートの大半はユダヤ人の手に握られていると主張したのは偶然ではない。

すでに述べたように、大恐慌期にはほとんどのドイツ人は、反ユダヤ主義のせいでナチ党に投票したわけでも、入党したわけでもなかった。しかし、ヴァイマル期のドイツでは、ユダヤ人はどこか違う、「非ドイツ的」であり、有害な影響を及ぼすといった、潜在的反ユダヤ主義ともいうべき考えが広がっており、人びとはナチ党のユダヤ人憎悪を知りながら、ヒトラーの運動を熱狂的に支持することをためらわなかった。そしてこの憎悪こそがナチ運動の信念の核心であったため、一九三〇年代初頭に運動の参加者が大幅に増大し、三二年末に党員数が一四一万四九七五人に達するにいたると[180]、運動に関わることでナチの反ユダヤ主義の残虐性と凶暴性に直にさらされる人びとの数も増えていった。

この時期に約四〇万の隊員を抱えるにいたった突撃隊についても同様のことがいえる[181]。突撃隊に惹きつけられる若いならず者は増えつつあったが、そうした者たちでさえ、突撃隊に入隊するまで大半は徹底した反ユダヤ主義者というわけではなかった[182]。しかしいったん隊員になれば、「刃からユダヤ人の血が滴るとき、よき時代が再び訪れる」といった歌詞の戦闘歌を歌う組織の構成員になった[183]。

五〇万人を数えるユダヤ人コミュニティの大多数は、愛国的でリベラルなドイツ人であり、ドイツ人に同化しようと心を砕いていたのであって人びとから乖離しようとしていたわけではなかった。コミュニティのなかでは、反ユダヤ主義の急激な高まりに対する反応は分かれた。ユダヤ人の中心組織だったユダヤ教徒ドイツ国民中央協会はこの危険を深刻に受けとめ、ナチが市民の権利を侵害することに対して断固として抵抗した[184]。他方、無関心な者もいた。無関心は往々にして無力感からくるものだった。彼らは危険は過ぎ去るだろうと考えていた。人種主義的な攻撃を実際に受けた者はほとんどいなかった。ユダヤ人自身も、人種主義的攻撃はロシア、ポーランド、ルーマニアの話であって、ドイツには関係がないと考えていた。ある程度の差別は甘受し、危険を避け、大抵において問題に巻き込まれないようにすることは可能だった[185]。ドイツを「わが家」として心地よく過ごすことはまだ可能だった[186]。リオン・フォイヒトヴァンガーの小説『オッパーマン兄妹』の登場人物のように、一九三二年の年末までは、「指導者《フューラー》」は結局のところ見世物小屋の呼び込みになるのか保険の勧誘業者になるのか、などと冗談を言うようなこともできた[187]。

三年におよぶ深刻な大恐慌を経験し、ドイツ社会は以前と比べて寛容さを失った。一九三〇年代初頭の死刑制度の復活は、共和国の基盤というべき人道原則が大恐慌の間に突き崩され、ドイツ社会が右傾化したことの一例である。二、三年前には死刑は全廃寸前だったが、ナチ党はこれを復活させ、自らが唱える「秩序」回復の中心に据えようとした[188]。安楽死と「人種衛生」に関する医学的見解の急進化も、雰囲気が変わり、リベラルな価値観が急速に失われていったことの証左だった。公共支出の抜本的削減が進むなか、精神疾患の患者を精神病院に収容しておくのは費用がかさむという理屈で、遺伝的疾患をもつ者の自主的断種導入の法制化に向けた圧力が高まっていった。医師、心理療法士、弁護士、官吏のあいだではそうした措置への支持が徐々に広がり、ドイツ医師連盟の協力の下、全国断種法が起草されることになった。ヴュルテンベルクとプロイセンの医師会は三二年一一月、一二月にそうした措置に支持を表明した。[189] 有権者の三分の一の支持を受けたヒトラーのナチ党はこれをさらに進め、遺伝的疾患をもつ者の強制断種を主張した。三三年七月、権力掌握から時をおかずして、ナチ党はこの措置のための悪名高い法律を制定した。しかし、そのための地ならしはヒトラーが政権をとる前に「専門家」によってすでに終えられていたのだ。

一九三二年末、ヒトラーのイメージは今もまだ、ドイツ社会を構成する主要集団のイデオロギー的、文化的バックグラウンドごとに異なっていた。[190] 社会主義者や共産主義者など左翼の評価は似たり寄ったりで、ヒトラーは金で雇われた大資本の手先であり、帝国主義の看板であり、労働者階級の敵が差し向ける政治的攻撃部隊だと考えていた。こうした見方は、三三年以降は左翼抵抗運動の地下組織のなかで続いていくことになるが、ヒトラーをこのように過小評価したせいで、彼らはナチ・イデオロギーのダイナミズムを正確に認識することができなかった。

左翼勢力とならび、一九三三年以前も以後もなかなか浸透できずにナチ党が手を焼いたのはカトリック勢力だった。カトリック勢力にとってヒトラーは「無神」論の反キリスト教運動の頭目だった。教会に通う敬虔なプロテスタントのあいだではヒトラーのイメージは一様ではなかった。大衆の卑しい心情をかき立てる新興宗教運動のような危険を感じる者もいた。逆に、礼拝の出席者が減り、倫理的、宗教的価値が掘り崩されようとしている時代にあって、ヒトラーの「国民的再生」は倫理的、宗教的価値を再生させる可能性をもつのではないかと考える者もいた。

国民保守的右翼勢力は、ヤング案反対キャンペーンの頃はヒトラーに比較的共感していたが、今は敵対的な扱いに変わった。ヒトラーは非妥協的で無責任、野蛮で無作法なデマゴーグであって政治家ではなく、政治の回復の障害でしかなく、恐るべき社会主義的傾向をもつ急進主義運動の指導者とみなされた。

こうした否定的イメージと対照的だったのが、残りの三分の一の人びとからの称賛だった。夏から秋にかけて支持が後退したとはいえ、この層はまだヒトラーをドイツの未来にとって唯一の希望と考えていた。七月の選挙では一三五〇万人以上がヒトラーを支持した。これはすべて指導者《フューラー》を崇拝しているか、いずれ崇拝するようになる可能性のある人びとだった。一一月には支持が後退したとはいえ、まだ膨大な数の支持者がおり、その支持が向から中心に存在していたのがナチ党の非凡なる指導者《フューラー》ヒトラーだった。そしてヒトラーがひとたび権力を掌握し、幾ばくかの成功を収めると、執拗な反マルクス主義、政党政治と多数決民主主義への敵意、権威主義体制下での国民の自尊心の回復への切望などが寄り集まってイデオロギー的合意を形成し、ヒトラーの支持基盤を広げる確かな好機が生まれることになったのだった。問題は、ヒトラーがナチ党指導者としての賛否両論あるイメージから脱皮し、党を超越した国民の代表としてのイメージを確立できるかどうかだった。一九三三年一月の段階では、ドイツ国民の三分の二はまだそうは思っていなかった。

5

一九三三年一月に起きたのは驚くべき政治ドラマだった。このドラマの大部分は国民の目の届かないところで起きた。

シュライヒャーによって首相の座を追われた二週間後、パーペンはベルリンの紳士クラブの夕食会に招かれた。一九三二年一二月一六日のこの会合でパーペンは自政権の足跡を正当化し、シュライヒャー内閣を批判し、ナチ党を入閣させるべきだとの考えを述べた。パーペンの演説を聞いた三〇〇名ほどの客のひとりが、ケルンの銀行家クルト・フォン・シュレーダーだった。

その数週間前、シュレーダーは、ヒトラーの首相任命を求めるヒンデンブルクへの請願書に署名していた。シュレーダーは数カ月前にナチ党を支持するようになり、ケプラー・クライスのメンバーにもなっていた。ケプラー・クライスとは、元小企業経営者ヴィルヘルム・ケプラーがヒトラーのために創設した経済顧問会である。ケプラーはすでに一一月に、ヒトラーが首相に就任できるようパーペンからヒンデンブルクに取り成してもらえるかもしれないとシュレーダーに告げたことがあったが、そのときは何の成果にもつながらなかった。紳士クラブでパーペンの演説を聞いた後、話に興味をひかれたシュレーダーは、その夜に政治情勢についてパーペンと数分間意見を交わした。両者はしばらく前から面識があった。ヒトラーとも面識のあるシュレーダーは、ヒトラーとパーペンの関係がまだ冷え切っていたこの時期に両者のあいだを取りもつには最適の人材だった。

確認することはできないが、この意見交換の際におそらくはシュレーダーから、ヒトラーとパーペンのあいだで話し合いをもってはどうかという提案がなされたものと思われる。一二月末、シュレーダーはパーペンに電話し、向こう数日間に話し合いの時間をとれるかどうかと尋ねた。会談は一九三三年一月四日にケルンのシュレーダー宅で行われることになった。パーペンはその日、ベルリンからザールの自宅に移動する途中、デュッセルドルフの母親のところに立ち寄る予定であり、ヒトラーはその晩にリッペ・デトモルトでの選挙戦のために近くを通りかかることになっていたため、両者にとって都合がよいということでこの場所が選ばれた。しかし実際には、一二月一六日にシュレーダーがパーペンと意見交換をした後、ケプラーは会合の場所としてシュレーダー宅はどうかとヒトラーにすでに勧めていた[191]。

戦後になってからシュレーダーは、パーペンとヒトラーが政権内部で協力することについて工業界の有力者の意見を探ったところ好意的な反応があった、と述べている。シュレーダーによれば、工業界の有力者はボリシェヴィズムを恐れ、ナチズムに権力を与えれば経済回復に必要な安定した政治情勢が実現するかもしれないとの希望を抱き、経済の自立性を妨げる制約の撤廃を望んでいた。彼らが望んでいたのは、「強い指導者《フューラー》」が権力の座に就き、長期政権をつくることだった、とシュレーダーはいう[192]。しかし実際には、シュレーダーはケプラー・クライスのなかで意見を聞いたにすぎなかった。すなわち、ヒトラーに明らかに好意的な実業家だけが対象で、数も限られていたということである。有力実業家の意見を個人的に聞いたわけでも、全国ドイツ工業連盟のような重要組織を介して意見を聞いたわけでもなかった。シュレーダーは大企業の意を体して動いていたと長らく考えられてきたが、この議論には根拠がない。シュレーダーは実業界の有力者とは交流がなく、実業界の大物はシュレーダーがパーペンとヒトラーを協力させようとしていることなど知りもしなかった[193]。実際のところ、シュライヒャー内閣に対する大企業の見解は割れていた。実業界の有力者はシュライヒャーを「社会主義の分派勢力」ととらえ、当初、「赤い将軍」として恐れていたが、懸念が現実になることはなかった。ナチ党との関係はよくなかった[194]。工業界の有力者が望んでいたのは今もパーペンだった。パーペンが首相の座に返り咲き、ヒトラーに補助的な役割を与えてナチ党が政権を支えるというのが彼らの望む筋書きだった[195]。一九三三年一月にシュライヒャー内閣に敵対し、ヒトラーの首相就任を支持する勢力の中心になったのは「工業界の大物」ではなく、大土地所有者とその圧力団体である全国農村同盟だった[196]。

パーペンは後に、シュライヒャー内閣に加わるようにヒトラーを説得しようとしたと主張したが、これは正直な発言ではない[197]。真の目的は新内閣でヒトラーと協力する可能性があるかどうか探りを入れることにあった。自分本位でない説明を後づけしようとしてみたところで、パーペンがシュライヒャーによって失脚の憂き目をみたのは事実である。ヒトラーのほうでも、ヒンデンブルクの同意を得るための扉を開いてくれる者があるとすればパーペンを措いてほかにないことは分かっていた[198]。

パーペンは昼頃にシュレーダー宅に到着した。会合は秘密裏に行われるはずだったが、話が漏れていた。タクシーから降り立ったところでパーペンは写真に撮られた。翌日、タートト・クライスの刊行するテークリッヒェ・ルントシャウ紙は、この会合ではパーペンがヒンデンブルクとの間を取りもってヒトラー内閣を実現する件について話し合いがもたれた、と報じた。パーペンもヒトラーも、「国民統一戦線の可能性」を超える話はしなかったと否定せざるをえなかった。(199) ヒトラーは先に裏口から入り、ヘス、ヒムラー、ケプラーとともにパーペンを待っていた。ヒトラー、パーペン、シュレーダーは、ほかの者たちをその場に残し、別室に移った。シュレーダーは議論には加わらなかった。(200)

ヒトラーは八月一三日の一件での自分に対する扱いとポテンパ事件での判決を非難し、攻撃的な調子で話を始めた。ヒトラーが落ち着くと、話の中心は新政権の構成に移った。ヒトラーは、社会主義者、共産主義者、ユダヤ人を「指導的地位」から排除し、「公的生活における秩序回復」を認めるのであれば、自分が首班となる内閣にパーペンの支持者を閣僚として迎え入れてもよいと言ったとされる。(201) しかし議論するうちにヒトラーは初めて、短期間だけであれば首相職でなくても受け入れる可能性があるとほのめかしたようである。数日後、ヒトラーはゲッベルスに、パーペンはシュライヒャーを追い落としたがっており、大統領に耳を傾けさせることができる、と言った。「われわれとの合意はできた。首相か主要大臣だ。国防相か内相。いずれ分かるだろう」(202)。ゲッベルスは日記にそう認《したた》めた。

おそらくパーペンは、ヒトラーの首相就任にはヒンデンブルクが反対しており、翻意させるのはまだ難しいと改めて指摘したのだろう。新政権の首班を誰にするかについてはこの会合では結論にはいたらなかった可能性が高い。パーペンは大まかに二頭体制のような言い方をし、閣僚ポストについても、ヒトラー自身の就任に支障がある場合には党内の誰かを入閣させるという程度にとどめて、結論は出さなかった。約二時間後、昼食前に議論は終わり、ベルリンもしくはどこか他所で改めて会談し、交渉を続行することで合意した。

パーペンは明らかに手ごたえを感じたようだった。数日後、パーペンは実業家との話でこの会談に言及し、ヒトラーは保守派の内閣に「ジュニアパートナー」として協力する用意があるようだと述べた。(203) 一月九日にシュライヒャーと話し合った際、パーペンは、ナチ党党首ヒトラーは国防相か内相のポストであれば満足するだろうとほのめかした。これは、ヒトラーと会談したのはヒトラーをシュライヒャー内閣に入閣させるためであって倒閣のためではないと言わんとしたものだった。この日、パーペンはヒンデンブルクにも個人的に面会し、ヒトラーは要求を弱めており、右派政党との連立内閣に参加する心づもりがあるようだと伝えた。ここではそうした内閣をパーペンが率いることが暗黙のうちに仮定されていた。ヒンデンブルクはパーペンに、ヒトラーとの交渉続行を指示した。[204]

ヒトラーとパーペンの二度目の会談はすぐに行われた。今回は、ベルリン郊外の高級邸宅街ダーレムにあるリッベントロップ邸の書斎で一月一〇日夜に行われた。ヒトラーの首相任命にヒンデンブルクがまだ反対しているとパーペンが伝えたため、成果は何も得られなかった。ヒトラーは怒り、リッペでの選挙が終わるまで交渉に応じようとしなかった。[205]

人口一七万三〇〇〇人の小規模州リッペ・デトモルトの選挙は、[206]時期が違えばヒトラーとナチ党にとって最優先課題になることはなかっただろう。しかし、前年一一月に支持を減らし、シュトラッサー危機をへた、今この時期には、ナチ党が再び進撃を始めたことを証明する好機だった。ナチ党の財政は逼迫していたが、リッペでよい選挙結果を残すために努力が惜しまれることはなかった。[207]一九三三年一月一五日に行われた選挙の前ほぼ二週間にわたり、リッペはナチ党のプロパガンダで溢れ返った。ナチ党の大砲という大砲が火を噴いた。ゲーリング、ゲッベルス、フリック、アウヴィ皇子が演説した。[208]ヒトラー自身は一一日間に一七回演説した。[209]その甲斐はあった。ナチ党の得票数は一一月を約六〇〇〇票上回り、得票率を三四・七パーセントから三九・五パーセントに伸ばした。ナチ党はドイツ国家人民党に流れた票の大部分を取り戻したと考えられる。ドイツ国家人民党は今回は三〇〇〇票以上減らしたが、社会民主党は四〇〇〇票以上伸ばした。共産党も三〇〇〇票以上失った。実際のところ、ナチ党はいうほど素晴らしい成功を収めたわけではなかった。この地域でのナチ党への支持は、七月の国会選挙の得票数には三〇〇〇票ほど及ばなかった。[210]これについては当然のことながら見て見ぬふりがされた。大事なのは見た目の印象だった。ナチ党は巻き返しはじめたようだった。[211]

そうはいっても、ヒトラーの立場が強まったのはリッペでの選挙結果のおかげというよりは、シュライヒャーが孤立を深めたせいだった。シュトラッサーを入閣させ、ナチ党周辺から支持を得るという望みが一月半ばに完全に消えただけでなく、[212]農業産品に高額輸入関税をかけることに前向きでないとして全国農村同盟がこの時期までにシュライヒャー内閣に対する闘争を宣言した。ドイツ国家人民党内にもナチ党内にもこうした反対派を支持する勢力がいたため、シュライヒャーには手の打ちようがなかった。大土地所有者に便宜をはかれば、工業界では雇用者側も労働組合も消費者と一緒になって反対するであろうことは目に見えていた。そのため、経済省と食糧省を統合してその閣僚ポストをもらえるのであればドイツ国家人民党はシュライヒャー内閣を支持する、というフーゲンベルクの申し出は無視された。その結果、一月二一日にはドイツ国家人民党もシュライヒャーへの徹底抵抗を宣言した。農家からの手厳しい批判に加えて、東部ドイツの破綻した農場を分割して失業者に小農地を与えるという計画に対しては、政府は「ボリシェヴィズム」だとの批判が出て、農村部はブリューニングを失脚させたロビー活動を思い起こさせるような状況になっていた。一月半ばに始まった東部救済策がらみのスキャンダルもシュライヒャーの立場を弱めた。農業ロビーは政府が事件を穏便に処理しなかったとして激怒した。ヒンデンブルクの親しい友人にあたる地主のなかにも関係者がいたため、シュライヒャーに対する怒りは大統領ヒンデンブルクからも直接に伝えられた。このスキャンダルを契機に、あるドイツの実業家から五年前に贈られたノイデックの大統領の所有地が相続税回避のために息子名義で登記されていることが明らかになると、ヒンデンブルクは自分の顔に泥が塗られるのを座視していたとしてシュライヒャーを責めた。[213]

リッペでの選挙結果が明らかになった翌一月一六日の閣議で、シュライヒャーは秋にパーペンが考えた計画を改めてもちだした。国会を解散して次の選挙を延期する、すなわちあえて憲法に違反するという案である。パーペン内閣の最後の閣議とは対照的に、閣僚はこの戦略に誰も反対しなかった。シュライヒャーは、ある程度時間があれば、自政権に対する支持を広げられるだろうと楽観しており、パーペンから聞かされたとおり、ヒトラーは首相職は諦め、国防相に要求を下げてきていると考えていた。もっとも、ヒンデンブルクはそれさえも認めるとは思えなかった。[214] しかも、シュライヒャーの憲法違反の戦略は、パーペンが提案した際にシュライヒャーが自ら退けたものと実質的には変わらなかった。これを実行するには大統領の賛同が必要だった。しかし、憲法に違反して非常事態を宣言すれば内戦になる危険性があり、そうした市民の暴動が起これば国防軍は持ちこたえられない、として前年一二月初旬にヒンデンブルクを説得したのは自分だった。状況はさして変わらないにもかかわらず、一二月に起こると自ら予言したことが翌一月には起こらないと相手に納得させるというのは難しい話だった。シュライヒャーがヒンデンブルクの説得に成功する見込みはあまりなかった。

仲介役のリッベントロップは一九三三年一月一八日に改めてヒトラーとパーペンの会談を設定した。[215] レームとヒムラーを引き連れたヒトラーは、リッペでの成果とシュライヒャー内閣が難問山積であることに自信を得て、同月初旬の会談のときよりも立場を硬化させ、明確に首相の座を要求した。それを実現するほどの影響力をヒンデンブルクに対して自分はもたないとしてパーペンが反対すると、ヒトラーはいつも通り、これ以上交渉を続けても意味はないと告げた。このときリッベントロップが、ヒンデンブルクの息子オスカーと話してみる価値があるのではないかと言いだした。翌日、リッベントロップはこの提案についてパーペンとさらに話し合い、一月二二日（土曜日）の夜にリッベントロップ邸で会合の予定が組まれてオスカー・フォン・ヒンデンブルクと大統領官房長官マイスナーが同席を了承した。ヒトラーにはフリックが同伴し、後からゲーリングも加わった。[216]

その前日、ヒトラーは体調が優れなかった。ゲッベルスに言わせれば、これはヒトラーが寝食をおろそかにするせいだった。[217]ヒトラーはまだ気分が悪かったのかもしれないし、その夜のオスカーとの会談が気にかかっていたのかもしれないが、一月二二日にベルリンのシュポルトパラストで党幹部に向けて行った演説はできがよいとはいいがたかった。[218]しかし、夜一〇時にリッベントロップ邸に到着したときには、ヒンデンブルクの息子によい印象を与えようとヒトラーは心を決めていた。

会合の主目的はヒトラーと大統領の息子のあいだでの二時間におよぶ議論だったが、ヒトラーはパーペンとも話した。パーペンはヒトラーに、大統領はヒトラーの首相就任については態度を変えていないが、状況が変わったこと、ナチ党を現内閣もしくは次の内閣に入閣させる必要があることは認識していると伝えた。ヒトラーは耳を貸さず、自分が首相になるのでない限りナチ党は協力しないと断言した。八月一三日の会談で失敗した後、あの会談について発表された公式声明をヒトラーはまだ根にもっていた。ヒトラーは、当時、自分は全面的権力を要求したわけではない、〔今も〕政党の代表としてでなければ、自政権にブルジョア政党の政治家を多数入閣させることもやぶさかでない、と強く言った。[219]自らの首相就任以外の要求といえば、フリックを内相にすること、ゲーリングを何らかのかたちで入閣させることだけだった。この要求は、前年八月にヒトラーがシュライヒャーに出した要求と比べれば穏当であり、それはほかの面々も認めるところだった。[220]ついにパーペンは、自分を副首相にするならば、[221]ヒトラーが首相になれるよう働きかけることに同意した。これは重大な前進だった。しかしヒトラーが自分を信用しない素振りを見せればすぐに手を引くとも言った。[222]オスカーはダーレムからの帰路、ヒトラーの発言に感銘を受けたとマイスナーに語った。[223]それにひきかえ、大統領の息子に対するヒトラーの評価は低かった。「オスカーは稀にみる馬鹿だ」とヒトラーはゲッベルスに言った。[224]

翌日、自らの地位が危ないと自覚したシュライヒャーは、一月三一日に国会が延期後再開される際、内閣不信任決議が出されるかもしれないと大統領に告げ、解散命令と次の選挙の延期を求めた。ヒンデンブルクは解散命令については検討するとしたが、ヴァイマル憲法第二五条に抵触する選挙の延期については拒絶した。[225] 五カ月前にパーペンに対しては許可しようとしたものを、今回、シュライヒャーに対しては拒絶したということである。しかし、そうした過激な方法をとることに対してはシュライヒャー自身が一二月初旬に反対したばかりだったため、その時とは正反対の現在の自分の提案には従わず、当時の自分の助言に従いつづけることを選んだ大統領を批判することはできなかった。

同時に、ヒンデンブルク自身にも選択の余地はほとんどなくなった。ヒンデンブルクは、ヒトラーを首相にすることを改めて拒んだ。[226] そうなればパーペン内閣に戻すしか方法はない。これはヒンデンブルクが望んでいた道だが、危機を解決できるかといわれればパーペン自身でさえ首をかしげざるをえなかった。パーペン「闘争内閣」が改造されてフーゲンベルクが要職に就き、非常事態宣言が出されるという噂がベルリン中を駆けめぐった。今から見れば奇異に思われるかもしれないが、それならばヒトラー内閣の方がまだましだというのが当時の受けとめ方だった。[227] 国会の解散命令を出すことをヒンデンブルクに拒まれ、一月二八日にシュライヒャーが内閣総辞職を願い出ると、そうした偶発的な事態に立ちいたる恐れは急速に高まった。[228] 数時間のうちにヒンデンブルクは、国会の支持を得る方向で合憲的に解決策を模索するようパーペンに依頼した。[229] ヒンデンブルクからはヒトラー内閣の可能性を探るように言われたとパーペン自身は説明している。[230] パーペンは、ヒトラーに即刻連絡をとらねばならないとリッベントロップに告げた。これが転換点だった。ヒンデンブルクと話をしたパーペンは、ヒトラーの首相就任が可能だと考えたのだった。[231]

このときまでに、パーペンは、ヒトラーを首班とする内閣を完全に認めるにいたっていた。パーペンの念頭にあったのは、「信頼のおける」保守派によってヒトラーを確実に封じ込めるという一点だけだった。一月二七日、シュライヒャー辞任の前日、ヒトラーは論理的にものを考えられなくなっていた。ヒトラーは、ヒンデンブルクにはもはや言うべきことは何もないと助言者に語った。また、プロイセン州の内相をナチ党から出すこと、改めて国会選挙を行うこと、というヒトラーにとって重要な要求をドイツ国家人民党の党首フーゲンベルクが拒否したことにひどく腹を立て、フーゲンベルクとの話し合いを打ち切った。[232] 怒りと失望で取り乱すヒトラーをゲーリングとリッベントロップがなだめ、ベルリンを離れてすぐさまミュンヒェンに戻ろうとするのを引きとめた。「ヒトラーがあのような状態になったのを見たことはこれまでなかった。[…] ヒトラーがパーペンとの面会を拒否したため、私は、ヒトラーとゲーリングにその日の夕方に私ひとりでパーペンに会い、状況を説明しようと提案した。夕方、私はパーペンと会い、ヒトラーを首相にするほかはなく、これを実現するために打てる手は打たねばならないとようやくのことで説得した。パーペンは、フーゲンベルクの問題は二の次であり、自分はいまやヒトラーの首相就任に完全に賛同していると言った。パーペンの態度は明らかに変わっていた。[…]パーペンがこのように考えるようになったことが転換点だったのだと思う」とリッベントロップは述べている。[233]

一九三三年一月二八日のシュライヒャーの辞任後、パーペンはフーゲンベルク、ヒトラーと会談の機会をもった。[234] フーゲンベルクは取るべき道はヒトラー内閣を措いてないという点には同意したが、ヒトラーの権力を制限することが肝要だと強調した。また、ドイツ国家人民党の協力の代償として、全国とプロイセンの双方で自らが経済相に就任することも要求した。当然のことながらヒトラーは、議会の多数派に依存する内閣ではなく、パーペンやシュライヒャーと同様の権限をもつ大統領内閣の首班としての地位をあくまでも要求した。八月来、変わらない路線である。ヒトラーは、自分が首相とプロイセン州総督を兼任し、ナチ党関係者を全国およびプロイセン州の内相に就けられるのであれば、閣僚経験者のなかで大統領の望む者を入閣させてもよいと繰り返した。[235] プロイセン州で広範な権力を要求すると問題になるため、リッベントロップとゲーリングはそこまでは実現せずともよしとするようにヒトラーを説得しようとした。ヒトラーは最終的には、(パーペンいわく「不承不承」ながら)プロイセン州総督の権限を副首相としてパーペンに与えることを認めた。[236]

この間、パーペンはヒンデンブルクの信頼が厚い保守派の閣僚経験者数名に電話で入閣を打診した。彼らは口を揃えて、パーペンが副首相になるヒトラー内閣であれば協力するが、パーペンとフーゲンベルクの「闘争内閣」には協力しないと返答した。一月二八日夜にパーペンがこれを伝えると、ヒンデンブルクへの影響は大きかった。ヒンデンブルクもヒトラーが要求を「引き下げた」ことを喜んだ。ヒンデンブルクがヒトラー内閣に反対しなかったのは初めてだった。[237] 膠着状態がついに打開されたのだ。

ヒンデンブルクとパーペンは閣僚の顔ぶれについて話し合った。信頼するノイラートが外相として留任することをヒンデンブルクは歓迎した。シュライヒャーが辞任してしまったため、ヒンデンブルクは国防相にも同じくらい穏当な人物を配したかった。ヒンデンブルクの腹案は、現在、ジュネーヴ軍縮会議ドイツ代表団の技術顧問を務める東プロイセン国防管区司令官ブロンベルクだった。ヒンデンブルクは、ブロンベルクは非常に信頼でき、「完全に非政治的」だと考えていた。翌朝、ブロンベルクはベルリンに呼び戻された。[238]

パーペンは、一月二九日朝にヒトラー、ゲーリングと交渉し、調整を続けた。閣僚の顔ぶれが合意された。（首相以外では）二つを除いて残りすべての閣僚ポストをナチではなく保守派が占めた。ノイラート（外相）、シュヴェリーン・フォン・クロージク（財務相）、エルツ＝リューベナハ（運輸郵政相）はシュライヒャー内閣の閣僚だった。法相は差し当たり空席とされた。ヒトラーはフリックを内相に指名した。プロイセン州総督の地位をめぐって譲歩した代わりに、パーペンはゲーリングをプロイセン州総督代理とし、プロイセン内相を任せることを認めた[239]。この重要ポストを得たナチ党は、領土の三分の二を占める巨大な州プロイセンの警察を実質的に手中に収めることになる。ナチ党の一部ではゲッベルスが宣伝省にポストを得ることが前年夏から期待されていたが、これはかなわなかった。しかしヒトラーは宣伝省はいつか必ずゲッベルスのものになると請け合った。これは今回の組閣が暫定措置であることを前提とした戦略上の問題だった。ヒトラーは首相指名後に選挙を行うことを主張しており、そのためには、誰を措いてもまずはゲッベルスが必要だったということもあった[240]。

パーペンは同日、フーゲンベルク、鉄兜団を指導するゼルテ、デュスターベルクとも会談した。フーゲンベルクはナチ党が要求する国会選挙にはまだ反対していた。選挙をしてもフーゲンベルクのドイツ国家人民党には得るところがないためだった。しかし、長く切望していた経済相という有力ポストにつられて、フーゲンベルクは躊躇しつつも協力を申し出た[241]。去る一一月、フーゲンベルクはヒンデンブルクにヒトラーは信用できないと告げていた。「あのような方法で政治問題を扱うのでは、指導的地位に就くのはきわめて難しい」というのが当時のフーゲンベルクの評価だった。ヒトラーを指導的地位につけるような「策をとることには、自分としては実に大きな躊躇を覚える」とも言った[242]。しかし、フーゲンベルクはいまや自らの野心のためにそうした躊躇を捨て去った。一月末、鉄兜団副団長デュスターベルクが、ヒトラーのように誠実さに欠ける人間に首相職を任せればどういうことになるかとフーゲンベルクに警告したが、フーゲンベルクはその異議を退けた。何も起こるはずがない。ヒンデンブルクが大統領の座にあり軍の最高司令官でもある。パーペンが副首相になるだろう。フーゲンベルク自身が農業を含めて経済全域を完全に掌握する。ゼルテ（鉄兜団団長）は労相になるだろう。「われわれはヒトラーを封じ込めてやる」、とフーゲンベルクは話を結んだ。いつか、逮捕を逃れようとして官邸の庭を夜中に下着で逃げ回ることになる、とデュスターベルクは陰気に返した[243]。

パーペンの友人の保守派の人びとのなかにもヒトラー内閣という見通しに深い懸念を示した者はいた。パーペンはそうした人びとに、憲法を守りつづける限りはほかに方法がないと説明した。[244]自らヒトラーの手中に入るつもりか、と警告した相手に対しては、「それは間違いだ。われわれが彼を雇い入れたのだ」と返答した。[245]

残る問題はひとつだけだった。ヒトラーはパーペンとの会談で、国会選挙の後、全権委任法を通すと主張した。これはヒトラーにとって重要な点だった。国会にも、緊急令を得るための大統領の同意にも頼らずに統治しようと思えば、全権委任法が決定的に大事だった。しかし、現在の国会の勢力分布では全権委任法を成立させる見込みは皆無だった。パーペンはリッベントロップを通じて、ヒンデンブルクは国会選挙を望んでいないと折り返し返答した。ヒトラーは、これを最後に選挙はもうしないと大統領に伝えてほしいとリッベントロップに頼んだ。一月二九日昼、ついにパーペンはゲーリングとリッベントロップに、問題はすべて解決したと伝えた。「万事うまくいった」とゲーリングはホテル・カイザーホーフのヒトラーに伝えた。[246]ヒトラーは翌朝一一時に首相就任の宣誓をすることになった。[247]

その夜、またも騒ぎが起こった。シュライヒャーとの橋渡しをしていたヴェルナー・フォン・アルフェンスレーベンがゲッベルス宅に現れ、ヒンデンブルクは結局、パーペン少数派内閣を作らせるつもりだとの噂を告げたのだ。これは軍としては承服できない、オスカー・フォン・ヒンデンブルクは明日には逮捕されるだろう、大統領ももはや任に堪えるとは思えないためノイデックの地所に移された、という話だった。隣室にいたヒトラーとゲーリングもすぐに話を知らされた。ゲーリングは直ちにマイスナーとパーペンに事態を知らせた。ゲッベルスは信じなかったが、ナチ党幹部らは噂を深刻に受けとめ、ベルリンの突撃隊に警戒体制を取らせた。[248]大統領の側近も動いた。翌朝にはジュネーヴからブロンベルクが到着する。駅に着いたブロンベルクが、ホームで待機する陸軍最高司令官ハマーシュタイン将軍の副官によって陸軍総司令部に連行されるのを阻止すべく、オスカー・フォン・ヒンデンブルクがアンハルター駅に送られた。ブロンベルクは大統領の元に直行させられて「クーデター計画」について知らされ、国防相として宣誓を行った。閣僚は内閣首班の推挙を受けて宣誓しなければならないため、これは手続き的には違憲だった。ブロンベルクはヒンデンブルクから、シュライヒャーの路線とは逆に軍を政治に介入させないことを義務と考えるように指示された。[249]

一九三三年一月三〇日、大統領から指名を受ける午前一一時まで残すところ一五分となり、新閣僚はヒンデンブルクが起居する首相官邸（大統領官邸は改修工事中だった）に向かっていた。この期に及んで、まだ意見の一致はみられていなかった。ヒトラーはプロイセン州総督への就任を阻まれ、権力が制約されることが不満だった。ヒトラーはまたしても、国会選挙をすると主張した。フーゲンベルクは反対した。大統領に謁見するためにマイスナーの執務室で待つあいだにも二人はまだ激しく口論を続けていた。発足前に内閣が崩壊しかねない有様だった。ヒトラーは、選挙結果の如何を問わず閣僚は入れ替えないと約束したが、フーゲンベルクはそれでも納得がいかないようだった。約束の時間がきたが、まだ議論の決着はつかなかった。マイスナーは大統領をあまり長く待たせるわけにはいかないと警告した。パーペンが、ドイツの男が約束したことだから信じてはどうかとフーゲンベルクに取り成した。パーペンはヒトラーから最後の譲歩を引き出したが、これは政権の支持基盤を広げるために中央党、バイエルン人民党と直ちに交渉するというもので、意味はなかった。新内閣がヒンデンブルクの執務室に入る直前、ヒトラーが渇望していた解散命令を得る方向でようやく話がまとまった。[250]

正午少し過ぎ、ヒトラー内閣の面々はついにヒンデンブルクの執務室に入った。ヒンデンブルクは待たされて立腹していたが、短い歓迎の挨拶をし、国民的右翼勢力がついに結束したことに満足の意を表明した。[251] 続いてパーペンが公式に閣僚を紹介した。党利を超え、国民全体のために義務を果たすことをヒトラーが厳粛に誓うと、ヒンデンブルクはうなずいて承諾した。予定されていなかったが新首相ヒトラーが短いスピーチをして、憲法を遵守し、大統領の権利を尊重し、次回選挙後に通常の議会主義に戻るために努力すると強調すると、ヒンデンブルクはそれを聞いて満足そうだった。ヒトラーと閣僚は大統領の返答を待ったが、大統領はただ一言、「では、紳士諸君、神とともに進まんことを」と言っただけだった。[252]

6

「ヒトラーが首相になった。おとぎ話のようだ！」とゲッベルスは日記に記した。[253] 実際、異常事態が起こったといってよかった。一年前には狂信的なナチ以外にはほとんど誰も可能とは考えていなかったことが現実になったのだ。多大な困難があったにもかかわらず、別の選択肢を考えようとしない、攻撃的なまでのヒトラーの頑固さが功を奏した。ヒトラー自身にできないことは、高い地位にある「友人」が代わりに実現してくれた。「ウィーンでは無名だった者」、「名もなき一兵卒」、ビアホールの扇動家、何年ものあいだ過激派の一勢力にすぎなかった政党の指導者、複雑な国家機構を動かす資質をもたず、ナショナリスティックな大衆の卑しい衝動をかき立てて支持をかき集めることだけに長けた者が、ついにヨーロッパの大国のひとつで政権を任されることになったのである。

ヒトラーの目指すところは何年も前から公然と語られ

てきた。権力は合法的に奪取すると宣言してはいたにせよ、首が飛ぶ、とは言っていた。マルクス主義は撲滅されるとも、ユダヤ人は「排除」されるとも言っていた。ドイツの軍事力を再編し、ヴェルサイユの軛《くびき》を破壊し、「生空間《レーベンスラウム》」として必要とされる土地を「剣によって」征服するとも言っていた。ヒトラーの発言を真剣に受けとめ、危険人物と考えていた者もいなかったわけではない。しかし、保守派、自由主義者、社会主義者、共産主義者を含めて、政治的に右から左にいたるまでそれよりもはるかに多くの者がヒトラーの意図と無節操な権力欲を見くびり、その能力を馬鹿にしていた。[254] 左派はヒトラーを過小評価していたが、少なくとも、ヒトラーの権力掌握には責任がない。社会民主党、共産党、労働組合の影響力は一九三〇年以来低下しており、彼らはせいぜい傍観していたにすぎない。民主主義を廃し、社会主義を撲滅しようとするあまり明白な危険に気づけず、結果として政権の行き詰まりを作り出したのは保守右翼勢力だった。そのせいで、抑圧された攻撃性に満ちた手負いの巨人ともいうべきドイツ国民国家の権力は、政治的暴徒の危険な指導者の手に握られることになったのである。

　ヒトラーの権力掌握は避けられないものでは決してなかった。ヒンデンブルクがパーペンにはあれほど快く認めた国会解散をシュライヒャーにも認め、憲法に定められた六〇日間を超えて国会を休会すれば、ヒトラーの首相就任は避けられたはずだった。大恐慌の経済危機を脱すれば、また、権力を握ることができずにナチ運動が解体の危機に瀕すれば、仮に権威主義政権ができたとしても、未来は相当違ったものになったはずだ。一月三〇日午前一一時にヒンデンブルクを待たせて閣僚が大統領の執務室の前で議論をしていたときでさえ、ヒトラーの首相就任はまだ避けられたかもしれなかった。身分なく生まれ、「意志の勝利」によって権力を「掌握」するところまで上り詰めたというのはナチが作り出した神話にすぎない。実際には、ヒトラーが首相の座に就くうえでは、ナチ党党首ヒトラー自身の行動よりも、権力中枢に近い位置にいた者たちの政治的判断ミスが果たした役割の方が大きかった。

　ヒトラーの権力への道は一九三三年一月の最終局面にいたるはるか前に閉ざされていなければならないはずだった。最大の機会を逸したのは、二三年の一揆失敗後に重い実刑判決を科すことができず、しかもこの大失態に加えて、ヒトラーを数カ月のうちに仮釈放し、再出発させたことだった。しかしこのときの判断ミスも、大恐慌期にヒトラーの首相就任の可能性を開き、ついには実現させるにいたった判断ミスも、偶発事故ではなかった。こうした判断ミスを犯したのは、嫌われていたとまではいわずともせいぜい許容されていただけにすぎない新しい民主主義共和国に傷を負わせようとしていた（もしくは少なくともほとんど守ろうとしなかった）政治階層だった。ヒトラーの首相就任にいたる複雑な展開は、ナチ党に権力を握らせようとしたのではなく、民主主義を破壊しようとしたことから引き起こされた。

民主主義は戦わずして放棄された。それが最も顕著だったのは一九三〇年の大連立政権の崩壊だった。抵抗しても無駄だったかもしれないとはいえ、三二年七月にパーペンがプロイセンにしかけたクーデターに対して抵抗が試みられなかった件についても同じことがいえる。この二つの事件は民主主義の基盤がいかに脆弱であるかを露呈させた。すなわち、影響力のある集団が民主主義と折り合いをつけようとせず、それどころかこの時期までには民主主義を崩壊させるべく積極的に動くようになっていたということである。大恐慌期に民主主義は捨てられたわけでこそないが、独自の利害をもつエリート集団によって意図的に弱体化させられた。彼らは産業革命以前の時代の残存勢力ではなかった。目指す政治的方向性は反動的だったとはいえ、権威主義体制下で既得権益のさらなる追求を目論む近代的なロビーだった[255]。ヒトラーが権力を奪取する最終局面では、大企業よりも大土地所有者と軍の影響が大きかった[256]。しかし、大企業も政治的には近視眼的で利己的であり、民主主義を弱体化させ、ヒトラーの成功の前提を作り出したという点では重い責任を免れない。

大衆も民主主義の崩壊に一役買った。第一次世界大戦後のドイツほど民主主義が根づくに適さない環境はなかった。すでに一九二〇年のうちから民主主義を最も積極的に支持する諸政党には票は少数しか集まらなかった。多くの有権者が徹底的に敵対的な態度を示すなか、民主主義は当初の困難な時期を辛うじて生き延びた。大恐慌によって完全に道から外されてしまわずとも、どのみち民主主義が根づくことはなかったとまでいうことはできないだろう。しかし、大恐慌がドイツを襲った段階で民主主義はすでにもはや正常に機能しているとはいいがたかった。そして大恐慌期に大衆はこぞって民主主義を見捨てた。三二年には、民主主義を支持していたのは勢力の衰えた社会民主党（この時期には煮え切らない態度をとる者が多くなっていた）、中央党（党としては明確に右傾化していた）の一部、少数の自由主義勢力だけだった。共和国は死んだ。それに代わる権威主義体制がどのようなものになるのかだけがまだ分からなかった。

ヒトラーという選択は「ボナパルティズム」〔階級間に均衡が生じ、そのいずれもが国家権力を掌握できない場合に、両者のいずれからも自立した権力が成立すること〕の典型といえるような解決策ではなかった。一九三二年には「階級間の均衡」は生じていなかった[257]。労働者階級は大恐慌で打ちのめされ、その組織は弱体化して力を失っていた。しかし支配階級も自らの支配力を最大限に広げ、労働運動の力を完全に破壊するほどには大衆の支持を得ていなかった。代わりにそれを成し遂げるべく呼びこまれたのがヒトラーだった。ヒトラーがそれ以上のことをしだすかもしれない、予想以上に長く生き残り、自力で巨大な権力を握るかもしれないという考えは彼らには全くなかったか、ほとんどなかった。陰の実力者たちはヒトラーとその運動を見くびっていた。それがヒトラーを首相職に就けるにいたった策謀を貫く底流にある。

エリートと大衆の行動を決定し、ヒトラーの台頭を可能にした精神性は、第一次世界大戦の産物だった。[258] 二〇年ほど前からみられたドイツの政治文化の傾向は他国でもみられたが、とくに顕著だったのはイタリアである。しかし似ているとはいっても酷似していたわけでもましてや同じだったわけでもない。ナチズムの台頭を促した政治文化上の要因のほとんどはドイツ特有のものだった。そして排外主義的で歪んだヒトラーのドイツ意識は、国民としてのドイツの独自性、なかでも文化的優越性を主張する知識層の意識に立脚していた。[259] とはいえ、ヒトラーはドイツの「特有の道」の避けがたい終着点でもなければ、特殊ドイツ的な文化とイデオロギーの長期的傾向が必然的に累積したものでもなかった。[260]

同様に、ヒトラーはドイツ史上の「業務事故」でもなかった。ヒトラーが名を成すにいたった特別な状況が存在していなければ、ヒトラーなど何者にもならなかっただろう。ほかの時代であればヒトラーが歴史の表舞台に登場したとは想像もできない。そうした特殊な状況がなければ、ヒトラーのスタイル、独特の弁舌は魅力を発揮しなかっただろう。大戦、革命、国辱がドイツ国民に及ぼした影響、広く共有されたボリシェヴィズムへの深刻な恐怖心がヒトラーの足場を作り出した。ヒトラーはこの状況を鮮やかに利用した。左翼政党もカトリック政党も支持しない普通の人びとのきわめて激しい恐れ、怒り、偏見を代弁することにかけては、ヒトラーは同時代のいかなる政治家よりも長けていた。普通の人びとに新たなよりよい社会の展望を示し、「真の」ドイツ的価値に立脚し、アイデンティティの拠りどころになるような社会が実現するのだと思わせることにかけても、同時代のいかなる政治家にも勝っていた。ヒトラーの主張のなかでは、この未来像は過去への糾弾と組み合わせられていた。問題ぶくみの政党政治と官僚機構に立脚する国家体制への信頼は完全に失われ、国民の三分の一以上が国民の救済を謳う政治に期待をかけるにいたった。ヒトラーの周囲に入念に組み上げられた個人崇拝によってヒトラーはそうした希望を体現する存在となった。[261]

一九三三年一月三〇日夜、祝賀ムードでブランデンブルク門をくぐって行進する突撃隊と興奮をともにできなかった者は、未来がどうなるか全く分からないと感じた。あるカトリックの新聞はヒトラーの首相任命を「暗闇への跳躍」と報じた。[262]

破滅を予期した者は敗北した左翼以外にもいた。「あなたはわれらが神聖なる祖国を史上最大のデマゴーグに引き渡したのです」と、ルーデンドルフは自らの経験に基づき、かつて第一次世界大戦期にともに指揮にあたったヒンデンブルクに書き送った。「この呪われた男がわれらの国を奈落の底へと突き落とし、わが国民は想像を絶する辛酸を舐めることになるに違いありません。あなたの所業に対して後世の人びとは死したあなたを誇るでしょう」[263]。

第11章
独裁体制の確立

彼は成長している。それは否定できない。
デマゴーグの党指導者で狂信家の扇動家が真の政治家になりつつあるように思われる。
作家エーリヒ・エーバーマイヤーの日記、一九三三年三月二一日

かつて議会と政党が六〇年かけても成し遂げられなかったことを
賢明なる政治家であるあなたは六カ月で成し遂げました。
枢機卿ミヒャエル・フォン・ファウルハーバーのヒトラー宛書簡、一九三三年七月二四日

あなたの素晴らしい指導力とあなたが新たにわれわれに示した理想によって、
内部分裂に陥り希望を失っていた国民は、九カ月間で統一国家となったのです。
フランツ・フォン・パーペン、一九三三年一一月一四日、閣僚を代表して述べる

ヒトラーが首相！　なんという内閣だ!!!　七月には予想もつかなかったことだ。ヒトラー、フーゲンベルク、ゼルテ、パーペン!!!　ドイツの未来への期待を私は各氏に大いにかけている。ナチ党の活力、ドイツ国家人民党の理性、非政治勢力の鉄兜団、そして忘れ得ぬパーペン。想像を絶するほど素晴らしい…。ヒンデンブルクはなんたる快挙を成し遂げたことか！(1)

これは、一九三三年一月三〇日にヒトラーの首相就任という衝撃的な報せを聞いたハンブルクの教師ルイーゼ・ゾルミッツの興奮した反応である。ヒトラーに期待をかけた中産階級の国民保守層の多くの者と同様、ゾルミッツも、昨秋、ヒトラーは党内の急進的社会主義者の影響を受けて誤った方向に進んでいると考えて気持ちが揺れた。しかし、ついにヒトラーは「国民結集」内閣の首班として首相の座に就き、脇を固めるのは保守右翼勢力の重鎮である。ゾルミッツはこのうえなく嬉しかった。望んでいた国民的再生が始まろうとしていた。筋金入りのナチ党支持者以外にも、ヒトラー内閣に期待と理想を託す多くの者が同じように感じていた。

しかしそうではなかった者も何百万人もいた。恐怖、不安、警戒、抜きがたい憎悪、この内閣は早期に崩壊するとの楽観的幻想、果敢な抵抗と無気力の混交、懐疑、新首相とナチ党閣僚の能力に対する軽視、そして無関心。政治的立場と個々人の気質によって反応は様々だった。ヒトラーの権力掌握の翌夜、ナチの暴漢に襲われ、免責特権を無視して拘留される前に、社会民主党の国会議員ユリウス・レーバーは「この政府はどこに向かうのだろうか」と考えた。「彼らの目指すところは分かっている。しかし彼らが次に何をしだすかは分からない。危険は甚大だ。しかし、ドイツの労働者は断固として揺らがない。われわれはあいつらを恐れはしない。われわれは戦う決意だ」(2)。

労働運動の強さと団結に関するこうした根拠のない期待に加えて、ヒトラーは「真の」権力者の傀儡であり、閣僚のなかの協力者に代表されるような大資本の手先として活動する武装勢力にすぎないというひどい誤解があった。レーバーと同じく社会民主党の国会議員だったクルト・シューマッハーは、「内閣はアドルフ・ヒトラーの名で呼ばれる。しかし実際にはこの内閣はアルフレート・フーゲンベルクのものだ。話すのはアドルフ・ヒトラーかもしれないが、行動するのはアルフレート・フーゲンベルクだ。この内閣の成立により、最後の覆いもはがれおちた。われわれがかねてより睨んでいた通り、ナチズムはきわめて資本主義的でナショナリスティックな右翼政党としての本性を公然と見せはじめた。国民資本主義というのが真の名だ！」という評価を下していた。[3]これと比べれば、「褐色の死の伝染病による恥知らずな賃金強盗と際限ないテロが、労働者階級にわずかに残された権利をも打ち砕く。とどめようもなく帝国主義戦争に向かう道。これらが眼前に迫っている」という一月三〇日の共産党のどぎつい宣言の方が核心をついていた。[4]

中央党指導部は、憲法違反を避けるとの確約を得ようと腐心した。[5]カトリック聖職者の反応は控えめだったが、ヒトラーとその運動がもつ反カトリック的傾向への不安は今も払拭されていなかった。[6]聖職者が長年警告してきたため、カトリックの人びとは恐れ、不安を感じていた。これに対して、ある牧師の後の回想によれば、敬虔なプロテスタント信者の多くは国民的再生が精神的、道徳的再生につながるだろうといたって楽観的に考えていた。「曲がり角に立つ運命の大いなる翼がわれわれの頭上で羽ばたこうとしているかのようだった。新しい出発の時が来ると思われた」[7]。ヴュルテンベルク地区監督テオフィル・ヴルムは新たな為政者とすぐにも衝突することになる人物だが、共産主義の「反教会扇動」と決然と戦い、未来への新たな希望をもたらし、「全国民に対して歓迎すべき影響」を与えると期待できるという理由でプロテスタント教会がいかにヒトラーの首相就任を歓迎したかについて、回想録でやはり言及している。[8]「ドイツ・キリスト者」（プロテスタント教会のなかの親ナチ派）と対立して後にボン大学の正教授職を追われることになる著名なプロテスタント神学者カール・バルトの当時のとらえ方はそれとは全く異なり、ヒトラーの首相就任にはさほどの意味はないと軽く考えていた。バルトは一九三三年二月一日に「これによって何らかの新たなる偉業が始まるとは思えない」と母親に書き送っている。[9]

普通の人びとの多くは、大恐慌期を経験した今、ヒトラーが首相になったとの知らせには全く無関心だった。ベルリン駐在英国大使ホレス・ランボールドによれば、国中の人びとが「このニュースには無関心だった」[10]。ドイツの農村部では狂信的ナチでもなければ熱心な反体制派でもない者はしばしば肩をすくめて普通に生活し、政府が変わったからといって何かがよくなるなどとは眉唾だと思っていた。ヒトラーは首相になってもシュライヒャーほどももたず、ナチの約束の空疎さに幻滅が始まれば、すぐに落ち目になると考えた者もいた。[11]しかし、明敏な批判者は、ヒトラーが首相としての威信を得て、自分に向けられる懐疑的な評価を撥ねのけ、大量失業問題との取り組みで前任者たちを上回る成果を上げ、多大な支持を勝ち取るであろうと見抜いていた。「信頼を得ようと思うならばこの問題で成果を上げる以外にはないということをヒトラー内閣は認識している」、もし本当に成功すれば、「新内閣に感謝の念を覚えないドイツ人はいないだろうし、まずはそのために内閣は努力することになるだろう」とナチに敵対的なあるジャーナリストは一月三一日に書いた。(12)

ナチ党にとって一九三三年一月三〇日は、当然のことながら、夢にまで見た日だった。戦いつづけて勝利し、新しきよき世界への扉が開かれ、多くの者が望んでいたように、繁栄、進歩、権力を得るための好機が巡ってきたのだ。ヒンデンブルクから首相に任命された後、ホテル・カイザーホーフに戻るヒトラーに群衆は熱狂的に歓呼してつき従った。ホテル・カイザーホーフの二階でエレベーターから降り、ゲッベルスとその他のナチ党幹部、ウェイターや客室係に迎えられ、皆から握手を求められたヒトラーは、周囲の陶酔に包まれて興奮し、「われわれはついにここまで来た」と宣言した。(13)

その夜七時、ゲッベルスは急遽、突撃隊と親衛隊による松明行進を仕立て、ベルリンの市中心部を夜半過ぎまで練り歩かせた。(14) ゲッベルスはすぐさま、新たに使えるようになった国営放送のラジオで景気よく放送し、参加者百万人と発表した。(15) ナチ党メディアでさえこの数字を半分に割り引いて報道した。英国大使の見るところでは多くても五万人程度、大使館付武官には一万五〇〇〇人程度としか思えなかった。(16) しかし、参加者の人数はどうあれ、それは忘れられない光景となった。ナチ党支持者にとっては心躍り、恍惚とするような光景であり、国内外でヒトラーの権力掌握がもたらす帰結を恐れる者にとっては恐怖をおぼえる光景だった。(17) 一五歳の少女メリタ・マシュマンは、眼前の光景に魅了された。行進する隊列を見て「民族共同体」という思想に「魔法のような輝き」を感じた彼女は、時をおかずしてドイツ少女団（ヒトラー・ユーゲント組織の女子部）に入団した。(18) こうした理想への憧れを多くの若者が共有した。彼らはベルリンの市中心部を練り歩く見事な松明行進に新しい時代の夜明けを見たのだ。

大統領ヒンデンブルクもヴィルヘルム通りの自室の窓から、際限なく続くかと思われる松明行進を眺めていた。松明行進がある日は遅くまで起きていてもよいと言われるので大統領は松明行進が好きだった、とベルリンの住民は後に冗談を言ったものだ。(19) 大統領の窓の前を松明行進が通り過ぎるときには、敬意に満ちた歓声があがった。(20) しかし、行列がさらに先に進み、ヒトラーが佇む窓に差しかかると、敬意は熱狂的な歓呼の声に変わった。(21) ヒトラーのすぐ後ろに立っていたパーペンには、それが「瀕死の体制から新しい革命的力への生まれ変わり」を象徴しているように思われた[22]。

ヒトラーが首相に任命された日は、ナチ神話のなかですぐさま「国民決起の日」に仕立て上げられた[23]。ヒトラーは、「新世界秩序」の始まりを記念して（フランス革命のときのように）暦を変更しようとさえした（少なくとも後にそのように主張している）[24]。ヒトラーはまた、クーデターめいた響きのある「権力掌握」という言葉遣いを避けて、政府首班の地位に合法的に就任したことを強調する意味で「権力継受」という叙述的な表現を好み、ナチ党の他のスポークスマンも皆それに倣った[25]。たしかに権力は奪取されたわけではなかった。前任者たちと同様、ヒトラーは大統領によって首相に任命され、権力を引き渡されたのである。しかしそうであったとしても、ヒトラーと他のナチ党幹部を有頂天にさせるほどの喝采の渦は[26]、これが通常の権力移譲ではなかったことを示していた。そして、この日の出来事の重大性を見誤っていた者たちは、ほぼ一夜にして自らの誤りを悟ったのだった。一九三三年一月三〇日以降、ドイツはそれまでとは全く違う国になった。

この歴史的な日は終わりにして始まりだった。これはヴァイマル共和国が惜しまれずして終わった日であり、共和国を崩壊に導いた包括的な危機の終着点だった。他方、ヒトラーの首相任命は、戦争と大量殺戮の奈落の底へといたり、国民国家ドイツの自己破壊を引き起こす過程の始まりでもあった。アウシュヴィッツ、トレブリンカ、ソビブル、マイダネクをはじめとする絶滅収容所は、ナチの恐怖の代名詞ともいえる。最終的にそこへといたる非人道的な行動に対する抑制は、この日以降、驚くほどの早さで取り除かれていくことになった。

ヒトラーの勝利を可能にしたのは、国民的排外主義、帝国主義、人種主義、反マルクス主義、戦争礼賛、自由に対する秩序の優越、強い権威への関心など、かたや第一次世界大戦以前からドイツの政治文化のなかで受け継がれてきた主要な思想潮流であり、かたやヴァイマル民主制の創設期から存在していた重層的な危機の個別的、短期的な帰結だった[27]。ここまでの章ではそれを明らかにしようとしてきた。そうした連続性が「ヒトラーを可能に」したのであり、また、「古きドイツ」から続くそうした諸潮流を一九三三年に一時的ながらひとつにまとめ上げる独特の能力をもっていたのだと考えれば、ヒトラーがなぜ勝利しえたかに部分的ながらも説明がつく[28]。しかしながら、この後の一二年間に、こうした連続性は体制の絶えざる急進化のなかで徹底的に利用され、原型をとどめないほどに歪められた後、ヒトラー支配が生んだ敗戦と破壊の大混乱のなかで最終的には四五年に途切れてしまうことになる。

一九三三年一月三〇日に権力を掌握して以降、ヒンデンブルクの死去と「レーム事件」という大きな危機の終結後、三四年八月初旬にヒトラーの権力は決定的に強化、拡大される。そこにいたるまでの間にドイツを席捲した変化の速さは、同時代人にとっては驚くべきものだった。今振り返って見ても驚くべき速さである。この変化は、合法的に見せかけた措置、テロ、統制、そして自発的協力によって実現された。一カ月後には、ヴァイマル共和国憲法で保障された市民の自由が失われた。二カ月後には最大の政治的敵対勢力が投獄されるか国外逃亡するなかで国会がその権能を放棄し、ヒトラーに立法権を与えた。四カ月後にはかつて大きな力をもった労働組合が解体された。半年もたたずして、敵対する政党はすべて抑圧されるか自主解党に追い込まれ、ナチ党以外の政党は存在しなくなった。三四年一月には、州の主権が停止された。前年三月に実質的に失われていたとはいえ、今度は正式の停止である。その後、三四年六月三〇日の「長いナイフの夜」には、ヒトラーの運動内部で強大化しつつあった脅威が容赦なく排除された。

この時期には、ほぼすべての組織、機関、職業団体、社団、協会等はとうに大挙して政権に同調するようになっていた。多数決主義と民主主義の「腐った」残滓は急ぎ取り除かれ、ナチ的な制度と精神性が導入された。この「均制化《グライヒシャルトゥング》」は大部分が自発的に、また積極的に行われた。

教会は例外だった。プロテスタント教会は内部で意見対立があり、それを均制化しようとする試みは大きな摩擦を生んだあげく、結局は断念された。カトリック教会の改組は試みられることすらなかった。この時期以降、教会と体制のあいだでは緊張が続き、衝突も頻発した。とくにカトリック教会との緊張は大きかった。これはキリスト教教会が忠誠の対象を独自にもっていたことから生じたものだった。しかし、カトリック教会、プロテスタント教会ともに、早い段階で体制とのあいだで政治的妥協を行ったせいで守勢に立たされ、受身の姿勢で内向きにならざるをえなかった。

軍も「均制化」を免れた。将校団の大多数は国民保守派であってナチではなかった。軍の支持がなければヒトラーは統治できなかったが、貴族出身の反動的で保守的な将校の多くが、今は首相を務めるとはいえ元はといえば一兵卒から成り上がったヒトラーを軽蔑していた。しかし、「軍のためにあらゆること」をしてのける姿勢、自らの運動内部で軍の地位を脅かす武装勢力を除去することも厭わない態度により、ヒトラーは軍の支持を勝ち取った。大統領であり大戦の英雄でもある陸軍元帥ヒンデンブルクが一九三四年八月二日に死去した後、軍がヒトラーに対して個人的に捧げた忠誠の誓いは、軍が新秩序を完全に受け入れたことを象徴的に示すものだった。これにより、ヒトラー独裁が完全に確立した。

変化が生じた速さも、軍をはじめとする伝統的な有力社会集団による新体制への自発的協力も、ヒトラーの権力掌握と同じ条件に少なからず起因している。最終的にヒトラーの首相任命を招いたのは、つきつめていえば、「旧秩序」のエリート層の弱さだった。伝統的な権力層は民主主義をひどく嫌い、それを弱体化させ、破壊するのに一役買いはしたものの、自分たちが望む反革命を強制する力はもたなかった。ヒトラーは権力を得るために彼らを必要としていた。彼らの方でも、目指す反革命に大衆の支持を得るためにヒトラーを必要としていた。これがヒトラーを首相の座に就けた「協力関係」の基盤だった。

　しかし、この「協力関係」におけるヒトラーと保守派の力関係は、初めから新首相ヒトラーが優勢だった。とくに軍は、再軍備の不可欠の前提として内戦の回避、国内平和の維持を望んでいたため、ヒトラーが国家権力を容赦なく利用することに協力し、それを進んで支持しさえした。市街の秩序を確保し、目指す反革命の前提となる「マルクス主義の破壊」を実現できるのは、ヒトラーと、彼が率いる不安定ながらも巨大な大衆運動だけだったためである。このように彼らはヒトラーに依存し、新体制の初期段階でとられた極悪非道な措置を熱心に支持した。後に、目指す反革命に代わってナチによるヨーロッパの人種革命が始まり、世界大戦と大量殺戮への道が開かれていくときに、こうした伝統的エリート集団の弱さが露呈していくことになる[29]。

　一九三三年から三四年にかけての大激変において注目すべきは、新たに首相となったヒトラーにとって、もてる権力を拡大、強化することがどれだけ大変だったかではなく、どれだけ簡単だったかである。ヒトラー独裁の確立にあたり、ヒトラー自身の力に勝るとも劣らず重要だったのは他者の協力である。「国民的再生」を「体現」する存在という立場に立ったヒトラーは、ヒトラーの望みだと考えられることをこぞって実行しようとする他の人びとの行動を許可、正当化しつつ、自らが解き放った力を活性化し、有効にはたらかせる役割をもっぱら果たした。「指導者《フューラー》のために働く」ということが発足当初から体制の根本原理だった。

　実際のところヒトラーは、一九三三年一月三〇日に就任した時点では、完全な独裁者ではなかった。ヒンデンブルクの存命中は、ヒトラーではなくヒンデンブルクに忠誠を捧げるという選択肢があったためである。これは軍に限ったことではなかった。しかし、三四年夏、国家元首と政府首班の地位を統合したことで、ヒトラーは制約を受けることなく権力を振るえるようになった。この時期には、ヒトラーの周囲に作り上げられた個人崇拝は偶像崇拝の域に達し、ヒトラーは「民衆宰相《フォルクスカンツラー》」と喧伝されて、単なるナチ党指導者ではなく国民の指導者とみなされるようになり、何百万もの人びとに信奉されるようになっていた。議会主義は無様に失敗したと一般に考えられて軽蔑、嫌悪されていたため、独特の使命を掲げ、英雄か救世主ともいうべき存在として大衆から支持される指導者に国家の独占的統制権を進んで委ねようとする傾向が生まれた。結果として、従来型の政府は次第に個人の権力に恣意的に侵食されるようになっていった。破滅への道が始まった。

1

当初はその徴候はほとんどなかった。自分の地位が安定していないことを自覚し、「国民結集」内閣で連立政党を冷遇するつもりもなかったため、ヒトラーは閣議では控えめだった。少なくとも財政政策や経済政策のような複雑な案件では、忠告や助言を受け入れ、反対意見を拒絶することもなかった。これが変わりはじめるのは四月か五月に入ってからのことである[30]。当初、ヒトラーのことを、「礼儀正しく穏和」に政権を運営し、ものごとに精通し、記憶力がよく、「問題の本質をつかみ」、長ったらしい討議の要点を簡潔にまとめ、問題を新たな観点から解釈する能力に長けていると考えたのは、内閣の宣誓の際にヒトラーと初めて顔を合わせた財務相シュヴェリーン・フォン・クロージクだけではなかった[31]。

ヒトラー内閣は一九三三年一月三〇日の夕方五時に初めて参集した。首相ヒトラーは自らが主導する内閣が発足したことを皆が歓迎しているという話から始めて、閣僚に協力を要請した。閣僚は政治情勢について議論した。ヒトラーは、中央党の協力が得られない限り、二カ月間の休会を経て翌日に予定されていた国会再開を延期することは難しいと指摘した。共産党を禁止すれば、国会で多数派を得ることが可能だろうが、これは実行不可能なうえに、ゼネストを誘発する危険がある。自分としては、そうしたストライキの鎮圧に軍を動員することは避けたいとヒトラーは述べ、この発言には国防相ブロンベルクも同意した。ヒトラーは続けて、最善の策は国会を解散し、次の選挙で政府が過半数を獲得することだ、とも言った。全権委任法採択に道をつけるために共産党を禁止することに明確に賛成したのはフーゲンベルクだけだった。中央党への依存を嫌う点ではフーゲンベルクはヒトラーと同じだが、次に選挙をすればナチ党に有利な結果になることも分かっていたためである。ゼネストになるとは必ずしも思っていなかったフーゲンベルクだが、選挙後の内閣改造はないとヒトラーから保証されて懐柔された。パーペンは全権委任法をすぐにも提案し、それが国会で却下されたときに改めて状況を考えればよいという意見だった。他の閣僚は、中央党の協力が得られるとは考えておらず、ゼネストの危険を冒すくらいならば選挙をしたほうがよいと考えていた[32]。閣議は確たる結論を得られないまま散会した。しかし、ヒトラーはフーゲンベルクの封じ込めにはすでに成功しており、できるだけ早く国会を解散し、選挙を行いたいとの自身の希望に対する他の閣僚の支持を固めてしまっていた。

ヒトラーは中央党には絶対に依存したくなかった。中央党の党首ルートヴィヒ・カース司教、国会議員団団長ルートヴィヒ・ペルリティウス博士との翌朝の会談は、予想された通り成果はなかった。[33] 中央党がどう返答するかなど重々承知のうえで、ヒトラーが一二カ月間の国会延期を要求したのに対して、中央党は二カ月間の延期しか認めようとしなかった。ヒトラーは実質的には、何の保証もなく、中央党に全面的支持を要求したようなものだった。[34] 唯一の見返りとしてヒトラーが申し出たのは中央党から法相を入閣させることだったが、それもどこまで本気だったかは疑わしい。この案はフーゲンベルクの強い反対を受けていたためである。[35] 交渉を早々と打ち切ったところを見ると、ヒトラーが本気で中央党との連携を考えていたわけではなかったことが分かる。新内閣の将来的な運営について中央党が提出した質問状にもヒトラーは返答しなかった。[36] ヒトラーはその日のうちに、中央党とこれ以上交渉しても無意味だと内閣に報告した。もはや選挙は避けられなかった。しかし、ヒトラーが中央党と交渉したのを見て、保守派は疑心暗鬼にかられた。選挙後、本当に中央党の支持を得て政権を運営し、ドイツ国家人民党と鉄兜団を遠ざけてパーペンとフーゲンベルクへの依存から脱しようとするのではないかと疑ったのである。[37] 結果として、急進化したのはまたしてもナチ党ではなく保守派だった。パーペンは「次が最後の国会選挙であり、議会主義体制には二度と回帰しない」という保証を求め、それは直ちに保証された。[38]

その夜、ヒンデンブルクは説得を受け、わずか四日前にシュライヒャーには認めようとしなかった国会解散をヒトラーに認めた。ヒトラーはパーペンとマイスナーの支持を得て、国民は新政権を承認する機会を与えられるべきだと論じた。現状でも国会で多数派を形成することは可能だが、改めて選挙をすれば大規模な多数派が形成され、全面的な全権委任法を採択し、国力回復の基盤になるだろうというのだ。[39] この解散は憲法の精神に合致しているとはいいがたかった。政権樹立のために選挙をするのではなく、政権樹立の結果として選挙が行われることになった。国会は新政権を信任するか否かを表明する機会さえ与えられなかった。議会がすべき判断が国民に直接委ねられることになったのだ。傾向としては、これはすでに国民投票による承認に向けて第一歩を踏み出したものだったといえる。[40]

ヒトラーは、手始めに選挙を行い、全権委任法を採択するという以上のことは考えていなかった。[41] 保守派はヒトラーに劣らず、議会主義を葬り去り、マルクス主義政党を撲滅したいと願っていたため、ヒトラーの考えに乗った。二月一日朝、ヒトラーはヒンデンブルクから国会解散の承諾を得たと閣僚に報告した。選挙は三月五日に設定された。ヒトラーは自ら政府の選挙スローガンを考案した。「マルクス主義への攻撃」である。ゲーリングはすぐさま、共産党の「テロ行為」の増加に鑑みて、報道の自由を制限し、「保護拘禁」制度を導入する緊急令を即刻公布する必要があると主張した。この緊急令は、ベルリン交通労働者のストライキの際にパーペン内閣が準備していたものである。[42]パーペンの草案はわずかに修正されただけで、二月四日に「ドイツ国民を防衛するための大統領緊急令」として発効し、選挙期間中、敵対勢力の新聞や集会を禁じるために活用された。[43]

二月一日夜七時の第二回閣議で、ヒトラーは三時間後にラジオ放送される予定のドイツ国民に向けた声明を朗読した。[44]キリスト教や家族など、保守的価値に関わる箇所を執筆したのはパーペンだった。[45]しかし、草稿の言葉遣いは明らかにヒトラーのものだった。

その夜遅く、首相官邸の自室で背後に閣僚を従え、濃紺のスーツを着て黒と白のネクタイを締め、緊張からひどく汗をかき、常になく冴えない一本調子で、ヒトラーは初めてラジオでドイツ国民に語りかけた。[46]ヒトラーが読みあげた「政府によるドイツ国民への呼びかけ」には美辞麗句が連ねてあったが内容には乏しく、政策の綱領を述べたものではなかった。むしろ選挙向けのプロパガンダの第一弾としての性格が強かった。

一四年前の「背信の日」以来、「全能の神の恩寵はわれわれ国民から失われた」とヒトラーは始めた。国家は崩壊し、「気違い沙汰の共産主義は、精神的に動揺して根なし草となった国民を汚染、弱体化させようとした」。共産主義の有害な影響を免れたものはない。家族、名誉や忠誠、民族や祖国、文化や経済などあらゆる観念にはじまり、倫理と信念という基盤にいたるまで、すべてがその影響に苦しんだ。「一四年間のマルクス主義はドイツを崩壊させた。あと一年でもボリシェヴィズムを経験しつづければドイツは滅ぶだろう」。大統領ヒンデンブルクは国民内閣にドイツを救済する「使命」を託した。この悲惨な遺産を引き受けることは、歴史上、ドイツの政治家が直面したいかなる使命にも増して困難である。「われわれの倫理の基盤たる」キリスト教の保護ならびに「民族体および国体の細胞」である家族に立脚し、国民は再び統合されることになろう。この目的を脅かす「宗教的、政治的、文化的ニヒリズム」は、ドイツが共産主義アナーキズムに陥ることを阻止するため、容赦なく攻撃されることになろう。

このように述べた上でヒトラーは、パーペンから見ればソ連的な方法だが、[47]「経済再編という一大事業」に取り組むための二つの「大四カ年計画」を発表した。「四年以内に［…］ドイツの農民は窮乏の淵から救われよう。

四年以内に失業は完全に克服されよう」とヒトラーは宣言した。これがどのように達成されるかについては言及されず、財政的安定の回復（これは完全に誤解を招く主張だった）に立脚し、勤労奉仕の導入と農民の入植政策を通じて行われるとされただけだった（これらはいずれも新しい考えとはいえなかった）。外交政策についても新政府の目標は正確には述べられなかった。政府は、「わが国民の生存権の保護ならびに自由の回復」を「至上の使命」と考えている、とのくだりがあっただけだった。

ヒトラーは政府を代表して、階級分断を克服し、ドイツの復活を可能にするための和解宣言に政府とともに署名してほしいと国民に懇願した。「マルクス主義諸政党とその支持者は、一四年間にわたり、自分たちに何ができるかを示してきた。その結果といえば廃墟ばかりだ。ドイツ国民の皆さん、今こそ、われわれに四年間を与えてほしい。そしてわれわれを判断し、審判を下してほしい」。ヒトラーは、大きな演説のときはいつもそうだが、宗教めいた言い回しで、全能の神の恩寵が政府にあるようにと願って話を終えた(48)。

選挙戦はこのように始まった。この選挙戦はこれまでとは違うものになった。すでに幅広い支持を得ていた政府は、ヴァイマル共和国期の政府とは明らかに立場が違った。

ヒトラーが、平和を好む者という姿勢を初めてとってみせたのは、この声明の最後だった。軍備の担い手であり、ドイツの偉大なる過去の象徴である軍隊には愛着を感じるが、政府としては「軍縮を通じてわれわれにとって軍備増強が二度と必要のない世界になる」ことが喜ばしい、と述べたのである(49)。しかし、ブロンベルクに招かれ、二月三日夜に陸軍最高司令官クルト・フォン・ハマーシュタイン＝エクヴォルト将軍邸に集まった軍指導部に向かって演説したときには、ヒトラーの論調は全く違っていた(50)。

ヒトラーが長い演説を始めたときには、雰囲気は冷淡で、将校の多くはよそよそしかった。総合的な政治目標は政治力の回復だ、とヒトラーは述べた。すべてはこの目標に向かっている。国内では現状を完全に覆さなければならない。反対派は許容できない。「信念を曲げようとしない者は屈服させねばならない。徹底的なマルクス主義の根絶である」。国民は、そしてとくに若者は、救済は闘争を通じてしか得られないと認識しなければならない。この思想はすべてに優先する。あらゆる手段を用いて若者を訓練し、闘う意志を強化しなければならない。断固たる権威主義的指導力ならびに「民主主義という悪性腫瘍の摘出」が国内における回復の基盤となる、とヒトラーは述べた。続いて話は外交政策、経済政策に移った。国民に闘う意志がなければ、ヴェルサイユ条約に反対し、ドイツの同権化を目指すジュネーヴ軍縮会議での闘いは無意味である、とヒトラーは述べた。また、経済政策の領域では、世界市場の許容量には限りがあるとして、輸出増を解決策とみる考えを否定した。農民を救い、多くの失業者を統合する唯一の方法は入植政策である。しかし、これには時間がかかり、また「ドイツ国民の生空間《レーベンスラウム》は小さすぎるため」、これも決して適切な解決とはいえない。

こうして話は、聞いている将校らが最も関心をもつ領域に差しかかった。ヒトラーの話は魅力的だった。軍事力の増強は政治力を取り戻すという中心的目標にとって最重要の前提である。国民皆兵制を再導入しなければならない。しかしその前に、国家の指導的立場にある者は、兵役適格者が受けた平和主義、マルクス主義、ボリシェヴィズムの影響を廃さなければならない。国家の最重要機関たる軍は、党派を超え、政治から距離をとる必要がある。国内の政治闘争は軍の関知するところではなく、ナチ運動の組織に任せておけばよい。軍備増強の準備が直ちになされなければならない。ヒトラーは、この時期こそが最も危険だとして、フランスがおそらくは東欧の同盟国とともに予防攻撃をしかけてくるだろうと指摘した。

それでは、「ひとたび政治力を得たならば、それをいかに使うことになるのか」。この問いに答えるのはまだ早いと言いつつも、ヒトラーは、新たな輸出先の獲得が目標になるかもしれないとほのめかしてみせた。しかし、ドイツの抱える問題を解決するために輸出を増やすという考えは演説のなかですでに退けており、これがヒトラーの好む解答だとは思えなかった。ヒトラーが示したもうひとつの選択肢は、「おそらくよりよいものとして、東方に新たな生空間を獲得し、それを徹底的にゲルマン化する可能性もある」というものだった[51]。これがヒトラーの考える解答であることを同席した将校らは疑わなかったはずだ。

ヒトラーは将官らに戦争の計画を提案したわけではなく、「生空間」獲得のための計画をこと細かに描き出したわけでもなかった。遅くとも一九二〇年代半ば以降、温めつづけてきた思想の概略を改めて述べただけだった。ヒトラーが、東方において「生空間」を獲得するために戦争を行うと言わんとしていたことは間違いない。しかし、ヒトラーのこれまでの発言と著作を真剣な意志表明として受けとめてきた者はほとんどいなかった。今も、「生空間」というものを領土拡大の漠然とした比喩以上のものとしてとらえた将官はほとんどいなかった。領土拡大ということであれば、彼ら自身、それに反対するものではない。

ハマーシュタイン邸でのヒトラーの目的は、将校を味方につけ、軍の支持を得ることに尽きた。ヒトラーはそれにかなり成功した。演説に対する軍指導部の反応は様々だった。ルートヴィヒ・ベック将軍は後に、話の内容などすぐに忘れてしまったと述べた。これが本当ならば、ベック将軍はヒトラーの言ったことには関心をもたなかったということになる。ヴェルナー・フォン・フリッチュ、フリードリヒ・フロム、オイゲン・オットらは当初、聞かされたことに懸念を覚えたようである。エーリヒ・フォン・デム・ブッシェ＝イッペンブルクは、話が軍に関連する事柄に及ぶまでに一時間も無意味なことを聞かされたと思っていた。ヴィルヘルム・リッター・フォン・レープ中将は、優れた商品を売る商人は、市場の売り子のように一時間も大声を出してそれを売りつづける必要などないものだ、と辛辣な評価を下した。しかし、ヒトラーの話に明確な反対は出なかった。また、後にエーリヒ・レーダー海軍最高司令官が述べたように、居合わせた者の多くがヒトラーの演説に「大いに満足した[52]」。

　これは驚くにはあたらない。育ちの悪いほら吹きの成り上がりをいかに軽蔑していようとも、ドイツの領土拡大と支配確立の基盤とすべく軍の力を回復するというヒトラーの展望は、一九二〇年代半ばのヴェルサイユ条約「履行政策」の暗黒の日々にあって軍指導部が定めた目標と合致していた[53]。また、軍を党派を超えた存在として位置づけて国内政治からは距離をとらせ、軍事化した国民の支柱として増強するというヒトラーの約束も将官らの耳には心地よく響いた。これは、この日、会合の前にブロンベルクが国防管区司令官らに言ったことと完全に一致していた[54]。ヒトラーは軍が内戦に巻き込まれないようにしたが、実際、そうなる恐れは三二年末には非常に強かった[55]。（戦争も辞さず）領土拡大によりドイツが大国としての地位を取り戻すために再軍備と軍再建を行う（ヴェルサイユの軛《くびき》を取り払うことが前提となる）ことは、軍指導部にとって二〇年代を通じて揺らぐことのない目標であり、二〇年代末には喫緊の課題として改めて掲げなおされるにいたっていた。革命以前のドイツでは、将校団は伝統的に大きな影響力を行使してきたが、その地位は「マルクス主義」と民主主義によって脅かされ、一部掘り崩されてしまった。再軍備と軍再建というこの目標は、国家の内部において将校団（実際にはもはや大きく変化しており、「封建的」色彩は薄れて「近代的」に職業化し、年齢層は若返って市民層の参加が増えていた[56]）の社会的地位と影響力を回復したいという考えとも密接に結びついていた。将官らはヒトラーに対して懐疑的ではあったが、ヒトラーが受ける大衆の支持をもってすれば、この目標の実現を望むことができた。目指すところは同じではなかったにせよ、ヒトラーと軍指導部の望みはかなり重なっていた。三三年の「同盟」はこの「部分的重なり」の上に築かれた[57]。

国防相ブロンベルクの大臣官房長官ヴァルター・フォン・ライヒェナウ大佐は国防省の実力者だった。頭脳明晰で、野心的で、階級意識の強い貴族やブルジョア保守派を軽蔑していたという意味で「進歩的」であり、古くからのナチ党支持者でもあったライヒェナウには、軍がヒトラーの申し出にどう反応するかは分かっていた。「新国家に入ってこそ、われわれにふさわしい地位が維持できる」とライヒェナウは口にしたと伝えられている。[58]第三帝国の創設期にあって（まだ完全に実現されてこそいないが）国家が掲げた明確な目標に言及して、これまで軍がこれほど「国家と一体化」したことはなかった、とも述べた。[59]

ゲーリングがプロイセンで左派にしかけた警察による無制限テロのさなか、軍司令官の会合ではライヒェナウは、「われわれは革命のただなかにあると認識しなければならない。国家内部の腐敗は取り除かねばならず、それはテロによってしかなしえない。党は容赦なくマルクス主義に敵対する。軍は休んでいればよい。迫害された者が軍に逃げ込んでこようとも支援はしない」と述べ、軍が政治から距離をとるということが実際には何を意味するのかも明確にしている。[60]同席者のなかには懸念を覚えた者もいた。しかし、この指示の趣旨は理解され、広められた。その場に居合わせた将校のなかで異議を唱え、指揮権を失ったのは一名だけだった。[61]

軍指導部の大部分はライヒェナウほど積極的にナチズムに共感していたわけではなかった。一九二三年にヒトラーの権力奪取を武力で阻止したのも軍だった。それにもかかわらず、ヒトラーの首相就任後数日のうちに、国内で最も強大な組織をヒトラーの自由にさせることに同意したのだった。

ヒトラーはすぐさま、軍事費は絶対的に最優先させるとの立場を閣僚に明示した。一九三三年二月八日の閣議でオーバーシュレージエンのダム建設の経済効果が議論になった際、ヒトラーは口をはさみ、「向こう五年間はドイツ国民の防衛力の回復にあてる」と閣僚に告げた。国費による雇用創出はすべてこの目的に照らして必要性を判断しなければならない。「この考えがいついかなる時でも優先される」とのことだった。[62]

翌日の雇用創出委員会の会議では、シュライヒャー内閣で国家弁務官ゲレーケが準備した雇用創出緊急プログラムに変更を加え、予定されている五億ライヒスマルクの支出について検討が行われた。この席上でブロンベルクは、再軍備を目的として財務相から配分される五〇〇万ライヒスマルクの引き受けに同意すると発言した。また、新設された航空省は（三年間の配分額一億二七〇〇万マルクのうち）一九三三年には四二三〇万ライヒスマルクを配分された。ヒトラーは焦りを抑えきれず、再軍備を絶対的な最優先事項とし、緊急プログラムの枠内でのすべての公的支出の必要性はその観点から判断するとの前日の発言に改めて言及した。会議の議事録によれば、ヒトラーはさらに、次のように述べた。

ドイツの再軍備には［…］何十億もの財源が必要だ。航空機への支出として一億二七〇〇万マルクは考えうる限り最低の金額だ。ドイツの未来はひとえに軍の再建にかかっている。再軍備に比べればその他の課題は二の次だ。来年は再軍備の速度がそれ以上は上がらないというのであれば、国防相が要求したわずかな金額でもよしとしよう。いずれにせよ、将来的に軍の要求と他の要求がぶつかった場合、どのような状況であれ、軍の利益が優先されねばならない。緊急プログラムの支出もこの理解に基づいて判断されねばならない。公的支出による失業対策は援助措置としては最適と考える。五億ライヒスマルクのプログラムは、この種のプログラムとしては最大規模であり、とりわけ再軍備に役立てられよう。これにより、国防力の強化措置をうまくカモフラージュできる。目下のところ、この偽装にとくに力を入れる必要がある。というのも、ドイツの軍事的同権が理論上認められてから、軍事力が一定レベルに回復するまでの時期が最も困難で危険だからである。ドイツの再軍備が進み、必要とあればフランスに抗してまでも他国と同盟を結べるほどのレベルに達して初めて、再軍備に付随する主たる困難が克服されたことになるのだ。(63)

ヒトラーの就任直後に行われたこれらの会議は、再軍備の重要性を決めるうえで決定的だった。これらの会議は、ヒトラーの行動と権力行使のパターンとしても典型的だった。ブロンベルクと軍指導部は、軍事支出に対する新首相の考え方が従来とは根本的に違うことを利用しようとしていたとはいえ、現実には、財政上の制約、組織上の制約、とくに軍縮の議論が続いている間は国際的な制約もあって、再軍備の初期段階をヒトラーが望むほど迅速に断行することはできなかった。ブロンベルクは当初、可能な範囲での軍備増強で満足していたが、ヒトラーの想定する規模はそれとは違った。最初の頃などはおよそ非現実的な規模だったといってよい。ヒトラーは具体的な措置は提案しなかった。しかし、ヒトラーが軍備を最優先すると独断的に言明し、大臣が誰もそれに異議を唱えなかったため、行動の新たな基本原則ができあがった。これにより、ゲレーケの雇用創出プログラムは再軍備構想へと完全に変わった。初期の再軍備には現実的には限界があったにせよ、このプログラムは、軍内部での新たな計画策定と軍再建をただちに可能にした。四月初旬には、国家予算以外の財源も利用する「第二次軍備プログラム」が策定され、軍に任された。三月に国立銀行総裁がハンス・ルターからヒャルマー・シャハトに代わると、ヒトラーが再軍備のために秘密のうちに無制限に財源を調達するうえでシャハトは重要な役割を果たすようになった。軍の年間予算は平均七、八億ライヒスマルクだったが、シャハトはすぐに偽装国債であるメフォ手形を国立銀行が割引く仕組みを整え、八年間で三五〇億ライヒスマルクという途方もない額を軍に用立てることに成功した。[64]

初動こそ鈍かったものの、このような支援を受けて再軍備計画は一九三四年に急激に進捗した。シャハトも後に認めたように、その結果、軍事支出と消費財支出のあいだで避けがたい葛藤が生じ、経済的には大問題となった。[65]三五年から三六年にかけて経済的に初めて供給不足となり、三六年に開始される四カ年計画でそれが最悪の状況に陥るなかで、この問題は表面化することになる。しかし、四カ年計画は再軍備の絶対的優先という原則を再確認するものだったため、開戦にいたるまで問題は深刻化しただけであり、戦争にならない限り解決されることはなかった。経済にどのような影響を及ぼそうとも再軍備のために無制限に財源をつぎ込むのだということは、政治的、イデオロギー的見地に立ち、すでにヒトラーの首相就任直後から決まっていた。国家財政が破綻に向かうのも当然だった。三三年二月には戦争が具体的に計画されていたわけではなかった。しかし、その後の再軍備政策により経済的には追い込まれ、国際経済に再統合されるか、さもなければ戦争という賭けに出て他国を征服・支配しない限りは打開されえないような状況にまで立ちいたったのだった。そして、自らが好む解決策がどちらであるかをヒトラーは隠さなかった。

再軍備の絶対的最優先という決定は、ヒトラーと軍のあいだの利害の一致に基づく協力関係の基礎であり、どれだけ問題を引き起こそうとも、これは第三帝国そのものの重要な基盤だった。ヒトラーがこの原則を打ち立てたのは一九三三年二月だが、それは、ヒトラーが首相になる際にブロンベルクと結んだ協力関係を表明したというだけの話だった。[66]新しい政策は、ヒトラーが国内で最も強大な機関である軍と利害を共有していたからこそ可能になった。軍指導部の方では、大衆を国民化し、軍の地位を国内でしかるべく回復させられるであろう政治の第一人者との協力は利益にかなった。五年もたたないうちに将校団という伝統的な権力エリートが政界の主に仕える単なる機能エリートに作りかえられ、未知の領域へと連れ出されることになろうとは考えもしていなかった。[67]

2

一九三三年一月の首相就任から数週間のうちに、ヒトラーは軍指導部が率いる「大軍」のみならず、経済指導層の有力組織も新政権の味方につけた。地主層にはたいした説得も必要なかった。地主層の主要組織といえば、東エルベの大土地所有者が牛耳る全国農村同盟である。この組織はヒトラーの首相就任以前からきわめて親ナチ的だった。ヒトラーは政権初期には、連立するドイツ国家人民党のフーゲンベルクに農業政策を任せた。債務を抱える農場を債権者から守り、高い輸入関税によって農業生産物を保護し、穀物価格を保障するために二月にとられた初期の措置は、間違っても農民を失望させることはなかった。[68] フーゲンベルクが経済相である限り、農業セクターの利益が十分に顧慮されることは確かだと思われた。

農業保護政策をめぐっては盛んに議論が行われ、農業界と工業界のあいだで一八九〇年代から緊張が続いていた。新しい農業優遇政策により大企業との関係悪化は避けがたいかに思われた。ヒトラーの首相就任直後に工業界の指導層が抱いた懐疑、躊躇、懸念はすぐに払拭されたわけではなかった。全国ドイツ工業連盟会長を務めるクルップ社（巨大鉄鋼コンツェルン）社長グスタフ・クルップ・フォン・ボーレン・ウント・ハルバッハをはじめとする工業界の有力者らが、ゲーリング公邸で一九三三年二月二〇日に開催された会合に招待された段階では、工業界はまだかなり動揺していた。

この会合ではヒトラーが経済政策の概要を説明することになっていた。[69] クルップはこれまでヒトラーには批判的であり、今までの首相との会合でもそうしてきたように、工業界の利益を主張する準備をして会合に臨んだ。クルップはとりわけ、輸出主導型の経済成長の必要性を強調し、農業優遇の保護主義が悲惨な結果をもたらすと力説するつもりだった。しかし結果的には、クルップはどちらも言う機会がなかった。実業家たちはまずゲーリングに待たされ、ヒトラーが現れるまでもっと待たされた。その後は、いつものヒトラーの長広舌を聞かされる羽目になった。一時間半も続いた演説で、ヒトラーは一般的なこと以外は経済的な問題にはほとんど触れなかった。ヒトラーは今回も、私有財産と個人企業を保護する立場を明確にし、経済分野で過激な実験を計画しているとの噂を否定することで実業家たちを落ち着かせた。あとは、政治は経済に優越すること、外敵に立ち向かうためにマルクス主義を根絶し、国内の力と団結を回復する必要があることなどについて改めて自説を述べただけだった。来るべき選挙は投票によって共産主義を拒絶する最後の機会になる。それが実現されなかった場合には、力をもってそれを成し遂げることになるだろう、とヒトラーは曖昧にほのめかした。これは国民と共産主義のあいだの死闘であり、この後一世紀のドイツの命運を決する戦いになる。[70]ヒトラーが話し終えたとき、クルップは用意した話はできないと思い、その場で簡単に感謝の言葉を述べ、自国の幸福に奉仕する強い国家について一般的な感想を述べるにとどめた。[71]この段階でヒトラーは退席した。

この会合の隠された意図がどこにあったのかは続くゲーリングの話で明らかになった。ゲーリングは、経済分野で実験が始まるかもしれないと恐れる必要はない、次の選挙をもって今後一〇〇年は選挙が行われることはないかもしれないが、この選挙によって現在の勢力均衡が変わることはない、というヒトラーの約束を繰り返した。しかしそれにもかかわらずこの選挙は重要だとして、政治闘争の最前線に立たない者は財政面で協力するよう求めた。[72]ゲーリングも退席すると、シャハトが同席した面々に支払いを要求した。三〇〇万マルクの約束が成立し、数週間のうちに支払われた。[73]この寄付によって、大企業はヒトラー支配の確立を助けることになった。しかしこの献金は、熱狂的な支援として行われたわけではなく、政治的に強要されたものだった。[74]

財政的に支援はしたものの、当初、工業界は新政権を警戒していた。三月二三日の演説でヒトラーが輸出業への支援と通貨安定のための努力を漠然と表明したことで満足した者もおり、その結果、全国ドイツ工業連盟は新政府支持を表明した。しかし、会員には、ドイツ全土を席捲する変化のなかで自分たちの地位にも影響が及ぶことはすでに分かっていた。四月初旬、クルップはナチ党の圧力に屈し、全国ドイツ工業連盟に代わるナチ党系の新組織を作ること、ユダヤ人従業員を解雇し、商工業の指導的地位からユダヤ人実業家を外すことに同意した。翌月、かつて多大な影響力をほこったこの全国ドイツ工業連盟は自主解散し、代わりにナチ党系の全国ドイツ工業身分団が創設された。しかし、こうした圧力に加えて、工業の回復、高い利益、私有財産の保護（ただしユダヤ人実業家の財産を除く）、マルクス主義の打倒、労働者の抑圧などが実現するなか、うんざりするような官僚的統制を課されようとも、新政権に全面的に協力することに大企業は次第に慣れていった。[75]

実業家たちが二月二〇日に身をもって体験したように、ヒトラーのやり方は歴代の首相とは確実に違っていた。その経済観も型破りだった。ヒトラーは経済学のまともな知識は一切なかった。実業家たちとの話にも出たように、ヒトラーにとって経済は副次的な意味しかもたず、完全に政治が優位だった。政治的「世界観」同様、経済へのアプローチもヒトラーのもつ露骨な社会ダーウィニズムの影響を被っていた。将来的に生き残るためには国家間の闘争が決定的に重要であるため、ドイツ経済はこの闘争を準備し、遂行するという目的に従属しなければならない。これはすなわち、経済競争という自由主義の思想を捨て、経済は国益に従属しなければならないということだった。ナチズムの掲げる「社会主義」の思想はすべて同じ原則に拠っていた。ヒトラーは社会主義者ではなかった。私有財産、個々人の起業精神、経済競争を保護する立場をとり、労働組合に反対し、所有者や経営者による企業経営に労働者が介入することも認めなかった。しかし、経済発展のあり方を決定するのは市場ではなく国家だというのがヒトラーの考えだった。したがって、資本主義には手をつけなかったが、その位置づけは修正され、国家を補助するものとされた。

このような経済「体制」を表す概念を作りだすことにはあまり意味がない。「国家資本主義」でもなければ、資本主義と社会主義のあいだの「第三の道」でもない。たしかに、ヒトラーはドイツのバラ色の未来を心に抱いており、そこでは旧来の階級特権は消失し、近代的テクノロジーを有効に活用して高い生活水準が達成されるはずだった。しかし、ヒトラーの思考は本質的に階級ではなく人種、経済的近代化ではなく征服の観念に規定されていた。支配権を確立するための戦争が、一貫して、すべての前提となっていた。新しいドイツ社会は闘争を通じて、高い生活水準は征服された人びとの奴隷化によって実現すると考えられていた。これは、一九世紀的な帝国主義思想を二〇世紀の技術力に合わせて変形したものだった。[76]

経済理論の初歩すら知らなかったヒトラーを経済分野での革新者と見ることはできない。[77]瞬く間に指導者神話の重要な構成要素となった桁外れの経済回復はヒトラーが生み出したものではなかった。ヒトラーは当初、労働省の役人が熱心に取り組む雇用創出計画には関心がなかった。シャハトは（この段階では）懐疑的であり、フーゲンベルクは反対しており、ゼルテは指導力がないうえに工業界に敵対的だったため、一九三三年五月末まで、ヒトラーはこの雇用創出計画を進めようとはしなかった。この時期に、財務省次官フリッツ・ラインハルト〔ヒトラーに取り立てられて財務省次官に抜擢された。ナチ党弁士養成学校の校長としても知られる〕が雇用創出計画を取り上げ、行動計画として提出した。それでもヒトラーは及び腰であり、この計画を実行しても再びインフレを招くことにはならないと説得しなければならなかった。ヒトラーの説得には経済省の高官ヴィルヘルム・ラウテンバッハがあたった。ラウテンバッハ自身も三一年に大規模な計画を立てたことがあったが、ブリューニング政権下では実現の見込みがなかった。ラウテンバッハは、ドイツの最高権力者であろうとも現在の経済状況でインフレを起こすことはできない、と言ってヒトラーを説得した。[78]

五月三一日、ついにヒトラーは首相官邸に閣僚と経済専門家を呼び、フーゲンベルクを除く全員がラインハルトの計画に賛成であることを知った。翌日、「失業削減法」が公表された。シャハトは当初は懐疑的だったが、一カ月もたたないうちに熱心になった。政府が裏書きする手形の交換（ラウテンバッハがパーペン政権下ですでに考えていた案。メフォ手形の前身であり、すぐに再軍備初期段階の財源調達に用いられることになる）により、シャハトは短期債権をいつでも必要なだけ発行できるようになった[79]。あとは銀行家、役人、専門家、実業家に任せておけばよかった[80]。ヒトラー自身は、雇用創出プログラム（パーペン、シュライヒャー両政権下で考案された計画を単に拡大しただけだった）を再軍備計画との関連でしかとらえていなかった。それ以外に関心があったとすればその宣伝効果だった。そして実際、宣伝効果は絶大だった。当初は雇用創出計画であったものが次第に再軍備計画になるなかでドイツは不況を脱しはじめ、いかなる予想よりも早く大量失業が解消することになったためである[81]。

ただし、経済活動のための政治的枠組みを再編し、国力回復のイメージを打ち出したことにより、間接的には、ヒトラーも経済回復に重要な貢献をした。「マルクス主義」に対する容赦ない攻撃、ヒトラーの指導下で行われた労使関係の再編、最終的には支持した雇用創出計画、初めから定められていた再軍備最優先の路線。経済回復はヒトラーの首相就任時にはすでに始まっていたが、これらすべては、それをさらに加速させる追い風となった。そして、ヒトラーが直接に回復の契機を与えた部門が基幹産業のなかに少なくともひとつだけはあった。自動車産業だった。

経済回復（いずれにせよすでに始まっていた）を助け、大衆の心をとらえるような指導力をヒトラーが発揮しえたのは、そのプロパガンダの才のなせる業であり、経済的な方法論があったためではなかった。一九三三年二月一一日、実業家たちとの会合が開かれるしばらく前、ヒトラーはベルリンのカイザーダムで開催される国際自動車展示会で開会の辞を述べることになった。体調の優れない大統領ヒンデンブルクの代役だった。ドイツの首相が挨拶すること自体が珍しく、それだけで話題になった。集まった自動車業界の有力者たちは喜んでいたが、ヒトラーが自動車産業を未来の最重要産業と位置づけ、段階的減税も含めた計画と一大「道路建設計画」の実行を約束したことにはさらに喜んだ。従来、生活水準は鉄道の敷設距離で測られてきたが、将来的には道路の敷設距離で測られるようになるだろう。これは「ドイツ経済建設計画の一部をなす重大な課題である」とヒトラーは宣言した[82]。この演説は後にナチプロパガンダのなかで「ドイツの車社会化《モータリゼーション》の歴史における転換点」と位置づけられることになった[83]。これが「アウトバーン建設者」としての指導者《フューラー》という神話の始まりだった。

実際のところ、ヒトラーは自動車産業に対して具体的な計画を提示したわけではなく、展望を描いてみせただけだった[84]。工業界に対する減税という案を言いだしたのも、当然のことながら自動車産業の側だった[85]。一九三三年春には減税が実施されるが、これはナチが自動車産業のために考えた計画ではなく、より大きな経済刺激策の一環だった[86]。ヒトラーの考える道路建設計画の詳細は演説では明らかにされなかった。ミュンヒェンの道路建設技術者フリッツ・トットは、「国民社会主義建設計画」の枠内で五〇〇〇～六〇〇〇キロメートルの道路を建設するという計画の概略を三二年一二月に簡単な覚書としてまとめ、それをすぐにヒトラーに送付していたが、恐らくそうしたものがヒトラーの念頭にはあったものと思われる[87]。

ここでは、私企業に任せるのではなく国家による計画と監督を要する規模の計画が想定されていた。さらにトットは、全失業者数の約一〇パーセントにあたる六〇万人の失業者を投入するこの計画は、失業対策としても有効だと考えていた。トットのこの計画自体は、本当は完全に革新的というわけではなかった。ファシスト政権下のイタリアでは、すでに高速道路《アウトストラーダ》の建設が進んでいた。しかもトットの計画は、一九二〇年代に「ハフラバ（ハンザ都市＝フランクフルト＝バーゼル自動車道路準備協会）」〔「ハフラバ」という略称は、ハンザ、フランクフルト、バーゼルの頭文字を取ったものである〕というおかしな名前の組織が進めた八八一キロメートルの南北アウトバーンの着想を大幅に拡張しようとしたものにすぎなかった[88]。しかし、ヒトラーはトットのこの計画に、とくにその壮大さとそれが及ぼす失業者の減少効果に感銘を受けた。選挙戦の宣伝にはうってつけだった。

そうはいっても、一九三三年二月一一日のヒトラーの演説の重要性を過小評価することはできない。この演説は自動車業界への好意的な合図だった。自動車産業は新首相に感銘を受けた。ヒトラーはかなり前から車に関心があり、設計モデルや型番の詳細もよく覚えていたため、自動車業界の有力者は、ヒトラーは好意的であるばかりかよく分かってもいると思ったのだった[89]。フェルキッシャー・ベオバハター紙は、ヒトラーの演説を宣伝のために最大限に利用し、直ちに読者に向けて、車を持てるようになりそうだと書き立てた。ロールス・ロイスに乗る社会的エリートではなく、国民車に乗る大衆というイメージは魅力的だった[90]。一〇〇〇ライヒスマルク以下の値段で誰もが車を持つというアイディアを、ヒトラーは三三年初頭から広めていった。自動車市場のためではない。プロパガンダのためだった[91]。

この演説から数週間のうちに、自動車産業には目立って回復の兆しが見えだした。一九三三年の第二四半期には前年の同時期と比べて二倍以上の四輪車が生産された[92]。

三月三一日以降は車両登録税が撤廃されたことにより、自動車産業はさらに上り調子になった。自動車産業が回復しはじめたことで、構成部品の製造工場や金属工業への副次効果もみられた。[93] この回復はヒトラーが熟考した計画のおかげで生じたものではなかった。完全にヒトラーの演説のおかげだったといえるようなものでないことはもとより、主としてヒトラーの演説のおかげだったとさえいえるものではない。むしろ、下降局面から回復局面へと景気が循環しはじめればいずれは回復がみられるはずだった、というだけの話である部分が大きい。[94] しかし、ヒトラーの演説を聞く前までは自動車産業は先行きはまだ暗いと考えていたことも確かである。

この演説がもつプロパガンダ効果をヒトラーがどこまで重視していたかはともかくとして、ヒトラーが工業界に送った合図は正しかった。自動車業界も、自動車業界と利害を同じくする者たちも、この合図をすぐさま自分たちにとっても体制にとっても都合がよいように解釈した。依頼もされないうちに、「ハフラバ」の営業部長は三月にはマイン＝ネッカー流域のアウトバーン敷設に関する詳細な計画をヒトラーに送ってよこした。ヒトラーは「大いに感激して」その計画を取り上げ、それを「新時代」を拓く「素晴らしい着想」と評して、この計画をたしかに実行すると請け合った。[95] ヒトラーが五月一日に実施を宣言したこの大規模な道路建設計画に対して、まずは通常の道路網を拡充すべきであり、アウトバーン計画が適切かどうかについては原理的な疑義があるとして（国鉄の意を受けた）運輸省は反対したが、ヒトラーは「全国アウトバーン計画」を完遂すると主張して譲らなかった。結局、この計画は六月末にドイツ道路建設総監トットに任された。トットに与えられた新しい権限に対して内相フリックと運輸郵政相エルツ＝リューベナハはさらに反発したが、ヒトラーに一蹴された。一一月末には、トットは広範な権限を与えられ、道路建設計画についてはヒトラーに対してのみ責任を負うものとされ、国立銀行総裁シャハトから莫大な資金の調達を受けた。[96]

米国モデルに触発された自動車産業とアウトバーンの建設は、大衆へのアピール力が大きく、胸躍る近代的テクノロジーと「新生ドイツ」への跳躍の象徴だった。[97] ここでのヒトラーの貢献は決定的だった。

3

一九三三年二月一一日にヒトラーが自動車産業の有力者を前に演説したとき、国会選挙の選挙戦はすでに始まっていた。ヒトラーは前日夜に選挙戦に入り、首相就任後初めてシュポルトパラストで演説した。巨大なホールが満杯になった。マスメディアを自由に使えるようになったため、演説はラジオで全国に生放送された。マルクス主義を攻撃する大きな横断幕の下、ゲッベルスの実況は細部にいたるまで生き生きと状況を伝えた。二〇〇〇万人ほどといわれたラジオ視聴者の期待感をゲッベルスは巧みにあおった。

想像の翼を広げてみましょう。イメージしてください。この巨大な建物で、眼下には巨大な客席が広がり、その両脇には仕切り席があります。二階席も三階席も、どこもかしこも人でいっぱいです。一人ひとりの顔を見分けることはできません。見渡すかぎり（叫び声やシュプレヒコールが聞こえだす）、ただ、人、人、人。たくさんの人ばかりです。大衆から「ドイツよ、目覚めよ」と叫ぶ声が上がり、運動の指導者《フューラー》たる［…］首相アドルフ・ヒトラーに向けて「ハイル」の叫びが轟《とどろ》きます。突撃隊指導者の連隊長フォスが、今、旗の入場の合図を出します。シュポルトパラストの後方から、ベルリンの旗四旒の入場です。一〇〇本以上のベルリン党旗が続きます。（ドイツ国歌が流れ、歌がはじまる）。［…］ドイツ国歌が流れるなか、広いシュポルトパラストを旗が運ばれていきます。大観衆が熱狂的にドイツ国歌を歌っています。［…］シュポルトパラストでは、素晴らしい、印象的な大衆デモの光景が展開しています。人びとは立ち上がり、待ち、手を挙げて歌うのです。見えるのはただ、人、人、人ばかりです。客席の周囲は鉤十字の旗で埋め尽くされています。雰囲気が盛り上がってきました。期待は最高潮です。［…］首相が今にも登場しそうです［…］。

ここでヒトラーが登場した。「『ハイル』の叫びと歓呼の声」がだんだん大きくなるのがゲッベルスの実況中継ごしに聞こえてきた。「聞こえてきますね」と宣伝相ゲッベルスは歓喜の声を上げた。「指導者《フューラー》が到着しました！」[98]

ヒトラーは静かに、遠慮がちといってもよいほどの声で話しはじめた。一四年間かけてヴァイマル共和国の諸政党はドイツを破滅させた。国家再建は根本から始められねばならない、としてヒトラーは、ヴァイマル共和国期の歴代政府のように、国民を欺く政府にはしないと約束した。再建は国民自身の手により、国民自身が努力して、国民の意志により、外からの助けを受けずに成し遂げられねばならない。階級理論ではなく、「不滅の法」が回復の基盤となるだろう。目指すはドイツ国民の生存を維持するための闘争である。世界平和をもたらすのは力のみである。

ヒトラーはテンポを上げた。階級を分断する諸政党は破壊されねばならない。「ドイツ・マルクス主義とその随伴現象を根絶するための戦いを等閑《なおざり》にすることは決してない。[…] マルクス主義かドイツ国民か。勝者はどちらかだけだ。そしてドイツ国民が勝利することになるだろう」。ドイツ農民とドイツ労働者を基盤とし、民族共同体として復活した国民の統一が、未来社会の礎となるだろう。個々人の個性と創造力が再び重視されるようになるだろう。あらゆる種類の議会主義的民主主義体制に対抗することになるだろう。公共生活における堕落は終わり、それとともに「ドイツの名誉は回復」するだろう。とくに、若者に対して過去のドイツの偉大なる伝統を教えることになるだろう。それは、全生活領域における「国民的再生のプログラムだ。国民に背く者はいかなる者も容赦せず、自民族、わが国民の再生のためにともに戦おうとする者はいかなる者も兄弟であり友なのだ」。

演説はクライマックスに差しかかった。「ドイツ国民の皆さん、われわれに四年の時間を与えてほしい。そこで、われわれを判断し、審判を下してほしい。ドイツ国民の皆さん、われわれに四年の時間を与えてほしい。そのときには去ると誓おう、この職を喜んで引き受けたときと同じように喜んで去ると誓おう」。

ヒトラーの最後のくだりは、(プロテスタントの)「主の祈り」の終わりの部分をもじったものだった。「私はわが国民を信じずにはいられない。この国民が再び目覚めるであろうと確信せずにはいられない。このわが国民を愛さずにはいられない。そして巌《いわお》のように確信せずにはいられない。今はわれらを嫌う何百万もの人びとがわれらを支持し、いつの日か、ともに創り、困難を超えて戦い求め、犠牲のうえに勝ち取ったもの、すなわち名誉と力と栄えと正義の偉大なるドイツ帝国をわれらとともに喜ぶ時がきたらんことを。アーメン」[99]。

「素晴らしい演説」とゲッベルスは評した。「完全に反マルクス主義。最後は大いなる情念。『アーメン』。この力ある言葉は胸を打った」[100]。見事な話術だった。しかしそれ以外にはほとんど価値はなかった。マルクス主義との戦いを除けば、「プログラム」の具体的内容は明らかにされなかった。意志、力、団結によってもたらされる国民の「再生」につながるとされただけだった。ユダヤ人への言及はなかった。ヒトラーの述べたことは、ナチに限らずナショナリストには魅力的に響いた。「視聴者は、野蛮、脅迫、力の誇示、そしてしばしば引用される『全能の神』の前の謙虚が入り混じったものを聞かされる。シュポルトパラストの大衆は熱狂する」というのが、二〇〇〇万人ほどといわれたラジオ視聴者のなかでも、ライプツィヒの教養市民層出身で、ナチに共感をもたないある人物の感想だった。ただ、この人物は、ヒトラーを「自らの肩にかかる使命を通じて明らかに成長を遂げている」とも評した[101]。ハンブルクの中産階級出身で、ナショナリストではあるがナチではなかったルイーゼ・ゾルミッツもラジオでヒトラーの演説を聞いていた。ゾルミッツは、「忌むべき一四年間の汚れ」をヒトラーが酷評するのを聞き、「まさにわれわれが感じていたことだ」と思った。「天才的な弁士であるだけでなく、天才的な指導者だ」とゾルミッツはヒトラーを評価した。(102)

選挙戦がはじまると、ヒトラーは再び精力的にプロパガンダに勤しみ、多くの都市で大観衆を前に演説した。この選挙戦の期間中、ナチ統制下の各州では政治的敵対者に対して前代未聞の大規模な国家的テロと抑圧が行われた。なかでも、前年七月二〇日のパーペンによるクーデターによってすでに国家の統制下に置かれていたプロイセンではそれが甚だしかった。テロと抑圧の指示にあたったのはプロイセン内相ゲーリングだった。ゲーリングの支援を受けて、(パーペンによるクーデター後の第一回目の粛清に続き)プロイセンの警察と行政のなかで変革の新風の障害になりそうな人物は「粛清」された。後任に任じられた者たちに向かってゲーリングは、選挙期間中に警察と行政に期待されているのは何かについて、誤解のしようもないほど明確に口頭で指示した。さらに一九三三年二月一七日には書面で、突撃隊、親衛隊、鉄兜団等の「国民組織」と協力して「全力をもって国民プロパガンダ」を支援し、「必要とあれば容赦なく銃器を用いることも辞さず」、総力をあげて「国家に敵対的な諸組織」と闘うよう警察に命令した。ゲーリングはさらに、銃器を使用した警察官はどのような結果になろうとも保護するが、反対に「誤った配慮」をして義務を怠る者は懲戒処分に処されるものと思うようにとも付け足した。(103)

この雰囲気のなかでは、政治的敵対者やユダヤ人犠牲者に向けられるナチのテロ集団の暴力が野放しになったのも当然だった。「極左」による暴力が増加しているという口実で、二月二二日に突撃隊、親衛隊、鉄兜団が「補助警察」とされると、これはなお顕著になった。大規模な威嚇が行われた。共産党員はとくにひどい弾圧を受けた。容赦なく殴られ、拷問され、重傷を負わされたり殺害されたりしても、相手は罰されることもなかった。プロイセンをはじめとするナチ統制下の諸州では、共産党の集会、デモ、新聞は禁止された。社会民主党の機関紙も禁止され、その他の新聞も制約を受けたことで、事実上、報道は封じられた。この禁止は違法であるとの判決が出され、制約が撤廃されても状況は変わらなかった。(104)

国家的暴力の最初の行き過ぎが生じた時期、ヒトラーは穏健なふりをしていた。ヒトラーは自分の影響力に陰りはないとして、ナチ運動の急進分子が命令に反した行動をとっているが、それは制御できるという印象を閣僚に植えつけ、手に負えない状況に陥っている党の一部を規律に従わせるまで待ってほしいと要請した。「われわれは皆、ヒトラーの意思を疑うことはできないと考え、内閣での経験が彼に役立つことを願った」とパーペンは回想している。[105] 中央党が「信じがたい状況」だとしてヒンデンブルクとパーペンに抗議したときも、同党をまだ味方につけておく必要があるかもしれないと考えていたヒトラーは党声明を出し、中央党の集会を中止させた「扇動分子」を糾弾し、「規律の徹底」を命じた。選挙戦では反マルクス主義にすべてのエネルギーを傾注しなければならない、とも付け加えた。[106] 本当は、中央党に対する暴力はかなりの程度、ヴュルテンベルク州の首相（中央党）に対してヒトラーが一週間前に行った非難演説のせいだった。不審者がラジオケーブルを切断したせいでラジオ放送が唐突に途切れ、ヒトラーが激怒したときの演説である。[107]

一九三三年二月には、ヒトラーは暴力沙汰に自ら手を染める必要はなかった。暴力沙汰は、ゲーリングなり他州のナチ幹部なりに任せておけばよかった。国家の保護が受けられると分かった以上、ナチの悪党どもは許可さえあれば、近隣や職場にいる積年の敵を抑圧された攻撃性の標的にした。二月にプロイセンで行われた一連のテロにより、残虐行為に対する国家の規制が突如として消え失せたことがはっきりした。第三帝国を歴史的に特異なものとした「文明の断絶」の最初の兆候だった。

しかし、この残虐性と暴力によっても、ヒトラーの名声には傷がつかなかった。当初は懐疑的であったり批判的であったりした人びとのなかでも多くが、二月には、ヒトラーは「ふさわしい人物」であり、機会を与えるべきではないかと考えはじめていた。[108] 経済がわずかながら上向いたことも幸いした。しかし一層重要だったのは、国民の多くがもつ激しい反マルクス主義である。「マルクス主義」としてひとくくりにされた社会主義と共産主義への長年の嫌悪は、ナチ党のプロパガンダによって刺激され、露骨な偏執狂的反共産主義へと形を変えた。共産主義暴動に対する恐怖がナチ党によってあおられ、広まった。選挙が近づけば近づくほど、ヒステリーは高じていった。そのため、左派への大規模な暴力が国民から強く支持されることは確実だった。あるカトリック地域の特徴的な報告書を見てみよう。この地域では「マルクス主義者」はキリスト教、秩序、国家の敵と考えられており、報告書では、プロイセンの暴力的対応が称賛され、その対応はヒトラー個人の功績とされている。「ヒトラーはプロイセンでうまく問題を解決している。ヒトラーは国民に寄生する者を放逐している。続けてバイエルン、とくにミュンヒェンでも同じような粛清をすべきだ。［…］これまで通りの措置をとれば、ヒトラーは今度の国会選挙でドイツ国民の多くの支持を受けることになるだろう」。[109]

こうした暴力や脅迫は、三月五日の選挙までおそらくそのまま続くはずだったのだろう。ナチ党幹部らがさらに途轍もないことを考えていた形跡はとりたててない。[110]

しかし、一九三三年二月二七日、マリヌス・ファン・デア・ルッベが国会議事堂に火を放った。

ファン・デア・ルッベは、オランダの労働者家庭の出身で、オランダ共産党青年部に所属していたが、一九三一年には共産党を離党していた。ファン・デア・ルッベがベルリンにやって来たのは三三年二月一八日だった。二四歳の彼は知的だが孤独であり、政治組織には属さず、資本主義システムのせいで労働者階級が悲惨な状況に置かれていることを不当だと強く考えていた。ファン・デア・ルッベは、とくに労働者階級を抑圧との闘いへと駆り立てるために、「国民結集内閣」に対して人目を引くような大胆な反対行動を単独でとろうと決意していた。二月二五日にはベルリンの三つの建物に放火しようとしたがいずれも未遂に終わった。[111] 二日後、反対行動はついに成功した。しかしその結果は本人の予測とは全く異なるものになった。[112]

二月二七日夜、ハンフシュテングルはゲッベルス宅でヒトラーと夕食をとるはずだった。しかし、ひどい風邪で高熱を出し、国会議事堂のすぐ近くにあるゲーリング公邸を一時的に借りて寝ていた。深夜、ハンフシュテングルは家政婦の悲鳴で起こされた。国会議事堂が炎上していた。ベッドから飛び起き、窓から国会議事堂が炎に包まれているのを目にするやゲッベルスに電話をかけ、息を切らして、ヒトラーに至急話があると告げた。何があったのかと尋ね、伝言を申し出たゲッベルスに、ハンフシュテングルは「国会議事堂が火事だと伝えてくれ」と言った。「冗談だろう?」というのがゲッベルスの返事だった。[113] ゲッベルスは「とんでもない妄想」に違いないと考え、最初はヒトラーに伝言しようとはしなかった。しかし、調べてみると、この知らせは本当だった。ヒトラーとゲッベルスがベルリンの現場に急行すると、現地ではゲーリングがすでに大車輪で動いていた。間もなくパーペンもやって来た。

ナチ党指導部は、この火事は共産党の暴動の狼煙だと確信した。ゲッベルスの言葉を借りるならば「火事とテロによって混乱を招き、恐慌状態のなかで権力を獲得せんとする最後の試み」だと考えたのである。[114] 共産党はいつまでも無抵抗ではおらず、力を誇示するために選挙前に大それたことをしでかすのではないかという恐れがナチ党幹部らのあいだには広がっており、ナチ党以外の閣僚も同じ恐れを抱いていた。二月二四日にカール・リープクネヒト・ハウスのドイツ共産党本部に警察の手入れがあり、これによって懸念はさらに強まっていた。注目すべきものは何も発見されなかったにもかかわらず、反逆罪を疑わせる資料を大量に入手し、そのなかには国民に武装革命を呼び掛けるチラシもあったと警察が主張したためである。ゲーリングはメディアに対しても声明を出し、警察の発見により、ドイツがボリシェヴィズムのカオスに投げ込まれようとしていたことが分かった、と主張した。政治指導者の暗殺、公共建築物への攻撃、公人の妻子の殺害なども言及されたが、証拠は明らかにされなかった。[115] 一九三二年一二月初旬にパーペン内閣の倒閣につながった軍の「作戦演習」の根底には共産党主導のゼネストに対する恐れがあったが、今回喧伝された恐れもその延長線上にあり、ある意味では正しくある意味ではでっちあげだった。一八年一一月の出来事に対するヒトラーの積年の恐怖に煽られたものでもあった。そうした恐怖心は、三三年二月末の反共産党ヒステリーによってさらに先鋭化した。[116] ナチ党幹部らが国会議事堂の火事に恐慌をきたしたかのような反応を見せ、共産党に対してきわめて厳しい措置を直ちに課したのはこの恐怖心のせいだった。

ファン・デア・ルッベは即座に逮捕され、自らの「反対」行動をすぐに自供したため、最初に取り調べにあたった警察の尋問官は、ファン・デア・ルッベは単独で国会議事堂に放火したのであり、ほかに関与した者はいないということを疑わなかった。[117] しかし、火事を知らされたゲーリングは、(まずは建物内の高価なタペストリーの心配をしたようだが) 現場にいた将校からこの火事は共産党の陰謀に違いないと言われてすぐに信じた。[118] 一時間ほど遅れて夜一〇時半頃に到着したヒトラーも、話を聞いて即座に同じ結論にいたった。この火事は共産主義者の仕業に違いないとヒトラーに告げたのはゲーリングだった。放火犯がすでに一人捕まっており、火事の直前には数人の共産党の議員が建物内にいた。[119] これは共産党の暴動の始まりだ、ことは一刻を争う、とゲーリングは主張した。[120] ヒトラーはパーペンに、「副首相、これは神の啓示だ。もし、私が考える通り、この火事が共産主義者の仕業であるならば、われわれは強権を発動してこの死を招く疫病を撲滅しなければならない」と言った。[121]

後にプロイセン州秘密警察の初代長官となるルドルフ・ディールスは、ヒトラーはヒステリーを起こしかけていると考え、ファン・デア・ルッベの尋問について伝えようとした。この火事はひとりの「狂人」の仕業だ、と言いかけたディールスをヒトラーはぞんざいに遮り、これははるか以前から計画されていたものだ、と叫んだ。共産党議員をその夜のうちにも逮捕する、社会主義者や国旗団も容赦しない、とヒトラーは息巻いた。[122] 急遽招集され、ゲーリング、ゲッベルス、フリックが参加したゲーリング公邸での協議でヒトラーは怒り狂って共産党への暴力的な復讐を宣言する非難演説を行い、それが場の雰囲気を決めた。ヒトラーは演技がうまかったが、今回は怒ったふりをしていただけではなかった。明確な命令を下せるほど冷静でもなかった。[123] ゲーリングは激高して支離滅裂な命令をディールスに下し、警察の大規模な厳戒態勢、容赦ない銃器使用、共産主義者と社会主義者の大量逮捕を命じた。ディールスは狂気の沙汰だと思っていた。[124]

その後、夜一一時一五分頃にヒトラーは、プロイセン州の治安問題を主たる議題とするプロイセン州内務省の緊急会議に出席し、そこからゲッベルスと連れだってフェルキッシャー・ベオバハター紙のベルリン事務所に出向いた。急遽、扇動のための社説が書かれ、それを掲載すべく第一面が作り直されているところだった。[125]

プロイセン州内務省の緊急会議では、国会議事堂に放火したのは共産党だと思い込んだ内務次官ルートヴィヒ・グラウエルトが、「放火ならびにテロ行為に対する緊急令」をプロイセン州で出すべきだと主張した。[126]しかし翌朝には、内相フリックが「国民と国家を防衛するための大統領緊急令」の草案を整えた。非常事態措置を全国に拡大するための法案である。ブロンベルクにいわせればヒトラーは精神的に錯乱していたということになろうが、同法により、政府（草案では内相と書かれていた）は州に介入する権限を与えられた。フリックが草案の雛型にしたのは、前年七月にパーペンがプロイセンにクーデターをしかけた際に使われた非常事態の枠組みと、一二月のオット中佐の作戦演習だった。[127]しかしフリックの草案では、非常事態に軍ではなく内相（後に政府と変更された）に執行権が与えられることになっていた点が決定的な違いだった。非常事態に軍が実権を握れば、ヒトラーの権力が制約され、首相の拠って立つ基盤である選挙の実施もおぼつかなくなる危険があった。しかし実際には、この即席の緊急令はヒトラーの影響力を一気に決定的に強化した。こうして独裁への道が大きく開かれたのだった。[128]

「国民と国家を防衛するため」の大統領緊急令は、二月二八日朝の閣議の最後の議題だった。[129]わずか一条の短い条文で、言論の自由、集会結社の自由、報道の自由、郵便電信および電話の秘密保持など、ヴァイマル共和国憲法に定められた個人の自由が無期限停止された。別の短い条文では、秩序回復のための政府の干渉権は各州の自治権に優越すると定められた。[130]この優越権は、選挙直後、ドイツ全土をナチ党の統制下に置くために十二分に利用されることになった。この急造の緊急令はいうなれば第三帝国の設立許可書だった。

閣議までには、ヒトラーは前夜のヒステリーめいた状態を脱し、冷静にして冷酷になっていた。ドイツ共産党と「決着をつけるために心理的に適切な時機」が到来した、これ以上待っても意味がない、とヒトラーは閣僚に告げた。共産主義者に対する闘いで[131]「法律上の問題」を斟酌する必要はない、とも言った。とはいえ、法律上の問題が配慮される可能性はそもそもなきに等しかった。夜のうちにすでにゲーリングが容赦なく家宅捜索を行い、共産党議員と党指導部の検挙を始めていた。[132]主たる標的は共産党員だった。しかし、社会民主党員、労働組合幹部、カール・オシエツキーのような左派知識人も、突撃隊や親衛隊の地方支部の地下室に急造で設えられた拘置所に放り込まれ、激しく殴打され、拷問を受けた。殺害されることもあった。[133] 四月までに「保護拘禁」を受けた者の数はプロイセンだけで約二万五〇〇〇人に達する。[134]

暴力と抑圧の評判はとてもよかった。個人の自由をすべて奪い、独裁の基盤を作り上げた「緊急令」は心から歓迎された。バイエルンのアルプスにほど近い地域のある地方紙を見てみよう。同紙は、長らくナチ党に共感的な立場をとってきた新聞だとはいえ、ナチ党の直接の支持者よりも広い層の感覚を反映していると思われる。それによれば、「緊急令」は「ついにドイツの病の中心に迫り、ドイツの血を長年にわたって毒し、病に感染させてきた病巣、すなわちドイツの天敵たるボリシェヴィズムと対決するにいたった［…］」。この緊急令はきわめて厳しい措置をとると警告するものだが、反対を受けることはないだろう。殺人者、放火犯、毒殺者に対してはきわめて厳しい防御あるのみ、テロに対しては死刑あるのみ。ドイツを強盗どもの巣窟にしようとする狂信者は無害化されねばならない」と書かれている。この論説は、キリスト教に立脚する西洋文明全体が危機に瀕しているとして、「これがわれわれが最近出された緊急令を歓迎する理由である」と結論づけた。[135] カール・リープクネヒト・ハウスで発見されたものだとゲーリングが主張する内容に強く影響されていることがうかがわれる論調だった。[136]

バイエルンとは逆方向のドイツ北部に位置するハンブルクでは、元教師ルイーゼ・ゾルミッツがゲーリングの主張をやはり完全に鵜呑みにしていた。「彼らは、殺人と放火のために武装ギャングを村に送り込もうとした。この間に、大都市では警察が機能しなくなり、テロが蔓延するようになった。毒から熱湯にいたるまで、ひどく手の込んだものもひどく原始的なものも武器として使われることになるだろう。まるで強盗物語のようだ。さもなければアジア的拷問とその行き過ぎを経験したロシアの話だろうか。ドイツ人の精神では、病んでいたとしてもそうしたものは想像もできず、健康であれば信じることさえできない」。[137]

ゾルミッツは、友人や近所の人びとと同じように、ヒトラーに投票しようと考えるようになった。それまではナチ党を支持していたわけではない知人も、「今は、彼がしようとしていることを何としてでも支持しなければならない」と言っていた。[138]「多くのドイツ人の思考と感覚のすべてがヒトラーに支配されている」とゾルミッツは評している。「彼の名声はうなぎ上りだ。彼は、嘆かわしくも酷い有様となったドイツ世界の救い主なのだ」。[139]

三月四日、ヒトラーはケーニヒスベルクからのラジオ放送演説で有権者に向けて熱のこもった最後の懇願をした。その最後に、ヒトラーは大いに感情をこめて、東プロイセンの解放者である大統領と、西部戦線で任務に就いていた一兵卒たる自分が力を合わせることになったのだ、と言った。演説が終わると、かつて一七五七年にオーストリアに対するフリードリヒ大王の勝利を神に感謝して歌われた「ロイテンのコラール」がケーニヒスベルクの教会堂の鐘の音と調和して響き合った。ゲッベルスは機を逃さず、古きドイツと新しきドイツの融合を示してみせたのである。「国民覚醒の日」とされたこの日、ドイツ全土で松明行進を行なった人びとには、街中に備えつけられたスピーカーから「指導者《フューラー》」の声が届くようになっていた(140)。

翌日の選挙の結果、ナチ党は四三・九パーセントの票を獲得し、新国会の六四七議席中二八八議席を占有した。連立相手のドイツ国家人民党は八・〇パーセントの得票だった。厳しいテロにもかかわらず、共産党は驚くべきことに一二・三パーセント、社会民主党は一八・三パーセントも得票した。この状況のなかでも、左派の両政党は合わせてほぼ三分の一の票を得たということだった。中央党は一一月の前回選挙よりも票を減らし、辛うじて一一・二パーセントを得票した。その他の政党への支持はほぼ無きに等しいところまで落ちた(141)。

ゲッベルスはこの結果は「輝かしい勝利」だと主張した(142)。しかしそこまでのものではなかった。得票がかなり伸びることは確実視されていた。国会議事堂の火事の後、最後になって支持が急増したことに助けられたのは間違いなかった。ヒトラーはナチ党が単独過半数を得られると期待していた。実際には、連立与党を足し合わせて辛うじて単独過半数に達する状況だったため、ヒトラーは連立相手である保守派に今後も依存せざるをえなかった。結果を聞いたヒトラーは、ヒンデンブルクが生きている限り、保守派とは手が切れないなとこぼしたと伝えられている(143)。

それでもやはり、左派を激しく抑圧したことを考慮しても、四三・九パーセントという票はヴァイマル共和国の選挙制度の下では簡単にとれるものではなかった。ナチ党は、とりわけ、それまでナチ党に投票したことのない層で八八・八パーセントというきわめて高い得票率を記録した(144)。また、最大の支持層は相変わらずプロテスタントだったが、これまで勢力を浸透させられずに苦しんだカトリック地域でも今回はかなり支持が伸びた。たとえばニーダーバイエルンでは、ナチ党の得票率は一九三二年一一月の一八・五パーセントから三九・二パーセントに、ケルン＝アーヘンでは一七・四パーセントから三〇・一パーセントに伸びた(145)。特筆すべきは、（左派の支持者は例外として）ナチ党以外の党に投票した人びともヒトラーのすべての主張に反対していたわけではなかったことである。ひとたび多数決原理の制度が解体され、ヒトラーが党指導者から国民の指導者へのイメージ転換に成功すると、ヒトラーは三三年三月の今回の選挙よりもはるかに多くの支持を受けることになる。

4

一九三三年三月五日の選挙をきっかけとして、いまだナチ党の統制下に置かれていなかった地域でも、その後数日のうちに真の「権力掌握」が行われた。ヒトラーはほとんど何もする必要がなかった。首相の権力をさらに強化するために「自発的」な行動を起こすよう、党の活動家に働きかけるまでもなかった[146]。

いずれの場合もパターンは同じようなものだった。非ナチ党の州政府に対してナチ党関係者を警察の責任者にするよう圧力がかかり、大都市では突撃隊や親衛隊が威嚇のデモ行進を行い、町の公会堂には象徴的に鉤十字の旗が掲げられ、州政府はほとんど抵抗もせずに屈服し、治安回復の名目で総督が置かれることになった。

この「均制化《グライヒシャルトゥング》」はハンブルクでは選挙前からすでに始まっていた。ブレーメン、リューベック、シャウムブルク＝リッペ、ヘッセン、バーデン、ヴュルテンベルク、ザクセン、そしてついには、プロイセンに次ぐ大規模州であるバイエルンでも同じことが繰り返された。三月五日から九日にかけて、これらの州は政府と足並みを揃えるにいたった。

とくにバイエルンでは、ヒトラーの長年の信奉者が大臣に任命された。内相アドルフ・ヴァーグナー、法相ハンス・フランク、文相ハンス・シェムらである。さらに重要だったのは、レームが州の無任所特任委員、ヒムラーがミュンヒェン警察長官、ハイドリヒがバイエルン政治警察部長に任命されたことだった。長身で金髪、除隊処分を受けた元海軍士官のハイドリヒは、三〇歳前にしてナチ党の親衛隊保安部長官を務め、親衛隊帝国の公安警察長官へといたる華々しい出世街道を走りはじめたところだった。

一九三二年七月にパーペンが仕掛けたクーデターによる弱体化、それに続く翌年二月のナチ党による事実上の権力奪取、というプロイセンでの経緯は、ナチ党による統制を他州に拡大する際の基盤となると同時に、雛型ともなった。連立相手のドイツ国家人民党の意向はほとんど顧慮されないまま、これらの諸州はいまや多かれ少なかれ完全にナチ党に掌握されるにいたった。合法的な体裁をとってはいたが、政府による諸州の主権侵害は明白な憲法違反だった。「混乱」が生じているため「秩序」回復が必要だと主張されたが、その「混乱」を招いたのは、ほかでもないナチ党関連組織による脅迫目的の実力行使と圧力だった。二月二八日の緊急令の文言も言い訳にはならなかった。「国家を危険に陥れるような共産党の暴力行為」からの防衛など明らかに必要なかったからである。暴力行為はすべてナチ党が自ら引き起こしたものだった。[147]

選挙後の戦勝ムードのなか、凶暴なナチのならず者集団のむき出しの暴力については、重要な筋から、大統領に対してもヒトラーに対しても抗議があった。[148]しかし、（突撃隊員、親衛隊員を含む）暴徒がルーマニア大使の車に挿された国旗を引き裂き、運転手を打ちのめして名のある外交官の夫人らを脅すという事件の発生後、こうした外交官への侮辱についてパーペンが不満をもらしたところ、ヒトラーは、防御するために攻撃に出るといういつものやり方で突撃隊員をかばった。ブルジョア連中は救い出されるのが早すぎたように思う、というのがヒトラーの弁だった。ボリシェヴィズムを六週間経験すれば、「赤色革命とわれわれの決起の違いを知ることができたはずだ。私自身はこの違いをバイエルンでまざまざと目にし、以来、忘れたことはない。そして選挙前に繰り返し宣言したように、マルクス主義の根絶という使命から私を引き離すことは何びとを以てしてもできない」[149]。そうはいっても、暴力は逆効果になりつつあった。三月一〇日、ヒトラーは、外国人への嫌がらせは共産党の工作員の仕業だとしつつも、同日以降、政府がドイツ全土に執行権を行使するものであり、「国民決起」の今後の方針は「計画に沿って上から指示されることになると宣言した。個人的な嫌がらせ、路上の交通妨害、経済活動の壊乱は原則として中止されねばならない。[150]二日後、ヒトラーはラジオ演説で同じことを繰り返したが、[151]この警告はあまり効果がなかった。

プロイセン州で二月に行われたようなテロと抑圧が、この時期までに全国で蔓延した。バイエルンの状況は、「共産党のテロ体制下」にも増してひどい、と農民組織の元指導者ゲオルク・ハイム博士はヒンデンブルクに書き送った。[152]ヒムラーとハイドリヒの肝いりで、バイエルンでは割合からするとプロイセンを上回る規模で逮捕者が出ていた。三月から四月にかけて約一〇〇〇〇人の共産党員と社会民主党員が逮捕された。六月には「保護拘禁」された者の数は倍増した。[153]その大部分は労働者だった。逮捕者の多くは近隣住民や同僚の告発によるものだった。三月二一日に「卑劣な攻撃に対する防衛」のための大統領令が出された後には大量の告発が相次ぎ、警察も苦言を呈するほどだった。[154]三月二二日には、ミュンヒェンから二〇キロメートルほど離れたダッハウの町で、近郊にある旧火薬工場跡に初の強制収容所が設立された。

強制収容所は秘密裏に作られたわけではなかった。それどころか、ヒムラーは二日前に記者会見まで開いている。ダッハウ強制収容所の収容人数は五〇〇〇人だが、当初の収容者は二〇〇名だった。共産党員のほか、必要に応じて国旗団とマルクス主義（すなわち社会民主党）

幹部を収容するための施設だとヒムラーは述べた。その設立は新聞でも報じられた[155]。強制収容所は抑止力として作られ、現にそのように機能した。ダッハウという恐るべき名はすぐに、その壁の内側で起きていると知られる、もしくは起きていると思われるがほとんど語られることのない恐ろしい事柄の代名詞になった。「静かにしていろ、さもなければダッハウ行きだ」と間もなく皆が口にするようになった。しかしナチ党の政治的敵対者と人種的標的となった人びとを除けば、ダッハウ強制収容所をはじめとするその他の収容所の建設に不安を覚えた者はほとんどいなかった。ダッハウに住む中産階級の住民は、近くにできた収容所に共産党員が政治犯として町から列をなして連行されるのを見ても、厄介者、革命家、「別階級」の話としか思わず、自分たちと同じ世界の話とは考えなかった[156]。

ヒムラーがダッハウ強制収容所の設立を周知した翌日、体制は別の顔を見せた。一連のテロから少し距離をとろうとしたのかもしれないが、ヒトラーはまたしても本領を発揮してプロパガンダショーの中心に立った。新たに任命された国民啓蒙宣伝省の大臣ゲッベルスの見事な演出による「ポツダムの日」である。左派勢力との容赦ない対決で見せた下劣な残虐性とは全く別物のように、ナチ党はここでは着飾ってプロイセン保守派との団結を宣言した。フランス大使はこれを「ポツダムの喜劇」と評したが、このプロパガンダショーはドイツ国民の心をとらえ、昨今の好ましくない事件から注意をそらし、さらに軍と新体制の結束を固める助けになった[157]〔最近の研究では、「ポツダムの日」の主導権はヒンデンブルクが握っていたとする見方が有力視されている〕。

国会の開会式典をポツダムで執り行うことは、大統領、ヒトラー、パーペン、フリック、ブロンベルク、ゲーリングが三月七日に行った会合で決まった。式典の概要もこの会合で合意された。開会式典はもともとは四月三日から八日にかけての週に予定されていたが[158]、三月二一日に変更された。この日は、新春の訪れの日であるだけでなく、ビスマルクによる帝国創設後、第一回国会が招集された日でもあった[159]。象徴的な国会開会式典の「大計画」は、実施五日前にゲッベルスが細部にわたるまで詳細に練り上げた[160]。「ポツダムの日」は、古き栄光の上に立つ新帝国の出発を象徴するものだった。新生ドイツとプロイセンの伝統とのつながりを演出するものでもあった。主要な式典が執り行われたポツダムの衛戍《えいじゅ》教会は、プロイセンのホーエンツォレルン家の王が一八世紀前半に建設した教会である。そこに置かれた王室衛兵は神と王に身を捧げ、仕えた。墓所には軍人王フリードリヒ・ヴィルヘルム一世とその息子フリードリヒ大王が安置されていた。この教会は、プロイセン軍事国家、国家権力、プロテスタントの結びつきの象徴だった。

一九三三年三月二一日、大統領ヒンデンブルクはプロイセン元帥のいでたちで、亡命した皇帝の空の玉座に元帥杖を捧げ、プロイセンの栄光の玉座、祭壇、軍事的伝統のつながりを象徴的に示した。ヒンデンブルクが象徴するのは過去と現在のつながりであり、ヒトラーが象徴するのは現在と未来のつながりだった。ナチ党の制服ではなく暗色のモーニングスーツに身を包んだヒトラーは、皆の崇敬を集める年老いた大統領の前で卑しき僕《しもべ》として深々と腰を折り、握手を求めた。[161] ヒトラーの演説のテーマは、統一を通じた国民的再生だった。国民の統一に加わらない者については、「無害化」されねばならないと一言述べられただけだった。ヒンデンブルクは「わが国民の新たなる決起」の守護者と位置づけられ、「一月三〇日に帝国の指導をこの若きドイツに委ねた」存在とされた。[162] ナチ党の支持者ではないある人物はこの様子を見て、ヒトラーの演説の穏健さに感銘を受け、「彼は成長している。それは否定できない。政治的敵対者にとっては驚くべきことだが、デマゴーグの党指導者で狂信家の扇動家が真の政治家になりつつあるように思われる」と記した。[163] 式典の最後に、プロイセン王の墓所に花冠を捧げることでプロイセンの伝統とナチ体制の融合が強調された。その間、教会には「オランダの感謝の祈り」〔第二帝政期に軍事その他の式典で使用された曲。古きドイツ帝国と第三帝国のつながりを示すためにナチ時代の式典・集会等でも使われた〕が流れ、外では二一発の祝砲が響き渡った。[164] その後、数時間のパレードでヒンデンブルクは、国軍に加えて、「国民的組織」とされる突撃隊、親衛隊、鉄兜団の敬礼を受けた。ヒトラーは軍の来賓の数列後方に閣僚とともに控えめに並んだ。[165]

二日後、ナチ党の制服を着てぎっしりと並ぶナチ党議員の大歓声を受け、褐色のシャツを着て尊大な態度で、前年一一月から成立を熱望してきた全権委任法を提案するために国会の新たな議場となったベルリンのクロル・オペラ座に踏み入ったヒトラーは、この時とは全く違っていた。政治的敵対者、とりわけ社会民主党議員にとっては恐るべき雰囲気だった。議場には巨大な鉤十字が威圧的に飾られていた。武装した突撃隊、親衛隊、鉄兜団が出入口をすべて警備し、建物を取り囲んでいた。全権委任法に必要な賛成が得られなければどうなるかを反対派の議員たちに示そうとするものだった。八一名の共産党議員が逮捕されるか逃亡するかして欠席したことで、ナチ党は国会の過半数に達していた。しかし、全権委任法を成立させるには三分の二の賛成が必要だった。[166]

三月七日にはヒトラーはすでに、共産党議員が拘束されて出席しないと考えれば、全権委任法に必要な三分の二の賛成は得られる見通しだと閣僚に告げていた。[167] この頃にはヒトラーも、保守派の閣僚に対して以前よりも明らかに自信のある物腰をみせるようになっていた。その一週間後にあたる三月一五日、ヒトラーは閣僚に政治情勢が明確になったことを知らせた。「国民革命は大きな衝撃もなく行われた」と述べたうえで、「経済的な決断には時間がかかるため、国民の全活動を純粋に政治的な問題に向ける」必要がある、と皮肉っぽく言葉を継いだ。ヒトラーは、ここで全権委任法の話を切り出した。ヒトラーの見るところ、同法を三分の二の賛成で成立させるのは取り立てて難しいことではなかった。フリックは、中央党は全権委任法に敵対的ではないが、まず首相との会談を望んでいると説明した。フリックは、全権委任法の真の目的を隠そうともせず、後に憲法から逸脱できるようにできるだけ幅広い解釈が可能なかたちで条文化すべきだとも主張した。フリックの提示した草案は三行だったが、それでは足りず、最終的にはそれよりもかなり長いものになった。確実に三分の二の賛成が得られるよう、共産党議員を国会議員数から差し引けば、必要票数は四三二票ではなく三七八票になるとフリックは計算した。必要とあれば社会民主党議員も何人か議場から退場させられる、とゲッベルスも言い添えた。ナチ党の「合法的革命」がいかに合法的でなかったか分かろうというものである。

しかし、同席した保守派の閣僚は反対しなかった。また、全権委任法の下では法案の成立に大統領が関与する必要はないというマイスナーの意見にも反対しなかった。[168]三月二〇日にはヒトラーは自信満々で、協議の結果、中央党は全権委任法の必要性を理解したと閣僚に報告した。全権委任法の下でとられる措置を監督するために中央党が小委員会の設置を求めてきており、それについては認める必要があるだろう。そうすれば中央党の支持は固い。いつものように宣伝効果にも気を配るヒトラーは、「中央党が全権委任法を支持すれば、外国での評価も高まるだろう」と述べた。[169]ここで、フリックは草案を提示し、それは最終的には閣僚の賛同を得た。内相フリックは、三分の二の賛成を得るべく、議院規則の露骨な操作も提案した。無断欠席の議員は出席とみなすというものだった。[170]そうすれば定足数は問題ない。抗議の意味で欠席し、棄権することはできなくなる。この提案にも保守派の閣僚は反対しなかった。[171]

もはや障害はなかった。一九三三年三月二三日午後、ヒトラーは国会で演説した。就任時の状況を惨憺たるものとして描写した後、二時間半にわたる演説のなかで、ヒトラーは自政権の方針を言葉巧みに描きだし、教育、メディア、芸術の全領域に支えられた「広範な道徳的再生」を約束した。政府はキリスト教の両宗派を「わが国民を維持するための最重要の要素」と考えており、その権利が侵害されることはない、とも宣言した。首相ヒトラーのこの言葉は中央党議員には重要だった。よき社会のために司法には「弾力ある判決」が求められる、というくだりは〔個人を国家から守る〕自由主義的な法原理への批判だった。それにもかかわらず、ヒトラーはここで温かい拍手喝采を受けた。実業界も資本の利益だけでなく、国民に奉仕しなければならない。通貨の実験は行わない。農民と中産階級の救済、および雇用創出計画と勤労奉仕による失業の解消が、経済分野の主たる目標であるとも述べられた。軍は称賛された。しかし、世界的に急速な軍縮が行われる場合、政府としては軍の規模拡大と軍備増強は考えないともされた。ドイツは他国並みの権利と自由を求めているだけである。演説の最後にヒトラーは重要な譲歩と思われることを並べたてた。国会両院の存続は保障する、大統領の地位と権限は変更しない、州は廃止しない、教会の権利は縮小せず、教会と国家の関係も変更しない、との内容だった[172]。

これらの約束はすぐに破られることになる。しかし当面は役に立った。中央党がヒトラーとの会談のなかで要求したことに沿って、カトリック教会の地位を保全するという拘束力ある宣言であるかに思われた。しかし、投票前の会合で中央党議員の意見は割れた。全権委任法が成立しなかった場合、内戦が起こる、武力行使がある、といった意見が出た。ここでもヒトラーの暗黙の脅迫が功を奏した。中央党党首カース司教は、「祖国は危機にある。失敗を犯すわけにはいかない」と述べた。ひどく躊躇しつつも、国に対する責任感から、ブリューニング(元首相)、ヨーゼフ・エアジング(党内で最も有力な労働組合幹部のひとり)といったその他の指導的メンバーもカースに賛同し、中央党議員はそれに倣った[173]。

国会が再開されたときには午後六時を少し回っていた。社会民主党党首オットー・ヴェルスは恐ろしい雰囲気のなか、勇敢にも演説を行った。その演説は終始ほぼ地味な調子だったが、社会民主主義が重視する人道、正義、自由、社会主義の原理を称揚し、感動的に終わった[174]。

ヴェルスの演説中、ヒトラーはメモをとっていた。演説が終了すると、ナチ党議員の拍手喝采の嵐のなかを演壇に上り、きわめて凶暴な反論を展開した。一文ごとに喝采が起こった。用意してあった先の比較的穏当な演説とは異なり、ヒトラーは本領を発揮した。正義感だけでは不十分である。決定的なのは権力をもつことである。この法案を国会に提出しなければならない必要などない。「今この時、われわれは国会に承認を求めているが、われわれはこんなことはせずにすますこともできたのだ」。政治的敵対者を撲滅せず、機嫌もとらずにただ怒らせるような愚を犯すつもりはない。自分とは立場を異にしていようとも、ドイツのために献身する者には手を差し伸べよう。しかし、社会民主党はこれにあてはまらない。誤解してもらっては困る。自分はインターナショナルの指令は認めない。社会民主党の精神では、全権委任法の意図するところを理解することはできない。自分としてはこの法案の採決に賛成してもらおうとは思ってもいない。「ドイツは自由になるだろう、しかしそれは諸君の手によってではない」。熱狂的な喝采に包まれてヒトラーは発言を締めくくった[175]。

　その後、ヒトラーが演説のなかで口頭で請け合った以上の保証はなされないまま、カースが中央党を代表して法案支持の姿勢を明らかにしたのに続いて、他党の党首もそれに倣い、投票が行われた[176]。賛成四四一票対社会民主党の反対九四票で、民主主義的制度としての国会は自らの廃止に賛成した〔賛成投票四四一は、議長ゲーリングが議場で確認したもの。公式の議事録付表には賛成四四四票と記されている〕。

　「国民および国家の苦境除去のための法」（全権委任法）は翌日発効した[177]。これが初めてでもなければ最後でもないが、ヒトラーの脅迫戦法は功を奏した。権力はついにナチ党の手に握られた。ナチ党以外の政党の終焉の始まりだった。中央党の果たした役割はとりわけ恥ずべきものだった。むき出しのテロと抑圧を恐れるあまり、中央党は合法性を装ったヒトラーの策略に屈した。これにより中央党は、憲法上の制約をほぼ一切受けることなくヒトラーが権力行使する手助けをしたことになる。この後、ヒトラーは国会にも大統領にも依存する必要がなくなった。ヒトラーは全面的権力の行使にはまだほど遠かった。しかしこの後、独裁体制を強化するための重要な措置が次々にとられていくことになる。

5

一九三三年春から夏にかけて、ドイツは徐々に新たな支配者に同調するようになっていった。政治的領域でも社会的領域でも均制化《グライヒシャルトゥング》を逃れた組織はなく、諸組織は均制化されてナチ党の統制下に置かれた。均制化はナチ活動家の下からの圧力によって速度を上げていった。しかし、新しい時代になって期待されていることを受け入れ、自発的に均制化した組織も多かった。秋までには、ナチ独裁と、その頂点にあるヒトラー自身の権力はきわめて強化された。特筆すべきは、これを実現するためにヒトラーがどれだけ動かなければならなかったかではなく、動かなくともよかったかである。現実の権力関係をめぐる判断力と、プロパガンダによって人を操作する才能には相変わらず素晴らしいものがあったが、その他の点ではヒトラーはほとんど主導権を発揮しなかった。

　ヒトラーが主導権を発揮した案件があるとすれば、それは「首相が定めた政策方針」を州に守らせるために「地方総督」を置いたことだった[178]。当初は「州大統領」と呼ばれたこの役職の各州への設置を、ヒトラーは三月二九日の閣議で要求した[179]。この役職は一九三三年四月七日の「州と国の均制化のための第二法」で急遽設置され、各州の主権は決定的に掘り崩された[180]。

　ヒトラーは地方総督を設置して各州に信頼できる者を派遣し、草の根の「党革命」が抑えきれなくなり、ヒトラーの地位をも脅かしかねない事態になる危険に対処させようとしていたと思われる。したがって、突撃隊と親衛隊の本部があり、三月の選挙以来、急進的な者たちが実質的に「権力奪取」を成し遂げていたバイエルンにおけるこのポストの人選にはとくに神経を使う必要があった。地方総督は、とりわけバイエルンを念頭において、党がベルリンに対して革命を起こした場合にそれを阻止すべく急遽設置されたものだった。そのため、かつて義勇軍としてレーテ共和国を鎮圧した「英雄」リッター・フォン・エップが早くも四月一〇日にバイエルン州地方総督に任命された。

残り一〇名の地方総督はそれほど急がず五月から六月にかけてプロイセン以外の各州に設置され、有力な大管区長がその任にあてられた。ヒトラーが地方総督に依存したように地方総督もヒトラーに依存していたため、下からの革命が非生産的な域に達した場合には、地方総督はそれを阻止すべく政府のために尽力するものと期待できた。[181] しかし地方総督を任命しても、その州の行政が円滑化することにはならなかった。既存の組織との二重構造のなかで、党と国家の双方に足場をもつことは簡単ではなかったため、地方総督はすぐに自分の職務が何なのか自分でも分からなくなるほどだった。三四年一月に各州の自治が廃止され、政府の代理を置く意味が理屈の上でも失われると、地方総督の役割はますます不明確になった。[182] しかし、よくある話だが、いったん設置された地方総督は廃止されなかった。いつものことながら、大事なのは「ごり押し」する力だった。「総督」はその地位をもってできうる限りのことをするのだ、というのが地方総督の役割に関するヒトラーの特徴的な定義だった。[183]「政治的な重大問題」で地方総督と大臣のあいだに対立が生じると、最終決定はヒトラーが下した。「そのような裁定を下すのが首相の考える指導者《フューラー》の役割なのだ」とフリックは告げられた。[184]

プロイセンでは、ヒトラーは自ら地方総督の任に就いた。これにより、パーペンをプロイセン州総督の地位に就けておく必要は一切なくなった。[185] おそらくヒトラーは、ビスマルク時代のようにプロイセン州首相とドイツ首相の地位を再統合したいと考えていたのだろう。そうだとすれば、ヒトラーはゲーリングの権力欲を考えに入れていなかったことになる。前年七月のパーペンによるクーデター以来、プロイセン州首相の座は空席だった。三月五日のプロイセン州議会選挙後、ゲーリングはその地位が自分のものになると期待していた。しかしヒトラーはゲーリングを指名しなかった。そこでゲーリングは、四月八日に開催された第一回プロイセン州議会の議事日程に首相選出を組み込んだ。ヒトラーはその前日にプロイセン州地方総督に就任したばかりだったが、この既成事実を認めなければならなかった。四月一一日、ゲーリングは（プロイセン州内相の権限を保持したまま）プロイセン州首相に任命され、四月二五日にはプロイセン州地方総督の権限も委譲された。したがって均制化第二法は、そもそも国内最重要のプロイセン州において警察を掌握していたゲーリングが同州で広範な権力基盤を確立するにあたり、間接的ながら効果的な影響を及ぼしたことになる。ゲーリングがヒトラーに「最も忠実な騎士」として仕え、ヒトラーに対して心からの忠誠を公然と誓ったのも当然であろう。[186]

このエピソードは、州の「均制化」がどれだけ急がれ、どれほどの混乱のなかで即興的に進められたかを物語っている。しかし、プロイセン州ではゲーリング、その他の州では最も押しの強い大管区長の権力を強化するという代償を払いつつ、ヒトラー自身の権力も全州にまたがって著しく強化された。

一九三三年春から夏にかけて、ヒトラーは相互に拮抗する様々な勢力のあいだに立たされた。このジレンマは「長いナイフの夜」にいたるまで解決されることはなかった。まず、ヒトラーの権力奪取まで、長きにわたりやっとのことで抑え込んできた下からの圧力が三月の選挙後についに抑えきれなくなり、解き放たれた。政治的敵対者、ユダヤ人に加えて、ナチ革命を邪魔立てする者たちに加えられる下からの急進的な暴行にヒトラーは共感していた。それだけではなく、既存の政治秩序を転覆させ、ナチへの同調の妨げとなる者を脅迫するために、ヒトラーはこうした急進勢力を必要としてもいた。他方、地方総督の設置からも分かるように、こうした急進的変革を抑えきれなくなれば、自らの地位さえもが危険にさらされることもヒトラーには分かっていた。伝統的な国民保守派のなかでも、とくに軍と産業界に存在するナチズムに対する懐疑派は、暴力が共産党と社会民主党に向けられている限りは反対しないが、自らの既得権益が脅かされることになれば違う見方をするであろうことも察知された。したがってヒトラーは、党革命を完全には統制できず、しかし軍と産業界からの支援なしには立ち行かないという状況のなかで、両者のあいだを進むという厄介な針路をとらざるをえなかった。本質的に矛盾するこれらの諸勢力の力関係のなかで、最終的には突撃隊とは決着をつけざるをえないことになる。しかし同時に、第三帝国の長期的な特徴となる傾向もすでに見えはじめていた。たとえば、党急進派からの圧力は少なくとも部分的にはヒトラーが助長し、承認したものだったが、そうした急進思想を国家の官僚機構が法制化し、警察がそれを実行に移していったのである。「累積的急進化」は体制初期から明らかに始まっていた。[187]

三月一〇日にヒトラーは規律保持を呼び掛けた。しかしこれは形だけであり、政府の命令に背く者は即座に抑え込むように求め、「マルクス主義の根絶」という使命を支持者が一瞬たりとも見失うことがないようにとも強く求めた。[188]当然といってよかろうが、この規律保持の命令はほとんど無視され、その後、ゲーリングとフリックが「個別行動」を禁じ、党員の「行き過ぎ」に厳しい罰則を科そうとするも、やはり指令は行き渡らなかった。[189]

ナチ支配開始直後の数週間に行われた左派勢力への全面的攻撃を別にすれば、「個別行動」の多くはナチ党急進勢力がユダヤ人に加えた攻撃だった。反ユダヤ主義は当初からナチ運動のイデオロギー的一体性を保つための要素であり、行動主義のはけ口であると同時に社会構造を脅かす革命の代替であったことを考えれば、これは驚くようなことではない。根からの反ユダヤ主義者であるヒトラーが権力を掌握したことにより、ユダヤ人への暴力に対する制約が一挙に失われた。上からの命令などなくとも、上から調整されずとも、ユダヤ企業への攻撃やユダヤ人への襲撃が日常茶飯事になった。そうした多くの事件のうちのひとつを三月一二日にフランクフルト新聞が報じている。それによれば、ブレスラウのあるユダヤ人舞台演出家が、白昼、五人の突撃隊員によって車に押し込まれ、服を脱がされ、ゴムの警棒で殴られ、犬用鞭で打ちのめされた。被害者は後にノイローゼになってしまった。[190]同じ町に住むユダヤ人の証言者によれば、こん棒や連発拳銃をもつ六〜八名の突撃隊員が裕福なユダヤ人の家に押し入り、大金を強請《ゆす》りとったとのことである。彼らは裁判所に押し入って審理を中断させ、ユダヤ人弁護士と裁判官を道端に放り出して打ちのめしさえしたという。[191]もっとひどい目に遭ったユダヤ人もいた。マンチェスター・ガーディアン紙のドイツ特派員が三月一六日に報じたところによれば、ニーダーバイエルンのシュトラウビングで貸金業を営むユダヤ人実業家は、二年前にバイエルン州議会議員に対して名誉毀損訴訟で勝訴した人物だが、家に押し入った拳銃をもつ四人の男にベッドから引きずり出され、車に押し込められて連れ去られた。被害者は後に銃殺死体で発見された。[192]ヒトラーの権力掌握後の数週間にそうした残虐行為が無数に行われた。

その多くは、いわゆる営業中間層闘争同盟の仕業だった。暴力的な反ユダヤ主義と、デパート（その多くはユダヤ人の所有だった）に対する同じく暴力的な反対姿勢がこの組織の特徴だった。[193]このすさまじい反ユダヤ主義暴力を目にして、ユダヤ人知識層や資本家は国外、とくに米国で反独世論を喚起し、ドイツ商品に対するボイコットを組織しようとした。脆弱なドイツ経済にとってこれはまさしく脅威だった。三月半ばにはボイコットは勢いを強め、多数のヨーロッパ諸国に広がった。営業中間層闘争同盟を中心とするドイツの反応は予想に違わず攻撃的で、ドイツ全土のユダヤ人商店やデパートに対する「逆ボイコット」の呼びかけが始まった。ナチ党内の有力な反ユダヤ主義者もこの呼びかけに応えた。その先頭に立ち、本領を発揮したのがフランケン大管区長で病的なまでの反ユダヤ主義者シュトライヒャーだった。彼らにいわせれば、ユダヤ人は国際的な反独ボイコットを止めさせるための「人質」になりうる、ということだった[194]。

ヒトラー自身はもともと党内の急進派に近かった。しかも行動しなければならないという圧力もあった。「ユダヤ人問題」についてはこれまであまりにも声高に、また頻繁に論じてきていたため、権力を掌握した今、行動主義者から出される要求に対して後へ退くようなことがあれば、ナチ党内でひどく面子を失うことになっただろう。三月二六日に外交ルートから、米国ユダヤ人会議が翌日にドイツ商品のボイコットを全世界的に呼び掛けようとしているとの情報が伝えられた。ヒトラーは対応を迫られた[195]。窮地に追い込まれるとヒトラーはいつも中途半端なことはしなかった。ゲッベルスがオーバーザルツベルクに呼び出された。「山岳地帯の孤独のなかで」指導者《フューラー》は、「外国による扇動」を企んだ者、少なくともそこから利益を得た者、すなわちドイツ・ユダヤ人に対処しなければならないとの結論に達した、とゲッベルスは記している。「したがってわれわれは、ドイツの全ユダヤ商店に対して広範なボイコットを展開しなければならない[196]」。ボイコットを組織するために一三人の幹部からなる委員会が設置され、シュトライヒャーが責任者となった。三月二八日には、ユダヤ人の企業、商品、医師、弁護士等に対するボイコットを実現するために国中の小村にいたるまで行動委員会を設置するよう命じる党声明が出された。首相ヒトラー自身の手になる声明だった[197]。ボイコットの期限は定められなかった。ゲッベルスは宣伝の準備を任された。この一連の動きの背景には営業中間層闘争同盟からの圧力があった[198]。

シャハトと外相ノイラートを中心に、ドイツ経済と国外でのドイツの地位に破滅的な影響を及ぼしかねない行動は中止するように、との逆の圧力がヒトラーに加わりはじめた。ヒトラーは最初は一切退こうとしなかった。大統領がボイコットに疑義をはさんだと言われたときでさえ、「ボイコットは実行しなければならない。歴史は止められない」と返しただけだった[199]。しかし三月三一日にはノイラートが、英国、フランス、米国の政府がドイツ商品に対する国内での不買運動に反対を表明したことを内閣に報告し、ドイツ国内のボイコットも中止が望ましいと述べた[200]。完全な中止をヒトラーに要求するのは無理というものだった。活動家はもういきり立っていた。ボイコットを中止すればヒトラーの面子がつぶれるだけでなく、「行動」の中止を命じたところで無視されるのがおちだっただろう[201]。しかしヒトラーは、ドイツ商品のボイコットに対して英国政府と米国政府が満足のいく反対声明を出すならば、ドイツ国内のボイコットの開始を四月一日から四日に延期してもよいという考えを示した。そうでなければ、四月一日に始めることになる。ただし、その場合も四日までは中止にするとのことだった[202]。

混乱のなかで外交交渉が行われ、圧力を受けた欧米各国政府とユダヤ人ロビーはドイツ商品ボイコットから距離をとった。ヒトラーの要求は大部分は通った。しかし、ヒトラーは前言を翻し、ドイツ国内のボイコットを実行するとまたも主張しだした。そこでシャハトがさらに圧力をかけ、結局、ボイコットは一日限定で行われることになった。プロパガンダ上の理由から建前としては、ドイツに対する国外での「恐るべき扇動」が完全にやまない限り、ボイコットを四月五日（水曜日）に再開するということになってはいたが[203]、そのようなことは全く予定されていなかった。実際、ボイコットが行われた四月一日午後には、シュトライヒャーは水曜日のボイコット再開はないと通達した[204]。

ボイコットはナチ党のプロパガンダでいわれたほど成功したわけではなかった[205]。多くのユダヤ人商店がその日はそもそも閉店した。ユダヤ人商店で物を買わないように警告するプラカードをもって、突撃隊員が「ユダヤ」デパートの外に立っても、客がそれをほとんど無視するような地域もあった。人びとの反応は様々だった。活気のある商店街では祭日のような雰囲気で、何が起こっているのかを見に多くの人が集まった。ボイコットに対しては賛否両論があった。ボイコットに反対して贔屓の店に通いつづけると話す人も少なくなかった。肩をすくめる人もいた。「こんなことは全部気違い沙汰だとは思うが、自分にはどうでもよいことだ」というのがユダヤ人ではないある人物が漏らしたその日の感想だが、これはあながち典型的でないとはいえないだろう[206]。突撃隊員でさえも時折気乗りしない様子がみられた。しかし、ボイコットとは名ばかりで、略奪と暴力が横行した地域もあった[207]。ユダヤ人犠牲者にとってこの日は悲劇だった。このようなドイツを故国として快適に暮らすことはもはやできないこと、日常的な差別の域を超えて国家による迫害がはじまったことが明白になった日だった[208]。

外国メディアはこぞってボイコットを非難した。ボイコット後、国立銀行の新総裁シャハトはただちに被害防止策を講じ、外国の銀行家にドイツの目指す経済政策の正しさを示してみせなければならなかった[209]。しかし国内では、ヒトラーやナチ党幹部らがナチ党活動家からの反ユダヤ主義的圧力を承認し、国家の官僚機構もそれを受け入れて差別の法制化を進めるようになった。同様の展開はこの後も繰り返されることになる。一九三三年以前からナチ党の活動家は国家の行政職と知的専門職からのユダヤ人の排除を目指していた。その目標を実現するために圧力をかけられるようになった今、反ユダヤ主義的な差別措置を求める声は様々な領域であがった。

官吏の権利の見直しに向けてはすでに準備が進められていたが、三月末、そこに反ユダヤ主義的色彩が加わった。（確証はないが）ヒトラーの介入があったのではないかと考えられる。一九三三年四月七日に急遽起草された「職業官吏再建法」の悪名高い「アーリア条項」に基づき、ユダヤ人（ただし同法はユダヤ人の定義は定めなかった）と政治的敵対者は官吏の職から解雇された。ヒンデンブルクの介入により、前線で兵役についたことのあるユダヤ人だけは例外とされた。四月にはこのほかにも、ユダヤ人の法曹界への就職禁止、国民保険制度によって医療費が賄われる患者に対するユダヤ人医師の診察禁止、学校におけるユダヤ人子弟の在学者数制限を定める三つの反ユダヤ法が成立した。これらは下からの圧力に応えて急遽制定されたというだけではなく、事実上、すでに国内各所で行われていた措置だった。ユダヤ人の法曹界への就職禁止法は、プロイセン法相ハンス・ケルルとバイエルン法相ハンス・フランクがすでにとっていた措置を法相ギュルトナーが取り入れ、ヒトラーに認可を求めたものだった。医師に対する規制については、ヒトラーは「医師問題」を法制化する緊急の必要性はないという意見だったが、労相ゼルテが推し進めた。ユダヤ人生徒数を制限する規制は、恣意的な差別措置により同一州内でも地域によって実に多様な規定が存在することさえあったため、内相フリックが統一をはかったものだった。ヒトラーの役割は概して、諸措置の法制化に許可を与えるだけにとどまっていた。そうした措置自体は、様々な既得権益やイデオロギー上の理由に応じてナチ党活動家がすでに不法に導入しはじめていることも少なくなかった。こうした活動家は、時折、戦術的な問題からヒトラーが当面はそこまで急進的でない差別措置でよしとする姿勢を見せても、それを受け入れようとしないこともあった。[210]

国会議事堂炎上事件から一カ月ほどの間に生じた政治情勢の大変動により、ユダヤ人はナチ党の暴力、差別、脅迫にまともにさらされるようになった。ヒトラーの政治的敵対者の立場も完全に弱体化した。共産党が公式に禁止されることすらないままに容赦なく殲滅された後、抵抗できる勢力があるとすれば、社会民主党、自由労働組合、（中央党を中心とする）政治的カトリック、（いまだ閣僚の多数派を占める）保守派だった。五月から六月にかけて、これらの勢力はひとつずつ潰されていった。脅迫が効いた部分もあったに違いない。しかし、野党勢力には、そもそも戦う力はもはやほとんど残っていなかった。妥協をやむなしとする精神性が降伏をやむなしとする精神性に変わるのに時間はかからなかった。

すでに一九三三年三月には、ドイツ労働総同盟の代表テオドア・ライパルトが、日和見的に社会民主党から距離をとり、新体制に忠誠宣言を出した。[211]この時期までには、労働組合幹部が突撃隊員やナチ企業細胞組織のメンバーに袋だたきにあったり、事務所が荒らされたりする事件が頻繁に起きていた。しかし、ドイツ労働総同盟は、まだ比較的勢力の小さかったナチ企業細胞組織と協力して、「マルクス主義」の幹部を工場協議会から追放した。これは組織を守るためでもあり、全労働者階級にまたがる統一的な労働組合という構想に惹かれたせいでもあった[212]。労働組合を破壊するための計画は、ナチ企業細胞組織の代表ラインホルト・ムーホフが進め、その後、ナチ党組織局長ロベルト・ライの手に主導権が移った。当初、労働組合の粉砕をプロパガンダによるクーデターと結びつけるという案が出されるまではヒトラーは及び腰だった[213]。「ポツダムの日」に続いてゲッベルスが今回も大規模なショーを準備した。インターナショナルの伝統的な祭典の日である五月一日を「国民勤労の日」に変えてしまうプロパガンダだった。ドイツ労働総同盟は集会やパレードで大活躍した。一〇〇〇万人以上が集まった（もっとも自主的に参加したわけではない工場労働者も多かった）。これまでの多くの大集会と同じく、飛行場に隣接するベルリンのテンペルホーファー・フェルト広場に集まった五〇万人の群衆に向かって、ヒトラーは階級分裂と闘争をやめ、民族共同体として団結する必要性を訴えた[214]。ナチズムには全く共感をもたない者でさえ多くが感動を覚えた[215]。

　祭典の翌日、盛大なショーは終わった。この日、突撃隊とナチ企業細胞組織の一団が社会民主党系の労働組合運動の事務所と銀行支店を占拠し、資金を押収し、幹部を逮捕した。「作戦」は一時間足らずで終了した。世界最大の民主的労働組合運動は粉砕された。組合員はほんの数日のうちに、ライの指導下に五月一〇日に設立されたドイツ労働戦線という巨大な組織に組み入れられた[216]。秋になる頃にはドイツ労働戦線は、労働組合としては（ナチ党の労働組織であることを割り引いても）骨抜きといわざるをえない状態にされ、ドイツの労働者の活動を体制の利益にかなうよう組織化するための巨大なプロパガンダ装置になり果ててしまった。プロパガンダの裏では、労働省の官僚の方針に厳格に従って労使関係が整理しなおされた。こうして労働者は、国家権力の後ろ盾を得たことで今まで以上に厳しく、強引になった工場経営者と対峙することになった[217]。

　ヨーロッパ最大の労働運動として知られ、かつて大きな影響力をほこった社会民主党も同じく終わりを迎えた。ヴァイマル共和国末期、社会民主党はとんでもない妥協を次々に重ねざるをえなかった。これは法律尊重主義の伝統を守るためであり、また、事態がさらに悪化することを避けようとしたものでもあった。しかし、いざ最悪の事態が到来したときには、もはや対応は不可能だった。大恐慌と内部の士気喪失によって社会民主党は大打撃を受けていた。オットー・ヴェルスは三月二三日の〔全権委任法に反対する〕演説で勇気を見せた。しかし、その勇気はあまりにも小さく、あまりにも遅すぎた。支持は急速に失われていった。三月から四月にかけて、社会民主党の準軍事組織である国旗団は解散に追い込まれた。党支部も閉鎖された。活動家は逮捕されるか、国外に逃亡した。ファシストの大嵐は早晩おさまると期待する楽観的な人びとも多少はいた。社会民主党は一八八〇年代にはビスマルクの抑圧に耐えて生き残った。今回も生き延びることができるだろうと考えたのである。しかし、党員のほとんどはもっと悲観的であり、身をひそめるべき時だと認識していた。恐れだけでなく、社会民主主義に対する幻滅が広がっていた。身の安全をはかるためには仕方ないこととはいえ、多くの党幹部が国外亡命をはかったことから、見捨てられたとの気持ちも強まっていた。社会民主党はもはや船頭のいない船と化した。ヒトラーが五月一七日に、ヨーロッパにおいて紛争を解決するために戦争を放棄すると宣言し、欧米諸国の軍縮を求める「平和演説」を行うと[218]、脅しに屈してこの演説を支持すると決めたはよいものの、その決断をめぐって党指導部は分裂し、ヴェルスをはじめとする党指導部は、すでに亡命党本部が設立されていたプラハに出国した。亡命社会民主党が六月一八日にプラハで機関誌ノイヤー・フォアヴェルツ（週刊）第一号を刊行すると、四日後、それを口実にドイツ国内における社会民主党の活動はすべて禁じられて議会から追放され、党の資産は没収された[219]。

残りの諸政党もドミノ倒しのように次々と陥落していった。三月に社会民主党と選挙協力を結んだ国家党（かつてのドイツ民主党）は六月二八日に解散し、翌日、ドイツ人民党も解散した。ナチ党と連立政権を組む保守のドイツ国家人民党は、五月にドイツ国民戦線への改称をへて、六月二七日に解散した。ドイツ国家人民党の党員は次々にナチ党に取り込まれていた。草の根の組織も抑圧や脅迫に屈し、同党を支持する隊員が多かった鉄兜団も四月末にヒトラーの指揮下に入れられた後、六月には突撃隊に組み込まれた。

党首フーゲンベルクは閣内で完全に孤立し、保守派の閣僚にすら距離を置かれていた。フーゲンベルクは六月にロンドンで開催された世界経済会議での言動がドイツ政府を窮地に陥れたことにより、（発足当初は多くの者がフーゲンベルクが内閣を牛耳ることになるだろうと考えていたにもかかわらず）同月二六日に辞任を余儀なくされた。フーゲンベルクはヒトラーにも閣僚にも外相ノイラートにも相談なく、自由貿易を拒否し、ドイツ旧植民地の返還と東欧での新たな植民地獲得を要求する覚書を世界経済会議に送りつけたのだった。フーゲンベルクが閣外に去ったことにより、フーゲンベルクが党首を務めるドイツ国家人民党も終わった[220]。多くの者が想像したようにドイツの「真の」指導者として機能することもかなわず、保守派の閣僚と協力してヒトラーを「封じ込める」こともできずに、フーゲンベルクはたちまち過去の人となった。フーゲンベルクを惜しむ者はほとんどいなかった。火遊びの結果、ドイツ国家人民党の党首フーゲンベルクは党とともに火にまかれて消えた。

　カトリック政党はもう少し持ちこたえた。しかしその地位は、パーペンが中心となって進めた教皇庁との政教条約（コンコルダート）をめぐる交渉のなかで掘り崩されていった。この条約により、ヴァチカンはドイツにおける聖職者の政治活動を禁じることを承認したが、これは事実上、ドイツ国内でカトリック教会の地位を保全するために政治的カトリックが犠牲にされたということだった。しかしいずれにせよ、この時期までに中央党は驚くべき速さで党員を失いつつあった。多くの者が新時代に順応しようとしたためだった。党首のカース司教は四月にすでにドイツを離れ、教皇庁との政教条約をめぐる議論で主導的な役割を果たしていた。カトリック教会の聖職者も、教会の地位を保全するという「全権委任法」成立前のヒトラーの約束に無邪気にも心を打たれ、三月二八日には急激に方向転換して新体制への忠実な支持を呼びかける有様だった[221]。その後、カトリック司教は中央党指導部に代わって体制との交渉における主たるスポークスマンとしての役割を引き受け、弱体化したカトリック政党ではなく、教会組織や教会学校の維持に関心を寄せていった。後は脅迫と圧力だった。ヒムラー配下のバイエルン政治警察が六月末に二〇〇〇人の幹部を逮捕し、七月四日にはバイエルン人民党が瞬く間に葬り去られた。翌日、ナチ党以外に残った最後の政党である中央党も解散した[222]。一週間余り後、「政党新設禁止法」により、ナチ党はドイツで唯一の合法政党となった[223]。

6

政界の中央で起こったことは草の根でも起こっていた。しかも政党組織だけでなく、あらゆる組織的な社会活動で同じことが生じた。一方では障害となる者が脅迫され、他方では日和見主義的に時流に乗ろうとする者が機をうかがっていた。数え切れないほど多くの町村でナチが自治体の与党となった[224]。「マルクス主義」政党に所属する市長や議員は、当然、たちまち追放の憂き目にあった。ブルジョア政党やカトリック政党の議員は職にとどまることも多かった。前任の市長が強制的に職を追われることもあれば、かつてカトリック政党やブルジョア政党に所属し、長くその職にあって尊敬を集めていた地元の名士がナチ党に宗旨替えして職にとどまることもあった[225]。教員や官吏は慌ててナチ党に加入するケースが目立った。新体制に命運を賭けようとする人びとが大量に入党した。「古参闘士」から「三月投降者」〔もともとは一八四八年革命の犠牲者を指す言葉。日和見の新規入党者をナチが皮肉って呼んだ〕と揶揄された人びとである。党員名簿があまりに膨れ上がったため、一九三三年五月一日には入党制限が

課されるが、その時期までに入党者は二五〇万人に達した。うち一六〇万人はヒトラーの首相就任以降の入党者である。(226)

「均制化《グライヒシャルトウング》」、すなわちナチ化の影響はあらゆる町村の社会構造に深く及んだ。社会的ネットワークを形成する多様な協会やサークルのなかで影響を受けないものはほとんどなかった。オーバーフランケンにある人口六七五人の小さな村の「活動報告」には、「均制化――退役軍人協会は一九三三年八月六日に均制化、三三年八月七日にはタイゼンオルトの合唱団の均制化。理事会と委員会の八〇パーセントがナチ党員のため、射撃クラブは均制化の必要なし」と書かれている。(227)その二、三カ月前、ハノーファーの「小菜園協会」の会員は、「小菜園のなかでも、国民的決起政府の意志に従って、真の民族共同体が生まれなければならない」と告げられた。(228)職業組合、スポーツサークル、合唱団、射撃サークル、愛国団体、その他ほぼすべての組織活動は、第三帝国の初期にナチ党の統制下に置かれた。自主的に統制下に入った組織はさらに多かった。(229)ニーダーザクセンのノルトハイムのある住人は当時を回想して、「社会生活はもはや存在しなかった。ボウリングサークルでさえ［…］均制化」を受けないものはなかった、と述べている。(230)

左派政党と関連があったために解体・粉砕されたり強制的に乗っ取られたりした団体のほかに、新たな状況に自主的に「適応」する例も数多くみられた。日和見主義と純粋な理想主義の双方が存在していた。

ほぼ同じことは広く文化領域全体にもあてはまる。ゲッベルスは、メディア、ラジオ、映画制作、演劇、音楽、視覚芸術、文学その他すべての文化活動がヒトラーの三月の約束に沿うかたちで再編されるように手を尽くした。(231)宣伝相就任後の初演説でゲッベルスは、「国民がわれわれを受け入れるまで働きかけること」、「国民が統一されて国民革命の思想を支持すること」、完全な「精神的動員」を実現することを目標に掲げた。(232)

実際に、ドイツの文化生活は広範囲にわたってナチの方針に沿って再編された。しかし、文化の「均制化」の顕著な特徴は、知識人、作家、芸術家、役者、ジャーナリストらがいかに積極的に協力したかということだった。彼らは、ドイツ文化を制約し貧しくするような措置、自分たちの仲間でもあるドイツ文化の輝かしい担い手の活動を禁じるような措置に積極的に協力したのだった。

幻想を抱いていた者は多かった。ほとんどの場合、すぐに砕け散ることになった幻想である。誤った理想主義に陥っていた者もかなりいた。しかし、理想主義は出世欲と混ざり合っていることも多かった。

グスタフ・グリュントゲンス、ヴェルナー・クラウス、エミール・ヤニングスのような有名な俳優は新体制からもちあげられ、体制に貢献することにした。(233)

世界的に有名な作曲家リヒャルト・シュトラウス、体制から大事に扱われた一流の指揮者ヴィルヘルム・フルトヴェングラー、人気上昇中だった指揮者ヘルベルト・フォン・カラヤンらにより、音楽の世界でドイツは優れた功績を残しつづけることになったが、アルノルト・シェーンベルク、クルト・ヴァイルの音楽は許されず、彼らは亡命を余儀なくされた。ブルーノ・ヴァルター、オットー・クレンペラーのような第一級の指揮者をはじめとして、多くの主としてユダヤ人の音楽家が同じく亡命を迫られた(234)。

作家ゲアハルト・ハウプトマンは一九二二年の六〇歳の誕生日にヴァイマル共和国から叙勲されていたが、三三年には新体制にすぐさま取り入り、ナチ式敬礼をしたり、公的式典で「ホルスト・ヴェッセルの歌」を一緒に歌ったりするようになった(235)。表現派世代の才気あふれるエッセイストで詩人のゴットフリート・ベンは、ナチズムへの忠誠を公に表明した。大きな期待、幻想、理想主義のなせるわざだった。「私は個人的に新体制への支持を表明する。ここにわが民族の道が拓けるからだ。［…］私は自らの精神生活、経済生活、言語、生活、人との絆、頭脳のすべてをまず何よりもこの民族に負っているのだ」とベンは感情的に吐露した(236)。三三年四月のラジオ講演でベンは、ヴァイマル共和国期の精神の自由は「堕落の自由」にほかならないと断じ、「褐色の大軍」の行軍を文化的新時代の幕開けとみなした(237)。ベンはナチの「優生学」や「人種衛生学」の思想に感銘を受けていた。そしてプロイセン芸術アカデミーへの加入を許されたことを喜び、「均制化」に積極的な役割を果たし、もはや気の置けない仲間とはいえなくなった作家たちの排斥も辞さなかった(238)。

こうした「有名人」の例にならい、それ以外の人びとも「国民的再生」に魅せられて、ある者は出世し、ある者は蹴落とされた。一九三三年春の「民衆宰相アドルフ・ヒトラーに対するドイツ詩人の忠誠の誓い」は、いかに熱心に「自主的な均制化」が進んだかをよく物語っている(239)。

大学関係者も大差なかった。著名な哲学者マルティン・ハイデガー、憲法学者カール・シュミットは体制の側についた。ハイデガーは一九三三年五月二七日のフライブルク大学総長就任講演で、ドイツの学生は否定的な意味での学問の自由を捨て去り、民族至上主義《フェルキッシュ》国家に奉仕すべく「行軍を続ける」のだと述べた。ハイデガーは、「アドルフ・ヒトラーとナチ国家」への支持を表明するドイツ大学教員の声明にも尽力した。この声明では、ナチは政権交代をもたらしただけでなく、「ドイツ人としてのわれわれの存在を完全に転換」したとして評価された(240)。

ハイデガーほど有名でない一般の大学教員を見たほう

が全体の傾向がよく分かるかもしれないが、論調はほとんど同じだった。五月三日の講義で独文学者エルンスト・ベルトラムは、「生に敵対的な合理性、破壊的な啓蒙主義、非民族的政治イデオロギー、『一七八九年の思想』のすべて、あらゆる反ドイツ的傾向、外国の過剰影響に対する蜂起」という言い方をした。この「闘争」に敗北すれば、「白人世界の終焉、カオス、害虫のはびこる惑星」への道をたどることになろう、とも述べた[241]。その数カ月後、ベルリン大学教授ユリウス・ペーターゼンは、「未来が現実になった。[…]終末論的な雰囲気は覚醒へと変わった。[…]新帝国の基礎が据えられた。切望され、予言されていた指導者《フューラー》が現れたのだ」と宣言した[242]。

一九三三年一月以降、知識人もこぞってナチ党に入党した。しかし、元来のナチ党支持者は比較的少なかった。多くは、ヴィルヘルム時代に形づくられた教養市民層の知的伝統に染まった国民保守派だった。一九一八年革命や、西欧由来の「非ドイツ的」議会制民主主義への嫌悪から、彼らは三三年一月の新たなる出発に魅了され、自らの職業が知的に弱体化させられることにも、新体制の指導者たちが政治的、人種的に受け入れようとしない同業者らが迫害されることにも気づかなかった。ナチをあれほど軽蔑していたトーマス・マンですら、当初は新体制に対する立場が明確でなく、三三年四月のユダヤ人差別立法に賛成するかのようなことをほのめかしたこともあった。マンがヒトラーを嫌い、四月一日に行われたユダヤ人に対するボイコットに嫌悪感をもっていたことは明らかである[243]。それにもかかわらず、四月一〇日、マンは日記に、「[…]とはいうものの、何か重大で革命的なことがドイツで起こっているのではあるまいか。ユダヤ人[…]これは不幸なできごとでは全くない。[…]法曹界からのユダヤ人の追放にしたところで同じことだ」と秘かに綴っていた[244]。

長年にわたり偉大なる指導者を待望してきたからこそ、多くの知識人の批判力は失われ、思想の自由に対する侵害の重大性も、自分たちが歓迎した措置の重大性も目に入らなくなっていた。「どこから来たかにかかわりなく、この指導者はナショナルとしかいいようがない。したがってその進む道は正しい。その道が国民の道だからだ」と新保守主義のタート誌の影響力ある編集者は一九三一年一〇月に書いた。「この瞬間、自由主義が耐えがたい隷属として描こうとした秩序は、われわれにとっては自由となるだろう。それこそが秩序であり、それに意味があり、自由主義が答えられない問題への答えとなるからである。すなわち、なぜか、何が目的か、何のためかという問いである[245]」。

第三帝国に道をつけたのは新保守主義の知識人の思想だったが、その多くがたちまちひどく幻滅することになった。ヒトラーは現実には、夢にまで見た自分たちの神秘的な指導者ではなかった。しかし、彼らは指導者崇拝の基盤づくりに貢献してしまった。それはいまや、様々なかたちで多くの人びとに受容されるにいたった。そして、「一七八九年の思想」、自由主義思想のもつ合理性と相対主義を拒絶し、非合理主義を意識的かつ自覚的に取り入れ、個人ではなく「民族共同体」に意味を見出し、「国民的覚醒」によって自由を得ようとする彼らの思想に感化されて、ドイツの多くの知的エリートがヒトラーの第三帝国の反知性主義、低級なポピュリズムにとらわれることになった。[246]

一九三三年四月の新官吏法の下で大学教員が粛清され、ドイツの著名な研究者が解雇されて亡命を余儀なくされたときにも抵抗はほとんどみられなかった。プロイセン芸術アカデミーはそれまでにすでに独自に「粛清」を進め、アカデミーへの残留を望む全会員に対して体制への忠誠を要求した。マン、アルフレート・デーブリーンのようにこれを拒否した者はいた。[247]しかし、新秩序の下で許される範囲を逸脱している研究者、作家のリストが公開され、アインシュタイン、フロイト、ブレヒト、デーブリーン、レマルク、オシエツキー、トゥホルスキー、ホフマンスタール、ケストナー、ツックマイヤーらの作品は頽廃的、唯物論的だとされ、「道徳的に難あり」として、「文化的ボリシェヴィズム」のレッテルを貼られて禁止された。

「新精神」に対するドイツ知識人の降伏を象徴するのが、体制の容認しない著者の著作に対して一九三三年五月一〇日に行われた焚書だった。[248]ベルリンのオペラ広場で、詩人、哲学者、作家、学者の手になる二万冊の本が異端の書を焼く巨大な炎のなかに投じられた。その光景を目にしたゲッベルスは、「ここに一一月革命の知的基盤は地に落ちた」と宣言した。[249]

しかし、この恥ずべき夜に国中の大学で行われた焚書を発案したのはゲッベルスではない。「非ドイツ的精神との対決」と呼ばれたこの行動を主導したのは、ライヴァルである国民社会主義ドイツ学生連盟を出し抜こうとしたドイツ学生会だった。したがって、参加したのはナチ系の学生組織だけではなかった。ナショナリスト右翼の学生組織も参加したのである。地方自治体当局や警察も焚書対象となる本を公共図書館から廃棄するのに自主的に協力した。大学の学部や理事会はこの「作戦」にほとんど反対しなかった。それどころか、わずかな例外を除いて焚書に参加しさえした。[250]詩人ハインリヒ・ハイネ（一七九七〜一八五六年）は、かつて、「本が燃やされるところでは、最後には人が燃やされることになる」と書いたことがあった。[251]そのハイネの著作も火にくべられた。

7

一九三三年春から夏にかけてドイツで起こった変化のなかで首相ヒトラーが直接に命令を下したものはほとんどなかった。個人的にはほとんど関与せず、しかし、誰よりも得をしたのはヒトラーだった。この時期、人びとはヒトラーをひどく褒めそやした。いまや指導者崇拝は党内にとどまらず、国家と社会全体で確立し、新生ドイツの基盤となった。そのため、ヒトラーの地位と権力は国内でも、そして次第に国外でも著しく強化されていった。

一九三三年春にはすでに、ヒトラーに対する個人崇拝が急激に広まり、相当目立つようになっていた。ヒトラーに敬意を表して「詩」が書かれた。たいていは下手なごますりで、時にはほとんど宗教めいたものもあった。古代神話のなかで象徴的な意味をもつことから、民族至上《フェルキッシュ》主義ナショナリストとゲルマン神話の信奉者のあいだでとくに重要視されていた木々が国中の町や村に植えられ、「ヒトラーの樫」、「ヒトラーの菩提樹」などと名づけられた[252]。

諸都市は競うように新首相ヒトラーに名誉市民の称号を贈った。道や広場にはヒトラーにちなんだ名がつけられた。ヒトラーは、長年親しまれてきた名をもつ歴史的な通りや広場でない限りは、そうした改称に反対するものではないという立場をとった。そのため、七〇〇年の歴史をもつシュタウベルクのマルクト広場の改称には反対した。他方、ニュルンベルクの歴史ある中央広場《ハウプトマルクト》については、由緒ある歴史的名称は変更できないと決める前にアドルフ・ヒトラー広場への改称を認めてしまっており、フランケンのドイツ民族至上主義自由運動の指導者が元の中央広場という名称に戻したいと願い出た際にも同意しなかった。東プロイセンの「ズッケン」という村は英雄ヒトラーにあやかって「ヒトラースヘーエ」に改称することを認められ、オーバーシュレージエンのオッペルン近郊のある湖は「ヒトラー湖」に改称された。しかし、ラインラントの優雅な保養地であるバート・ゴーデスベルクの市長が「首相アドルフ・ヒトラーの気に入りの滞在地」として市の宣伝をしようとしたのには許可が下りなかった。商魂たくましい商売人は、カフェや薔薇にヒトラーにちなんだ名をつけてヒトラー崇拝にのってひと儲けしようとしたが、それも許可されなかった[253]。それでも、指導者崇拝は商業的に利用されて、絵、胸像、レリーフ、葉書、置物、ペンナイフ、バッジ、彩飾ボタン、錫製の皿などキッチュな商品をあまた生み出した。あまりに悪趣味だったため、ゲッベルスは一九三三年五月には、ヒトラーの肖像を商品に使用することを禁じざるをえなくなる始末だった[254]。

ドイツ史上、前例のないほどの英雄崇拝だった。ドイツ帝国建国の立役者ビスマルクが晩年に受けた個人崇拝でさえ、これには遠く及ばなかった。一九三三年四月二〇日のヒトラーの四四歳の誕生日には、全国で「新生ドイツの指導者《フューラー》」を祝う行事が相次ぎ、誇大な賞賛がどっと寄せられた。[255] すべては計画されたプロパガンダだったとはいえ、その人気と宗教的ともいえるほどの愛情は、ただ人工的に作り出されただけのものではなかった。ヒトラーはもはやナチ党党首ではなく、国民統合の象徴になろうとしていた。

そして、この新たに神格化された存在を狂信的に崇拝しているわけではない人も、この際限ない崇拝に少なくとも表面上は黙って従わざるをえなくなっていった。そうした追従の産物として最もよくみられたのが「ハイル・ヒトラー」という挨拶だった。この挨拶は急速に広まり、ナチ党がドイツで唯一の合法政党となる前日、公務員にはこの挨拶が義務づけられた。身体的障害のために右腕を上げることができない者は、左腕を上げるよう命じられた。[256]「ハイル・ヒトラー」という「ドイツ式挨拶」は、ドイツが「指導者国家」となったことを示すものだった。[257]

夏には経済の復調が感じ取れるようになった。大恐慌と絶望の時代が終わり、新たに活気や活力が感じられるようになった。問題に対処し、国の誇りを取り戻すために政府が何らかの手立てを講じていることも感じとれた。こうした雰囲気はそのままヒトラーに有利にはたらいた。ある地方紙は、「この人物が歴史を掌握してからというもの、ことがうまく運ぶようになった」と書いた。[258] 夏にヒトラーがオーバーザルツベルクに居を定めると、オーバーザルツベルクは一種の「聖地」となった。あまりにも多くの信奉者がヒトラーを一目見ようと押しかけるため、バイエルン政治警察を配下におくヒムラーはベルヒテスガーデン周辺に特別交通規制を命じ、双眼鏡を使用して「国民宰相の一挙手一投足」を観察しようとする者に警告を発しなければならないほどだった。[259]

この驚くべき偶像化の渦中にいたのはいったいどのような人物だったのだろうか。宣伝省対外報道担当課長となったハンフシュテングルは、「取り巻き」でこそなかったが、この時期にはまだよくヒトラーと間近に接していた。ハンフシュテングルは後に、首相就任直後にはヒトラーに会うのがどれほど難しかったかについて語ったことがある。ヒトラーは古くからのバイエルンの取り巻きを首相官邸に連れ込んだ。ハンフシュテングルが「運転手」と呼んだ連中である。ブリュックナー、シャウプ、シュレック（ゲリ・ラウバルとの恋愛沙汰のせいで一九三一年に運転手を首になったモーリスの後任）らヒトラーの副官や運転手、お抱え写真家ホフマンはどこにでも顔を出しては、ヒトラーと連絡がとれないようにしたり、年中会話に介入して邪魔を入れたり、いつも話を聞いていて、後からヒトラーの印象や偏見を強化することもあった。外相ノイラートや国立銀行総裁シャハトでさえ、わずか一、二分といえども、「運転手」に邪魔されずにヒトラーの注意を引きつけておくことはできなかった。ハンフシュテングルによれば、望めばいつでもヒトラーに会えるのはゲーリングとヒムラーだけだった。ハンフシュテングルの挙げたこの二人に少なくともゲッベルスも付け加えるべきだろう。

ヒトラーの行動が予測不能で、定まった日課がなかったこともよい方向には働かなかった。相も変わらず、ヒトラーの就寝時間は遅く、私有の映画設備で映画（気に入りの映画のひとつがキングコングだった）を見て寛いでから寝ることも多かった。官房長官ハンス・ハインリヒ・ラマースの報告を聞き、宣伝省でゲッベルスの右腕ヴァルター・フンクとともに報道に一通り目を通す以外には、午前中はほとんど姿を見せないこともあった。日中で最も大事なのは昼食だった。ヒトラーがミュンヒェンの党本部から連れてきた料理長は、午後一時にと注文された食事を苦労して準備しても、ヒトラーがやっと姿を見せて食事を出すのはそれよりも二時間も後だということも少なくなかった。全国報道局長オットー・ディートリヒは、午後一時半にホテル・カイザーホーフの会合に出席するときには、何が起こっても大丈夫なように必ず事前に食事をすませてから行くことにしていた。食事の相手は毎日違ったが、常に信頼できる党友と決まっていた。首相就任直後の時期でさえ、保守派の閣僚が同席することはめったになかった。その顔触れを見れば、ヒトラーに反論するような者がまずいないことは明らかだった。しかしどのような発言であれ、ヒトラーの長広舌のきっかけになる危険は免れなかった。そうなれば、かつて政敵に加えたプロパガンダ攻撃の焼き直しやら、勝利した闘争の回想やらが延々と続くことになる。

このような状況だったため、いつも媚びへつらわれてばかりいるヒトラーの下には選別ずみの情報しか届かなくなり、現実世界から切り離されることは避けられなかった。まさにこのせいでヒトラーの現実感覚は歪んでいった。ものごとを全く違うようにとらえる者と接触することがあるとしても、要人、外交官、外国のジャーナリストらを相手にお膳立てされた会談だけだった。ドイツ国民はヒトラーに熱狂する顔のない大衆にすぎず、ヒトラーが国民と直接に接するのも不定期に行う演説やラジオ演説だけだった。しかし、人びとからの賛辞はヒトラーにとってはまるで麻薬だった。ヒトラーは自信を強めていった。ビスマルクを見下すような発言が時折あったことをみても、ドイツ帝国の建国者ビスマルクをヒトラーが自分よりも劣っているとみなしていたことは明らかだった。[260] ヒトラーは後に自らを無謬と考えるようになるが、その兆しはすでに十分にあった[261]。

一九三三年に急速に全社会的に広まったヒトラー賛美がどこまで本物であり、どこまで作られたもの、日和見主義的なものだったのかを知ることはできない。どちらであったにせよ、結果はほとんど同じである。ヒトラーが半ば神格化されたことにより、ヒトラー以外の閣僚、他党の党首はすべてかすんでしまった。ヒトラーが認めたと知られる措置に疑問を呈したり、ましてや反対するような余地は次第になきに等しくなっていった。四月には、閣内では指導者《フューラー》の権威が完全に確立された、とゲッベルスが日記に記すまでになった[262]。ヒトラーの権威をもってすれば、以前は不可能だった急進的な行動をとることも可能になり、三三年一月三〇日以前には想像もできなかったような措置への制約、障害も取り払われた。直接的な命令がなくとも、ヒトラーの掲げる目的と調和すると考えられることについてはイニシアティヴが発揮され、成功する見込みも大きかった。

そうした案件のひとつが、一九三三年七月一四日に閣議決定された「遺伝的疾患をもつ子孫防止法（断種法）」だった[263]。すでに見たように、「優生」思想はヒトラーが権力を掌握するはるか以前から社会に広まり、その影響は医学界にも強く及んでいた。とはいえ、三二年七月にプロイセン政府に提出された全国断種法草案も含めて、遺伝的疾患をもつ人びとの自発的断種を超える措置が各種勧告で提案されることはなかった。ところが、ヒトラーの首相就任から数カ月後、確信的ナチのレオナルド・コンティ博士がプロイセン州政府の「国民健康特務委員」に任命されると、コンティはそれまで医学界では主流から外れていたアルトゥア・ギュット博士を内務省国民健康課の影響力ある地位に就けた。ギュットは、かつて二三年にナチ党の管区長（郡指導者）を務め、翌年には「疾患をもつ劣等者の断種」に関する「人種政策の指針」をまとめ、それをヒトラーに送った人物である。ギュットは人口問題ならびに人種問題に関する「専門家」委員会を設置した[264]。この委員会は七月初旬までに、プロイセン厚生省が前年に準備した草案を検討し、様々な遺伝的疾患もしくは身体的、精神的疾患（アルコール依存症を含む）をもつ者に対する強制的断種を取り入れるという決定的な変更をそこに加えた。

ヒトラーは（近親にとっても社会全体にとっても利になるとされた）この法案の準備に直接に関与したわけではなかった。しかし、この法案の準備は、それがヒトラーの口にする意見に合致すると知って進められた。また、この法案が閣議にかけられた際には、同法案に対するカトリックの立場を慮って副首相パーペンが異議を唱えたが、ヒトラーは法案に完全に賛成した。パーペンは、断種は対象者が自発的に同意したときに限るべきだと懇願したが、ヒトラーはこれを撥ねつけた。「民族の維持に役立つ措置はすべて正当化される」というのがヒトラーの簡潔な返答だった。想定される措置は小規模だとヒトラーは述べ、さらに、「遺伝的疾患をもつ者がかなりの子孫を残すのに対して、健康な子供の出生率が低いままにとどまっていることを考えれば、道義的にも問題ない」という奇天烈な理屈をこじつけた。[265]

ナチにいわせれば、この法案は人種工学をあくまでも控えめに開始するものにすぎなかったが、同法案のもたらした影響は決して小さくはなかった。第三帝国の終焉までに、同法にしたがって四〇万人が強制的に断種された。[266]

断種法をめぐってカトリック教会とのあいだで問題が生じるかもしれないと閣議で指摘したのはパーペンだったが、そうはならないことを誰よりも分かっていたのもパーペンだった。パーペンがヴァチカンとの政教条約の実現に尽力し、政府を代表して同条約に仮調印してからまだ一週間もたっていなかった。[267]政教条約は一九三三年七月二〇日にローマで荘重に調印されることになっていた。[268]カトリック教会の聖職者に対する暴行など、急進的ナチによる教会や教会関連組織への攻撃は続いていたが、ヴァチカンは新政府と合意しようとしていた。政教条約調印後も深刻な嫌がらせが続いたにもかかわらず、ヴァチカンは九月一〇日にそのまま政教条約を批准した。[269]

ヒトラーは首相就任直後から政教条約を重視していた。その主たる目的は、ドイツで「政治的カトリック」を完全に無力化することにあった。七月上旬に中央党とバイエルン人民党が解散したことでこの目標は達成された。パーペンの説明を信じるならば、ヒトラーは「宗教問題では和を保つ」必要があると強調し、教会との関係改善に対する党内急進派の反対を押し切ったのだという。[270]実際の交渉にはパーペンがあたったが、交渉でのドイツ側の条件を決める際にも、他の閣僚とともに条約の草案を吟味する際にもヒトラーは直接に関与した。[271]断種法が承認された日の閣議でヒトラーは、政教条約は政権にとって勝利だと強調した。ヒトラーは、これが大成功であることだけ分かっていればよいのだとして、条約の詳細を論じようとはしなかった。政教条約は「ドイツにとって好機」となる、「信頼を生み、それが国際ユダヤ人に対する喫緊の闘争においては特に重要」になる、とヒトラーは続けて述べた。政教条約に不備があったとしても、外交情勢が好転すれば後から改善できる。つい最近まで、「このドイツ国家への忠誠を聖職者に義務づけることを教会が認める」ような事態になろうとは思いも及ばなかった。それが実現したということは、教会が現政権を無条件で承認したということにほかならない、とヒトラーは述べた。[272]

実際のところ、この政教条約はヒトラーにとって絶対的な成功だった。全権委任法が成立すると、政権に対するドイツ司教団の態度は一変した。一九三三年六月初旬に大部分の教区で読みあげられた司教教書は、ナチ党がみせる反カトリック的な動きに対しては留保しつつも政権に肯定的な姿勢を示したもので、以降、ドイツ司教団はヒトラーに対して大仰な感謝や祝辞をとうとうと述べ立てるようになった。(273) ミュンヒェンのナチ党にとって目の上のこぶだったバイエルンのカトリック指導者ファウルハーバー枢機卿も、ヒトラーに送った自筆の書簡で、「かつて議会と政党が六〇年かけても成し遂げられなかったことを賢明な政治家であるあなたは六カ月で成し遂げました」との祝辞を贈り、「われらが国民のために首相に神の守りがありますように」と書いて書簡を締めくくった。(274)

驚くべきことに、ヒトラーの首相就任後、プロテスタント教会はカトリック教会ほど与しやすくはなかった。ヒトラーは個人や社会集団と同じく組織も、権力という観点から評価した。そのため、国際的統一組織であるカトリック教団の力、ドイツの人口の三分の一にのぼる人びとに及ぼすその強い影響力には敬意を抱いていたが、プロテスタント教会のことは見くびっていた。名目上は国民の三分の二がプロテスタントだったが、プロテスタント教会は二八の地域教団に分裂し、それぞれが独自の教義を掲げていた。一九一八年革命後の混乱のせいでプロテスタント教会内部には神学的・イデオロギー的亀裂が生じ、その亀裂が一九三三年にはかつてないほどにまで深まっていた。

そのような状況にあったプロテスタント教会を侮っていたせいもあったのかもしれないが、ヒトラーは宗教と政治が交錯する地雷原を過小評価してそこに足を踏み入れた。全国的な統一教会を作ろうとする試みを支持する方向で影響力を行使しようとしたのである。その種の問題ではいつもそうだが、ヒトラーの関心は機会主義的なものでしかなかった。当初、ヒトラーが介入を迫られた理由のひとつは、メクレンブルク・シュヴェリーンのナチ党急進派が教会に関わる問題を国家の管轄下に置こうとして行動を起こしたことだった。(275) プロテスタント教会が分裂するなか、その再生と統一が広く期待されてはいたが、教会の統一を実現するには後ろ盾としてヒトラーの権威が必要だったという理由もあった。ヒトラーとしても、国民教会を作って統制・操作することには関心があった。誰の助言によるものかは分からないが、ヒトラーが将来的な総主教に指名したのはルートヴィヒ・ミュラーだった。五〇歳の元海軍従軍牧師であり、「ドイツ・キリスト者」の東プロイセン会長だった人物である。ミュラー本人は、自分は重要人物だと思い込んでおり、ヒトラーとその運動の熱心な支持者でもあったが、教会組織の頂点に立つような才覚はもちあわせていなかった。ヒトラーはこのミュラーに、教会が迅速かつ円滑に統一され、ナチ党の指導を受け入れるようになることを望む、という希望を伝えた。

しかしミュラーを選んだのは大失敗だった。プロテスタント教会の指導者が一九三三年五月二六日に総主教の選挙を行った際、ミュラーはナチ化された「ドイツ・キリスト者」の一派には支持されたが、他のすべての勢力から拒絶された。ヒトラーの推すミュラーを五二対一八で破り、代わりに選ばれたのは、ヴェストファーレンのベーテル福祉センター所長を務め、教会の自立性を強く主張するフリードリヒ・フォン・ボーデルシュヴィングだった。[276]ヒトラーはボーデルシュヴィングには会おうとせず、この結果にきわめて強い不満の意を示した。その余波は大きかった。アルトプロイセン同盟（プロイセンのプロテスタント教会）の指導者らが辞任したうえ、プロイセン政府が教会役員の解任とボーデルシュヴィングの辞任を迫る手荒な介入をしたせいで、ヒンデンブルクが乗り出す事態になった。ヒトラーも役員らの解任を要求し、大量に空席が出た教会役員を選びなおすために選挙が告知された。ここで「しかるべき」人びとが選ばれれば、その支持を得て、プロテスタント教会の再編が進むものと思われた。そのため、ナチ党は「ドイツ・キリスト者」を支持するプロパガンダを展開した。ヒトラー自身もミュラーを公然と支持し、選挙前日には国家の新政策に賛同する教会内の勢力を支持するとラジオ放送で宣言した。[277]

「ドイツ・キリスト者」は七月二三日に納得のいく勝利を収めた。しかし犠牲は大きかった。ベルリン郊外で富裕層の多く住むダーレムの牧師マルティン・ニーメラーが、伝統に則って聖書とプロテスタントの信仰を忠実に守る「牧師緊急同盟」の立ち上げに参加を呼びかけたのだ。この呼びかけに対し、九月までに二〇〇〇件もの反響があった。[278]これが後の「告白教会」の始まりだった。この告白教会のなかから、国家の教会政策のみならず国家そのものに対して抵抗運動を展開する牧師たちが現れることになるのである。

ルートヴィヒ・ミュラーは九月二七日についに総主教に選出された。しかしその頃には、ミュラーの主たる支持基盤である「ドイツ・キリスト者」は、ナチ党の後ろ盾を失いはじめていた。ヒトラーはこの時期にはもう「ドイツ・キリスト者」から距離をとろうとしていた。その活動が非生産的になりつつあったためである。ヒトラーは教会内部の抗争とも関わりを断とうとしていた。一一月半ばには、二万人が参加してベルリンのシュポルトパラストで「ドイツ・キリスト者」の大会が開催された際、旧約聖書と「ラビ・パウロ」の神学を批判し、イエスを一層「英雄的」に描く必要があると説く挑発的な演説が行われて、それがスキャンダルとなった。ことここにいたって、ヒトラーは教会の問題からは手を引かざるをえないと考えるようになった。プロテスタント教会の「均制化《グライヒシャルトウング》」は失敗に終わった。諦めるべき時だった。ヒトラーはプロテスタント教会への関心を瞬時に失った。[279] 後にヒトラーは一度ならず介入を迫られることになる。しかし、教会の内紛はヒトラーにとっては面倒ごとでしかなかった。

8

一九三三年秋には、プロテスタント教会の内紛はヒトラーにとっては余興程度のものにすぎなかった。対して非常に重要だったのは、ドイツの国際的地位である。一〇月一四日にヒトラーは劇的な動きを見せた。ジュネーヴ軍縮会議からも国際連盟からも脱退したのである。一夜にして国際関係は一変した。シュトレーゼマン時代の外交は完全に終わった。ヨーロッパの「外交革命」の始まりだった。[280]

第三帝国初期にはヒトラーは外交政策では限られた役割しか果たさなかった。野心的な修正主義外交の新路線は、一九一四年国境の回復、旧植民地の奪還（および新植民地の獲得）、オーストリア併合、東欧・南東欧におけるドイツの覇権などを目指したが、これを考案したのは外務省の専門家だった。新方針は一九三三年三月に内閣に提出された。[281]

ジュネーヴ軍縮会議のドイツ代表団使節ルドルフ・ナドルニーはすでに四月末には、六〇万人規模の大規模な軍隊を編成するという話を非公式に始めた。英仏が自国軍を最低限しか縮小せずにいながらドイツ軍に対して三〇万人程度というはるかに小規模の人員しか認めようとしない場合、もしくは自軍の大幅な軍縮に同意しようともドイツの再軍備を認めない場合には、ドイツは軍縮交渉から脱退し、国際連盟からも脱退するかもしれないとナドルニーは述べた。[282] 他方、強硬派の新国防相ブロンベルクは、ジュネーヴ軍縮交渉から即刻脱退し、一刻も早く、思うがままに迅速な再軍備計画を進めたくて仕方がなかった。この時期、ヒトラー自身ははるかに慎重だった。ドイツの防衛力が低いうちに外国から介入されることをヒトラーは真剣に恐れており、一九三三年二月三日の演説でも軍部に対してその恐れがあると指摘していた。[283]

ジュネーヴでの交渉は行き詰っていた。イギリス、フランス、イタリアは様々な計画を提案したが、いずれも、ヴェルサイユ条約の規定よりはドイツに譲歩しつつも、西欧諸国の軍事的優位を歴然と維持するものだった。ノイラートやブロンベルクよりは戦略的に穏健な路線をヒトラーがとろうとしていたとはいえ、西欧諸国が提示する案はいずれもドイツでは受け入れられるはずのないものばかりだった。軍部が軍事的同権を即座に得ようという実現不能な想定をして苛立ちを募らせていたのに対して、抜け目ない策士だったヒトラーは持久戦を覚悟していた。[284] この点で、ヒトラーが望みをかけるとすれば、軍縮問題をめぐる英仏の明らかな立場の違いにつけ込むことだけだった。最終的にはまさにその通りになった。英仏はいずれもドイツの再軍備に不安を抱き、ベルリンの好戦的な姿勢を懸念し、オーストリアにおけるナチの一連のテロ行動も憂慮していたが、両大国間には重大な意見の相違があった。これはつまり、ヒトラーが恐れるような軍事介入は実際には起こりえないということだった。[285] イギリスはドイツに対してより融和的だった。小さな譲歩を重ねることで、ドイツの再軍備が実質的に停滞することを期待していたためだった。しかし、ドイツが国際連盟から脱退しかねないと危惧しつつも、イギリスはフランスの強硬路線に押し切られていった。[286]

とはいえ、二〇万人規模の軍隊の保有を許可するが一切の準軍事組織を禁じるという最低限の譲歩しかしない案を四月二八日にドイツに提示した際に主導権をとったのは、フランスの支持を受けたイギリスだった。ノイラートとブロンベルクは憤慨を露わにしたが、ヒトラーは西では英仏からの制裁、東ではポーランドの軍事的威嚇を恐れ、大国に屈した。[287] 再軍備問題を交渉によって解決することはできない、とヒトラーは閣僚に述べた。新しい方法をとる必要がある、現段階では「通常の方法で」再軍備を達成する見込みはない、軍縮問題においてドイツ国民がいかに団結しているかを「世界に」示さなければならない、というのがヒトラーの弁だった。ヒトラーは、国会で演説し、そこで示した政府の政策に拍手喝采を受けるという外相ノイラートの閣議での提案を取り上げることにした。再軍備は最大限に慎重に進める必要があると繰り返したヒトラーは、閣議の最後にブロンベルクとノイラートがジュネーヴでの交渉からの脱退を主張するも、それには取り合わなかった。[288]

演説の準備にあたって、ヒトラーは慎重にも、かつて敵対したブリューニングの助言を聞き入れた。英米は静観するとの見通しには同意するが、フランスとポーランドが介入してくる危険がある、というのがブリューニングの意見だった。[289] ヒトラーは、国会議事堂の炎上後に導入した個人の自由に対する制限を緩和する方法についてブリューニングと相談すると約束した。そんな約束などあってないようなものである。しかし、ヒトラーから閣僚ポストを提示されたブリューニングは、[290] 政府声明を支持するよう中央党の議員はおろか社会民主党の議員まで説得すると申し出た。[291]

中央党と社会民主党の議員は本当に支持を表明した。「シュトレーゼマンでさえ、あれほど穏やかな平和演説はできなかっただろう」と、ヴィルヘルム・ヘーグナーは後に語った。社会民主党の議員だったヘーグナーは、一〇年以上にわたって敵対しつづけてきたにもかかわら

ず、この時、ヒトラーが提案する決議に賛成票を投じた。(292)

実際、一九三三年五月一七日の国会演説でのヒトラーの話しぶりは、自国とヨーロッパの平和と幸福が守られることを願う政治家であるかのようだった。「われわれは他国民の権利も尊重し」、「平和と友好のうちに彼らと共存することを衷心から願う」とヒトラーは述べた。ピウスツキ政権下のポーランドを念頭に置きつつ、「ゲルマン化の考え」を明確に否定しさえした。(293) 軍縮問題においてドイツが同等の扱いを受けることを求めたヒトラーの要求は、ドイツ国内外を問わず妥当と受けとめられた。ヒトラーは、ドイツの軍備がいかに貧弱かを強調しつつ、これほどの優位に立ちながらフランスがかたくなに妥協しようとしない、とした。他国が攻撃のための武器を放棄するならばドイツもそうしよう。ドイツに軍縮条約を押しつけようとするということは、ドイツに軍縮交渉から外れよと言うに等しい。「侮辱されつづけながら国際連盟に残ることはわれわれには難しい」、とヒトラーはあからさまに恫喝した。(294)

うまい論法だった。どのような政治信条をもつにせよ、このような感情的議論に異を唱えて反対票を投じることは愛国的な国会議員には難しかった。国外でも、ヒトラーの主張は理性的な意見として受けとめられ、西欧民主主義諸国でヒトラーを批判する者たちはプロパガンダをしようにも守勢に回らざるをえなかった。ヒトラーはいたるところで高い人気と名声を博した。

ジュネーヴ軍縮交渉は行き詰まり、まずは一九三三年六月、次いで一〇月まで延期された。この間、ドイツは国際連盟からの脱退を具体的に検討していたわけではなかった。ブロンベルクは相変わらずの強硬論で、会議などやめにして、軍の完全なる再軍備と重兵器による防衛を実現すべきだと叫びつづけていた。ブロンベルクの右腕のひとりだったカール・ハインリヒ・フォン・シュトゥルプナーゲル大佐は、九月初旬にフランス大使館員に、ドイツは近々、再軍備交渉から抜けることになるだろうと話した。しかし、同月末になっても、ヒトラーも外相ノイラートもすぐさま脱退しようと考えていたわけではなかった。(295) 一〇月四日の段階でも、ヒトラーは交渉継続を考えていたようである。(296)

しかしその日、フランス同様、ドイツの再軍備をめぐるイギリスの姿勢は揺るがず、平等を求めるドイツの要求を一顧だにしない、という知らせが届いた。その日の午後、ブロンベルクは官邸でヒトラーに面会を求めた。ノイラートも後に、九月末には、ジュネーヴ会議で得られるものはもはや何もないとヒトラーに進言したと認めている。(297) ヴィルヘルム二世が重用した帝国宰相ビューローの甥である外務事務次官ベルンハルト・ヴィルヘルム・フォン・ビューローも行動を起こすべきだと考えていたが、ビューローがヒトラーに会ったときには、ヒトラーは軍縮交渉を離脱し、国際連盟からも脱退する決意を固めていた。ビューロは細部の詰めを任された。[298]ドイツが不当な扱いを受けたように見える今こそが国際連盟を脱退すべきときだとヒトラーは考えていた。とくに世論の絶大な支持を確信していたヒトラーにしてみれば、国内での宣伝効果を考えてもこの機を逃すべきではなかった。ひとたび決断したからには、西欧列強の妥協や譲歩につながるような行動は避けなければならなかった。事情を完全に知らされていたのはノイラートとブロンベルクの二大臣を含めて七名だけだった。[299]

内閣が決定を知らされたのは一〇月一三日だった。国民投票で支持を得ることの宣伝効果を熟知していたヒトラーは、国会を解散し、新たに選挙を行い、「国民投票で政府の平和政策に賛意を示すようドイツ国民に要請」すればドイツの立場を強めることができる、と閣僚に告げた。「これによって、攻撃的政策をとっているとして他国がドイツを批判する可能性を摘みとることができる。また、これによって、全く新しい方法で世界の注目を集めることにもなるだろう」。異を唱える閣僚はひとりもいなかった。[300]

翌日、ジュネーヴ会議はドイツから正式に脱退の通告を受けた。[301]この影響は甚大だった。軍縮会議の意義は失われてしまった。国際連盟（この年にはすでに日本も脱退していた）は決定的に弱体化した。西欧列強が手をこまねいている間に、ピウスツキはベルリンのポーランド大使に命じてドイツとの外交協定の可能性をさぐらせ、一〇年間の不可侵条約が一九三四年一月二六日に両国間で調印された。これは、外務省の伝統的なポーランド嫌いをおしてヒトラーが強行したもので、東欧におけるフランスの同盟政策に深刻な打撃を与え、ドイツは包囲網から抜け出すことに成功した。[302]これらはすべて、直接間接に、国際連盟からの脱退をヒトラーが決意したことの結果だった。この決断のタイミングを決定したのも、これを宣伝に利用したのもヒトラーである。しかし、ドイツにとって最大のチャンスが到来したとヒトラーが確信するはるか前から、とくにブロンベルクとノイラートが脱退を強く求めていたことはすでに述べたとおりである。ヨーロッパの不安定な外交情勢は首相就任後のヒトラーにとくに有利にはたらいた。シュトレーゼマンの戦略もヨーロッパの安全保障もヴェルサイユ条約の「履行政策」に基づくものだったが、その基盤は世界経済危機によって掘り崩されてしまっていた。その結果、ヒトラーの首相就任時には、ヨーロッパの外交秩序はまるでトランプの家のような脆弱さを呈していた。ドイツが国際連盟を脱退したことで、トランプの家からまずはカードが一枚抜かれた。残りのカードが崩れ去るのは早かった。

一九三三年一〇月一四日夜の放送で、全国の何千万人もの聴取者の好意的な反応を確信しつつ、ヒトラーは国会解散を告げた。[303] 一一月一二日に決まった次の選挙では、解散に追い込まれた諸政党の残党は一掃され、完全にナチ一色の国会が成立することになるはずだった。わずか一政党だけの選挙戦になったにもかかわらず、ヒトラーはまたしても選挙演説のために国中をとびまわった。[304] 途中、飛行機の計器が効かなくなり、かつて一度演説をしたことがあったヴィスマーの町のホールの位置を教え、パイロットのハンス・バウアーを誘導するという場面もあった。バウアーがトラーヴェミュンデの近くにようやく降り立ったときには燃料は尽きる寸前だった。[305] プロパガンダキャンペーンは、ヒトラー個人に対する忠誠の大きさを演出することにすべてのエネルギーを傾けたといってよい。ナチ系以外の報道機関もまだ存在していたが、いまやそこでさえ「指導者《フューラー》」という呼称が定着しつつあった。[306] 国民投票の投票用紙にはヒトラーの名は書かれていなかった。「ドイツ人の皆さんにうかがいます。政府のこの政策に賛成しますか。また、政府はあなた自身の意見と意志の顕現であると表明し、政府に厳粛に忠誠を誓いますか」というのが質問文だった。[307] しかし、いまや「政府」と「ヒトラー」が同義であることは明白だった。

一九三六年や三八年の国民投票のときほどの選挙操作は行われなかった。しかし、操作がなかったといえるような状態では全くなかった。あちこちで様々なごまかしがあった。投票箱の周囲では秘密は全く守られず、[308] 賛成票を投じるようにとの圧力が露骨にかかった。[309] そうであったとしても、国民投票で九五・一パーセント、国会選挙で九二・一パーセントという公式結果は、明らかなヒトラーの勝利だった。[310] 選挙操作が行われ、自由もなかったとはいえ、国内でも国外でも、ドイツ国民の大多数はヒトラーを支持しているのだとの結論に達さざるをえなかった。この国家の一大事については、ナチ党に断固として反対していた人びとでさえ多くが国際連盟に対するヒトラーの対応を支持し、ヒトラーはまさに喝采を浴びた。党派的利害を超越した国民的指導者としてのヒトラーの名声は大いに高まった。

国民投票後初めての閣議での副首相パーペンの発言からは、首相就任から数カ月のうちにヒトラーの全面的支配が実現したことが分かる。パーペンは、「一国の国民がその指導者に与えたものとしては類例のないほどに圧倒的な支持が表明」されたとして、「あなたの素晴らしい指導力とあなたが新たにわれわれに示した理想によって、内部分裂に陥り希望を失っていた国民は、九カ月間で統一国家となったのです」と述べた。ヒトラーはドイツの「無名戦士」でありながら国民の支持を勝ち取ったのだとして、パーペンは、「歴史上、特定の政治家にこれほど熱烈な信頼が寄せられたことはおそらくないでしょう。ドイツ国民はこれにより、時代の変化を認識し、指導者《フューラー》の進む道に付き従う決意であることを知らしめたのです」とも述べた。閣僚は立ち上がってヒトラーに敬意を表し、ヒトラーはそれに応えて、これだけの支持を得たことで、この先の仕事はやりやすくなるだろうと述べた。[311]

しかし、ヒトラーはまだ完全にドイツを支配下に置いたわけではなかった。国民投票での大勝利に浮かれつつも、長期にわたって抱えつづけてきた問題がいまや体制そのものを脅かさんとしていた。突撃隊の問題である。

第12章 権力の全面的掌握

私は、この反逆行為に最大の責任を負う者を射殺せよと命じた。
国内の毒［…］から生じる悪性の潰瘍を生肉もろとも焼き払えとも命じた。

ヒトラー、一九三四年七月一三日の国会演説にて

突撃隊を軍と合体させようとするレームの企てを未然に防いだという点で、首相は約束を守った。
真の戦士であることを示した彼にわれわれは惚れ込んでいる。

ヴァルター・フォン・ライヒェナウ、政治的諸問題の訓示に関する指針より抜粋、一九三四年八月二八日

一九三三年末には、独裁体制はまだ完全には確立していなかった。ほぼ誰も予測しえなかった速さで政治情勢は変化し、ヒトラーの地位は強化されていったが、国内で無制限の権力を手にするうえでは、二つの大きな障害が残っていた。その二つは相互に密接に関連していた。

ナチ党の武装組織である粗暴な突撃隊は、目標を達成してしまった。突撃隊は権力を獲得するためにあった。すべてがこのただひとつの目的を達成するためだった。権力を獲得したならばどうするのか、新国家において突撃隊は何を目的としてどのような役割を果たすのか、一般の突撃隊員にはどのような利益があるのかは明確にされないままだった。「権力掌握」から数カ月を経た今となっては、「無法政治」[1]を行う突撃隊は国家を混乱させる勢力になっていた。とくに、その指導者レームには軍事的野心があったため、突撃隊は次第に軍との関係を揺らがせる要因と化していった。しかし、突撃隊の排除も無力化もそう簡単にはできなかった。突撃隊はナチ党本体をはるかに凌ぐ巨大組織だった。運動の熱心な（文字通りの意味で）「古参闘士」も多く抱えていた。ヒトラーの首相就任後、ナチ革命を急ピッチで進めさせた暴力的行動主義を中核となって担ったのがこうした古参闘士だった。前章までに見てきたように、レームの野心とヒトラーの野心は一致していなかった。党の政治組織に従属することをよしとしない巨大な準軍事組織は、一九二〇年代以来、緊張を生みつづけ、時に反乱を起こすこともあった。しかし、いかなる危機に瀕しても、ヒトラーは突撃隊の忠誠をどうにか維持しつづけてきた。突撃隊指導部と対決することになれば、その忠誠を失う危険があった。軽々しく手を出すわけにはいかなかった。突撃隊の処遇をめぐるジレンマを抱えたヒトラーは、何カ月もの間、緊張が強まりつづけるなかでそれをほとんど緩和できずにいた。しかし、ほかに選択肢がなくなったとき、ヒトラーはついに動いた。冷酷で無慈悲な行動だった。いつものことではあった。

突撃隊の問題は、ヒトラーが権力を固めるうえでのもうひとつの脅威と分かちがたく結びついていた。大統領ヒンデンブルクは老齢で病を抱えていた。近い将来、その後継をどうするかが問題になると考えられた。ヒンデンブルクは「古き」ドイツ、「古き」プロイセンの象徴であり、新国家に対する忠誠を必ずしももたない勢力がいまだに大きな力を維持しつつヒンデンブルクを支持していた。その最大勢力が軍隊であり、国家元首ヒンデンブルクはその最高司令官だった。軍指導部は、突撃隊の示す軍事的自負に警戒を強めつつあった。ヒトラーが突撃隊の問題を解決できなければ、軍指導部は国家元首ヒンデンブルクが死去した場合に別の選択肢を選んだかもしれない。そうなれば、帝政の復活や事実上の軍部独裁につながった可能性もある。そうした方向性は、軍の保守派だけでなく、国民保守派などほかの勢力の関心にも合致したはずである。権威主義的で反民主主義的な国家形態を好みながらも、ヒトラー体制を前にして言葉を失った勢力である。次第に、副首相パーペンにはナチ革命を骨抜きにする役割が期待されるようになっていった。パーペンは相変わらず大統領の信任が厚かったため、権力政治の観点からすると、少数といえどもそうした「反動勢力」の影響力は馬鹿にできなかった。また、経済界の指導層が悪化の一途をたどる経済状況に不安を募らせていたことも、ヒトラーの、ひいては体制の権力確立を脅かす一因となっていた。

ヒトラーは動かざるをえなくなるまで動かなかった。一九三四年夏に事態が危機的状況に立ちいたったのは、明らかに軍指導部からの圧力と、ゲーリング、ヒムラー、ハイドリヒの謀略のせいだった。それにより、およそ五週間のうちに、「長いナイフの夜」（レーム事件）で突撃隊指導部は粛清され、「反動勢力」の指導者たちも殺害され、ヒンデンブルクが死亡するやいなやヒトラーが国家元首の地位を引き継いだ（内閣がその法令に合意したときにはヒンデンブルクはまだ存命中だった）。全面的権力はこの時期に決定的に確立することになる。

1

一九三三年初頭にナチ革命の先頭に立ったのはレームの突撃隊だった。上から指令を下すまでもなく、暴力は自然に爆発した。突撃隊は長く鎖につながれ、最後の審判の日まで待つようにと言われつづけていた。今となっては突撃隊を抑え込んでおくことはもはやできなかった。憎悪に満ちた政敵への報復の嵐、ユダヤ人に対する恐ろしくも凄惨な攻撃が日常茶飯事となった。この混乱期に拘束された推定一〇万人の多くが突撃隊の仮設監獄、仮設収容所に入れられた。そのうちベルリン周辺に作られたものだけで数百を数える。非人道的な拷問を受けた者も多かった。ナチ党が法に則った無血革命と称したにもかかわらず、少なく見積もっても約五〇〇〜六〇〇人が殺害された。その責任はもっぱら突撃隊にある。[2] ゲシュタポ初代長官ルドルフ・ディールスは、戦後、ベルリンにあった突撃隊の監獄の状況について話したことがある。いわく、『尋問』は殴ることに始まり、殴ることに終わった。一〇人もの人間が数時間おきに鉄棒、ゴム製の棍棒、鞭で犠牲者に殴りかかった。砕けた歯、折れた骨が拷問の凄惨さを物語っていた。われわれが入っていくと、傷が膿み、生ける屍となった者たちが腐りかけた藁のうえに並んで横たわっていた[3]」。

大統領ヒンデンブルクにとってかつては同僚であり、今は目の上のこぶとなったルーデンドルフは、一九三三年秋、「あなたの統治するドイツにはびこる暴力行為と恣意」について大統領に無数の手紙を送りつけた。そのなかでルーデンドルフは、「信じがたいできごと」が「恐ろしいほどに増えつつある」と述べ、ヒンデンブルクの大統領在任末期は「ドイツ史上最大の暗黒期」だ、とまで言った。ルーデンドルフの書簡はヒトラーに回された[4]。ヒトラーが規律を呼びかけても無視された。レームの呼びかけでさえも聞く耳をもたれなかった[5]。もっとも、そうした呼びかけは本気でなされたわけではなく、戦術的なものにすぎなかった。裏ではヒトラーは、党幹部や法相ギュルトナーの求めに応じ、突撃隊員らによる囚人の虐待や拷問の訴訟事件を次々にもみ消した[6]。

矛先が主として共産党員、社会民主党員、ユダヤ人に向いている限り、テロの悪評が広くたつこともなく、「国民決起」の「行き過ぎ」として片づけてしまうこともできた。しかし夏にさしかかる頃には、突撃隊員の威圧的で粗野な態度がナチに好意的な層も含めて広く世間の反感をかうような事件が増えてきた。この頃には、突撃隊員の引き起こす騒ぎと受け入れがたい行動に対して、工業界、商業界、地方当局からも雨あられのように苦情が寄せられるようになっていた。外国の外交官への侮辱や手荒な扱いについては外務省からも抗議があった。突撃隊に対する制御は完全に失われつつあった。対処の必要があった[7]。プロテスタント教会の混乱に対する懸念にことよせて、大統領ヒンデンブルクも秩序の回復をヒトラーにじきじきに要請した[8]。

ヒトラーが緊急に手を打つ必要に迫られたのは、レームが一九三三年六月に国民社会主義月報に綱領的な文章を寄せ、突撃隊の目的は、突撃隊を弱体化させ、手懐けようとする保守派、反動、身内の機会主義者の目論見に抗して「ドイツ革命」を続けることにある、と公然と述べたためだった。「戦士でない者たちの手によってドイツ革命が道半ばにして裏切られ、眠りにつかされることを突撃隊と親衛隊は決して許さない」とレームは威嚇し、「好もうと好むまいと［…］われわれは戦いつづける。奴らが問題を理解すれば、ともに戦うことになろう。しかし理解しようとしないのであれば、そんな奴らは必要ない。そして必要とあらば、奴らに抗して戦うことになるのだ！」と締めくくった[9]。

レームは明らかに、ドイツの新しい支配層に向けて、自分にとって革命はまだ緒に就いたばかりであり、自分自身とその下にあるいまや約四五〇万人もの隊員を擁す

る強大な組織を指導的地位につけるようにとの意志を伝えてきていた。(10)

ヒトラーはここにきて初めて、党の準軍事組織の要求を呑むか、規律を要求してくる「大軍事組織」〔軍国〕の要求にしたがうかの選択を迫られた。ヒトラーが地方総督を首相官邸に集めて会合を開いたのは七月六日だった。「革命は永続的に続くわけではない〔…〕。これが常態になってはならない。革命が解き放った潮流は確かな進化の河床へと誘導されねばならない」とヒトラーは述べた。(11)フリック、ゲーリング、ゲッベルス、ヘスなど他のナチ党指導者も、この後、これを受けた発言を始めた。(12)方針が転換されたことは明白だった。

しかし、レームの野心は衰えなかった。レームは「突撃隊国家」を創設し、警察・軍事・行政において多大な権力を行使しようとしていた。一九三三年末になってもこれはまだほとんど実現していなかった。突撃隊は警察を補助する役割を与えられていたが、夏にはゲーリングはプロイセン州において突撃隊をこの役目から解いた。一〇月には突撃隊は強制収容所の管理からも外された。(13)軍とは別に、巨大な民兵組織の創設を考えているとレームが宣言したことに軍指導部は神経を尖らせていた。バイエルンとプロイセンをはじめ、各州の行政府に置かれた突撃隊特務委員は、実際には相当の問題を引き起こしていたとはいえ権限はなく、助言を与える程度の存在でしかなかった。それにもかかわらず、突撃隊は次々に敵を作りつづけた。三三年一二月、レームが無任所大臣として閣僚に任じられたときもそうだった。これはもっぱら、重要なポストも権力も与えられることのなかったレームをなだめるためだった。しかし、レームは、これは「突撃隊省」の創設に向けた第一歩であり、ゆくゆくは国防相への任命にもつながりうるとの考えを示し、軍指導部の神経を逆なでした。(14)突撃隊との協力は即座に縮小され、軍事面での影響力を排除する措置がとられた。(15)

問題はレームの野心だけではなかった。ナチ党が政権を獲得した暁には素晴らしい理想郷が来るに違いないという、ナチ党の巨大な軍事組織の構成員が抱いた期待は手ひどく裏切られた。政敵を打ちのめしたにもかかわらず、望み放題になるに違いないと無邪気に信じていたポストも、報奨金も、権力も、彼らの手には入らなかった。たしかに、突撃隊が国家予算を潤沢に使えるようになったため、突撃隊上層部はその恩恵に浴した。(16)この層には贅沢な暮しも思いのままだった。ミュンヒェンのプリンツレゲンテン広場にレームが新築した、フォンテーヌブロー城のマホガニーの椅子と一七世紀フィレンツェの壁鏡を取りそろえた、見るも壮麗な別宅はほんの一例にすぎない。(17)しかし、末端がおこぼれに与ることはほとんどなかった。一般の突撃隊員の失業率は平均よりも高かった。労働モラルが低いという噂が立っていたため、突撃隊員を雇い入れることを躊躇する雇用主はナチ党の政権獲得後も多かった。[18]突撃隊の「古参闘士」は、「ブルジョア」のお歴々や党内の日和見主義者のせいで、本来ならば与えられるはずの地位や金銭的利益が与えられないとして、邪魔立てする勢力に根深い恨みを抱いた。明確な社会変革プログラムに立脚したものでこそなかったが、「第二革命」という考えに一般の突撃隊員が強く共鳴したのはそのためだった。

したがって、一九三四年初頭、さらなる革命を起こし、「国民決起」がなしえなかったことを完遂するのだという脅しをかけ続けるレームの人気は、突撃隊員のあいだでいとも簡単に高まっていった。レームは表向きはヒトラーに忠実な態度を取りつづけた。しかし内心では、軍に対するヒトラーの政策にも、ブロンベルクとライヒェナウへのヒトラーの依存にもきわめて批判的だった。自分自身に対する個人崇拝が強まり、突撃隊内部での指導的立場が強まるに任せ、それを抑えようともしなかった。[19]一九三三年のナチ党の勝利の全国大会では、レームはヒトラーに次ぐ重要な指導者であり、「指導者《フューラー》」の右腕として扱われた。[20]三四年初頭にはレーム崇拝の広がりに押されて、『突撃隊員』(突撃隊の機関紙)にヒトラーはあまり登場しなくなっていた。[21]

少なくとも公の場では互いは互いに忠実だった。[22]一九三四年に入ってからもしばらくは、レームの突撃隊と軍のどちらをとるかでヒトラーには迷いがあった。レームに言うことを聞かせることも、ましてや解任することもできなかった。それによって政治的ダメージを受け、面目と人気を失うことを考えれば、そのような行動は危険だった。しかし、現実の権力の問題として、ヒトラーは軍の側につかざるをえなかった。[23]それが完全に明らかになったのは二月末だった。それまでは、軍指導部をなだめつつも、軍事面における突撃隊の要求をヒトラーが明確に拒絶することはなく、[24]その後でさえ、この政治的決断に沿った行動を起こすことについてヒトラーにはまだ躊躇があった。[25]その結果、春から初夏にかけて、危機は募っていった。

一九三四年二月二日、大管区長の会合で、ヒトラーは再び事実上の突撃隊批判を行った。革命が終わっていないと考えるのは「馬鹿者」だけだ、しかし、ナチ運動のなかには「革命」とは「永続的混沌」のことだと考える者がいる、というのがその批判だった。[26]

その前日、軍と突撃隊の関係について、レームはブロンベルクに覚書を送っていた。この覚書の写しは散逸してしまっているが、レームは、国防を突撃隊に任せ、訓練された人材を突撃隊に供給することのみに軍の機能を縮小することを要求したようである。[27]これはとんでもない要求であり、二月二日にベルリンで開催された国防管区司令官の会合での演説で、ブロンベルクが故意に嘘をついたか故意に曲解してみせた可能性が非常に高い。予想にたがわず、国防管区司令官らは驚愕した。[28] ヒトラーは今こそ決断しなければならない、とブロンベルクは宣言した。[29] 軍からの働きかけがはじまった。突撃隊に対抗してヒトラーの支持をとりつけるため、ブロンベルクは、ナチ党指導部から圧力を加えられたわけでもないのに、軍にナチ党の党章を導入し、将校団に「アーリア条項」を適用することとし、約七〇名を軍から即座に解雇した。[30] しかし、レームもまたヒトラーの支持を得ようとした。しかし、ヒンデンブルクの支持を受けた軍か、党の武装組織かという選択を迫られ、ヒトラーは今度こそどちらか一方を選ばざるをえなかった。

二月二七日、軍指導部は「突撃隊との協力のための指針」を出した。翌日のヒトラーの演説がこれを下敷きにしたものであったことから考えて、ヒトラーもこれに同意していたと考えてよい。[31]

二月二八日に国防省で開催され、国軍、突撃隊、親衛隊の指導部が出席したこの会合で、ヒトラーはレームの突撃隊民兵計画を完全に否定した。突撃隊の活動は軍事領域ではなく、政治領域に限定すべきだとされた。[32] ヒトラーは今後の展開も描いてみせた。ナチ党は失業をなくしたが、余剰人口のための生空間《レーベンスラウム》を作り出すことができなければ、八年以内に経済破綻がくるだろう、とヒトラーは述べたといわれる。これはヒトラー独特の語り口だった。失業は急激に減少してはいたが、この時点では完全になくなったといえる状況では全くなかった。経済的制約もすでにして強く意識されるようになっていた。しかし、いつものようにヒトラーは、白か黒かというシナリオを描きだして見せた。すなわち、生空間を得るか、経済破綻に直面するか、という二者択一である。結論としては、軍事面では、「したがって、西方を短期間で決定的に叩き、次いで東方を叩くことが必要になるだろう」。しかし、レームの言うような民兵組織は最小限の国防にすら適さない。今の国軍を、十分な訓練を積み、最新式の武器を装備した国民軍にして、五年以内にあらゆる防衛上の事態に対応できるようにし、八年後には攻撃能力も備えたものにすると決めた、とヒトラーは述べた。「内政においては誠実でなければならないが、外交においては約束を違えてもよい」とも言った。ヒトラーは突撃隊に命令に従うように求めた。計画中の国防軍が整うまでの移行期間は、突撃隊を国境警備と準軍事訓練にあてるというブロンベルクの意見にヒトラーは賛成した。しかし、「国防軍は国家の唯一の武力となる」とされた。[33]

レームとブロンベルクは「協定」に署名し、握手を交わした。ヒトラーが立ち去った後、酒宴での懇談が始まった。しかし、その雰囲気はおよそ友好的とはいいがたかった。[34] 将校らが立ち去った後、レームは「あの笑止千万な一兵卒が言ったことなどわれわれには関係がない。ヒトラーは誠実さをもちあわせていない。とにかく休養でもさせるしかないだろう。一緒にできないというなら、ヒトラーなしでやるしかない」、と発言したといわれる。この発言を耳にしたのが突撃隊大将ヴィクトア・ルッツェだった。ルッツェはこれをヒトラーに注進したが、ヒトラーは「いずれ機は熟す」と答えただけだった[35]。しかし、この忠誠は記憶にとどめられ、六月三〇日の一件の後、新生突撃隊の幕僚長が必要になったとき、ヒトラーはその任をルッツェに託すことになる。

2

一九三四年初頭にはヒトラーは、部下としては力をもちすぎた幕僚長レームに身の程を思い知らせる以外に道はないと認識していたようである。しかし、レームにどのように対処するのかは定かではなかった。ヒトラーは問題を先送りにし、成り行きに任せた[36]。軍指導部も機をうかがい、事態が徐々にエスカレートすることを期待しつつ、最終決着を待ち望んでいた[37]。軍部と突撃隊の関係は悪化しつづけていた。しかし、突撃隊の活動の監視を指示したのはヒトラーだったようである。ゲシュタポ長官ディールスの後の証言によれば、三四年一月にヒトラーはディールスとゲーリングに突撃隊の逸脱行為について証拠資料を集めるようにと求めた[38]。二月末以降は、軍指導部も突撃隊の活動について独自の諜報活動を行い、情報をヒトラーに流した[39]。ヒムラーとハイドリヒが四月にプロイセン州の秘密警察を指揮下におくと、突撃隊に関する情報収集はより一層集中して行われるようになった。レームが外国人や、国内でも元首相シュライヒャーのように現政権に冷淡な態度をとる人物と接触すると、それが記録にとどめられた[40]。

この時期には、レームが一連の有力者を敵に回したせいで、突撃隊に敵対する奇妙な同盟関係ができあがりつつあった。

そもそも、突撃隊がプロイセン州に権力基盤を確立するにあたって大きく貢献したのは、一九三三年二月に突撃隊を補助警察として位置づけたゲーリングだったが、四月二〇日にはほかならぬそのゲーリングが、突撃隊の権力基盤を掘り崩そうと、プロイセン州のゲシュタポの指揮権をヒムラーに預けた。これが後に親衛隊の下での中央集権的警察国家の創出につながるのである。第三帝国の権力と統制の中核となる自らの帝国を築こうという親衛隊の野望は、親衛隊というエリート組織がその上部組織である突撃隊から離れることでレームの権力基盤を消滅させられるか否かにかかっていた。ヒムラー自身もそれは認識しており、その冷血で危険な腹心ハイドリヒにいたってはなおのこと明確にそれを認識していた。党内では、レームら一派は政治組織を軽蔑しており、突撃隊が党に取って代わるなり党を不要なものにするなりの行動に出る差し迫った危険がある、というのがヘス（三三年四月に新設されたナチ党「副総裁《フューラー》」という大層な役職に就いていた）、陰で暗躍する大物マルティン・ボアマンらの認識だった(41)。軍部は、すでに述べたように、国軍よりも民兵組織に重要な役割を負わせようとするレームの目論見を忌々しく思っていた。軍事訓練を強化し、大がかりなパレードを行っていること、そして何よりも、突撃隊が大量の武器を所持しているらしいとの情報が軍の神経を逆なでしていた(42)。

突撃隊を厄介払いしたいという欲求を共有するだけで、ほかの面では競合しあう様々な利害と策謀が錯綜するなか、その中心にいたヒトラーはこの頃には、レームとは決別せざるをえないことを本能的に鋭くも嗅ぎとっていたはずである。その決別がどれだけ決定的なものになるかは、この段階ではまだはっきりしていなかった。ヒトラーは二月には当時の英国王璽尚書アンソニー・イーデンに、突撃隊の規模を三分の二ほど縮小したうえで、非武装化を確認するために残存勢力は国際的な監視下に置いてもよいと考えていると示唆し、四月にも改めてそれを繰り返した。自らの良識と政治的本能に照らして、国家のなかに第二の軍隊を創設することを認めるなどということは考えられない、とも言った。「絶対に、絶対にだ！」とヒトラーは重ねて言った(43)。ヒトラーの発言を聞いて欧米列強は、軍縮交渉で歩み寄りの可能性があることを知り、突撃隊に対するヒトラーの腹づもりも分かった。しかしこの段階では、レームの殺害は考えられておらず、現代版サンバルテルミの虐殺〔一五八二年にパリで起きた旧教徒による新教徒の殺害事件〕の計画が立てられていたわけでもなかった。これは最後の瞬間に行きあたりばったりに行われたところが大きかった(44)。

一九三四年、季節が春から夏に移り変わろうとする頃には、突撃隊の問題は政権にとって初めての存亡に関わる危機の一端を形づくるようになった。ヒトラー自身も状況は十分に理解していた。ドイツの経済状況はひどく不安定だった。原料は慢性的に不足し、輸出高は落ち込み、輸入がかさみ、外貨の流出が続き、破滅的なレベルに達していた。外国メディアは、ヒトラーは早晩失脚するとの予測を流していた(45)。地方総督とその他の党幹部を集めた三四年三月二二日の会合でヒトラーは、「破局を防ぐ」ことが肝要だと述べた。ヒトラーは続けて、ナチ党と突撃隊の活動家が経済に干渉しつづけていることを批判した。百貨店のボイコットを続ければいとも簡単に銀行危機になりかねず、そうすれば経済回復の望みが潰えることになる、というのが経済顧問が率直に告げた情報に基づいてヒトラーが示した陰鬱な見解だった(46)。

一般大衆のレベルでは、一九三三年の息もつかせぬ大変革のときには期待と興奮に満ちた「国民決起」の雰囲気が国中を席巻したものだが、それも今となってはなりをひそめ、幻滅や物質面での失望とともに不満と批判が広がった。「不満分子」と闘うとして五月にゲッベルスがしかけた全国的なプロパガンダキャンペーンも大失敗に終わった。国民の雰囲気が悪化しているとの報告が国中から届いていた。三三年九月には全国食糧身分団が創設され、食糧農業相ヴァルター・ダレの下、ドイツの農業を全面的に監督したが、巨大すぎて小回りがきかないこの組織が押しつけてくる官僚的規制に農民は怒り、有力者ばかりが甘い汁を吸う腐敗した制度にはらわたが煮えくりかえる思いでいた。産業労働者は恐れをなして怖気づいてはいたが、四月に行われた新設の信任評議会の選挙で意志を示してみせた。「信任評議会」は従来の「労使協議会」に代わって三四年一月に設置され、大企業で労使双方の利益に配慮するとの触れ込みだった。これが多分に労働者の統制を目的とした代物であることは労働者の目には明らかだった。信任評議会の選挙結果は、政権の恥をさらすようなものだったため、公開は見合わせられた。商業中産階級は、経済の見通しの暗さ、通貨規制と信用取引規制、原料不足に加えて、政府が商取引を活発化できないことにひどく不満をもっていた[47]。何百万もの失業者にとっても、第三帝国の現実はプロパガンダとはほど遠かった。

ヒトラー本人だけはそれでも絶大な人気を誇っていた。しかし、腐敗した横暴な党幹部への批判は広がっていた。なかでも、ナチ支配の日常のなかで最も不愉快だったのは、傲慢で高圧的に威張り散らす突撃隊の振る舞いだった。ナチに共感する層にとってさえ、共産主義者、社会主義者、ユダヤ人、その他の忌み嫌われるマイノリティに向けられるのでない限り、その振る舞いは受け入れられるものではなかった。

国民のあいだに様々な不満が広がっていたからといって、それは根深い政治的反対といえるようなものではもちろんなかった。亡命社会民主党指導部《ゾパーデ》も、これが大勢において「経済的な理由からくる不平不満」のぼやき以上のものではないと認めていた。中産階級と農民の大部分は、どのような問題があろうとナチズムはボリシェヴィズムよりはましだと考えていた。ナチズムでなければボリシェヴィズムになるというヒトラーの描く図式が功を奏したといえる。「中産階級と農民の大部分は、ヒトラーが失脚すればカオス、すなわちボリシェヴィズムが生じるだろうとの不安を抱いている。この不安は、大衆が政権を消極的に支持する基盤として今も機能している」と亡命社会民主党は分析していた[48]。ナチ支配の初期段階から体制の「暗黒面」は明白だったが、多くの者の目にはこのように映っていた。すなわち、ナチズムはひどいが、ボリシェヴィズムはもっとひどいだろう、ということである。最も被害が及んでいる共産主義者、社会主義者、ユダヤ人らは自業自得だ、という感覚も少なからずあった。大統領ヒンデンブルクと同じく、時として遺憾なことも起きるが、このような政治変動のさなかにはそれは避けがたいことであり、いずれは落ち着くだろうと考える者も少なくなかった。手先が何をしようとも、ヒトラーはドイツのために最善を尽くそうとしているのだと考える者は多かった。

何百万ものヒトラー支持者が理想を追い求め、熱狂を続けるなかでも、一九三四年春にナチズムが大衆の支持を失っていたことは間違いない。突撃隊の行動だけがその原因だったわけではなかった。もっとも、大衆が離れようとも、それ自体は、体制にとって危険というべきほどのものではなかった。

より差し迫った問題は、パンドラの箱を開くことに協力しておきながら、国民保守派のエリートのあいだで動揺が広がっていたことにあった。彼らのなかには、危機に乗じて忌むべき政党独裁を廃し、自らの統制下に長年の望みであった政党なき権威主義国家を実現できると考える者もいた。ヒトラーを「飼いならす」ことは一九三三年に惨憺たる失敗に終わった。レームが異様な行動をとり、「第二革命」が野蛮に語られている今が第二の好機だった。保守的な右派知識人であり、パーペンの演説原稿の作成にあたっていたエドガー・ユングは、「奴が政権の座に就いた責任の一端はわれわれにある」、「われわれはあの男を再び追い落とさなければならない」と述べた[49]。パーペン周辺では、報道官ヘルベルト・フォン・ボーゼも、副首相官邸の報道局を統括する立場を利用して体制に批判的なことで知られる将官ら多数と連絡をとった。ボーゼの狙いは、突撃隊がつくりだす危機を利用してヒトラーの力を削ぐことにあった。ヒンデンブルクが弱っていることを考えれば、国家元首の後任をどうするかを緊急に考える必要があった。保守派は、まずはホーエンツォレルン家の皇子を摂政に迎えて君主制を復活させたいと望んでいた。そうすれば、ヒトラーが最高権力を握る機会を潰せるはずだった。この戦略が成功する見込みは現実には低かったが、これはナチ体制をまさに根底から脅かすものだった[50]。

一九三四年四月にはヒンデンブルクの病状の深刻さが明らかになった[51]。ヒンデンブルクが長くないことは、ヒトラーとブロンベルクにはすでに伝えられていた[52]。六月初旬、大統領は東プロイセンのノイデックにある自邸に引きこもった。保守派の最大の重鎮が表舞台からはるか離れたところに退いてしまったことになる。後継問題を差し迫って解決する必要があった。五月末にはヒトラーは、西欧諸国とのあいだで再開された軍縮交渉に突撃隊が邪魔になるのを防ごうと、突撃隊に軍事訓練の停止を命じ、数日後には一カ月間の休暇を与えていた（これがレームとの最後の会話になった[53]。

　このようにして事態の鎮静化がはかられたことにより、ヒンデンブルクの不在とあいまって、保守派にとって事態はむしろ難しくなった。前年の一二月以来、ボーゼは主導権を手放すまいとした。しかし、ボーゼは主導権を手放すまいとした。前年の一二月以来、ユングが新国家の「堕落」を攻撃する演説原稿をパーペンのために断続的に執筆しつづけていることはボーゼの耳にも入っていた。一九三四年六月一七日にパーペンはマールブルク大学で演説することになっていた。ユングが準備し、八日前に仕上がった原稿がそこで使われることになった。ボーゼはその論調に懸念を覚えた。しかし、パーペンが写しを受け取ったのはマールブルクへの出立時だったため、修正は一切できなかった[54]。

　パーペンの大胆で挑発的な演説は一大センセーションになった。演説は「第二革命」の危険を警告し、「身勝手、人格の欠如、不誠実、騎士道精神の欠如、傲慢」がドイツ革命の名を騙って横行しているとして、現状を痛烈に批判した。パーペンは、「誤った個人崇拝」という言葉まで使って批判し、「偉大なる人物は宣伝によって作られるのではない、その行動から生まれるのだ」と断じた。「恒常的に革命を続けられる国などない。［…］永続的に革命に向かうなかでは確固たる礎は築かれえない。ドイツは終わりの見えない永遠の混乱のなかにとどまることはできないのだ[55]」。演説は会場中の拍手喝采を浴びた。外ではゲッベルスが迅速に動いて演説が広まるのを禁じようとしたが間に合わなかった。ドイツ国内で高い評価をほこったフランクフルト新聞は、ナチの報道規制が強まりつつあるなか、その規制をこの時期にはまだ逃れており、そこに演説の抜粋が一部掲載された。演説の写しは印刷されてドイツ国内でも外国の報道機関のあいだでも回覧された[56]。その文言は瞬く間に広まった。第三帝国下で、これほどの重要人物から政権中枢に向けてあれほどの批判がなされることは二度となかった。しかし、パーペンとその友人らが大統領の支持の下、ヒトラーを「飼いならす」ための迅速な行動を軍に期待していたとするならば、それは期待外れに終わった[57]。マールブルクの演説は実際にはむしろ、同月末にとられた残酷な作戦行動の最終的な引き金になっただけだった。

　「反動勢力」に対するヒトラーの感情はみるからに悪化した。パーペンの演説と同日にテューリンゲン大管区のゲーラで行われた党集会での演説では、名前を挙げることこそなかったものの、パーペン周辺の行動にヒトラーが激怒していることは明らかだった。ヒトラーは彼らを「小人ども」と呼んで厳しく非難し、パーペンのことも「虫けら」呼ばわりした。脅しはさらに続いた。「連中の批判が高じ、わずかなりといえども、いつかまたしても裏切りの姿勢を見せるようなことがあれば、そこで敵に回すのは臆病で腐敗した一九一八年のブルジョアではない。全国民の怒りなのだということを思い知るだろう。どれほど小さくともサボタージュを企てようとする者には、国民の拳が振り下ろされるのだ」[58]。六月三〇日に行われる保守「反動」の有力者数名の殺害を先取りするかのような雰囲気だった。実際、パーペンの演説直後には、突撃隊と決着をつけるよりも、「反動勢力」を攻撃するというほうがよほど考えられる話だった[59]。

演説の出版を禁じられたパーペンはヒトラーに面会を求め、ゲッベルスがそのような行動に出たからには、辞職するほかないと告げた。ゲッベルスの出した発禁措置を解き、ヒトラー自身もパーペンが演説で述べたような政策をとると確約しない限り、パーペンはこの一件をヒンデンブルクの耳に入れるつもりだとも言った。党員を前に非難演説をしたときとはうって変わって、ヒトラーは実に巧みに対応した。ゲッベルスの行動を間違いと認め、発禁措置の撤回を命じると請け合ったのである。さらに突撃隊の不服従を非難し、手を打たねばならないとも言った。しかし、ヒトラーは、この状況全体に対して二人揃って大統領に意見を求めるため、自分も大統領の下に同行できるようになるまで辞任は待ってほしいとパーペンに求めた[60]。パーペンは折れ、時機は失われた。

ヒトラーは一刻たりとも無駄にしなかった。ヒトラーは六月二一日にヒンデンブルクに単独で謁見する手はずを整えた。公式には、数日前にヴェネツィアで行われたムッソリーニとの会見について討議するためとされていた[61]。ヒトラーにとって（大戦中にフランスとベルギーで過ごしたことを除けば）初の外遊となったこの時に、ヒトラーはオーストリア問題についてムッソリーニと議論する機会を得た。しかし、病床にあるヒンデンブルクの下に向かうヒトラーの頭にはムッソリーニもオーストリアもなかった。

ヒンデンブルクの住まうノイデック城に向かう石段でヒトラーはブロンベルクに会った。パーペンの演説に続く騒動のなか、ブロンベルクは大統領に呼び出されてやって来たのだ。ブロンベルクは、国内の治安確保に必要な手段を緊急に講じる必要があるとヒトラーに単刀直入に告げた。政府が現在の緊張を緩和できないならば、大統領は戒厳令を敷き、統制権を軍に渡すだろう、とも言った[62]。マイスナーの後の説明によれば、大統領自身はヒトラーに「問題を起こす革命的な連中に道理を弁えさせる」ようにと述べたという[63]。もはや言い逃れはできないとヒトラーは悟った。行動せざるをえなかった。大統領の後ろ盾を得た軍をなだめるほかはなく、それはすなわち、突撃隊の権力を即刻打ち砕くということだった。

突撃隊が休暇から戻る八月一日までには何らかの行動を起こさなければならなかった。突撃隊を粛清するという決断は、ヒトラーがヒンデンブルクに謁見した四日後には下されていたと考えてよいだろう。この日、ヘスはラジオ放送で、「暴動によって革命に寄与できると信じて忠誠の誓いを破る者には不幸が訪れんことを」という不気味な脅し文句を口にした[64]。

この段階でヒトラーが何を考えていたかは分かっていない。レームを退任させる、ないし逮捕するなどと口にしていたようである[65]。しかし、この頃には、突撃隊による一揆が目前に迫っているという警戒情報をでっち上げるために、複雑な親衛隊組織の一部で党内の監視にあたっていたハイドリヒの保安部（SD）とゲシュタポが懸命に動いていた。親衛隊と保安部の幹部らは一九三四年六月二五日にベルリンに召集され、いつ起こるか分からない突撃隊の暴動に備えて、その対応についてヒムラーとハイドリヒから指令を受けた[66]。突撃隊はたしかに手に負えない存在ではあったが、そのような動きをとろうとしたことはなかった。指導部はヒトラーに忠実だった。しかしいまや、突撃隊を敵視する強力な勢力はそろって、レームがクーデターを計画していると信じようとしていた。軍は五月から六月にかけて突撃隊指導部の野心に対する疑念を次第に強め、規模が小さく、当時は警察業務に専念していたせいで軍の脅威にならなかった親衛隊に武器と人員を提供した。突撃隊による一揆は夏から秋にかけて起きると考えられていた。ブロンベルク、ライヒェナウに加えてフリッチュ、ベックも含めた軍指導部は、レームに対して早急に行動を起こす用意があった[67]。突撃隊を物理的に攻撃しようとする機運が急速に熟しつつあった。

軍を攻撃するためにレームが突撃隊に武装命令を出したらしいとの急報が発されたのは六月二六日だった。実際には（誰の手によるものかは解明されなかったが）ほぼ偽造と思われる「命令書」が、不思議なことに諜報部主任コンラート・パツィッヒ大尉の手元に届いた。翌日、ブロンベルクとライヒェナウがヒトラーにその「証拠」を提示した場には、ルッツェも同席していた。すでにその二日前にヒトラーはブロンベルクに対して、ミュンヒェンから八〇キロメートルほど南東にあり、レームが滞在するテーゲルン湖畔のバート・ヴィースゼーでの会議に突撃隊指導部を招集し、逮捕すると示唆していた。六月二七日のブロンベルク、ライヒェナウとの会合では、この決定が確認されたものと思われる[68]。同日、ヒトラーの警護を任務とする親衛隊護衛部隊アドルフ・ヒトラーを配下におく親衛隊大将ゼップ・ディートリヒが「指導者《フューラー》から命じられた重大な秘密任務」のために必要な武器を軍から調達する手はずを整えた[69]。

3

「作戦」決行のタイミングが最終的に決まったのは一九三四年六月二八日夕刻、大管区長テルボーフェンの結婚式のためにヒトラーがゲーリング、ルッツェとともにエッセンにいたときだった。[70] 披露宴の最中、ヒトラーは、オスカー・フォン・ヒンデンブルクが父親とパーペンの面会の手はずを整えることに同意し、日取りはおそらく六月三〇日のようだという伝言をヒムラーから受け取った。この話を進めたのは、ボーゼと、パーペンの個人秘書フリッツ・ギュンター・フォン・チルシュキーだった。ユングがゲシュタポに逮捕されたとの報を受け、大統領の同意を得て、レームと突撃隊のみならず、ヒトラーその人の権力をも掣肘《せいちゅう》しようとする最後の企てだった。[71] ヒトラーは披露宴をすぐさま抜け出した。酒も煙草も嗜まず、注目を浴びて、事態を掌握しているときにしか満足できないヒトラーにとって、こうした祝いごとはどちらにせよ楽しくも何ともなかった。(また、ヒトラーが同席していることは栄誉ではあったが、ほかの客人には迷惑でもあっただろう)。ヒトラーは急いでホテルに引き返した。ルッツェによれば、ヒトラーはそこで襲撃を決意した。ことは一刻を争うのだ。[72]

レームの副官は、ヒトラーも参加する六月三〇日午前中のバート・ヴィースゼーでの会合に突撃隊指導部全員が顔を揃えるようにと電話で命じられた。[73] その間に、軍は警戒態勢に入った。ゲーリングは、采配を振るうべくベルリンに戻った。突撃隊のみならずパーペン一派に対してもすぐに行動を起こすつもりだった。[74] ヒトラーは六月二九日にバート・ゴーデスベルクに向かい、ラインホテル・ドレーゼンでベルリンから来たゲッベルス、ゼップ・ディートリヒと合流した。ゲッベルスは「反動」に対するヒトラーの対応の遅さにしびれを切らしていた。[75] ゲッベルスはパーペン一派についに攻撃を加えるのだと思いながらバート・ゴーデスベルクにやってきた。主たる攻撃目標はレームの突撃隊だと知ったのは到着後だった。ヒトラーはゲッベルスに状況がいかに深刻かを伝えた。レームがフランス大使フランソワ＝ポンセ、シュライヒャー、シュトラッサーと共謀した証拠が挙がっている、とヒトラーは主張した(明らかにそうと信じていた)。だからこそ、明日、「レームと反乱軍」を攻撃することを決断したのだ、血が流れるだろう、反乱を起こせば命を失うと知るべきだ、とヒトラーは言った。準備が整うまで極秘裏にことを進める必要がある、とも言った。[76]

突撃隊の不穏な動きがその間にヒトラーに伝わり、ヒトラーは刻一刻と不機嫌になっていった。電話が鳴った。「反乱軍」がベルリン攻撃の準備を整えたことを知らせる報だった。[77] 実際にはクーデター計画など全くなかった。しかし、ドイツ各地の突撃隊員のなかには突撃隊に近々攻撃が加えられる、もしくはレームが退任させられるという噂を耳にして暴れ回る者たちもいた。ゼップ・ディートリヒは、すぐにミュンヒェンに向けて発つよう命じられた。日付が変わった直後、ディートリヒはミュンヒェンからヒトラーに電話し、親衛隊護衛部隊二個中隊を伴って午前一一時までにバート・ヴィースゼーに来るようにとのさらなる指令を受けた[78]。

深夜二時頃、ヒトラーはゲッベルス、ルッツェ、主任報道官オットー・ディートリヒのほか、副官ブリュックナー、シュラウブ、シュレックとともに飛行機でミュンヒェンに向かい[79]、夜明けとともに到着した。大管区長アドルフ・ヴァーグナーと二名の軍士官に面会したヒトラーは、ミュンヒェンの突撃隊が指導者《フューラー》を罵りながら市内で武装デモを行おうとしたと伝えられた。三〇〇〇名ほどの武装した隊員が未明に、突撃隊に対する裏切りを非難し、「指導者《フューラー》はわれらに敵対している。軍もわれらに敵対している。突撃隊よ、路上に繰り出せ」と叫びながら市内を暴れ回ったのである。深刻な混乱が生じはしたが、それが絶望した突撃隊が起こした最大の抗議行動だった。しかし、ミュンヒェンに到着するまで、早朝のこの騒ぎはヒトラーの耳には入っていなかった。ヒトラーはこれをレームの裏切りと解釈し、「わが人生最大の暗黒の日」と口にしたといわれる。怒り心頭に発したヒトラーは、翌朝まで待たずに即座に動くことに決めた[80]。

ヒトラーと取り巻きは、バイエルン内務省に駆け込んだ。バイエルン突撃隊上級大将シュナイトフーバー、突撃隊中将シュミートが問答無用で呼び出された。両名を待つあいだにもヒトラーの怒りは募っていった。いまやヒトラーは、国会議事堂炎上事件の夜を思わせるような、ヒステリーに近い状態だった。いかなる説明も受け入れず、「貴様らを逮捕し、銃殺にしてやる」と叫びながら、二人の階級章を肩から引きはがした。混乱し、怯えたまま、二人はシュタ―デルハイム監獄に連行された[81]。

ゼップ・ディートリヒが引き連れてくる親衛隊隊員の到着を待たずに、ヒトラーはすぐさま自分をバート・ヴィースゼーに連れていくよう要求した。朝六時半、三台の車がテーゲルン湖畔のリゾート地にあるホテル・ハンゼルバウアーの前に停まった。レームほか突撃隊指導部は夜どおし飲んだせいでまだ寝床のなかだった。取り巻きと警官数人を引き連れたヒトラーは、拳銃を手にレームの部屋になだれ込み、レームを謀反人と非難し（レームは驚愕し、断固として否定した）、逮捕すると宣言した。ブレスラウの突撃隊指導者エドムント・ハイネスは近くの部屋で若い男性と同衾しているところを見つかった。これを利用して、ゲッベルスは後に突撃隊に道徳的非難を加える宣伝を展開することになる。他の幕僚も続いて逮捕された。突撃隊指導部をミュンヒェンのシュターデルハイム監獄に護送するためにバート・ヴィースゼーの長距離バス会社からチャーターしたバスが到着するまで、拘留された者たちはホテルの地下室に入れられた。彼らがまだ地下室に閉じ込められている間に、予定されたヒトラーとの会合のために、レームの他の幕僚らを乗せた大型トラックがミュンヒェンから到着したときには、危険な事態になることも考えられた。しかし、ヒトラーが外に出て、到着した者たちに話しかけて自分が突撃隊の指揮を引き受けたと告げ、ミュンヒェンに戻るように命じると、彼らは異を唱えることもなくそれに従った(82)。

その後、ヒトラーとその取り巻きも党本部に戻った。正午に「評議員ホール」に集まった党幹部と突撃隊指導部に向かってヒトラーは演説を行った。殺伐とした雰囲気だった。ヒトラーは怒りのあまり逆上し、取り乱していた。出席者のひとりは当時を回想して、ヒトラーは口から涎を垂らしながら話しはじめた、と後に語った。「世界史上、最悪の裏切り」だ、とヒトラーは言った。レームはフランスから一二〇〇万マルクを賄賂として受け取り、ヒトラーを逮捕、殺害してドイツを敵国の手に渡そうとしていた、突撃隊隊長とその共謀者は見せしめに処罰される、全員を銃殺刑に処すつもりだ、とヒトラーは述べた(83)。ナチ党幹部らが次々に突撃隊の「裏切り者」たちの殲滅を要求した。ヘスは自らの手でレームを銃殺したいと申し出た(84)。

自室に戻ると、ヒトラーは、シュターデルハイムに拘留された突撃隊指導者のうち六名を即座に銃殺するよう命じ、監獄からよこされた名簿のなかから該当者に印をつけた(85)。六名はすぐに連れ出され、ゼップ・ディートリヒの配下の手で銃殺された。裁判も開かれず、当人たちには銃殺直前に、「指導者《フューラー》が貴様らを死刑に処すと決められた。ハイル・ヒトラー！」と短く告げられただけだった(86)。

即座に処刑されるべき者としてヒトラーが最初に印をつけた六名のなかにレームの名はなかった。これまで運動に多くの貢献があったことを考慮して、レームには寛大な扱いをした、とヒトラーが言ったのを耳にしたという後の証言もある(87)。「ヒトラーはレームを銃殺させたくはなかった」という言葉はローゼンベルクの日記にも遺されている。レームは「かつて〔ミュンヒェン一揆後の〕特別法廷では私の傍らに立ったこともある」、とヒトラーはナチ出版帝国の元締めアマンにも言った。（アマンは単純に「太った豚は去るべきだ」と考え、レームを自分の手で銃殺してもよいとヘスにも言ったが、ヘスは、仮に後からそのせいで銃殺されようとも、それは自分が果たすべきことだと返答した(88)。）

ヒトラーがレーム殺害を命じようとしなかった最大の理由は、反乱を企てたという理由で右腕を殺害せざるをえなくなれば面子を失うからだろう。いずれにせよ、少なくとも当座、ヒトラーはレーム殺害をためらった。

バート・ヴィースゼーから戻ると、ゲッベルスはすぐにゲーリングに電話し、「ハチドリ」という暗号を告げた。首都ベルリンのみならず国内各地で殺人部隊が動きはじめた(89)。ここでもやはり、多くのことが行き当たりばったりに行われた。後にゲーリングは記者会見で、任務を拡大して「これらの不満分子」を攻撃した、と述べている。[90]

ゲーリングがいう「不満分子」とは、まずは何といっても、パーペン一派ら「反動勢力」と、前首相シュライヒャーのことだった。ボーゼは、副首相官邸に親衛隊員が突入した後、ゲシュタポの銃殺部隊に容赦なく撃ち殺された。六月二五日から「保護拘禁」されていたユングも同様に殺害され、七月一日にオラーニエンブルク近くの溝の中で遺体で発見された。パーペンの補佐官らは逮捕された。副首相パーペンは殺害すれば外交的に問題になると考えられたため、自宅に軟禁された。

殺害は突撃隊幹部とは何の関係もない者にまで及んだ。一時はプロイセン内務省で警察局長も務めた、「カトリック行動団」の指導者エーリヒ・クラウゼナーは、ハイドリヒの命により親衛隊の暗殺部隊に無残にも殺害された。グレゴア・シュトラッサーはゲシュタポ本部に連行され、独房で射殺された。シュライヒャー夫妻は自宅で撃ち殺された。シュライヒャーの右腕ブレドウ少将も犠牲となった。ミュンヒェンでは、ヒトラーの旧敵リッター・フォン・カールが親衛隊員に連行され、後日、めった切りにされた遺体がダッハウ近郊で見つかった。音楽批評家ヴィルヘルム・エドゥアルト・シュミートは、かつてオットー・シュトラッサーのシンパだったルートヴィヒ・シュミット博士と取り違えられ、親衛隊員に殺害された。「現地のイニシアティヴ」によってミュンヒェン市内外で殺害された二二名の被害者のうちのひとりは、ヒトラーのかつての支持者で、『わが闘争』の編集にも協力したベルンハルト・シュテンプフレだった。殺害の理由は知られていない。これも人違いだったのかもしれない。ハイネス指導下で突撃隊によるテロが政治的に日常茶飯事となっていたシュレージエンでも、報復殺人は中央からの指令で行われたわけではなかった。[91] 流血への渇望が独自のダイナミズムを生み出していた。「作戦」は完全に収拾がつかなくなりはじめていた。

六月三〇日夜一〇時頃にベルリンに戻ったヒトラーは、疲れてやつれ、髭も剃っていなかった。そのヒトラーを、ゲーリング、ヒムラーと儀仗隊が待ち受けていた。[92] その夜遅く、ゲーリングが「作戦」終了を進言した。[93] 大戦後にニュルンベルクの拘置所内でゲーリングがパーペンに個人的に伝えたところでは、ヒトラーは銃殺されてしかるべき者はまだ無数にいると主張したが、しぶしぶながらも同意した。[94]

しかし、レームはまだ生かされていた。ヒトラーは翌朝遅くまで、レームの取り扱いについては決めかねていた。見せしめ裁判にかけるという話も出たが、レームとフランス大使フランソワ＝ポンセのつながりが発覚するとダメージになる可能性があることを理由にヒトラーがその案を退けたという戦後の証言がある（この話は疑わしい)[95]。レームを即座に殺害しなかった理由が何であれ、ヒトラーはヒムラーとゲーリングからレームを始末するよう強く迫られていたものと思われる。七月一日(日曜日)の午後早く、閣僚とその夫人たちを首相官邸に集めて開かれたガーデンパーティーの場で、ヒトラーはついに同意した。

しかしヒトラーはそれでもなお、レームの「処刑」ではなく自決を望んだ。ダッハウ強制収容所所長テオドア・アイケは、シュターデルハイムに行き、自決することで重大な罪を犯したと認める機会をレームに与えるようにと命じられた。それを受け入れなければ、レームは銃殺されることになる。副官である親衛隊少佐ミヒャエル・リッパートとダッハウ強制収容所の親衛隊員一名を伴って、アイケはシュターデルハイムに向かった。レームは拳銃を与えられ、ひとりにされた。フェルキッシャー・ベオバハター紙の最新版も手元に置かれた。「レーム一揆」の詳細を報じる特報だった。これにより、もはや自決の道しか残されていないことを確信させようとしたのだろう。しかし一〇分が経過しても銃声は聞こえず、拳銃は手を触れられずに独房の扉近くにある小さな机の上に置かれたままだった。(レームが最期の時間にフェルキッシャー・ベオバハター紙を読んだかどうかは記録に残されていない。)拳銃が独房から持ち出された後、アイケとリッパートは拳銃を抜いて独房に戻り、上半身裸で立ち上がって話しだそうとしたレームにもはや待てないと伝えると、慎重に狙いを定め、銃殺した[96]。ヒトラーの公表した声明は簡潔だった。「元幕僚長レームは、裏切り行為の責任をとる機会を与えられた。しかしそうしなかったために銃殺された」というものだった[97]。

七月二日、ヒトラーは「粛清作戦」の終結を公式に宣言した[98]。同日、ゲーリングはこの事件に関する書類をすべて焼却処分するように警察に命じた[99]。しかしすべての書類が処分されたわけではなかった。残った書類からは、八五名の犠牲者の名が明らかになる。そのうち、突撃隊員は五〇名にすぎない[100]。殺害された犠牲者の総数は一五〇から二〇〇名にのぼるとも推定されている[101]。

突撃隊の衝撃と不安がいまだにおさまらないなか、ヒトラーに忠実な新隊長ルッツェの下でこの大組織の粛清が始まった。一年のうちに、突撃隊は四〇パーセント以上も縮小された。中間指導層の多くは懲戒委員会にかけられ、追放された。組織内での権力基盤としてレームが作り上げた構造は完全に解体され、突撃隊は単なる軍事スポーツと訓練のための組織に作り変えられてしまった[102]。ヒトラーが見せた冷酷さは、このときまだなおも異なる考えをもっていた者たちに明確なメッセージとして伝わった。

4

ドイツ国外では、一国の指導者が虐殺行為を行い、しかもまるでギャングのような手立てを用いたことに戦慄が走った。[103] 国内の状況は違っていた。時をおかずして、ヒトラーに公式に謝意が表された。七月一日には国防相ブロンベルクが軍に向けた声明で、「裏切り者と反逆者」を攻撃するにあたって指導者《フューラー》が示した「軍人としての決断と範とすべき勇気」を称賛し、軍はその感謝の念を「献身と忠誠」をもって示すだろうと述べた。[104] 翌日、大統領はヒトラーに電報を送り、「決然たる介入」と「勇気ある個人的関与」が「ドイツ国民を深刻な危険から救った」として、「深謝の意」を表明した。[105] はるか後に、ニュルンベルクの拘置所内でパーペンがゲーリングに、大統領は自身の名で送られた電報を見ていたのかと尋ねた。これに対してゲーリングは、当時の大統領官房長官マイスナーが「文言はこれでよろしいか」と冗談めいた調子で尋ねた、と答えた。[106]

ヒトラーは、一九三四年七月三日朝の閣議で、レームの「陰謀」について長い説明をした。違法行為だとの指摘を未然に防ぐため、ヒトラーは自らの行動を水兵の暴動を鎮圧する船長になぞらえて、船長は反乱を鎮めるために即座に行動する必要があり裁判手続きをとることもできない、この場合は事後的な裁判も行わない、と説明した。さらに、党本部の「評議員ホール」での演説のときとほとんど同じような言葉を用いて、単に反乱を鎮圧するためだけでなく、今後、体制に対する陰謀の抑止力になるようにと考えて反逆者どもを見せしめにしたのだ、陰謀を企めば命に関わることがこれで分かったであろう、とも述べた。「見せしめは未来のための有益なる教訓だ。政府の権威は永劫の安定を得たのだ」。罪が完全に立証されたわけではなく、すべての銃殺が命じたものだったわけでもないが、全ての責任は自分がとる、あの銃撃こそがドイツを救ったのだ、とヒトラーは述べた。

ヒトラーはさらに、国家緊急防衛法の草案を閣僚に提示し、承認を求めた。同法の唯一の条項には、「六月三〇日、七月一日ならびに二日に国家に反逆する企てを鎮圧するためにとられた措置は、国家の緊急防衛のためのものであり、合法である」と短く記されていた。保守派の法相ギュルトナーは、同法は新法を作るものではなく、既存の法律を確認するだけのものだと述べた。(閣議録にはないが、公式のコミュニケによればギュルトナーは、ヒトラーの行動は単に合法というだけでなく「政治家の義務」でもあったと判断できる、とも述べたとされる)[107]。国防相ブロンベルクは内閣の名において、首相ヒトラーが「決然たる勇気ある行動により、ドイツ国民を内戦から保護した」ことに感謝の意を表し、「首相は政治家として、また戦士として行動した。そこで示された偉大さは、閣僚ならびに全国民にこの難局にあたって功績、献身、忠誠を誓わせるものだ」と述べた。軍のトップがこのように補足し、司法を掌《つかさど》る者が残虐な暴力行為の合法性を認めたことで、国益のために殺害行為を行う権利をヒトラーに与えることが全員一致で認められ、ヒトラー、フリック、ギュルトナーが法案に署名した。(108)

閣僚に対するこのときの説明が、七月一三日の長い国会演説でヒトラーが行った正当化の基礎になった。国会で演説するまでになぜ二週間近くを要したのかは分からない。精神的にも身体的にも疲労していたというのが一因かもしれない。七月四日から五日にかけてフレンスブルクで行われた全国指導者と大管区長の会合では状況からしてヒトラーの演説が期待されていたとも思われるが、ヒトラーはそこには顔を出さなかった。(109) ヒンデンブルクに報告するためにノイデックで一泊して七月四日に戻った後、ヒトラーがこなした公式行事は、その二日後、七月六日に行われたアンカラ駐在ドイツ大使との面会だけだった。(110)

ただ、ヒトラーも国外の反応は憂慮していたとみえて、この日は、かつて在ポーランドおよび在フィンランド米国大使を務め、当時は米国のリベラル・アーツ・カレッジ学長に就任していたアルフレッド・J・ピアソン教授のインタビューに応じた。これはニューヨーク・ヘラルド紙に掲載されるものだった。ピアソンを紹介したのはシャハトだった。シャハトは国外のとくに経済界の反応を鎮静化しようとしてインタビューをお膳立てしたのに違いない。(111) 事態を落ち着かせ、今も続くゲシュタポの調査から「陰謀」の詳細が判明するのを待ち、(112) これまでで最も難しくも重要な演説を行うには時間が必要だった、というのも、国会演説までにこれほど長い時間を要した理由として挙げられるだろう。(113)

一九三四年七月一三日の二時間の国会演説は、それまでに行った演説のなかで、修辞的に見て最高のできとまではいえないにせよ、最も注目すべき、印象的な演説だったことは確かである。緊張した雰囲気が漂っていた。国会議員が一三人殺害されていた。議場には、その友人も、突撃隊指導者の元戦友もいた。武装した親衛隊員が演壇の脇を固め、議場のあちこちにもその姿が見えることから、党員がぎっしりと並ぶなかにあってもヒトラーの用心のほどが知れた。(114)

「反乱」と陰謀においてシュライヒャー将軍、ブレドウ少将、グレゴア・シュトラッサーらが果たしたとされる役割についてでっちあげの説明を縷々加えたうえで、ヒトラーの演説は核心部分にさしかかった。ここでヒトラーは、ドイツ政府の首班として、大量殺戮に対する完全な責任を認めた。しかし、ヒトラーは防御から攻撃に転じる。すなわち、「反乱は永遠の鉄の掟によって打ち砕かれる。もし、法廷で審判を下すという方法をとらなかったという非難を受けるならば、私はこう言うしかない。今このとき、私はドイツ国民の命運に責任を負っており、したがって、私はドイツ国民の最高判事なのだ。［…］私は、この反逆行為に最大の責任を負う者を射殺せよと命じた。国内の毒、国外の毒から生じる悪性の潰瘍を生肉もろとも焼き払えとも命じた」[115]。割れんばかりの拍手喝采が起きた[116]。ヒトラーが国家存続のための殺人を法の支配に代わるものとして断固として位置づけたことは、ナチ党の国会議員のみならず、国中の喝采を浴びた。ナチ用語で「国民の健全なる感情」と呼ばれるものにぴたりとはまる戦略だった。

水面下で生じていた策謀や権力争いは表沙汰にされなかった。国民の多くは、災厄の種がありがたくも除かれたと考えた。左派勢力の打破という仕事を終えてしまえば、弱者をいたぶる傲慢さ、むきだしの暴力行為、騒ぎばかりを起こす厄介さ、といった点で突撃隊は中産階級以外の目にも秩序を乱す存在と映っていた。ヒトラーが裁判もせずに銃殺するという手段に訴えたことに衝撃を受けるどころか、多くの人びとはクーデターが計画されていたという公式説明を受け入れ、指導者《フューラー》の決然とした迅速な行動を高く評価した。「指導者《フューラー》が知ってさえいれば」という言葉を人びとは第三帝国初期から口にしていた。これは、否定的に思えるすべての事柄について、知らないことを理由にヒトラーを免罪するものだった。しかしこのときには、ヒトラーは何が起こっているかを知るやいなや、国益のためになる行動を徹底的に容赦なく、しかも決然ととったかに見えた。プラハにあった亡命社会民主党指導部《ソパーデ》が鋭くも評したとおり、「即決裁判に対する強い共感」を生んだのは、横暴な突撃隊に対する嫌悪感だけではなかった。第三帝国の成立以来、暴力を許容するなかで法的規範意識が完全に掘り崩されてしまっていたことももものをいった[117]。

「長いナイフの夜」（流血の一九三四年六月三〇日はこの名で知られるようになる）の直後、各地の行政当局の報告には、「指導者《フューラー》のエネルギー、賢明さ、勇気は無条件に認められている」とある[118]。以前はナチズムに共感していなかった人びとのあいだでもその評判は高まっている、とも書かれた。三三年以前には共産党が強かったバイエルン東北部のある小さな町からの報告には、「指導者《フューラー》は［…］称賛されているだけではない、神聖視されてさえいる」とある[119]。ドイツ全土のどこを見ても状況は大差なかった[120]。ヒトラーの介入は、「抑圧だと強く感じられていたものからの解放」ととらえられた[121]。このような世論のなかでは、七月一三日のヒトラーの演説はまさに適切だった。演説に対する反応は圧倒的に好意的だった。

ヒトラーは力をもちすぎた突撃隊指導者らによる無法な権力乱用から「庶民」を守ったとみなされ、いたく称賛された。演説でヒトラーが突撃隊指導部の不道徳な行為と堕落を強調したことも、世論に大きく影響した[122]。ヒトラーが新幕僚長ルッツェに六月三〇日に命じた一二箇条では、突撃隊内部の同性愛・放蕩・大量飲酒・贅沢を撲滅することに重きがおかれていた。ヒトラーは宴会と高級車に大量の金を浪費しているともはっきりと指摘した(123)。レーム、ハイネスをはじめとする突撃隊指導部の同性愛については、ヒトラーもほかのナチ党幹部らも何年も前から知っていた。ゲッベルスの宣伝はとくにこれをセンセーショナルに強調した。プロパガンダは、作戦の政治的背景から大衆の目をそらしつつ、しかも運動を浄化する存在としてヒトラーの評判を高めることに成功した、と亡命社会民主党は鋭く指摘している(124)。何よりも、ヒトラーは秩序の回復者とみなされた。「秩序回復」の基盤となったのが政権首班の命による殺人であったことは見過ごされ、無視された。それどころか、一般的にはむしろ称賛されさえした。ヒトラーが党内の粛清をさらに進めるのではないかとの期待が広がった。ヒトラー自身の絶大な人気と、「小ヒトラー」ともいうべき権力欲にまみれた各地のナチ党幹部らの薄汚れたイメージとがかけ離れていたことが分かる(125)。

ヒトラーが国益の名の下に行った殺人を非難する声はどこからも上がらなかった。「カトリック行動団」の指導者エーリヒ・クラウゼナーが犠牲になったにもかかわらず、教会はどちらも沈黙を守った(126)。将官も二名殺害された。同僚のなかには、捜査が行われるべきだと一瞬考えた者もなくはなかったが、多くは突撃隊の勢力が壊滅したことに祝杯をあげるのに忙しかった。ブロンベルクはシュライヒャー将軍の葬儀に将校が参列することを禁じた。従わなかったのはハマーシュタイン・エクヴォルト将軍ただひとりだった(127)。これは見逃してもかまわない範囲だった。ハマーシュタインはナチを嫌っていたため、すでに二月に陸軍最高司令官の職を退いており、その行動が大きな問題になることはもはやなかった。では、法に関わる者たちは、あからさまな不法行為から距離をとろうとしたのだろうか。この点では、ドイツの著名な法学者カール・シュミットが、七月一三日のヒトラーの演説に直接関係する論文を公表した。論文は「指導者《フューラー》は法を護る」と題されていた(128)。

突撃隊を粉砕したことにより、体制を深刻なまでに揺らがせ、ヒトラーの立場を脅かしていた組織は消え去った。以来、弱体化した突撃隊は運動に忠実な者たちの集まる部門以上のものではなくなり、その行動主義は機会があればユダヤ人やその他の無力な被害者集団に向けられることになった。一九三八年一一月のポグロム〔「帝国水晶の夜」の名で知られる〕はその一例である。

ヒトラーは軍の後ろ盾がなければ行動できなかっただろう。突撃隊が無力化されたことは軍にとってはありがたかった。軍にとって突撃隊は、もはや脅威でも再軍備計画の障害でもなくなった。軍指導部にとって喜ばしいことに、ヒトラーが国内で軍の権力を後押ししたことで、敵対勢力は消滅したのである。「突撃隊を軍と合体させようとするレームの企てを未然に防いだという点で、首相は約束を守った」、「真の戦士であることを示した彼にわれわれは惚れ込んでいる」とライヒェナウは数週間後に記している(129)。

しかし、軍は真に勝利したわけではなかった。三四年六月三〇日の事件で共謀したことにより、軍はヒトラーに一層近づいた。しかしそれにより、ヒンデンブルクの死後、ヒトラーの権力が決定的に拡大する道を完全につけてしまった。六月三〇日の事件後、将官らは、ヒトラーを自分たちの手先にしたと考えたかもしれない。しかし現実は違った。その後数年の展開を見れば、軍がヒトラーの主人になるどころか、ヒトラーの道具と化していく決定的な一歩が「レーム事件」だったことが分かる。

そのほかにこの事件で利益を得たのは親衛隊だった。「とくに六月三〇日の事件との関連における、親衛隊の多大なる貢献に鑑みて」、ヒトラーは、親衛隊が突撃隊に従属するという構造を廃した。一九三四年七月二〇日以降、親衛隊はヒトラーに対してのみ責任を負うことになる(130)。独自の権力を追求する信頼のおけない巨大な突撃隊に依存する代わりに、疑いなく忠実で、すでにして警察の指揮権をほぼ掌握した人物〔ヒムラーのこと〕を指導者とする小規模なエリート近衛集団の地位をヒトラーは引き上げた。ヒトラー国家の武器庫のなかでイデオロギー的に最も重要な武器が鍛えられたのである。

そしてなにより、突撃隊指導部を粉砕することで、ヒトラーはまさに見せたいと思っていたものを見せることができた。すなわち、体制に敵対する者は命を失うことを覚悟せよということである。何があろうとヒトラーが権力を決して手放さないであろうこと、邪魔立てする者は躊躇なく残忍に壊滅させるであろうことを、潜在的な敵対者は誰もが明確に認識した。一方、諸外国は、その野蛮さを公然と見せつけられて嫌悪していたにもかかわらず、外交政策でヒトラーがどのような態度に出る可能性があるかを読み取ろうとしなかった。残虐なことは確かだが、突撃隊の粛清は国内問題であり、アル・カポネの聖バレンタインデーの虐殺を思い起こさせるような、暗黒街の大量殺人の政界版だろうと多くの国は考えていた。諸外国はまだ、外交においてはヒトラーを責任ある政治家として扱えると考えていたのである。その後数年のうちに彼らは、ヒトラーは外交においても、一九三四年六月三〇日に国内で見せた凶暴で冷血な残虐性をもつ人物なのだと思い知らされることになる。

5

ヒトラーが、国内で前首相シュライヒャーを殺害するだけではあきたらず、国外でも暴力的介入を辞さないかもしれないという兆候が早くも垣間見えたのは、オーストリア首相エンゲルベルト・ドルフースが暗殺されたときだった。一九三四年七月二五日、ヒトラーがバイロイト音楽祭に参加していた間に、オーストリアの親衛隊員がクーデターを企み、失敗したときの出来事である。

数カ月前から、ヒトラーはドイツの国会議員だったテオ・ハビヒトをオーストリア・ナチ党の党首に任命し、一定の裁量を与えて、ドルフース政権に圧力をかけさせていた。ドルフース政権下のオーストリアは、ファシスト的で抑圧的な一党独裁体制だった。オーストリア・ナチ党は、一九三三年六月以来、禁止されていた。非合法化されたこの政党が三四年春以降に展開したテロ行動に政権は厳しく対応し、それがさらなる暴力テロを引き起こすという悪循環が生じていた。地下での活動を強いられたオーストリアのナチ勢力は、六月一四日から一五日にかけてヒトラーがヴェネツィアでムッソリーニと会談したことにより、ベルリンから見捨てられたとの思いを強くした。もともとムッソリーニは、イタリアはドルフースを支持すると明言していた。ヒトラーは選挙が実施され、ナチ党がオーストリア政府に入閣することを望んではいたが、イタリアを無視する危険を冒すわけにもいかず、近い将来の成り行きに任せることにした。そこでヒトラーはオーストリアの独立を保証したのである。ところが、オーストリアの配下たちはヒトラーほど忍耐強くはなく、自分たちの利益をベルリンが売り渡そうとしているのではないかと疑った。爆弾や手榴弾によるテロ攻撃が激しくなった。ヒトラーはきわめて危険な情勢だと告げられていた。親衛隊指導者、ナチ党幹部が地下でクーデターの計画を練っていた。[131]

クーデター計画にヒトラーがどのように関与したか、またそれについてどれだけ詳細な情報を知っていたのかについては完全に分かっているとはいいがたい。[132] イニシアティヴは現地のナチ党から発したものだった。ヒトラーはそれを知らされ、同意もしたが、あくまでもオーストリア・ナチ党からの誤解を与えるような情報に基づいてのことだったようである。ヒトラーは前年秋にはクーデター計画を却下していた。ムッソリーニとの会談直後にそのようなリスクを冒すことを進んで支援したとは考えにくい。しかし、ヒトラーの望みにあからさまに反するかたちでクーデターを起こすことはできなかった。そのため、ハビヒトはヒトラーを誤解させるように、オーストリア軍将校がクーデターを計画しているとの情報を流し、ドルフース政権打倒の動きをナチ党としては支援すべきではないかという伺いを立てたのである。ヒトラーは同意した。[133]

これがハビヒト側の意図的な策略だったのか、ヒトラーが言われたことを誤解したのかは分からない。しかし、国防軍軍務局長を務めた経験もある、当時のミュンヒェン第七国防管区司令官アーダム将軍の回想録を見る限り、ヒトラーは何が起きているかは知っていたが、情勢については誤解もしていた、ということのようである。七月二五日朝の会合でヒトラーはアーダムに、今日はオーストリア連邦軍が政府打倒に動く日だ、と口にした。信じがたいというアーダムの様子を見てとると、軍が攻撃を開始したら亡命中のナチ党員はすぐに帰国するだろうとさらに言い募り、彼らを支援するためにオーストリアに武器を送る準備をするようアーダムに要請した。ヒトラーは、ウィーンでの動きについては逐次知らせるとアーダムに約束し、その日のうちに、例の件はうまくいっており、ドルフースは負傷した、と電話で知らせてきた[134]。実際には、オーストリア軍によるクーデター計画などなかった。ナチ活動家の浅慮なクーデターの企てがあっただけだった。ナチ運動の内部にさえ、突撃隊の一部にサボタージュの動きがみられるなか、クーデターは即座に鎮圧された[135]。殺害されたドルフースの後を引き継いだクルト・シュシュニックの下、オーストリア権威主義体制は侵略を狙う大国ドイツとイタリアの間で綱渡りを続け、少なくとも当座は、国の存続を保つことになる。

国際社会のヒトラーに対する困惑は大きく、イタリアとの関係も少なからず打撃を受けた[136]。しばらくはイタリアの介入もあるかと思われた[137]。これほど面倒な事態に引きずり込んだオーストリア・ナチ党の愚かさ加減を非難するヒトラーはヒステリーに近い状態だ、とパーペンには思われた[138]。クーデターと距離をとろうとしてドイツ政府は手を尽くしたものの、何の説得力もなかった[139]。ハビヒトは解任された。ミュンヒェンにあったオーストリア・ナチ党本部は閉鎖された。オーストリアでは抑圧をさらに強める新政策がとられた[140]。しかし、失敗に終わったこのクーデター事件がもたらした結果のなかで、ヒトラーにとってはひとつだけ喜ばしいことがあった。ゲーリングの言葉を借りるならば、「レームの問題以来、邪魔になって」いたパーペンをどうするかという問題の解決が浮かんだことである[141]。ヒトラーはパーペンをウィーン駐在ドイツ大使に任命したのだった[142]。

6

この間、ノイデックではヒンデンブルクが死の床にあった。前週以来、ヒンデンブルクの容態は悪化しつづけていた。パーペンのウィーン着任の辞令に署名したのがヒンデンブルクにとって最後の公務となった。一九三四年七月末、大統領が危篤だと公表された[143]。八月一日、ヒトラーはノイデックに向かった。ヒトラーを皇帝と思い込んだヒンデンブルクは、ヒトラーに「陛下」と呼びかけたという[144]。その夜ヒトラーは、ヒンデンブルクはあと二四時間もたないと医師は見ている、と閣僚に告げた。[145]翌朝、大統領は死去した。

全面的権力掌握という目標を間近にし、ヒトラーに抜かりはなかった。全権委任法には、大統領権限は不可侵であると明示的に規定されていた。しかし、八月一日、まだヒンデンブルクの息のあるうちに、ヒトラーは全閣僚に、ヒンデンブルクの死後、大統領職と首相職を一体化すると定める法に署名させた。[146]後に挙げられた理由は、「大統領」の称号は亡くなったヒンデンブルクの「偉大さ」とのみ結びつくものであるからということだった。ヒトラーは、今後、「指導者《フューラー》にして首相」（総統）という称号をもつと定め、その決定は永久に効力をもつとされた。この権限変更については、八月一九日に予定される「自由な国民投票」にかけてドイツ国民に認めさせることになった。[147]

一九三四年八月一日の「ドイツ国元首に関する法」にはブロンベルクも署名した。この法律は、ヒンデンブルクの死後、ヒトラーが自動的に軍最高司令官となることを意味していた。これにより、軍が首相を飛び越して最高司令官たる大統領に訴えかけるという可能性は消え去ったことになる。[148]軍指導部はこれを問題とは考えなかった。ブロンベルクとライヒェナウは、さらに踏み込むつもりだった。二人は、この機に乗じて、ヒトラーと軍の関係をさらに強めようとしていた。しかし、この決定的な一歩はまさに正反対の効果をもつことになる。

ブロンベルクとライヒェナウがにわかに思いついたのは、ヒンデンブルクが死去した直後の八月二日に、軍の全将兵に総統個人に対して無条件の忠誠を宣誓させる式典を全国的に開催することだった。後にブロンベルクも明確に述べているが、ヒトラーに要求されたわけでも相談をかけたわけでもなかった。[149]ブロンベルクがこの件についてヒトラーと話し合ったのはおそらく八月一日、ヒンデンブルクの死の直前だったと思われる（ヒトラーは後に深謝の意を公式に表明した）。[150]全軍による宣誓式が全国規模であれだけ迅速に開催されたということは、準備は相当大変だっただろう。[151]しかし、このイニシアティヴが軍指導部から発したものであって、ヒトラーからでなかったことはブロンベルク自身も明言している通りである。ライヒェナウは部下二名に原案を準備させたうえで、急いで自案をまとめた。それまで大統領個人ではなく憲法に対して誓うことになっていた宣誓文を変える権限は国防相ブロンベルクにはなかったが、その点は無視された。[152]

陸軍最高司令官ヴェルナー・フォン・フリッチュのように、軍の伝統主義者のなかには、この宣誓を皇帝の下で行われていた宣誓の復活ととらえる者もいた。しかし、ブロンベルクとライヒェナウは、より近代的な権力政治の発想に立っていた。二人は、個人に対する忠誠を示すことでヒトラーとのあいだに特別な関係を打ち立ててヒトラーをナチ党から切り離し、第三帝国の権力の中心としての軍の優位を確立しようと狙ったのである。「われわれはドイツ国民の総統としてのヒトラーに軍旗宣誓したのであり、ナチ党党首としてのヒトラーに宣誓したわけではなかった」とはブロンベルクの後のコメントである。[153] 宣誓に対する将校の反応は様々だった。胡散臭いと考えた者もいた。ベックは「人生最悪の日だ」と言ったとされる。[154]「重大な宣誓だ。ドイツの幸福のために両者がともに忠実にこの誓いを守りつづけることを神に祈ろう」とグデーリアンは書いている。[155] しかし、大多数の者はこれがもつ意味について考えをめぐらせたりはしなかった。[156] この宣誓の意味するところは、国家に対する忠誠とヒトラーに対する忠誠を区別することができなくなったということだった。反対行動はますます困難になった。後には、ヒトラーを葬り去る策謀に加わることを躊躇する者はこの宣誓を言い訳に使った。軍指導部の愚かな野望から始まったこの宣誓は、ヒトラーを軍に依存させるどころか、軍が自ら総統と鎖でつながれる象徴的瞬間となった。[157]

　八月四日のミュンヒナー・ノイエステ・ナハリヒテン紙の見出しには、「いまやヒトラーがドイツの全てだ」と書かれた。[158] 大統領の葬儀は、第一次世界大戦での大勝利の地である東プロイセンのタンネンベルクの記念碑前で威風堂々と営まれた。忠誠を向ける相手として、唯一、ヒトラーに競合しうる存在だったヒンデンブルクは、ヒトラーの言葉を借りるならば、「ヴァルハラに迎え入れられた」。[159] ヒンデンブルク本人はノイデックに埋葬されたいと望んでいた。しかし、プロパガンダの機を逃さないヒトラーは、タンネンベルク記念碑への埋葬を主張した。[160] 八月一九日、月初めの静かなるクーデターは形式的な国民投票で正式に承認された。公式発表によれば、八九・九パーセントが国家元首、党首、軍最高司令官としてヒトラーが憲法上無制限の権力を有することを認めた。[161] ナチ幹部らにとっては不本意な結果であり、明らかに圧力が加えられ、操作された投票だったわりには期待されたほどの支持を見せつけることにはならなかった。[162] とはいえ、この結果はヒトラーがドイツ国民の大多数から支持され、その多くは熱狂的なものだったという事実を示している。

　レーム事件とヒンデンブルクの死去から数週間のうちに、ヒトラーは自らの地位を脅かす障害をすべて取り除いた。一九三四年春から初夏にかけての時期でさえほとんど想像もつかなかったほど簡単だった。いまや、制度上、ヒトラーに並び立つ者はいなかった。ヒトラーは「大軍」の後ろ盾をもち、国民の多くから崇拝されていた。全面的権力を手にしたのである。総統国家が成立した。ドイツは自ら独裁体制をつくりあげ、それに呪縛されたのだ。

一九三四年の危機的な夏が去り、九月に入ると、ヒトラーは再びニュルンベルク党大会の大がかりなプロパガンダで本領を発揮した[163]。前年の党大会と比べても、今回の党大会は意識的に総統崇拝を強化する場とされた。ヒトラーはいまや運動の頂点に君臨し、大会ではヒトラーに敬意が表された。才能にあふれた魅力的な監督レニ・リーフェンシュタールが撮影した党大会の映画は、この後、国中の観客の前で放映され、ヒトラー崇拝に独自の重大な貢献をすることになった。映画の題名を「意志の勝利」にすると決めたのはヒトラー自身だった[164]。実際には、ヒトラーの勝利は意志によって得られたものだとはいいがたい。勝利が得られたのは、むしろ、夏の権力闘争のなかで、ドイツ国家をヒトラーの勝手にさせることで多くの利益を得た者、もしくは利益を得たと考えた者たちのおかげだった。

第13章
総統のために

総統の意をくんで総統のために働こうとすることがすべての者の義務なのだ。

ヴェルナー・ヴィリケンス、一九三四年二月二一日

総統は、外交上の配慮から、ユダヤ人に対して各自が行動を起こすことを禁じるような格好をとらざるをえなかったが、実際は、各自が自分自身の力で、非常に厳しく過激なかたちでユダヤ人との闘いを続けることに諸手をあげて大賛成のはずだ。

ヘッセンで報告された意見、一九三六年三月

あたかも夢遊病者が何かに導かれて進むかのように、私は天意が進めと命ずる道を悠然と歩む。

ヒトラー、一九三六年三月一四日

いずれ実行しようと考えるすべてのことを総統が上から指示するのがいかに大変かということは、目にする機会さえあれば誰にでも分かる。逆に、総統の意をくんで働いているならば、各人は新しいドイツのそれぞれの持ち場でこれまで最高の働きを見せてきたといえるのだ。

これが、一九三四年二月二一日にベルリンで開かれた各州の農務省の代表者の会合で、プロイセン農務省事務次官ヴェルナー・ヴィリケンスがした話の要点だった。ヴィリケンスは次のようにも述べた。

個々人が指示や命令を待つことは過去にもあちこちでよくみられた。残念ながらおそらく今後もそうだろう。しかしむしろ、総統の意をくんで総統のために働こうとすることがすべての者の義務なのだ。間違いを犯せばすぐに分かるだろう。しかし、正しく総統の意をくみ、総統が目的とすることのために働く者は、今後もこれまでと同じく、ある日突然にその仕事が法的に認められるという最高の褒賞を得ることになるだろう[1]。

ごく普通の話のなかに出てきたこの発言は、第三帝国がどのように機能していたかを知る鍵になる。総統国家は、一九三四年八月初旬のヒンデンブルクの死後、三八年一月末から二月初旬にかけてのブロンベルク＝フリッチュ危機までの間に形づくられた。これは、この時代を生きた多くの人びとの記憶に「よき時代」として残る第三帝国の「正常な」時期だった（すでに増えはじめていたナチズムの犠牲者にとっては「よき時代」などではなかったが[2]）。しかしこれは、ナチ体制に特有の「累積的急進化[3]」が加速した時期でもある。この過程の特徴のひとつは、政府の崩壊が統治機構をゆがめ、様々なかたちで「総統の意志」に依存し、互いに重複する権限をもちつつ競合しあう諸部局を作り出したことである。これは、個人に権力が集中するヒトラー支配の特徴でもあった。この時期には、ヒトラー自身がそのために何らかの動きをとったとばかりは言い切れないにもかかわらず、ヒトラー自身の「世界観」の中核である人種的目標と膨張主義的目標がいっそう明確になっていった。また、制度的には三四年夏以降、並ぶ者のない状態にまできていたヒトラーの名声と権力が、絶対的といえるほどにまで上がったことも指摘できる。この状態にいたったのは、三八年初頭にあったドイツ軍最高指導者二名の私生活に関わるスキャンダルによって、かつては強大な力を誇った将校団が残された権威と独立した権力基盤を失った時だった。[4]

政府の崩壊、イデオロギー上の目標の明確化、総統絶対主義というこれらの三つの傾向は、相互に緊密に関連していた。この展開においては、外交政策でヒトラー自身がとった行動はきわめて重要だった。しかし決定的だったのは、ヴィリケンスの演説で何気なく指摘されていた点である。すなわち、ヒトラーの個人支配は、下からの急進的なイニシアティヴを誘発し、ヒトラーがゆるく規定する目標と一致するかぎり、そうしたイニシアティヴを後押しした。このことは、競合しあう諸部局のあいだでも、そうした諸部局内の個々人のあいだでも、つまりは体制のあらゆるレベルで猛烈な競争を生んだ。第三帝国というダーウィニズムの密林では、「総統の意志」を先んじて実行し、ヒトラーが目指し望んでいると思われることを進めるべく、命じられる前にイニシアティヴを発揮することが権力と出世の道だった。ナチ党の幹部やイデオローグにとっても、親衛隊の「権力テクノクラート」にとっても、「総統の意をくんで働く」というのはまさに文字通りの意味だった。しかし、隣人をゲシュタポに密告し、個人的な敵意やルサンチマンを政治的非難のかたちに変えることで利益につなげようとする一般市民、反ユダヤ立法を利用して競争相手を排除して満足する商人、他人を犠牲にして体制に日々ちょっとした協力をする多くの人びとも、間接的には「総統の意をくんで働いて」いたのだといえなくもない。動機は何であれ、結果として、彼らはあくなき急進化を助長し、そこから総統の「使命」というかたちで政策目標が徐々に具体化することになったのだ。

「総統の意をくんで働く」ことにより、イニシアティヴが発揮され、圧力が生じ、法制化が進んだ。それらすべては、独裁者たるヒトラーが命ずるまでもなく、ヒトラーが目指すと考えられる方向と一致するように行われた。結果として、政策は常に急進化しつづけ、ヒトラーが掲げるイデオロギー的要請を政策として実現可能だととらえる傾向はますます強まっていった。公式の政府機構の崩壊と、それにともなうイデオロギー的急進化は、ヒトラー個人への権力の集中の直接にして不可避の結果だった。逆にいえば、この二つの現象は、ヒトラーの個人的権力があらゆる制度的制約から解き放たれて絶対化していったことの表れだった。

この過程で、ヒトラーは国際的な「勝利」を重ね、自信をつけていった。これは、臆病な他国に対して大胆に行動したことが功を奏したかにも見えたが、実際にはトランプの家のように不安定なヨーロッパの国際システムを揺さぶることで得られたものだった。このなかで、すでにして強大だった自我はますます肥大化して誇大妄想がさらに膨らみ、ヒトラーは軍事指導層と外務省の慎重派をあからさまに軽蔑するようになっていった。同時に、すべての成功がヒトラーのおかげだと見なされることで、ヒトラーの名声は上がり、敵対勢力の希望は掘り崩され、政治エリートのなかにまだ残る懐疑派も異を唱えることなくヒトラーの完全なる優越を受け入れていった。総統崇拝がその頂点に向かうにつれて、ヒトラー自身もそのなかに囚われていったことは明らかである。ラインラント進駐によって外交的緊張が最高潮に達した時期の経緯は、この過程で決定的な意味をもった。ラインラント進駐による危機を成功裡に収めたことは、ヒトラーにとって過去最大の勝利だった。この時期に、ヒトラーはそれまでにも増して自らの「神話」を信じるようになった。

1

ヒトラーの傍近くにいた人びとは、ヒンデンブルクの死後、ヒトラーが変わったことに気づいたと後に語った。報道局長オットー・ディートリヒによれば、一九三五年から三六年にかけて、「完全なる支配者となったヒトラーは新たな行動をとれないかと狙って」いた。この時期は、「内政の改革者、民衆の社会的指導者」から後の「外交政策上の無法者、国際政治の賭博師」へとヒトラーが変貌していくうえで最重要の時期だった。

「この時期に、ヒトラーの振る舞いに変化が感じられるようになった。ヒトラーは自分が呼び出した者以外と政治的案件で面会することをだんだんに好まなくなっていった。同じように、周囲の者からも内心では距離をとるようになった。権力掌握以前は、ヒトラーの意見とは異なるものも含めて周囲から政治的提案をする余地があったが、国家の頂点に立つ名声ある人物として、ヒトラーは不要な政治的議論には厳として関わらなくなった[…]。ヒトラーは自分の考えに反対されること、自分の考えが無謬であることに疑念を呈されることを厭うようになり、[…]話したがるが聞きたがらなくなった。自分は槌を振り下ろす側であり、振り下ろされる側であろうとはしなくなった」、とディートリヒは語る。[5]

ディートリヒの言葉から分かるように、一九三四年八月に権力確立期が終わりを告げた後にヒトラーが内政から次第に手を引いていったことは、単に性格の問題でもなければ、自由意思による選択でもなかった。これは、総統としての立場を直接に反映したものだった。すなわち、総統の権威とイメージにかけて、政策上、人気を得られない選択をして恥をかいたり、名声に傷をつけたりはできなかったのである。ヒトラーは国民の統一を体現する存在であり、体制の統合機能の中核としてそのような存在であらねばならなかった。国内の日々の政治的紛争に巻き込まれたように見られてはならなかった。さらにいえば、ヒトラーが次第に超然とした態度をとるようになっていったのも、国内政治からプロパガンダと教化へと事実上の転換がなされたことの反映だった。政治の中核たる選択と議論は、公共空間から排除されていった(当然のことながら裏では激しい論争と衝突が続いていた)。

「均制化《グライヒシャルトゥング》」されたドイツ国内の「政治」とは、ヒトラーが一九二〇年代以来、唯一の目標として掲げてきたものにほかならなかった。すなわち、外敵との避けがたい大闘争を準備するための「大衆の国民化」である。強く堅固な統一された「民族共同体」の創出というこの目標はきわめて包括的で普遍的であり、体制の全活動領域にわたり、政策的イニシアティヴを生み出す感情的動機としてこれほど強力なものはなかった。そこから生み出されたイニシアティヴは生活のあらゆる領域に影響を与えた。そうしたイニシアティヴをすべて監督し、ましてや指示を与えようとしてもできるものではなかった。ヒトラーであれ、もっとまともに効率的な行政が機能する国家の首長であれ、その点ではおそらく違いはなかっただろう。ヒトラーは広範囲にわたる「行動のための指針」(6)を体現していた。国民的再生、ユダヤ人「除去」、人種的「向上」、世界におけるドイツの国力と威信の回復などである。それらと結びついたこのような形態のリーダーシップは、政策形成の全領域にわたって終わりなきダイナミズムを解き放った。

ヴィリケンスの言葉のとおり、人びとは自分がいかに効率的に「総統の意をくんで働いている」かをアピールすることで、成功(と個人的栄達)の機会を最大化することができた。しかし、論争への表立った関与をヒトラーが避けざるをえない以上、こうした狂乱した行動は調整されることはなく、調整できるものでもなかったため、(「総統の意志」に従っていると一般に判断される範囲において)ナチ体制下に独特の紛争が生じることは避けられなかった。翻ってこれが、紛争解決のためにヒトラーが個人的に介入することをますます困難にし、ヒトラーは体制全体にとって不可欠の支えであると同時に、公式の政府機構からは離れた存在になった。結果として、政府と行政が極度の無秩序に陥ることは避けられなかった。

ヒトラーの個人的な気性、非官僚的な行動様式、強者に味方するダーウィニズム的傾向、総統としての超然とした態度。これらすべてが絡み合い、特異な現象を生み出した。すなわち、超近代的な先進国家でありながら、中央に調整機関を欠き、政権の長が政府機構にほとんど関わらないという状態である。ムッソリーニ、フランコ(一九三九年以降のスペインの独裁者)は、強大な権力を有し、その内閣には諮問機関程度の意味しか与えなかったが、ことは内閣を通じて運んだ。スターリンは、(その構成員を時に銃殺することもあったが)政治局を置いた。この三者は、支配すると同時に、政府中央機関を厳格に統制しようとした。しかしドイツでは、閣議は重要性をもたなかった。ヒトラーは閣議を開くことを好まず、三五年に閣僚が集められたのは一二回だけだった。三七年にはわずか六回だった。そして三八年二月五日をもって閣議は二度と開かれなくなった。大戦中には、ヒトラーは閣僚にそもそも時折顔を合わせてビールを飲むことすら禁じた。(7)

閣議で議論され、優先順位がつけられることがないため、大量の法令が各省からばらばらに出されるのだが、その草案は一定の合意ができるまで閣僚のあいだでひたすら回覧されるという面倒なうえにひどく非効率的な手順を踏まざるをえなかった。合意ができると、ここでヒトラーはようやく、簡単な要約を聞いたうえで(法案にわざわざ目を通すことはほとんどなかった)、承認する場合には署名し、法律が成立するのだ。各省と総統をつなぐ唯一の回路だった総統官房長官ハンス・ハインリヒ・ラマースは、当然のことながら、法律(および閣僚の他の業務)がヒトラーにどう伝えられるかという点で相当な影響力をもった。総統は他の緊急を要する国家的案件で忙しいとラマースが判断すれば、数カ月かけて準備した法案が無視されたり、無期限に延期されたりすることもあった。逆に、偏ったわずかな情報をもとに、ヒトラーが細かな点にまで介入してくることもあった。

ここから生じたのは恣意性の増大だった。ヒトラーの極度に個人化された統治形態は、定められた基準と明確な手続き規定を要する官僚制とのあいだで避けがたく矛盾をきたし、それは最終的には解決不能なまでにいたった。ヒトラーの根深い秘密主義、配下とのあいだで(支配的な立場に立ちやすい)一対一の話し合いを好む性質、閣僚やナチ党幹部に対する激しい好悪の感情によって、通常の政府と行政の掘り崩しはますます進んだ。

体制内の権力闘争が続くなか、ヒトラーとの接触は当然のことながら重要だった。何らかの理由で嫌われた閣僚はヒトラーと話をすることもできなかった。たとえば食糧・農相ダレは、ドイツにおける農業生産の深刻な低化について話し合うために一九三〇年代後半に総統と面会しようとして二年以上かなわなかった。「寵臣」ゲッベルス、ヒトラーの建築計画への執着につけこんでナチ連中のなかで急速にのし上がった野心的な若き建築家アルベルト・シュペーアがヒトラーと接触をもつことを妨げることこそできなかったが、ヒトラーの副官たちはヒトラーに近づく道を統制することで非公式ながら大きな権力を握った。(8)

第一次世界大戦中のヒトラーの直属の上官であり、一九三〇年代半ばに副官を務めたフリッツ・ヴィーデマンは、ヒトラーの異様なまでの勝手さと、その行き当たりばったりな個人支配について後に回想している。ヴィーデマンの語ったところによれば、三五年には、ヒトラーはまだ比較的きちんと日課をこなしていた。午前一〇時頃に始まり、午後一時か二時頃に昼食をとるまでの間に、通常、ラマース、マイスナー、フンク（宣伝省）、閣僚ほか、緊急の用件を抱える要人らと会議を行った。午後には、軍や外交関係の顧問官と話し合いをもった。もっとも、ヒトラーはシュペーアと建築計画の話をすることのほうを好んだ。

しかし次第に、公式の日課はこなされなくなった。ヒトラーは、若かりし日にリンツやウィーンで謳歌し、二〇年代初頭にフェーダーから党首としてあるまじきものとして叱責されたあの生活形態に戻ってしまった。戦後、ヴィーデマンが述べたところによると、後の時期になると、「ヒトラーは昼食前にようやく顔を出し、報道局長オットー・ディートリヒ博士の用意した報道のまとめにさっと目を通し、食事に行くのが通例になった。そのため、国家元首たるヒトラーにしか下せない決定についてラマースとマイスナーがヒトラーの意向を確認することはますます難しくなってしまった」。

オーバーザルツベルクではもっとひどかった。「あそこではいつも、ヒトラーは午後二時頃にようやく自室を出て、それから昼食をとった。午後はだいたい散歩の時間で、夕食後は映画を見た」という暮らしぶりだった[9]。

散歩道はいつも下り坂で、ヒトラーと同伴者が上に戻れるよう、坂の下には車を待たせていた。ヒトラーは運動が嫌いで、運動神経が鈍いせいで恥をかくことをひどく恐れつづけた。午後の散歩のあいだは付近全域に非常線を張り、一目でよいから総統を見たがる観光客の群れを近づけないようにしていた。代わりに、訪問客の分列行進が慣例になった。急勾配を上り、何時間も待たされようとも厭わないほどに熱心な人びとが、年齢を問わずドイツ全土から二〇〇〇名も集まり、副官からの合図に合わせて隊列を組み、静かにヒトラーの前を行進するのである。ヴィーデマンにしてみれば、まるで宗教的崇拝のようだった[10]。

夜はほとんどいつも映画鑑賞だった。副官たちは毎日、新しい映画を渡せるよう気を配らなければならなかった。当時の名作映画の製作レベルを考えれば、これは簡単なことではなかった。ヒトラーは真面目なドキュメンタリーよりも軽い娯楽物を好んだ。外国に対するヒトラーの強い偏見はそうした映画から得たのではないか、とヴィーデマンは言う[11]。

首相官邸では周囲はほぼ例外なく男性ばかりで、紳士クラブか士官食堂のような雰囲気だった（ギャングのアジトに囚われたかのような気分になった）。ヒトラーの周囲では、「山」といえばオーバーザルツベルクを指したものだが、そのオーバーザルツベルクには女性（エファ・ブラウンのほか、ヒトラーの取り巻きの妻やガールフレンド）がいたため雰囲気は明るく、女性が同席しているときには政治の話題は禁じられていた。ヒトラーは来客、なかでも女性に対しては礼儀正しく、どことなく不器用で堅苦しい振る舞いは魅力的でさえあった。ヒトラーは、秘書、副官、随行員など、自分のことを好きで尊敬してくれる私的な部下をいつも思いやりをもって扱った。[12] 誕生日やクリスマスには心のこもったプレゼントを取り巻きに気前よく贈った。

それにもかかわらず、首相官邸であってもオーバーザルツベルクであっても、ヒトラーの傍近くに仕えることは非常に苦しく、退屈だった。ヒトラーがいるときには、肩の力を抜いてくつろぐことはできなかった。どこにいようがヒトラーは威圧的だった。会話でも反論は許さなかった。食事に招待される客人は、間違ったことを口にして不興を買うことを恐れ、緊張した。副官たちは、夜遅くに客がうっかりヒトラーのお得意の話題に触れてしまうのではないかともっと心配した。第一次世界大戦や海軍などである。そこに話が及ぶと、またしても終わりのない長広舌になり、夜半過ぎまで座って拝聴しなければならなくなるのである。[13]

ヒトラーのところに持ち込まれる政府の案件は大量で、重大なものも多いが、それに脈絡なく無計画に手をつけるため、行政が無秩序になるのも無理はなかった。ヒトラーは「書類を読むのは好まなかった」、「重大な案件であっても、関連文書を求められることもないままに決定を聞かされた。多くの事柄は放っておけば自然に落ち着くという考えだった」とヴィーデマンは回想する。[14]

ヒトラーは書類仕事にはやる気を見せなかったが、ひとつだけ大きな例外があった。演説の準備となると、ヒトラーは自室に引きこもり、幾晩も連続して深夜まで仕事をし、秘書を三人使って口述筆記させ、それをタイプライターで打たせて草案を入念にチェックした。[15] 大衆のイメージは決定的に大事だった。宣伝にかけてはヒトラーはなんといっても卓越していた。

指導者としてのヒトラーがもっと勤勉で、あれほどの変人でなく、場当たり的でなかったとしても、近代国家の複雑で多様な諸問題に極度に個人化されたかたちで対処するのは手に余っただろう。実際、管理不行き届きと腐敗が大規模に始まった。ヒトラーは財政問題には能力も関心もなく、公的資金を無頓着に浪費した。「古参の闘士」には官職が与えられた。大量の資金が壮大な建造物の建設に注ぎこまれた。建築家と建設業者は惜しげもなく支払いを受けた。気に入った建造物や建築プロジェクトのためであれば金に糸目はつけなかった。[16] 体制の指導的立場にある者は莫大な給料を得て税制上優遇され、贈答品、献金、賄賂を受け、宮殿のような邸宅、素晴らしい装飾品、美術品、否が応でも人目をひくリムジンなど、様々な贅沢をしてその嗜好を満足させた。元ラインラント大管区長で食品化学の博士号をもち、女癖の悪さで知られたドイツ労働戦線全国指導者ライが、「国家泥酔漢」という自業自得のあだ名を奉られていたことは有名だが、これは氷山の一角にすぎない。賄賂に弱く、贅沢な暮らしを送るライの存在は、骨の折れる仕事をして涙が出るほど少ない賃金を稼ぐ多くの労働者への甚だしい侮辱だった。しかし、たとえば、ヒトラーの警備隊長ゼップ・ディートリヒが首都ベルリンで購入した贅沢な邸宅にすぐに飽き、ミュンヒェンで別の邸宅を買おうとしていたため、ベルリンの件の邸宅をライがドイツ労働銀行の資金を使って倍額で買い取ったことも、労働銀行がかなりの額の賄賂としかいいようのない資金をヒトラーの副官ヴィーデマンに提供したことも、一般のドイツ国民の知り得るところではなかった。[17]

体制のあらゆるレベルで腐敗が横行した。[18] ヒトラーは部下たちを権力と成功がもたらす無限の物欲にふけらせて満足していた。大規模な腐敗は忠誠を確かなものにすると知っていたためである。個人の忠誠が封土を与えられることによって報われるのが封建制であるならば、第三帝国はその現代版だった。[19] ヒトラー自身は『わが闘争』の売上のおかげで大富豪であり、贅沢なかにも（食物と衣服については）誰もが認める質素な生活を送っていた。いずれも素晴らしいベルリンの公邸、ミュンヒェンの私的な住居に加えて、当初はやや地味に作られていたアルプスの別宅（オーバーザルツベルクのヴァッヘンフェルト荘）も、多額の資金を投じて、今は外国からの国賓も泊められるような巨大な山荘に作り変えられていた。[20] 休むことのない行動力を発揮して、ヒトラーとかなりの数のその取り巻きはドイツ全土を動き回りつづけた。そのため、寝台車を含めて一一両の特別列車、リムジン部隊、飛行機三台も使用できるようになっていた。[21]

党幹部らが腐敗し、大量の公的資金を好き放題にして利益を得たこと以上に深刻だったのは、政治システムそのものの腐敗だった。政治的決定を下す正規の手続きが次第に失われていくなかで、ヒトラーに目をかけられた党幹部らは、昼食をとったりコーヒーを飲んだりしながらあれこれを提案し、自分たちに都合のよい好意的な意見をしばしばヒトラーから引き出すことができた。[22]

配下の幹部らの提案に対してヒトラーが与える口頭の同意は衝動的で、そのせいで困った事態になることもあった。一九三四年一〇月にライが、雇用者側および国家機関の「労働信託官」に対してドイツ労働戦線の権限を強化する法令にヒトラーの署名を得たときもそうだった。労働省も経済省もしかるべき相談を受けていなかった。ナチ党幹部ヘスは、個人的にライと対立関係にあり（ドイツ労働戦線全国指導者を務めるかたわらナチ党の組織問題の担当者に任命されていたライは、ヘスと衝突を繰り返していた）、やはり強い抵抗を見せた。経済界の大立者シャハトや工業指導層を敵に回すわけにもいかず、ヒトラーは折れた。威信を保つため、法令が取り消されることこそなかったが、ライがどれほど同法に訴えようとしても無視されるだけで、同法が適用されることはなかった㉓。

数カ月後の一九三五年初旬には逆のことが起きた。ヒトラーが、大臣の提案に当初は賛成しておきながら、ナチ党からの圧力に折れたのである。このときは、労働大臣ゼルテが建築労働者の賃金制度の地域差を廃し、全国的に制度を統一する計画についてヒトラーの承諾を得た。ナチ党の地方長官にあたる大管区長は、賃金削減になる地域もあり、勤労意欲に響くとしてこれに強く反対した。ハンブルク大管区長カウフマンはとくに強硬だった㉔。ヒトラーは引き下がった。今回も威信の問題から、先の決定は誤りだったとして簡単に撤回するわけにはいかなかった。代わりにヒトラーは、賃金制度を変更する前に、期限を定めずさらに慎重に検討を進めるよう命じた。すなわち、この問題は棚上げにされたまま忘れ去られるということだった㉕。

ここで触れた二つの事例では、体制のなかで強い影響力をもつ集団の既得権益に抵触した政治的イニシアティヴが排除された。このケースでは、ライとゼルテは究極的には、「総統の意をくんで働いて」いなかったということになった。

しかし、一九三〇年代半ばから後半にかけては、ヒトラーが内政にあまり関与せず、政策形成のための中央機関も崩壊していたため、大衆の国民化および「民族共同体」に属さない者の排除という目的に広い意味で合致する領域については、そのための行動に向けて圧力を加えようとする者には大きな行動の余地があった。

圧力は主として二つの方向から加わった。ナチ党（中央本部、地方長官たる大管区長の双方）と、エリート組織である親衛隊（警察と融合し、イデオロギーによって突き動かされる国家公安部隊としていまや強大な力をもつにいたった）である。この二つの組織は、人種の純化を通じた国民の再生と国力の強化という、ヒトラーが公然と掲げる最終目標を自分たちの要求と行動のために利用しつつ、権力奪取によって解き放たれたダイナミズムが弱まることがないように努めた。

一九三三年にひとたび権力を獲得すると、ナチ党は基本的には、宣伝と社会統制のための緩やかな連合体になった。何十万もの日和見主義者が入党したことで、党員数も急速に膨れ上がった。グレゴア・シュトラッサーが作り上げた組織を破壊するなかで、ヒトラーは三二年一二月には、自身が体現する「ナチズム理念」㉖を広め、動員を行うのが党の役割だとすでに決めていた。首相就任後、ヒトラーは組織としてのナチ党にはほとんど関心を向けなくなっていた。無力だが献身的といってもよいほどに忠実なヘスが四月にヒトラーの代理として党を任された。すでに述べたように、党の組織に関わる問題はライが担当しつづけたため、ヘスの権威ははじめからおよそ完全とはいえなかった。[27] 大管区長の多くはヒトラーとのあいだに築いた年来の紐帯を利用して各地で自らの権力基盤を維持したため、彼らとの関係においてもヘスの立場は弱かった。党上層部では、真に上意下達式の命令系統も、党の政策を決定するための共同決定機関も制度化されることはなかった。党の「全国指導者」は個人の寄せ集めであり、政治局のように会議を開くことはついになかった。大管区長の会合はヒトラーの命を受けたときだけは開催されたが、総統演説を拝聴するために召集されるのであって、合議するためではなかった。[28] 党評議会のようなものが設置されることもなかった。したがって、ナチ党は整った組織構造をもつことも、統一的な政策を示して国家機構にそれを押しつけることもなかった。いずれも「総統政党」には実現しえないことだった。それは、「総統政党」というものが、感情に強く訴えるが、内容的には緩くしか規定されていない、総統が体現する全般的目標と結びつき、総統崇拝によってまとまりを得るという特徴をもっていたためだった。

そうはいっても、一九三四年に閣僚の起草する法案への拒否権、続いて翌年には上級官吏の任命への拒否権がヘスに与えられると、ナチ党による国政への浸食が真に始まった。[29] 体系的とはいえないながらも介入が可能になったことで、とくにイデオロギー上の重大問題へのナチ党の影響力は増した。最も重視された領域は人種政策と「教会闘争」だった。[30] どちらの領域でも、ナチ党にとって党内の活動家を動員することは容易であり、その急進性に押されて政府は法制化に踏み切るのだった。実際のところ、ナチ党幹部は下からの圧力に押されて動くことが多かった。そうした圧力は、好き勝手に行動する大管区長があおる場合もあれば、現地の急進的活動家からかかる場合もあった。圧力がどこからかかるにせよ、このようにして、総統の掲げる目標に関連する問題は急進化しつづけることになった。

一九三〇年代半ばには、ヒトラーは党の活動にはますます注意を向けなくなった。「この時期以降、党に対するヒトラーの関与は、原則として、ミュンヒェンやニュルンベルクでの重要な会合に顔を出すか、『古参闘士』を前に一一月と二月に定例の演説を行うかに限られるようになった」とオットー・ディートリヒは述べている。[31] そもそも党と国家の二重構造が解消されることはなかった。そもそも解消されうるものでもなかった。管轄が重なり、曖昧な状況が生まれることをヒトラー自身が歓迎していたためである。自身の権力を制約しかねない組織の制度化には常に敏感であったため、より合理的な権威主義的国家体制を作り上げようとするフリックの「全国改革」計画をヒトラーはすべて潰した[32]。

あらゆる権力関係と同じく国家に対しても、ヒトラーは搾取的で機会主義的なとらえ方をしていた。『わが闘争』にもはっきりと書かれているとおり、ヒトラーにとって国家は目的のための純然たる手段にすぎなかった。もっとも、肝心の目的については曖昧で、「身体的にも精神的にも同質な存在による共同体を維持・発展」させ、「文化を与え、より高等な人間の美と尊厳を作りだすような人種的基本要素を維持」する、と書かれるだけだった[33]。しかしいずれにせよ、その機会主義的な国家観にしたがえば、形式でも構造でもなく効果のことだけを考えるということになる。官僚制の弊害を抱える省庁が特定の政策分野にうまく対処できない場合、官僚主義的でない別の組織が対応すべきだ、とヒトラーは大雑把にも考えていた。新しくつくられる組織はヒトラーに直属し、党と国家の双方にまたがりつつ、いずれにも属さないのが通例だった。トット機関、ヒトラー・ユーゲント、一九三六年以降の四カ年計画などがそれにあたる。当然のことながら、実際にはこれは、相互に競合し重複しあう新たな官僚機構を作り出し、管轄をめぐって終わりの見えない争いが続くことになるだけだった。ヒトラーにとっては問題は何もなかった。しかし、これにより、政府や行政の一体性はさらに掘り崩され、ヒトラーは総統として体制内で一層自律的に動けることになった。

ヒトラー直属の最重要の新機関が、一九三六年に成立した親衛隊と警察機構の複合体だった。急進的なイデオロギーをもつこの機関に全権が与えられた。そもそも、すでに「レーム事件」以前から、ヒムラーはバイエルンにおける当初の権力基盤を拡大し、各州の警察を次々に統制下に置きはじめていた。ヒムラーが「ゲシュタポ統監」、ハイドリヒがプロイセン州秘密警察局（ゲシュタパ）局長に任命されたのは三四年四月である。六月末に突撃隊の権力を打破するにあたって親衛隊が重大な役割を果たすと、立場を強めたヒムラーは、ゲーリングを譲歩させて最大州プロイセンの公安警察に対する全権を獲得した。これにより、「保護拘禁」の無制限適用と増えつづける強制収容所の管理を通じて、自立的な警察権力はさらに拡大していくことになった。内相フリックと法相ギュルトナーはこの流れを阻止しようとして果たせなかった。警察権力を法的に規制しようとする議論が出るたびに、ヒムラーがいつもヒトラーの支持を求めたためである。たとえば、三五年にギュルトナーが強制収容所の死者数にクレームをつけ、「保護拘禁」に弁護士の立ち合いを要求したときには、ヒムラーはヒトラーの下に向かい、弁護士との協議を禁じること、「収容所は良心的に管理」されており、いかなる「特別措置」も受け入れないことについてヒトラーの支持を取りつけた[34]。フリックも「保護拘禁」の乱用に抗議したがやはり成果は得られなかった[35]。実際、ヒムラーはこの年の夏には強制収容所システムの拡大についてもヒトラーの許可を取りつけた。三五〇〇名という当時の収容者数は第三帝国期を通じて最も少なく、強制収容所はその主要な目的を果たし終えたものと思われていた。しかし、三五年一〇月にはゲシュタポは、ヒトラーの支持を受け、「国民内部の敵に対する闘争」における重要機関と位置づけられることになる[36]。

一九三六年二月一〇日のプロイセン秘密警察法でヒムラーが見せた譲歩は名目上のものにすぎなかった。同法にはゲシュタポを内務省の意向に従わせると規定する条項が設けられたが、別の条項ではプロイセンでゲシュタポを管轄するのは最終的にはゲシュタパだと強調されていた[37]。争えばどちらの条項が優先されるかには疑問の余地もなかった。次の段階が来るのはすぐだった。六月一七日、ヒトラーの出した布告により、全国の警察組織が統一され、ヒムラーの指揮下に置かれることになった[38]。警察という最大の抑圧機構が、ナチ運動のなかで最もダイナミックでイデオロギー色の強い親衛隊の勢力と融合することになったのである。ここで引き受けたドイツ警察長官という地位に照らせばヒムラーは内相フリックの指揮下にあることになるが、それは書類上の話でしかなかった。親衛隊全国指導者であるヒムラーが従う相手はヒトラーだけだった。一週間後には「公安警察」が新設された。刑事警察と政治警察が融合されたことで、それまで通常の「犯罪」行為であったものが政治化され、ここに、第三帝国のイデオロギー的中核であり、「総統の意志」の執行機関でもある組織がその基本的な形を整えたことになる。

総統の「世界観」の実現を主目標とする道具が出来上がった。ヒムラーは、警察と親衛隊が融合したこの組織の主たる任務は、「すべてを破壊するボリシェヴィズムに対する［…］人類史上の一大闘争における［…］国民の内的防衛」にあると考えていた[39]。ハイドリヒの副官ヴェルナー・ベストにとっては、警察とは「戦闘部隊」であり、国民の「政治的健康」を脅かすあらゆる症状や危険な細菌を根絶するためのものだった[40]。この警察権力はそもそもこのような前提から出発しており、彼らがその標的となる集団を「国家の敵」、「国民に害をなす」者と呼び、その範囲を拡大していくにあたり、ヒトラーからの指令は必要なかった。

標的はほとんど恣意的に拡大していった。主たる標的となったのは、人種的迫害の犠牲者であるユダヤ人、イデオロギー的・政治的に最大の敵と目された共産主義者と社会主義者、フリーメーソン（世界的陰謀のために国際的権力ネットワークを築き、ユダヤ人と結託しているのではないかと深く疑われた秘密結社）だった。警察の勤勉な出世主義者と親衛隊のイデオローグは協力して、戦うべき内部の「敵」をほかにも見つけ出そうとした。新たに「敵」とされた者の多くは、「ジプシー」、同性愛者、物乞い、「反社会的分子」、「労働忌避者」、「常習犯罪者」など、嫌われて周辺化された弱小社会集団だった。[41]あらゆる「制度的余地」を取り除きたいという衝動につき動かされて、エホバの証人やキリスト教二大宗派の「政治活動に従事する」指導者などナチ国家の全面要求に従うことをよしとしない者、それどころか、ナチズムに順応しようとしたキリスト教の小分派（モルモン教徒、第七日安息日再臨派）までもが迫害されることになった。[42]

この警察権力にあっては、残忍で効率的な迫害が、イデオロギー上の目標、イデオロギー的ダイナミズムと結びつきながら展開された。したがって、当然の帰結として急進化がさらに進むことになった。ヒトラーからの指令や命令など必要なかった。親衛隊や警察に属する個人も部署も、差別を激化させるのに十二分に役割を果たした。たとえば、アドルフ・アイヒマンといえば、ベルリンの親衛隊保安部「ユダヤ人課」という急速に重要性を増していく部署に籍を置いていたとはいえ、シオニズムについて情報収集を行っていただけの取るに足らない人物だった。このアイヒマンが「最終解決」の「責任者」にのし上がっていった様は、イニシアティヴを発揮し、チャンスを掴むことで、個人が権力と栄達をいかにわがものにできたかを示すだけではない。ヒトラーがイデオロギー的に執着する点と緊密に関わる領域では、個々人のそのようなイニシアティヴと態度がいかに急進化を助長したかを示すものでもある。

一九三〇年代半ばにはこの過程はまだ始まったばかりだった。しかし、ナチズムの重要なイデオロギー的関心事について行動を求める圧力がナチ党からかかったこと、警察という抑圧機構が拡大の過程でそれらの関心事を道具として利用していったことからも分かるように、ひとたび権力が確立されるとイデオロギー的推進力が弱まることはなかった。これはムッソリーニ体制下のイタリアやフランコ体制下のスペインとは異なる点である。そして、イデオロギー的衝動に順応しようとするイニシアティヴが体制内の様々なレベル、様々な部局から生じてくるにつれて、総統が体現するナチズムの「理念」は次第にユートピア的な「未来展望」から、実現可能な政策目標へと変化していった。

2

ドイツの対外関係についてもこの過程の開始を確認できる。ヨーロッパの「外交革命」における戦略の成功ほど、ヒトラーに自信を与えたものはなかった。[43]最も目覚ましかったのは、一九三五年三月の徴兵制再導入と、そのほぼ一年後のラインラント進駐である。対外的な成果は、第一次世界大戦後の外交上の合意の遺物を跡形もなく消し去り、ヨーロッパの秩序を覆し、欧米諸国の分裂と弱体化を決定づけ、ドイツの軍事大国化に向けてその制約を急速に取り払った。国内では、ヒトラーはこれまでにないほどに絶大な人気と高い評価を誇った。大胆さが慎重さに勝利したかのように思われ、軍や外交顧問官らのなかの慎重派に対してヒトラーの立場は強まった。オットー・ディートリヒも見抜いたように、この成功によりヒトラーは自らの無謬性への自信を深めた。このように重大な帰結をもたらした出来事に対してヒトラー自身の貢献があったとすれば、それはギャンブルの才であり、はったりの利かせ方であり、敵の弱点をかぎつける鋭い嗅覚であろう。ヒトラーは重要な決定を下した。タイミングを決定したのもヒトラーだった。しかし、それ以外にはほとんど何もしなかった。再軍備とヴェルサイユ体制の修正といういかようにも解釈できる大きな目標を、強調する点に違いこそあれ、軍や外務省の政策立案者も権力集団も一致して共有していたためである。

一九三三年一〇月のドイツの国際連盟脱退をめぐるごたごたを除けば、ヒトラーの首相就任後二年間は内政に重点が置かれた。(東西いずれの国境についても)防衛力に問題を抱え、外交的にも孤立していたため、この時期には外交上は慎重路線をとらざるをえなかった。ポーランドかフランスから軍事介入を受ける重大な危険があった。外務次官ベルンハルト・フォン・ビューロが三三年三月一三日の覚書に記しているとおり、ドイツは「危険なほどに弱体化している」ため、「再び強大化するまでは、できうる限り外交上の摩擦を避ける」政策をとらざるをえなかった[44]。秘密再軍備を進めつつも、外からは融和的に見えるようにしなければならなかった。第一次世界大戦後の合意でドイツが不当な扱いを受けたと繰り返し強調すれば、フランスとイギリスの立場の相違を突くことができた。この相違の原因は、英仏両国がヴェルサイユ条約の厳しさをめぐって見解を異にしていたこと、(イギリスのほうが明らかによりグローバルな利益を追求する点で)外交上の利益が一致していなかったこと、そのせいでドイツの復活がもたらす危険性についても、再軍備要求と修正主義要求を封じ込める方法についても想定が異なっていたことにあった[45]。国際連盟を脱退して国際的孤立が確定した後は、機を逃さずとらえて東欧諸国と二国間協定を締結し、フランスが進める多国間協定によってドイツの野心が封じ込められてしまうことのないようにすることが肝要だった[46]。

そのような動きの中で最も早かったのはポーランドとの不可侵条約だった。一九三三年にドイツが国際連盟から脱退すると、双方の国益に照らして、両国間の関係を深めることの重要性が増した。条約締結によって、ドイツはフランスの東欧への影響力を掘り崩す（それによってフランスとポーランドが結託してドイツを標的とした軍事行動を起こす可能性を潰す）ことができた。ポーランドにとっては、ドイツの脱退によって国際連盟が弱体化し、その保護が弱まった以上、少なくとも当面の安全保障を確保する必要があり、ドイツとの不可侵条約はそれに役立つと考えられた(47)。

最初に行動を起こしたのはポーランドである。ドイツの外務省では伝統的にポーランド嫌悪が強かった。ビューロも例外ではなく、一九三三年三月の外交政策概況では、ポーランドと気脈を通じるなど「不可能であり望ましくもない」と記していた(48)。しかし翌月、ピウスツキ政権が関係改善を打診してきた。外務省の公式見解がどうあれ、東部国境での緊張緩和がドイツの国益になることはヒトラーも承知していた。そのため、三三年夏に外交交渉が展開され、ダンツィヒ（ナチ勢力が政権内で優位を保っていた）とポーランドのあいだで関係改善がなった(49)。

そもそも、第一次世界大戦後の講和会議以来、ダンツィヒはドイツ＝ポーランド間の摩擦の種だった。ダンツィヒはポーランド新国家が要求する海への出口だが、人口の圧倒的多数を占めるのはドイツ系住民だった。しかし、周囲の地域はドイツからポーランドに割譲されていた。つまり、ダンツィヒについては、領土の一体性と民族自決というヴェルサイユの二つの原則は一致しえなかった。結果として、ダンツィヒを自由都市とし、国際連盟の監視下に自治を与えるという妥協がはかられた。ポーランドは海へのアクセスを確保したが、港湾はもたない。ドイツはダンツィヒをポーランドに割譲はしないが、ドイツ領としては保持しない。誰も満足せず、なかでもダンツィヒ住民の不満は大きかった。長続きするとは思えない解決だった。ダンツィヒでドイツの急進的ナショナリスト政府に対する支持が急速に高まるのは避けられなかった。とはいえ、ドイツもポーランドも緊張緩和の必要性を感じていたことから、自由都市ダンツィヒとポーランド政府のあいだで、当面、関係改善がはかられることになったのである(50)。ドイツとポーランドのあいだで長く続いていた貿易戦争を終わらせる措置もとられた(51)。両国間で苦労して貿易協定の交渉が進められるなか、この協定を不可侵条約にまで拡大するよう圧力をかけたのはヒトラーだった。ヒトラーの考えるところでは、条約とは急場しのぎであり、目的に資する限りにおいて維持されればよいだけのものだった。

ヒトラーはポーランドに対して寛大に振る舞おうとしていた。急遽、新たな交渉を行う必要が生じた。外相ノイラートと外務省は、当初は別の道をとるつもりだったが、新しい風を受けて進むべく、急ぎ、帆の向きを変えた。「上から命令があったかのように、われわれに対する態度があらゆる点で変わってきている。ヒトラー帝国の連中はポーランド＝ドイツ間の新たなる友好関係を言いだした」とベルリン駐在ポーランド大使ユゼフ・リプスキーは一九三三年一二月三日に書いている[52]。極秘裏に準備された一〇年間の不可侵条約は、三四年一月二六日にヨーロッパ中を仰天させた[53]。ドイツの外交政策の転換が始まった。ここには明らかにヒトラーの意志が反映していた。当時のベルリン駐在ドイツ大使エルンスト・フォン・ヴァイツゼッカーは、「一九二〇年から三三年までの間、議会主義下でここまでのことを成し遂げた大臣はいなかった」と書き残している[54]。

ポーランドと関係を改善したことで、ソ連に対する方針も避けがたく変わった。ソ連とはヴァイマル共和国末期に関係が悪化し、イデオロギー的にも対立していたにもかかわらず、一九二二年にラッパロ、二六年にベルリンで締結された互恵的な暫定協定が存続しつづけており、当初はほぼ何の変更も加えられることはなかった。ドイツ大使ヘルベルト・フォン・ディルクセンはヒトラー体制に対するソ連の懸念を和らげた。ディルクセン自身も懸念は覚えていたが、事務次官ビューロは、「責任を負ったことで当然ながらナチも変わり、これまで主張してきたものとは違う政策をとっている」と請け合った。悦に入って「これまでずっとそうだったのだ。どんな政党が来ようと同じことだ」とも付け加えた[55]。しかし、夏以降、外交関係は冷え込んだ。たしかにナチ運動がこれまで声高に要求してきた通りの展開だとはいえ、これはドイツ外務省の意向に反していたばかりか、（懸念を強めていた）ソ連外務省の意向にも反していた。三三年秋、ヒトラーは関係修復を考えようとはしなかった[56]。三四年には、ドイツ大使ルドルフ・ナドルニー（前年秋にディルクセンの後任として着任した）の尽力の甲斐もなく、またソ連側も関係改善を申し出たにもかかわらず、関係は悪化しつづけた。ヒトラーは関係改善を阻止しつづけ、ナドルニーは辞任を余儀なくされた[57]。ソ連がフランスに接近することは避けられず、こうしてナチ・プロパガンダが騒ぎ立てるドイツ包囲網の脅威がますます大きくなったのだった。

一九三五年初頭には、ドイツの外交政策のなかで、ソ連はまだ些末な問題でしかなかった。最大の問題は欧米列強との関係だった。欧米民主主義諸国家の意見が割れていたこと、各国の国力が低下していたこと、それぞれが国内世論を顧慮しなければならなかったことにヒトラーはやがて付けこんでいくことになる。

しかし、外交上、ことを起こしたり、緊急性を増しつつあった軍備拡張に手を付けたりする前に、ヒトラーは国内の緊張を緩和する必要があった。一九三四年末に軍とナチ運動のあいだに生じた緊張が、ヒトラーと軍指導部の関係にも影響を及ぼしていたためである。この緊張の原因は、レーム事件の際にヒトラーが親衛隊に部隊の軍事武装化を約束したことにあった。後の武装親衛隊である。これは、ドイツにおいて軍事を担うのは軍だけだという軍との約束をヒトラーが破ったということにほかならない[58]。三四年秋、親衛隊は突撃隊やナチ運動の他勢力も巻き込んで軍指導部を公然と攻撃し、それがヒトラーやナチ党に対する軍指導部の信頼を損なった。国内の混乱も問題だった。ナチ党地方支部の幹部らは突撃隊指導部の殺害後、党内の粛清が期待したほど抜本的なものにならなかったことに強く失望し、批判を続けていた。教会闘争が国民の雰囲気に与える悪影響も大きかった。

いずれにせよ、ナチ運動の「全面要求」と思われるものによって自分たちの地位が脅かされていると軍指導部が感じているのは明らかだった[59]。他方、ナチ活動家のほうでも、反動の牙城である軍の地位が守られ、大きな権力を有していることに怒りを覚えていた。ついに、ヒトラーは傍観しているわけにはいかなくなり、介入を余儀なくされた。一九三五年一月三日にベルリン国立歌劇場にて「ドイツ指導者の会」という独特の名称の会合を招集することが、前日になって突然に告知された。座長はヘスだった。ナチ党の全国指導者と大管区長が出席し、軍指導部からも参加があった。

ヒトラーは、ナチ党幹部の軍に対する信頼を回復することを重要な目的に据えて、一時間半にわたる演説を行った。ヒトラーが強調したのは、ドイツを再び大国にし、その国防は強大な国防軍によって担われるものとしたい、ということだった。これは完全なる団結があってこそ果たされる。ヒトラーは改めて、ナチ国家は軍と党という二つの柱に支えられて存立すると述べ、両者の相互信頼を回復するよう求めた。ヒトラーは、自分は軍の味方だと請け合った。軍指導部がヒトラーを批判し、ヒトラーと敵対しようとしていると主張する党内の意見には耳を貸さない、そのような報告も破棄する、なぜなら「私は軍に対して揺るぎない信頼をもっているからだ」、とヒトラーは宣言した。党幹部らに対しては、ヒトラーは涙ながらに、団結した民族共同体において完全なる忠誠と献身をヒトラーに捧げることによってのみドイツの再建が可能になることを理解してほしいと懇願した。三二年のシュトラッサー危機のときと同じく、芝居がかった演説が最高潮に達したのは、この団結が実現しないのであれば命を絶とうとヒトラーが脅しをかけたときだった。

わざとらしい演出の演説ではあったがうまくいった。嵐のような喝采だった。軍指導部は、これを軍に対するヒトラーの感動的な忠誠宣言と受けとめ、それに感銘を受けて取り込まれた。党、国家、軍指導部の一体性を身をもって体現するゲーリングがヒトラーに謝辞を述べて会合を終えた[60]。ヒトラーはまたしても、自らが欠くことのできない統一の要であると示した。そして、その「使命」を引き合いに出すことで、「権力カルテル」を構成する複数の集団間の競合しあう利害を調整してみせたのだった。[61]

そうこうするうちにも、一九三五年一月一三日の住民投票でザール地方のドイツ領への復帰が決まり、よい宣伝の種がヒトラーの下に転がり込んでこようとしていた。ヴェルサイユ講和条約では、ザールラントはドイツから離れて国際連盟の管理下に一五年間置かれ、資源の利用権はフランスに与えられると定められた。一五年後には、人口ほぼ五〇万のザール地方の住民がドイツへの復帰、フランスへの編入、もしくは現状維持のいずれかを決めるとされていた。主としてドイツ語を話す住民は、一九年に受けた扱いに今も不満をくすぶらせており、その大多数はドイツへの復帰を希望するものと思われた。ドイツ政府はそのために十分に地ならしをした。住民投票が近づくとゲッベルスがザール地方の住民をプロパガンダ攻めにし、国内でもこの問題への関心を高めた。[62] ドイツ政府は住民投票をすればザール地方はドイツに復帰すると確信していた。しかし、ザール地方を占領したり、住民投票の期日を動かすなどして、フランスがドイツの勝利を未然に防ごうとする手に出たとしてもヒトラーは驚かなかっただろう、とフランス大使アンドレ・フランソワ=ポンセは述べている。[63] しかも、ザール地方は圧倒的にカトリックであり、人口の多くを占めるのは産業労働者だった。この二つは、ドイツ国内のナチズムに対して最も冷めた反応を見せていた社会集団にあたる。[64]

ドイツでナチが政権掌握後に左派を激しく弾圧したこと、散発的とはいえカトリック教会を迫害したことを考えれば、ザール地方の反体制派は、かなりの反ナチ票が出るのではないかという幻想的な期待を抱くこともできた。[65] しかし、カトリック教会の指導者たちはドイツへの復帰を重視した。ザール地方ではすでに多くのカトリック教徒のあいだで、ヒトラーはボリシェヴィズムから救い出してくれる指導者と目されていた。[66] 左派では、住民投票のはるか以前から、支持者のあいだで党への支持が衰えはじめていた。幹部の数が減りつづけるなか、社会民主党、共産党が必死のプロパガンダを展開してもそのメッセージはほとんど届かなかった。ナチはドイツに復帰しなければどうなるかを言い立て、やすやすとプロパガンダを展開した。すなわち、大量失業が続き、フランスから経済的に搾取され、政治参加の権利は一切ない、ということである。[67] 後は、「闘争時代」にドイツ国内で行ったように、多少の脅しをかければよいだけだった。労働者、カトリック教徒、中産階級、富裕層のいずれであろうと、大多数の住民には選択の余地はなかった。愛国的な感情と物質的利益のどちらを考えても、未来はヒトラー・ドイツとともにあった。

開票してみれば、ザール地方の有権者のうち、九一パーセント近い人びとが自ら独裁体制を選択した。[68] かつては左派の二大政党を支持していた者のうち、少なくとも三分の二はドイツ復帰を支持した。[69] ヒトラーが本当にドイツ国民に支持されているかどうかについては長く疑いがくすぶりつづけてきたが、それも一掃された。

この勝利をヒトラーは利用し尽くした。しかし同時に、表向きはハト派の平和主義者に見えるよう、振る舞いには気を配った。「復帰が完了した暁には」ドイツは「フランスに対してこれ以上の領土要求はしない」[70]、とヒトラーはザール地方の住民に語った。住民投票の四日後に行われたデイリー・メール紙の記者ウォード・プライスのインタビューでも、「ドイツの側から平和を乱すことは決してないだろう」と話した。[71] ザール地方が公式にドイツに編入される一九三五年三月一日、ヒトラーはザールブリュッケン〔ザール地方の中心都市〕で演説した。「国民全体にとっても〔…〕ヨーロッパ全体にとっても〔…〕喜びであるこの日」の行事に加わることができて「とても嬉しい」と述べたヒトラーは、ザール問題が解決したことにより、「独仏関係が決定的に改善される」ことへの期待を表明した。「われわれが平和を望むように、われわれの偉大なる隣国も、ともに平和の道を探ろうとしていることをわれわれとしては望むばかりだ」とも述べた。[72]

ヒトラーの本心は違った。ザール地方の住民投票での勝利はヒトラーの立場を強めた。ヒトラーとしてはその有利な立場を利用し尽くさなければならなかった。欧米諸国の外交官はヒトラーが次の行動を起こすのを待った。そのときは遠からず来た。

ザール地方での住民投票に向けた選挙戦の妨げにならないよう、ヒトラーか外務省かの命により、再軍備には特別の注意が払われていた。そのため、ザールで勝利した後には、政治的考慮と軍事的考慮が密接に絡みあうかたちで、再軍備の加速化に向けて軍指導部の要求が新たに強まることが予想された。ザール地方をめぐる問題は、間接的ながら別のかたちでも再軍備問題と関連していた。ジュネーヴ軍縮交渉は、ドイツの脱退によって実質的意味を失った後、一九三四年一一月に休止されていた。これは、ザール地方の住民投票の結果を待って、再軍備制限をめぐる国際的合意を改めて提案するためだった。二国間協定にしか関心のないヒトラーは、これには何の興味もなかった。[73] しかし、次なる交渉を視野に三五年三月六日に書かれたベック将軍の覚書からは、当時の軍部の見解を明確に見て取ることができる。

この覚書は、いかに「われわれの生空間《レーベンスラウム》を確保」するかをめぐる考察だった。この表現は「生空間《レーベンスラウム》」という言葉がいかに広まり、多様な意味あいで使われていたかを示している。ベックは、ドイツの隣国であるフランス、チェコスロヴァキア、ポーランド、ベルギーから攻撃を受ける可能性があると予測していたが、ソ連による介入の危険はほとんど見ていなかった。ベックの考えによれば、中欧に限定した戦争が起きる可能性が高く、その場合、イギリスは傍観するものと思われた。ドイツの国防力は最悪のシナリオを想定して考えるべきだった。ベックは再軍備については、すべての点でドイツが完全に同権を得、ドイツ西部国境も含めてあらゆる制限が撤廃されることを望んでいた。ラインラント非武装地帯の廃止は最低限の要求だった。

ベックの別の覚書から分かるように、軍指導部は一九三三年一二月以来、平時の陸軍の規模を二一個師団とすることを計画していた[74]。今回の覚書でベックが検討したのは、これを平時二三個師団に拡大することだった。その規模であれば、戦争が起こった場合、三九年には六三個師団にまで素早く増強できるはずだった。六三個師団といえば一四年時点の陸軍にほぼ等しい規模である。数日後に陸軍最高司令官フリッチュとのあいだで交換された覚書を見る限り、二三個師団というのは向こう三、四年間の暫定的な編成であり、その後、平時の陸軍の規模を三六個師団に拡大するつもりだったことは明らかである。フリッチュはドイツが予防攻撃を受けることをベック以上に恐れており、戦時の陸軍を六三個師団に拡大するのであれば、二三個師団は基盤としては小さすぎると論じ、もっと早い時期までに三六個師団編成に移行すべきだと主張している。しかしフリッチュも、拡張を急ぎすぎると外交的緊張が高まり、軍事的危険が生じることもありうると懸念していた。これについては国防相ブロンベルクも同意見だった[75]。

軍指導部内には軍備拡張の速度については見解の相違もあったが、拡張の必要性、平時陸軍三六個師団という最終目標は共有されていた。師団数については最終的には一九三五年三月にヒトラーが決定することになる。一般徴兵制については、三三年一二月にベックが提案した計画でもすでに見込まれていた。一般徴兵制は計画の重要な柱であり、三四年一〇月一日の導入が企図されていた[76]。この日程は実現しなかったが、軍指導部は三五年夏までに徴兵制に移行する必要があるという考えは失わなかった。問題はタイミングだけだった。それは外交情勢に照らして判断されるべきものだった[77]。

一九三五年初頭、外交情勢は再び緊張した。二月三日に英仏両国が共同コミュニケを発表してドイツの一方的な再軍備を非難し、全般的軍備制限と、空爆攻撃に対する国際防衛協定の締結を提案したのである[78]。そのしばらく後、二月一五日にドイツはイギリス政府に説明のための協議を申し入れた[79]。イギリス外相ジョン・サイモンと王璽尚書アンソニー・イーデンは協議のために三月七日にベルリンに招かれた[80]。予定されていた訪独の三日前、ドイツの再軍備が招いたヨーロッパの不安定化、およびドイツ国内での好戦的雰囲気の強まりが軍事費の増大につながったと説明するイギリス政府の白書が出され、これがドイツのメディアの激しい抗議を引き起こした[81]。ヒトラーは即座に、「外交上」、同月上旬に雨天をおしてザールブリュッケンを訪れた際に風邪をひいて咽頭炎を起こしたということにし、サイモンの訪独を延期した[82]。「声がかすれて出なくなってしまった日」に予定がキャンセルされて上機嫌なヒトラーをローゼンベルクは目にした。「またしても少し時間がかせげた」とヒトラーは言った。「イギリスを統治している連中はわれわれを対等に扱うことに慣れてもらわねば困る」、自分は「ドイツの立場を一センチずつ回復していくつもりだ」とヒトラーは付け加えた。「一年後には、誰もわれわれを攻撃しようとは思わないだろう！ この二、三年が勝負だ。一九三六年になってから再軍備を始めたのでは遅きに失することになっただろう[83]」。

会談が予定されていた日から三日後の一九三五年三月一〇日、ゲーリングは、ドイツは空軍を所持していると発表した。ヴェルサイユ条約への完全な違反だった[84]。効果を考えて、外交官向けの発表では、当時ドイツが保有していた航空機の数は倍に水増しされた[85]。これに先立って、フランスは二一年に締結されたベルギーとの軍事協定を延長していた[86]。さらに三月一五日には、フランス国民議会は兵役期間を一年から二年に延長することを認めた[87]。仇敵フランスの動向にヒトラーは反応した。フランスの動きが口実になったのである[88]。これまでと同様、敵の行動から得られる政治的利益にも宣伝上の利益にも気を配りつつ、そうでなくとも近く起こすはずだった行動に出ることをヒトラーは決めた。

三月一三日、ヒトラーの国軍副官ホスバッハ中佐は、ミュンヒェンのフォーシーズンズホテルに翌朝出頭するよう命令を受けた。ホスバッハが到着したときにはヒトラーはまだ就寝中だった。昼前になってやっとホスバッハは呼び出され、近々、徴兵制を再開すると決定した、と告げられた。この動きは、ドイツが自立性を回復し、ヴェルサイユ条約で課せられた軍備制限を振り捨てたことを世界中にまさしく見せつけることになると思われた[89]。ヒトラーは二時間にわたって細かく理由を説明した。ヨーロッパ諸国が軍事力を調整中であるという有利な外交情勢に加えて、決定的だったのはフランスでとられた措置だった。ホスバッハは新しい陸軍はどのくらいの規模がよいかとの質問を受けた。驚くべきことに、ヒトラーはこの重大問題についてフリッチュ、ベックと直接に相談しようとは考えなかったのである。ホスバッハが軍指導部の見解を熟知していると考えたのかもしれない。国防相ブロンベルクか陸軍最高司令官フリッチュの同意を得ることを条件に、ホスバッハは三六個師団という数を挙げた。これは、平時の陸軍の最終的な規模として軍指導部が将来的な目標と考えていたものであり[90]、五五万人規模にあたる。すなわち、ヴェルサイユ条約後の陸軍の五倍半であり、わずか九日前の覚書でベックが想定していた規模を三分の一ほど上回る。ヒトラーはホスバッハの提案した数を異議も唱えず受け入れた。軍指導部が徐々に拡大していこうと考えていた規模が即座に実現されるべき規模として決定されたのである。

派手であればあるほどよい、というのがプロパガンダにおけるヒトラーのいつもの信条だった。もうひとつの信条は秘密主義である。これは、最大の驚きを与えるためであり、情報が漏れて、ことによると危険な影響が出るのを避けるためでもあった。ヒトラーは軍指導部にも担当大臣にも相談なく決定を下した。(91) 外交政策上重大な問題についてこのようなことが起きたのも、これが初めてだった。(92) ヒトラーが軍指導部から反対を受けたのも、ヒトラーは三月一四日にホスバッハが懇願したために、ようやく、二日後に予定していることをブロンベルク、フリッチュ、閣僚の一部に伝えることを了承した。ヒトラーはもともとは、秘密漏洩の危険があるという理由で、自分が意図していることについて彼らに情報を開示する気はなかった。(93) 国防相と軍指導部は仰天し、外交政策上、これほど微妙な選択に踏み出そうとしていたことに愕然とした。彼らは軍事力の増強に反対したわけでも、その規模に反対したわけでもない。ただ単に、タイミングと方法が無責任で不必要なリスクを伴うと判断しただけだった。(94) それに比べると外務省はリスクについては楽観的であり、軍事介入の危険も小さいと見ていた。(95) イギリスの反応が決定的に重要になると思われた。ベルリンに入ってくる様々な情報から判断するに、イギリスはドイツの再軍備を受け入れる方向に傾きつつあった。(96) そのため、軍指導部は消極的だが、文民閣僚はヒトラーの戦略を歓迎したのである。(97)

他の閣僚が比較的冷静だったことでブロンベルクも落ち着いた。懸念される外交上の影響だけでなく、これによって軍が得られる利益とチャンスも勘案する必要があった。公表が予定される翌日までには、ブロンベルクは当初示した不賛成の態度を改めた。(98) 発表前としては最後にあたる昼の閣議では、ブロンベルクは総統の「偉業」を称賛し、他の閣僚にもヒトラーに対して「ハイル」を三唱させ、さらなる忠誠を誓った。(99) フリッチュもようやく賛成に回った。ヒトラーの後の回想によれば、フリッチュは計画された再軍備の速度から生じる技術的問題に異議を唱えていただけだった。(100)

一九三五年三月一六日（土曜日）の午後遅く、ヒトラーは外相ノイラートを伴い、この後すぐに予定している行動について諸外国の大使らに伝えた。(101) ヒトラーによれば、イタリア大使ヴィットーリオ・セルッティ（ヒトラーの希望により夏に交代させられる）は怒りのあまり蒼白になった。フランス大使フランソワ＝ポンセは即座に口頭で抗議した。英国大使エリック・フィップスは、空軍ならびに海軍の相対的規模に関するイギリスへの申し出は依然として有効であるかどうかを尋ねただけだった。[102]その後、この衝撃的な知らせは正式に公表された。ヒトラーは、新生国防軍は三六個師団になること、一般徴兵制を敷くことを宣言した。この動きを正当化するためにヒトラーは、対等な立場で軍縮を進めるというドイツの提案を拒絶して他国が軍拡を進めていることを挙げ、ドイツ政府は「ドイツのため、ひいてはヨーロッパ全体のために平和を維持しうるだけの力」を求めているにすぎないと主張した。[103]

急遽、新聞の号外が出され、「ヴェルサイユ条約の清算に向けた大きな第一歩」だとして、敗戦の恥を雪ぎ、ドイツの軍事的立場を回復したことに賛辞が呈された。狂乱した群衆が首相官邸の外に集まってヒトラーに喝采を送った。[104]ベルリンでこの光景を目にした米国人ジャーナリストのウィリアム・シャイラーは、「今日、ヴェルサイユ条約に真っ向から逆らい、徴兵制による軍隊を創設したことは国内における彼の立場を大いに強めた」、「ナチの連中をいかに嫌おうと、今回の件を心から歓迎しないドイツ人はまずいないからだ。誰もがヴェルサイユ条約は腹に据えかねていた。これを虚仮にした彼のやり口を大多数の者は歓迎するだろう」と書いている。[105]

新たに「英雄記念日」と呼ばれることになったこの日から一夜明けた翌日には、軍服姿の軍人が並び、軍旗が翻るベルリン国立歌劇場に銀と黒の鉄十字が描かれた巨大な幕がかかり、ベートーヴェンの「葬送行進曲」（英雄交響曲第二楽章）の厳粛な調べが流れるなか、ブロンベルク将軍が演説を行った。「世界大戦の敗北によってもドイツが死したわけではないことを世界は認識した。［…］ドイツは諸国家のなかにおいてふさわしい地位を再び占めることになるだろう。われわれはドイツのために身を捧げる。ドイツは決して降伏することなく、履行不能な条約に署名することも二度とないだろう」、とブロンベルクは厳かに述べた。ヒトラーは満足げに貴賓席から見守った。[106]続いて、ドイツ陸軍の伝統の復活が華々しく顕示された。[107]ヒトラーは、第一次世界大戦時にルーマニアでドイツ陸軍を指揮し、古き陸軍を象徴する老齢の陸軍元帥アウグスト・フォン・マッケンゼンを右に、新生陸軍を代表するブロンベルクを左に従えて立った。[108]

ドイツ国民はヒトラーの行動を全く予想していなかった。多くの者がまずは衝撃を受け、諸外国の反応を心配し、またしても戦争になるのではないかと恐れもした。[109]しかし、欧米諸国が何もしそうにないと分かると、そうした雰囲気はあっという間に高揚感に転じた。少なくとも大多数の人びとのあいだではそうだった。フランスが軍備縮小しようとしないからには、ドイツには再軍備の権利があると思われた。ヒトラーの威信はうなぎ上りに高まり、人びとはその度胸と大胆さを褒め称えた。ヒトラーはフランスに身の程を思い知らせ、一四年間かけても「余人」にはなしえなかったことを成し遂げたのだ(110)。

プラハにある亡命社会民主党指導部《ゾパーデ》の本拠に反体制派から送られた報告には、「三月一七日の熱狂は大きい」とある。「ミュンヒェン中が浮き立っている。人びとを無理に歌わせることはできるかもしれないが、あれほど熱狂的に歌わせることはできまい。私は一九一四年の日々を経験したが、あの宣戦布告も、三月一七日のヒトラーへの歓迎ぶりほどの印象ではなかった、としか言えない。[……] ヒトラーの政治力と誠実な意志に対する信頼は今も膨らみつづけ、ヒトラーは国民のあいだにまたしても途方もない基盤を固めたようだ。彼は多くの人に愛されている(111)」。

　諸外国の政府もヒトラーの行動に唖然とさせられた。フランスとチェコスロヴァキアの外交筋は全力で動きだし、両国揃って、停滞気味だったモスクワとの条約交渉を加速させた。イタリアでは、ムッソリーニがドイツを威嚇して一時は一九一五年の再来かという雰囲気を醸し出し、フランスとの連携を強めようとした(112)。しかし、鍵を握っていたのはイギリスだった。ボリシェヴィズムに対する恐怖心の広がりに加えて、大英帝国内と極東における利害を考えて、イギリスはより親独的な立場をとろうとした。これはすなわち、フランスの外交姿勢には完全に反し、ヒトラーを直接に利する態度である。イギリス政府はフランスに相談なく、ドイツの一方的な行動に対する型通りの形式的な抗議文書を三月一八日に送り、その同じ文書のなかで、ドイツ政府としてはサイモンとヒトラーの会談を今でも望むかと問うた。これはドイツの外交筋にとっても驚きだった(113)。フランス大使フランソワ＝ポンセは、会談の取りやめとベルリン駐在大使の本国召還、さらにドイツに対する共同防衛協定を求めていた(114)。しかし、イギリスは独自の道をとったのである。フランス、イタリアからの抗議はイギリスよりもはるかに激しい表現で行われ、ドイツの孤立が崩れつつあることをドイツ政府に感じさせるものとなった(115)。

　予想される軍事介入に対して軍指導部が慌てて作戦を立てていた間にも、ヒトラーは、「切り抜けられるだろう」とローゼンベルクに言っていた(116)。国内外の反応は、臆病さに大胆さが勝利したこと、自分の判断には寸分の狂いもなかったことを示すかのようにヒトラーの目には映った。

　延期された末、最終的に一九三五年三月二五日にサイモンとイーデンが首相官邸を訪問した際、ヒトラーは自信にあふれていた。通訳として初めてヒトラーに会ったパウル・シュミットは、会談はなごやかに始まったと書き残している。ラジオで耳にするような「怒れるデマゴーグ」かと思っていたが、ヒトラーの交渉術と知性は印象に残った(117)。イーデンは、前年二月に初めて会ったときと比べてヒトラーの立ち居振る舞いが変わった、と述べている。「ヒトラーは明らかに一年前より高圧的になり、取り入ろうとする様子もなくなっていた。［…］一二カ月間にわたり独裁権力をふるった経験と、強大化しつつある軍事力に支えられた結果だ」とイーデンは回想している。ヒトラーは「自分の望みをわきまえた者がするように、考えこんでしまうこともなければメモを見ることもなく」、話を進めた(118)。

完全にヒトラーの独壇場だった。最初の午前の部は四時間ほどで終わったが、ボリシェヴィズムの脅威についてヒトラーがひとりで話しつづけ、それを二〇分おきにシュミットが通訳する間、サイモンとイーデンは合間に時折質問を差し挟むことしかできなかった。イーデンがドイツを含む「東方条約」の提案をもちだし、そこにリトアニアも含めたいと述べたときだけは、ヒトラーは突如逆上し、怒りに目をぎらつかせ、Rの音を巻きはじめ、拳を握った。「突然に別人になったかのようだった」とシュミットは書く。「何があろうとも、メーメルでドイツ系少数民族を踏みつけにしているような国と条約を結ぶことはない」とヒトラーは怒鳴った。これは、一二八名のドイツ系住民を反逆罪に問う裁判が終盤に差しかかっていることを言ったものだった(119)。しかし、嵐はその始まりと同じくらい唐突に治まった。ヒトラーは再び巧みに交渉を進め、ドイツを多国間合意に引き込もうとする試みにはすべて効果的に反論した。ドイツの軍備水準をめぐる条約を一方的に破棄したことをサイモンが批判すると、ヒトラーは、ウェリントン公爵はワーテルローでブリュッヒャー元帥の支援を受けるにあたり、プロイセンの軍事力が協定に則ったものであるかどうかを外務省の法律専門家に問い合わせたりしたのか、と皮肉まじりに切り返した。イーデンは、うまいかわし方だと思った。ヒトラーのユーモアといってもよかった(120)。

ソ連が領土拡張を狙っていると繰り返し攻撃することと並んで、ヒトラーの主たる狙いは、軍備水準についてドイツが対等の扱いを受けることにあった。ヒトラーはサイモンに、空軍については英仏と同規模を保有することを主張した。ドイツの現在の空軍力を問われ、ヒトラーはややためらった後、「われわれはすでに英国と同程度を実現している」と言明した(121)。サイモンとイーデンは疑いはしたものの、何も言わなかった。ヒトラーがイギリスの海軍力の三五パーセントをドイツの要求として出したときも何も言わなかった。しかし、即座に拒否しなかったということは、反対しないとの意向を相手に伝えたということだった。ヒトラーがドイツの主張を曲げずに繰り返すのをイギリスの閣僚が辛抱強く聞く様子を観察しながら、シュミットは、外務省の同僚は間違っていたのではないかと内心考えていた。ヒトラーは既成事実を作るという独自の方法でひょっとすると本当に、これまでの交渉による駆け引き以上の成果を上げられるのかもしれない。シュミットは軍縮交渉に通訳として同席したときのことを思い出していた。「ヒトラーはそれが世界の自明の理ででもあるかのような態度をみせているが、二年前のジュネーヴでこのような要求をドイツの代表団が出したら、天も落ちただろう[122]」。

双方ともによい印象を残そうとしていた。シュミットいわく、ヒトラーは会談後に首相官邸で開かれた歓迎会では「魅力的なホスト」として振る舞った。その日のそれより前に、ヒトラーが初めて外国大使館を訪れた際には、英国大使エリック・フィップスの子どもたちが顔を見せ、腕を伸ばして「ドイツ式敬礼」をしてみせた[123]。表向きの態度に隠れた反応はそれぞれだった。ヒトラーは外交上勝利したと考え、ご満悦だった[124]。ヒトラーが表面的には礼儀正しく振る舞っているが、実際には提案をことごとく蹴ろうとしていると分かり、会談中にイギリスの閣僚二人の雰囲気は次第に沈鬱になっていった。一九三四年二月にヒトラーと初めて会談したときのことを引き合いに出しながら、「ひどい結果だ。[…]一年前とは口調も雰囲気も全く違う[125]」と、イーデンは当時の日記に書き残している。ヒトラーはずる賢く不誠実だが、交渉はうまく、与しにくい相手だとの印象をイーデンはもった[126]。それに対してイギリス政府の立場は弱かった。イギリスは柔軟に交渉する意向を示し、平和の維持を主張しつつ、フランスとの連帯を犠牲にしてでも譲歩する姿勢を見せていた。対するドイツは一貫して、重要な点については一切譲ろうとしなかった。イギリスの懐柔はうまくいきそうだった。第一次世界大戦後のヨーロッパの合意は目に見えて崩れかけていた。ヒトラーは自分の立場を貫くだけでよかった。あらゆる徴候からして、イギリスはヒトラーに融和的に出てくるものと思われた。宥和政策の始まりだった。

イギリスは国際的連帯を口にしつづけはした。しかし、三五年四月一一日にストレーザで行われた首脳会談にて鳴物入りで成立したストレーザ戦線も、紙の上だけのものにとどまった。これは、ドイツ西部国境の安全保障を定めた一九二五年のロカルノ条約維持と、オーストリアの主権維持への支援を英仏伊が約束しあったものだった[127]。ヒトラーはこのストレーザ戦線についてはほとんど心配していなかったようである。四月一五日、ヒトラーと話した後にゲッベルスは、「ストレーザはぐらつき続ける。危険はない」と日記につけている[128]。二日後、ゲッベルスはそこまで楽観的ではなくなっていた。ジュネーヴの国際連盟の会議でドイツの徴兵制導入を非難する声があがったこと、ソ連との相互援助条約に向けてフランスが動いていること（最終的に五月一六日に締結された）を踏まえて、ゲッベルスは、軍事上の危険を過小評価してはならないと書きとめ、さらに、「唯一の解決は力だ」とも書き添えた。軍備を整え、泰然自若を装いつづけるよりほかになかった。「神よ、この夏を乗り切らせたまえ」とゲッベルスは記した。[129]

ストレーザ戦線、国際連盟の対独批判、仏ソ相互援助条約のせいでドイツは孤立状態に陥った。これを打破しなければならなかった。これが、一九三三年五月一七日に続き、三五年五月二一日に行われたヒトラーの二度目の「平和演説」の背景だった。ヒトラーは、「平穏と平和のほかに何を望むものがあろうか」と修辞的に問いかけた。「ドイツは平和を必要としており、平和を望んでもいる」[130]。オーストリアをめぐる摩擦によってイタリアとの関係が悪化していることには遺憾の意を表明した。「ドイツはオーストリアの併合も編入も、意図してもいなければ望んでもいない」というくだりは、[131] 南東に位置する隣国オーストリアには干渉するなというムッソリーニの意志がストレーザを通じて示されたことに明確に応えたものだった。[132]

フランスに対しては、抑制的ながらもこれよりも敵対的だった。ヒトラーは五月二日にフランスとソ連が署名した条約を批判し、ドイツがロカルノ条約を遵守するとすればそれは他の署名国も同条約を遵守する場合に限られるとして、ラインラントの非武装を今後それほど長く甘受しつづける気はないと強く示唆した。

しかし演説で最も意識されていたのはイギリスだった。[133]

ヒトラーは、軍備における同権というドイツの要求を繰り返しながらも、理性的で穏健にみえるように振る舞おうとしていた。軍備計画からはいかなる脅威も生じないと否定もしてみせた。ヒトラーは、(サイモンとイーデンに対しても内々に述べたように)、空軍力は他国並み、保有軍艦トン数はイギリスの三五パーセントを限度とすること以上は望んでいないと述べたヒトラーは、次は植民地領有の要求が来るというメディアの報道を一笑に付した。ドイツはイギリスと海軍力をめぐって張り合うことを望んでもいなければ、それだけの力もない。「ドイツ政府は、大英帝国を防衛するために制海権が重要であり、またそれが正当であることを認識している。他方、われわれは大陸における国家の存立と自由を守るために必要とされるあらゆる手段を講じなければならないのだ」[134]。ドイツが望むイギリスとの同盟の枠組がこうして描き出された。

英独間の艦隊の相対的規模を規定するために二国間海軍協定を締結するという発想をイギリス海軍本部が最初に思いついたのは、一九三三年初頭にさかのぼる。[135] この構想はドイツでは国民保守派の政治家や海軍将校の支持を得た後、三三年一二月にヒトラーが取り上げるところとなった。[136] 翌年、ヒトラーは、艦隊を迅速に建設したいとの海軍最高司令官レーダー提督の圧力に折れた。レーダーは、帝政期のティルピッツ提督以来の伝統に立脚して海軍の役割というものを考えていた。その要諦はフランスと同規模の艦隊を保有することにあった。これに対して、艦隊の相対的規模に関するイギリスとの合意は暫定的なもので、いずれはイギリスにも引けを取らないだけの艦隊に拡大していく必要があるとレーダーは考えていた。[137] フランスと同規模とは、すなわち、イギリスとの相対比が一対三（切り上げると三五パーセント）になるということだった。レーダーの幕僚の野心的な拡張主義者は、五〇パーセントまで要求を上げようとしたが、現実的なヒトラーはもう少し低いレベルに抑えるべきだと主張した。

海軍をめぐるこの合意の枠組に対して、イギリスでもドイツでも外務省は批判的だった。しかしイギリス海軍提督は、最大の脅威と考える日本海軍に対するイギリスの優位が揺るがないかぎり、三五パーセントという制限は許容可能と判断した。イギリスの内閣も折れた。ドイツはヴェルサイユ条約違反を一九三五年四月半ばに国際連盟から非難されたばかりだったが、それにもかかわらず、五月二一日のヒトラーの「平和演説」後、ロンドンで海軍に関する交渉を行うことをイギリスに打診した。これは、そもそもは同年三月にサイモンがベルリンを訪問したときに初めて出た話で、イギリスはこれに応じた。[138]

一九三五年六月四日の交渉開始にあたり、ドイツ側代表団を率いたのはヨアヒム・フォン・リッベントロップだった。語学は堪能だが虚栄心がひどく強く、尊大で、かってワイン貿易を営んでいたリッベントロップがナチ党に入党したのは三二年になってからのことだった。しかし、遅くに入党した者ならではの熱心さで、リッベントロップは当初からヒトラーに狂信的に傾倒していた。よく近くで見ていた通訳のシュミットにいわせると、まるで蓄音機会社ＨＭＶの商標の犬のようだった。[139] 三四年、「軍縮問題委員」に新たに任命されたリッベントロップを、ヒトラーは特使として関係改善のためにローマ、ロンドン、パリなどに送り込んだ。しかし、この時期には成果はほとんど上がらなかった。[140] これといった成功を収めたわけでもないのに、外務省のキャリア外交官を信頼していなかったヒトラーはリッベントロップを重用しつづけた。三五年六月一日、リッベントロップは「特命全権大使」という大層な称号を与えられた。[141] ロンドンでの勝利のときはもうすぐだった。

交渉はホワイトホールにある外務省の壮麗な建物で始まった。[142] リッベントロップは新しい外交スタイルをもち込んだ。ジョン・サイモンの最初の挨拶がすむなり、単刀直入に最後通牒を突きつけたのである。対イギリス比三五パーセントというドイツの条件を拘束力ある持続的な合意として呑まないのであれば、協議を続ける意味はない。この比率は、「単なるドイツ側の要求ではない。ドイツ首相の最終決定である」とリッベントロップは述べた。サイモンは、「ドイツ代表団の要求は交渉の始まりではなく最後に提示されるべきものだ」と冷ややかに述べ、別の会議に出席すべく席を立った。[143] リッベントロップの最初の一撃の後は冷え切った雰囲気になり、通訳を務めたシュミットは、ベルリンへの帰国便の天気はどうだろうかと考えはじめたほどだった。[144]

この雰囲気をものともせずに、リッベントロップは翌朝、イギリス政府が「一〇〇対三五という首相の決定を明確かつ公式に認める」かどうかについて早く返答をよこすように要求し、それが認められなければ交渉の再開に遅滞が生じるかもしれないと述べた。[145] リッベントロップの下品な外交に英外相サイモンが明らかに立腹していたことを考えれば、六月六日夕刻にイギリス海軍本部で開かれた会合の冒頭、イギリス政府はヒトラーの提案を受け入れる方向だとサイモンがドイツ代表団に告げたのは、ドイツ側の通訳シュミットにとってさえも驚きだった。イギリス側は六月五日朝に内輪の会合を開き、「この機会を逃せば後悔することになりうる」と内閣に伝えていた。この提案をヒトラーが撤回すれば、ドイツは今度は三五パーセントを超える艦隊を建造するだろうことを慮《おもんぱか》った対応だった。[146]

恐喝戦術がまたしても功を奏した。シュミットは改めてナチの交渉術を見直した。これほど完全に、しかもこんなに早く陥落するほどにイギリスはドイツとの合意を欲していたのだ。[147] 英独海軍協定は、最終的に六月一八日に締結された。ドイツはこうしてイギリス海軍の三五パーセントの艦隊および同規模の潜水艦隊を建造できることになった。リッベントロップは一身に称賛を浴びた。ヒトラーは大きな外交的勝利をあげた。ヒトラーにいわせれば、これまでの人生で最も幸せな日だった。[148] ドイツ国民からすれば、ヒトラーは想像もつかないことを成し遂げたかに思われた。世界は仰天して成り行きを見守った。条約違反のドイツを非難していたはずのイギリスがストレーザ戦線を完全に掘り崩し、同盟国を見殺しにして、ヒトラーがヴェルサイユ条約をさらに大きく踏みにじるのを幇助したのである。[149] 結果として平和がより確実になったのかどうかと考えれば、すでにして非常に疑わしかった。

三カ月余りがたつ頃、ヨーロッパの外交関係はさらに大きな混乱の渦に巻き込まれた。一九三五年一〇月三日にムッソリーニがアビシニア侵攻を開始したのである。イタリアが再び世界強国となって誇りを取り戻すため、そして、独裁者がその野望を満たすために計画された、在りし日の帝国主義的野望から出た危険な冒険だった。これは小さな問題として片づけられるようなことではなかった。ムッソリーニが「史上最大の植民地戦争」と呼ぶものに巨大な軍隊が関与し、数カ月にわたり、東アフリカの広大な地域で町は爆撃テロにさらされ、村は破壊され、毒ガス攻撃が行われた。[150] 国際連盟の加盟国は全会一致で侵略を非難した。しかし、経済制裁の発動は遅く、重要物資である石油を除外するなど及び腰でもあったため、効果はほとんど上がらず、改めて国際連盟の無力さをさらけ出すだけに終わった[151]。

西欧民主主義の二大国のあいだでは再び立場の違いが表面化した。フランスは、外相ピエール・ラヴァルを通じて、ムッソリーニのアビシニア侵攻を一月にはすでに認めていた[152]。フランスはムッソリーニに迎合することで、ヒトラーから引き離しておきたいと願っていたのである。イタリアの侵攻開始から一週間後、ロンドン駐在ドイツ大使レオポルト・フォン・ヘッシュからラマースに説明があったとおり、イギリスの方針は違った。「イギリスにとって目下の優先事項は、帝国主義的目標ではなく、『集団安全保障』の構築」です。ムッソリーニのアビシニアでの行動に誘発されて、今度はヒトラーが別の賭けに出るのではないかと一般に考えられています。これを避け、驚愕させられるような事態にヨーロッパが遭遇しないようにすることが何よりも肝要とされています」とヘッシュは報告した[153]。

ムッソリーニの行動は国際連盟を再び危機に陥れ、ストレーザの合意を吹き飛ばした。ヨーロッパは動きだした。ヒトラーは大きな収穫を期待できそうだった。

3

一九三五年春から夏にかけて外交戦線がヒトラーの思い通りに進む一方で、ヒトラーのイデオロギー的妄想の中核領域でもさらなる急進化が生じた。三三年末以降、反ユダヤ主義はやや小康状態が続いていたが、三五年五月から九月にかけて新しい波が生じたことが影響したのである。この時期は外交政策にひどく気を取られていたため、ヒトラーは悪名高いニュルンベルク法が場当たり的に作られ、九月の党大会で公布される前には、この問題には時折しか関わっていなかった。はるか後にヒトラーは、「ユダヤ人については［…］私は長い間あまり動けずにいた」と述べている。消極的にしか動かなかったのは、戦術の問題であって、性格の問題ではなかった。「困難をわざわざ増やしても意味はない。［…］うまくやればやるほどよいのだ」ともヒトラーは付け加えている[154]。しかもヒトラー自身が積極的に動く必要はそもそもなかった。ヒトラーは党内の急進派を支持すればよかった。それどころか、（非生産的になってしまうまでは）彼らの行動主義を妨げないようにし、その扇動に呼応して差別立法を導入すればよいだけだった。ユダヤ人の「除去」はヒトラーの目的にかない、ヒトラーの同意を得られると知られていたことが独自の原動力を生み出していた。

外交上微妙な問題であること、経済的にもリスクが高いことを主たる理由として、一九三四年には、ナチ支配の最初の数カ月間にみられたようなユダヤ人に対する暴力は抑制された。野蛮さは弱まっただけであり、それも完全に鳴りをひそめたというにはほど遠かった。激しい差別が収まることなく続いていた。シュトライヒャーのフランケンのように、経済的ボイコットがそれまでと変わらないほど激しく続き、悪意ある雰囲気のなかで流血沙汰が起きた地域もあった。なかでも最悪の事件は、三四年春に突撃隊が現地で起こしたポグロムである。一〇〇〇人以上の群衆が煽り立てられ、三五名のユダヤ人に凶暴な攻撃を加えた。恐慌に陥って自殺するユダヤ人が二人出た。[155] このような恐ろしい暴力は、この時期にはフランケンでも珍しかった。しかしここからは、一般に迫害が低下していたとしてもそれは全般的とはいいがたい相対的なものであり、一時的なものにすぎない可能性が高かったことがはっきりと分かる。それにもかかわらず、ユダヤ人のドイツ出国の動きは著しく鈍っていた。最悪の時期は脱したと考えて帰国する者さえいた。[156]

その後、一九三五年初頭にザール地方の住民投票が終わると、反ユダヤ主義行動の抑制が緩みはじめた。暴力をたきつけるプロパガンダが行われ、ヒトラー・ユーゲント、突撃隊、親衛隊、国民社会主義手工業商業営業組織など、ナチ党の関連組織の行動を必要もないのに煽り立てた。党幹部のなかでも最も過激で荒っぽい反ユダヤ主義者だったフランケン大管区長シュトライヒャーがその急先鋒だった。ベルリン大管区長ゲッベルス、クアマルク大管区長ヴィルヘルム・クーベ、ヘッセン大管区長ヤーコプ・シュプレンガー、ケルン＝アーヘン大管区長ヨーゼフ・グローエらも、激しい反ユダヤ主義演説で知られていた。[157] 新たに創刊されたユーデンケナー紙、ゲッベルスのアングリフ紙（いずれもシュテュルマー紙のスタイルを大いに真似ていた）などの党機関紙は、ユダヤ人に対する憤激を煽り立て、党綱領の実現に向けてすぐさま行動を起こすよう強く求めた。[158] シュトライヒャーが独自に刊行していた、半ばポルノ紙のようなシュテュルマー紙は、ナチ当局とさえしばしば小競り合いを起こしつつも毒を吐きつづけてやまず、今度は「人種汚染」を中軸に据えたいかがわしい新キャンペーンを集中的に展開して名を売った。悪名高い「シュテュルマー・ケース」と呼ばれる掲示板が都市、町、農村にいたるまで道端や公園に設置され、シュテュルマー紙はそこに掲示されていた。その宣伝ポスターを目に入れずにいることはまずできなかった。主としてナチ党地方支部組織の支援のおかげで、同紙の売り上げは三五年には四倍に増えた。[159]

最上層部の雰囲気も変わった。一九三四年三月には、ボイコットにはヒトラーの承認が必要だという理由をつけて、ヘスは国民社会主義手工業商業営業組織の反ユダヤ・プロパガンダを禁じていた[160]。しかし、三五年四月末、ヴィーデマンはボアマンに、道端、村の入り口、公共空間に立てられた「ユダヤ人お断り」（もっと露骨に脅迫めいた文言のこともあった）と書かれた看板を禁止すべきだとの声もあるが、ヒトラーは禁止を歓迎していないと伝えた[161]。その結果、看板は急速に広がった。草の根の急進主義者たちは、次々と展開されるプロパガンダや党幹部の演説から、しかるべき方法であればどんなかたちであろうとユダヤ人を攻撃してもよい、という明確なメッセージを感じ取った。

実際にはこれは、党幹部らが運動の草の根からの圧力に反応し、それを適切な方向に誘導しようとしていたものだった。「レーム事件」以来、突撃隊のあいだでは深刻な不満がくすぶり続けて弱まるところを知らず、それがユダヤ人に向かう新たな暴力の波を誘発する原因となっていた。わがものになると考えていた素晴らしき新世界に裏切られたと思い、疎外され、士気を阻喪した突撃隊の荒くれ者たちは新しい目的意識を必要としていた[162]。

突撃隊の内部報告書からも分かるように、彼らはナチ・イデオロギーが敵とみなすユダヤ人、カトリック、資本家と喧嘩がしたくてたまらなかった。それだけではない。彼らにしてみれば、真のナチ革命は保守派によって頓挫させられたも同然であり、ザール地方の住民投票さえ終わればそれが再び動きだすだろう、と期待もしていた[163]。しかし、強力な経済界に歯向かったところで勝てる見込みはなく、突撃隊や党内の急進的で虚無的な狂信者は抑え込まれつづけていた。国内の広い地域に残るナチ・イデオロギーの障害のなかで最大の勢力はカトリック教会であり、この強力な権力集団に対しても、急進派は長く消耗戦を続けてきてはいた。しかし、その回復力が著しいことに加え、草の根に広がる不人気にも悩まされていた。それに対して、イデオロギー上の主たる標的として上層部からも承認されているユダヤ人が相手となると、障害がないどころか、励ましを受けるほどだった。一九三五年春のゲシュタポの報告書を見ると、ナチ党の活動家、とくに突撃隊が抱いていた気持ちが分かる。「ユダヤ人問題は［…］われわれが下から動かさ」なければならない、そうすれば「政府も否応なくそれについて来るだろう」というのである[164]。

扇動と暴力の新たな波にどのような利用価値が認められていたかをよく示すのが、ケルン＝アーヘン大管区長グローエのラインラントからの報告である。グローエは、一九三五年三月から四月にかけて、ユダヤ人に対して新たなボイコットを行い、攻撃を強化すれば「下層中産階級の抑鬱した雰囲気を浮上させる」のに役立つだろうと考えていた[165]。グローエはユダヤ人問題については猛烈な急進派で、党内の行動主義が再生を遂げ、ユダヤ人への新たな攻撃によって下層中産階級に活気が戻ったことを歓迎していた[166]。こうした見解からは、新たな反ユダヤ主義の波には圧力を下げる安全弁としての意味があったことが分かる。すなわち、嫌われ者の無防備なマイノリティを残虐行為にさらすことで、革命のダイナミズムと運動の目的が失われたことに挫折感と疎外感を抱いていた活動家に鬱憤晴らしをさせたのである。

ナチ党綱領に目標として掲げられているにもかかわらず、一九三五年初頭にいたるまで、ドイツ社会からユダヤ人を撲滅するためにはほとんど何もなされてこなかった、と運動の急進派は感じていた。狂信的反ユダヤ主義者のあいだでは、国家の官僚機構が党のダイナミズムを歪めており、ユダヤ人の影響を根絶するための法制化はたいして進んでいない、という見方が強かった。したがって、新たな暴力の波は、党綱領を実現する助けになるであろうユダヤ人差別立法の導入を声高に要求した。国家の官僚機構はゲシュタポからも圧力を受けていた。三五年二月に鉤十字旗掲揚の禁令をユダヤ人に対して独断で出したことをはじめとして、過去に実行した差別的措置を遡及的に合法化せよというのがゲシュタポの要求だった[167]。

ナチ党の関連組織は、反ユダヤ主義的な暴力キャンペーンに無関心な大衆を動員しようとも試みた。しかしそれは期待外れに終わった。ゲシュタポ等の内部報告を見ても、亡命社会民主党指導部《ソパーデ》の地下ネットワークの報告を見ても、関与していたナチ連中を除けば、雰囲気は盛り上がらなかったことが分かる。ザール地方のドイツ復帰、徴兵制再開などの国民的勝利の後、その高揚感は長続きしなかった。大方の一般市民にはあっという間に陰鬱な日常生活が戻ってきた。経済不安が様々な社会集団に影響を及ぼし、プロテスタント、カトリック両宗派の敬虔な信者は教会への攻撃が強まったことに怒りを覚え、地域のナチ党関係者は敵意をもたれ、こうしたすべてが幅広い不満につながっていた[168]。反ユダヤ主義の波は、不満を抱く人びとを奮い立たせるどころか、すでに強かった党への批判をさらに強めただけだった。党組織に加わっていない人びととの参加はほとんど得られなかった。ユダヤ人商店をボイコットするように奨励されても、多くの人びとはそれを無視した。ユダヤ人がナチの兇徒に袋叩きにされ、その所有財産が破壊されるなど、「ボイコット運動」のなかで公共の場で暴力が振るわれることに対しては激しい非難が広く寄せられた[169]。ただし、人道的な見地からの批判は多くはなく、経済的な自己利害からくるものが多かった。教会への攻撃にも暴力が用いられるようになるのではないかとの不安から出たものもあった。批判を受けたのは目的ではなく方法だった。ユダヤ人差別に対する原理的な反対はほとんどなかった。人びとが何よりも恐れたのは、群衆の暴力であり、不愉快な光景を目にすることであり、秩序が乱れることだった。[170]

こうしたなかで、一九三五年夏には暴力は非生産的になり、当局としても、暴力を非難し、秩序回復のために手を打つ必要性を感じるようになった。たとえば、五月半ばにミュンヒェンの市中央部で行われた反ユダヤ主義「デモ」が暴徒と化したときには、ミュンヒェン中が怒りに包まれた。バイエルン内相を務めるミュンヒェン＝オーバーバイエルン大管区長アドルフ・ヴァーグナーは、実はこのデモをひそかに扇動した張本人だったが、ラジオで「テロ集団」の責任を厳しく問う発言をせざるをえなかった。[171] 七月一五日、ベルリンのクーアフュルステンダム通りでユダヤ人商店が破壊され、ナチの暴徒がユダヤ人を叩きのめしたときも、この乱暴な光景に通行人は憤慨し、ベルリン警察長官マグヌス・フォン・レヴェッツォウは即時免職となった。もっとも実はこれは、ゲッベルスとナチ党ベルリン支部が長く待ち望んでいたとおりの展開だった。

この事件のきっかけは、ユダヤ人の一団がベルリンの映画館の暗がりで反ユダヤ主義の映画に抗議したことだった。ヒトラーはゲッベルスとともにバルト海沿岸の保養地ハイリゲンダムで二、三日間の休暇をとって戻ってきたばかりだったが、そのヒトラーをゲッベルスはすぐさま説得し、レヴェッツォウを首都ベルリンの警察長官の職から解任した。後任に任命されたのはヴォルフ・ハインリヒ・グラーフ・フォン・ヘルドルフである。ザクセン貴族の家系に生まれ、ベルリンの突撃隊隊長を務めた経験もあるヘルドルフは、借金と私生活に関するスキャンダルまみれのうえに、そのすべてと釣り合うほどに過激な反ユダヤ主義者であり、「ベルリンを再び浄化する」のに役立つと宣伝相ゲッベルスはにらんでいた。[172] ヘルドルフは直ちにクーアフュルステンダム通りのユダヤ人商店を閉鎖させた。一週間後、ヘルドルフは首都における「個別行動」を禁じたが、暴動の責任は「挑発した者」にあるとした。[173] 街頭での暴力は差し当たり、その役目を果たした。すなわち、差別をさらに進ませることになったのである。ここまで事態が急進化しては、上が行動を起こさないわけにはいかなかった。

夏のあいだずっとこの問題には何の反応もみせなかったヒトラーも、ついに立場を明らかにせざるをえなくなった。シャハトは三月三日の覚書で、対ユダヤ人闘争が非合法的な手段で繰り広げられるせいで経済的被害が出ていると警告していた。[174] ヒトラーはそのときには、いずれ何もかもうまくいくようになる、と返答しただけだった。しかし、八月八日、ヒトラーはとうとうすべての「個別行動」を停止するよう命じ、それをヘスが翌日に党に伝えた。[175] 八月二〇日、内相フリックはこの禁令に呼応し、そうした犯罪行為を続ける者は厳罰に処すと明言した。[176] ヒトラーの望みであり、党の政策の中核でもあることを実行しようとしてきた党員の抑止に、国家当局が乗り出す事態になったのである。

　ユダヤ人に暴行を加える党の活動家に対して警察が介入を迫られるようになったのも不思議はない。警察も公共の秩序が攪乱されることは終わりにしたいと考えていた。[177]ヒトラーはこの争いからは距離をとっていたが、急進派と保守派のあいだでどう位置取りをするかは難しい問題だった。急進派がナチの原則に対する裏切りに深く失望していることは明らかであり、ヒトラーも気持ちのうえではこれまで通り彼ら寄りだった。[178]しかし、政治的判断としては、保守派の意見に耳を傾けるべきだった。シャハト以下、保守派は反ユダヤ主義的行動を法律によって統制することを望んでいた。党内では、「人種汚染」に対して厳しい差別措置を求める声がますます強まりつつあり、保守派の望みはそうした党内の要求にともかくも沿うものでもあった。こうして相反する両者の立場を調停する必要から生まれたのがニュルンベルク法だった。

　厳しい反ユダヤ法を求める声は一九三五年春から夏にかけて急速に高まった。内相フリックは四月にはドイツ国公民権に関する新しい差別立法の見通しを示したが、党綱領の中核がナチ支配の開始から二年たってもいまだに実現されていないと考える人びとを満足させるような動きにはまだいたっていなかった。[179]党機関紙の各紙は、六月、ユダヤ人からの公民権剥奪を要求し、ユダヤ人が「アーリア人」に不動産を貸しつけたり、使用人として雇用したり、医師や弁護士として関わった場合、もしくは「人種汚染」を行った場合には死刑に処すことを求めた。[180]

　この時期の急進派の最大の要求は、ユダヤ人と「アーリア人」の通婚を禁じ、性的関係を非合法化することだった。人種的純粋性は完全なる物理的隔離によってしか得られない、というのがその主張だった。ユダヤ人と「アーリア人女性」のあいだでたとえ一度であっても性交渉が行われれば、その女性は「純粋アーリア人」の子どもを二度と産めなくなるのだ、とシュトライヒャーは吹聴した。[181]略奪的ユダヤ人による「ドイツ人」女性の「汚染」というのはシュテュルマー紙やその類の悪質なメディアが主張しつづけてきたことだが、これがいまや反ユダヤ扇動の中核となった。

　かつて一九三〇年にフリックは、ユダヤ人や「有色人種」との性的関係に厳罰をもって臨むことを内容とする「ドイツ国民保護」法案を国会に上程したことがあった。三三年以降、ナチの法律家はこの案を取り上げたが、三四年六月に法相ギュルトナーが「人種保護」の法制化は実現しえないとしていた。[182]しかしそうはいっても、司法当局の議論は戦術的なものにすぎず、原理的な反対論ではなかった。

　一九三五年に法制化の要求が高まったのは驚くような

ことではなかった。ドイツ医師会会長ゲアハルト・ヴァーグナーを筆頭に、ナチの医師たちも声を合わせた。三四年一二月、ニュルンベルクで開催されたある医師の会合からフリックに送られた電報は、「ドイツ人女性」とユダヤ人の性的接触に「厳罰」を要求するものだった。ドイツ人の人種的純粋性はこのようなかたちでしか維持されえず、「ドイツ人の血がユダヤ人によってさらなる人種的汚染を被ることも阻止」されえない、というのがその理由だった。[183] シュトライヒャーは三五年五月、ユダヤ人とドイツ人の結婚はまもなく禁止されると口にした。八月初旬、そのような結婚は禁じられることになるだろうとゲッベルスも言明した。

その間、活動家たちは自分たちの手でことを運ぼうとしていた。突撃隊員らは、片方がユダヤ人である新婚家庭の家の前で示威行動に出た。[184] 法律ができてもいないうちから、「混合婚」の届けを受理しようとしない役人もいた。[185] 法的に禁じられているわけではなかったため、手続きを執り行う役人もいたが、そうした結婚が予定されているとゲシュタポに密告する者もいた。この混乱状況を迅速に規制するよう、ゲシュタポは法務省に圧力をかけた。新生国防軍の構成員に「非アーリア血統者」との婚姻を禁じた三五年五月二一日の改正防衛法の制定も、この動きを進めるきっかけのひとつになった。七月には、運動内部の圧力に屈し、フリックは「混合婚」の禁止を定める法律の導入を決断した。法務省ではすでにそのような法制化に向けて原案の作成が始まっていた。法案提出が遅れている最大の理由は、部分的にユダヤの血を引くいわゆる「混血」者をどう扱うかという問題にあった。[186]

フリックは八月初旬にナチ党員に、「ユダヤ人問題」は「法的措置によってゆっくりと、しかし着実に解決されるだろう」と述べた。[187] 八月一八日、シャハトはケーニヒスベルクでの演説で、ナチ党綱領に沿った反ユダヤ法が「準備中」であり、これは政府の中心的課題である、と示唆した。[188] 反ユダヤ主義暴力を批判した箇所だけが検閲により削除されたまま、この演説はドイツ国内外で広まった。

「ユダヤ人問題」について議論するため、シャハトは国家と党の主要な関係者を八月二〇日に経済省に召集した。満員となった部屋でのほぼ二時間にわたる会議の席上で、フリックは、党綱領に沿った法律を準備すべく内務省が進めている作業について説明した。ヘスの代理を務めたアドルフ・ヴァーグナーは、法制化を求める国民の圧力に触れ、(ミュンヒェンでは自らも焚きつける側に回っていたのだが)「行き過ぎ」については自分としても賛成しかねると述べた。[189] しかし、国としては国民感情を考慮し、「段階を踏むことにはなるかもしれないが法的措置によって」経済活動からユダヤ人を排除するよう努めなければならないとして、ヴァーグナーは、混乱を鎮めるためにも法的措置をとり、公的機関との契約からのユダヤ人の排除、ユダヤ人の新規ビジネス立ち上げの禁止などを行なうことを要求した。そうした措置についてシャハトは原則的に同意を表明した[190]。ギュルトナーは、指導的立場にある者が政治的判断に基づいて法律違反に目をつぶっているという印象をもたせないことが必要だと述べた。プロイセン財務省のヨハネス・ポーピッツは行政の立場から、どのようなものであろうとかまわないがユダヤ人の扱いについて一定の制限を設け、それを遵守する必要があると訴えた。シャハトは、ナチ党の暴力的な方法が経済にも再軍備にも甚大な被害を与えているとして激しく批判し、党綱領の実現は重要だが、それは法制化を通じてなされねばならない、と結論づけた。シャハトは、混血の問題のせいでこれ以上の遅滞が生じるのを避けるため、法律は「完全ユダヤ人」のみを対象とすべきだというヴァーグナーの指摘には同意した。党と国家が協力して「望ましい措置について」政府に進言するという合意に達して、会合は終了した[191]。

外務事務次官向けにまとめられた会合の報告には以下のように書かれている。

議論の結果、ユダヤ人に関する党の全般的方針は実質的には支持されているが、用いられている方法には批判があることがはっきりした。無責任な組織ならびに個人が反ユダヤ主義行動を考えられうる全ての領域に無制限に拡大することは、法的措置によって阻止されねばならない。同時に、特定の領域（とくに経済）については、ユダヤ人は特別法の下に置かれる必要があるが、それ以外には移動の自由を維持すべきだと考えられる。

議論ではドイツのユダヤ人政策に関する総合的で統一的な方針は得られなかった。各責任省庁の大臣から提出された議論は、彼らが政治的課題を遂行するにあたり、ユダヤ人問題が障害となっていることを示すに終わった。［…］一般に、大臣たちは実務上、実質的に不利益が生じていることに注意を喚起したが、党は、政治的観点、感情的観点、ならびに抽象的な世界観の観点に立って、ユダヤ人に対する急進的行動の必要性を正当化した[192]。

非常に熱心に議論を展開したとはいえ、シャハトはユダヤ人排除という原則に楯突こうとしたわけではなく、それが可能だとも思っていなかった。外務省の報告にも、「シャハト氏は論理的な結論を出そうとはせず［…］、ユダヤ人に関する党の方針を大きく変えることを要求もしなければ、たとえばシュテュルマー紙の禁止など、方法を変えることも要求しなかった。逆に、ユダヤ人に関する原則を一〇〇パーセント維持するという非現実的な仮定に立って話を進めた」とある。[193] シャハトの開いた会合は、党と国家、急進派と現実主義者、狂信者と保守派のあいだの立場の相違を白日の下にさらした。目標について根本的な意見の不一致があったわけではない。意見が分かれたのは方法についてだけだった。しかし、無制限に時間をかけるわけにはいかなかった。近い将来、問題は解決されなければならなかった。

会合の議事録はヒトラーにも送られた。ヒトラーとシャハトのあいだでは、九月九日にこの問題について話し合いがもたれた。[194] ゲッベルスのいうところの「わが党の盛式ミサ」、すなわち、何十万人もの熱心な党員を集めてニュルンベルクで年に一度開催される「自由の党大会」に向けて、ヒトラーの出発は明日にせまっていた。[195]

党大会の一一日前、ロンドンの週刊新聞ジューイッシュ・クロニクル紙は、「ドイツの公民権問題について規定し、混合婚を禁じ、『人種冒瀆』に対して厳罰を定める」法律が計画されているとして、新公民法はニュルンベルクでのナチ党大会にて九月一〇日に公布される、と報じた。[196] これは推測であって、確かな内部情報に基づくものではなかった。準備が進められていると書かれはしたが、シャハトが招集した会合（経済分野における規制が主たる要求として出された）をみれば、ジューイッシュ・クロニクル紙にこの記事が掲載される一〇日前、八月半ばになってもまだ何も成果が出ていなかったことが分かる。ニュルンベルク党大会の最中に急いで法案が起草されなければならなかったことも、法律が整うにはほど遠い状況であったことを示している。あたかも予知したかのようだが、ジューイッシュ・クロニクル紙は、ナチ党幹部らが来るべき法制化についてそれとなくほのめかした情報を集め、ニュルンベルクで差別立法が公表されると推測したのだ。これは鋭い洞察だった。

しかし、ニュルンベルクに向けてヒトラーが出発した段階では、党大会の期間中に反ユダヤ主義的な「公民権」法と「血統」法を公表する意図はなかった。またしても重要な役割を果たしたのは、プロパガンダ上の判断だった。ドイツ人とユダヤ人の性的関係の禁止を狂信的なまでに主張し、一九三三年以来、「アーリア人」とユダヤ人の結婚禁止を提唱していたドイツ医師会会長ゲアハルト・ヴァーグナー博士がニュルンベルクで行ったロビー活動もものをいった。[197]

党大会の三日目にあたる九月一二日、ゲアハルト・ヴァーグナーは演説のなかで、間もなく「ドイツ人の血と名誉を守る法」がドイツ国民のこれ以上の「劣化」を防ぐことになるだろう、と告げた。この告知をしたときには、総統が数日後にニュルンベルク法を導入するとは考えてもいなかった、とヴァーグナーは一年後に述べている。おそらくヒトラーは、「ドイツ人の血と名誉を守る法」の公布時期についてはヴァーグナーにとくに情報を与えていなかったのだろう。しかし、そのような法律が近々公布されると明言したということは、きわめて近い将来にそのような動きがあるということについてヴァーグナーはヒトラーから明確に聞かされていたはずである。[198]

いずれにせよ、翌九月一三日の夜遅く、内務省で「ユダヤ人問題」に関する法律の準備を担当していたベルンハルト・レーゼナー博士は、本人にとっても驚きだったが、ニュルンベルク行きを命じられた。レーゼナーとその同僚である本省部長フランツ・アルベルト・メディクスは、九月一四日朝に現地に到着すると、内務省の上司である内務事務次官ハンス・プフントナー、ヴィルヘルム・シュトゥッカートから、「アーリア人」と「非アーリア人」の結婚について規定する法律を準備するよう、前日にヒトラーから指示があったと告げられた。両名はただちに草案起草の作業に入った。[199]

おそらくは、決定的な時期にヒトラーに同伴し、他のナチ党幹部からも間違いなく支持されたであろうゲアハルト・ヴァーグナーの要請が効いて、長年の懸案だった法律を導入するという判断が現地でにわかになされたのだろう。ヴァーグナーがヒトラーと法案起草者をつないだ。法案の起草にあたったレーゼナーにしてみれば、書面で指示を受けたわけではなかったため、どこからが医師会会長ヴァーグナーの考えで、どこまでがヒトラー自身の考えなのかは全く分からなかった。[200]とはいえ、ヴァーグナーから促されたとしても、そうすることが政治的にもプロパガンダ上も利益になると判断しなければ、ヒトラーも動きはしなかったはずだ。

ヒトラーの考えるところ、この動きはきわめて時宜にかなっていた。党大会を盛り上げようと徴兵制を再導入した後の新生国防軍を出演させたうえで、ヒトラーはさらに、一五四三年が最後の帝国議会開催となったニュルンベルクで象徴的な会議を開こうと国会を召集した。鉤十字の旗を新たな国旗とすることを定めた法律を可決するためだった。ただし、そうなれば帝政期の国旗だった伝統的な黒白赤の国旗を廃することになるわけで、この動きには保守派と軍周辺がきわめて敏感に反応すると考えられた。[201]ヒトラーはアビシニア危機を利用するつもりでここに外交団も招待していた。アビシニア危機とは、国際連盟の加盟国であるアビシニアに対して同じく国際連盟の加盟国であるイタリアが攻撃を加えると予想されるなか(実際、二週間余り後に実際に攻撃が始まった)、イタリアの明白な脅しを受けた国際連盟がこの問題にいかに対応すべきかをめぐって分裂していた事態のことである。ヒトラーはこの機に乗じてドイツの修正主義要求を出そうと目論んでいた。結果的には、九月一三日、ノイラートがヒトラーを説得してこの考えは諦めさせた。[202]しかしここで、国旗法を公布するだけでは国会が寂しいように思われたため、ヒトラーは議案の「空白を埋める」ための何かを必要としていた。[203]ドイツ人とユダヤ人のあいだの「混合」婚を禁止する法律を求めるヴァーグナーの希望に応え、党内の多くの声にも応えるのは、この問題を解決するにはうってつけだった。

機も熟していた。この夏に、ユダヤ人に対して威嚇と暴行が行われるなかで状況が整ったのである。党最大の年中行事である今回の党大会は、「ユダヤ人問題」での行動を求める要求が高まりつつあるなかで開催された。「自由の党大会」と名づけられた党大会のために何十万もの熱狂的党員がニュルンベルクに集い、市壁にも塔にも家々にも鉤十字の旗が飾られ、展開される一大スペクタクルへの期待に街は満ち満ちていた。その前二年間の党大会と同じく、美しい古都ニュルンベルクの細い道は「党友」、ヒトラー・ユーゲントの少年、突撃隊員、黒い制服に身を包んだエリート部隊の親衛隊員で溢れかえった。ヒトラーがニュルンベルクに到着すると、いつものように、征服者の英雄であるかのような歓迎を受けた。町の南東部にあるツェッペリンフェルト広場では、シュペーアのスタジアム、会議場、練兵場の建設が前年に始まり、三〇万人以上を収容することが予定されていた。その建設がまだ続く広場は、一面、鉤十字の旗の海となり、夜には巨大なサーチライトで照らしだされた。ナチ的な美意識の極みだった。[204]

例年どおり、アドルフ・ヴァーグナーが読み上げるヒトラーの開会宣言が党大会の雰囲気を決めた。「国内の敵に対する戦い」が「国家の官僚機構やその力不足のせいで失敗に終わることは決してない」、国家が解決できないことは党が解決するだろう、とヒトラーは威嚇した。ヒトラーがいうところの国内の敵の筆頭に挙がるのは「ユダヤ・マルクス主義」だった。[205]夏にコミンテルンのモスクワ大会でナチズム批判がなされたことを利用して、鋭い「ユダヤ・マルクス主義」批判が党大会の会期中に何度も繰り返された。[206]

何十万もの人びとの運命を決した悪名高い法律の準備はまさに泥縄としかいいようがなかった。レーゼナーとメディクスは、九月一四日（日曜日）にニュルンベルクに到着した。国会の会議は翌日午後八時に予定されていた。[207]すでにして疲れきっていた二人の官僚が求められた法案を起草するために使える時間はほとんどなかった。内務省と法務省で反ユダヤ主義立法のためにそれまでどのような準備を重ねていたにせよ、それが初期段階を超えるものでなかったことは確実である。ナチ党は、「混血」の者を含めた規定をつくるよう要求した。しかし、これは相当複雑な話だった。作業は凄まじい速さで進んだ。その日、レーゼナーは大群衆をかき分けて、フリックの下に何度も遣いに出された。街の反対側に逗留していたフリックは、この問題にはほとんど関心をもっていなかった。ゲアハルト・ヴァーグナーの希望を容れて、ヒトラーはフリックの第一案を生ぬるいとはねつけた[208]。午前零時近く、フリックは、「ドイツ人の血と名誉を守る法」として法律違反に対する処罰規定の厳しさに違いをもたせた四種類を準備し、さらに議案を完成させるためにドイツ国公民法の草案も起草するようにとの命を受けてヒトラーの下から戻った[209]。

半時間のうちに、国籍保持者と市民を分けて規定する法律が実に簡潔な文章で作成された。それによれば、市民の資格を有するのはドイツもしくは同種の血統をもつ者に限られた[210]。内容がないとはいえ、この法律が提供する枠組みのなかで、これを補完する法令が数多く出され、翌年のうちにユダヤ人はドイツ社会の外周に押し出され、自国内で囚われの身に陥ることになった。深夜二時半に、フリックはヒトラーの承認を得て戻った[211]。四種類の「ドイツ人の血と名誉を守る法」のうち、ヒトラーがどれを選んだのかを起草に関わった官僚が知ったのは国会が招集されたときだった。ノイラートか、より可能性が高いのはギュルトナーの介入があったと考えられるが、ヒトラーは最も穏健な案を選んだ。しかし、「完全ユダヤ人」に限るとの文言を自ら削除しておきながら、ドイツ国営通信の公表ではこの限定を残しておくようにと指示し、混乱を広げもした[212]。ユダヤ人とドイツ人の結婚ならびに婚外交渉は非合法化され、厳罰に処されることになった。ユダヤ人が四五歳以下のドイツ人女性を使用人として雇用することも禁じられた[213]。

九月一五日の国会演説はヒトラーにしては珍しく短かった。この演説でヒトラーは、三法案（国旗法、公民法、「ドイツ人の血と名誉を守る法」）の可決を求めた。首相就任以来、重要な演説のなかで「ユダヤ人問題」に触れたのはこれが初めてだった。

ヒトラーは、ドイツに敵対的な扇動や新たなボイコットが行われる責任は国外ユダヤ人にあると述べ、コミンテルンのモスクワ会議後の「ボリシェヴィキの革命的扇動」も、ニューヨークでの「ドイツ国旗に対する侮辱」（港湾労働者が汽船ブレーメン号から鉤十字を引き下ろしたことが国際問題になった）も、「ユダヤ分子」の責任であるとした[214]。「国際的混乱」がドイツ国内のユダヤ人を焚きつけて組織的な「挑発行動」に走らせている。これが「怒れる人びと」による統御不能な「防衛行動」につながるのを防ぐためには、「問題を法的に規制する」しか道」はない。そのため、ドイツ政府は、「一度にすべてを解決し、ドイツ国民がユダヤ人とのあいだで許容できる関係を築き上げるための基盤となりうるものをつくるのがよかろうと考える」にいたった、とヒトラーは続けた。一九一九年に初めて政治的見解をまとめた文書で、政府の政策の最終目標は「ユダヤ人の完全なる除去」に置かれねばならないと明言し[215]、その後もユダヤ人に対する強烈な憎悪によって政治的キャリアを重ねてきたのがヒトラーである。その口から出るものであるからには、これは国外に向けた見え透いたごまかしでしかなかった[216]。すぐにいつもの脅しが続いた。この希望が容れられず、国際的な扇動が続くのであれば、改めて状況を検討しなおさなければならない。「ドイツ人の血と名誉を守る法」への可決を求める際には、ヒトラーはさらに脅しを強めた。これは問題を法的に規制しようとするものであり、万一これがうまくいかなかった場合には、この問題の最終的な解決は法によってナチ党に委ねざるをえない、というのがヒトラーの弁だった[217]。

　ここからは、「ユダヤ人問題」に対する急進的措置についてヒトラーが本当はどのように考えていたかがうかがえる。しかし、その晩にヒトラーが行ったほかの発言を見ると、プロパガンダ上の利益は別として、なぜヒトラーが反ユダヤ法を導入せよとの圧力に早々に屈したのかの理由も分かる。ゲーリングが国会議長として正式に法案を提出し[218]、それが全会一致で承認された後、ヒトラーは演壇に戻った。ヒトラーは議員団に対して、「国民が法の定めるところから逸脱することなく」、「全ドイツ国民の最大限の規律をもってこの法律が高められる」べく取り計らうようにと要請した[219]。この日四度目の演説でヒトラーは、今度はナチ党幹部に向けてこれらの法律の重要性を再度強調し、「ユダヤ人に対するあらゆる個別行動」をやめるようにと改めて党に命令した[220]。党の反ユダヤ扇動は、夏のあいだに国民の広い層で不評を買っただけでなく、経済に有害な影響が出ることから保守派の指導者にも評判が悪かった。そのため、そうした扇動を抑制すべく、ヒトラーが本心を殺して妥協として受け入れたのがニュルンベルク法だった。

　党内の急進派はこの妥協を歓迎しなかった[221]。しかしそうはいっても、この妥協は、党内でとくに「人種汚染」の法制化を求めていた者たちをなだめる効果をもった。そして、扇動とむき出しの暴力に歯止めをかけたとはいえ、これにより差別は新しい段階に進んだ。ある報告によれば、ユダヤ人に直接暴行を加えることができなくなった活動家たちの失望を和らげたのは、「総統は、外交上の配慮から、ユダヤ人に対して各自が行動を起こすことを禁じるような格好をとらざるをえなかったが、実際は、各自が自分自身の力で、非常に厳しく過激なかたちでユダヤ人との闘いを続けることに諸手をあげて大賛成のはずだ」という認識だったという[222]。

　一九三五年に「ユダヤ人問題」は次のような弁証法的経過をたどり、急進化を遂げていった。すなわち、下からの圧力、上からの承認、下からのさらなる暴力、上からの差別立法による急進派の抑制である。この過程で迫害は一段と強まった。

　ニュルンベルク法は、一九三五年夏にみられたようなユダヤ人への野蛮な攻撃を抑制した[223]。ナチ党の狂信家ではない一般のドイツ人の大部分は、暴力はよしとしなかったものの、ユダヤ人をドイツ社会から排除し、最終的にはドイツから除去する反ユダヤ政策に反対していたわけではなかった。彼らは、見苦しい暴力をともなうことなく差別するための永続的な基盤ができたとして、ユダヤ人とドイツ人を分離するという法的枠組みには概ね賛成していた[224]。したがって、ヒトラーは「法」による解決の模索に関与したが、そのせいで人気に陰りが出るということはほとんどなかった[225]。

ユダヤ人をどう定義するかという難しい問題に答えを出すのはこれからだった。ヒトラーは、「ドイツ人の血と名誉を守る法」を「完全ユダヤ人」に限定することを認めなかったため、その後何週間もかけて内務官僚は、党の代表者とのあいだで、完全ではない「ユダヤ人」をどこまで法の対象とする必要があるかについて合意に達すべく奮闘させられる羽目になった[226]。

ドイツ国公民法の施行規則はユダヤ人を法的に定義するものであり、その草案第一稿はヒトラーの見解とおぼしきものに沿って作成された[227]。しかし、ヒトラーは時として細部にいたるまで介入したが、介入は散発的であり、ヘス周辺と内務省のあいだの主導権争いを迅速に終わらせるにはいたらなかった。内務省は、祖父母のうち「非アーリア人」が二名を超える者を「ユダヤ人」とみなすことにしたいと考えていた。ナチ党は、医師会会長ヴァーグナーの圧力を受けて「四分の一ユダヤ人」〔祖父母のうち一名が「非アーリア人」である者〕も含めるようにと主張した。何度も会合がもたれたが結論は出なかった。

その間、定義の決定を待つことなく、いくつかの省は、各々独自の基準に基づいて「混血」の人びとにも様々な差別措置を課しはじめていた[228]。結論が急がれた。しかし、ヒトラーはいずれに賛成するでもなかった。九月二四日のミュンヒェンでの大管区長の会合には、シュトゥッカートとレーゼナーも招かれ、そこでのヒトラーの演説で結論が出るのではないかと期待された。しかし、ヒトラーは、ドイツ国公民法の施行規則で計画されている措置によってドイツ人の血の純粋性を確保する必要があると説くだけに終わり、その後、話は、ゲッベルスが「外交政策に関わる重要な予見」と称したものの方に逸れていった[229]。ヒトラーは、ユダヤ人の定義については党と内務省のあいだで答えが出されねばならないと述べ、この重要問題に対する答えは与えなかった[230]。「ユダヤ人問題についてはまだ決まらない」と一〇月一日にゲッベルスは記している。「すでに長く議論してきたが、総統はまだ揺れている[231]」。

解決の目途がつかないまま迎えた一一月初旬には、基準が定まらないせいで経済にも外国為替交換レートにも悪影響が出ているとして、シャハトと国立銀行理事会からも論争を終わらせるようにとの圧力がかかった。国立銀行の望みを容れ、法制化を通じてユダヤ人の権利を確保するという縛りを受ける気はヒトラーにはなかった。最終的な結論を得るために一一月五日に予定されていた会議で、党の代表が内相、経済相、外相らとあからさまな対立に陥り、引き下がらざるをえない見通しとなるにいたって、ヒトラーはこの会合を土壇場で取りやめさせた[232]。ヒトラーは妥協点を探った。「総統は結論を出そうとしている」とゲッベルスは一一月七日に記した。「いずれにせよ妥協は必要だ。完全に満足のいく解決はない[233]」。

一週間後、ドイツ国公民法の第一次施行令が出され、曖昧な状況についに終止符を打った。最も意見を通したのはゲアハルト・ヴァーグナーだった。しかし、ユダヤ人の定義については、内務省もある程度意見を通した。「四分の三ユダヤ人」はユダヤ人に含まれた。「二分の一ユダヤ人」(祖父母のうち二名がユダヤ人、二名が「アーリア人」)は、ユダヤ教を信仰している場合、ユダヤ教徒と結婚している場合、ユダヤ教徒の配偶者とのあいだの子である場合、ユダヤ人と「アーリア人」の婚外子である場合にのみユダヤ人とみなされることになった[234]。ゲッベルスはこの結果を「妥協とはいえ、考えられうる限り最高の妥協」と評した。ゲッベルスが不満をもっていたことは明らかである。「四分の一ユダヤ人には手が出せない。二分の一ユダヤ人は例外のみ。平和を保つため、神の名の下に。うまく控えめにメディアに発表する。騒ぎすぎないように[235]」。

なぜゲッベルスが控え目な行動をとろうとしたかはともかくとして、扱いを小さくしたのはもっともだった。内務省も認識していたように、ユダヤ人の定義には決着がついたが、矛盾が残った。立法上、血統に基づく生物学的な人種の定義をとることは不可能だった。そのため、誰が人種的にユダヤ人であるかを決めるためには、信仰に依拠する必要があった。結果として、「純粋にアーリア人」だがユダヤ教に改宗した両親から生まれた者が人種的にユダヤ人とみなされるというケースも想定されえた[236]。これはたしかに不条理ではあったが、事柄全体の不条理さからすれば氷山の一角にすぎない。

ガルミッシュ＝パルテンキルヒェン冬季オリンピックと夏のベルリンオリンピックが近づいていたうえに、微妙な外交情勢だったこともあいまって、体制としては、一九三五年夏のような暴力が繰り返されることは避けたかった。その後二年間は、差別は続いたものの、「ユダヤ人問題」は政治の中心からは外れた。スイスのナチ党幹部ヴィルヘルム・グストロフが三六年二月にユダヤ人青年に暗殺されたときにも、事態は野蛮な報復には向かわなかった[237]。フリックはヘスと協力し、「個別行動」を厳しく禁じた[238]。ヒトラーは本心を抑え、グストロフの葬儀でも、ユダヤ人に対して比較的控えめに一般的な非難をするにとどめた[239]。ドイツは静かなままだった。三五年には反ユダヤ主義の憤激の波が生じたが、グストロフ殺害後には暴力が生じなかったということは、体制は行動を求める党内急進派の圧力を統御したいときには統御できたことを示している。三五年にはそうした圧力を促進し、それに呼応するほうが都合がよかった。三六年は抑制すべき時期だった。

　戦略的に何を考えようとも、ヒトラーにとってユダヤ人の粉砕は一九一九年以来の政治的思考の中核であり、その目標が変わることはなかった。三七年四月末に行われた党地方幹部の会合で、ヒトラーは、ユダヤ人に直接に関連させて自分の考え方を説明している。それによれば、「私は敵に向かってすぐさま暴力で闘いを挑んだりはしない。闘いたいからといって、『闘え』とは言わない。代わりに、『お前を滅ぼしてやる！』と言う。そしてうまく相手をコーナーに追い込めば、相手は一撃も繰り出せない。そうしてから心臓を一突きにするのだ」[240]。

　しかし実際問題として、ニュルンベルク党大会前の一九三五年夏と同じく、「ユダヤ人問題」を急進化させるためにヒトラーが手を出す必要はほとんどなかった[241]。この時期には、まだ中央で統御されるにはいたっていなかったが、「ユダヤ人問題」は政府の重要な業務領域のすべてに関係する案件になった。本部でも地方でも新たな差別を求める党の圧力は途絶えることなく続き、「ドイツ国公民法」の規定の下、官僚は制約を一層強めていった。裁判所はニュルンベルク法の規定に基づいてユダヤ人を迫害した。警察はユダヤ人を排除する方法を探し出しては、ドイツからの出国を早めさせようとした。そして一般大衆の多くは、直接に後押ししようとも関与しようともしなかったにしても、受動的に差別を受け入れた。反ユダヤ主義はいまやあらゆる社会集団に浸透した。ベルリンから亡命社会民主党指導部に送られた三六年一月の報告には、「ナチの連中は、本当に、人びととユダヤ人のあいだの溝を深めてみせた。［…］ユダヤ人は違う人種だという考えが、今日、一般に広まっている」とある[242]。

4

　一九三五年のニュルンベルク党大会で行った一七回の演説のうちのひとつで、ヒトラーは熱狂的な党員を相手に、自分自身の絶大な人気と、党の悪いイメージのあいだの差を否定しようとした。「私は［…］ここで、とくにブルジョアのあいだでよく聞く意見にもの申したい。すなわち、『総統はよい、しかし党となると、それは別物だ』という意見である。これに対して答えたい。『紳士諸君、それは違う！　総統は党であり、党は総統なのだ』と[243]」。一二〇年代半ば以来、指導者《フューラー》と党の一体性は、双方にとって有益な神話だった。党は、神話がなければ得られなかったに違いない団結と規律を得た。ヒトラーは神話を通じて党の最高権力者としての権力基盤を確立した。しかし、神話を維持するためにヒトラーがどれほど努力しようとも、現実には、ひとたび権力を掌握すると、ヒトラーのイメージと党のイメージは分かれていった。

ヒトラーは一九三五年後半には、たゆまぬプロパガンダに支えられ、単なる党益を超越した国民的指導者としての名声を確立しつつあった。ヒトラーは体制の成功と功績の象徴だった。三年もたたないうちに、ヒトラーは経済を回復させ、失業禍を取り除き、(自党の突撃隊指導者を射殺することを命じてまで)法と秩序を回復したのである。これはヒトラーの天賦の才によるものだとプロパガンダでは喧伝され、国民の多くもそう信じていた。ヒトラーは、独力でヴェルサイユの軛《くびき》を打ち破り、軍の誇りを回復し、侮られない強国としての国際的地位を取り戻し、それでいて常に巧みに紛争は避け、平和的な目標を掲げつづけているように思われた。ヒトラーの「功績」は特段「ナチ」的なものではなかった。愛国的なドイツ人であれば、その功績をどこかしら称賛すべきと感じたはずである。したがって、ヒトラーの人気は、本来はナチズムには批判的な人びとのあいだでも上昇していった。

これがナチ党となると話は別だった。ヒトラーは国民的統一の象徴と思われていたが、ナチ党幹部らは大抵は、腐敗し、高圧的なうえに利己的で、「民族共同体」の精神を体現するどころか不和の種をまく者とみなされていた。第三帝国初期には、物質面で急激な回復が望めるとの過大な期待があり、その後、現実のなかで幻滅が広がっていた。日常生活はいつまでも苦しいままだった。そのあらゆる苦しみの責任、すなわち、期待と現実の大きな隔たりの責任を党に押しつけるのは簡単で、実際、党が非難されることは多かった。

ナチ党のイメージは、教会を攻撃したことでとくにひどく損なわれた。「ユダヤ人問題」と同じく、動きの多くはナチ党の草の根か、地方支部や州支部の幹部から発していた。一九三三年以前の「闘争時代」から長い時間をかけて膨らんできた敵意は、ナチ党の権力掌握以降、抑え込もうにもそう簡単には抑え込めなかった。

大きな火種となったのは、バイエルンとヴュルテンベルクのプロテスタント領邦教会の自律性を攻撃しようとしたことだった。一九三四年秋に総主教ルートヴィヒ・ミュラーが人気のある司教マイザーとヴルムを退位させた(ミュラーの取り巻きが強引に実行したことだった)ことが、ナチズムの熱烈な支持者も含めて大規模な騒動を引き起こした。マイザーとヴルムの二人は、独立した領邦教会が均制化され、新たに設立された「帝国教会」

に組み込まれることに抵抗する勢力の中心だった。[244] ナチ党の牙城フランケンでも、敬虔な農民が党を激しく批判した。[245] ヒトラーは非難の対象とはならず、ヒトラーへの個人的忠誠心は揺らがなかった。一〇月末にヒトラーが介入し、マイザーとヴルムを復位させたときには、ヒトラーは配下から何も知らされていなかったが、自分の承認なしに何が起こったかを知るやいなや介入し、正義を回復したかのように見えた。しかし実際には、ヒトラーは大衆の圧力に屈して、騒動を終わらせ、悪影響を抑えるために介入しただけだった。マイザーとヴルムに対するヒトラーのもの柔らかな態度は、二、三カ月前に彼らに加えた「売国奴、祖国の敵、ドイツを破壊する者ども」という怒りに満ちた糾弾とは全く違っていた。[246]

ナチ党とその幹部らの立場がプロテスタント地域ほど強くなかったカトリック地域でも、状況は同じだった。もともと弱かったその立場は、教会の活動・組織に対する消耗戦のなかでますます掘り崩されていった。ここでもヒトラーはそれほど非難を受けることはなかったが、その人気も全く無傷というわけにはいかなかった。[247] しかし、地元の党幹部や、最も悪質な反キリスト教急進派として教会指導者が名指しで糾弾するローゼンベルクを批判するほうが簡単だった(危険も小さかった)。[248] 外交上の重要案件にまだ決着がつかないなか、「教会闘争」が引き起こす混乱の大きさを懸念して、一九三五年夏にヒトラーは「少なくともしばらくの間[…]教会とは和を結んで」おきたい、とゲッベルスにもらしたようだ。[249] ヒトラーは「カトリックの問題」を「きわめて深刻に」とらえている、とゲッベルスは書き留めている。[250] しかし、「ユダヤ人問題」の場合と同様、党内の草の根と指導層の急進派を統御するのは簡単ではなかった。カトリック地域での「教会闘争」は激化した。そして三五年から三六年にかけての冬には、そうした地域の雰囲気はひどく悪化した。[251]

教会に対する攻撃の影響が最も強く出たこれらの地域での雰囲気の悪化は、一九三五年から三六年にかけての冬により広い範囲で体制の人気に陰りがみられたことのひとつの表れにすぎない。個人的な声望はそれほど影響を受けなかったとはいえ、総統ヒトラーでさえも槍玉に上げられることが出てきていた。一八年一一月の革命の帰結を消し去ること、今後は国民に暴動を起こさせないことを信条とする体制とその総統にとって、騒動の徴候は無視しえなかった。[252]

物質的状況が原因となって国内の政治情勢と国民の雰囲気が悪化していることにはヒトラーも気づいていた。「総統は政治情勢を概観し、落ち込んでいると見ている」と一九三五年八月半ばにゲッベルスは記している。[253] 九月四日にヒトラーのために用意された物価と賃金水準に関する資料によれば、ドイツの労働力のほぼ半分は一週間に総額一八マルク以下の賃金しか得ていなかった。これは貧困ラインよりも大幅に低い。統計の示すところによれば、標準的な都市労働者が稼ぐ週二五ライヒスマルクという低賃金では、学齢期の子ども三人を含む五人家族の場合、きわめて質素な食事をとったとしても生活の収支を合わせることはできなかった。賃金は三二年の水準のままだった。非常に評判の悪かったヴァイマル共和国期の大恐慌前年にあたる二八年と比べても格段に低い水準である。それに対して、三三年以来、食品価格は公式には八パーセント、生活費は全体で五・四パーセント上昇していた。しかし、公式の数値からだけでは分からないこともある。ある種の食品については三三・五パーセント、それどころか一五〇パーセントの価格上昇があったともいわれている。[254]夏の終わりには、「食糧危機」、「供給危機」という言葉も一般に使われるようになった。

通貨準備高の減少と外貨の慢性的不足により、シャハトはすでに一九三四年から半ば独裁的な経済統制に乗り出していた。シャハトが同年九月に打ち出した「新計画」は、輸入のための外貨交換に厳格な統制を加えるとともに、ドイツの対外貿易を転換し、原則として信用で原料供給を受け、その後、ドイツから加工品を輸出するという二国間協定を南東欧諸国と結ぼうとするものだった。[255]しかし問題は収まらなかった。問題が避けられなかったのは再軍備が優先されたためである。通貨切り下げの検討が一切許されないなかでは、軍事費の著しい増大と高止まりする輸入額が問題を引き起こすのは避けられなかった。拡大する軍需産業が必要とする原料の輸入と、消費者物価を下げるための食品の輸入は、次第に両立不能になっていった。三四年は収穫に恵まれなかったうえに、ダレが指導する全国食糧身分団の非効率性、不適切な政策、過剰な官僚主義が重なって、構造的な経済危機はさらに悪化した。ダレが三四年一一月に宣言した「生産戦争」によって輸入は減少したが、全国食糧身分団による見当違いの官僚主義的介入が始まった。結果は、国内における家畜用飼料の深刻な不足、家畜の減少、そして食糧不足という悪循環だった。三五年秋には、油脂と卵の備蓄はほぼ完全に底をついた。[256]しかし、輸入のための外貨は、工業を、なかでもとくに軍需産業を犠牲にしなければ得られなかった。

食料品店は一斉に空になった。食料品を求めて行列するのが大都市では日々の憂鬱な日課となった。油脂、バター、卵、食肉は貴重で高価になった。農場主は、普通ならば「民族共同体」のために公共心にあふれた助け合いに参加するのだが、利益を最大化するために生産物を出し惜しみした。大都市ではすでに下がりはじめていた生活水準が急速に落ち込んだ。体制が最も疑念をもち、扱いに注意を払っていた産業労働者層の不満は最も大きかった。「食糧危機」で最大の打撃を被ったのはこの社会階層だったためである。

ベルリン警察は、油脂と食肉の不足、食品価格の上昇、失業の再拡大により、一九三五年秋には国民の雰囲気が深刻に悪化したと伝えている。食糧を求めて行列する人びとは強い怒りを覚えていた。警察はバター販売を監視しなければならなかった。買いだめに対する怒りもあった。しかし、最も怒りを買っていたのは、価格を統制できない政府だった。[257] そのほかの大都市では状況はもっとひどかった。結局のところ、首都は優遇されていたためである。[258]

三六年一月には、状況はさらに悪くなりはじめた。ベルリンの「人口の恐ろしいほど多く」が、「国家と運動に対して直接的に否定的」な感情をもっているとされた。批判は「今や制御できないところまできている」。収入と食品価格は全く釣り合いがとれていない、不満の最大の原因は食品価格の上昇にある、冷凍肉は七〇パーセントも価格が上昇した、公式発表は現実からはかけ離れている、モアビットとシャルロッテンブルクにある市場の食料品店は不満の温床だ、人びとは共産主義者の意見に次第に耳を傾けるようになりつつある、といった報告が警察からは届いていた。[259] 三月には「大いに憂慮すべき」雰囲気になった。国民の幅広い層が「ひどく苦々しい思い」を抱いていた。「ハイル・ヒトラー」の挨拶はほとんど聞かれなくなった。第二の「六月三〇日」(長いナイフの夜)が起こって軍部独裁になり、「根本的に新しく清廉な国家指導部と行政が軍部の影響下に」成立する、と多くの人びとは噂した。食料品の不足は、大衆の貧困と、ナチ党幹部のこれ見よがしの豊かさや露骨な腐敗とのあいだの深い溝を浮き彫りにした。この状況を許しているとしてヒトラー自身も非難の的となった。「総統その人に対する国民の信頼も危機的状況にある」とベルリン警察の報告には記されている。[260]

「国民の雰囲気は悪くない、良いのだ。私のほうがよく分かっている。そういう報告が雰囲気を悪くするのだ。この先そんな報告は願い下げだ」とヒトラーは怒った。副官ヴィーデマンが雰囲気の悪化を伝える報告にヒトラーの注意を向けさせようとしたときのことである。[261] しかし、こうした非合理的な反応は、物不足が体制の人気にいかに影響するかをヒトラーが十分に弁えていたことを示している。実際、ヒトラーは状況の深刻さを熟知していた。

一九三四年九月には、ヒトラーはすでに、油脂製品の価格について社会の貧困層から寄せられる不満を意識していた。ダレは、この不満は正当かと尋ねられ、牛乳と油脂の価格動向に関する情報を提出させられた。[262] この後、党の大管区長も含めてトップレベルの議論が何度も行われ、ヒトラーが同席したこともあった。[263] 二カ月後、ヒトラーはライプツィヒ市長カール・ゲルデラーを全国価格監視委員に任命した。一一月五日の閣議では、「労働者階級に物価の上昇は許さないと約束した。物価上昇に対処しなければ、賃金労働者は約束を破ったと非難するだろう。そうすれば、革命の気運が生じる。したがって、激しい物価上昇は容認できない」とも発言した[264]。

しかし、ゲルデラーには価格上昇を防ぐための実権はなく、その地位は体裁だけだった。一九三五年七月には、フリックは全国各地からの憂慮すべき報告の写しを首相官邸に送りつけた。フリックは、こうした報告にあるような、価格上昇が労働者階級に及ぼす「深刻な危険」を緊急に認識するようヒトラーに求めた[265]。八月二七日にベルリンで会合をもった労働信託官の認識も同じだった[266]。すでに触れたように、ヒトラーが価格と収入水準に関する統計を要求したのはこのときのことである。ヒトラーの手に渡った九月四日の報告からは、低い生活水準、実質賃金の下落、いくつかの生活必需品の急激な価格上昇が見て取れた[267]。これが「第三帝国の美しい見かけ」に隠された惨めな現実だった[268]。

同月後半、ヒトラーは、この食糧不足が再軍備計画に及ぼす影響についても報告を受けた。外貨準備高は激減していたが、不足を乗り切るためには、一日につき最低三〇万ライヒスマルクを油脂類（とくに安価なマーガリン）の輸入に振り向ける必要があった。しかしそれでも、ダレが要求する水準には全く及ばなかった。これが意味するところは明白だった。「外貨を油脂の供給に振り向ければ、原料の輸入はそれだけ減少し、すなわち失業が増加する。しかし、それも甘受せねばなるまい。国民への油脂製品の供給はほかの何をも上回る優先事項だからだ[269]」。再軍備はしばらく二の次となった。すでにシャハトも、ヒトラーの同席する前で大管区長に向かって、再軍備には五〇億ライヒスマルクしか支出できない、削減はやむをえない、「さもなければ全てが駄目になる」と警告を発していた[270]。

ゲルデラーは、再軍備に与えられた優先順位を一時的に変更するだけでは足りないと考えていた。一九三五年一〇月末にドイツの経済状況に関する衝撃的な分析をヒトラーに送りつけたゲルデラーは、そのなかで、「油脂類の十分な供給は、軍備との関連においてさえ政治的に優先される」と論じた。市場経済に復帰し、再び輸出に重点を置き、それにともなって再軍備に向けた動きは抑制すべきだというのがゲルデラーの考えだった。ゲルデラーの見るところ、それこそが経済問題の元凶だからである。さもなければ非産業経済に逆戻りし、全ドイツ人の生活水準を根本的に下げるしかない、このままでいけば三六年一月以降はその日暮らしをするしかない、とゲルデラーは絶望的に主張した[271]。このような予測はヒトラーにとって受け入れられるものではなかった[272]。ゲルデラーにとってはこれが、最後には徹底的な抵抗にまでいたる道の始まりだった。[273] しかし、このときにはゲルデラーはまずは、全国価格監視委員の廃止を提案した。ゲルデラーにしてみれば、こんなものは何の役にも立たないからだった。この提案は三五年一一月、三六年二月の二度にわたってなされたが、ヒトラーは二度とも体裁を保とうとして、「追って通知があるまで」全国価格監視委員職は廃止しないとした。[274]

この間、ヒトラーは一九三五年一〇月に介入し、シャハトが貴重な保有外貨のうち総額一二四〇万ライヒスマルクを追加でマーガリン生産のための油糧種子の輸入にあてるよう取り計らった。[275] 外貨をめぐるシャハトとダレの争いを調停する役割をヒトラーから任されたのはゲーリングだった。これまでシャハトの手に堅く握られてきた経済領域へのゲーリングによる初の一撃である。ゲーリングはダレの側に立った。[276] この決定にはシャハトも他の工業指導層も驚いた。しかし、残る唯一の手立てといえば食糧配給だが、それが及ぼす心理的悪影響を避けることこそがヒトラーにとっては目下最大の課題だった。一一月に報道機関は、総統が「油脂の配給票は導入せず、代わりに油脂製品を十分に輸入できるだけの外貨を経済相に融通させる」という決断を下したとの情報を内々に得た。再軍備にも影響が及んだ。国防省は、食糧輸入を確保するために外貨の一部請求を春まで控えることを承諾した。[277] 人心の不安は、体制が何を絶対的な優先事項と定めるかに直結した。ヒトラーが懸念するだけの理由はあった。[278]

国内問題が深刻化していた時期、アビシニア危機によって国際連盟が混乱に陥るなかで、ヒトラーは再び外交上の成功を収める機会をうかがっていた。ヒトラーは、ドイツが国際的な孤立から脱し、ストレーザ戦線に一層深く楔を打ち込み、うまくすればヴェルサイユ条約による拘束をさらに修正する機会になるかもしれないと素早く目をつけた。国内情勢を考えれば、外交上の勝利は願ってもないことだった。戦争になりそうなアビシニア情勢をにらんで、ヒトラーがすでに一九三五年八月のうちから強い期待感をもっていたことがその発言から分かる。ゲッベルスも同席した会合で、ヒトラーは外交政策の今後の展開を描いてみせた。それによれば、「イギリスとは永遠に同盟関係を結ぶ。ポーランドとは良好な関係を保つ。[…] 東への拡大。バルト諸国はわれわれのものとなる。[…] イタリア＝アビシニア＝イギリス間の紛争、日本＝ロシア間の紛争が迫っている」、とのことだった。二、三年のうちに「われわれに偉大なる歴史的瞬間」が訪れるだろう、「われわれはそれに備えなければならない」、という発言もあった。ゲッベルスは「壮大な見通しだ」、「われわれは皆、深く感動した」と書き添えている。[279] ゲッベルスが書き残したところによれば、二カ月もたたないうちにイタリアが本当にアビシニアで戦争を起こすと、ヒトラーは閣僚と軍指導部に対して「全てが三年早すぎる」と述べたとされる。しかしヒトラーは、今はドイツに好機が廻ってきているのだと強調した。「再軍備し、備えよ。ヨーロッパが再び動きだした。賢明に立ち回れば、勝者となれるだろう」[280]。

しかし、今、再軍備は食糧危機のせいで深刻な危機に瀕していた。一九三六年春、シャハトの激しい反対に抗してヒトラーは再び自ら介入し、油糧種子の輸入用にダレに改めて希少な外貨六〇〇〇万ライヒスマルクを割り当てた[281]。軍備は絶望的な状況になった。前年一二月には、シャハトはブロンベルクに対して、原料の輸入増加は不可能だと説明しなければならなかった。三六年初頭には、再軍備に回せる原料は危険なほどにまで減った。物資はわずか一、二カ月分しか残っていなかった。シャハトは再軍備の速度を落とすよう要求した[282]。

ヒトラーが首相在任四年目に入ると、経済状況のせいで再軍備計画には深刻な影響が出はじめた。国際情勢に恵まれ、急速に軍備を拡張できるはずのまさにそのときに、食糧危機とそれが引き起こす社会不安がブレーキをかけているのである。悲観すべき要素はほかにもあった。失業が再び増加する恐れがあった。一九三六年一月、労働省からは、失業者数はまだ約二五〇万人であり、これが減少する見通しはほとんどない、との意気阻喪させられるような報告が上がった[283]。ゲルデラーやシャハトが要求するように再軍備のペースを落とせば、失業者が増加するだろう。政治的には、冬のあいだに生じた問題のせいで共産党の地下活動が活発化していた。ナチ党内の報告でも、党員の士気が低下し、落胆がみられると繰り返し強調されていた[284]。ヒトラーをはじめとするナチ党幹部らが、食糧不足、物価高騰、社会的緊張の長期化が国内の安定と外交上の野望に及ぼす影響を真剣に憂慮したのも当然だった。ほぼ二年後にヒトラーは、食糧危機が再び起き、それを克服するに足るだけの外貨がなければ、「体制にとっては打撃」となるだろう、と述べることになる。だからこそヒトラーはなおのこと、「生空間《レーベンスラウム》」獲得のための領土拡大を急ぐ必要があると考えたのだった[285]。

一九三六年初頭、非武装化されたラインラントを再び占領し、ヴェルサイユ条約とロカルノ条約の最後の軛《くびき》を振り払うというヒトラーの次なる大きな賭けのタイミングも、こうした国内情勢と外交の双方を睨んで決定されたものだった。

少なくとも外相ノイラートはそう見ていた。ローマ駐在ドイツ大使ウルリヒ・フォン・ハッセルは、ラインラント問題について協議するために二月一八日に急遽ベルリンに呼び出された（二、三日前に引きつづき二回目だった）。ノイラートによれば、「ヒトラーにとっては何といっても国内的な動機が大きい」、ヒトラーは「体制に好意的な雰囲気が失われつつあることを感じており、大衆を熱狂させるための新たな国民的スローガンを探している」とのことだった。ノイラートは、国民投票だけでなく、通常の選挙も実施することになるかもしれないと推測していた[286]。ヒトラー自身も、その晩のハッセルとの会談で、いかにして国外のみならず国内にもアピールしようとしているかを説明し、国内的な動機があることを率直に認めた[287]。数週間後、ハッセルは、ヒトラーにとっては国内的な動機が主であり、タイミングを三月八日の「英雄記念日」に合わせることに決まったのは、プロパガンダ効果を最大限に高めるためだ、と確信をもって述べている[288]。

ヒトラーは、劇的な国民的勝利が国内にどれほどの影響を及ぼし、プロパガンダ上、どのような利益をもたらすかについて言われるまでもなく分かっていた。「食糧危機」、「教会闘争」の激化といったこの冬に起こった問題からも注意がそれるはずだった。士気の低下は一夜にして吹き飛び、体制の足場は国内でも対外的にも固まり、ヒトラーの人気はますます高まると考えられた。ラインラントでは経済不振がとくに甚だしいとの報告が届いており、しかも、もともとあまり広がっていなかった体制への支持が党とカトリック教会の対立のせいでますますもって低下していた。ドイツが一方的に非武装をやめれば、熱狂的に歓迎されることは確実だった[289]。外相の認識では一、二年かけて辛抱強く外交交渉を行えば再武装は実現できたはずだった。しかし、突如として軍事行動をとれば素晴らしいプロパガンダになるとヒトラーが考えたことにより、再武装は、大きなリスクを伴いながら軍事行動によって劇的に実現されることになった。ノイラートの予想通り、再武装の直後、選挙と国民投票を三月二九日に実施するとの予告がなされた。ここから考えても、この軍事行動が国内情勢を考慮して取られたものだったことは明らかだった。大衆は再び活気を取り戻し、党員のあいだに蔓延していた暗い雰囲気も一掃され、活動家が再び動きだした[290]。

ほかのときと同じく、今回も、国内問題と外交はヒトラーのなかでは緊密に結びついて構想されていた。アビシニア危機から生じた国際情勢のなかで行動の好機がめぐってこなければ、そしてそれをヒトラーが逃せないと感じることがなければ、国内で得られるメリットもここまで真剣に考慮されることはなかっただろう。

5

一九一九年の講和条約でドイツは、ラインラント左岸でも、右岸から五〇キロメートル以内の地帯でも、要塞を建設すること、軍隊を駐留させること、あらゆる軍事的準備を行うことを禁じられた。ラインラントを非武装地帯とすることは二五年のロカルノ条約でも確認され、ドイツはこれに署名していた。この状況をドイツが一方的に変更することは大戦後の合意に反し、国際合意に抵触するだけではなかった。この合意が作り上げようとした欧米諸国の安全保障の基盤をまさしく脅かす行動だった。しかし、ドイツのナショナリストからすれば、ラインラントの現状は受け入れられるものではなかった。

ナショナリストの政権であれば、ラインラントの再武装を課題として必ず取り上げたはずである。軍は、再軍備計画（一九三三年一二月策定）においても西部国境の防衛においても、ラインラントの再武装は必須と見ていた。[291]外務省は外交交渉を続ければ非武装はいずれ終わらせることができると考えていた。非武装化はロカルノ条約にもヴェルサイユ条約にも明記されているため、徴兵制を再開した段階ではそれを理由に警戒する意見が優勢になったが、それさえなければあの時点で非武装地帯も廃止されていたはずだったと外交官は認識していた。[292]三四年にはヒトラーはすでに非武装地帯の廃止について内々に話に出しはじめていた。三五年には、改めて大まかにそれに言及した。同年末にはフランスも、ラインラントの再武装が既成事実化される日は近いだろうと考えだしていた。一二月一三日の英国大使との会談ではヒトラーは、非武装地帯を廃止する必要があるとして、同年三月の徴兵制導入時にあわせてこの措置をとらなかったことを後悔していると発言した。この時期、ヒトラーはラインラント再占領が招く問題について軍事顧問官らと協議した。[293]この時期には、機は次第に熟しつつあった。そう考えるとラインラント侵攻は一、二年のうちには起きそうだったとはいえ、機会をつかみ、タイミングをはかり、軍事行動を取ると決めたのはヒトラーだった。これらすべての点にヒトラーが関与した。

好機が生まれたのはムッソリーニのおかげだった。ムッソリーニがアビシニアで起こした無謀な行動は、脆弱なストレーザ戦線を崩壊させた。国際連盟はこのアビシニア侵攻を加盟国に対する不当な攻撃として非難し、経済制裁を課した。イタリアは、軍事的には悲観的な展望しか描けず、制裁の影響も出はじめるなかで、友好国を求めてフランス、イギリスに背を向け、ドイツに接近した。一九三三年以来、イタリア＝ドイツ間の友好関係の障害となっていたのはオーストリア問題だった。三四年七月のドルフース暗殺以来、両国の関係は冷えきっていた。これが、今、突然に変化したのである。ムッソリーニは三六年一月に、オーストリアが事実上ドイツの衛星国になることに反対しないとほのめかした。[294]これにより、「枢軸」形成への道がたちどころに開かれた。同月末、実現可能性はあまりなかったとはいえ、英仏が地中海における対イタリア合同攻撃の可能性に言及すると、ロカルノ条約の均衡状態は崩れた、ロカルノ体制は崩壊を免れまい、とムッソリーニは公式に宣言した。その後、ドイッ大使ハッセルとの会談でムッソリーニは、イタリアにとってストレーザは「完全に終わった」、制裁が強化されるならイタリアは国際連盟を脱退するつもりであり、そうなればロカルノ条約は事実上終わりだ、と示唆した。ドイツがロカルノ条約違反とみなす仏ソ相互援助条約が、現在、フランス下院にかけられているが、それが批准された場合にヒトラーが行動を起こすと決めたとしてもイタリアは英仏を支援しない、とも言明した。[295]ムッソリーニの意図は明白だった。ドイツがラインラントに再侵攻したとしてもイタリアは咎めだてしないということである。

アビシニア危機は英仏関係をも損ない、この二つの民主主義国家どうしを一層遠ざけた。一九三五年一二月にホーア・ラヴァル案（サミュエル・ホーア、ピエール・ラヴァルという英仏外相の名をとって名づけられた）の情報が漏れて抗議の嵐が巻き起こった後は、両国の距離はさらに開いた。この案は、イタリアが攻撃した場合にアビシニア領の三分の二をイタリアに与えることを提案するものだった（文脈は違うが、三八年のミュンヒェン会談を先取りするかのような宥和的な方針だった）[296]。

フランス政府は、ラインラントの再武装は避けられないと認識した。ベルリンオリンピック終了後の三六年秋になるというのが大方の予想だった。従来型の外交で最終的に実現できるからには、ラインラントをめぐってヒトラーが大きなリスクを冒すと考えた者はほとんどいなかった。フランス閣僚は、ドイツが非武装化の規定を蹂躙することになれば言語道断であるとはいえ、それでもフランスが単独で軍事行動をとることは認めなかった。しかしそもそもフランス軍指導部自体が、ドイツの軍事力を著しく過大に見積もっていたことから軍事的報復には反対で、既成事実化への反応は純粋に政治的なものにとどめるべきだとの主張だった。[297]実際のところ、ラインラントをめぐって争う気はフランスにはなかった。そして、ヒトラーもドイツ外務省もそれを感じ取っていた。[298]

探りを入れた結果、ヒトラーとノイラートは、ドイツがことを起こしたとしてもイギリスも軍事行動は控えるとの強い確信をもつにいたった。イギリスは、当座、軍事的に弱体化しており、政治的にも国内問題とアビシニア危機のせいで手いっぱいとみえた。よって、ラインラント非武装地帯の維持を自国の重大な国益と見る気はなく、ドイツの要求にもある程度の理解をもっているものと考えられた。[299]

したがって、ラインラントの再武装に向けて迅速に行動を起こせば、成功する可能性は高かった。フランスもしくはイギリスから軍事的報復を受ける可能性は比較的低かった。これはもちろん、ヨーロッパ列強の反応をめぐるドイツ政府の判断が正しければの話ではあった。確実なことは何もなかった。ヒトラーはすぐにもリスクを取る意志を固めつつあったが、ヒトラーの軍事顧問官はすべてがそのリスクをよしとしていたわけではなかった。しかし一九三三年に国際連盟を脱退したときも、三五年に徴兵制を再導入したときも、ヒトラーの大胆さは正しかった。ヒトラーは自信を得ていた。ラインラント危機においては、ヒトラーはこれまでよりも積極的な役割を果たし、慎重を期すことを勧める軍部や外交官に折れようとはしなかった[300]。

一九三六年二月初旬にベルリンでは、ヒトラーが近い将来にラインラント侵攻を計画しているとの噂が広まった[301]。しかしこの時点ではまだ何も決まっていなかった。二月六日に行われる冬季オリンピック開会式のためにガルミッシュ＝パルテンキルヒェンに滞在していた間、ヒトラーはこの問題について熟考した[302]。外務省を中心に異論も出させた。二月のあいだ、ヒトラーはノイラート、ブロンベルク、フリッチュ、リッベントロップ、ゲーリング、さらにはローマ駐在ドイツ大使ハッセルとも賛否両論について協議した。外務省と軍指導部のかなりの者が、近々結論が出ると感じとっていた。フリッチュとベックは反対していた。ブロンベルクはいつも通りヒトラーに同調した。外相ノイラートも強い疑念を抱いていた。ノイラートは、ことを急いだとしてもリスクに引き合わないと考えていた。ドイツが軍事的報復を受けるとは思えなかったが、国際的にはさらに孤立することになる。ハッセルも、非武装地帯を廃止する好機はこれからもめぐってくるはずであり、急ぐことはないと論じた。両名とも、ヒトラーは少なくともフランス上院での仏ソ相互援助条約の批准を待つべきだ、と考えていた。これをロカルノ条約違反と言い立てれば、口実になるはずだった。ヒトラーは上院の判断を待たず、下院で批准された段階で動きたいと考えていた[303]。キャリア外交官が慎重論に傾いたのに対して、ごますりのリッベントロップはいつものように調子よくヒトラーを持ち上げた[304]。

ヒトラーはハッセルに、ラインラントの再占領は「軍事的に絶対に不可欠」だと告げた。ヒトラーはそもそもは一九三七年にそうした動きを起こすつもりだった。しかし、国際情勢に恵まれていること、（英仏国内の反ソ感情を考えれば）仏ソ相互援助条約が好機となること、列強（とくにソ連）が軍事力を増強中であり、すぐにも軍事バランスが変わると予測されることを考えれば、これ以上待つことなく予定よりも早く行動に出るべきだった。ヒトラーは軍事的報復を受けるとは思っておらず、最悪の場合でも経済制裁どまりだろうと考えていた[305]。二月一九日の議論でハッセルは、アビシニアでのイタリア軍の情勢が好転し、石油が経済制裁の対象から外れたせいで、イタリアの支援が得られる可能性が小さくなった、と論じた。ヒトラーはそれに反論し、行動の遅れがもたらす不利益を強調した。ヒトラーは、「リッベントロップの強い同意を受けながら」、「今回の件でも攻撃は［…］最良の戦略だ」と論じた。ヒトラーは仏ソ相互援助条約を口実にして、欧米列強に対して、寛大にも見えるが受け入れられる可能性はほとんどない一連の提案をしようとしていた。すなわち、国境の両側における非武装地帯の継続的設置、三カ国間空軍条約、フランスとの不可侵条約である。ハッセルはすでにこの協議の前から、ヒトラーは行動するつもりで「五〇パーセント以上気持ちを固めている」とにらんでいた。ラインラント侵攻には疑念をもっていたフリッチュも二月半ばには、決定は下されていると見ていた。ノイラートも、思うところはあるにせよ、このときにはすでに諦めをつけていた[306]。

しかし、ヒトラーは揺れつづけた。ヒトラーの議論では、外交官と軍指導部を納得させることはできなかった。おべっかつかいのリッベントロップは賛成し、ブロンベルクは不安を覚えつつも支持に回った。それを除けば、大胆さではなく慎重さを勧める助言ばかりだった。二月末になっても状況は変わらなかった。二月二七日、ラインラントの再武装が昼食時に話題に上った。ゲーリングとゲッベルスが同席していた。「まだ少し早い」とゲッベルスはまとめている[307]。翌日になってもヒトラーはまだ決断できなかった。ゲッベルスはヒトラーに「仏ソ条約が完全に成立する」まで待ってはどうかと進言した。すなわち、条約がフランス上院で批准されるまで待つということである[308]。その日遅く、ゲッベルスはヒトラーに同行してミュンヒェンに向かい、汽車のなかでラインラント問題について議論した。「総統はまだ迷っている」とゲッベルスは日記に残している。ゲッベルス自身はまだ、上院が批准するまで遅らせるべきだという意見だった。翌日、ヒトラーが決断を下す前にさらに議論がなされたようである[309]。二月二九日の昼食時には、ヒトラーはまだ決めかねていた。

しかし、翌三月一日（日曜日）、ミュンヒェンが春めいたうららかな天候に恵まれるなか、ゲッベルスが滞在するホテルに上機嫌のヒトラーが姿を現した。決定が下されたのだ。「危機はまた来るだろう。しかし、今が行動のときだ」とゲッベルスは記した。「世界は勇気ある者のものだ。座して待っても得るものはない」[310]。

翌三月二日、ゲッベルスは午前一一時に首相官邸で開かれた会合に参加した。ゲーリング、ブロンベルク、フリッチュ、レーダーら、軍部のトップが顔を揃えていた。リッベントロップも同席していた。決断を下した、とヒトラーは彼らに告げた。三月七日に国会を召集する。そこでラインラントの再武装が宣言されることになる。国際連盟へのドイツの復帰、空軍条約、フランスとの不可侵条約も同時に提案するつもりだ。それによって緊急の危険は減り、ドイツの孤立は防がれ、主権が最終的に回復されることになる。それに続き、国会を解散して外交政策上のスローガンを軸に選挙を行う。フリッチュは金曜夜のうちに兵員を輸送すべく取り計らう必要がある。「すべてが稲妻のように迅速に遂行されねばならない」。突撃隊と労働戦線の訓練のように見せかけて軍の動きをカムフラージュする。以上がヒトラーの計画だった。軍指導部には疑問の残る計画だった[311]。

閣僚には翌日午後に個別に知らされた。フリックとヘスが知ったときにはもう夕方だった。国会議員にはすでに招集がかけられた後だった。ただし、偽装のため、ビアパーティーへの招待というかたちが取られた[312]。四日（水曜日）にはヒトラーは国会演説の準備に取りかかった。ゲッベルスはすでに選挙戦の準備を始めていた。五日（木曜日）になっても外務省からは警告の声が聞こえていた。六日（金曜日）の夜、ヒトラーは演説を完成させた。閣議が招集され、ここで初めて閣僚全員に対して計画が明らかにされた。ゲッベルスは、国会は翌七日正午に開催されると告げた[313]。議題は政府声明だけだった[314]。選挙戦の計画もまとまった。情報漏洩を防ぐため、宣伝省の職員はその晩は建物を離れることを許されなかった。「成功の要は驚きにある」とゲッベルスは記し、翌朝、「ベルリンは緊張のあまり震えている」と書き足した[315]。

途轍もない拍手喝采のなか、ヒトラーが演説のために立ち上がったとき、国会も緊張に包まれた。国会はこの時もまだ、一九三三年に焼け落ちた国会議事堂の廃墟近くにあるクロル・オペラ座で開催されていた。会場は満員だった。何百人もの記者が桟敷席を埋めた。外交官も多く顔を見せていた。ただし、何が起きるか察していた英仏両国の大使は来ていなかった。演壇の閣僚のなかで、ブロンベルクは緊張のあまり、はたから見ても分かるほどに蒼白になっていた。ヒトラーの背後に座ったゲーリングにはそうした様子は全く見られず、抑えきれないほど誇らしげにしていた。ゲッベルスはタイプ打ちされたヒトラーの演説原稿の写しに目を通していた。ナチ党の制服に身を包んだ議員らは何が起きるかまだ知らなかった[316]。

演説はクロル・オペラ座に臨席している人びとだけではなく、ラジオを聴いている何千万人もの国民に向けられたものでもあった。ヴェルサイユ条約を非難し、同権と安全保障を求めるドイツの要求を改めて述べ、自分の目的は平和にあると宣言する長い前置きの後、ボリシェヴィズムに対する激しい批判の叫びで拍手喝采となった。

ここから、ヒトラーは、仏ソ相互援助条約がロカルノ条約の効力を失わせたという議論に入った。ヒトラーは、ロカルノ条約は意味を失ったと書かれた覚書を読み上げた。その日の朝にノイラートがロカルノ条約署名国に渡したものである。ヒトラーはわずかに間をとり、続けた。「したがって、ドイツとしても、もはやこの失効した条約には拘束されないと考える。［…］よって、国境の安全保障ならびに防衛力の保障を求める国民の基本的権利のために、ドイツ政府は本日よりラインラント非武装地帯における完全にして無制限の主権を回復するものである[317]」。

これを聞いた六〇〇名の国会議員の様子を見ていたウィリアム・シャイラーは、「大きな図体に太い首、髪を短く刈り込み、腹は太く、茶色い制服を着て重いブーツをはき、ヒトラーの思いのままに動く有象無象が、からくり人形のようにさっと立ち上がり、ナチ式敬礼のかたちに右手を伸ばし、『ハイル』と叫んだ」、と書いている[318]。騒ぎがようやく収まると、ヒトラーはヨーロッパのための「平和提案」を提示した。すなわち、ベルギー、フランスとの不可侵条約、合意された国境の両側における非武装地帯の設置、空軍条約、ポーランドとの不可侵条約と同じく他の東欧諸国とのあいだの不可侵条約、国際連盟へのドイツの復帰である[319]。この提案は気前が良すぎるのではないかと考えた者もいたが[320]、心配は無用だった。ヒトラーもよく承知していたことだが、この「提案」が受け入れられる余地は全くなかった。演説は最高潮にさしかかった。「ドイツの国会議員諸君！　わが国の西部でドイツ軍が今まさに未来の平和の駐屯地に向かって動いている、この歴史的な瞬間に、われわれの衷心からの二つの聖なる誓いにおいて、皆で団結しようではないか」。

演説は、列席した議員たちの耳をつんざくような騒ぎによって中断された。「彼らは、歓声をあげ、叫びながら、躍り上がった」とシャイラーは書く。「数名の外交官とわれわれ五〇名ほどの記者をのぞけば、桟敷席の聴衆も同じだった。彼らは判で押したような例の敬礼のかたちに手を挙げ、興奮のあまり顔を歪め、口を大きく開いて叫びながら、狂信的な光を帯びた目で新しい救世主を見つめていた。救世主はその役割を見事に果たしている[321]」。

ヒトラーは会場が静かになるのを辛抱強く待った。それから、〔先に「聖なる誓い」だとした〕二つの事柄を挙げて誓った。いわく、国民の名誉がかかっているときには力には決して屈しないこと、そしてヨーロッパの近隣諸国とのあいだでよりよき理解に努めることである。ドイツはヨーロッパでは領土を要求しない、との前年の約束も改めて繰り返した[322]。しかし、ドイツ国外では、ヒトラーの言葉はほとんど信用されなくなっていた[323]。

午後一時頃、ヒトラーが演説の締めくくりの最大の山場に差しかかった頃に、ドイツ軍はケルンのホーエンツォレルン橋に近づきつつあった[324]。ゲッベルスが抜擢したジャーナリストが二台の飛行機から歴史的瞬間を記録に残そうとしていた[325]。その朝、ケルンでは瞬く間に噂が広まった。多くの人びとがラインの岸辺につめかけ、ホーエンツォレルン橋付近の道に押し寄せた。橋を渡る兵士は狂喜した歓迎を受けた。女性たちは道に花をまいた。カトリックの司教らは兵士を祝福した。シュルテ枢機卿は、「われわれの軍を返してくれた」としてヒトラーを称賛した。[326]「教会闘争」はしばし忘れ去られた。

非武装地帯に送り込まれた軍隊は、地方警察部隊によって増強された常備軍三万人程度だった。非武装地帯の奥深くまで入り込んだのはわずか三〇〇〇人ほどであり、残りの大部分はライン東岸で配置についた。前進部隊は、フランスとの軍事対立が生じるようであれば一時間以内に退却することになっていた。[327]しかしその可能性はなかった。すでに見たように、フランス軍指導部ははじめからそれは考えていなかった。フランスの諜報機関は、突撃隊、親衛隊およびその他のナチ党の武装勢力も勘定に入れて、ラインラントのドイツ軍の規模は二九万五〇〇〇名にのぼるという途方もない数を弾き出していた。[328]

実際には、ヒトラーの無謀な賭けを潰すには、フランス陸軍が一個師団あればこと足りただろう。「フランスがあのときラインラントに進駐してくれれば、われわれは尻尾を巻いて再び退散するしかなかった。われわれが動かせる軍隊では、限定的抵抗すらままならなかっただろう」とヒトラーは後々、一度ならず口にしたと伝えられる。ドイツ軍のラインラント進駐から四八時間は、人生のなかで最も緊張した、とヒトラーは述べている。[329]そういう話をするときには、ヒトラーはいつも効果を狙っていた。フランクも同じようなセリフを聞いたようだ。「フランスが本当に真剣だったならば、私は最大の政治的敗北を喫することになっただろう」とヒトラーが口にしたとフランクの回想録にはある。[330]しかし独裁者ヒトラーが正確に予測したとおり、実際には、フランスにもイギリスにも争う意志はなかった。

三月七日夕刻のまだ早いうちに、軍事行動の完璧な成功が明らかになった。「総統のところにて［…］。外国からの反応は素晴らしい。フランスは国際連盟を動かしたい。それでよい。つまり、行動を起こさないということだ。それが何より大事だ。ほかはどうでもよい。［…］世界の反応は予想どおりだ。総統は大いに喜んでいる。［…］進駐は計画どおりに進んだ。［…］総統は喜色満面だ。イギリスは受け身な態度を見せるだけだ。フランスは単独では動かない。イタリアは失望したと言うだけで、アメリカは関心をもっていない。われわれはわが国に対する主権を再び手にしたのだ」とゲッベルスは記した。[331]

実際、リスクはそれほどのものではなかった。欧米民主主義諸国は介入の意志もなければ、介入できるだけのまとまりも欠いていた。しかし、ヒトラーの勝利には千金の値打ちがあった。ヒトラーは列強の裏をかき、従来型の外交ルールに縛られない権力政治のスタイルに列強が対応できないことを見せつけただけではなかった。ヒトラーは国内の軍および外務省内の保守勢力に再び勝利したのである。一九三五年三月と同じく、軍指導部とキャリア外交官の慎重さと小心さは間違いだったと証明された。ラインラントは大胆さをもって手に入れたこれまでで最大の報酬だった。軍も外務省も敵対的な動きを見せたわけではなかった。誰もがラインラントの再武装を望んでいた。タイミングと方法をめぐる懸念から反対していただけだった。またしても「怖気をふるった」かと見て、ヒトラーは軍と外務省の「専門家」をいっそう軽蔑した。ヒトラーの際限ないうぬぼれはさらにひどくなった。

ロンドン駐在ドイツ大使レオポルト・ヘッシュが、差し迫った戦争の危険があるとの人騒がせな警告を二、三日後に発し、ブロンベルクが心神喪失に陥ったときも、それは変わらなかった[332]。その頃には、ヒトラーはそうした人騒がせな知らせを一蹴するだけの余裕を得ていた。一九三六年三月一九日の国際連盟の非難も意味はなかった[333]。ロカルノ体制は破壊され、ヴェルサイユ体制は崩壊した。危機は遠く過ぎ去った。同月末、意気揚々とケルンを訪問し、ベルリンに戻る特別列車の車中でルール地方を走りながら夜空を照らす製鋼所の溶鉱炉を眺めつつ、「私は嬉しい、神よ、これほど順調にいって、私は嬉しい！」とヒトラーはフランクに向かって言った[334]。

6

ラインラント進駐の報に接した国民の高揚感は、一九三三年、三五年の勝利の後の国を挙げての祝祭気分をも凌ぐほどだった。人びとは喜びにわれを忘れた。この行動のせいで戦争が起こるかもしれないという当初の懸念は瞬く間に消え去った[335]。喜びの気分に染まらないことはまず不可能だった。喜びはナチ党を確信的に支持する層をはるかに超えて広がった。抵抗運動を進める人びとは士気をくじかれた[336]。ヒトラーへの称賛が再び高まり、欧米に対するその果敢な抵抗、ヴェルサイユ条約体制を揺るがせた攻撃、ドイツ領に対する主権の回復、平和の約束に支持が集まっていることを、亡命社会民主党指導部《ゾパーデ》への情報提供者も不承不承ながら認めている[337]。

ハンブルクの中産階級の主婦で保守的ナショナリストのルイーゼ・ゾルミッツは、部分的にユダヤ人の血を引くとされた元将校の夫と、自分たちの娘にはニュルンベルク法の下ではドイツ公民権が認められないと三五年に知らされて驚きはしたものの、ヒトラーに対する称賛を隠さなかった。「このところの出来事には完全に圧倒されている［…］。わが国の軍の再進駐、ヒトラーの偉大さ、その演説の力、この男のもつ力を思うと嬉しくてたまらない」。何年か前、「士気を喪失していた頃には

[…]、われわれはそのような行動を考えようともしなかった。総統は世界に対して繰り返し既成事実を突きつける。世界も個々人もかたずを飲んで見守っている。ヒトラーはどこに進んでいくのか。最後は、演説のクライマックスはどうなるのか。どんな大胆さ、どんな驚きが待つのか。そして攻撃に次ぐ攻撃だ。恐れることなく勇気をもって、言ったことは実行する。ひどく力づけられる[…]。それが総統の測り知れないほど深い秘密だ。[…]そして彼はいつも幸運に恵まれる」、とゾルミッツは書く。[338]

ラインラントでの驚嘆すべき出来事に続き、一九三六年三月二九日の選挙に向けて行われた「選挙」戦は、まさしくヒトラーの勝利の行進だった。移動する先々で、群衆が熱狂してヒトラーを歓迎した。ゲッベルスはこれまでで最大規模の宣伝を繰り広げ、活動家の一団が辺鄙な片田舎にまで総統の偉業を喧伝して回った。「独裁者は国民に対して、自らが望む政策を果たすことへの責任を負うことになる」と亡命社会民主党指導部の情報提供者は総括した。[339] 九八・八パーセントが「リスト、すなわち総統に賛成」という「選挙」結果を得たことで、ヒトラーは望んでいたものを手にした。すなわち、ドイツ国民の圧倒的多数が一致団結してヒトラーを支持したのである。国内外を問わず、ヒトラーの立場は強く支持された。[340] 公式発表の数値は、幾分かは「不正」によるものであり、それ以上に恐怖と脅迫によるものではあったが、ヒトラーに対する圧倒的支持は否定しえない。ヒトラーの絶大な人気はラインラントでの軍事行動によってさらに高まっていた。[341] 秋から冬にかけて長く続いた問題への懸念、不平不満は（しばしの間のこととはいえ）突如として霧散した。

ラインラントでの勝利はヒトラーに重大な影響を残した。オットー・ディートリヒ、ヴィーデマンをはじめとする人びとが気づいた変化が生じたのはほぼこの時期である。これ以降、ヒトラーはそれまで以上に自らの無謬性を信じるようになった。言葉遣いには、疑似宗教的な象徴的表現も混ざりこむようになった。

数カ月後、ニュルンベルクで開催された「名誉の党大会」での党幹部に向けた演説には、新約聖書からとられた救世主を思わせる言い回しが散りばめられていた。「われわれは、今改めて、われわれをひとつにした奇跡をなんと深く感じることか！　諸君はその耳に語りかける者の声を聞き、その声は諸君を目覚めさせ、諸君はその声に従った。[…]今、われわれはここで出会い、この集いに感嘆の思いを抱く。すべての諸君に私が見えるわけではなく、私にも諸君ひとりひとりが見えるわけではない。しかし、私は諸君を感じ、諸君は私を感じている！　わが国民への信頼によって、われわれ小さき者は偉大になった。[…]諸君は、ここでその感情を体験するために、生存をめぐる日々の戦い、ドイツと国民のための闘争という小さな世界から出てきたのだ。今、われわれはともにあり、われわれは国民への信頼とともにあり、国民への信頼はわれわれとともにある。今、われわれこそがドイツなのだ！」[342]。二日後、まだ救世主気分のまま、ヒトラーは自分とドイツ国民をひとつにする神秘的な運命を感じていた。「何千万もの人びとのなかから［……］諸君が私を見出したことは、この時代における奇跡だ。そして、私が諸君を見出したこと、それこそがドイツの幸運だ！」[343]

一九二〇年代初頭以来、支持者はヒトラーに偉大さの自覚を植えつけた。ヒトラーは、その纏わされたオーラを利用した。ヒトラーははじめから強烈なうぬぼれ屋だったが、このせいでそれがますますひどくなった。以来、三三年以降の国内での成功、そしてとくに外交における成功は総統の天賦の才によるものだと多くの人びとが見なすようになっていくなか、数々の成功はヒトラーのこの傾向をひどく助長することになった。ヒトラーは誇大な称賛を無限に受け入れた。ヒトラー自身が、総統崇拝の第一の信者になったのである。災厄を招く傲慢《ヒュブリス》に陥ることは避けられなかった。その傲慢《ヒュブリス》に対して、三六年には受けるべき天罰《ネメシス》が下りはじめる。

ドイツは手中に収めた。しかしそれだけでは十分ではなかった。領土拡張の誘惑が手招いていた。世界平和はすぐにも脅かされることになる。何ごとも自分の予見通りになる、自分は神に導かれている、とヒトラーは考えるようになった。「あたかも夢遊病者が何かに導かれて進むかのように、私は天意が進めと命ずる道を悠然と歩む」。これは、一九三六年三月一四日にミュンヒェンで行われた大集会でヒトラーが述べた言葉である[344]。ヒトラーは体制内の全権力集団をほぼ完全に支配し、不可侵な立場に立ち、絶大な人気を誇っていた。天意が導く道が奈落へと続くものだと理解するだけの先見の明のある者はほとんどいなかった。

（下巻へつづく）

訳者略歴
川喜田敦子（かわきた・あつこ）
中央大学文学部教授
ドイツ現代史
主要著書・論文
『ドイツの歴史教育』（白水社）、『図説ドイツの歴史』（共著、河出書房新社）、『〈境界〉の今を生きる』（共編著、東信堂）、「二〇世紀ヨーロッパ史の中の東欧の住民移動」『歴史評論』第六六五号、「第二次世界大戦後の西ドイツ賠償問題とヨーロッパ地域秩序形成」『名古屋大学法政論集』第二六〇号

監修者略歴
石田勇治（いしだ・ゆうじ）
東京大学大学院総合文化研究科教授
ドイツ近現代史、ジェノサイド研究

ヒトラー　上　1889-1936　傲慢

二〇一六年　一 月二〇日　第一刷発行
二〇二三年　七 月　五 日　第八刷発行

著　者　イアン・カーショー
訳　者©　川喜田敦子
装丁者　日下充典
発行者　岩堀雅己
印刷所　株式会社理想社
発行所　株式会社白水社

東京都千代田区神田小川町三の二四
電話　営業部〇三（三二九一）七八一一
　　　編集部〇三（三二九一）七八二一
振替　〇〇一九〇-五-三三二二八
郵便番号　一〇一-〇〇五二
www.hakusuisha.co.jp
乱丁・落丁本は、送料小社負担にてお取り替えいたします。

誠製本株式会社

ISBN978-4-560-08448-9

Printed in Japan

主要人名索引

(「アドルフ・ヒトラー」は割愛しました。)

ア行

アーダム、ヴィルヘルム　Adam, Wilhelm　543
アイケ、テオドア　Eicke, Theodor　536
アイスナー、クルト　Eisner, Kurt　135, 137–138, 144, 237
アイヒマン、アドルフ　Eichmann, Adolf　561
アウグスト・ヴィルヘルム（皇子）　August Wilhelm　411, 439
アドラー、ヴィクトア　Adler, Viktor　64
アマン、マックス　Amann, Max　118, 121, 184, 204, 212, 232, 237, 251–252, 267–268, 292, 297, 318, 327, 534
アルコ=ファーライ、グラーフ・アントン・フォン　Arco-Valley, Graf Anton von　138, 237
アルテンベルク、ヤーコプ　Altenberg, Jacob　85, 92
イーデン、アンソニー　Eden, Anthony　526, 568, 572–575
ヴァーグナー、アドルフ　Wagner, Adolf　483, 533, 582, 584–585, 588
ヴァーグナー、ウィニフレート　Wagner, Winifred　215, 337, 377
ヴァーグナー、オットー　Wagner, Otto　58, 68
ヴァーグナー、ゲアハルト　Wagner, Gerhard　584, 586–588, 591–592
ヴァーグナー、リヒャルト　Wagner, Richard　48–49, 67–68, 70–71, 83, 210, 213, 215, 277–278, 287
ヴァーゲナー、オットー　Wagener, Otto　367, 370, 374, 422
ヴァールムント、アドルフ　Wahrmund, Adolf　176
ヴァイツゼッカー、エルンスト・フォン　Weizsäcker, Ernst von　564
ヴィーデマン、フリッツ　Wiedemann, Fritz　118, 554–556, 580, 597, 610
ヴィットーリオ・エマヌエーレ三世　Vittorio Emmanuel III　206
ヴィリケンス、ヴェルナー　Willikens, Werner　548–550, 552
ウィルソン、ウッドロー　Wilson, Woodrow　136
ヴィルト、ヨーゼフ　Wirth, Joseph　185
ヴィルヘルム二世　Wilhelm II　103, 105, 501, 512
ヴェーバー、クリスティアン　Weber, Christian　184, 204
ヴェーバー、フリードリヒ　Weber, Friedrich　230, 242, 262–264
ヴェスタルプ、クーノ・フリードリヒ・ヴィクトア・グラーフ・フォン　Westarp, Kuno Friedrich Viktor Graf von　349
ヴェステンキルヒナー、イグナツ　Westenkirchner, Ignaz　122
ヴェッセル、ホルスト　Wessel, Horst　351, 500
ヴェルス、オットー　Wels, Otto　488, 496–497
ヴルム、テオフィル　Wurm, Theophil　454, 594–595
ヴレ、ラインホルト　Wulle, Reinhold　253, 288–289, 324
エアハルト、ヘルマン　Ehrhardt, Hermann　197–198, 200
エーハルト、ハンス　Ehard, Hans　240–241
エーベルト、フリードリヒ　Ebert, Friedrich　128, 137, 200, 202, 293–294, 349
エグルホーファー、ルドルフ　Eglhofer, Rudolf　139
エシェリヒ、ゲオルク　Escherich, Georg　222
エッカート、ディートリヒ　Eckart, Dietrich　151, 164–165, 179–181, 184, 186, 189–190, 202, 204, 209, 215, 225, 236, 273, 309
エッサー、ヘルマン　Esser, Hermann　144, 159, 181, 184, 190, 204, 206, 232, 234, 251–253, 258–260, 289–290, 292–293, 295–302
エップ、リッター・フォン　Epp, Ritter von　145, 181, 198–200, 219, 330–331, 490
エルツ=リューベナハ、パウル・フォン　Eltz-Rübenach, Paul von　444, 473
エルツベルガー、マティアス　Erzberger, Matthias　171, 200
エンゲルス、フリードリヒ　Engels, Friedrich

111
オシエツキー、カール・フォン　Ossietzky, Carl von　357, 481, 502
オット、オイゲン　Ott, Eugen　419, 464, 480

カ行

カース、ルートヴィヒ　Kaas, Ludwig　460, 498
カール、グスタフ・リッター・フォン　Kahr, Gustav Ritter von　184–185, 195, 197, 200–203, 210–211, 219, 228–235, 237–242
ガイル、ヴィルヘルム・フォン　Gayl, Wilhelm von　397, 408
カウフマン、カール　Kaufmann, Karl　302–303, 557
カップ、ヴォルフガング　Kapp, Wolfgang　147, 156, 179, 181, 184–185, 197, 216, 221, 302, 394
カラヤン、ヘルベルト・フォン　Karajan, Herbert von　500
カンディンスキー、ヴァシリー　Kandinsky, Wassily　109, 284
ギースラー、ヘルマン　Giesler, Hermann　42
ギュット、アルトゥア　Gütt, Arthur　506
ギュルトナー、フランツ　Gürtner, Franz　224, 288, 397, 495, 521, 537–538, 559, 583, 585, 589
キルドルフ、エミール　Kirdorf, Emil　327, 337, 383
グートマン、フーゴ　Gutmann, Hugo　123
クーノ、ヴィルヘルム　Cuno, Wilhelm　217, 221, 226, 383
クーベ、ヴィルヘルム　Kube, Wilhelm　324, 579
グストロフ、ヴィルヘルム　Gustloff, Wilhelm　592–593
クニリング、オイゲン・フォン　Knilling, Eugen von　223–224, 228
クビツェク、アウグスト　Kubizek, August　47–49, 51–52, 58, 65–77, 85, 88, 90–92
クラース、ハインリヒ　Claß, Heinrich（'Daniel Frymann'）　107, 127, 274, 337
グラーフ、ウルリヒ　Graf, Ulrich　184, 187, 204, 232, 235
クライスト、ハインリヒ・フォン　Kleist, Heinrich von　127
グライナー、ヨーゼフ　Greiner, Josef　58, 79, 87, 93
クラウゼヴィッツ、カール・フォン　Clausewitz, Karl von　183
クラウゼナー、エーリヒ　Klausener, Erich　535, 540
グランデル、ゴットフリート　Grandel, Gottfried　181
クリーベル、ヘルマン　Kriebel, Hermann　220, 225–226, 229–231, 235, 242, 262–264
グリム、ハンス　Grimm, Hans　275
クリムト、グスタフ　Klimt, Gustav　58, 68, 73
クリンチュ、ヨハン　Klintzsch, Johann　184, 200
クルップ・フォン・ボーレン・ウント・ハルバッハ、グスタフ　Krupp von Bohlen und Halbach, Gustav　468–469
クレー、パウル　Klee, Paul　109, 284
グレーナー、ヴィルヘルム　Groener, Wilhelm　349, 386, 390–392
グレーフェ、アルブレヒト　Graefe, Albrecht　252–255, 258–260, 289–290, 324
クレープス、アルベルト　Krebs, Albert　307, 365, 370–371
グローエ、ヨーゼフ　Grohé, Josef　579–580
クロージク、ルッツ・グラーフ・シュヴェリーン・フォン　Krosigk, Lutz Graf Schwerin von　396–397, 444, 459
グロス、ジョージ　Grosz, Georg　284
ゲーリング、ヘルマン　Göring, Hermann　209, 231–233, 237, 330, 353, 376, 382–383, 385, 395–396, 406, 408–410, 422–423, 439, 441–445, 461, 465, 468–469, 476–481, 485, 489–492, 505, 520, 522, 525, 531–532, 534–537, 543, 559, 565, 569, 590, 599, 604–606
ゲッベルス、ヨーゼフ　Goebbels, Joseph　9, 297–303, 305, 310, 316, 322–324, 330, 333, 350–355, 359, 363, 365, 373, 375–376, 386–392, 394–399, 408, 410–411, 413–415, 417–418, 420, 422–423, 425–426, 438–439, 441, 444–446, 455, 474–475, 478–480, 482, 485, 487, 493, 496, 499, 502–503, 505–506, 522, 527, 529–530, 532–534, 540, 553, 566, 574–575, 579, 582, 584, 586, 591–592, 595, 599, 605–608, 610
ケプラー、ヴィルヘルム　Keppler, Wilhelm　416, 436–438
ケムニッツ、マティルデ・フォン　Kemnitz, Mathilde von　295
ゲムリヒ、アドルフ　Gemlich, Adolf　150, 159, 177–178

ケラーバウアー、ヴァルター　Kellerbauer, Walther　205
ゲルデラー、カール　Goerdeler, Carl　597–600
ケルル、ハンス　Kerrl, Hanns　495
ゲレーケ、ギュンター　Gereke, Günther　465–466
コルスヴァント＝クンツォフ、ヴァルター・フォン　Corswant-Cuntzow, Walther von　289

サ行

ザイサー、ハンス・リッター・フォン　Seißer, Hans Ritter von　229–230, 232–235, 238–240, 242
ザイペル、イグナツ　Seipel, Ignaz　264
サイモン、ジョン　Simon, John　568–569, 572–573, 575–577
シーラッハ、バルドゥア・フォン　Schirach, Baldur von　334–335, 377, 410, 431
シェーネラー、ゲオルク・リッター・フォン　Schönerer, Georg Ritter von　45, 61–62, 64, 72–73, 78, 80, 83, 87, 89, 91–92, 94, 161
シェーファー、フリッツ　Schäffer, Fritz　416
シェーンベルク、アルノルト　Schönberg, Arnold　58, 284, 500
シックルグルーバー、アロイス　Schicklgruber, Alois（Aloys）：アロイス・ヒトラー参照
シックルグルーバー、マリア・アンナ　Schicklgruber, Maria Anna：マリア・アンナ・ヒートラー参照
シックルグルーバー、ヨハン（ヒトラーの父方の曽祖父）　Schicklgruber, Johann　31
シャイラー、ウィリアム　Shirer, William　571, 607
シャウプ、ユリウス　Schaub, Julius　306, 368, 504
シャハト、ヒャルマー　Schacht, Hjalmar　382–383, 396, 416, 467, 469–471, 473, 493–494, 505, 538, 557, 582–586, 591, 596, 598–600
シャラー、エドゥアルト　Scharrer, Eduard　273–275
シュヴァルツ、フランツ・クサヴァー　Schwarz, Franz Xaver　327, 378, 385
シューマッハー、クルト　Schumacher, Kurt　453
シュシュニック、クルト　Schuschnigg, Kurt　543
シュターペル、ヴィルヘルム　Stapel, Wilhelm　162, 207
シュタイン、フランツ　Stein, Franz　87
シュテングライン、ルートヴィヒ　Stenglein, Ludwig　262–263, 265
シュテンネス、ヴァルター　Stennes, Walter　373–377, 420, 425
シュテンプフレ、ベルンハルト　Stempfle, Bernhard　268, 535
シュトゥッカート、ヴィルヘルム　Stuckart, Wilhelm　587, 591
シュトライヒャー、ユリウス　Streicher, Julius　204–205, 235, 237, 251–252, 258–260, 289–290, 293, 296–299, 301, 303, 492–494, 579, 583–584
シュトラウス、リヒャルト　Strauß, Richard　500
シュトラッサー、オットー　Strasser, Otto　267–268, 337, 350–354, 361, 363, 372, 376, 378, 420–421, 535, 565
シュトラッサー、グレゴア　Strasser, Gregor　252, 258–260, 267, 282, 286, 292, 296–297, 299–303, 310, 321, 323, 326–328, 330–331, 347, 350, 352, 354, 365, 367–369, 385, 395–396, 407–408, 419–427, 439, 523, 535, 538, 557
シュトレーゼマン、グスタフ　Stresemann, Gustav　226–227, 283, 333–334, 336, 338, 348–349, 510–511, 513
シュナイトフーバー、アウグスト　Schneidhuber, August　373, 533
シュニッツラー、アルトゥア　Schnitzler, Arthur　58, 73
シュペーア、アルベルト　Speer, Albert　20, 91, 553–554, 588
シュペングラー、オスヴァルト　Spengler, Oswald　183, 420
シュミット、エルンスト　Schmidt, Ernst　135, 141–142, 145
シュミット、カール　Schmitt, Carl　408, 500, 540
シュミット、パウル　Schmidt, Paul　572–574, 576–577
シュライヒャー、クルト・フォン　Schleicher, Kurt von　349, 385, 391–393, 395–398, 403–405, 407–409, 418–423, 425–426, 436–445, 447, 454, 460, 465, 471, 525, 532, 535, 538, 540–541

シュレーダー、クルト・フォン　Schröder, Kurt von　416, 436–438
シュレック、ユリウス　Schreck, Julius　144, 504, 533
シュンペーター、ヨーゼフ　Schumpeter, Joseph　333
ショイブナー=リヒター、マックス・エルヴィン・フォン　Scheubner-Richter, Max Erwin von　184, 216, 225–226, 229, 231, 237, 251, 273
ショーペンハウアー、アルトゥア　Schopenhauer, Arthur　118
ショット、ゲオルク　Schott, Georg　248–250
スターリン、ヨシフ　Stalin, Josef　10, 17, 21, 23, 553
ゼークト、ハンス・フォン　Seeckt, Hans von　220–221, 230
ゼーフェリング、カール　Severing, Carl　394
ゼボッテンドルフ、ルドルフ・フォン　Sebottendorf, Rudolf von　164
ゼルテ、フランツ　Seldte, Franz　337, 381, 444, 453, 470, 495, 557
ゾルミッツ、ルイーゼ　Solmitz, Luise　340, 389, 415, 453, 475–476, 481, 609–610

タ行

ダレ、リヒャルト・ヴァルター　Darré, Richard Walther　358, 396, 527, 553, 596–600
チェンバレン、ヒューストン・ステュアート　Chamberlain, Houston Stewart　106, 161, 176, 214, 266
チャーチル、ウィンストン・S　Churchill, Winston S.　10, 17, 23, 57
ツァクレース、マリア　Zakreys,Maria　65–66, 72, 76
ツヴァイク、シュテファン　Zweig, Stefan　237
ツェーラー、ハンス　Zehrer, Hans　421
ツェトキン、クララ　Zetkin, Clara　408
ディートリヒ、オットー　Dietrich, Otto　384, 405, 505, 533, 551, 554, 558, 562, 610
ディートリヒ、ゼップ　Dietrich, Sepp　144, 368, 531–534, 556
ディールス、ルドルフ　Diels, Rudolf　479–480, 520, 525
ディクス、オットー　Dix, Otto　284
ディッケル、オットー　Dickel, Otto　183, 188–190
ティッセン、フリッツ　Thyssen Fritz　216, 337, 382–385, 416
ディルクセン、ヘルベルト・フォン　Dirksen, Herbert von　564
ティルピッツ、アルフレート・フォン　Tirpitz, Alfred von　575
ディングフェルダー、ヨハネス　Dingfelder, Johannes　170–172
ディンター、アルトゥア　Dinter, Artur　260, 290, 293, 325–326
デーブリーン、アルフレート　Döblin, Alfred　502
テールマン、エルンスト　Thälmann, Ernst　295, 360, 387–388
デュスターベルク、テオドア　Duesterberg, Theodor　337, 387–388, 444
テンナー、フリードリヒ　Tenner, Friedrich　262
トゥホルスキー、クルト　Tucholsky, Kurt　502
ドーズ、チャールズ・G　Dawes, Charles G.　238, 283, 336, 356
トット、フリッツ　Todt, Fritz　472–473, 559
トラー、エルンスト　Toller, Ernst　125, 140, 144, 361–362
トライチュケ、ハインリヒ・フォン　Treitschke, Heinrich von　103, 266
トルグラー、エルンスト　Torgler, Ernst　409
ドルフース、エンゲルベルト　Dollfuß, Engelbert　542–543, 602
ドレクスラー、アントン　Drexler, Anton　134, 151–152, 163–171, 181–182, 186–187, 190, 208, 232, 239, 292
トレルチ、エルンスト　Troeltsch, Ernst　197
トロツキー、レフ　Trotsky, Leon　111

ナ行

ナイトハルト、ゲオルク　Neithardt, Georg　242–243
ナドルニー、ルドルフ　Nadolny, Rudolf　510, 564
ナポレオン、ボナパルト　Napoleon Bonaparte　23, 157, 208, 211
ニーチェ、フリードリヒ・ヴィルヘルム

Nietzsche, Friedrich Wilhelm　69, 266
ニーメラー、マルティン　Niemöller, Martin　509
ノイマン、ヨーゼフ　Neumann, Josef　83–84, 92, 95–96
ノイラート、コンスタンティン・フォン　Neurath, Konstantin von　397, 418, 443–444, 493, 497, 505, 510–513, 563, 570, 587, 589, 600–601, 603–606
ノスケ、グスタフ　Noske, Gustav　196

ハ行

ハーゼ、ルドルフ　Haase, Ludolf　253, 255–257, 267, 279, 298
ハーニッシュ、ラインホルト　Hanisch, Reinhold　56, 58, 72–73, 80–86, 92–93, 95–96
パーペン、フランツ・フォン　Papen, Franz von　384–386, 392–394, 396–399, 402–410, 412, 414–416, 418–420, 424, 436–448, 452–453, 455, 459–461, 471, 476–480, 483–485, 490, 498, 506–507, 514, 520, 528–530, 532, 535, 537, 543
バイシュラーク、ルドルフ　Beyschlag, Rudolf　148–151
ハイデガー、マルティン　Heidegger, Martin　500
ハイデン、コンラート　Heiden, Konrad　144
ハイドリヒ、ラインハルト　Heydrich, Reinhard　483–484, 520, 525, 531, 535, 559–560
ハイネ、ハインリヒ　Heine, Heinrich　93, 502
ハイネス、エドムント　Heines, Edmund　406, 533, 535, 540
ハウスホーファー、カール　Haushofer, Karl　185, 275
ハウプトマン、ゲアハルト　Hauptmann, Gerhart　500
ハッセル、ウルリヒ・フォン　Hassell, Ulrich von　600–601, 603–605
バッハ、イジドーア　Bach, Isidor　171
ハビヒト、テオ　Habicht, Theo　542–543
ハマーシュタイン=エクヴォルト、クルト・フォン　Hammerstein-Equord, Kurt von　445, 462–463, 540
ハラー、カール　Harrer, Karl　164–166, 168–169
バラーシュテット、オットー　Ballerstedt, Otto　201
バルト、カール　Barth, Karl　454
ハンフシュテングル、エルンスト・「プッツィ」　Hanfstaengl, Ernst, 'Putzi'　184, 209, 213–216, 232, 237, 241, 268, 287, 308–309, 363, 365–366, 368–369, 395, 422, 478, 504–505
ハンフシュテングル、ヘレーナ　Hanfstaengl, Helena　213, 308, 377
ピアソン、アルフレッド・J　Pearson, Alfred J.　538
ヒートラー（ヒュットラー）、ヨハン・ネポムク　Hiedler (Hüttler), Johann Nepomuk　31–35, 37, 39
ヒートラー、エファ・マリー（ヨハン・ネポムクの妻）　Hiedler, Eva Marie　34
ヒートラー、マリア・アンナ（旧姓シックルグルーバー、ヒトラーの父方の祖母）　Hiedler (Schicklgruber), Maria Anna　31, 33–34, 36
ヒートラー、ヨハン・ゲオルク　Hiedler, Johann Georg　31–35, 37
ピウスツキ、ユゼフ　Piłsudski, Józef　512–513, 563
ビスマルク、オットー・フォン　Bismarck, Otto von　23, 57, 61, 101, 103–105, 196, 206–207, 210, 266, 316, 485, 490, 497, 504–505
ピッティンガー、オットー　Pittinger, Otto　198, 203, 220
ヒトラー、アロイス（ヒトラーの異母兄）　Hitler, Alois　33, 36, 41–43
ヒトラー、アロイス（ヒトラーの父）　Hitler, Alois (Aloys)　31–43, 45–47, 90–91
ヒトラー、アンゲラ（後にラウバル、ハミッチュ、ヒトラーの異母姉）　Hitler (Raubal, Hammitzsch), Angela　33, 38–39, 41, 52, 65, 85, 310, 379
ヒトラー、エドムント（ヒトラーの弟）　Hitler, Edmund　33, 39–43
ヒトラー、クララ（旧姓ペルツル、ヒトラーの母）　Hitler (Pölzl), Klara　33, 37–41, 46–47, 50–51
ヒトラー、パウラ（後にヴォルフ、ヒトラーの妹）　Hitler (Wolf), Paula　33, 39–40, 42, 47, 50–52, 65, 69, 85
ヒトラー、フランツィスカ（「ファンニ」、旧姓マッツェルベルガー）　Hitler (Matzelberger), Franziska ('Fanni')　33, 38
ヒムラー、ハインリヒ　Himmler, Heinrich　25, 78, 328, 336, 416, 425, 438, 440, 483–485, 498, 504–

505, 520, 525, 531–532, 535–536, 559–560
ビューロ、ベルンハルト・ヴィルヘルム・フォン Bülow, Bernhard Wilhelm von 512–513, 562–564
ヒンデンブルク、オスカー・フォン Hindenburg, Oskar von 441, 445, 532
ヒンデンブルク、パウル・フォン・ベネッケンドルフ・ウント・フォン Hindenburg, Paul von Beneckendorff und von 172, 349, 382–384, 386–388, 390–393, 395–396, 398–399, 402–405, 407–410, 416–420, 423, 429, 432, 436, 438–447, 450, 453, 455–458, 460–461, 471, 477, 482, 484–486, 495, 509, 519–521, 524, 528, 530, 538, 541, 543–545, 549, 551
ファーレン、テオドア Vahlen, Theodor 298
ファウルハーバー、ミヒャエル・フォン Faulhaber, Michael von 294, 452, 508
ファン・デア・ルッベ、マリヌス Van der Lubbe, Marinus 478–479
フィップス、エリック Phipps, Eric 570, 574
フーゲンベルク、アルフレート Hugenberg, Alfred 274, 337, 361, 381–382, 387, 402, 440, 442–444, 446, 453–454, 459–460, 468, 470–471, 497–498
ブーフ、ヴァルター Buch, Walter 252, 353
フェーダー、ゴットフリート Feder, Gottfried 144, 148, 150–151, 164, 170, 178, 180, 182, 184, 187, 209, 293, 300–301, 325, 330, 554
フォプケ、ヘルマン Fobke, Hermann 256–260, 279, 299
フォルク、アーダルベルト Volck, Adalbert 255, 258, 298
プフェファー・フォン・ザロモン、フランツ Pfeffer von Salomon, Franz 302–303, 323, 366–367, 370–371, 373–374
プフォルテン、テオドア・フォン・デア Pfordten, Theodor von der 231, 243
ブラウン、エファ Braun, Eva 24, 310, 378, 380, 412, 555
ブラウン、オットー Braun, Otto 394
フランク、ハンス Frank, Hans 35–37, 164, 173, 236, 266, 268, 363–364, 380, 422, 483, 495, 608–609
プランク、マックス Planck, Max 398, 409
フランコ、フランシスコ Franco, Francisco 552, 561
フランソワ=ポンセ、アンドレ François-Poncet, André 532, 535, 566, 570, 572
フランツ・フェルディナント（オーストリア皇太子） Franz Ferdinand 114–115
フランツ・ヨーゼフ（オーストリア皇帝） Franz Joseph 59, 60, 63–64
ブラントマイアー、バルタザール Brandmayer, Balthasar 120–122, 128, 144
フリードリヒ・ヴィルヘルム１世 Friedrich Wilhelm 62, 104, 485
フリードリヒ一世（バルバロッサ） Friedrich I., Barbarossa 104, 309
フリードリヒ二世（大王） Friedrich II. 110, 183, 210, 278, 316, 369, 482
フリック、ヴィルヘルム Frick, Wilhelm 234, 237, 242, 293, 330, 345, 365, 395–396, 398, 409, 439, 441, 444, 473, 479–480, 485, 487, 490, 492, 495, 522, 538, 559–560, 582–584, 588–589, 592, 598, 606
フリッチュ、ヴェルナー・フォン Fritsch, Werner von 464, 531, 544, 549, 568–570, 604–606
フリッチュ、テオドア Fritsch, Theodor 106, 161, 176
ブリューニング、ハインリヒ Brüning, Heinrich 348–350, 353, 361, 364–365, 375, 381, 383–384, 386, 390–392, 403, 407, 417, 429, 431, 440, 470, 488, 511
ブリュックナー、ヴィルヘルム Brückner, Wilhelm 228, 411, 504, 533
ブルックマン、エルザ Bruckmann, Elsa 214
ブルックマン、フーゴ Bruckmann, Hugo 214, 308, 327
フルトヴェングラー、ヴィルヘルム Furtwängler, Wilhelm 500
ブレドウ、フェルディナント・フォン Bredow, Fedinand von 535, 538
ブレヒト、ベルトルト Brecht, Bertolt 284, 502
フロイト、ジークムント Freud, Sigmund 59, 502
ブロッホ、エドゥアルト Bloch, Eduard 39–40, 50–51, 92, 130
ブロンベルク、ヴェルナー・フォン Blomberg, Werner von 443, 445, 459, 462, 464–467, 480, 485, 510–513, 523–524, 528, 530–531, 537, 540, 544–545, 549, 568–571, 600, 604–606, 609
フンク、ヴァルター Funk, Walther 383, 385, 505

フンク、ヴィルヘルム　Funk, Wilhelm　287, 554
ヘーヴル、ヴァルター　Hewel, Walter　321
ペーターゼン、ユリウス　Petersen, Julius　501
ベートーヴェン、ルートヴィヒ・ファン　Beethoven, Ludwig van　70, 332, 571
ペーナー、エルンスト　Pöhner, Ernst　212, 232–234, 237, 242, 287–288
ベーム、マックス・ヒルデベルト　Boehm, Max Hildebert　162
ヘス、ルドルフ　Heß, Rudolf　145, 156, 164, 184–185, 191, 221, 232, 234, 251, 254, 268, 275, 277, 279, 288, 306, 310, 321, 425–426, 438, 522, 526, 530, 534, 556–558, 565, 580, 582, 584, 591–592, 606
ベスト、ヴェルナー　Best, Werner　391, 560
ベック、ルートヴィヒ　Beck, Ludwig　464, 531, 545, 567–570, 604
ヘッシュ、レオポルト・フォン　Hoesch, Leopold von　578, 609
ヘップ、エルンスト　Hepp, Ernst　118, 120
ヘニング、ヴィルヘルム　Henning, Wilhelm　253, 289
ベヒシュタイン、カール　Bechstein, Carl　215, 310, 326
ベヒシュタイン、ヘレーネ　Bechstein, Helene　214
ヘルツル、テオドア　Herzl, Theodor　60
ペルツル、ヨハン・バプティスト（ヒトラーの母方の祖父）　Pölzl, Johann Baptist　33, 37
ペルツル、ヨハンナ（ヒトラーの母方の叔母）　Pölzl, Johanna　33, 39, 47, 50, 52, 64–65, 82, 84–85
ペルツル、ヨハンナ（旧姓ヒュットラー、ヒトラーの母方の祖母）　Pölzl（Hüttler）, Johanna　33, 37
ヘルト、ハインリヒ　Held, Heinrich　239, 288, 290
ベルトラム、エルンスト　Bertram, Ernst　207, 501
ヘルドルフ、ヴォルフ・ハインリヒ・グラーフ・フォン　Helldorf, Wolf Heinrich Graf von　397, 582
ベルンシュタイン、エドゥアルト　Bernstein, Eduard　64
ベン、ゴットフリート　Benn, Gottfried　500
ボアマン、マルティン　Bormann, Martin　526, 580
ホイスラー、ルドルフ　Häusler, Rudolf　97, 110–111
ボウラー、フィリップ　Bouhler, Philip　297, 327
ボーゼ、ヘルベルト・フォン　Bose, Herbert von　528–529, 532, 535
ボーデルシュヴィング、フリードリヒ・フォン　Bodelschwingh, Friedrich von　509
ホーニッシュ、カール　Honisch, Karl　58, 86, 93
ポーピッツ、ヨハネス　Popitz, Johannes　585
ホスバッハ、フリードリヒ　Hoßbach, Friedrich　569–570
ポップ、ヨーゼフ　Popp, Joseph　110, 118
ポップ夫人　Popp, Frau　110–111
ホフマン、ハインリヒ　Hoffmann, Heinrich　111, 116–117, 159, 184, 232, 265, 310, 368, 377–378, 411, 504
ホフマンスタール、フーゴ・フォン　Hofmannsthal, Hugo von　58, 502

マ行

マーラー、グスタフ　Mahler, Gustav　49, 58
マイ、カール　May, Karl　43–44, 411
マイザー、ハンス　Meiser, Hans　594–595
マイスナー、オットー　Meissner, Otto　386, 398, 417–419, 441, 445–446, 460, 487, 530, 537, 554
マイヤー、カール　Mayr, Karl　147–148, 150–153, 156, 179–181, 184, 216
マシュマン、メリタ　Maschmann, Melita　455
マッツェルベルガー、フランツィスカ　Matzelberger, Franziska：フランツィスカ・ヒトラー参照
マルクス、カール　Marx, Karl　19, 59–60, 62, 64, 82, 88–90, 104–106, 111–112, 130–131, 141, 160–161, 170, 173, 175–176, 179, 183, 198, 216, 218, 231, 245, 254, 261, 266, 271, 290–292, 295, 313–317, 325, 328, 331–332, 342–344, 346–347, 349, 352, 358, 376, 395, 397, 403, 406, 413, 415, 430, 436, 447, 457–458, 460–465, 468–469, 471, 473–475, 477, 484, 491, 496, 498, 588
マン、トーマス　Mann, Thomas　109, 362, 501–502
マン、ハインリヒ　Mann, Heinrich　109

ミューザム、エーリヒ　Mühsam, Erich　140, 361
ミュラー、アドルフ　Müller, Adolf　265, 268, 380
ミュラー、カール・アレクサンダー・フォン　Müller, Karl Alexander von　148, 179, 220, 233
ミュラー、ヘルマン　Müller, Hermann　333, 338, 348–349
ミュラー、ルートヴィヒ　Müller, Ludwig　508–509, 594
ムッソリーニ、ベニート　Mussolini, Benito　17, 157, 205–206, 208, 210, 212, 230, 308, 316, 318, 369, 530, 542, 552, 561, 572, 575, 577–578, 602–603
メディクス、フランツ・アルベルト　Medicus, Franz Albrecht　587–588
メラー・ファン・デン・ブルック、アルトゥア　Moeller van den Bruck, Arthur　162, 194, 195, 207
モーリス、エミール　Maurice, Emil　268, 310–311, 379, 504

ヤ行

ヤレス、カール　Jarres, Karl　294
ヤング、オーウェン・D　Young, Owen, D.　283–284, 318, 336–337, 344, 346, 349, 351, 356, 381–382, 420, 435
ユンガー、エルンスト　Jünger, Ernst　207
ユング、エドガー　Jung, Edgar　162, 528, 529, 532, 535

ラ行

ラーテナウ、ヴァルター　Rathenau, Walter　200
ライ、ロベルト　Ley, Robert　301, 423–425, 496, 556–558
ライター、マリア（「ミミ」）　Reiter, Maria（‘Mimi’）　310–312, 378
ライヒェナウ、ヴァルター・フォン　Reichenau, Walther von　465, 523, 531, 541, 544
ライボルト、オットー　Leybold, Otto　261, 264–265
ラヴァル、ピエール　Laval, Pierre　578, 603
ラウテンバッハ、ヴィルヘルム　Lautenbach, Wilhelm　470–471
ラウバル、アンゲラ（「ゲリ」、ヒトラーの姪）　Raubal, Angela（‘Geli’）　33, 310–311, 377–381, 412, 504
ラウバル、レオ　Raubal, Leo　33, 52
ラガルド、ポール・ド　Lagarde, Paul de　177
ラッツェル、フリードリヒ　Ratzel, Friedrich　275
ラマース、ハンス・ハインリヒ　Lammers, Hans Heinrich　505, 553–554, 578
ランケ、レオポルト・フォン　Ranke, Leopold von　266
ランツ、アドルフ　Lanz, Adolf　78–80
リーフェンシュタール、レニ　Riefenstahl, Leni　546
リープクネヒト、カール　Liebknecht, Karl　137, 478, 481
リスト、グイド・フォン　List, Guido von　78
リスト、ユリウス　List, Julius　117–118, 122–124, 148, 369
リッパート、ミヒャエル　Lippert, Michael　536
リッベントロップ、ヨアヒム・フォン　Ribbentrop, Joachim von　321, 404, 439–443, 445, 576–577, 604–605
リプスキー、ユゼフ　Lipski, Josef　564
リュデッケ、クルト　Lüdecke, Kurt　212–213, 215, 254, 257, 291–292, 410–411
ル・ボン、ギュスターヴ　Le Bon, Gustave　182
ルーデンドルフ、エーリヒ・フォン　Ludendorff, Erich von　172, 212, 216, 221, 225–226, 229–231, 233–237, 239, 241–242, 244–245, 253–255, 257–260, 273, 277, 288–290, 292–295, 323, 335, 402, 450, 521
ルートヴィヒ・フェルディナント（バイエルン王子）　Ludwig Ferdinand　225
ルートヴィヒ一世（バイエルン国王）　Ludwig I　109
ルートヴィヒ三世（バイエルン国王）　Ludwig III　117, 138
ルエーガー、カール　Lueger, Karl　59, 62–64, 83, 89, 94
ルクセンブルク、ローザ　Luxemburg, Rosa　137
ルスト、ベルンハルト　Rust, Bernhard　310, 424

ルター、マルティン　Luther, Martin　210, 278, 291, 316
ルッツェ、ヴィクトア　Lutze, Viktor　525, 531–533, 536, 540
ルプレヒト（バイエルン王子）　Rupprecht　235, 288
レヴィーネ、オイゲン　Leviné, Eugen　139–140
レヴェツォウ、マグヌス・フォン　Levetzow, Magnus von　582
レーヴェントロウ、エルンスト・グラーフ・ツー　Reventlow, Ernst Graf zu　282, 324–325, 421
レーゼナー、ベルンハルト　Lösener, Bernhard　587–588, 591
レーダー、エーリヒ　Raeder, Erich　464, 575–576, 605
レーニン、ウラジーミル・イリイチ　Lenin, Vladimir Ilyich　21, 111
レーバー、ユリウス　Leber, Julius　453
レープ、ヴィルヘルム・リッター・フォン　Leeb, Wilhelm Ritter von　464
レーマン、ユリウス・F　Lehmann, Julius F.　164, 181, 215
レーム、エルンスト　Röhm, Ernst　145, 180, 198–200, 203, 207, 217, 219–221, 223, 226, 234, 237, 242, 244, 257–258, 263, 291–292, 328, 331, 372, 374, 376–377, 397–398, 406, 422–423, 425, 440, 456, 483, 519–526, 528–529, 531–537, 540–541, 543, 545, 559, 564, 580
レフナー、ジークフリート　Löffner, Siegfried　84, 92, 96
レマルク、エーリヒ・マリア　Remarque, Erich Maria　502
レルヒェンフェルト=ケーフェリング、フーゴ・グラーフ・フォン　Lerchenfeld-Koefering, Hugo, Graf von　202–203
ロイド・ジョージ、デーヴィッド　Lloyd George, David　114
ローゼ、ヒンリヒ　Lohse, Hinrich　424
ローゼンベルク、アルフレート　Rosenberg, Alfred　164, 178, 180, 184, 204, 232, 237, 251–253, 258, 272, 292, 325, 407, 534, 569, 572, 595
ロッソウ、オットー・ヘルマン・フォン　Lossow, Otto Hermann von　219–221, 223–224, 229–235, 238–242, 245
ロビンソン、ジーモン　Robinson, Simon　92, 96

略語一覧

AdR	*Akten der Reichskanzlei*
BAK	Bundesarchiv Koblenz
Bayern	*Bayern in der NS-Zeit*, ed. Martin Broszat et al., 6 vols., Munich, 1977–83
BDC	Berlin Document Center
BHStA	Bayerisches Hauptstaatsarchiv
BVP	Bayerische Volkspartei
DAP	Deutsche Arbeiterpartei
DBFP	*Documents on British Foreign Policy, 1919–1939, 2nd Series, 1930–1937*, London, 1950–57
DBS	*Deutschland-Berichte der Sozialdemokratischen Partei Deutschlands, 1934–1940*, 7 vols., Frankfurt am Main, 1980
DDP	Deutsche Demokratische Partei
DGFP	*Documents on German Foreign Policy, 1918–1945, Series C* (*1933–1937*). *The Third Reich: First Phase*, London 1957–66
DNVP	Deutschnationale Volkspartei
Domarus	Max Domarus (ed.), *Hitler. Reden und Proklamationen 1932–1945*, 2 vols., in 4 parts, Wiesbaden, 1973
DRZW	*Das Deutsche Reich und der Zweite Weltkrieg*, 6 vols. so far published, ed. Militärgeschichtliches Forschungsamt, Stuttgart, 1979–
DVFP	Deutschvölkische Freiheitspartei
DVP	Deutsche Volkspartei
Gestapo	Geheime Staatspolizei
GS	Gendarmerie-Station
HA	NSDAP-Hauptarchiv（マイクロフィルム・コレクション．*NSDAP-Hauptarchiv. Guide to the Hoover Institution Microfilm Collection*, compiled by Grete Heinz and Agnes F. Peterson, Stanford, 1964 参照）
Hitler-Prozeß	*Der Hitler-Prozeß 1924. Wortlaut der Hauptverhandlung vor dem Volksgericht München I, Teil I*, ed. Lothar Gruchmann and Reinhard Weber, assisted by Otto Gritschneder, Munich, 1997
HMB	Halbmonatsbericht
IfZ	Institut für Zeitgeschichte, München
IML/ZPA	Institut für Marxismus-Leninismus, Zentrales Parteiarchiv
IMT	*Trial of the Major War Criminals before the International Military Tribunal*, 42 vols., Nuremberg, 1947–9
JK	Eberhard Jäckel and Axel Kuhn (eds.), *Hitler. Sämtliche Aufzeichnungen 1905–1924*, Stuttgart, 1980
JMH	*Journal of Modern History*

KPD	Kommunistische Partei Deutschlands
LB	Lagebericht
MB	Monatsbericht
MF/OF	Mittelfranken/Oberfranken
MK	Adolf Hitler, *Mein Kampf*, 876–880th reprint, Munich, 1943
MK Watt	Adolf Hitler, *Mein Kampf*, London, 1969, trans. by Ralph Manheim, with an introduction by D. C. Watt, paperback edition, London, 1973
Monologe	*Adolf Hitler: Monologe im Führerhauptquartier 1941–1944. Die Aufzeichnungen Heinrich Heims*, ed. Werner Jochmann, Hamburg, 1980
NA	National Archives, Washington
Nbg	Nürnberg
NB/OP	Niederbayern/Oberpfalz
NCA	*Nazi Conspiracy and Aggression*, ed. Office of the United States Chief of Counsel for Prosecution of Axis Criminality, 9 vols. and 2 supplementary vols., Washington D.C., 1946–8
NSDAP	Nationalsozialistische Deutsche Arbeiterpartei
NSFP	Nationalsozialistische Freiheitspartei
OB	Oberbayern
Pd Mü.	Polizeidirektion München
PRO	Public Record Office
RGBl	*Reichsgesetzblatt*
RGO	Revolutionäre Gewerkschafts-Opposition
RP	Regierungspräsident
RSA	*Hitler. Reden, Schriften, Anordnungen: Februar 1925 bis Januar 1933*, ed. Institut für Zeitgeschichte, 5 vols. in 12 parts, Munich/London/New York/Paris, 1992–8
S	Schwaben
SA	Sturmabteilung
SD	Sicherheitsdienst
SPD	Sozialdemokratische Partei Deutschlands
SS	Schutzstaffel
StA	Staatsarchiv
StdF	Stellvertreter des Führers
TBJG	*Die Tagebücher von Joseph Goebbels. Sämtliche Fragmente, Teil I, Aufzeichnungen 1924–1941*, 4 Bde., ed. Elke Fröhlich, Munich etc., 1987
Tb Reuth	*Joseph Goebbels. Tagebücher 1924–1945*, 5 Bde., ed. Ralf Georg Reuth, Munich/Zurich, 1992
UF	Unterfranken
VB	*Völkischer Beobachter*
VfZ	*Vierteljahrshefte für Zeitgeschichte*

原注

ヒトラー省察

(1) Eric Hobsbawm の名著 *Age of Extremes. The Short Twentieth Century, 1914–1991*, London, 1994 の書名より.

(2) 一九三〇年に大型トラックに追突されてヒトラーが事故死していたならば世界史はどれだけ違っただろうか，という史実に反した仮定をしたのが Henry A. Turner, *Geißel des Jahrhunderts. Hitler und seine Hinterlassenschaft*, Berlin, 1989 である．この事故については，Otto Wagener, *Hitler aus nächster Nähe. Aufzeichnungen eines Vertrauten 1929–1932*, ed. Henry A. Turner, 2nd edn, Kiel, 1987, 155–6 で触れられている．

(3) Karl Marx, *The Eighteenth Brumaire of Louis Bonaparte*, Moscow, 1954, 10.

(4) 近年の第三帝国史研究は多数の詳細な個別研究の成果を総合し，大きく進んだ．Hans-Ulrich Thamer, *Verführung und Gewalt. Deutschland 1933–1945*, Berlin, 1986; Norbert Frei, *National Socialist Rule in Germany: the Führer State 1933–1945*, Oxford/Cambridge Mass., 1993（ドイツ語原書 *Der Führerstaat. Nationalsozialistische Herrschaft 1933 bis 1945*, Munich 1987 の増補英訳版）; Jost Dülffer, *Deutsche Geschichte 1933–1945. Führerglaube und Vernichtungskrieg*, Stuttgart/Berlin/Cologne, 1992（英語版：*Nazi Germany 1933–1945: Faith and Annihilation*, London, 1996); Karlheinz Weißmann, *Der Weg in den Abgrund 1933–1945*, Berlin, 1995; Klaus P. Fischer, *Nazi Germany: a New History*, London, 1995 ならびに，諸説を統合した価値ある研究としてとくに Ludolf Herbst, *Das nationalsozialistische Deutschland 1933–1945*, Frankfurt am Main, 1996 を挙げておきたい．

(5) 今日なお示唆的な Wolfgang Sauer, 'National Socialism: Totalitarianism or Fascism?', *American Historical Review*, 73 (1967–8), 404–24 のコメントを参照されたい．408 頁に「ナチズムについて考える際には，どのような立場の歴史家であれ，拒否する以外ないような現象と向きあうことになる．このことについて傾聴に値する反論はない．[…] これほど原理的な拒否感があるということは，原理的に理解できないということではなかろうか」とある．

(6) これが Herman Graml, 'Probleme einer Hitler-Biographie. Kritische Bemerkungen zu Joachim C. Fest', *VfZ*, 22 (1974), 76–92 での Joachim C. Fest, *Hitler. Eine Biographie*, Frankfurt am Main/Berlin/Vienna, 1973 への痛烈な批判の要点である．ヒトラーの伝記は，ヒトラーの個人史とヒトラーがドイツ社会に与えた衝撃の分析をいかに統合するかという問題に直面する．Graml はこの問題を「解決不能」とみなしている（78, 84 頁)．ヒトラーの伝記のなかにはヒトラーの権力の社会的源泉について深く考察した，興味深いアプローチをとるものも存在するのだが，Michael Kater, 'Hitler in a Social Context', *Central European History*, 14 (1981), 243–72 の 243–6 頁でも，ヒトラーの伝記には全般的に厳しい評価が下されている．Gregor Schöllgen, 'Das Problem einer Hitler-Biographie. Überlegungen anhand neuerer Darstellungen des Falles Hitler', *Neue politische Literatur*, 23 (1978), 421–34, reprinted in Karl Dietrich Bracher, Manfred Funke, and Hans-Adolf Jacobsen (eds.), *Nationalsozialistische Diktatur 1933–1945. Eine Bilanz*, Bonn, 1983, 687–705 はそれほど否定的な評価はしていない．

(7) Gerhard Schreiber, *Hitler. Interpretationen 1923–1983. Ergebnisse, Methoden und Probleme der Forschung*, Darmstadt, 1984, 13.

(8) Guido Knopp, *Hitler. Eine Bilanz*, Berlin, 1995, 9.

(9) 重要な研究としては，Schreiber, *Hitler. Interpretationen* がある．ヒトラーの伝記作者の様々なヒトラー観を評価した近年の批判的研究としては，John Lukacs, *The Hitler of History*, New York, 1997 がある．Ron Rosenbaum, 'Explaining Hitler', *New Yorker*, 1 Mai 1995, 50–70 も参照．様々なアプローチを評価したものとしてはさらに，Klaus Hildebrand, *Das Dritte Reich*, Munich/Vienna, 1979, 132–46 および Ian Kershaw, *The Nazi Dictatorship. Problems and Perspectives of Interpretation*, 3rd edn, London, 1993, chs. 4–6 も参照されたい．研究史の整理および「ヒトラー要因」をめぐる問題に迫ろうとする試みのうち早期のものとしては，Klaus Hildebrand, 'Der "Fall" Hitler', *Neue politische Literatur*, 14 (1969), 375–86, Klaus Hildebrand, 'Hitlers Ort in der Geschichte des Preußisch-Deutschen Nationalstaates', *Historische Zeitschrift*, 217 (1973), 584–631, Wolf-Rüdiger Hartmann, 'Adolf Hitler: Möglichkeiten seiner Deutung', *Archiv für Sozialgeschichte*, 15 (1975), 521–35, Eberhard Jäckel, 'Rückblick auf die sogenannte Hitler-Welle', *Geschichte in Wissenschaft und Unterricht*, 28 (1977), 695–710, Andreas Hillgruber, 'Tendenzen, Ergebnisse und Perspektiven der gegenwärtigen Hitler-Forschung', *Historische Zeitschrift*, 226 (1978), 600–621, Wolfgang Michalka, 'Wege der Hitler-Forschung', *Quaderni di storia*, 8 (1978), 157–90, and 10 (1979), 125–51, John P. Fox, 'Adolf Hitler: the Continuing Debate', *International Affairs* (1979), 252–64 および William Carr, 'Historians and the Hitler Phenomenon', *German Life and Letters*, 34 (1981), 260–72 などがある．

(10) Alan Bullock, *Hitler: a Study in Tyranny*, revised edn, Harmondsworth, 1962, 804. ブロックは初期の頃の見解を後に完全に修正した（Rosenbaum, 67 参照）．Alan Bullock, *Hitler and Stalin. Parallel Lives*, London, 1991 での分析にはヒトラーのイデオロギーの重要性が十全に取り入れられた．

(11) 例として，Karl Dietrich Bracher, 'The Role of Hitler: Perspectives of Interpretation', in Walter Laqueur (ed.), *Fascism. A Reader's Guide*, Harmondsworth, 1979, 193–212 を参照されたい．とくに 201 頁に「ユダヤ人虐殺計画にみられるヒトラーの人種主義的反ユダヤ主義の恐るべき帰結からも分かるように，ヒトラーの『世界観』こそが最終的に重要だった」との記述がある．外交政策の領域で，ヒトラーのイデオロギーが計画の原動力となったことを最も強調するのは Klaus Hildebrand, *Deutsche Außenpolitik 1933–1945. Kalkül oder Dogma?*, 4th edn, Stuttgart/Berlin/Cologne, 1980, 188–9 である．ヒトラーの思想がどのように内的に連関していたかを初めて完全に描き出したものとしては，Eberhard Jäckel, *Hitlers Weltanschauung. Entwurf einer Herrschaft*, Tübingen, 1969, extended and revised 4th edn, Stuttgart, 1991 がある．

(12) H. R. Trevor-Roper, *The Last Days of Hitler*, 3rd edn, London, 1962, 46 より引用．

(13) 東ドイツの歴史学で主流だったこのような考え方を顕著に反映した研究としては，Wolfgang Ruge, 'Monopolbourgeoisie, faschistischer Massenbasis und NS-Programmatik, in Dietrich Eichholtz and Kurt Gossweiler (eds.), *Faschismusforschung. Positionen, Probleme, Polemik*, Berlin (East), 1980, 125–55 がある．Ruge は，『わが闘争』は「経済界の指導者への推薦状の役割」を果たしたとし（141 頁），ヒトラーは「大企業の最も過激な独占主義者」の「敏腕な代理人」であったとした（144 頁）．この解釈は Wolfgang Ruge, *Das Ende von Weimar. Monopolkapital und Hitler*, Berlin (East), 1983 で完全なかたちで展開されている．そこでは，ヒトラーは大企業の「後援者」には「従順な人物」だったとされた（334, 336 頁）．この前提は国家の公式イデオロギーにも組み込まれていたため，東ドイツではヒトラーの伝記を書くことはできなかった．東ドイツ時代に出された唯一のナチ党通史（Kurt Pätzold and Manfred Weißbecker, *Geschichte der NSDAP*, Cologne, 1981．原書は *Hakenkreuz und Totenkopf. Die Partei des Verbrechens*, Berlin (East), 1981）を執筆した二名の歴史家は，旧東ドイツでは不可能だったが，後に，ヒトラー個人に関する研究を出版した．そこでは「ファシストの指導者は傀儡ではなかった」（589 頁）と強調されている（Kurt Pätzold and Manfred Weißbecker, *Adolf Hitler. Eine politische Biographie*,

Leipzig, 1995).

(14)　総ページ数が一〇三五頁にものぼる John Toland, *Adolf Hitler*, London, 1976 は，「本書にはテーゼはない」(xiv 頁) という言葉からはじまる．Helmut Heiber, *Adolf Hitler. Eine Biographie*, Berlin 1960 は Toland の研究と比べるとはるかに短いもののやはりヒトラーの人生を「揺りかごから墓場まで」描いている．しかし解釈上の枠組みは欠いているように見受けられる．

(15)　Joshua Rubenstein, *Hitler*, London, 1984, 87; Wulf Schwarzwäller, *The Unknown Hitler*, Bethesda, Maryland, 1989, 9. Guido Knopp (*Hitler, Eine Bilanz*, 13) はヒトラーを「病んだ卑しい輩」として描写しており，同じ方向性をもつように見えるかもしれないが，実際にはヒトラーを理解するために多面的な試みを行っている．

(16)　Norman Rich, *Hitler's War Aims*, 2 vols., London, 1973–4, i.11 および Hans Mommsen, *Beamtentum im Dritten Reich*, Stuttgart, 1966, 98 n.26 にみられる記述を指す．この二つの見解の対立については，Manfred Funke, *Starker oder schwacher Diktator? Hitlers Herrschaft und die Deutschen: Ein Essay*, Düsseldorf, 1989 に概観が示されている．Wolfgang Wippermann (ed.), *Kontroversen um Hitler*, Frankfurt am Main, 1986 および Kershaw, *Nazi Dictatorship*, ch.4 も参照のこと．

(17)　Eberhard Jäckel は多くの研究を出しているが，ヒトラーの支配は「独裁」であり「単独支配」であったとの説を曲げたことがない．*Hitler in History*, Hanover/London, 1984, 28–30; *Hitler's Herrschaft*, (1986) 2nd edn, Stuttgart, 1988, 59–65 および，上記の見解が強く示唆されているものとして *Das deutsche Jahrhundert. Eine historische Bilanz*, Stuttgart, 1996, 164 などを参照されたい．ヒトラー「独裁」という見方を相対化することへの強い反論としては，Klaus Hildebrand, 'Monokratie oder Polykratie? Hitlers Herrschaft und das Dritte Reich', in Gerhard Hirschfeld and Lothar Kettenacker (eds.), *Der 'Führerstaat': Mythos und Realität. Studien zur Struktur und Politik des Dritten Reiches*, Stuttgart, 1981, 73–97 がある．

(18)　Hans Mommsen ならびに，論調はやや弱いが Martin Broszat の多数の研究で提出されている一連の解釈に代表される．とりわけ Hans Mommsen, 'Hitlers Stellung im nationalsozialistischen Herrschaftssystem', in Hirschfeld and Kettenacker, 43–72 および *Adolf Hitler als 'Führer' der Nation*, Deutsches Institut für Fernstudien, Tübingen, 1984 に収められた Mommsen の短文を参照のこと．Martin Broszat, *Der Staat Hitlers*, Munich, 1969 および 'Soziale Motivation und Führer-Bindung des Nationalsozialismus', *VfZ*, 18 (1970), 392–409 も参照されたい．

(19)　*'Historikerstreit'. Die Dokumentation der Kontroverse um die Einzigartigkeit der nationalsozialistischen Judenvernichtung*, Munich, 1987, 13–35, 39–47 に収録された Ernst Nolte のエッセイ 'Zwischen Geschichtslegende und Revisionismus?' ならびに 'Vergangenheit, die nicht vergehen will', および同じく Nolte 著の *Der europäische Bürgerkrieg 1917–1945. Nationalsozialismus und Bolschewismus*, Berlin, 1987, esp. 501–2, 504, 506, 517 を参照のこと．

(20)　Rainer Zitelmann, *Adolf Hitler. Eine politische Biographie*, Göttingen/Zurich, 1989, 9. 長年にわたるヒトラーの発言を完全に追い，それに基づいて一般化を行ったものとしては，Rainer Zitelmann, *Hitler. Selbstverständnis eines Revolutionärs*, Hamburg/Leamington Spa/New York, 1987 がある．Reinhard Bollmus による批判的な書評 'Ein rationaler Diktator? Zu einer neuen Hitler-Biographie', *Die Zeit*, 22 September 1989, 45–6 も参照のこと．

(21)　ヒトラーがドイツの近代化を意識的に目指していたとするテーゼは，Rainer Zitelmann のエッセイ 'Nationalsozialismus und Moderne. Eine Zwischenbilanz', in Werner Süß (ed.), *Übergänge. Zeitgeschichte zwischen Utopie und Machbarkeit*, Berlin, 1990, 195–223 および 'Die totalitäre Seite der Moderne', in Michael Prinz and Rainer Zitelmann (eds.), *Nationalsozialismus und Modernisierung*, Darmstadt, 1991, 1–20 で提出された．

(22) Fest, *Hitler*, (paperback edn, 1976), 25.
(23)「人間が歴史をつくる」という考え方から発して個人の役割に着目することは，ドイツ「歴史主義」の伝統の重要な特徴のひとつに数えられる．歴史主義の伝統では，歴史的人物（ルター，フリードリヒ大王，ビスマルクなど）を理想化したり英雄視したりし，歴史を理解する際に偉人の思想，意図，動機を強調する傾向があった．その「偉大さ」が従来の倫理的規範を踏み越えるようなことがあったとしても，それは，定義はできないがある種の高貴な性質を含むと考えられていた．フリードリヒ大王の伝記作者で親独家だったイギリスのトーマス・カーライルはゲッベルスとヒトラーにも感銘を与えた人物だが，「偉人からは，不十分であろうとも［…］何か必ず得るものがある．偉人は，近づくことが望ましくも喜ばしくもある生ける光の泉であり［…］生来，独創的な洞察力をもち，ひとかどの人物であり，英雄的な高貴さを備える」（Carlyle, 'Lecture One' 'On Heroes, Hero-Worship, and the Heroic in History', in Fritz Stern (ed.), *The Varieties of History. From Voltaire to the Present*, 2nd Macmillan edn, London, 1970, 101 より引用）と述べた．第三帝国末期に，ゲッベルスはカーライルのフリードリヒ大王の伝記を読んで過ごし，その一部をヒトラーにも話した．ヒトラーはこの伝記をよく知っていたとゲッベルスは記している（*TBJG*, II.15, 384（28 February 1945））．
(24) Fest（*Hitler*, 19–20）が強調した倫理的というよりはむしろ「美学的」な疑念を参照のこと．ヒトラーを「『偉大』とみなすべきだろうか」（*Hitler*, 17）という自ら立てた問いに対する Fest の答えは，したがって両義的である．しかしほかの論稿ではそこまでの曖昧さはなく，「アドルフ・ヒトラーという人物とその経歴について倫理的に憤りを感じることなく考えることは今後も不可能だろう．それにもかかわらず，ヒトラーは歴史的な偉大さを備えている」との記述がみられる（Joachim Fest, 'On Remembering Adolf Hitler', *Encounter*, 41（October, 1973), 19–34, here 19）．Fest による伝記は，一九六〇年代以降，ドイツで歴史主義の伝統が総体として否定され，「〔社会〕構造史」および「社会科学としての歴史」にとって代わられるなかで，伝記というジャンルへの評価が下がった時期に書かれた．Fest による伝記の序章は，伝記に対して懐疑的だった当時の雰囲気を踏まえた自己弁護の意味もあったように読める．「〔社会〕構造史」の影響が強まるなかで伝記が直面した問題については，Imanuel Geiß, 'Die Rolle der Persönlichkeit in der Geschichte: Zwischen Überbewerten und Verdrängen' および Dieter Riesenberger, 'Biographie als historiographisches Problem' を参照されたい．ともに Michael Bosch (ed.), *Persönlichkeit und Struktur in der Geschichte*, Düsseldorf, 1977, 10–24, 25–39 所収．「社会」史，「精神」史の一環として，（「偉大な」人物を対象とするわけではないが）伝記を復権させようとする試みについては，Andreas Gestrich, Peter Knoch and Helga Merkel, *Biographie — sozialgeschichtlich*, Göttingen, 1988.
(25) Fest, 'On Remembering Adolf Hitler', 19 では，ヒトラーの「偉大さ」は，「ヒトラーの時代に起こったことはいかなる観点から見てもヒトラーなしには考えられない」という事実にある，と説明されている．
(26) この言葉は，チャーチルが一九三九年一〇月一日の放送でソ連の行動の不確定性に言及したときにロシアの特徴として述べたものである（Winston S. Churchill, *The Second World War, vol.1: The Gathering Storm*, London, 1948, 403）．出典となる資料をご提供くださった Gitta Sereny 氏に御礼を申し上げる．
(27) Fest, *Hitler*, 697–741 は，「人間でない人間についての考察」という表題がつけられた章である．
(28) Dmitri Volkogonov, *Stalin: Triumph and Tragedy*, London 1991, xxvi の引用より．ここにあげたのは，プルタルコスの *Moralia*, Loeb edn, vol.4, London/Cambridge, Mass., 1936, 443f にあるアレキサンダー大王の武勇と徳を擁護した箇所を意訳したものである．該当箇所をご教示いただいた Richard Winton 氏に御礼を申し上げる．
(29) Sebastian Haffner が早い段階で出した優れて明敏な分析 *Germany: Jekyll and Hyde*, London, 1940, 16 のなかで示された洞察．同書への評価は，Hans Mommsen, 'Ein schlecht getarnter Bandit. Sebastian Haffners historische Einschätzung Adolf Hitlers', *Frankfurter Allgemeine Zeitung*, 7

November 1997 を参照されたい.

(30) Max Weber, *Wirtschaft und Gesellschaft*, 5th revised edn, Tübingen, 1972, 140ff 参照. Hans-Ulrich Wehler, '30 Januar 1933 — Ein halbes Jahrhundert danach', *Aus Politik und Zeitgeschichte*, 29 January 1983, 43–54, here 50 は，ヒトラーの提起する歴史的問題へのアプローチをめぐる深い対立を克服しうる解釈モデルとして，Max Weber の「カリスマ的支配」概念を適用することを薦めている. Schreiber, *Hitler. Interpretationen*, 330 も参照.

(31) Franz Neumann, *Behemoth: the Structure and Practice of National Socialism*, London, 1942, 75 参照.

(32) Haffner, *Germany: Jekyll and Hyde*, 24. Sebastian Haffner の後の著作 *Anmerkungen zu Hitler*, Munich, 1978 は，七つのテーマに関するエッセイを収録したもので，ナチの独裁者ヒトラーに関する最も印象的な研究のひとつに数えられる.

(33) これは，Alan Bullock が早い段階で出した権威ある伝記の冒頭部分で述べられている「私が取り上げるのは独裁ではなく独裁者であり，ひとりの人間が手にした個人的な権力である」(13 頁) という目標設定とは異なる.

(34) 「累積的急進化」という概念については，Hans Mommsen, 'Cumulative Radicalisation and Progressive Self-Destruction as Structural Determinants of the Nazi Dictatorship', in Ian Kershaw and Moshe Lewin (eds.), *Stalinism and Nazism: Dictatorships in Comparison*, Cambridge, 1997, 75–87 を参照のこと.

(35) 第 13 章の注 1 参照. 本史料は，Jeremy Noakes and Geoffrey Pridham (eds.), *Nazism 1919–1945. A Documentary Reader*, vol.2, Exeter, 1984, 207 のなかで初めて (英訳で) 公開された.

(36) 古典的な伝記と社会史 (もしくは構造史) のあいだの方法論上の対立は否定しえない. しかし「権力」に注目するならば，両者は相容れないものではない.「権力というものは，結局のところ，社会を分析する際の重要概念である」(Tony Judt, 'A Clown in Regal Purple: Social History and the Historians', *History Workshop Journal*, 7 (1979), 66–94, here 72)，というある社会史の大家の見解を受け入れるならば，とくにそのようにいえよう.

(37) ゲアハルト・シュライバーは，ヒトラーに関する様々な見解を整理した，優れた研究史の整理の最後に，多元的な方法をとることで「ナチ時代の叙述」のなかにしっかりと位置づけつつ独裁者ヒトラーとその体制について理解する方法を得たいと述べ，「カリスマ的支配」概念はそのための枠組みを提供するだろうとしている (Schreiber, *Hitler. Interpretationen*, 329–35). Gerhard Schreiber, 'Hitler und seine Zeit — Bilanzen, Thesen, Dokumente', in Wolfgang Michalka (ed.), *Die Deutsche Frage in der Weltpolitik*, Stuttgart, 1986, 137–64, here 162 にある「ヒトラーとその時代について，ナチ体制のすべての主要な要素を統合し，既存の多様な研究手法を偏見なく認め，必要に応じて発展させるような解釈はまだない」との記述も参照のこと.

(38) この記述については，Mommsen, 'Hitlers Stellung', 70 を参照されたい.

(39) ユルゲン・コッカも「ナチズムについて聞くに値する説明をしようとするならば，構造的条件だけには還元しえない，ヒトラーという人物に必ずや触れることになるだろう」と述べている (Jürgen Kocka, 'Struktur und Persönlichkeit als methodologisches Problem der Geschichtswissenschaft', in Bosch (ed.), *Persönlichkeit und Struktur*, 152–69, here 165).

第 1 章◆夢と挫折

(1) August Kubizek, *Adolf Hitler. Mein Jugendfreund*, Graz (1953), 5th edn 1989, 50.

(2) Hans-Jürgen Eitner, *'Der Führer'. Hitlers Persönlichkeit und Charakter*, Munich/Vienna, 1981,

12.
(3)　Franz Jetzinger, *Hitlers Jugend*, Vienna, 1956, 16–18.
(4)　Bradley F. Smith, *Adolf Hitler. His Family, Childhood, and Youth*, Stanford, 1967, 19. Thomas Orr, 'Das war Hitler', *Revue*, Nr 37, Munich（13 September 1952), 4 には，マリア・アンナ（著者はアンナ・マリアと誤記）は親戚からもらった三〇〇グルデン（牛一五頭分の代金に相当）を持参金としており，ヒートラーがマリア・アンナと結婚する気になった理由はおそらくそれだと考えられると述べられている．ただし史料的根拠は示されていない．Thomas Orr は，ナチ党中央文書館の元職員だった人物のペンネームである（Werner Maser, *Adolf Hitler. Legende, Mythos, Wirklichkeit*, 3rd paperback edn, Munich, 1973, 541).
(5)　Smith, 19 n.7; Jetzinger, 19.
(6)　地方からの下級公務員採用数を増やす流れのなかで，アロイスはチャンスを得たものと思われる（Orr, *Revue*, Nr 37, 5).
(7)　Smith, 23; Jetzinger, 21, 44–6.
(8)　Smith, 20; Maser, *Hitler*, 43–4.
(9)　Smith, 30–31; Jetzinger, 21–2; Kubizek, 59.
(10)　Anton Joachimsthaler, *Korrektur einer Biographie*, Munich, 1989, 12–13.
(11)　Jetzinger, 16, 22.
(12)　Jetzinger, 22; Smith, 30.
(13)　Jetzinger, 22; Rudolf Koppensteiner（ed.), *Die Ahnentafel des Führers*, Leipzig, 1937, 39.
(14)　Maser, *Hitler*, 47; Jetzinger, 19–20.
(15)　認知をめぐる不審な点については Jetzinger, 22–5 および Smith, 29 を参照のこと．Joachimsthaler, 12–13 も参照．
(16)　Maser, *Hitler*, 41–2; Smith, 48.
(17)　Maser, *Hitler*, 34–5 参照．このことは Konrad Heiden, *Der Führer*, London（1944), 1967 edn, 38–9 ですでに指摘されていた．Orr, *Revue*, Nr 37, 4 には，ネポムクが実父だという噂が村で流れていたとある．
(18)　Adolf Hitler, *Mein Kampf*, Munich, 1943 edn, 2 で「貧しい小農」という表現が使われている．
(19)　Koppensteiner, 39–44 参照．Jetzinger は「ヒトラー」という名前はチェコ起源だと主張しているが根拠薄弱であるように思われる（10–12 頁）．小百姓を意味する「ヒュットラー」という姓はオーストリアでは珍しいものではなかった．Anton Adalbert Klein, 'Hitlers dunkler Punkt in Graz?', *Historisches Jahrbuch der Stadt Graz*, 3（1970), 27–9, Orr, *Revue*, Nr 37, 6 および Brigitte Hamann, *Hitlers Wien. Lehrjahre eines Diktators*, Munich, 1966, 64 参照．長年にわたり，姓の表記はどれを使ってもよかった．したがって，認知にあたってネポムクが「ヒートラー」ではなく，自分の姓である「ヒュットラー」に近い「ヒトラー」がよいと主張したと Maser, Hitler, 31 で強く主張されている理由は不明である（ネポムク自身が使っていた表記も一種類ではなかった).
(20)　Koppensteiner, 46.
(21)　Joachimsthaler, 12–13.
(22)　Kubizek, 50.
(23)　Maser, *Hitler*, 12–15. ゴシップ記事の一例として，一九三三年一〇月一四日にイギリスのデイリー・ミラー紙が，「ブカレストのユダヤ人墓地にあるヒトラーの祖父の墓」を取り上げた記事を掲載したことがある（IfZ, MA–731（=NSDAP, Hauptarchiv, Reel 1))．ヒトラーの公式の家系図に一八世紀に「ザロモン」という名の人物が載っていることをノイエ・チュルヒャー・ツァイトゥング紙が指摘したのをきっかけとして，ヒトラーの先祖がユダヤ人だという説に対するメディアの関心が三二年夏に高まった．「ザロモン」という名は実はウィーンの家系図学者カール・フリードリヒ・フォン・フランク博士が誤って書いたものだ

った．急ぎ訂正されたが手遅れだった．Hamann, 68–71 参照．

(24) Hans Frank, *Im Angesicht des Galgens*, Munich/Gräfelfing, 1953, 330–31.

(25) この説が広まった最大の原因は，Jetzinger がハンス・フランクの回想録（28–32 頁参照）を無批判に使ったことにある．Jetzinger はヒトラーの父親の写真を示し，「ユダヤ人的」な風貌であることを「証拠」のひとつとしているが，これは明らかにアロイス・ヒトラーではない別人の写真である．Jetzinger の16 頁向かい側の写真参照；Smith, pl. 5, following p.24. Jeztinger の研究に対する初期の批判的書評および，ヒトラーの祖父がユダヤ人だったという Jeztinger の主張をオーストリアの研究者 Nikolaus Preradovic 博士の研究成果に基づいて否定したものとしては，'Hitler. Kein Ariernachweis', *Der Spiegel*, 12 June 1957, 54–9, esp. 57–8 を参照のこと．

(26) Klein, 10, 20–25.

(27) Smith, 158–9.

(28) Patrick Hitler, 'Mon oncle Adolf', *Paris soir* (5 August 1939), 4–5. この記事はくだらない中傷の羅列にすぎない．Maser, *Hitler*, 18 も参照．

(29) Robert G.L. Waite, *The Psychopathic God: Adolf Hitler*, New York, 1977, 129 n.; Maser, *Hitler*, 15 and n.

(30) Smith, 158. Brigitte Hamann もフランクの説には否定的である．フランクは長年にわたるユダヤ人嫌いであり，「ユダヤ人ヒトラー」を生んだのもユダヤ人だとして批判しようとしたのではないかと Hamann は推測している（Hamann, 73–7, here 77）.

(31) ヒトラーの偏執的な反ユダヤ主義の原因として重要なのは，ヒトラーの祖父が本当にユダヤ人であったかどうかではなく，ユダヤ人の血が入っていると本人が信じていたかどうかだと主張されることもある (Waite, 126–31)．ヒトラーのユダヤ人憎悪の起源と源泉については後述する．一九二〇年代に政敵が噂を広めはじめたときには，ヒトラーはすでに反ユダヤ主義に完全に染まっていたが，噂が出回る以前から，ユダヤ人の血が入っているかもしれないとヒトラーが考えていたという証拠はないため，Waite の推測は根拠に乏しい．また，ユダヤ人の血が入っている可能性を懸念していたからといって，すでに反ユダヤ主義者だったといえるわけでもない．Waite の研究に対する Rudolph Binion の批評（*Journal of Psychohistory*, 5 (1997), 297）を参照のこと．

(32) シュピタールにいたアドルフ・ヒトラーの親戚が，戦争終結後かなりたってから証言したことによると，一九一七年に軍隊の休暇でヒトラーがシュピタールを訪れた際にネポムクが父方の祖父だと話した，と Maser は述べている（Maser, *Hitler*, 35)．しかし，ヒトラーが一七年にシュピタールを訪れたという事実はないため，この証言には価値がない．Joachimsthaler, 171 および Rudolph Binion, 'Foam on the Hitler Wave', *JMH*, 46 (1974), 522–8, here 523 参照．

(33) Maser, *Hitler*, 35.

(34) Smith, 39; Jetzinger, 39, 54.

(35) Smith, 28, 35; Jetzinger, 50.

(36) Rudolf Olden, *Hitler the Pawn*, London, 1936, 16 の指摘による．

(37) Jetzinger, 48; Smith, 28; Orr, *Revue*, Nr 37, 5.

(38) Jetzinger, 49; Smith, 28, 47; Orr, *Revue*, Nr 37, 5. Orr によれば，アンナ（Orr はアンナ・グラスル=ヘーラーと表記）はブラウナウでアロイスの近隣に住んでいたヘーラーという官吏の養女だったという．

(39) Jetzinger, 51; Smith, 29, 32–3; Orr, *Revue*, Nr 37, 6.

(40) Smith, 32–3; Jetzinger, 52–3; Orr, *Revue*, Nr 37, 6, Nr 38, 2.

(41) Jetzinger, 44; Smith, 35–7.

(42) Jetzinger, 56–7; Smith, 40–41.

(43) Maser, *Hitler*, 9.

(44) 出生証明のコピーは，HA, Reel 1; IfZ, MA-731; Koppensteiner, 18 で確認できる．
(45) *MK*, 1.
(46) *MK*, 2; Smith, 53.
(47) Waite も 145 頁でこの点を認めている．Smith, 51 and n.5 も参照．
(48) Smith, 46-9.
(49) 以下の記述は Smith, 43-8; Jetzinger, 58-63 による．ヒトラーの父に関する Jetzinger の情報は，アロイスのかつての同僚エマニュエル・ルガートのインタビューに基づく．このインタビューは Orr, *Revue*, Nr 39, 14, 35 にも掲載されている．かつてヒトラー家に調理人として雇われていたロザリア・ヘルル（旧姓シヒトル）は後にナチ党中央文書館に，アロイスは「立派でしたが厳格な方でした」と語った．一八八〇年代初頭に税関で同僚だった人物はそこまで好意的ではなく，「誰に対しても思いやりのない人でした．仕事に関してはきわめて厳格で，杓子定規なほどに几帳面で，近寄りがたい人物でした」と述べた．いずれも HA, Reel 1（IfZ, MA-731）より．
(50) Smith, 51.
(51) Smith, 45-8.
(52) Smith, 43.
(53) Kubizek, 46.
(54) Eduard Bloch, 'My Patient, Hitler', *Collier's*（15 March 1941), 35.
(55) 精神的影響に関する推論としては，Alice Miller, *Am Anfang war Erziehung*, Frankfurt am Main, 1983, 213-15 を参照のこと．
(56) Smith, 41-3; Jetzinger, 62, 71-2; Kubizek, 38-45; Bloch, 36.
(57) Bloch, 36.
(58) *MK*, 16; Albert Zoller, *Hitler privat. Erlebnisbericht seiner Geheimsekretärin*, Düsseldorf, 1949, 46 も参照．
(59) Waite, 141.
(60) NA, NND/881077, Interview with Mrs Paula Wolf (i.e. Paula Hitler), Berchtesgaden, 5 June 1946（記録は英語のみ）．ヒトラーの異母姉アンゲラ・ハミッチュ（以前はラウバル）も戦後，アドルフが父親にいつも殴られていたと話した．(Christa Schroeder, *Es war mein Chef. Aus dem Nachlaß der Sekretärin von Adolf Hitler*, Munich/Vienna, 1985, 336 n.139 に引用がある．)
(61) Schroeder, 63. ヒトラーは一九三二年にゲッベルスに，父親は「家庭内の暴君」だったが，母親は「善と愛のみなもと」だったと語った（*TBJG*, I.2, 219 (9 August 1932)）．*TBJG*, I.2, 727（15 November 1936）に，ヒトラーが「狂信的な父親」という言い方をしたと書かれているのも参照のこと．
(62) *MK*, 32-3. 当該箇所に関する Helm Stierlin, *Adolf Hitler. Familienperspektiven*, Frankfurt am Main, 1976, 24-5 の解説および Miller, 190-91 も参照．フランクによれば，少年の頃，酔った父親を夜中にパブから家に連れ戻すのは恥ずかしかったとヒトラーは語ったという（Frank, 331-2)．しかし，パッサウでしばらくアロイス・ヒトラーの同僚だったエマニュエル・ルガートは，アロイスは一日に多くてもビール四杯しか飲まず，知る限りでは泥酔したことはなく，夕食に間に合うように帰宅していたと Jetzinger に語ったという（Jetzinger, 61)．Orr に対して，アロイスは夕方たまに強いビールを六杯飲むことがあったが，泥酔したのを見たことはないと話したのもおそらく同一人物と考えられる（Orr, Revue, Nr 39, 35)．ヒトラーがアルコールを嫌ったのは父親の飲酒癖のせいだった可能性がある．
(63) 心理学者や「心理歴史学者」は，父親だけでなく母親とヒトラーの親子関係も大いに問題だったと見ている．母親との潜在的な愛憎に着目した研究としては，Waite, esp. 138-48; Miller, 212-28; Eitner, esp. 21-7; Stierlin, esp. ch.2（Stierlin は家族療法の観点から，ヒトラーは，自分は叶わなかった母の夢の「代理人」であると思い込み，ドイツを救うことで母親を救おうとしたのではないかと述べている); Walter C.

Langer, *The Mind of Adolf Hitler*, London, 1973, esp. 150–52; Rudolph Binion, *Hitler among the Germans*, New York, 1976（Binionは，ヒトラーのユダヤ人殺害を，母親がユダヤ人医師にかかって亡くなったことへの潜在的な反応として説明しようとした）; Rudolph Binion, 'Hitler's Concept of "Lebensraum": the Psychological Basis', *History of Childhood Quarterly*, 1（1973), 187–215（Binionが上記の仮説に基づいて展開した議論については216–58頁．ここでは，ヒトラーが「母国」の「食料供給地」を確保することを使命と考えたのは，ドイツというかたちをとった母親を守り，無念を晴らそうとしたためだったと説明されている）; Erich Fromm, *Anatomie der menschlichen Destruktivität*, Stuttgart, 1974, esp. 337–8; Erik H. Erikson, 'The Legend of Hitler's Youth', in Robert Paul Wolff（ed.）, *Political Man and Social Man*, New York, 1966, 370–96, here esp. 381–3などがある．心理学的な観点からヒトラーにアプローチした研究としては，William Carr, *Hitler: a Study in Personality and Politics*, London, 1978, esp. 149–55; Wolfgang Michalka, 'Hitler im Spiegel der Psycho-History', *Francia*, 8（1980), 595–611; Schreiber, *Hitler*, 316–27がある．また，最も大規模な研究としては，Thomas Kornbichler, *Adolf-Hitler-Psychogramme*, Frankfurt am Main, 1994がある．ヒトラーの後の人格について学術的に妥当な方法で評価することの難しさについては，Desmond Henry and Dick Geary, 'Adolf Hitler: a re-assessment of his personality status', *Irish Journal of Psychological Medicine*, 10（1993), 148–51を参照のこと．

(64)　Waiteの研究の一九九二年版序文からの引用．とくに第三章を参照のこと．Waiteの研究に対する最も批判的な書評は，同じく「心理歴史学者」であるRudolph Binionによる批評（*Journal of Psychohistory*, 5（1977), 295–300）である．Binionの書評 'Foam on the Hitler Wave', *JMH*, 46（1974), 522–8, here 525のなかの「ヒトラーが幼少期に憎悪を抱いていたことを示す直接的な証拠はない」というコメントも参照のこと．

(65)　Smith, 8で指摘されている点である．

(66)　Smith, 55.

(67)　Max Domarus, *Hitler. Reden und Proklamationen 1932–1945*, Wiesbaden, 1973, 1935（8 November 1942).

(68)　Smith, 56.

(69)　Smith, 58.

(70)　*MK*, 3.

(71)　*MK*, 3–4; Smith, 61; Jetzinger, 73.

(72)　Smith, 62.

(73)　例えば，*Tb* Reuth, iii. 1254（19 August 1938）で，ヒトラーが少年期のレオンディングとランバッハでの幸せな日々に言及している箇所を参照のこと．

(74)　Hermann Giesler, *Ein anderer Hitler*, Leoni am Starnberger See, 1977, 96, 99, 215–16, 479–80, Zoller, 57, Evan Burr Bukey, *Hitler's Hometown*, Bloomington/Indianapolis, 1986, esp. 196–201およびHamann, 11–15参照．第二次世界大戦中，ヒトラーはリンツを「ドイツのブダペスト」にすると口にし，その壮大な建築計画に一億二〇〇〇万マルクの資金をつぎこむ気だったとゲッベルスが書いている．例えば，*TBJG*, II.5, 367（20 August 1942), 597（29 September 1942), II.8, 265（10 May 1943); *Monologe*, 284（19–20 February 1942), 405（25 June 1943）を参照のこと．

(75)　*MK*, 3.

(76)　Jetzinger, 92.

(77)　Jetzinger, 92.

(78)　*MK*, 4. ヒトラーは，一九一二年にウィーンの施設で暮らしていたときにも，「大事な宝物」としてこの二巻本をもっていた（Hamann, 562).

(79)　*MK*, 173; Hugo Rabitsch, *Aus Adolf Hitlers Jugendzeit*, Munich, 1938, 12–13; Smith, 66.

(80)　Smith, 66–8; Waite, 11–12, 60. 一九一二年にウィーンでカール・マイの講演（テーマは平和主義だった）を聞いた後のヒトラーの熱狂ぶりについては，Hamann, 544–8 を参照のこと．

(81)　Walter Görlitz, *Adolf Hitler*, Göttingen, 1960, 23.

(82)　*MK*, 6.

(83)　Smith, 64; Maser, *Hitler*, 62. 信じがたいことだが，両親はエドムントの葬儀に参列しなかったとレオンディングの年配の住人が一九五〇年代に語ったとのことである．Orr, *Revue*, Nr 40, 36 参照；Waite, 169–70.

(84)　Smith, 68–9 参照.

(85)　*MK*, 5.

(86)　Kubizek, 57.

(87)　Jetzinger, 105–6; Smith, 76, 79.

(88)　Jetzinger, 105–6. ヒューマーとヒトラーのその後の関係については，Smith, 79 n.34 を参照のこと．ヒューマーが後にヒトラーを訪ねたことについては Rabitsch, 57–65，ヒトラーの学校時代については Zoller, 47 も参照のこと．ヒトラーは後に，カール・マイを読むようになってから学校の成績が落ちたと言ったことがある（*Monologe*, 281（17 February 1942））.

(89)　Jetzinger, 107, 109–11; Rabitsch, 72.

(90)　Kubizek, 61; *Monologe*, 185–8（8–9 January 1942）; Henry Picker, Tischgespräche im Hauptquartier, Stuttgart, 1963, 273（12 April 1942）; Smith, 79; Eitner, 30–31; Maser, *Hitler*, 68–70; Zoller, 47–9.

(91)　*MK*, 12–13; リンツにおけるドイツ・ナショナリズムについては Jetzinger, 110, 113; Bukey, 7ff も参照のこと．Hamann, 23–7 および Jetzinger, 99, 110, 113 は，この学校は政治的にドイツ・ナショナリズムが強かったと述べている．

(92)　*MK*, 5–8.

(93)　Picker, 324（10 May 1942）.

(94)　*MK*, 6（trans., *MK* Watt, 8）.

(95)　*MK*, 7.

(96)　Smith, 70–73 参照．Jetzinger, 98–9 で，官吏という進路をめぐる父親との対立に関するヒトラーの記述が全否定されていることへの反論が述べられている．

(97)　*MK*, 10. Hamann, 23 参照.

(98)　*MK*, 8–14; Smith, 81–5; Olden, 21; Hamann, 22–3.

(99)　*MK*, 15.

(100)　Jetzinger, 72–3. Olden, 21 も参照．死因は肺出血だった．アロイスは前年八月にも出血していた（Jetzinger, 72）.

(101)　Jetzinger, 122–9; Smith, 91, 97.

(102)　Kubizek, 54 では，葬儀でアドルフ・ヒトラーがすすり泣いたと書かれているが，噂に基づくものであり，信憑性がない．

(103)　Kubizek, 46, 61–2.

(104)　Jetzinger, 102; Smith, 92.

(105)　*TBJG*, I.3, 447（3 June 38）. シュタイアにいた時期を回想してヒトラーは，シュタイアはリンツと比べるとカトリック色が強すぎたうえに，ナショナリズムが弱かったため気に入らなかった，と書いている（*Monologe*, 188（8–9 January 1942））.

(106)　Smith, 95–6.

(107)　*MK*, 8.

(108)　一九〇五年九月一六日の成績表（幾何の追試を含む）に基づいて，〇四年から〇五年にかけての二学期間の成績一覧を作成したHeiden, *Der Führer*, 46と，それらを要約したSmith, 96による．Maser, *Hitler*, 70は，最初の学期の成績を示した二月一一日の成績表にしか言及していない．このとき，ヒトラーはフランス語で「不可」をとった（このことはHeidenの一覧では触れられていない）．Orr, *Revue*, Nr 42, 3の一覧と，Jetzinger, 103に〇五年九月一六日の成績として記載されているものは，Heidenが最初の学期，Maserが二月一一日の成績表（フランス語の成績は別）としているものと同じである．Waite, 156も参照．

(109)　ヒトラーが後に語ったことによれば，ヒトラーは，友人たちと学期終了を祝った夜，シュタイアでの成績表を間違えてトイレットペーパー代わりに使ってしまったのだという（*Monologe*, 189–90（8–9 January 1942)）．ヒトラーが成績を気に病んでいたという別の見方についてはZoller, 49を参照のこと．Maser, *Hitler*, 70はこの成績表は一九〇五年二月のものと推測しているが，Smith, 99は〇五年夏のものだとしている．ヒトラーは眠り込んでしまって牛乳配達人に起こされたという話だったが，それは二月の話とは思えない．しかしヒトラーが夏に成績をもらったのは九月の追試後であり，友人たちとパーティーをしたとも考えにくい．Zollerは，ヒトラーは父親に成績表を見せなければならなかったとしているが，父親はこの頃にはもう亡くなっているため，少なくともこの点については正確さを欠く．そもそもヒトラーの話の信憑性にも疑問がある．

(110)　Smith, 95–9; Jetzinger, 99–103.

(111)　Smith, 98.

(112)　Jetzinger, 148–51は，証拠はあまりないが，病気ではなかったとしている．Smith, 97–8は，ヒトラーが一九〇五年秋ではないが夏には体調を崩していたことを証明し，この時期，ヒトラーが青白く病弱な様子をしていただろうとしている．しかし学業を離れなければならないほどのものであったかどうかについては疑問だとしており，うなずける指摘である．

(113)　*MK*, 16; Smith, 97–8. この時期のヒトラーの写真（Smith, pl. 13）も参照のこと．痩せて弱った肺病患者のような様子をしている．

(114)　*MK*, 16–17; Jetzinger, 130参照．

(115)　NA, NND–881077, 3（Paula Hitlerの証言）; IfZ, MA–731（=HA, Reel 1), 'Notizen für Kartei', 8 December 1938.

(116)　Kubizek, 63; IfZ, MA–731（=HA, Reel 1), 'Adolf Hitler in Urfahr'（これはヒトラー一家と同じ建物に住んでいた郵便局長の未亡人の一九三八年から三九年にかけての回想録である.）

(117)　*MK*, 16.

(118)　Hamann, 80. 若かりし日のヒトラーに関する回想録をまとめれば，「若き日の総統の想像を絶する偉大さ」を詳らかにし，「中央文書館のきわめて重要な資料になる」であろうと考え，一九三八年末にナチ党中央文書館の責任者がクビツェクに接触した（IfZ, MA–731（=HA, Reel 1), 'Notizen für Kartei', 8 December 1938およびクビツェク訪問に関する報告）．

(119)　Jetzinger, 117–22, 133–81参照; Smith, 101 n.30. Jetzingerはクビツェクに敵対心をもっていた．ヒトラーの青少年期に関するJetzingerの説明は，聞き書きによるものとはいえクビツェクの回想録に対抗し，その信頼性を損なうべく意図されている．Hamann, 83–6参照．

(120)　Hamann, 77–86参照．

(121)　Kubizek, 17; Jetzinger, 140–41.

(122)　*MK*, 15; NA, NND–881077, 3–4（Paula Hitlerの証言）．

(123)　Kubizek, 22.

(124)　Kubizek, 18–25.

(125)　Kubizek, 22–3.

(126)　Kubizek, 17, 19, 112.

(127)　Kubizek, 75–86.

(128)　Smith, 103. ヒトラーはヴァーグナーの初期のオペラ「リエンツィ」（一四世紀ローマの大衆政治家の話を脚色したもの．オペラでは，この人物はイタリア統一を目指すが，最終的には自らが導いた民衆の手によって殺される）に大変感動して，夜中にクビツェクを誘ってリンツ近郊のフラインベルク山に登り，陶酔して観賞したオペラの重要性を語ったという．しかし，クビツェクの記述（111–18頁）は作り話に近く，このエピソードもヒトラーが自らの将来を予言したという神話に仕立て上げられている．この奇妙な一夜がクビツェクの印象に強く残ったことは確かである．一九三九年にバイロイトでヒトラーに会った際，クビツェクはヒトラーにこの思い出を語った．ヒトラーはその話を受けて，女主人ウィニフレート・ヴァーグナーに若かりし日の予言めいた行動について語り，「あの時が始まりだったのだ」と締めくくった（Kubizek, 118）．クビツェクはかつてないほどに感動を覚え，戦後，この大衆演劇のような馬鹿げた主張を強く意識しながら脚色も甚だしい本を書き上げた．後にフラインベルク山の「先見」を真に受けた研究が出るようになったのはそのせいである．たとえば Joachim Köhler, *Wagners Hitler. Der Prophet und sein Vollstrecker*, Munich, 1996, ch.2, esp. 34–5 を参照のこと．

(129)　Köhler, *Wagners Hitler* はここから議論を展開しているが，ヴァーグナーの構想を実現し，理想を実行に移すことをヒトラーが生涯の課題と考えるようになったという主張は大げさである．

(130)　Kubizek, 83.

(131)　Kubizek, 18–19.

(132)　Kubizek, 97–110.

(133)　Kubizek, 64–74; Jetzinger, 142–8 および Hamann, 41–2 参照.

(134)　Kubizek, 106–9; Jetzinger, 166–8 参照.

(135)　ヒトラーの弁によれば二週間の旅行だったという（*MK*, 18）．Kubizek, 121–4 は約四週間としており，Smith, 104 もそれにならっている．Jetzinger, 151–5 は，恐らくヒトラーが正しいと述べている．旅行日程は，ヒトラーがクビツェクに送った葉書の消印（不鮮明なものもある）と日付（すべてに書かれているわけではない）から確定するしかない．Hamann, 42–4 参照．もっともヒトラーのウィーン滞在の長さは歴史的に重要とはいいがたい．

(136)　Kubizek, 129; Hamann, 43–4.

(137)　Kubizek, 129.

(138)　Kubizek, 127–30. 最も強く反対していたのは異母姉アンゲラの夫レオ・ラウバルだった．ラウバルは，ヒトラーはそろそろ実用的なことを学んだほうがよいとクララを説得しようとした．ヒトラーは怒り狂い，「あの偽善者は私の家族をめちゃくちゃにしてしまう」とクビツェクに言った（Kubizek, 128）．勝ったのはヒトラーだった．隣人の後の証言によれば，ヒトラーは芸術家になりたいと言って頑として譲らず，ついには母親を説き伏せてウィーンの芸術アカデミーに送ってもらえることになったという（IfZ, MA-731 (=HA, Reel 1), 'Adolf Hitler in Urfahr'）．

(139)　Gerhart Marckhgott, '"Von der Hohlheit des gemächlichen Lebens". Neues Material über die Familie Hitler in Linz', *Jahrbuch des Oberösterreichischen Musealvereins*, 138/I (1993), 275–6. 叔母ヨハンナによる家計簿への書き込みがあるが，日付が入っていない．しかし，ヒトラーがリンツで暮らした時期の終わり頃のものと考えられる．Brigitte Hamann（196頁）は，これは一九〇八年八月のもので，夏にヴァルトフィアテルを訪れ，叔母に借金を頼んだときのものだとしている．しかし，それならばなぜ叔母ヨハンナがそれをウァファーに置いてあった家計簿につけたのかが分からない．Marckhgott が言うように，これは，クララ・ヒトラーが存命中の〇七年，ウィーン芸術アカデミーの入試前にヒトラーがいくばくかの資金を借り受けたものだというほうが考えやすい．ヨハンナ・ペルツルの全財産のおよそ五分の一にもなる額を貸し与えたことが，ヒトラーが働きもせずに芸術の勉強をすることにレオ・ラウバルが反対した理由ではないかと Marckhgott は指摘している．しかしヒトラーが資金を得てしまうと，母親はヒトラーのウィ

ーン行きにますます反対しにくくなったものと思われる.

(140) Binion, *Hitler among the Germans*, 138–43; Binion, 'Hitler's Concept of Lebensraum', 196–200; Bloch, 36; Jetzinger, 170–72; Smith, 105; Hamann, 46–8.

(141) Hamann, 46–7.

(142) Bloch, 36.

(143) Bloch, 39.

(144) Hamann, 47.

(145) *MK*, 18.

(146) Hamann, 51–2. Maser, *Hitler*, 75–7, 114 は，試験の手順について逆の順番で説明している. Hamann, 51 によれば受験者は一一二名だったとされるが，根拠は示されていない. Maser は，アカデミーから直接に情報を得たとして，受験者数を一一三名としている（75，77，114 頁).

(147) Maser, *Hitler*, 77. ヒトラーと同じく入試に落ちた者のなかには後の芸術アカデミーの学長もいた. Hamann, 52 も参照.

(148) *MK*, 18–19（trans., *MK* Watt, 18).

(149) *MK*, 19（trans., *MK* Watt, 18–19）および Smith, 108–10 参照. Orr, *Revue*, Nr 43, 40–41（Maser, *Hitler*, 78 および L. Sydney Jones, *Hitlers Weg begann in Wien*, Frankfurt am Main/Berlin, 1990, 64 は Orr に依拠している）では，ウィーン芸術アカデミーに落ちた後，建築学校を受験したことになっているが，この主張には根拠がない. 調べればすぐに分かることであり，ヒトラー自身も知っていたに違いないが，ヒトラーは最低限の入学資格も満たしていなかった.

(150) Kubizek, 133. ヒトラーの反ユダヤ主義は，アカデミーのユダヤ人試験官に落とされたことからきているという主張は見当違いである. Waite, 190 も Jones, 317 も，ヒトラーの試験官のなかにユダヤ人が四名いたとしているが，ヒトラーを落としたアカデミーの教官のなかにユダヤ人はいなかった（Hamann, 53).

(151) Hamann, 53; Binion, *Hitler among the Germans*, 139; IfZ, MA–731（=HA, Reel 1), 'Adolf Hitler in Urfahr'.

(152) NA, NND–881077, 3; Bloch, 39. Kubizek, 138–41 も参照. ヒトラーは母親が亡くなるまでリンツには戻らなかったという Jetzinger の説明（176–81 頁）には，Kubizek の信用を失墜させようとする意図があった. ヒトラーが母親の死の床に付き添ったことはパウラ・ヒトラーも医師ブロッホも認めており，Kubizek には事実誤認が多いとはいえ，その説明を裏づけるものとなっている. Smith, 110 and n.54 は Jetzinger に依拠している. Waite, 180–83 および Hamann, 84–5 参照.

(153) Jetzinger, 179; Hamann, 54. アドルフ・ヒトラーが臨終の母親の様子をスケッチしたという二名の証言がある（Bloch, 39; IfZ, MA–731（=HA, Reel 1), 'Adolf Hitler in Urfahr').

(154) Bloch, 39. 医師ブロッホは，長い間ヒトラーには感謝されていたと述べている. ヒトラーは後に医師ブロッホに多数の絵葉書と自作の絵を送った（Bloch, pt.II, *Colliers*, 22 March 1941, 69–70; Hamann, 56). オーストリア併合後，医師ブロッホはヒトラーに助けを求め，比較的に好意的な扱いを受けたが，生計の道を絶たれてアメリカ合衆国への移住を余儀なくされ，一九四五年にニューヨークで窮乏のうちに亡くなった（Bloch, pt.II, 72–3; Hamann, 56–7).

(155) *MK*, 16（trans., *MK* Watt, 17).

(156) Jetzinger, 181.

(157) *MK*, 16–17（trans., *MK* Watt, 17).

(158) *MK*, 19–20（trans., *MK* Watt, 19).

(159) Jetzinger, 180; Hamann, 55; Marckhgott, 272.

(160) Hamann, 58, 85.

(161) Maser, *Hitler*, 81 など．Hamann, 58 参照.
(162) Jetzinger, 180–82, 185–9; Smith, 111–12.
(163) NA, NND–881077, 4; Jetzinger, 182, 186–7.
(164) Jetzinger, 187.
(165) Marckhgott, 271.
(166) Kubizek, 146–55; Jetzinger, 189–92; Smith, 114–15.
(167) IfZ, MA–731（=HA, Reel 1), 'Adolf Hitler in Urfahr'.

第２章◆転落

(1) *MK*, 20–21（trans., *MK* Watt, 20–21）より引用.
(2) *MK*, chs.2–3, 18–137.
(3) *MK*, 137.
(4) これまでに出されたもののなかでは Brigitte Hamann, *Hitlers Wien. Lehrjahre eines Diktators*, Munich, 1996 の説明が最も優れている.
(5) これらの証言の信憑性については，Hamann, 77–83, 264–75 を参照のこと.
(6) Josef Greiner, *Das Ende des Hitler-Mythos*, Zürich/Leipzig/Vienna, 1947. Jetzinger, 225, 294; Waite, 427–32; Hamann, 275–80 は Greiner に対して否定的である．これは正しい．Smith, 165–6 はそこまでではない.
(7) Carl E. Schorske, *Fin-de-Siècle Vienna. Politics and Culture*, New York, 1979, xviii, 3 参照.
(8) William A. Jenks, *Vienna and the Young Hitler*, New York, 1960, 219 参照.
(9) Schorske, 6, 12, 15, 19, 22 参照.
(10) Schorske, 129.
(11) Hamann, chs.2–5, 9–10 は，ヒトラーが経験したウィーンの社会的，政治的構造を見事に描き出している.
(12) Jenks, 38–9.
(13) Jenks, 39.
(14) Jenks, 118.
(15) Jenks, 119–21 参照.
(16) Peter Pulzer, *The Rise of Political Antisemitism in Germany and Austria*, rev. edn, London, 1988, esp. chs.14–15 参照 ; Hamann, 470–71.
(17) Schorske, 146–80; Hamann, 486–8.
(18) Jenks, 118.
(19) *MK*, 135（trans., *MK* Watt, 113).
(20) Hamann, 128–9 参照 ; Joachimsthaler, 39–40.
(21) Jenks, 53.
(22) Jenks, 107.
(23) Schorske, 130–31.
(24) Hamann, 177–9.
(25) Jenks, 54–5, 101.
(26) *MK*, 80–101.
(27) Jenks, 73–8.
(28) Schorske, 129.

(29)　シェーネラーについては，Hamann, 337–64（here esp. 362）および Andrew G. Whiteside, *The Socialism of Fools. Georg von Schönerer and Austrian Pan-Germanism*, Berkeley/Los Angeles, 1975 を参照のこと．

(30)　Jenks, 106.

(31)　Schorske, 128.

(32)　Jenks, 91–6, 103–10.

(33)　*MK*, 106–30; Jenks, 110 参照.

(34)　*MK* 106–10, 130–34. 三〇年以上後にヒトラーはルエーガーを回想して称賛したことがある（*Monologe*, 152–3, 17 December 1941）．ルエーガーについてはとくに Hamann, 393–435 および John W. Boyer, *Political Radicalism in Late Imperial Vienna. Origins of the Christian Social Movement, 1848–1897*, Chicago, 1981, esp. ch.4 を参照のこと．

(35)　*MK*, 108, 130.

(36)　Schorske, 139; Jenks, 88.

(37)　Hamann, 417; Schorske, 145 より引用.

(38)　Schorske, 145.

(39)　Jenks, 50.

(40)　Schorske, 140.

(41)　Hamann, 411.

(42)　Hamann, 413.

(43)　Hamann, 412.

(44)　Hamann, 412. 490 頁を参照.

(45)　*MK*, 132–3; Hamann, 431–2 参照.

(46)　*MK*, 133–4.

(47)　*MK*, 108, 130.

(48)　Jenks, 168, 175.

(49)　Jenks, 158.

(50)　Jenks, 181–2.

(51)　Jenks, 178–9.

(52)　Jenks, 181.

(53)　Jenks, 168–9.

(54)　Jenks, 158.

(55)　Jenks, 179–80.

(56)　Jenks, 180.

(57)　*MK*, 43–4（trans., *MK* Watt, 38–9）より引用．Hamann, 254–7 参照.

(58)　Marckhgott, 271.

(59)　Jetzinger, 206.

(60)　NA, NND–881077, 4（Paula Hitler の証言（1946））.

(61)　Marckhgott, 273, 275.

(62)　NA, NND–881077, 4; Jetzinger, 230–32 は，一九一一年にヒトラーは叔母ヨハンナのかなりの遺産を相続したのではないかと推測している．しかしヨハンナが資産の五分の一にあたる九二四クローネをヒトラーに貸し与えたのは〇八年以前（おそらく〇七年末頃）であり，それがヒトラーの相続分だったのではないかと考えられる（Marckhgott, 275–6; Hamann, 196, 250）．ヒトラーの生活スタイルを見る限り，一一年に相続によって特段の恩恵を被った形跡はない．

(63)　Kubizek, 128, 148.
(64)　NA, NND–881077, 4.
(65)　Kubizek, 148–9.
(66)　一九〇七年九月末もしくは一〇月初旬に部屋を借りた件についてはSmith, 108に述べられている．Smithは，ウィーンに戻ったのは〇八年二月一四日から一七日のうちのいずれかの日だとしている．クビツェク宛の葉書の消印は二月一八日である．二月一四日にはヒトラーはまだウァファーにいた（Jetzinger, 187–8)．Kubizek（157）はマリア・ツァクレースをポーランド人としているが，Hamann（49）はチェコ人だと指摘している．Hamannは住所をシュトゥンパーガッセ三一番地ではなく二九番地としていた点についてもKubizek（132, 156）の誤りを訂正している．
(67)　Kubizek, 152.
(68)　Kubizek, 153–4（trans., August Kubizek, *Young Hitler*, London, 1973, 99).
(69)　Kubizek, 157–8.
(70)　Kubizek, 150は，ヒトラーはウィーンでも多かれ少なかれ同じような生活を送っていたと指摘している．
(71)　Kubizek, 159.
(72)　Kubizek, 159, 161.
(73)　Kubizek, 159–60.
(74)　Kubizek, 160.
(75)　Kubizek, 161–7. 引用は167頁（trans., *Young Hitler*, 113）より．
(76)　Kubizek, 167（trans., *Young Hitler*, 114).
(77)　Jetzinger, 187–8.
(78)　Kubizek, 163.
(79)　Kubizek, 165（trans., *Young Hitler*, 111). なお，英訳では「欺く」という言葉は削除されている．
(80)　Kubizek, 182（trans., *Young Hitler*, 129).
(81)　Kubizek, 163（trans., *Young Hitler*, 109).
(82)　IfZ, F19/19. これは書簡のコピーである．Jones, 33–7参照; Smith, 113; Joachimsthaler, 35; Maser, *Hitler*, 81–4; Hamann, 59–62.
(83)　*Monologe*, 200. 一説によると，ヒトラーは何度かロラーに面会しようとしたが，最終的には断念し，紹介状を破り捨てたとされる（John Toland, *Adolf Hitler*, London, 1977, 31, 929. ただしこれは，はるか後の一九七一年に行われたインタビューに基づく記述である．Jones, 51も参照).
(84)　Maser, *Hitler*, 84–5; Jones, 33, 121.（ただし311 n.65で著者も根拠薄弱と認めている). Joachimsthaler, 35参照.
(85)　クビツェクの回想録はでっちあげが多い（Jetzinger, 117–21, 135ff参照）が，ヒトラーの「計画」に関わるエピソードはその特異性からしてもクビツェク自身の創作とは考えにくく，クビツェクが描くヒトラー像とも合致する．Hamann, 80–82参照．ヒトラー自身も戦時中に，一五歳で戯曲を書きはじめたと述べたことがある（*Monologe*, 187, 8–9 January 1942)．英訳版*Hitler's Table Talk, 1941–1944*, London, 1953, 191では該当部分は削除されている．
(86)　Kubizek, 164–5.
(87)　Kubizek, 184–5.
(88)　Kubizek, 200–208. 引用は208頁（trans., *Young Hitler*, 153）より．
(89)　Kubizek. 空想的な諸計画については179頁，ウィーンの住宅については172頁および176–8頁，新たな大衆飲料については178–9頁，巡回オーケストラについては209–18頁，リンツ復興計画については174頁および197頁.

(90)　Kubizek, 176–8. Jones, 62–3, 68–9 は Kubizek の記述を受け入れてはいるが，ヒトラーが住宅問題に関心をもっていたのは，恵まれない人びとに人道的な観点から同情していたためではなく，自分がシュトゥンパーガッセでひどい部屋に住んでいたせいだとしている．
(91)　Kubizek, 211.
(92)　Jones, 52–8, 63–7. ヒトラーは後に，ミュンヒェンでクリムトの仲間だったフランツ・フォン・シュトゥックのエロティックな絵画を数点入手した．フォン・シュトゥックはヒトラーが好んだ芸術家のひとりである（Jones 57; Waite, 66–9）．
(93)　クリムトやココシュカの作品に対してウィーンでみられた激烈な批判については，Schorske, chs.5, 7 を参照のこと．
(94)　Kubizek, 186–7.
(95)　Kubizek, 173–4.
(96)　Kubizek, 173.
(97)　Kubizek, 188.
(98)　Kubizek, 153.
(99)　Kubizek, 188. 一九〇八年一月七日，ヒトラーは八・四〇クローネという比較的高額の会費を支払ってリンツ美術協会の会員になり，リンツの州立美術館と図書館の利用資格を得た．会員資格の喪失は〇九年三月四日である（Hamann, 57, 197）．
(100)　Kubizek, 188, 191.
(101)　Kubizek, 189–90.
(102)　Jetzinger, 216.
(103)　Kubizek, 190; Jetzinger, 217. ヒトラーは後に，カント，ショーペンハウアー，ニーチェの比較は有益だと論じている．ただし，だからといってヒトラーがそれらの著作を読んでいたことの証明になるわけではない（*TBJG*, II.7, 181, 21 January 1943）．実はヒトラーは，ウィーンの男性用単身宿舎でショーペンハウアーについて「講義」しようとしてぼろを出したあげく，著作を「いくつか」読んだだけだと白状し，「理解していることだけを話すように」と忠告されたことがある（Reinhold Hanisch, 'I Was Hitler's Buddy: III', *New Republic*, 19 April 1939, 297）．フランクによれば，ヒトラーは第一次世界大戦中にショーペンハウアーを読み，一九二四年のランツベルク収監中にニーチェを読んだと語ったという（Frank, 46）．
(104)　『わが闘争』（43，56，58 頁）でヒトラーは，社会民主党の『労働者新聞』，自由主義のノイエ・フライエ・プレッセ紙，『ウィーン日報』，キリスト教社会主義のドイチェス・フォルクスブラット紙にはっきりと言及している．日々の新聞購読にあたり，ヒトラーが真っ先に読んだのは，シェーネラー運動の機関紙『全ドイツ日報』であろう．同紙は，シュトゥンパーガッセのヒトラーの部屋のすぐそばで刊行されていた（Hamann, 50）．ヒトラーはこれらの新聞，定期刊行物，政治パンフレット等を主にカフェで読んだ（*MK*., 42–3, 65）．
(105)　*MK*, 35–6. Maser, *Hitler*, 179–82 は，この時期のヒトラーの読書をめぐる情報は信憑性に欠けると認めつつも，作り話にすぎない Greiner から長々と引用している．ヒトラーが多くの本を読んだとしていることに関する Maser の見解を，'Foam on the Hitler Wave', *JMH*, 46（1974), 522–4 で Binion が酷評しているのを参照されたい．Jones, 312 n.12 も，ヒトラーが宮廷図書館を利用していたという点には疑問を呈している．
(106)　NA, NND–881077, 4. 隣人や親戚の証言によれば，若き日のヒトラーはリンツでは本の虫だったようである．ただし，これらの証言はもちろん一九三八年以降に集められたものである（HA, Reel 1（IfZ, MA–731), 'Adolf Hitler in Urfahr' および Johann Schmidt の回想）．
(107)　*MK*, 36–8（trans., *MK* Watt, 33–4）．
(108)　Maser, *Hitler*, 110; *Monologe*, 198; Jenks, 14; Zoller, 58.

(109)　Kubizek, 198.
(110)　Kubizek は「グスタフ・マーラーの指揮するウィーン宮廷オペラによるヴァーグナー楽劇の解釈は完璧」(196 頁）だと書き,「当時の指揮者」マーラーをヒトラーが称賛した（192 頁）とも述べている．ヒトラーが最初の二回のウィーン滞在中にマーラーの指揮する演奏を聞いたことは証明されていない．ただし，ヒトラーとクビツェクが一緒にマーラーの演奏を聞いたということはありえない．ニューヨーク・メトロポリタン・オペラ着任のための渡航前，マーラーが最後に指揮を振ったのは一九〇七年一〇月一五日であり，クビツェクがウィーンに到着する五カ月前だったためである（Jones, 40, 48; Maser, *Hitler*, 264; Hamann, 44, 94–5).
(111)　Kubizek, 196. ヒトラーの妹パウラは，リンツにいた頃にヒトラーが「神々の黄昏」を一三回観たのを覚えていると語った（NA, NND-881077, 4)．ヒトラー自身は，ウィーン時代にトリスタン（ヒトラーはこれをヴァーグナー・オペラの最高傑作と考えていた）を「三〇〜四〇回」は観たと述べている（*Monologe*, 224, 294（24–5 January 1942, 22–3 February 1942)).
(112)　Kubizek, 195.
(113)　Schorske, 163.
(114)　Jenks, 202; Hamann, 89–95 参照.
(115)　Kubizek, 195（trans., *Young Hitler*, 140).
(116)　*Monologe*, 234（25–6 January 1942; trans., *Table Talk*, 251).
(117)　Joachim Fest, *Hitler. Eine Biographie*, Frankfurt am Main/Berlin/Vienna, 1976 edn, 75 で指摘されている点である.
(118)　Heiden, *Der Führer*, 52–3.
(119)　ヒトラーがヴァーグナーの英雄に自らをなぞらえたことについては，Köhler, esp. ch.13 および Waite, 99–113 参照.
(120)　Carr, 155 参照 ; Waite, 184–6.
(121)　ヴァーグナーがいなければ，第三帝国の政治が演劇と化したとは考えにくいという指摘は正しい（Fest, 74–7)．しかしながら，Köhler が *Wagners Hitler* で行っているように，第三帝国の政治はヴァーグナーの構想の実現をヒトラーが自らの使命と考えた結果だとするのは単純化と歪曲が過ぎる.
(122)　Kubizek, 162, 238.
(123)　Kubizek, 163.
(124)　Kubizek, 162.
(125)　Kubizek, 193.
(126)　Kubizek, 230.
(127)　Hanisch, 297.
(128)　Hamann, 523–4.
(129)　Hanisch, 297–8.
(130)　Hamann, 519–21 参照.
(131)　Hanisch, 297.
(132)　Waite, 51 より引用.
(133)　*MK*, 44（trans., *MK* Watt, 39).
(134)　Kubizek, 231.
(135)　Maser, *Hitler*, 527–9.
(136)　Heiden, *Der Führer*, 63–4 がこの点を指摘している.
(137)　ヒトラーには睾丸がひとつしかなかったという説が根拠とするのはロシア人による解剖結果だけである（Lev Bezymenski, *The Death of Adolf Hitler*, London, 1968, 46, 49)．しかしこの説は，ヒトラーの

お抱え医師が実施した複数の精密な医療検査の結果とは完全に矛盾する．医師はヒトラーの性器は完全に正常だったと断言している．*Sunday Times*, 29 September 1968 の批判的な書評で，Hugh Trevor-Roper は，説得力ある根拠を挙げて Bezymenski の解剖結果は全般的に疑わしいとしている．Maser, *Hitler*, 527–9 は，お抱え医師による医療検査についてまとめ，ソ連で解剖された死体がヒトラーのものではなかった可能性を指摘している．Waite, 150–62 は，根拠に乏しい単精巣症説を認め，ヒトラーの精神異常の精緻な説明のなかに取り入れている．Binion は，*Journal of Psychohistory*, 5（1977), 296–7 に掲載された Waite の研究に対する辛辣な書評のなかではこの説に対して懐疑的であり，（証言の重みと性質からすれば当然だが）性器異常はないとするヒトラーの生前の数回の検査結果を重視している．

(138)　Greiner, 54–67; Fest, 63 は，Greiner の記述をそのままなぞっており，ヒトラーの反ユダヤ主義の原因として妥当だと認めている．しかし，Greiner の研究は全く信頼できないと考えられる．その理由については Waite, 427–32 を参照のこと．

(139)　Schorske, chs.1, 5 参照.

(140)　Jenks, 123–5; Jones, 72–9; Hamann, 519–22.

(141)　Jones, 73; Kubizek, 158–9.

(142)　Kubizek, 237.

(143)　Kubizek, 228–9.

(144)　Kubizek, 237.

(145)　Kubizek, 237.

(146)　Kubizek, 239. ヒトラーがあるユダヤ人売春婦から梅毒をうつされたという噂が後に流れたことがあるが事実無根だった．一九四〇年の医療検査によればヒトラーは梅毒には罹患していなかった（Maser, *Hitler*, 308, 377, 528 参照).

(147)　Kubizek, 235–6.

(148)　*MK*, 63. 当時のウィーンに売春婦がきわめて多かったことを裏づける信頼できるデータはない．風俗業を経営しているのはユダヤ人だというのは反ユダヤ主義者が決まってもちだす非難であり，ご多分にもれず歪曲甚だしい．しかし，その主張に対抗するために，ユダヤ人コミュニティは犯罪的な人身売買の撲滅に尽力していた．そうした犯罪に東方ユダヤ人が関与し，貧困にあえぐ東欧の若いユダヤ人女性をウィーンの売春宿に供給する役割を果たすことがあった（Hamann, 477–9, 521–2 参照).

(149)　ヒトラーが少年時代にリンツの蠟人形館の成人向け区画に立ち入った（*Monologe*, 190 参照）のは，間違いなく思春期にありがちな好奇心のなせるわざであろう．

(150)　Kubizek, 233–5, 237; Waite, 241 参照.

(151)　Kubizek, 170–71 参照.「およそ身体に関することについては病的なほどに神経質」であり，「他人との身体的接触を嫌った」と書かれている（trans., *Young Hitler*, 116–17).

(152)　第 1 章注 63 の説明を参照のこと．

(153)　ここの記述の大部分は，NA, *The Hitler Source Book*, OSS（Office of Strategic Services）が戦時期にまとめた資料ならびにそれに大幅に依拠した Walter C. Langer, *The Mind of Adolf Hitler*, Pan Books edn, London, 1974, esp. 134, 165ff に基づいている．David Lewis, *The Secret Life of Adolf Hitler*, London, 1977 は書き方こそセンセーショナルだが史料的根拠は同じであり，目新しい点はないに等しい．Waite（237–43）は，ヒトラーには倒錯的なところがあっただろうと推論しつつも，その結論にいたる「論拠」が「十分とはいえない」ことを認めている（239 頁)．Jones, 91–4, 308 は，主として Langer と Waite に基づき，ヒトラーにはそのような倒錯がみられたと述べている（ただし，そのことはウィーン時代のヒトラーに関する Jones の説明の本筋には全く関係してこない)．そうした話の出所はかつてヒトラーの同志であり，後に宿敵となるオットー・シュトラッサーだった．

(154)　*MK*, 20.

(155)　*MK*, 17（trans., *MK Watt*, 17）.

(156)　Hamann, 58, 85; Maser, *Hitler*, 81; Smith, 108; Jetzinger, 172, 180–83. この時期のヒトラーの経済状態を検証した研究としては，Smith, 112，NA, *The Hitler Source Book*, 925–6（ウィリアム・パトリック・ヒトラーのインタビュー）に基づくToland, 29，およびJones, 300–301 n.35を参照のこと．ヒトラーは八〇クローネしかもたずにウィーンに発ったと一九二一年に書いている（IfZ, MA–731（= HA, Reel 1）の一九二一年一一月二九日付の書簡. Joachimsthaler, 92に再録）.

(157)　Kubizek, 156（trans., *Young Hitler*, 101）.

(158)　Kubizek, 158.

(159)　Kubizek, 157, 160, 162, 170, 223, 247, 258で部屋の環境が描写されている.

(160)　Kubizek, 161.

(161)　Kubizek, 157, 161–2, 178, 273に食生活についての記述がある.

(162)　Kubizek, 178. 一説によれば，男性用単身宿舎にいた時期には稀に煙草を吸うこともあったとされる（HA, Reel 1, File 17（IfZ, MA–731）のホーニッシュの証言がJoachimsthaler, 58に掲載されている）．ヒトラーはずっと後になってから，ウィーンで極貧生活を送っていた頃には日に二四〜四〇本もタバコを吸っていた時期があったが，食費にも事欠く状況でそれがいかに馬鹿げているかに思いいたってやめた，と述べた．これは実話ではなく説教のような印象を受ける（*Monologe*, 317, 11–12 March 1942）.

(163)　Kubizek, 192.

(164)　Smithは，ヒトラーは月々八〇〜九〇クローネを支出していたのではないかとしている（119頁）．すなわち，毎月六〇クローネ程度の赤字だったということになる．しかし，この推定の根拠は示されていない.

(165)　Kubizek, 193.

(166)　*Monologe*, 294（22–3 February 1942）.

(167)　Kubizek, 192–3.

(168)　Smith, 123.

(169)　Kubizek, 253–5.

(170)　Kubizek, 272–8.

(171)　Kubizek, 256–61.

(172)　Smith, 121. 親戚二名が一九三八年にナチ党中央文書館に語ったところでは，ヒトラーとは〇七年にヴァルトフィアテルで会ったきりだという（Binion, ‘Foam’, 523）．しかしクビツェクに宛てた葉書から見るに，ヒトラーがヴァルトフィアテルを訪れたのは〇八年八月と考えてよさそうである（Kubizek, 260–61; Jetzinger, 204–6）.

(173)　Kubizek, 261–2.

(174)　Jetzinger, 218; Smith, 122.

(175)　Heiden, 49.

(176)　Smith, 122. ヒトラーはこの不合格をずっと恥ずかしく思っていた．同じ男性用単身宿舎で過ごした匿名の人物の証言によれば，一九一二年にヒトラーは，美術アカデミーに何学期か通ったが，学生政治組織に関与しすぎたこと，勉強を続けるための学資が続かなかったことが理由でやめたと話したという（Anonymous, ‘My Friend Hitler’, 10. ページ下段の注253に完全な引用がある）．これが正しいとすれば，ヒトラーの嘘はこの時期からもう始まっていたことになる.

(177)　Smith, 8–9参照.

(178)　Kubizek, 246. クビツェクがヒトラーと一緒に見たという労働者のデモについてはJetzinger, 210–11を参照のこと．210–14頁には，当時のヒトラーの政治思想に関するクビツェクのその他の説明に対する批判が述べられている．ヒトラーがハプスブルク帝国軍を嫌い，一九〇八年のボスニア併合に批判的だった

ことをクビツェクが曲解して「平和主義」としたのかもしれない.

(179) 『わが闘争』では,長々と軽蔑的な描写が続き（*MK*, 80–100），その最後にウィーンの議会を二年間傍聴していたとある（100頁）.

(180) Kubizek, 249.

(181) *MK*, 135（trans., *MK* Watt, 113).

(182) *MK*, 14 参照.

(183) *MK*, ch.3.

(184) *MK*, 59. 一九二一年一一月二九日付の「先生（名前は書かれていない)」宛の書簡（IfZ, MA-731（= HA Reel 1). Joachimsthaler, 92 に掲載されている）のなかで，ヒトラーは，ウィーンに暮らすようになって「一年もたたないうちに反ユダヤ主義者になった」と書いている．しかし，この手紙は時期については誤りが多いため，Waite, 187 や Marlis Steinert, *Hitler*, Munich, 1994, 50 のようにこの日付をそのまま信じるのは賢明ではなかろう．〇八年は主としてクビツェクと過ごした時期であり，この時期にヒトラーが「転向」したとは考えにくいとしている Smith 148 が正しい.

(185) Kubizek, 251.

(186) ヒトラーはここに一九〇八年一一月一八日から〇九年八月二二日まで住んでいた（Smith, 122–3, 126).

(187) IfZ, MA-731（= HA, Reel I）の Marie Fellinger（née Rinke）の証言および，一九四〇年六月一一日にナチ党文書館が収集したマリー・フェリンガーとマリア・ヴォールラプ（旧姓クバータ）によるウィーン時代のヒトラーの回想の一部による．ここでは，一九一二年から一九年にかけて，ヒトラーは「カフェ・クバータ」に入り浸っていたとされる．ヴォールラプ夫人が経営するこのカフェにマリー・フェリンガーが手伝いに入っていた．このカフェはフェルバー通りのそばにあったが，ヴォールラプ夫人がカフェの経営を引き継いだ頃には，ヒトラーはとうにこの地区を離れていた．ヴォールラプ夫人は，ヴェッティもしくはペピという名のヒトラーの女友達（ヒトラーのことをドルファールと呼んでいた）が，ヒトラーがドイツに行くことになり，夫人にくれぐれもよろしくと言っている，とカフェに伝えに来たのを覚えていると言っている．そのときにこの女友達は，ヒトラーはオーストリアにはもう戻らないだろうと言ったとのことである．三年にわたってウィーン市北部のブリギッテナウに住んでいたヒトラーが一三年に市南部の小さなカフェに足しげく通っていたとは考えにくい．この話は完全に嘘だろう．Jones, 133, 271, 283, 344 n.92 はこの話を実話として取り上げている（ただし，女友達については男性だったことになっている). Joachimsthaler, 20, 161 参照.

(188) たとえば Smith, 148 など．Jones, 135–8, Fest, *Hitler*, 59–65 でも示唆されている．Wilfried Daim, *Der Mann, der Hitler die Ideen gab*, Vienna/Cologne/Graz, 1985 はこの時期の問題を中心的に取り上げて論じている.

(189) この雑誌の発表によれば発行部数は一〇万部にのぼる．学生のあいだではよく知られていたものと思われる．しかし，ランツが主張するほど発行部数が多かったとは思えない（Daim, 47, 127 参照).

(190) Daim, 48; Hamann, 308–19 参照.

(191) Hamann, 293–308, here 293, 299, 303–5.

(192) Hamann, 300–303.

(193) Hamann, 309.

(194) Daim, 48–207 はランツとその特異な思想について詳しく紹介している．Nicholas Goodrick-Clarke, *The Occult Roots of Nazism*, Wellingborough, 1985, 90–105 も参照.

(195) Daim, 25.

(196) Daim の著書にはまさにこれがタイトルとしてつけられている.

(197) たとえば Fest, 59–60 参照 ; Steinert, 56, 109; Hamann, 317.

(198)　*MK*, 59–60（trans., *MK* Watt, 52).

(199)　ランツの狂ったイデオロギーを詳細に分析した研究としてはDaim, 190–207を参照のこと．一九〇八年七月刊行の『オスタラ』誌二五号には「ユダヤ人問題の解決」という特集が設けられ，「アーリア主義とその敵」というエッセイが掲載されている．ただし，「すべてのユダヤ人がアーリア主義に先天的に敵対しているわけではない」，したがって「すべてのユダヤ人を十把一絡げに扱うべきではない」とも書かれている（7頁).「人種論導入」と銘打たれた二六号では，「ユダヤ人問題」については特段何も書かれておらず，主として頭蓋骨の分類などが取り上げられている．上記二号分の『オスタラ』誌をご提供いただいたことにつき，Gerald Fleming氏に感謝申し上げたい．

(200)　Daim, 25–6, 269–70 n.8.

(201)　Rudolph Binionは，論文 'Hitler's Concept of Lebensraum', *History of Childhood Quarterly*, 1 (1973), 251に基づいて行ったシンポジウム講演でこの点を指摘した．無名のオカルト信者であるランツは「ヒトラーにその思想を授けた」存在として歴史にわが名をとどめようとしたふしがある．若き日のヒトラーについてはしっかりと記憶していたのに対して，やはり自分が影響を与えたと主張するジャーナリストで，ミュンヒェン一揆後にヒトラーとともにランツベルクに収容された人物の名前は思い出せなかった点も気になる（Daim, 270 n.8)．他方，ランツはレーニンにも会ったと主張している．ランツによれば，レーニンはランツの思想を学び，その正しさを認めていたという（Daim, 110–11)．自らの思想が歴史上の重要人物に影響を与えたとランツが主張しようとしているのは明らかである．

(202)　Daim, 36–7, 274–5 n.39.

(203)　ランツの著作が第三帝国期に禁止された形跡はない．この点についてはDaim, 40, 275 n.42; Hamann, 318に説明がある．

(204)　George Mosse, *The Crisis of German Ideology*, London, 1966, 295がこの点について指摘している．

(205)　Binion, 'Hitler's Concept of Lebensraum', symposium, 251.

(206)　Hamann, 318–19参照．

(207)　Hamann, 318より引用．

(208)　IfZ, MA-731（HA, Reel 1)の住民登録票; Smith, 126; Hamann, 206.

(209)　Smith, 127; Hamann, 206. ここから三カ月は警察にも記録が残っていない．この間のヒトラーの足跡を示す直接の資料はない．

(210)　Eberhard Jäckel and Axel Kuhn (eds.), *Hitler. Sämtliche Aufzeichnungen 1905–1924*, Stuttgart, 1980（= JK), 55.（これはリンツ市参事会宛の一九一四年一月二一日付の書簡である.）ヒトラーは，困窮していて完全に無収入だったと主張している．実際には，一一年までは孤児年金を受領していた（Jetzinger, 220).

(211)　ヒトラーは後に，この時期には牛乳と乾パンで食いつなぎ，暖かい食事は「何カ月も」口にできなかった，と述べた（*Monologe*, 317（11–12 March 1942)).

(212)　Heiden, *Der Führer*, 50; Jetzinger, 219; Smith, 127.

(213)　Hanisch, 239.

(214)　Heiden, *Der Führer*, 50; Smith, 127 n.33. Joachimsthaler, 48–9は，この時期のヒトラーには家具付きの部屋を借りる金はなかったと指摘している．Hamann, 206–8は，オーストリア併合後にウィーン時代のヒトラーの暮らしについて詮索されることを避けるために，ウィーンではヒトラーはここに住んでいたとナチが宣伝したのではないかとしている．

(215)　ヒトラーの外見については，Joachimsthaler, 49, 51（51頁はHanischの証言)．当時のウィーンにおけるこのような宿泊施設の状況，路上生活者の生活については，Heiden, *Der Führer*, 60を参照されたい．Jenks, 31–9; Jones, 157–61; Hamann, 222–5. ヒトラーは衛生にはうるさく，感染症を恐れていたため，不潔さは耐えがたかったに違いない．後に偏執的なまでに清潔さを求めたのにはこの経験がものをいったと考

えてよいだろう．『わが闘争』では，「あの惨めな穴倉，宿泊施設と安アパート，汚らしいゴミ，その他諸々を考えるだけで今も身の毛がよだつ」と書かれている（*MK*, 28（trans., *MK* Watt, 26–7））.

(216)　*MK*, 22 参照.

(217)　Reinhold Hanisch, 'Meine Begegnung mit Hitler', HA, Reel 3, File 64.（これは二ページにおよぶ一九三三年時点での証言である．Joachimsthaler, 49–50 に掲載されている); Reinhold Hanisch, 'I Was Hitler's Buddy', 3 parts, *New Republic*, 5, 12, 19 April 1939, 239–42, 270–72, 297–300. ハーニッシュが死亡した二年後，ニュー・リパブリック誌に詳細版が英語で掲載された．以下の内容はこの二つに依拠している．両者は長さは異なるが，内容的にはよく一致している．(Smith, 161ff 参照．Hamann はハーニッシュに依拠し，その文脈に即して議論を組み立てた．Hamann のハーニッシュに関する説明が Hamann, 265–71 にある．ハーニッシュに関する伝記的な情報は Joachimsthaler, 268 n.115 に詳しい．Heiden が早い時期にヒトラーの伝記をまとめた際，重要な史料的根拠としたのがハーニッシュだった．Heiden, *Der Führer*, 51ff 参照.）

(218)　Joachimsthaler, 268. ヒトラーは一九一〇年に，ハーニッシュに会ったのはマイトリングの施設で，名はフリッツ・ヴァルターと聞いていた，と警察に話した（Jetzinger, 224).

(219)　Smith, 129 n.39 参照．警察の記録には疑問を呈しつつも，ハーニッシュとヒトラーの出会いについては，ハーニッシュの説明を採用している．

(220)　HA, Reel 3, File 64（Joachimsthaler, 49 に掲載されている); Hanisch, 240; Heiden, *Der Führer*, 51. ハーニッシュは一九〇九年一二月二一日に使用人の勤め口をまた見つけた（Joachimsthaler, 268 n.115).

(221)　Hanisch, 240; Heiden, *Der Führer*, 51; Smith, 130–31 and n.41 参照.

(222)　Kubizek, 183–5 参照.

(223)　ハーニッシュによれば，ヒトラーは溝さらいも考えたが，いったんそのような仕事に就くと「這い上がるのは難しい」として，思いとどまるよう説得されたとのことである（Hanisch, 240).

(224)　Joachimsthaler, 70.

(225)　*MK*, 40–42. 一九二一年にヒトラーは，一八歳になる前に建設現場で働いた経験があると述べた（IfZ, MA–731. Joachimsthaler, 92 に掲載されている)．一八歳前といえば，ウィーンで暮らし始める前である．

(226)　Hanisch, 240.

(227)　Hamann, 208–11 参照．Heiden, *Der Führer*, 60 では，これはナチ党の初代党首アントン・ドレクスラーの自伝 *Mein politisches Erwachen*, Munich, 1919 を「わずかに改変しつつ［…］引き写した」ものではないかと述べられているが，根拠はないように思われる．ドレクスラーの書いたもののなかに相似の箇所はない．

(228)　Smith, 131–2; Jetzinger, 223; Hamann, 227. ヒトラーは姉に手紙で頼んで送金してもらったのではないかというハーニッシュの推測（HA, 3/64; *New Republic*, 5 April 1939, 240）は誤りであろう．

(229)　Hanisch（HA, 3/64; *New Republic*, 5 April 1939, 240）によれば，ヒトラーは一九〇九年のクリスマスにコートを買ったとされる．ナチ党中央文書館の史料でハーニッシュは，ヒトラーは「この時期から」メルデマン通りの男性用単身宿舎で暮らしはじめたと述べているが，これは誤りである．後のニュー・リパブリック誌の記事では，ヒトラーはその後メルデマン通り（一〇年二月九日に入居）に越したとなっており，その方が正確である（Hamann, 227).

(230)　Hanisch, 242; Heiden, *Hitler*, 15; Heiden, *Der Führer*, 61; Smith, 136.

(231)　Hanisch, 241. ハーニッシュは，一九一〇年二月一一日には人気の高い地区にあるヘルツ通りの住所で登録があるが，自分ではメルデマン通りの男性用単身宿舎に入ったと主張している（240 頁)．ハーニッシュが宿舎に入り浸っていたことは確かだが，当時から居住していたという記録はない．ハーニッシュは一

二年一一月から一三年三月にかけては，フリードリヒ・ヴァルターという偽名でたしかに居住していた(Joachimsthaler, 268 n.115; Hamann, 542).

(232) Hanisch, HA, 3/64 and *New Republic*, 5 April 1939, 241. Karl Honisch, 'Wie ich im Jahre 1913 Adolf Hitler kennen lernte', HA, Reel 1, File 17 は，多少不正確なところはあるが Joachimsthaler, 50–55 に掲載されている．後者は一九一三年の状況を述べたものとされているが，一〇年の頃もそうだったと見てまず間違いないだろう．Smith, 132–3 も参照；Jenks, 26–8; Hamann, 229–34.

(233) Hanisch, 272.

(234) Hanisch, 241, 271–2. Joachimsthaler, 67–9, 270 n.161 参照；Smith, 137–8; Hamann, 499–500.

(235) Hanisch, HA, 3/64, and *New Republic*, 5 April 1939, 240–41; Honisch, HA, 1/17; Smith, 135–6. Joachimsthaler, 58–76 は，ヒトラーの描いた絵とその贋作を扱っている．そのうちいくつかはハーニッシュの手によるものである（58–61 頁）．Hamann, 234–7 も参照.

(236) Hanisch, HA, 3/64, and *New Republic*, 5 April 1939, 241–2. Smith, 137–40 も参照.

(237) Hanisch, 297. Smith, 139 参照.

(238) Hanisch, HA, 3/64. カール・ヘルマン・ヴォルフについては Hamann, 375–93 を参照のこと．ハーニッシュによれば，この時期，ヒトラーはベルンハルト・ケラーマンの小説をもとにした「トンネル」というタイトルの無声映画に感銘を受けていたという．大衆がデマゴーグに扇動されるという内容だった（これも *New Republic*, 5 April 1939, 242 に書かれている）．ヒトラーはずっと後になってからこの映画を褒めたことがあるが（Albert Speer, *Spandau. The Secret Diaries*, Fontana edn, London, 1977, 328 参照），ウィーン時代に見たとは考えられない．映画が完成したのは一九一五年である（Hamann, 238, 605 n.20).

(239) Hanisch, 241–2.

(240) HA, 3/64; *New Republic*, 12 April 1939, 271; Smith, 136–7.

(241) Hanisch, 241, 271–2, 297–8. Smith, 137, 139 も参照.

(242) HA, 3/64; *New Republic*, 5 April 1939, 241; 19 April 1939, 298–9; Smith, 140.

(243) Hanisch, 299.

(244) Hanisch, 241.

(245) Joachimsthaler, 69 参照；Smith, 138. Hamann, 245 は，ヴァルトフィアテルを訪ねた可能性があると推測している（単なる推測にすぎない).

(246) Smith, 137. この話はハーニッシュにも Greiner（39–42 頁）にも出てくる．それを根拠として，グライナーは不正確なうえに捏造ばかりではあるが，男性用単身宿舎にいた頃のヒトラーを本当に知っていたのであり，ハーニッシュが何を言ったかを知って書いたわけではないのだ，といわれてきた（Smith, 165–6 参照）．宿舎時代のヒトラーに関する話のうち，グライナーとハーニッシュが共通して取り上げているものとしては，ヒトラーのみすぼらしい服装，シェーネラー運動への支持，社会民主党を論難したために起こった騒ぎなどに関する話がある．それらは，グライナーの書いているいくつかのひどい作り話とは異なり，事実に基づいているのかもしれない．しかし，グライナーがハーニッシュを知っていたか，少なくともハーニッシュが一九三〇年代にウィーンで広めた話のいくつかを知っていて，それに尾ひれをつけたというのが最も考えやすい.

(247) Hanisch, 298–9. ハーニッシュが後にヒトラーの作品の贋作を作った件については，Joachimsthaler, 59–61; Smith, 140; Heiden, 61–3; Hamann, 265–71 に述べられている.

(248) Honisch, in HA, 17/1.（Joachimsthaler, 54, 58 に掲載されている.）

(249) 一九〇九年にハーニッシュが将来何をしたいのかと尋ねたところ，ヒトラーは何をしたいか分からないと白状した（Hanisch, 240).

(250) Honisch, HA, 17/1（Joachimsthaler, 55).

(251) Christa Schroeder, *Er war mein Chef*, 134 参照.

(252)　HA, 17/1 (Joachimsthaler, 55, 57–8); Smith, 141–2; Brünner Anonymous (Hamann, 541).
(253)　Anonymous, 'Muj Prítel Hitler' ('My Friend Hitler'), *Moravsky ilustrovany zpravodaj*, 40 (1935), 10–11 (チェコ語). 翻訳の労をとってくださったことにつき，Neil Bermel 氏に感謝したい.
(254)　Hanisch, 242, 272.
(255)　Smith, 141.
(256)　Jetzinger, 230–32; Smith, 143.
(257)　Jetzinger, 231.
(258)　Jetzinger, 226–7; Smith, 143.
(259)　Marckhgott, 273, 275–6; Hamann, 250–51.
(260)　Hamann, 251.
(261)　Smith, 9.
(262)　Smith, 140–41; Honisch, HA, 17/1 (Joachimsthaler, 54–5). お抱え写真家ホフマンと一九四四年に話をした際，ヒトラーは建築デッサンには自信を見せたが，自分の絵は過小評価し，魅力的な絵画ででもあるかのように高額を支払うのは「狂気の沙汰」だと述べた．一九一〇年頃のウィーンでは，一枚につき一二ライヒスマルク（に相当する額）以上は受け取らなかったものだ，とも付け加えた．ヒトラーが絵を描いたのは生活のためであり，「勉強になる」からでもあった，とのことだった．画家になりたかったわけではないとも言ったが，これはあまり正直とはいえない（〇七〜〇八年には真剣になりたいと思っていたという事実を隠している）(Schroeder, 134).
(263)　Honisch, HA, 17/1 (Joachimsthaler, 54).
(264)　*MK*, 35 (trans., *MK* Watt, 32). Honisch, HA, 17/1 (Joachimsthaler, 54) 参照.
(265)　以上の内容は，HA, 17/1 (Joachimsthaler, 54–7) のホーニッシュの証言に基づく.
(266)　教会に対するヒトラーの態度，シェーネラーは過ちを犯したとの認識については *MK*, 117–21 を参照のこと．また，一九〇四年にベーメンで興った国民社会主義運動がヒトラーには影響を与えなかったことについては Smith, 146–7 を参照されたい.
(267)　*MK*, 40–42.
(268)　Greiner, 43–4.
(269)　フランツ・シュタインは一八六九年にウィーンの下層に生まれた．シュタインはシェーネラーの熱狂的な支持者であり，ベーメン北部の工業地域のドイツ系労働者のあいだでドイツ国民社会主義への支持を勝ち取るべく騒々しい扇動を展開した．反チェコ感情については，Hamann, 354–75, here 367, and ch.9 を参照のこと．労働者のあいだでナショナリスト的な反チェコ感情の高まりがみられたことについては，Andrew Whiteside, *Austrian National Socialism before 1918*, The Hague, 1962, ch.4 で取り上げられている.
(270)　Heiden, *Der Führer*, 53 参照.
(271)　*MK*, 30 (trans., *MK* Watt, 28).
(272)　*MK*, 22 (trans., *MK* Watt, 21).
(273)　*MK*, 40 (trans., *MK* Watt, 36).
(274)　Kubizek 参照．30 頁ではベッドの下にズボンを敷いてプレスしていたこと，156 頁ではクビツェクと会う時の身なり，170 頁では衣類と下着が染みひとつなく清潔であるように気を使っていたことが述べられている.
(275)　Heiden, *Der Führer*, 60 参照．この点については Alan Bullock, *Hitler. A Study in Tyranny*, Harmondsworth, 1962 edn, 36 でも指摘されている.
(276)　*MK*, 22 (trans., *MK* Watt, 21–2).
(277)　*MK*, 24 (trans., *MK* Watt, 23).

(278)　*MK*, 43.
(279)　*MK*, 46（trans., *MK* Watt, 41）.
(280)　Joachimsthaler 45 および「ヒトラーがウィーン時代からすでに一九二〇〜二一年頃のような政治的議論をしていたとは信じがたい」とのコメントを参照のこと.
(281)　*MK*, 55–9（trans., *MK* Watt, 48–51）. 一九二一年一一月二九日付の「先生（名前は書かれていない）」宛の書簡のなかで，ヒトラーは自らの「転向」について，「コスモポリタンな家庭で育ちながら，厳しい現実を知ったことで私は一年もたたないうちに反ユダヤ主義に染まった」と記している.（IfZ, MA–731（HA, Reel 1）. Joachimsthaler, 92 に掲載されている）.
(282)　*MK*, 59（trans., *MK* Watt, 52）.
(283)　*MK*, 60（trans., *MK* Watt, 52）.
(284)　*MK*, 61.
(285)　*MK*, 64（trans., *MK* Watt, 56）.
(286)　*MK*, 65–6. ヒトラーは，ヴィクトア・アドラー，フリードリヒ・アウステルリッツ，ヴィルヘルム・エレンボーゲン，アントン・ダーフィットという四名のユダヤ人の労働運動指導者の名を挙げている. 最初の三名はウィーンの反ユダヤ主義者の非難によくまとめて登場する. 最後のひとりはインフレに抗議する一九一一年の労働者デモで指導的な役割を果たした人物である（Hamann, 258–9）.
(287)　*MK*, 66（trans., *MK* Watt, 57）.
(288)　*MK*, 69.
(289)　Kubizek, 94.
(290)　Kubizek. 62 頁では学食でユダヤ人学生に対して嫌悪感をみせたこと，249–50 頁ではユダヤ人ジャーナリストについて述べられている.
(291)　Kubizek, 250–51. クビツェクは『わが闘争』（59 頁）に依拠して書いていると考えられる. Kubizek の内容に対する Jetzinger の批判を参照のこと（214 頁）.
(292)　Hamann, 83.
(293)　Hamann, 82–3 参照.
(294)　Hamann, 22.
(295)　Hamann, 28–9. ヒトラーはリンツにいた頃には反ユダヤ主義ではなかったと主張している（*MK*, 55）. Friedrich Heer, *Der Glaube des Adolf Hitler*, Munich/Eßlingen, 1968, 25, 72; Friedrich Heer, *Gottes erste Liebe*, Munich/Eßlingen, 1967, 355 は，ヒトラーが通っていたリンツの学校での反ユダヤ主義の強さ，学校やリンツの町におけるシェーネラーの反ユダヤ主義的主張への支持を強調する. しかし，Bukey, 8–9 は，リンツでは悪質な反ユダヤ主義が広まってはいたが，反チェコ感情のほうがはるかに重要だった，とも示唆している.
(296)　Albert Speer, *Erinnerungen*, Frankfurt am Main/Berlin, 1969, 112; Hamann, 29–30. ヒトラーはゲッベルスに対しても，自分はウィーンで反ユダヤ主義に染まったと話した（*Tb* Reuth, iii. 1334（17 October 1939））.
(297)　シェーネラーの人種的反ユダヤ主義については Hamann, 344–7 で扱われている.
(298)　IfZ, MA–731（HA, Reel 1）, ‘Notizen für Kartei’（一九三八年一二月八日付）では，ブロッホはカードを二枚受け取ったとされている. 一枚は素敵な絵が描かれた新年の挨拶状（一九〇八年のものと推定される）であり，もう一枚には「ありがとうございます」との言葉が添えられていた. カードは三八年三月にゲシュタポに押収された. Bloch, 69–70 にはこのカードについて言及がある. Binion, *Hitler among the Germans*, 19 も参照.
(299)　*MK*, 59.
(300)　Daim, 25–6, 270.

(301) *MK*, 59–60.
(302) Hanisch, 271.
(303) Hamann, 242.
(304) Hanisch, 271–2, 299. Hamann, 242, 246–7, 498 参照.
(305) Smith, 149.
(306) Anonymous, 'My Friend Hitler', 11.
(307) Hanisch, 272.
(308) Greiner, 75–82. Greiner (79) は，ヒトラーはリンツ時代から反ユダヤ主義だったと主張している.
(309) Binion, *Hitler among the Germans*, 2, 19; Binion, 'Hitler's Concept of Lebensraum', 201–2.
(310) Binion, 'Hitler's Concept of Lebensraum', 189 参照；Binion, *Hitler among the Germans*, 2. Joachimsthaler, 44 では，一九一九年六月になるまで，ヒトラーはユダヤ人に対してそれほど嫌悪感を抱いていなかったとされている.
(311) 三〇歳で政治の世界に足を踏み入れる前からヒトラーの政治哲学は不変なのだという主張の含意については，*MK*, 71 を参照のこと.
(312) Jones, 129. ウィーンの攻撃的な反ユダヤ主義については Hamann, 472–82 を参照のこと.
(313) Pulzer, 202.
(314) Jenks, 127–33.
(315) 若い頃，ウィーンでテオドア・フリッチュの『ユダヤ人問題の手引き』を「読み込んだ」とヒトラーは後に主張している（*Hitler. Reden. Schriften. Anordnungen. Februar 1925, bis Januar 1933*, Munich etc., 1992-8（= RSA), IV/1, 133).
(316) Carr, 123; Waite, 188.
(317) Langer, 187. Carr, 121–2 参照.
(318) Fest, *Hitler*, 65 参照.
(319) Hanisch, 272. ヒトラーは『わが闘争』の 61 頁で「カフタンを着ている奴らの臭い」と書いている.
(320) 大戦後，ヒトラーの妹パウラは，「ウィーンで厳しい青年期を送ったせいで反ユダヤ主義的な思想をもつようになった可能性はあります．ウィーンでは食べものにも不自由し，絵を描いてもうまくいかないのは芸術作品がユダヤ人の手に握られているせいだ，と思いこんでいました」と述べたことがある．これは，単にパウラがそう考えていただけのことであろう．ヒトラーが妹にそのような説明をしたという記録はない (NA, NND–881077).
(321) Hanisch, 272.
(322) Hanisch, 271–2.
(323) Hamann, 246.
(324) Smith, 149–50.
(325) HA, 17/1 のホーニッシュの証言（Joachimsthaler, 54).
(326) Anonymous, 'My Friend Hitler', 10.
(327) すでに見たように，ヒトラーは以前からドイツを賞賛し，ミュンヒェンに行きたいと言うのを耳にしていた者もいた．それにもかかわらずヒトラーがこれほど長くウィーンを離れたがらなかったことは説明できない，という問題について論じているのが Langer, 185–6 である.
(328) Hamann, 85, 568.
(329) Jetzinger, 254.
(330) Joachimsthaler, 25.
(331) Smith, 150–51.
(332) Jetzinger, 250.

(333)　Joachimsthaler, 15, 257–8. Joachimsthaler は，ヒトラーに同行したのはホイスラーだったという新事実を発見した．ホイスラーについては Hamann, 566–8 を参照のこと．
(334)　*MK*, 137.

第3章◆高揚と憤激

(1)　これは，Ralf Dahrendorf, *Society and Democracy in Germany*, London, 1968 の第四章のタイトルである．
(2)　ドイツの近代化の「特有の道」論として有名なのは，Hans-Ulrich Wehler, *Das Deutsche Kaiserreich 1871–1918*, Göttingen, 1973 である．伝統的な価値観・社会構造と近代的な価値観・社会構造の衝突を，ヒトラーの台頭を許した条件と見る，というこの議論をさらに進めたのが，Ernst Bloch, 'Der Faschismus als Erscheinungsform der Ungleichzeitigkeit', in Ernst Nolte（ed.）, *Theorien über den Faschismus*, 6th edn, Königstein/Ts., 1984, 182–204 である．
(3)　この可能性を論じたものとして重要なのは，Manfred Rauh, *Die Parlamentarisierung des deutschen Reiches*, Düsseldorf, 1977, esp. here 13–14, 363–5 である．Thomas Nipperdey, *Deutsche Geschichte 1866–1918*, vol.ii, Munich, 1992, 755–7, 890–93 は，第二帝政がどのような方向に発展していくかは確定していたわけではなかったと強調する．「一八七一年から一九一四年までの第二帝政の歴史は，ヨーロッパに共通する正常な歴史である」という Nipperdey のコメント（891 頁）は，「特有の道」論のような解釈をきわめて明確に否定している．
(4)　この議論は，Hans-Ulrich Wehler, *Deutsche Gesellschaftsgeschichte 1849–1914*, Munich, 1995, esp. 460–86, 1279–95 で最も明確に示され，Hans-Ulrich Wehler, 'Wirtschaftliche Entwicklung, sozialer Wandel, politische Stagnation: Das Deutsche Kaiserreich am Vorabend des Ersten Weltkriegs', in Simone Lässig and Karl Heinrich Pohl（eds.）, *Sachsen im Kaiserreich*, Dresden, 1997, 301–8 で改めて簡単に言及されている．
(5)　第二帝政期のドイツに関するニッパーダイの大部の二巻本を締めくくるのは，「歴史の基本的色彩は黒でも白でもなければ，チェスのボードのように明確なコントラストの模様があるわけでもない．歴史の基本的色彩はグレーであり，濃淡も様々なのだ」というコメントである（Nipperdey, ii.905）．
(6)「たったひとりの狂人の意思」がいかにドイツを第二次世界大戦に追いやったかを考えれば「耐えがたい思いである」というゲアハルト・リッターのコメントはこうした考え方を暗黙の前提としている（Gerhard Ritter, *Das deutsche Problem. Grundfragen deutschen Staatslebens gestern und heute*, Munich, 1962, 198）．Jürgen Steinle, 'Hitler als "Betriebsunfall in der Geschichte"', *Geschichte in Wissenschaft und Unterricht*, 45（1994）, 288–302 は，ヒトラーをドイツ史の連続性のなかにおける予測不能な断絶としてとらえる「業務事故」という比喩の使用について分析している．エバーハルト・イェッケルは，一般的な議論とは逆の意味で，ヒトラーはまさしく社会における原発事故のようなものだったのだと論じている（Jäckel, *Das deutsche Jahrhundert*, ch.4, 153–82; 'L'arrivée d'Hitler au pouvoir: un Tschernobyl de l'histoire', in Gilbert Krebs and Gérard Schneilin, *Weimar ou de la Démocratie en Allemagne*, Paris, 1994, 345–58）．*The Nazi Dictatorship. Problems and Perspectives of Interpretation*, 215–16 において，私もその比喩を使ったことがあるが，（イェッケルの議論でも指摘されていたように）原発事故は人為的ミスや計算違いのみならず，構造的原因がなければ発生しないのだという点を強調した．
(7)　Geoff Eley, *Reshaping the German Right*, New Haven/London, 1980, ch.10 参照．
(8)　George Mosse の著作 *The Nationalisation of the Masses*, New York, 1975 のタイトル．
(9)　Nipperdey, ii.265. ナショナリスト知識人については Thomas Nipperdey, *Deutsche Geschichte 1866–1918*, vol.i, Munich, 1990, 599–600 も参照のこと．

(10)　Pulzer, 242 より引用.

(11)　Lothar Kettenacker, 'Der Mythos vom Reich', in K. H. Bohrer (ed.), *Mythos and Moderne*, Frankfurt am Main, 1983, 261–89 参照.

(12)　Mosse, *Nationalisation*, 62–3 and pl. 9; Nipperdey, i.739, ii.599.

(13)　*MK*, 180. これらの記念碑については Nipperdey, i.738–41, ii.261 を参照のこと.

(14)　Mosse, 36–7; Nipperdey, ii.599.

(15)　Elisabeth Fehrenbach, 'Images of Kaiserdom: German attitudes to Kaiser Wilhelm II', in John C.G. Röhl and Nicolaus Sombart (eds.), *Kaiser Wilhelm II. New Interpretations*, Cambridge, 1982, 269–85, here 276.

(16)　Nipperdey, ii.289; Léon Poliakov, *The History of Anti-Semitism*, vol.iv, Oxford, 1985, 23–4, 31, 83ff.

(17)　Fritz Stern, *The Politics of Cultural Despair*, Berkeley, 1961 および George Mosse, *The Crisis of German Ideology*, pts. I-II 参照. また，とくにポール・ド・ラガルドの影響については Nipperdey, i.825–6 を参照のこと.

(18)　Nipperdey, ii.256.

(19)　Pulzer, 231.

(20)　Pulzer, 236.（ここでは August Julius Langbehn が引用されている).

(21)　Nipperdey, ii.290 参照.

(22)　Nipperdey, ii.299, 305; Mosse, *Crisis*, esp. 93–7, 112. イギリス出身の大の知独派ヒューストン・ステュアート・チェンバレンは，ドイツ市民権を取得してリヒャルト・ヴァーグナーの娘と結婚し，バイロイトのヴァーグナー周辺の人びとのあいだで独自の人種理論を発展させた．チェンバレンはドイツを善き人種，ユダヤを悪しき人種と位置づけ，歴史を人種闘争としてとらえた．一九二七年，亡くなる直前に訪問したヒトラーをチェンバレンは称賛した．テオドア・フリッチュは初期の最も激烈な反ユダヤ主義の著述家のひとりであり，自らの思想を広めるために急進的人種主義の帝国鉄槌同盟を設立した．その思想は，都市生活や工業化への激しい抵抗と人種主義を結び合わせたものだった．三三年に七九歳で没したフリッチュは，ナチから高く評価された.

(23)　Jeremy Noakes, 'Nazism and Eugenics: the Background to the Nazi Sterilisation Law of 14 July 1933', in R.J. Bullen, H. Pogge von Strandmann and A.B. Polonsky (eds.), *Ideas into Politics*, London/Sydney, 1984, 79–80.

(24)　ハンス・グリムの有名な小説のタイトル.

(25)　膨張主義思想の双方向への発展については，Woodruff D. Smith, *The Ideological Origins of Nazi Imperialism*, New York/Oxford, 1986 を参照のこと.

(26)　Nipperdey, ii.601.

(27)　Eley, *Reshaping*, 218–23. Eley は，一九〇四年から一四年にかけて反社会主義帝国同盟は社会民主党を攻撃するパンフレットとリーフレットを約五〇〇〇万部も出版したと述べている（230–31 頁).

(28)　Nipperdey, ii.601; Roger Chickering, *We Men Who Feel Most German. A Cultural Study of the Pan-German League, 1886–1914*, London, 1984, 191.

(29)　Nipperdey, ii.602–9; Chickering, esp. chs.4, 6; Eley, *Reshaping*, 337–43.

(30)　Nipperdey, ii.607–8.

(31)　Daniel Frymann (Heinrich Claß), *Wenn ich der Kaiser wär!*, 5th edn, Leipzig, 1914, 227.

(32)　Axel Schildt, 'Radikale Antworten von rechts auf die Kulturkrise der Jahrhundertwende', *Jahrbuch für Antisemitismusforschung*, 4 (1995), 63–87 参照.

(33)　Geoff Eley のエッセイ集 *From Unification to Nazism*, London, 1986, 231–53 に収められた 'The

German Right, 1860–1945: How it Changed' および，Eleyがその後執筆した同様の趣旨の論文 'Conservatives and radical nationalists in Germany: the production of fascist potentials, 1912–1928', in Martin Blinkhorn (ed.), *Fascists and Conservatives. The Radical Right and the Establishment in Twentieth-Century Europe*, London, 1990, 50–70 を参照されたい．

(34) ヴィルヘルム二世（一八五九年一月二七日，ポッダム生）は八八年にドイツ皇帝兼プロイセン王となった．その幼稚さ，極度の情緒不安定，尊大で激しやすい気質，抑えがたい傲慢さ，いかなる反論も認めない非寛容，自己の能力の過信，異常なまでの憎しみは，その暴力性においてヒトラーと大差ないものであり，三〇年にわたってドイツを支配したこの人物の人格障害を示すものだといってよい．ヴィルヘルム二世は，一九四一年六月四日，亡命先オランダのドールンにて没した．John C.G. Röhl, 'Kaiser Wilhelm II. Eine Charakterskizze', in Röhl, *Kaiser, Hof und Staat*, Munich, 1987, 17–34 および同氏の主著 *Wilhelm II. Die Jugend des Kaisers 1859–1888*, Munich, 1993 を参照のこと．なお，ここでは，この「ドイツ帝国最後の皇帝の人格障害」の原因として，出産時外傷ならびに左腕の障害が強調されている（38 頁）．

(35) *MK*, 138. 139 頁には，「私は本当に心から満足し，幸福に感じた」とある（trans., *MK* Watt, 116–17）．

(36) *MK*, 138.

(37) *MK*, 135–6（trans., *MK* Watt, 113）．

(38) *MK*, 179（trans., *MK* Watt, 150）．*Reichshandbuch der deutschen Gesellschaft*, vol.1, Berlin, n. d.（1931?), 771 のヒトラーに関する項目では，「一九一二年春，政治活動に適した大きな活躍の場を求めてミュンヒェンに移った」と書かれている．時期，動機ともに誤解を与える記述である．この箇所は Fest, i.91 でも引用されている．

(39) *MK*, 139（trans., *MK* Watt, 117）．

(40) Max Spindler, *Handbuch der bayerischen Geschichte*, vol.iv, pt.2, Munich, 1975, 1195 より引用．ロヴィス・コリント（一八五八年生，一九二五年没）は東プロイセン出身だが，一八九〇年代にミュンヒェン分離派を形成した進歩的芸術家のひとりである．初期のコリントはユーゲントシュティールの主導者としても知られる．Spindler, iv.1196 を参照のこと．*Deutsche Biographische Enzyklopädie*, vol.2, Munich etc., 1995, 373 も参照．David Clay Large, *Where Ghosts Walked. Munich's Road to the Third Reich*, New York, 1997 の序章および第一章は，世紀転換期ミュンヒェンの芸術・文学界について余すところなく描き出している．

(41) *MK*, 139. ヒトラーは，バイエルン方言に親しみを感じたとも述べている．幼少期にニーダーバイエルンのパッサウにしばらく住んでいた時のことを美化して述べたものと思われる（*MK*, 135, 138)．パッサウについてそれほどよく記憶していたとは思えない．二年半ほど暮らした後，パッサウを離れたのは六歳を迎える頃だった（Jetzinger, 58, 64, 66; Smith, 53, 55)．

(42) *MK*, 139.

(43) *Monologe*, 201（15–16 January 1942）．

(44) Heinz A, Heinz, *Germany's Hitler*, London（1934), 2nd edn, 1938, 49. これは，政権掌握直後に英国の読者向けにヒトラーについて書いたものであり，都合のよいその記述は『わが闘争』からとられている（ミュンヒェン行きを一九一二年としていることについても同じ）．しかし，ヒトラーがミュンヒェンの壮麗な建造物に感嘆したことを疑う理由はない．

(45) *Monologe*, 400（13 June 1943）．

(46) 壮大なミュンヒェン復興計画については，Hans-Peter Rasp, 'Bauten und Bauplanung für die "Hauptstadt der Bewegung"', in *München — 'Hauptstadt der Bewegung'*, ed. Münchner Stadtmuseum, Munich, 1993, 294–309 を参照のこと．

(47) *MK*, 136.

(48)　Heinz, 56. これは大家だったポップ夫人の一九三〇年代の証言である（夫人はヒトラーがやってきた年について，『わが闘争』で言われる一二年という誤情報を繰り返している）. ミュンヒェン警察への登録書類にはヒトラーは画家と記入した（Joachimsthaler, 17, 32）.
(49)　*JK*, 54（「建築画家」と書かれている）; Werner Maser, *Hitlers Briefe und Notizen*, Düsseldorf, 1988, 40; Jetzinger, 262.
(50)　IfZ, MA–731（= HA, Reel 1）（Joachimsthaler, 91–2 に掲載）.
(51)　*Der Hitler-Prozeß 1924. Wortlaut der Hauptverhandlung vor dem Volksgericht München I, Teil 1*, ed. Lothar Gruchmann and Reinhard Weber, assisted by Otto Gritschneder, Munich, 1997, 19; *JK*, 1062. Joachimsthaler, 31 の表現は，*Der Hitler-Prozeß vor dem Volksgericht in München*, Munich, 1924 に基づいているが，所々，原文と異なる箇所がある.
(52)　*Monologe*, 115（29 October 1941）. *Hitler's Table Talk*, 97–8 の翻訳は不完全であり，粗さを感じるところも多い.
(53)　Heinz, 49–50.
(54)　Orr, *Revue*, Nr 46（1952）, 3; Joachimsthaler, 16, 81; Hamann, 570–74. ヒトラーとは異なり，ホイスラーは大戦が勃発するとウィーンに戻った（Joachimsthaler, 81）. 奇妙なことだが，一九三八年五月一日にオーストリアでナチ党に加盟申請した際，ホイスラーはかつてヒトラーとつきあいがあったことには触れていない（BDC, Parteikorrespondenz, Rudolf Häusler, geb. 5 Dezember 1893, Personal-Fragebogen, 1 May 1938）.
(55)　Heinz, 50.
(56)　Joachimsthaler, 84–9.
(57)　HA, Reel 2, File 3 にオーバーザルツベルクでの一九四四年三月一二日の昼食時の議論に関する報告がある. これは Schroeder, 134 に掲載されている（ch.2, n.262 参照）.
(58)　*JK*, 54; Schroeder, 134（HA Reel 2, File 3）.
(59)　Heinz, 51.
(60)　Heinz, 50–52.（これはポップ夫人の証言である.）
(61)　*MK*, 139.
(62)　*MK*, 169–70.
(63)　Heinz, 51.
(64)　Heiden, *Der Führer*, 65 は，ホーフブロイハウスの飲み屋をはじめとするビアホールでヒトラーが熱弁をふるった，としている. ただし典拠は挙げられていない.
(65)　*MK*, 171（trans., *MK* Watt, 142）.
(66)　*MK*, 139–42.
(67)　Jetzinger, 254–7; Joachimsthaler, 25–6.
(68)　Jetzinger, 259–62.
(69)　Jetzinger, 262–4（272–3 頁にコピーが一部掲載されている）; Maser, *Hitlers Briefe*, 40–42; *JK*, 53–5. Jetzinger はヒトラーの手紙を批判している（265–72 頁）が，衒学的にすぎる.
(70)　Jetzinger, 258–65.
(71)　Joachimsthaler, 27–31.
(72)　Jetzinger, 284–92.
(73)　*MK*, 173（trans., *MK* Watt, 145）.
(74)　*MK*, 173–4, 177（trans., *MK* Watt, 145–6, 148）.
(75)　David Lloyd George, *War Memoirs*, vol.i, London, 1933, 52.
(76)　J.P. Stern, *Hitler: the Führer and the People*, London, 1975, 12.

(77)　Fritz Wiedemann, *Der Mann, der Feldherr werden wollte*, Velbert/Kettwig, 1964, 29.
(78)　Joachimsthaler, 159–60.
(79)　*MK*, 179 (trans., *MK* Watt, 150).
(80)　*Monologe*, 79 (13 October 1941).
(81)　*Monologe*, 46 (24–5 July 1941).
(82)　Heinrich Hoffmann, *Hitler Was My Friend*, London, 1955, 34.
(83)　Ernst Toller, *I Was a German*, London, 1934, 54.
(84)　Wolfgang J. Mommsen, *Der autoritäre Nationalstaat*, Frankfurt, 1990, 407. 戦争に対する人びとの温度差，熱狂の理由の多様さについては，Richard Bessel, *Germany after the First World War*, Oxford, 1993, 2–4 でバランスよく説明されているため，参照されたい．
(85)　Adrian Lyttelton (ed.), *Italian Fascisms from Pareto to Gentile*, London, 1973, 211 より引用．
(86)　Mommsen, *Der autoritäre Nationalstaat*, 407.
(87)　Werner Abelshauser, Anselm Faust and Dietmar Petzina (eds.), *Deutsche Sozialgeschichte 1914–1945. Ein historisches Lesebuch*, Munich, 1985, 215. *Soziale Praxis*, 23 (1913–14), Sp. 1241–4 より引用．
(88)　あるドイツ人兵士が父親に宛てた一九一五年一〇月七日付の手紙には，「『愛国主義』と呼ばれるもの，そんなものを僕はもちあわせません．そうではなくて，親愛なるドイツ国民の苦境に対する憐れみと共感，その弱さや過ちを理解し，助けになりたいという願いがあるだけです．だから，僕は国民から逃げようとは思いません．心のなかでも．苦難のなかに身を置き，国民のための真の戦士となります」と書かれている (Philipp Witkop (ed.), *Kriegsbriefe gefallener Studenten*, Munich, 1928, 22).
(89)　*MK*, 177 (trans., *MK* Watt, 148).
(90)　Joachimsthaler, 101. 引用箇所は，ホフマンの回想録 (Heinrich Hoffmann, *Hitler Was My Friend*, London, 1955) の英語版には含まれていない．しかし，ヒトラーを丸で囲んだ写真は 16 頁に掲載されている．この写真は第一次世界大戦開戦二〇周年の際に広く公開された (*Daily Telegraph*, 3 August 1934 参照)．ヒトラーが丸い囲みで拡大されている写真はよく知られるが，その囲みのない写真は，Rudolf Herz, *Hoffmann und Hitler. Fotografie als Medium des Führer-Mythos*, Munich, 1994, 29 に掲載されている．一九四三年にはホフマンの年収は三〇〇万マルクを超え，所有する地所の地価は六〇〇万マルクを超えていた (Herz, 37–8).
(91)　*MK*, 179.
(92)　Joachimsthaler, 102, 104.
(93)　Joachimsthaler, 108 は，ヒトラーがバイエルン王国軍への入隊を許可されたのは，「どうやら第二予備大隊の不注意」のせいだとしている．
(94)　Joachimsthaler, 103–8.
(95)　Joachimsthaler, 107. 一九二一年一一月二九日付の「先生 (名前は書かれていない)」宛の書簡 (IfZ, MA-731 (= HA, Reel 1. Joachimsthaler, 93 に掲載) を参照のこと．
(96)　Joachimsthaler, 106–7, 109–14, 116. ヒトラーは，第六バイエルン予備師団 (約一万七〇〇〇人の兵員からなる) の第一二歩兵旅団第一六予備歩兵連隊 (リスト連隊) の第一大隊第一中隊に配属された．リスト連隊はオーバーバイエルンとニーダーバイエルン出身者が主だった．連隊は装備に問題を抱えており，一九一四年一一月にはスパイク付皮製ヘルメットしか支給されず，鋼鉄製フルヘルメットが支給されたのは一六年のソンムの戦いの直前だった．
(97)　*JK*, 59.
(98)　*JK*, 59 (これはウルムからアントワープに向かう途中にヨーゼフ・ポップに宛てた葉書である); Joachimsthaler, 117.
(99)　*JK*, 60, 68.

(100) Joachimsthaler, 120–21, 124.
(101) *Monologe*, 71 (25–6 September 1941).
(102) Joachimsthaler, 159–60.
(103) Wiedemann, 26.
(104) Joachimsthaler, 159–60.
(105) Joachimsthaler, 126–7, 135, 277 n.339; Heinz, 65.
(106) *MK*, 181–2; Joachimsthaler, 129 参照.
(107) Joachimsthaler, 125, 128, 152–3, 155–6 にいくつか例が引用されている.
(108) フロメルの連隊参謀本部は前線から三キロメートルほど離れており，軍事作戦の指令はそこから出された．連隊の管理にあたる人員は徒歩一時間ほどのところにあるフルネに配置されていた．ヒトラーら伝令兵は三日間フロメルで勤務し，次の三日間フルネで休みをとるというシフト制をとっていた（そこでヒトラーが過ごした時間については，Joachimsthaler, 123, 126–7, 135–40 を参照のこと）．ヒトラーは一九四四年に，第一次世界大戦の従軍期間中，ショーペンハウアーの五巻本を携帯しつづけたと主張した（*Monologe*, 411（19 May 1944））．ハンス・フランクも，ヒトラーが同じようなことを言うのを耳にした覚えがあるという（Frank, 46）．
(109) Wiedemann, 24–5.
(110) Balthasar Brandmayer, *Meldegänger Hitler 1914–18*, 2nd edn, Munich/Kolbermoor, 1933, 51–2. ブラントマイアーはヒトラーに対して親称（Du）で話しかけることを許された数少ない人間のひとりである．それにもかかわらず，ブラントマイアーは一九三九年に総統官邸から，ナチ党の事案に口出ししたり，故郷バイエルンのブルックミュールでカトリック幼稚園が閉鎖されたことに不満を言って「人びとのあいだに不満を広め」たりしないようにとの警告を受けた．その二年前には，帝国著作院ミュンヒェン支部は，ブラントマイアーの本の書名からヒトラーの名を落とすよう，許可を求めたことがあった（BDC, Balthasar Brandmayer の個人ファイルに含まれる一九三九年一〇月一八日付の総統官房の書簡および一九三七年一一月一二日付のミュンヒェン=オーバーバイエルン帝国著作院の書簡）．
(111) *JK*, 68; Joachimsthaler, 130–31. 英ジャーナリストのウォード・プライスは，ずっと後に，いかにもヒトラーらしい潤色が加えられた話を紹介している．それによれば，即刻塹壕を離れよとの内なる声が軍の命令と同じくらいはっきりと聞こえ，ヒトラーはそれに従ったのだという（G. Ward Price, *I Know These Dictators*, London, 1937, 38）．
(112) *JK*, 60.
(113) *JK*, 68.
(114) *JK*, 61.
(115) Wiedemann, 25–6; Brandmayer, 61, 68; Joachimsthaler, 140–44, 155–6. 大戦中のヒトラーを知る二名（ハンス・メントとコルビニアン・ルッツ）は，その後，ヒトラーについて追従的でない回想録を出し，一九三三年以降にダッハウに入れられた．Joachimsthaler, 113, 143, 152–4, 271 n.193, 284 n.430 参照．ヒトラーは，大戦中の元戦友ルッツのために介入するよう相談を受けたが，ルッツを「劣等」と評してそれを断った．ルッツは教員を免職になった（BDC, Korbinian Rutz の個人ファイルより，一九三四年三月一七日付，ハンス=ハインリヒ・ラマースよりバイエルン州地方総督）．
(116) Brandmayer, 105. 従軍中にヒトラーが息子（ジャン・マリ・ロレ）をもうけたという説については，Werner Maser, 'Adolf Hitler: Vater eines Sohnes', *Zeitgeschichte*, 5（1977–8), 173–202 を参照のこと．Joachimsthaler, 162–4 はこれはほとんど考えられないと強調している．息子とされるジャン・マリ・ロレは，*Ton père s'appelait Hitler*, Paris, 1981（René Mathot と共著）という「回想録」まで出版した．この回想録は，母親とヒトラーの関係を暴露すると謳い（107–16 頁），「ヒトラーの息子」について調査していたドイツ史家ヴェルナー・マーザーと著者の関わり（127–49 頁）についても述べている．ロレは一九八〇

年にベルリンの博物館に宛てた書簡のなかで，母親が所持していたヒトラー作とされる多数の絵が本物であると示そうとしている（IfZ, ZS 3133, Jean-Marie Loret）.
(117)　Joachimsthaler, 144–6, 167. マックス・アマンとフリッツ・ヴィーデマンは，後に第三帝国で大いに出世し，大変羽振りがよかった．一九四三年にはアマンの資産は一〇〇〇万マルクを超え，それには及ばないとはいえ，第三帝国期にはヴィーデマンもヒトラーの副官の地位を得て，六シーターのメルセデスのほか，何万マルクもの「融資」や贈与を受けた（Joachimsthaler, 150）.
(118)　Brandmayer, 72, 105; Joachimsthaler, 133, 156–8.
(119)　Joachimsthaler, 128 頁向かい, 129, 161 参照.
(120)　Brandmayer, 52–6.
(121)　Brandmayer, 43–4.
(122)　Brandmayer, 102.
(123)　*Monologe*, 219（22–3 January 1942）.
(124)　一九四三年秋，ヒトラーはアルベルト・シュペーアに，いずれ友人はたった二人（ブラウン嬢と犬）だけになってしまうだろう，と言ったことがある（Speer, 315）. 同じ頃にゲッベルスは，「総統は犬のブロンディを大変気に入っている．ブロンディは総統の真の友人だ．［…］総統の隣に常に少なくとも一匹は生き物がいるのはよいことだ」と日記につけている（*TBJG*, II.9, 477（10 September 1943））.
(125)　*Monologe*, 219.
(126)　HA, Reel 2, Folder 47 の Heinrich Lugauer の証言（Joachimsthaler, 134 に抜粋が掲載されている）.
(127)　Brandmayer, 66–8.
(128)　*JK*, 69; Maser, *Hitlers Briefe*, 100–101.
(129)　Heinz は都合よく書かれたものであるとはいえ，「だいたいにおいて彼はいつも政治のことばかり話していた」というヒトラーの戦友イグナツ・ヴェステンキルヒナーのコメント（66 頁）も掲載されているため，注意して参照のこと．
(130)　*MK*, 182（trans., *MK* Watt, 152), 192.
(131)　Joachimsthaler, 159. ヒトラーがおそらく最も親しくしていた戦友エルンスト・シュミットも後に，「当時，彼は僕に政治的な影響を及ぼそうとは全くしませんでした」と述べている（Heinz, 98）.
(132)　Toland, 66.
(133)　Brandmayer, 115. ヴェステンキルヒナーが一九三〇年代にまとめた回想録も参照されたい．「彼は二つのことに腹を立てていた．戦争について銃後で新聞が書き立てていた内容と，マルクス主義者とユダヤ人が政府ととくに皇帝を邪魔立てするやり口の二つだった」と述べられている（Heinz, 66）. 戦後のインタビューではヴェステンキルヒナーは立場を変え，ヒトラーが「悪意をもって」ユダヤ人について語るのを聞いたことはないとしている（Toland, 66）.
(134)　Brandmayer, 91–2.
(135)　*MK*, 209–12.
(136)　Joachimsthaler, 135.
(137)　*MK*, 209; Joachimsthaler, 164.
(138)　ヒトラーは負傷したのは一〇月七日だとしている（*MK*, 209）. 実際にはその二日前だった可能性が高い（Joachimsthaler, 164–6, 286 n.487 参照；Brandmayer, 81, 89 も参照；Wiedemann, 28–9）.
(139)　*MK*, 209–12.（引用箇所は 211 頁．trans., *MK* Watt, 175.）Joachimsthaler, 166 参照．一般市民の悪感情としてバイエルンで最も目立ったのは反プロイセン感情だった．これについては，Karl-Ludwig Ay, *Die Entstehung einer Revolution. Die Volksstimmung in Bayern während des Ersten Weltkrieges*, Berlin, 1968, 134–448 を参照のこと．

(140)　Nipperdey, i.412; Werner Jochmann, 'Die Ausbreitung des Antisemitismus', in Werner Mosse (ed.), *Deutsches Judentum in Krieg und Revolution 1916–1923*, Tübingen, 1971, 425–7; Toland, 933; Wiedemann, 33.
(141)　Joachimsthaler, 174; Binion, *Hitler among the Germans*, 2; Toland, 66.
(142)　本章注 133 参照.
(143)　ユダヤ人の軍役逃れという不満がバイエルンで高まったことについては Ay, 32–3 を参照のこと. Robert Eben Sackett, 'Images of the Jew: Popular Joketelling in Munich on the Eve of World War I', *Theory and Society*, 16 (1987), 527–63 および同著者による *Popular Entertainment, Class, and Politics in Munich, 1900–1923*, Cambridge, Mass., 1982 は，開戦の時点で反ユダヤ主義がミュンヒェンの大衆文化にどれだけ根づいていたかを解明している. Large, *Where Ghosts Walked*, ch.1 も参照. 大戦後半期における反ユダヤ感情の広まりと過激化については，とくに Saul Friedländer, 'Die politischen Veränderungen der Kriegszeit und ihre Auswirkungen auf die Judenfrage', および Werner Jochmann, 'Die Ausbreitung des Antisemitismus', in Mosse, *Deutsches Judentum in Krieg und Revolution*, 27–65, 409–510 を参照のこと.
(144)　*JK*, 78, 80; *MK*, 212.
(145)　Joachimsthaler, 169.
(146)　*MK*, 219–20; Joachimsthaler, 170.
(147)　Joachimsthaler, 170–71; *Monologe*, 100 (21–2 October 1941).
(148)　*JK*, 82. Joachimsthaler, 170–71 は，ヒトラーはベルリンの前にシュピタールの親戚を訪ねたか，ドレスデンに行った可能性もあると示唆し，この説をとる研究書も出されている.
(149)　Joachimsthaler, 172.
(150)　Wiedemann, 25–6. ヴィーデマンは，アマンと二人でもっと早くにヒトラーを推薦しようとしたがうまくいかなかった，と指摘している. グートマンは兵士には概して人気がなかった. ヒトラーも嫌っていたが，グートマンがユダヤ人だったというだけの理由だったのかどうかは不明である. Brandmayer, 55 参照 ; *Monologe*, 132 (10–11 November 1941); Toland, 932–3; Joachimsthaler, 173–4.
(151)　人数については諸説あった. ベルリンの新聞は一九三三年に，ヒトラーは将校一名と兵士二〇名を捕虜にした，と報じた (*Daily Telegraph*, 4 August 1933). Heinz, 80–81 で取り上げられているヴェステンキルヒナーの証言は，ヒトラーが一八年六月四日に一二名のフランス兵を捕虜にしたことには触れているが，それによって鉄十字章を授与されたとはしていない. Toland, 69 (典拠は示されていない) は，ヒトラーは六月に四名の捕虜を部隊長のもとに送り届け，その功績を表彰されたとしている.
(152)　シュヴァーバッハの郡長オイゲン・タンハウザーがニュルンベルガー・ナハリヒテン紙に宛てた一九六一年八月四日付の書簡によれば，タンハウザーは年来の知人であり，信頼関係にあるグートマンからこの話を聞いたとのことである (IfZ, ZS 1751, Eugen Tanhauser). Joachimsthaler, 175–6 では，ヒトラーの元戦友ヨハン・ラープの戦後の証言，連隊副司令官フォン・ゴーディンによる一八年七月三一日付の推薦の辞 (HA, Reel 2, File 47 より) と並んでこの話が引用され，それに基づく記述がなされている.
(153)　Joachimsthaler, 176. Maser, *Hitler*, 142, Toland, 71 ではヒトラーは親戚のいるシュピタールを訪ねたことになっているが，そういう事実はない.
(154)　*MK*, 220; Joachimsthaler, 176–7.
(155)　同じく毒ガス攻撃により失明したヨハン・ラープ，ハインリヒ・ルガウアーがナチ党中央文書館 (HA, Reel 2, Folder 47) に行った証言は，Joachimsthaler, 177–8 に掲載されている. ヒトラーは一九二一年の書簡 (Joachimsthaler, 93 参照) のなかで，「当初は完全に視力が失われた」と述べ，二四年のミュンヒェンの裁判でも全く同じ説明をしている (*Hitler-Prozeß*, i.19). (Joachimsthaler, 177 で，ヒトラーは一時的に「ほぼ失明状態」にあったという書き方がされているのは正確ではない.)『わが闘争』では，当初

は視力を完全に失ったわけではなく，「目が焼けるように痛む」なか，よろめきながら退却したが，二、三時間後，焼けつくような感覚が強くなり，「視界が暗くなっていった」と説明されている（*MK*, 220–21 (trans., *MK* Watt, 183)).

(156)　Nipperdey, ii.861–2.

(157)　Adolf Hitler, *Mein Kampf. Bd.1, Eine Abrechnung*, Munich, 1925, 213 (trans., *MK* Watt, 183). 『わが闘争』を一巻にまとめた大衆版では，「今世紀最大の破廉恥」という言葉は「革命」という言葉に変えられた（*MK*, 221; Hermann Hammer, 'Die deutschen Ausgaben von Hitlers "*Mein Kampf*"', *VfZ*, 4 (1956), 161–78, here 173).

(158)　Nipperdey, ii.865–6.

(159)　Bessel, 46–7.

(160)　Bessel, 5–6, 10.

(161)　Toller, 100–101. 95 頁も参照のこと.「われわれには道はひとつしか残されていない．反乱だ！」と書かれている.

(162)　Bessel, 257 参照.

(163)　Bessel, 258.

(164)　Nipperdey, ii.855.

(165)　Bessel, 33.

(166)　Ay, 101–2.

(167)　Nipperdey, i.412.

(168)　Poliakov, iv.148–9.

(169)　Nipperdey, ii.413.

(170)　Poliakov, iv.151 より引用.

(171)　Poliakov, iv.150, 152.

(172)　Poliakov, iv.153 より引用.

(173)　*MK*, 218–19.

(174)　大戦の後半二年間にミュンヒェンの兵士のあいだに広がっていた雰囲気については，Ay, 106–9 を参照のこと.

(175)　*MK*, 213–14, 217.

(176)　Brandmayer, 92.

(177)　*MK*, 213–14, 218–19.

(178)　*MK*, 219.

(179)　*MK*, 219–20.

(180)　Brandmayer, 67.

(181)　*MK*, 222.

(182)　*MK*, 222–3.

(183)　*MK*, 223–5 (trans., *MK* Watt, 185–7).

(184)　Binion, *Hitler among the Germans*, 136–8 に要約されている.

(185)　*JK*, 1064.

(186)　Binion, *Hitler among the Germans*, 137 より引用.

(187)　Binion, *Hitler among the Germans*, esp. 3–14; Toland (Binion に依拠), 71, 934.

(188)　Binion, *Hitler among the Germans*, 14–35.

(189)　Ernst Günther Schenck, *Patient Hitler. Eine medizinische Biographie*, Düsseldorf, 1989, 298–9, 306–7. パーゼヴァルクでヒトラーのカルテを見たという医師マルティン・ドレッセの一九五二年のコメン

トにも言及がある．それによれば，ヒトラーは失明したわけではなく，「目に焼けつくような痛み」があったとのことである．これはヒトラー自身も『わが闘争』で使っている表現である．Schenck は医学的知識に基づき，Binion の見解（とくに医師ブロッホとその治療に関する見解）にはきわめて批判的である（Schenck, 515–33, esp. 523–9)．

(190) Albrecht Tyrell, 'Wie er der "Führer" wurde', in Guido Knopp (ed.), *Hitler heute. Gespräche über ein deutsches Trauma*, Aschaffenburg, 1979, 20–48, here 25–6 参照．

(191) Axel Kuhn, *Hitlers außenpolitisches Programm*, Stuttgart, 1971, esp. ch.5 参照．

(192) *MK*, 225; *JK*, 1064; *Hitler-Prozeß*, i.20.

(193) Ernst Deuerlein, *Hitler. Eine politische Biographie*, Munich, 1969, 40.

(194) Richard Bessel, 'Unemployment and Demobilisation in Germany after the First World War', in Richard J. Evans and Dick Geary (eds.), *The German Unemployed*, London/Sydney, 1987, 23–43 は，兵士の動員解除が迅速に行われ，成功したと強調している．

(195) Joachimsthaler, 187, 203.

(196) Joachimsthaler, 255.

第４章◆才能の発見

(1) Ernst Deuerlein, 'Hitlers Eintritt in die Politik und die Reichswehr', *VfZ*, 7 (1959), 177–227, here 200.

(2) この話には史料的根拠がない．Heinz, 92 のエルンスト・シュミットの証言は，*MK*, 226 でのヒトラーの説明の単なる繰り返しである．「中央委員会」は四月一三日に解散し，当時はもうなかった．代わりに設置された共産党の評議会も四月末には完全な混乱状態に陥っていた．(Werner Maser, *Die Frühgeschichte der NSDAP. Hitlers Weg bis 1924*, Frankfurt am Main/Bonn, 1965, 131–2 参照（引用箇所はエルンスト・ニーキッシュの情報による); Joachimsthaler, 212.) エルンスト・シュミット（Maser, *Frühgeschichte*, 132 参照；Maser, *Hitler*, 159; Werner Maser, *Adolf Hitler. Das Ende der Führer-Legende*, Düsseldorf/Vienna, 1980, 263 n）によれば，ヒトラーは「白色」軍のエップ義勇軍に短期間拘束されたが，身元が分かって釈放された．(Heinz, 95–6, Joachimsthaler, 218 および Heiden, *Hitler*, 54 も参照)．この話が本当ならば，エップ義勇軍は当初ヒトラーを「赤軍」支持者と勘違いしたことになる．『わが闘争』では，「赤軍」兵士に拘束されそうになったのを撃退したという話に変えられている．

(3) *MK*, 226–7 (trans., *MK* Watt, 188–9).

(4) Eberhard Kolb, *Die Weimarer Republik*, 3rd edn, Munich, 1993, 4.

(5) Ernst Toller, *I Was a German*, 133.

(6) Wolfgang J. Mommsen, 'Die deutsche Revolution 1918–1920', *Geschichte und Gesellschaft*, 4 (1978), 362–91 参照．レーテの目的について，Reinhard Rürup, 'Demokratische Revolution und "dritter Weg"', *Geschichte und Gesellschaft*, 9 (1983), 278–301 では違う点が強調されている．レーテに関する主要な研究としては，Eberhard Kolb, *Die Arbeiterräte in der deutschen Innenpolitik 1918–1919*, Düsseldorf, 1962; Reinhard Rürup, *Probleme der Revolution in Deutschland 1918/19*, Wiesbaden, 1968 がある．

(7) Anthony Nicholls, 'The Bavarian Background to National Socialism', in Anthony Nicholls and Erich Matthias (eds.), *German Democracy and the Triumph of Hitler*, London, 1971, 105–6.

(8) デモの参加者のほとんどは社会民主党の支持者であり，指導者エアハルト・アウアーの演説後，市中心部に向かった．独立社会民主党の支持者ははるかに少数だったが，アイスナーの演説を聞くために残り，ミュンヒェン駐屯地の軍から支持者を得るために兵営に向かった（Joachimsthaler, 180).

(9)　Abelshauser, Faust and Petzina (eds.), *Deutsche Sozialgeschichte 1914–1945*, 247.
(10)　*Monologe*, 64 (21 September 1941).
(11)　一九一八年革命の時期に社会民主党とより急進的な勢力の違いに気づいていたと認めることはずっと後までヒトラーにとって都合のよいことではなかった．しかし，ヒトラー自身はそれを認識していたと認めている (*Monologe*, 248 (1 February 1942)).
(12)　アイスナー暗殺の報を受け，急進左翼の労働者が多数，バイエルン州議会に侵入した際にも同じように流血の事態となった．議員二名が殺害され，アイスナーの政敵だったバイエルン内相エアハルト・アウアーも拳銃で撃たれて重傷を負った (Wilhelm Hoegner, *Die verratene Republik*, Munich, 1979, 87; Spindler, i.425–6)．政情不安のため，バイエルン州政府と州議会はバンベルクに逃亡し，ミュンヒェンを手中にした急進派は四月七日にレーテ共和国を宣言した．
(13)　Toller, 151.
(14)　Spindler, i.429; Gerhard Schmolze (ed.), *Revolution und Räterepublik in München 1918/19 in Augenzeugenberichten*, Düsseldorf, 1969, 263–71; Allan Mitchell, *Revolution in Bavaria 1918–1919. The Eisner Regime and the Soviet Republic*, Princeton, 1965, 299–311.
(15)　Heinrich August Winkler, *Weimar 1918–1933. Die Geschichte der ersten deutschen Demokratie*, Munich, 1993, 80. Joachimsthaler, 299 n.675 も参照 ; Schmolze, 298ff.; Mitchell, 317–19.
(16)　以上の説明は Spindler, i.430–34; Schmolze, 349–98; Mitchell, 329–31; Joachimsthaler, 219–20; Toller, 191ff.; Ernst Deuerlein (ed.), *Der Aufstieg der NSDAP in Augenzeugenberichten*, Munich, 1974, 54–5 による．死傷者数については多少の相違がある．
(17)　Josef Karl (ed.), *Die Schreckensherrschaft in München und Spartakus im bayrischen Oberland 1919. Tagebuchblätter und Ereignisse aus der Zeit der 'bayrischen Räterepublik' und der Münchner Kommune im Frühjahr 1919*, Munich, n.d. (1919?), 45–8 (一九一九年四月一九日付の内容).
(18)　Josef Karl の著書のタイトル．
(19)　*Münchner Neueste Nachrichten*, 3 May 1919.
(20)　Hoegner, 87 参照.
(21)　いわゆる「秩序細胞」バイエルンについては，Hoegner, 109ff を参照のこと．
(22)　Joachimsthaler, 14, 184.
(23)　Joachimsthaler, 187, 189–90 では，トラウンシュタインへの派遣団は連隊からの命令により結成されたと指摘されている．しかしだからといって，連隊内でトラウンシュタイン行きの志願者が募集された可能性が否定されるわけではない．
(24)　Heinz, 89.
(25)　Joachimsthaler, 192 より引用．
(26)　Heinz, 90; Joachimsthaler, 193.
(27)　*MK*, 226; Joachimsthaler, 193–4.
(28)　Bessel, *Germany after the First World War*, chs.2–7 および Bessel, 'Unemployment and Demobilisation' 参照.
(29)　Joachimsthaler, 224.
(30)　Joachimsthaler, 198–9.
(31)　Heinz, 90.
(32)　Joachimsthaler, 195.
(33)　BHStA, Abt.IV, 2.I.R., Batl. Anordnungen, Bl.1504. ヒトラーが参加した会合では，「バイエルンおよびドイツにおける社会主義化」，「レーテの存在」について話し合われた (Bl. 1503)．ヒトラーが大隊の代表を務めたことは，Joachimsthaler, 200–204, 211 で明らかにされた．一九一八年一二月の大隊代表制度

の創設については188頁を参照のこと.「ヒトラー」という名は，連隊の記録では「Hittler」,「Hüttler」,「Hietler」などと綴られているが，第二動員解除大隊のこの時期の「総索引」を見れば，すべて同一人物を指すことは明らかである（Joachimsthaler, 213, 217, 223, 296 n.641).

(34) BHStA, Abt.IV, 2.I.R., Batl. Anordnungen, Bl.1505, 1516; Joachimsthaler, 212–13, 217.

(35) Joachimsthaler, 201–2, 204 より引用.

(36) Joachimsthaler, 205–6 が，*Berliner Tagblatt*, 20 October 1930 および *Westdeutsche Arbeiter-zeitung*, 12 March 1932 の記事に言及しているため，参照されたい.

(37) Toller, 256. 革命期にはヒトラーは静かだった，と書かれている．トラーはそれまでヒトラーの名を聞いたことはなかったという.

(38) Heiden, *Hitler*, 54; Joachimsthaler, 203. Deuerlein, *Hitler*, 41 によれば，ミュンヒェナー・ポスト紙は後に，一九一八年から一九年の冬にかけてヒトラーが社会民主党に入党を考えていたと報じた．しかし典拠も裏づけとなる証拠も挙げられていない．ヒトラーは慎重な日和見主義で，しかも大戦前はウィーンでもミュンヒェンでも政治政党，政治組織に関与しようとしなかったことを考えれば，ヒトラーが革命期に社会民主党に入党しようとしたという噂は疑ってかかるべきだろう.

(39) *JK*, 448.

(40) Joachimsthaler, 189.

(41) Walter Görlitz and Herbert A. Quint, *Adolf Hitler. Eine Biographie*, Stuttgart, 1952, 120; Robert Wistrich, *Wer war wer im Dritten Reich*, Munich, 1983, 66. エッサーはアルゴイアー・フォルクスヴァハト紙で働いていたことがあった.

(42) Albrecht Tyrell, *Vom 'Trommler' zum 'Führer'*, Munich, 1975, 23.

(43) Brandmayer, 114–15.

(44) Joachimsthaler, 184–5, 200–206 はそう示唆しているように読めるが，その他の箇所では，一九一八年から一九年にかけての出来事によって潜在的な嫌悪感が解き放たれたという解釈が述べられており，そのほうが考えやすい．179–80, 200, 234, 240 頁参照.

(45) Rainer Zitelmann, *Hitler. Selbstverständnis eines Revolutionärs*, Hamburg/Leamington Spa/New York, 1987, 22–6 参照.

(46) Heiden, *Hitler*, 35. この主張は Heiden, *Der Führer*, 75 でも繰り返されている.

(47) Joachimsthaler, 188, 197–8, 215; Maser, *Hitler*, 159; Maser, *Ende der Führer-Legende*, 263 n.（オットー・シュトラッサー，ヘルマン・エッサーが一九五〇年代初頭に述べたヒトラーに対する見解が引用されている); Eitner, 66.

(48) Joachimsthaler, 189; Deuerlein, *Hitler*, 41（典拠は示されていない).

(49) Heiden, *Hitler*, 54.

(50) Heinz, 92.

(51) BHStA, Abt.IV, 2.I.R., Batl. Anordnungen, Bl.1516; Joachimsthaler, 213, 217.

(52) Joachimsthaler, 201, 214, 221.

(53) Maser, *Hitler*, 159.

(54) BHStA, Abt.IV, 2.I.R., Batl. Anordnungen, Bl.1535; Regt. Anordnungen, Stadtkommandantur München, 'Auflösung der Garnison', 7 May 1919, Zusätze des Regiments zur Stadtkommandan-turverfügung, 9 May 1919; Joachimsthaler, 221, 223.

(55) Joachimsthaler, 224.

(56) Deuerlein, 'Hitlers Eintritt', 178.

(57) オスヴァルド・シュペングラーによる市中心部の描写が Deuerlein, *Aufstieg*, 83 で引用されているのを参照のこと.

(58)　Deuerlein, 'Hitlers Eintritt', 178; Joachimsthaler, 224–8.
(59)　コースの責任者カール・グラーフ・フォン・ボトマーが一九一九年七月二五日にまとめた概略報告書によると，五〇〇名を超える将兵が最初の三回のコースに参加したとされる（BHStA, Abt.IV, Bd.307）．同報告書は，（参加者数への言及も含めて）多少省略されたものが Joachimsthaler, 235–40 に掲載されている．
(60)　Helmuth Auerbach, 'Hitlers politische Lehrjahre und die Münchener Gesellschaft 1919–1923', *VfZ*, 25（1977）, 1–45, here 18.
(61)　Deuerlein, 'Hitlers Eintritt', 179; Joachimsthaler, 228, 304 n.744; Ernst Röhm, *Die Geschichte eines Hochverräters*, 2nd edn, Munich, 1930, 99–101.
(62)　Karl Mayr（= Anon.）, 'I Was Hitler's Boss', *Current History*, Vol.1 No.3（Nov. 1941）, 193.
(63)　Deuerlein, 'Hitlers Eintritt', 179–80, 182 and n.19, 191–2; Joachimsthaler, 230–34, 242; *MK*, 228–9, 232–5; Albrecht Tyrell, 'Gottfried Feder and the NSDAP', in Peter Stachura（ed.）, *The Shaping of the Nazi State*, London, 1978, 49–87, esp. 54–5 参照．
(64)　Karl Alexander von Müller, *Mars und Venus. Erinnerungen 1914–1919*, Stuttgart, 1954, 338–9.
(65)　*MK*, 235; Joachimsthaler, 229–30, 250.
(66)　Deuerlein, 'Hitlers Eintritt', 179, 182–3, 194, 196; Joachimsthaler, 241. 講師は，「教育」業務に役立てるよう，反ボリシェヴィズムのパンフレットを大量に配布された．
(67)　Deuerlein, 'Hitlers Eintritt', 197–200; Joachimsthaler, 247; *JK*, 87–8. ヒトラーは資本主義についても講演した．
(68)　*MK*, 235（trans., *MK* Watt, 196）. ヒトラーは，ドイツ労働者党の講演者として初めて目立った成功を収め，自分が「弁がたつ」ことに気づいたときのことについても，これと同じ描写を繰り返している（*MK*, 390）．
(69)　Deuerlein, 'Hitlers Eintritt', 200. これらの参加記は，BHStA, Abt. IV, R W GrKdo 4, Nr 309 に収められている．
(70)　一九二〇年代初頭の軍隊における反ユダヤ主義については，Joachimsthaler, 248 を参照のこと．ここで引用した世情報告は BHStA, Abt.IV, R W GrKdo 4, Bd.204, 'Judenhetze' に収められている．
(71)　Deuerlein, 'Hitlers Eintritt', 199; Joachimsthaler, 247; *JK*, 88.
(72)　Deuerlein, 'Hitlers Eintritt', 184–5, 201–2; Joachimsthaler, 243–7. マイヤーは「敬愛するヒトラー氏」と呼びかけている．大尉が一兵卒に対して使うにはきわめて丁寧な表現である．
(73)　*JK*, 88–90; Deuerlein, 'Hitlers Eintritt', 185, 202–5; Joachimsthaler, 243–9. タイプされた写しにヒトラーのサインが入った手紙が残っている（BHStA, Abt.IV, R W GrKdo 4, Nr 314）．原本が手書きだったのか，口述筆記だったのかは不明である．マイヤーはヒトラーの返信に同意したが，「利子制度問題」に関する見解には多少の留保をつけた．
(74)　Tyrell, *Trommler*, 25–6.
(75)　Deuerlein, 'Hitlers Eintritt', 186, 205.
(76)　Deuerlein, 'Hitlers Eintritt', 187. 情報提供者が報告を上げる場合にはコード番号を使った．ヒトラーの書いた報告は残っていないが，ドイツ労働者党の初期の集会（ヒトラーが演説したものも含む）に関する報告はファイルに多数収められている（BHStA, Abt.IV, R W GrKdo 4, Nr 287）．ドイツ労働者党およびナチ党に関するものは Deuerlein, 'Hitlers Eintritt', 205–27; *JK*, 129–298 に掲載されている．
(77)　Tyrell, *Trommler*, 195 n.77. Tyrell が指摘するように，その後もヒトラーには軍関係者が同行しており，『わが闘争』（236–7 頁）で言われるように自分ひとりで行ったわけではなかった．一九一九年九月一二日の参加者リストには三九名の名がある．ヒトラーは参加者は二〇～二四名だったと述べている．
(78)　*MK*, 237–8. この最初の会合について初期の参加者リストに基づいて議論したものとしては Tyrell,

Trommler, 195 n.77 を参照のこと．リストを見る限り，バウマンは九月一二日には参加していない．ただし，日付は後から振られたもので間違っている可能性もある．このリストは，ドイツ労働者党およびナチ党に関する初期（一九一九～二六年）の史料をまとめたBDCおよびBAK, 26/80のファイルに収められている．

(79) Georg Franz-Willing, *Die Hitlerbewegung. Der Ursprung 1919–1922*, Hamburg/Berlin, 1962, 66–7より引用．ドイツ労働者党の創設メンバーのひとりミヒャエル・ロッターのヒトラー評に言及がある．Tyrell, *Trommler*, 196 n.99も参照．ロッターが一九三五年にナチ党中央文書館に送ったバージョンも，言い回しは多少違うが内容は同じである（IfZ, Fa 88/Fasz.78, 'Vortrag des Gründungsmitglied der D.A.P. und 1. Schriftführer des politischen Arbeiterzirkels Michael Lotter am 19. Oktober 1935 vor der "Sterneckergruppe" im Leiberzimmer des "Sterneckers"'（HA, 3/78), Fol.6)．ここではロッターは，ドレクスラーがヒトラーに，「そういう人材をわれわれなら生かしてやれるから」また来てくれるよう頼んだと述べている．ドレクスラーは「ひどく口の回るオーストリア人が仲間になったものだ」とも言ったという（Lotter, Fol. 6. Joachimsthaler, 251–2に一部掲載）．ドレクスラーは，四〇年に書き上げたが送らなかったヒトラー宛の書簡のなかで，「少なくとも八〇人は参加者がいた」会合でヒトラーが議論に割って入った後，小冊子「わが政治的な目覚め」をヒトラーの手に押しつけ，「そういう人材をわれわれはぜひ生かしたいと思っているから入党しないか」と強く誘ったと述べている（BHStA, Abt.V, P3071, Slg. Personen, Anton Drexler, Abschrift, Drexler より Hitler 宛 , 'Ende Januar 1940', 1–2)．ヒトラー自身の説明（*MK*, 238）には，ドレクスラーにまた来るように誘われ，入党を勧められたという話は出てこない．

(80) ロッターはヒトラーの入党は一九一九年九月一六日としている（IfZ, Fa 88/Fasz.78, Lotter Vortrag, 19 October 1935, Fol. 6)．ドレクスラーは，八日後にあたる九月二〇日にまた来てくれるようヒトラーに頼んだと主張している．ヒトラー自身の説明によれば，党の会合に初めて参加してから一週間半ほど後に指導部の集まりに参加し，さらに数日後に入党の決意を固めたとされる（*MK*, 239–44; Joachimsthaler, 251–2)．

(81) *MK*, 240. 戦後の非ナチ化裁判での証言でアマンは，ヒトラーに会ったのは一九二〇年初頭で，労働者をボリシェヴィズムから引き離して取り込むために「社会革命党」という名の独自政党を立ち上げたいと考えていると言われた，と述べた（Joachimsthaler, 230–31, 252–3)．これが，二〇年春，ヒトラーがドイツ労働者党（後にナチ党に改称される）の党綱領を作成した後のことだとは考えられない．はるか後の証言であるため，アマンはおそらく，ヒトラーの記述（『わが闘争』からもってきたのだろう）よりも後の年代を言ってしまったのだろう．ヒトラー自身は，ミュンヒェンで講習に参加した後，一九年夏にそうした考えをもったと述べている．それならば時期的に理解しやすい（*MK*, 227)．

(82) *MK*, 241（trans., *MK* Watt, 201)．

(83) *MK*, 243（trans., *MK* Watt, 202–3)．

(84) *MK*, 244. Maser, *Hitler*, 173, 553 n.225参照．ヒトラーが指導部に加わった正確な日付は特定できない（Tyrell, *Trommler*, 198 n.118)．

(85) BHStA, Abt.V. P3071, Slg. Personen, Anton Drexler, Abschrift, Drexler より Hitler 宛 , 'Ende Januar 1940', 2（Deuerlein（ed.), *Aufstieg*, 97–8に一部掲載されている)．ドイツ労働者党の初代書記ミヒャエル・ロッターがナチ党中央文書館に宛てた一九四一年一〇月一七日付の書簡も参照のこと．ここでは，「印象」をよくするため，党員番号は五〇一から始まり，アルファベット順だったと指摘されている．ロッターは七番の党員証は存在しないと断言し，七というのは「労働者政治サークル」（ロッター自身もメンバーだった）の番号ではないかとしているが，誰がヒトラーに七番の党員証を渡したかについては心当たりがないと述べている（IfZ, Fa 88/Fasz.78, Fol.11–12（and HA 3/78); Joachimsthaler, 252)．ルドルフ・シュスラーは四一年に，ヒトラーは一九年九月に委員会の第七番目のメンバーとして登録され，小さな証明書を受け取ったが，これはドイツ労働者党の五五五番の党員証とは違うものだとしている（IfZ, MA–747, ナチ党中央文書館への書簡，一九四一年一一月二〇日付)．シュスラーは一九年前半にヒトラーと同じ連隊に

おり，ドイツ労働者党の初代「事務長」となった（Tyrell, *Trommler*, 28, 33; Joachimsthaler, 301 n.705）.

(86) Mayr, 195. *JK*, 90–91 に掲載されている史料62と64は，一九一九年一〇月三日の党会合について報告した後，一〇月一九日にヒトラーがドイツ労働者党に入党を申し込んだときのものだとされるが，エバーハルト・イェッケル教授にご教示いただいたところによれば偽造と考えられるとのことである.

(87) Joachimsthaler, 255.

(88) Joachimsthaler, 14.

第5章◆ビアホールの扇動家

(1) *MK*, 388.

(2) Tyrell, *Trommler*, 274 n.151.

(3) Hoffmann, 46.

(4) *MK*, 364–88 ではこの戦略的枠組みが広く展開されている．Tyrell, *Trommler*, 171 および Tyrell, 'Wie er der "Führer" wurde', 27–30 も参照.

(5) 書簡の文面は *JK*, 88–90 に掲載されている.

(6) Bosch (ed.), *Persönlichkeit und Struktur in der Geschichte* にクラウス・ヒルデブラントとハンス・モムゼンが寄せた寄稿 'Nationalsozialismus oder Hitlerismus?'（55–71頁）では，これとは明確に異なる見解が提示されているので参照されたい.

(7) Stern, *Hitler*, 12.

(8) Tyrell, *Trommler*, 19–20.

(9) Whiteside, esp. ch.5; Karl Dietrich Bracher, *The German Dictatorship*, Harmondsworth, 1973, 74–80 参照.

(10) *Hitler-Prozeß*, 19; *JK*, 1062; Tyrell, *Trommler*, 187–8 n.29 参照.

(11) RSA, II, 49, Dok.24 and n.2; Bracher, 80. この背景については，Bruce F. Pauley, *Hitler and the Forgotten Nazis. A History of Austrian National Socialism*, London/Basingstoke, 1981, ch.3 に概略が説明されている.

(12) Mosse, *Crisis of German Ideology*, pt.I および George L. Mosse, *Germans and Jews*, London, 1971, Introduction 参照.

(13) Kurt Sontheimer, *Antidemokratisches Denken in der Weimarer Republik*, 3rd edn, Munich, 1992, esp. ch.11 および Mosse, *Crisis of German Ideology*, ch.16 参照.

(14) Sontheimer, 271–2 参照.

(15) 一九一九年の憲法制定議会では七八パーセントを上回った（四二三議席中三三一議席）ヴァイマル共和国の連立与党は，四四・六パーセント（四五九議席中二〇五議席）しか獲得できなかった（Kolb, *Die Weimarer Republik*, 41）.

(16) *MK*, esp. 415–24; Martin Broszat, *Der Nationalsozialismus. Weltanschauung, Programm und Wirklichkeit*, Stuttgart, 1960, 29 参照.

(17) Broszat, *Nationalsozialismus*, 23.

(18) Tyrell, *Trommler*, 191 n.53. ヒトラーが政治に足を踏み入れた頃のミュンヒェンの雰囲気を Large, *Where Ghosts Walked*, ch.4 がよく描きだしている.

(19) Helmuth Auerbach, 'Nationalsozialismus vor Hitler', in Wolfgang Benz, Hans Buchheim and Hans Mommsen (eds.), *Der Nationalsozialismus. Studien zur Ideologie und Herrschaft*, Frankfurt am Main, 1993, 13–28, here 26; Jeremy Noakes, *The Nazi Party in Lower Saxony, 1921–1933*, Oxford, 1971, 9. この組織に関する詳しい説明は Uwe Lohalm, *Völkischer Radikalismus. Die Geschichte des Deutsch-*

völkischen Schutz- und Trutz-Bundes, 1919–1923, Hamburg, 1970 にある.
(20) Noakes, *Nazi Party*, 9–10.
(21) Lohalm, 89–90; Noakes, *Nazi Party*, 11.
(22) Tyrell, *Trommler*, 20, 186 n.21; Lohalm, 283–302.
(23) 以下の説明については，Tyrell, *Trommler*, 72–89 および Noakes, *Nazi Party*, 12–13 を参照のこと.
(24) Auerbach, 'Hitlers politische Lehrjahre', 6–8. レーマンについては，Gary D. Stark, *Entrepreneurs of Ideology. Neoconservative Publishers in Germany, 1890–1933*, Chapel Hill, 1981 で主たる研究対象のひとりとして取り上げられている.
(25) Rudolf von Sebottendorff, *Bevor Hitler kam*, 2nd edn, Munich, 1934（同協会に中心的に関わった人物による説明），研究者による分析としては Reginald H. Phelps, '"Before Hitler Came": Thule Society and Germanen Orden', *JMH*, 35（1963），245–61，Goodrick-Clarke，135–52 を参照のこと．Tyrell, *Trommler*, 22 and 188–9 n.38; Auerbach, 'Hitlers politische Lehrjahre', 8–9 および Noakes, *Nazi Party*, 13 も参照. トゥーレ協会は，古代ギリシア人が最北の地に与えた名にちなんで命名された．北欧カルト信者にとってこの名は神話的重要性をもつ.
(26) 労働者政治サークル（ヒトラーは一九一九年一一月一六日にこれに初めて参加した）と，ドイツ労働者党の委員会である作業委員会の区別はつけにくい．ハラーが主導し，その影響が色濃くでた労働者政治サークルは，秘密結社的な性格をもつ小規模な討論クラブのようなものだったと思われる（Reginald H. Phelps, 'Hitler and the Deutsche Arbeiterpartei', in Henry A. Turner（ed.）, *Nazism and the Third Reich*, New York, 1972, 5–19, here 11）．党運営を公式に管轄していたのは委員会だが，実際には二つの組織のあいだには構成メンバーの点でも議題の点でも重なりがあった（Tyrell, *Trommler*, 24–5, 190 n.48).
(27) BHStA, Abt.V, Slg. Personen, Anton Drexler, 'Lebenslauf von Anton Drexler, 12.3.1935', 3（Deuerlein, *Aufstieg*, 59 に一部掲載). ドレクスラーは当初は「ドイツ社会主義労働者党」を提案したが,「社会主義」に対してハラーが難色を示し，党名から削除された（IfZ, Fa 88/Fasz.78, Fol.4（Lotter Vortrag, 19 October 1935)). ハラーは党設立時の会合には参加せず,「政党」の設立には熱心ではなかったと考えられる．ゼボッテンドルフによれば，一九一九年一月一八日，トゥーレ協会の一画でドイツ労働協会が設立され，第一議長にハラー，第二議長にドレクスラーが任命されたことになっている（Sebottendorff, 81; Tyrell, *Trommler*, 189 n.42 も参照).
(28) BHStA, Abt.V, Slg. Personen, Anton Drexler, 'Lebenslauf von Anton Drexler, 12.3.1935', 3; Deuerlein, *Aufstieg*, 56–9; IfZ, Fa 88/Fasz. 78, Fol.4（Lotter Vortrag, 19 October 1935); Phelps, 'Hitler', 8–9; Tyrell, *Trommler*, 22. ドレクスラーは，（Deuerlein, *Aufstieg*, 59 でいわれているように五〇名ではなく）三〇名程度が出席していたと述べている．Lotter（Fol.4）は記録をとっていたようで，一九三五年の講演でより正確な数字を挙げた．それによれば,「出席者は二四名，主として鉄道労働者」だったとのことである．六年後にあたる四一年一〇月一七日にナチ党中央文書館に送った書簡（Fol.10）のなかでは，ロッターは出席者は二〇〜三〇名だったとしている.
(29) Phelps, 'Hitler', 10. ここでは，九月一二日の会合の参加者は四二名だったとされている．Tyrell, *Trommler*, 195 n.77 は，署名は三九名分あり，末尾に委員会メンバー四名の名前が付け加えられているとしている．手書きの参加者リスト（BDC, DAP/NSDAP File）にあるサインは実際には三八名分である．参加者のうち一名が名前と住所を二行使って書いている．その後ろに三名分の名前（ハラーを含む）が同一人物の筆跡で書かれている．参加していたよく知られたメンバーの筆跡と考えられるが，この人物は自分はサインしなかったのだろう.
(30) *MK*, 388–9, 659–64, 669.
(31) *MK*, 390–93; *JK*, 91. ヒトラーはこの時期にはまだ軍服で演説していた．ヒトラーが初期にインパクトを与えた理由の一端は，戦友のあいだに広がる裏切られたという思いを兵士の気取らない言葉で語る普通

の復員兵の代表という立場をとったことにあると考えて間違いない.「ツム・ドイチェンライヒ」で初めてヒトラーの演説を聞いたウルリヒ・グラーフは,後にヒトラーのチーフ・ボディガードになり,一九二一年に突撃隊に発展する会場警備隊のリーダーも務めた.グラーフは,敗戦,革命,ミュンヒェンでのソ連型「レーテ共和国」という前年の経過をひどく腹立たしく思っていた.本人の後の説明(明らかにヒトラーを美化している)によれば,ヒトラーが「信頼すべき兵士かつ指揮官」として語り,行動する姿を見てヒトラーに惹きつけられたという(IfZ, ZS F14, Ulrich Graf, 'Wie ich den Führer kennen lernte', 2).
(32) *MK*, 400–406.
(33) *MK*, 406 (trans., *MK* Watt, 336).
(34) Phelps, 'Hitler', 7–8.
(35) *MK*, 658–61.
(36) Tyrell, *Trommler*, 10–11 でこのように指摘されている.
(37) Tyrell, *Trommler*, 29–30 は, Franz-Willing, *Hitlerbewegung*, 68, 73, Maser, *Frühgeschichte*, 170 および Fest, *Hitler*, 175 を批判している.
(38) BHStA, Abt. V, Slg. Personen, Anton Drexler, ヒトラーに宛てたドレクスラーの書簡の写し(未送付), 'Ende Januar 1940', 7 (Deuerlein, *Aufstieg*, 105 に掲載).
(39) Tyrell, *Trommler*, 30–31; Phelps, 'Hitler', 12; Maser, *Frühgeschichte*, 169.
(40) *MK*, 390–91.
(41) Reginald H. Phelps, 'Hitler als Parteiredner im Jahre 1920', *VfZ*, 11 (1963), 274–330, here 276.
(42) Auerbach, 'Hitlers politische Lehrjahre', 10; Phelps, 'Hitler', 13 も参照.
(43) *JK*, 101.
(44) *MK*, 405; BHStA, Abt. V, Slg. Personen, Anton Drexler, ヒトラーに宛てたドレクスラーの書簡の写し(未送付), 'Ende Januar 1940', 7 (Deuerlein, *Aufstieg*, 105 に掲載); Phelps, 'Hitler', 13 (ここでは,ディングフェルダーは郷土事業のために五回講演を行ったことがあったと述べられている).
(45) Phelps, 'Hitler', 12–13.
(46) Tyrell, *Trommler*, 76–83. 一九一九年五月三一日にミュンヒェナー・ベオバハター紙上で発表された一二カ条の民族至上主義綱領とも重複していた.これはドイツ社会主義党の目的を明らかにすべく初めて出された宣言文だったと考えられる(Auerbach, 'Hitlers politische Lehrjahre', 9–10 and n.34).
(47) 綱領は Deuerlein, *Aufstieg*, 108–12 に掲載されている.
(48) Tyrell, *Trommler*, 84–5 参照.
(49) Phelps, 'Hitler', 13 参照.
(50) *JK*, 447, 29 July 1921.
(51) BHStA, Abt. V, Slg. Personen, Anton Drexler, ヒトラーに宛てたドレクスラーの書簡の写し(未送付), 'Ende Januar 1940', 1, 7 (trans., Phelps, 'Hitler', 13).
(52) Phelps, 'Hitler als Parteiredner', 292–6 に掲載されている警察の報告では,二〇〇〇名以上だったとされている.ディングフェルダーは後にナチ党中央文書館に,そのうち四〇〇名程度は「アカ」だったと述べた(Phelps, 'Hitler', 14).
(53) Phelps, 'Hitler als Parteiredner', 293–4.
(54) Phelps, 'Hitler als Parteiredner', 294–6.
(55) *MK*, 405 (trans., *MK* Watt, 336).
(56) Phelps, 'Hitler', 15.
(57) *VB*, Nr 17, 28 February 1920, 3, 'Aus der Bewegung' (trans., Phelps, 'Hitler', 14).
(58) 新党名は三月初旬から使われるようになったようである.しかし奇妙なことに,党文書館には党名変更について説明した資料がない.オーストリアとチェコスロヴァキアの国民社会主義政党との関係を強めよ

うとしたという可能性はある（Phelps, 'Hitler', 13 and n.37）．一九二〇年四月六日の集会（ヒトラーの演説はなかった）以後，警察の報告では党名に「国民社会主義」が追加されるようになった（Phelps, 'Hitler als Parteiredner', 277）．
(59)　*MK*, 544（trans., *MK* Watt, 442）．
(60)　*MK*, 538–51.
(61)　*MK*, 551–7. ヒトラーは党員記章，二年後には突撃隊旗も自らデザインした．突撃隊旗はフリードリヒ・クローンの案に基づいてデザインされた．クローンはシュターンベルクの裕福な歯科医師で初期の支持者だったが，一九二一年に党を離れた．*Mein Kampf*（556頁）の説明では，クローンの貢献は直接的なものとはされておらず，名前も挙げられていない．
(62)　*MK*, 543.
(63)　*MK*, 549–51; Heinrich Bennecke, *Hitler und die SA*, Munich, 1962, 26–7 参照．「体操スポーツ部門」という名称は一九二一年一〇月五日を最後に使われなくなり，その後は「突撃隊」に変わった（Tyrell, *Trommler*, 137, 266 n.25）．
(64)　この集会はドイツ労働者党のそれまでの集会と何ら変わるものではなかったが，通常の招待状に加えて初めて新聞紙上で告知され，一〇〇名を超える参加者が集まった．*MK*, 390 では参加者数は一一一名となっているが，参加者リストには一三一名の名がある（Tyrell, *Trommler*, 27–8, 196–7, nn. 100–101）．
(65)　*MK*, 390（trans., *MK* Watt, 323）．
(66)　Oskar Maria Graf, *Gelächter von außen. Aus meinem Leben 1918–1933*, Munich, 1966, 114–15.
(67)　Frank, 38–42.
(68)　Tyrell, *Trommler*, 33. Phelps, 'Hitler als Parteiredner', 284 で挙げられている数字はわずかに異なる．
(69)　*MK*, 561.
(70)　Phelps, 'Hitler als Parteiredner', 279–80; Tyrell, *Trommler*, 33.
(71)　*JK*, 126, 205–13, 271–6 に例が掲載されている．ヒトラーのボディガードだったウルリヒ・グラーフは，演説を始める前にノートが正しく設置されているかどうかの確認を任されていた．グラーフによれば，ヒトラーはノートをもとに即興で話すことが多く，ノートをほとんど見ようとしないことも多かったとのことである（IfZ, ZS F14, 4）．グラーフが一九三四年八月に記したこの説明は，ことあるごとに指導者《フューラー》の類稀な才能を強調しようとしたもののひとつである．ノートと演説の報告を比較すると，グラーフが言うよりもヒトラーはメモに忠実に話していたことが分かる．後に首相となってからは，世界中の外交官とメディアがヒトラーの言葉を一言一句解釈するようになったため，演説草稿は完全に下書きし，注意深く校閲されるようになった．
(72)　集会は二時間半から三時間四十五分ほどかかるのが普通だった（Phelps, 'Hitler als Parteiredner', 275）．ヒトラーは『わが闘争』で，一九二一年二月三日にクローネサーカスで初めて行った演説は二時間半ほどだったと述べている（*MK*, 561）．
(73)　*MK*, 565.
(74)　「一一月の犯罪者ども」という言葉をヒトラーが初めて使った（数分にわたる拍手喝采になった）のは，一九二二年九月のことだった（*JK*, 692）．定期的に，しかも頻繁に使われるようになるのは同年一二月以降である．
(75)　Phelps, 'Hitler als Parteiredner', 283–4.
(76)　*JK*, 126–7.
(77)　Phelps, 'Hitler als Parteiredner', 286.
(78)　*JK*, 179, 204, 281–2, 302, 312 など．
(79)　Carr, *Hitler*, 5.

(80)　*JK* に収められた一揆以前の演説には「生空間」という言葉は出てこない.「生空間」という語の展開について詳しく考察したものとしては, Karl Lange, 'Der Terminus 'Lebensraum' in Hitlers Mein Kampf', *VfZ*, 13 (1965), 426–37 も参照のこと.
(81)　*JK*, 213.
(82)　Phelps, 'Hitler als Parteiredner', 278, 288; *JK*, 126–7.
(83)　ヒトラーは一般論として,「ナショナルな精神性をもつ指導者たる人材」,「力と権威ある政府」といった言葉を使ったこともある. これは個人としての指導者を指すのではなく, 集団を意図して使っているものと思われる. Tyrell, *Trommler*, 60 参照 ; Phelps, 'Hitler als Parteiredner', 299, 319, 321.
(84)　*JK*, 126–7 (一九二〇年四月二七日), 140 (同年六月初旬), 163 (同年七月二一日).
(85)　Phelps, 'Hitler als Parteiredner', 288. ヒトラーの情報源については, Reginald H. Phelps, 'Hitlers "grundlegende" Rede über den Antisemitismus', *VfZ*, 16 (1968), 390–420, here 395–9 を参照のこと.
(86)　Phelps, 'Hitler als Parteiredner', 284 参照.
(87)　*JK*, 200.
(88)　*JK*, 119–20.
(89)　*JK*, 119, 128, 184.
(90)　*JK*, 348.
(91)　*JK*, 115, 148, 215, 296.
(92)　*JK*, 201.
(93)　*JK*, 119.
(94)　ヒトラーに反感をもっていると思われる人物が, 一九二〇年六月にヒトラーの演説を評して,「ユダヤ人殺害を要求しろ, と要求した」と述べている (*Der Kampf*, 28 June 1920 (*JK*, 152)). しかし, 殺害を明確に呼び掛けた演説はほかにはない. これもヒトラーの使った言葉ではなく, 評者の解釈と考えたほうがよいだろう.
(95)　Alexander Bein, 'Der moderne Antisemitismus and seine Bedeutung für die Judenfrage', *VfZ*, 6 (1958), 340–60, here 359 に引用されている. Alexander Bein, '"Der jüdische Parasit". Bemerkungen zur Semantik der Judenfrage', *VfZ*, 13 (1965), 121–49 も参照.
(96)　*JK*, 176–7.
(97)　Phelps, 'Hitler als Parteiredner', 286; たとえば *JK*, 201 参照.
(98)　一九二〇年八月一三日の反ユダヤ主義に関する演説の構造と聴衆の反応については, Phelps, 'Hitlers "grundlegende" Rede', 393–5 を参照のこと.
(99)　Phelps, 'Hitlers "grundlegende" Rede', 395. Phelps が 391 頁で述べているように, ヒトラーの初期の演説としては珍しいことに完全原稿 (400–420 頁 ; *JK*, 184–204) が残っている. おそらくこの演説が綱領的な重要性をもつためだろう.
(100)　Deuerlein, 'Hitlers Eintritt', 215; *JK*, 231 n.7. 一九二〇年七月三日付の書簡で, ヒトラーは産業労働者の支持を得るのは難しいとの認識を示している (*JK*, 155–6).
(101)　*MK*, 722 (trans., *MK* Watt, 620).
(102)　*JK*, 337 (一九二一年三月六日の演説); Phelps, 'Hitlers "grundlegende" Rede', 394, 398.
(103)　ユダヤ人殺害を求めるヒトラーの憎悪は, ロシア内戦とその後の残虐行為に関する恐ろしい話を聞いてボリシェヴィズムのテロに対する恐怖心を募らせたことからくるという説がある. よく知られたことだが, この説は, 一九八〇年代後半の「歴史家論争」のきっかけとなった議論のなかでエルンスト・ノルテが唱えたものである. Ernst Nolte, 'Zwischen Geschichtslegende und Revisionismus' および 'Vergangenheit, die nicht vergehen will', in *'Historikerstreit'. Die Dokumentation der Kontroverse um die Einzigartigkeit der nationalsozialistischen Judenvernichtung*, 13–47 の二論文, およびノルテの著書 *Der europäische*

Bürgerkrieg 1917–1945 を参照のこと．

（104） *JK*, 88–90.

（105） *JK*, 126–7（一九二〇年四月二七日）, 140（同年六月初旬）, 163（同年七月二一日）.

（106） *JK*, 231.

（107） 一九二〇年秋に，独立社会民主党過激派の元支持者が流入してドイツ共産党の党員数が増加したことも拍車をかけた（Tyrell, *Trommler*, 49–50）が，「ユダヤ・ボリシェヴィズム」はその時期にはすでに完全に焦点化されていた．しかしそれによってユダヤ金融資本への攻撃の手が緩んだわけでもなかった．国際金融資本とソヴィエト・ロシアの国際分子が結託してドイツの国益を損なっているという主張により，不自然ながらも両者は結び合わされた（*JK*, 337 参照）.

（108） Phelps, 'Hitlers "grundlegende" Rede', 398.

（109） Nolte, *Bürgerkrieg*, 115, 564 n.24 は，たとえば，ロシア内戦中に飢えて狂ったネズミの前に顔をさらさせてチェカが囚人に自供を迫ったという，フェルキッシャー・ベオバハター紙に掲載された話などを指摘する．

（110） Phelps, 'Hitlers "grundlegende" Rede', 398 and n.33. ヒトラーが「シオン賢者の議定書」を本物とみなしていたことについては *MK*, 337 を参照のこと．

（111） Mayr, 195–6.

（112） Phelps, 'Hitler', 11; *JK*, 106–11.

（113） Dirk Stegmann, 'Zwischen Repression und Manipulation: Konservative Machteliten und Arbeiter- und Angestelltenbewegung 1910–1918. Ein Beitrag zur Vorgeschichte der DAP/NSDAP', *Archiv für Sozialgeschichte*, 12（1972）, 351–432, here 413. マイヤーはカップと個人的に顔を合わせたことがすでに二回あった．リュトヴィッツ将軍とフォン・オルダースハウゼンの連絡役として，一回はエッカートの同席の下，もう一回はひとりで会った．エルンスト・レームは，マイアーを「バイエルンにおけるカップ株の最大の推進者」と評している（Röhm, *Die Geschichte eines Hochverräters*, 100–101）.

（114） Stegmann, 413–14. これは，ヒトラーを利用しようとしていたことを示すものだが，ヒトラーがこうした過激派の道具だったことを示しているわけではない，という Tyrell の見解は正しい（*Trommler*, 296）.

（115） Röhm, 100–101, 107.

（116） Tyrell, *Trommler*, 27–8, 61, 197 n.104; Auerbach, 'Hitlers politische Lehrjahre', 16, 18.

（117） エッカートについては，Margarete Plewnia, *Auf dem Weg zu Hitler. Der völkische Publizist Dietrich Eckart*, Bremen, 1970 および Tyrell, *Trommler*, 190–91 n.49, 194 n.70 を参照のこと．エッカートの死後に出された著作 *Der Bolschewismus von Moses bis Lenin. Zwiegespräch zwischen Adolf Hitler und mir*, Munich, 1924 は，ヒトラーとの議論に基づいて出されたものだとの見解を最初に提出したのは，Ernst Nolte, 'Eine frühe Quelle zu Hitlers Antisemitismus', *Historische Zeitschrift*, 192（1961）, 584–606, Ernst Nolte, *Three Faces of Fascism*, Mentor edn, New York, 1969, 417–21 だが，これに対する Tyrell の反論は説得力がある．ヒトラーに対するエッカートの金銭的支援については，Franz-Willing, *Hitlerbewegung*, 180ff; Plewnia, 66–71 で取り上げられている．

（118） Tyrell, *Trommler*, 23.

（119） 一九二三年には，エッカートはもはや親しい状態ではなく，フェルキッシャー・ベオバハター紙の編集者を下ろされたことにひどく憤慨して三月には離れた．その後はヒトラーと会うこともほとんどなくなり，一揆には加わらなかった．その後，体調が悪化し，同年末に死亡する．『わが闘争』は形式的にはエッカートに捧げられているが，ヒトラーが当初エッカートの世話になったことをよく知る多くの人びとへのポーズとしてそうしたのだと見るべきだろう（Tyrell, *Trommler*, 194 n.70）.

（120） Franz-Willing, *Hitlerbewegung*, 179–80, 190.

(121) Tyrell, *Trommler*, 110, 177. Tyrell (*Trommler*, 110) が指摘するように，一九二〇年八月の入党後，アウクスブルクで作り上げたドイツ民族至上主義攻守同盟の支持者をナチ党に引き入れたのもグランデルだった．

(122) BHStA, Abt.V, Slg. Personen, Anton Drexler, ヒトラーに宛てたドレクスラーの書簡の写し，一九四〇年一月末, 3 (Deuerlein, *Aufstieg*, 128–9 に一部掲載). (Tyrell, *Trommler*, 175–7 も参照).

(123) *JK*, 277–8.

(124) Tyrell, *Trommler*, 38, 42, 206 n.189.

(125) Deuerlein, *Aufstieg*, 136.

(126) 一八九五年にフランスで出され，翌年に『群衆』というタイトルで英訳されたギュスターヴ・ル・ボンの研究は，一九〇八年に『大衆の心理学』としてドイツ語訳された．一九年九月，ヒトラーがドイツ労働者党に入党する数日前にフェルキッシャー・ベオバハター紙に，ミュンヒェンの神経学の専門家J・R・ロスバッハ博士が出版した講義録『大衆の心　フォルク（大衆）運動（革命）の成立に関する心理学的考察』(*Die Massenseele. Psychologische Betrachtungen über die Entstehung von Volks-* (*Massen*) *-Bewegungen* (*Revolutionen*)) に注目する長文記事が掲載された．ロスバッハはル・ボンを頻繁に引用し，その成果を簡潔にまとめている．ヒトラーが大衆心理について語った言葉はロスバッハの用語法と酷似している．ヒトラーはロスバッハの影響でル・ボンの著作を読んだ可能性もあるが，より考えやすいのは，ロスバッハを読んでその影響を受けたということであろう．(Tyrell, *Trommler*, 54–6 参照.)

(127) 以上の記述は Tyrell, *Trommler*, 42–64 による．

(128) 賠償委員会は四月に一三二〇億金マルクの支払に修正した (Kolb, *Weimarer Republik*, 44). ヒトラーが『わが闘争』で「一兆金マルクという常軌を逸した額」(*MK*, 558) と書いたときに念頭にあったのは修正後の金額であろう．

(129) クローネサーカスの支配人は党員であり，ホールの賃貸料をかなり割り引いたといわれる (Toland, 109. しかし根拠は挙げられていない).

(130) *MK*, 558–62; *JK*, 311–12. ヒトラーは，クローネサーカスで大成功を収めた後，二週間のうちに同ホールで二回集会を開催し，成功させたと述べている．ナチ党がこのホールを大集会のために利用するようになっていくことは確かだが，次の集会は一九二一年三月六日，その次が三月一五日だった．ただしこれは，ヒトラーが書いている集会の次の二回の集会ではある (*JK*, 335ff., 353ff.). 第二次世界大戦中に党の「古きよき時代」を回顧して，ヒトラーはクローネサーカスでの初期の集会の緊張感についてよく語った．たとえば，ハイドリヒの国葬の際にヒトラーがゲッベルスに語ったことなどを参照されたい (*TBJG*, II.4, 492 (10 June 1942)).

(131) *JK*, 312; Deuerlein, *Aufstieg*, 129–30.

(132) *MK*, 562.

(133) *JK*, 279–538 に基づく．

(134) Ernst Hanfstaengl, *15 Jahre mit Hitler. Zwischen Weißem und Braunem Haus*, 2nd edn, Munich/Zurich, 1980, 52–3.

(135) Tyrell, *Trommler*, 40–41.

(136) Hoffmann, 50.

(137) Auerbach, 'Hitlers politische Lehrjahre', 20–21.

(138) Hanfstaengl, *15 Jahre*, 49.

(139) Hanfstaengl, *15 Jahre*, 49–52.

(140) Hanfstaengl, *15 Jahre*, 52.

(141) Deuerlein, *Hitler*, 53.

(142) Deuerlein, *Aufstieg*, 132–4.

(143) Tyrell, *Trommler*, 208 n.215. *VB*, 9 September 1920 より引用.
(144) Tyrell, *Trommler*, 40（一九二一年二月にミュンヒェンを訪問したドイツ社会主義党関係者二名の報告）; Deuerlein, *Aufstieg*, 139（二一年七月にヒトラーに敵対する党内勢力が回覧した「アドルフ・ヒトラー——裏切り者」と題された著者不明のパンフレットからの抜粋）.
(145) *JK*, 529–30. ヒトラーは一九二一年七月に「著述家」として生計を立てていると述べているが，同年にフェルキッシャー・ベオバハター紙に寄稿した原稿の原稿料には一言も言及していない（*JK*, 448）.
(146) Tyrell, *Trommler*, 216 n.209（ここでは *Münchener Post*, 5 December 1921 が引用されている）; Heiden, *Hitler*, 97.
(147) Heiden, *Hitler*, 100.
(148) Auerbach, ‘Hitlers politische Lehrjahre’, 22; Tyrell, *Trommler*, 267 n.54.
(149) 典拠は挙げられていないが，Heiden, *Hitler*, 116 によれば，ヒトラーは長く不在であった間，ベルリンのベヒシュタイン家に逗留し，演説法の訓練を受けていたとされる．この時期にヒトラーが演説の訓練をしたかどうかはともかくとして，本来の目的はより重要な案件だった．すなわち（成果はあまり挙がらなかったが）おそらく全ドイツ主義の新聞ドイチェ・ツァイトゥング紙の編集長マックス・マウレンブレッヒャーから紹介された人脈を通じて，全ドイツ主義の関係者多数から党機関紙のための資金を募ることだった（Tyrell, *Trommler*, 117–18）.
(150) Tyrell, *Trommler*, 96.
(151) Tyrell, *Trommler*, 103–4.
(152) *JK*, 436（離党を願い出る一九二一年七月一四日付のヒトラーの書簡）.
(153) Tyrell, *Trommler*, 99–100, 105.
(154) Tyrell, *Trommler*, 101–3.
(155) 上述の説明は，Tyrell, *Trommler*, 106–9, 122 の結論に立脚して述べたものである．
(156) *JK*, 437; Tyrell, *Trommler*, 118–19.
(157) Tyrell, *Trommler*, 110–16, 119–20.
(158) *JK*, 437–8; Franz-Willing, *Hitlerbewegung*, 110.
(159) Tyrell, *Trommler*, 120–22 に基づく．
(160) *JK*, 438.
(161) *JK*, 277. Dok. 198（*JK*, 320）には，一九二一年二月一六日付のヒトラーの離党届が掲載されているが偽造と考えられる．
(162) Tyrell, *Trommler*, 123.
(163) *JK*, 438.
(164) Tyrell, *Trommler*, 126–8, 130. *JK*, 445（Dok. 266）に掲載されている一九二一年七月二六日付の党委員会に対するヒトラーの最後通牒は偽造である．
(165) *JK*, 446.
(166) Deuerlein, *Aufstieg*, 138–41; *JK*, 446–7; Tyrell, *Trommler*, 128–30.
(167) *JK*, 439–44; Tyrell, *Trommler*, 129 and 264 n.506.
(168) 新党則については Tyrell, 130–50 で検討されているため参照のこと．
(169) *VB*, 11 August 1921, 3.
(170) *VB*, 4 August 1921, 3.

第6章◆「太鼓たたき」

(1) Rudolf Pechel, *Deutscher Widerstand*, Erlenbach/Zurich, 1947, 280.

(2) Auerbach, 'Hitlers politische Lehrjahre', 29; Tyrell, *Trommler*, 117 より引用.
(3) Bernd Weisbrod, 'Gewalt in der Politik. Zur politischen Kultur in Deutschland zwischen den beiden Weltkriegen', *Geschichte in Wissenschaft und Unterricht*, 43 (1992), 392–404, here esp. 392–5. George L. Mosse, *Fallen Soldiers*, New York/Oxford, 1990, ch.8 および Robert G.L. Waite, *Vanguard of Nazism. The Free Corps Movement in Postwar Germany 1918–1923*, Cambridge, Mass., 1952 も参照.
(4) Weisbrod, 393; Peter Longerich, *Die braunen Bataillone. Geschichte der SA*, Munich, 1989, 12. Hans Fenske, *Konservativismus und Rechtsradikalismus in Bayern nach 1918*, Bad Homburg/Berlin/Zurich, 1969, ch.5, 76–112; Karl Schwend, *Bayern zwischen Monarchie und Diktatur*, Munich, 1954, 159–70 および, とくに David Clay Large, *The Politics of Law and Order: A History of the Bavarian Einwohnerwehr, 1918–1921*, Philadelphia, 1980 に住民軍に関する詳細な説明がある.
(5) 「コンズル」については, Fenske, 148–59; Hoegner, *Die verratene Republik*, 131 および Longerich, *Die braunen Bataillone*, 14 を参照のこと. 政治的殺害の件数については, Ralf Dreier and Wolfgang Sellert (eds.), *Recht und Justiz im 'Dritten Reich'*, Frankfurt am Main, 1989, 328 を参照した. 左翼政党の党員による殺害件数（全 22 件）の方がはるかに少数であるにもかかわらず, 法廷では右翼による殺人事件は左翼による殺害事件よりも寛大に扱われるのが通例だった.
(6) Deuerlein, *Aufstieg*, 143–4.
(7) Deuerlein, *Aufstieg*, 142; Fenske, 89–108.
(8) Georg Franz-Willing, *Ursprung der Hitlerbewegung, 1919–1922*, 2nd edn, Preußisch Oldendorf, 1974, 62–3 and n.15a.
(9) Longerich, *Die braunen Bataillone*, 12–14, 23–4; Hoegner, 129–33; Harold J. Gordon, *Hitler and the Beer Hall Putsch*, Princeton, 1972, 88–92; Spindler, i.462–4; Fenske, 143–72; Large, *Where Ghosts Walked*, 142–6 に基づく.
(10) Auerbach, 'Hitlers politische Lehrjahre', 35 参照.
(11) Longerich, *Die braunen Bataillone*, 22. Bennecke, 26 は,「会場警備」は一九二〇年二月二四日のホーフブロイハウスの集会から始まったと述べている. Franz-Willing, *Ursprung*, 206 では,「会場警備」の始まりはもっと早く, 一九年一〇月のエーベルブロイケラーでの集会に遡るとされている. しかし, これは時期的にあまりに早く, 大集会の開催にあたり, 政治的敵対者による暴力行為を想定してそれに対応するために用心棒を置いて警戒するという以上のものだったとは考えられない.
(12) Longerich, *Die braunen Bataillone*, 23; Tyrell, *Trommler*, 137.
(13) Tyrell, *Trommler*, 266 n.25; Longerich, *Die braunen Bataillone*, 25–6.
(14) Franz-Willing, *Ursprung*, 205; Auerbach, 'Hitlers politische Lehrjahre', 35 n.158 参照 ; Longerich, *Die braunen Bataillone*, 23, 25.
(15) とくに Klaus Theweleit, *Männerphantasien*, Rowohlt edn, 2 vols., Reinbek bei Hamburg, 1980 参照.
(16) Tyrell, *Trommler*, 28, 197 n.104.
(17) Röhm, *Die Geschichte eines Hochverräters*, esp. pt.II, chs.13–20, 75–145; Longerich, *Die braunen Bataillone*, 15–22 に基づく. Conan Fischer, 'Ernst Julius Röhm — Stabschef der SA und Außenseiter', in Ron Smelser and Rainer Zitelmann (eds.), *Die braune Elite*, Darmstadt, 1989, 212–22 の経歴に関する概略, Joachim C. Fest, *The Face of the Third Reich*, Pelican edn, Harmondsworth, 1972, 207–25 の人格に関する分析も参照のこと.
(18) Heiden, *Hitler*, 124.
(19) 上述の説明は, 主として Longerich, *Die braunen Bataillone*, 24–6; Bennecke, 28–30 に依拠している. 党独自の準軍事組織の創設に関する一九二一年八月三日のヒトラーの宣言は, Deuerlein, *Aufstieg*,

144 に掲載されている.
(20)　エアハルトとの協力は，一九二三年五月一一日にクリンチュが突撃隊から脱退し，海軍に戻ったことによって終わった（Bennecke, 28–9).
(21)　Heiden, *Hitler*, 121–2 参照.
(22)　Auerbach, 'Hitlers politische Lehrjahre', 35 n.158.
(23)　Longerich, *Die braunen Bataillone*, 26–8.
(24)　Spindler, i.464; Franz-Willing, *Ursprung*, 244.
(25)　Dietmar Petzina, Werner Abelshauser and Anselm Faust (eds.), *Sozialgeschichtliches Arbeitsbuch, Band III. Materialen zur Statistik des Deutschen Reiches 1914–1945*, Munich, 1978, 83.
(26)　Deuerlein, *Aufstieg*, 145–6.
(27)　Heiden, *Hitler*, 125.
(28)　Deuerlein, *Aufstieg*, 150–51, 154; Heiden, *Hitler*, 125.
(29)　Deuerlein, *Aufstieg*, 147–9.
(30)　Deuerlein, *Aufstieg*, 147. 一九二一年一〇月二五日の社会民主党の集会で弁士エアハルト・アウアーは命を狙われた．社会民主党はこれをナチ党の仕業だと考えた（Maser, *Frühgeschichte*, 301; *MK*, 562–3 のヒトラーのコメントを参照のこと).
(31)　Deuerlein, *Aufstieg*, 147.
(32)　*MK*, 563–7; Heinz, 117–20 にあるのは，ナチ党支持者が乱闘を美化した目撃証言である．集会前にヒトラーが突撃隊にかけた言葉と，演説「殺人を犯したのは誰か」の内容に関する報告は *JK*, 513 に掲載されている.
(33)　Hanfstaengl, *15 Jahre*, 59; Kurt G.W. Ludecke (= Lüdecke), *I Knew Hitler*, London, 1938, 123 参照.
(34)　Spindler, i.466–8.
(35)　Franz-Willing, *Ursprung*, 247–9（引用部分は二四八頁). 一九二二年九月には，ミュンヒェンで時計職人として働く党員が製作した手榴弾がマンハイムの証券取引所に投げ入れられた事件で，ナチ党員が逮捕された.
(36)　Deuerlein, *Aufstieg*, 153–4.
(37)　*JK*, 578–80.
(38)　*JK*, 625. エッサーとエッカートは，ヒトラーが追放された場合，党が報復に出る可能性があるとほのめかし，暗に脅しをかけた（Franz-Willing, *Ursprung*, 246–8).
(39)　*JK*, 679 and n.1.
(40)　Bennecke, 42; Auerbach, 'Hitlers politische Lehrjahre', 36. 年末には突撃隊の隊員数は一〇〇〇名ほどにまで増加し，うち四分の三程度がミュンヒェンに配属された（Bennecke, 45).
(41)　*JK*, 687.
(42)　Ernst Deuerlein, *Der Hitler-Putsch. Bayerische Dokumente zum 8./9. November 1923*, Stuttgart, 1962, 42–4; Deuerlein, *Aufstieg*, 155–6; Auerbach, 'Hitlers politische Lehrjahre', 36 and n.160; Maser, *Frühgeschichte*, 353–4; Fenske, 182–4. Deuerlein, *Putsch*, 43 はデモはカロリーネン広場で行われたとしているが，Fenske, 184 では国王広場だったとされている．両広場はほぼ隣接しているため，デモは両広場にまたがって行なわれたのだろう.
(43)　Lüdecke, 59–61. なお，ここでは誤って一九二二年九月二〇日とされており，Toland, 118 もそれに従っている．ヒトラーがピッティンガーを名誉毀損で訴えた二五年の裁判で，自分が二三年に試みて挫折したのと同じことをピッティンガーはその前年の二二年に試みていた，とヒトラーは主張した（*RSA*, I, 10–14, here 11).
(44)　Wolfgang Benz (ed.), *Politik in Bayern. Berichte des württembergischen Gesandten Carl Moser*

von Filseck, Stuttgart, 1971, 108; Deuerlein, *Putsch*, 44; Deuerlein, *Aufstieg*, 156.

(45) ヒトラー自身の説明は*MK*, 614–18 にある．Sonderarchiv Moscow, 1355–I–38 には，コーブルク区役所上層部がオーバーフランケン県知事に宛てた一九二二年一〇月一六日付の騒動に関する報告，およびミュンヒェンの州内務省宛の二二年一〇月二七日付の報告（引用部分は同報告の五頁）が収録されている．Franz-Willing, *Ursprung*, 249 も参照；Lüdecke, 85–92.

(46) 破産寸前の活動共同体ニュルンベルク支部はディッケルに負債があり，それをめぐってディッケルとの間に感情的対立が生じたことがその理由だった．ナチ党は，負債の弁済ならびにドイチャー・フォルクスヴィレ紙獲得のための融資として，シュトライヒャーに七万マルクの援助を申し出た（Robin Lenman, 'Julius Streicher and the Origins of the NSDAP in Nuremberg', in Nicholls and Matthias, 129–59, here 135).

(47) *Monologe*, 158, 293, 430–31 n.175–6.

(48) Lenman, 129; Maser, *Frühgeschichte*, 355–6.

(49) Auerbach, 'Hitlers politische Lehrjahre', 36 and n.162; Tyrell, *Trommler*, 33. 初期のナチ党員の社会階層については，Michael Kater, 'Zur Soziographie der frühen NSDAP', *VfZ*, 19（1971), 124–59 を参照のこと．

(50) *MK*, 375. シュライヒャーが翼下に入り，ニュルンベルクへの勢力拡大をもたらしたことに鑑みて，ヒトラーはシュライヒャーの党への「長期にわたる献身」に対して後々まで個人的にも謝意を表した．「ユリウス・シュトライヒャーが加わらなければ，ニュルンベルクにナチ党員は出なかっただろう」と述べたこともある（*Monologe*, 158（28–9 December 1941)).

(51) Lenman, 144–6, 149, 159.

(52) Francis L. Carsten, *The Rise of Fascism*, London, 1967, 64–5.

(53) Maser, *Frühgeschichte*, 356 and n.570 は，エッサーの口頭証言に言及している．*VB*, 8 November 1922, 2 では，「イタリアのムッソリーニがわれわれにもいる．アドルフ・ヒトラーだ」という非論理的な書き方がされている．

(54) Günter Scholdt, *Autoren über Hitler. Deutschsprachige Schriftsteller 1919–1945 und ihr Bild vom 'Führer'*, Bonn, 1993, 34.

(55) Scholdt, 35.

(56) Sontheimer, 217 より引用．シュターペルの経歴については，Wolfgang Benz and Hermann Graml (eds.), *Biographisches Lexikon zur Weimarer Republik*, Munich, 1988, 325–6 を参照のこと．

(57) Sontheimer, 214–22. 引用箇所は 218 頁．

(58) Tyrell, *Trommler*, 274 n.151 参照．

(59) Tyrell, *Trommler*, 161–2.

(60) Tyrell, *Trommler*, 62.

(61) Tyrell, *Trommler*, 274 n.152.

(62) *JK*, 729.

(63) Cornelia Berning, *Vom 'Abstammungsnachweis' zum 'Zuchtwart'. Vokabular des Nationalsozialismus*, Berlin, 1964, 82.

(64) Maser, *Frühgeschichte*, 382; Georg Franz-Willing, *Krisenjahr der Hitlerbewegung 1923*, Preußisch Oldendorf, 1975, 73–4, 127–9 and 128 n.23. 一九二三年には，ヒトラーをドイツの「救い主」とみなす便りが全国から届いた．ヒトラーは神秘性を高めようと写真撮影を禁じていたが（Hoffmann, 41–9 参照)，それを解禁すると肖像写真が売れるようになり，神話の広がりに一役買った．ゲーリングの性格については，Fest, *The Face of the Third Reich*, 113–29 および Ron Smelser and Rainer Zitelmann (eds.), *Die braune Elite*, Darmstadt, 1989, 69–83 の記述を参照のこと．ゲーリングは，元エアハルト旅団のヨハ

ン・クリンチュ少尉の後任として二三年二月に突撃隊指導者に就任した．ゲーリングはプール・ル・メリット勲章を受けた大戦の英雄として声望があったため突撃隊にとっては都合がよく，指導者を交代したのもおそらくそれが理由だったと考えられる（Bennecke, 54 参照）．リュデッケによれば，ヒトラーは，「プール・ル・メリットを受けた戦争の英雄とはすごいな．考えてもみたまえ！　最高の宣伝になる！　しかも金があるから，こちらの持ち出しはなしですむ」と述べたとされる（Lüdecke, 129）．

(65)　Franz-Willing, *Krisenjahr*, 74 は，ピッティンガーは軽蔑的だったと述べている．また，Heiden, *Der Führer*, 102 が指摘するように，左翼にとっては，ヒトラーは「よくいるデマゴーグ」以外の何者でもなかった．

(66)　Hanfstaengl, *15 Jahre*, 109.

(67)　Oron James Hale, 'Gottfried Feder calls Hitler to Order: An Unpublished Letter on Nazi Party Affairs', *JMH*, 30 (1958), 358–62.

(68)　*JK*, 723–4 (8 November 1922).

(69)　*JK*, 729 (14 November 1922).

(70)　Tyrell, *Trommler*, 60–62 参照.

(71)　*JK*, 837 (26 February 1923).

(72)　*JK*, 916 (27 April 1923).

(73)　*JK*, 933 (1 June 1923).

(74)　*JK*, 923 (4 May 1923). ヒトラーはこの演説で，ルール地方における消極的抵抗政策と破滅的「履行政策」は首相クーノのフランスへの「降伏」であると論じた．

(75)　*JK*, 923–4.

(76)　*JK*, 946 (6 July 1923). *JK*, 973 (14 August 1923) において，軍と同じように勝敗を賭けて闘うのであって政党に責任を転嫁することはないとして，指導者の責任が強調されているのも参照のこと．九月一二日の演説では，ヒトラーは指導者について複数を想定して語りつつ，英雄的資質，個性，指導力というテーマを再び取り上げた（*JK*, 1012–13）．

(77)　*JK*, 984 (21 August 1923).

(78)　ヒトラーはハンフシュテングルに対して，自分は「太鼓たたきの役回りを務める気はない」と述べたことがあるとされる．ハンフシュテングルの記憶に間違いがなければ，これは，有力な保守派の利害のための道具にされかねないと示唆するなかでの発言だった（Hanfstaengl, 47–8）．

(79)　*JK*, 1027. 'A Visit to Hittler' (!) という見出しの *Daily Mail*, 3 October 1923 の記事からの引用である．

(80)　ヒトラーはロッソウの前で自分とムッソリーニを比較してみせたことがあったようである（Georg Franz-Willing, *Putsch und Verbotszeit der Hitlerbewegung. November 1923 – Februar 1925*, Preußisch Oldendorf, 1977, 56）．

(81)　*JK*, 1034 (14 October 1923).

(82)　*JK*, 1043 (23 October 1923).

(83)　*JK*, 1034 (14 October 1923). ヒトラーは法廷で，カールは「英雄ではない，英雄的人物ではない」と繰り返した（*JK*, 1212）．

(84)　*JK*, 1032; Deuerlein, *Putsch*, 220.

(85)　Tyrell, *Trommler*, 162 でこのように指摘されている．

(86)　Tyrell, *Trommler*, 163.

(87)　*JK*, 1268.

(88)　Tyrell, *Trommler*, 158–65 参照.

(89)　*JK*, 939 (*Regensburger Neueste Nachrichten*, 26 June 1923).

(90)　Lüdecke, 17, 20. Lüdecke（20 頁）ではヒトラーの演説（*JK*, 679–81）は八月一一日とされているが，八月一六日である．間違いも誇張も多いが，リュデッケの回想録は概して信頼できると，Roland V. Layton, 'Kurt Ludecke［= Lüdecke］and I Knew Hitler: an Evaluation', *Central European History*, 12 (1979), 372–86 では評価されている．

(91)　Lüdecke, 22–3.

(92)　Lüdecke, 69–70, 83–4. ルーデンドルフ，ペーナーがヒトラーを支援するよう画策したと述べられているが，これは自らの重要性を強調しようとして誇張したものである．一九二一年五月頃にヒトラーとルーデンドルフを最初に引き合わせたのはヘスだった（Auerbach, 'Hitlers politische Lehrjahre', 30）．ペーナーはフリックと親しかったため，リュデッケがヒトラーに紹介するまでもなく，二一年以前にミュンヒェン警察長官を務めていた時代からナチ党に好意的だった．

(93)　Lüdecke, 71–4, 126–7.

(94)　Lüdecke, 108. 103 頁も参照；Maser, *Frühgeschichte*, 402–3. 1925 年にヒトラーは，リュデッケは運動のために七〇〇〇～八〇〇〇マルクを供出したと述べているが，リュデッケの財政上の貢献は明らかにその程度のものではなかった（*RSA*, I, 12）．

(95)　Lüdecke, 101–6, 111–22; Franz-Willing, *Ursprung*, 286–7 and n.73.

(96)　Lüdecke, 156.

(97)　ハンフシュテングルの説明によれば，キンドルケラーで開催された集会だとのことで，その日の午前中，ヒトラーは米国大使館付武官補トルーマン・スミスと会っていたとされる（Hanfstaengl, *15 Jahre*, 32–3, 35, 39）．しかし，ヒトラーがトルーマン・スミスと議論したのは一一月二〇日の午後であり，その後，ヒトラーは一一月二二日のサルバトアケラー（*JK*, 733–40）まで公開の演説は行っていない．Hanfstaengl (35, 39）は，バラーシュテテット事件で治安妨害罪により収監された後，これが釈放後初の演説だったとしているが，これも間違いである．六月二四日から七月二七日まで服役した後，七月二八日に演説したのが最初だった（*JK*, 656–71; Deuerlein, *Aufstieg*, 154）．

(98)　Hanfstaengl, *15 Jahre*, 41. 84–7 頁も参照．

(99)　Hanfstaengl, *15 Jahre*, 35, 44 でのヒトラーについての描写より．

(100)　Hanfstaengl, *15 Jahre*, 71–4（ベルリンでの美術館めぐり）．

(101)　Ernst 'Putzi' Hanfstaengl, 'I was Hitler's Closest Friend', *Cosmopolitan*, March 1943, 45.

(102)　Hanfstaengl, *15 Jahre*, 41.

(103)　Hanfstaengl, *Cosmopolitan*, 45.

(104)　Hanfstaengl, *15 Jahre*, 43–4.

(105)　Hanfstaengl, *15 Jahre*, 61.

(106)　Hanfstaengl, *15 Jahre*, 37, 61.

(107)　Hanfstaengl, *15 Jahre*, 55.

(108)　Lüdecke, 97.

(109)　Hanfstaengl, *15 Jahre*, 47ff 参照．

(110)　Lüdecke, 97; Auerbach, 'Hitlers politische Lehrjahre', 33–4.

(111)　Baldur von Schirach, *Ich glaubte an Hitler*, Hamburg, 1967, 66–7.

(112)　Hanfstaengl, *15 Jahre*, 48.

(113)　Karl-Alexander von Müller, *Im Wandel einer Welt, Erinnerungen 1919–1932*, Munich, 1966, 129 の記述を参照のこと．

(114)　Gerhard Roßbach, *Mein Weg durch die Zeit. Erinnerungen und Bekenntnisse*, Weilburg/Lahn, 1950, 215. 一九五一年のインタビューでロスバッハはヒトラーを「ネクタイの曲がった惨めな民間人で，芸術のことしか頭になく，遅刻ばかり」だが，「有無をいわせぬほど素晴らしい弁士」だったと評した（IfZ,

ZS 128, Gerhard Roßbach).
(115) Hanfstaengl, *15 Jahre*, 48–9; Franz-Willing, *Ursprung*, 289–90; Auerbach, 'Hitlers politische Lehrjahre', 33–4 and n.150.
(116) Friedelind Wagner, *The Royal Family of Bayreuth*, London, 1948, 8–9; NA 収蔵の Friedelind Wagner のインタビュー, *Hitler Source Book*, 933. 一九二三年九月末，これと同時期にヒトラーはヴァーグナーの娘婿となった人種主義の文筆家である老ヒューストン・ステュアート・チェンバレンとも会った．チェンバレンは後にヒトラーに手紙を送り，大袈裟な調子で，ヒトラーは自分の「魂のありようをいちどきに変えてしまった」,「まさに必要な時代にドイツがヒトラーのような人物を輩出」したのは，ドイツ国民の活力が保たれていることの証左だ，と記している（IfZ, MA-743（= HA, 52/1210), ヒトラーに宛てたチェンバレンの書簡, 7 October 1923. Auerbach, 34 and n.151 参照)．ヒトラーは第二次世界大戦期にもまだ，ヴァーグナー一族，とくにウィニフレートに対する称賛の言葉をうんざりするほどに述べ立てていた．リヒャルト・ヴァーグナーの未亡人コジマは，年老いて視力を失ってはいたもののヒトラーが初めてバイロイトを訪れたしばらく後まで存命だったが，ヒトラー自身は面識がなかった（*TBJG*, II.4, 408（30 May 1942)).
(117) 資金と後援者については，Maser, *Frühgeschichte*, 396–412，Franz-Willing, *Ursprung*, 266–99 および Henry Ashby Turner, *German Big Business and the Rise of Hitler*, New York/Oxford, 1985, 59–60 を参照のこと．この時期のナチ党の資金源について最も信頼できる判断を下しているのが Turner である．Franz-Willing, 266–8, 280, 299 と Turner, 59–60 は一般党員からの寄付の重要性を強調している．権力掌握までの間，ナチ党が資金を党員から調達して賄いつづけたことについては，Henry A. Turner and Horst Matzerath, 'Die Selbstfinanzierung der NSDAP 1930–32', *Geschichte und Gesellschaft*, 3（1977), 59–92 を参照のこと．
(118) 権力奪取以前の時期について，Richard Bessel, 'The Rise of the NSDAP and the Myth of Nazi Propaganda', *Wiener Library Bulletin*, 33（1980), 20–29, esp. 26–7 でこの点が強調されている．
(119) Hanfstaengl, *15 Jahre*, 70, 76.
(120) Lüdecke, 78–9.
(121) Hanfstaengl, *15 Jahre*, 65.
(122) Hanfstaengl, *15 Jahre*, 60. ハンフシュテングルによれば，この版の使用は一九二三年八月二九日に開始された．フェルキッシャー・ベオバハター紙は二一年後半になってもまだ深刻な資金難に苦しんでいたが，ナチ党の後援者からの財政援助（ベヒシュタインは二、三回援助を行った）により，二二年二月八日以降は日刊紙としての刊行が可能になった（Hanfstaengl, *15 Jahre*, 60; Oron J. Hale, *The Captive Press in the Third Reich*, Princeton, 1964, 29–30; Franz-Willing, *Ursprung*, 277–8, 289).
(123) 経歴については Franz-Willing, *Ursprung*, 197 の記述を参照のこと．
(124) Franz-Willing, *Ursprung*, 266 n.214, 281–8; Maser, *Frühgeschichte*, 397–412 参照.
(125) Turner, 50–55; Franz-Willing, *Ursprung*, 288. Turner, 54 は，（ゴーストライターが書いたティッセンの回想録の怪しげな一節を除く）他の証拠を見る限り，この資金提供を受けたのはルーデンドルフであり，ヒトラーは他の人びとと同じ程度の分け前に与ったにすぎない可能性が高い，と指摘している．
(126) Franz-Willing, *Ursprung*, 291.
(127) Deuerlein, *Putsch*, 63.
(128) Deuerlein, *Putsch*, 62.
(129) Franz-Willing, *Ursprung*, 296–7. ガンサーについては，Turner, 49, 51–2, and 374–5 n.4 を参照のこと．
(130) Franz-Willing, *Ursprung*, 297.
(131) Auerbach, 'Hitlers politische Lehrjahre', 31–2; Franz-Willing, *Ursprung*, 281.
(132) *JK*, 725–6.

(133)　Lüdecke, 110.
(134)　Auerbach, 'Hitlers politische Lehrjahre', 36 n.162; Maser, *Frühgeschichte*, 376; Michael Kater, *The Nazi Party. A Social Profile of Members and Leaders, 1919–1945*, Oxford, 1983, 19–31, 243; Kater, 'Soziographie', 39 参照.
(135)　Hanfstaengl, *15 Jahre*, 85 参照.
(136)　Franz-Willing, *Ursprung*, 357–8.
(137)　Winkler, *Weimar*, 194; Franz-Willing, *Krisenjahr*, 102.
(138)　Winkler, *Weimar*, 189; Hans Mommsen, *Die verspielte Freiheit. Der Weg der Republik von Weimar in den Untergang*, Frankfurt am Main/Berlin, 1989, 143. サボタージュ工作を行ったアルベルト・シュラーゲターが一九二三年五月二六日に処刑されたことに弔慰を表すため，ナショナリストはドイツ中でデモを行った．ナチはこの処刑を利用して，シュラーゲターを運動の大義のための殉教者だと喧伝するプロパガンダを繰り広げた．Franz-Willing, *Krisenjahr*, 102, 139–41 参照．ヒトラーは当初はデモへの参加は考えていなかった．ヒトラーはエッカート，ドレクスラーとともに休暇をとってベルヒテスガーデンにおり，「別の心配ごと」を抱えていた（Hanfstaengl, *15 Jahre*, 108）.（ハンフシュテングル自身の弁によると）よいプロパガンダになる可能性があるとハンフシュテングルが言ったため，ヒトラーは参加する気になったという．ベルヒテスガーデンでヒトラーが抱えていた「心配ごと」のひとつは，治安妨害で訴えられ，その訴訟が始まったことだったと考えて間違いない．そのせいで，二二年一月に一部執行猶予となった刑罰の猶予が取り消され，最低二カ月間投獄される可能性があった．
(139)　Deuerlein, *Aufstieg*, 163–4.
(140)　*MK*, 768. ルール占領についてヒトラー自身は，*MK*, 767–80 で説明している．
(141)　一九二二年九月一八日にこのキャッチフレーズを初めて使ったときのことについては，*JK*, 692 を参照のこと．Maser, *Frühgeschichte*, 368 n.11 も参照.
(142)　*JK*, 783.
(143)　*JK*, 781–6.
(144)　Maser, *Frühgeschichte*, 368–9.
(145)　Deuerlein, *Aufstieg*, 164.
(146)　*JK*, 802–5.
(147)　*JK*, 805–26; Franz-Willing, *Ursprung*, 362–4; Maser, *Frühgeschichte*, 375.
(148)　Röhm, 2nd edn, 150–51. Franz-Willing, *Ursprung*, 361–2，Maser, *Frühgeschichte*, 375–6 および Hans Mommsen, 'Adolf Hitler und der 9. November 1923', in Johannes Willms（ed.）, *Der 9. November. Fünf Essays zur deutschen Geschichte*, Munich, 1994, 33–48, here 40 も参照.
(149)　Wolfgang Horn, *Der Marsch zur Machtergreifung. Die NSDAP bis 1933*, Königstein/Ts./Düsseldorf, 1980, 102.
(150)　*JK*, 811.
(151)　本章注 191 参照.
(152)　Müller, *Wandel*, 144–8.
(153)　Maser, *Frühgeschichte*, 374, 376–7; Bennecke, 69.
(154)　Röhm, 2nd edn, 158–60; Maser, *Frühgeschichte*, 376–8; Franz-Willing, *Krisenjahr*, 36–76. 一月末にレームがピッティンガーのバイエルン・ライヒ連合と決別したということは，かつてのバイエルン統一祖国連盟が「白青」（バイエルン分離主義）とナショナリストの二派に分裂したということだった（Röhm, 2nd edn, 152–3; Franz-Willing, *Krisenjahr*, 37–9）.
(155)　Auerbach, 'Hitlers politische Lehrjahre', 38; Franz-Willing, *Krisenjahr*, 42. 指導者であったゲオルク・エシェリヒにちなんで「オルゲシュ」と呼ばれたエシェリヒ団は，バイエルン内外の住民軍の緩い連

合体だった.

(156) *JK*, 1109–11; Bennecke, 66–70; Franz-Willing, *Krisenjahr*, 55, 59–61; *Hitler-Prozeß*, LI. 当時，ロッソウの下で第七国防管区司令部の一般幕僚を務めたテオドア・エンドレス中佐は，一揆が行われた一九二三年に関する回想録で，ヒトラー運動とバイエルン軍の関係は緊密であり，軍隊内で運動を支持する者は多かったと強調している．将校らはナショナリストの準軍事組織の訓練のために時間外労働をすることも厭わなかったという（BHStA, Abt. IV, HS–925, Theodor Endres, 'Aufzeichnungen über den Hitlerputsch 1923', 10).

(157) Franz-Willing, *Krisenjahr*, 43. 一九二三年五月二五日，約一三〇〇名の突撃隊員が，約三〇〇〇の準軍事組織のひとつとして，ミュンヒェン近郊での共同軍事訓練に参加した（Röhm, 2nd edn, 170; Bennecke, 57–8)．レームが軍将校を訓練の指導者に任命したことを社会民主党がミュンヒェナー・ポスト紙で取り上げて広めたため，軍関係者が愛国組織に参加することは禁じられた．レームは帝国旗団ミュンヒェン支部の指導者を辞さなければならなくなった（Röhm, 2nd edn, 177; Franz-Willing, *Krisenjahr*, 75–6).

(158) Franz-Willing, *Krisenjahr*, 43, 65.

(159) Franz-Willing, Krisenjahr, 59.

(160) レームが祖国戦闘団協会の政治綱領としているヒトラーの覚書には，一九二三年四月一九日の日付が入っている（Röhm, 2nd edn, 175–7).

(161) *JK*, 1136; Franz-Willing, *Krisenjahr*, 43; Feuchtwanger, 124.

(162) Röhm, 2nd edn, 164–6.

(163) Auerbach, 'Hitlers politische Lehrjahre', 30.

(164) *JK*, 1111; Franz-Willing, *Krisenjahr*, 53–4; Maser, *Frühgeschichte*, 383.

(165) *JK*, 1136; Franz-Willing, *Krisenjahr*, 55. ゼークトとロッソウの確執は秋まで続いた．四月七日のベルリンの会合でゼークトは，政党や準軍事組織から中立を保つようロッソウに求めた．ロッソウはゼークトに，バイエルンの保有する武器の五一パーセントを管理する「愛国的組織」を抜きに動きはとれないと応じた（Franz-Willing, *Krisenjahr*, 68).

(166) *JK*, 1111.

(167) *JK*, 1110.

(168) Deuerlein, *Putsch*, 56.

(169) Franz-Willing, *Krisenjahr*, 76 より引用.

(170) Gordon, 194, 196.

(171) Deuerlein, *Putsch*, 56–7; Benz, *Politik in Bayern*, 125; Franz-Willing, *Krisenjahr*, 81.

(172) Gordon, 196–7; Franz-Willing, *Krisenjahr*, 80.

(173) Maser, *Frühgeschichte*, 393.

(174) Gordon, 196–200; Deuerlein, *Putsch*, 56–60; Franz-Willing, *Krisenjahr*, 79–83; BHStA, Abt.IV, HS–925, Endres Aufzeichnungen, 19–23. オーバーヴィーゼンフェルトでのデモに関する警察の報告については，Deuerlein, *Aufstieg*, 170–73 を参照のこと．Maser, *Frühgeschichte*, 394 も参照.

(175) *JK*, 918.

(176) Deuerlein, *Putsch*, 61 より引用．ミュンヒェンの米国領事代理ロバート・マーフィーも同じ見解だった．マーフィーは，人びとは「何の結果も出せず，およそ建設的でないヒトラーの扇動にはうんざりしている」と報告している（Toland, 142 より引用).

(177) Gordon, 194 より引用.「敵は右派にあり」という同様の見解としては，一九二二年夏のヴァルター・ラーテナウ暗殺後に首相ヨーゼフ・ヴィルトが国会で述べたものが最もよく知られる（Peter D. Stachura, *Political Leaders in Weimar Germany*, Hemel Hempstead, 1993, 187).

(178) ヒトラー運動が先導するクーデターの明らかな危険を阻止するため，他州はもっと厳しく対応した.

極右の脅威に対処するために一九二二年のラーテナウ暗殺後に公布された共和国防衛法を無視して国家の弱体化を目指す露骨な扇動を続けていることを理由に、前年秋以降，プロイセンをはじめとするいくつかの州（バイエルンを除く）ではナチ党は禁止されていた（Deuerlein, *Aufstieg*, 158, 166–70）．この失策後，ヒトラーの支持者のあいだに落胆が広がっていたことから考えても，もしバイエルン政府がその気になりさえすれば，五月一日にヒトラーが治安上の規制を無視したことは，バイエルンでもナチ党を禁止する恰好の機会になっていたはずだ，そうすれば「一九二三年一一月の惨事とヒトラー裁判でのさらなる大惨事は避けられたはずだ」，とカールは二四年五月三〇日に苦々しく述べた．カールは後から振り返ってこのように断じているが，これはナチ党に対してカールが前年にとった態度とは全く異なる（Deuerlein, *Aufstieg*, 173）．

(179) Maser, *Frühgeschichte*, 394–5 参照．

(180) Lothar Gruchmann, 'Hitlers Denkschrift an die bayerische Justiz vom 16. Mai 1923', *VfZ*, 39 (1991), 305–28; Maser, *Frühgeschichte*, 394; Franz-Willing, *Krisenjahr*, 86–9; *Hitler-Prozeß*, LIV. ヒトラーは，一九二二年一月に素行が善良であることを条件に二カ月分の刑罰の執行を猶予されていたため，起訴されていれば最低二カ月間は投獄されただろう．そうなれば，二三年晩夏から秋にかけては動きがとれなくなり，闘争連盟で指導的役割を果たす機会も得られなかっただろう．その状況下では，一揆が実行に移された可能性も著しく下がる．実際のところ，ヒトラーが脅したところで，（政治的意思さえあれば）ギュルトナーは審理を非公開にして訴追を進めることもできたはずである．しかし，バイエルンの大臣たちが証人として出廷させられ，反対尋問を受けて不利益を生じる恐れがあったため，ギュルトナーはこの可能性を検討しなかった．脅しを受けたこと以上に重要だったのは，反ベルリン色の強いバイエルン首脳部の政治的動機だった（Gruchmann, 'Hitlers Denkschrift', 306–13）．

(181) Franz-Willing, *Krisenjahr*, 159 参照．

(182) *JK*, 918–66; Milan Hauner, *Hitler. A Chronology of his Life and Time*, London, 1983, 40.

(183) Franz-Willing, *Krisenjahr*, 110.

(184) Deuerlein, *Aufstieg*, 177–9; Maser, *Frühgeschichte*, 414–16.

(185) Maser, *Frühgeschichte*, 412–14.

(186) Maser, *Frühgeschichte*, 421 より引用．

(187) Bennecke, 78 参照．ここでは，一九二三年八月末に約四〇〇名だったミュンヒェンの隊員数は，一一月六日には一五六〇名にまで増えていたと書かれている．

(188) Hanfstaengl, *15 Jahre*, 108. Auerbach, 'Hitlers politische Lehrjahre', 38–9 および Toland, 142–3 も参照．

(189) Franz-Willing, *Krisenjahr*, 117 参照．

(190) Deuerlein, *Aufstieg*, 181–3.

(191) Deuerlein, *Aufstieg*, 182. 右手を掲げるナチ式の挨拶が写真に撮影されてはっきりと残ったのはこのときが初めてである．この挨拶形式は，1927 年のニュルンベルク党大会でナチ党の統一様式として採用された（Gerhard Paul, *Aufstand der Bilder. Die NS-Propaganda vor 1933*, 2nd edn, Bonn, 1992, 175–6; *RSA*, III.3, 382–3 n.3）．

(192) Franz-Willing, *Krisenjahr*, 118; Maser, *Frühgeschichte*, 421.

(193) Auerbach, 'Hitlers politische Lehrjahre', 39; Franz-Willing, *Krisenjahr*, 119–21; Maser, *Frühgeschichte*, 424.

(194) Bennecke, 79; Longerich, *Die braunen Bataillone*, 39.

(195) Longerich, *Die braunen Bataillone*, 39. 指導者であるハイスを拒否し，帝国旗団が分裂した背景には，ヒトラーによる指導権の掌握がある（Horn, Marsch, 123–5）．

(196) Mommsen, 'Adolf Hitler und der 9. November 1923', 42.

(197) Deuerlein, *Putsch*, 202–4 n.69.

(198)　一九二四年三月四日に法廷に立ったある証人が，闘争連盟の指導者を集めた二三年一〇月二三日の集会でのヒトラーの発言を要約すれば，「闘争連盟の軍事部門が単独行動をとることはナンセンスであり，ありえない．国民的反乱はバイエルン軍ならびに州警察との緊密な協力の下にしか起こりえない」ということだったと述べている．この点については，Deuerlein, *Aufstieg*, 188 を参照のこと．
(199)　Deuerlein, *Aufstieg*, 176; Winkler, *Weimar*, 207; Franz-Willing, *Krisenjahr*, 158.
(200)　Winkler, *Weimar*, 225–6. Larissa Reissner, *Hamburg at the Barricades,* London, 1977 に掲載された暴徒に共感的な当時の報告がハンブルクの雰囲気をよくとらえている．
(201)　Kolb, *Weimarer Republik*, 51–2; Winkler, *Weimar*, 213–16, 224–8; Mommsen, *Verspielte Freiheit*, 160–64; Peter Longerich, *Deutschland 1918–1933*, Hanover, 1995, 140–43. この時期には，急進右翼はすでに素人めいたクーデターを起こしはじめていた．その最初の試みが「黒い国防軍」の行動だった．予備軍を密かに訓練した「黒い国防軍」は，一〇月一日，ブルーノ・エルンスト・ブッフルッカー少佐の指導の下，全面蜂起の狼煙として，ベルリン近郊のキュストリン，シュパンダウ両要塞の奪取をしかけた．国軍が即座に介入し，クーデターはあっけなく立ち消えになった．（Franz-Willing, *Krisenjahr*, 117, 300, 307–10 参照．）
(202)　Winkler, 224–5; Kolb, *Weimarer Republik*, 51–2.
(203)　Deuerlein, *Putsch*, 70–71. クニリングはカールを嫌っており信用もしていなかったが，不人気な政策に対する批判の矢面に立たせようとしていた（Gordon, 217).
(204)　Deuerlein, *Putsch*, 72–3; Gordon, 220.
(205)　*JK*, 1017（カールに対する抗議); Deuerlein, *Putsch*, 74. 禁止をおして闘争連盟が会合を開き，ヒトラーが弁士を務めた（*JK*, 1017–18).
(206)　Maser, *Frühgeschichte*, 417, 422–3, 425–6. 九月二九日から一一月八日のビアホール一揆にいたるまでの間，ヒトラーは演説でカールに対して無数の批判を行った（*JK*, 1019–50).
(207)　Deuerlein, *Putsch*, 71–2, 164–5（引用は 165 頁).
(208)　Gordon, 242.
(209)　Gordon, 241.
(210)　Deuerlein, *Putsch*, 162.
(211)　Deuerlein, *Putsch*, 164（8 September 1923).
(212)　ヒトラー，ルーデンドルフ，カールによるクーデターが行われるという噂を一〇月半ばにオーストリアの左翼系新聞が書き立てた．この噂については Deuerlein, *Aufstieg*, 185–6 に述べられている．
(213)　Gordon, 243 より引用．
(214)　Gordon, 244 より引用．
(215)　Gordon, 255 より引用．
(216)　Otto Gritschneder, *Bewährungsfrist für den Terroristen Adolf H. Der Hitler-Putsch und die bayerische Justiz,* Munich, 1990, 42 より引用．Hanfstaengl, *15 Jahre*, 167 でも，当時を振り返って同じような感想が述べられている．
(217)　以上の記述は，Gordon, 246–9, 251–3, 256–7 に依拠している．Franz-Willing, *Putsch*, 57 も参照．
(218)　Deuerlein, *Putsch*, 258; *Hitler-Prozeß*, LXI and n.23. ただし，Gordon（253 頁）がこの報告の信憑性に留保を付けていることも参照されたい．
(219)　Gordon, 253–5 参照．
(220)　Gordon, 255.
(221)　Deuerlein, *Aufstieg*, 189–90.
(222)　Franz-Willing, *Putsch,* 57–9. ここでは，この行動についてはカールと闘争連盟のあいだで合意ができており，カールは集会に臨席するルプレヒト皇太子をバイエルン王として宣言するつもりだったと指摘

されている．しかし，バイエルン王政復古に何の関心もないナショナリストの闘争連盟が，なぜそのような案に同意したのかが分からない．しかも，この行動の準備を命じられたのもナショナリストの突撃隊とオーバーラント同盟であり，王政擁護の「白青」の準軍事組織ではなかったようである．

(223)　Hanfstaengl, *15 Jahre*, 126–7 参照 ; Gordon, 259.

(224)　Deuerlein, *Aufstieg*, 190–91; Franz-Willing, *Putsch*, 59–60; Gordon, 248.

(225)　Deuerlein, *Aufstieg*, 191–2; Gordon, 255–6.

(226)　Franz-Willing, *Krisenjahr*, 386–7; Deuerlein, *Putsch*, 99 も参照．一一月初旬には，近々，クーデターが起こるという噂がミュンヒェンで流れていた．一一月九日に王政復古が宣言されるという噂，エアハルト大尉の組織が一一月一五日にベルリン攻撃を企図しているという噂などがあった．一一月一五日は，実は，ロッソウがバイエルン軍のベルリン進軍を考えていた日だった（Hans Hubert Hofmann, *Der Hitlerputsch. Krisenjahre deutscher Geschichte 1920–1924*, Munich, 1961, 135, 141）．

(227)　Franz-Willing, *Putsch*, 63–4, 68. この日，カールは，ザイサー，ロッソウとともにルーデンドルフとは会談した．しかし，意見の相違は大きかった（Franz-Willing, *Putsch*, 68）．

(228)　Gordon, 259.

(229)　Gordon, 259–60; Franz-Willing, *Putsch*, 66.

(230)　Gordon, 260. 約四〇〇〇名の武装した一揆勢が約二六〇〇名の州警察および軍とミュンヒェンで対峙したと推定されている（Gordon, 273）．

(231)　Hofmann, 146; Franz-Willing, *Putsch*, 66（一九五八年の口頭証言に基づく）. Gordon, 259 n.63 は一一月一〇日もしくは一一日決行という別の計画もあったようだとしているが，詳細は述べられていない．Deuerlein, *Putsch*, 99; Deuerlein, *Aufstieg*, 192 では一一月八日の計画にしか触れられていない．

(232)　Franz-Willing, *Putsch*, 64, 67–9 は，そうした王政復古宣言に対して警戒感があったと認めている．Hofmann, 147 は懐疑的で，警戒されていたのはむしろカールがベルリンに対して単独で攻撃をしかけることだったと推測している．ロッソウの発言については，Deuerlein, *Putsch*, 99, 258 を参照のこと．

(233)　Deuerlein, *Putsch*, 99; Hofmann, 147. ハンフシュテングルによれば，カールの動きがあったから「事態を再び掌握するために」即座に動かざるをえなかったが，支持者の期待に応えるためにいずれにせよ行動を迫られてはいた，とヒトラーは後に認めたという（Hanfstaengl, *15 Jahre*, 167–9）．

(234)　*VB*, 10 November 1937, p. 2. Franz-Willing, *Putsch*, 64 n.166 はわずかに言い回しが異なる．

(235)　Graf の証言, IfZ, ZS–282/52, 60.

(236)　Hanfstaengl, *15 Jahre*, 129.

(237)　Franz-Willing, *Putsch*, 71, 73–4.

(238)　Franz-Willing, *Putsch*, 71 ではエッサーも知らされていなかったとされているが，Maser, *Frühgeschichte*, 443–4 はエッサーは午前中に話を聞かされていたとしている．

(239)　Franz-Willing, *Putsch*, 72–3.

(240)　Deuerlein, *Aufstieg*, 192–3; Müller, *Wandel*, 160–66; Gordon, 287–8; Franz-Willing, *Putsch*, 78–9.

(241)　*JK*, 1052. 警察の報告では拳銃を撃ったのはヒトラーだとされている．法廷でのミュラーの証言（Deuerlein, *Aufstieg*, 193）によると，拳銃は二発撃たれ，最初に撃ったのがヒトラーのボディガード，数分後に二度目を撃ったのがヒトラーだとされる．おそらくミュラーの記憶違いであろう．二度目の銃声について述べている者は他にはおらず，最初に撃ったのはヒトラー以外の誰かだと述べている者もいない．

(242)　*JK*, 1052. Hanfstaengl, *15 Jahre*, 133 でも，最初にホールに踏み入った瞬間にヒトラーがこう言ったとされている．ミュラー（Deuerlein, *Aufstieg*, 194）は，この発言があったのはヒトラーが会場に戻ってきたときだとしている．

(243)　*JK*, 1052.

(244)　Hanfstaengl, *15 Jahre*, 134; Deuerlein, *Aufstieg*, 193–4.
(245)　*JK*, 1053.
(246)　*JK*, 1054–5. 警察の報告は，ルーデンドルフは大統領になるという前提で書かれている（*JK*, 1054）が，ヒトラーがそう言ったとは考えにくい．
(247)　*JK*, 1054–5; Müller, *Wandel*, 162–3（trans., Gordon, 288）.
(248)　Müller, *Wandel*, 162; Deuerlein, *Aufstieg*, 194 にあるミュラーの法廷証言も参照のこと．
(249)　Gordon, 288–9.
(250)　Deuerlein, *Aufstieg*, 195–6; Gordon, 288–9.
(251)　以上の記述は Gordon, 290–94 に基づく．
(252)　Gordon, 289–90.
(253)　Deuerlein, *Aufstieg*, 196–7.
(254)　*JK*, 1056–7.
(255)　Maser, *Frühgeschichte*, 454. この宣言は，ミュンヒナー・ノイエステ・ナハリヒテン紙で報道された．同紙の一一月九日付朝刊は早くもトップの大見出しで「国民独裁の成立」と報じた（*Müncher Neueste Nachrichten*, 9 November 1923. Hellmut Schöner（ed.）, *Hitler-Putsch im Spiegel der Presse*, Munich, 1974, 34–7 に掲載）.
(256)　*JK*, 1058（Dok.600）. 一緒に掲載されている Dok.599（1057–8）が本物であるかどうかはきわめて疑わしい．ヒトラーがこの権限を与えたのは一一月八日とされている．ニュルンベルク裁判でシュトライヒャーは，この権限は深夜を回ってから与えられたものであり，そのときにはヒトラーはすでに一揆は失敗したものと諦めていたと述べた（Maser, *Frühgeschichte*, 453 参照）．しかし，一一月八日付だということは，この権限を与えたときにはヒトラーはまだ一揆の成功を信じていたことになる．
(257)　Gordon, 316–20; Toland, 164.
(258)　Frank, 60; Gordon, 324–7.
(259)　Gordon, 327.
(260)　Graf の証言, IfZ, ZS–282/52, 63.
(261)　Gritschneder, *Bewährungsfrist*, 41.
(262)　Frank, 61.
(263)　Gritschneder, *Bewährungsfrist*, 21–2.
(264)　Maser, *Frühgeschichte*, 454; Franz-Willing, *Putsch*, 109. 一一月八日から九日にかけてのどこかで密使が皇太子を訪ねたようだが，正確な日時は分かっていない（Gordon, 445–6）.
(265)　Frank, 60; Gordon, 330–32.
(266)　Gordon, 351–2. Hanfstaengl, *15 Jahre*, 141 および Frank, 60 は，雪が降って道はぬかるんでいたとしている．
(267)　Gordon, 333; Hanfstaengl, *15 Jahre*, 141. 一揆勢力はひとりにつき二〇億マルクを渡された（Frank, 61）.
(268)　Maser, *Frühgeschichte*, 457. ルーデンドルフ夫人によれば，デモを提案したのはルーデンドルフ将軍だという（Margarethe Ludendorff, *My Married Life with Ludendorff*, London, n.d., *c.*1930, 251; Franz-Willing, *Putsch*, 110 も参照）.
(269)　*JK*, 1117（28 February 1924）; Deuerlein, *Aufstieg*, 214.
(270)　Gordon, 350–52. ルーデンドルフ夫人は，デモ（「公開行進」という言葉を使った）を行ったのは，共和制を打倒し，君主制を復活させる大衆の意思がどこまであるかを試すためではないかという印象を抱いた（Margarethe Ludendorff, 251）．エンドレス中佐は，デモは軍を一揆側に引き入れるべくルーデンドルフの存在を利用しようとしたものだと考えた（BHStA, Abt.IV, HS–925, Endres Aufzeichnungen, 51）.
(271)　Deuerlein, *Aufstieg*, 199 参照.

(272)　Gordon, 357–8; Deuerlein, *Aufstieg*, 197–8. しかし，エンドレス中佐の当時の証言によれば，ミュンヒェンの住民のほとんどは冷めていたという（BHStA, Abt.IV, HS–925, Endres Aufzeichnungen, 52).

(273)　Frank, 61.

(274)　Frank, 61–2.

(275)　Deuerlein, *Aufstieg*, 197; Frank, 61–2.

(276)　Deuerlein, *Aufstieg*, 198–9（ゴーディンの説明); Gordon, 360–65; Deuerlein, *Putsch*, 331; Maser, *Frühgeschichte*, 459–60（最初に発砲したのは警察だと示唆されている).

(277)　Deuerlein, *Aufstieg*, 200; Franz-Willing, *Putsch*, 116 n.182, 119; Gordon, 364. 国防管区内では一揆側でさらに二名が死亡した．総計一六名の死者は，第三帝国期にはナチ運動の英雄とみなされた．なお近年，ミュンヒェンのオデオン広場の将軍廟そばに，死亡した警官の記念碑が建設された．

(278)　Hanfstaengl, *15 Jahre*, 147; Gordon, 353 and n.124, 364 and n.152; Endres Aufzeichnungen, BHStA, Abt.IV, HS–925, 56（エンドレスは一揆におけるヒトラーの行動に対してはほぼ完全に批判的だが，銃撃戦が始まったときにヒトラーは地面に倒れ伏したと見ており，この行動だけは「完全に正しかった」としている).

(279)　当初，ヒトラーが収監されたランツベルクの医師は上腕骨折と診断したが誤診だった（Schenck, 299–300).

(280)　Gordon, 467.

(281)　Hanfstaengl, *15 Jahre*, 144–5; Maser, *Frühgeschichte*, 460; Gordon, 469–71. ルーデンドルフ夫人は，当初，ルーデンドルフも死亡したとの報を受けた（Margarethe Ludendorff, 251–2).

(282)　Hanfstaengl, *15 Jahre*, 146–9. Toland, 174–6 はヘレーナ・ハンフシュテングルの未刊行の覚書に依拠している．

(283)　Hanfstaengl, *15 Jahre*, 149.

(284)　Hanfstaengl, *15 Jahre*, 147.

(285)　Gordon, 465. ハンフシュテングルによれば，ヒトラーは「自殺する」と脅したが，妻ヘレーナがヒトラーの手から拳銃を奪ったとのことである（Hanfstaengl, *Cosmopolitan*, 45).

(286)　Gritschneder, *Bewährungsfrist*, 33–4（オーバーバイエルン県知事がヒトラーの逮捕についてまとめた報告の引用); Gordon, 465–6.

(287)　Deuerlein, *Aufstieg*, 201. Hanfstaengl, *15 Jahre*, 146 参照；Gordon, 413–15, 442–3.

(288)　Deuerlein, *Aufstieg*, 202.

(289)　*Die Welt von gestern*, Stockholm, 1942, 441 より．Deuerlein, *Aufstieg*, 202 より引用．

(290)　Auerbach, 'Hitlers politische Lehrjahre', 42. 民族ブロックはバイエルン州議会で一二九議席中二三議席を得た（Deuerlein, *Aufstieg*, 231).

(291)　Dietrich Thränhardt, *Wahlen und politische Strukturen in Bayern 1848–1953*, Düsseldorf, 1973, 173; Meinrad Hagmann, *Der Weg ins Verhängnis*, Munich, 1946, 14*–20*.

(292)　Deuerlein, *Aufstieg*, 427.

(293)　Gordon, 495–503.

(294)　Gordon, 486–95. ザイサーは後に復職したが，影響力をもつことはなかった．

(295)　Tyrell, *Trommler*, 166 および Mommsen, 'Adolf Hitler und der 9. November 1923', 47 も参照．

(296)　Gritschneder, *Bewährungsfrist* は，当時九八歳になっていた元ランツベルク監獄付心理士アロイス・マリア・オットが 1988 年にヒトラーについて述べた証言を引用している．

(297)　Röhm, 2nd edn, 272; Deuerlein, *Aufstieg*, 203; Hanfstaengl, *15 Jahre*, 154; Heiden, *Hitler*, 175; Tyrell, *Trommler*, 277 n.178; *Hitler-Prozeß*, XXX-XXXI; Gordon, 477 参照．監獄付心理士オットは，数時間にわたる議論の末にヒトラーを落ちつかせ，ハンガーストライキをやめるよう説得した，とも述べてい

る（Gritschneder, *Bewährungsfrist*, 35）.

(298) エーハルトの個人的なメモより．Gritschneder, *Bewährungsfrist*, 37–42 より引用．

(299) Gritschneder, *Bewährungsfrist*, 43 より引用．

(300) Deuerlein, *Aufstieg*, 203; Gordon, 455, 476. Gritschneder, *Bewährungsfrist*, 49–52 は，法的見解の概略を明確に述べている．それによれば，一九二二年七月二一日の共和国防衛法第一三条では，ライプツィヒの国事裁判所の下に位置する州裁判所は国家反逆罪が疑われる事件を審理する権限を有するとされていた．しかし，バイエルン政府はその司法上の権威を認めず，三日後，バイエルンでの国家反逆罪事件を裁くために特別裁判所の設置を布告した．一九年の共和国憲法では，共和国法は州法に優越すると定められていた．それにもかかわらずバイエルン政府は，予審を開くためにヒトラー，ゲーリング，ルーデンドルフを逮捕せよとの一揆直後に発されたライプツィヒの国事裁判所の命に従わなかった．バイエルン政府を従わせるには現実問題としては武力を用いるしかなく，共和国政府としてはそれは避けたかった．まさにこの時点で共和国とバイエルンが複雑にして微妙な関係にあったこと，（バイエルン法相ギュルトナーから圧力を受けた後に）審理がミュンヒェンで行われることについて共和国政府が譲歩してもよいと考えたことについて，Bernd Steger, ‘Der Hitlerprozeß und Bayerns Verhältnis zum Reich 1923/24’, *VfZ*, 25（1977）, 441–66, here esp. 442–9, 455 で詳細に検討されている．

(301) Gordon, 476.

(302) Hanfstaengl, *15 Jahre*, 156; Heiden, Hitler, 176–7 参照．

(303) Deuerlein, *Aufstieg*, 203–4.

(304) Deuerlein, *Aufstieg*, 215; Gordon, 480.

(305) Deuerlein, *Aufstieg*, 205–6 に Hans von Hülsen の引用がある．

(306) Deuerlein, *Aufstieg*, 215–16, 217–20.

(307) Deuerlein, *Aufstieg*, 225.

(308) *Monologe*, 260（3–4 February 1942）and 453 n.168.

(309) Deuerlein, *Aufstieg*, 227.

(310) Deuerlein, *Aufstieg*, 227–8.

(311) Gritschneder, *Bewährungsfrist*, 22, 48–54; *Hitler-Prozeß*, esp. XXX-XXXVII.

(312) Gritschneder, *Bewährungsfrist*, 58–60.

(313) Laurence Rees, *The Nazis. A Warning from History*, London, 1997, 30. 一九二二年の裁判でナイトハルト判事は下された寛大な判決よりもさらに緩い刑罰（拘留ではなく罰金刑）を下そうとしていた．

(314) Deuerlein, *Aufstieg*, 234–6; Tyrell, *Trommler*, 277 n.180; Heiden, *Hitler*, 184–5; Hanfstaengl, *15 Jahre*, 156–7; Gritschneder, *Bewährungsfrist*, 98. ランツベルクでの暢気な日々についてヘルマン・ホプケが述べたことが Werner Jochmann（ed.）, *Nationalsozialismus und Revolution*, Frankfurt am Main, 1963, 91–2 にあるのを合わせて参照のこと．

(315) Deuerlein, *Aufstieg*, 232.

(316) *MK*, 603–8, 619–20; Longerich, *Die braunen Bataillone*, 47.

(317) Tyrell, ‘Wie er der “Führer” wurde’, 34–5 参照．

(318) *JK*, 1188.

(319) *JK*, 1210.

(320) *JK*, 1212.「私の見るところ，ドイツ軍に武器を置かせ，平和のうちにわれわれに必要なことを成し遂げることができると思われる人間はひとりしかいない」．

(321) Deuerlein, *Aufstieg*, 188（23 October 1923）.

(322) *JK*, 1056–7.

第7章◆指導者《フューラー》の登場

(1) Georg Schott, *Das Volksbuch vom Hitler*, Munich, 1924, 18, 229.

(2) *MK*, 362.

(3) Horn, *Marsch*, 174–5 参照.

(4) Horn, *Marsch*, 172 and n.56; Franz-Willing, *Putsch*, 193; David Jablonsky, *The Nazi Party in Dissolution. Hitler and the Verbotzeit 1923–25*, London, 1989, 43 and 189 n.99.

(5) 経歴の概略については，Fest, *Face of the Third Reich*, 247–64; Smelser/Zitelmann, 223–35 を参照のこと.

(6) Alfred Rosenberg, *Letzte Aufzeichnungen. Ideale und Idole der nationalsozialistischen Revolution*, Göttingen, 1948, 107.

(7) Bullock, *Hitler*, 122.

(8) Horn, *Marsch*, 172 参照.

(9) Jablonsky, 44.

(10) Horn, *Marsch*, 173–5.

(11) Jablonsky, 50.

(12) Jablonsky, 46–7; Albrecht Tyrell, *Führer befiehl ... Selbstzeugnisse aus der 'Kampfzeit' der NSDAP*, Düsseldorf, 1969, 68, 72–3; Franz-Willing, *Putsch*, 197.

(13) Tyrell, *Führer*, 73.

(14) Roland V. Layton, 'The *Völkischer Beobachter*, 1920–1933: The Nazi Party Newspaper in the Weimar Era', *Central European History*, 4 (1970), 353–82, here 359.

(15) Tyrell, *Führer*, 68.

(16) Jablonsky, 192 n.1.

(17) Tyrell, *Führer*, 81–2.

(18) Jablonsky, 10, 22, 179 n.16, 181–2 n.67.

(19) Jablonsky, 58–63, 175.

(20) Sonderarchiv Moscow, 1355/I/2, Fol.75, Privatkanzlei Adolf Hitler, Rudolf Heß から Kurt Günther 宛, 29 July 1925.

(21) Tyrell, *Führer*, 76; Franz-Willing, *Putsch*, 231.

(22) Lüdecke, 218; Jablonsky, 85 参照.

(23) Sonderarchiv Moscow, 1355/I/2, Fol.286. Rudolf Heß より Wilhelm Sievers 宛, 11 May 1925.

(24) Tyrell, *Führer*, 76.

(25) Erich Matthias and Rudolf Morsey (eds.), *Das Ende der Parteien 1933*, Königstein, Ts/Düsseldorf, 1969, 782; Hagmann, 15*–16*. ナチズムの牙城フランケンでは，民族ブロックへの支持はさらに高く，オーバーフランケンでは二四・五パーセント，ミッテルフランケンでは二四・七パーセントだった (Hagmann, 18*).

(26) Jablonsky, 85.

(27) Jochmann (ed.), *Nationalsozialismus und Revolution*, 77, 114.

(28) Jablonsky, 87–8.

(29) Franz-Willing, *Putsch*, 252; Jablonsky, 89.

(30) Tyrell, *Führer*, 77–8 (*Der Pommersche Beobachter*, 11 June 1924 より引用); Franz-Willing, *Putsch*, 253.

(31)　Franz-Willing, *Putsch*, 256–7; Noakes, *Nazi Party*, 45.
(32)　Jablonsky, 93.
(33)　Jochmann, 77–8; Deuerlein, *Aufstieg*, 234; Jablonsky, 94–5. Tyrell, *Führer*, 78に掲載されているAlbert Stier宛の六月二三日付のヒトラーの書簡も参照のこと.
(34)　Jochmann, 91; Jablonsky, 95.
(35)　Deuerlein, *Aufstieg*, 235–6; Jablonsky, 96. ヒトラーは政治活動から身を引くことをルーデンドルフに六月初旬に伝えたが，公表を遅らせるよう頼まれていた.
(36)　Jablonsky, 96.
(37)　Tyrell, *Führer*, 77–8.
(38)　Jochmann, 90. 問題の新聞発表の翌六月一二日の面会でヒトラーはルーデンドルフに決心を伝えたものと思われる．このときにグレーフェも同席していた（Jablonsky, 96 and 203 n.19).
(39)　そのような解釈については，Lüdecke, 222を参照のこと.
(40)　Lüdecke, 222–4（引用箇所は224頁).
(41)　Jablonsky, 90–91, 99–101.
(42)　Tyrell, *Führer*, 79. 報道では八月ではなく七月一五日から一七日にかけて開催されたと誤記されている.
(43)　Tyrell, *Führer*, 80; Jablonsky, 101–2.
(44)　Jochmann, 96–7.
(45)　Franz-Willing, *Putsch*, 261–5; Jablonsky, 103–7.
(46)　Jochmann, 120–21.
(47)　Jochmann, 122–4; Jablonsky, 111; Franz-Willing, *Putsch*, 266. ヒトラーは著書に大きな期待をかけており，そのことばかり考えている，とフォプケは記している．出版は一〇月半ばが予定されており，ヒトラーは一〇月一日には釈放されると考えていた．フォプケは，ヒトラーがなぜそれほど楽天的なのか理解に苦しむ，とも書いている（Jochmann, 124).
(48)　Jochmann, 125–7（引用箇所は126頁).
(49)　Jablonsky, 118–23, 210 n.189では，*Völkischer Kurier*, Nr 165, 19 August 1924が引用されている.
(50)　Jochmann, 130–37; Jablonsky, 124–5.
(51)　Jablonsky, 125–8.
(52)　Jochmann, 154, 165; Tyrell, *Trommler*, 167; Jablonsky, 135–9.
(53)　Tyrell, *Führer*, 86–7.
(54)　Jablonsky, 142–5.
(55)　Tyrell, *Führer*, 76; Deuerlein, *Aufstieg*, 241, 427; Hanfstaengl, *15 Jahre*, 163; Franz-Willing, *Putsch*, 276.
(56)　Deuerlein, *Aufstieg*, 241; Hanfstaengl, *15 Jahre*, 163; Jablonsky, 150.
(57)　Gritschneder, *Bewährungsfrist*, 97–8.
(58)　Deuerlein, *Aufstieg*, 238–9.
(59)　九月一六日，ミュンヒェン警察は，元ミュンヒェン突撃隊指導者ヴィルヘルム・ブリュックナー宅および元全国戦旗連盟の指導者カール・オスヴァルド宅にて，メンバーの有罪を示す証拠と往復書簡を発見した（Jablonsky, 132).
(60)　Gritschneder, *Bewährungsfrist*, 101–2.
(61)　Gritschneder, *Bewährungsfrist*, 103–10.
(62)　この判断が示された翌九月二六日の報告では，拘置所所長ライボルトは多数の書簡の秘密持出しという背信行為の深刻さを認めた．しかし，クリーベルとヴェーバーのことは批判しつつも，ヒトラーのことは批判しなかった（Gritschneder, *Bewährungsfrist*, 109–10).

(63)　Jablonsky, 132–3.

(64)　Gritschneder, *Bewährungsfrist*, 114–16.

(65)　Gritschneder, *Bewährungsfrist*, 116–18.

(66)　九月二六日の声明で，ヒトラー，クリーベル，ヴェーバーは，レームの計画する前線団《フロントバン》から距離を置き，レームの行動を非難した．ヒトラーは政治指導を離れたこと，したがってレームの設立した防衛組織への関与も拒否したことを強調した（Gritschneder, *Bewährungsfrist*, 110–12; Jablonsky, 133 および Hanfstaengl, *15 Jahre*, 160–61 も参照）．

(67)　Jablonsky, 150.

(68)　Deuerlein, *Aufstieg*, 239–40.

(69)　Jetzinger, 276–7; Donald Cameron Watt, 'Die bayerischen Bemühungen um Ausweisung Hitlers 1924', *VfZ*, 6（1958）, 270–80, here, 272; Jablonsky, 91 and 202 n.190; Deuerlein, *Aufstieg*, 239. 一九二四年三月，バイエルン警察がヒトラーの送還を最初に問い合わせたのは，ヒトラーがルーデンドルフと同じく，裁判で無罪放免されることを懸念したためだった．バイエルン首相クニリングもこの懸念を表明していた．

(70)　Gritschneder, *Bewährungsfrist*, 101. すでに見たように，ミュンヒェン警察本部は九月二三日の報告書でこの見解をさらに強めた．

(71)　Watt, 'Die bayerischen Bemühungen', 273.

(72)　Jetzinger, 277.

(73)　Deuerlein, *Aufstieg*, 240. この指令では，従軍したことによってヒトラーはもはやオーストリア市民ではなくなった，との主張が展開されていた（Watt, 'Die bayerischen Bemühungen', 274）．

(74)　Watt, 'Die bayerischen Bemühungen', 276–7; Jetzinger, 278.

(75)　オーストリアがヒトラーの引き取りを拒んだことを受けてヒトラーの送還手続きを取り止めたのはギュルトナーの意向だったとよくいわれるが（Bullock, 127 参照；Toland, 203），Watt の提示する証拠を検討する限り，必ずしもそうはいえないように思われる．Watt, 'Die bayerischen Bemühungen', 270–71, 279 参照．

(76)　Deuerlein, *Aufstieg*, 250–52; Jetzinger, 272, 279.

(77)　Jetzinger, 280.

(78)　Gritschneder, *Bewährungsfrist*, 119–30（引用箇所は 130 頁）．ライボルトは一一月一三日の報告でもヒトラーの素行は善良だと重ねて表明していた．

(79)　Jablonsky, 150 参照．

(80)　Gritschneder, *Bewährungsfrist*, 130.

(81)　*Monologe*, 259–60. ミュラーについては *Monologe*, 146; Heiden, *Hitler*, 199–200 を参照のこと．

(82)　Gritschneder, *Bewährungsfrist*, 130.

(83)　*Monologe*, 259–60; Hoffmann, 60–61. Franz-Willing, *Putsch*, 278–9 では，*Der Nationalsozialist*（25 December 1924）および *Völkischer Kurier*（23 December 1924）が引用されている．

(84)　*Monologe*, 261.

(85)　Frank, 46–7.

(86)　ランツベルクでの日常に関するフォプケの述懐については，Jochmann, 91–2 を参照のこと．

(87)　*MK*, 36 参照．

(88)　Frank, 47.

(89)　Frank, 45.

(90)　Eitner, 75. Eitner（75–82）は，ランツベルクで過ごした時期がヒトラーの人生における転換点だと考えていた．ヒトラーはこの時期に「ヨルダン川で洗礼を受けた」，すなわち，自分はドイツの「バプテスマのヨハネ」ではなく救世主その人であるとして，その使命を自覚したというのである．

(91) 自分は「直観的天才」だとヒトラーが常日頃から強調していたことを考えても，この解釈は，この時期に深く考えたことでそれまで直観的にしか理解していなかった多くのことを初めて完全に理解した，とヒトラーが後に述べていることと合致する（*Monologe*, 262).
(92) *Monologe*, 262.
(93) Otto Strasser, *Hitler und ich*, Buenos Aires, n.d.（1941?), 56.
(94) Franz-Willing, *Putsch*, 251; Jochmann, 92. フォプケは，「ボスのところで，というよりはボスから講義」を一時間にわたって受ける，という言い方をしている．一九三三年にある看守（後に親衛隊将校となった）が出版した本の説明によれば，ヒトラーは土曜の夕方に自分の本を朗読して聞かせたようである（Otto Lurker, *Hitler hinter Festungsmauern*, Berlin, 1933, 56). Werner Maser, *Hitlers Mein Kampf*, Munich/Esslingen, 1966, 20–21 および Hammer, 'Die deutschen Ausgaben', 161–78, here 162 も参照.
(95) Heiden, *Der Führer*, 226 にそのような示唆がある．Heiden の推論は説得的ではあるが，裏づけとなる史料は挙げられていない（この推論は 1936 年に出版されたヒトラーの伝記では述べられていない）．政敵に対抗して二二年にヒトラーが「決着（『わが闘争』第一巻の表題と同じ)」というタイトルの本の執筆にとりかかったとされるときの典拠になっているのも Heiden, *Der Führer*, 226 であると考えられる.
(96) Hanfstaengl, *15 Jahre*, 172.
(97) Heiden, *Hitler*, 206; Heiden, *Der Führer*, 226.
(98) Franz-Willing, *Putsch*, 251.
(99) Heiden, *Der Führer*, 226 で強く示唆されている（ただし裏づけとなる史料を欠く).
(100) Otto Strasser, *Hitler und ich, 59*; Frank, 45; Heiden, *Hitler*, 188–90; Hans Kallenbach, *Mit Adolf Hitler auf Festung Landsberg*, Munich, 1933, 56. Hammer, 'Die deutschen Ausgaben', 161–2 参照 ; Lurker, 56; Maser, *Frühgeschichte*, 304 and n.325; Maser, *Adolf Hitler*, 192. 戦後，イルゼ・ヘスは，自分の夫が口述筆記したわけではなく，ヒトラーが自分で古いタイプライターを二本指で打ったのであり，釈放後は秘書が第二巻を口述筆記したのだと主張している（Maser, *Mein Kampf*, 20–21)．ヒトラーがものを書くことを好まず，ランツベルクには（ヘスも含めて）協力を惜しまない者が多かったことを考えれば，これはきわめて想定しにくい話である.
(101) Otto Strasser, *Hitler und ich*, Constance, 1948, 78.
(102) Heiden, *Hitler*, 206; Hanfstaengl, *15 Jahre*, 172–3.
(103) Hammer, 'Die deutschen Ausgaben', 163; Görlitz-Quint, 236–43. 戦後，イルゼ・ヘスは，ヒトラーの文章に文体面で手を入れたのは自分たち夫妻だけだと主張しているが，やや説得力を欠く（Maser, *Mein Kampf*, 22–4).
(104) Hanfstaengl, *15 Jahre*, 173–4.
(105) Frank, 45–6. フランクによれば，いずれ首相になると一九二四年の段階で思っていれば，あの本は書かなかっただろう，とヒトラーは言ったという.
(106) Heiden, *Hitler*, 206; Maser, *Mein Kampf*, 24; Oron James Hale, 'Adolf Hitler: Taxpayer', *American Historical Review*, 60（1955), 830–42, here 837.
(107) Hammer, 'Die deutschen Ausgaben', 163; Maser, *Mein Kampf*, 26–7, 29; 'The Story of Mein Kampf', *Wiener Library Bulletin*, 6（1952), no.5–6, 31–2, here 31（著者不明).
(108) Otto Strasser, *Hitler und ich*, 60–61 によれば，一九二七年のニュルンベルク党大会の際，この本を読んでいないと個人的に認めた者が党の有力メンバーのなかにもいたという．Karl Lange, *Hitlers unbeachtete Maximen: 'Mein Kampf' und die Öffentlichkeit,* Stuttgart, 1968 も参照．クリスティアン・ヴェーバーのようにヒトラーを初期から知る者たちは，『わが闘争』に書かれていることを冷やかすこともあった（Hanfstaengl, *15 Jahre*, 188 参照).
(109) ヒトラーの課税所得の多くは『わが闘争』の売上によるもので，一九二五年には一万九八四三マル

クだったが，二七年に一万一四九四マルクに落ち，二九年に一万五四四八マルクになった後，翌年には四万八四七二マルクに急上昇し，三三年には一二三万二三三五マルクにまで跳ね上がった．ヒトラーは三三年には税金を滞納したが，国税局の追及は遅れ，その後，ヒトラーが免税を認められたために差し止められた．したがって，第三帝国期に『わが闘争』によって得た巨額の印税に対してヒトラーは税金を支払っていない（Hale, 'Adolf Hitler: Taxpayer', 839–41）.

(110) Eberhard Jäckel, *Hitlers Weltanschauung. Entwurf einer Herrschaft*, Tübingen, 1969; extended and revised 4th edn, Stuttgart, 1991 の分析は素晴らしい．

(111) *MK*, 317–58 参照.

(112) *MK*, 372 (trans., *MK* Watt, 308).

(113) *MK*, 358.

(114) *MK*, 742–3, 750–52 参照．一八九四年の全ドイツ主義者の綱領的宣言をはじめとして，「生空間」概念が初期にどのように使用されていたかについては，Lange, 'Der Terminus "Lebensraum"', 426–37, esp. 428ff を参照のこと．

(115) Martin Broszat, 'Soziale Motivation', 392–409, here esp. 403 参照.

(116) Hugh Trevor-Roper は一九五三年に *Hitler's Table Talk*, 1941–44, London, 1953 の序文 'The Mind of Adolf Hitler'（vii-xxxv 頁）でこうした見方を示した．当時の一般的な説明とは異なるこの論を，Trevor-Roper は 'Hitlers Kriegsziele', *VfZ*, 8 (1960), 121–33 でも唱えた．しかし，ヒトラーが本質的にまとまった一貫した思想をもっていたことが一般に認められるようになるには，Jäckel の著書 *Hitlers Weltanschauung*（1969）での『わが闘争』の分析を待たねばならなかった．

(117) Frank, 45. しかしその後，『わが闘争』の改訂版では一九三九年までに全部で約二五〇〇箇所もの（主として文体上の）微修正が施されることになった（Hammer, 164; Maser, *Hitler*, 188）.

(118) Jäckel, *Hitlers Weltanschauung*, esp. 152–8 参照.

(119) Lohalm, *Völkischer Radikalismus* では，急進的反ユダヤ主義の連続性という観点から見た場合，ドイツ民族至上主義攻守同盟が全ドイツ主義とナチズムをつなぐ役割を果たしたことが見事に描きだされている．

(120) *JK*, 176–7.

(121) *MK*, 372 (trans., *MK* Watt, 307).

(122) *MK*, 772 (trans., *MK* Watt, 620).

(123) ナチの反ユダヤ政策に関わる重要な分析である Karl A. Schleunes, *The Twisted Road to Auschwitz. Nazi Policy toward German Jews 1933–1939*, Urbana/Chicago/London, 1970 のタイトルでもこのことが示唆されている．

(124) *JK*, 646.

(125) *JK*, 703–4.

(126) *JK*, 1210.

(127) *JK*, 1226.

(128) *JK*, 1242 and n.2–3.

(129) Wolfgang Horn, 'Ein unbekannter Aufsatz Hitlers aus dem Frühjahr 1924', *VfZ*, 16 (1968), 287, 288. 一九二〇年代初頭にヒトラーがよくある全ドイツ主義的な外交政策を掲げていたことについては，Günter Schubert, *Anfänge nationalsozialistischer Außenpolitik*, Köln, 1963, esp. ch.1–2, Jäckel, *Hitlers Weltanschauung*, 31–8 およびとくに Kuhn, *Hitlers außenpolitisches Programm*, 31–59, esp. 56 を参照のこと．

(130) Jäckel, *Hitlers Weltanschauung*, 33–4.

(131) Horn, 'Ein unbekannter Aufsatz Hitlers', 283, 291; Jäckel, *Hitlers Weltanschauung*, 35–6;

Geoffrey Stoakes, *Hitler and the Quest for World Dominion*, Leamington Spa, 1987, 137.

(132) Horn, 'Ein unbekannter Aufsatz Hitlers', 284–91; Jäckel, *Hitlers Weltanschauung,* 35.

(133) Horn, 'Ein unbekannter Aufsatz Hitlers', 285, 289–90; Stoakes, 122–35.

(134) *JK*, 96; Jäckel, *Hitlers Weltanschauung*, 39.

(135) *JK*, 427. Binion, *Hitler among the Germans*, 59 も参照．一九二一年五月の演説はヒトラーがルーデンドルフのもとを初めて訪れた直後に行われたものであり，この思想はルーデンドルフの影響を受けたものであろう（Auerbach, 'Hitlers politische Lehrjahre', 50 n.127）．ブレスト＝リトフスク条約では，ロシアは広大な領土をドイツに割譲し，第一次世界大戦から離脱した．

(136) *JK*, 505; Stoakes, 96.

(137) Stoakes, 120–21 参照．

(138) Stoakes, 118–20.

(139) ルーデンドルフの思想と，それがヒトラーに影響を及ぼした可能性については，Stoakes, 135 を参照のこと．

(140) *JK*, 773（trans., Stoakes, 137）.

(141) Horn, 'Ein unbekannter Aufsatz Hitlers' 参照．エッセイのテクストは *JK*, 1216–27 に掲載されている．

(142) Heiden, *Hitler*, 188 参照．

(143) Woodruff Smith, 110–11, 164.

(144) Woodruff Smith, esp. ch.6 参照．

(145) Woodruff Smith, 224–30. 大仰な文体にもかかわらず，この小説は一九二六年から三三年にかけて二六万五〇〇〇部を売り上げた（Lange, 'Der Terminus "Lebensraum"', 433）．

(146) Woodruff Smith, 223, 240; Lange, 'Der Terminus "Lebensraum"', 430–33. ヒトラーの外交政策をめぐる思想が変化するなかで，この時期に「生空間」思想が果たした役割については，Kuhn, ch.5, pt.3, 104–21, esp. 115–17 で描かれている．

(147) Horn, 'Ein unbekannter Aufsatz Hitlers', 293 and n.67.

(148) ハウスホーファーはニュルンベルク裁判で，ヒトラーが自分の著作を理解していたとは思えないと述べた．Lange, 'Der Terminus "Lebensraum"', 432 はこの点について論じ，ハウスホーファーの主張に強い疑義を呈している．

(149) Jäckel, *Hitlers Weltanschauung*, 37 は，ランツベルク収監中に直接的な影響を受けてヒトラーの思想が変化したことは確認できないと指摘している．Maser, *Hitler*, 187 は，『わが闘争』の内容に鑑みて，ハウスホーファー，ラッツェル，（ヒトラーは英語は読めないが）ハルフォード・マッキンダーの理論をヒトラーは当然知っていたはずだとしている．ハウスホーファーはランツベルクにヘスを訪ねたことがあり，後に，ヒトラーに会ったことを認めた．ただし，ひとりで会ったわけではないとしている（Toland, 199）．ヒトラーの面会者リストにはハウスホーファーの名はない（Horn, 'Ein unbekannter Aufsatz Hitlers', 293, n.68）．

(150) Jäckel, *Hitlers Weltanschauung*, 37 参照；Kuhn, 104–21.

(151) Jäckel, *Hitlers Weltanschauung*, 38–41.

(152) *MK*, 741–3（trans., *MK* Watt, 597–8. ただし多少修正が加えられている）．『わが闘争』第一版では，「巨大な帝国」ではなく「ペルシア帝国」と書かれている（Hammer, 175; Jäckel, *Hitlers Weltanschauung*, 45 n.32）．

(153) *Hitlers Zweites Buch. Ein Dokument aus dem Jahr 1928*, ed. Gerhard L. Weinberg, Stuttgart, 1961; 'Außenpolitische Standortsbestimmung nach der Reichstagswahl Juni-Juli 1928' というタイトルで再出版されたものが *RSA*, IIA に収められている．

(154) *Monologe*, 262.
(155) *JK*, 1210; Tyrell, *Führer*, 64; Hanfstaengl, *15 Jahre*, 155.
(156) Tyrell, *Trommler*, 166–7.
(157) Eitner, 75–84 参照.
(158) Tyrell, *Trommler*, 167 参照.
(159) *MK*, 229–32（引用は 231–2 頁より）.
(160) *MK*, 650–51（trans., *MK* Watt, 528）.
(161) *MK*, 70.
(162) Bullock は *Hitler*, 804 で，「人種主義ドクトリンを装いつつも［…］支配」を目的とするシステムのなかの「原則を一切もたない機会主義者」という表現を使っている．これは，Hermann Rauschning, *Die Revolution des Nihilismus. Kulisse und Wirklichkeit im Dritten Reich*, Zürich/New York, 1938, esp. pt.I に依拠した表現である．
(163) Tyrell, *Führer*, 85.
(164) Jochmann, 134（Fobke より Haase 宛 , 21 August 1924）.
(165) Tyrell, *Trommler*, 174 参照.
(166) Broszat, *Der Nationalsozialismus, 21–2* 参照.「ナチズムの世界観について，ごった煮，混合物，『思想の寄せ集め』と考えられてきたのもうなずける」と述べられている．
(167) 本章注 162 参照.

第 8 章◆運動の掌握

(1) BAK, R43 I/2696, Fol.528. Thomas Childers（ed.）, *The Formation of the Nazi Constituency, 1919–1933*, London/Sydney, 1986, 232 も参照.
(2) Jürgen Falter, Thomas Lindenberger and Siegfried Schumann（eds.）, *Wahlen und Abstimmungen in der Weimarer Republik. Materialien zum Wahlverhalten*, Munich, 1986, 45 参照.
(3) Detlev J. K. Peukert, *Die Weimarer Republik. Krisenjahre der Klassischen Moderne*, Frankfurt am Main, 1987, 125, 132ff., 141–2, 176 参照；Petzina, Abelshauser and Faust（eds.）, *Sozialgeschichtliches Arbeitsbuch,* Band III, 61, 98, 114–15, 125, 137. 福祉国家の大幅な向上については，Ludwig Preller, *Sozialpolitik in der Weimarer Republik*, Düsseldorf（1949）, 1978 で扱われている．
(4) Peter Gay, *Weimar Culture*, London, 1969 参照.
(5) Peukert, *Die Weimarer Republik*, 175–6.
(6) ヴァイマル共和国期におけるジャズの普及については，Michael Kater, *Different Drummers. Jazz in the Culture of Nazi Germany*, New York/Oxford, 1992, 3–28 を参照のこと．
(7) BHStA, MA 102 137, RPvOB, HMB, 18 February 1928, S.1.
(8) Tyrell, *Führer*, 382.
(9) Tyrell, *Führer*, 352. ナチ党が発表する数字は離党者を計算に入れていないため，数値としては大きすぎる．
(10) 一九二六年のナチ党について，Dietrich Orlow, *The History of the Nazi Party*, vol. 1, 1919–33, Newton Abbot, 1971, 76 がこのように指摘している．
(11) Tyrell, *Trommler*, 171.
(12) Hanfstaengl, *15 Jahre*, 163; Lüdecke, 252.
(13) ハンフシュテングルは，ランツベルクを訪問した際，体操か運動をして増えた体重を落とすようにヒトラーに勧めた．ヒトラーは，「指導者たる者が（体操や試合といえども）部下に負けるわけにはいかない」

という理由でそれを拒否した（Hanfstaengl, *15 Jahre*, 157).

(14)　Hanfstaengl, *15 Jahre*, 164. ヒトラーは後に完全な菜食主義になった．その理由をめぐる本人と周囲の様々な説明については，Schenck, 27–42 を参照のこと.

(15)　Hanfstaengl, *15 Jahre*, 166–7.

(16)　*Monologe*, 260–61, 453 n.170. ヒトラーはクリスマスにハンフシュテングルを相手に，「私のルディ，私のヘッサール」がまだ獄中にいると嘆いた（Hanfstaengl, *15 Jahre*, 165).

(17)　*Monologe*, 261（ここでヒトラーは，この会談の際にヘルトがヒトラーに対して礼儀正しく振る舞ったため，後に「彼には何もしなかった」と述べている); Karl Schwend, *Bayern zwischen Monarchie und Diktatur*, Munich, 1954, 298; Hanfstaengl, *15 Jahre*, 169; Lüdecke, 255; Margarethe Ludendorff, 271–4.

(18)　Jochmann, *Nationalsozialismus und Revolution*, 193–4.

(19)　Schwend, 298. Jablonsky, 155 and 218–19 n.166–7 参照.

(20)　Hanfstaengl, *15 Jahre*, 170. バイエルンで非常事態が解除されると，禁止も自動的に解かれた（Deuerlein, *Aufstieg*, 245).

(21)　Tyrell, *Führer*, 89–93（後のポメルン大管区長ヴァルター・フォン・コルスヴァント=クンツォフ（1927–31）の書簡). 一九二五年二月四日付のミュンヒェナー・ポストに基づく Deuerlein, *Aufstieg*, 242–3 および Jablonsky, 156 も参照のこと.「プロイセン会議」直後にレーヴェントロウがヒトラーを公然と批判したことについては，Horn, *Marsch*, 213 を参照のこと.

(22)　Tyrell, *Führer*, 92.

(23)　Horn, *Marsch*, 216 and no.23.

(24)　Horn, *Marsch*, 212 n.6.

(25)　Jochmann, *Nationalsozialismus und Revolution*, 193–4. ルドルフ・ヘスは，一九二五年七月の私信でヒトラーとルーデンドルフの関係に触れ，「ヒトラー氏はルーデンドルフ閣下がナチズム運動を指導することの正当性を認めたことはない．ヒトラー氏は，つまらない政争からは裁判後，即座に手を引くよう閣下に繰り返し要請した．ルーデンドルフ閣下は国民のためにその名声を保つべきであり，そうした政争に手を染め，小政党のためにその名声を無駄にすべきではない」と書いている（Sonderarchiv Moscow, 1355–I–2, Fol.75, Heß より Kurt Günther 宛 , 29 July 1925).

(26)　Tyrell, *Führer*, 93–4.

(27)　Horn, *Marsch*, 213 and n.13, 214 and n.14; Jablonsky, 158; Deuerlein, *Aufstieg*, 245.

(28)　Tyrell, *Führer*, 104.

(29)　Tyrell, *Führer*, 71.

(30)　ヒトラーは「民族至上主義《フェルキッシュ》」という概念は不明瞭だとして拒絶した（*RSA*, I, 3). ヒトラーの発言にもかかわらず，運動の支持者のなかには，宗教に対する姿勢についてまだよく分からない者がいた．ヒトラーの代わりにルドルフ・ヘスは，一九二五年五月二二日にケムニッツのイルゼ・ハーフからの手紙に対して,「ヒトラー氏はいかなる種類であれキリスト教に対しては反対していません．キリスト教を名乗り，キリスト教を政治的目的のために乱用している政党に反対しているだけです」と答えている（Sonderarchiv Moscow, 1355/I/2, Fol.127).

(31)　*RSA*, I, 1–6.

(32)　Lüdecke, 248.

(33)　*RSA*, I, 9.

(34)　Longerich, *Die braunen Bataillone*, 51–2; Horn, *Marsch*, 226–7. ヒトラーは一年以上待った後，一九二六年秋に SA の再組織化をフランツ・プフェファー・フォン・ザロモンに任せた.

(35)　*RSA*, I, 7–9.

(36)　Lüdecke, 256.

(37)　Heiden, *Hitler*, 198.

(38)　Jablonsky, 168 は，会合に関する警察の報告に基づく．

(39)　ローゼンベルクは回想録のなかで，収監中にヒトラーがエッサー，シュトライヒャーら一派に与えた支持を腹立たしく思い，会合を欠席したと明らかにしている．起こったことを互いに許しあう場面を公の場で演出しようとヒトラーが計画していることは分かっていたが，茶番に付き合う気はなかった（Rosenberg, *Letzte Aufzeichnungen*, 114, 319–20）．

(40)　Lüdecke, 257.

(41)　Lüdecke, 275.

(42)　Jablonsky, 168, 220 n.9. ドレクスラーは，民族ブロックを解散した三月のミュンヒェンの会合で，エッサーとともに活動するのは無理だと言ったとされる．ヒトラーと自分を隔てるものは何もないが，エッサーがいる限り，ヒトラーと行動をともにすることはできない，とのことだった（BHStA, Slg. Personen, Anton Drexler, Miesbacher Anzeiger, 19 May 1925）．

(43)　Lüdecke, 255.

(44)　*RSA*, I, 14–28.

(45)　前日に公表した「旧党員への呼びかけ」のなかで，ヒトラーは，「党が再び運動となるか，運動が党として息の根を止められるか」について一年以内に総括すると約束し，いずれにせよ責任はとるとした（*RSA*, I, 6）．

(46)　BHStA, MA 101235/I, Pd. Mü., Nachrichtenblatt, 2 March 1925, S.16.

(47)　BHStA, MA 101235/I, Pd. Mü., Nachrichtenblatt, 2 March 1925, S.16; *RSA*, I, 28 n.9; Lüdecke, 258.

(48)　*RSA*, I, 446, 448.

(49)　*RSA*, I, 5, 28 n.9; Horn, *Marsch*, 216–17 and n.25–6.

(50)　Lüdecke, 253 によれば，ルーデンドルフの扱いが問題になった際，ヒトラーはルーデンドルフの政治家としての素質のなさに怒りだしたとされる．

(51)　Horst Möller, *Weimar*, Munich, 1985, 54.

(52)　Ludwig Volk, *Der bayerische Episkopat und der Nationalsozialismus 1930–1934*, Mainz, 1965, 5, 7.

(53)　*RSA*, I, 36.

(54)　Hanfstaengl, *15 Jahre*, 179–80; Horn, *Marsch*, 217.

(55)　*RSA*, I, 38 n.2 参照.

(56)　Lüdecke, 255.

(57)　Margarethe Ludendorff, 277–8.

(58)　Winkler, *Weimar*, 279; Horn, *Marsch*, 218 では，ヤレスを選んだのは，ルーデンドルフに恥をかかせないためだったとされるが，これは確実に理由ではなく言い訳であろう．

(59)　ユリウス・シュトライヒャーは選挙の二日前にあたる三月二七日に行った演説で，この選挙の意味は，ドイツはヒトラーのような人物を頂点に立つ者として必要としていると示すことにある，と述べた（Horn, *Marsch*, 217 n.28 より引用）．

(60)　Falter *et al.*, *Wahlen*, 76. ヴァイマル期における政治の急進化が一時的ながらも反転し，共産党の得票も大きく減少した．

(61)　Hanfstaengl, *15 Jahre*, 180.

(62)　タンネンベルク同盟は一九三三年に禁止された．しかし，イメージの問題から，ルーデンドルフ自身は出版を差し止められなかった．ヒトラーとルーデンドルフは三七年に公式に和解し，同年一二月にルーデンドルフが死去すると国葬が行われた．夫妻が開祖となった民族至上主義的な宗教運動（「ドイツの神知」）

も公式に認められた（Benz and Graml（eds.), *Biographisches Lexikon zur Weimarer Republik*, 212–13; Wistrich, *Wer war wer im Dritten Reich*, 180).

(63) ドイツ民族自由運動は死に体のまま一九三三年まで残ったが，考慮に入れるべき勢力になることは二度となかった（Horn, *Marsch*, 218 and n.32).

(64) Horn, *Marsch*, 215–16; Nyomarkay, *Charisma and Factionalism in the Nazi Party*, Minneapolis, 1967, 72–3. 国民社会主義自由運動（民族ブロック）は三月八日にバイエルンでは解散し，メンバーの多くはナチ党に復帰した．四日後，ヒトラーとナチ党への支持を全会一致で決定し，大ドイツ民族共同体も解散した．

(65) Tyrell, *Führer*, 107–8; Deuerlein, *Aufstieg*, 246–7; Horn, *Marsch*, 222 and n.43. 演説禁止の間，ヒトラーは，一九二六年二月のハンブルク・ナショナル倶楽部での会合のような私的な会合，もしくは非公開の党内集会での演説しか許されなかった（バイエルンではそうした集会での演説すらもしばらくは禁じられた).

(66) Deuerlein, *Aufstieg*, 247; Reinhard Kühnl, 'Zur Programmatik der Nationalsozialistischen Linken. Das Strasser-Programm von 1925/26', *VfZ*, 14（1966), 317–33, here 318.

(67) Albert Krebs, *Tendenzen und Gestalten der NSDAP*, Stuttgart, 1959, 183, 185. ナチ党にとってシュトラッサーがいかに重要であったかについては，Peter D. Stachura, *Gregor Strasser and the Rise of Nazism*, London, 1983; Udo Kissenkoetter, *Gregor Strasser und die NSDAP*, Stuttgart, 1978 で徹底的に検討されている．Kissenkoetter は，Ronald Smelser and Rainer Zitelmann（eds.), *Die braune Elite*, Darmstadt, 1989, 273–85 のなかで伝記を簡単にまとめている．

(68) Nyomarkay, 72–3. 北ドイツとは対照的に，南ドイツの支部は一揆前には二二二を数えた（三七支部以外はバイエルン）が，一九二五年末には一四〇に減少した．

(69) Tyrell, *Führer*, 97–9.

(70) Jochmann, *Nationalsozialismus und Revolution*, 207 参照 ; Tyrell, *Führer*, 113; Nyomarkay, 71–89; Jeremy Noakes, 'Conflict and Development in the NSDAP 1924–1927', *Journal of Contemporary History*, 1（1966), 3–36.

(71) Noakes, *Nazi Party*, 65.

(72) Jochmann, *Nationalsozialismus und Revolution*, 207.

(73) Jochmann, *Nationalsozialismus und Revolution*, 210–11; Noakes, *Nazi Party*, 84–5.

(74) Krebs, 187 参照.「国民的」と冠したゲッベルスの急進的な「社会主義」については，Ulrich Höver, *Joseph Goebbels—ein nationaler Sozialist*, Bonn/Berlin, 1992 で大いに強調されている．

(75) *TBJG*, I.1, 99（27 March 1925). 一九九〇年代にゲッベルスのしっかりとした伝記が三種類刊行された．Ralf Georg Reuth, *Goebbels*, Munich, 1990, Höver（ただし，詳細に扱われているのは三三年以前のみ)，および David Irving, *Goebbels. Mastermind of the Third Reich*, London, 1996 である．Elke Fröhlich in Smelser-Zitelmann, *Die braune Elite*, 52–68, および Fest, *Face of the Third Reich*, 130–51 には，簡単な性格描写がある．

(76) Peter Hüttenberger, *Die Gauleiter. Studie zum Wandel des Machtgefüges in der NSDAP*, Stuttgart, 1969, 33, 223; Shelley Baranowski, *The Sanctity of Rural Life. Nobility, Protestantism, and Nazism in Weimar Prussia*, New York/Oxford, 1995, 136.

(77) *TBJG*, I.1, 127（11 September 1925).

(78) 少なくとも，一般受けを考えて，ヒトラーはこの時期にはこうした思想から距離をとろうとはしなかった．ヒトラーからの依頼により，一九二五年六月四日にヘスは党の支持者からの質問に答えて，運動に労働組合がないのは資金不足によるものだと弁明している（Sonderarchiv Moscow, 1355–I–2, Fol.22, Heß より Kohlfurt-Dorf の Alfred Barg 宛).

(79)　Noakes, *Nazi Party*, 85–6.
(80)　Krebs, 119 参照.
(81)　Krebs, 187.
(82)　この段落および次段落は，Jochmann, *Nationalsozialismus und Revolution*, 207–11 に基づく．Noakes, *Nazi Party*, 71 も参照.
(83)　*TBJG*, I.1, 126（11 September 1925）. フォプケのシュトラッサー評については，Jochmann, *Nationalsozialismus und Revolution*, 208 を参照のこと.
(84)　会合はすべての目的を果たしたわけではなかったが，ゲッベルスは満足し，「全ては願い通りになった」と書き留めている（*TBJG*, I.1, 126（11 September 1925））.
(85)　ゲッティンゲングループは，この活動共同体は，運動内で自分たちの意見を表明するための手段だと考えていた．すなわち，選挙への参加の阻止，エッサーら一派の粛清である（Jochmann, *Nationalsozialismus und Revolution*, 211）.
(86)　Jochmann, *Nationalsozialismus und Revolution*, 212–13.『国民社会主義便り』は，一九二五年一〇月一日に第一号が出された．規約は，同年一一月二二日にハノーファーで開催された活動共同体の第二回会合で承認された.
(87)　Tyrell, *Führer*, 116–17; Nyomarkay, 80–81; Kühnl, 321ff. グレゴア・シュトラッサーはゲッベルスに，エッサーとシュトライヒャーの件については個人的確執にとらわれないように勧めた．両名とも北部の大管区から演説の依頼を受けていた.
(88)　Tyrell, *Führer*, 115–16; Nyomarkay, 80–81; Noakes, *Nazi Party*, 74.
(89)　Tyrell, *Führer*, 119; Noakes, ‘Conflict’, 23ff.; Orlow, i.67–8.
(90)　Noakes, *Nazi Party*, 74–5.
(91)　Jochmann, *Nationalsozialismus und Revolution*, 223.
(92)　Jochmann, *Nationalsozialismus und Revolution*, 220; *TBJG*, I.1, 157（21 January 1926）; Noakes, *Nazi Party*, 76; Tyrell, ‘Gottfried Feder and the NSDAP ’, 48–87, here 69; Horn, *Marsch*, 237.
(93)　Jochmann, *Nationalsozialismus und Revolution*, 222. ヒトラーを直接批判する発言があった可能性がある．しかし，出席していたオットー・シュトラッサーとフランツ・プフェファー・フォン・ザロモンの二名の発言は，はるか後のものであるため信頼できない（Noakes, *Nazi Party*, 76–8 参照）.
(94)　Horn, *Marsch*, 237–8; Gerhard Schildt, ‘Die Arbeitsgemeinschaft Nord-West. Untersuchungen zur Geschichte der NSDAP 1925/6’, Diss.Phil., Freiburg, 1964, 148ff. 一九二五年の党再建後，ヒトラーは全国を大管区に分けはじめた．党の地域構造が落ち着くまで，二〇年代後半には合併，名称変更も多く行われた（Hüttenberger, *Gauleiter*, 221–4 および Wolfgang Benz, Hermann Graml and Herman Weiß (eds.), *Enzyklopädie des Nationalsozialismus*, Stuttgart, 1997, 478–9 参照）．これらの地域にヒトラーが置いた指導者は，地方においてヒトラーの指導力を支持・拡大する重要な支柱となった.
(95)　Jochmann, *Nationalsozialismus und Revolution*, 221. 六月二〇日の国民投票では，提案は必要な多数を得られなかった（*RSA*, I, 296 n.4, 451 n.26）.
(96)　Jochmann, *Nationalsozialismus und Revolution*, 220; Tyrell, ‘Feder’, 69–70 and 85 n.105; *RSA*, I, 294 n.1.
(97)　Orlow, i.68–9; Nyomarkay, 83–4 and n.45.
(98)　Tyrell, ‘Feder’, 70.
(99)　*TBJG*, I.1, 161（15 February 1926）. ゲッベルスは続けて，四時間の演説の後，三〇分の議論が行われたと書いている（161–2 頁）．警察の報告によれば，演説は五時間に及んだ（*RSA*, I, 294 n.1）.
(100)　*RSA*, I, 294–6 に収録されたフェルキッシャー・ベオバハターの報告. HStA, MA 101235/II, Pd. Mü., LB, 8 March 1926, S.16 も参照.

(101) 「本人の発言の通り！」と原文にも書かれている（*TBJG*, I.1, 161).

(102) 活動共同体のメンバーでもあったライは，「ヒトラー個人を無条件で支持する者」をもって自任していた．ただし，フォプケは，活動共同体の第一回会合の報告でライについて，「知性という点では取るに足らない」と評している（Jochmann, *Nationalsozialismus und Revolution*, 209).

(103) *TBJG*, I.1, 161–2. バンベルクでの会合後，ゲッベルスは「アドルフ・ヒトラーは一九二三年に社会主義を裏切った」と述べたとされる（Tyrell, *Führer*, 128). バンベルクでの会合については，（細部に不正確な点はあるが）Krebs, 187–8 も参照されたい.

(104) Jochmann, *Nationalsozialismus und Revolution*, 225; Kühnl, 323.

(105) Horn, *Marsch*, 243 and n.119; Noakes, *Nazi Party*, 83.

(106) Orlow, i.72. ヒトラーは思うところはあった．四月にミュンヒェンを訪れた際，ゲッベルスとカウフマンは活動共同体およびルール大管区への参加についてヒトラーから厳しく批判された（*TBJG*, I.1, 172 (13 April 1926)).

(107) Stachura, *Strasser*, 50.

(108) Horn, *Marsch*, 243; Longerich, *Die braunen Bataillone*, 53.

(109) Horn, *Marsch*, 242 n.117 参照 ; Orlow, i.72; Nyomarkay, 88. ゲッベルスは「ダマスカス」との疑惑に公式に反論しなければならなかった（*TBJG*, I.1, 204 (25 August 1926)).

(110) *TBJG*, I.1, 134–5 (14 October 1925).

(111) *TBJG*, I.1, 141 (6 November 1925), 143 (23 November 1925).

(112) Nyomarkay, 87.

(113) *TBJG*, I.1, 167 (21 March 1926) においてゲッベルスは，「ユリウスは少なくとも正直だ」と書いている．シュトラッサーは警戒するよう助言していた（Noakes, *Nazi Party*, 82).

(114) *TBJG*, I.1, 169 (29 March 1926).

(115) *TBJG*, I.1, 171 (13 April 1926).

(116) Tyrell, *Führer*, 129; *TBJG*, I.1, 171–2 (13 April 1926). ゲッベルスの日記には演説内容の手がかりになるような記述は残されていない．カウフマンとゲッベルスの社会主義に対する考え方は行き過ぎだと以前は考えていたが，ゲッベルスの演説を聞いて社会主義を主張する気になりそうだった，とプフェファーがカウフマンに述べたことから考えて，ミュンヒェンの聴衆の嗜好に合わせてゲッベルスがそれまでの主張を大幅に和らげたと考えられる.

(117) *TBJG*, I.1, 172–3 (13 April 1926).

(118) *TBJG*, I.1, 175 (19 April 1926).

(119) Horn, *Marsch*, 247. Martin Broszat, 'Die Anfänge der Berliner NSDAP, 1926/27', *VfZ*, 8 (1960), 88ff; Hüttenberger, *Gauleiter*, 39ff.

(120) *TBJG*, I.1, 244 (13 July 1928).

(121) Hanfstaengl, *15 Jahre*, 190.

(122) Tyrell, *Führer*, 103.

(123) *RSA*, I, 430. 警察の報告では二五〇〇名ほどの党員が出席したとされる（*RSA*, 430 n.18).

(124) *RSA*, I, 431.

(125) *RSA*, I, 437.

(126) *RSA*, I, 430.

(127) *RSA*, I, 461–5; Tyrell, *Führer*, 104, 136–41, 216; Horn, *Marsch*, 278–9; Orlow i.72–3.

(128) *RSA*, I, 461; Noakes, *Nazi Party*, 83 n.1 参照.

(129) *RSA*, II/1, 6–12（引用は 6, 7).

(130) *RSA*, II/1, 15 n.1. 参加者の暴力沙汰に対してヴァイマル市議会は抗議決議を出し，テューリンゲン

州議会でも激しい議論になった．それによって注目が集まるのはナチ党にとってはありがたいことだった（*RSA*, II/1, 17 n.3）．

（131） 親衛隊は一九三四年までは突撃隊に従属していた．二六年のヴァイマル党大会時には，隊員は二〇〇名ほどにすぎなかった（Heinz Höhne, *The Order of the Death's Head*, London, 1969, 17–23 参照）．

（132） *RSA*, II/1, 16 and n.5.

（133） Orlow, i.76; *RSA*, II/1, 17–25（演説原稿）．国民劇場を会議場として使えるよう，ディンターが影響力を行使した（Tyrell, *Führer*, 149）．

（134） *TBJG*, I.1, 191（6 July 1926）．

（135） Orlow, i.76. 当時の党員数は三万五〇〇〇人と推定される．一九二六年から二七年にかけて多くの支部で党員数が伸び悩んだ（Orlow, i.111 参照）．

（136） Orlow, i.75.

（137） Lüdecke, 250–52 参照．

（138） Tyrell, *Führer*, 196 参照．

（139） 一九二七年一〇月初旬にヒトラーがハンブルクで行った演説については，Krebs, 126–7 を参照のこと．

（140） Krebs, 128 参照．

（141） Hanfstaengl, 183 参照；Krebs, 134–5.

（142） 以下の記述は，主として Krebs, 126–35 による．

（143） Krebs, 133.

（144） Krebs, 132.

（145） Krebs, 135.

（146） Müller, *Wandel*, 301.

（147） Krebs, 128–9.

（148） Tyrell, *Führer*, 212 の一九二八年一〇月一日のヴァルター・ブーフの書簡．この史料は手書きの草稿であり，書簡は実際には送付されなかった．

（149） Hanfstaengl, *15 Jahre*, 183.「喫茶店での長広舌」での感情の爆発を，ハンフシュテングルはおそらくミュンヒェンのカフェでのヒトラーと取り巻きの定例の集まりでよく経験したのだろう．

（150） Hanfstaengl, *15 Jahre*, 183–4. 似たようなことで，ヘルマン・エッサー夫婦のあいだに問題が生じたことがあったようだ．ハンフシュテングルによれば，ベルリンの後援者であった後の郵政相ヴィルヘルム・オーネゾルゲ宅でもヒトラーはしばらく招かれざる客になったことがあった．これは，オーネゾルゲの娘に対して，結婚はできないが，彼女なしには生きられないという感傷的な告白をしたためだった．この話は信憑性に欠ける．同じく，ヒトラーは作曲家ヴァーグナーの息子ジークフリートの妻ウィニフレートと過ごすことを好んだが，（たとえば Heiden, *Hitler*, 349 で示唆されているように）この関係がプラトニックでなかったと考える理由はない．

（151） 小説家ハンス・カロッサがもった印象については，Deuerlein, *Hitler*, 86 を参照のこと．

（152） Müller, *Wandel*, 301.

（153） Hanfstaengl, *15 Jahre*, 157.

（154） Krebs, 126.

（155） Lüdecke, 252; Hanfstaengl, *15 Jahre*, 163.

（156） Krebs, 129. 一九二五年三月にミュンヒェン警察は，ヒトラーが二台目の車として黒いメルセデスを購入したと記録している（BHStA, MA 101235/1, PD Mü., Nachrichtenblatt, 2 March 1925, S.17）．この車は二万ライヒスマルクもした．これは二五年にヒトラーが申告した課税所得を超える額である．ヒトラーは税務署に車は銀行でローンを組んで購入したと説明した（Hale, 'Adolf Hitler: Taxpayer', 831, 837）．

(157)　ヒトラーがバイエルン風の半ズボンを好んだことについては，*Monologe*, 282–3 を参照のこと.

(158)　Heiden, *Hitler*, 184.

(159)　Hanfstaengl, *15 Jahre*, 185.

(160)　Müller, *Wandel*, 301.

(161)　以上の記述については，Krebs, 127–9, 132, 134 を参照のこと.

(162)　Hanfstaengl, *15 Jahre*, 176.

(163)　ヒトラーは七月一八日から月末までベルヒテスガーデンで過ごした（*TBJG*, I.1, 194–8（18 July - 1 August 1926)).

(164)　*Monologe*, 202–5.『わが闘争』第一巻は，もともとは三月の出版を考えていた．そのため，印刷業者は二月に最終稿を渡すようヒトラーに求めたが果たされず（Sonderarchiv Moscow, 1355–I–2, Fol.223)，最終的には一九二五年七月一八日に刊行された．したがって，口述筆記というのは Toland, 211 のいう第一巻ではなく第二巻のことであり，ヒトラーはそれを翌年夏に終えた．これは，二五年八月一一日のルドルフ・ヘスの書簡からも確認できる．ここでは，ヒトラーは「第二巻を執筆するためにベルヒテスガーデンに四週間ほど引きこもった」と書かれている（Sonderarchiv Moscow, 1355–I–2, Fol.101)．第二巻は二六年一二月一一日に刊行された（Maser, *Mein Kampf*, 272, 274).

(165)　*Monologe*, 206–7. 編者の Werner Jochmann は，借りたのは一九二五年だという注を付している（439 n.60）が，根拠は示されておらず，本文でヒトラー自身が挙げている日付とも異なる．Heiden, *Hitler*, 205 も二五年としており，Toland, 229 も同様の推定をしている．しかし，ヒトラー自身は二八年のことだと確信をもっている．優れた記憶力をもつヒトラーが，これほど重要なことについて間違えるとは考えにくい．件の実業家は，ハンブルク近郊のブクステフーデ出身の商務顧問官ヴィンターといった．この人物は，一六年（Hitler, *Monologe*, 202 によれば一七年）にヴァッヘンフェルト山荘を建てさせた（Josef Weiß, *Obersalzberg. The History of a Mountain*, Berchtesgaden（n.d., 1955), 59, 67)．この別荘はプラッターホーフ（旧モーリッツ荘が改称された）の近くだった．ハンフシュテングルは，ベヒシュタイン夫妻から財政支援を受けて購入が実現したと考えていたが，証拠はない（Hanfstaengl, *15 Jahre*, 186).

(166)　Heiden, *Hitler*, 205 に「魔の山の七年」との記述がある．ミュンヒェン大管区長ギースラーは，オーバーザルツベルクを「聖なる山」と呼んだといわれる（Weiß, 65).

(167)　ベルクホーフの前史およびヒトラー支配にとっての象徴性については，Ernst Hanisch, *Der Obersalzberg: das Kehlsteinhaus und Adolf Hitler*, Berchtesgaden, 1995 を参照のこと.

(168)　Heiden, *Hitler*, 207–8.

(169)　*Monologe*, 206; *TBJG*, I.1, 195–7（23–4 July 1926).

(170)　*TBJG*, I.1, 194–7（18–26 July 1926). 引用は 196, 197 頁.

(171)　おそらくこれは，一九二六年一〇月九日と一三日にベルヒテスガーデンで開催され，ヒトラーが演説した二回の会合のどちらかであろう（*RSA*, II/1, 71)．ミミの母親は九月一一日に死去していた．ヒトラーとミミが出会ったのは，九月末から一〇月上旬のはずである.

(172)　Günter Peis, 'Hitlers unbekannte Geliebte', *Der Stern*, 13 July 1959; Maser, *Hitler*, 312–13, 320–21 も参照 ; Ronald Hayman, *Hitler and Geli*, London, 1997, 93–6; Nerin E. Gun, *Eva Braun — Hitler. Leben und Schicksal*, Velbert/Kettwig, 1968, 62–4.

(173)　Knopp, 135 頁 . 143–4 頁も参照．ヒトラーの手紙の出典は記載されていない.

(174)　*RSA*, I, 297 n.1–2（講演原稿は 297–330 頁). まだ演説禁止期間ではあったが，これは非公開の集まりだったため，講演を許可された.

(175)　Falter *et al.*, *Wahlen*, 70; Edgar Feuchtwanger, *From Weimar to Hitler. Germany, 1918–33*, 2nd edn, London, 1995, 191.

(176)　*RSA*, I, 318.

(177)　ここまでの引用の出典は，*RSA*, I, 323.
(178)　*RSA*, I, 324.
(179)　*RSA*, I, 325.
(180)　*RSA*, I, 315.
(181)　*RSA*, I, 320.
(182)　*RSA*, I, 330.
(183)　事例は多数あるが，いくつか挙げるならば，*RSA*, I, 362（「国際ユダヤ証券取引ならびに金融資本は，国内のマルクス主義＝民主主義支持者に支えられている」）; *RSA*, I, 457（「国際的なユダヤ人の搾取者」からドイツ国民を守るという使命）; *RSA*, I, 476（「利益はユダヤ人のポケットに入る」）; *RSA*, II/1, 62（「マルクス主義を根絶しなければドイツ再生の可能性はない」．これは「人種問題の解決」なしには達成しえないことだ）; *RSA*, II/1, 105–6（ヒトラーは，キリストが行った「人類の敵としてのユダヤ人に対する闘争」を完遂すると主張する）; *RSA*, II/1, 110（「わが国民を国際証券取引に引き渡し，ユダヤ世界資本をわが祖国においていかなる制約も受けない支配者にする」ような政策に抗して闘い，「わが国の出版・報道がユダヤ人という疫病に毒される」ことに抗して闘う必要性）; *RSA*, II/1, 119（「国際世界ユダヤ人」がドイツの主となっている）を参照のこと．
(184)　たとえば，*RSA*, II/2, 567, 742, 848, 858.
(185)　*RSA*, II/1, 158. *RSA*, I, 20 も参照.
(186)　ヒトラーは「生空間」という用語は，一九二八年三月三〇日に一度使っただけのようである（*RSA*, II/2, 761）.
(187)　*RSA*, I, 240–41.
(188)　*RSA*, I, 295.
(189)　*RSA*, II/1, 17–25, esp. 19–21.
(190)　*MK*, 726–58.
(191)　*RSA*, II/2, 552.
(192)　*RSA*, I, 137.
(193)　*RSA*, I, 25.
(194)　*RSA*, I, 100.
(195)　*RSA*, I, 102, II/1, 408.
(196)　たとえば，*RSA*, I, 37, 472 など.
(197)　*RSA*, I, 426.
(198)　*TBJG*, I.1, 172（13 April 1926), 196（23 July 1926).
(199)　Rainer Zitelmann は，ヒトラーが多少なりとも一貫した社会革命プログラムを実行し，意識的にドイツ社会の近代化を目指していたことを示す研究を出しつづけている．とくに，*Hitler. Selbstverständnis eines Revolutionärs*, Hamburg/Leamington Spa/New York, 1987; *Adolf Hitler*, Göttingen/Zürich, 1989; ‘Die totalitäre Seite der Moderne’, in Michael Prinz and Rainer Zitelmann (eds.), *Nationalsozialismus und Modernisierung*, Darmstadt, 1991, 1–20, here esp. 12f が挙げられる.
(200)　*RSA*, I, 62.
(201)　*RSA*, II/2, 674.
(202)　Weinberg (ed.), *Hitlers Zweites Buch*. ヒトラーが同書を口述筆記させたのは，一九二八年六月最終週から七月第一週と考えられる（*RSA*, IIA, XIX）. ガーハード・ワインバーグは，新版（*RSA*, IIA）に「国会選挙以降の外交政策上の立場」という簡潔とはいえないが正確なタイトルの序文を寄せ，そのなかで，同書の背景，タイミング，内容について決定版ともいえる説明を加えている．*Hitlers Zweites Buch*, 7, 20; *RSA*, III/1, xi も参照．内容の分析については，Martin Broszat, ‘Betrachtungen zu “Hitlers Zweitem

Buch"', *VfZ*, 9 (1961), 417–29 を参照のこと．
(203) *Hitlers Zweites Buch*, 21–6; *RSA*, IIA, 1–3.
(204) *Hitlers Zweites Buch*, 21–2; *RSA*, I, 269–93; *MK*, 684–725（文体にわずかだが変更が加えられている）．
(205) *Hitlers Zweites Buch*, 23; *RSA*, IIA, XVI. 一九二八年初頭に南ティロールの宗教教育がイタリア語で行われるようになったため，再び扇動が強まった．
(206) *Hitlers Zweites Buch*, 36.『わが闘争』の売り上げは一九二八年はわずか三〇一五冊で，第一版の刊行以来，最低を記録した（*RSA*, IIA, XXI）．
(207) *RSA*, IIA, XXI-XXII.
(208) *RSA*, IIA, 182–7.
(209) *RSA*, IIA, XXIII. これとは対照的な説明としてはTolandを参照のこと．ここでは，ヒトラーは「真理を悟り」,「自分にとって最も重要な二つの信条，すなわちユダヤ人の危険とドイツが十分な生空間を得る必要が相互に関連していることをついに理解するにいたった」として，「第二の書」の重要性が著しく誇張されている（Toland, 230–32）．
(210) このことはかなり遅く，一九六九年にJäckelが*Hitlers Weltanschauung*を刊行した後に初めて完全に認識されるようになった．初期にヒトラーの伝記を執筆したAlan Bullockは，その後，*Hitler. A Study in Tyranny*の第一版でヒトラーの思想の重要性を軽視したのは誤りであったと認めた（Ron Rosenbaum, 'Explaining Hitler', 50–70, here 67）．Bullockが後に出した研究*Hitler and Stalin. Parallel Lives*, London, 1991では，ヒトラーのイデオロギーが重要な位置を占めている．
(211) Tyrell, *Führer*, 107–8; Deuerlein, *Aufstieg*, 267–8. 演説禁止は，一九二六年五月二二日にオルデンブルクで初めて解かれた．
(212) *RSA*, II/1, 165–79; Deuerlein, *Aufstieg*, 268–9.
(213) Deuerlein, *Aufstieg*, 269–75.
(214) *RSA*, II/1, 179–81.
(215) Heiden, *Hitler*, 221.
(216) *RSA*, II/1, 221 n.2.
(217) *RSA*, II/1, 235 n.2.
(218) BHStA, MA 102 137, RPvOB, HMB, 21 March 1927, S.3.
(219) BHStA, MA 101 235/II, Pd. Mü., LB, 19 January 1928, S.11.
(220) BHStA, MA 101 238/II, Pd. Nbg.-Fürth, LB, 22 November 1927, S.1, 4.
(221) Tyrell, *Führer*, 108（Prussia, 29 September 1928; Anhalt, November 1928）．
(222) Tyrell *Führer*, 129–30, 163–4. この挨拶は，（ルドルフ・ヘスの主張によれば）一九二一年には散発的に使われはじめていたとのことだが，ヘスはイタリアのファシストから影響を受けた可能性は否定していない．「ハイル」の挨拶は，世紀転換期前に，シェーネラーの汎ゲルマン運動，およびオーストリアとドイツの若者のあいだで流行った挨拶としてすでに長く使われてきていた．（Hamann, 347, 349, Klaus Vondung, *Magie und Manipulation. Ideologischer Kult und politische Religion des Nationalsozialismus*, Göttingen, 1971, 17 参照．党内におけるハイル・ヒトラーの挨拶と指導者崇拝の拡大については，Hanfstaengl, *15 Jahre*, 181–2 も参照のこと．）
(223) Tyrell, *Führer*, 163–4.
(224) あるドイツ系アメリカ人の後援する「ドイツ国民の苦しみの原因」に関するコンクールのために一九二一年に書いた懸賞論文のなかで，ヘスが偉大なる指導者を賛美し，独裁者の必要性を主張したことについては，Theodore Abel, *Why Hitler came into Power*, Cambridge, Mass.（1938), 1986, 73 を参照のこと．
(225) Tyrell, *Führer*, 171.

(226)　Tyrell, *Führer*, 169.

(227)　Tyrell, *Führer*, 173.

(228)　Joseph Goebbels, *Die zweite Revolution. Briefe an Zeitgenossen*, Zwickau, n.d. (1926), 5 (trans., Ernest K. Bramsted, *Goebbels and National Socialist Propaganda 1925–1945*, Michigan, 1965, 199).

(229)　Abel, 70.

(230)　Abel, 152–3.

(231)　Peter Merkl, *Political Violence under the Swastika*, Princeton, 1975, 106.

(232)　ディンクラーゲについては，Tyrell, *Führer*, 167; Hüttenberger, *Gauleiter*, 19.

(233)　Tyrell, *Führer*, 186–8; Russel Lemmons, *Goebbels and Der Angriff*, Lexington, 1994, 23–4 参照.

(234)　*RSA*, II/1, 309–11 (18 May 1927), 320–22 (25 May 1927); Orlow, i.106; Longerich, *Die braunen Bataillone*, 64.

(235)　Tyrell, *Führer*, 147–8 参照.

(236)　Tyrell, *Führer*, 388 および図 5 参照.

(237)　Tyrell, *Führer*, 145; Orlow, i.96–7 and n.86.

(238)　Albrecht Tyrell, *III. Reichsparteitag der NSDAP, 19.-21. August 1927*, Film-edition G122 des Instituts für den wissenschaftlichen Film, Ser.4 No.4/G122, Göttingen, 1976, esp. 20–1, 23–5, 42–5. 期待したほどの参加人数は得られなかった.

(239)　Tyrell, *Führer*, 149, 202–3. ディンターの著書 *Die Sünden wider die Zeit* は，一九一七年に出版されて以来，数十万部を売り上げており，ナショナリストの人種主義者のあいだではベストセラーだった．ディンターは自ら発行する『ガイストクリステントゥム』誌上でヒトラーとの往復書簡を公開した.

(240)　Tyrell, *Führer*, 149, 208–10; Orlow, i.135–6, 143. ヒトラーは七月に，断固として，しかしなだめるような口調でディンターに書簡を送り，議論に招いた．ディンターは九月には党指導者の会合に電報で召集されたが，欠席した.

(241)　Tyrell, *Führer*, 210–11.

(242)　Tyrell, *Führer*, 203–5.

(243)　Tyrell, *Führer*, 225–6.

(244)　Tyrell, *Führer*, 170 (Heß より Hewel 宛, 30 March 1927) および Krebs, 127 (ハンブルクでの演説, October 1927) 参照.

(245)　Tyrell, *Führer*, 225. わずか三〇〇名程度の党の弁士が一九二八年に総計二万回の演説を行ったことを考えると，ヒトラーの演説回数がどういうものであるかが分かる．もっとも，当然のことながらそのインパクトとなると話は別である (Tyrell, *Führer*, 224)．健康面での不安が，演説頻度が落ちた理由の少なくとも一端を形成していた可能性もある．二九年の激しい腹痛に関するヒトラーの後の発言については，David Irving, *The Secret Diaries of Hitler's Doctor*, paperback edn, London, 1990, 31–2 を参照のこと.

(246)　Tyrell, *Führer*, 225 および，党の財政問題については 219–20 頁．Orlow, i.109–10 も参照.

(247)　Turner, *German Big Business*, 83–99; Orlow, i.110 n.137.

(248)　Orlow, i.109.

(249)　ヒトラーの話が大袈裟なのはいつものことだが，九年後にヒトラーは，党の財務状況に悩むあまり拳銃自殺をはかろうとしたことがあるとゲッベルスに語った．キルドルフから寄付の申し出があったのはその後だった (*TBJG*, I.2, 727 (15 November 1936))．Turner, *German Big Business*, 91 はこの寄付は「あり得ない」としている．ただし，ここではヒトラーの発言に関するアウグスト・ハインリヒスバウアーとアルベルト・シュペーアの戦後の回想録に触れるだけで (cf. 386 nn. 15, 17)，ゲッベルスの日記は触れられていない．エルザ・ブルックマンの仲介については，Deuerlein, *Aufstieg*, 285–6 を参照のこと．キルドル

フは，実業家に個人的に配布するので思想を冊子にまとめるようにとヒトラーに依頼した．(Adolf Hitler, *Der Weg zum Wiederaufstieg*, Munich, August 1927; *RSA*, II/2, 501–9 に掲載)．キルドルフはもともとはドイツ国家人民党の党員であり，ナチ党に加盟したものの一年足らずのうちに，党の掲げる「社会主義的」目標を理由に一九二八年に離党した．しかし，二九年の党大会には来賓として参加し，三四年に再入党した．

(250) 党の発行する党員証から考えると，一九二六年一二月の党員数は五万人で，一揆前よりまだ少なかったが，二七年一一月に七万人，二八年の選挙直前に八万人，同年一〇月に一〇万人になった（Tyrell, *Führer*, 352)．この数字は，かなりの数にのぼる離党者も，印刷されただけで未交付の束も考慮していない．したがって，実数はこれよりも相当少ない．支部を見るかぎり，その党員数は停滞していた（Orlow, i.110–11)．二七年末に配布された党員証のより正確な数（同年中に二万三〇六七枚増え，七万二五九〇枚になった）については，Deuerlein, *Aufstieg*, 291 を参照のこと．

(251) Tyrell, *Führer*, 196.

(252) Tyrell, *Führer*, 222.

(253) Orlow, i.58–9. フィリップ・ボウラーは一九二五年の党再建後に党事務局としてナチ党内で急速にのし上がり，最終的には総統官房長官と「安楽死作戦」の責任者を務めた．ペン画については Wistrich, 29 を参照のこと．

(254) Stachura, *Strasser*, 62–5, 67ff.; Tyrell, *Führer*, 224.

(255) Deuerlein, *Aufstieg*, 287.

(256) Peter Stachura, 'Der kritische Wendepunkt? Die NSDAP und die Reichstagswahlen vom 20. Mai 1928', *VfZ*, 26 (1978), 66–99, here 79–80.

(257) Tyrell, *Führer*, 188.

(258) Tyrell, *Führer*, 150.

(259) Bradley F. Smith, *Heinrich Himmler 1900–1926. Sein Weg in den deutschen Faschismus*, Munich, 1979, Peter Padfield, *Himmler. Reichsführer-SS*, London, 1990, Fest, *Face of the Third Reich*, 171–90 にあるヒトラーの性格描写，および Josef Ackermann, in Smelser-Zitelmann, *Die braune Elite*, 115–33 参照.

(260) Tyrell, *Führer*, 224.

(261) Deuerlein, *Aufstieg*, 292; Tyrell, *Führer*, 193.

(262) Orlow, i.151 は，「都市部への進出計画」が失敗したため，「新たなプロパガンダ戦略として農村ナショナリストの獲得を目指す計画」を始めた，と述べている（i.138 頁も参照)．Stachura, 'Wendepunkt?', 93（関連文献については 66 頁 n.2）も根本定な変化があったとするが，選挙結果が振るわなかったことを原因と見ている．

(263) *Frankfurter Zeitung*, 26 January 1928 を Philipp W. Fabry, *Mutmaßungen über Hitler. Urteile von Zeitgenossen*, Düsseldorf, 1979, 28 より引用.

(264) Deuerlein, *Aufstieg*, 249–50 参照．民族至上主義運動の「死」を論じる一九二五年三月一七日付の『ヴェルトビューネ』の解説が引用されている．

(265) たとえば BHStA, MA 102 137, RPvOB, HMB, 19 May 1928, S.1 参照.「党幹部らの選挙運動に対しては広い層で無関心が目についた」．ナチ党の選挙運動は主として都市や町に限定して展開された（Geoffrey Pridham, *Hitler's Rise to Power. The Nazi Movement in Bavaria, 1923–1933*, London, 1973, 80)．投票率はヴァイマル期の国会選挙としては最も低かった（七五・六パーセント）(Falter *et al., Wahlen*, 71)．

(266) 「二〇，三〇どころかもっと多くの政党」と政治的な経済利益団体はあらゆる領域における分裂を反映するものだとして，一九二九年四月にヒトラーが批判したことについては，たとえば *RSA*, III/2, 202 を参照のこと．

(267) Falter *et al., Wahlen*, 44.

(268)　民族至上主義国民ブロックは一九二八年には独自候補を立てたが，ナチ党にとっては喜ばしいことに，〇・九パーセント（二六万六四三〇票）しか獲得できず，議席獲得はならなかった（Stachura, 'Wendepunkt?', 91）.
(269)　Stachura, 'Wendepunkt?', 85–7. 党はその後，「農村部の選挙結果から，少ないエネルギー，資金，時間で大都市以上の成果を出せることが分かった」と公式に認めた（*VB*, 31 May 1928 が，Noakes, *Nazi Party*, 123 に引用されている）.
(270)　Noakes, *Nazi Party*, 121–3.
(271)　東部でナチ党への支持がごくわずかにとどまったことについては，Falter *et al.*, *Wahlen*, 71 および Stachura, 'Wendepunkt?', 85–6. ドイツ国家人民党の得票減については，Baranowski, *Sanctity*, 127–8 も参照のこと.
(272)　免責特権の重要性については，*TBJG*, I.1, 226（22 May 1928）でゲッベルスが触れている. Hanfstaengl, *15 Jahre*, 192 は，国会議員になって以来，国鉄の一等車を無料で利用できることをはじめ，その他諸々の経済的特権を得てゲーリングが満足していた様子について回想している. ゲーリングは，候補者リストに載せてもらえなければヒトラーとは袂を分かって敵対するという最後通牒を突きつけ，ヒトラーが折れたのだとハンフシュテングルは述べる.
(273)　*Der Angriff*, 30 May 1928 より. Stachura, 'Wendepunkt?', 81 より引用.
(274)　Orlow, i.132.
(275)　Deuerlein, *Aufstieg*, 293; Stachura, 'Wendepunkt?', 91 参照.
(276)　Orlow, i.137–8; *RSA*, III/1, 22, 35. この会合にはヒトラーは消極的だった. 自分は決定など下さないのに，参加者は四六時中そればかり求めて無意味だと批判し，鼻であしらうかのように無関心だった. Krebs, 131–2（一〇月とあるのは誤り）参照.
(277)　*RSA*, III/1, 56–62. グレゴア・シュトラッサーの組織計画については，Stachura, 'Wendepunkt?', 94 参照 ; Orlow, i.139–41.
(278)　Stachura, 'Wendepunkt?', 95.
(279)　*RSA*, II/2, 847.
(280)　*RSA*, III/1, XI; *RSA*, IIA, XIV, XIX.
(281)　Tyrell, *Führer*, 289.
(282)　*RSA*, III/1, 3.
(283)　Wilhelm Hoegner, *Der schwierige Außenseiter. Erinnerungen eines Abgeordneten, Emigranten und Ministerpräsidenten*, Munich, 1959, 48; Stachura, 'Wendepunkt?', 90.
(284)　一九二八年九月二八日に禁止が解かれた（*RSA*, III/1, 236 n.2）. ヒトラーは七月一三日にベルリンで五〇〇〇人ほどの聴衆に向かって演説したが，これは党の非公開の会合だった（RSA, III/1, 11–22; *TBJG*, I.1, 245（14 July 1928））.
(285)　*RSA*, III/1, 236–40; *TBJG*, I.1, 291（17 November 1928）. ゲッベルスは，聴衆が一万六〇〇〇人に達した段階で，会場は警察によって封鎖されたと述べている. フェルキッシャー・ベオバハター紙の推定では聴衆は一万八〇〇〇人（*RSA*, III, 236 n.2 参照）.
(286)　*RSA*, III/1, 238–9.
(287)　*RSA*, III/1, 239.
(288)　Sefton Delmer, *Trail Sinister*, London, 1961, 101–2 参照.
(289)　Bernd Weisbrod, *Schwerindustrie in der Weimarer Republik*, Wuppertal, 1978, 415–56.
(290)　Deuerlein, *Aufstieg*, 297–8; Kolb, *Die Weimarer Republik*, 90. 一九二九年の年間平均は二〇〇万人弱で，前年より五〇万人ほど多かった. 短期間労働者の数も急増した（Petzina *et al.*, 119, 122）.
(291)　Joseph P. Schumpeter, *Aufsätze zur Soziologie*, Tübingen, 1953, 225.

(292) Deuerlein, *Aufstieg*, 296.
(293) Winkler, *Weimar*, ch.10 参照 ; Peukert, *Die Weimarer Republik*, ch.7.
(294) 一九二六年には労働年齢人口の一〇パーセント，労働組合員の一八パーセントは失業していた (Petzina *et al.*, 119)．労働者層の青年たちに疎外感が広がっていたことについては，Peter D. Stachura, *The Weimar Republic and the Younger Proletariat*, London, 1989 を参照のこと．Dick Geary, 'Jugend, Arbeitslosigkeit und politischer Radikalismus am Ende der Weimarer Republik', *Gewerkschaftliche Monatshefte*, 4/5 (1983), 304–9 は，失業が青年層にとくに深刻な影響を与えたと述べている．
(295) Larry Eugene Jones, 'The Dying Middle: Weimar Germany and the Fragmentation of Bourgeois Politics', *Central European History*, 5 (1969), 23–54 および，同じく Jones の著書 *German Liberalism and the Dissolution of the Weimar Party System, 1918–1933*, Chapel Hill, 1988 を参照のこと．
(296) Heinrich August Winkler, 'Extremismus der Mitte? Sozialgeschichtliche Aspekte der nationalsozialistischen Machtergreifung', *VfZ*, 20 (1972), 175–91 参照. Harold James, 'Economic Reasons for the Collapse of the Weimar Republic', in lan Kershaw (ed.), *Weimar. Why did German Democracy Fail?*, London, 1990, 30–57, here 47 は，一九二八年の選挙では，得票率五パーセント以下の政党に投じられた票が全体の四分の一を占めたと指摘する．
(297) James, 'Economic Reasons', 32–45. ヴァイマル期の経済に内在した構造的な弱さについては，Knut Borchardt の著書 *Wachstum, Krisen, Handlungsspielräume der Wirtschaftspolitik*, Göttingen, 1982 でとくに強調して描写されている．
(298) Deuerlein, *Aufstieg*, 297.
(299) *RSA*, III, 245–53.
(300) Baldur von Schirach, 17–25, 58–61, 68, Fest, *The Face of the Third Reich*, 332–54 および Smelser-Zitelmann, *Die braune Elite*, 246–57 にあるミヒャエル・ヴォルトマンのペン画を参照のこと．学生自治会選挙でのナチ党の躍進を示す数値は，Tyrell, *Führer*, 380–81 に掲載されている．
(301) Deuerlein, *Aufstieg*, 299–301. ヒトラーの見解を掲載したフェルキッシャー・ベオバハター紙の記事は，*RSA*, III/2, 105–14 に収録されている．Orlow, i.154 はこれに言及し，ヒトラーが「書いたもののなかでも数少ない感動的」なものだと述べている．しかし，生き生きとして，内容豊かで，説明的なスタイルはヒトラーの典型的な文体とは異なっており，かなり編集された文章だと思われる．「ヴェーアデンの血の夜」については，Gerhard Stoltenberg, *Politische Strömungen im schleswig-holsteinischen Landvolk 1918–1933*, Düsseldorf, 1962, 147 および Rudolf Heberle, *Landbevölkerung und Nationalsozialismus. Eine soziologische Untersuchung der politischen Willensbildung in Schleswig-Holstein 1918 bis 1932*, Stuttgart, 1963, 160 を参照のこと．
(302) 「危機にいたる前の危機」という語の使用については，Dietmar Petzina, 'Was there a Crisis before the Crisis? The State of the German Economy in the 1920s', in Jürgen Baron von Kruedener (ed.), *Economic Crisis and Political Collapse. The Weimar Republic 1924–1933*, New York/Oxford/Munich, 1990, 1–19 を参照のこと．
(303) *RSA*, III/2, 202–13, 233–6, 238–9, 260–62.
(304) *RSA*, III/2, 210.
(305) *RSA*, III/2, 238.
(306) Orlow, i.161–2; Stachura, *Strasser*, 69. 大管区長クーベがヒムラーに宛てた一九二八年六月二三日，一一月四日付の二通の書簡（BDC, Parteikanzlei, Correspondence, Heinrich Himmler）は，「弁士の集中投入」戦略はヒムラーが担当したという主張の根拠となりうるものである．
(307) Ellsworth Faris, 'Takeoff Point for the National Socialist Party: The Landtag Election in

Baden, 1929', *Central European History*, 8 (1975), 140–71, here 168 参照. ナチが社会的ネットワークに浸透したことについては, Rudy Koshar, *Social Life, Local Politics, and Nazism: Marburg, 1880–1935*, Chapel Hill, 1986 で強調されている. また, 黒い森のカトリック地域については, Oded Heilbronner, 'The Failure that Succeeded: Nazi Party Activity in a Catholic Region in Germany, 1929–32', *Journal of Contemporary History*, 27 (1992), 531–49 および 'Der verlassene Stammtisch. Vom Verfall der bürgerlichen Infrastruktur und dem Aufstieg der NSDAP am Beispiel der Region Schwarzwald', *Geschichte und Gesellschaft*, 19 (1993), 178–201 で扱われている.

(308) Orlow, i.162.

(309) Faris, 168 参照.

(310) Falter *et al., Wahlen*, 108.

(311) Falter *et al., Wahlen*, 98; Deuerlein, *Aufstieg*, 302.

(312) *RSA*, III/2, 275–7, 277 n.3; Pridham, 85–6.

(313) Falter *et al., Wahlen*, 90; Faris, 144–6.

(314) *RSA*, III/2, 291 n.10.

(315) Winkler, *Weimar*, 346ff.

(316) *RSA*, III/2, 290 n.1; Winkler, *Weimar*, 354. ヒトラーはナチ党幹部らには相談せずにこれに加わることを決めた (Orlow, i.173).

(317) *RSA*, III/2, 292 n.1.

(318) Orlow, i.173. オットー・シュトラッサーとその支持者がヒトラーを追い落とす計画を立てていることを一九二九年八月初旬に嗅ぎつけた, とゲッベルスは主張している. これはゲッベルスの妄想にすぎなかったが,「反動」に対するヒトラーの対応のせいで, オットー・シュトラッサー周辺の「国民革命」グループの敵意は実際に激しくなった (*TBJG*, I.1, 405 (3 August 1929); *Tb* Reuth, i.393–4, note 54).

(319) Winkler, *Weimar*, 354–6. 提案に対して五分の一以上が賛成したのは三五選挙区中九選挙区だった.

(320) 党員数は約一五万人だったが, フェルキッシャー・ベオバハター紙の購読数はまだ一万八四〇〇部でしかなかった (Tyrell, *Führer*, 223).

(321) Albrecht Tyrell, *IV. Reichsparteitag der NSDAP, Nürnberg 1929*, Filmedition G140 des Instituts für den wissenschaftlichen Film, Ser.4, Nr.5/G140, Göttingen, 1978, 6–7; Orlow, i.173; *RSA*, III/2, 313–55, 357–61.

(322) Otto Wagener, *Hitler aus nächster Nähe. Aufzeichnungen eines Vertrauten 1929–1932*, ed. Henry A. Turner, 2nd edn, Kiel, 1987, 16–17 (党大会の様子と, ヴァーゲナーが受けた強い印象については 7–21 頁). *TBJG*, I.1, 403–6 (1–6 August 1929) の記述も参照のこと.

(323) Tyrell, *Reichsparteitag 1929*, 6, 14.

(324) Orlow, i.167, 169.

第9章◆躍進

(1) Abel, 126–7.

(2) Abel, 126.

(3) 党員の社会構造については多くの文献があるが, なかでも Kater, *Nazi Party* および Detlef Mühlberger, *Hitler's Followers. Studies in the Sociology of the Nazi Movement*, London, 1991 (第一章に研究史の詳しい紹介を含む) を参照のこと.

(4) Abel, 119.

(5) Juan J. Linz, 'Political Space and Fascism as a Late-Comer: Conditions Conducive to the Success

or Failure of Fascism as a Mass Movement in Inter-War Europe', in Stein Ugelvik Larsen, Bernt Hagtvet and Jan Petter Myklebust (eds.), *Who Were the Fascists?*, Bergen/Oslo/Tromsø, 1980, 153–89 参照.

(6) Orlow, i.175 and n.166.

(7) 多くの研究があるが，そのなかで，Harold James, *The German Slump. Politics and Economics, 1924–1936*, Oxford, 1986 および Dieter Petzina, 'Germany and the Great Depression', *Journal of Contemporary History*, 4 (1969), 59–74 を参照のこと．Petzina *et al.*, 84 は，経済危機と社会的困窮に関するありのままの統計指標を提示している．Peukert, *Die Weimarer Republik*, 245–6 も参照のこと．Wilhelm Treue (ed.), *Deutschland in der Weltwirtschaftskrise in Augenzeugenberichten*, 2nd edn, Düsseldorf, 1967, esp. 245–53 は，社会的困窮について今日の視点から考察を加えている．

(8) Deuerlein, *Aufstieg*, 305–6.

(9) *RSA*, III/3, 63.

(10) Tyrell, *Führer*, 383; Falter *et al.*, *Wahlen*, 90, 97, 107, 111; Martin Broszat, *Die Machtergreifung. Der Aufstieg der NSDAP und die Zerstörung der Weimarer Republik*, Munich, 1984, 103.

(11) *RSA*, III/3, 59–60; Fritz Dickmann, 'Die Regierungsbildung in Thüringen als Modell der Machtergreifung', *VfZ*, 14 (1966), 454–64, here 461.

(12) Dickmann, 460–64 参照.

(13) *RSA*, III/3, 60.

(14) *RSA*, III/3, 61–2. ギュンターは一九三〇年にイェナ大学社会人類学の正教授に任命された．

(15) Broszat, *Die Machtergreifung*, 108. 在任中のフリックについては，Donald R. Tracy, 'The Development of the National Socialist Party in Thuringia 1924–30', *Central European History*, 8 (1975), 23–50, esp. 42–4 を参照のこと．

(16) Tyrell, *Führer*, 352; *RSA*, III/3, 62 n.22. 実際の党員数は党の発表よりもおそらく約一〇～一五パーセント少なかったものと推定される．ch.8, n. 250 参照.

(17) 以下の説明については，William Sheridan Allen, *The Nazi Seizure of Power*, revised edn, New York, 1984, here esp. 28–34 を参照のこと．

(18) Allen, 32.

(19) Allen, 33.

(20) Allen, 84. この主張の裏づけとなる研究としては，Donald L. Niewyk, *The Jews in Weimar Germany*, Louisiana/Manchester, 1980, ch.3, esp. 79–91 および Sarah Gordon, *Hitler, Germans, and the 'Jewish Question'*, Princeton, 1984, ch.2, esp. 88–90 を参照のこと．

(21) Tyrell, *Führer*, 308.

(22) Allen, 32–3 および，第 8 章注 307 に挙げた Koshar と Heilbronner の研究を参照のこと．

(23) Rudolf Heberle, *From Democracy to Nazism. A Regional Case Study on Political Parties in Germany*, Baton Rouge, 1945, 109–11.

(24) Bessel, 'The Rise of the NSDAP', 20–29, esp. 26–7 参照.

(25) *RSA*, III/3, 63.

(26) Tyrell, *Führer*, 327.

(27) Wagener, 126–7.

(28) Tyrell, 310, 327–8 (Hierl Denkschrift, 22 October 1929).

(29) Wagener, 127 参照. グレゴア・シュトラッサーの発言とされるものが掲載されている．

(30) Winkler, *Weimar*, 366–71.

(31) Broszat, *Die Machtergreifung*, 109–10; Winkler, *Weimar*, 367, 371.

(32)　Winkler, *Weimar*, 368–71.
(33)　Winkler, *Weimar*, 363.
(34)　*Quellen zur Geschichte des Parlamentarismus und der politischen Parteien*, ed. Karl Dietrich Bracher *et al.*, Bd.4/1, *Politik und Wirtschaft in der Krise 1930–1932. Quellen zur Ära Brüning*, Teil I, Bonn, 1980, 15–18, Doc. 7, here 15（Aufzeichnung von Graf Westarp über eine Unterredung mit Reichspräsident v. Hindenburg, 15 January 1930）; Broszat, *Die Machtergreifung*, 110–11.
(35)　Kolb, *Die Weimarer Republik*, 127–8; Winkler, *Weimar*, 378–81; Broszat, *Die Machtergreifung*, 111.
(36)　Mommsen, *Die verspielte Freiheit*, 320 参照.
(37)　Tyrell, *Führer*, 383. 選挙は一九三〇年六月二二日に行われた．ナチ党はザクセン州議会で九六議席中一四議席を獲得した．
(38)　*TBJG*, I.1, 577–82（18–29 July 1930）.
(39)　Nyomarkay, 98 n.67; Tyrell, *Führer*, 312. グレゴア・シュトラッサーはナチ党組織局長として多忙だったため，オットー・シュトラッサーが出版社の事実上の責任者を務めていた．
(40)　Tyrell, *Führer*, 312–13; Nyomarkay, 96–8.
(41)　*TBJG*, I.1, 492–3（30–31 January 1930）, 496–503（6–22 February 1930）. Lemmons, 44–7 も参照；Reuth, 163–5.
(42)　*TBJG*, I.1, 492（31 January 1930）.
(43)　政府の危機的状況を考えれば春に選挙が行われる可能性があったため，このような対応になったのかもしれないとの指摘については，Reuth, 164–5 および *Tb* Reuth, ii.451 n.14 を参照のこと．
(44)　*TBJG*, I.1, 507（2 March 1930）. ヴェッセルの死については，Thomas Oertel, *Horst Wessel. Untersuchung einer Legende*, Cologne, 1988, esp. 83–105 を参照のこと．三月一日に行われたホルスト・ヴェッセルの葬儀への参列をヒトラーから断られてゲッベルスが立腹したことについては，*TBJG*, I.1, 507（1–2 March 1930）を参照のこと．Reuth, 161 も参照．ゲッベルスは懇願したが，緊張が高まり，暴力沙汰になる危険があるとして，ヒトラーは葬儀への参列を思いとどまるようゲーリングに説得された（Hanfstaengl, *15 Jahre*, 204）．警察は厳重に警戒線を張ったが，現に共産党員とナチ党員のあいだで騒乱が生じ，多くの重傷者が出た（Oertel, 101–3; *TBJG*, I.1, 507–8（1–2 March 1930））.「ホルスト・ヴェッセルの歌」は，ゲッベルス（個人的にはその音楽的価値についてはほとんど考えていなかった）の影響の下，ナチ党独自の賛歌となり，とくに一九三三年以降は重要行事ではしばしば国歌「世界に冠たるドイツ」に続けて歌われた．ホルスト・ヴェッセルが書いたのは彼を連想させる歌詞だけであり，曲は古い軍歌が使われた（Oertel, 106–13）.
(45)　*TBJG*, I.1, 507（2 March 1930）, 515（16 March 1930）.
(46)　*TBJG*, I.1, 515（16 March 1930）.
(47)　*TBJG*, I.1, 524（5 April 1930）.
(48)　*TBJG*, I.1, 528（13 April 1930）.
(49)　*TBJG*, I.1, 538（28 April 1930）; *RSA*, III/3, 168–9; Tyrell, *Führer*, 331–2.
(50)　*TBJG*, I.1, 538（28 April 1930）.
(51)　Strasser, *Hitler und ich*, 101.
(52)　Strasser, *Hitler und ich*, 105–6. Patrick Moreau, *Nationalsozialismus von links*, Stuttgart, 1984, 30–35 が議論を要約している．
(53)　Strasser, *Hitler und ich*, 106.
(54)　Strasser, *Hitler und ich*, 104–7. 会談直後にオットー・シュトラッサーが論争集の形態で出版した Otto Strasser, *Ministersessel oder Revolution?*, Berlin, 1930 は，より早い時期に出されたもので，会談中

のメモに基づいて作成され，ナチも否定していないことから，信憑性があると考えられる．Moreau, 205, n.48 参照．この論争集は五月に行われたヒトラーとの対話をオットー・シュトラッサーの視点からまとめたもので，後にこれを元に著書 *Hitler und ich* が執筆された．社会主義に関するヒトラーの意見は，四月二七日にミュンヒェンで開かれた党幹部の会合での発言に近い（*RSA*, III/3, 168 n.4）．オットー・シュトラッサーとの会談では，ヒトラーがイギリスとの同盟という自説を曲げなかったため，外交についても深刻な意見の不一致があった（Otto Strasser, *Hitler und ich*, 108–9; Nyomarkay, 99）．グレゴア・シュトラッサーがズデーテン指導者ルドルフ・ユングに宛てた一九三〇年七月二二日の書簡で，弟本人と，会談に関するその「一方的な」説明に対して展開した批判も参照のこと（Tyrell, *Führer*, 332–3）．

（55） Strasser, *Hitler und ich*, 104. 党綱領が冗長であるため，党の分裂を防ぐ方法は指導者への全面的従属しかなかった．バルドゥア・フォン・シーラッハが指摘するように，この時期には，「ナチ党幹部は実質上全員が，自分なりの国民社会主義を掲げていた」(B. v. Schirach, 87).

（56） Strasser, *Hitler und ich*, 107.

（57） Strasser, *Hitler und ich*, 112–14.

（58） *TBJG*, I.1, 550（22 May 1930).

（59） Tyrell, *Führer*, 333.

（60） *TBJG*, I.1, 561（14 June 1930).

（61） *TBJG*, I.1, 568（30 June 1930). オットー・シュトラッサーの説明は，本人が出版した論争集 *Ministersessel oder Revolution?* に掲載されている．

（62） *TBJG*, I.1, 564（23 June 1930).

（63） *TBJG*, I.1, 565–6（26 June 1930).

（64） *TBJG*, I.1, 567（29 June 1930). ゲッベルスは，ベルリン大管区の党員会合で敵方と決着をつけようとしており，ヒトラーの出席を望んでいた（Reuth, 167–8 参照 ; *Tb* Reuth, ii.493 n.54).

（65） *RSA*, III/3, 250 n.15.

（66） *TBJG*, I.1, 568（30 June 1930).

（67） *RSA*, III/3, 249–50; *TBJG*, I.1, 568（1 July 1930); *Tb* Reuth, ii.493 n.54.

（68） *RSA*, III/3, 264 n.4. 除名の準備については，Moreau, 41, and 35–40.

（69） *TBJG*, I.1, 569（1 July 1930).

（70） *TBJG*, I.1, 570（3 July 1930).

（71） *TBJG*, I.1, 572（6 July 1930).

（72） *TBJG*, I.1, 576（16 July 1930). グレゴア・シュトラッサーをザクセンで内務労働相にするという，結局は実現しなかった提案に言及がある．

（73） *TBJG*, I.1, 582（29 July 1930). シェリング通りの旧党本部は党の拡大とともに手狭になったため，ナチ党は一九三〇年五月二六日にブリーンナー通りの旧バルロフ邸を購入し，それがすぐに「ブラウンハウス」(褐色の館）として知られるようになった．購入の財源確保のため，党員（突撃隊員と親衛隊員を除く）にはひとり当たり最低二マルクの特別納付金が課された（*RSA*, III/3, 207–9, and 209 n.17 参照).

（74） *TBJG*, I.1, 581（28 July 1930).

（75） *RSA*, III/3, 249 n.4.

（76） Orlow, i.210–11; Tyrell, *Führer*, 312; Nyomarkay, 102.

（77） *RSA*, III/3, 264; *TBJG*, I.1, 566（26 June 1930).

（78） Tyrell, *Führer*, 332–3. *TBJG*, I.1, 571（5 July 1930）参照．「グレゴアは弟に怒り心頭だ」との記述がある．

（79） オットー・シュトラッサーのその後の政治活動については，Benz/Graml, *Biographisches Lexikon*, 333 に簡単にまとめられているものを参照のこと．

(80) Thomas Childers, *The Nazi Voter. The Social Foundations of Fascism in Germany, 1919–1933*, Chapel Hill/London, 1983, 138–9, 317 n.72 に，*VB*, 20–21 July 1930 が引用されている．Orlow, i.183.
(81) 一九二一年には突撃隊は褐色の制服を着用するようになった．これは，第一次世界大戦前に東アフリカのドイツ植民地軍が使用したカーキ色のシャツとズボンを元にしたものだった．党がこれを正式に取り入れたのは二六年である．この後，とくにナチの政敵はナチ党を指して「褐色シャツ」という言葉を使うようになった（Benz, Graml, and Weiß, *Enzyklopädie des Nationalsozialismus*, 403）.
(82) Wilfried Boehnke, *Die NSDAP im Ruhrgebiet, 1920–1933*, Bad Godesberg, 1974, 147 に，*Dortmunder General-Anzeiger*, 5 May 1930 が引用されている.
(83) Rainer Hambrecht, *Der Aufstieg der NSDAP in Mittel und Oberfranken* (*1925–1933*), Nuremberg, 1976, 201.
(84) Hambrecht, 186–7.
(85) Childers, *Nazi Voter*, 139; *RSA*, III/3, 114 n.9, 322; Gerhard Paul, *Aufstand der Bilder. Die NS-Propaganda vor 1933*, Bonn, 1990, 125.
(86) Orlow, i.183; *RSA*, III/3, VIII-X. 以下は，一九三〇年八月三日から九月一三日にかけて行われた二〇回の演説の原稿（*RSA*, III/3, 295–418）を分析したものである.
(87) *RSA* III/3, 408 n.2. 参加者の推定数が示されている警察の報告書には，ヒトラーは最初は疲れた風であり，少なくとも演説の最初の部分についていえば，聴衆も飽きていた様子だったとある．ゲッベルスは全く異なり，「ベルリンで初めての本当に大きな」集会だ，と記している（*TBJG*, I.1, 601（11 September 1930)）．ヒトラーは疲労のため，同日夜の演説は取りやめなければならなかった.
(88) *RSA*, III/3, 413 n.1.
(89) Thomas Childers, 'The Middle Classes and National Socialism', in David Blackbourn and Richard Evans (eds.), *The German Bourgeoisie*, London/New York, 1993, 328–40 および Thomas Childers, 'The Social Language of Politics in Germany. The Sociology of Political Discourse in the Weimar Republic', *American Historical Review*, 95 (1990), 331–58 参照.
(90) たとえば *RSA*, III/3, 368. 391 頁も参照のこと.
(91) *RSA*, III/3, 317.
(92) *RSA*, III/3, 411.
(93) たとえば *RSA*, III/3, 355. 337 頁も参照のこと．ここでは，ヒトラーは現状から抜け出す唯一の道は外交上，ドイツが再び大国化することだ，と論じている.
(94) *RSA*, III/3, 410.
(95) Deuerlein, *Aufstieg*, 314. カール・フォン・オシエツキーは軍を批判したせいで，ヴァイマル末期にすでに投獄された経験があった．オシエツキーは一九三三年二月末にナチに逮捕され，三年半にわたって強制収容所で過ごした．国際キャンペーンの結果，三六年末にノーベル平和賞（三五年）を受賞した．この時期にはまだゲシュタポの手中にあった．強制収容所の環境のせいで結核に罹患し，三八年五月に死亡した（Benz/Graml, *Biographisches Lexikon*, 244 参照；Elke Suhr, *Carl von Ossietzky. Eine Biografie*, Cologne, 1988).
(96) たとえば，Martin Broszat, 'Zur Struktur der NS-Massenbewegung', *VfZ*, 31 (1983), 52–76, esp. 66–7; Michael H. Kater, 'Generationskonflikt als Entwicklungsfaktor in der NS-Bewegung vor 1933', *Geschichte und Gesellschaft*, 11 (1985), 217–43; Jürgen Reulecke, '"Hat die Jugendbewegung den Nationalsozialismus vorbereitet?" Zum Umgang mit einer falschen Frage', in Wolfgang R. Krabbe (ed.), *Politische Jugend in der Weimarer Republik*, Bochum, 1993, 222–43; Ulrich Herbert, '"Generation der Sachlichkeit". Die völkische Studentenbewegung der frühen zwanziger Jahre in Deutschland', in Frank Bajohr, Werner Johe and Uwe Lohalm (eds.), *Zivilisation und Barbarei*, Hamburg, 1991, 115–

44 参照.

(97) Karl Epting, *Generation der Mitte*, Bonn, 1953, 169 参照. ナチ・イデオロギーにおける「民族共同体」について強調したものとしては, Bernd Stöver, *Volksgemeinschaft im Dritten Reich*, Düsseldorf, 1993, ch.2 を参照のこと.

(98) Merkl, 12.

(99) Merkl, 32–3, 453, 522–3.

(100) Christoph Schmidt, 'Zu den Motiven "alter Kämpfer" in der NSDAP', in Detlev Peukert and Jürgen Reulecke (eds.), *Die Reihen fast geschlossen*, Wuppertal, 1981, 21–43, here 32–4 および Conan Fischer, *Stormtroopers. A Social, Economic, and Ideological Analysis 1925–35*, London, 1983, ch.6 は, ナチ党の「古参闘士」や突撃隊員はイデオロギーには重きを置いていなかったと強調している.

(101) Noakes, *Nazi Party*, 162–82 参照 ; Orlow, i.193; Tyrell, *Führer*, 310.

(102) Zdenek Zofka, *Die Ausbreitung des Nationalsozialismus auf dem Lande*, Munich, 1979, 89–90, 96, 105–16, 154, 341–50; Baranowski, *Sanctity*, 150ff. ただし, ナチ党に対する支持の規定要因として経済合理性を強調しすぎると, William Brustein, *The Logic of Evil. The Social Origins of the Nazi Party 1925–1933*, New Haven/London, 1996 のように視点がゆがむことになる.

(103) Falter *et al.*, *Wahlen*, 41, 44.

(104) Falter *et al.*, *Wahlen*, 108.

(105) *TBJG*, I.1, 522 (1 April 1930).

(106) *TBJG*, I.1, 600 (9 September 1930).

(107) *Monologe*, 170. 八月二〇日の演説でヒトラーは五〇〜一〇〇議席という数を挙げたが, これはあくまでも, 選挙結果は誰にも予想できるものではなく, 選挙が終わり次第, 闘争を継続することが大事だと強調するためだった (*RSA*, III/3, 359). ハンフシュテングルによると, ヒトラーは自分では三〇〜四〇議席と予想していたという (Hanfstaengl, *15 Jahre*, 207).

(108) *TBJG*, I.1, 603 (15–16 September 1930).

(109) *TBJG*, I.1, 603 (16 September 1930); *Monologe*, 170.

(110) Falter *et al.*, *Wahlen*, 44; Broszat, *Machtergreifung*, 112–13.

(111) Jürgen W. Falter, *Hitlers Wähler*, Munich, 1991, 111, 365. ナチ党への有権者の支持について詳細に分析した第 5 章も参照のこと.

(112) Falter *et al.*, *Wahlen*, 44; Falter, *Hitlers Wähler*, 81–101, 365. Jürgen W. Falter, 'The National Socialist Mobilisation of New Voters', in Childers, *Formation*, 202–31 も参照.

(113) Falter *et al.*, *Wahlen*, 71–2.

(114) Falter, *Hitlers Wähler*, 287.

(115) Falter, *Hitlers Wähler*, 143–6.

(116) Winkler, *Weimar*, 389; Jürgen W. Falter, 'Unemployment and the Radicalisation of the German Electorate 1928–1933: An Aggregate Data Analysis with Special Emphasis on the Rise of National Socialism', in Peter D. Stachura (ed.), *Unemployment and the Great Depression in Weimar Germany*, London, 1986, 187–208.

(117) Falter, *Hitlers Wähler*, 287–9; Childers, *Nazi Voter*, esp. 268. ここでは, ナチ党は「ドイツの選挙政治における特異な現象であり, あらゆる不満層の受け皿になる政党」だとされている.

(118) とくに本章注 3 に挙げた Mühlberger と Kater の研究を参照のこと.

(119) Mühlberger, 206–7.

(120) Broszat, 'Struktur', 61.

(121) Hambrecht, 307–8.

(122)　第8章注307，本章注102で言及したKoshar，Heilbronner，Zofkaの研究を参照のこと．
(123)　Deuerlein, *Aufstieg*, 318.
(124)　Scholdt, 488.
(125)　Weigand von Miltenberg（= Herbert Blank), *Adolf Hitler——Wilhelm III*, Berlin, 1931, 7; Fabry, 30; Schreiber, *Hitler. Interpretationen*, 44 n.64.
(126)　Miltenberg（= Blank), 7.
(127)　Deuerlein, *Aufstieg*, 323 参照；Heinrich August Winkler, *Der Weg in die Katastrophe. Arbeiter und Arbeiterbewegung in der Weimarer Republik 1930 bis 1933*, Berlin/Bonn, 1987, ch.2, pt.3, 207ff; Gerhard Schulz, *Von Brüning zu Hitler. Der Wandel des politischen Systems in Deutschland 1930–1933*, Berlin/New York, 1992, 202–7.
(128)　Winkler, *Der Weg in die Katastrophe*, 209 より引用.
(129)　Scholdt, 480–81.
(130)　Scholdt, 494.
(131)　Winkler, *Weimar*, 391; *TBJG*, I.1, 620（19 October 1930).
(132)　Deuerlein, *Aufstieg*, 325; Fabry, 39–40 参照.
(133)　*RSA*, III/3, 452/68, and 454 n.1; *RSA*, IV/1, 3–9.
(134)　*RSA*, III/3, 452 n.4; Deuerlein, *Aufstieg*, 322–3. この記事は一九三〇年九月二四日にデイリー・メール紙に，翌日にはドイツ語でフェルキッシャー・ベオバハター紙に掲載された.
(135)　*RSA*, III/3, 452 n.2 に，*Daily Mail*, 27 September 1930 が引用されている.
(136)　たとえば *RSA*, III/3, 177（2 May 1930), 320（10 August 1930), 338（15 August 1930), 359（20 August 1930).
(137)　*RSA*, III/3, 434–51 に証言が再現されている．Peter Bucher, *Der Reichswehrprozeß. Der Hochverrat der Ulmer Reichswehroffiziere 1929–30*, Boppard am Rhein, 1967, 237–80; Deuerlein, *Aufstieg*, 328–36 参照；Frank, 83–6. 被告に関する詳細は，*RSA*, III/3, 450 n.86 を参照のこと.
(138)　*RSA*. III/3, 439.
(139)　*RSA*, III/3, 441.
(140)　*RSA*, III/3, 441.
(141)　*RSA*, III/3, 442.
(142)　*RSA*, III/3, 445. 自分にとって国家とは目的のための手段に過ぎない，とヒトラーは明言した (Bucher, 275).
(143)　Bucher, 296–8.
(144)　Richard Scheringer, *Das große Los. Unter Soldaten, Bauern und Rebellen*, Hamburg, 1959, 236. 著者のシェリンガーは後に共産党を支持するようになった.
(145)　*TBJG*, I.1, 608（26 September 1930).
(146)　Hanfstaengl, *15 Jahre*, 213–16. 実際には，大恐慌の時期には，ホテル・カイザーホーフの豪勢なスイートでさえ価格が急激に下落した．残る請求書では，一九三一年にヒトラーと側近が三日間滞在した際の費用は，食事とサービス料を含めて六五〇・八六ライヒスマルクとなっており，それほど高くない (Turner, *German Big Business*, 155).
(147)　Frank, 86.
(148)　ライプツィヒでの裁判によってナチ党は「多大な共感」を得た，とゲッベルスは考えた（*TBJG*, I.1, 609（27 September 1930)）．Reuth, 176 も参照.
(149)　Deuerlein, *Aufstieg*, 340–42; Heinrich Brüning, *Memoiren 1918–1934*, dtv edn, 2 vols., Munich, 1972, i.200ff.; Winkler, *Weimar*, 394.

(150) 以上の記述は，Brüning, i.203–7（引用は207頁）による．Krebs, 140も参照；Deuerlein, *Aufstieg*, 342; Winkler, *Weimar*, 393.
(151) Brüning, i.207.
(152) Krebs, 141.
(153) *TBJG*, I.1, 614（6 October 1930).「われわれの敵は残っている．神に感謝を」との記述がある．
(154) *RSA*, III/3, 430.
(155) Friedrich Franz von Unruh, *Der National-Sozialismus*, Frankfurt am Main, 1931, 17. Broszat, *Der Nationalsozialismus*, 43–4も参照．
(156) Bessel, 'Myth', 27.
(157) Broszat, 'Struktur', 69–70.
(158) ナチ党の党員数の激しい変動については，Hans Mommsen, 'National Socialism: Continuity and Change', in Walter Laqueur（ed.), *Fascism: A Reader's Guide*, Harmondsworth, 1979, 151-92, here 163およびHans Mommsen, 'Die NSDAP als faschistische Partei', in Richard Saage（ed.), *Das Scheitern diktatorischer, Legitimationsmuster und die Zukunftsfähigkeit der Demokratie*, Berlin, 1995, 257–71, here 265を参照のこと．
(159) Deuerlein, *Aufstieg*, 319に，*Frankfurter Zeitung*, 15 September 1930が引用されている．
(160) Hanfstaengl, *15 Jahre*, 218.
(161) Wagener, 24.
(162) Wagener, 59, 73, 83–4.
(163) Wagener, 128.
(164) Tyrell, *Führer*, 348.
(165) Wagener, 128. 一九三〇年のヒトラーとの会合に関するシェリンガー元中尉の回想を参照のこと．「彼の話を聞きながら，スローガンは単純だが，この人物は自分の言っていることを信じている，との印象を私は強くした．彼の思考は地上三メートルのところにある．彼は話しているのではない．祈っているのだ．[…] 扇動の才にこれほど恵まれているにもかかわらず，明晰な政治分析の能力はもたない」(Scheringer, 242).
(166) Wagener, 59.
(167) Wagener, 84.
(168) Wagener, 96.
(169) Wagener, 98. ヴァーゲナーによると，二フロア分を借りており，部屋数は一〇だった．Hanfstaengl, *15 Jahre*, 231は「九部屋のアパート」と書いている．Schroeder, 153は，ヴァーゲナー同様，アパートは二フロアだったとしている．Lüdecke, 454は，「贅沢でモダンなフラット」で，「三階をすべて借り切って，大きな素晴らしい部屋が八，九部屋」あった，としている．
(170) Wagener, 98.
(171) Hanfstaengl, *15 Jahre*, 223; *TBJG*, I.1, 578（20 July 1930); Hoffmann, 49–50.
(172) Hanfstaengl, *15 Jahre*, 182; Hoffmann, 70.
(173) Wagener, 127.
(174) アルベルト・クレープスは，ミュンヒェンで党幹部らに向けてヒトラーが行った演説を聞き，ヒトラーが自らを無謬と考えていることに強い印象を受けた（Krebs, 138–40). クレープスは，この演説は一九三〇年六月末に行われたものだとするが，誤りである．三〇年六月にはヒトラーはミュンヒェンでは演説していない．しかも，クレープスは演説の前に，完成したばかりの党本部《ブラウンハウス》を訪れたとしている．この建物（旧バルロフ邸）の売買契約が交わされたのは三〇年五月二六日である．しかし，三一年一月一日に党の中核組織が多数ここに入る前に，旧バルロフ邸では大きな改築工事が行われた（*RSA*, III/3, 209 n.17; IV/1, 206–

18).
(175)　Wagener, 127–8.
(176)　Wagener, 119–20.
(177)　Wagener, 128.
(178)　Frank, 93.
(179)　Frank, 91–2. Wagener, 107 は，ヒトラーの執務室が禁煙だったとしている．一九三〇年夏という日付から判断して，これは新しい党本部《ブラウンハウス》に移動する前のシェリング通りの旧党本部のことだろう．
(180)　Hanfstaengl, *15 Jahre*, 223.
(181)　Frank, 93–4.
(182)　Wagener, 72.
(183)　Wagener, 111–12（ヴァーゲナーによる経済政策の提案）参照．
(184)　Tyrell, *Führer*, 311 参照．このときにはまだ，ヒトラーは，他者に対して見せていたイメージほど自信をもっていたわけではないとの示唆がある．可能性はあるが実証不能である．
(185)　Wagener, e.g., 43, 48, 56, 96–7, 111–12 に繰り返し指摘があるのを参照のこと．
(186)　ヴァーゲナーは，ヒトラーが肉食を止めたのはゲリ・ラウバルの死後だと書いている（Wagener, 362)．ハンフシュテングルは，ランツベルクで目方が増えた後にヒトラーは次第に肉（とアルコール）を摂取しなくなり，それが主義にまで高じていった，というあまり劇的でない説明をしており，これとは対照的である（Hanfstaengl, *15 Jahre*, 164)．クレープスが挙げている健康上の理由はこの説明により合致する．ただし，ヒトラーが完全に菜食主義者になったのは姪の死後のトラウマのせいだったという可能性はある．
(187)　Krebs, 136–7.
(188)　Wagener, 72. ヴァーゲナーとグレゴア・シュトラッサーも類似の見解を示している．それについては 127 頁を参照のこと．
(189)　Wagener, 301.
(190)　Deuerlein, *Aufstieg*, 346; Longerich, *Die braunen Bataillone*, 108–9.
(191)　Longerich, *Die braunen Bataillone*, 106 に紹介されている突撃隊最高指導者代理ズゥート・シュナイトフーバーの見解も参照のこと．
(192)　Longerich, *Die braunen Bataillone*, 102–4.
(193)　*TBJG*, I.1, 596–7（1 September 1930).
(194)　Longerich, *Die braunen Bataillone*, 104; *RSA*, III/3, 377–81.
(195)　Tyrell, *Führer*, 338; Longerich, *Die braunen Bataillone*, 106.
(196)　Tyrell, *Führer*, 314; Wagener, 60–62. ヒトラーが喫煙を個人的に嫌っていたからといって，煙草会社との契約で党が利益を得ることには，もちろん何の影響もなかった．
(197)　Longerich, *Die braunen Bataillone*, 107.
(198)　*RSA*, IV/1, 183; Longerich, *Die braunen Bataillone*, 108–10.
(199)　Longerich, *Die braunen Bataillone*, 110–11.
(200)　*RSA*, IV/1, 200.
(201)　*RSA*, IV/1, 229–30. 合法的手段による権力掌握というのが何を意味しているかについては，二月五日の国会演説でゲッベルスが改めて以下のように言明した．「憲法上，われわれは手段の合法性を義務づけられているだけであって，目的の合法性を義務づけられているわけではない．われわれは権力は合法的に掌握したい．しかし，権力を握ったときにそれを使って何をするかはわれわれ次第だ（Deuerlein, *Aufstieg*, 347)．ヒトラーが言及した「第三帝国」の語は，今日ではナチ体制期と同義に使われるが，もともとは一二世紀の神秘思想家フィオーレのヨアキムの終末論に由来する．フィオーレのヨアキムは，神の時代，神の子の時代，来るべき精霊の時代という三時代を論じた．時代が下り，この語は新保守主義者アルトゥア・メラ

ー・ファン・デン・ブルックが一九二三年に出版した同名の著書によって人口に膾炙した．これは，新国家（神聖ローマ帝国，ビスマルクの帝国に続く偉大なる第三の帝国）が忌むべきヴァイマル民主制に取って代わるべきだと主張したものだった．よく知られているように，ヒトラーは三三年に「第三帝国」は千年続くだろうと宣言した．しかし三九年には，この用語の使用を慎むようにとの指示が報道機関に与えられた（Benz, Graml and Weiß, *Enzyklopädie des Nationalsozialismus*, 435）.

(202) 実際には，緊急令下の逮捕者の約三分の二は共産党員だった（Winkler, *Weimar*, 401）．緊急令に対するヒトラーの反応については，*RSA*, IV/1, 236–8 を参照のこと．突撃隊を一律禁止にしようとする試みはすでに前年に行われていた（Longerich, *Die braunen Bataillone*, 100）.

(203) *TBJG*, I.2, 41（30 March 1931）.

(204) *RSA*, IV/1, 236–8.

(205) *TBJG*, I.2, 42（31 March 1931）.

(206) *TBJG*, I.2, 42–3（2 April 1931）; *Tb* Reuth, ii.575 n.25 に *Deutsche Allgemeine Zeitung*, 2 April 1931 の引用がある ; *RSA*, IV/1, 248 n.2; Longerich, *Die braunen Bataillone*, 111.

(207) *RSA*, IV/1, 246–8.

(208) Longerich, *Die braunen Bataillone*, 111.

(209) *RSA*, IV/1, 248–59.

(210) *RSA*, IV/1, 251.

(211) *RSA*, IV/1, 256.

(212) *RSA*, IV/1, 258.

(213) Longerich, *Die braunen Bataillone*, 111.

(214) *RSA*, IV/1, 260.

(215) *TBJG*, I.2, 44（4 April 1931）.

(216) *RSA*, IV/1, 263–4; *TBJG*, I.2, 44（4 April 1931）.

(217) Longerich, *Die braunen Bataillone*, 111.

(218) Richard Bessel, *Political Violence and the Rise of Nazism. The Storm Troopers in Eastern Germany 1925–1934*, New Haven/London, 1984, 152 は，突撃隊を念頭に「無法政治」という造語を用いた.

(219) Longerich, *Die braunen Bataillone*, 97–8; Broszat, 'Struktur', 61. 東部地域の社会構造については，Bessel, *Political Violence*, 33–45 を参照のこと.

(220) Hanfstaengl, *15 Jahre*, 243; Wagener, 98.

(221) Hanfstaengl, *15 Jahre*, 183–4; Toland, 204, 236.

(222) Heiden, *Hitler*, 347–9.

(223) Hoffmann, 147–8.

(224) Hoffmann, 161. ヒトラーとエファ・ブラウンの出会いについては，Gun, *Eva Braun-Hitler*, 46 を参照のこと．ここでは，二人は一九三二年前半に性的関係をもつにいたったが，エファがヒトラーに熱をあげただけでヒトラーはそうでもなかったと示唆されている（55 頁）．フリッツ・ヴィーデマンによれば，この頃にヒトラーは（効果を狙ったものかもしれないが），独身とは便利なものだとうそぶき，「相手がほしいときには，ミュンヒェンに女がいる」とも口にしたという（Gun, 57）．エファ・ブラウンについては，Henriette von Schirach, *Der Preis der Herrlichkeit. Erlebte Zeitgeschichte*, Munich/Berlin, 1975, 23–5 も参照のこと.

(225) 後にヒトラーの秘書を務めるクリスタ・シュレーダーは，ヒトラーのアパルトマンの家政婦だったアンニ・ヴィンターとの会話から，ヒトラーとゲリのあいだに性的な関係はなかったと確信した（Schroeder, 153）．しかしこれも，他と同じく推測にすぎない.

(226)　Heiden, *Führer*, 304.

(227)　Strasser, *Hitler und ich*, 74–5 は，ヒトラーが姪に倒錯した性行為を強要していたと強く示唆し，一九四三年五月一三日の米国戦略情報局のインタビューでは明確にそのように述べている（NA, *Hitler Source Book*, 918–19）．Toland, 252 も参照；Hayman, 145; Lewis, *The Secret Life of Adolf Hitler*, 10, 136 の説明（132–46 頁）は憶測と信憑性のない証拠に基づくものにすぎないが，ヒトラーはサドマゾ的行為を行っていたとし，ゲリがユダヤ人学生によって妊娠させられたことがスキャンダルとなるのを防ぐために親衛隊がゲリを射殺した，と結論づけている．

(228)　Heiden, *Hitler*, 352; Heiden, *Der Führer*, 304–6; Hanfstaengl, *15 Jahre*, 234–5. Hayman, 154 参照．

(229)　Hoffmann, 148–9; B.v. Schirach, 106; Henriette von Schirach, 205. 一九三〇年七月には，ヒトラーはキリスト受難劇を観賞するためにオーバーアマガウにもゲッベルスとともにゲリを伴った（*TBJG*, I.1, 578（20 July 1930））．

(230)　Hanfstaengl, *15 Jahre*, 236.

(231)　Hoffmann, 151–2.

(232)　Hanfstaengl, *15 Jahre*, 232–3.

(233)　Hoffmann, 150; B.v. Schirach, 107.

(234)　Hanfstaengl, *15 Jahre*, 233. Hayman, 139–48 は，これはヒトラーが姪に倒錯した性行為を迫っていたことを言ったものだと解釈している．

(235)　Hanfstaengl, *15 Jahre*, 242; Hoffmann, 151. これはヒトラーの異母兄アロイスの最初の妻ブリジット・ヒトラーが述べたことで，息子ウィリアム・パトリックにアロイスの二番目の妻マイメーが語ったものだとされる（*The Memoirs of Bridget Hitler*, London, 1979, 70–77）．この「回想録」（一九一二年にヒトラーがリヴァプールに滞在したというほら話を含む）は，信憑性に欠けることで知られる．Lewis, 145 には，（七五年の元親衛隊将校のインタビューに基づく）この話の変種ともいうべきものが述べられており，ゲリはミュンヒェンでユダヤ人学生の子どもを妊娠し，堕胎するためにウィーンに行こうとしていたとされる．Lewis は，親衛隊がゲリを殺害した動機がこれだったとしている．フランクは，ゲリが関係をもったのは若い将校だったとする（Frank, 97）．

(236)　Schroeder, 154, 296 n.34, 364–6 nn.280–82.

(237)　*RSA*, IV/2, 109 n.1 に *Münchener Post*, 22 September 1931 の引用がある．Hanfstaengl, *15 Jahre*, 239, 242.

(238)　一九三一年九月二二日付のミュンヒェナー・ポスト紙の記事に書かれている（*RSA*, IV/2, 109 n.1）．

(239)　Hayman, 164, 166.

(240)　*RSA*, IV/2, 109–10.

(241)　Hanfstaengl, *15 Jahre*, 238; Hoffmann, 152; B.v. Schirach, 108.

(242)　脚色された話としては，Hoffmann, 152–3; Hanfstaengl, *15 Jahre*, 238. ゲリとヒトラーの関係およびゲリの自殺については，少々不正確な点もあるが，Gun, 17–28 も参照のこと．Hayman, 160–201 は，矛盾する証拠を綿密に精査し，ヒトラーが姪の死に直接関与したと強く示唆する．Hayman は 174 頁でスピード違反の件に触れている．

(243)　Frank, 97; Hanfstaengl, *15 Jahre*, 239.

(244)　Hanfstaengl, *15 Jahre*, 239. Heiden, *Der Führer*, 307–8 は，ゲリの母親アンゲラ・ラウバルが，ヒトラーの容疑を晴らし，ヒトラーはゲリと結婚するつもりだったとまで申し立てたとされることを踏まえて，ヒムラーの仕業であると推測している．

(245)　この点については Toland, 255 が指摘している．警察の監察医は，死因は自殺であり，一九三一年九月一八日夜に死亡したと認定した（Hayman, 164）．

(246)　Hanfstaengl, *15 Jahre*, 239, 241; Wagener, 358–9; Hayman, 162–3.

(247)　以上の記述はFrank, 97–8に基づく．Hoffmann, 156–9（粉飾甚だしい説明）; Hanfstaengl, *15 Jahre*, 240; Heiden, *Der Führer*, 307.
(248)　演説のテクストは*RSA*, IV/2, 111–15に収録されている．ハンブルクでのヒトラーに対する歓迎についてはFrank, 98に述べられている．
(249)　*RSA*, IV/2, 111 n.1. ヒトラーは，ナチ党幹部が演説する類似の集会を二回欠席した．理由は病気のためとされた．
(250)　Hanfstaengl, *15 Jahre*, 242–3; Hoffmann, 159参照．暗に示唆したものとしてWagener, 358およびH. v. Schirach, 205も参照のこと．大戦終結のはるか後に，ヒトラーの妹パウラは，ヒトラーがミミ・ライターと結婚していれば，すべては違っていただろうと話した（Peis, 'Die unbekannte Geliebte'）.
(251)　Hoffman, 155–6; Hanfstaengl, *15 Jahre*, 243–4. ハンフシュテングルは，これは政治的な発想から行われたものであり，どことなく感傷的ではあるが，悲しみの表われかどうかは疑わしいとしている．
(252)　Falter *et al.*, *Wahlen*, 94. Tyrell, *Führer*, 383は二五・九パーセントとしている．
(253)　Falter *et al.*, *Wahlen*, 100; Deuerlein, *Aufstieg*, 352.
(254)　Falter *et al.*, *Wahlen*, 95.
(255)　Deuerlein, *Aufstieg*, 357; *RSA*, IV/2, 123–32.
(256)　Deuerlein, *Aufstieg*, 352–8; *RSA*, IV/2, 159–64; Turner, *German Big Business*, 189.
(257)　Turner, *German Big Business*, 167–71.
(258)　Turner, *German Big Business*, 144.
(259)　Turner, *German Big Business*, 144–5.
(260)　Hjalmar Schacht, *My First Seventy-Six Years*, London, 1955, 279.
(261)　Schacht, 279–80.
(262)　Turner, *German Big Business*, 145.
(263)　クーノは支持者（ルール地方の有力実業家パウル・ロイシュら）から，政界に復帰し，大統領に立候補することを考えるよう説得された．退役したマグヌス・レヴェツォウ海軍少将はクーノの立候補を強く望んでいた者のひとりであり，ナチ党の支援を得ることを期待して，ベルリンでクーノとヒトラーの面会の手はずを整えた（Turner, *German Big Business*, 129）.
(264)　Turner, *German Big Business*, 129–30.
(265)　Turner, *German Big Business*, 130–32.
(266)　Turner, *German Big Business*, 146, 150; Wagener, 368–74.
(267)　Turner, *German Big Business*, 142, 187.
(268)　Turner, *German Big Business*, 128, 181–2.
(269)　Turner, *German Big Business*, 191–203.
(270)　Otto Dietrich, *Mit Hitler an die Macht. Persönliche Erlebnisse mit meinem Führer*, 7th edn, Munich, 1934, 45–6; Turner, *German Big Business*, 171–2.
(271)　Henry Ashby Turner, 'Big Business and the Rise of Hitler', in Turner, *Nazism and Third Reich*, 93–7（初出は*American Historical Review*, 75（1969）, 56–70）.
(272)　Turner, *German Big Business*, 204–19. いずれにせよ多くの有力実業家は参加しなかった．Dietrich, *Mit Hitler*, 46–9は，当初は冷淡だった聴衆の心をヒトラーがつかんだと描写した．しかし，戦後の回想録では，一九三三年以前にはナチ党に対する大企業の寄付は限られたものだったと強調している（Otto Dietrich, *Zwölf Jahre mit Hitler*, Cologne（n.d., 1955?）, 185–6）.
(273)　Turner, *German Big Business*, 208–10, 213–14; 演説原稿は*RSA*, IV/3, 74–110およびDomarus, 68–90に掲載されている．
(274)　Turner, *German Big Business*, 217–19.

(275) Henry Ashby Turner, *Hitler's Thirty Days to Power: January 1933*, London, 1996, 39–41 の人物描写を参照のこと.

(276) Turner, 'Big Business and the Rise of Hitler', 94, 97.

(277) Turner, *German Big Business*, 111–24; Henry Ashby Turner and Horst Matzerath, 'Die Selbstfinanzierung der NSDAP 1930–32', 59–92.

(278) Wagener, 221–2.

(279) Turner, *German Big Business*, 148–52, 157; Wagener, 226–9.

(280) Wagener; 227; Turner, *German Big Business*, 152.

(281) Turner, *German Big Business*, 47–60 参照.

(282) 以上の内容は, Turner, *German Big Business*, 153–6 に基づく. ヒトラーの収入は一九三〇年に三倍増し, 課税総所得は四万八四七二ライヒスマルクになったとされる. 三二年には六万四六三九ライヒスマルクにさらに増えた (Hale, 'Adolf Hitler: Taxpayer', 837). この時期のヒトラーの収入については, Hanfstaengl, *15 Jahre*, 216 および B.v. Schirach, 112–13 も参照のこと.

(283) Franz von Papen, *Memoirs*, London, 1952, 142–3; Otto Meissner, *Staatssekretär unter Ebert - Hindenburg - Hitler*, Hamburg, 1950, 216.

(284) *TBJG*, I.2, 106 (7 January 1932); Deuerlein, *Aufstieg*, 370–72; Papen, 146.

(285) Deuerlein, *Aufstieg*, 372; Walther Hubatsch, *Hindenburg und der Staat*, Göttingen, 1966, 309–10.

(286) ナチ党はこのやり取りを冊子にして出版した (*Hitlers Auseinandersetzung mit Brüning. Kampfschrift, Broschürenreihe der Reichspropagandaleitung der NSDAP*, Heft 5, Munich, 1932, 73–94). ブリューニングに対する一九三二年一月一五日付のヒトラーの公開書簡は, *RSA* IV/3, 34–44 に収録されている.

(287) Meissner, 216–17.

(288) *TBJG*, I.2, 120–21 (3 February 1932). Fest, *Hitler*, 439–40 参照.

(289) *TBJG*, I.2, 130–31 (22 February 1932), 134 (27 February 1932).

(290) Rudolf Morsey, 'Hitler als Braunschweigischer Regierungsrat', *VfZ*, 8 (1960), 419–48; Deuerlein, *Aufstieg*, 373–6.

(291) Papen, 147 参照.

(292) *RSA*, IV/3, 138–44 (引用は 144 頁); Domarus, 95; *TBJG*, I.2, 134 (27 February 1932).

(293) Domarus, 96.

(294) *TBJG*, I.2, 140–41 (13 March 1932).

(295) Deuerlein, *Aufstieg*, 381; Falter *et al.*, *Wahlen*, 46.

(296) *RSA*, V/1, 16–43; Domarus, 101–3.

(297) Falter *et al.*, *Wahlen*, 46.

(298) *TBJG*, I.2, 152–3 (8–11 April 1932).

(299) 同日に投票が行われなかった州のなかではザクセン, バーデン, ヘッセン, テューリンゲンが大きかったが, その人口をすべて合わせても一〇〇〇万人にしかならない. 四月二四日に州議会選挙が行われなかったその他の小規模州の人口はおよそ二〇〇万人だった. 同日に投票が行われた州の人口は五〇〇〇万人近かった. この数値は, Falter *et al.*, *Wahlen*, 90–113 に基づく.

(300) *RSA*, V/1, 59–97; Deuerlein, *Aufstieg*, 385–6; Domarus, 106–7.

(301) *Miesbacher Anzeiger*, 19 April 1932.

(302) Jochmann, *Nationalsozialismus und Revolution*, 404–5; Deuerlein, *Aufstieg*, 386–7; *RSA*, V/1, 97 and Doc.61 n.1–2 (演説については 92–6, Doc.60).

(303)　Falter *et al.*, *Wahlen*, 89, 91, 94, 101; Deuerlein, *Aufstieg*, 387–8.
(304)　*TBJG*, I.2, 160（23 April 1932）.
(305)　Domarus, 105; Longerich, *Die braunen Bataillone*, 154.
(306)　Karl Dietrich Bracher, *Die Auflösung der Weimarer Republik. Eine Studie zum Problem des Machtverfalls in einer Demokratie*, Stuttgart/Düsseldorf, 1955, 481 and n.2; Longerich, *Die braunen Bataillone*, 153–4.
(307)　Ulrich Herbert, *Best. Biographische Studien über Radikalismus, Weltanschauung und Vernunft 1903–1989*, Bonn, 1996, 111–19.
(308)　Deuerlein, *Aufstieg*, 363.
(309)　一九三二年初頭の隊員数の増加については，Longerich, *Die braunen Bataillone*, 159.
(310)　*TBJG*, I.2, 139（11 March 1932）.
(311)　Longerich, *Die braunen Bataillone*, 153.
(312)　*TBJG*, I.2, 150（2 April 1932）.
(313)　*TBJG*, I.2, 154（11 April 1932）. ベルリンでの家宅捜索に引き続き，プロイセン内相ゼーフェリングは突撃隊の禁止を目論んでいるようだ，とゲッベルスは三月一七日の日記につけている（*TBJG*, I.2, 144）.
(314)　Longerich, *Die braunen Bataillone*, 154.
(315)　*RSA*, V/1, 54–6; Domarus, 105–6. ヒンデンブルクは共産党にも適用を拡大したいと考えていた（Papen, 149）.
(316)　Kolb, *Die Weimarer Republik*, 136–7.
(317)　*TBJG*, I.2, 162（28 April 1932）; Winkler, *Weimar*, 461–2. シュライヒャーはすでにレーム，ベルリン突撃隊指導者ヘルドルフらとも話し合いをもっていた．Thilo Vogelsang, *Reichswehr, Staat und NSDAP*, Stuttgart, 1962, 188–9 も参照.
(318)　*TBJG*, I.2, 165（8 May 1932）.
(319)　Papen, 153; Winkler, *Weimar*, 462–3 参照.
(320)　*TBJG*, I.2, 166–7（10–11 May 1932）; Schulz, *Von Brüning zu Hitler*, 821.
(321)　*TBJG*, I.2, 168（12 May 1932）; Winkler, *Weimar*, 465 参照.
(322)　*TBJG*, I.2, 169（13 May 1932）.
(323)　Brüning, *Memoiren*, ii.632–8; Winkler, *Weimar*, 470–72.
(324)　Joseph Goebbels, *Vom Kaiserhof zur Reichskanzlei. Eine historische Darstellung in Tagebuchblättern*（*Vom 1. Januar 1932 bis zum 1. Mai 1933*）, 21st edn, Munich, 1937, 103–4（30 May 1932）; *TBJG*, I.2, 177.
(325)　Papen, 150–56.
(326)　Papen, 162.
(327)　Falter *et al.*, *Wahlen*, 98, 100.
(328)　Falter *et al.*, *Wahlen*, 95.
(329)　Papen, 163; Winkler, *Weimar*, 404.
(330)　Goebbels, *Kaiserhof*, 111（14 June 1932）および *TBJG*, I.2, 185 参照.
(331)　ナチ党に対する富裕な中産階層の強い支持を示す証拠としては，リゾート地やクルーズ船での一九三二年七月の投票結果に関する Richard F. Hamilton, *Who Voted for Hitler?*, Princeton, 1982, 220–28 の分析を参照のこと.
(332)　Deuerlein, *Aufstieg*, 392–3; Winkler, *Weimar*, 490–93. アルトナにおける暴力沙汰の現地での背景については，Anthony McElligott, "'... und so kam es zu einer schweren Schlägerei". Straßenschlachten

in Altona und Hamburg am Ende der Weimarer Republik', in Maike Bruns *et al.* (eds.), *'Hier war doch alles nicht so schlimm.' Wie die Nazis in Hamburg den Alltag eroberten*, Hamburg, 1984, 58–85 を参照のこと.

(333) Winkler, *Weimar*, 495–503; Broszat, *Machtergreifung*, 148–50.

(334) *TBJG*, I.2, 155 (15 April 1932).

(335) Childers, *Nazi Voter*, 203.

(336) ニーダーザクセン州の町ノルトハイムで行われたナチ党の集会は，見かけは派手だが中身のないものがほとんどだった．このことについては Allen, 322 を参照のこと．

(337) *RSA*, V/1, 216–19; Domarus, 115; Z.A.B. Zeman, *Nazi Propaganda*, 2nd edn, London/New York, 1973, 31.

(338) Hamilton, 326.

(339) *RSA*, V/1, 210–94; Deuerlein, *Aufstieg*, 394; Domarus, 114–20.

(340) Hanfstaengl, *15 Jahre*, 267.

(341) *RSA*, V/1, 216–19; Domarus, 115–17 (アドルフ・ヒトラーによるレコード盤「国民へのアピール」).

(342) Falter, *et al.*, *Wahlen*, 44. 八四・一パーセントという投票率は，ヴァイマル民主主義の時期に行われた国会選挙としては最高だった．

(343) *TBJG*, I.2, 211 (1 August 1932). 出版された「カイザーホーフ」版はより楽観的な論調で書かれている (Goebbels, *Kaiserhof*, 135–6 (31 July 1932))．翌八月二日，出版されなかった日記にゲッベルスは，権力を掌握すべき時が来た，「激しい反対」あるのみだ，パーペン政府を許容するなどもはやありえない，というヒトラーの議論を改めて記している (*TBJG*, I.2, 212–13).

(344) *TBJG*, I.2, 214 (3 August 1932).

(345) *TBJG*, I.2, 215 (5 August 1932).

(346) *TBJG*, 1.2, 217 (7 August 1932).

(347) Winkler, *Weimar*, 509 参照.

(348) Thilo Vogelsang, 'Zur Politik Schleichers gegenüber der NSDAP 1932', *VfZ*, 6 (1958), 86–118, here 89.

(349) Hubatsch, *Hindenburg*, 335–8, Nr.87 (一九三二年八月一一日のマイスナーの覚書).

(350) Winkler, *Weimar*, 509.

(351) *TBJG*, I.2, 218 (9 August 1932).

(352) Goebbels, *Kaiserhof*, 140 (8 August 1932); *TBJG*, I.2, 218.

(353) Vogelsang, 'Zur Politik Schleichers', 93–8; Winkler, *Weimar*, 509–10.

(354) *TBJG*, I.2, 221 (11 August 1932). ガイルの演説については，Eberhard Kolb and Wolfram Pyta, 'Die Staatsnotstandsplanung unter Papen und Schleicher', in Heinrich August Winkler (ed.), *Die deutsche Staatskrise 1930–1933*, Munich, 1992, 155–81, here 160 を参照のこと.

(355) Goebbels, *Kaiserhof*, 142–4 (11–12 August 1932); *TBJG*, I.2, 222–3; Papen, 195 も参照.

(356) Papen, 195–7; Goebbels, *Kaiserhof*, 144 (13 August 1932); *TBJG*, I.2, 224.

(357) Goebbels, *Kaiserhof*, 144–5 (13 August 1932); *TBJG*, I.2, 224.

(358) Hubatsch, 338–9, Nr.88; Deuerlein, *Aufstieg*, 397–8; Papen, 197. ヒトラーは，マイスナーが作成した公式発表の文言に異議を唱え，(ヒトラーいわく) 面会から戻るやいなやフリック，レームとともに作成した文章を数時間のうちに送りつけた．ここでは，もし指導権を得たならば全閣僚をナチ党から出すとヒトラーが要求した，という点が強く否定されている．しかしこれは，面会後の廊下でのやり取りおよび，ヒンデンブルクの決定がすでに下された後で呼びつけられたことに対するヒトラーの恨みに主として重きを置い

たものだった．パーペンも首相官邸も公表された公式発表を一切変えようとしなかったが，それも無理はなかった（IfZ, Fa 296, Bl.165–71）.
(359)　IfZ, Fa 296, Bl.169, ‘Besprechung in der Reichskanzlei am 13.8.32’ には，レーム，フリック，ヒトラーの署名がある.
(360)　Goebbels, *Kaiserhof*, 145（13 August 1932）; *TBJG*, I.2, 225.
(361)　Lüdecke, 351–2 参照.
(362)　Winkler, *Weimar*, 511–12 参照.

第 10 章◆権力に向かって

(1)　ヴァイマル末期のエリートの戦略と目的の分裂については，Heinrich August Winkler（ed.）, *Die deutsche Staatskrise 1930–1933*, Munich, 1992, 205–62 に収録された Henry Ashby Turner, Jürgen John, Wolfgang Zollitsch の論文（ならびにその後の議論）を参照のこと.
(2)　この点については，James, ‘Economic Reasons for the Collapse of the *Weimar* Republic’, in Kershaw（ed.）, *Weimar: Why did German Democracy Fail?*, 30–57, here 55 で強調されている．Gerald D. Feldmann, ‘Der 30 Januar 1933 und die politische Kultur von Weimar’, in Winkler, *Staatskrise*, 263–76 の鋭い分析も参照のこと．エバーハルト・イェッケルは，ヒトラーの権力掌握は「業務上の事故」だったと断固として主張している．ただし，君主制擁護の国民保守エリートの行動に関するイェッケル自身の分析（Jäckel, *Das deutsche Jahrhundert*, 126–58）では，少なくとも起こるべくして起こった事故だとしている.
(3)　ヴィルヘルム・ケプラーがクルト・フォン・シュレーダーに宛てた一九三二年一二月二六日付の書簡が，Vogelsang, ‘Zur Politik Schleichers’, 86 に引用されている.
(4)　Winkler, *Weimar*, 511; Schulz, *Von Brüning zu Hitler*, 964; Domarus, 123–4.
(5)　Vogelsang, ‘Zur Politik Schleichers’, 86–7.
(6)　Joachim von Ribbentrop, *The Ribbentrop Memoirs*, London, 1954, 21. このとき，リッベントロップは初めてヒトラーに会った．ヒトラーはリッベントロップに，他の政治勢力と協力する気はあると話しつつも，首相職を要求した．リッベントロップは強い印象を受け，共産主義からドイツを救うのはヒトラーとその党しかないと確信してすぐさまナチ党に入党した.
(7)　Vogelsang, ‘Zur Politik Schleichers’, 87–8.
(8)　Vogelsang, ‘Zur Politik Schleichers’, 99–100 n.29; Werner Freiherr von Rheinbaben, *Viermal Deutschland. Aus dem Erleben eines Seemanns, Diplomaten, Politikers 1895–1954*, Berlin, 1954, 303–4.
(9)　このような推論については，Domarus, 123 を参照のこと.
(10)　Hanfstaengl, *15 Jahre*, 279. ハンフシュテングルの回想にあるヒトラーの言葉がどこまで正確かについては当然疑ってかかるべきである．米国戦略情報局が行った大戦中のインタビューの際には，「様子を見よう．そのほうがよいかもしれない」とヒトラーが言ったとハンフシュテングルは述べた（NA, *Hitler Source Book*, 911）.
(11)　*RSA*, V/1, 304–9; Domarus, 125–9.
(12)　*RSA*, V/1, 316.
(13)　以下の記述は，Paul Kluke, ‘Der Fall Potempa’, *VfZ*, 5（1957）, 279–97 および Richard Bessel, ‘The Potempa Murder’, *Central European History*, 10（1977）, 241–54 に基づく.
(14)　*RSA*, V/1, 317; Domarus, 130（電報が公表されたときには，八月二三日付だった）.
(15)　ゲッベルスは，党に対する世論は逆風だと認めた（*TBJG*, I/2, 230（25 August 1932））.
(16)　*RSA*, V/1, 318–20（引用は 319 頁）; Domarus, 130; Kluke, 284–5.

(17)　Papen, 200. ヒンデンブルクは，八月三〇日にパーペン，ガイル，シュライヒャーとノイデックで面会し，自分は法的思考によって動くのであり，政治的思考に左右されることはない，と断言した．しかし，この犯罪は緊急令の発令からわずか一時間半後に行われたものであり，緊急令を知って行ったと考えることはできないともヒンデンブルクは示唆した．パーペンはこの曖昧な議論を受け入れ，それを理由に寛大な処置をとった（Winkler, *Weimar*, 514).

(18)　Kluke, 286.

(19)　Kluke, 281.

(20)　Kluke, 281–2 に，*VB*（11 August 1932）が引用されている．

(21)　Kluke, 285 に，*VB*（26 August 1932）が引用されている．

(22)　Vogelsang, 'Zur Politik Schleichers', 89, 110.

(23)　Brüning, ii.658; Goebbels, *Kaiserhof*, 154–5 および *TBJG*, I.2, 235–6（31 August 1932, 2 September 1932）参照．ここでは，シュトラッサーとその「一派」に発するとおぼしき陰謀と反対についてヒトラーが初めて指摘したことが言及されている．

(24)　Goebbels, *Kaiserhof*, 160; *TBJG*, II.2, 239（9 September 1932).

(25)　Brüning, ii.657–9.

(26)　Winkler, *Weimar*, 519–20; Papen, 215–16.

(27)　Vogelsang, 'Zur Politik Schleichers', 101.

(28)　Eberhard Kolb and Wolfram Pyta, 'Die Staatsnotstandsplanung unter den Regierungen Papen und Schleicher', in Winkler, *Staatskrise*, 155–81, here 161.

(29)　Winkler, *Weimar*, 518–19; Kolb and Pyta, 165–6. 憲法修正の希望が広範にみられたことについては，Hans Mommsen, 'Regierung ohne Parteien. Konservative Pläne zum Verfassungsumbau am Ende der Weimarer Republik', in Winkler, *Staatskrise*, 1–18, here esp. 3–4 を参照のこと．

(30)　Kolb and Pyta, 166.

(31)　Deuerlein, *Aufstieg*, 401; Papen, 207; Winkler, *Weimar*, 521; Mommsen, *Die verspielte Freiheit*, 474. 国民保守エリートに対してゲーリングがもつ豊富な人脈はヒトラーにとって重要だった．これによりゲーリングは，ナチ党内でのしあがり（ただし，ゲーリングはいわゆる「党にべったりの人間」にはならなかった），一九二八年に国会議員となってそこでも頭角を現した．

(32)　Winkler, *Weimar*, 521.

(33)　Goebbels, *Kaiserhof*, 159–60（8 September 1932, 10 September 1932); *TBJG*, I.2, 239–240.

(34)　Goebbels, *Kaiserhof*, 152（28 August 1932), and 153（30 August 1932); *TBJG*, I.2, 233–4.

(35)　Gobbbels, *Kaiserhof*, 159（8 September 1932); *TBJG*, I.2, 238. ゲッベルスは九月九日にもヒトラーが首相ポストを要求したことに改めて触れ，「反対したのはシュトラッサーだけだった」と記している（Goebbels, *Kaiserhof*, 160; *TBJG*, I.2, 239（9 September 1932)).

(36)　Papen, 208.

(37)　Goebbels, *Kaiserhof*, 162（12 September 1932); *TBJG*, I.2, 241; Papen, 208.

(38)　上述の説明は，*Akten der Reichskanzlei. Das Kabinett von Papen*, ed. Karl-Heinz Minuth, Boppard am Rhein, 1989, ii.543–5 に基づく．Papen, 208–9; Goebbels, *Kaiserhof*, 162–3（12 September 1932); *TBJG*, I.2, 241–2; Lüdecke, 433–4; Winkler, *Weimar*, 522–4; Schulz, *Von Brüning zu Hitler*, 993–4; Bracher, *Auflösung*, 627–9; Mommsen, *Die verspielte Freiheit*, 475–6.

(39)　Goebbels, *Kaiserhof*, 163（12 September 1932); *TBJG*, I.2, 242.

(40)　Mommsen, *Die verspielte Freiheit*, 476.

(41)　Kolb and Pyta, 166; Winkler, *Weimar*, 528.

(42)　ラジオ放送は政府の統制下にあり，政治放送の時間はほとんどなかった．一九三二年夏まで，ナチは

ラジオ放送を行うことはできなかった（Zeman, 31）.

(43) Goebbels, *Kaiserhof*, 165（16 September 1932), 167（20 September 1932). 引用は *TBJG*, I.2, 243-4, 246-7 より．財政難のために選挙活動がままならないとの報告が党地方支部から広く上げられていたことについては，Childers, 'Limits', 236-8 を参照のこと．

(44) Lüdecke, 438.

(45) Domarus, 137. Goebbels, *Kaiserhof*, 176（4 October 1932); *TBJG*, I.2, 254-5（5 October 1932). ヒトラーが他の者に楽観的な見通しを伝えたことについては，Goebbels, *Kaiserhof*, 174（2 October 1932）および *TBJG*, I.2, 252，また Goebbels, *Kaiserhof*, 187（28 October 1932）および *TBJG*, I.2, 265 も参照のこと．ヒトラーは「勝利を確信している」，とここには書かれている．

(46) Lüdecke, 461-2, 469, 475-6.

(47) Lüdecke, 476.

(48) Lüdecke, 479. 上述の説明は，Lüdecke, 475-9 に基づく．Goebbels, *Kaiserhof*, 174（2 October 1932); *TBJG*, I.2, 252.

(49) Deuerlein, *Aufstieg*, 402-3 では四九回の演説を行ったと書かれているが，一一月五日のレーゲンスブルクでの演説が含まれていない．Domarus, 138-42 は四七回としており，レーゲンスブルクは含まれているが，グマースバッハ，ベッツドルフ・ヴァルメンロート，リンブルクが入っていない．Hauner, 85 では四七カ所が挙げられているが，シュヴァインフルト，ヴュルツブルク，ベッツドルフ・ヴァルメンロートが含まれていない．

(50) Maser, *Hitler*, 317 and n.

(51) Gun, *Eva Braun-Hitler*, 55-7. Hoffman, 161-2 はこの事件を一九三二年夏としている．ヒトラーの知人女性のその他の自殺未遂については，Maser, *Hitler*, 313 を参照のこと．

(52) Domarus, 141.

(53) *VB*, 14 October 1932, IfZ, MA-731, HA Reel 1 Folder 13.

(54) *VB*, 14 October 1932, IfZ, MA-731, HA Reel 1 Folder 13.

(55) IfZ, MA-731, NSDAP-HA, Reel 1 Folder 13, Pd Hof, 15 October 1932.

(56) Domarus, 138.

(57) 上述の引用は，IfZ, MA-1220, HA, Reel 1A Folder 13 より．

(58) IfZ, MA-731, HA Reel 1 Folder 13.

(59) Childers, 'Limits', 236, 246-51 参照．

(60) Goebbels, *Kaiserhof*, 191（2 November 1932); *TBJG*, I.2, 268. ヒトラー同様，ゲッベルスも，集会での反応から楽天的になりすぎていたのかもしれない．一〇月三一日のシュテティンでの演説後，ゲッベルスは，「どこもかしこも素晴らしい雰囲気だ．われわれは無敵の進撃を続けている」と日記に記した．しかし，「このままいけば，一一月六日はそれほど悪くはならないだろう」というコメントが付け加えられており，ゲッベルスの不安をうかがわせるものとなっている．翌日には，ゲッベルスは来るべき敗北を思い，「二〇〇～三〇〇万票を失ったところでそれほど悪くはない」と自分を慰めた（Goebbels, *Kaiserhof*, 190（31 October 1932, 1 November 1932); *TBJG*, I.2, 267).

(61) IfZ, MA-731, HA Reel 1 Folder 13, Pd Nbg, 14 October 1932.

(62) BHStA, MA 102144, RPvNB/OP, 19 October 1932.

(63) Goebbels, *Kaiserhof*, 195（5 November 1932); *TBJG*, I.2, 271. 一〇月初旬にはグレゴア・シュトラッサーは四〇議席の喪失を予見していた（Stachura, *Strasser*, 104).

(64) Falter *et al.*, *Wahlen*, 41, 44.

(65) Falter, *Hitlers Wähler*, 109.

(66) Falter, 'National Socialist Mobilisation', 219.

(67)　Goebbels, *Kaiserhof*, 196（6 November 1932）; *TBJG*, I.2, 272.

(68)　Goebbels, *Kaiserhof*, 192（2 November 1932）および *TBJG*, I.2, 269 参照．ここでゲッベルスは，選挙活動の資金不足を「慢性疾患」と呼んでいる．選挙前日，ゲッベルスは，「土壇場になって」一万マルクを集めることができ，それを即座に最後のプロパガンダ攻勢につぎ込んだ，と記している（Goebbels, *Kaiserhof*, 195（5 November 1932）; *TBJG*, I.2, 271）．ドイツ国家人民党はナチ党よりもプロパガンダ資金に恵まれており，そのため，ナチ党の宣伝を量的に凌駕していたと考えられている（Childers, 'Limits', 238）．

(69)　Childers, 'Limits', 243–4; Goebbels, *Kaiserhof*, 196（6 November 1932）および *TBJG*, I.2, 272 参照．

(70)　BHStA, MA 102151, RPvUF, 21 September 1932.

(71)　Goebbels, *Kaiserhof*, 196（6 November 1932）; *TBJG*, I.2, 272.

(72)　Childers, 'Limits', 238–42.

(73)　革命的組合反対派（ドイツ共産党の工場細胞組織）が呼びかけたストライキは，ベルリンの交通労働者に対する賃金カットへの抗議だった．当初予定されていた多大な賃金カットは適当な範囲にとどめられたものの，共産党がストライキを宣言する事態を招いた．社会民主党左派につながる労働組合はストライキに反対したが，ナチ企業細胞組織はストライキ支持に回った．ストライキは一一月三日に始まり，主催者側が四日後に中止した．地下鉄の運行は完全に停止した．停留所を離れようとするトラムとバスのほとんどはピケ隊に止められた．ストライキ参加者と警察の衝突などにより治安は大いに乱れ，警察が群衆に発砲した際に三名が死亡，八名が負傷した．Winkler, *Weimar*, 533–5 参照．ゲッベルスは大いに喜び，「革命的な」雰囲気だと記している（Goebbels, *Kaiserhof*, 194（4 November 1932）; *TBJG*, I.2, 270）．このストライキのおかげで，ドイツ共産党は一一月の選挙で得票数を伸ばした．また，ナチ党政府への対処について党内に存在していた過剰な自信がさらに助長された（Christian Striefler, *Kampf um die Macht. Kommunisten und Nationalsozialisten am Ende der Weimarer Republik*, Berlin, 1993, 177–86）．

(74)　Childers, 'Limits', 238.

(75)　Goebbels, *Kaiserhof*, 192（2 November 1932）; *TBJG*, I.2, 268–9.

(76)　Goebbels, *Kaiserhof*, 194（4 November 1932）; *TBJG*, I.2, 270.

(77)　Childers, 'Limits', 240.

(78)　Jochmann, *Nationalsozialismus und Revolution*, 416（3 November 1932, 6 November 1932）.

(79)　Jochmann, *Nationalsozialismus und Revolution*, 417（7 November 1932, 9 November 1932）.

(80)　Winkler, *Weimar*, 536–7.

(81)　*TBJG*, I.2, 274（9 November 1932）.

(82)　*IMT*, vol.35, 223–30, Docs. 633–D and 634–D; Domarus, 144–8; *AdR, Kabinett von Papen*, ii.952–60; Goebbels, *Kaiserhof*, 199（9 November 1932）; *TBJG*, I.2, 276; Papen, 212–13; Bracher, *Auflösung*, 659–60 and n.31; Winkler, *Weimar*, 543.

(83)　*AdR, Kabinett von Papen*, ii.951–2（一九三二年一一月一六日のパーペンとシェーファーの会談）．Winkler, *Weimar*, 541, 543 も参照．

(84)　Hubatsch, *Hindenburg*, 353.

(85)　Papen, 214; Winkler, *Weimar*, 543.

(86)　Eberhard Czichon, *Wer verhalf Hitler zur Macht? Zum Anteil der deutschen Industrie an der Zerstörung der Weimarer Republik*, Cologne（1967）, 3rd edn, 1972, 69–71 に掲載されている．

(87)　Turner, *German Big Business*, 303–4 に基づく．Winkler, *Weimar*, 540–41 も参照．

(88)　Lüdecke, 413.

(89)　Hubatsch, 350–52; Goebbels, *Kaiserhof*, 206（20 November 1932）; *TBJG*, I.2, 282.

(90)　Goebbels, *Kaiserhof*, 207（20 November 1932）; *TBJG*, I.2, 282.

(91) Hubatsch, 350–52, here 352; Domarus, 149; Goebbels, *Kaiserhof*, 207–8 (20 November 1932, 21 November 1932); *TBJG*, I.2, 282–3.

(92) Domarus, 150 (21 November 1932).

(93) Hubatsch, 353–6; Domarus, 151 (一九三二年一一月二一日朝に行われたヒンデンブルクとヒトラーの第二回目の議論のコミュニケ).

(94) Hubatsch, 354–5; Domarus, 152 (21 November 1932); Goebbels, *Kaiserhof*, 208 (21 November 1932); *TBJG*, I.2, 283.

(95) Hubatsch, 356–7; Domarus, 153–4 (22 November 1932); Goebbels, *Kaiserhof*, 208 (23 November 1932); *TBJG*, I.2, 283.

(96) Goebbels, *Kaiserhof*, 209 (23 November 1932); *TBJG*, I.2, 284.

(97) Hubatsch, 358–61; Domarus, 154–7 (23 November 1932).

(98) Domarus, 157 n.274.

(99) Hubatsch, 361–2; Domarus, 158 (24 November 1932).

(100) Domarus, 159 (一一月二四日に書かれたこの問題に関するヒトラーの最後の書簡); Goebbels, *Kaiserhof*, 209–10 (24 November 1932); *TBJG*, I.2, 284.

(101) Hubatsch, 365–6.

(102) Vogelsang, 'Zur Politik Schleichers', 104–5; Goebbels, *Kaiserhof*, 209 (23 November 1932); *TBJG*, I.2, 284.

(103) Stachura, *Strasser*, 107. Turner, *Hitler's Thirty Days to Power*, 25によると，シュライヒャーが望んでいたのはナチ党の分断ではなく，自分の戦略に対してナチ党全体の支持を得ることだったとされる．しかし，現実主義者のシュライヒャーは，ヒトラーが賛成しないかぎりそれはほぼ不可能であることを認識していた．

(104) *TBJG*, I.2, 288 (2 December 1932); Domarus, 161. テューリンゲン州の町村議会選挙のためにヴァイマルにいたヒトラーは，シュライヒャーとの会談のためにベルリンに赴くことを拒否した．

(105) Vogelsang, 'Zur Politik Schleichers', 105 and n.44.

(106) Papen, 216–23; Vogelsang, 'Zur Politik Schleichers', 105–7, 110–11 and n.65; Winkler, *Weimar*, 547–50, 553–5; Kolb and Pyta, 170–77 も参照．パーペンやヒトラーよりはシュライヒャーのほうがましだと社会民主党が考えてはいたことは確かだが，社会民主党の支持が得られたかといえばそれは幻想だっただろう．しかし，シュライヒャーと社会民主党の国旗団の関係はよく，労働組合もシュライヒャーにチャンスを与えようとしていた．

(107) Peter D. Stachura, '"Der Fall Strasser": Strasser, Hitler, and National Socialism, 1930–1932', in Stachura, *Shaping*, 88–130, here 88.

(108) Hanfstaengl, *15 Jahre*, 281. 右派知識人が危険なまでにヒトラーを過小評価していたことは，引用したシュペングラーの評からも分かる．西洋文明の没落に関する著書で知名度を得たシュペングラーは，文化悲観論をとる反民主主義的な右派の思想家となった．しかし，一九三六年に亡くなるまで，ナチの下品さを嫌悪していた．

(109) Goebbels, *Kaiserhof*, 217–18 (6 December 1932); *TBJG*, I.2, 294.

(110) Stachura, '"Der Fall Strasser"', 103, 108.

(111) Turner, *German Big Business*, 311–12.

(112) Stachura, '"Der Fall Strasser"', 90–91.

(113) Stachura, '"Der Fall Strasser"', 94–95; Turner, *German Big Business*, 148–9.

(114) Turner, *German Big Business*, 311–12.

(115) Krebs, 191–2; Stachura, '"Der Fall Strasser"', 96–7. 三〇代前半に政治ジャーナリストとして活動

したハンス・ツェーラーは思想を同じくする同志数名とともに，一九二九年以降，『タート』誌を通じて，ヴァイマルの危機がすべてを一掃する，という思想を説いた．ツェーラーは危機が資本主義の終焉をもたらし，新たな「国民社会主義」の新体制を導くと考えていた．この点で，ツェーラーはグレゴア・シュトラッサーに近かった．「タート・クライス」は，三二年夏にシュライヒャー将軍と交流を得た．(Kurt Sontheimer, 'Der Tatkreis', *VfZ*, 7 (1959), 229–60; Benz-Graml, *Biographisches Lexikon*, 375-6; Winkler, *Weimar*, 525, 551; Mommsen, 'Regierung ohne Parteien. Konservative Pläne zum Verfassungsumbau am Ende der Weimarer Republik', in Winkler, *Staatskrise*, 5–9, 15–17; Sontheimer, *Antidemokratisches Denken*, 205–6, 268–9).

(116) 米国のジャーナリストH・R・ニッカーボッカーから経済思想について徹底的な質問攻めにあってシュトラッサーが答えに窮したことについては，Hanfstaengl, *15 Jahre*, 281–2を参照のこと．

(117) Tyrell, *Führer*, 316.

(118) 一九三二年八月末から九月にかけて，ブリューニングと関係のよかったシュトラッサーは，中央党と折り合いをつけるようナチ党に精力的に働きかけた（Stachura, '"Der Fall Strasser"', 101）．三二年三月二三日，シュトラッサーはレーヴェントロウに，（それを大袈裟に言い触らすことはしないにせよ）ナチ党は連立に参加しなければならないと書き送っていた．さらにそれ以前，三一年九月一二日にはブランデンブルク大管区長シュランゲへの書簡で，道は「右翼内閣」から権力へと通じると示唆したこともあった（Tyrell, *Führer*, 316, 343–5）．

(119) Stachura, *Strasser*, 103.

(120) Stachura, '"Der Fall Strasser"', 97–100.

(121) Wagener, 477–80; Stachura, *Strasser*, 103–4.

(122) Frank, 108.

(123) Goebbels, *Kaiserhof*, 154 (31 August 1932); *TBJG*, I.2, 235.

(124) Goebbels, *Kaiserhof*, 156 (3 September 1932); *TBJG*, I.2, 236.

(125) Goebbels, *Kaiserhof*, 159–60 (8 and 9 September 1932); *TBJG*, I.2, 238–9.

(126) Goebbels, *Kaiserhof*, 169–70 (25 September 1932); *TBJG*, I.2, 248.

(127) Stachura, *Strasser*, 108.

(128) Hanfstaengl, *15 Jahre*, 282.

(129) Goebbels, *Kaiserhof*, 216 (5 December 1932); *TBJG*, I.2, 292–3; Stachura, *Strasser*, 108.

(130) Stachura, *Strasser*, 108–12; Stachura, '"Der Fall Strasser"', 108–9.

(131) Hinrich Lohse, 'Der Fall Strasser', unpubl. typescript, *c.*1960, Forschungsstelle für die Geschichte des Nationalsozialismus, Hamburg, sections 20–22.

(132) Goebbels, *Kaiserhof*, 218 (8 December 1932); *TBJG*, I.2, 295.

(133) 手紙はStachura, '"Der Fall Strasser"', 113–15に掲載されている．

(134) Lohse, section 23.

(135) Lohse, sections 23–8. Goebbels, *Kaiserhof*, 219 (8 December 1932) および*TBJG*, I.2, 295参照.

(136) *TBJG*, I.2, 295 (unpublished entry, 9 December 1932); 刊行された版（Goebbels, *Kaiserhof*, 220 (8 December 1932); *TBJG*, I.2, 296–7）には，「拳銃で」という語句が付け加えられている．

(137) Goebbels, *Kaiserhof*, 220 (8 December 1932); *TBJG*, I.2, 297–8.

(138) Domarus, 166.

(139) Lohse, section 30; Orlow, i.293–6.

(140) Stachura, '"Der Fall Strasser"', 112.

(141) Lohse, sections 30–33; Domarus, 165; Stachura, '"Der Fall Strasser"', 112; Orlow, i.293.

(142) Domarus, 165; *TBJG*, I.2, 299 (10 December 1932, unpubl.).

(143)　*TBJG*, I.2, 299 (10 December 1932, unpubl.).

(144)　Domarus, 166–7; Orlow, i.293; Goebbels, *Kaiserhof*, 226 (16 December 1932) および *TBJG*, I.2, 309 参照 ; Lohse, section 31.

(145)　Stachura, *Strasser*, 116, 118–19.

(146)　Lohse, section 33; *TBJG*, I.2, 340 (17 January 1933); Domarus, 180.

(147)　Goebbels, *Kaiserhof*, 243 (16 January 1933); *TBJG*, I.2, 340–41. 未刊行版では日記の記述はもっと散文的で，「もはや必要とされていない．[…] 彼は何者にもならずに終わる．それが似合いだ」と書かれていた (*TBJG*, I.2, 340–41, 17 January 1933).

(148)　BDC, Gregor Strasser, Parteikorrespondenz, Antragsschein zum Erwerb des Ehrenzeichens der alten Parteimitglieder der NSDAP, 29 January 1934; Besitzurkunde, 1 February 1934.

(149)　BDC, OPG-Akte Albert Pietzsch, Gregor Strasser より Rudolf Heß 宛 , 18 June 1934.

(150)　Stachura, '"Der Fall Strasser"', 110 参照.

(151)　Stachura, '"Der Fall Strasser"', 113 参照.

(152)　BAK, NS22/110, 'Denkschrift über die inneren Gründe für die Verfügungen zur Herstellung einer erhöhten Schlagkraft der Bewegung'; Orlow, i.294–6 参照．覚書に続いて出された，ライが起草した党組織の改編に関する指令により，一二月九日に決定された組織改編が実施に移された (Orlow, i.293 and n.234, 294 and n.239)．一九四三年一月，大戦中に危機的な状況にあったヒトラーにゲッベルスはこの覚書の写しを見せた．日記には，この覚書には「古典的な議論」が含まれており，今でも一切手を加えることなく使える，と記されている．ヒトラーはこの文書のことは全く覚えていなかった (*TBJG*, II.7, 177 (23 January 1943)).

(153)　以上の記述はすべて BAK, NS 22/110 による.

(154)　Orlow, i.296 参照.

(155)　Abelshauser, Faust and Petzina (eds.), *Deutsche Sozialgeschichte 1914–1945*, 327–8; Petzina *et al.*, *Sozialgeschichtliches Arbeitsbuch III*, 61, 70, 84.

(156)　Deuerlein, *Aufstieg*, 411.

(157)　Abelshauser *et al.*, *Deutsche Sozialgeschichte*, 328.

(158)　Allen, 136–7 参照 ; Abelshauser *et al.*, *Deutsche Sozialgeschichte*, 343–4.

(159)　Siegfried Bahne, 'Die Kommunistische Partei Deutschlands', in Erich Matthias and Rudolf Morsey (eds.), *Das Ende der Parteien 1933*, Königstein/Ts., 1979, 655–739, here 662. 失業者の急進化については，Anthony McElligott, 'Mobilising the Unemployed: The KPD and the Unemployed Workers' Movement in Hamburg-Altona during the Weimar Republic', in Evans and Geary, *The German Unemployed*, 228–60 および Eva Rosenhaft, *Beating the Fascists? The German Communists and Political Violence, 1929–1933*, London, 1983 を参照のこと.

(160)　Fischer, *Stormtroopers*, esp. 45–8 and ch.8 参照.

(161)　Detlev Peukert, 'The Lost Generation: Youth Unemployment at the End of the Weimar Republic', in Evans and Geary, *The German Unemployed*, 172–93, here esp. 188–9 および Peter D. Stachura, 'The Social and Welfare Implications of Youth Unemployment in Weimar Germany', in Stachura, *Unemployment*, 121–47, here 140 参照.

(162)　Cornelia Rauh-Kühne, *Katholisches Milieu und Kleinstadtgesellschaft. Ettlingen 1918–1939*, Sigmaringen, 1991, 270.

(163)　これは，Dick Geary, 'Unemployment and Working-Class Solidarity: the German Experience 1929–33', in Evans and Geary, *The German Unemployed*, 261–80 で強調されている点である．同書 (194–227 頁) に収録された論考 Eva Rosenhaft, 'The Unemployed in the Neighbourhood: Social Dislocation

and Political Mobilisation in Germany, 1929–1933' も参照のこと.

(164) 多くの例のなかから, BHStA, MA 102151, RPvUF, 5 January 1933; MA 102138, RPvOB, 5 December 1932 を挙げたい.

(165) 例として, BHStA, MA 102154, RPvMF, 19 October 1932 を参照のこと.

(166) BHStA, MA 102154, RPvOF/MF, 5 January 1933 (アンスバッハ区役所の報告書が引用されている).

(167) BHStA, MA 106672, RPvNB/OP, 19 January 1933.

(168) BHStA, MA 106672, RPvNB/OP, 3 February 1933.

(169) BHStA, MA 102144, RPvNB/OP, 6 December 1932.

(170) BHStA, MA 106672, RPvNB/OP, 3 February 1933, 20 February 1933.

(171) イデオロギー的選好, 不満の程度, 偏見については, Merkl, 450–527 を参照のこと.

(172) BHStA, MA 102155/3, RPvNB/OP, 16 December 1932 (エーバーマンシュタット区役所の報告が引用されている).

(173) Heinrich August Winkler, 'German Society, Hitler, and the lllusion of Restoration 1930–33', *Journal of Contemporary History,* 11 (1976), 10–11; Heinrich August Winkler, *Mittelstand, Demokratie und Nationalsozialismus*, Cologne, 1972, 166–79.

(174) Michael H. Kater, 'Physicians in Crisis at the End of the Weimar Republic', in Stachura, *Unemployment*, 49–77 参照. 第三帝国の医療へのヴァイマル期の影響, および医師にとってのナチズムの魅力を描き出した研究として, Michael H. Kater, *Doctors under Hitler*, Chapel Hill/London, 1989, here 12–15 も参照のこと.

(175) Peukert, 'The Lost Generation'; Elizabeth Harvey, 'Youth Unemployment and the State: Public Policies towards Unemployed Youth in Hamburg during the World Economic Crisis', in Evans and Geary, *The German Unemployed*, 142–71; Stachura, 'The Social and Welfare Implications of Youth Unemployment'; Elizabeth Harvey, *Youth and the Welfare State in Weimar Germany*, Oxford, 1993; Abelshauser *et al.*, *Deutsche Sozialgeschichte*, 332–4; Stachura, *The Weimar Republic and the Younger Proletariat*; Peter D. Stachura, *The German Youth Movement 1900–1945. An Interpretative and Documentary History*, London, 1981; Peter Loewenberg, 'The Psychohistorical Origins of the Nazi Youth Cohort', *American Historical Review*, 76 (1971), 1457–1502; Peter D. Stachura, *Nazi Youth in the Weimar Republic*, Santa Barbara/Oxford, 1975 および Kater, 'Generationskonflikt als Entwicklungsfaktor in der NS-Bewegung vor 1933', 217–43 に依拠.

(176) Karin Hausen, 'Unemployment Also Hits Women: the New and the Old Woman on the Dark Side of the Golden Twenties in Germany', in Stachura, *Unemployment*, 78–120, here esp. 112; Helgard Kramer, 'Frankfurt's Working Women: Scapegoats or Winners of the Great Depression?', in Evans and Geary, *The German Unemployed*, 108–41, here esp. 134; Renate Bridenthal, 'Beyond Kinder, Küche, Kirche: Weimar Women at Work', *Central European History*, 6 (1973), 148–66; Tim Mason, 'Women in Germany; 1925–1940: Family, Welfare, and Work', *History Workshop Journal*, 1 (1976), 74–113; Richard J. Evans, 'German Women and the Triumph of Hitler', *Journal of Modern History*, 48 (1976, demand supplement), 1–53; Helen L. Boak, 'Women in Weimar Germany: the "Frauenfrage" and the Female Vote', in Richard Bessel and E. J. Feuchtwanger (eds.), *Social Change and Political Development in the Weimar Republic*, London, 1981, 155–73, here 165–8.

(177) Allen, 146 参照.

(178) Allen, 147 参照.

(179) ドイツ・ユダヤ人の人口統計および社会構造については, Werner Mosse (ed.), *Entscheidungs-*

jahr. Zur Judenfrage in der Endphase der Weimarer Republik, Tübingen, 1965, 87–131 に情報がある(全人口におけるユダヤ人の比率については 94 頁). Helmut Genschel, *Die Verdrängung der Juden aus der Wirtschaft im Dritten Reich*, Göttingen, 1966, 20–28 も参照.

(180) Deuerlein, *Aufstieg*, 411. Tyrell, *Führer*, 352 も参照. ここでは, 一九三三年一月三〇日の党員数は一四三万五五三〇人とされている. 党員数は単純な加算方式で発表され, 離党者数は更新されないため, 実際の党員数ははるかに少なかった.

(181) Fischer, *Stormtroopers*, 6.

(182) Fischer, *Stormtroopers*, ch.6 は, 突撃隊の隊員募集においてイデオロギーが果たした役割を全く重視していない.

(183) Niewyk, 82 and n.2 より引用.

(184) Arnold Paucker, *Der jüdische Abwehrkampf gegen Antisemitismus und Nationalsozialismus in den letzten Jahren der Weimarer Republik*, Hamburg, 1968; Niewyk, 86ff.

(185) Niewyk, 82–6.

(186) Peter Gay, 'In Deutschland zu Hause... Die Juden der Weimarer Zeit', in Arnold Paucker (ed.), *Die Juden im Nationalsozialistischen Deutschland 1933–1943*, Tübingen, 1986, 31–43 参照.

(187) Lion Feuchtwanger, *Die Geschwister Oppermann*, Fischer edn, Frankfurt, 1983, 116. この小説はヒトラーの権力掌握直前の時期のユダヤ市民層の不安と楽観を見事に浮き彫りにしている. たとえば 15–16, 69, 119–32 頁を参照のこと.

(188) Richard J. Evans, 'Die Todesstrafe in der Weimarer Republik', in Bajohr *et al.*, *Zivilisation und Barbarei*, 156–61; Richard J. Evans, *Rituals of Retribution: Capital Punishment in Germany, 1600–1987*, Oxford, 1996, ch.13, esp. 604–10.

(189) Noakes, 'Nazism and Eugenics', 84–5.

(190) ヒトラーに対する同時代人の多様な認識については, Schreiber, Part I が見事な概説になっている.

(191) Turner, *German Big Business*, 314–15 and 460 n.2; Papen, 225–6. シュレーダー宅でのパーペンとヒトラーの会談については, Turner, *Hitler's Thirty Days to Power*, 42–52 を参照のこと.

(192) *Geschichte der deutschen Arbeiterbewegung*, ed. Institut für Marxismus-Leninismus beim Zentralkomitee der SED, East Berlin, 1966, iv.604–7.

(193) Turner, *German Big Business*, 315–17.

(194) Turner, *German Big Business*, 311–12.

(195) Turner, *German Big Business*, 321–2.

(196) Winkler, *Weimar*, 570–72; Turner, *German Big Business*, 324.

(197) Papen, 227–8.

(198) Winkler, *Weimar*, 568 参照.

(199) Domarus, 175; Papen, 227; Winkler, *Weimar*, 569; Goebbels, *Kaiserhof*, 235 (5 January 1933) および *TBJG*, I.2, 328 (6 January 1933, unpubl.) 参照.

(200) *Geschichte der deutschen Arbeiterbewegung*, iv. 604–7 (Deuerlein, *Aufstieg*, 411–14, here 412 に掲載).

(201) Deuerlein, *Aufstieg*, 412.

(202) *TBJG*, I.2, 332 (10 January 1933, unpubl.).

(203) Papen, 228; Deuerlein, *Aufstieg*, 412–13; Winkler, *Weimar*, 568.

(204) Meissner, *Staatssekretär*, 261–2; Turner, *Hitler's Thirty Days to Power*, 50–51.

(205) Ribbentrop, 22 and n.1.

(206) Falter *et al.*, *Wahlen*, 96.

(207)　リッペでの選挙運動に大企業が資金を援助したという話が当時あり，後の説明でもしばしば繰り返されてきたが見当違いと考えられる．選挙運動の資金は自力で調達しなければならなかった．ヒトラーをはじめとする大物弁士が演説する集会の入場料は通常より高く設定された．集まった資金は即座に選挙活動につぎ込まれた．債権者からの請求処理や演説会用のホールの賃料調達による財政的窮状を辛くも逃れたことが一度ならずあった．Turner, *German Big Business*, 318 and 463 n.25 参照．

(208)　Winkler, *Weimar*, 573. Jutta Ciolek-Kümper, *Wahlkampf in Lippe*, Munich, 1976 が，この選挙運動について詳細に分析している．リッペにおけるナチ党のプロパガンダについては，Paul, *Aufstand der Bilder*, 109–10 も参照のこと．

(209)　選挙運動は一九三三年一月四日から一四日まで続いた．Domarus, 175–80; Ciolek-Kümper, 318–64. ヒトラーが演説した土地では，ナチ党の得票率は平均を上回った（Ciolek-Kümper, 264）．

(210)　Falter *et al.*, *Wahlen*, 96; Deuerlein, *Aufstieg*, 415; Winkler, *Weimar*, 574. プロパガンダの集中砲火を行ったにもかかわらず，多元的制度のなかではナチの勢力浸透には限界があったことをリッペの選挙は明確に示している．近年の実証研究によって，プロパガンダの成否は，その影響を受ける者があらかじめもつイデオロギー的傾向に左右されるとの見解が確認されている（Dieter Ohr, *Nationalsozialistische Propaganda und Weimarer Wahlen. Empirische Analysen zur Wirkung von NSDAP-Versammlungen*, Opladen, 1997 参照）．

(211)　ゲッベルスの日記（未刊行版）の一九三三年一月一六日の記述を参照のこと．「党は再び前進を始めた．よって，資金をつぎ込んだだけのことはあったのだ」とある（*TBJG*, I.2, 339）．

(212)　シュライヒャーは，一月一六日の閣議の段階では，シュトラッサーを引き入れるという望みをまだ完全には捨てていなかった．シュトラッサーの支持者も完全には諦めていなかった．彼らの努力に加えて，シュトラッサーがヒンデンブルク大統領と会談したとの報を受けて，ヒトラーと取り巻きのあいだでは大きな不信感が広がった（Turner, *Hitler's Thirty Days to Power*, 60–61）．

(213)　Papen, 234; Winkler, *Weimar*, 571–2, 578–80, 606–7; Turner, *German Big Business*, 324.

(214)　Winkler, *Weimar*, 574–5.

(215)　Ribbentrop, 22–3. ヒトラーと相談した後，リッベントロップはこの前日か前々日のいずれかで会談を設定しようとしたが，ヒトラーとパーペンのそれぞれの移動日程のせいでかなわなかった．パーペンの回想録には，一月四日から二二日の間にヒトラーと会うことはなかったとある（Papen, 236）．リッベントロップ夫人の口述筆記による覚書によれば，その間，一月一〇日，一八日の二度にわたり会談がもたれたとされる（Ribbentrop, 22–3）．

(216)　Ribbentrop, 23; Papen, 235.

(217)　*TBJG*, I.2, 346（22 January 1932, unpubl.）. ゲッベルスは，二日後の一月二四日までこの会合については知らされていなかったようである（*TBJG*, I.2, 349（25 January 1933, unpubl.））．

(218)　Domarus, 181–2; *TBJG*, I.2, 348（23 January 1932, unpubl.）. ゲッベルスは，ヒトラーの具合が悪かったのは，ホルスト・ヴェッセルの命日に母ヴェッセル夫人が横柄だったせいだとした（*TBJG*, I.2, 347–8）．

(219)　Papen, 235.

(220)　Hans Otto Meissner and Harry Wilde, *Die Machtergreifung*, Stuttgart, 1958, 148ff., esp. 162–3; Domarus, 183（ここでは，同じ要求が出されたとされているが誤りである．ゲーリングの担当省についても不確定とされている）. Winkler, *Weimar*, 580 も参照．

(221)　*TBJG*, I.2, 349（25 January 1933, unpubl.）．

(222)　Ribbentrop, 23.

(223)　Winkler, *Weimar*, 580. Otto Meissner, *Staatssekretär*, 263 では，リッベントロップ邸での会合について簡単に触れられているが，この会話には言及がない．息子ハンス・オットー・マイスナーとハリー・

ヴィルデの説明で，ヒトラーが多くの譲歩をし，厳粛に約束したからには，首相職を拒否するのは難しいだろうとオスカー・フォン・ヒンデンブルクが不承不承ながら認めたとあるのは，オットー・マイスナーの回想を根拠としている（Meissner-Wilde, 163, 291 n.37).

(224) *TBJG*, I.2, 349（25 January 1933, unpubl.).

(225) Papen, 236; Winkler, *Weimar*, 581. 法律専門家の助言を受けた国防省職員が，ヴァイマル憲法の抜け穴により，信任投票で不信任になったとしても他党が次の首相および政府について合意できない限り，内閣は暫定内閣として在任しつづけることができると提案した．理由は完全には定かでないが，このことについて，シュライヒャーはヒンデンブルクには伝えなかった（Turner, *Hitler's Thirty Days to Power*, 118–21, 124–5).

(226) Ribbentrop, 23.

(227) Winkler, *Weimar*, 581–3, 587–9.

(228) *Akten der Reichskanzlei. Das Kabinett von Schleicher*, ed. Anton Golecki, Boppard am Rhein, 1986, 306–11, Nr.71–2; Papen, 237–8; Winkler, *Weimar*, 584–6.

(229) *Schulthess' Europäischer Geschichtskalender 1933*, Bd. 74, Munich, 1934, 28–30; *AdR, Kabinett von Schleicher*, 316–19, Nr.77. Winkler, *Weimar*, 586 参照.

(230) Papen, 239. *AdR, Kabinett von Schleicher*, 318 参照.

(231) Ribbentrop, 25.

(232) Winkler, *Weimar*, 584.

(233) Ribbentrop, 24–5.

(234) Papen, 239; Winkler, *Weimar*, 589. 三度目の会談で，バイエルン人民党の党首フリッツ・シェーファーは，おそらく自党と中央党を代表して，ヒトラー議院制内閣を支持する用意があると述べた．しかし，以前と同様，この提案にヒトラーは全く耳を傾けようとしなかった．

(235) Papen, 239.

(236) Ribbentrop, 25; Papen, 241. ヒトラーは一月二九日に，大統領はヒトラーをプロイセン州総督に任命する気はないと伝えられた．

(237) *AdR, Kabinett von Schleicher*, 318; Papen, 240; Winkler, *Weimar*, 589.

(238) Papen, 240; Winkler, *Weimar*, 590.

(239) Papen, 241; Deuerlein, *Aufstieg*, 417; Winkler, *Weimar*, 590–91.

(240) *TBJG*, I.2, 355（30 January 1933, unpubl.); 357（31 January 1933, unpubl.).

(241) Papen, 241.

(242) Hubatsch, 347（18 November 1932).

(243) Theodor Duesterberg, *Der Stahlhelm und Hitler*, Wolfenbüttel/Hanover, 1949, 38–9. 退役兵の組織である保守の鉄兜団から支援を得られると決まったわけではまだなかった．ゼルテを取り込むことには成功したが，副団長デュスターベルクはかつてナチから「非アーリア」だとして侮辱されたことに立腹していた．ヒトラーはナチ党がデュスターベルクを攻撃したことに対する遺憾の意を涙ながらに表明し，自分がそれを使嗾したわけではないとデュスターベルクに伝え，デュスターベルクは一月三〇日朝になってやっと内閣への支持を決めた（Duesterberg, 40; Winkler, *Weimar*, 592). フーゲンベルクが選択を誤ったことに気づくのに時間はかからなかった．ヒトラーが首相に就任した翌日，フーゲンベルクは，「昨日，私は人生のなかで最も愚かなことをした．私は世界史上，最大のデマゴーグと手を組んでしまった」と述べたと伝えられる（Gerhard Ritter, *Carl Goerdeler und die deutsche Widerstandsbewegung*, Stuttgart, 1956, 64 より引用. Larry Eugene Jones, '"The Greatest Stupidity of My Life". Alfred Hugenberg and the Formation of the Hitler Cabinet, January 1933', *Journal of Contemporary History*, 27（1992), 63–87 参照).

(244)　Papen, 242.

(245)　Lutz Graf Schwerin von Krosigk, *Es geschah in Deutschland*, Tübingen/Stuttgart, 1951, 147. ナチに敵対した保守派の大物エーヴァルト・フォン・クライスト=シュメンツィンは，後に信念に基づいてナチと敵対したことにより命を落とすことになる人物である．パーペンは二カ月以内にヒトラーを窮地に追い込んでみせると断言したが，クライスト=シュメンツィンはそうした見通しを文字通り酷評した（Bodo Scheurig, *Ewald von Kleist-Schmenzin. Ein Konservativer gegen Hitler*, Frankfurt am Main, 1994, 121).

(246)　*TBJG*, I.2, 355（30 January 1933, unpubl.).

(247)　Ribbentrop, 26; Winkler, *Weimar*, 590–91.

(248)　*TBJG*, I.2, 355–6（30 January 1933, unpubl.). 一九四二年五月二一日にベルリンに向かう「特別列車」のなかで権力掌握について語った際，ヒトラーはアルヴェンスレーベンから受けた知らせのことをまだはっきりと覚えていた（Picker, 364).

(249)　Papen, 242–3; Duesterberg, 39; Winkler, *Weimar*, 591–2.

(250)　Papen, 243–4; Duesterberg, 40–41; Meissner, *Staatssekretär*, 269–70; Winkler, *Weimar*, 592.

(251)　*AdR, Kabinett von Schleicher*, 322–3; Meissner, *Staatssekretär*, 270. 意外なことに，財務相シュヴェリーン・フォン・クロージクがヒトラーに会ったのはこれが初めてだった．首相官邸に到着する半時間前，クロージクは首相として宣誓するのはヒトラーではなくパーペンだと思っていた（*AdR, Kabinett von Schleicher*, 321–3. Krosigk, *Es geschah in Deutschland*, 193; Turner, *Hitler's Thirty Days to Power*, 156–7).

(252)　Meissner, *Staatssekretär*, 270; Papen, 244; Hans Otto Meissner, 30. *Januar 1933. Hitlers Machtergreifung*, Munich 1979, 275–6（388頁注31にあるヒンデンブルクの返答は，オットー・マイスナーの口頭での発言に基づくものと思われる); Winkler, *Weimar*, 593.

(253)　*TBJG*, I.2, 357（31 January 1933, unpubl.).

(254)　知識層がナチズムを過小評価していた例として，一九三三年一月一二日付のプロイセン文相アドルフ・グリム宛の書簡でのトーマス・マンの「現在の情勢は一過性のものであり，諸々のことはあるが，将来は社会的で民主的なドイツのものだと信じてよいと私は確信している．ナショナリストの感情の憤激は，すでに燃え尽きた火の最後の揺らめきにすぎず，それが新たな生命の煌めきと間違えられているだけだ」との評を参照のこと（Deuerlein, *Aufstieg*, 414).

(255)　大土地所有エリートについては，Wolfgang Zollitsch, 'Adel und adlige Machteliten in der Endphase der Weimarer Republik. Standespolitik und agrarische Interessen', in Winkler, *Staatskrise*, 239–56を参照のこと．Horst Gies, 'NSDAP und landwirtschaftliche Organisationen in der Endphase der Weimarer Republik', *VfZ*, 15（1967), 341–76; Dieter Gessner, *Agrarverbände in der Weimarer Republik*, Düsseldorf, 1976; Gustavo Corni and Horst Gies, *Brot, Butter, Kanonen: Die Ernährungswirtschaft in Deutschland unter der Diktatur Hitlers*, Berlin, 1997, Part I. 軍事エリートについては，Michael Geyerの研究*Aufrüstung oder Sicherheit. Die Reichswehr in der Krise der Machtpolitik 1924–1936*, Wiesbaden, 1980, 同氏のやや一般的な研究*Deutsche Rüstungspolitik 1860–1980*, Frankfurt am Main, 1984, 188–239, およびエッセイ 'Etudes in Political History: Reichswehr, NSDAP, and the Seizure of Power', in Peter D. Stachura（ed.), *The Nazi Machtergreifung*, London, 1983, 101–23, 'Professionals and Junkers: German Rearmament and Politics in the Weimar Republic', in Bessel and Feuchtwanger, 77–133のなかで実に説得的に議論されている．

(256)　一九三三年一月後半の大企業の態度については，Turner, *German Big Business*, 318–28を参照のこと．Reinhard Neebe, *Großindustrie, Staat und NSDAP 1930–1933*, Göttingen, 1981も参照．

(257)　Eberhard Jäckel, 'Wie kam Hitler an die Macht?', in Karl Dietrich Erdmann and Hagen

Schulze (eds.), *Weimar. Selbstpreisgabe einer Demokratie*, Düsseldorf, 1980, 305–21 は，カール・マルクスとフリードリヒ・エンゲルスの「ボナパルティズム」モデルを援用してヒトラーの権力掌握を説明しようと試みている．

(258) たとえば，この問題に関する Friedrich Meinecke, *Die deutsche Katastrophe*, 3rd edn, Wiesbaden, 1947, esp. 11–12, 39–40 の見解を参照のこと．

(259) こうした意識のあり方を綿密に調査したものとして，Mosse, *Crisis*, esp. Part One を参照のこと．

(260) 影響力ある研究として，David Blackbourn and Geoff Eley, *The Peculiarities of German History*, Oxford, 1984 および，「特有の道」論争について，*Deutscher Sonderweg — Mythos oder Realität, Kolloquien des Instituts für Zeitgeschichte*, Munich/Vienna, 1982 をとくに参照のこと．ナチズムとヒトラー独裁を可能にした（しかしそれを不可避にしたわけではない）ドイツ史における様々な連続性の複雑な絡まり合いについては，Thomas Nipperdey, '1933 und Kontinuität der deutschen Geschichte', *Historische Zeitschrift*, 227 (1978), 86–111 の高度な分析のなかで強調されている．

(261) Lothar Kettenacker, 'Sozialpsychologische Aspekte der Führer-Herrschaft', in Gerhard Hirschfeld and Lothar Kettenacker (eds.), *Der 'Führerstaat': Mythos und Realität. Studien zur Struktur und Politik des Dritten Reiches,* Stuttgart, 1981, 98–132 参照．

(262) *Regensburger Anzeiger*, 31 January 1933.

(263) *Gutachten des Instituts für Zeitgeschichte*, vol.1, Munich, 1958, 367.

第 11 章◆独裁体制の確立

(1) Jochmann, *Nationalsozialismus und Revolution*, 421.

(2) Julius Leber, *Ein Mann geht seinen Weg*, Berlin, 1952, 90.

(3) Josef and Ruth Becker (eds.), *Hitlers Machtergreifung. Dokumente vom Machtantritt Hitlers 30. Januar 1933 bis zur Besiegelung des Einparteienstaates 14. Juli 1933*, 2nd edn, Munich, 1992, 45 に，*Schwäbische Volkszeitung*, 7 February 1933 が引用されている．

(4) Becker, *Hitlers Machtergreifung*, 32.

(5) Becker, *Hitlers Machtergreifung*, 34–5.

(6) John Conway, *The Nazi Persecution of the Churches 1933–45*, London, 1968, 9.

(7) H. Rößler, 'Erinnerungen an den Kirchenkampf in Coburg', *Jahrbuch der Coburger Landesstiftung* (1975), 155–6.

(8) Theophil Wurm, *Erinnerungen aus meinem Leben*, Stuttgart, 1953, 84.

(9) Klaus Scholder, *Die Kirchen und das Dritte Reich*, Frankfurt am Main/Berlin/Vienna, 1977, i.279–80 より引用．

(10) *DBFP*, 2nd Ser., iv.401.

(11) StA München, GS Ebersberg, 11 February 1933; BHStA, MA 106672, RPvNB/OP, 3 February 1933 も参照．

(12) *Münchner Neueste Nachrichten*, 31 January 1933. このジャーナリストはエルヴァイン・フォン・アレティンである．君主主義者であり，数週間後に「保護拘禁」を受けた．

(13) Hanfstaengl, *15 Jahre*, 288; *TBJG*, I.2, 357 (31 January 1933, unpubl.).

(14) これほど短期間でこの松明行進を実現したゲッベルスの能力に対するヒトラーの称賛と驚きについては，Hoffmann, 69 を参照のこと．

(15) *TBJG*, I.2, 358 (31 January 1933). 英国大使は，「デモの間，国会議長ゲーリング氏はマイクを離さず，いつもの大袈裟な調子の演説をした後，支持者にマイクを渡した．そのせいで，ベルリンのラジオ聴取

者は夕方の番組がなくなり，松明行進とナチ運動の最終的勝利について話にならないほど感傷的な説明を聞かされた」と報告した（*DBFP*, 2nd Ser., iv.402).

(16)　*TBJG*, I.2, 358, 31 January 1933; *DBFP*, 2nd Ser., iv.402.

(17)　Melita Maschmann, *Fazit. Mein Weg in der Hitler-Jugend*, 5th paperback edn. Munich, 1983, 7–9 参照；André François-Poncet, *Souvenirs d'une ambassade à Berlin, Septembre 1931–Octobre 1938,* Paris, 1946, 70; Frank, 111; Harry Graf Kessler, *Tagebücher 1918–1937*, Frankfurt am Main, 1961, 704.

(18)　Maschmann, 8, 17–19.

(19)　Hans-Jochen Gamm, *Der Flüsterwitz im Dritten Reich*, Munich, 1963, 8. ホレス・ランボールドは，大統領はいつもは夜七時に就寝するが，深夜まで窓辺に立ち，群衆に挨拶したと書いている（*DBFP*, 2nd Ser., iv.401).（実際には，写真から分かるように大統領は立たずに椅子に腰かけていた．Hans Otto Meissner, *30. Januar 1933. Hitlers Machtergreifung*, Munich, 1979, 178–9 の写真参照.）

(20)　Papen, 264.

(21)　Papen, 264; *TBJG*, 358（31 January 1933); Frank, 111.

(22)　Papen, 264.

(23)　Norbert Frei, '"Machtergreifung". Anmerkungen zu einem historischen Begriff', *VfZ*, 31（1983), 136–45, here 139, 142.

(24)　*Monologe*, 155; Frei, '"Machtergreifung"', 136.

(25)　Frei, '"Machtergreifung"', esp. 141-2. フライの研究（143 頁）によると，「権力掌握」は第三帝国期に広く使われた語ではなく，一九五〇年代の歴史研究で多用されるようになった概念であるように見受けられる．

(26)　Papen, 264.

(27)　Nipperdey, '1933 und Kontinuität der deutschen Geschichte', esp. 94–101 参照．ニッパーダイ（93 頁）も指摘しているが，民主主義や自由主義の観念のように，これとは異なる，重要で長期にわたる連続性がドイツ史には存在していた．しかしそれらは，一九三三年に突然に途切れ，長くそのままとなる．

(28)　Nipperdey, '1933 und Kontinuität der deutschen Geschichte', 100–101.

(29)　Richard Bessel, '1933: A Failed Counter-Revolution', in E. E. Riche (ed.), *Revolution and Counter Revolution*, Oxford, 1991, 109–227, esp. 120–21 および Martin Broszat *et al.* (eds.), *Deutschlands Weg in die Diktatur*, Berlin, 1983, 95（リヒャルト・レヴェンタールのコメント）参照．Horst Möller, 'Die nationalsozialistische Machtergreifung. Konterrevolution oder Revolution?', *VfZ*, 31（1983), 25–51; Jeremy Noakes, 'Nazism and Revolution', in Noel O'Sullivan (ed.), *Revolutionary Theory and Political Reality*, London, 1983, 73–100 も参照．また，ヒトラーの革命観については，Zitelmann, *Hitler. Selbstverständnis eines Revolutionärs*, 44–86 を参照のこと．

(30)　*Akten der Reichskanzlei. Die Regierung Hitler. Teil I: 1933/34*, ed. Karl-Heinz Minuth, 2 vols., Boppard am Rhein, 1983, i.XVII.

(31)　Lutz Schwerin von Krosigk, *Staatsbankrott*, Göttingen, 1974, 185; Krosigk, *Es geschah*, 199; Papen, 260 および John L. Heinemann, *Hitler's First Foreign Minister*, Berkeley, 1979, 65 も参照．

(32)　*AdR, Reg. Hitler*, 1–4.

(33)　Rudolf Morsey, 'Die deutsche Zentrumspartei' in Matthias and Morsey, *Ende der Parteien*, 281–453, here 340–43 および Rudolf Morsey, 'Hitlers Verhandlungen mit der Zentrumsführung am 31. Januar 1933', *VfZ*, 9（1961), 182–94 参照．Karl Dietrich Bracher, Gerhard Schulz and Wolfgang Sauer, *Die nationalsozialistische Machtergreifung*（1960), paperback edn, Frankfurt am Main/Berlin/Vienna, 3 vols., 1974, i. 85 も参照．

(34)　Bracher *et al.*, *Machtergreifung*, i.89.

(35) Brüning, *Memoiren*, ii.684; *AdR, Reg. Hitler*, 2. 大統領は一月二九日にはすでにギュルトナーの法相起用に賛成していたが，ギュルトナーの就任は二月二日にようやく確定した．確定が遅れたのは，ひとえに，ヒトラーが中央党との交渉において，法相ポストをカードとして利用しようとしていたためだった（Lothar Gruchmann, *Justiz im Dritten Reich 1933–1940. Anpassung und Unterwerfung in der Ära Gürtner*, 2nd edn, Munich, 1990, 9–10, 64）.

(36) *AdR, Reg. Hitler*, 5–7 and n.6; Becker, *Hitlers Machtergreifung*, 34–5.

(37) Bracher *et al.*, *Machtergreifung*, i.85.

(38) *AdR, Reg. Hitler*, 6. 保守派のもうひとりであるフーゲンベルクは，プロイセン州のブラウン政府をできうる限り迅速に退陣させることを要求した．大統領官房長官マイスナーはこれを受け入れ，「ブラウン政府はいずれにせよすぐにも消滅する必要がある」ことを理由に，必要とあれば憲法第四八条を使ってプロイセン州議会を解散させることを提案した（*AdR, Reg. Hitler*, 7–8 and n.10）.（一九三二年一〇月二五日の国事裁判所の判決は，三二年七月二〇日に行われたプロイセン州内閣の解任を支持したが，ドイツ政府および他州との交渉においてはプロイセン州政府が今もプロイセンの代表権を有するとの判断を示した.）

(39) Meissner, *Staatssekretär*, 225; Bracher *et al.*, *Machtergreifung*, i.86; Meissner and Wilde, *Machtergreifung*, 197–8.

(40) Bracher *et al.*, *Machtergreifung*, i.86 がこのことを指摘している.

(41) 景気回復に関連してヒトラーが最初にとった行動は，国民の少なくとも一部の望みを満たす必要があるとの理由から，強制的な農場売却を差し止めるイニシアティヴを支援することだった.（*AdR, Reg. Hitler*, 7–8, 11）.

(42) *AdR, Reg. Hitler*, 9 and n.3.

(43) *AdR, Reg. Hitler*, 29 and n.7, 30, 34–5 and n.7.

(44) *AdR, Reg. Hitler*, 15.

(45) Papen, 265.

(46) Heinz Höhne, *Die Zeit der Illusionen. Hitler und die Anfänge des 3. Reiches 1933 bis 1936*, Düsseldorf/Vienna/New York, 1991, 13–14; Schacht, 300 も参照.「ヒトラーがラジオを通じてドイツ国民に向けて初めて演説したとき，私はほんの数人の彼の側近とともに同室にいた.［…］新たな重責が彼の肩に重く圧しかかっているという印象を私は受けた．このとき，彼は，反対派のプロパガンダから脱し，責任ある政府の一員となるとはどういうことかを思い知ったのだ」とある.

(47) Papen, 265.

(48) Domarus, 191–4.

(49) Domarus, 193.

(50) Thilo Vogelsang, 'Neue Dokumente zur Geschichte der Reichswehr 1930–1933', *VfZ*, 2 (1954), 434, n.127; Bracher *et al.*, *Machtergreifung*, i.88; Höhne, *Zeit der Illusionen*, 55. その日のそれより前に，ブロンベルクは国防省にて国防管区司令官らと面会した．フォーゲルザングは，ハマーシュタインの招待をこの早くに行われた会合と結びつけ，ヒトラーを軍指導部に引き合わせようとしたものだとしている．これは，一月三一日朝にヒトラーがベルリンのいくつかの兵舎を予告なしに訪問し，一九一八年の精神をよびさましたのか，一連の騒動を引き起こしたことへの対応だったと見る点で，フォーゲルザングは，John W. Wheeler-Bennett, *The Nemesis of Power. The German Army in Politics*, London, 1953, 291 の見解を踏襲している．Wolfgang Sauer, Bracher *et al.*, *Machtergreifung*, iii.55, 387 n.107 は，ハマーシュタイン邸が会場として選ばれたのはノイラートの六〇歳の誕生日を祝うためだったという別の理由を挙げている．この二つの理由は相反するわけではなく，相補うものだったのだろう.

(51) Vogelsang, 'Neue Dokumente', 434–5（リープマン将軍のメモ）. 会合に出席していたフォン・メレンティン少佐のメモによれば，ヒトラーは市場か植民地かという二者択一を提示し，後者を支持したという

(引用は Höhne, *Zeit der Illusionen*, 55 より). しかし，メレンティンはヒトラーが「生存圏」に触れたのを「植民地」を指すと誤解したものと思われる.

(52) Bracher *et al.*, *Machtergreifung*, iii.75–6, 393 n.183–91; Höhne, *Zeit der Illusionen*, 56.

(53) 一九二六年三月六日の覚書で，ドイツ陸軍軍務局部長オットー・シュトゥルプナーゲルは，ヴェルサイユ条約で失われたドイツ領を回復するための膨張主義の基盤として軍事力を増強し，（フランスを犠牲に）ヨーロッパにおけるドイツの支配的地位を回復し，アングロ・サクソン諸国との最終的な世界的覇権闘争に備えると論じている（Klaus-Jürgen Müller, 'Deutsche Militär-Elite in der Vorgeschichte des Zweiten Weltkrieges', in Martin Broszat and Klaus Schwabe (eds.), *Deutsche Eliten und der Weg in den Zweiten Weltkrieg*, Munich, 1989, 226–90, here 246–7).

(54) Vogelsang, 'Neue Dokumente', 432–4; Klaus-Jürgen Müller, *Armee und Drittes Reich 1933–1939. Darstellung und Dokumentation*, Paderborn, 1987, 158–9. 感情的で影響を受けやすいブロンベルクは，完全にヒトラーの側に引き入れられた（Klaus-Jürgen Müller, *Das Heer und Hitler. Armee und national-sozialistisches Regime 1933–1940*,（1969）2nd edn, Stuttgart, 1988, 51).

(55) Geyer, 'Reichswehr, NSDAP, and the Seizure of Power', 118.

(56) Geyer, 'Reichswehr, NSDAP, and the Seizure of Power', III; Geyer, 'Professionals and Junkers', esp. 86–7, 116–23.

(57) Klaus-Jürgen Müller, *Armee, Politik und Gesellschaft in Deutschland 1933–1945*, Paderborn, 1979, 11–33; Wilhelm Deist, *The Wehrmacht and German Rearmament*, London, 1981, ch.1; Geyer, 'Reichswehr, NSDAP, and the Seizure of Power', 101–23.

(58) Müller, *Heer*, 53. ライヒェナウは一九三二年春に初めてヒトラーに会い，個人的に長く話した．ライヒェナウは明らかに，ヒトラーとその運動には，自らが探し求めていた革命的再生を推進する可能性があると見てとった．ヒトラーも，ライヒェナウが自らの急進的アプローチを直感的に支持していると認識した．ライヒェナウの共感を得ていることを知ったヒトラーは，通常は手紙を書くことを嫌っていたのだが，三二年一二月，（ポーランドから攻撃を受けた際の東プロイセン防衛に対する立場を明確にしてほしいとの要請に応えて），国民防衛の枠組みとして，「再生プロセスの深化」，「完全なる撲滅にいたるまで」のマルクス主義の破壊，「新たなるイデオロギー的統一に基づく国民の全般的な心理的，倫理的再軍備」が必要だとの長い意見を書き記した（Thilo Vogelsang, 'Hitlers Brief an Reichenau vom 4. Dezember 1932', *VfZ*, 7 (1959), 429–37, here esp. 437).

(59) *DRZW*, i.404; Deist, *Wehrmacht*, 26.

(60) Vogelsang, 'Hitlers Brief an Reichenau', 433 より引用. Bracher *et al.*, *Machtergreifung*, iii.68; Müller, *Armee*, 160; ブロンベルクが軍を政治から遠ざけておこうとしたことについては，Müller, Heer, 61ff.

(61) Bracher *et al.*, *Machtergreifung*, iii.68. この将校はオット中佐である.

(62) *AdR, Reg. Hitler*, 50–51.

(63) *AdR, Reg. Hitler*, 62–3; *DRZW*, i.234 参照.

(64) 上述の点については，*DRZW*, i.234–5, 404–5 を参照のこと．Geyer, *Rüstungspolitik*, 140; Höhne, *Zeit der Illusionen*, 58.

(65) *IMT*, xxxvi.586, Doc. 611-EC.

(66) Deist, *Wehrmacht*, 24–6; Müller, *Heer*; Bracher *et al.*, *Machtergreifung*, iii.41ff; *DRZW*, i.403; Peter Hüttenberger, 'Nationalsozialistische Polykratie', *Geschichte und Gesellschaft*, 2 (1976), 417–42, here 423–5.

(67) Müller, *Armee, Politik und Gesellschaft*, 44–5.

(68) Dietmar Petzina, *Die deutsche Wirtschaft in der Zwischenkriegszeit*, Wiesbaden, 1977, 114–15;

Dieter Petzina, 'Hauptprobleme der deutschen Wirtschaft 1932–1933', *VfZ*, 15 (1967), 18–55, here 41–3, 53–5; Gustavo Corni, *Hitler and the Peasants*, New York/Oxford/Munich, 1990, 41ff; Turner, *German Big Business*, 328.

(69) この会合については，Turner, *German Big Business*, 328 を参照のこと．

(70) *IMT*, xxxv.42–7, Doc. 203–D.

(71) *IMT*, xxv.48, Doc. 204–D.

(72) *IMT*, xxxv.47–8, Doc. 203–D.

(73) Turner, *German Big Business*, 330–31. 二月二日の閣議で，一〇〇万ライヒスマルクにのぼる莫大な資金を投入して政府が選挙戦を支援してはどうかとフリックが提案した．財務相クロージクが反対し，ヒトラーもそれを支持した．しかし，その後，二月二一日の閣議では，宣伝物を送付するために国営郵便を使用するという合意がなされた（*AdR, Reg. Hitler*, 30–31, 102).

(74) Turner, *German Big Business*, 332.

(75) Turner, *German Big Business*, 333–9 参照.

(76) Turner, *German Big Business*, 71–83 に基づく．Henry Ashby Turner, 'Hitlers Einstellung zu Wirtschaft und Gesellschaft vor 1933', *Geschichte und Gesellschaft*, 2 (1976), 89–117; Avraham Barkai, 'Sozialdarwinismus und Antiliberalismus in Hitlers Wirtschaftskonzept', *Geschichte und Gesellschaft*, 3 (1977), 406–17; James, *The German Slump*, 345–54; ヒトラーの社会思想と経済思想については，Avraham Barkai, *Das Wirtschaftssystem des Nationalsozialismus*, Fischer edn, Frankfurt am Main, 1988, ch.1 および Zitelmann, *Hitler. Selbstverständnis eines Revolutionärs*, ch.4 も参照のこと．

(77) James, *The German Slump*, 344.

(78) Höhne, *Zeit der Illusionen*, 109–13, here 113.

(79) Schacht, 317–19; Höhne, *Zeit der Illusionen*, 131–2; Richard J. Overy, *War and Economy in the Third Reich*, Oxford, 1994, 56. 一九二四年の通貨安定期に導入された法律により，通貨発行に関する政府の裁量は厳しく制約されていた．シャハトの下で大幅に増加した割引手形は，そうした規制をかいくぐるための抜け道だった．

(80) Richard J. Overy, *The Nazi Economic Recovery*, 2nd edn, Cambridge, 1996, 37.

(81) Barkai, *Das Wirtschaftssystem des Nationalsozialismus*, 151; James, *The German Slump*, 344; Overy, *War and Economy*, 60.

(82) Domarus, 208–9; Höhne, *Zeit der Illusionen*, 59.

(83) Heidrun Edelmann, *Vom Luxusgut zum Gebrauchsgegenstand. Die Geschichte der Verbreitung von Personenkraftwagen in Deutschland*, Frankfurt am Main, 1989, 173 より引用.

(84) *AdR, Reg. Hitler*, xliii; Edelmann, 173.

(85) Edelmann, 189 n.141; Höhne, *Zeit der Illusionen*, 62–3.

(86) Hansjoachim Henning, 'Kraftfahrzeugindustrie und Autobahn in der Wirtschaftspolitik des Nationalsozialismus 1933 bis 1936', *Vierteljahrsschrift für Sozial- und Wirtschaftsgeschichte*, 65 (1978), 217–42, here, esp., 228.

(87) *AdR, Reg. Hitler*, xliii. アウトバーン建設におけるトットの功績については，Franz W. Seidler, *Fritz Todt. Baumeister des Dritten Reiches*, Munich/Berlin, 1986, Part 3, here 97ff を参照のこと．

(88) Kurt Kaftan, *Der Kampf um die Autobahnen*, Berlin, 1955, 81–3; Höhne, *Zeit der Illusionen*, 60, 62–3 参照.

(89) Höhne, *Zeit der Illusionen*, 59, 62. 車に対するヒトラーの個人的関心，およびヒトラーとメルセデスのヤーコプ・ヴェアリンとの親交については，Overy, *War and Economy*, 72 n.17 を参照のこと．

(90) Höhne, *Zeit der Illusionen*, 60 に，*VB*, 12–13 February 1933 が引用されている．

(91)　Hans Mommsen, *Das Volkswagenwerk und seine Arbeiter im Dritten Reich*, Düsseldorf, 1996, 56–60.
(92)　Henning, 226 n.37.
(93)　Henning, 221–7.
(94)　Overy, *War and Economy*, 70–71 参照.
(95)　*AdR, Reg. Hitler*, xliii.
(96)　*AdR, Reg. Hitler*, xliii-v. 実際，アウトバーンをはるかに超える額が一般道路の建設のために費やされた（Overy, *War and Economy*, 60, 85 参照）.
(97)　Edelmann, 174–5. アウトバーンは，当初は，失業者数の低下を促した主要な原因ではなかった（Höhne, *Zeit der Illusionen*, 129–31）.
(98)　Helmut Heiber, ed., *Goebbels-Reden, Bd.1: 1932–1939*, Düsseldorf, 1971, 67–70（背後の音響をハイバーは括弧に入れて示している）; Becker, *Hitlers Machtergreifung*, 57–60, here 58–9 に掲載.
(99)　Domarus, 204–8.
(100)　*TBJG*, I.2, 371（11 February 1933）.
(101)　Erich Ebermayer, *Denn heute gehört uns Deutschland*, Hamburg/Vienna, 1959, 21.
(102)　Jochmann, *Nationalsozialismus und Revolution*, 424–5.
(103)　Becker, *Hitlers Machtergreifung*, 74–5; Martin Broszat, *Der Staat Hitlers. Grundlegung und Entwicklung seiner inneren Verfassung*, Munich, 1969, 93.
(104)　Broszat, *Der Staat Hitlers*, 90–95.
(105)　Papen, 260.
(106)　Domarus, 213; Broszat, *Der Staat Hitlers*, 95.
(107)　Domarus, 210–11; Broszat, *Der Staat Hitlers*, 98.
(108)　BHStA, MA 106672, RPvNB/OP, 20 February 1933.
(109)　Staatsarchiv München, LRA 76887, GS Anzing, 24 February 1933.
(110)　Broszat, *Der Staat Hitlers*, 99.
(111)　Hans Mommsen, 'Van der Lubbes Weg in den Reichstag — der Ablauf der Ereignisse', in Uwe Backes *et al.*, *Reichstagsbrand. Aufklärung einer historischen Legende,* Munich/Zurich, 1986, 33–57, here 33–42.
(112)　国会議事堂に放火したのが誰かは非常に激しい論争の的となってきた．これが共産主義者の陰謀だったというナチの説明は，当時，批判的な人びとはほとんど信じておらず，一九三三年秋にライプツィヒの最高裁判所で見せしめ裁判にかけられた指導的な共産主義者に有罪判決を出させるだけの説得力さえなかった．この事件で最大の利益を得たのはナチだが，彼らこそが国会議事堂に自ら放火したのだとの見方が，外交官，外国のジャーナリスト，ドイツのリベラルな人びとのあいだですぐさま広く流布した（François-Poncet, 94–5 参照）. Willi Münzenberg が *The Brown Book of the Hitler Terror and the Burning of the Reichstag*, Paris, 1933 で提唱したナチ党犯人説は、共産党の対抗プロパガンダによって広められ，長らく有力だった．しかし，六〇年代にフリッツ・トビアスが，詳細な史料考証（*Der Reichstagsbrand. Legende und Wirklichkeit*, Rastatt/Baden, 1962）に基づき，マリヌス・ファン・デア・ルッベの単独犯行だったとの説を出した．ハンス・モムゼンの学術研究（'Der Reichstagsbrand und seine politischen Folgen', *VfZ*, 12（1964）, 351–413）もこれを支持している．この説は説得的であり，今日では広く受け入れられている．ただし，Klaus P. Fischer, *Nazi Germany: A New History*, London, 1995, 272 はこの説はとっていない．真犯人はナチだとするルクセンブルク委員会の反論（Walther Hofer *et al.*（eds.）, *Der Reichstagsbrand. Eine wissenschaftliche Dokumentation*, 2 vols., Berlin, 1972, Munich, 1978 参照）は，ほとんどの専門家から問題があるとみなされている．誰が放火したかよりも，国会議事堂炎上の帰結のほうがもち

ろん重要である．そうはいっても，真犯人が誰かという問題が重要なのは，ナチは綿密な計画に沿って全面的支配を導入したのか，それとも予想外の事態に場当たり的に対応しただけなのかという問いに関わるためである．（この論争の評価については，Backes *et al.*, *Reichstagsbrand* を参照のこと．）

（113） Hanfstaengl, *15 Jahre*, 291–5.

（114） Goebbels, *Kaiserhof*, 269–70（27 February 1933）; *TBJG*, I.2, 383.

（115） Heiden, *Führer*, 434–7; Bracher *et al.*, *Machtergreifung*, i.123–4.

（116） Mommsen, ‘Van der Lubbes Weg’, 44–7.

（117） Mommsen, ‘Van der Lubbes Weg’, 40–41.

（118） Mommsen, ‘Der Reichstagsbrand’, 382–3.

（119） Mommsen, ‘Van der Lubbes Weg’, 47–8; Mommsen, ‘Der Reichstagsbrand’, 384. しかし，ヒトラーも当初は，これが共産党員の所業だとの完全な確証はもっていなかったものと思われる（Sefton Delmer, *Trail Sinister*, London, 1961, 187–9）.

（120） Rudolf Diels, *Lucifer ante Portas*, Stuttgart, 1950, 194; Mommsen, ‘Der Reichstagsbrand’, 116.

（121） Delmer, *Trail*, 189; Mommsen, ‘Der Reichstagsbrand’, 384.

（122） Diels, 194–5; Mommsen, ‘Der Reichstagsbrand’, 362, 385 and n.143. 社会民主党の幹部全員を逮捕せよとのゲーリングの命令は，テレックス送信時には省かれた．

（123） *TBJG*, 1.2, 383（27 February 1933）からは正反対の印象を受ける．ただし，ここの記述は刊行版（Goebbels, *Kaiserhof*, 270）と同じである．

（124） Diels, 195; Mommsen, ‘Der Reichstagsbrand’, 362, 386.

（125） *TBJG*, 1.2, 383（Goebbels, *Kaiserhof*, 270）; Mommsen, ‘Der Reichstagsbrand’, 390.

（126） Mommsen, ‘Der Reichstagsbrand’, 389–90.

（127） Mommsen, ‘Van der Lubbes Weg’, 51; *AdR, Reg. Hitler*, 130 and n.12: フリックは，一九三二年七月二〇日のパーペンによる「大ベルリン・ブランデンブルクの治安ならびに秩序の回復」のための法令に基づいて今回の法令を作成したと明言した．

（128） Mommsen, ‘Van der Lubbes Weg’, 51–3.

（129） *AdR, Reg. Hitler*, 130–31.

（130） *RGBl*, 1933, Teil I, Nr.17, 83.

（131） *AdR, Reg. Hitler*, 128.

（132） たとえば Kessler, *Tagebücher*, 710 を参照のこと．

（133） Hans-Norbert Burkert, Klaus Matußek and Wolfgang Wippermann, *‘Machtergreifung’ Berlin 1933*, Berlin, 1982, 65.

（134） Hans Buchheim *et al.*, *Anatomie des SS-Staates*, 2 vols., Olten/Freiburg im Breisgau, 1965, ii.20.

（135） *Miesbacher Anzeiger*, 2 March 1933.

（136） *VB*, 2 March 1933; Bracher *et al.*, *Machtergreifung*, i.124–5, 515 n.17 参照.

（137） Jochmann, *Nationalsozialismus und Revolution*, 427–8.

（138） Jochmann, *Nationalsozialismus und Revolution*, 427.

（139） Jochmann, *Nationalsozialismus und Revolution*, 426.

（140） Domarus, 216–17; Goebbels, *Kaiserhof*, 273–4（4 March 1933）; *TBJG*, I.2, 386.

（141） Falter *et al.*, *Wahlen*, 44.（Bracher *et al.*, *Machtergreifung*, i.143–90 の分析も参照のこと）.

（142） Goebbels, *Kaiserhof*, 275（5 March 1933）; *TBJG*, I.2, 387.

（143） Martin H. Sommerfeld, *Ich war dabei. Die Verschwörung der Dämonen 1933–1939. Ein Augenzeugenbericht*, Darmstadt, 1949, 32.

(144) Falter *et al.*, *Wahlen*, 44; Falter, *Hitlers Wähler*, 111–12.

(145) Falter *et al.*, *Wahlen*, 74–5. Falter, *Hitlers Wähler*, 186–8 参照．バイエルンのカトリック農村地域では，ナチ党の得票が二倍どころか三倍になった地域も多くみられた（Hagmann, 12–27; Thränhardt, 181–3）．

(146) Broszat, *Der Staat Hitlers*, 133–4. しかし，ヒトラーは受身だったわけではない．「均制化」をバイエルンにも広げるとの判断が下された三月八日にはヒトラーも同席していた．四日後，「バイエルンの喫緊の問題」について党幹部と協議するため，ヒトラーはミュンヒェンに向かった（Goebbels, *Kaiserhof*, 277（8 March 1933), 280（12 March 1933); *TBJG*, I.2, 389, 391）．

(147) 上述の説明は，Broszat, *Der Staat Hitlers*, 130–40 に基づく．Bracher *et al.*, *Machtergreifung*, i.190–202.

(148) *AdR, Reg. Hitler*, 188–92.

(149) *AdR, Reg. Hitler*, 204–8; here 207.

(150) Domarus, 219.

(151) Domarus, 221.

(152) *AdR, Reg. Hitler*, 190.

(153) Martin Broszat, Elke Fröhlich and Falk Wiesemann (eds.), *Bayern in der NS-Zeit*, vol.1, Munich, 1977, 209 n.30, 240–41.

(154) BHStA, MA 106682, RPvS, 6 April 1933; MA 106680, RPvUF, 20 April 1933. Robert Gellately, 'The Gestapo and German Society: Political Denunciation in the Gestapo Case Files', *Journal of Modern History*, 60（1988), 654–94 および *The Gestapo and German Society. Enforcing Racial Policy 1933–1945*, Oxford, 1990, ch.5 は，主としてニーダーフランケンの史料に基づき，そうした批判をしながらも，警察がいかに密告に依存していたかを強調している．

(155) Becker, *Hitlers Machtergreifung*, 149–50.

(156) Tony Barta, 'Living in Dachau, 1900–1950', unpublished paper, 14.

(157) François-Poncet, 103–7; Ebermayer, 45–7; Bracher *et al.*, *Machtergreifung*, i.212; Höhne, *Zeit der Illusionen*, 74; Hans-Ulrich Thamer, *Verführung und Gewalt. Deutschland 1933–1945*, Berlin, 1986, 270–72; Klaus-Jürgen Müller, 'Der Tag von Potsdam und das Verhältnis der preußisch-deutschen Militär-Elite zum Nationalsozialismus', in Bernhard Kröner (ed.), *Potsdam — Stadt, Armee, Residenz*, Frankfurt am Main/Berlin, 1993, 435–49, here 435, 439, 448.

(158) *AdR, Reg. Hitler*, 157–8.

(159) Müller, 'Der Tag von Potsdam', 435.

(160) Goebbels, *Kaiserhof*, 283–4（16–19 March 1933); *TBJG*, I.2, 393–5. この日の式典に関するゲッベルス自身の描写は，*TBJG*, I.2, 395–6（Goebbels, *Kaiserhof*, 285–6, 22 March 1933）にある．

(161) Müller, 'Der Tag von Potsdam', 435–8; Werner Freitag, 'Nationale Mythen und kirchliches Heil: Der "Tag von Potsdam"', *Westfälische Forschungen*, 41（1991), 379–430 は，式次第の儀礼性についてよく説明し（とくに 389–404 頁），宗教的モチーフとプロイセン＝ドイツ国家の賛美を明確に結びつけることがとくにプロテスタント教会にとって象徴的な重要性をもったことを強調している（とくに 427–30 頁参照）．

(162) Domarus, 227–8.

(163) Ebermayer, 46.

(164) Müller, 'Der Tag von Potsdam', 438.

(165) Domarus, 228.

(166) Bracher *et al.*, *Machtergreifung*, i.213–15.

(167) *AdR, Reg. Hitler*, 160.
(168) *AdR, Reg. Hitler*, 213–14, 216.
(169) *AdR, Reg. Hitler*, 239.
(170) *AdR, Reg. Hitler*, 239–40.
(171) Bracher *et al.*, *Machtergreifung*, i.221–4. 全権委任法の成立については，Hans Schneider, 'Das Ermächtigungsgesetz vom 24. März 1933. Bericht über das Zustandekommen und die Anwendung des Gesetzes', *VfZ*, 1 (1953), 197–221 も参照のこと．
(172) Domarus, 229–37; Rudolf Morsey (ed.), *Das 'Ermächtigungsgesetz' vom 24. März 1933*, Düsseldorf, 1992, 55–62; Bracher *et al.*, *Machtergreifung*, i.229–33.
(173) Josef Becker, 'Zentrum und Ermächtigungsgesetz', *VfZ*, 9 (1961), 208–10; Morsey, 'Ermächtigungsgesetz', 63, 69–71.
(174) Domarus, 239–41; Morsey, 'Ermächtigungsgesetz', 64–6.
(175) Domarus, 242–6; Morsey, 'Ermächtigungsgesetz', 66–9. ヒトラーの返答がある批評家に与えたインパクトについては，Ebermayer, 48 を参照のこと．その人物は，ヒトラーは「哀れなヴェルスを文字通り引き裂いた」と評した．
(176) Becker, *Hitlers Machtergreifung*, 176–7; Domarus, 246–7; Morsey, 'Ermächtigungsgesetz', 69–75; Bracher *et al.*, *Machtergreifung*, i.234–5.
(177) *RGBl*, 1933, Teil I, Nr.25, S.141. 全権委任法の有効期間は四年間とされた．しかし，同法は一九三七年および三九年に議論もしないままに更新され，最終的には四三年五月一〇日の総統指令によって無期限とされるにいたった (Broszat, *Der Staat Hitlers*, 117 and note).
(178) *RGBl*, 1933, Teil I, Nr.33, S.173; Broszat, *Der Staat Hitlers*, 143.
(179) *AdR, Reg. Hitler*, 273.
(180) *RGBl*, 1933, Teil I, Nr.33, S.173; Broszat, *Der Staat Hitlers*, 143.
(181) Broszat, *Der Staat Hitlers*, 144–50.
(182) Peter Diehl-Thiele, *Partei und Staat im Dritten Reich. Untersuchungen zum Verhältnis von NSDAP und allgemeiner innerer Staatsverwaltung*, Munich, 1969, 61–9.
(183) Broszat, *Der Staat Hitlers*, 150.
(184) Broszat, *Der Staat Hitlers*, 153.
(185) Broszat, *Der Staat Hitlers*, 145.
(186) Alfred Kube, *Pour le mérite und Hakenkreuz. Hermann Göring im Dritten Reich*, Munich, 1986, 31–3; Höhne, *Zeit der Illusionen*, 96–7.
(187) この概念については，Hans Mommsen, 'Kumulative Radikalisierung und Selbstzerstörung des Regimes', *Meyers Enzyklopädisches Lexikon, Bd.16*, Mannheim, 1976, 785–90 を参照のこと．
(188) Domarus, 219; Broszat, *Der Staat Hitlers*, 249.
(189) Höhne, *Zeit der Illusionen*, 84–5.「個別行動」については，*Die Lage der Juden in Deutschland 1933. Das Schwarzbuch — Tatsachen und Dokumente*, ed. Comité des Délégations Juives, Paris, 1934, repr. Frankfurt am Main/Berlin/Vienna, 1983, 93ff を参照のこと．
(190) *Die Lage der Juden*, 495–6.
(191) Walter Tausk, *Breslauer Tagebuch 1933–1940*, East Berlin, 1975, 32–7.
(192) *Die Lage der Juden*, 496.
(193) Höhne, *Zeit der Illusionen*, 76–9 参照.
(194) Hans Mommsen, 'Die Realisierung des Utopischen: Die "Endlösung der Judenfrage" im "Dritten Reich"', *Geschichte und Gesellschaft*, 9 (1983), 381–420, here 390. Genschel, 46–7 も参照；Höhne, *Zeit der*

Illusionen, 86–7.
(195) Höhne, *Zeit der Illusionen*, 87.
(196) Goebbels, *Kaiserhof*, 288 (26 March 1933); *TBJG*, I.2, 398.
(197) *AdR, Reg. Hitler*, 271 and n.3; Domarus, 248–51.
(198) Höhne, *Zeit der Illusionen*, 87–8.
(199) Jürgen Hagemann, *Die Presselenkung im Dritten Reich*, Bonn, 1970, 139 n.2; Uwe Dietrich Adam, *Judenpolitik im Dritten Reich*, Düsseldorf, 1972, 63 n.196.
(200) *AdR, Reg. Hitler*, 277.
(201) Höhne, *Zeit der Illusionen*, 91.
(202) *AdR, Reg. Hitler*, 277.
(203) Goebbels, *Kaiserhof*, 290 (31 March 1933); *TBJG*, I.2, 400; Höhne, *Zeit der Illusionen*, 91–2.
(204) Schleunes, *The Twisted Road to Auschwitz*, 1970, 87.
(205) Goebbels, *Kaiserhof*, 291–2 (1–2 April 1933); *TBJG*, I.2, 400–401; Höhne, *Zeit der Illusionen*, 92–3; *Die Lage der Juden*, 292–314; *DBFP*, V, No.22, 24–5, No.30, 38–44（ランボールドの一九三三年四月五日付の報告）.
(206) Tausk, 52; Schleunes, 88–9.
(207) Tausk, 58; Allen, 219; Höhne, *Zeit der Illusionen*, 92–3.
(208) Allen, 220–21. しかし，Gay, 'In Deutschland zu Hause', 32–3 が指摘するように，多くのユダヤ人が，激烈な反ユダヤ主義はおさまるだろう，今起きていることはドイツ人に典型的なことではなく，いずれはユダヤ人と非ユダヤ人同胞が共有するドイツ文化の強い啓蒙の伝統がそれに打ち勝つだろう，との致命的な幻想を抱きつづけた.
(209) Schleunes, 88.
(210) Adam, 61 and n.190, 63–71; Schleunes, 101–3. 一九三三年四月七日に定められた職業管理法の「アーリア条項」の背景については，Hans Mommsen, *Beamtentum im Dritten Reich*, Stuttgart, 1966, 48–53 を参照のこと.
(211) Erich Matthias, 'Die Sozialdemokratische Partei Deutschlands', in Matthias and Morsey, *Das Ende der Parteien*, 101–278, here 177–8.
(212) Matthias, 178–80.
(213) Höhne, *Zeit der Illusionen*, 101–2, 105–7; Thamer, 284–6; Bracher *et al.*, *Machtergreifung*, i.254–9.
(214) Domarus, 259–64.
(215) Höhne, *Zeit der Illusionen*, 105.
(216) ドイツ労働戦線の設立については，Ronald Smelser, *Robert Ley: Hitler's Labor Front Leader*, Oxford/New York/Hamburg, 1988, ch.5 を参照のこと.
(217) Timothy W. Mason, *Arbeiterklasse und Volksgemeinschaft. Dokumente und Materialien zur deutschen Arbeiterpolitik 1936–1939*, Opladen, 1975, 78–81. ナチ企業細胞組織は最終的に一九三四年半ばに廃止されるが，三三年の年末から三四年の年始にかけての時期には，その影響力は実質的には完全に失われていた.
(218) Domarus, 270–79.
(219) Broszat, *Der Staat Hitlers*, 119–20; Thamer, 286–7.
(220) Broszat, *Der Staat Hitlers*, 121–3; Höhne, *Zeit der Illusionen*, 114–15.
(221) Hans Müller, *Katholische Kirche und Nationalsozialismus*, Munich, 1965, 88–9.
(222) Broszat, *Der Staat Hitlers*, 123–6; Thamer, 289–90.

(223)　*RGBl*, 1933, Teil I, Nr.81, S.479; Broszat, *Der Staat Hitlers*, 126.

(224)　都市では，地方自治体の首長の交代が劇的に進んだ．人口二万人以上の都市では市長の約五分の三が一九三三年末までに解任された．都市が大きければ大きいほど，解任されるケースが多かった．三三年末までに解任されなかった市長は，二八名のうち四名だけだった（Horst Matzerath, *Nationalsozialismus und kommunale Selbstverwaltung*, Stuttgart, 1970, 79–80). Jeremy Noakes, 'Oberbürgermeister and Gauleiter. City Government between Party and State' および Horst Matzerath, 'Oberbürgermeister im Dritten Reich'（いずれも Hirschfeld and Kettenacker, *Der 'Führerstaat'* 収録．194–227 頁ならびに 228–54 頁）も参照．

(225)　たとえば Zofka, 238–86 を参照のこと．

(226)　Martin Broszat and Norbert Frei (eds.), *Das Dritte Reich im Überblick. Chronik, Ereignisse. Zusammenhänge*, Munich, 1989, 195, 212; Kater, *Nazi Party*, 262（Figure 1).

(227)　Broszat *et al.*, *Bayern in der NS-Zeit*, i.494.

(228)　Thamer, 299 より引用．

(229)　たとえば Allen, 222–32 を参照のこと；Koshar, 253ff.

(230)　Allen, 222.

(231)　Thamer, 305. ヒトラーは，教育，演劇，映画，文学，報道，ラジオを含む「公共生活の広範な倫理的健全化」を約束していた（Domarus, 232（23 March 1933)).

(232)　Paul Meier-Benneckenstein, *Dokumente der deutschen Politik. Bd.1*, 2nd edn, Berlin, 1937, 263–4; Heiber, *Goebbels-Reden*, i.90.

(233)　Thamer, 301.

(234)　文献は多いが，傑出した研究として，Michael H. Kater, *The Twisted Muse. Musicians and their Music in the Third Reich*, New York/Oxford, 1997 を参照のこと．

(235)　J. M. Ritchie, *German Literature under National Socialism*, London/Canberra, 1983, 9–10. ハウプトマンがナチ体制に表面的に関与しているだけにすぎないことを認識していたため，ナチ体制はハウプトマンには冷淡だった．

(236)　Thamer, 300–301 より引用．

(237)　Hans Mommsen, 'Der Mythos des nationalen Aufbruchs und die Haltung der deutschen Intellektuellen und funktionalen Eliten', in *1933 in Gesellschaft und Wissenschaft*, ed. Pressestelle der Universität Hamburg, Hamburg, 1983, 127–41, here 132 より引用．

(238)　Ritchie, 48–9.

(239)　Thamer, 301 より引用．

(240)　Mommsen, 'Mythos', 132 より引用．

(241)　Mommsen, 'Mythos', 129, 132 より引用．

(242)　Mommsen, 'Mythos', 131 より引用．

(243)　Thomas Mann, *Diaries, 1918–1939*, paperback edn, London, 1984, 141–51（1–13 April 1933）の記述を参照のこと．

(244)　Mann, *Diaries*, 150（10 April 1933). Thamer, 302 参照．

(245)　Mommsen, 'Mythos', 134 より引用．

(246)　Mommsen, 'Mythos', 132–5 参照．

(247)　Thamer, 303.

(248)　Gerhard Sauder, *Die Bücherverbrennung*, Munich/Vienna, 1983 参照．

(249)　Sauder, 181 より引用（177 頁も参照).

(250)　Mommsen, 'Mythos', 128; Thamer, 304.

(251)　Thamer, 305 より引用.

(252)　Ian Kershaw, *The 'Hitler Myth'. Image and Reality in the Third Reich*, Oxford (1987), paperback edn., 1989, 53, 55.

(253)　Beatrice and Helmut Heiber (eds.), *Die Rückseite des Hakenkreuzes. Absonderliches aus den Akten des Dritten Reiches*, Munich, 1993, 119–20 and n.1, 181–3.

(254)　Rolf Steinberg, *Nazi-Kitsch*, Darmstadt, 1975.

(255)　Kershaw, *The 'Hitler Myth'*, 57–9.

(256)　BAK, R43II/1263, Fols. 93, 164.

(257)　Broszat, *Der Staat Hitlers*, 126–7.

(258)　Kershaw, *The 'Hitler Myth'*, 61 に，*Schwäbisches Volksblatt*, 9 September 1933 が引用されている.

(259)　BHStA MA–106670, RPvOB, 19 August 1933; Heiber, *Rückseite*, 9.

(260)　以上の記述は，Hanfstaengl, *15 Jahre*, 309–17 による.

(261)　Papen, 261 参照.

(262)　*TBJG*, I.2, 410（23 April 1933, unpubl.).

(263)　*RGBl*, 1933, Teil I, Nr.86, 529–31.

(264)　ギュットについては，Wistrich, *Wer war wer*, 106 を参照のこと．Gisela Bock, *Zwangssterilisation im Nationalsozialismus. Studien zur Rassenpolitik und Frauenpolitik*, Opladen, 1986, 25.

(265)　*AdR, Reg. Hitler*, 664–5; Noakes, 'Nazism and Eugenics', 84–7.

(266)　Bock, 8, 238.

(267)　Lewy, 77. 第三章は，政教条約の背景と，締結にあたってカースが果たした役割の重要性について論じている．Conway, 24–8 も参照.

(268)　Conway, 41.

(269)　Lewy, 88–9.

(270)　Papen, 281; Lewy, 77–8.

(271)　Lewy, 72–7.

(272)　*AdR, Reg. Hitler*, 683; Lewy, 78. ヴァチカンがこれほど迅速にキリスト教系の労働組合と政党の廃止に応じることがあろうとは思いもよらなかった，とヒトラーは述べた.

(273)　Lewy, ch.4, esp. 99, 103–4. 司教教書の文面は，Müller, *Katholische Kirche*, 163–73 に掲載されている.

(274)　Alfons Kupper (ed.), *Staatliche Akten über die Reichskonkordatsverhandlungen 1933*, Mainz, 1969, 293–4, Nr.117.

(275)　Conway, 33.

(276)　Kurt Meier, *Kreuz und Hakenkreuz. Die evangelische Kirche im Dritten Reich*, Munich, 1992, 42.

(277)　Bracher *et al.*, *Machtergreifung*, i.452; Domarus, 290–91.

(278)　Conway, 49.

(279)　以上の記述は，Conway, 34–55 による.

(280)　この概念は，ガーハード・ワインバーグの権威ある研究である *The Foreign Policy of Hitler's Germany. Diplomatic Revolution in Europe 1933–36*, Chicago/London, 1970 の第 1 巻の副題である.

(281)　Günter Wollstein, 'Eine Denkschrift des Staatssekretärs Bernhard von Bülow vom März 1933', *Militärgeschichtliche Mitteilungen*, 1 (1973), 77–94; *AdR, Reg. Hitler*, i.313–18; Bernd-Jürgen Wendt, *Großdeutschland. Außenpolitik und Kriegsvorbereitung des Hitler-Regimes*, Munich, 1987, 72–9;

Höhne, *Zeit der Illusionen*, 149. ビューロの覚書からは，第三帝国初期の外務省の考えが明確に読みとれる．論調としては，初期には対外摩擦の早期警戒と回避が必要であり，その間に，国内を再建し，二国間同盟関係を注意深く構築することで，後の修正主義的な膨張への道をつけようというものだった．こうした発想は，ヴィルヘルム期に形成された膨張主義的な対外政策の構想に著しく依拠するものだった．またこれは，対ロシア，対ポーランド政策のように，考え方の大きな相違がすぐにも露呈するような領域においてさえ，ヒトラーとの緊密な協力の基盤がいかに広範に整っていたかを示すものでもある．外務省の機構，ヒトラー政権下におけるその変化については，Hans-Adolf Jacobsen, *Nationalsozialistische Außenpolitik 1933–1938*, Frankfurt am Main, 1968 の詳細な研究のなかで徹底的に調査されている．

(282)　Weinberg, i.161. 首相就任直後，ヒトラーはナドルニーに対して，自分は外交政策については何も知らない，ドイツをナチ化するために四年間はかかるが，外交に関心を向けるのはその後になるだろうと述べた．外務省は伝統的な規則に則って動き，大統領の希望を参酌しなければならないとも述べた（Rudolf Nadolny, *Mein Beitrag. Erinnerungen eines Botschafters des Deutschen Reiches*, Cologne, 1985, 239)．

(283)　Höhne, *Zeit der Illusionen*, 150, 152, 158.

(284)　Höhne, *Zeit der Illusionen*, 154–5, 161.

(285)　Weinberg, i.164. Gerhard Meinck, *Hitler und die deutsche Aufrüstung*, Wiesbaden, 1959, 22–6, 35–51 も参照.

(286)　Höhne, *Zeit der Illusionen*, 158, 166–8.

(287)　Höhne, *Zeit der Illusionen*, 158–9.

(288)　*AdR, Reg. Hitler*, 447–8.

(289)　Brüning, ii.706–7.

(290)　Morsey, 'Die Deutsche Zentrumspartei', 388.

(291)　Brüning, ii.707.

(292)　Wilhelm Hoegner, *Flucht vor Hitler*, Munich, 1977, 203.

(293)　Domarus, 273.

(294)　Domarus, 278. 演説のテクストは 270–79 頁にある．

(295)　Höhne, *Zeit der Illusionen*, 161, 168, 169–70. 九月末にジュネーヴを訪れたゲッベルスは，そこで見たことを軽蔑しきってはいたが，平和を愛する従順な外交官であるかのように振る舞った（Paul Schmidt, *Statist auf diplomatischer Bühne 1923–45. Erlebnisse des Chefdolmetschers im Auswärtigen Amt mit den Staatsmännern Europas*, Bonn, 1953, 283–6; *TBJG*, I.2, 465–6（25 September 1933, 27 September 1933)）．しかし，ゲッベルスは，軍縮会議を脱退するために交渉の閉塞状況を利用しようとしただけだったようである（Weinberg, i.165 and refs. in n.28)．

(296)　Weinberg, i.165 and n.29.

(297)　*NCA*, Supplement B, 1504; Bracher *et al.*, *Machtergreifung*, i.338.

(298)　Höhne, *Zeit der Illusionen*, 171; Weinberg, i.165（強調点は異なる); Papen, 297–8.

(299)　Höhne, *Zeit der Illusionen*, 172. ノイラートはこの動きを強く歓迎したが，実際には知らされたのは決断が下された後だった．一〇月四日夜，ノイラートはビューロから，ヒトラーとブロンベルクが国際連盟を脱退しようとしていると知らされた（Günter Wollstein, *Von Weimarer Revisionismus zu Hitler*, Bonn/Bad Godesberg, 1973, 201 and n.39–40)．

(300)　*AdR, Reg. Hitler*, ii.903–7, here 904–5.

(301)　Weinberg, i.166. 国際連盟脱退の正式通知が出されたのは一〇月一九日になってからだった（*DGFP*, C, II, 2 n.2)．

(302)　Höhne, *Zeit der Illusionen*, 173, 178–9; Jost Dülffer, 'Zum "decision-making process" in der deutschen Außenpolitik 1933–1939', in Manfred Funke (ed.), *Hitler, Deutschland und die Mächte.*

Materialien zur Außenpolitik des Dritten Reichs, 186–204, here 188–90.

(303) Domarus, 308–14.

(304) Domarus, 323–30.

(305) Hans Baur, *Ich flog Mächtige der Erde*, Kempten (Allgäu), 1956, 108–10; Domarus, 325 and n.293.

(306) Kershaw, *The 'Hitler Myth'*, 62.

(307) Domarus, 331.

(308) BAK, R18/5350, Fols. 95–104, 107–22には，選挙での不正に対する苦情の調査が含まれる．*AdR, Reg. Hitler*, ii.939 n.1 および Bracher *et al.*, *Machtergreifung*, i.480–85 も参照.

(309) 強調しておくならば，ダッハウ強制収容所の囚人の九九・五パーセントが賛成票を投じたことがこの圧力の存在を明確に示している（*Münchner Neueste Nachrichten*, 13 November 1933）．この状況にあっても，不賛成票（国民投票よりも選挙のほうが多かった）の多さが目立つケースもあった（選挙では，ハンブルクとベルリンでは二一パーセント，ケルン＝アーヘンでは一五パーセントを超えた）．概して，一九三三年以前に，社会構造や宗教的忠誠のために躍進するナチに比較的染まりにくかった地域では，投じられる不賛成票も多かった（Bracher *et al.*, *Machtergreifung*, i.486–97 参照）.

(310) *AdR, Reg. Hitler*, ii.939 n.1.

(311) *AdR, Reg. Hitler*, ii.939–41.

第12章◆権力の全面的掌握

(1) この概念は，Richard Bessel, *Political Violence*, 152 による．

(2) Longerich, *Die braunen Bataillone*, 165–76.

(3) Diels, 254ff.

(4) Sonderarchiv Moscow, 1235–VI–2, Fol.2–28, here 19–21.

(5) Longerich, *Die braunen Bataillone*, 166, 198.

(6) Sonderarchiv Moscow, 1413–I–6 に収められた大統領官邸のマイスナーのファイルには，一九三三年から三五年にかけて行われたそうした訴訟に関する四六〇点の史料が含まれる．司法およびギュルトナー個人が，残虐行為によって有罪とされた突撃隊員の有罪判決を破棄するためにいかに共謀したかについては，Gruchmann, *Justiz*, ch.4 で詳細に研究されている．

(7) Longerich, *Die braunen Bataillone*, 177–9.

(8) Heinz Höhne, *Mordsache Röhm. Hitlers Durchbruch zur Alleinherrschaft 1933–1934*, Reinbek bei Hamburg, 1934, 46 は，一九三三年六月二九日にヒンデンブルクがヒトラーに対して述べた意見に言及している．この発言は，プロテスタント教会内のごたごたに関連してなされたものであって，突撃隊に明示的に言及したものではない．「行きすぎた行為」をめぐるヒンデンブルクの見解は，ヒトラーは「最良の志をもち，正義の名において純粋な気持ちで」行動しているが，「彼の部下が不幸にも命令に逆らっている」のであり，いずれは落ち着くだろう，というものだった（Sonderarchiv Moscow, 1235–VI–2, Fol.271. これは，三三年五月一七日に行われたヒンデンブルクとフーゲンベルクの議論のメモである）.

(9) *Nationalsozialistische Monatshefte*, 4 (1933), 251–4. 引用部分は 253–4 頁.

(10) Longerich, *Die braunen Bataillone*, 184. この数字には，突撃隊に組み入れられた準軍事組織の人数が含まれる．そのうち最も重要なのは鉄兜団である．突撃隊員のうち，ナチ党員でもある者は三分の一程度にすぎなかった．

(11) Domarus, 286.

(12) Longerich, *Die braunen Bataillone*, 182–3; Höhne, *Mordsache Röhm*, 46–9.

(13) Shlomo Aronson, *Reinhard Heydrich und die Frühgeschichte von Gestapo und SD*, Stuttgart, 1971, 71, 92.
(14) Longerich, *Die braunen Bataillone*, 184–7.
(15) Höhne, *Zeit der Illusionen*, 143–8.
(16) Longerich, *Die braunen Bataillone*, 185, 188.
(17) Höhne, *Mordsache Röhm*, 127–8.
(18) Longerich, *Die braunen Bataillone*, 188–90. 一九三三年から三四年にかけて，ナチが勢力を急伸した時期もその後も，失業中の労働者が突撃隊員のかなりの割合を常に占めていた（Fischer, *Stormtroopers*, 45–8）.
(19) Longerich, *Die braunen Bataillone*, 200–205; Hermann Mau, 'Die "Zweite Revolution" — der 30. Juni 1934', *VfZ*, 1 (1953), 119–37, here esp. 124–7; Otto Gritschneder, *'Der Führer hat Sie zum Tode verurteilt...'. Hitlers 'Röhm-Putsch'-Morde vor Gericht*, Munich, 1993, 30（元プロイセン州国務省副大臣パウル・ケルナーの一九五三年の証言を引用している）; Höhne, *Mordsache Röhm*, 218–19.
(20) Martin Loiperdinger and David Culbert, 'Leni Riefenstahl, the SA, and the Nazi Party Rally Films, Nuremberg 1933–1934: "Sieg des Glaubens" and "Triumph des Willens"', *Historical Journal of Film, Radio, and Television*, 8 (1988), 3–38, here esp. 12–13 参照.
(21) Longerich, *Die braunen Bataillone*, 201.
(22) ヒトラーが一九三三年一二月三一日に運動への貢献に対する称賛と感謝の念をレームに対して綴ったものについては，Domarus, 338. ナチ幹部らに送られたこのような手紙は一二通あるが，親称で呼びかけられているのはレームだけである（Domarus, 338–42）.
(23) Immo v. Fallois, *Kalkül und Illusion. Der Machtkampf zwischen Reichswehr und SA während der Röhm-Krise 1934*, Berlin, 1994, 101 参照. 一般徴兵制に基づく国防軍を創設するという決定は原則的にはすでに下されていた. 一九三四年一月三〇日の演説で，ヒトラーは，党と軍を国家の二つの柱だとしてもちあげた（Domarus, 355–6; Müller, *Heer*, 95 参照）.
(24) Fallois, 105–6, 117.
(25) Fallois, 123 and n.560.
(26) Hans-Adolf Jacobsen and Werner Jochmann (eds.), *Ausgewählte Dokumente zur Geschichte des Nationalsozialismus*, 3 vols., Bielefeld, 1961, unpaginated, vol.I, C, 2 February 1934. ほぼ同時期に，フェルキッシャー・ベオバハター紙および『国民社会主義月報』に掲載された論文のなかで，ヘスも突撃隊指導部に明確に警告した（Longerich, *Die braunen Bataillone*, 203）.
(27) Höhne, *Mordsache Röhm*, 200.
(28) Höhne, *Zeit der Illusionen*, 181.
(29) Fallois, 105, 117.
(30) Bracher *et al.*, *Machtergreifung*, iii.336; Fallois, 106–8.
(31) Fallois, 117–18.
(32) Höhne, *Zeit der Illusionen*, 183.
(33) Fallois, 118–19 に，Nachlaß Weichs, BA/MA, Freiburg, N19/12, S.12 が引用されている.
(34) Bracher *et al.*, *Machtergreifung*, iii.337; Höhne, *Mordsache Röhm*, 205; Toland, 330（ヴァイヒの証言に基づく）.
(35) Höhne, *Mordsache Röhm*, 206.
(36) Fallois, 123, 131 and n.602 は，これに対して，ヒトラーは心理的に絶好の機会を待っていたのだと主張する. Zitelmann, *Selbstverständnis eines Revolutionärs*, 77 は，ヒトラーがためらっていたのは，突撃隊と軍の争いで決断を下せなかったためだと解釈する. ヒトラーが最終的には決断（しかも冷酷極まりな

い決断）を下したことを考えれば，前者の説明のほうがありえそうである.
（37） Fallois, 125–6.
（38） Diels, 379–82.
（39） Fallois, 125, 131.
（40） Longerich, *Die braunen Bataillone*, 205, 209; Bracher *et al.*, *Machtergreifung*, iii.343.
（41） Höhne, *Mordsache Röhm*, 218, 223–4 参照.
（42） Höhne, *Mordsache Röhm*, 210; Longerich, *Die braunen Bataillone*, 205; Fallois, 124. レーム危機後の突撃隊の武装解除の際，突撃隊の収集した武器は，ライフル一七万七〇〇〇丁，重機関銃六五一丁，軽機関銃一二五〇丁にのぼることが明らかになった.
（43） Anthony Eden, *The Eden Memoirs. Facing the Dictators*, London, 1962, 65.
（44） Höhne, *Mordsache Röhm*, 221–2 参照 ; Longerich, *Die braunen Bataillone*, 213–14.
（45） Kurt Gossweiler, *Die Röhm-Affäre. Hintergründe, Zusammenhänge, Auswirkungen*, Cologne, 1983, 76 に，一九三四年六月一一日付のイブニングスタンダード紙（ロンドン）の見出しが引用されている. この記事は，ヒトラーは危機に瀕していると報じ，ヒトラーが失脚した場合には軍が介入するだろうとの含みをもたせていた.
（46） *AdR, Reg. Hitler*, 1197–1200（引用は 1197 頁）; Norbert Frei, *Der Führerstaat. Nationalsozialistische Herrschaft 1933 bis 1945*, Munich, 1987, 13.
（47） Frei, *Führerstaat*, 14–15 参照 ; Ian Kershaw, *Popular Opinion and Political Dissent in the Third Reich. Bavaria, 1933–1945*, Oxford, 1983, 46–7, 76, 120–21; Timothy W. Mason, *Sozialpolitik im Dritten Reich. Arbeiterklasse und Volksgemeinschaft*, Opladen, 1977, 192; Longerich, *Die braunen Bataillone*, 207.
（48） *DBS*, i.172（26 June 1934）.
（49） 引用は Höhne, *Mordsache Röhm*, 232 より. 一九三三年後半からユングがヒトラーに根本的に抵抗したと，かつての知人であり支持者でもあった Edmund Forschbach は，回想録 *Edgar J. Jung. Ein konservativer Revolutionär, 30. Juni 1934*, Pfullingen, 1984 で強調している. しかし，Fallois, 114 n. 522 は，ユングは体制に修正を加えようとしただけで，別の体制を打ちたてようとしたわけではないと示唆する. マールブルクでのパーペンの演説後，ヒトラーの命によってユングが逮捕された後（Hans-Günther Seraphim（ed.）, *Das politische Tagebuch Alfred Rosenbergs 1934/35 und 1939/40*, Munich, 1964, 42–3），ボーゼとチルシュキーがパーペンのためにヒンデンブルクに提出すべく立てた計画（これは「飼いならす」という案の延長線上にあった）でもまだ，フリッチュ，パーペン，ブリューニング，ゲルデラーに加えて，ヒトラーとゲーリングも集団指導体制のメンバーとして予定されていた（Karl Martin Graß, *Edgar Jung, Papenkreis und Röhmkrise 1933–34*, Diss., Heidelberg, 1966, 264–6）.
（50） Höhne, *Mordsache Röhm*, 233–4 参照 ; Longerich, *Die braunen Bataillone*, 208. ゲシュタポは彼らの動きを熟知していた. 軍指導部のブロンベルクとライヒェナウは，突撃隊の影響から逃れることができればヒトラーは軍にとって利益になると考えていた（Frei, *Führerstaat*, 23–5）. とくにヒトラー体制が再軍備計画の可能性を提示したことを考えれば，体制転覆という選択肢はなかった，との Fallois, 112–16 の悲観的な評価も参照されたい.
（51） 戦後の書簡のなかでハインリヒ・ブリューニングは，一九三四年四月にヒンデンブルクは八月までもちそうにないと聞き，さらに三週間後，ヒンデンブルク大統領の死後に国家元首の座を確実にすべくヒトラーが計画していることを知った，と述べた. ブリューニングは，「追放者リスト」についての情報も得たとも述べた. そこには，パーペンとならび，シュライヒャー，シュトラッサー，および後に殺害されることになるその他の人びとの名があった（Heinrich Brüning, *Briefe und Gespräche 1934–1945*, ed. Claire Nix, Stuttgart, 1974, 26–7）. ヒンデンブルクの侍医 Ferdinand Sauerbruch は，*Das war mein Leben*, Bad

Wörishofen, 1951, 511において，三四年春にヒンデンブルクは病床に就いたと簡単に述べている．Meissner, *Staatssekretär*, 375は，大統領は春に膀胱疾患を患ったとする．(Andreas Dorpalen, *Hindenburg and the Weimar Republic*, Princeton, 1964, 478も参照)

(52) Wheeler-Bennett, *Nemesis*, 311–13は，大統領はそれほど長くはもたないとヒトラーとブロンベルクが知った二週間以上後，四月二七日に出されたヒンデンブルクの健康状態に関する公式声明に言及しているが，典拠は示していない．

(53) Höhne, *Mordsache Röhm*, 228–9; Höhne, *Zeit der Illusionen*, 207–8; Longerich, *Die braunen Bataillone*, 120.

(54) Graß, 227 and n.570; Forschbach, 115–16.

(55) Jacobsen and Jochmann, *Ausgewählte Dokumente*, unpaginated, vol.I, CJ, 17 June 1934; Papen, 309.

(56) Papen, 310–11.

(57) ブリューニングは，元ベルリン駐在イギリス大使ホレス・ランボールド宛の七月九日付の書簡で，事後の行動について軍とも大統領とも合意なしに演説を行ったのは「大きな誤り」だったと書いた．パーペンが草稿を読んだのはマールブルクで演説するわずか二時間前だったと信頼できる筋から聞いた，ともブリューニングは書いている（この点については，Forschbach, 115–16を参照のこと）．戦後，ブリューニングは，エドガー・ユングの原稿を四月か五月に入手し，これをパーペンに渡すことに強く反対した，と述べた(Brüning, *Briefe und Gespräche*, 25, 27)．

(58) Domarus, 390–91.

(59) Fallois, 132.

(60) Papen, 310–11.

(61) Höhne, *Mordsache Röhm*, 237.

(62) Wheeler-Bennett, *Nemesis*, 319–20.

(63) Meissner, *Staatssekretär*, 363.

(64) Longerich, *Die braunen Bataillone*, 212より引用．

(65) Höhne, *Mordsache Röhm*, 239; Höhne, *Zeit der Illusionen*, 211.

(66) Longerich, *Die braunen Bataillone*, 215.

(67) Fallois, 126–30, 135–6, 138–9; Müller, *Heer*, 113–18.

(68) Graß, 260–61; Höhne, *Mordsache Röhm*, 239–42.

(69) Höhne, *Mordsache Röhm*, 242.

(70) Domarus, 394, 399.

(71) Graß, 264–8; Höhne, *Mordsache Röhm*, 247–51, 256.

(72) Höhne, *Mordsache Röhm*, 256.

(73) Graß, 263 and n.728; Höhne, *Mordsache Röhm*, 257.

(74) Graß, 269; Longerich, *Die braunen Bataillone*, 216; Höhne, *Mordsache Röhm*, 256–7.

(75) *TBJG*, I.2, 472–3 (29 June 1934).

(76) *Tb* Reuth, ii.843 (1 July 1934); Reuth, *Goebbels*, 314参照．

(77) *Tb* Reuth, ii.843 (1 July 1934).

(78) Höhne, *Mordsache Röhm*, 265.

(79) Domarus, 394–5; Longerich, *Die braunen Bataillone*, 216.

(80) Domarus, 399; Höhne, *Mordsache Röhm*, 260–66（引用は266頁）．

(81) Höhne, *Mordsache Röhm*, 266–7; Gritschneder, *'Der Führer'*, 18.

(82) Höhne, *Mordsache Röhm*, 267–8; Höhne, *Zeit der Illusionen*, 214; Domarus, 396, 399–400; Library

of Congress: Adolf Hitler Collection, C-89, 9376-88A-B, Erich Kempka interview, 15 October 1971. 逮捕された者のなかでレームだけは車で連行された．残りはチャーターしたバスで移動した．

(83) Höhne, *Mordsache Röhm*, 271 に，Schreiben von Karl Schreyer an das Polizeipräsidium München, 27 May 1949, Prozeßakten Landgericht München I の引用がある．ナチ党報道局によるこの会合の正式報告については，IfZ, Fa 108, SA/OSAF, 1928-45, Bl.39 も参照のこと．

(84) Höhne, *Mordsache Röhm*, 273.

(85) Domarus, 397; Gritschneder, *'Der Führer'*, 21-8. どうやら少し落ち着きを取り戻した様子で，ヒトラーは次いで，いくつかのプレスリリース用の正式発表，およびルッツェを突撃隊の新幕僚長に任じる辞令の口述筆記に取りかかった（Domarus, 397-402）.

(86) Gritschneder, *'Der Führer'*, 24, 26.

(87) Höhne, *Mordsache Röhm*, 274.

(88) Seraphim, *Das politische Tagebuch Alfred Rosenbergs*, 46,（7 July 1934）.

(89) Domarus, 396; Höhne, *Mordsache Röhm*, 270-71.

(90) Longerich, *Die braunen Bataillone*, 218.

(91) 上記の点については Papen, 315-18 を参照のこと．Hans Bernd Gisevius, *Bis zum bittern Ende*, 2 vols., Zürich, 1946, i.225-81; Gritschneder, *'Der Führer'*, 36-44, 135（エドガー・ユングについて）; Longerich, *Die braunen Bataillone*, 219; Höhne, *Mordsache Röhm*, 271, 281-2, 284-9. クラウゼナーの名は，（陰謀があったわけでは全くなく）エドガー・ユングがただ私的にまとめた，未来の政府の構成メンバーのリストに（シュライヒャー，ブレドウ，ボーゼと並んで）載っていた（Höhne, *Mordsache Röhm*, 251-2）.

(92) Hans Bernd Gisevius, *Adolf Hitler. Versuch einer Deutung*, Munich, 1963, 291; Frei, *Führerstaat*, 32.

(93) Gritschneder, *'Der Führer'*, 30.

(94) Papen, 320.

(95) Gritschneder, *'Der Führer'*, 32 は，ケルナーの一九五三年の証言に基づく．

(96) Gritschneder, *'Der Führer'*, 32-6.

(97) Domarus, 404.

(98) Domarus, 405.

(99) Gisevius, *Bis zum bittern Ende*, i.270.

(100) Höhne, *Mordsache Röhm*, 296, 319-21; Longerich, *Die braunen Bataillone*, 219.

(101) Bracher *et al.*, *Machtergreifung*, iii.359. Mau, 'Die "Zweite Revolution"', 134 の推定では，公式に発表された死者数は七七名だが，犠牲者の数は少なくとも二倍，場合によっては三倍に達するかもしれないとされる．ゲーリングの命令によるものだけで，「レームの反乱」に関連して一一二四名が身柄を拘束されたと，後に正式に発表された（Domarus, 409）.

(102) Longerich, *Die braunen Bataillone*, 220-24.

(103) 外国メディアの反応については，*AdR, Reg. Hitler*, 1376 n.3 を参照．ここでは，一九三四年七月一〇日にラジオで流され，翌日のフェルキッシャー・ベオバハター紙でも報じられたゲッベルスのコメントが引用されている．

(104) Domarus, 405.

(105) Domarus, 405.

(106) Papen, 320.

(107) Domarus, 406. ギュルトナーが殺害行為を遡及的に合法と認めたことは，第三帝国の法曹の絶望的な戦略の表われである．すなわち，彼らは，恣意的で不法な暴力を合法と認めることにより，そうした暴力

に抗して法原則を守れると考えたのである．ギュルトナーの法案の背景をなす彼の精神性については，Gruchmann, *Justiz*, 448–55,「レーム事件」の際の殺害行為に対する司法当局の反応については 433–84 頁を参照のこと．

(108) *AdR, Reg. Hitler*, ii. 1354–8. ラマースの戦後の証言によれば，（ラマース自身もギュルトナーも含めて）閣僚のなかには，犯罪行為を合法と宣言するよりは恩赦するほうがよいと考えた者もいた．しかし，ヒトラーが法制定に固執し，残りの閣僚もこれを受け入れるにいたった．ラマースは，それは実際問題としては同じことだった，と述べている（Gritschneder, *'Der Führer'*, 47–9）.

(109) Dietrich Orlow, *The History of the Nazi Party, vol.2, 1933–1945*, Newton Abbot, 1973, 114–15.

(110) Domarus, 406.

(111) *AdR, Reg. Hitler*, 1375–7. 政府は今後，左傾化もしくは右傾化するのか，というピアソンの質問に対して，ヒトラーは予想に違わず，これまで通りの道を進むと答えた．この質問は，さらなる混乱が生じ，経済に影響を及ぼすかもしれないとの不安をぎこちなくではあるが和らげようとしたものだったと思われる．

(112) Papen, 321.

(113) Domarus, 407 は，演説を準備するために時間が必要だったと指摘する．当初は，公に説明することなく事件をもみ消し，騒ぎが収まるのを待とうとしていたのだとは考えにくい．こうした説明では，プロパガンダに卓越したヒトラーの性質を無視することになろう．精神的な不安があったとする説も見当違いであるように思われる（Fest, *Hitler*, ii.643–4）．事件を正当化する際には，公の発表でも，事件直後にヒトラーがミュンヒェンで党幹部に，次いで閣僚に向けて行った発言においても，一貫して同じ論理が使われた．ヒトラーが静養のためにゲッベルス一家とともにバルト海沿岸のハイリゲンダム，次いでベルヒテスガーデンで休暇をとったと主張されることもあるが，それもあたらない（Höhne, *Mordsache Röhm*, 298–9; Orlow, ii.114; Frei, *Führerstaat*, 33）．こうした説明は，Hanfstaengl, *15 Jahre*, 341ff に依拠していると思われるが，ハンフシュテングル自身が，ハイリゲンダムのヒトラーとゲッベルスを訪問したのはヒトラーの演説後であり，演説を聞いたのはまだ米国からの帰国途上，英仏海峡にさしかかった船上だった，と明確に書いている．七月六日にはヒトラーは予定があったため，静養するとしても七日から一三日にかけての期間しかなかった．この時期にはヒトラーは演説の準備に追われており，バルト海沿岸で休暇をとっていたわけではない．

(114) Domarus, 410; Gritschneder, *'Der Führer'*, 52.

(115) Domarus, 421.

(116) Gritschneder, *'Der Führer'*, 54.

(117) *DBS*, i.250（21 July 1934）.

(118) BHStA, MA 106670, RPvOB, 4 July 1934.

(119) BHStA, MA 106675, Arbeitsamt Marktredwitz, 9 July 1934.

(120) BAK, R43II/1263, Fols. 238–328 に収められたプロイセン州各地からの報告を参照のこと．

(121) BHStA, MA 106691, LB of RPvNB/OP, 8 August 1934.

(122) BAK, R43II/1263, Fols. 238–328; *DBS*, i.198–201（21 July 1934）.

(123) Domarus, 401–2. 長期にわたる粛清によって，突撃隊指導者の五分の一が最終的に解任された（Mathilde Jamin, 'Zur Rolle der SA im nationalsozialistischen Herrschaftssystem', in Hirschfeld and Kettenacker, *Der 'Führerstaat'*, 329–60, here 345）.

(124) *DBS*, i.249（21 July 1934）.

(125) BAK, R43II/1263, Fols.235–7（一九三四年八月三一日付のヘス宛のゲーリングの書簡）. 書簡の写しがヒトラーに渡された．

(126) Gritschneder, *'Der Führer'*, 71–2; Lewy, 169–70.

(127) Höhne, *Mordsache Röhm*, 303–5; Müller, *Heer*, 125–33. ハマーシュタインが友人シュライヒャーの

葬儀のためにリヒターフェルデの墓地に姿を現したとき，シュライヒャー夫妻の遺体が夜のうちに運び去られていたことが明らかになった．

(128) Gritschneder, *'Der Führer'*, 72–3.

(129) Fallois, 9 より引用．

(130) Mau, 'Die "Zweite Revolution"', 137.

(131) Weinberg, i.87–101, esp. 99–101; Höhne, *Zeit der Illusionen*, 223–4; Bruce F. Pauley, *Hitler and the Forgotten* Nazis, chs.7–8.

(132) Domarus, 426 は，ハビヒトは決して自主的な単独行動をとることはなかったことから，ヒトラーがハビヒトに命令したと確信している．Weinberg, i.104 は，「ヒトラーの承知の上で，もしくは暗黙の了解の下にクーデターは行われたと考えられる」と示唆する．Pauley, 133–7 は，こうした見方を大きく修正し，ヒトラーの責任は，オーストリアについて確固たる方針をもたなかったために政策が揺れ，現地の過激派に政策を牛耳らせたことにある，と結論づけている．Hermann Graml, *Europa zwischen den Kriegen*, Munich, 1969, 298 も，レーム事件後の不安定な国内情勢のせいでヒトラーが消極的態度を見せていたことをオーストリアのナチ幹部らが誤解し，クーデター計画を引き起こすことになったと示唆する．Reinhard Spitzy, *So haben wir das Reich verspielt. Bekenntnisse eines Illegalen*, Munich (1986), 4th edn., 1994, 61–6 はオーストリアのクーデター計画の関係者による説明だが，ヒトラーが承知もしくは承認していたかどうかについては明らかにしていない．

(133) Pauley, 134; Jens Petersen, *Hitler-Mussolini: Die Entstehung der Achse Berlin-Rom, 1933–1936*, Tübingen, 1973, 338; Höhne, *Zeit der Illusionen*, 224. しかし，Weinberg, i.104 n.89 が，こうした説が依拠するニュルンベルク裁判でのゲーリングの証言（*IMT*, ix.294–5）の信憑性には問題があると示唆しているのも参照のこと．

(134) Anton Hoch and Hermann Weiß, 'Die Erinnerungen des Generalobersten Wilhelm Adam', in Wolfgang Benz (ed.), *Miscellanea. Festschrift für Helmut Krausnick*, Stuttgart, 1980, 32–62, here 47–8, 60 n.40.

(135) Höhne, *Zeit der Illusionen*, 223.

(136) Weinberg, i.105.

(137) Hanfstaengl, *15 Jahre*, 353–4.

(138) Papen, 339.

(139) オットー・ディートリヒの報道に対する指令については，Hanfstaengl, *15 Jahre*, 352 を参照のこと．Pauley, 134–6.

(140) Domarus, 427; Weinberg, i.106.

(141) Hanfstaengl, *15 Jahre*, 354. カトリック教徒であり，老練な外交官であり，殺害されたドルフースの友人でもあったパーペンは，ドイツの意図に対するオーストリアの疑念を和らげ，ことを収めるには明らかに適任だとヒトラーには思われた．ことの次第に関するパーペン自身の説明によれば，パーペンはこの任を受けるにあたり，ヒトラーに条件を呑ませることができたという（Papen, 340–41; Pauley, 135).

(142) Papen, 337ff; Domarus, 428; Weinberg, i.106.

(143) Domarus, 429. 大統領が危篤だとヒトラーが知ったのが正確にはいつのことなのかは不明である．ハンフシュテングルの説明によれば，大統領の容態が悪いとの知らせをマイスナーから電話で知らされた直後に，ヒトラーはパーペンをウィーンに送ることを決め，その後，ヒンデンブルクを見舞うために東プロイセンに飛んだとされる．しかし，時間的な順序が入り混じってしまっている．時限付で駐ウィーン大使の「特別任務」を引き受けてもらえるようヒトラーがパーペンに依頼した書簡は七月二六日付である．ヒンデンブルクの病状が公表されたのは七月三一日だった．ヒトラーはその少し前にこれを知ったと思われる．ヒトラーは八月一日にノイデックを訪問した（Hanfstaengl, *15 Jahre*, 354; Domarus, 429).

(144) Sauerbruch, 520. ザウアーブルッフは，死の床にあるヒンデンブルクの主治医だった．ヒトラーが最後にヒンデンブルクを見舞ったことについては，Papen, 334 も参照のこと．Sauerbruch, 519 および，これに依拠したものと思われるが Meissner, *Staatssekretär*, 377 では，ヒトラーの訪問は七月三一日とされている．一九三四年八月一日付のフェルキッシャー・ベオバハター紙には，ヒトラーがその日の朝にノイデックに飛び，数時間のうちに戻ったと書かれている．ヒトラーはその夜九時三〇分に閣議を開いた（*AdR, Reg. Hitler*, ii.1384）．ハンフシュテングル（*15 Jahre*, 355）は，ヒトラーと側近らはノイデックで夜を明かし（ヒトラーは近くの城内のナポレオンが使った部屋で眠ることを拒否したとされる），バイロイトに戻ったが，ヒンデンブルク死去の報に接し，即座にノイデックに戻ったと述べている．しかしこれは全く根拠がないものと思われる．

(145) *AdR, Reg. Hitler*, ii.1384. ヒンデンブルクは八月二日の午前九時に死亡した．

(146) *AdR, Reg. Hitler*, ii.1384; Domarus, 429; Gritschneder, *'Der Führer'*, 75–6; Müller, *Heer*, 133.

(147) *AdR, Reg. Hitler*, ii.1387; Domarus, 431.

(148) Müller, *Heer*, 134; Fallois, 161.

(149) Müller, *Heer*, 135.

(150) Domarus, 444. これは国民投票の翌日にあたる八月二〇日のことだった．ヒトラーは感謝の声明において「八月三日の法律」に言及したが，当然のことながらこれは，国家元首の地位について八月一日（すなわちヒンデンブルクの死去後ではなく死去前）に閣議決定されたものだった．

(151) Müller, *Heer*, 134; Papen, 335–6.

(152) Müller, *Heer*, 134; Gritschneder, *'Der Führer'*, 76.

(153) Müller, *Heer*, 135 より引用．

(154) Müller, *Heer*, 136 より引用．

(155) Müller, *Heer*, 137 より引用．

(156) Müller, *Heer*, 138.

(157) Müller, *Heer*, 139 and n.313–14.

(158) *Münchner Neueste Nachrichten*, 4 August 1934.

(159) Domarus, 438.

(160) *AdR, Reg. Hitler*, ii.1385–6, 1388–9 and n.8; Meissner, *Staatssekretär*, 377–8.

(161) *Statistisches Jahrbuch für das Deutsche Reich, 1935*, Berlin, 1935, 537. 労働者階級およびカトリックの地域では，三分の一ほどにあたるかなり大量の反対票が出た地域もあった．

(162) *TBJG*, I.2, 475（22 August 1934）.

(163) Domarus, 447–54.

(164) Loiperdinger and Culbert, 17–18; David Welch, *Propaganda and the German Cinema, 1933–1945*, Oxford, 1983, 147–59. Loiperdinger and Culbert（15–17）が指摘するように，Leni Riefenstahl, *A Memoir*, New York, 1993, 156–66 の説明は，取扱に注意を要する．

第13章◆総統のために

(1) Niedersächsisches Staatsarchiv, Oldenburg, Best. 131 Nr.303, Fol. 131v.

(2) Ulrich Herbert, '"Die guten und die schlechten Zeiten". Überlegungen zur diachronen Analyse lebensgeschichtlicher Interviews', in Lutz Niethammer (ed.), *'Die Jahre weiß man nicht, wo man sie heute hinsetzen soll'. Faschismuserfahrungen im Ruhrgebiet*, Berlin/Bonn, 1983, 67–96, here esp. 82, 88–93 参照.

(3) この語の意味については，Mommsen, 'Kumulative Radikalisierung' および Hans Mommsen, 'Cu-

mulative Radicalisation and Progressive Self-Destruction as Structural Determinants of the Nazi Dictatorship', in Ian Kershaw and Moshe Lewin (eds.), *Stalinism and Nazism*, 75–87 を参照のこと.
(4) Müller, *Armee, Politik und Gesellschaft*, 39–47 参照.
(5) Dietrich, *Zwölf Jahre*, 44–5.
(6) Broszat, 'Soziale Motivation und Führer-Bindung', 403.
(7) Lothar Gruchmann, 'Die "Reichsregierung" im Führerstaat. Stellung und Funktion des Kabinetts im nationalsozialistischen Herrschaftssystem', in Günther Doeker and Winfried Steffani (eds.), *Klassenjustiz und Pluralismus*, Hamburg, 1973, 192, 202.
(8) Wiedemann, 69, 71 参照.
(9) Wiedemann, 68–9.
(10) Wiedemann, 80–82.
(11) Wiedemann, 78. 完全な映写施設を備えたベルクホーフが一九三六年に完成してからは，一晩のうちに二本の映画が上映されることも度々あった（BBC Archives, Roll 243, 31: ベルクホーフの管理人を務めたヘルマン・デーリングに対する九七年のインタビューの記録).
(12) Wiedemann, 79, 90–91. Schroeder, 60, 81, 84 および，この点について主として後年の状況を確認するために，Gerda Dananowski，Traudl Junge の両名に対して一九七一年に行われたインタビュー (Library of Congress, Washington DC, Adolf Hitler Collection, C–63, 64, 9376 63–64, and C–86, 9376 85) を参照のこと. ヒトラーの空軍副官の未亡人 Maria von Below のコメント（これも後年の状況に関するもの）については，Gitta Sereny, *Albert Speer: his Battle with the Truth*, London, 1995, 113–14 も参照のこと.
(13) Wiedemann, 76, 78, 93; Percy Ernst Schramm による Picker, *Hitlers Tischgespräche* への序文（34頁). Spitzy, 126–7, 130 も参照（ただし，後年に関するもの).
(14) Wiedemann, 69.
(15) Wiedemann, 85; Schroeder, 53, 78–82.
(16) ヒトラーが壮大な様式の芸術のパトロンになりたがったことについては，たとえば Friedelind Wagner, 93, 124–5 を参照のこと.
(17) Wiedemann, 194ff.; Smelser, 166.
(18) 地方に特徴的だった腐敗の一例として，ハンブルクに関する具体的については Frank Bajohr, 'Gauleiter in Hamburg. Zur Person und Tätigkeit Karl Kaufmanns', *VfZ*, 43 (1995), 269–95, here 277–80 を参照のこと.
(19) Robert Koehl, 'Feudal Aspects of National Socialism', *American Political Science Review*, 54 (1960), 921–33.
(20) Hanisch, 13ff 参照 ; Geiß, 65–95.
(21) Wiedemann, 72, 74–6, 94–6.
(22) Wiedemann, 69–70.
(23) 法令の文言は，Walther Hofer (ed.), *Der Nationalsozialismus. Dokumente 1933–1945*, Frankfurt am Main, 1957, 87 に掲載されている.
(24) ハンブルクの労働者の賃金レベルを維持しようとしたカウフマンの試みについては，Bajohr, 286 を参照のこと.
(25) BAK, R43II/541, Fols. 36–95; BAK, R43II/552, Fols.25–50; Mason, *Sozialpolitik*, 158–9 参照.
(26) BAK, NS22/110, Denkschrift, 15 December 1932; Mommsen, 'Die NSDAP als faschistische Partei', 267–8 参照.
(27) Orlow, ii.67–70; Peter Longerich, *Hitlers Stellvertreter. Führung der Partei und Kontrolle des*

Staatsapparates durch den Stab Heß und die Partei-Kanzlei Bormann, Munich/London/New York/Paris, 1992, 16（党副総裁の職務についてはPart I-IVを参照のこと）.

(28) Orlow, ii.74–5; Mommsen, 'Die NSDAP als faschistische Partei', 262–3; ヘスの下に置かれた党上層部が即興的で不明確な構造しかもたなかったことを重視した研究としては，Longerich, *Hitlers Stellvertreter*, 24を参照のこと.

(29) Longerich, *Hitlers Stellvertreter*, 18–20, and Part II. Longerich（257頁）が指摘するように，国家から見れば，党副総裁による文官任用の承認には法的拘束力はなかったが，実際には忠実に守られた.

(30) Longerich, *Hitlers Stellvertreter*, ch.8, pts.2,4 210ff, 234ff参照.

(31) Dietrich, *Zwölf Jahre*, 45.

(32) Diehl-Thiele, 69–73参照.

(33) *MK*, 433–4.

(34) *Anatomie*, ii.46.「保護拘禁」時の弁護士の立ち合いをめぐるゲシュタポと法務省の摩擦は，一九三四年一〇月にさかのぼる．ヒムラーはその後，三五年四月，ゲシュタポ各支部に対して，政治的利害ならびに警察の利害が脅かされる場合には，弁護士の立ち合いは禁じると通達した．法相ギュルトナーは，秋にヒトラーが介入した後も，屈せずに法律家の権利を守ろうとした．しかし，ヒムラーはこの案件を長引かせ，ギュルトナーがどのような譲歩の姿勢を示そうとも，何も進展しなかった．ヒトラーの権威に支えられ，ゲシュタポは，権力の乱用を制限しようとするあらゆる試みを妨害することに成功した（Gruchmann, *Justiz*, 564–73参照）．ギュルトナー自身も，しかし，政治的なご都合主義に抗して法原則を守るという意識があまりに弱かった．三五年一〇月八日，ギュルトナーは，ベルリンの「突撃隊隊舎」にて三四年一月に六名の共産党員を拷問した廉で告発された突撃隊員の事件についてヒトラーに書簡を認めた．「嗜虐趣味をうかがわせる深刻な虐待」ではあるが，起訴取り消しを勧告するつもりだとギュルトナーは書いている（Sonderarchiv Moscow, 1413–I–6, Fol.36）.

(35) *Anatomie*, ii.39–40.

(36) Johannes Tuchel, *Konzentrationslager*, Boppard am Rhein, 1991, 314–15.「国民内部の敵に対する闘争」とは，一九三五年九月一一日に党大会でヒトラーが使用した表現である（Tuchel, 314）. Robert Gellately, 'Allwissend und allgegenwärtig? Entstehung, Funktion und Wandel des Gestapo-Mythos', in Gerhard Paul and Klaus-Michael Mallmann (eds.), *Die Gestapo: Mythos und Realität*, Darmstadt, 1995, 47–70, here 54–5も参照.

(37) *Anatomie*, i.50–54.

(38) *RGBl*, 1936, Teil I, 487–8.

(39) *Anatomie*, i.118.

(40) *Anatomie*, ii.50–51. Herbert, *Best*, 163–8も参照.

(41) ゲシュタポの活動領域の拡大については，Herbert, *Best*, 168–80を参照のこと．その一例が，同性愛者に対する迫害の拡大である．同性愛者への迫害は，レーム事件で注目が高まるまではさほど目立たなかったものである．一九三四年一〇月以降，ベルリンのゲシュタパ局内に新設された部署が同性愛者のリストを収集した（Günter Grau (ed.), *Homosexualität in der NS-Zeit. Dokumente einer Diskriminierung und Verfolgung*, Frankfurt am Main, 1993, 74）．ゲシュタポ地方支部も加わって迫害を拡大し，三六年以降は「同性愛ならびに堕胎に対する闘争のための全国センター」が迫害の調整にあたるようになった（Burkhard Jellonnek, 'Staatspolizeiliche Fahndungs- und Ermittlungsmethoden gegen Homosexuelle', in Paul and Mallmann, *Die Gestapo*, 343–56, here 348–9, 353. Burkhard Jellonnekの研究書 *Homosexuelle unter dem Hakenkreuz. Die Verfolgung von Homosexuellen im Dritten Reich*, Paderborn, 1990も参照のこと）.

(42) Christine Elizabeth King, *The Nazi State and the New Religions: Five Case Studies in Non-Conformity*, New York/Toronto, 1982参照.

(43)　これは，一九三三年から三九年にかけての期間のドイツの外交政策についてワインバーグが著した二巻組の研究書の第1巻の副題である．
(44)　*AdR, Reg. Hitler*, i.313–18, here 318. Wollstein, 'Eine Denkschrift des Staatssekretärs Bernhard von Bülow vom März 1933', 87, 93 および Wendt, 75, 79 も参照.
(45)　Weinberg, i.46, 166–70 参照.
(46)　Wendt, 85 参照 ; Weinberg, i.171.
(47)　Weinberg, i.60–61, 69–73.
(48)　Wendt, 78 より引用.
(49)　Herbert S. Levine, *Hitler's Free City. A History of the Nazi Party in Danzig, 1925–39*, Chicago/London, 1973, 56–7.
(50)　Levine, 9–17, 61–7 参照.
(51)　Weinberg, i.63–8, 71.
(52)　Józef Lipski, *Diplomat in Berlin, 1933–1939*, New York/London, 1968, 105.
(53)　Weinberg, i.73.
(54)　Leonidas E. Hill (ed.), *Die Weizsäcker-Papiere 1933–1950*, Frankfurt am Main/Berlin/Vienna, 1974, 78.
(55)　Bayerische Staatsbibliothek, ANA–463, Sammlung Deuerlein, E200263–9（一九三三年一月三一日付ディルクセンよりビューロ；三三年二月六日付ビューロよりディルクセン), E496961（一九三三年二月二八日付ディルクセンよりノイラート宛の電報).
(56)　Weinberg, i.81.
(57)　Weinberg, i.180–83.
(58)　Müller, *Heer*, 147ff.
(59)　Müller, *Heer*, 155–7.
(60)　Domarus, 468 and n.8; Orlow, ii.138–9; Müller, *Heer*, 158–61.
(61)　この概念については，Hüttenberger, 'Nationalsozialistische Polykratie', 423ff., 432ff を参照のこと．
(62)　Patrik von zur Mühlen, *'Schlagt Hitler an der Saar!' Abstimmungskampf, Emigration und Widerstand im Saargebiet, 1933–1945*, Bonn, 1979, 230 は，選挙運動のなかで一五〇〇回の会合や集会が開かれ，八万部を超えるポスターが印刷されたと述べている．住民投票の数カ月前から，ザール向けのプロパガンダ放送のために特別の取り組みが始まり，安価なラジオ（国民受信機）が配布されたり，様々な番組で手を変え品を変え，ザールはドイツの一部だとのメッセージを力説したりといったことが行われた(Zeman, 51–4).
(63)　François-Poncet, 221–2; Weinberg, i.173–4, 203.
(64)　Gerhard Paul and Klaus-Michael Mahlmann, *Milieus und Widerstand. Eine Verhaltensgeschichte der Gesellschaft im Nationalsozialismus*, Bonn, 1995, 60–77, 203–23, 352–71 参照. Gerhard Paul, *'Deutsche Mutter — heim zu Dir!' Warum es mißlang, Hitler an der Saar zu schlagen. Der Saarkampf 1933 bis 1935*, Cologne, 1984 も参照.
(65)　Höhne, *Zeit der Illusionen*, 284.
(66)　Paul and Mahlmann, *Milieus*, 66, 73–7.
(67)　Höhne, *Zeit der Illusionen*, 283.
(68)　*Schulthess' Europäischer Geschichtskalender*, Bd.76 (1936), Munich, 1936, 14（九〇・七六パーセントとされている).
(69)　Paul and Mahlmann, *Milieus*, 222.

(70) Domarus, 472.
(71) Domarus, 476. ウォード・プライスは，ヒトラーは「平和を愛好」していると確信しており，インタビュー後にフェルキッシャー・ベオバハター紙にもそのように書いた（Domarus, 474 n.19 より引用）. プライスは一九三七年にも，ヒトラーは真摯に「平和を希求」しているとまだ考えていた（G. Ward Price, *I Know these Dictators*, 143）.
(72) Domarus, 485.
(73) *DRZW*, i.415 and n.62, 416.
(74) Klaus-Jürgen Müller, *General Ludwig Beck. Studien und Dokumente zur politisch-militärischen Vorstellungswelt und Tätigkeit des Generalstabschefs des deutschen Heeres 1933–1938*, Boppard am Rhein, 339–42; Hans-Jürgen Rautenberg, 'Drei Dokumente zur Planung eines 300.000–Mann-Friedensheeres aus dem Dezember 1933', *Militärgeschichtliche Mitteilungen*, 22（1977）, 103–39.
(75) *DRZW*, i.403–10, 416; Müller, *Beck*, 192–4, 341; Müller, *Heer*, 208.
(76) Müller, *Beck*, 189, 339–44.
(77) Müller, *Beck*, 190.
(78) François-Poncet, 224–5; Höhne, *Zeit der Illusionen*, 294–5; Domarus, 481; Müller, *Beck*, 195; Weinberg, i.205.
(79) Domarus, 482.
(80) Höhne, *Zeit der Illusionen*, 295.
(81) Schmidt, 295–6; François-Poncet, 225; Höhne, *Zeit der Illusionen*, 297.
(82) Domarus, 489.
(83) Seraphim, *Das politische Tagebuch Rosenbergs*, 74–5. いかなるタイミングでドイツの新たな軍事的強大化を宣言すべきかがヒトラーにとって難しい問題であったことについては，Höhne, *Zeit der Illusionen*, 295–6 を参照のこと.
(84) Domarus, 489; Müller, *Beck*, 195; François-Poncet, 226; Höhne, *Zeit der Illusionen*, 298. 空軍に関する秘密指令が三月一日に発効し，二，三日中に発表されることについては，サイモンとイーデンの訪独が発表される前の二月二六日の閣議で合意されていた（Weinberg, i.205）.
(85) Höhne, *Zeit der Illusionen*, 298. ゲーリングはイギリス大使館付空軍武官に対して，ドイツは航空機一五〇〇機を保有していると述べたが，実際には八〇〇機だった. イギリスは一九三六年一〇月までにドイツの保有する航空機が一三〇〇機に達するであろうと見込んでいた.
(86) Schmidt, 296.
(87) Müller, *Beck*, 195; Höhne, *Zeit der Illusionen*, 287–8.
(88) François-Poncet, 229.
(89) Friedrich Hoßbach, *Zwischen Wehrmacht und Hitler 1934–1938*, Wolffenbüttel/Hanover, 1949, 94–5.
(90) Hoßbach, 95.
(91) Müller, *Heer*, 208; 軍指導部の驚きについては，Esmonde M. Robertson, *Hitler's Pre-War Policy and Military Plans*, 1933–1939, London, 1963, 56 も参照のこと.
(92) Müller, *Heer*, 209.
(93) Hoßbach, 95–6.
(94) Müller, *Heer*, 208–10; Müller, *Beck*, 196; Höhne, *Zeit der Illusionen*, 287–9, 298–9.
(95) Müller, *Heer*, 208. しかし，ヒトラーの行動によって達成されたものは，交渉によっても達成できただろうというのが外務省の雰囲気だった（Schmidt, 296）. フリッチュも，一般徴兵制の宣言は不可避とはいえ，「これほどの騒ぎを起こさずとも」可能だっただろうと考えていた（Müller, *Heer*, 209 より引用）.

(96)　Höhne, *Zeit der Illusionen*, 303–4. イギリス空軍省内部からローゼンベルクが得た情報については，Seraphim, *Das politische Tagebuch Rosenbergs*, 75 を参照のこと．
(97)　Hoßbach, 96.
(98)　Hoßbach, 96; Müller, *Heer*, 209.
(99)　Domarus, 491; Höhne, *Zeit der Illusionen*, 299.
(100)　Hoßbach, 96; Müller, *Heer*, 209; Höhne, *Zeit der Illusionen*, 299; Hitler, *Monologe*, 343（16 August 1942）.
(101)　François-Poncet, 228–9.
(102)　Seraphim, *Das politische Tagebuch Rosenbergs, 77*. *DGFP*, C, III, 1005–6, No.532, 1015, No.538 参照．公式記録にはフランス大使の抗議が記録されている。イタリア大使はコメントを控えたと記され，イギリス大使は二月三日の英仏コミュニケで言及されている交渉を継続するかどうかと尋ねたとされている．
(103)　Domarus, 491–5, here 494.
(104)　François-Poncet, 230; William Shirer, *Berlin Diary*, 1934–1941,（1941）Sphere Book edn, London, 1970, 32.
(105)　Shirer, 33.
(106)　Shirer, 33–4.
(107)　Domarus, 491–5; Höhne, *Zeit der Illusionen*, 299.
(108)　François-Poncet, 230.
(109)　*DBS*, ii.275–82.
(110)　*DBS*, ii.277–9.
(111)　*DBS*, ii.279.
(112)　Jens Petersen, *Hitler-Mussolini*, 397–400.
(113)　Schmidt, 296; Höhne, *Zeit der Illusionen*, 304; Weinberg, i.206.
(114)　François-Poncet, 231.
(115)　Schmidt, 297.
(116)　Seraphim, *Das politische Tagebuch Rosenbergs*, 77; Höhne, *Zeit der Illusionen*, 302.
(117)　以下の記述は，Schmidt の説明（298–308 頁）に基づく．
(118)　Eden, *Facing the Dictators*, 133（また，一九三四年二月二〇日にイーデンが初めてヒトラーに会ったときの印象については，61 頁）．ウィンストン・チャーチルが一九三五年に公表した批評 'Hitler and his Choice, 1935'（Winston Churchill, *Great Contemporaries*, London, 1941, 223–31, here 230 に掲載）も参照のこと．ここには，「公的業務であれ，社交であれ，ヒトラー氏と直接に対面したことのある者は，きわめて有能で，冷静で，博識な役人のような人物であることが分かったはずだ．礼儀正しく，浮かべる笑みは人懐こい．そこはかとない人間的な魅力に心を動かされない者はほとんどいなかった」と記されている．
(119)　Schmidt, 301–2（ここでは，メーメルのドイツ系住民は一二八名ではなく一二六名とされている）．
(120)　Eden, *Facing the Dictators*, 135.
(121)　Schmidt, 306.
(122)　Schmidt, 307. 交渉に関する公式記録は *DGFP*, C, III, 1043–80, No.555 にある．
(123)　Schmidt, 306–8.
(124)　Friedelind Wagner, 128–9 は，サイモンとイーデンを主賓とする晩餐会に招かれた母ウィニフレート・ヴァーグナーが，ヒトラーが自分の外交的成功を喜んで「小中学校の男子生徒のように，膝を打ったり，拍手をしたりした」と話した，と述べている．しかしながら，自らが望む同盟に対するイギリス側の抵抗が当初の予想よりも強いかもしれないという認識をヒトラーはこの会合で初めて示した，という示唆については，Josef Henke, *England in Hitler's politischem Kalkül 1935–1939*, Boppard am Rhein, 1973, 38–9 を

参照のこと．ヒトラーは平和的協力関係に向けてイギリスを「説得」するのに役立つという誤った目算から植民地返還要求を掲げた．イギリス使節とのこうした議論からは，ヒトラーが新たな自己主張を始めたことがうかがわれる（Klaus Hildebrand, *Vom Reich zum Weltreich. Hitler, NSDAP und koloniale Frage 1919–1945*, Munich, 1969, 447ff. 参照；Klaus Hildebrand, *The Foreign Policy of the Third Reich*, London, 1973, 36–7; Klaus Hildebrand, *Das vergangene Reich. Deutsche Außenpolitik von Bismarck bis Hitler 1871–1945*, Stuttgart, 1995, 598）．

（125） Eden, *Facing the Dictators*, 136.

（126） Eden, *Facing the Dictators*, 133–4, 139.

（127） Weinberg, i.207; A.J.P. Taylor, *The Origins of the Second World War*,（1961）revised edn, Harmondsworth, 1964, 116–17.

（128） *TBJG*, I.2, 485（15 April 1935）.

（129） *TBJG*, I.2, 486（17 April 1935）.

（130） Domarus, 506.

（131） Domarus, 511.

（132） 一九三四年七月のドルフース事件後，オーストリアをめぐって情勢不安が続いていることにも鑑みて，ムッソリーニはオーストリアでドイツ人によるクーデターが再度生じるのを避けようとしていた．これはとくにムッソリーニがアビシニアに目を向けていたせいであり，また，自分が提案した賭けに対して国内に強力な反対勢力があることを弁えていたためでもあった．ノイラートは，ムッソリーニがストレーザで示した親西欧的で反ドイツ的立場を憂慮していたと伝えられている．これがムッソリーニの意図した通りだったことは間違いない（William E. Dodd and Martha Dodd（eds.）, *Ambassador Dodd's Diary, 1933–1938*, London, 1941, 236–45）. Robert Mallett, *The Italian Navy and Fascist Expansionism, 1935–40*, London, 1998, 28–9 も参照.

（133） Domarus, 505–14. 演説に対するドイツでの反応については，Kershaw, *The 'Hitler Myth'*, 125–6 を参照のこと．タイムズ紙は，この演説を「合理的，単刀直入，包括的」と評した（Toland, 372 より引用）.

（134） Domarus, 512–13.

（135） Jost Dülffer, *Weimar, Hitler und die Marine. Reichspolitik und Flottenbau 1920–1939*, Düsseldorf, 1973, 256–7.

（136） Dülffer, *Weimar, Hitler und die Marine*, 266–7.

（137） *DRZW*, i.455–8.

（138） Dülffer, *Weimar, Hitler und die Marine*, 280, 291, 301. 319–20 参照；Höhne, *Zeit der Illusionen*, 308–9; Weinberg, i.212.

（139） Schmidt, 317. リッベントロップの人柄と，ロンドンにおけるドイツ大使としての振る舞いに関する痛烈な描写としては，Spitzy, 92–122 を参照のこと．リッベントロップの外交思想の展開は，ヒトラーの外交思想とは異なる力点をもちながらも究極的には独自の立場を欠いていた．Wolfgang Michalka, *Ribbentrop und die deutsche Weltpolitik 1933–1940. Außenpolitische Konzeptionen und Entscheidungsprozesse im Dritten Reich*, Munich, 1980 にて検討が加えられている．

（140） Michael Bloch, *Ribbentrop*, paperback edn., London, 1994, 54–8. リッベントロップがイギリスの「右翼の同志」とのあいだによい関係を築こうと努力しつづけたが，結局は互いに誤解が生じたことについては，G. T. Waddington, '"An idyllic and unruffled atmosphere of complete Anglo-German misunderstanding": Aspects of the Operations of the Dienststelle Ribbentrop in Great Britain, 1934–1939', *History*, 82（1997）, 44–72 で詳述されている．

（141） Bloch, *Ribbentrop*, 69; Domarus, 515; *DGFP*, C, IV, 253, n.2.

(142) 交渉とその結果については，とくに Dülffer, *Weimar, Hitler und die Marine*, 325–54 を参照のこと．
(143) *DGFP*, C, IV, 257.
(144) Schmidt, 318.
(145) *DGFP*, C, IV, 250.
(146) *DGFP*, C, IV, 277–8; Bloch, *Ribbentrop*, 73.
(147) Schmidt, 319.
(148) Ribbentrop, 41. しかし，ベルリンのイギリス消息筋は一九三六年初頭に，ヒトラーは海軍協定を結んだにもかかわらず望んでいたような緊密な関係をイギリスとのあいだで築けなかったことに失望し，これを拙速に締結したことを後悔していた，と主張している（Geoffrey T. Waddington, 'Hitler, Ribbentrop, die NSDAP und der Niedergang des Britischen Empire 1935–1938', *VfZ*, 40（1992), 273–306, here 277).
(149) ジョン・サイモンはドイツ代表団に対して，他国はイギリス政府がドイツ首相の提案を受け入れることを「決めた」と知らされることになるだけだ，と述べた（*DGFP*, C, IV, 280).
(150) Denis Mack Smith, *Mussolini*, London, 1983, 228–35. 引用は 232 頁.
(151) アビシニア危機とその衝撃については，Taylor, 118–29 を参照のこと．イタリアの侵攻に対してイギリスが弱い反応しか見せなかったことにより，ヒトラーはますます，イギリスは弱く，ヨーロッパにおいてヒトラーの領土的野望に反対する意志をもたない，と考えるようになった．ラインラントの再武装を行ってもイギリスが介入する可能性はほとんどない，とヒトラーが考えるようになった一因はここにある（Henke, 40–47).
(152) Donald Cameron Watt, 'The Secret Laval-Mussolini Agreement of 1935 on Ethiopia', in Esmonde M. Robertson（ed.), *The Origins of the Second World War*, London, 1971, 225–42 参照.
(153) Sonderarchiv Moscow, 1235–VI–2, Reichskanzlei, Lammers, Vermerk, 16 October 1935.
(154) *Monologe*, 108（25 October 1941).
(155) Kershaw, *Popular Opinion and Political Dissent*, 236–7 参照.
(156) Schleunes, 116.
(157) Kurt Pätzold, *Faschismus, Rassenwahn, Judenverfolgung. Eine Studie zur politischen Strategie und Taktik des faschistischen deutschen Imperialismus 1933–1935*, Berlin（East), 1975, 194–5; Ian Kershaw, 'The Persecution of the Jews and German Popular Opinion in the Third Reich', *Yearbook of the Leo Baeck Institute*, 26（1981), 261–89, here 264–5; David Bankier, *The Germans and the Final Solution: Public Opinion under Nazism*, Oxford/Cambridge, Mass., 1992, 35; Saul Friedländer, *Nazi Germany and the Jews. The Years of Persecution, 1933–39*, London, 1997, 137ff.
(158) Adam, 114–15, 119–20; Bankier, *The Germans and the Final Solution*, 35.
(159) 'How Popular was Streicher?',（no author), *Wiener Library Bulletin, 5/6*（1957), 48; Bankier, *The Germans and the Final Solution*, 35.
(160) David Bankier, 'Hitler and the Policy-Making Process on the Jewish Question', *Holocaust and Genocide Studies*, 3（1988), 1–20, here 9.
(161) *Akten der Partei-Kanzlei*, 4 Bde., ed. Institut für Zeitgeschichte［Helmut Heiber（Bde.1–2) and Peter Longerich（Bde.3–4)], Munich etc., 1983–92, Teil I, Regesten, Bd. 1, 98, No.10807, Microfiche, 124 05038（一九三五年四月三〇日付，ヴィーデマンよりボアマン宛．「私は総統に，オリンピックに関連して，この看板をめぐる懸念についてご説明しました．この看板には反対しないとの総統の決定はそれでも変わりませんでした」，とある). Bankier, 'Hitler and the Policy-Making Process on the Jewish Question', 9 も参照.
(162) Bankier, *The Germans and the Final Solution*, 28–35.

(163)　Bankier, *The Germans and the Final Solution*, 33.

(164)　Otto Dov Kulka, 'Die Nürnberger Rassengesetze und die deutsche Bevölkerung im Lichte geheimer NS-Lage- und Stimmungsberichte', *VfZ*, 32 (1984), 582–624, here 609.

(165)　Marlis Steinert, *Hitlers Krieg und die Deutschen. Stimmung und Haltung der deutschen Bevölkerung im Zweiten Weltkrieg*, Düsseldorf, 1970, 57 より引用；Bankier, *The Germans and the Final Solution*, 38.

(166)　Bankier, *The Germans and the Final Solution*, 38.

(167)　Adam, 118（ここでは他の例も挙げられている）．その後，一九三五年三月六日にバイエルン政治警察がバイエルンで出した禁令については，Hans Mommsen, 'Der nationalsozialistische Polizeistaat und die Judenverfolgung vor 1938', *VfZ*, 10 (1962), 73, 84, Dok. Nr.11 を参照のこと．

(168)　Bankier, *The Germans and the Final Solution*, 38–41; Kershaw, *Popular Opinion and Political Dissent*, 50, 127–30, 205–6; Kershaw, *The 'Hitler Myth'*, 101–2.

(169)　Bankier, *The Germans and the Final Solution*, 70–76; Kershaw, 'The Persecution of the Jews', 265–72.

(170)　Bankier, *The Germans and the Final Solution*, 74–5; Kershaw, 'The Persecution of the Jews', 268–70.

(171)　*Bayern*, i.430, 442–7; *Bayern*, ii.293–4; Kershaw, *Popular Opinion and Political Dissent*, 234 n.28; Pätzold, *Faschismus, Rassenwahn, Judenverfolgung*, 216–21.

(172)　*TBJG*, I.2, 493–4 (15 July 1935); Adam, 120; Ted Harrison, '"Alter Kämpfer" im Widerstand', *VfZ*, 45 (1997), 385–423, here 400–401; Reuth, *Goebbels*, 330–31; Irving, *Mastermind*, 206–7. 春から夏にかけて，他の多数の地域にボイコットが拡大したことについては，Helmut Genschel, *Die Verdrängung der Juden*, 109–10 を参照のこと．

(173)　Adam, 120.

(174)　Schacht, 347; Adam, 123; Genschel, 111. 一九三五年四月一日，ヘスは，「ユダヤ人個人に対するテロ行為」を避けるようにとの意味のない命令を党に対して出したが，この背後には，警察との衝突を避ける必要があったことに加えて，明らかに経済的関心があった．党規律を守るようにとの命令も六月に出されたが，これも同様に効果はなかった（Longerich, *Hitlers Stellvertreter*, 212）．

(175)　Longerich, *Hitlers Stellvertreter*, 212.

(176)　Adam, 121; Bankier, *The Germans and the Final Solution*, 37 も参照．

(177)　Lothar Gruchmann, '"Blutschutzgesetz" und Justiz. Zu Entstehung und Auswirkung des Nürnberger Gesetzes vom 15. September 1935', *VfZ*, 3 (1983), 418–42, here 430; Mommsen 'Polizeistaat', 70–71.

(178)　Bankier, *The Germans and the Final Solution*, 36–7.

(179)　Adam, 115, 119.

(180)　Adam, 120.

(181)　'Das Reichsministerium des Innern und die Judengesetzgebung. Aufzeichnungen von Dr. Bernhard Lösener',*VfZ*, 9 (1961), 262–311, here 277–8.

(182)　Gruchmann, '"Blutschutzgesetz" und Justiz', 418–23.

(183)　Gruchmann, '"Blutschutzgesetz" und Justiz', 425 より引用．

(184)　Bankier, *The Germans and the Final Solution*, 44.

(185)　フリックは，七月二六日に登録係に，そうした結婚は今後は無期限延期するように指示した（Adam, 122）．無期限延期はヴュルテンベルクでは八月に法令化された（Bankier, *The Germans and the Final Solution*, 44）．

(186) Gruchmann, '"Blutschutzgesetz" und Justiz', 426–30; Adam, 122; Jeremy Noakes, 'The Development of Nazi Policy towards the German-Jewish "Mischlinge" 1933–1945', *Yearbook of the Leo Baeck Institute*, 34 (1989), 291–354, here 307–8.
(187) Adam, 122.
(188) Kurt Pätzold (ed.), *Verfolgung, Vertreibung, Vernichtung. Dokumente des faschistischen Antisemitismus 1933 bis 1942*, Leipzig, 1983, 103; Adam, 123; Schacht, 349–52; Bankier, *The Germans and the Final Solution*, 44–5; *IMT*, xii, 638（ここではシャハトは，自分がヒトラーに出してきた要望に沿って，ユダヤ人を法的に保護する法律が制定されることを期待していた，と主張している）.
(189) *Bayern*, i.430.
(190) *DGFP*, C, IV, 569.
(191) Kulka, 'Die Nürnberger Rassengesetze', 615–18; Adam, 123–4; Longerich, *Hitlers Stellvertreter*, 212–13; Schacht, 356 では，会議室は満員になり，二時間近くかかったこと，シャハトの「話し方が手厳しすぎる」としてフリックから抗議があったことが言及されている.
(192) *DGFP*, C, IV, 570.
(193) *DGFP*, C, IV, 570. 実際，ニュルンベルク党大会の期間中，ヒトラーはシュテュルマー紙の誤りについてシュトライヒャーを穏やかながらも非難した．シュトライヒャーは受け止めはしたが，何も変わらないだろう，とゲッベルスは思った．(*TBJG*, I.2, 513 (11 September 1935)).
(194) Kulka, 'Die Nürnberger Rassengesetze', 618–19 and n.126; Adam, 124.
(195) *TBJG*, I.2, 515 (17 September 1935).
(196) Kulka, 'Die Nürnberger Rassengesetze', 620 n.128 に，*Jewish Chronicle*, 30 August 1935 が引用されている．Bankier, *The Germans and the Final Solution*, 44 も参照.
(197) Schleunes, 119.
(198) Adam, 126 n.66.
(199) IfZ, MA-1569/42, Frame 1081（米国によるニュルンベルク継続裁判におけるベルンハルト・レーゼナー博士の尋問); 'Das Reichsministerium des Innern und die Judengesetzgebung', 273; Adam, 126–7. 博士の発言からは，法案の準備にあたり，この点については事前にはほとんど何もなされていなかったことが分かる.
(200) IfZ, MA-1569/42, Frames 1081–2（レーゼナーの証言); 'Das Reichsministerium des Innern und die Judengesetzgebung', 274.
(201) Max Domarus, *Der Reichstag und die Macht*, Würzburg, 1968, 101–2; Bankier, *The Germans and the Final Solution*, 45.
(202) Mommsen, 'Realisierung', 387 and n.20.
(203) IfZ, MA-1569/42, Frame 1081（レーゼナーの証言); 'Das Reichsministerium des Innern und die Judengesetzgebung', 273; Domarus, *Der Reichstag und die Macht*, 102 n.21.
(204) Peter Reichel, *Der schöne Schein des Dritten Reiches. Faszination und Gewalt des Faschismus*, Frankfurt am Main, 1993, 116–38, esp. 126–31 参照.
(205) Domarus, 525.
(206) Bankier, *The Germans and the Final Solution*, 45.
(207) Domarus, 534.
(208) IfZ, MA-1569/42, Frames 1081–2（レーゼナーの証言); 'Das Reichsministerium des Innern und die Judengesetzgebung', 274; Schleunes, 124; Adam, 127.
(209) IfZ, MA-1569/42, Frame 1082（レーゼナーの証言); 'Das Reichsministerium des Innern und die Judengesetzgebung', 275.

(210)　法律の文言は，Pätzold, *Verfolgung*, 114 に掲載されている．

(211)　Adam, 128.

(212)　Gruchmann, '"Blutschutzgesetz" und Justiz', 431–2; Adam, 128 and n.74.

(213)　文言は，Pätzold, *Verfolgung*, 113–14 に掲載されている．

(214)　この事件は七月二六日に起きた．関与した六名の港湾労働者は，八月一二日，一四日に軽い有罪判決を受けたが，ルイス・ブロッドスキー判事がナチズムを批判してブレーメン号を「海賊船」と表現し，九月七日に五名の釈放が命じられた．この事件はドイツメディアによって広く報じられ，独米関係は悪化した．ルイーゼ・ゾルミッツは一九三五年九月七日の日記に，「『ブレーメン号』の周りで暴動を起こし，鉤十字の旗を引き下ろした扇動者に対するニューヨークの判決に対してドイツの国中が激怒している」と記している（Forschungsstelle für die Geschichte des Nationalsozialismus, Hamburg, Louise Solmitz, Tagebuch, Bd.I, 1932–1937, Fol. 248）．ヒトラーは怒りのあまり衝動的に，鉤十字旗をドイツの新国旗とすることを決断したといわれる（Bankier, *The Germans and the Final Solution*, 45; Domarus, 534 and n.201）．

(215)　*JK*, 89–90.

(216)　一一月末のアメリカン・ユナイテッド・プレス紙のインタビューで，ヒトラーは，「ドイツがユダヤ法を制定した主たる理由のひとつは，ボリシェヴィズムと戦うためだ」と改めて主張した．ヒトラーは，同法はユダヤ人を守るためのものであり，ドイツ国内で反ユダヤ的扇動が減少したことが同法の効果の証だ，と主張した．「法的措置によって，危険なかたちで爆発しかねないような人びとの自助を防ぐ」ことが政府の意図である，とも述べた（Domarus, 557–8）．

(217)　Domarus, 536–7.

(218)　Domarus, 537–8.「ユダヤ人問題」の急先鋒だったゲッベルスは，ゲーリングの演説を「およそ耐えがたい」と感じた．偶然だったのか意図的なものだったのかは分からないが，演説の放送は途中で途切れた（*TBJG*, I.2, 515（17 September 1935））．

(219)　Domarus, 538.

(220)　Domarus, 538–9; Gruchmann, '"Blutschutzgesetz" und Justiz', 432 参照；*TBJG*, I.2, 515（17 September 1935）．ここではゲッベルスは誤って，「日曜日」ではなく「土曜日」のこととして記述している．ヒトラーは九月一七日の大管区長の会合で，あらゆる「行き過ぎた行動」を改めて禁じた．しかし，ゲッベルスは，効果のほどについては疑いをもった（*TBJG*, I.2, 516（19 September 1935））．

(221)　ヒトラーがフリックに対して「ユダヤ法」の注釈を公表させなかったことからは，ヒトラー自身にも躊躇いがあったこと，法の束縛を受けたくないと思っていたことがうかがわれる（*TBJG*, I.2, 517（21 September 1935））．

(222)　ZStA, Potsdam, RMdI, 27079/71, Fol. 52, LB of RP in Kassel, 4 March 1936.

(223)　党大会の前から暴力はすでに減少しつつあった（Adam, 124）．

(224)　Kulka, 'Die Nürnberger Rassengesetze', 622–3; Bankier, *The Germans and the Final Solution*, 76–80.

(225)　Kershaw, *The 'Hitler Myth'*, 237.

(226)　Gruchmann, '"Blutschutzgesetz" und Justiz', 433–4; Adam, 134; 'Das Reichsministerium des Innern und die Judengesetzgebung', 279–82; IfZ, MA-1569/42, Frames 1082–3（レーゼナーの証言）.「混血問題」については，とくに Noakes, 'The Development of Nazi Policy towards the German-Jewish "Mischlinge" 1933–1945', 306–15 を参照のこと．

(227)　Bankier, 'Hitler and the Policy-Making Process on the Jewish Question', 14.

(228)　Adam, 132–5.

(229)　*TBJG*, II.2, 518（25 September 1935）．レーゼナー（'Das Reichsministerium des Innern und die Judengesetzgebung', 281）は，九月二九日にミュンヒェンの市庁舎で行われた党幹部の会合に呼び出され

と述べている．ゲッベルスの日記からは，会合が行われたのは九月二四日だったことが明らかであるため，レーゼナーの記憶違いであろう．

(230) 'Das Reichsministerium des Innern und die Judengesetzgebung', 281. メディアの代表者たちに渡った秘密情報によれば，ヒトラーは会合では内務省関係者の立場に好意的だったとされる（Mommsen, 'Realisierung', 387–8, n.20）.

(231) *TBJG*, I.2, 520（1 October 1935）.

(232) Adam, 139–40.

(233) *TBJG*, I.2, 537（7 November 1935）.

(234) Adam, 140–41; Schleunes, 129; Friedländer, *Nazi Germany and the Jews*, 148–51 and 155–62（様々な個別事例における人種定義の影響について）; とくに，Noakes, 'The Development of Nazi Policy towards the German-Jewish "Mischlinge" 1933–1945', 310–15 および Jeremy Noakes, 'Wohin gehören die "Judenmischlinge"? Die Entstehung der ersten Durchführungsverordnungen zu den Nürnberger Gesetzen', in Ursula Büttner (ed.), *Das Unrechtsregime. Verfolgung, Exil, Belasteter Neubeginn*, Hamburg, 1986, 69–90. この定義ではユダヤ人とはみなされないが，一名もしくは二名の「非アーリア」人の祖父母をもつ者も「混血」に分類された．実際には，「第一等混血」（二名の「非アーリア人」の祖父母をもつ）は，「血統法」の下では「完全ユダヤ人」に近い扱いを受けた（Adam, 143–4 参照）.

(235) *TBJG*, I.2, 540（15 November 1935）.

(236) Adam, 142–3 and 142 n.130.

(237) グストロフが死亡するまで，ナチ党スイス支部は様々な都市に支部をもち，国内指導者を選出していた．グストロフ暗殺後，スイス政府は後任の着任を認めず，その職務は実質的にはベルン駐在ドイツ大使に引き継がれることになった（Benz, Graml and Weiß, *Enzyklopädie*, 724）.

(238) *Bayern*, ii.297.

(239) Domarus, 573–5.

(240) Hildegard von Kotze and Helmut Krausnick (eds.), *'Es spricht der Führer'. 7 exemplarische Hitler-Reden*, Gütersloh, 1966, 148.

(241) 一九三六年から三七年にかけてヒトラーが行ったいくつかの介入については，Bankier, 'Hitler and the Policy-Making Process on the Jewish Question', 15 を参照のこと．

(242) *DBS*, iii.27.

(243) *Der Parteitag der Freiheit vom 10.-16. September 1935. Offzieller Bericht über den Verlauf des Reichsparteitages mit sämtlichen Kongreßreden*, Munich, 1935, 287; *Parteitag der Freiheit. Reden des Führers und ausgewählte Kongreßreden am Reichsparteitag der NSDAP, 1935*, Munich, 1935, 134–5.

(244) E. C. Helmreich, 'The Arrest and Freeing of the Protestant Bishops of Württemberg and Bavaria, September-October 1934', *Central European History*, 2 (1969), 159–69; Paul Sauer, *Württemberg in der Zeit des Nationalsozialismus*, Ulm, 1975, 185–9; Kershaw, *Popular Opinion and Political Dissent*, 164–79.

(245) Kershaw, *Popular Opinion and Political Dissent*, 170, 172, 178.

(246) Conway, 76–7 より引用．

(247) Kershaw, *The 'Hitler Myth'*, 119 参照．

(248) Kershaw, *Popular Opinion and Political Dissent*, 205ff.

(249) *TBJG*, I.2, 504（19 August 1935）. 505 頁（21 August 1935）も参照のこと．「ローベンベルク，ヒムラー，ダレは馬鹿げたカルト行為をやめるべきだ」とある．

(250) *TBJG*, I.2, 511（6 September 1935）には，「カトリックの問題について，総統は，ことはきわめて深刻だと考えている」とある．

(251)「教会闘争」がバイエルンのカトリック住民の態度に与えた影響については，Kershaw, *Popular Opinion and Political Dissent*, ch.5 を参照のこと．
(252) ヒトラーとナチ党幹部らの「一九一八年症候群」については，Mason, *Sozialpolitik*, ch.1 を参照のこと．
(253) *TBJG*, I.2, 504（19 August 1935）．
(254) BAK, R43II/318, Fols.205–13, 28, 61–2（and also Fols.195–203, 214–15）; R43II/318a, Fols.45–53. Mason, *Arbeiterklasse*, 72 and n.102 も参照．
(255) *DRZW*, i.254–9. ドイツがバルカン諸国からの搾取にどこまで成功したかについては，Alan S. Milward, 'The Reichsmark Bloc and the International Economy', in Hirschfeld and Kettenacker, 377–413 が，同書に収録された Bernd-Jürgen Wendt, 'Südosteuropa in der nationalsozialistischen Großraumwirtschaft', 414–28 に言及しつつ，その見解に異議を唱えている．
(256) John E. Farquharson, *The Plough and the Swastika. The NSDAP and Agriculture, 1928–1945*, London, 1976, 166–8.
(257) BAK, R58/535, Fols.91–6, Stapo Berlin, October 1935.
(258) *TBJG*, I.2, 522（5 October 1935）; BAK, R43II/863, Fols.69–83; R43II/318a, Fol.15 も参照．
(259) BAK, R58/567, Fols.84–93, Stapo Berlin, January 1936. 一九三五年から三六年にかけての冬，警察の報告には，非合法化されたドイツ共産党の活動が再び活発化しつつあるという指摘がしばしばみられる．しかし，そうした騒動の多くが共産党の組織的扇動のせいだったといえるかどうかは疑わしい．むしろ，悪化した雰囲気が広がっており，地下の抵抗グループはそれを利用したのだといえよう（Detlev J. K. Peukert, *Die KPD im Widerstand. Verfolgung und Untergrundarbeit an Rhein und Ruhr 1933 bis 1945*, Wuppertal, 1980, 204–50）．共産党の活動が再開されると，予想通り，ゲシュタポの猛攻に遭った．ドイツ共産党は，体制に対して大衆活動を展開する余地は全くないこと，それは不要な犠牲を招くだけであることを認識せざるをえなかった．三六年春には，ナチによる残忍な弾圧により，共産党の抵抗グループの規模は急激に縮小し，地下活動家どうしの連絡も大きく制約されるようになった（Allan Merson, *Communist Resistance in Nazi Germany*, London, 1985, 186–7）．
(260) IML/ZPA, St.3/44/I, Fols.103–7, Stapo Berlin, 6 March 1936. *DBS*, ii.1013, 1251–5（16 October 1935, 12 November 1935）も参照．一九三五年から三六年にかけてストライキが増加し，非合法の抵抗組織が再び活性化しているとの報告が多く上げられるようになった．ストライキは常に小規模で，数時間しか続かなかった．こうした多くの小規模ストライキの詳細は，IML/ZPA, St.3/463 の三八一枚の書類が収められた「ストライキ運動」のファイルにある．
(261) Wiedemann, 90.
(262) BAK, R54II/193, Fol.157（一九三四年九月三〇日付，ラマースよりダレ宛）．プロイセン各地から寄せられた苦情をゲーリングが首相官邸に送ったものがファイルに収められている．
(263) BAK, R43II/193, Fols.122–245.
(264) BAK, R43II/315a, Fol.31.
(265) BAK, R43II/318, Fol.2. 報告は Fol.1–29 に収められている．
(266) BAK, R43II/318, Fols.62–4.
(267) BAK, R43II/318, Fol.31, 205–13; R43II/318a, Fols.45–53.
(268) これは，ナチの比喩とプロパガンダにおける強制と暴力の美学，およびその演出に関するライヒェルの研究書のタイトルである．
(269) BAK, R43II/318, Fols.219–22（ラマースのための覚書は，ヒトラーの注意をひいた）;（also Fols.205–13 and R43II/318a, Fols.45–53）．
(270) *TBJG*, I.2, 516（19 September 1935）．

(271)　BAK, R43II/318a, Fols.11–31. Ritter, 79 も参照．当時の実業界の考えを知るアルフレート・ゾーン=レーテルの後の説明によれば，ゲルデラーの覚書は，産業界の一部でかなりの支持を受け，相当な議論を引き起こした．なかにはクーデターの可能性が取り沙汰されることもあった（Alfred Sohn-Rethel, *Ökonomie und Klassenstruktur des deutschen Faschismus*, Frankfurt am Main, 1975, 177）．

(272)　四カ年計画の導入にあたり，ゲルデラーが数カ月後に示した同様の考えは，一九三六年九月初旬にゲーリングに「全く訳に立たない」として言下に否定された（Dieter Petzina, *Autarkiepolitik im Dritten Reich. Der nationalsozialistische Vierjahresplan*, Stuttgart, 1968, 47; Ritter, 80 参照）．

(273)　Ritter, 80. 体制初期のゲルデラーの行動のより批判的で透徹した分析としては，Michael Krüger-Charlé, ‘Carl Goerdelers Versuche der Durchsetzung einer alternativen Politik 1933 bis 1937’, in Jürgen Schmädeke and Peter Steinbach（eds.）, *Der Widerstand gegen den Nationalsozialismus. Die deutsche Gesellschaft und der Widerstand gegen Hitler*, Munich, 1986, 383–404 がある．そこから始まり，ゲルデラーは次第に体制への批判を強めていった．

(274)　BAK, R43II/318a, Fols.35, 66.

(275)　Petzina, *Autarkiepolitik*, 32–3; Farquharson, 168.

(276)　Petzina, *Autarkiepolitik*, 32–3.

(277)　BAK, ZSg. 101/28, Fol.331, ‘Informationsbericht Nr.55’, 7 November 1935.

(278)　ゲッベルスは日記の中で何度もこの懸念について考えをめぐらせている．*TBJG*, I.2, 501（11 August 1935）; 503–4（19 August 1935）; 505（21 August 1935）; 506–7（25 August 1935）; 507（27 August 1935）; 522（5 October 1935）.

(279)　*TBJG*, I.2, 504（19 August 1935）.

(280)　*TBJG*, I.2, 529（19 October 1935）.

(281)　Petzina, *Autarkiepolitik*, 33–4.

(282)　Petzina, *Autarkiepolitik*, 35.

(283)　BAK, R43II/533, Fols.91–6.

(284)　すでに見たように，ドイツ共産党の組織に潜入し，それを壊滅させるゲシュタポの猛烈な弾圧により，共産主義者の非合法活動は瞬く間に芽を摘まれることになった．共産主義者のプロパガンダが都市の労働者階級の地域で短期間ながら魅力を増した背景は，イデオロギー的傾倒というよりは，むしろ，抵抗に関わることによる個人的リスクを甘受せざるをえないほどの物質面での不満だった．一九三六年以降，ドイツ共産党が西部ドイツではるかに厳しい環境に適合していくことについては，Peukert, *Die KPD im Widerstand*, 252ff を参照のこと．三六年初頭のナチ党員の士気の低下については，Orlow, ii.170–75 で強調されている．

(285)　*IMT*, xxv, 402–13（here 409）, Doc. 386–PS.

(286)　Esmonde Robertson, ‘Zur Wiederbesetzung des Rheinlandes 1936’, *VfZ*, 10（1962）, 178–205, here 203. 内政上の原因が決定的だったとの見方を裏づけるものとして，国民の不安が存在していたことを示す Bankier, *The Germans and the Final Solution*, 50–55 を参照のこと．

(287)　Robertson, ‘Zur Wiederbesetzung des Rheinlandes 1936’, 204.

(288)　Robertson, ‘Zur Wiederbesetzung des Rheinlandes 1936’, 204–5; Manfred Funke, ‘7. März 1936. Fallstudie zum außenpolitischen Führungsstil Hitlers’, in Wolfgang Michalka（ed.）, *Nationalsozialistische Außenpolitik*, Darmstadt, 1978, 277–324, here 279.

(289)　非武装化された地区の悲惨な経済状況および，同地区におけるカトリック教会の影響力の大きさについては，BAK, R58/570, Fols. 104–8（一九三六年二月六日付のケルンのゲシュタポの報告）, BAK, NS22/vorl.583（一九三五年六月八日，七月六日，一二月一〇日付のケルン＝アーヘン大管区長グローエの報告）を参照のこと．*TBJG*, I.2, 374（19 February 1936）も参照．

(290)　一九三六年四月に予定されていた企業評議会の選挙が土壇場で取りやめになったのは，国民投票ほどよい結果にはならないと予想されたためだと思われる（Mason, *Sozialpolitik*, 206）．労相ゼルテは，（夕刊で選挙の延期を知った後），国民の大部分が国会選挙後，すぐにまた投票に行かなければならない事態を回避するために，ヒトラーが延期を望んでいる，と伝えられた（BAK, R43II/547b, Fols.2, 19）．

(291)　*DRZW*, i.424.

(292)　Robertson, 'Zur Wiederbesetzung des Rheinlandes 1936', 195; *DGFP*, C, IV, 1166.

(293)　Weinberg, i.240–42; James T. Emmerson, *The Rhineland Crisis, 7 March 1936. A Study in Multilateral Diplomacy*, London, 1977, 63.

(294)　Petersen, 466–71.

(295)　Robertson, 'Zur Wiederbesetzung des Rheinlandes 1936', 196–9; Funke, '7. März 1936', 298–9; Petersen, 468.

(296)　Höhne, *Zeit der Illusionen*, 320; Emmerson, 46; Taylor, 126–7.

(297)　Emmerson, 39–41, 47–8, 51–2; Weinberg, i.243.

(298)　Emmerson, 77; Funke, '7. März 1936', 287–9.

(299)　Emmerson, 57, 80; Funke, '7. März 1936', 283–6; Weinberg, i.244–5; *DRZW*, i.604.

(300)　Dülffer, 'Zum "decision-making process"', 194–7 参照.

(301)　Marquess of Londonderry (Charles S.H. Vane-Tempest-Stewart), *Ourselves and Germany*, London, 1938, 114.

(302)　Hoßbach, 97.

(303)　一九三五年五月二日に署名された条約は，翌一九三六年二月一一日に下院に提出された．下院での最終投票は二月二七日に行われた．批准法案は三月三日に上院に上程された（*DGFP*, C, IV, 1142 n.4, 1145 n.）．

(304)　Robertson, 'Zur Wiederbesetzung des Rheinlandes 1936', 192, 194–6, 203–4; Funke, '7. März 1936', 279–82; Höhne, *Zeit der Illusionen*, 323–4; *DGFP*, C, IV, 1164–6. パリ駐在ドイツ公使ディルク・フォスターも一方的な行動に反対し，ヒトラーから皮肉を聞かされた（Emmerson, 83–4 and 285 n.106）．

(305)　Robertson, 'Zur Wiederbesetzung des Rheinlandes 1936', 192. ヒトラーが後に，再武装は一九三七年を予定していたが，一年早く実行したほうがよい状況だった，と述べたことについては，Wolfgang Michalka (ed.), *Das Dritte Reich. Dokumente zur Innen- und Außenpolitik*, 2 vols. Munich, 1985, i.267–8（一九三九年二月一〇日，軍指導者に対するヒトラーの秘密演説）を参照のこと．

(306)　Robertson, 'Zur Wiederbesetzung des Rheinlandes 1936', 194–6, 203–4; *DGFP*, C, IV, 1165.

(307)　*TBJG*, I.2, 575（29 February 1936）.

(308)　*TBJG*, I.2, 576（29 February 1936）.

(309)　*TBJG*, I.2, 576（29 February 1936）.

(310)　*TBJG*, I.2, 577（2 March 1936）.

(311)　*TBJG*, I.2, 578（4 March 1936）. NCA, v.1102, Doc.3308–PS（パウル・シュミットの証言）も参照；Hoßbach, 97; 軍が抱いた懸念については Emmerson, 98.

(312)　*TBJG*, I.2, 579（4 March 1936）, 580（6 March 1936）. ゲッベルスは，国会が三月一三日に再開されるとの噂（580 頁）を流した．

(313)　*TBJG*, I.2, 579–81（6–8 March 1936）.

(314)　Domarus, 582.

(315)　*TBJG*, I.2, 581（8 March 1936）; Hoffmann, 83; Shirer, 46–7 参照．週末のため英仏の閣僚があちこちに散っている土曜日に作戦を決行したことで，最大の驚きを生むことになった（Emmerson, 100）．Shirer, 51 参照．

(316) Shirer, 48; *TBJG*, I.2, 581 (8 March 1936). 演説テクストについてはDomarus, 583–97; 国会の雰囲気についての描写はShirer, 48–50; Dodd, 325.
(317) Domarus, 594.
(318) Shirer, 49.
(319) Domarus, 595.
(320) Robertson, 'Zur Wiederbesetzung des Rheinlandes 1936', 195, 205; Emmerson, 95参照.
(321) Shirer, 49–50.
(322) Domarus, 596.
(323) Eden, *Facing the Dictators*, 343–5; Robertson, 'Zur Wiederbesetzung des Rheinlandes 1936', 205.
(324) Emmerson, 102.
(325) *TBJG*, I.2, 581 (8 March 1936); Höhne, *Zeit der Illusionen*, 325.
(326) Shirer, 51, 54; Höhne, *Zeit der Illusionen*, 326. ミュンスターのガーレン司教，シュパイアーのゼバスティアン司教も再武装に対して自ら大袈裟な歓迎の意を表明した（Lewy, 202).
(327) Höhne, *Zeit der Illusionen*, 325; Emmerson, 97–8; Hoßbach, 97. D. C. Watt, 'German Plans for the Reoccupation of the Rhineland. A Note', *Journal of Contemporary History*, 1 (1966), 193–9は，ドイツ軍は退却せずに抵抗するようにとの命令を受けていたと論じるが，本当にライン川を渡った部隊についてはルール＝ライン＝黒い森の防衛線まで退却することになっていたとする（199頁）. 敵軍によるドイツ国境の侵犯に対しては武力を用いて反撃することになっていた.（Max Braubach, *Der Einmarsch deutscher Truppen in die entmilitarisierte Zone am Rhein im März 1936*, Cologne/Opladen, 1956, 19も参照)
(328) Emmerson, 106.
(329) Schmidt, 327; Hoffmann, 84も参照.
(330) Frank, 211. これは，当時，ベルリンにいた欧米諸国のジャーナリストの共通見解だった（Shirer, 51–2).
(331) *TBJG*, I.2, 581–2 (8 March 1936).
(332) Emmerson, 162; Höhne, *Zeit der Illusionen*, 329–30; *TBJG*, I.2, 585–6 (15 March 1936); Hoßbach, 98.
(333) Höhne, *Zeit der Illusionen*, 330.
(334) Frank, 211–12; ケルンでのヒトラーの演説テクストの抜粋がDomarus, 614–16に掲載されている.
(335) *DBS*, iii.300ff.; 460ff.
(336) *DBS*, iii.460.
(337) *DBS*, iii.303, 310, 468参照.
(338) Forschungsstelle für die Geschichte des Nationalsozialismus, Hamburg, Louise Solmitz, Tagebuch, Bd.I, Fols. 282–3 (7 March 1936).
(339) Archiv der sozialen Demokratie (Friedrich-Ebert-Stiftung), Bonn, ES/M33, Hans DillよりOtto Wels宛, 20 April 1936.
(340) *Statistisches Jahrbuch für das Deutsche Reich*, ed. Statistisches Reichsamt, Berlin, 1936, 565. *TBJG*, I.2, 594 (31 March 1936) 参照.
(341) 選挙における不正については，Shirer, 55およびTheodor Eschenburg, 'Streiflichter zur Geschichte der Wahlen im Dritten Reich', *VfZ*, 3 (1955), 311–16を参照のこと.
(342) Domarus, 641 (trans., Stern, *Hitler: the Führer and the People*, 90).
(343) *Der Parteitag der Ehre vom 8. bis 14. September 1936*, Munich, 1936, 246–7; Domarus, 643.
(344) Domarus, 606.

参考文献

Abel, Theodore, *Why Hitler Came into Power*, Cambridge, Mass. (1938), 1986.

Abelshauser, Werner, Petzina, Dietmar, and Faust, Anselm (eds.), *Deutsche Sozialgeschichte 1914–1945. Ein historisches Lesebuch*, Munich, 1985.

Adam, Uwe Dietrich, *Judenpolitik im Dritten Reich*, Düsseldorf, 1972.

Adolf Hitler: Monologe im Führerhauptquartier 1941–1944. Die Aufzeichnungen Heinrich Heims, ed. Werner Jochmann, Hamburg, 1980.

Akten der Partei-Kanzlei, 4 Bde., ed. Institut für Zeitgeschichte [Helmut Heiber (Bde. 1–2) and Peter Longerich (Bde. 3–4)], Munich etc., 1983–92.

Akten der Reichskanzlei. Das Kabinett von Papen, ed. Karl-Heinz Minuth, Boppard am Rhein, 1989.

Akten der Reichskanzlei. Das Kabinett von Schleicher, ed. Anton Golecki, Boppard am Rhein, 1986.

Akten der Reichskanzlei. Die Regierung Hitler. Teil I, 1933/34, ed. Karl-Heinz Minuth, 2 vols., Boppard am Rhein, 1983.

Allen, William Sheridan, *The Nazi Seizure of Power*, revised edn, New York, 1984.（ウィリアム・シェリダン・アレン『ヒトラーが町にやってきた　ナチス革命に捲込まれた市民の体験』新装版，西義之訳，番町書房，1973年）

Anonymous, 'Muj Prítel Hitler' (My Friend Hitler), *Moravsky ilustrovany zpravodaj*, 40 (1935), 10–11.

——'How Popular was Streicher?', *Wiener Library Bulletin*, 5/6 (1957).

——'The Story of Mein Kampf', *Wiener Library Bulletin*, 6 (1952), no. 5–6, 31–2.

Aronson, Shlomo, *Reinhard Heydrich und die Frühgeschichte von Gestapo und SD*, Stuttgart, 1971.

Auerbach, Helmuth, 'Hitlers politische Lehrjahre und die Münchner Gesellschaft 1919–1923', *VfZ*, 25 (1977), 1–45.

——'Nationalsozialismus vor Hitler', in Wolfgang Benz, Hans Buchheim and Hans Mommsen (eds.), *Der Nationalsozialismus. Studien zur Ideologie und Herrschaft*, Frankfurt am Main, 1993, 13–28.

Ay, Karl-Ludwig, *Die Entstehung einer Revolution, Die Volksstimmung in Bayern während des Ersten Weltkrieges*, Berlin, 1968.

Bahne, Siegfried, 'Die Kommunistische Partei Deutschlands', in Erich Matthias and Rudolf Morsey (eds.), *Das Ende der Parteien 1933*, Königstein/Ts., 1979, 655–739.

Bajohr, Frank, 'Gauleiter in Hamburg. Zur Person und Tätigkeit Karl Kaufmanns', *VfZ*, 43 (1995), 269–95.

Bankier, David, 'Hitler and the Policy-Making Process on the Jewish Question', *Holocaust and Genocide Studies*, 3 (1988), 1–20.

——*The Germans and the Final Solution: Public Opinion under Nazism*, Oxford/Cambridge, Mass., 1992.

Baranowski, Shelley, *The Sanctity of Rural Life. Nobility, Protestantism, and Nazism in Weimar Prussia*, New York/Oxford, 1995.
Barkai, Avraham, 'Sozialdarwinismus und Antiliberalismus in Hitlers Wirtschaftskonzept', *Geschichte und Gesellschaft*, 3 (1977), 406–17.
——*Das Wirtschaftssystem des Nationalsozialismus*, Fischer edn, Frankfurt am Main, 1988.
Barta, Tony, 'Living in Dachau, 1900–1950', unpublished paper.
Baur, Hans, *Ich flog Mächtige der Erde*, Kempten (Allgäu), 1956.
Bayern in der NS-Zeit, ed. Martin Broszat *et al.*, 6 vols., Munich, 1977–83.
Becker, Josef, 'Zentrum und Ermächtigungsgesetz', *VfZ*, 9 (1961), 195–210.
Becker, Josef and Ruth (eds.), *Hitlers Machtergreifung. Dokumente vom Machtantritt Hitlers 30. Januar 1933 bis zur Besiegelung des Einparteienstaates 14. Juli 1933*, 2nd edn, Munich, 1992.
Bein, Alexander, 'Der moderne Antisemitismus und seine Bedeutung für die Judenfrage', *VfZ*, 6 (1958), 340–60.
——'"Der jüdische Parasit". Bemerkungen zur Semantik der Judenfrage', *VfZ*, 13 (1965), 121–49.
Benz, Wolfgang (ed.), *Politik in Bayern. Berichte des württembergischen Gesandten Carl Moser von Filseck*, Stuttgart, 1971.
Benz, Wolfgang, and Graml, Hermann (eds.), *Biographisches Lexikon zur Weimarer Republik*, Munich, 1988.
Benz, Wolfgang, Graml, Hermann, and Weiß, Hermann (eds.), *Enzyklopädie des Nationalsozialismus*, Stuttgart, 1997.
Berning, Cornelia, *Vom 'Abstammungsnachweis' zum 'Zuchtwart'. Vokabular des Nationalsozialismus*, Berlin, 1964.
Bessel, Richard, 'The Potempa Murder', *Central European History*, 10 (1977), 241–54.
——'The Rise of the NSDAP and the Myth of Nazi Propaganda', *Wiener Library Bulletin*, 33 (1980), 20–29.
——*Political Violence and the Rise of Nazism. The Storm Troopers in Eastern Germany 1925–1934*, New Haven/London, 1984.
——'Unemployment and Demobilisation in Germany after the First World War', in Richard J. Evans and Dick Geary (eds.), *The German Unemployed*, London/Sydney, 1987, 23–43.
——'1933: A Failed Counter-Revolution', in E. E. Riche (ed.), *Revolution and Counter Revolution*, Oxford, 1991, 109–227.
——*Germany after the First World War*, Oxford, 1993.
Bezymenski, Lev, *The Death of Adolf Hitler*, London, 1968.
Binion, Rudolph, 'Hitler's Concept of "Lebensraum": the Psychological Basis', *History of Childhood Quarterly*, 1 (1973), 187–215 (with subsequent discussion of his hypotheses, 216–58).
——'Foam on the Hitler Wave', *JMH*, 46 (1974), 552–8.
——*Hitler among the Germans*, New York, 1976.
Blackbourn, David, and Eley, Geoff, *The Peculiarities of German History*, Oxford, 1984. (デーヴィド・ブラックボーン, ジェフ・イリー『現代歴史叙述の神話　ドイツとイギリス』望田幸男訳, 晃洋書房, 1983 年)

Bloch, Eduard, 'My Patient, Hitler', *Collier's*, 15 March 1941, 35–7; 22 March 1941, 69–73.

Bloch, Ernst, 'Der Faschismus als Erscheinungsform der Ungleichzeitigkeit', in Ernst Nolte (ed.), *Theorien über den Faschismus*, 6th edn, Königstein/Ts., 1984, 182–204.

Boak, Helen L., 'Women in Weimar Germany: the "Frauenfrage" and the Female Vote', in Richard Bessel and E. J. Feuchtwanger (eds.), *Social Change and Political Development in the Weimar Republic*, London, 1981, 155–73.

Bock, Gisela, *Zwangssterilisation im Nationalsozialismus. Studien zur Rassenpolitik und Frauenpolitik*, Opladen, 1986.

Boehnke, Wilfried, *Die NSDAP im Ruhrgebiet. 1920–1933*, Bad Godesberg, 1974.

Bollmus, Reinhard, 'Ein rationaler Diktator? Zu einer neuen Hitler-Biographie', *Die Zeit*, 22 September 1989, 45–6.

Borchardt, Knut, *Wachstum, Krisen, Handlungsspielräume der Wirtschaftspolitik*, Göttingen, 1982.

Boyer, John W., *Political Radicalism in Late Imperial Vienna. Origins of the Christian Social Movement, 1848–1897*, Chicago, 1981.

Bracher, Karl Dietrich, *Die Auflösung der Weimarer Republik. Eine Studie zum Problem des Machtverfalls in einer Demokratie*, Stuttgart/Düsseldorf, 1955.

——*The German Dictatorship*, Harmondsworth, 1973.（K・D・ブラッハー『ドイツの独裁 ナチズムの生成・構造・帰結』山口定，高橋進訳，岩波書店，1975年，岩波モダンクラシックス，2009年）

——'The Role of Hitler: Perspectives of Interpretation', in Walter Laqueur (ed.), *Fascism. A Reader's Guide*, Harmondsworth, 1979, 193–212.

Bracher, Karl Dietrich, Schulz, Gerhard, and Sauer, Wolfgang, *Die nationalsozialistische Machtergreifung*, (1960), paperback edn, 3 vols., Frankfurt am Main/Berlin/Vienna, 1974.

Bracher, Karl Dietrich *et al.* (ed.), *Quellen zur Geschichte des Parlamentarismus und der politischen Parteien. Bd. 4/1. Politik und Wirtschaft in der Krise 1930–1932. Quellen zur Ära Brüning, Teil I*, Bonn, 1980.

Brandmayer, Balthasar, *Meldegänger Hitler 1914–18*, Munich/Kolbermoor, 1933.

Braubach, Max, *Der Einmarsch deutscher Truppen in die entmilitarisierte Zone am Rhein im März 1936*, Cologne/Opladen, 1956.

Bridenthal, Renate, 'Beyond Kinder, Küche, Kirche: Weimar Women at Work', *Central European History*, 6 (1973), 148–66.

Broszat, Martin, 'Die Anfänge der Berliner NSDAP, 1926/27', *VfZ*, 8 (1960), 85–118.

——*Der Nationalsozialismus. Weltanschauung. Programm und Wirklichkeit*, Stuttgart, 1960.

——'Betrachtungen zu "Hitlers Zweitem Buch"', *VfZ*, 9 (1961), 417–30.

——*Der Staat Hitlers. Grundlegung und Entwicklung seiner inneren Verfassung*, Munich, 1969.

——'Soziale Motivation und Führer-Bindung im Nationalsozialismus', *VfZ*, 18 (1970), 392–409.

——'Zur Struktur der NS-Massenbewegung', *VfZ*, 31 (1983), 52–76.

——*Die Machtergreifung. Der Aufstieg der NSDAP und die Zerstörung der Weimarer Repu-*

blik, Munich, 1984.
Broszat, Martin, and Frei, Norbert (eds.), *Das Dritte Reich im Überblick. Chronik, Ereignisse. Zusammenhänge*, Munich, 1989.
Broszat, Martin, *et al.* (eds.), *Deutschlands Weg in die Diktatur*, Berlin, 1983.
Brüning, Heinrich, *Memoiren 1918–1934*, 2 vols., Munich, 1972.（ハインリヒ・ブリューニング『ブリューニング回顧録　1918–34 年』佐瀬昌盛ほか訳，ぺりかん社，1974 年）
——*Briefe und Gespräche 1934–1945*, ed. Claire Nix, Stuttgart, 1974.
Brustein, William, *The Logic of Evil. The Social Origins of the Nazi Party 1925–1933*, New Haven/London, 1996.
Bucher, Peter, *Der Reichswehrprozeß. Der Hochverrat der Ulmer Reichswehroffiziere 1929–30*, Boppard am Rhein. 1967.
Buchheim, Hans, *et al.*, *Anatomie des SS-Staates*, 2 vols., Olten/Freiburg im Breisgau, 1965.
Bukey, Evan Burr, *Hitler's Hometown*, Bloomington/Indianapolis, 1986.
Bullock, Alan, *Hitler. A Study in Tyranny*, rev. edn, Harmondsworth, 1962.（アラン・バロック『アドルフ・ヒトラー』大西尹明訳，みすず書房，1958–1960 年）
——*Hitler and Stalin. Parallel Lives*, London, 1991.（アラン・ブロック『ヒトラーとスターリン対比列伝』鈴木主税訳，草思社，2003 年）
Burkert, Hans-Norbert, Matußek, Klaus, and Wippermann, Wolfgang, *'Machtergreifung', Berlin 1933*, Berlin, 1982.
Carlyle, Thomas, 'Lecture One' 'On Heroes, Hero-Worship, and the Heroic, in History', in Fritz Stern (ed.), *The Varieties of History. From Voltaire to the Present*, 2nd Macmillan edn, London, 1970, 90–107.
Carr, William, *Hitler: a Study in Personality and Politics*, London, 1978.
——'Historians and the Hitler Phenomenon', *German Life and Letters*, 34 (1981), 260–72.
Carsten, Francis L., *The Rise of Fascism*, London, 1967.（F・L・カーステン『ファシズムの勃興』久能昭訳，思想の科学社，1970 年）
Chickering, Roger, *We Men Who Feel Most German. A Cultural Study of the Pan-German League*, 1866–1914, London, 1984.
Childers, Thomas, *The Nazi Voter. The Social Foundations of Fascism in Germany*, 1919–1933, Chapel Hill/London, 1983.
——'The Social Language of Politics in Germany. The Sociology of Political Discourse in the Weimar Republic', *American Historical Review*, 95 (1990), 331–58.
——'The Middle Classes and National Socialism', in David Blackbourn and Richard Evans (eds.), *The German Bourgeoisie*, London/New York, 1993, 328–40.
—— (ed.), *The Formation of the Nazi Constituency, 1919–1933*, London/Sydney, 1986.
Churchill, Winston S., *Great Contemporaries*, London, 1941.
——*The Second World War, vol. 1: The Gathering Storm*, London, 1948.（ウィンストン・チャーチル『第二次大戦回顧録抄』毎日新聞社編訳，中公文庫，2001 年／W・S・チャーチル『第二次世界大戦（新装版）』佐藤亮一訳，河出書房新社，2001 年ほか）
Ciolek-Kümper, Jutta, *Wahlkampf in Lippe*, Munich, 1976.
Conway, John, *The Nazi Persecution of the Churches 1933–45*, London, 1968.
Corni, Gustavo, *Hitler and the Peasants*, New York/Oxford/Munich, 1990.
Corni, Gustavo, and Gies, Horst, *Brot, Butter, Kanonen: Die Ernährungswirtschaft in*

Deutschland unter der Diktatur Hitlers, Berlin, 1997.
Czichon, Eberhard, *Wer verhalf Hitler zur Macht? Zum Anteil der deutschen Industrie an der Zerstörung der Weimarer Republik*, Cologne (1967), 3rd edn, 1972.
Dahrendorf, Ralf, *Society and Democracy in Germany*, London, 1968.
Daim, Wilfried, *Der Mann, der Hitler die Ideen gab*, Vienna/Cologne/Graz, 2nd edn, 1985.
Deist, Wilhelm, *The Wehrmacht and German Rearmament*, London, 1981.
Delmer, Sefton, *Trail Sinister*, London, 1961.
Deuerlein, Ernst, 'Hitlers Eintritt in die Politik und die Reichswehr', *VfZ*, 7 (1959), 177–227.
——*Hitler. Eine politische Biographie*, Munich, 1969.
—— (ed.), *Der Hitler-Putsch. Bayerische Dokumente zum 8./9. November 1923*, Stuttgart, 1962.
—— (ed.), *Der Aufstieg der NSDAP in Augenzeugenberichten*, Munich, 1974.
Das Deutsche Reich und der Zweite Weltkrieg, ed. Militärgeschichtliches Forschungsamt, 6 vols. so far published, Stuttgart, 1979–
Deutschland-Berichte der Sozialdemokratischen Partei Deutschlands. 1934–1940, 7 vols., Frankfurt am Main, 1980.
Dickmann, Fritz, 'Die Regierungsbildung in Thüringen als Modell der Machtergreifung', *VfZ*, 14 (1966), 454–64.
Diehl-Thiele, Peter, *Partei und Staat im Dritten Reich. Untersuchungen zum Verhältnis von NSDAP und allgemeiner innerer Staatsverwaltung*, Munich, 1969.
Diels, Rudolf, *Lucifer ante Portas*, Stuttgart, 1950.
Dietrich, Otto, *Mit Hitler in die Macht. Persönliche Erlebnisse mit meinem Führer*, 7th edn, Munich, 1934.
——*Zwölf Jahre mit Hitler*, Cologne (n.d., 1955?).
Documents on British Foreign Policy, 1919–1939, 2nd Series, 1930–1937, London, 1950–57.
Documents on German Foreign Policy, 1918–1945, Series C (1933–1937). The Third Reich: First Phase, London, 1957–66.
Dodd, William, E., and Dodd, Martha (eds.), *Ambassador Dodd's Diary, 1933–1938*, London, 1941.
Domarus, Max, *Der Reichstag und die Macht*, Würzburg, 1968.
—— (ed.), *Hitler. Reden und Proklamationen 1932–1945*, 2 vols., in 4 parts, Wiesbaden, 1973.
Dorpalen, Andreas, *Hindenburg and the Weimar Republic*, Princeton, 1964.
Dreier, Ralf, and Sellert, Wolfgang (eds.), *Recht und Justiz im 'Dritten Reich'*, Frankfurt am Main, 1989.
Drexler, Anton, *Mein politisches Erwachen*, Munich, 1919.
Dülffer, Jost, *Weimar, Hitler und die Marine. Reichspolitik und Flottenbau 1920–1939*, Düsseldorf, 1973.
——'Zum "decision-making process" in der deutschen Außenpolitik 1933–1939', in Manfred Funke (ed.), *Hitler, Deutschland und die Mächte. Materialien zur Außenpolitik des Dritten Reichs*, Kronberg/Ts., 1978, 186–204.
——*Deutsche Geschichte 1933–1945, Führerglaube und Vernichtungskrieg*, Stuttgart/Berlin/Cologne, 1992.
Duesterberg, Theodor, *Der Stahlhelm und Hitler*, Wolfenbüttel/Hanover, 1949.

Ebermayer, Erich, *Denn heute gehört uns Deutschland*, Hamburg/Vienna, 1959.
Eckart, Dietrich, *Der Bolschewismus von Moses bis Lenin. Zwiegespräch zwischen Adolf Hitler und mir*, Munich, 1924.
Edelmann, Heidrun, *Vom Luxusgut zum Gebrauchsgegenstand. Die Geschichte der Verbreitung von Personenkraftwagen in Deutschland*, Frankfurt am Main, 1989.
Eden, Anthony, *The Eden Memoirs. Facing the Dictators*, London, 1962.（A・イーデン『独裁者との出あい』南井慶二訳，みすず書房，2000 年ほか）
Eitner, Hans-Jürgen, *'Der Führer'. Hitlers Persönlichkeit und Charakter*, Munich/Vienna, 1981.
Eley, Geoff, *Reshaping the German Right*, New Haven/London, 1980.
——'The German Right, 1860–1945: How it changed', in Geoff Eley, *From Unification to Nazism*, London, 1986, 231–53.
——'Conservatives and radical nationalists in Germany: the production of fascist potentials, 1912–1928', in Martin Blinkhorn (ed.), *Fascists and Conservatives. The Radical Right and the Establishment in Twentieth-Century Europe*, London, 1990, 50–70.
Emmerson, James T., *The Rhineland Crisis, 7 March 1936. A Study in Multicultural Diplomacy*, London, 1977.
Epting, Karl, *Generation der Mitte*, Bonn, 1953.
Erikson, Erik H., 'The Legend of Hitler's Youth', in Robert Paul Wolff (ed.), *Political Man and Social Man*, New York, 1966, 370–96.
Eschenburg, Theodor, 'Streiflichter zur Geschichte der Wahlen im Dritten Reich', *VfZ*, 3 (1955), 311–16.
Evans, Richard, J., 'German Women and the Triumph of Hitler', *Journal of Modern History*, 48 (1976), 1–53 (Demand Supplement).
——'Die Todesstrafe in der Weimarer Republik', in Frank Bajohr, Werner Johe, and Uwe Lohalm (eds.), *Zivilisation und Barbarei*, Hamburg, 1991, 145–67.
——*Rituals of Retribution: Capital Punishment in Germany 1600–1987*, Oxford, 1996.
Fabry, Philipp W., *Mutmaßungen über Hitler. Urteile von Zeitgenossen*, Düsseldorf, 1979.
Fallois, Immo von, *Kalkül und Illusion. Der Machtkampf zwischen Reichswehr und SA während der Röhm-Krise 1934*, Berlin, 1994.
Falter, Jürgen W., 'The National Socialist Mobilisation of New Voters', in Thomas Childers (ed.), *The Formation of the Nazi Constituency, 1919–1933*, London/Sydney, 1986, 202–31.
——'Unemployment and the Radicalisation of the German Electorate 1928–1933: An Aggregate Data Analysis with Special Emphasis on the Rise of National Socialism', in Peter D. Stachura (ed.), *Unemployment and the Great Depression in Weimar Germany*, London, 1986, 187–208.
——*Hitler's Wähler*, Munich, 1991.
Falter, Jürgen, Lindenberger, Thomas, and Schumann, Siegfried (eds.), *Wahlen und Abstimmungen in der Weimarer Republik. Materialien zum Wahlverhalten 1919–1933*, Munich, 1986.
Faris, Ellsworth, 'Takeoff Point for the National Socialist Party: The Landtag Election in Baden, 1929', *Central European History*, 8 (1975), 140–71.
Farquharson, John E., *The Plough and the Swastika. The NSDAP and Agriculture, 1928–*

1945, London, 1976.
Fehrenbach, Elisabeth, 'Images of Kaiserdom: German attitudes to Kaiser Wilhelm II', in John C. G. Röhl and Nicolaus Sombart (eds.), *Kaiser Wilhelm II. New Interpretations*, Cambridge, 1982, 269–85.
Feldman, Gerald D., 'Der 30. Januar 1933 und die politische Kultur von Weimar', in Heinrich August Winkler (ed.), *Die deutsche Staatskrise 1930–1933*, Munich, 1992, 263–76.
Fenske, Hans, *Konservativismus und Rechtsradikalismus in Bayern nach 1918*, Bad Homburg/Berlin/Zurich, 1969.
Fest, Joachim C., *The Face of the Third Reich*, Pelican edn, Harmondsworth, 1972.
——'On Remembering Adolf Hitler', *Encounter*, 41 (October, 1973), 19–34.
——*Hitler, Eine Biographie*, Frankfurt am Main/Berlin/Vienna, 1976 edn.（ヨアヒム・フェスト『ヒトラー』赤羽龍夫ほか訳，河出書房新社，1975 年）
Feuchtwanger, Edgar, *From Weimar to Hitler. Germany, 1918–33*, 2nd edn, London, 1995.
Feuchtwanger, Lion, *Die Geschwister Oppermann*, Fischer edn, Frankfurt, 1983.
Fischer, Conan, *Stormtroopers. A Social, Economic, and Ideological Analysis 1925–35*, London, 1983.
——'Ernst Julius Röhm—Stabschef der SA und Außenseiter', in Ron Smelser and Rainer Zitelmann (eds.), *Die braune Elite*, Darmstadt, 1989, 212–22.
Fischer, Klaus P., *Nazi Germany: A New History*, London, 1995.
Forschbach, Edmund, *Edgar J. Jung. Ein konservativer Revolutionär, 30. Juni 1934*, Pfullingen, 1984.
Fox, John P., 'Adolf Hitler: the Continuing Debate', *International Affairs* (1979), 252–64.
François-Poncet, André, *Souvenirs d'une ambassade à Berlin, Septembre 1931–Octobre 1938*, Paris, 1946.
Frank, Hans, *Im Angesicht des Galgens*, Munich/Gräfelfing, 1953.
Franz-Willing, Georg, *Die Hitlerbewegung. Der Ursprung 1919–1922*, Hamburg/Berlin, 1962.
——*Ursprung der Hitlerbewegung, 1919–1922*, 2nd edn, Preußisch Oldendorf, 1974.
——*Krisenjahr der Hitlerbewegung 1923*, Preußisch Oldendorf, 1975.
——*Putsch und Verbotszeit der Hitlerbewegung, November 1923–February 1925*, Preußisch Oldendorf, 1977.
Frei, Norbert, '"Machtergreifung". Anmerkungen zu einem historischen Begriff', *VfZ*, 31 (1983), 136–45.
——*Der Führerstaat. Nationalsozialistische Herrschaft 1933 bis 1945*, Munich, 1987 (extended version in English, *National Socialist Rule in Germany: the Führer State 1933–1945*, Oxford/Cambridge, Mass., 1993).（ノルベルト・フライ『総統国家　ナチスの支配 1933–1945 年』芝健介訳，岩波書店，1994 年）
Freitag, Werner, 'Nationale Mythen und kirchliches Heil: Der "Tag von Potsdam"', *Westfälische Forschungen*, 41 (1991), 379–430.
Friedländer, Saul, 'Die politischen Veränderungen der Kriegszeit und ihre Auswirkungen auf die Judenfrage', in Werner Mosse (ed.), *Deutsches Judentum in Krieg und Revolution 1916–1923*, Tübingen, 1971, 27–65.
——*Nazi Germany and the Jews. The Years of Persecution, 1933–39*, London, 1997.
Fromm, Erich, *Anatomie der menschlichen Destruktivität*, Stuttgart, 1974.（エーリッヒ・フ

ロム『破壊　人間性の解剖』作田啓一・佐野哲郎訳，紀伊國屋書店，1975年，復刊版2001年）
Frymann, Daniel (Heinrich Class), *Wenn ich der Kaiser wär*, 5th edn, Leipzig, 1914.
Funke, Manfred, '7. März 1936. Fallstudie zum außenpolitischen Führungsstil Hitlers', in Wolfgang Michalka (ed.), *Nationalsozialistische Außenpolitik*, Darmstadt, 1978, 277–324.
——*Starker oder schwacher Diktator? Hitlers Herrschaft und die Deutschen: ein Essay*, Düsseldorf, 1989.
Gamm, Hans-Jochen, *Der Flüsterwitz im Dritten Reich*, Munich, 1963.
Gay, Peter, 'In Deutschland zu Hause... Die Juden der Weimarer Zeit', in Arnold Paucker (ed.), *Die Juden im Nationalsozialistischen Deutschland: 1933–1943*, Tübingen, 1986.
Geary, Dick, 'Jugend, Arbeitslosigkeit und politischer Radikalismus am Ende der Weimarer Republik', *Gewerkschaftliche Monatshefte*, 4/5 (1983), 304–9.
——'Unemployment and Working-Class Solidarity: the German Experience 1929–33', in Richard J. Evans and Dick Geary (eds.), *The German Unemployed*, London/Sydney, 1987, 261–80.
Geiß, Immanuel, 'Die Rolle der Persönlichkeit in der Geschichte: Zwischen Überwerten und Verdrängen', in Michael Bosch (ed.), *Persönlichkeit und Struktur in der Geschichte*, Düsseldorf, 1977, 10–24.
Gellately; Robert, 'The Gestapo and German Society: Political Denunciation in Gestapo Case Files', *Journal of Modern History*, 60 (1988), 654–94.
——*The Gestapo and German Society. Enforcing Racial Policy 1933–1945*, Oxford, 1990.
——'Allwissend und allgegenwärtig? Entstehung, Funktion und Wandel des Gestapo-Mythos', in Gerhard Paul and Klaus-Michael Mallmann (eds.), *Die Gestapo: Mythos und Realität*, Darmstadt, 1995, 47–70.
Genschel, Helmut, *Die Verdrängung der Juden aus der Wirtschaft im Dritten Reich*, Göttingen, 1966.
Geschichte der deutschen Arbeiterbewegung, ed. Institut für Marxismus-Leninismus beim Zentralkomitee der SED, Berlin (East), 13 vols., 1966–9.
Gessner, Dieter, *Agrarverbände in der Weimarer Republik*, Düsseldorf, 1976.
Gestrich, Andreas, Knoch, Peter, and Merkel, Helga, *Biographie-sozialgeschichtlich*, Göttingen, 1988.
Geyer, Michael, *Aufrüstung oder Sicherheit. Die Reichswehr in der Krise der Machtpolitik 1924–1936*, Wiesbaden, 1980.
——'Professionals and Junkers: German Rearmament and Politics in the Weimar Republic', in Richard Bessel and E. J. Feuchtwanger (eds.), *Social Change and Political Development in the Weimar Republic*, London, 1981, 77–133.
——'Etudes in Political History: Reichswehr, NSDAP, and the Seizure of Power', in Peter D. Stachura (ed.), *The Nazi Machtergreifung*, London, 1983, 101–23.
——*Deutsche Rüstungspolitik 1860–1980*, Frankfurt am Main, 1984.
Giesler, Hermann, *Ein anderer Hitler*, Leoni am Starnberger See, 1977.
Gisevius, Hans Bernd, *Bis zum bittern Ende*, 2 vols., Zurich, 1946.
——*Adolf Hitler. Versuch einer Deutung*, Munich, 1963.

Goebbels, Joseph, *Die zweite Revolution. Briefe an Zeitgenossen*, Zwickau, n.d. (1926).

——*Vom Kaiserhof zur Reichskanzlei. Eine historische Darstellung in Tagebuchblättern* (*Vom 1. Januar 1932 bis zum 1. Mai 1933*), 21st edn, Munich, 1937.（ゲッベルス『ゲッベルスの日記　第三帝国の演出者』西城信訳，番町書房，1974 年ほか）

Görlitz, Walter, *Adolf Hitler*, Göttingen, 1960.

Görlitz, Walter, and Quint, Herbert A., *Adolf Hitler. Eine Biographie*, Stuttgart, 1952.

Goodrick-Clarke, Nicholas, *The Occult Roots of Nazism*, Wellingborough, 1985.

Gordon, Harold J., *Hitler and the Beer Hall Putsch*, Princeton, 1972.

Gordon, Sarah, *Hitler, Germans, and the 'Jewish Question'*, Princeton, 1984.

Gossweiler, Kurt, *Die Röhm-Affäre. Hintergründe, Zusammenhänge, Auswirkungen*, Cologne, 1983.

Graf, Oskar Maria, *Gelächter von außen. Aus meinem Leben 1918–1933*, Munich, 1966.

Graml, Hermann, *Europa zwischen den Kriegen*, Munich, 1969.

——'Probleme einer Hitler-Biographie. Kritische Bemerkungen zu Joachim C. Fest', *VfZ*, 22 (1974), 76–92.

Graß, Karl Martin, *Edgar Jung. Papenkreis und Röhmkrise 1933–34*, Diss., Heidelberg, 1966.

Grau, Günter (ed.), *Homosexualität in der NS-Zeit. Dokumente einer Diskriminierung und Verfolgung*, Frankfurt am Main, 1993.

Greiner, Josef, *Das Ende des Hitler-Mythos*, Zurich/Leipzig/Vienna, 1947.

Grimm, Hans, *Volk ohne Raum*, Munich, 1926.（ハンス・グリム『土地なき民』星野慎一訳，鱒書房，1940–41 年）

Gritschneder, Otto, *Bewährungsfrist für den Terroristen Adolf H. Der Hitler-Putsch und die bayerische Justiz*, Munich, 1990.

——*'Der Führer hat Sie zum Tode verurteilt...'. Hitlers 'Röhm-Putsch'-Morde vor Gericht*, Munich, 1993.

Gruchmann, Lothar, 'Die "Reichsregierung" im Führerstaat. Stellung und Funktion des Kabinetts im nationalsozialistischen Herrschaftssystem', in Günther Doeker and Winfried Steffani (eds.), *Klassenjustiz und Pluralismus*, Hamburg, 1973.

——'"Blutschutzgesetz" und Justiz. Zu Entstehung und Auswirkung des Nürnberger Gesetzes vom 15. September 1935', *VfZ*, 3 (1983), 418–42.

——*Justiz im Dritten Reich 1933–1940. Anpassung und Unterwerfung in der Ära Gürtner*, 2nd edn, Munich, 1990.

Gun, Nerin E., *Eva Braun-Hitler. Leben und Schicksal*, Velbert/Kettwig, 1968.

Haffner, Sebastian, *Germany: Jekyll and Hyde*, London, 1940.

——*Anmerkungen zu Hitler*, Munich, 1978.（セバスチャン・ハフナー『ヒトラーとは何か』赤羽龍夫訳，草思社，1979 年／セバスチャン・ハフナー『ヒトラーとは何か　新訳』瀬野文教訳，草思社，2013 年）

——*Geschichte eines Deutschen. Die Erinnerungen 1914–1933*, Stuttgart-Munich, 2000.（セバスチャン・ハフナー『ナチスとのわが闘争　あるドイツ人の回想　1914–1933』中村牧子訳，東洋書林，2002 年）

Hagemann, Jürgen, *Die Presselenkung im Dritten Reich*, Bonn, 1970.

Hale, Oron James, 'Adolf Hitler: Taxpayer', *American Historical Review*, 60 (1955), 830–42.

——'Gottfried Feder calls Hitler to Order: An Unpublished Letter on Nazi Party Affairs',

Journal of Modern History, 30 (1958), 258–62.
——*The Captive Press in the Third Reich*, Princeton, 1964.
Hamann, Brigitte, *Hitlers Wien. Lehrjahre eines Diktators*, Munich, 1966.
Hambrecht, Rainer, *Der Aufstieg der NSDAP in Mittel- und Oberfranken (1925–1933)*, Nuremberg, 1976.
Hamilton, Richard F., *Who Voted for Hitler?*, Princeton, 1982.
Hammer, Hermann, 'Die deutschen Ausgaben von Hitlers "Mein Kampf"', *VfZ*, 4 (1956), 161–78.
Hanfstaengl, Ernst, 'I was Hitler's Closest Friend', *Cosmopolitan*, March 1943.
——*15 Jahre mit Hitler. Zwischen Weißem und Braunem Haus*, 2nd edn, Munich/Zurich, 1980.
Hanisch, Ernst, *Der Obersalzberg: das Kehlsteinhaus und Adolf Hitler*, Berchtesgaden, 1995.
Hanisch, Reinhold, 'I Was Hitler's Buddy', 3 parts, *New Republic*, 5, 12, 19 April 1939, 239–42, 270–272, 297–300.
Harrison, Ted, '"Alter Kämpfer" im Widerstand. Graf Helldorff, die NS-Bewegung und die Opposition gegen Hitler', *VfZ*, 45 (1997), 385–423.
Hartmann, Wolf-Rüdiger, 'Adolf Hitler: Möglichkeiten seiner Deutung', *Archiv für Sozialgeschichte*, 15 (1975), 521–35.
Harvey, Elizabeth, 'Youth Unemployment and the State: Public Policies towards Unemployed Youth in Hamburg during the World Economic Crisis', in Richard J. Evans and Dick Geary (eds.), *The German Unemployed*, London/Sydney, 1987, 142–71.
——*Youth and the Welfare State in Weimar Germany*, Oxford, 1993.
Hauner, Milan, *Hitler. A Chronology of his Life and Time*, London, 1983.
Hausen, Karin, 'Unemployment Also Hits Women: the New and the Old Woman on the Dark Side of the Golden Twenties in Germany', in Peter D. Stachura (ed.), *Unemployment and the Great Depression in Weimar Germany*, London, 1986, 78–120.
Heberle, Rudolf, *From Democracy to Nazism. A Regional Case Study on Political Parties in Germany*, Baton Rouge, 1945. (R・ヘベルレ『民主主義からナチズムへ　ナチズムの地域研究（新装版）』中道寿一訳，御茶の水書房，1989 年ほか)
——*Landbevölkerung und Nationalsozialismus. Eine soziologische Untersuchung der politischen Willensbildung in Schleswig-Holstein 1918 bis 1932*, Stuttgart, 1963.
Heer, Friedrich, *Gottes erste Liebe*, Munich/Esslingen, 1967.
——*Der Glaube des Adolf Hitler*, Munich/Esslingen, 1968.
Heiber, Helmut, *Adolf Hitler. Eine Biographie*, Berlin, 1960.
—— (ed.), *Goebbels-Reden*, Bd. I: 1932–1939, Düsseldorf, 1971.
—— (ed.), *Die Rückseite des Hakenkreuzes. Absonderliches aus den Akten des Dritten Reiches*, Munich, 1993.
Heiden, Konrad, *Hitler: a Biography*, London, 1936.
——*Der Führer*, London (1944), 1967 edn.
Heilbronner, Oded, 'The Failure that Succeeded: Nazi Party Activity in a Catholic Region in Germany, 1929–32', *Journal of Contemporary History*, 27 (1992), 531–49.
——'Der verlassene Stammtisch. Vom Verfall der bürgerlichen Infrastruktur und dem Aufstieg der NSDAP am Beispiel der Region Schwarzwald', *Geschichte und Gesellschaft*,

19 (1993), 178–201.
Heinemann, John L., *Hitler's First Foreign Minister*, Berkeley, 1979.
Heinz, Heinz A., *Germany's Hitler*, London (1934), 2nd edn, 1938.
Helmreich, E. C., 'The Arrest and Freeing of the Protestant Bishops of Württemberg and Bavaria, September-October 1934', *Central European History*, 2 (1969), 159–69.
Henke, Josef, *England in Hitlers politischem Kalkül 1935–1939*, Boppard am Rhein, 1973.
Henning, Hansjoachim, 'Kraftfahrzeugindustrie und Autobahn in der Wirtschaftspolitik des Nationalsozialismus 1933 bis 1936', *Vierteljahresschrift für Sozial- und Wirtschaftsgeschichte*, 65 (1978), 217–42.
Henry, Desmond, and Geary, Dick, 'Adolf Hitler: a re-assessment of his personality status', *Irish Journal of Psychological Medicine*, 10 (1933), 148–51.
Herbert, Ulrich, '"Die guten und die schlechten Zeiten". Überlegungen zur diachronen Analyse lebensgeschichtlicher Interviews', in Lutz Niethammer (ed.), *'Die Jahre weiß man nicht, wo man die hinsetzen soll.' Faschismuserfahrungen im Ruhrgebiet*, Berlin/Bonn, 1983, 67–96.
——'"Generation der Sachlichkeit". Die völkische Studentenbewegung in den frühen zwanziger Jahren in Deutschland', in Frank Bajohr, Werner Johe, and Uwe Lohalm (eds.), *Zivilisation und Barbarei, Hamburg*, 1991, 115–44.
——*Best. Biographische Studien über Radikalismus. Weltanschauung und Vernunft 1903–1989*, Bonn, 1996.
Herbst, Ludolf, *Das nationalsozialistische Deutschland 1933–1945*, Frankfurt am Main, 1996.
Herz, Rudolf, *Hoffmann und Hitler, Fotografie als Medium des Führer-Mythos*, Munich, 1994.
Hildebrand, Klaus, 'Der "Fall" Hitler', *Neue politische Literatur*, 14 (1969), 375–86.
——*Vom Reich zur Weltmacht. Hitler, NSDAP und koloniale Frage 1919–1945*, Munich, 1969.
——*The Foreign Policy of the Third Reich, London*, 1973.
——'Hitlers Ort in der Geschichte des Preußisch-Deutschen Nationalstaates', *Historische Zeitschrift*, 217 (1973), 584–631.
——'Nationalsozialismus oder Hitlerismus?', in Michael Bosch (ed.), *Persönlichkeit und Struktur in der Geschichte*, Düsseldorf, 1977, 55–61.
——*Das Dritte Reich*, Munich/Vienna, 1979.（クラウス・ヒルデブラント『ヒトラーと第三帝国』中井晶夫・義井博訳，南窓社，1987 年）
——*Deutsche Außenpolitik 1933–1945. Kalkül oder Dogma?*, 4th edn, Stuttgart/Berlin/Cologne, 1980.
——'Monokratie oder Polykratie? Hitlers Herrschaft und das Dritte Reich', in Gerhard Hirschfeld and Lothar Kettenacker (eds.), *Der 'Führerstaat': Mythos und Realität. Studien zur Struktur und Politik des Dritten Reiches*, Stuttgart, 1981, 73–97.
——*Das vergangene Reich. Deutsche Außenpolitik von Bismarck bis Hitler 1871–1945*, Stuttgart, 1995.
Hill, Leonidas E. (ed.), *Die Weizsäcker-Papiere 1933–1950*, Frankfurt am Main/Berlin/Vienna, 1974.
Hillgruber, Andreas, 'Tendenzen, Ergebnisse und Perspektiven der gegenwärtigen Hitler-Forschung', *Historische Zeitschrift*, 226 (1978), 600–621.

Hitler, Adolf, *Mein Kampf*, 876–880th reprint, Munich, 1943.（アドルフ・ヒットラー『わが闘争（改訳版）』平野一郎・将積茂訳，黎明書房，1971年／アドルフ・ヒトラー『わが闘争完訳』平野一郎・将積茂訳，角川文庫，2002–03年ほか）

——*Mein Kampf*, trans. Ralph Manheim, with an introduction by D. C. Watt, paperback edition, London, 1973.

Hitler, Bridget, *The Memoirs of Bridget Hitler*, London, 1979.

'Hitler. Kein Ariernachweis', *Der Spiegel*, 12 June 1957, 54–9.

Hitler, Patrick, 'Mon oncle Adolf', *Paris soir*（5 August 1939）, 4–5.

Der Hitler-Prozeß 1924. Wortlaut der Hauptverhandlung vor dem Volksgerichtshof München I. Teil 1, ed. Lothar Gruchmann and Reinhard Weber, assisted by Otto Gritschneder, Munich, 1997.

Hitler. Reden, Schriften, Anordnungen: Februar 1925 bis Januar 1933, ed. Institut für Zeitgeschichte, 5 vols. in 12 parts, Munich/London/New York/Paris, 1992–8.

Hitlers Auseinandersetzung mit Brüning. Kampfschrift, Broschürenreihe der Reichspropagandaleitung der NSDAP, Heft 5, Munich, 1932.

Hitler's Table Talk, 1941–1944, introd. by H. R. Trevor-Roper, London, 1953.（アドルフ・ヒトラー『ヒトラーのテーブル・トーク　1941–1944』ヒュー・トレヴァー＝ローパー解説，吉田八岑監訳，三交社，1994年）

Hobsbawm, Eric, *Age of Extremes. The Short Twentieth Century, 1914–1991*, London, 1994.（エリック・ホブズボーム『20世紀の歴史　極端な時代』河合秀和訳，三省堂，1996年）

Hoch, Anton, and Weiß, Hermann, 'Die Erinnerungen des Generalobersten Wilhelm Adam', in Wolfgang Benz（ed.）, *Miscellanea. Festschrift für Helmut Krausnick*, Stuttgart, 1980.

Hoegner, Wilhelm, *Der schwierige Außenseiter. Erinnerungen eines Abgeordneten, Emigranten und Ministerpräsidenten*, Munich, 1959.

——*Die verratene Republik*, Munich, 1979.

Hofer, Walther（ed.）, *Der Nationalsozialismus. Dokumente 1933–1945*, Frankfurt am Main, 1957.（ワルター・ホーファー『ナチス・ドキュメント　1933–1945』救仁郷繁訳，論争社，1960，1961年，同，新装版，ぺりかん社，1982年ほか）

Hofer, Walther *et al.*（eds.）, *Der Reichstagsbrand. Eine wissenschaftliche Dokumentation*, 2 vols., Berlin, 1972, Munich, 1978.

Hoffmann, Heinrich, *Hitler Was My Friend*, London, 1955.

Hofmann, Hubert, *Der Hitlerputsch. Krisenjahre deutscher Geschichte 1920–1924*, Munich, 1961.

Höhne, Heinz, *The Order of the Death's Head*, London, 1969.（ハインツ・ヘーネ『髑髏の結社・SSの歴史』森亮一訳，フジ出版社，1981年，同，講談社学術文庫，2001年）

——*Mordsache Röhm. Hitlers Durchbruch zur Alleinherrschaft 1933–1934*, Reinbek bei Hamburg, 1984.

——*Die Zeit der Illusionen. Hitler und die Anfänge des 3. Reiches 1933 bis 1936*, Düsseldorf/Vienna/New York, 1991.

Hoover Institution, *NSDAP-Hauptarchiv—the Nazi Party's archive, microfilm collection: Guide to the Hoover Institution Microfilm Collection*, compiled by Grete Heinz and Agnes F. Peterson, Stanford, 1964.

Horn, Wolfgang, 'Ein unbekannter Aufsatz Hitlers aus dem Frühjahr 1924', *VfZ*, 16（1968）,

280–94.
——*Der Marsch zur Machtergreifung. Die NSDAP bis 1933*, Königstein/Ts./Dusseldorf, 1980.
Hoßbach, Friedrich, *Zwischen Wehrmacht und Hitler 1934–1938*, Wolffenbüttel/Hanover, 1949.
Höver, Ulrich, *Joseph Goebbels—ein nationaler Sozialist*, Bonn/Berlin, 1992.
Hubatsch, Walther, *Hindenburg und der Staat*, Göttingen, 1966.
Hüttenberger, Peter, *Die Gauleiter. Studie zum Wandel des Machtgefüges in der NSDAP*, Stuttgart, 1969.
——'Nationalsozialistische Polykratie', *Geschichte und Gesellschaft*, 2 (1976), 417–42.
Institut für Zeitgeschichte (ed.), *Deutscher Sonderweg—Mythos oder Realität, Kolloquien des Instituts für Zeitgeschichte*, Munich/Vienna, 1982.
International Military Tribunal (ed.), *Trial of the Major War Criminals before the International Military Tribunal*, 42 vols., Nuremberg, 1947–9.
Irving, David, *The Secret Diaries of Hitler's Doctor*, paperback edn, London, 1990.
——*Goebbels. Mastermind of the Third Reich*, London, 1996.
Jablonsky, David, *The Nazi Party in Dissolution. Hitler and the Verbotszeit 1923–25*, London, 1989.
Jäckel, Eberhard, 'Rückblick auf die sogenannte Hitler-Welle', *Geschichte in Wissenschaft und Unterricht*, 28 (1977), 695–710.
——'Wie kam Hitler an die Macht?' in Karl Dietrich Erdmann and Hagen Schulze (eds.), *Weimar. Selbstpreisgabe einer Demokratie*, Düsseldorf, 1980, 305–21.
——*Hitler in History*, Hanover/London, 1984.
——*Hitlers Herrschaft*, (1986) 2nd edn, Stuttgart, 1988.
——*Hitlers Weltanschauung. Entwurf einer Herrschaft* (Tübingen, 1969), 4th edn, Stuttgart, 1991. (エバーハルト・イエッケル『ヒトラーの世界観　支配の構想』滝田毅訳，南窓社，1991年)
——'L'arrivée d'Hitler au pouvoir: un Tchernobyl de l'histoire', in Gilbert Krebs and Gérard Schneilin (eds.), *Weimar ou de la Démocratie en Allemagne*, Paris, 1994.
——*Das deutsche Jahrhundert. Eine historische Bilanz*, Stuttgart, 1996.
Jäckel, Eberhard, and Kuhn, Axel (eds.), *Hitler, Sämtliche Aufzeichnungen 1905–1924*, Stuttgart, 1980.
Jacobsen, Hans-Adolf, *Nationalsozialistische Außenpolitik 1933–1938*, Frankfurt am Main, 1968.
Jacobson, Hans-Adolf and Jochmann, Werner (eds.), *Ausgewählte Dokumente zur Geschichte des Nationalsozialismus*, 3 vols., Bielefeld, 1961.
James, Harold, *The German Slump. Politics and Economics, 1924–1936*, Oxford, 1986.
——'Economic Reasons for the Collapse of the Weimar Republic', in Ian Kershaw (ed.), *Weimar. Why Did German Democracy Fail?*, London, 1990, 30–57.
Jamin, Mathilde, 'Zur Rolle der SA im nationalsozialistischen Herrschaftssystem', in Gerhard Hirschfeld and Lothar Kettenacker (eds.), *Der 'Führerstaat': Mythos und Realität. Studien zur Struktur und Politik des Dritten Reiches*, Stuttgart, 1981, 329–60.
Jellonek, Burkhard, *Homosexuelle unter dem Hakenkreuz. Die Verfolgung von Homosexuellen*

im Dritten Reich, Paderborn, 1990.
——'Staatspolizeiliche Fahndungs- und Ermittlungsmethoden gegen Homosexuelle', in Gerhard Paul and Klaus-Michael Mallmann (eds.), *Die Gestapo: Mythos und Realität*, Darmstadt, 1995, 343–56.
Jenks, William A., *Vienna and the Young Hitler*, New York, 1960.
Jetzinger, Franz, *Hitlers Jugend*, Vienna, 1956.
Joachimsthaler, Anton, *Korrektur einer Bibliographie. Adolf Hitler. 1908–1920*, Munich, 1989.
Jochmann, Werner, 'Die Ausbreitung des Antisemitismus', in Werner Mosse (ed.), *Deutsches Judentum in Krieg und Revolution 1916–1923*, Tübingen, 1971, 409–510.
—— (ed.), *Nationalsozialismus und Revolution*, Frankfurt am Main, 1963.
Jones, Larry Eugene, 'The Dying Middle: Weimar Germany and the Fragmentation of Bourgeois Politics', *Central European History*, 5 (1969), 23–54.
——*German Liberalism and the Dissolution of the Weimar Party System, 1918–1933*, Chapel Hill, 1988.
——'"The Greatest Stupidity of My Life": Alfred Hugenberg and the Formation of the Hitler Cabinet, January 1933', *Journal of Contemporary History*, 27 (1992), 63–87.
Jones, L. Sydney, *Hitlers Weg begann in Wien*, Frankfurt am Main/Berlin, 1990.
Judt, Tony, 'A Clown in Regal Purple: Social History and the Historians', *History Workshop Journal*, 7 (1979), 66–94.
Kaltwasser, Franz Georg, 'Hitler als Benutzer der Königlichen Hof- und Staatsbibliothek in München 1913/14', *Bibliotheksforum Bayern*, 27 (1999), 46–9.
Kaftan, Kurt, *Der Kampf um die Autobahnen*, Berlin, 1955.
Karl, Josef (ed.), *Die Schreckensherrschaft in München und Spartakus im bayrischen Oberland 1919. Tagebuchblätter und Ereignisse aus der Zeit der 'bayrischen Räterepublik' und der Münchner Kommune im Frühjahr 1919*, Munich, n.d. (1919?).
Kater, Michael H., 'Zur Soziographie der frühen NSDAP', *VfZ*, 19 (1971), 124–59.
——'Hitler in a Social Context', *Central European History*, 14 (1981), 243–72.
——*The Nazi Party. A Social Profile of Members and Leaders, 1919–1945*, Oxford, 1983.
——'Generationskonflikt als Entwicklungsfaktor in der NS-Bewegung vor 1933', *Geschichte und Gesellschaft*, 11 (1985), 217–43.
——'Physicians in Crisis at the End of the Weimar Republic', in Peter D. Stachura (ed.), *Unemployment and the Great Depression in Weimar Germany*, London, 1986, 49–77.
——*Doctors under Hitler*, Chapel Hill/London, 1989.
——*Different Drummers. Jazz in the Culture of Nazi Germany*, New York/Oxford, 1992.
——*The Twisted Muse. Musicians and their Music in the Third Reich*, New York/Oxford, 1997.（マイケル・H・ケイター『第三帝国と音楽家たち　歪められた音楽』明石政紀訳，アルファベータ，2003年）
Kershaw, Ian, 'The Persecution of the Jews and German Popular Opinion in the Third Reich', *Yearbook of the Leo Baeck Institute*, 26 (1981), 261–89.
——*Popular Opinion and Political Dissent in the Third Reich. Bavaria, 1933–1945*, Munich, 1987.
——*The 'Hitler Myth'. Image and Reality in the Third Reich*, Oxford (1987), paperback edn, 1989.（イアン・ケルショー〔カーショー〕『ヒトラー神話　第三帝国の虚像と実像』柴田敬

二訳，刀水書房，1993 年）
——*The Nazi Dictatorship. Problems and Perspectives of Interpretation*, 3rd edn, London, 1993.
Kessler, Harry Graf, *Tagebücher 1918–1937*, Frankfurt am Main, 1961.（ハリー・ケスラー『ワイマル日記 1918-1937』松本道介訳，冨山房，1993 年）
Kettenacker, Lothar, 'Sozialpsychologische Aspekte der Führer-Herrschaft', in Gerhard Hirschfeld and Lothar Kettenacker (eds.), *Der 'Führerstaat': Mythos und Realität. Studien zur Struktur und Politik des Dritten Reiches*, Stuttgart, 1981, 98–132.
——'Der Mythos vom Reich', in K. H. Bohrer (ed.), *Mythos und Moderne*, Frankfurt am Main, 1983, 261–89.
King, Christine Elizabeth, *The Nazi State and the New Religions: Five Cases in Non-Conformity*, New York/Toronto, 1982.
Kissenkoetter, Udo, *Gregor Strasser und die NSDAP*, Stuttgart, 1978.
Klein, Anton Adalbert, 'Hitlers dunkler Punkt in Graz?', *Historisches Jahrbuch der Stadt Graz*, 3 (1970), 7–30.
Kluke, Paul, 'Der Fall Potempa', *VfZ*, 5 (1957), 279–97.
Knopp, Guido, *Hitler. Eine Bilanz*, Berlin, 1995.（グイド・クノップ『アドルフ・ヒトラー五つの肖像』高木玲訳，原書房，2004 年）
Koehl, Robert, 'Feudal Aspects of National Socialism', *American Political Science Review*, 54 (1960), 921–33.
Köhler, Joachim, *Wagners Hitler. Der Prophet und sein Vollstrecker*, Munich, 1996.（ヨアヒム・ケーラー『ワーグナーのヒトラー 「ユダヤ」にとり憑かれた預言者と執行者』橘正樹訳，三交社，1999 年）
Kolb, Eberhard, *Die Arbeiterräte in der deutschen Innenpolitik 1918–1919*, Düsseldorf, 1962.
——Die Weimarer Republik, 3rd edn, Munich, 1993.（E・コルプ『ワイマル共和国史 研究の現状』柴田敬二訳，刀水書房，1987 年）
Kolb, Eberhard, and Pyta, Wolfram, 'Die Staatsnotstandsplanung unter den Regierungen Papen und Schleicher', in Heinrich August Winkler (ed.), *Die deutsche Staatskrise 1930–1933*, Munich, 1992, 155–81.
Koppensteiner, Rudolf (ed.), *Die Ahnentafel des Führers*, Leipzig, 1937.
Kornbichler, Thomas, *Adolf Hitler-Psychogramme*, Frankfurt am Main, 1994.
Koshar, Rudy, *Social Life, Local Politics, and Nazism: Marburg, 1880–1935*, Chapel Hill, 1986.
Kotze, Hildegard von, and Krausnick, Helmut (eds.), *'Es spricht der Führer'. 7 exemplarische Hitler-Reden*, Gütersloh, 1966.
Kramer, Helgard, 'Frankfurt's Working Women: Scapegoats or Winners of the Great Depression?', in Richard J. Evans and Dick Geary (eds.), *The German Unemployed*, London/Sydney, 108–41.
Krebs, Albert, *Tendenzen und Gestalten der NSDAP*, Stuttgart, 1959.
Krüger-Charlé, Michael, 'Carl Goerdelers Versuche der Durchsetzung einer alternativen Politik 1933 bis 1937', in Jürgen Schmädeke and Peter Steinbach (eds.), *Der Widerstand gegen den Nationalsozialismus. Die deutsche Gesellschaft und der Widerstand gegen Hitler*, Munich, 1986, 383–404.
Kube, Alfred, *Pour le mérite und Hakenkreuz. Hermann Göring im Dritten Reich*, Munich,

1986.
Kubizek, August, *Adolf Hitler. Mein Jugendfreund*, Graz (1953), 5th edn, 1989.（アウグスト・クビツェク『アドルフ・ヒトラー　我が青春の友』船戸満之・宗宮好和・桜井より子・宍戸節太郎訳，MK 出版社，2004 年／アウグスト・クビツェク『アドルフ・ヒトラーの青春　親友クビツェクの回想と証言』橘正樹訳，三交社，2005 年）
Kuhn, Axel, *Hitlers außenpolitisches Programm*, Stuttgart, 1971.
Kühnl, Reinhard, 'Zur Programmatik der nationalsozialistischen Linken. Das Strasser-Programm von 1925/26', *VfZ*, 14 (1966), 317–33.
Kulka, Otto Dov, 'Die Nürnberger Rassengesetze und die deutsche Bevölkerung im Lichte geheimer NS-Lage- und Stimmungsberichte', *VfZ*, 32 (1984), 582–624.
Kupper, Alfons (ed.), *Staatliche Akten über die Reichskonkordatsverhandlungen 1933*, Mainz, 1969.
Die Lage der Juden in Deutschland 1933. Das Schwarzbuch—Tatsachen und Dokumente, ed. Comité des Délégations Juives, Paris, 1934, repr. Frankfurt am Main/Berlin/Vienna, 1983.
Lange, Karl, 'Der Terminus "Lebensraum" in Hitler's Mein Kampf', *VfZ*, 13 (1965), 426– 37.
——*Hitlers unbeachtete Maximen: 'Mein Kampf' und die Öffentlichkeit*, Stuttgart, 1968.
Langer, Walter C., *The Mind of Adolf Hitler*, London, 1973.（W・C・ランガー『ヒトラーの心　米国戦時秘密報告』ガース暢子訳，平凡社，1974 年）
Large, David Clay, *The Politics of Law and Order: A History of the Bavarian Einwohnerwehr*, 1918–1921, Philadelphia, 1980.
——*Where Ghosts Walked. Munich's Road to the Third Reich*, New York, 1997.
Layton, Roland V., 'The *Völkischer Beobachter*, 1920–1933: The Nazi Party Newspaper in the Weimar Era', *Central European History*, 4 (1970), 353–82.
——'Kurt Ludecke [+ Lüdecke] and I Knew Hitler: an Evaluation', *Central European History*, 12 (1979), 372–86.
Lemmons, Russel, *Goebbels and Der Angriff*, Lexington, 1994.
Lenman, Robin, 'Julius Streicher and the Origins of the NSDAP in Nuremberg', in Anthony Nicholls and Erich Matthias (eds.), *German Democracy and the Triumph of Hitler*, London, 1971, 129–59.
Levine, Herbert S., *Hitler's Free City. A History of the Nazi Party in Danzig*, 1925–39, Chicago/London, 1973.
Lewis, David, *The Secret Life of Adolf Hitler*, London, 1974.
Lewy, Guenter, *The Catholic Church and Nazi Germany*, London, 1964.
Linz, Juan J., 'Political Space and Fascism as a Late-Comer: Conditions Conducive to the Success or Failure of Fascism as a Mass Movement in Inter-War Europe', in Stein Ugelvik Larsen, Bernt Hagtvet, and Jan Petter Myklebus (eds.), *Who Were the Fascists?*, Bergen/Oslo/Tromsø, 1980, 153–89.
Lipski, Józef, *Diplomat in Berlin, 1933–1939*, New York/London, 1968.
Lloyd George, David, *War Memoirs*, vol. i, London, 1933.（ロイド・ジョージ『世界大戦回顧録』内山賢次ほか訳，平凡社，1946 年ほか）
Loewenberg, Peter, 'The Psychohistorical Origins of the Nazi Youth Cohort', *American Historical Review*, 76 (1971), 1457–1502.

Lohalm, Uwe, *Völkischer Radikalismus. Die Geschichte des Deutschvölkischen Schutz- und Trutz-Bundes*, 1919–1923, Hamburg, 1970.

Loiperdinger, Martin, and Culbert, David, 'Leni Riefenstahl, the SA, and the Nazi Party Rally Films, Nuremberg 1933–1934: "Sieg des Glaubens" and "Triumph des Willens"', *Historical Journal of Film, Radio, and Television*, 8 (1988), 3–38.

Londonderry, Marquess of (Charles S. H. Vane-Tempest-Stewart), *Ourselves and Germany*, London, 1938.

Longerich, Peter, *Die braunen Bataillone. Geschichte der SA*, Munich, 1989.

——*Hitlers Stellvertreter. Führung der Partei und Kontrolle des Staatsapparates durch den Stab Heß und die Partei-Kanzlei Bormann*, Munich/London/New York, 1992.

——*Deutschland 1918–1933*, Hanover, 1995.

Loret, Jean-Marie (in collaboration with René Mathot), *Ton pere s'appelait Hitler*, Paris, 1981.

Ludecke [= Lüdecke], Kurt G. W., *I Knew Hitler. The Story of a Nazi Who Escaped The Blood Purge*, London, 1938.

Ludendorff, Margarethe, *My Married Life with Ludendorff*, London, n.d., c. 1930.

Lukacs, John, *The Hitler of History*, New York, 1997.

Lurker, Otto, *Hitler hinter Festungsmauern*, Berlin, 1933.

Lyttelton, Adrian (ed.), *Italian Fascisms from Pareto to Gentile*, London, 1973.

Mack Smith, Dennis, *Mussolini*, London, 1983.

Mallett, Robert, *The Italian Navy and Fascist Expansionism 1935–40*, London, 1998.

Mann, Thomas, *Diaries, 1918–1939*, paperback edn, London, 1984.（トーマス・マン『トーマス・マン日記』岩田行一ほか訳，紀伊國屋書店，1985 年–）

Marckhgott, Gerhart, '"Von der Hohlheit des gemächlichen Lebens". Neues Material über die Familie Hitler in Linz', *Jahrbuch des Oberösterreichischen Musealvereins*, 138/1 (1993), 267–77.

Marx, Karl, *The Eighteenth Brumaire of Louis Bonaparte*, Moscow, 1954.（マルクス『ルイ・ボナパルトのブリュメール一八日』市橋秀泰訳，新日本出版社，2014 年／カール・マルクス『ルイ・ボナパルトのブリュメール 18 日　初版』植村邦彦訳，平凡社ライブラリー，2008 年ほか）

Maschmann, Melita, *Fazit. Mein Weg in der Hitler-Jugend*, 5th paperback edn, Munich, 1983.

Maser, Werner, *Die Frühgeschichte der NSDAP. Hitlers Weg bis 1924*, Frankfurt am Main/Bonn, 1965.（ヴェルナー・マーザー『ヒトラー』村瀬興雄・栗原優訳，紀伊國屋書店，1969 年）

——*Hitlers Mein Kampf*, Munich/Esslingen, 1966.

——*Adolf Hitler, Legende, Mythos, Wirklichkeit*, 3rd paperback edn, Munich 1973.（ヴェルナー・マーザー『人間としてのヒトラー』『政治家としてのヒトラー』黒川剛訳，サイマル出版会，1976 年ほか）

——*Adolf Hitler. Das Ende der Führer-Legende*, Düsseldorf/Vienna, 1980.

——*Hitlers Briefe und Notizen*, Düsseldorf, 1988.（ヴェルナー・マーザー編『ヒトラー自身のヒトラー』西義之訳，読売新聞社，1974 年）

——'Adolf Hitler: Vater eines Sohnes', *Zeitgeschichte*, 5 (1997–8), 173–202.（ウェルナー・マー

ザー『ヒトラー・ある息子の父親』西義之訳，TBSブリタニカ，1978年）
Mason, Timothy W., *Arbeiterklasse und Volksgemeinschaft. Dokumente und Materialien zur deutschen Arbeiterpolitik 1936–1939*, Opladen, 1975.
——'Women in Germany, 1925–1940: Family, Welfare, and Work', *History Workshop Journal*, 1 (1976), 74–113.
——*Sozialpolitik im Dritten Reich. Arbeiterklasse und Volksgemeinschaft*, Opladen, 1977.
Matthias, Erich, 'Die Sozialdemokratische Partei Deutschlands', in Erich Matthias and Rudolf Morsey (eds.), *Das Ende der Parteien 1933*, Königstein/Ts., 1979, 101–278.
Matthias, Erich, and Morsey, Rudolf (eds.), *Das Ende der Parteien 1933*, Königstein/Ts./Düsseldorf, 1979.
Matzerath, Horst, *Nationalsozialismus und kommunale Selbstverwaltung*, Stuttgart, 1970.
——'Oberbürgermeister im Dritten Reich', in Gerhard Hirschfeld and Lothar Kettenacker (eds.), *Der 'Führerstaat': Mythos und Realität. Studien zur Struktur und Politik des Dritten Reiches*, Stuttgart, 1981, 228–54.
Mau, Hermann, 'Die "Zweite Revolution"—der 30. Juni 1934', *VfZ*, 1 (1953), 119–37.
Mayr, Karl (= Anon.), 'I was Hitler's Boss', *Current History*, Vol. 1 No 3 (November 1941), 193–9.
McElligott, Anthony, '"... und so kam es zu einer schweren Schlägerei". Straßenschlachten in Altona und Hamburg am Ende der Weimarer Republik', in Maike Bruns *et al.* (eds.), *'Hier war doch alles nicht so schlimm'. Wie die Nazis in Hamburg den Alltag eroberten*, Hamburg, 1984, 58–85.
——'Mobilising the Unemployed: The KPD and the Unemployed Workers' Movement in Hamburg-Altona during the Weimar Republic', in Richard J. Evans and Dick Geary (eds.), *The German Unemployed*, London/Sydney, 1987, 228–60.
Meier, Kurt, *Kreuz und Hakenkreuz. Die evangelische Kirche im Dritten Reich*, Munich, 1992.
Meier-Benneckenstein, Paul, *Dokumente der deutschen Politik*, Bd. 1, 2nd edn, Berlin, 1937.
Meinck, Gerhard, *Hitler und die deutsche Aufrüstung*, Wiesbaden, 1959.
Meinecke, Friedrich, *Die deutsche Katastrophe*, 3rd edn, Wiesbaden, 1947.（フリードリッヒ・マイネッケ『ドイツの悲劇　考察と回想』矢田俊隆訳，弘文堂，1951年，再版1952年）
Meissner, Otto, *Staatssekretär unter Ebert-Hindenburg-Hitler*, Hamburg, 1950.
Meissner, Hans Otto, *30. Januar 1933. Hitlers Machtergreifung*, Munich, 1979.
Meissner, Hans Otto, and Wilde, Harry, *Die Machtergreifung*, Stuttgart, 1958.
Merkl, Peter, *Political Violence under the Swastika*, Princeton, 1975.
Merson, Allan, *Communist Resistance in Nazi Germany*, London, 1985.
Michalka, Wolfgang, 'Hitler im Spiegel der Psycho-History', *Francia*, 8 (1980), 595–611.
——*Ribbentrop und die deutsche Weltpolitik 1933–1940. Außenpolitische Konzeption und Entscheidungsprozesse im Dritten Reich*, Munich, 1980.
——*Das Dritte Reich. Dokumente zur Innen- und Außenpolitik*, 2 vols., Munich, 1985.
—— (ed.), 'Wege der Hitler-Forschung', *Quaderni di storia*, 8 (1978), 157–90.
Miller, Alice, *Am Anfang war Erziehung*, Frankfurt am Main, 1983.（A・ミラー『魂の殺人　親は子どもに何をしたか』山下公子訳，新曜社，1983年，新装版2013年）
Miltenberg, Weigand von (= Herbert Blank), *Adolf Hitler, Wilhelm III*, Berlin, 1931.
Milward, Alan S., 'The Reichsmark Bloc and the International Economy', in Gerhard

Hirschfeld and Lothar Kettenacker (eds.), *Der 'Führerstaat': Mythos und Realität. Studien zur Struktur und Politik des Dritten Reiches*, Stuttgart, 1981, 377–413.

Mitchell, Allan, *Revolution in Bavaria 1918–1919. The Eisner Regime and the Soviet Republic*, Princeton, 1965.

Möller, Horst, 'Die nationalsozialistische Machtergreifung. Konterrevolution oder Revolution?', *VfZ*, 31 (1983), 25–51.

——*Weimar. Die unvollendete Demokratie*, Munich, 1985.

Mommsen, Hans, 'Der Reichstagsbrand und seine politischen Folgen', *VfZ*, 12 (1964), 351–413.

——*Beamtentum im Dritten Reich*, Stuttgart, 1966.

——'Kumulative Radikalisierung und Selbstzerstörung des Regimes', *Meyers Enzyklopädisches Lexikon*, Bd. 16, Mannheim, 1976.

——'Nationalsozialismus oder Hitlerismus?', in Michael Bosch (ed.), *Persönlichkeit oder Struktur in der Geschichte*, Düsseldorf, 1977, 62–71.

——'National Socialism: Continuity and Change', in Walter Laqueur (ed.), *Fascism: A Reader's Guide*, Harmondsworth, 1979, 151–92.

——'Hitlers Stellung im nationalsozialistischen Herrschaftssystem', in Gerhard Hirschfeld and Lothar Kettenacker (eds.), *Der 'Führerstaat': Mythos und Realität. Studien zur Struktur und Politik des Dritten Reiches*, Stuttgart, 1981, 43–72.

——'Der Mythos des nationalen Aufbruchs und die Haltung der deutschen Intellektuellen und funktionalen Eliten', in *1933 in Gesellschaft und Wissenschaft*, ed. Pressestelle der Universität Hamburg, 1983, 127–41.

——'Die Realisierung des Utopischen: Die "Endlösung der Judenfrage" im "Dritten Reich"', *Geschichte und Gesellschaft*, 9 (1983), 381–420.

——*Adolf Hitler als 'Führer' der Nation*, Deutsches Institut für Fernstudien, Tübingen, 1984.

——'Van der Lubbes Weg in den Reichstag—der Ablauf der Ereignisse', in Uwe Backes *et al.*, *Reichstagsbrand. Aufklärung einer historischen Legende*, Munich/Zurich, 1986, 33–57.

——*Die verspielte Freiheit. Der Weg der Republik von Weimar in den Untergang*, Frankfurt am Main/Berlin, 1989.（ハンス・モムゼン『ヴァイマール共和国史　民主主義の崩壊とナチスの台頭』関口宏道訳，水声社，2001 年）

——'Regierung ohne Parteien. Konservative Pläne zum Verfassungsumbau am Ende der Weimarer Republik', in Heinrich August Winkler (ed.), *Die deutsche Staatskrise 1930–1933*, Munich, 1992.

——'Adolf Hitler und der 9. November 1923', in Johannes Willms (ed.), *Der 9. November. Fünf Essays zur deutschen Geschichte*, Munich, 1994, 33–48.

——'Die NSDAP als faschistische Partei', in Richard Saage (ed.), *Das Scheitern diktatorischer Legitimationsmuster und die Zukunftsfähigkeit der Demokratie*, Berlin, 1995, 257–71.

——*Das Volkswagenwerk und seine Arbeiter im Dritten Reich*, Düsseldorf, 1996.

——'Cumulative Radicalisation and Progressive Self-Destruction as Structural Determinants of the Nazi Dictatorship', in Ian Kershaw and Moshe Lewin (eds.), *Stalinism and*

Nazism: Dictatorships in Comparison, Cambridge, 1997, 75–87.
——'Ein schlecht getarnter Bandit. Sebastian Haffners historische Einschätzung Adolf Hitlers', *Frankfurter Allgemeine Zeitung*, 7 November 1997.
Mommsen, Wolfgang J., 'Die deutsche Revolution 1918–1920', *Geschichte und Gesellschaft*, 4 (1978), 362–91.
——*Der autoritäre Nationalstaat*, Frankfurt, 1990.
Moreau, Patrick, *Nationalsozialismus von links*, Stuttgart, 1984.
Morsey, Rudolf, 'Hitler als Braunschweiger Regierungsrat', *VfZ*, 8 (1960), 419–48.
——'Hitlers Verhandlungen mit der Zentrumsführung am 31. Januar 1933', *VfZ*, 9 (1961), 182–94.
——'Die deutsche Zentrumspartei', in Erich Matthias and Rudolf Morsey (eds.), *Das Ende der Parteien 1933*, Königstein/Ts., 1979, 281–453.
—— (ed.), *Das 'Ermächtigungsgesetz' vom 24. März 1933*, Düsseldorf, 1992.
Mosse, George L., *The Crisis of German Ideology*, London, 1966.（ジョージ・L・モッセ『フェルキッシュ革命　ドイツ民族主義から反ユダヤ主義へ』植村和秀ほか訳，柏書房，1998 年）
——*Germans and Jews*, London, 1971.
——*The Nationalisation of the Masses*, New York, 1975.（ゲオルゲ・L・モッセ『大衆の国民化　ナチズムに至る政治シンボルと大衆文化』佐藤卓己・佐藤八寿子訳，柏書房，1994 年）
——*Fallen Soldiers*, New York/Oxford, 1990.（ジョージ・L・モッセ『英霊　創られた世界大戦の記憶』宮武実知子訳，柏書房，2002 年）
Mosse, Werner (ed.), *Entscheidungsjahr 1932. Zur Judenfrage in der Endphase der Weimarer Republik*, Tübingen, 1965.
Mühlberger, Detlef, *Hitler's Followers. Studies in the Sociology of the Nazi Movement*, London, 1991.
Mühlen, Patrik von zur, 'Schlagt Hitler an der Saar!' *Abstimmungskampf, Emigranten und Widerstand im Saargebiet, 1933–1945*, Bonn, 1979.
Müller, Hans, *Katholische Kirche und Nationalsozialismus*, Munich, 1965.
Müller, Karl-Alexander von, *Mars und Venus. Erinnerungen 1914–1919*, Stuttgart, 1954.
——*Im Wandel einer Welt. Erinnerungen 1919–1932*, Munich, 1966.
Müller, Klaus-Jürgen, *General Ludwig Beck. Studien und Dokumente zur politisch-militärischen Vorstellungswelt und Tätigkeit des Geineralstabschefs des deutschen Heeres 1933–1938*, Boppard am Rhein, 1980.
——*Armee und Drittes Reich 1933–1939. Darstellung und Dokumentation*, Paderborn, 1987.
——*Das Heer und Hitler. Armee und nationalsozialistisches Regime 1933–1940*, (1969) 2nd edn, Stuttgart, 1988.
——'Deutsche Militär-Elite in der Vorgeschichte des Zweiten Weltkrieges', in Martin Broszat and Klaus Schwabe (eds.), *Deutsche Eliten und der Weg in den Zweiten Weltkrieg*, Munich, 1989.
——'Der Tag von Potsdam und das Verhältnis der Preußisch-deutschen Militär-Elite zum Nationalsozialismus', in Bernhard Kröner (ed.), *Potsdam—Stadt, Armee, Residenz*, Frankfurt am Main/Berlin, 1993, 435–49.
Münzenberg, Willi, *The Brown Book of the Hitler Terror and the Burning of the Reichstag*, Paris, 1933.

Nadolny, Rudolf, *Mein Beitrag. Erinnerungen eines Botschafters des Deutschen Reiches*, Cologne, 1985.

Nazi Conspiracy and Aggression, ed. Office of the United States Chief of Counsel for Prosecution of Axis Criminality, 9 vols. and 2 supplementary vols., Washington, DC. 1946–8.

Neumann, Franz, *Behemoth: the Structure and Practice of National Socialism*, London, 1942.（フランツ・ノイマン『ビヒモス　ナチズムの構造と実際』岡本友孝・小野英祐・加藤栄一訳，みすず書房，1963 年）

Nicholls, Anthony, 'The Bavarian Background to National Socialism', in Anthony Nicholls and Erich Matthias (eds.), *German Democracy and the Triumph of Hitler*, London, 1971, 99–128.

Niewyk, Donald L., *The Jews in Weimar Germany*, Louisiana/Manchester, 1980.

Nipperdey, Thomas, '1933 und Kontinuität der deutschen Geschichte', *Historische Zeitschrift*, 227 (1978), 86–111.

——*Deutsche Geschichte 1866–1918*, 2 vols., Munich, 1990–92.

Noakes, Jeremy, 'Conflict and Development in the NSDAP 1924–1927', *Journal of Contemporary History*, 1 (1966), 3–36.

——*The Nazi Party in Lower Saxony*, 1921–1933, Oxford, 1971.

——'Oberbürgermeister und Gauleiter im Dritten Reich', in Gerhard Hirschfeld and Lothar Kettenacker (eds.), *Der 'Führerstaat': Mythos und Realität. Studien zur Struktur und Politik des Dritten Reiches*, Stuttgart, 1981, 194–227.

——'Nazism and Revolution' in Noel O'Sullivan (ed.), *Revolutionary Theory and Political Reality*, London, 1983, 73–100.

——'Nazism and Eugenics: the Background to the Nazi Sterilisation Law of 14 July 1933', in R. J. Bullen, H. Pogge von Strandmann, and A. B. Polonsky (eds.), *Ideas into Politics*, London/Sydney, 1984, 75–94.

——'Wohin gehören die "Judenmischlinge"? Die Entstehung der ersten Durchführungsverordnungen zu den Nürnberger Gesetzen,' in Ursula Büttner (ed.), *Das Unrechtsregime. Verfolgung, Exil, Belasteter Neubeginn*, Hamburg, 1986, 69–90.

——'The Development of Nazi Policy towards the German-Jewish "Mischlinge" 1933–1945', *Yearbook of the Leo Baeck Institute*, 34 (1989), 291–354.

Noakes, Jeremy, and Pridham, Geoffrey (eds.), *Nazism 1919–1945: A Documentary Reader*, 4 vols., Exeter, 1983–98.

Nolte, Ernst, *Three Faces of Fascism*, Mentor edn, New York, 1969.

——*Der europäische Bürgerkrieg 1917–1945. Nationalsozialismus und Bolschewismus*, Berlin, 1987.

——'Zwischen Geschichtslegende und Revisionismus' and 'Vergangenheit, die nicht vergehen will', in *'Historikerstreit'. Die Dokumentation der Kontroverse um die Einzigartigkeit der nationalsozialistischen Judenvernichtung*, Munich, 1987, 13–47.（J・ハーバーマスほか『過ぎ去ろうとしない過去　ナチズムとドイツ歴史家論争』徳永恂ほか訳，人文書院，1995 年に収録されている）

Nyomarkay, Joseph, *Charisma and Fictionalism in the Nazi Party*, Minneapolis, 1967.

Oertel, Thomas, *Horst Wessel. Untersuchung einer Legende*, Cologne, 1980.

Ohr, Dieter, *Nationalsozialistische Propaganda und Weimarer Wahlen. Empirische Analysen zur Wirkung von NSDAP-Versammlungen*, Opladen, 1997.
Olden, Rudolf, *Hitler the Pawn*, London, 1936.
Orlow, Dietrich, *The History of the Nazi Party*, vol. 1, 1919–1933, Newton Abbot, 1971.
——*The History of the Nazi Party*, vol. 2, 1933–1945, Newton Abbot, 1973.
Orr, Thomas, 'Das war Hitler', *Revue*, Munich Series, Nr 37, 1952–Nr 8, 1953.
Overy, Richard J., *War and Economy in the Third Reich*, Oxford, 1994.
——*The Nazi Economic Recovery*, 2nd edn, Cambridge, 1996.
Padfield, Peter, *Himmler. Reichsführer-SS*, London, 1990.
Der Parteitag der Ehre vom 8. bis 14. September 1936, Munich, 1936.
Der Parteitag der Freiheit. Reden des Führers und ausgewählte Kongreßreden am Reichsparteitag der NSDAP, 1935, Munich, 1935.
Der Parteitag der Freiheit vom 10.-16. September 1935. Offizieller Bericht über den Verlauf des Reichsparteitages mit sämtlichen Kongreßreden, Munich, 1935.
Pätzold, Kurt, *Faschismus, Rassenwahn, Judenverfolgung. Eine Studie zur politischen Strategie und Taktik des faschistischen deutschen Imperialismus 1933–1935*, Berlin (East), 1975.
—— (ed.), *Verfolgung, Vertreibung, Vernichtung. Dokumente des faschistischen Antisemitismus 1933 bis 1942*, Leipzig, 1983.
Pätzold, Kurt, and Weißbecker, Manfred, *Geschichte der NSDAP*, Cologne, 1981.
——*Adolf Hitler. Eine politische Biographie*, Leipzig, 1995.
Paucker, Arnold, *Der jüdische Abwehrkampf gegen Antisemitismus und Nationalsozialismus in den letzten Jahren der Weimarer Republik*, Hamburg, 1968.
Paul, Gerhard, *'Deutsche Mutter—heim zu Dir!' Warum es mißlang, Hitler an der Saar zu schlagen. Der Saarkampf 1933 bis 1935*, Cologne, 1984.
——*Aufstand der Bilder. Die NS-Propaganda vor 1933*, 2nd edn, Bonn, 1992.
Paul, Gerhard, and Mahlmann, Klaus-Michael, *Milieus und Widerstand. Eine Verhaltensgeschichte der Gesellschaft im Nationalsozialismus*, Bonn, 1995.
Pauley, Bruce F., *Hitler and the Forgotten Nazis. A History of Austrian National Socialism*, London, 1981.
Pechel, Rudolf, *Deutscher Widerstand*, Erlenbach/Zurich, 1947.
Peis, Günter, 'Hitlers unbekannte Geliebte', *Der Stern*, 13 July 1959.
Petersen, Jens, *Hitler-Mussolini: Die Entstehung der Achse Berlin-Rom, 1933–1936*, Tübingen, 1973.
Petzina, Dietmar (Dieter), 'Hauptprobleme der deutschen Wirtschaft 1932–1933', *VfZ*, 15 (1967), 18–55.
——*Autarkiepolitik im Dritten Reich. Der nationalsozialistische Vierjahresplan*, Stuttgart, 1968.
——'Germany and the Great Depression', *Journal of Contemporary History*, 4 (1969), 59–74.
——*Die deutsche Wirtschaft in der Zwischenkriegszeit*, Wiesbaden, 1977.
——'Was there a Crisis before the Crisis? The State of the German Economy in the 1920s', in Jürgen Baron von Kruedener (ed.), *Economic Crisis and Political Collapse. The Weimar Republic 1924–1933*, New York/Oxford/Munich, 1990, 1–19,

Petzina, Dietmar, Abelshauser, Werner, and Faust, Anselm (eds.), *Sozialgeschichtliches Arbeitsbuch. Band III. Materialen zur Statistik des Dritten Reiches 1914–1945*, Munich, 1978.

Peukert, Detlev J. K., *Die KPD im Widerstand. Verfolgung und Untergrundarbeit an Rhein und Ruhr 1933–1945*, Wuppertal, 1980.

——'The Lost Generation: Youth Unemployment at the End of the Weimar Republic', in Richard J. Evans and Dick Geary (eds.), *The German Unemployed*, London/Sydney, 1987, 172–93.

——*Die Weimarer Republik. Krisenjahre der Klassischen Moderne*, Frankfurt am Main, 1987.（デートレフ・ポイカート『ワイマル共和国　古典的近代の危機』小野清美・田村栄子・原田一美訳，名古屋大学出版会，1993 年）

Phelps, Reginald H., '"Before Hitler Came": Thule Society and Germanen Orden', *Journal of Modern History*, 35（1963）, 245–61.

——'Hitler als Parteiredner im Jahre 1920', *VfZ*, 11（1963）, 274–330.

——'Hitlers "grundlegende" Rede über den Antisemitismus', *VfZ*, 16（1968）, 390–420.

——'Hitler and the Deutsche Arbeiterpartei', in Henry A. Turner (ed.), *Nazism and the Third Reich*, New York, 1972, 5–19.

Picker, Henry, *Hitlers Tischgespräche im Führerhauptquartier 1941/42*, ed. Percy Ernst Schramm, Stuttgart, 1963.

Plewnia, Margarete, *Auf dem Weg zu Hitler. Der völkische Publizist Dietrich Eckart*, Bremen, 1970.

Poliakov, Léon, *The History of Anti-Semitism*, vol. iv.（*Suicidal Europe, 1870–1933*）, Oxford, 1985.（レオン・ポリアコフ『自殺に向かうヨーロッパ』（反ユダヤ主義の歴史第 4 巻）小幡谷友二・高橋博美・宮崎海子訳，筑摩書房，2006 年）

Preller, Ludwig, *Sozialpolitik in der Weimarer Republik*, Düsseldorf（1949）, 1978.

Price, G. Ward, *I Know These Dictators*, London, 1937.

Pridham, Geoffrey, *Hitler's Rise to Power. The Nazi Movement in Bavaria, 1923–1933*, London, 1973.（G・プリダム『ヒトラー権力への道　ナチズムとバイエルン 1923–1933 年』垂水節子・豊永泰子訳，時事通信社，1975 年）

Pulzer, Peter, *The Rise of Political Antisemitism in Germany and Austria*, rev. edn, London, 1988.

Rabitsch, Hugo, *Aus Adolf Hitlers Jugendzeit*, Munich, 1938.

Rasp, Hans-Peter, 'Bauten und Bauplanung für die "Hauptstadt der Bewegung"', in *München—'Hauptstadt der Bewegung'*, ed. Münchner Stadtmuseum, Munich, 1993.

Rauh, Manfred, *Die Parlamentarisierung des deutschen Reiches*, Düsseldorf, 1977.

Rauh-Kühne, Cornelia, *Katholisches Milieu und Kleinstadtgesellschaft. Ettlingen 1918–1939*, Sigmaringen, 1991.

Rauschning; Hermann, *Die Revolution des Nihilismus. Kulisse und Wirklichkeit im Dritten Reich*, Zurich/New York, 1938.（ヘルマン・ラウシュニング『ニヒリズムの革命』菊盛英夫・三島憲一訳，筑摩書房，1972 年／ヘルマン・ラウシュニング『ニヒリズム革命』片岡啓治訳，学芸書林，1972 年）

Rautenberg, Hans-Jürgen, 'Drei Dokumente zur Planung eines 300.000–Mann-Friedensheeres aus dem Dezember 1933', *Militärgeschichtliche Mitteilungen*, 22（1977）, 103–39.

Rees, Laurence, *The Nazis. A Warning from History*, London, 1997.

Reichel, Peter, *Der schöne Schein des Dritten Reiches. Faszination und Gewalt des Faschismus*, Frankfurt am Main, 1993.

'Das Reichsministerium des Innern und die Judengesetzgebung. Aufzeichnungen von Dr. Bernhard Lösener', *VfZ*, 9 (1961), 262–311.

Reissner, Larissa, *Hamburg at the Barricades*, London, 1977. (ラリサ・ライスナー『ヨーロッパ革命の前線から』野村修訳，平凡社，1991年)

Reulecke, Jürgen, '"Hat die Jugendbewegung den Nationalsozialismus vorbereitet?" Zum Umgang mit einer falschen Frage', in Wolfgang R. Krabbe (ed.), *Politische Jugend in der Weimarer Republik*, Bochum, 1993, 222–43.

Reuth, Ralf Georg, *Goebbels*, Munich, 1990.

—— (ed.), *Joseph Goebbels, Tagebücher*, 5 vols., Munich, 1992.

Rheinbaben, Werner Freiherr von, *Viermal Deutschland. Aus dem Erleben eines Seemanns, Diplomaten, Politikers 1895–1954*, Berlin, 1954.

Ribbentrop, Joachim von, *The Ribbentrop Memoirs*, London, 1954.

Rich, Norman, *Hitler's War Aims*, 2 vols., London, 1973–4.

Riefenstahl, Leni, *A Memoir*, New York, 1993. (レニ・リーフェンシュタール『回想』椛島則子訳，文藝春秋，1991年／レニ・リーフェンシュタール『回想　20世紀最大のメモワール』椛島則子訳，文春文庫，1995年)

Riesenberger, Dieter, 'Biographie als historiographisches Problem', in Michael Bosch (ed.), *Persönlichkeit und Struktur in der Geschichte*, Düsseldorf, 1977, 25–39.

Ritchie, J. M., *German Literature under National Socialism*, London/Canberra, 1983.

Ritter, Gerhard, *Carl Goerdeler und die deutsche Widerstandsbewegung*, Stuttgart, 1956.

——*Das deutsche Problem. Grundfragen deutschen Staatslebens gestern und heute*, Munich, 1962.

Robertson, Esmonde M., 'Zur Wiederbesetzung des Rheinlandes 1936', *VfZ*, 10 (1962), 178–205.

——*Hitler's Pre-War Policy and Military Plans, 1933–1939*, London, 1963.

Röhl, John C. G., 'Kaiser Wilhelm II. eine Charakterskizze', in John C. G. Röhl, *Kaiser, Hof und Staat*, Munich, 1987, 17–34.

——*Wilhelm II. Die Jugend des Kaisers 1859–1888*, Munich, 1993.

Röhm, Ernst, *Die Geschichte eines Hochverräters*, 2nd edn, Munich, 1930.

Rosenbaum, Ron, 'Explaining Hitler', *New Yorker*, 1 May 1995, 50–70.

Rosenberg, Alfred, *Letzte Aufzeichnungen. Ideale und Idole der nationalsozialistischen Revolution*, Göttingen, 1948.

Rosenhaft, Eva, *Beating the Fascists? The German Communists and Political Violence, 1929–1933*, London, 1983.

——'The Unemployed in the Neighbourhood: Social Dislocation and Political Mobilisation in Germany, 1929–1933', in Richard J. Evans and Dick Geary (eds.), *The German Unemployed*, London/Sydney, 1987, 194–227.

Roßbach, Gerhard, *Mein Weg durch die Zeit. Erinnerungen und Bekenntnisse*, Weilburg/Lahn, 1950.

Rößler, H., 'Erinnerungen an den Kirchenkampf in Coburg', *Jahrbuch der Coburger*

Landesstiftung (1975).
Rubenstein, Joshua, *Hitler*, London, 1984.
Ruge, Wolfgang, 'Monopolbourgeoisie, faschistische Massenbasis und NS-Programmatik', in Dietrich Eichholtz and Kurt Gossweiler (eds.), *Faschismusforschung. Positionen, Probleme, Polemik*, Berlin (East), 1980, 125–55.
——*Das Ende von Weimar. Monopolkapital und Hitler*, Berlin (East), 1983.
Rürup, Reinhard, *Probleme der Revolution in Deutschland 1918/19*, Wiesbaden, 1968.
——'Demokratische Revolution und "dritter Weg"', *Geschichte und Gesellschaft*, 9 (1983), 278–301.
Sackett, Robert Eben, *Popular Entertainment, Class and Politics in Munich*, 1900–1923, Cambridge, Mass., 1982.（ロバート・エーベン・サケット『ミュンヘン・キャバレー・政治 1900–1923』大島かおり訳，晶文社，1988 年）
——'Images of the Jew: Popular Joketelling in Munich on the Eve of World War I', *Theory and Society*, 16 (1987), 527–63.
Sauder, Gerhard, *Die Bücherverbrennung*, Munich/Vienna, 1983.
Sauer, Paul, *Württemberg in der Zeit des Nationalsozialismus*, Ulm, 1975.
Sauer, Wolfgang, 'National Socialism: Totalitarianism or Fascism?', *American Historical Review*, 73 (1967–8), 404–24.
Sauerbruch, Ferdinand, *Das war mein Leben*, Bad Wörishofen, 1951.
Schacht, Hjalmar, *My First Seventy-Six Years*, London, 1955.（H・シャハト『我が生涯』永川秀男訳，経済批判社，1954 年）
Schenck, Ernst Günther, *Patient Hitler. Eine medizinische Biographie*, Düsseldorf, 1989.
Scheringer, Richard, *Das große Los. Unter Soldaten, Bauern und Rebellen*, Hamburg, 1959.
Scheurig, Bodo, *Ewald von Kleist-Schmenzin. Ein Konservativer gegen Hitler*, Frankfurt am Main, 1994.
Schildt, Axel, 'Radikale Antworten von rechts auf die Kulturkrise der Jahrhundertwende', *Jahrbuch für Antisemitismusforschung*, 4 (1995), 63–87.
Schildt, Gerhard, *Die Arbeitsgemeinschaft Nord-West. Untersuchungen zur Geschichte der NSDAP 1925/6*, Diss.Phil., Freiburg, 1964.
Schirach, Baldur von, *Ich glaubte an Hitler*, Hamburg, 1967.
Schirach, Henriette von, *Der Preis der Herrlichkeit. Erlebte Zeitgeschichte*, Munich/Berlin, 1975.
Schleunes, Karl A., *The Twisted Road to Auschwitz. Nazi Policy towards German Jews 1933–1939*, Urbana/Chicago/London, 1970.
Schmädeke, Jürgen, Bahar, Alexander, and Kugel, Wilfried, 'Der Reichstagsbrand in neuem Licht', *Historische Zeitschrift*, 269 (1999), 603–51.
Schmidt, Christoph, 'Zu den Motiven "alter Kämpfer" in der NSDAP', in Detlev Peukert and Jürgen Reulecke (eds.), *Die Reihen fast geschlossen*, Wuppertal, 1981, 21–43.
Schmidt, Paul, *Statist auf diplomatischer Bühne 1923–45. Erlebnisse des Chefdolmetschers im Auswärtigen Amt mit den Staatsmännern Europas*, Bonn, 1953.（パウル・シュミット『外交舞台の脇役（1923–1945）ドイツ外務省首席通訳官の欧州政治家達との体験』長野明訳，日本図書刊行会，1998 年）
Schmolze, Gerhard (ed.), *Revolution und Räterepublik in München 1918/19 in*

Augenzeugenberichten, Düsseldorf, 1969.
Schneider, Hans, 'Das Ermächtigungsgesetz vom 24. März 1933. Bericht über das Zustandekommen und die Anwendung des Gesetzes', *VfZ*, 1 (1953), 197–221.
Scholder, Klaus, *Die Kirchen und das Dritte Reich*, vol. 1, Frankfurt am Main/Berlin/Vienna, 1977.
Scholdt, Günter, *Autoren über Hitler. Deutschsprachige Schriftsteller 1919–1945 und ihr Bild vom 'Führer'*, Bonn, 1993.
Schöllgen, Gregor, 'Das Problem einer Hitler-Biographie. Überlegungen anhand neuerer Darstellungen des Falles Hitler', *Neue politische Literatur*, 23 (1978), 421–34; reprinted in Karl Dietrich Bracher, Manfred Funke, and Hans-Adolf Jacobsen (eds.), *Nationalsozialistische Diktatur 1933–1945. Eine Bilanz*, Bonn, 1983, 687–705.
Schöner, Hellmut (ed.), *Hitler-Putsch im Spiegel der Presse*, Munich, 1974.
Schorske, Carl E., *Fin-de-Siècle Vienna. Politics and Culture*, New York, 1979.（カール・E. ショースキー『世紀末ウィーン　政治と文化』安井琢磨訳，岩波書店，1983 年）
Schott, Georg, *Das Volksbuch vom Hitler*, Munich, 1924.
Schreiber, Gerhard, *Hitler, Interpretationen, 1923–1983. Ergebnisse, Methoden und Probleme der Forschung*, Darmstadt, 1984.
——'Hitler und seine Zeit—Bilanzen, Thesen, Dokumente', in Wolfgang Michalka (ed.), *Die deutsche Frage in der Weltpolitik*, Stuttgart, 1986, 137–64.
Schroeder, Christa, *Er war mein Chef. Aus dem Nachlaß der Sekretärin von Adolf Hitler*, Munich/Vienna, 1985.
Schubert, Günter, *Anfänge nationalsozialistischer Außenpolitik*, Cologne, 1963.
Schulthess' Europäischer Geschichtskalender, Bd. 74 (1933) and Bd. 76 (1936), Munich, 1934 and 1936.
Schulz, Gerhard, *Von Brüning zu Hitler. Der Wandel des politischen Systems in Deutschland 1930–1933*, Berlin/New York, 1992.
Schumpeter, Joseph P., *Aufsätze zur Soziologie*, Tübingen, 1953.
Schwarzwäller, Wulf, *The Unknown Hitler*, Bethesda, Maryland, 1989.（ヴルフ・シュワルツヴェラー『独裁者ヒトラーの錬金術　ミダス王になろうとした男』佐々木秀訳，西村書店，1991 年）
Schwend, Karl, *Bayern zwischen Monarchie und Diktatur*, Munich, 1954.
Schwerin von Krosigk, Lutz Graf, *Es geschah in Deutschland*, Tübingen/Stuttgart, 1951.
——*Staatsbankrott*, Göttingen, 1974.
Sebottendorff, Rudolf von, *Bevor Hitler kam*, 2nd edn, Munich, 1934.
Seidler, Franz W., *Fritz Todt. Baumeister des Dritten Reiches*, Munich/Berlin, 1986.
Seraphim, Hans-Günther (ed.), *Das politische Tagebuch Alfred Rosenbergs 1934/35 und 1939/40*, Munich, 1964.
Shirer, William, *Berlin Diary, 1934–1941*, (1941) Sphere Books edn, London, 1970.（ウィリアム・シャイラー『ベルリン日記　1934–40』大久保和郎・大島かおり訳，筑摩書房，1977 年ほか）
Smelser, Ron, and Zitelmann, Rainer (eds.), *Die braune Elite*, Darmstadt, 1989.
Smelser, Ronald, *Robert Ley: Hitler's Labor Front Leader*, Oxford/New York/Hamburg, 1988.

Smith, Bradley F., *Adolf Hitler. His Family, Childhood, and Youth*, Stanford, 1967.

——*Heinrich Himmler 1900–1926. Sein Weg in den deutschen Faschismus*, Munich, 1979.

Smith, Woodruff D., *The Ideological Origins of Nazi Imperialism*, New York/Oxford, 1986.

Sohn-Rethel, Alfred, *Ökonomie und Klassenstruktur des deutschen Faschismus*, Frankfurt am Main, 1975.

Sommerfeld, Martin H., *Ich war dabei. Die Verschwörung der Dämonen 1933–1939. Ein Augenzeugenbericht*, Darmstadt, 1949.

Sontheimer, Kurt, 'Der Tatkreis', *VfZ*, 7 (1959), 229–60.

——*Antidemokratisches Denken in der Weimarer Republik*, 3rd edn, Munich, 1992.（K・ゾントハイマー『ワイマール共和国の政治思想　ドイツ・ナショナリズムの反民主主義思想』河島幸夫・脇圭平訳，ミネルヴァ書房，1976 年）

Speer, Albert, *Erinnerungen*, Frankfurt am Main/Berlin, 1969.（アルベルト・シュペーア『第三帝国の神殿にて　ナチス軍需相の証言』品田豊治訳，中公文庫，2001 年／アルバート・シュペール『ナチス狂気の内幕　シュペールの回想録』品田豊治訳，読売新聞社，1970 年）

——*Spandau. The Secret Diaries*, Fontana edn, London, 1977.

Spindler, Max, *Handbuch der bayerischen Geschichte*, vol. iv, Teil 1 and 2, Munich, 1975.

Spitzy, Reinhard, *So haben wir das Reich verspielt. Bekenntnisse eines Illegalen*, Munich (1986), 4th edn, 1994.

Stachura, Peter D., *Nazi youth in the Weimar Republic*, Santa Barbara/Oxford, 1975.

——'"Der Fall Strasser": Strasser, Hitler, and National Socialism, 1930–1932', in Peter Stachura (ed.), *The Shaping of the Nazi State*, London, 1978, 88–130.

——'Der kritische Wendepunkt? Die NSDAP und die Reichstagswahlen vom 20. Mai 1928', *VfZ*, 26 (1978), 66–99.

——*Gregor Strasser and the Rise of Nazism*, London, 1983.

——'The Social and Welfare Implications of Youth Unemployment in Weimar Germany', in Peter D. Stachura (ed.), *Unemployment and the Great Depression in Weimar Germany*, London, 1986, 121–47.

——*The Weimar Republic and the Younger Proletariat*, London, 1989.

——*Political Leaders in Weimar Germany*, Hemel Hempstead, 1993.

Stark, Gary D., *Entrepreneurs of Ideology. Neoconservative Publishers in Germany, 1890–1933*, Chapel Hill, 1981.

Statistisches Reichsamt (ed.), *Statistisches Jahrbuch für das deutsche Reich, 1935*, Berlin, 1935.

——*Statistisches Jahrbuch für das deutsche Reich, 1936*, Berlin, 1936.

Stegmann, Dirk, 'Zwischen Repression und Manipulation: Konservative Machteliten und Arbeiter- und Angestelltenbewegung 1910–1918. Ein Beitrag zur Vorgeschichte der DAP/NSDAP', *Archiv für Sozialgeschichte*, 12 (1972), 351–432.

Steinert, Marlis, *Hitlers Krieg und die Deutschen. Stimmung und Haltung der deutschen Bevölkerung im Zweiten Weltkrieg*, Düsseldorf, 1970.

——*Hitler*, Munich, 1994.

Steinle, Jürgen, 'Hitler als "Betriebsunfall in der Geschichte."', *Geschichte in Wissenschaft und Unterricht*, 45 (1994), 288–302.

Stern, Fritz, *The Politics of Cultural Despair*, Berkeley, 1961.（スターン『文化的絶望の政治

ゲルマン的イデオロギーの台頭に関する研究』中道寿一訳，三嶺書房，1988 年）
Stern, J. P., *Hitler: the Führer and the People*, London, 1975.（J・P・スターン『ヒトラー神話の誕生　第三帝国と民衆』山本尤訳，社会思想社，1983 年，新装版 1989 年）
Stierlin, Helm, *Adolf Hitler. Familienperspektiven*, Frankfurt am Main, 1976.
Stoakes, Geoffrey, *Hitler and the Quest for World Dominion*, Leamington Spa, 1987.
Stöver, Bernd, *Volksgemeinschaft im Dritten Reich*, Düsseldorf, 1993.
Stoltenberg, Gerhard, *Politische Strömungen im schleswig-holsteinischen Landvolk 1918–1933*, Düsseldorf, 1962.
Strasser, Otto, *Ministersessel oder Revolution?*, Berlin, 1930.
——*Hitler und ich*, Buenos Aires, n.d.（1941?）, and Constance, 1948.
Striefler, Christian, *Kampf um die Macht. Kommunisten und Nationalsozialisten am Ende der Weimarer Republik*, Berlin, 1993.
Suhr, Elke, *Carl von Ossietzky. Eine Biographie*, Cologne, 1988.
Die Tagebücher von Joseph Goebbels. Sämtliche Fragmente. Teil 1, Aufzeichnungen 1924–1941, ed. Elke Fröhlich, 4 Bde., Munich etc., 1987.
Tausk, Walter, *Breslauer Tagebuch 1933–1940*, Berlin（East）, 1975.
Taylor, A. J. P., *The Origins of the Second World War*,（1961）, revised edn, Harmondsworth, 1964.（A・J・P・テイラー『第二次世界大戦の起源』吉田輝夫訳，中央公論社，1977 年，講談社学術文庫，2011 年）
Thamer, Hans-Ulrich, *Verführung und Gewalt. Deutschland 1933–1945*, Berlin, 1986.
Theweleit, Klaus, *Männerphantasien*, Rowohlt edn, 2 vols., Reinbek bei Hamburg, 1980.
Tobias, Fritz, *Der Reichstagsbrand. Legende und Wirklichkeit*, Rastatt/Baden, 1962.
Toland, John, *Adolf Hitler*, London, 1976.（ジョン・トーランド『アドルフ・ヒトラー』永井淳訳，集英社，1979 年）
Toller, Ernst, *I Was a German*, London, 1934.
Tracy, Donald R., 'The Development of the National Socialist Party in Thuringia 1924–30', *Central European History*, 8（1975）, 23–50.
Treue, Wilhelm（ed.）, *Deutschland in der Weltwirtschaftskrise in Augenzeugenberichten*, 2nd edn, Düsseldorf, 1967.
Trevor-Roper, Hugh, *'The Mind of Adolf Hitler'*, introduction to *Hitler's Table Talk, 1941–44*, London, 1953, vii-xxxv.
——'Hitlers Kriegsziele', *VfZ*, 8（1960）, 121–33.
——*The Last Days of Hitler*, 3rd edn, London, 1962.（トレヴァ＝ローパー『ヒトラー最期の日』橋本福夫訳，筑摩書房，1975 年ほか）
Tuchel, Johannes, *Konzentrationslager*, Boppard am Rhein, 1991.
Turner, Henry Ashby, 'Big Business and the Rise of Hitler', in Henry A. Turner（ed.）, *Nazism and the Third Reich*, New York, 1972, 89–108（originally publ. in *American Historical Review*, 75（1969）, 56–70）.
——'Hitlers Einstellung zu Wirtschaft und Gesellschaft vor 1933', *Geschichte und Gesellschaft*, 2（1976）, 89–117.
——*German Big Business and the Rise of Hitler*, New York/Oxford, 1985.
——*Geißel des Jahrhunderts. Hitler und seine Hinterlassenschaft*, Berlin, 1989.
——*Hitler's Thirty Days to Power: January 1933*, London, 1996.（H・A・ターナー・ジュニア

『独裁者は 30 日で生まれた　ヒトラー政権誕生の真相』関口宏道訳，白水社，2015 年）
Turner, Henry A., and Matzerath, Horst, 'Die Selbstfinanzierung der NSDAP 1930–1932', *Geschichte und Gesellschaft*, 3（1977）, 59–92.
Tyrell, Albrecht, *Führer befiehl... Selbstzeugnisse aus der 'Kampfzeit' der NSDAP*, Düsseldorf, 1969.
——*Vom 'Trommler' zum 'Führer'*, Munich, 1975.
——*Reichsparteitag der NSDAP, 19–21 August 1927*, Film-edition G122 des Instituts für den wisssenschaftlichen Film, ser. 4, no. 4/G122, Gottingen, 1976.
——'Gottfried Feder and the NSDAP', in Peter Stachura (ed.), *The Shaping of the Nazi State*, London, 1978, 49–87.
——'Wie er der "Führer" wurde', in Guido Knopp (ed.), *Hitler heute. Gespräche über ein deutsches Trauma*, Aschaffenburg, 1979, 20–48.
Unruh, Friedrich Franz von, *Der National-Sozialismus*, Frankfurt am Main, 1931.
Vogelsang, Thilo, 'Neue Dokumente zur Geschichte der Reichswehr 1930–1933', *VfZ*, 2（1954）, 397–436.
——'Zur Politik Schleichers gegenüber der NSDAP 1932', *VfZ*, 6（1958）, 86–118.
——'Hitlers Brief an Reichenau vom 4. Dezember 1932', *VfZ*, 7（1959）, 429–37.
——*Reichswehr, Staat und NSDAP*, Stuttgart, 1962.
Volk, Ludwig, *Der bayerische Episkopat und der Nationalsozialismus 1930–1934*, Mainz, 1965.
Volkogonov, Dmitri, *Stalin: Triumph and Tragedy*, London, 1991.（ドミートリー・ヴォルコゴーノフ『勝利と悲劇　スターリンの政治的肖像』生田真司訳，朝日新聞社，1992 年）
Vondung, Klaus, *Magie und Manipulation. Ideologischer Kult und politische Religion des Nationalsozialismus*, Göttingen, 1971.（K・フォンドゥング『ナチズムと祝祭　国家社会主義のイデオロギー的祭儀と政治的宗教』池田昭訳，未來社，1988 年）
Waddington, Geoffrey T., 'Hitler, Ribbentrop, die NSDAP und der Niedergang des Britischen Empire 1935–1938', *VfZ*, 40（1992）, 273–306.
——'"An idyllic and unruffled atmosphere of complete Anglo-German misunderstanding": Aspects of the Operations of the Dienststelle Ribbentrop in Great Britain, 1934–1939', *History*, 82（1997）, 44–72.
Wagener, Otto, *Hitler aus nächster Nähe. Aufzeichnungen eines Vertrauten 1929–1932*, ed. Henry A. Turner, 2nd edn, Kiel, 1987.
Wagner, Friedelind, *The Royal Family of Bayreuth*, London, 1948.
Waite, Robert G. L., *Vanguard of Nazism. The Free Corps Movement in Postwar Germany 1918–1923*, Cambridge, Mass., 1952.（ロバート・G・L・ウェイト『ナチズムの前衛』山下貞雄訳，新生出版，2007 年）
——*The Psychopathic God: Adolf Hitler*, New York, 1977.
Watt, Donald Cameron, 'Die bayerischen Bemühungen um Ausweisung Hitlers 1924', *VfZ*, 6（1958）, 270–80.
——'German Plans for the Reoccupation of the Rhineland. A Note', *JCH*, I（1966）, 193–9.
——'The Secret Laval-Mussolini Agreement of 1935 on Ethiopia', in Esmonde M. Robertson, *The Origins of the Second World War*, London, 1971, 225–42.
Weber, Max, *Wirtschaft und Gesellschaft*, 5th revised edn, Tübingen, 1972.（マックス・ウェ

ーバー『経済と社会』（第1部第3-4章）の翻訳としてマックス・ウェーバー『支配の諸類型』世良晃志郎訳，創文社，1970年）
Wehler, Hans-Ulrich, *Das Deutsche Kaiserreich 1871–1918*, Göttingen, 1973.（ハンス - ウルリヒ・ヴェーラー『ドイツ帝国1871–1918年』大野英二・肥前榮一訳，未來社，1983年）
——'30. Januar 1933—Ein halbes Jahrhundert danach', *Aus Politik und Zeitgeschichte*, 29 January 1983, 43–54.
——*Deutsche Gesellschaftsgeschichte, Dritter Band, 1849–1914*, Munich, 1995.
——'Wirtschaftliche Entwicklung, sozialer Wandel, politische Stagnation: Das deutsche Kaiserreich am Vorabend des Ersten Weltkrieges', in Simone Lässig and Karl Heinrich Pohl (eds.), *Sachsen im Kaiserreich*, Dresden, 1997, 301–8.
Weinberg, Gerhard L., *The Foreign Policy of Hitler's Germany. Diplomatic Revolution in Europe 1933–36*, Chicago/London, 1970.
—— (ed.), *Hitlers Zweites Buch. Ein Dokument aus dem Jahr 1928*, Stuttgart, 1961.（アドルフ・ヒトラー『ヒトラー第二の書　自身が刊行を禁じた「続・わが闘争」』立木勝訳，成甲書房，2004年／アドルフ・ヒトラー『続・わが闘争　生存圏と領土問題』平野一郎訳，角川文庫，2004年）
Weisbrod, Bernd, *Schwerindustrie in der Weimarer Republik*, Wuppertal, 1978.
——'Gewalt in der Politik. Zur politischen Kultur in Deutschland zwischen den beiden Weltkriegen', *Geschichte in Wissenschaft und Unterricht*, 43 (1992), 392–404.
Weiß, Josef, *Obersalzberg. The History of a Mountain*, Berchtesgaden (n.d., 1955).
Weißmann, Karlheinz, *Der Weg in den Abgrund 1933–1945*, Berlin, 1995.
Welch, David, *Propaganda and the German Cinema, 1933–1945*, Oxford, 1983.
Wendt, Bernd-Jürgen, 'Südosteuropa in der nationalsozialistischen Großraumwirtschaft', in Gerhard Hirschfeld and Lothar Kettenacker (eds.), *Der 'Führerstaat': Mythos und Realität. Studien zur Struktur und Politik des Dritten Reiches*, Stuttgart, 1981, 414–28.
——*Großdeutschland. Außenpolitik und Kriegsvorbereitung des Hitler-Regimes*, Munich, 1987.
Wheeler-Bennett, John W., *The Nemesis of Power, The German Army in Politics*, London, 1953.（ウィーラー・ベネット『国防軍とヒトラー　1918〜1945』山口定訳，みすず書房，1961年，新装版2002年ほか）
Whiteside, Andrew G., *Austrian National Socialism before 1918*, The Hague, 1962.
——*The Socialism of Fools. Georg von Schönerer and Austrian Pan-Germanism*, Berkeley/Los Angeles, 1975.
Wiedemann, Fritz, *Der Mann, der Feldherr werden wollte*, Velbert/Kettwig, 1964.
Wiegrefe, Klaus, 'Flammendes Fanal', *Der Spiegel*, 15 (2001), 38–58.
Winkler, Heinrich August, 'Extremismus der Mitte? Sozialgeschichtliche Aspekte der nationalsozialistischen Machtergreifung', *VfZ*, 20 (1972), 175–91.
——*Mittelstand, Demokratie und Nationalsozialismus*, Cologne, 1972.
——'German Society, Hitler, and the Illusion of Restoration 1930–33', *Journal of Contemporary History*, 11 (1976), 1–16.
——*Der Weg in die Katastrophe. Arbeiter und Arbeiterbewegung in der Weimarer Republik 1930 bis 1933*, Berlin/Bonn, 1987.
——*Weimar 1918–1933: Die Geschichte der ersten deutschen Demokratie*, Munich, 1993.

Wippermann, Wolfgang (ed.), *Kontroversen um Hitler*, Frankfurt am Main, 1986.
Wistrich, Robert, *Wer war wer im Dritten Reich*, Munich, 1983.（ロベルト・S・ヴィストリヒ編『ナチス時代ドイツ人名事典』滝川義人訳，東洋書林，2002 年）
Witkop, Philipp (ed.), *Kriegsbriefe gefallener Studenten*, Munich, 1928.（ヴィットコップ編『ドイツ戦歿学生の手紙』高橋健二訳，岩波新書，1982 年ほか）
Wollstein, Günter, 'Eine Denkschrift des Staatssekretars Bernhard von Bülow vom März 1933', *Militärgeschichtliche Mitteilungen*, 1 (1973), 77–94.
——*Vom Weimarer Revisionismus zu Hitler*, Bonn/Bad Godesberg, 1973.
Wurm, Theophil, *Erinnerungen aus meinem Leben*, Stuttgart, 1953.
Zitelmann, Rainer, *Hitler. Selbstverständnis eines Revolutionärs*, Hamburg/Leamington Spa/New York, 1987.
——*Adolf Hitler. Eine politische Biographie*, Göttingen/Zurich, 1989.
——'Nationalsozialismus und Moderne. Eine Zwischenbilanz', in Werner Süß (ed.), *Übergänge. Zeitgeschichte zwischen Utopie und Machbarkeit*, Berlin, 1990, 195–223.
——'Die totalitäre Seite der Moderne', in Michael Prinz and Rainer Zitelmann (eds.), *Nationalsozialismus und Modernisierung*, Darmstadt, 1991.
Zofka, Zdenek, *Die Ausbreitung des Nationalsozialismus auf dem Lande*, Munich, 1979.
Zoller, Albert, *Hitler privat. Erlebnisbericht seiner Geheimsekretärin*, Düsseldorf, 1949.
Zollitsch, Wolfgang, 'Adel und adlige Machteliten in der Endphase der Weimarer Republik. Standespolitik und agrarische Interessen', in Heinrich August Winkler (ed.), *Die deutsche Staatskrise 1930–1933*, Munich, 1992, 239–56.

口絵写真一覧

39. 大統領選挙の候補者ポスター（Bundesarchiv, Koblenz）
40. ノイデックでの議論（AKG／PPS 通信社）
41. 首相クルト・フォン・シュライヒャー（AKG／PPS 通信社）
42. イヴニングを着用したヒトラー（Bayerische Staatsbibliothek, Munich）
43. 大統領ヒンデンブルクに頭を下げるヒトラー（AKG／PPS 通信社）
44. 共産党員に対する突撃隊の暴行（AKG／PPS 通信社）
45. ユダヤ人医師に対するボイコット（AKG／PPS 通信社）
46. 拘留される年配のユダヤ人（AKG／PPS 通信社）
47. 「国民勤労の日」のヒンデンブルクとヒトラー（AKG／PPS 通信社）
48. ヒトラーとエルンスト・レーム（Süddeutscher Verlag, Munich）
49. ハンス・フォン・ノルデンのデザインによる絵葉書（Karl Stehle, Munich）
50. 絵葉書「動物好きの総統」（Karl Stehle, Munich）
51. 「レーム粛清」を正当化するヒトラー（©bpk／distributed by AMF）
52. ヒトラー，レオンハルト・ガル教授，建築家アルベルト・シュペーア（Bayerische Staatsbibliothek, Munich）
53. バイエルンの少年少女とヒトラー（Bayerische Staatsbibliothek, Munich）
54. レンバッハ広場（ミュンヒェン）のメルセデス・ベンツの展示場（Stadtarchiv, Landeshauptstadt Munich）
55. ヒトラーとユリウス・シャウプ，アルベルト・フェーグラー，フリッツ・ティッセン，エルンスト・ボルベット（AKG／PPS 通信社）
56. 「山のヒトラー」：ハインリヒ・ホフマンの出版物（Bayerische Staatsbibliothek, Munich）
57. 将軍廟に集まった新兵，1935 年（Bayerische Staatsbibliothek, Munich）
58. ラインラントに入るドイツ軍（AKG／PPS 通信社）

全著作権保持者に連絡をとるべく心がけた。情報の誤りや脱落などがあった場合には，今後出版される版でそれを修正することとしたい。